# 流村镇

张涛 邓瑞全等 编著

LIUCUN ZHEN ZHI

（上）

人民出版社

# 《流村镇志》编辑委员会

主　编：张　涛

副主编：邓瑞全

编　委：于　磊　马素娟　王明泽　王荣优　邓瑞全　孔令昂　邢东田

　　　　任利伟　刘仰东　刘炳良　刘晓满　孙世平　孙萍萍　孙照海

　　　　张　涛　张绪峰　陈　莹　孟祥静　姜世东　高素芳　袁江玉

　　　　袁法周　董　焱　魏　玮

顾　问：陈祖武　王　岗　尹钧科　谭烈飞

罗姚村

古将村

白羊城村

新建村

北流村

上营村

下庄村

南流村

溪园村

王家园村

西峰山村

北照台村

南照台村

王峪村

瓦窑村

狼儿峪村

禾子涧村

小水峪村

高崖口村

发电站村

菩萨鹿村

新开村

韩台村

老峪沟村

漆石港村

长峪城村

黄土洼村

马刨泉村

图　例

村　　界

镇　　界

昌平区流村镇行政区划图

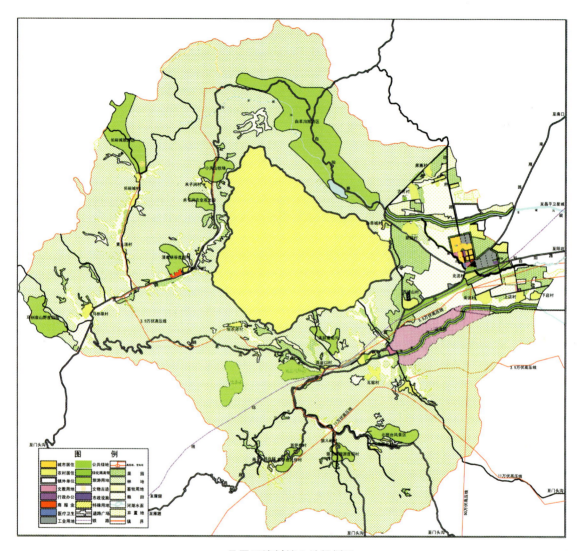

昌平区流村镇土地规划图

流村镇人民政府

白羊沟黄楼院瀑布

白羊沟罗汉峰

长峪城之一

长峪城之二

窜水峡

龟龙窥月

双猪戏水

浴仙台

韩台村民
居之一

韩台村民居之二

韩台村连村路

狼儿峪村

老峪沟佛龛

南沟水库

瓦窑马头山景观绿化区

五峰山村一角

流村一角

漆园龙鼓

优质苹果

西峰山小枣

# 序

两年多前，即听说北京师范大学张涛教授拟率领一支学术团队，为北京市昌平区流村镇编纂镇志。服务社会，领异立新，这样的学术见识和魄力确乎令人敬佩。近者，欣悉此项编纂工作业已圆满完成，新编《流村镇志》行将由人民出版社出版。劳作有成，新著问世，允称可喜可贺。遵张涛教授嘱，谨书感言教语，奉附骥尾。

重视地方史志编纂，这是中国历史学的一个好传统。宋元以降，大凡编纂有法、传世久远的此类图籍，无不凝聚一时学人的辛勤耕耘。惟其如此，清代乾隆中叶，学术翘楚戴震与章学诚，因纂修地方史志主张各异，抗言辩难，龃龉终身，以致成为一桩学术公案。其实，戴章二家之争，与其说是一桩学术公案，毋宁视之为方志学发展史上的一段佳话，或许更好。因为它从一个侧面昭示了一个道理，纂修地方史志，乃史家之职责所在。

改革开放以来，随着我国经济社会的阔步前进，文化建设亦蓬勃展开。历代地方史志的整理和新方志的纂修，顺应时势，方兴未艾，成为新时期文化发展和社会建设中的一项重要工作。《流村镇志》的编纂和出版，无疑为这项工作添上了浓墨重彩的一笔。

《流村镇志》所取得的成功，为当代史学工作者服务地方史志编纂工作，积累了可贵的经验。拜读全志稿，尤其是《编纂说明》和《凡例》之后，如下几个方面，我以为或许都值得我们去认真总结。

首先，是"以史为鉴，述往思来"的编纂宗旨。关于《流村镇志》的编纂宗旨，张涛教授说得很好："无论古今，地方史志的编纂总有着相似的文化理念，追求人与自然、人与社会、人与人以及人自身心灵的和谐。……览一隅以知天下之巨，从而风示劝惩，达到存史、资治、教化的目的。《流村镇志》亦不外乎此。"难能可贵者,在于《流村镇志》的编纂,既继承和发扬了这样一个好传统,又立足当代,锐意创新,做了具有引导意义的尝试。用张涛教授的话来讲,就是:"作为一部新型志书,《流村镇志》还肩负着为当代经济社会建设和发展提供历史的、文化的、科学的地方综合信息的任务。这就要求我们将传统文化与现代生活相对接、相融会,摒弃旧志编纂方式、方法的糟粕,提炼出适应新形势、新发展的理念,并通过这种新理念体现具有民族特色、符合我国传统的地域性文化风貌,从而使人们更好地认识过去,服务现实,开创未来。"

其次,是求真务实的严谨学风和脚踏实地的工作作风。《流村镇志》的编纂,有一个由张涛、邓瑞全二位教授主持的编写集体,编写专家来自北京师范大学、中国社会科学院和北京市社会科学院等大学和研究机构。在编纂工作的实践中,全体专家充分尊重和吸取学术界迄今取得的相关成果,以之为基础,一方面深入流村镇进行实地调查,一方面广泛搜求史料,做到了传世文献、出土文献、考古文物及口述史料的有机结合。然后,依据所充分占有的各方面史料,精心排比,认真校勘,辑为资料长编,从而为全书编纂奠定坚实的基础。

再次,是为广大读者、为学术文化事业负责的高度责任意识和群众观念。《流村镇志》的编纂,有一个十分可贵的信念,那就是要通过编写镇志的艰苦劳作,"为流村镇当前的和谐社会建设、新农村建设以及未来发展,提供一定的历史资鉴和学术支持"。秉持这样一个信念,编写组全体专家执著地去追求全书"科学性、文化性、时代性、可读性"的统一。他们的主张是:"一部成功的地方史志,应该具有科学性、文化性、时代性,并且兼具可读性。只有以上四个方面紧密结合,相映成趣,才能从文化观念和思想意识的角度,来深刻反映社会整体风貌和历史发展规律。"上述"四性"的紧密结合,既是《流村镇志》编纂的方法论,也是写作集体高度责任意识和群众观点的体现,旨趣高远,风范可法。

《流村镇志》的编纂和出版,为新时期地方史志的编纂和文化建设做了一件十分有益的事情。借此机会,谨向张涛教授和编写组的全体专家以及人民出版社,致以深切的感谢和崇高的敬意。

陈祖武　谨识

二〇一〇年十一月一日

# 编纂说明

编纂《流村镇志》，是在新时期和谐社会建设、社会主义新农村建设、文化大发展大繁荣的形势下，以"史"为线索，以"志"为形式，全面、综合、系统地展现流村镇千百年来的古韵渊源、地理山川、建置沿革、平准食货、烽火戎祀、舆地交通、风土人情、文物古迹、贤达遗风等诸多历史文化风貌，以及当今经济社会和文化建设所取得的巨大成就。换言之，《流村镇志》的编纂就是要系统梳理流村古镇的历史变迁，全面展示改革开放以来特别是近几年流村镇的经济社会发展成就，从而为流村镇当前的和谐社会建设、新农村建设以及未来发展，提供一定的历史资鉴和学术支持。总之，《流村镇志》秉持以史为鉴、述往思来的编纂宗旨，其性质实际上就是一部地域性的当代文化史志。

一般地方史志的编纂往往存在程式化倾向严重的问题，其突出表现为经济、政治方面规划细致，文化、艺术方面稍显粗糙；而一部成功的地方史志应该具有科学性、文化性、时代性，并且兼具可读性，只有以上四个方面紧密结合、相映成趣，才能从文化观念和思想意识的角度来深刻反映社会整体风貌和历史发展规律。有鉴于此，《流村镇志》在延续传统地方史志编纂方法的同时，尤其注意了以下四个方面的问题：

（1）从编纂结构到思想内涵，都突出其历史性、文化性；

（2）从遣词造句到语言风格，都体现出文学性、可读性；

（3）依据对文物古迹和文化建筑的现场勘察，合理安排结构并详细记述；

（4）对民俗文化、乡土风情等原生态的非物质文化遗产进行搜求和整理。

为编纂好这样规模宏阔、内涵丰富的《流村镇志》,由北京师范大学、中国社会科学院、北京市社会科学院等单位的有关专家组成的《流村镇志》编纂组,会同北京市和昌平区相关部门、相关领域的专家学者,力求在总结、吸纳学术界以往研究方法和成果的基础上,首先对相关的历史文化遗存进行认真寻访、全面调查,对相关文献、文物和口述史料进行广泛搜求、认真整理、准确把握、综合分析,然后按照一定的时代顺序和逻辑线索,系统、全面地研究涉及的各种问题,从而得出有价值、有说服力的结论,做到古代文物、出土文献、传世文献及口述史料的综合运用和相互印证,使人文社会科学与自然地理、环境资源等自然科学相互补益、融会贯通,并将考据与义理、历史线索与逻辑线索、微观剖析与宏观把握、传统理念与时代精神进行有机结合,使其相得益彰。

在《流村镇志》编纂的两年时间里,编纂组得到了流村镇领导及昌平区有关部门以及刘守仁老人、张俊昌老人等各界贤达的大力支持和热情帮助。通过对流村镇域内历史文物、文化遗存、口述史料等所作的实地寻访和考察,编纂组获得了许多比较珍贵的第一手资料,对古韵流村的历史文化魅力有了更加充分的认识和更加深刻的体会。

在实地调研的同时,编纂组也积极查找相关文献资料,并经过长时间的探讨、协商、总结、整理和研究,将流村的自然景观、社会状况、民俗风情、文化遗产、革命历史等内容与实地考察的经验、所得熔于一炉,再经过专家的认真剖析、细致筛除,逐渐形成编纂《流村镇志》的资料长编,又经过数次删削增补,终于成书。

无论古今,地方史志的编纂总有着相似的文化理念:追求人与自然、人与社会、人与人以及人自身心灵的和谐。前人编纂地方史志,于山川、都邑、室屋、祠基、名贤无所不载,以便使人明了时令之盛衰、地势之险易、政治之得失、风俗之厚薄,览一隅以知天下之巨,从而风示劝惩,达到存史、资治、教化的目的。《流村镇志》亦不外乎此。当然,作为一部新型志书,《流村镇志》还肩负着为当代经济社会建设和发展提供历史的、文化的、科学的地方综合信息的任务。这就要求我们将传统文化与现代生活相对接、相融会,摒弃旧志编纂方式、方法的糟粕,提炼出适应新形势、新发展的理念,并通过这种新理念体现具有民族特色、符合我国传统的地域性文化风貌,从而使人们更好地认识过去,服务现实,开创未来。

但愿各界人士能够关注和欢迎这部《流村镇志》,并不吝赐正。我们先行致谢!

《流村镇志》编纂组

二〇一〇年十月

# 凡　例

一、本书以《大事记》开篇,本着贯通古今、服务当代、惠及后人的宗旨,全面记述流村镇域内的历史和现状。

二、本书依据所占有资料,上限不作划一,下限至 2008 年 12 月,部分重要资料延至 2010 年年底。

三、本书记述范围以流村镇现行行政区划为准,涉及古代或旧事则难免旁及其他乡镇。

四、本书采用记事体裁,包含述、记、志、传、图、表、录。大事记以编年体为主。

五、本书人物排列大体以生活年代先后为序。

六、本书纪年,清及清前沿用帝王年号,中华民国采用民国纪年,均括注公元纪年。中华人民共和国成立以后,一概采用公元纪年。

七、历史朝代、政权、党派,直书当时名称;机关、团体、企事业单位和会议名称,在行文中第一次出现时用全称,以后用简称。地名用事件发生时地名,其后有变动或与今地名不同者,在圆括号内注明今地名。人物直书其名(党政工作人员加职位)。

八、计量单位采用 1984 年 2 月 27 日国务院发布施行的法定计量单位,即公制计量单位。历史上曾使用过的计量单位则如实记载。

九、本书资料来源于各种史籍、旧志、专著、谱牒、档案、报刊、调查采访、实地勘察,以及涉事单位、有关当事人,已经校订,一般不注明出处。

十、本书为通志,为系统地展现本镇综合风貌,所录事迹资料务求广收博取,凡北京市、昌平区对本镇产生较大影响及与之相关的事物和活动,本志亦予记述。

# 目　　录

## 第一卷　大事记

# 第二卷 风水天成

# 第三卷　政通人和

# 第四卷　均输平准

# 第五卷　庠序杏林

第一卷　大事记

# 大事记

## 夏商周

据考古证实,高崖口村地区出现具有一定规模的村落,其文化特征与北方夏家店、龙山文化一致。

## 秦汉

秦始皇二十六年(前 221 年),流村地区属于三十六郡的上谷郡。

西汉元封元年(前 110 年),流村地区属于上谷郡。

东汉元初五年(118 年),鲜卑占领上谷郡。

## 魏晋

西晋元康四年(294 年)八月,地陷,广 36 丈,长 84 丈,水泉涌出,死百余人。

## 北朝

北魏皇始元年(396 年)八月,魏主拓跋珪率军伐燕。

## 隋唐

周万岁通天元年(696 年),居营州地区的突厥、奚、室韦和契丹人大部迁入昌平各地村落散居。

## 宋辽金

辽大(太)康二年(1076年),辽兵攻入居庸关、昌平各地,流村地区在攻入区内。

金大安三年(1211年)九月,蒙古军逼近居庸关。金将完颜福寿弃关逃走,流村地区划归到蒙古属地。

## 元

至元十六年(1279年)五月,迁驻丁子峪侍卫军万人屯兵昌平各地,流村地区亦在屯兵范围之内。

大德五年(1301年)十月,夜空一颗流星大如杯,光焰照地,自北起向东分为二星。

至大四年(1311年),在白羊口设千户所,由隆镇卫万户府统领。皇庆元年(1312年),改为隆镇卫亲军,设都指挥使统管。

天历元年(1328年)九月,上都发兵进攻大都。梁王王禅破居庸关。燕帖穆尔等率兵先后与王禅战于温榆河北等地,上都兵败。

至顺三年(1332年)四月,红沙(尘暴)严重,白日如黄昏。

## 明

洪武元年(1368年),大将军徐达建居庸关城,设守御千户所,高崖口、白羊城在其列。

洪武四年(1371年),徐达遣沙漠移民在北平府管地屯田,在昌平各地设二十六屯。

洪武十五年(1382年)九月,北平设边卫关隘200处。有白羊口、高崖口等处。

正德九年(1514 年),蒙古小王子部攻入州域内白羊口。

正德十一年(1516 年)七月,蒙古小王子部攻白羊口,明政府派兵驰赴白羊口防守,击退小王子部。

正德十六年(1521 年)五月,居庸关西路灰领口(现镇边城)、上常峪(今长峪城)地方所辖 11 处隘口添设城堡,调堡军 300 人守长峪城,改设守御千户所。

嘉靖二十九年(1550 年)八月,白羊口、高崖口、镇边城等处报警之后,增设昌平提督,兼署都督佥事,专门管理八卫边城兵防守。镇边路下辖长峪城、白羊城。

嘉靖三十九年(1560 年),设昌平镇守,兼署都督佥事,统领白羊城等地游兵三支 3000 人。

## 清

顺治二年(1645 年)一月二十日,清朝实行圈地,昌平州(含流村)有民地 288870.2 亩,圈给旗下地 258404.5 亩,实存民地 30465.7 亩。归州厂官开荒垦地有 37446.5 亩,圈给旗下地 37169.4 亩,实存 277.1 亩。

## 1921 年

12 月 20 日至 25 日,中国劳动组合书记部北方分部和中共北京党组织派何孟雄到京绥铁路沿线南口等地区(包含流村地区)开展工人运动。

## 1937 年

7 月 22 日,原东北抗日义勇军成员赵侗(后离队)、高鹏、纪亭榭等联合白羊城村民团团总汤万宁父子和柏峪口王士俊等 20 多人,在白羊城村成立国民抗日军,开展抗日斗争。12 月,国民抗日军开赴晋察冀抗日根据地,改编为晋察冀军区第五支队。

8 月 4 日,日军以 7 万多兵力进攻南口。中国守军 6 万多人据险坚守。18 日至 20 日,日军一队进入县西部山区,在溜石港、马刨泉、禾子涧村残杀村民 101 人。在南口激战数次,26 日凌晨 1 时,中国守军撤离。

## 1940 年

3 月 6 日,日军对抗日根据地柏峪口、马刨泉、老峪沟、瓦窑、溜石港村等进行"春季扫荡"。

## 1945 年

9 月 30 日,日军投降后,国民党政府军进攻解放区昌宛联合县,中共北平市委机关撤离驻地瓦窑村。是月,国民党政府军占领旧县。

## 1946 年

1 月至 5 月,国民党政府军和保安队对西山口等 33 个民主解放区村庄进犯 60 多次,先后抓捕干部、群众 224 人,杀害 34 人,强奸妇女 24 人。

## 1947 年

12 月 5 日,昌宛联合县、昌平县(包含流村地区)开始历时 42 天的"搬石头"("石头"是指地主、富农、土匪、恶霸、特务等)运动。但许多无辜的人也被当做"石头",被搬"石头"中贫农占 29.47%、中农占 24.45%。

是月,人民解放军北岳纵队和冀热察区部队一部,攻占古城、辛店、小汤山等据点,逼退阳坊、白羊沟、八沟之敌,摧毁碉堡 40 多座。

## 1948 年

2 月,国民党政府军及国民党县政权大乡、壮丁队先后偷袭狼儿峪、泰陵等地,昌顺县委敌工部长朱士昌等 5 人在泰陵村突围时牺牲,其他地区部分干部、群众被枪杀,公粮和群众的实物被抢,大量民房被烧。

7 月 21 日,国民党政府军一〇一师及西山大队共 1000 多人包围狼儿峪村。组织乡村保长受训的中共昌宛县委城工部部长吕杰等干部 13 人在突围中牺牲,县区干部 26 人被捕,村干部及群众 39 人被抓。

## 1949 年

2 月 26 日,妇女开始不再缠足,25 周岁以下青年妇女一律放足。

10 月 1 日,中华人民共和国成立。流村地区干部群众纷纷庆祝新中国诞生。

## 1950 年

11 月 11 日,开始贯彻河北省委和通县地委联席会议精神,部署开展镇压反革命工作。

是年,两次对干部队伍进行整编,开展"评功论过"活动。

## 1951 年

1 月,开始加强林木管理,禁止乱采滥伐。

6 月,开始发出爱国公约、捐献飞机和大炮、优待军烈属、普遍开展爱国劳动竞赛运动的号召。

## 1952 年

8 月,建立农业技术小组,培训农业技术员。

11 月,开始农村基层整党工作。

## 1953 年

9 月,小麦推广密植,由行距 133 厘米、播幅 15 厘米至 18 厘米改为行距 33 厘米、播幅 9 厘米至 12 厘米。

## 1954 年

8 月,农村整党建党工作开始。

## 1955 年

3 月,干部审查工作展开。

4 月,县抽调干部开展整党工作。

8 月,农村粮食实现“三定到户”(定产、定购、定销),县里下派工作组进行指导和帮助。

10 月,成立农业生产合作社。

# 1956 年

2 月 18 日,修建国防工程西峰山工区,区域内 7 个村及附近 4 个村的部分农户共 408 户、1700 人,迁到大兴县红星乡;后部分迁到新建村或至其他村。

8 月,老峪沟乡、高崖口乡、南流村乡、白羊城乡成立。

本年度,干部工资标准开始按照全国六类区工资标准执行。

# 1957 年

1 月 3 日至 6 日,召开 511 人参加的乡、社干部扩大会议,部署整顿农业生产合作社,整顿内容有生产、劳动、财务管理和民主管理,加强农村党组织对合作社的领导等。2 月 15 日,整社工作结束。

5 月 31 日至 6 月 4 日,召开部署第二次整社会议,解决农业生产合作社存在的问题。

12 月 23 日,开始并社工作。

# 1958 年

结合中央、县委的整风反右运动,从 1957 年 1 月开始至 1958 年 4 月结束,对基层党员进行了集中整顿。

9 月,前进人民公社成立,老峪沟、流村、高崖口属于前进人民公社,并分设工作站。

秋,人民公社实现托儿化和食堂化。

## 1959 年

1 月开始，进行农村整社，9 月结束。

6 月，人民公社公共食堂开始逐步解散。

10 月底，调整公社规模，南口公社成立，流村、老峪沟、高崖口属于南口公社，并分设工作站。

11 月，王家园水库开始兴建，次年 6 月竣工。

12 月底，召开基层党员的"反右倾"动员大会，要求每个党员做一次思想检查和批判，"问题"不大的一次"过关"，对问题较多较重大的人再进行重点批判。

## 1960 年

9 月，南口乡成立，原流村、老峪沟、高崖口乡所辖行政村属南口乡。

本年度，对党员干部进行"三反"教育。

## 1961 年

3 月，西峰山农村集市贸易开放，规定一类物资（统购统销物资）不得上市，订购、议购和与国家签订合同的物资完成任务后方可上市。

5 月，流村人民公社、高崖口人民公社、老峪沟人民公社成立。

12 月，开始为 1958 年以来在历次运动中受到批判的人员进行甄别平反。

本年度，人民公社开始开展整社运动，纠正"五风"（"共产"风、瞎指挥生产风、强迫命令风、浮夸风和干部特殊风）。

## 1962 年

春,根据县委执行中央《关于改变农村人民公社基本核算单位的指示》精神,实行生产队为基本核算单位。

## 1963 年

4 月,整社整风运动结束,运动的重点是解决基层干部工作作风、不参加劳动、多吃多占等问题,除批评教育外,少数情节严重、性质恶劣的依法处理;调整生产队劳动组织,大多数生产队实行按件计酬、底分活评和评工记分办法,落实生产计划、财务计划和民主管理制度。

8 月 7 日,贯彻县委作出的《关于四级干部参加体力劳动的几项规定(草案)》,要求公社干部每年每人劳动 60 天以上,生产大队和生产队干部以社员身份参加集体劳动。

## 1964 年

秋,开始在农村生产大队、生产队干部中进行重点解决干部多占劳动工分和借用公款问题的"小四清"运动,1965 年结束。

本年度,掀起了农村比、学、赶、帮的春耕劳动竞赛高潮。

## 1965 年

2 月,开始贯彻《中共中央关于农村社会主义教育运动中目前提出的一些问题》(即"二十三条"),"四清"内容统一为清政治、清组织、清经济、清思想(即"大四清")。

8月,各公社机关开始"四清"运动,时间3个月。

## 1966 年

公社党委书记参加昌平县学习毛主席著作积极分子会议。

6月,中小学校先后停课,开始"闹革命"。

8月,在县委的部署下,农村人民公社、生产大队开始"文化大革命"。

## 1967 年

3月,在人民解放军的协助下,先后召开公社、大队、民兵、社员会议,组织进行春耕生产。

10月,中小学校陆续复课。

11月13日开始,流村、老峪沟、高崖口相继成立革命委员会。

## 1968 年

8月,农村生产大队向学校派代表,成立贫下中农管理学校委员会,废除校长负责制,学校一切重大事务由贫管会决定。

本年度,开展活学活用毛泽东思想活动。

## 1969 年

1月,开展"农业学大寨"活动。

11月,开展整党建党活动。

## 1970 年

7 月,小学实行五年一贯制,中学实行五年"三二分段"(初中三年、高中二年)。

## 1971 年

年初,开始批判极"左"思潮。

1 月,在全县农业学大寨运动的高潮中,掀起农田水利建设的新高潮。

9 月 1 日至 4 日,各公社、生产大队干部参加县委召开的农村政治工作会议,提出"高举红旗狠抓纲,学习大寨赶昔阳,大打农业跃进仗,夺取粮食过长江"的口号。

11 月,传达《关于林彪叛国出逃的通知》,开展批修整风(后改为批林整风)运动。

## 1972 年

4 月,向党员、干部、群众传达中共中央关于对林彪反党集团罪行的 4 号、12 号文件,开展对林彪、陈伯达反党集团罪行的批判。

8 月,组织学习毛泽东批判林彪反革命集团的指示和中共中央有关文件。

## 1973 年

5 月,学习县委下发的《关于进一步加强劳动管理的几点意见》,要求生产队建立健全作业组,严格生产责任制,克服平均主义,实行按劳分配。

## 1974 年

1 月,接收上山下乡知识青年,设专人管理。

本年度,"农业学大寨"再次掀起高潮。

## 1975 年

2 月,参加县委召开的农业学大寨四级干部会议。

3 月,建立知青点。

6 月,各公社、生产大队成立"学理论、抓路线、促'三夏'指挥部"。

7 月,农田水利建设再次掀起高潮。

## 1976 年

1 月 8 日,国务院总理周恩来逝世,各公社、生产大队自发举行多种形式的悼念活动。

7 月 6 日,全国人大常委会委员长朱德逝世,各公社、生产大队自发悼念。

9 月 9 日,中共中央委员会主席毛泽东逝世,各公社、生产大队自发悼念。

10 月 16 日,经上级党组织的传达,各公社党员接收中央领导关于粉碎王洪文、张春桥、江青、姚文元"四人帮"反革命集团的讲话。

12 月 18 日,各公社的生产大队党支部书记参加县委三届二十一次全会(扩大),传达中央关于"四人帮"反革命罪行的中央 24 号文件,部署揭批"四人帮"反革命罪行。

## 1977 年

1月4日,县委召开广播大会,传达贯彻全国第二次农业学大寨会议精神,各公社大部分群众参加。群众在公社所在地举行游行活动。

1月30日至2月6日,公社领导、生产大队干部参加县委召开的大寨四级干部誓师大会,贯彻落实全国第二次农业学大寨会议精神,表彰学大寨先进社队,推动建成学大寨的先进社队。

## 1978 年

2月15日,根据县委要求,公社干部每年参加集体劳动200天,大队干部300天。

5月,公社生产队开始试行"包工到组,四定一奖"(即以作业组为单位定地块、定劳动力、定产量、定工分和超产奖励)生产责任制。

5月11日,组织基层党支部干部开展真理标准问题大讨论。

本年度,开始落实干部政策。

## 1979 年

本年度,复查、纠正"文化大革命"中的各类错误案件。

本年度,基层党组织利用夏、冬农闲时间,对党员进行集中培训,开展民主评议党员工作。

## 1980 年

1月,农村农业生产实行以产定工、定部分开支、田间管理责任到人,实行联产计酬生产责任制。

9月,小学学制由五年改为六年。

10月,开展第一次如何使农村尽快富起来的大讨论宣传教育。

本年度,大部分地区实行联产计酬生产责任制。

本年度,各公社党委开始分期分批对党员进行培训,组织党员学习《关于党内政治生活的若干准则》和《中国共产党章程》。

## 1981 年

春,农村推行"专业承包,联产到劳,联系纯收入计酬"的农业生产责任制。

5月起,执行《农村大队党支部工作条例》,基层支部委员一年一改选,由党员大会民主选举产生。

8月,流村公社设立司法所,由司法助理员协助处理司法方面的问题。

9月,开展"为人民服务、对人民负责"大讨论,基层党委领导深入基层为党员讲党课。

9月,流村公社在上店村的村北建上店烈士陵园,占地800平方米,园内立纪念碑1座,安葬解放战争中在上下店战斗中牺牲的烈士46位。

12月,各公社开展解放思想大讨论宣传。

## 1982 年

3月,开展"学雷锋做好事"活动月,重点解决环境"脏、乱、差"等问题。

从4月开始至1983年4月,相继进行了政社分设的工作,建立了乡人民政府,取消了公社体制。

9月,组织社员学习沙河公社经验,进一步搞活农村经济。

10月,在各乡范围内,在各级领导班子中进行清理"三种人"(即追随林彪、江青反革命集团造反起家的人、帮派思想严重的人和打砸抢分子)的工作。

10月,组织各级支部开展以"党员带动群众、群众带动党员"为内容的"党员联系户"活动。

12月,开展第二次如何使农村尽快富起来的大讨论宣传教育。

12月,农村开展党员联系群众到户、广播喇叭安装入户、党报党刊订阅入户活动。

## 1983 年

4月,流村乡、高崖口乡、老峪沟乡等乡党委成立。各乡人民政府成立。

6月,设立南口人民法庭,有人员12人,流村、高崖口、老峪沟三个乡发生的案件都在南口法庭进行审理。

本年起,坚持每年分析一次农村党支部状况,分类排队,采取乡局级领导挂村,组织工作队对少数党支部状况进行调查。

本年起,乡的领导班子按照干部队伍建设"四化"要求,选拔任用优秀年轻干部到乡机关任职。

## 1984 年

2月,开始结合整党开展"做合格共产党员"教育活动,对党员进行思想作风和组织纪律的整顿。整党分统一思想、对照检查、党员登记三个阶段进行。

5月,对乡的领导班子进行民主评议工作,实行对领导干部的思想、工作、作风、政绩等情况进行民主评议。

8月,流村乡开始设立信访工作小组,设专职人员负责信访工作。

## 1985 年

2月,开始实施"一五"普法工作。

5月,开展第三次如何使农村尽快富起来的大讨论宣传教育。

12月,全乡开展解放思想大讨论宣传。

12月,全乡党政机关干部进行正规化理论教育。

12月,开始实施《中华人民共和国居民身份证试行条例》,流村镇派出所选调工作人员,核对户口、组织照相、按人编码、填写底卡、检查验收、制证发证等工作。

## 1986 年

2月起,按照"四化"(革命化、年轻化、知识化、专业化)的要求建设党支部,进行支部成员的年龄、文化、结构调整。

3月,基层党支部开展"五个一"活动,要求党员坚持同积极分子谈一次话、做一次群众家访、向支部汇报一次思想、提一项好建议、为群众做一件好事。

3月,乡的领导干部由县委常委会决定,或提出建议名单按法定程序任免。乡镇党政领导干部换届由乡镇党代表大会和人民代表大会民主选举产生。

5月,全乡党政机关干部进行正规化理论教育。

7月,开展整顿工会组织活动,建立职工之家。

## 1987 年

10月,组织党员活动,对党员干部进行理想、宗旨、党风、党纪和坚持四项基本原则、反对资产阶级自由化的教育。

10 月,建立干部考绩档案。

12 月,全乡党政机关干部进行正规化理论教育。

12 月起,停止转干,实行聘干制度。聘用期 3 至 5 年,到期续聘或不续聘。聘用期间享受干部待遇。

12 月,设立交通安全管理委员会。

12 月起,对外来人口和出租房屋实行申办暂住证和登记制度。

## 1988 年

11 月,全乡开展解放思想大讨论宣传。

12 月,全乡党政机关干部进行正规化理论教育。

## 1989 年

2 月,开展"做新时期合格共产党员"教育活动,在部分村中开展"评议党员,妥善处置不合格党员的活动",并且基层党委坚持每季度检查阅评一次"三会一课"记录本,参加一次基层党支部活动。

3 月,组织干部参加在职学习。

5 月,进行社会主义教育。

10 月,全乡党政机关干部进行正规化理论教育。

## 1990 年

年初,在去年抓三个典型的基础上,普遍设立了党员活动室。

2 月,纪委按照县纪委要求安排部署,组织了党委党纪联合调查组,对流村乡党政情况进行了全面调查,历时一个月,召开了 14 次党政群座谈会,走访了 205 人次,最后按时写出 5000 字的党政调查报告。

4月,在全乡党员中广泛使用党员活动手册,党员活动交纳党费。

6月,开除原下店村党支部书记尹玉庆的党籍,给予水罐厂党支部副书记高若虹留党察看一年的处分。

7月,党委在全乡各个农村支部、企业支部,对主要领导干部通过民意测试、个别谈话、座谈会等形式进行了普遍考察。

7月,党委与农村企业支部签订了党建合同书。

9月,在乡党委的支持下,广播站投资 1600 元,新购置了两台录音机。

## 1991 年

3月27日,流村乡纪律检查委员会第一次会议召开。

4月1日,流村乡纪委第二次会议召开。

4月25日,召开乡纪检工作会议。

5月25日,召开乡纪委工作会议。

6月6日晚,召开乡纪检工作会议。

7月11日,召开乡纪委工作会议。

8月21日,召开县纪委工作会议。

8月23日,召开乡纪检工作例会,参会 13 人。

12月21日,召开乡纪检工作会议,参加人员有农工、企业、事业、机关全体党员、干部。

## 1992 年

元旦,组织中学、小学、喷化厂、水罐厂、中药厂等 30 余名团干部、团实名单位集资 300 多元,为乡敬老院、北流三户军烈属送去白

糖、茶叶、水果、年画等慰问品,贴对联、年画40余幅,在乡各个单位
中有19个学雷锋小组,6个定点服务对象和定点服务站。

3月6日,在乡机关三楼会议室召开基层纪检委员工作会议。

3月16日,流村乡开展了党建活动月。

3月,开展"学雷锋、做贡献"活动。

4月3日,在乡机关大会议室,召开全乡党政领导干部纪检工作
大会。

5月8日,在乡机关三楼会议室传达县纪检工作会议精神。

9月,在乡企业中,广泛开展"争当青年科技星火带头人活动"。

9月下旬,流村乡大面积种粮,由于干旱严重造成秋粮减产四分
之三左右。

10月25日,流村乡党委调整了新村支部班子,任命姚宝深同志
为新村党支部书记,免去王志新新村党支部书记的职务。

# 1993 年

1月15日,1992年四季度党委生活会召开。

本年度,党委调整了下店、半山、新村、水罐厂、黑寨五个单位的
领导班子,在村里实行股份制管理机制。

3月,原农工商联合总公司分家,原公司经理贺纯主管农业,新
增张泉知为主管企业工作的经理。

9月10日,免去了徐兴元的流村乡工业企业总公司副经理职
务;黄长荣任流村乡工业企业总公司副经理。

10月20日,近百年来流村乡地区发生前所未有的大旱,造成秋
粮大幅度减产,经统计实际粮食减产100万斤,同时林业受到很大的
损失,果品减产17万斤。

11月13日,任命朱建波为流村乡工业企业总公司副经理。

12月17日,中共流村乡第九次代表会议召开。会议选举产生

了新的中共流村乡第九次委员会,并选举产生了中共流村乡纪律检查委员会。

## 1994 年

11 月 21 日,崔洪生被县委组织部任命为流村乡党委副书记兼农工商联合企业公司经理。

本年度,流村乡建立了一支骨干通讯队伍,这支队伍由团支部书记、妇联主任、民兵连长组成。上半年,流村乡与昌平县委宣传部的领导共同协作,投资 3 万元印制 35000 份流村画册。

## 1995 年

1 月 26 日,乡团委组织中药厂、水罐厂、建筑队、小学等十余支青年志愿者服务队联合去敬老院、军烈属户、孤寡老人家王国明分销店(小学德育基地)进行慰问服务,并且带去了各种年货,同去的少先队员为敬老院的老人表演了文艺节目。

2 月 22 日,流村乡党委书记刘志奇调往昌平县委组织部,任组织部副部长。流村乡企业公司副经理朱延波调往昌平县老峪沟乡任党委副书记、企业公司经理。

8 月 30 日,县委提名贾福贵为流村乡乡长,李德林为副乡长,免去王和平的乡长职务。

8 月,流村乡纪委对杨东明、张玉堂、李福华、王德臣、张青松 5 名党员在 1995 年 5 月份在白羊沟、凤凰城嫖娼一案进行了处理,开除了他们的党籍。

9 月 4 日,原流村乡乡长王和平、副书记王文治调到县里工作。原党委宣传员张树玲任政工副书记,原武装部部长李德林任副乡长,原企业公司黄长芋调总公司任副经理,原林业站站长张进海任总公司副经理,原工业企业总公司副经理黄一荣任工商联合企业公司副经理,原工业企业总公司副经理周振禹为流村乡调解员。

9月28日,流村乡古将村小学在乡党委、乡政府的关怀下,举行了新校址的奠基仪式。总政治部机关官兵为古将村小学捐资30余万元。唐天标中将及陶希干、胡沼广等领导参加了奠基仪式。

12月21日,新村至南口的长途汽车正式开通。

本月,流村乡党委在全乡范围内组织开展了"流村精神"大讨论活动,确定"讲团结、守法纪、肯吃苦、再创新"十二个字为流村精神。

# 1996 年

1月18日,流村地区运输服务站正式成立。服务站管辖服务范围是高崖口、老峪沟、桃洼、流村四个乡。

1月15—19日,流村乡举办了为期五天的全乡支委以上干部和党员培训班。

2月11日,流村乡举办首届农民艺术节暨千人秧歌舞大赛。

2月27日,流村乡投资120万元进行二期昌发鸡场扩建工程。工程建成后,每年能生产肉鸡100万只,除给流村乡带来110万元的经济收入外,还能获得大约2000立方米的纯鸡粪,这将大大缓解流村乡农林业生产严重缺肥现象。

3月12日,流村乡成立小城镇建设管理委员会,落实"强工商、兴农林、建设小城镇"规划思想。

3月19日,流村乡召开第十届人代会第五次会议。大会审议通过了乡长贾福贵作的《政府工作报告》和农工商总公司经理崔红作的《财政预决算报告》,选举黄长荣担任本届乡人大副主席。

本月,流村乡投资10万元落实"古将村八一小学"绿化工作,共栽植雪松、油松、白皮松、毛白杨、黄杨、月季等40多个品种的花草树木,美化校园。

4月5日,流村乡立体种植的高标准果园——创业农场栽树工作完成,栽李子树1540株、苹果树2000株。

4月12日,流村乡召开第五届妇女代表大会。

4月17日,流村乡落实县委加强基层党组织建设要求,根据"五个好"标准与基层党支部签订《党支部建设责任书》,确定了1996年加强基层党支部建设的9项重点工作。

4月18日,流村乡与6个乡镇签订扶贫协议。东小口乡为1户独生子女困难户解决上学和就业问题。城区镇、燕丹、小汤山、下庄、北方企业总公司等5个乡镇单位扶持2户种植油松树苗致富。

4月20日,中国农业大学、中央警卫团、中国人民解放军某部与流村乡举行了"三方四家"双拥共建十周年庆祝活动。

本月,流村乡经济创首季"开门红"。一季度各项经济指标均已达到或超过计划指标。其中,企业利润总额完成全年的46.6%,财政所税收是去年同期的187.5%。

本月,流村乡峰力喷涂厂建成静电喷涂生产线,年生产能力可达300万元。新华服装厂引进日产设备后,一季度订货量大幅度增加,年内有望产值、收入、人员都翻番。昌平制药厂吸引外部资金1260万元,先后建成广大、天九、华宝3个厂中厂。这是1995年企业技改所取得的成效。

本月,流村乡规范土地开发管理办法,相继出台《流村乡关于商贸区用电收费暂行管理办法》、《流村乡关于土地开发范围使用价格暂行规定》、《流村乡关于土地开发的奖励政策》、《流村乡土地开发管理暂行办法》等规定。

5月23日,流村乡开展献血活动,共无偿献血105瓶,义务献血98瓶。

5月28日,流村乡峰力喷涂厂新建的IPL静电喷涂技改生产线正式投产,预计年产值达400万元,比技改前翻三番。

5月30日,流村乡与基层签订"三夏防火责任书"。

5月31日,流村乡成立"兴绿服务站"。

6月7日,县第一个小康基金会——流村乡小康基金会成立。

6月22日,流村乡昌发养鸡场二期工程建成并交付使用。

6月30日,流村乡在县山区办支持下,投资5万元建立2个蔬菜大棚。

本月,流村乡小麦喜获丰收,共产61.6万公斤,比去年增产10%。

本月,流村乡成立计算机管理数据中心,建立全乡人员管理、土地管理数据库。数据中心设在党委办公室数据科。

7月10日,流村乡举办"三个基本理论和保密法知识竞赛"。

7月31日,流村乡落实县委八届七次全会精神,确定下半年10项重点经济工作:全面完成县委、县政府下达的各项工作任务,力争经济总收入提高5—7个百分点。争取全年税收突破200万元。以喷漆厂技改为基础,继续扩大与亚都的合作范围。继续扩大药厂的"三证"优势,发展药业基地。加快药厂与中国癌症基金会的协作。加快服装厂的改造。解决开关柜厂的转制问题,以集体、个人一起上的形式扩大规模。加快家庭经济发展,以古将、白羊城、王家园为重点,发展生产规模3万—4万只肉鸡的小基地建设。发展林果业,具体落实立体种植。深入838工程,重点:一是南大地,二是300亩低产田的改造。

同日,县各级领导到流村乡开展"与群众心连心"活动。

本月,在台盟北京市委牵头联系下,清华大学10名研究生到流村乡开展"科技支农"社会实践活动。

8月10—13日,流村乡举办"'96夏日文化广场活动",丰富群众业余文化生活。

8月14日,流村乡加强基层支部建设,开展基层党支部暑期培训活动。

8月29—30日,流村乡召开第十届人民代表大会第六次会议,全体代表参观了乡创业农场和延庆县二道河乡家庭养鸡情况。乡长贾福贵代表政府向大会作了《政府工作报告》,汇报了1996年上半年政府在两大文明建设方面的情况和下半年全乡各项工作的指导思想及奋斗目标。副乡长李德林向大会汇报了上届大会提出问题的解决情况。乡人大主席于泓、副主席黄长荣也分别作了报告。

9月12日,流村乡召开工会成立大会,由全乡各企业单位的职工代表按照《工会法》要求,选举出流村乡第一届工会委员会、第一届工会经费审查委员会。

9月13日,流村乡与河北新河县棉麻公司签订了合作开发50亩砂石厂的协议。

9月18日,昌平县人大200多名代表来到流村乡昌发养鸡场,视察了生产工作情况。

本月,教师节前夕,县教育局投资近3万元为流村乡八一古将小学配备了10台286微机。八一古将小学也于近日被县教育局评为"较高标准学校"。

10月,昌平县个体私营经济协会捐款8万元,援建流村乡中学操场。

12月9日,根据县委安排,流村乡党委副书记、企业公司经理张泉知调南邵乡任党委副书记、企业公司经理;乡纪检书记、党委副书记贾国玺调阳坊镇任副镇长。

同日,昌平县政协孙启调流村乡任党委副书记、企业公司经理;阳坊镇纪委书记邵继亮调流村乡任党委副书记、纪检书记;昌平县文化文物局柴会昌调流村乡任副乡长。

12月22—23日,中共流村乡第九届代表大会第十次会议在东二楼会议室隆重举行。大会应到代表60名,实到代表52名。大会听取并审议了于泓作的《解放思想,开拓进取,为实现本世纪的宏伟目标而奋斗》的党委工作报告和邵继亮作的《深入持久地搞好党风廉政建设,为流村经济及各项事业的快速发展而努力奋斗》的纪检工作报告。大会通过了两项决议,选举产生了新一届党委委员和组织委员,并召开了第一次会议,进行了分工。新一届领导班子成员为:

党委书记:于泓;副书记:贾福贵、崔宏生、孙启、张树玲;组织委员:陈文广;宣传委员:陈进利;委员:邵继亮、李德林、时桂荣、张连芝;纪委书记:邵继亮;副书记:柴会昌;委员:陈文广、王学翠、张连玉。大会还号召全乡党员干部、各基层支部开展向桃洼乡花塔村学习的决定。

12 月,流村乡畜牧公司建成饲料加工厂,年加工饲料 40 万公斤,比向外购买可节省 4 万元。

流村乡 1995—1996 年相继从北京农业大学、西北林学院、东北林学院招收 5 名本科大学生,不断提高机关干部的整体素质。

# 1997 年

1 月 12—13 日,流村乡第十一届人民代表大会第一次会议在流村乡机关会议室隆重举行。本次大会应到代表 47 名,实到代表 44 名。大会按照选举法有关规定,选举产生了新一届乡人大主席、副主席,乡长、副乡长。具体选举结果是:人大主席:于泓;副主席:黄长荣;乡长:贾福贵;副乡长:李德林、柴会昌。

1 月 16 日,宣武区计生委、计生协、教育局等 14 家单位到流村乡开展"城乡手拉手,户户心连心"慰问活动,为 10 余个独生子女贫困户家庭带去了食用油和面粉,并向八一古将小学赠送图书 6000 余册。

1 月 21 日,昌平县第七届艺术节开幕式在流村乡举行。

1 月 27 日,昌平县常务副县长董瑞龙到流村乡王家园村走访慰问,为村里送去慰问金 5000 元,看望了困难户,赠送了节日慰问品。

5 月 5 日,常务副县长董瑞龙主持召开流村乡山区建设现场办公会。

6月,国家外经贸部中海贸经济贸易开发公司出资2100万元,与昌平制药厂联营,成立了北京中海贸隆迪药业有限公司,既盘活了药厂900万元资产,又可使乡财政年增加收入80万元。

8月13日,流村乡机关新调进曹炳玲、游前进、柳立文、许文霞4名大学生,他们被安排在企业公司工作。

9月3日,县领导白宗全、董瑞龙来到流村乡调查了解农业承包责任制落实情况和农业产业化情况。

10月,流村乡党委、政府投资45.5万元兴建1200亩李子园水利工程,其中,农户投资占60%。

12月5日,昌平县实行部分乡镇区化调整,撤乡并镇。高崖口、老峪沟、流村合并为流村镇,总面积257平方公里,下辖28个行政村,人口21000人。

12月12日,流村镇第一届人代会召开,选举产生了新的领导班子:

人大主席:崔宏生;镇长:徐德清;副镇长:张树玲、刘春林、邢全江、柴会昌。

12月5日,撤销原流村乡、老峪沟乡、高崖口乡,合并组建流村镇,直属昌平县委、县政府领导,下辖28个行政村,即:南流、北流、上店、下店、古将、黑寨、白羊城、新建、王元、北庄、西峰山、老峪沟、马刨泉、禾子涧、黄土洼、长峪城、狼儿峪、瓦窑、小水峪、高崖口、王峪、溜石港、发电站、北照台、韩台、菩萨鹿、漆园、南照台。

主要领导人名录:

党委系统:党委书记于泓;副书记王启苍;组织委员兼党委办主任陈文慧;宣传委员陈进利;纪检书记王正学;武装部长李德林;团委书记兼党办副主任蔡辉;妇联主任王学翠;党办副主任谷瑞亮;广播站长马全勇;档案员吴宪玲。

政府系统:镇长徐德清;副镇长张树玲、邢全江、刘春林、柴会昌;

政办主任刘云龙;副主任邢如凤;安委会主任姚长好;计生办主任兼高崖口办事处副主任陈连英;老峪沟办事处副主任刘振婷。

总公司系统:总经理朱建波;副经理张进海、刘富义、韩同俊、孙淑芳、彭士杰、李桂山、张树堂、田万利、韩宝田。

企业公司系统:经理孙启(1998 年 12 月 10 日调往十三陵乡总公司);副经理郝杰、王春和;人大主席崔宏杰;办公室主任李福增。

12 月 30 日,中海贸公司与原流村乡工业企业公司合作成立的北京隆迪药业有限公司成立签字仪式在昌平县六亭会馆举行,县政协主席孙学、副县长杨旭明参加了签字仪式。

# 1998 年

1 月 5 日,昌平县第八届农民艺术节在流村中学操场举行。同时,流村镇举办了隆重的庆典活动。中央电视台七套《农村书架》栏目联合 10 余家出版社捐赠价值 13 万元的图书,中央电视台《新闻联播》、昌平电视台分别对此次活动进行了报道。

1 月 10 日,流村镇邀请 14 个驻军单位在高崖口办事处召开军政座谈会。

1 月 19 日,二炮机关首长慰问黑寨村小学教师和 4 个贫困家庭,赠送了 1500 元的慰问品。

同日,县纪委书记王振华等领导给菩萨鹿村送来 1 万元扶贫款,慰问了 9 户军烈属、困难户,并与村干部进行了座谈。

1 月,春节期间,流村镇收到各对口扶贫单位慰问款 100 多万元。

1 月,流村镇税收首月开门红,共上缴税收 69 万元。其中,增值税 36 万元,地方税 33 万元。

3 月 4 日,流村镇召开第一届妇女代表大会,选举产生了第一届妇女联合会成员。

3月19日,流村镇刮起5—6级大风。老峪沟办事处西屋四间房脊刮掉,损失约4000元;禾子涧鸡场房顶被刮掉,损失约8000元;老峪沟北流村鸡场部分房顶被刮掉,损失约8万元。

3月20日,流村镇召开纳税大户表彰会,对前三名亚都南星电器厂、广大制药厂、亚都机械制造厂分别奖励3000元、5000元和10000元。1997年三厂分别上缴税收342万元、78万元和68万元。县委副书记刘德明、副县长杨旭明等领导参加了会议。

3月30日,北京大学资助流村镇西峰山小学建图书室,装有200册图书,赠送了高档手风琴和大量教育教学用品,并为4名贫困生发放了救济金。

3月,流村镇计划生育实行"一镇两制"。高崖口、老峪沟等纯山区继续使用原二胎政策,流村地区继续使用原一胎政策。

3月,流村镇推出机关机构改革办法。30名同志内部下岗(除副职外,只有1人未参加),每年流村镇可节省开支约10万元。

3月,流村镇合并敬老院,搬迁到高崖口敬老院。合并了高口、老峪沟和流村敬老院,成立了弃婴收养所,已收养3名弃婴。

3月,流村镇投资1万余元绿化南流村小学,共栽植侧柏1700株、黄杨60株、月季80株、其他树草100余株。

5月30日,流村镇利用原高崖口和老峪沟乡闲置的楼房建成昌平县青少年军事训练基地和北京清凉峡谷度假园。北京总参部队向老峪沟办事处和中心小学捐赠了100套住宿军用品和185套服装、书包。

6月9日下午4时40分左右,流村镇突降暴雨,各地区均出现冰雹,并伴有7—8级大风。冰雹小的有3毫米,大的有10毫米,平均直径7毫米,持续时间约为10分钟。全镇受灾结果情况是,预计果品减产40万公斤,减收80万元。

7月3日晚10时至11时,流村镇遭受特大风袭击。流村地区北流村、新建村、南流村特别严重,大风达8级以上,持续时间1小时左右。这次大风造成直接经济损失 99.5 万元,间接经济损失 38 万元。

7 月 5 日傍晚至 6 日晨,流村镇遭受大雨袭击。其中流村地区降水 272.6 毫米,高崖口地区降水 166.8 毫米,老峪沟地区降水 151.9 毫米。农作物倒伏 2210 亩,桃损失 3 万斤,苹果损失 5 万斤,柿子损失 2 万斤,道路堵塞 3 处,冲毁路面 1 万平方米,冲毁路基 4 处,滑坡 1 处。高崖口地区淹没砂石厂损失 3 万元,房屋山墙、后墙倒塌 195 间,院墙倒塌 212 处。全镇 85% 的群众住房漏雨。流村地区黑寨村水库坝体出现险情,坝下住户 2 户受险。高崖口地区发电站村 2 户受滑坡威胁。损失严重的北流村村内道路被水冲毁,高崖口地区通往南五村的道路有 4 处路基被冲,1 处出现断路。

7 月 28 日,流村镇信用合作社召开第一届社员代表大会。

8 月 19 日,流村镇机关干部为抗洪救灾踊跃捐款,仅 1 小时就捐款 1 万余元。

8 月 26 日晚,由流村镇计生办、南流村党支部共同举办的"携手并肩,共创计划生育优质服务村"文化活动开展得异常火爆,大大丰富了农村的业余文化生活。

11 月 20 日,上海天腾羊毛衫厂将价值 2.5 万元的 2500 件羊毛衫送到山区人民手中。

11 月 25 日,流村镇选举出 12 名正式代表出席县第九次代表大会。

11 月 29 日下午,在军都旅游度假村(北京市公交职工培训中心),流村镇与北京鸿安公司立体车库项目合作签字仪式正式举行。副县长杨旭明参加了会议。

12 月 14 日,流村地区遭受严重风灾,最大风力高达 8 级。5 栋蔬菜日光温室大棚全部刮坏,多处鸡舍屋顶被飞起的石头砸坏,少数户的鸡舍屋顶被整个掀起,照明电路被风刮断,给人们的日常生活带来严重的影响,直接经济损失达 15 万元,间接损失 10 万元。

12 月 17 日,常务副县长董瑞龙带领计委、农委、山区办查看灾情,拿出 5 万元用于修复鸡舍和大棚。

12 月 29 日,县民政局领导代表县委、县政府,送来 85000 斤面粉,并走访了 3 户困难户、五保户,确保灾民过一个欢乐祥和的春节。

12 月 30 日,由中国人民解放军总参谋部、中央军委办公厅、科技园区、双拥办、教育局共同捐款 4 万元,捐给漆园八一爱民小学,用于奖学金。县委副书记曹俊清参加捐赠仪式。

## 2001 年

1 月 20 日,北汽福田公司现场办公帮扶马刨泉村发展经济,确定了马刨泉村发展经济四个项目:一、建福田果园一个;二、扩大麦当劳土豆种植面积;三、建一个副食品基地;四、建福田培训中心。

同日,北京机械工业学院赠给流村镇中心小学电脑 25 台和 LQ—100K 打印机。

3 月 8 日,流村镇妇联开展"助申奥登长城"、"大众读书征文"、"建设绿色家庭"知识竞赛、健身球表演等系列活动,庆祝三八国际劳动妇女节。

3 月 9 日,流村镇第一届人民代表大会第三次会议召开。

4 月 12 日,流村镇古将村与市林业局签订了合作开发"生态园林景观绿化工程"协议,合作期限 50 年。该工程总占地面积 1000 亩,一期工程投资 200 万元。

4 月 22 日,流村镇第五届村委会换届选举提名候选人阶段圆满结束,参加投票的选民均超过 60%。

同日,流村镇开展了"科教兴农、科教兴村、科技富农"系列活动,区科委、区农业局、中国农大 30 余名专家、教授围绕节水灌溉、温室大棚、果蔬保鲜、优良畜草种植等内容举办专题讲座。

5 月 3 日,下午 1 时 20 分至 40 分,新村、白羊城、西峰山、古将、黑寨、北庄、北流村七个村遭受冰雹袭击,对果品生产影响很大,果树受灾面积 5096 亩,减产 2409.05 万公斤,直接经济损失 126.61 万元。受灾严重的村有黑寨、西峰山、北流村三个村。

5 月 10 日,宣武区牛街办事处计生办、妇联、回民医院三家联合组织 13 名干部和医务人员来到流村镇老峪沟开展城乡手拉手医疗保健进山村活动。

6 月 1 日,区五大班子领导、宣武区计生协、宣武区卫生局等单位到流村镇中心小学和幼儿园慰问,并赠送了电子琴、图书、笔、本、衣物等节日礼品。

6 月 7 日,总参群工部在镇漆园小学举行了中国教育台"绿网"工程仪式。此工程可使山区学生通过"绿网"直接收看到中国教育台的节目,还可收到上百条信息。

6 月 16 日,中共昌平区委统战部、民建昌平工委联合在流村镇瓦窑村为山区群众义诊。区政协副主席、统战部长沈玉宝和民建北京市委副秘书长唐伟力等领导参加这次活动。

6 月 22 日,北京红十字会 10 余名医务人员来到流村镇为新中国成立前老党员进行健康体检,还为老党员送去 260 箱方便面和价值 1 万元的药品。

同日,北京台资企业协会在流村镇举行了支持申奥防火牌揭牌仪式,市区有关领导参加。

6 月 26 日,总投资 11 万元、总长 100 米的区重点防汛工程禾子涧护村坝工程完工。

7 月 6 日,北京交通医院 10 余名医务人员来到深山区老峪沟地区,为那里的群众看病并免费提供药品。

7 月 11 日,流村镇出动宣传车在北流村三角地举办了庆祝"世界人口日"大型宣传活动。

同日,昌平区气象局投资 9 万元、占地面积 1000 平方米、有效射程 15 公里的流村镇防雹站在古将村建立,8 月份将投入使用。

8月1日,流村镇以召开军政座谈会、走访等多种形式庆祝"八一"建军节。

8月3日,流村镇"关心下一代工作委员会"成立。区关工委有关领导参加了会议。

8月5日,海军汽车团出动16辆东风140汽车、30多名战士,帮助古将村抢修道路,共运砂土1000立方米。

8月23日,流村镇第一届人民代表大会第四次会议召开,全镇40多名人大代表出席了会议。

9月5日,区文化局在流村镇举办了夏日文化广场演出活动。

9月11日,流村镇村级"三个代表"重要思想学习教育活动召开。全镇28个村120名村级干部参加了动员会,副区长杨旭明到会并讲话。

9月14日,市政协委员到流村调研山区农民收入情况,区政协副主席张仲民陪同调研。

9月18日,区山区办、畜牧局等有关部门联合对流村镇33户新发展的舍饲养殖专业户进行了检查验收,全部通过。

9月19日,北京福田公司"效益"工程基地揭幕仪式在流村镇马刨泉村举行。此工程总面积5000余亩,总投资105万元。

本月,流村镇"明亮"工程竣工,此工程在镇政府街、商业街安装路灯50余盏,总长2公里,并投入使用。

10月5日,镇召开全体机关干部会议,会上宣布了区委决定,任命董锦华为流村镇党委书记,提名流村镇人大主席候选人,任命郭玉清为党委副书记,提名流村镇人民政府镇长候选人,任命张伟为流村镇党委副书记。

10月10日,流村镇妇联在菩萨鹿巨笔山庄举办了"菩萨鹿"杯农家饭大比武活动,菩萨鹿村的小鸡炖蘑菇、黏饽饽、"驴打滚"分别获得了"金厨奖"和"巧妇奖"。

10月20日,流村镇第一届人民代表大会第五次会议圆满闭幕,董锦华当选为流村镇人大主席,郭玉清当选为流村镇人民政府镇长。

10月下旬,流村中学教学楼工程全面启动,此工程投资300万元,建筑面积3000平方米。

10月,北流村果品优质品率达90%以上,农药残留量比国家标准低,果品质量在全区评比中获第一。

11月,流村镇对机关办公楼和院内环境进行了整修和改造,改善了流村机关的办公环境。

12月7日,流村镇全体机关干部、当地驻军及群众500余人冒严寒,挥锹奋战西峰山小枣基地,再掀流村镇水利富民工程高潮。

12月13日,由镇长郭玉清带队、区林业局防火科、流村派出所及政府职能部门参与,对基层单位开展了护林防火宣传大检查。

12月25日,流村镇党委组织基层支部书记、村民主任、各站所负责人及机关副科级以上干部共计70余人,收看《WTO与中国》入世知识系列讲座。

12月,根据机构改革领导小组的总体工作部署,流村镇60名同志经过笔试、演讲答辩、测评三个环节的严格考核,有41名同志竞争上岗,并于21日走上各自的工作岗位。

12月底,流村镇王家园水库南干渠下游节水改造工程启动,该工程由区水资源局负责设计,资源局与流村镇共同施工。

## 2002 年

1月16日,流村镇召开了2001年度工作总结表彰会。镇长郭玉清通报了2001年度经济工作完成情况和精神文明建设情况,对2002年工作和重点工程进行了安排部署,并对2001年为民办实事、舍饲、退耕还林、一树一库、水利富民等农民增收工作完成好的单位进行了表彰。

1月17日,昌平区杨旭明副区长、区财政局刘亮臻局长等在郭玉清镇长陪同下,到流村镇山区马刨泉村慰问 6 户解放前入党的老党员,并为其送去了慰问品。

同日,市民政局、区民政局、区财政局领导在流村镇董锦华书记的陪同下,慰问了流村镇敬老院,并送去了 2 万元慰问金。

1 月 19—20 日,流村镇两级领导干部对 35 户新中国成立前入党的老党员、离退休干部及 12 户军烈属等进行了慰问。

1 月 25 日,区政协武宁主席牵头,在流村镇北照台村召开了扶贫工作座谈会,帮扶单位昌平外经委、石油大学、回龙观镇、沙河镇王庄村的领导及流村镇镇长、常务副镇长参加了座谈。

同日,区委副书记、区经委书记李福忠来流村镇看望了菩萨鹿村的老党员、老干部陈恩达,并送去了慰问品和慰问金。

1 月 29 日,由镇党委副书记、武装部长带队,北流、古将、上店等村领导一行 6 人,慰问了为流村镇的经济发展及各项公益事业作出很大贡献的南口海军汽车团的全体官兵,送去了 6000 余元的慰问品,以表达对解放军的深深谢意。

同日,韩台村扶贫工作座谈会在流村镇召开。会上,区农委、公路局、华北电力大学认为路况差是制约韩台村经济发展的主要因素,昌平公路局李局长将 3 万元扶贫款交到韩台村书记李玉福手中,用以修缮道路。华北电力大学领导也表示将制订可行的扶贫计划。

1 月 31 日,副区长任学良、教委主任朱光彤和流村镇领导到王峪村,送来 2 万元扶贫款,并看望了老、伤、残军人。

1 月,流村镇京津风沙源治理工程启动,此工程为流村镇 2002 年水利富民综合开发重点工程之一。工程完工后,将有效地改善流村镇的生态环境,对京津风沙源的治理起重要作用。目前已建蓄水池 2 座 1000 立方米。

1 月底,流村镇圆满完成基本单位普查工作,对 88 个基本单位进行了普查登记录入,差错为零。

2 月 1 日,区委书记赵凤桐在常务副区长董瑞龙的陪同下,来到流村敬老院进行慰问。赵凤桐还到白羊城、北流村两个村分别慰问了新中国成立前老党员及伤残军人。

2月4日,昌平区副区长冯维利、区林业局局长苏卫东等领导在镇长郭玉清陪同下对流村镇防火工作进行视察,并做了重要指示。

2月5日,流村镇党委书记董锦华、镇长郭玉清等领导看望了新中国成立前老党员刘淑珍、刘胜兴,送去了面、油、水果等慰问品。春节期间,市、区、镇三级领导慰问流村镇老干部、老党员、困难户、残疾人、复退军人等共计200余户。

2月27日,区委书记赵凤桐在组织部、区委办领导陪同下,来到深山区马刨泉村进行基层组织建设工作调研。赵凤桐针对村里的现状,要求结合地区优势及有关政策,抓好退耕还林和具有本地特色的优势经济发展,从而带动各项工作的开展。

2月,昌平区红十字会开展节前"送温暖"活动,为流村镇20户困难户送去了价值200元的生活用品及200元慰问金。

春节期间,在流村镇党委、政府的积极努力下,为流村镇上店、下店、南流、北流四个村开通7路公交车,是党委、政府认真贯彻"三个代表"重要思想,坚持"立党为公,执政为民"服务宗旨的充分体现。

2月底,流村镇政府开展"特种设备普查登记"工作,即普查换证、检验治理、注册要求,颁发使用证,将在年底之前完成。

正月十五晚,长峪城村传统的闹花灯活动吸引了五里乡村2000多名群众,副区长张文祥、任学良,区委常委、政法委书记王书合,区委常委、宣传部长张建利等领导在镇党委书记董锦华、镇长郭玉清的陪同下,观看了花灯。

3月2日,昌平区区长佟根柱,副区长杨旭明、张文祥,区规划局、水资源局、土地局及北京规划委员会、规划所所长等领导就昌平西部地区规划问题到流村镇进行了调研。佟区长指出:坚持可持续发展的开发思路,针对开发与保护环境的矛盾,坚持积极导向,不能消极治理,土地利用规划要调整好。

3月6日,流村镇召开了迎"两会"、庆"三八"表彰大会。镇党委副书记张伟,副镇长张树玲、韩国玲,武装部长李德林参加大会,会上对各类先进进行表彰。镇委要求广大妇女学习"两会"精神,积极投身流村镇的两大文明建设,在新的一年里再立新功。

3月7日,区山区办主任殷永增陪同市委山区处领导就山区开发有关问题到流村镇进行调研,要求流村镇走生态开发并重之路,同时也希望流村镇结合山区实际情况,制定一些优惠政策。

3月12日,镇司法所与南口法庭进行现场开庭与咨询,就一起土地承包纠纷进行公开审理,并当庭判决。现场发放材料,解答问题,得到好评。

3月22日,区委书记赵凤桐,区委副书记李福忠,区委常委、宣传部长张建利,区委常委、政法委书记王书合等领导和区直机关干部、北京市公安局昌平分局的青年300余人参加了实创IT建业园绿化植树活动。

3月23日,南口海军汽车团捐资5万元修建上店村共建爱民路。

3月26日,区政协主席刘德明,常务副主席武宁,副主席张仲民、沈玉宝及政协委员20余人到流村进行调研,听取了镇党委书记工作思路和工程进度汇报,随后参观了重点工程项目。政协主席刘德明指出:流村镇经济发展思路清晰,有亮点,但要处理好眼前和长远、局部和全局的关系。希望委员多关注山区,关注流村,对流村的经济发展多给予支持和帮助。

3月,流村镇部署在全镇开展"解放思想,更新观念,抓住机遇,促进发展"大讨论活动。此次活动从4月份开始,12月份结束,分三个阶段,历时8个月,参加讨论的是全镇党员群众。

3月,流村镇对辖区内主要路段两侧的环境进行集中治理,效果明显。同时,流村镇党委、政府在努力发展镇域经济的同时坚持与环境保护并举的原则,吸引社会资金,与北京实创高科技发展公司合作开发"实创工厂建业园",总投资8亿元人民币,主要用于绿化、改善环境。

3月底,昌平区气象局防雹点在古将村落成,可有效防止冰雹对本地区袭击。

3月,流村镇荣获2002年度昌平区春季长跑比赛活动团体总分第五名。

4月2日,区委组织部部长李庆在区委常委、科技园区主任洪启忠,区公路局书记刘满泉等领导的陪同下,就低收入村脱贫问题到韩台村进行现场办公。李庆指出:近期目标与远期目标相结合。近期目标:(1)增加劳力外出机会,增加农户收入。(2)大力发展果树种植。(3)争取资金修好路,还要充分利用本地资源,做好村域发展规划。

4月3日,市长刘淇就绿化工作到昌平调研,并到流村镇南流村南沙滩和黑寨村千亩李子园了解情况。

4月25日,区人大、区体育局的领导任宝贵、钟振声、李秀清、郑祥和等20人来流村镇检查北流村健身工程,对流村镇全民健身工程起到一定的推动作用。

4月,2002年计划建蓄水池3万方的1个、300方的3个、200方的2个,蓄水池的建成将扩大灌溉面积1.5万亩,逐步解决种植业靠天吃饭的问题。

4月,流村镇工业小区开始启动,小区占地772亩,经运作,北京勃然制药有限公司已动工。该公司占地65亩,总投资2000万元,预计2002年10月投入使用。

4月,流村镇为改变以前支部书记工资标准不同、工资差距大的现状,进行了工资改革,制定了工资发放标准。具体情况如下:

一类村(1000人以上的村,含1000人):年工资15000元。

二类村(500—999人,含500人):年工资12000元。

三类村(499人以下的村):年工资10000元。

4月，流村镇2002年计划将充分挖掘本地资源优势，培植五个专业村——小水峪葡萄专业村、长峪城养鸡专业村、北照台养蜂专业村、溜石港养蜂专业村、发电站食用菌生产专业村，八个种植基地——西峰山小枣基地、北流村苹果观光采摘基地、老峪沟仁用杏基地、高崖口南沟香椿基地、老峪沟核桃基地、流村、高崖口盖柿基地、老峪沟养羊基地、西峰山奶牛基地。

4月，流村镇2002年实施重点工程，现已进入实施阶段，镇政府西拓筑路工程已完工，该路为长1700米、宽8米、厚15公分的水泥路面。

4月，实创"IT"建业园绿化工程，完成栽植树木14万株。该工程计划绿化1000亩，已完成绿化400亩，栽树14万株，未完成的雨季进行。北京市长刘淇、昌平区委书记赵凤桐等领导分别到该工地参加了植树活动。

4月，按照《昌平区农村财务"村账镇管"实施办法》，流村镇从2000年起开始实施"村账镇管"工作，截至目前，此项工作已接近尾声。

4月，市工商联会长卢晓华，副区长任学良，区委副书记、组织部长李庆，区人大副主席武宁，教委主任朱光彤，区工商联会长王翠霞及流村镇领导等出席了昌平区"扶贫济困春风行动"，民营企业家资助特困生捐赠仪式在流村中心举行。

5月17日，流村镇科委与区科委、科协、政法大学及海淀医疗队在流村镇北流村联合举办了科技、文化、卫生三下乡活动。

5月，为进一步推动全镇"解放思想、更新观念、抓住机遇、促进发展"大讨论活动的深入开展，流村镇党委邀请了原中国农业大学副校长李青山教授为全体机关干部、28个村支委以上的基层领导干部作了题为"提高素质，当好干部"的报告。

5月，为解决基层支部班子后继乏人的现状，流村镇在培养后备干部上开拓新思路，经充分调查摸底，按照双向选择的原则，确定了7名退伍兵作为后备干部的候选人。

5月,流村镇西峰山、古将两个村的居家健身工程已投入使用,共安装了6万元的健身器材。

6月11日6：00—15：00,流村镇普遍遭受大风袭击,老峪沟地区最为严重。其中老峪沟地区的长峪城村遭受了瞬时龙卷风的袭击,有直径30—50公分的核桃树被连根拔起。

6月11日,中关村科技园区管理委员会向山区小学捐赠电脑仪式在西峰山小学举行。

6月19日上午,流村镇举办了由机关及基层干部参加的解放思想大讨论报告会。区委党校校长刘志奇为与会的70余名干部做了题为"解放思想、更新观念、加快发展"的报告。

6月20日上午,昌平计生委领导将计生委全体党员所捐的2000元交到了高崖口中学校长李玉水的手中,并将400元学费及学习生活用品送到了接受捐赠的学生王涛手中。

6月,七一前夕,昌平区司法局在流村镇瓦窑村举行了送法下乡活动。

7月10日,副区长任学良同英美烟草中国公司北京办事处的领导视察了流村中学教学实验楼的建设情况。自实验楼兴建以来,得到了区委、区政府的大力支持,同时,英美烟草中国公司也为流村中学实验楼捐助了35万元。

7月15日,晚上7点,流村镇防汛抗旱指挥部在王家园水库下游组织了防汛演习。

7月16日,就低收入村的经济发展问题,昌平区副区长张文祥到流村镇进行调研。

7月26日,流村镇政府在古将村举办了"夏日文化广场"文艺演出活动,前来观看演出的群众有500余人。

7月26日上午,上店军民共建爱民路落成仪式在流村镇上店村举行。

7月29日,2002年度流村镇完成"一树一库"10000个,涉及3

个村、10 户。经区农委、区财政局、区林业局、区水利局等联合小组
检查验收,全部合格。

7 月 31 日,昌平区公安局领导在流村派出所所长孙晓楠的陪同
下,看望了流村镇禾子涧村烈士子女赵瑞凤,并带去了慰问金。

7 月,流村镇上半年 8 项实施重点工程已基本完成:1. 政府街西
拓路工程;2. 京津风沙源治理工程;3. 3.78 万方蓄水池修建工程;4.
西峰山千亩冬枣集雨节水灌溉工程;5. 退耕还林还果改善地区生态
环境增收工程;6. 完成政府街、商业街美化工程;7. 王家园水库灌区
南北干渠、支渠改造工程;8. 老峪沟地区水利网络化工程。

8 月 1 日,就山区低收入村的经济发展问题,昌平区副区长杨旭
明到流村镇进行调研。

8 月 10 日—16 日,在昌平区第一届机关运动会篮球比赛中,流
村镇取得了第一名。此次比赛共 11 个代表队参加。

8 月 15 日,流村镇召开了第一届人民代表大会第七次会议。

8 月 28 日上午,中国国际通讯卫星地面站工程开工典礼在流村
镇北流村工业园举行。

8 月 29 日,由人大副主席郭守庚牵头,与二建公司的领导一同
检查了对口扶贫单位黄土洼村的人畜饮水工程。

8 月,流村镇本着对人民和后人负责的态度,对历史上遗留下来
的上亿元的债务,通过加大招商引资力度,盘活资产等方式,按着先
还个人后还集体、国家的原则,分期清还。今年上半年,共偿还债务
3500 万元。

9 月 14 日,市委副书记强卫在区委书记赵凤桐、区长佟根柱等
领导陪同下,到流村镇黑寨村千亩果园节水灌溉工程进行调研。

9 月 18 日,菩萨山风景区开业典礼新闻发布会在流村镇菩萨鹿
村举行。

同日,全国最大旋压封头生产线投产剪彩仪式在流村镇顺大封
头厂举行。

9月,流村镇取得了昌平区首届机关运动会团体总分第三名。

10月11日,区老龄委的领导到流村镇走访慰问百岁老人及特困老人,为南流村百岁老人列化、北照台贺庆斌、贺庆起、狼儿峪邱洪如及敬老院送去慰问品及慰问金6000元。

10月24日,流村镇第一届人民代表大会第八次会议上,经全体与会代表投票选举并一致通过,徐树义当选为流村镇副镇长。

10月28日下午,中共中央办公厅机要交通局的领导一行十余人来到流村中心小学,为8名家庭困难的学生捐资助学。副区长任学良对中央办公厅的助学行动表示感谢,并当即拿出800元钱捐助两名贫困学生。

10月,为确保"十六大"召开期间的社会稳定,流村镇党委召开专题会议,对全镇的治安保卫、综合治理、环境整治及"法轮功"的打、防、控等工作进行了研究,并采取了有效措施。

10月,流村镇被评为2002年度全市山区水利富民综合开发先进镇,流村镇已连续五年获此殊荣。

10月,按照京农畜字[2002]22号《北京市养殖业标准化基地建设考核评分标准》,流村镇在长岭城村建成了肉鸡标准化生产示范基地。基地面积3000平米,建筑面积2200平米,年出栏肉鸡可达8万只,农民增收15万元。

10月,流村镇确定2003年节水工程项目:一、西峰山人巷果园700亩管道灌溉及配套工程;二、新开下河套果园300亩管道灌溉工程;三、南沟水库灌渠维修工程;四、西峰山东台冬枣园300亩管道灌溉工程;五、老峪沟修水池两座,修管道800米。五项工程预计总投资130余万元,可增效益30余万元。

10月,南口法庭对一起不履行赡养义务的案件在流村镇黑寨村进行公开审理。

11月8日,流村镇人民欢天喜地迎接党的十六大的胜利召开。

11月15日,区委书记赵凤桐到昌平西部深山区——流村镇长峪城村调研时指出:山区发展建设要从实际出发,立足现有条件,确立经济开发项目,富裕一方百姓。

11月28日,由常务副区长杨旭明带队,区纪委常委路玉玺一行五人到流村镇检查处级领导班子党风廉政建设落实情况。

11月,据统计,1—10月份完成农村经济总收入31446万元,农村经济纯收入8850万元,税收1037万元,同比增长分别为17.1%、9%、40.7%。

11月,流村镇第二次党代会党员代表选举工作圆满结束,全镇共有党员1190名,45个支部。按照规定程序和上下结合的原则,经过全体党员的充分酝酿,投票选举共选出党员代表100名。

11月,为使全镇的护林防火工作落到实处,流村镇对全镇的护林防火工作进行了全面检查。

11月,流村镇加大防火力度,成立了由35人组成的专业扑火队,并为其购置了必备的器具、车辆等,使护林防火工作做到防患于未然。

# 2003年

1月9日,流村镇召开第二届代表大会第一次会议。镇长郭玉清作了题为《抓住机遇,加快改革,与时俱进,再创佳绩,为建设富裕、民主、文明的新流村而努力奋斗》的报告。与会代表听取和审议了政府工作报告,对三年来流村镇在物质文明和精神文明建设中所取得的成绩给予了充分的肯定。会议投票选举了流村镇第二届人大和政府领导班子。

同日,武装部"西片"双拥工作座谈会在流村镇召开。区双拥办主任王双武、区双拥办副主任朱自宣及镇党委书记董锦华、纪检书记刘春林参加了座谈会。

1月10日,区委组织部就为农村支部书记、村民主任上养老保险的有关问题在流村镇召开了座谈会,就养老保险的档次、基层干部工作年限的划分等有关问题,各镇分别提出了他们的建议。2003年,区委组织部将在全区进行此项工作的推广。

1月16日,京北第一大蓄水池——流村8万方蓄水池建设工程正式开工。蓄水池堤顶路长600米,池深4米,铺设防渗膜32000平米,投资340万元。此工程的建成不仅能够发展节水灌溉面积0.4万亩,有效控制灌溉面积1000亩,每年可节约泄洪流水20万—30万方,而且还能减少地下水的开采,并能大大改善流村王家园水库下游冲积扇地区的生态环境。

1月17日,流村镇举办药品市场监督与管理相关法规培训班。

1月20日,昌平区民政局社救科来到流村镇,对上店村的刘文才等五户困难户进行慰问。

1月21日,区政协主席任宝贵,副主席武宁、郑祥和,区委常委、区武装部副部长王红专等领导到流村镇看望了新中国成立前的老党员李成风。

1月30日,区委书记赵凤桐在区林业局局长苏卫东的陪同下,来到流村镇老峪沟村看望困难户沈长会一家。

1月31日,北京青年报开展的"帮村民看上春节晚会"电视捐献仪式在流村镇政府举行。区委副书记李庆,团区委书记于波,流村镇党委书记董锦华、镇长郭玉清参加了捐赠仪式。36台彩电送到居住在深山区的流村镇韩台村、菩萨鹿村、老峪沟村30户困难户家中,使他们在大年三十看上了春节晚会。

1月底,流村镇古将、黑寨、新村、白羊城四个村的有线电视入户近日开通,使村民在新春佳节之日收看到了丰富多彩的文艺节目。流村镇党委书记董锦华、镇长郭玉清到农户家中了解收视情况并给他们拜年。

1月,流村镇环岛建设工程已进入拆迁阶段。此项工程需拆迁面积(包括民宅、商店、饭店)1321.55平方米,已拆迁1197.76平方米。

1月,春节将至,区各职能部门纷纷到流村镇进行走访慰问,区审计局书记郭子承、副局长张爱萍到老峪沟村看望他们帮扶的李志敏、陈文龙、李宝华,为他们带去了生活用品。区个体工商联会长、路德公司总经理李阳慰问流村镇敬老院的老人们,带去价值3000元的慰问品和2000元慰问金。区妇联主席王淑存看望小水峪陈连英、敬老院的弃婴。区政法委书记刘桂才带队,北七家镇鲁滩村书记高秀芹到溜石港村慰问老党员、军烈属、困难户。

2月19日,流村镇召开环岛建设协调会。区政协主席沈玉宝主持此次协调会,市政协、区交通局、供电局、公路局、电信局、有线电视和市政府园林处领导到会。会上,与会领导纷纷表示,在建设中,从手续、规划等方面一定给予全力支持,提高办事效率,力争年底见实效。

2月,1995年入驻流村镇的纳税大户——北京光大制药的总经理沈庆利被聘为流村镇荣誉镇民。

3月1日,流村镇团委组织了"百万群众学雷锋,优化环境做贡献"公益活动。200余人参加了此次活动,发放材料300余份。

3月3日,流村镇政府在北流村街中心举办"科普之春"大型科普宣传咨询活动,发放《中华人民共和国科学技术普及法》、《民事诉讼法》、《新婚姻法》等相关宣传材料1000余份。

3月14日,流村镇政府安全生产领导小组会同公安、交通、城管、电力等职能部门,对镇域内的六个重点企业的安全工作进行了重点抽查,强化了两会期间的安全工作。

3月15日,流村镇聘请石油大学董刚教授对流村镇全体机关干部进行了局域网相关知识培训。流村镇局域网是全区率先开通的镇之一。

3月18日,副区长江明到流村镇发电站村就低收入脱贫问题进行调研。陪同调研的有区农会副主任殷永增、区人事局纪委书记王军、区司法局副局长李江、史各庄村书记吴德芝等对口扶贫单位领导。

3月21日,就低收入村如何加快经济发展步伐,实现三年人均收入达到全区平均水平问题,副区长初世敏到流村镇高口村进行调研。

同日,流村镇老峪沟残保服务中心正式接纳残疾人。残保中心是原老峪沟中学校址,后进行改造建立,接纳对象是本地区鳏、寡、孤、独、残疾人,目前已接纳24人。

同日,北京市昌平区流村农村信用合作社第一届社员代表大会第二次会议在流村镇政府举行,共有39名正式社员代表和60余名列席代表参加了会议。经过全体与会代表投票选举,产生了新一届昌平区农村信用合作社社员代表。通过此次会议的召开,将建立产权明晰、运转正常的法人治理结构,有利于农村信用社加强内控制度建设和消化历史包袱,改善经营状况,使其真正发展成为具有一定规模和抗风险能力的金融机构。

同日,驻流村镇工业小区的北京天九药业有限公司破土动工,占地60亩,总投资3000万元。

4月5日,为优化政府发展环境,提高公务员的综合素质、工作水平和效率,流村镇举办信息培训班。

4月6日,全国劳动模范时传祥的家人和电影《时传祥》剧组来到离京城最近的风沙源——昌平区流村镇的南河滩,栽植“时传祥纪念林”,以此来纪念这位已故的全国劳模。

4月11日,昌平区政协副主席沈玉宝就低收入村如何加快脱贫步伐问题到流村镇南流村进行调研。

4月17日,流村镇将投资10万元,开展劳动力再就业培训。第一期培训班于当日在镇政府开班,来自全镇10个村的120名村民参加了第一期的民俗旅游综合知识培训。

4月25日,流村镇加强“非典”防控工作,全镇行动起来,已投资15万余元,购买消毒液、消毒器材、口罩、隔离液,并为辖区内的三个卫生院配备了相关器材。

4月27日，流村镇防"非典"进入一级防备状态，正式组建一支由116名25—40岁男青年组成的巡查小分队，昼夜分兵把守镇辖区内19个关键路口。

4月28日，昌平区副区长杨旭明等领导到流村镇、村就防控"非典"工作的落实情况进行了检查，对流村镇防控"非典"方面采取的设卡盘活、登记造册、统一消毒、建立专业应急小分队、下发车辆通行证等措施表示满意。

4月29日，为确保"非典"防控期间各村信息的沟通，流村镇投资3万元，为全镇28个行政村购置了传真机。

4月30日，流村镇加大对全镇人口流动的控制力度，镇政府出资统一印制了"村民出入证"，确需外出的村民凭证进入本村。

同日，流村镇出资为全镇6000余户村民购买体温表。

4月，流村镇为预防"非典"加大对宠物及畜禽的管理、统计、防疫和圈舍消毒。

5月1日，流村镇向全镇人民发放"致全镇人民的公开信"6500余份，并出动宣传车进行宣传。

5月3日，流村镇高度重视施工单位的"非典"防控工作，成立专门检查组，每天对工地"非典"防控工作的落实情况进行检查，并同各施工单位签订责任书。

5月4日，流村镇上店村私营企业——航运喷涂厂厂长崔淑利捐款11000元，为全体村民购买防"非典"中药。

5月5日，流村镇积极做好农用物资贮备，确保"非典"防控期间不误农时。目前，农业中心已贮备"108"、"958"等玉米种子2万斤。

5月7日，流村镇下发关于"非典"疫情民意调查表，绝大部分群众对政府采取的措施表示满意，并积极予以配合。

5月8日，流村镇农户饲养的肉鸡未受"非典"影响，已出栏肉鸡20余万只。

截至 6 日,流村镇镇、村两级共投资 94 万元用于防"非典"。

5 月 10 日,流村镇在防控"非典"的同时,水利工程项目按计划如期完成:

一、8 万方蓄水池已于 4 月底按计划竣工。

二、黑寨京津风沙源治理工程完成灌溉 1000 亩,石坎梯田 1000 亩,完成经济林 300 亩,水土保持田 100 亩,发展牧草 50 亩,完成河道护岸 100 米。

三、完成新村灌溉工程 300 亩。

四、五小工程完成 150 亩,建 80 立方蓄水池两座。

5 月 16 日,流村镇 2003 年退耕还林任务完成,任务 3000 亩,完成 3100 亩。一树一库任务共计 30000 个,已经完成 18500 个。

同日,流村镇工业小区企业北京恒轮环保设备有限公司无偿捐赠价值 50 余万元的垃圾焚烧炉给昌平区政府。

5 月 20 日,流村镇投资 1 万余元购买鼠药,掀起"人人动手,消灭四害"的灭鼠高潮。

同日,昌平区委书记赵凤桐、副区长张文祥等区委、区政府领导到流村镇老峪沟村、长峪城村和老峪沟残保中心进行调研,关注山区人民的生产、生活和健康。

5 月 24 日,区长佟根柱,常务副区长杨旭明,副区长冯维利、张文祥等领导就防汛工作的有关问题到流村镇进行调研。

5 月 25 日,流村镇共有 300 余名初三学生返校复课,高口、流村两所中学严格按照复课要求,设立了隔离室,封闭了楼内垃圾道,班容量不超过 30 人,并每天对校园室内外进行全面消毒。镇投资近万元,为学校购买了消毒液、电子体温测试仪,于复课前送到了学校。

5 月 27 日,流村镇党委书记董锦华、副书记瓮民等领导来到菩萨山风景区,了解"非典"时期暂时停业期间菩萨山风景区的基本情况。

5 月 29 日,区委书记赵凤桐、区人大主任任宝贵、副区长冯维利、区政协主席刘德明及其他防汛指挥部成员到流村镇防汛重点部位北流村环岛检查防汛工作。

6月4日,17点10分,流村镇遭受大风和冰雹袭击。平均降雨量达25.3毫米,风力7级左右,降黄豆粒大小冰雹约1分钟。据统计,造成经济林倒折2200棵,预计减收20万元。其中,倒折核桃树300棵,预计减产15万斤;枣树1600棵,预计减产62000斤;柿子树100棵,预计减产7000斤;其他经济树木200棵,预计减产8000斤。此外,刮折路旁防护林13棵,其他用材林16棵,没有人员伤亡。

6月9日,昌平区教委主任李永生、副主任刘子玉和镇党委书记董锦华、镇长郭玉清实地查看老峪沟小学的教学用房。

同日,区建委领导关注山区经济发展,到流村工业小区检查"非典"防控及施工进度,并为工地送84消毒液。

6月17日,昌平区副区长初世敏到流村镇王家园水库检查防汛工作。

6月22日,流村镇黄土洼村防洪拦水墙完工。该拦水墙共计60平米,投入人工、车工、材料费共计8000余元。

6月,区长佟根柱、副区长冯维利就防汛工作到流村镇进行调研。在考察了老峪沟村、老峪沟小学、发电站村、高口村防汛重点部位的情况后表示投资10万—20万元,在老峪沟建护村坝,并对发电站村、高口村的险段治理提出具体的方案。

为强化各村领导的防汛意识,流村镇在瓦窑村举行防汛演习。镇防汛指挥部全体成员、几个村领导参加了演习活动。

流村镇出租、出借房屋清查工作结束。经核查,共有出租、出借房屋361间,5415平方米,涉及115户、375人。

区政协全体委员及委员单位捐款支持帮助流村镇加快发展搞建设。截止到6月,共计捐款133.15万元。

2003年上半年,流村镇建设健身娱乐场所6处,总投资200余万元,健身场所面积2万余平方米。

7月2日,流村镇党委将从即日起至7月7日,对流村镇村级"两委"班子进行工作考察。通过考察,使镇党委准确掌握基层支部的各种情况,为今年年底村支部换届选举一次成功奠定了基础。

同日,区委书记赵凤桐在"非典"双解除后到我镇白羊城村就民俗游工作开展情况调研,还到菩萨山风景旅游区进行实地考察。

7月8日,流村镇白羊城民俗旅游度假村开村仪式隆重举行。区人大主任任宝贵,区政协主席刘德明,区委常委、常务副区长杨旭明,区委常委、宣传部长张建利等领导,区委办、区政府办、区委宣传部等各职能部门领导,长岭、兴寿、南口、十三陵、崔村、小汤山等镇的领导,北京电视台、京郊日报等多家新闻单位、京城40家居委会主任及流村镇党委、政府领导参加了开村仪式。截至9月17日,共接待游客过万人,全村民俗户创收15万余元。

7月25日,流村镇将退伍军人安置与后备干部培养相结合,经考核、面试,将7名2002年退伍兵确定为后备干部培养对象,经一年多的培养,结合基层工作需要,现将后备干部中的4人充实到基层工作岗位。

7月26日,区计生委主任李春菊、副主任张海滨等领导将一台松下摄像机捐给流村镇,用以支持发展中的流村对外宣传工作。同日,还将2万元捐给流村镇小水峪村,用于防汛工程——小水峪"三八"富民桥的修建。

7月27日,16时10分,流村镇降下豆粒大小冰雹,历时8分钟左右。经统计,全镇受灾面积1500亩,果树和农作物减产约计90万斤,减收60万元。

7月,流村镇完善了社保工作机构。从7月份开始,各村统一设立了一名"社保专管员",专门配合镇社保所开展工作。目前,全镇28个"社保专管员"全部落实。

8月20日,区人大副主任钟振声召集区卫生局、区水利局、回龙观东店村等扶贫单位领导,在流村镇会议室召开了"老峪沟扶贫工作"座谈会。各扶贫单位领导当场表示,将尽最大所能继续对老峪沟村予以帮扶。其中东店村领导表示,为老峪沟村发展粗粮加工项目支持两台机器设备。

8月25日,流村镇面对几年少见的干旱,采取措施开展自救:鼓励农户实施一树一库,镇政府给予实施农户适当补助;引导农户发展养殖业;积极拓宽务工渠道,为农民寻找就业途径;积极发展小型企业,吸纳本地劳动力就业。对于确无产量的玉米,镇政府积极帮助联系出售青储,以降低灾害损失;鼓励农户搞好小秋收;实施以工代赈工程。

同日,流村镇2003年水利富民综合开发等大农业相关工程全部完工。完成了以下工程:8万亩蓄水池工程;黑寨京津风沙源治理工程完成灌溉1000亩,石坎梯田1000亩,经济林300亩,水土保持田100亩,发展牧草1000亩,完成河道护岸1000米;完成新村灌溉工程300亩;五小工程完成150亩,建80立方蓄水池两座。北流村水厂建设预计9月中旬主体工程全部完工。

8月31日,区委书记赵凤桐就农村土地流转工作到流村镇进行调研,副区长冯维利、区委办主任潘建新等领导陪同调研。

8月,流村水厂全面开工。流村水厂位于流村工业小区北侧,是流村镇2003年的重点工程之一。该水厂占地9.8亩,计划打机井4眼,建2000方蓄水池2座。内设办公楼和水质处理车间。整个工程预计9月中旬完工。该水厂建成后,可为流村工业小区及周边地区开发解决供水问题。

8月,经过流村镇团委申请,有6名志愿者"落户"流村镇。

9月9日,区委书记赵凤桐、副区长任学良在区委办主任潘建新、区教委主任李永生及流村镇老峪沟中心小学新校舍落成揭牌仪式。会后,赵凤桐给老峪沟中心小学身患白血病的老教师送去了鲜花和节日慰问金。随后,赵凤桐一行来到了流村镇高口中心小学参加了教师座谈会。

9月16日,市农委、市山区办、市水利局等单位领导在副区长冯维利、区农委、区水利局及流村镇党委书记董锦华等陪同下,来到流村水厂及8万方蓄水池,对2003年流村水利富民综合开发工程进行了检查。

9月17日,昌平区老龄委一行4人看望了流村镇古将村百岁老人谷高氏,北照台村特困老人贺庆起、郑淑琴,送去了节日慰问品和慰问金。

9月23日,上午9时,中央电视台第七频道的"乡村大世界"节目在流村镇菩萨山风景区举办"庆九九重阳节"文艺演出。此次演出邀请了文艺界知名人士沈莉、常宝华、文兴宇及关凌等。

9月24日,昌平区科技、文化、卫生、司法"四下乡"活动在流村镇古将村举行。参加活动的有区科协、区科委、区林业局、区图书馆、区中医院、平板玻璃公司职工医院及流村镇科委、科协、政法办、计生办、社会事务科等部门。

9月26日,流村镇在昌平区第四届全民健身体育节男子接力赛中取得团体总分第二名的成绩。

9月27日,区教委义教科兰科长等一行4人,对流村镇12所幼儿园设施、房屋、煤气、饮食、卫生等安全问题进行了全面检查。

9月28日,由昌平至菩萨鹿村的11路支线正式开通,解决了2300多名百姓出行难的问题。昌平区交通局局长张起富、副局长张洪池及流村镇镇长郭玉清、副镇长徐树义等领导参加了开通仪式。

9月30日,流村镇党委、政府在九九重阳节前夕,看望机关28名离退休干部,并为每个人送去价值200元的慰问品。

10月15日,流村镇广大机关干部和群众认真学习了党的十六届三中全会公报,镇村基层支部组织干部群众进行了座谈讨论。

10月17日,位于流村镇工业小区北侧的北京市国华加油站破土动工。该加油站占地3亩,预计总投资95万元,于12月底完工。

从10月20日到10月22日,流村镇举办区人大代表换届选举选民登记员培训班,全镇共培训选民登记员 80 余人。

10 月 21 日,北京市扶贫济困春风行动办公室与加拿大华人姚女士一家来到流村镇老峪沟地区 15 名特困小学生的家中,为他们每人送去了 300 元助学款。

10 月 22 日,流村镇护林防火指挥部聘请北京武警训练基地的 2 名教官对流村镇两个扑火队的 45 名队员进行为期一周的训练。

11 月 5 日,由区政法委牵头,在流村镇政府三楼会议室召开了流村镇溜石港村扶贫工作座谈会。参加会议的领导有区政法委书记王书合,政法委副书记刘贵才、贺得纯,办公室主任祖永富,扶贫单位领导、鲁滩村党支部书记高秀芹,工商培训中心办公室主任刘起,区山区办主任殷永增,镇长郭玉清。

11 月 7 日,流村镇司法所按照区司法局要求,全镇各村及镇司法所共建立了 29 个民事调解庭,总共投资 1.5 万元。29 个民事调解庭依据标识、程序、地点、公章、人员、格式"六统一"开展民事调解,实现了村民民事调解不出村。

11 月 14 日,流村镇农村合作医疗大病统筹制度在全镇全面推行。采取三步走战略:第一步,在经济实力较强的村全面推行;第二步,在经济基础相对较好的村展开;第三步,在 15 个贫困村中进行。合作医疗出资,镇、村、个人三级筹集,采取"112"方式,即镇、村两级年均各补 10 元,个人每人每年交 20 元。目前已有三分之一的村开始推行。

11 月 19 日,流村镇白羊城村两委班子积极筹措资金,投资近百万元,打了一眼深 360 米的机井,为村民配输水管道 9000 米,告别了饮用王家园水库水的历史。

11 月 22 日,流村镇第二次党代表大会召开。按照法定程序,与会的 94 名代表经过讨论酝酿,选举出了出席昌平区的 12 名党代表。

11 月,流村镇选举昌平区第二届人大代表换届选举工作圆满完成。全镇共设六个选区,有选民 15586 人。六个选区参选率均在

98%以上,选举工作一次成功。共选出区人大代表 11 名,其中妇女代表 4 人,占 36.4%;群众代表 4 人,占 36.6%;区参选代表 3 人。

11 月,流村镇高口南山中的南沟小二型水库除险加固工程接近尾声。南沟小二型水库位于流村镇高口南山中,总库容 26 万余方。该水库担负着下游瓦窑、高口、漆园、发电站等村的 4000 余亩农田灌溉及发电站全村的人畜饮水功能。2002 年汛期,该库经检查被确定为险库后,在镇政府、水管站等部门的多方努力下,除险加固工程于 2003 年 11 月 12 日开始动工。现正在进行垒坝、建库闸室等加固工程的紧张施工。工程总动土石 700 余方,预计 2003 年 12 月底完工。

11 月,流村镇积极筹措资金,全面推进农村合作医疗大病统筹工作的开展。凡户籍在流村镇的农民(不含违反计划生育政策的户),均可入农村合作医疗。为了市政府匹配资金每年能及时到位,2004 年政府将匹配五年农村合作医疗专项资金存入银行账户专款专用,作为一项长期工程加以落实。

12 月,西部开发战略促进流村环境建设取得历史性新突破:中心区直径 40 米的环岛工程竣工;1000 余平米的环岛公园,580 盏彩灯霓虹闪烁;京北 10 万方人工湖,湖光倒影添锦绣;东拓路、工业小区主街道路灯工程竣工;11 路支线进山村;韩台村 6 公里崎岖山道铺成柏油路。

12 月,流村镇将采取四项措施,对机关公务员进行考核:一是所有机关工作的公务员(包括科级、副科级、科员)向基层干部述职,现场进行打分,并与年终评奖挂钩;二是采取机关公务员背对背互相评议的形式,进行相互打分,与年终评奖挂钩;三是副职领导对科级以下机关公务员进行评议打分,与年终评奖挂钩;四是根据各口工作在全区排名情况对公务员进行评议,与年终评奖挂钩。

本年度,流村镇投资 20 余万元增加信息传递硬件设备:今年年初在全区乡镇中率先开通了局域网;投资 20 余万元为机关各科室配备了新电脑;为信息员配备了专用电脑、打印机,购置了扫描仪、数码相机等办公设备;镇村两级投资为近20个村配备了电脑,镇政府投资3万余元,为各村购置了传真机;改版流村简报;在昌平商网建立网站。

本年度,流村镇全年旅游收入比去年同期增长近3倍。全年旅游收入达275万余元,其中民俗旅游收入达219.25万元;今年工业小区入区企业9家,工业大院入院企业8家。

## 2004 年

1月30日,流村镇分别召开了党政领导班子、包村工作队长、村支部书记及企事业单位负责人会议,采取了"属地管理、分片包村、责任包户、一把手负责、统一免疫、统一发药、严格消毒"等措施,认真落实区禽流感防控工作会议精神,并把其作为当前工作的重中之重,全力以赴,抓好落实。针对此项工作,镇党委书记要求基层防控工作做到四到位:一是思想重视必须到位,不能麻痹大意;二是摸排、消毒、防控工作必须到位,不留死角;三是宣传工作必须到位,户户发放防控知识宣传单,采取宣传车、广播等多种形式进行宣传,增强群众的防控思想意识;四是措施必须到位,多管齐下,统一配药,统一免疫,配套一支20人专业人员组成的免疫队伍,天天下到村、场、户进行免疫。

2月1日,区长佟根柱、区农业发展中心李福德、区农委牛录江及区工商局、兽医站、旅游局、区武装部等领导到流村镇检查高致命性禽流感的防疫工作。

流村镇是全区养鸡大镇,镇党委、政府把做好禽流感防疫工作作为当前工作的重中之重加以落实。在下发紧急通知的同时,采取了六项积极有效的措施:一是成立重大动物疫病防治领导小组,层层签订责任书;二是对辖区内鸡场实行自我封闭管理,用次氯酸钠对鸡舍每天消毒一次,对大鸡场环境每周消毒两次;三是对现存栏的10万只肉鸡进行采血、化验、强制性免疫;四是做好查验免疫的档案,对调入种禽实行报批审核制度;五是强化疫情上报制度,所有养鸡场和服务公司每天上报疫情;六是实行分片包村到户责任区制度,兽医站工作人员每天到户督查一遍,发现问题,及时报告解决。

3月3日,副区长冯维利到流村调研农业发展、农民增收问题,随同调研的有区农委、区林业局、区水利局、区财政局领导。

3月12日,区委副书记王刚、区委组织部长朱光彤在区山区办主任殷永增,水资源局局长奚曾森、林业局工程师刘会平等有关领导的陪同下,到流村镇就贫困村韩台村的发展情况进行调研。

同日,区委常委、常务副区长杨旭明就今后发展思路等有关问题到流村镇调研。

3月17日,区政协常务副主席沈玉宝牵头召集卫生局、昌平信用联社、回龙观镇东店村三个对口扶贫单位,在流村镇召开了扶贫工作专题会议,共同研究商议老峪沟村2004年发展大计。山区办主任殷永增,流村镇党委书记郭玉清、镇长张勇、副镇长徐树义参加了会议。会上,老峪沟村党支部书记陈文海汇报了该村2004年经济发展思路。

3月20日,区政府领导佟根柱、杨旭明、冯维利、陈秋生和区政协副主席周振华等到流村镇调研。

3月26日,副区长金晖在昌平药监分局局长王福义等领导的陪同下,到流村镇调研。

3月27日,昌平区绿化美化工作现场会在流村上店村森林公园植树现场召开。参加此次会议及植树活动的领导有佟根柱、任宝贵、王振华、李福忠、王刚、杨旭明、李德海、潘建新、武宁、张援宇、冯维利、陈秋生、金晖、沈玉宝、周振华等区委、区人大、区政府、区政协四大班子领导。区各委办局、镇党政一把手共150人,驻昌部队官兵200人和流村当地群众参加了此次表彰及植树活动。

3月28日,区委书记赵凤桐在区委常委、区委办主任潘建新,副区长冯维利,农委主任殷永增,流村镇党委书记郭玉清等领导陪同下,到流村镇狼儿峪和韩台村调研。

4月2日,区委书记赵凤桐在区委常委、区委办公室主任潘建新,副区长冯维利的陪同下,就农民增收问题到深山区瓦窑村进行调研。

4月3日,区委书记赵凤桐,区人大主任任宝贵,区政协主席王振华,区委常委、区委办主任潘建新,副区长冯维利等区委、区政府领导到流村镇上店村森林公园参加植树活动。参加植树活动的还有流村镇党委书记郭玉清以及镇所有领导班子成员和全体机关干部。上店村森林公园原为荒河滩,经过三年的治理,现已种植各种绿化树种11000株。

4月4日,区教委主任李永生、区卫生局副局长张启库就山区教育、卫生工作中的有关问题到流村镇进行现场办公。

4月15日,区山区办、林业局、水资源局、自来水公司、水产公司、沙河镇、中联亚公司、翰宏基业公司、顺驰置地公司、玉龙吉胜公司和流村镇、狼儿峪村等单位联合召开会议,会议听取了狼儿峪村党支部书记张树良关于2004年发展计划和农民增收计划情况的汇报。

4月18日,民盟市委、医疗卫生委员会、民盟昌平支部组织宣武、海淀、协和、皇城等医院的民盟成员、专家医生十余人,来到昌平区流村镇白羊城村,开展义诊活动,送医药到山区。

4月19—24日,流村镇举办农家女旅游纪念品编织工艺培训班。

4月28日,市委书记刘淇到韩台村和菩萨鹿村进行调研。随同调研的有市委常委、秘书长孙政才,市委副秘书长安家盛,市农工委书记杨德宏,市农委主任李进山,市林业局局长宋希友,区委书记赵凤桐,区长佟根柱,区委常委、常务副区长杨旭明,区委常委、区委办公室主任潘建新,副区长冯维利等领导。

5月13日,在流村镇政府召开发电站村扶贫工作座谈会。区委常委、区委办主任潘建新,山区办主任殷永增,人事局局长何朝柱,纪委书记王军,工商联会长王翠霞,司法局副局长刘建东,地铁培训中心后勤经理孙奎及流村镇领导参加了会议。

5月27日,流村镇防汛指挥部对处于危险地带的王家园水库上下游的河沟、河套等地带进行了检查,同时与房屋处于危险地带的养蜂户、个体户及集体单位等分别签订了避险责任书。此外,流村镇还对本年度的防汛工作做好了充分的物资准备。

6月1日,区长佟根柱在区政协副主席周振华、区民政局局长吕良仲、区财政局局长刘亮臻、流村镇党委书记郭玉清及区计生委、区残联等部门领导陪同下,来到流村镇敬老院看望了在这里生活的弃婴们,为他们送去了节日慰问品和慰问金。

6月4日,市民政局局长赵义、办公室主任兼局长助理唐助理及基层政权处处长李建国等一行数人,在昌平区委组织部副部长刘全新、昌平区民政局局长吕良仲等领导陪同下,来到流村镇调研第六届村委会换届选举工作情况。

6月17日,区农委主任殷永增,昌平公安分局、昌平广电中心、回龙观村、小人国大酒店四个对口帮扶单位主要领导及流村镇副镇长徐树义等参加了在禾子涧村委会召开的扶贫座谈会。

6月18日,市检察院反贪科全体党员在区检察院领导的陪同下,走访慰问了流村镇瓦窑村新中国成立前入党的三名老党员,聆听了他们的光荣历史,并为每位党员送去了300元慰问金。

6月25日,在老峪沟南井村,流村镇举行由200人参加的防汛演习。

7月21日,区委副书记王刚、副区长冯维利到流村镇韩台村调研。

7月28日,区长佟根柱等领导到北流环岛、漆园、瓦窑、西峰山检查防汛工作。

8月7日,北七家镇党委书记董锦华带领八仙房地产、九台房地产、置信华安、北京宏福集团、北京裕发东瑞房地产开发有限公司及部分扶贫村领导到流村镇慰问,会上共落实扶贫资金 106 万元。

8 月 9 日,区委书记赵凤桐到流村镇黄土洼村调研。

8 月 12 日,流村镇第二届人代会第四次会议圆满结束,刘毅当选副镇长。

8 月 20—22 日,流村镇组织 30 多名机关干部到西柏坡参观学习。

8 月 22 日,在北流街心公园举办独生子女家庭趣味运动会。

9 月 3 日,区政协主席王振华等领导就山区发展建设问题到流村镇调研。

9 月 4 日,流村镇举办"两委"干部培训班。

9 月 7 日,流村镇举行庆祝第二十个教师节总结表彰大会,对全镇 32 名优秀教师进行表彰。副区长任学良参加了表彰大会。

9 月 8 日,加大山区基础设施建设现场办公会在流村镇政府召开。区长佟根柱、区发改委主任郝和、区财政局局长刘亮臻、市政管委主任张荣禄、公路局局长李自明、供电公司经理王晓希及流村镇党委主要领导参加了会议。

9 月 26 日,古将村民俗村开村。

9 月 29 日,流村镇党委召开各村党支部书记、村民主任工作会,就土地政策相关问题进行学习培训。区农委副书记魏宝华出席了会议。就目前群众关心的土地占用、出租、利益分配等问题,采取了集中学习与讨论的方式,针对《昌平区农村集体土地征用占用对外承包出租收入管理使用补充办法》(23 号文)和《昌平区农村集体土地征用占用收入管理使用暂行办法》(27 号文)进行了系统的解答。

10 月 13 日、15 日,流村镇举办《法人基本单位情况表》的填报和基础工作整顿培训班。

10 月 14 日,流村镇在狼儿峪村举办核桃修剪技术培训班。

10 月 20 日,区民政局及流村镇政府领导来到流村敬老院,看望敬老院的老人们,为他们带去价值4000余元的猪肉、鸡肉、鲜奶、饮料、酒等节日慰问品,同时祝老人们健康长寿。

同日,流村镇武装部召开27个行政村的民兵连长会议。

11月1日,党委决定在"四权"上下工夫,抓好权力运行的监督:

一是合理分权。进一步完善规范了党政领导班子成员岗位职责,把村一把手权力作为分权的重点。明确规定重大事务必须经村民代表民主讨论决定,财务审批签报必须三人以上。

二是集体行权。建立健全《镇党委工作规则》和《基层党支部工作规则》,凡是重大问题决策、重大建设项目安排大额资金使用等,都必须实行集体决策。

三是上级控权。研究出台了村重大决策请示报告制度,在村一级班子集体讨论决定后,正式实施前,必须向镇党委报告,严格按上级批复执行。

四是群众督权。进一步推行政务、村务、财务公开制度,强化群众监督,凡是办理与群众利益密切相关的事项,必须公布办理结果。

11月17日,流村镇将有关文件印发到每家每户,引导群众按照政策法规办事。

11月30日,在流村镇政府召开溜石港村扶贫座谈会,区领导王书合、潘建新、冯维利出席了会议。

12月2日,在菩萨鹿村进行数字家园(信息化网络教室)挂牌仪式。"菩萨鹿村数字家园"是"北京市百万家庭上网工程"项目之一,由市科协、市信息化办公室和市妇联等6家单位联合实施。这一项目旨在向广大农民群众普及计算机知识,推广农村实用技术,使农民不出山就能享受信息化技术带来的便利。

本年度,流村镇今年13项为民办实事工程基本落实。主要有:修建公路17.3公里,解决了8个村1000户人饮水困难;为28个村9800人办理了农民大病统筹保险;村村建立了医务室;完成55户194人险房险户搬迁任务;实施防汛防护工程21项;协调有关部门为5个村开通了公交线路。

## 2005 年

2月24日,流村镇政府在新利同创公司召开了政府工作研讨会,会上听取了各科室2005年工作汇报,对计划生育、安全生产、社会事务、统计工作、信访工作、农林工作、财政工作每一个科室的工作安排逐一进行了研讨。通过此次研讨,提高了认识,明晰了思路,要求对各自的工作按照新的形势、新的要求,高标准、高质量地完善和提高,为做好今年的工作奠定坚实的基础。

4月2日,流村镇第二届人民代表大会第五次会议举行,流村镇镇长张勇作了题为《抓住机遇、夯实基础、发挥优势、加快发展,为流村镇经济和各项工作再上新台阶而奋斗》的工作报告。会议通过了《流村镇第二届人民代表大会第五次会议关于流村镇2004年财政预算执行情况和2005年财政预算决议》、《流村镇第二届人民代表大会第五次会议关于政府工作报告的决议》、《流村镇第二届人民代表大会第五次会议关于流村镇人大主席团工作报告决议》。

本年度,流村镇完成了村级"两委"班子的换届选举工作。全镇28个农村党支部换届选举工作圆满完成,共选出28名村党支部书记,17名村党支部副书记,39名委员。依法选出村委会成员92名。

本年度,流村镇坚持以经济建设为中心大力实施养山富民工程,打造绿色生态流村。全面实施"一产抓调整,培育优势产业;二产引增量,增强镇域实力;三产抓开发,引市场进山"的经济发展思路。不断加强区域经济结构调整,已初步发展成为"西峰山小枣"、"老峪沟杏扁"和"北流村苹果"名优特色果品生产区;肉鸡、肉羊、蜂养殖优势产业区;高科技环保型工业生产区;自然风光、古迹游览、民俗风情休闲度假区。

本年度,流村镇开展机关包村活动,成立机关包村工作队,共有成员 12 名,每个工作队由 4—5 名机关干部组成,工作队长由副职及以上领导担任。

本年度,流村镇做了以下几项工作:一是继续抓好党风廉政建设,加强领导干部廉洁自律工作;二是采取有力措施,继续加强查办案件和信访举报工作;三是认真解决群众反映的突出问题,坚决纠正损害群众利益的不正之风;四是逐步建立健全教育、制度、监督并重的惩治和预防腐败体系,认真抓好源头治理工作。

## 2006 年

1 月至 7 月,流村镇开展了五场先进性宣传教育活动,先后举办了"庆七一文艺节目会演"、"红心向党唱赞歌革命歌曲大家唱"、"燕山情情暖昌平走进流村"、"正月十五秧歌花会表演"等大型活动。

10 月,农村医疗卫生设施建设工程进一步完善。完成了漆园、南流、西峰山、马刨泉 4 个村的社区卫生建设,对 23 个村的医疗点实施了药品配送。

10 月,流村镇政府抓住北京市规划整体修编的机遇,对全镇的整体规划进行了调整,确保符合本镇实际的发展思路,坚持"生态立镇,农业稳镇,工业强镇,旅游活镇,科技兴镇"发展战略,全力谋划"一城三区"。"一城"指:与北京国际大都市相对接,与昌平卫星城建设相配套,规划建设符合各类人群居住的绿色生态环保小城镇;"三区"指:依托流村自然、人文资源,建设高品位的生态休闲旅游区;整合各种要素,建设就业富民工业区;依托特色果林资源,围绕生态保护,建设生态观光农业区。

12 月,流村镇以农村"五个好"建设为目标,确定"抓班子,带队伍;抓思想,转作风;抓党员,树形象;抓基础,创一流"思想,以先进性教育工作为抓手,开展困难党员"一帮一"、"革命歌曲大家唱"、"廉政文化入村,警句格言促廉"等教育活动,使党员领导干部的综合素质和执政能力得到加强。

# 2007 年

2月,流村镇菩萨鹿村被确定为市区新农村建设试点村,北流、白羊城、王峪、韩台、长峪城村被确定为区新农村建设示范村。

3月24日,流村镇在北流果园召开新农村建设研讨会。会上,各村支部书记就本村新农村建设情况作了汇报。

5月8日,流村镇围绕新农村建设推出"五项文化工程"思想建设工程。在镇村领导干部中开展以"建设绿色、生态、文明新流村"为主题的"新农村建设标准"讨论活动。主要包括宣传口号征集、学习研讨等。开展"讲文明、治环境、建和谐家园"宣传教育活动,以"八荣八耻"为标准,树立社会主义荣辱观,大力提升农民文明素质,树立新农民新形象。

6月28日,流村镇举办"永远跟党走,建设新流村",庆祝建党85周年文艺演出。演出以村民自创节目为主要内容,包括小品、锣鼓、快板、歌曲、舞蹈等形式,丰富多样。

自2006年11月至2007年6月,历经8个月时间对全镇28个普查区、79个普查小区,按照区普查办的安排部署,结合流村的实际情况制定了《流村镇第二次全国农业普查工作实施文案》、《流村镇第二次全国农业普查工作考核办法》,对普查机构组建、参加普查会议、普查区划分、清查摸底、普查宣传、参加培训等方面作为考核内容,确保了农业普查工作的顺利展开。通过此次农业普查进一步掌握了全镇农业、农村、农民情况及文字数据,为镇党委、政府的各项决策提供了可靠依据。

7月6日,流村镇16名大学生"村官"正式上任。流村镇及16个村党支部书记在北流果园举行欢迎仪式。

10月10日,流村镇科技活动中心落成典礼暨科普展览活动隆重举行。工程建筑总面积510平方米,总投资120万元。仪式上,中国政法大学为流村镇捐赠科普图书600册。

10月20日,流村镇在镇科技活动中心召开镇第3次党代会。全镇109名代表参加了会议。大会选举产生了流村镇第三届党委委员9人,纪律检查委员会委员3人,以及出席区第三次党代会代表13人。

10月,《流村时报》正式出版发行。

11月19日,流村镇召开了第三届人民代表大会第一次会议,听取、审议、通过了流村镇财政预决算执行情况和2007年财政预算财案的报告;听取、审议、通过了流村镇人大主席团工作报告;选举流村镇第三届人民代表大会主席、副主席,流村镇人民政府镇长、副镇长。

## 2008 年

1月,流村镇全程办理代理办公大厅正式投入使用。使用面积约340平方米,全程办理代理由政府、农林办、计生办、政法办、社保所、社会事务科、经济发展科7个科室组成,大厅内设触摸屏、滚动屏等先进设备,配备了等候椅、复印机、传真机等便民设施。办事大厅严格执行《流村镇全程办事代理制度》,设置7个代理窗口,1个受理处,一个谈话室,可向广大村民提供35个项目的全程办事代理服务。

5月,村党支部换届选举工作圆满完成。流村镇共有28个村党支部,党员1017名。28个村党支部进行了"两推一选",产生了新一届支部委员。新一届村级支部班子在文化程度、年龄结构和战斗力等方面较上届有了一定的提高。

5月7日,流村镇与中国美术家协会组织的"古韵流村"山水画写生活动正式拉开序幕,并于9月8日至15日在中国美术馆举办山水画作品展。

5月18日,流村镇倾力打造多卷本《流村镇志》,镇志编纂工作正式启动。

6月,镇第7届村民委员会选举工作圆满结束。流村第七届村民委员会选举工作从5月15日动员会开始至6月25日,历时一个多月时间,经过镇、村两级严密安排部署和紧张工作,全镇28个村按要求全部圆满完成了村委会换届工作。

7月1日,流村镇举办庆祝建党87周年表彰大会暨文艺演出。区委组织部副部长刘全新,镇党委书记张勇,镇党委副书记、镇长王建,镇党委副书记张立红等领导班子成员出席了会议,各基层党支部班子成员、受表彰的优秀党务工作者、优秀共产党员以及新发展的党员、大学生"村官"党员等300余人参加了表彰大会。

7月,流村镇组织多种形式打造平安奥运宣传氛围。一是各支部组织党员干部群众观看《奥运祝你平安》宣传片,教育他们提高奥运安全平安人人有责意识。二是开展家家户户挂国旗活动。已有王家园、长峪城、菩萨鹿、白羊城、北庄等村近千户正在开展家家户户挂国旗活动,增强了村民的爱国意识。三是制作《平安奥运、平安流村》宣传专刊10000份,发放到全镇家家户户,教育村民增强责任意识,争为平安奥运做贡献。

7月18日,镇召开了平安奥运行动战时工作部署会。

7月31日上午,流村镇在科技活动中心举办了庆"八一"军民联欢文艺演出,中央警卫团政委潘兴立、区人民政府武装部部长孙连湖、中国农业大学党委副书记秦世成、总参谋部维护总队副政委李官狮以及海军汽车团团长、总参谋部维护总队一大队、总参谋部维护总队装工大队等驻军部队领导,镇领导张勇、王建等以及部队官兵一同观看演出。

9月,流村镇为关怀和鼓励高考、中考优秀学子,拿出112000元奖励在2008年高考、中考中成绩出色的学子。

9月,镇长王建到狼儿峪村对奥运安保工作进行检查。同时,对狼儿峪村房屋倒塌情况作了详细的勘察,并提出几项要求:一是要强化措施,做好维护社会稳定的工作;二是加强组织领导,确保维护稳定工作落到实处,取得实效;三是一定要克服各种厌战情绪,盯紧重点部位和环节,时时刻刻保持警惕。严密防范各种事故的发生,把责任落实到人,确保地区安全稳定。

10 月 5 日,镇党委发出"集结号",将 56 名大学生村官逐一召回在政府二楼会议室召开了奥运后期大学生村官管理工作部署暨安全工作会议。

10 月 13 日,流村镇召开档案员培训会。

10 月 25 日,流村镇在科技文化活动中心召开"弘扬奥运精神,打造和谐创新团队"主题活动大会。

10 月 30 日,为期四天的 2008 年昌平区农村党支部和村委会主任培训班在郑各庄村落下帷幕。

11 月 4 日,流村镇召开了第三届人民代表大会第五次会议。出席会议的代表共计 50 人。会议选举产生了第三届人民代表大会主席、流村镇人民政府副镇长。韩国玲以 50 票的全票当选为流村镇人大主席,张进海当选为流村镇人民政府副镇长。

11 月 5 日,流村镇召开了 2009 年度森林防火动员会。

11 月 14 日,昌开村庄环境整治工作动员会召开,28 个行政村支部书记、各企事业、站所负责人共 130 余人参加了会议。

11 月,流村镇司法所成功调解一起因承包地地界不清引发的纠纷,使两年多的相互扯皮得以解决。

12 月 18 日,昌平区政协副主席张荣禄主持流村镇对口单位支持山区农村发展扶贫工作会。

12 月 22 日,流村镇与门头沟区雁翅镇成功签订了创建平安边界协议,标志着两个镇创建"平安边界"工作全面展开,同时必将进一步促进两镇边界地区的社会稳定。

12 月 24 日,流村镇召开上店村、高崖口村对口支山会议。昌平区副区长金晖,流村镇党委书记赵宝东,镇党委副书记、镇长王建出议会议。

# 第二卷　风水天成

# 第一章　地理环境

　　流村镇位于北纬 39°36′~40°02′、东经 116°32′~116°56′,地处太行山与燕山余脉交汇处,是北京市昌平区的"西大门"。其东临阳坊镇,北接延庆县,西连河北省怀来县,南毗海淀区和门头沟区,总面积 274 平方公里,位于首都北京西北上风上水之地,位置十分重要。域内地势西高东低,三面环山,是山地和平原的衔接处。全镇 95% 以上为山区,居住地平均海拔 850 米以上。西部为深山区,其中高楼岭是昌平区第一高峰,海拔 1439.3 米,黄崖峡为第二高峰,海拔 1418.5 米;北部和南部边缘为中低山,山顶多裸岩;中部偏南及东部地区为山前洪积冲积扇。镇域西部河流属永定河水系,主要河流为长峪城沟;南部河流属温榆河上游的北沙河水系;白羊城沟为东部主要河流,呈"Z"字形流经整个东部地区。流村镇属于温带大陆性半湿润半干旱季风气候,全年四季分明,春季干旱风大,夏季炎热,秋季昼夜温差大,冬季寒冷少雪。年积温在 4200 度左右,年平均气温摄氏 9—11 度。雨季多集中于 7—9 月份,年平均降雨量 500 毫米左右。主要自然灾害性天气为旱、暴雨、冰雹等。

## 第一节　地质地貌

### 一、地层

　　地层是指在某一地质年代因岩浆活动形成的岩体以及在沉积作用下形成的地层的总称。从岩石属性上讲,地层包括各种沉积岩、岩浆岩和变质岩。从时代上讲,地层有老有新。流村镇内的地层按时期的不同可分为太古界、元古界、中生界和新生界。

## 1. 太古界

所谓的"太古界"就是在太古代时期形成的地层。在地质学研究中,地质年代往往是由地层推测的。中国太古界地层主要分布在北方,即东经 105°以东,北纬 31°~43°之间的区域。太古界的岩石主要由属于角闪岩相的斜长角闪岩、黑云变粒岩、角闪斜长片麻岩和黑云斜长片麻岩等组成。具体到流村镇而言,主要见于王家园地区一带,其岩性为各种片麻岩及磁铁石英岩。

## 2. 元古界

所谓的"元古界"就是在元古代时期形成的地层。中国的元古界地层类型复杂,各地发育程度相差很大。在流村镇内的元古界地层由沉积岩系组成,自下而上分为长城系、蓟县系和青白口系,主要见于太古界地层区两侧及西部山区等地。

## 3. 中生界

所谓的"中生界"就是在中生代时期形成的地层,具体又可分为三叠系、侏罗系、白垩系。而流村镇所在地区为侏罗系岩层,其主要见于北照台村、长峪城村等地,岩性为中性、中酸性火山熔岩夹火山碎屑岩,出露厚度在 200 米至 1000 米之间。

## 4. 新生界

所谓的"新生界"就是在新生代时期形成的地层。具体到流村镇域内而言,山区内有零星出露,而主要见于古将村一带。岩性为黄土、沙砾石组成的冲残积、坡积等松散沉积物。其中,山前至平原的堆积厚度在 80 米至 400 米之间。

## 二、构造

流村镇地处祁吕贺兰山字形东北反射弧构造体系之中。该构造体系纵贯整个昌平区,其主要构造形迹为一系列北东—北东东—北西走向的复式褶皱、向斜和压性断裂,其核心部分为在燕山期八达岭花岗岩体侵入下而残缺不全的太古界沙厂组变质岩系,两翼轴向北东,分别由元古界、下古生界岩层构成。轴部和翼部发育一系列与轴向平行的压性断裂和北西向的张性断裂,成为岩浆活动的通道。具体来说,流村镇的大部分区域是延庆山字形构造下的产物。其中,长峪城村至王家园村一带为此构造的内带,由密集断褶带组成;马刨泉村至溜石港村一带为该构造的外带,主要见于断裂构造。

### 三、岩石

岩石是天然产出具有一定结构构造的矿物集合体,是构成地壳和上地幔的物质基础。按成因可分为岩浆岩、沉积岩和变质岩。其中岩浆岩是由高温熔融的岩浆在地表或地下冷凝所形成的岩石,也称火成岩;沉积岩是在地表条件下由风化作用、生物作用和火山作用的产物,经水、空气和冰川等外力的搬运、沉积和成岩固结而形成的岩石;变质岩是由先成的岩浆岩、沉积岩,由于其所处地质环境的改变经变质作用而形成的岩石。地壳深处和上地幔的上部主要由岩浆岩和变质岩组成。从地表向下16公里范围内岩浆岩和变质岩的体积占95%,地壳表面以沉积岩为主,它们约占大陆面积的75%。流村镇内的岩石主要为岩浆岩和沉积岩两种。

#### 1. 岩浆岩

岩浆岩是由岩浆凝结形成的岩石,约占地壳总体积的65%。岩浆是在地壳深处或上地幔天然形成、富含挥发成分的高温黏稠的硅酸盐熔浆流体,是形成各种岩浆岩和岩浆矿床的母体。岩浆的发生、运移、聚集、变化及冷凝成岩的全部过程,称为岩浆作用。自然界中的岩浆岩是个大家族,种类繁多,形态各异,仅现有的岩石名称就达千种之多。虽然各种岩浆岩之间存在着化学成分、矿物成分、结构、产状和成因等方面的差异,但是它们彼此之间又有着一定的过渡关系。岩浆岩按酸度分成四大类,然后再按碱度把每大类岩石分出几个岩类,它们就是构成岩浆岩大家族的主要成员。比如超基性岩大类:钙碱性系列的岩石是橄榄岩—苦橄岩类;偏碱性的岩石是含金刚石的金伯利岩;过碱性岩石为霓霞岩—霞石岩类和碳酸岩类。基性岩大类:钙碱性系列的岩石是辉长岩—玄武岩类;相应的碱性岩类是碱性辉长岩和碱性玄武岩。中性岩大类:钙碱性系列为闪长岩—安山岩类;碱性系列为正长岩—粗面岩类;过碱性岩石为霞石正长岩—响岩类。酸性岩类:主要为钙碱性系列的花岗岩—流纹岩类。流村镇域内的岩浆岩形成于燕山期,在西部山区有少量出露。

2. 沉积岩

沉积岩是在地壳表层的条件下,由母岩的风化物、火山物质、有机物质等原始物质成分,经搬运、沉积及其沉积后而形成的一类岩石。其中,由母岩分化物形成的沉积岩是最主要的沉积岩类型,而又包括碎屑岩和化学岩两类。碎屑岩根据粒度细分为砾岩、沙岩、粉沙岩和黏土岩;化学岩根据成分,主要分出碳酸盐岩、硫酸盐岩、卤化物岩、硅岩、生物化学岩等。具体到流村镇来说,碎屑岩、黏土岩、化学岩和生物化学岩在域内均有出露。碎屑岩主要见于西南部地区,其形成于中生代侏罗纪和新生代第三纪;碎屑岩在老峪沟和高崖口等地多有分布;化学岩和生物化学岩在西部和西南部山区大量存在,是非金属矿产的主要分布区。

**四、地貌**

所谓的"地貌"即地表起伏的形态,如陆地上的山地、平原、河谷、沙丘,海底的大陆架、大陆坡、深海平原、海底山脉等。根据地表形态规模的大小,有大地貌、中地貌、小地貌和微地貌之分。大陆与洋盆是地球表面最大的地貌单元,较小的地貌形态如有在流水和风力作用下形成的沙垄和沙波等。地貌是自然地理环境的重要因素之一,对地理环境的其他要素及人类的生产和生活具有深刻的影响。

1. 特征

流村镇地势西高东低,西部山地为太行山山脉的西山支脉,自西向东大致海拔成阶梯状下降;北部和南部边缘为中低山,山顶多裸岩;中部偏南及东部地区为山前洪积冲积扇。河流主要呈东南流向。具体而言,山地的发育始于白垩纪初期的燕山运动,山地与平原由此而分。由于多数山地是较为柔软的古生界、中生界凹陷部分,而沉积在中生界的坚硬花岗岩在山地抬升和接受剥蚀的过程中有较强的抵抗力,故常形成山峰。东部平原自燕山运动断裂凹陷以来,被第四系冰川堆积物覆盖,并陆续接纳洪积、冲积物增厚,地表相对平坦,地势仍呈西北—东南倾斜。域内西部山地分布着上元古界和奥陶纪石灰岩、中生界的沙页岩,花岗石出露的少。总之,在地壳活动与外力相互作用下,形成了流村镇复杂多样的地貌。

2. 山地

镇域西北部山区多为海拔大于 800 米的中山带,山高坡陡,土层较厚,水分状况较好,植被类型多为落叶阔叶林及萌生丛和中生灌丛,其下多发育山地棕壤,适宜发展林业。山地中的沟谷河道是山区中居住和生产的主要地区,沟谷河道多与山地走向直交或斜交,断裂带附近河段的沟谷河道呈羽状向两侧山地发展。河谷阶地一般为 3 级至 5 级,第一级、第二级阶地发育较好,多为堆积阶地,阶地宽平,复有次生黄土类堆积,其下多为磨圆程度不同的砾石。高阶地一般为基座阶地,少数为侵蚀阶地,土层较薄。沟谷河流的水文特征具有季节性变幅。谷地内沉积物特征、土地分布状况、灾害性质具有一定的共同性,因暴雨中心和降水量的区别又有差异。沟谷河道的一、二、三级阶地及河漫滩地是主要的农垦区。

3. 丘陵、台地

主要见于东部山地与平原交接部位,丘陵与山地之间转折不明显,丘顶浑圆且无明显脉络,丘脊平缓,植被生长稀疏低矮,土壤瘠薄干燥。丘体上部土层较薄,坡麓的土层大多厚 50 厘米至 80 厘米,沙性重,排水透气好,利于林木生长。

4. 平原

洪积扇主要分布在山前,是第四纪冲积物,扇顶海拔不超过 100

米,坡度大,组成物质主要是沙砾质;中下部坡度变缓,过渡为沙质和黏土质;冲积扇前缘和洪冲积平原在渐变形式作用下而参差不齐。东部的洪冲积平原由温榆河水系作用形成,地表总体从顶部到前沿呈缓倾斜状,地势平坦开阔,略有起伏,组成物质多为黏沙、沙粒、粉细沙,高位洪积冲积平原地貌部位较高,台面宽阔平坦,形成时代较早,主要属晚更新世末马兰期、全新世早期黄土类。土壤类型以褐土、褐潮土、潮褐土为主。低位平原形成时代较晚,主要分布在东南部平原及河流两岸,向南倾并稍向河流倾斜。平原中发育一些宽浅排水河道,古河道遗迹有清晰保留,并由沼泽、湿地和盐碱地分布,潜水埋藏较浅。土壤类型以潮土为主。全新世以来,曾是河流摆动漫溢频繁地带,常受洪水危害。平原河道堤岸明显,滩地发育,河漫滩宽 100 米至 1500 米,易被洪水浸淹。土壤多为沙地。

# 第二节　土壤　植被

## 一、土壤类型

我国自然条件复杂多样,因而土壤类型也多,在空间分布上既有水平地带分布,又有垂直分布,纵横交错,独具格局。我国土壤水平地带性分布是由湿润海洋性与干旱内陆性两个地带谱构成。东部沿海为湿润海洋性地带谱,西部则为干旱内陆性地带谱,而在两者之间的过渡地带则有过渡性土壤地带谱。流村镇内的土壤主要分为棕壤类和褐土类两大类别。

1. 棕壤类

分布在镇内海拔 800 米以上的部分地区中,母质为残积坡积物。

2. 褐土类

分布于镇内海拔 70 米至 1000 米的范围内,在阶地丘陵以及东部冲积扇等地随处可见,母质为残积坡积物和洪积冲积物。

## 二、土壤肥力

有机质:全镇平均含量1.36%,大部分地区含量1.2%至1.5%。沙壤和沙质黏土含量0.6%至0.8%。全氮:全镇平均含量为0.086%,大部分地区含量为0.08%至0.1%。碱解氮:全镇平均含量为86.8PPM(PPM表示百万分之一),大部分地区含量为60PPM至90PPM,其中黄场南沟含量最高,为322PPM。速效磷:全镇平均含量21.8PPM,大部分地区含量为15PPM至30PPM。速钾:全镇平均含量为158PPM,老峪沟村含量最高,为306PPM。

## 三、植被

即地球表面某一地区内所覆盖的植物群落的总体。植物区系是指某一地区植物种类(科、属、种)的总体。一个地区的植物区系是组成各种植被类型的基础。地球上植被分布主要决定于气候和土壤,可以说它是气候和土壤的综合反映,所以地球上的气候带、土壤带和植被带是相互平行、彼此对应的。然而,地球上植被分布的地带性,不只表现在因纬度和经度的不同而呈现的水平地带性,而且还表现在因海拔高度不同而呈现出的垂直地带性。具体而言,从山麓到山顶,随着海拔升高,温度逐渐下降,平均海拔每升高100米,温度下降0.5℃~1℃。而湿度、风力、光照强度、水分、土壤条件等也随海拔的升高而发生变化。在这些因素的综合作用下,导致了植被随海拔升高依次成带状分布。这种植被带大致与山体的等高线平行,并且具有一定垂直厚度的分布规律,故称为植被分布的垂直地带性。中国由于地域广阔、山体众多,因此形成了从东到西、从南到北的丰富多彩的植被类型,概而言之,大体上可以分为八大区域:大兴安岭北部寒温带落叶针叶林区域,东北、华北温带落叶阔叶林区域,华中、西南常绿阔叶林区域,华南、西南热带雨林、季雨林区域,内蒙、东北温带草原区域,西北温带荒漠区域,青藏高原高寒草甸、草原区域,高寒荒漠区域。

而流村镇所在地区则为东北、华北温带落叶阔叶林区,此区域包括东北东部山地,华北山地,山东、辽东丘陵山地,黄土高原东南部,华北平原和关中平原等地。

全镇植被种类可分为两个植被类型区:西部山区海拔 900 米以上地区主要是自然次生林和萌生丛,在海拔 900 米以下的地区主要是灌丛、灌草丛、人工林、经济林;东部平原区原生的地带性植被为温带落叶阔叶林,分布在不受地下水影响的洪积冲积平原的上部及河间高地,在受到地下水影响的沿河两岸、扇缘地带及洼地是草甸,因耕作历史悠久,天然植被大多数被栽培植被所取代,地边植被以一年一生的草本植物为主。

# 第三节 四季 气候

## 一、四季

春季(从 4 月初至 5 月末,共 50 天左右):气温有所回升,但温差较大。因冷暖空气交替活动的缘故,气温多变,时有大风乃至寒潮天气的出现。季平均气温 13℃,降水量 50 毫米左右。夏季(从 5 月末至 9 月初,共 100 多天):气温高,降水多,湿度大,故经常形成闷热多雨天气。季平均气温 24.8℃,降水量占全年降水量的 75% 以上。秋季(从 9 月初至 10 月末,共 50 多天):晴朗少雨,冷暖适中,常出现天高云淡、凉爽宜人的天气。季平均气温 12.2℃,降水量 70 毫米左右,占全年降水量的 13%。冬季(从 10 月末至来年 4 月初,共 150 多天):寒冷干燥,多风且强冷空气活动频繁。季平均气温 -2.7℃左右。

## 二、气候

1. 气温

各月平均温度差异大,最热为 7 月份,月平均气温 25℃ 左右;最冷为 1 月份,月平均气温 -4℃ 左右。各地受不同地形地貌等的影响,气温差异较大。山前暖区及以南平原地区的活动积温在 4500℃以上,山区海拔每升高 500 米,日平均气温稳定超过 0℃ 的初日推迟 10 天左右;每升高 100 米,积温减少 189℃。其中,西部山区大于或等于 0℃ 的积温在 4000℃ 以下,老峪沟地区大于或等于 0℃ 的积温在 3700℃ 左右。地温与气温的分布规律大体上一致,略高于气温 2℃ 至 3℃。5 厘米深的平原地区为 13.6℃,山前暖区 14.1℃,山区 10.9℃。

2. 光照

太阳辐射年总量 131 千卡/平方厘米。各月总辐射量从 1 月开始增加,3 月至 5 月增加最快,5 月、6 月为全年最高值,7 月、8 月月辐射总量下降较快,9 月至 11 月次之,12 月为全年最低值。一天内垂直面上太阳直接辐射的利用时数以春、秋季最多,夏季最少。全年日照总数平均为 2680 小时左右。

3. 降水

年平均降雨量为 500 毫米左右,雨季多集中于 7—9 月份。受季风和地貌的影响,降水地区分布不均匀。镇域西部少雨,年降水量在 480 毫米左右。

4. 风况

全年风日平均 304 天左右,约占全年总天数的 83%。瞬时风速大于或等于 17 米/秒(风力为 8 级)的大风,年平均约为 35 天。主要集中在冬、春季,约占全年大风日数的 60% 至 70%。多年平均风速 1.3 米/秒—3.8 米/秒。风速受地理环境影响较大,平原、谷地、盆地平均风速较小,山口和风口处风速较大。全年以冬季风风速最大,春季次之,夏季最小。风向受大气环流的影响,有明显的季节性变化:冬季较多偏北风,夏季较多偏南风,春、秋两季为南风、北风转换时节。山区因地形复杂,风向与山脉、河谷的走向关系密切,一般风向与河谷走向一致。风的日变化:在大范围内水平气压场稳定时,平原地区受山谷风的影响,夜间为偏北风、白天为偏南风。北风转变为南风的时间一般在当日 10 时左右,春、秋季有所提前;日落后南风转北风。冬季由于冷空气较强,北风持续时间较长,一般仅在午后至傍晚出现 5 小时至 6 小时的南风,其他时间均为偏北风。风速的日变化规律随着气温的升高而增大,随气温的降低而减少,白天风速大于夜间。一般从当日 8 时以后风速逐渐增大,15 时前后达到高锋,以冬、春两季最为明显。

## 第四节　河流山脉

### 一、水文

1. 地下水类型

流村镇的地下水类型为松散沉积物中的孔隙水,具体来说,即二、三层结构的沙、卵砾石层主要分布在山前洪积冲积扇地区,以潜水为主。

2. 地下水动态

流村镇大部分地区的地下水属于渗入型。所谓的渗入型,即地下水位受大气降水和人为开采因素的影响,呈现汛期前下降、汛期后逐渐回升的变化。春季降水少,地下水位急剧下降,每年 6 月份为地下水位最低值;汛期降雨量增加,地下水位逐渐回升,到次年一、二月份达到最高值。

### 二、水系

1. 河流

**老峪沟河**　为季节性河沟,属永定河水系。源于镇域西部山区的长峪城沟,向南流入门头沟区的湫河,最后汇入永定河。流域面积 53.6 平方公里。

**北沙河**　温榆河的主要支流,古称易荆水,源于流村镇所属昌平区的西北部山区,上游关沟、响潭沟、兴隆口沟、白羊城沟、高崖口沟等6条季节河沟流水于双塔村西汇合后称北沙河。东流至踩河又纳入虎峪沟水。其干流长约20公里,流域面积546平方公里,河道宽60米至100米,枯水季流量2.35立方米/秒。

2. 沟谷

**禾子涧沟** 位于镇域西南部,为永定河支流湫河上游的主要沟谷之一。沟谷大致呈北东向延伸,东北自锅顶山西麓的禾子涧、仙人洞二村一带,向南经双窑、西旮旯、老峪沟、孙家坟、长港、马家、马刨泉等村进入门头沟区,全长16公里。为流水侵蚀形成山间宽谷,谷宽200—400米。今沟中无常流水,夏秋排洪,春冬干旱,沟谷沿断层发育,大部穿过中元古界蓟县系白云岩分布区,北段西侧有小片花岗岩、火山沉积岩出露。谷中覆有第四系洪积物、坡积物,两侧多洪积台地,沟谷北端与白羊城沟上源相通,其间无明显分水岭,有河流袭夺迹象。谷底海拔700—900米,两侧山峰多在千米以上。因地势较高,气候相对温凉。山间水源较缺,山区经济以林、牧为主,林粮间作,有大片核桃、海棠、苹果、杏等果林。对外交通较为便利,有简易公路南穿沟谷,在马刨泉村南接南雁路。

**长峪城沟** 位于镇域西部,长峪城村东2.5公里,原名上长峪,因沟谷纵长而得名,明代在北段建成长峪城关城后,沟易今名,为永定河支流湫河上游的支流谷地之一。沟谷呈南北向延伸,北起青灰岭东南麓的长峪城村一带,经雕窝沟、黄土洼等村后,南至马家村附近并入禾子涧沟,在境内长度8.2公里。为流水侵蚀形成的山间宽谷,沟谷中有季节河,夏秋排洪。沟谷发育在中元古界白云岩分布区,谷地宽约200—500米,上覆第四系洪积物、坡积物。两侧多洪积台地,坡麓一带有风积黄土层。谷底海拔700—900米,两侧山峰多在1000米以上。地势高,气候相对温凉。山区植被以荆条、绣线菊、蚂蚱腿子等灌丛为主。800米以上的阴坡有辽东栎、山杨等林地。山间水源缺乏,仅上游的长峪城村北侧有龙潭坝,铺设地下管道,发展喷灌,现基本解决人畜用水及小部分耕地浇灌。山区经济以林牧为主,粮果间作,有大片核桃、苹果、海棠等果林。地势险要,古为军事交通要地,南侧山梁有燕长城遗迹;长峪城村有明代重要关城长峪城遗址,时与镇边城、白羊城、居庸关、上关城等共同构成京师北部长城以内的重要防线,今存大庙、城门、钟鼓楼等。交通较便利,长峪城村有简易公路向南穿经沟谷,在和尚庄子村南与禾子涧公路相接。

**高崖口沟** 位于镇域西南部,因沟内有著名山口高崖口而得名。为北沙河上游的主要沟谷之一。沟谷大致自西向东延伸。西起高崖口西部的了思台西侧,向东经新开村、高崖口、瓦窑、漆园等村,东北至尖山咀北麓的出山口。沟长约17公里,主沟为流水侵蚀的宽浅沟谷,无常年流水,夏秋排洪。沟谷发育在中元界白云岩分布区,沿沟谷一线有广泛分布的第四系洪积物、坡积物,新开村以下有河相冲积层。河谷自西向东逐渐展宽,至高崖口村以下呈喇叭口形展开,穿过低缓的丘陵区和山前洪积扇。谷地栽有苹果、桃树等,多林粮间作。交通较便利,南雁公路穿沟而过,通长途公共汽车。357路公共汽车支线的起止点在高崖口村。

**白羊城沟** 位于镇域西部山区原流村乡境内,距城区17公里,因沟口有明代建白羊城而得名。沟谷源自高楼山峰东南,呈西北东南向,迂回曲折,纵深约15公里,为流水切割形成的沟谷,沿断层发育,岩性复杂,主要发育在中元古界蓟县系白云岩分布区,上游穿过燕山期石英闪长岩、二长斑岩等侵入体,下游穿经太古界片麻岩和中原古界石英砂岩,沟谷两侧有小片燕山期石英斑岩。上游主沟沿断层发育,西侧有五条泉沟汇入。上游山高谷深,沟宽不足50米,两侧山峰海拔多在千米以上,相对高差大于400米。沟口内卢家村西北建有王家园水库,用于灌溉和养鱼,防洪减灾。白羊城沟内生长着奇花异草、峻峰怪石,有着众多的自然景观,充满浓郁的野趣。根据地理位置划分成三个景区,即摆游垂钓迎宾区、书谷琴峡聚仙区和石歌水曲抒情区。在三个景区内,还根据自然外形和部分加工,开发了

27 个景点,主要有青龙潭、烈女崖、窜水峡、罗汉石、浴仙台、龟山窥月、石盅等。山口自元以来为重要关隘,驻有重兵把守。明正德十五年(1520 年)建关城,是居庸关西部防御体系的重要组成部分。现存有古城遗址和瞭望台、烽火台等,为县级文物保护单位,对游人开放。口外南侧五峰山下有清代庆王坟。山口距 357 路公共汽车站 4 公里。沟内有公路与禾子涧路相接,可行驶吉普车及运输车。

表 1　流村镇沟谷名录

| 名称 | 走向 | 境内长度（千米） | 经过村落 | 注入河流 | 备注 |
|---|---|---|---|---|---|
| 禾子涧沟 | 北南折东西 | 12 | 仙人涧、禾子涧、山咀七亩地、西旮旯、八亩地、双窑、老峪沟、马刨泉 | 永定河 | |
| 大东沟 | 南北 | 4.6 | 鹰奉沟、魏台、黑桑峪、南窑、东台、小东台、张家湾、老峪沟 | 永定河 | 亦称老峪沟 |
| 石湖峪沟 | 西北东南 | 3.4 | | 永定河 | |
| 长峪城沟 | 南北 | 8.3 | 长峪城、雕窝沟、上沈家、下沈家、沙壤沟、马家、和尚庄子 | 永定河 | |
| 黄洋沟 | 西北东南 | 3.4 | | 永定河 | |
| 苇子峪沟 | 西北东南 | 4 | | 永定河 | |
| 干沙涧沟 | 西北东南 | 7.5 | 了思台、水泉 | 北沙河 | |
| 夜门子沟 | 东北西南 | 4.1 | 水碾、水泉 | 北沙河 | |
| 南沟 | 西南南折 | 7 | 南崖口、下菜园、东台、水碾 | 北沙河 | |
| 菩萨鹿沟 | 南北 | 2.5 | 菩萨鹿 | 北沙河 | |
| 狼儿峪沟 | 东西 | 2.3 | 狼儿峪 | 北沙河 | |

| 名称 | 走向 | 境内长度（千米） | 经过村落 | 注入河流 | 备注 |
|------|------|------|------|------|------|
| 西沟 | 西北东南 | 2.6 | 狼儿峪 | 北沙河 | |
| 天井湖沟 | 东西南折 | 4.3 | 北照台 | 北沙河 | |
| 北照台东沟 | 西北东南 | 6 | 南照台 | 北沙河 | 沟内有六郎洞 |
| 东河套 | 西北东南 | 5.5 | 漆园 | 北沙河 | 亦称漆园沟 |
| 小水峪沟 | 东西 | 4 | 小水峪 | 北沙河 | |
| 王峪沟 | 东西南 | 4.5 | 王峪 | 北沙河 | |
| 高崖口沟 | 东北西南 | 17 | 了思台、新开村、高崖口、瓦窑、南流村、上店、下店 | 北沙河 | |
| 水涧沟 | 东西 | 5 | 水涧、新开村、高崖口 | 北沙河 | |
| 王家窑沟 | 东北西南 | 4.5 | | 北沙河 | |
| 湿岔子沟 | 西北折南 | 6.9 | | 北沙河 | |
| 泥洼沟 | 西北东南 | 3 | | 北沙河 | |
| 干岔子沟 | 西北折南 | 5 | | 北沙河 | |
| 白羊城沟 | 西北东南 | 15 | 芦家、白羊城 | 北沙河 | |
| 柏峪口沟 | 东西 | 6.8 | | 北沙河 | |
| 黑寨沟 | 东南西北 | 2.3 | 黑寨村 | 北沙河 | |

### 3. 泉

**马刨泉** 位于镇域内马刨泉村西2.5公里处。据传杨六郎带兵经过此地,无水,以马在地上刨出泉水,泉眼处似马蹄,因而得名,别名马跑泉、黄阳沟泉。系青灰岭（二道港梁）白云岩地区地下水沿山谷出露而成，为下降泉。雨时有水，无水干涸。1981年7月1日，实测时有水无量，甜水。泉在黄阳沟内，1951年曾打60米深洞，引水到村，供人畜饮用，但水量不足。

**龙潭泉**　位于镇域内长峪城村北龙潭沟内，为与区内同名泉加以区分，故借所在地名，称龙潭泉。中国古代多以水为龙，称龙泉，又多深潭，故名龙潭泉，别名龙泉。系北部横岭山地火山岩及岩浆岩、石英岩区地下水汇流而成，为下降泉，常年溢流甜水。1981年7月1日实测，涌流量为0.016立方米/秒。在青灰岭东麓，水南流称长峪城沟，沿途曲折多潭，有3米多高的小瀑布及塘坝1座。该泉为镇域内重要引水泉之一。1964年在其下游0.8公里处修筑塘坝1座，蓄水3万立方米。1974年经防渗加固，蓄水能力达到8万立方米，可供长峪城、黄土洼、马刨泉等村生活用水及960亩耕地灌溉用。

**禾子涧泉**　位于镇域西部深山区，禾子涧村东南的禾子涧沟中，故名。系老峪沟东岭花岗岩地区地下水出露而形成，为下降泉，常年溢流。该泉是禾子涧村民生产与生活用水源。禾子涧路从泉东经过，通长途公共汽车。

**湖头泉**　位于镇域西部山区，仙人洞村西，因地势高，多水季节，泉附近呈湖波状，故称湖头。系侏罗系上统火山岩地下水及周围潜水出露而成，为下降泉，季节性溢流。最大流量为0.0036立方米/秒，甜水。雨后涌流，下游有溪流、瀑布。附近为半干旱生灌草丛，泉旁有小路通往喜鹊洼。

**龙眼泉**　位于镇域西南部山地中，水碾村西，古代多以水为龙，该泉泉眼大而圆，故名。别名水碾泉。系高崖口南沟及两侧花岗岩山地地下水出露而成，为下降泉水。常年溢流，甜水，泉在水碾堂坝中，水东北流，注入高崖口沟。清光绪年间，有人曾在泉东利用泉水落差带动水碾轧香面。1958年在此建一小型水电站，用泉水发电。1966年塘坝加固、加高、扩大，坝长52米，高17米，宽14米，蓄水量达24万立方米,并通过盘山渠道,供下游饮水、灌溉。在多水的年代,泉眼被水淹没。近年水少,泉眼重新出露。

**表2 流村镇泉水名录**

| 名称 | 位置 | 性质及类型 | 流量<br>(立方米/秒) | 效益 |
|------|------|-----------|------------------|------|
| 龙潭泉 | 长峪城村北 | 下降泉,常年溢流甜水 | 0.016 | 饮用灌溉 |
| 马刨泉 | 马刨泉村西北 | 下降泉,常年溢流甜水 | 较小 | 饮用 |
| 禾子涧泉 | 禾子涧村东南 | 下降泉,常年溢流甜水 | 0.027 | 饮用灌溉 |
| 湖头泉 | 仙人洞村西 | 下降泉,季节性溢流泉水 | 0.0036 | |
| 龙眼泉 | 水碾村西 | 下降泉,常年溢流甜水 | 泉眼埋深 | |
| 南照台泉 | 南照台村东南 | 下降泉,常年溢流甜水 | 较小 | 灌溉 |
| 黄土岭泉 | 王家园村旧址 | 下降泉,常年溢流甜水 | 0.0015 | 灌溉 |
| 罗城泉 | 白羊城沟内 | 下降泉,常年溢流甜水 | 较小 | 饮用灌溉 |
| 蹿水泉 | 白羊城沟内 | 喷泉,常年溢流泉水 | 0.0015 | |

### 三、山脉

#### (一)山峰

**高楼山** 位于镇域西部,与河北省怀来县交界处,因山顶有长城敌楼高耸,故名。属太行山山脉,海拔1439.36米,是昌平区最高的山峰,也是北京市西北部的主要较高山峰之一,为燕山期以来所形成的向斜褶皱山地。主要岩石为侏罗系流纹岩、凝灰岩、石英斑岩等。东侧坡麓一带大面积出露燕山期岩浆岩侵入体,断裂发育,岩性复杂,矿产种类丰富,岩层中含铜、钼、铅、锌等有色金属矿及石棉、硫磺、石英石等矿产。山体高耸挺拔,气势宏伟,山岭呈北东向延伸10多公里,西南与青灰岭、黄崖夹一脉相连。附近地势险要,景致壮观,明代为京师北部的重要防线。因山势较高,气温相对较低,年平均气温在6℃—7℃,一月份平均气温在-11℃以下。地下水丰富,东侧坡麓5处泉水向东流汇白羊沟,形成羽状水系。山区植被相对茂盛,以绣线菊灌丛为主,顶部及阴坡有大片椴树、杨树林。地处深山区,交通不便,山间道路崎岖,东麓山路南通禾子涧村,向东经白羊城沟达北流村。

**黄崖夹** 位于镇域西部与河北省怀来县交界处,东南坡为老峪沟,距沙壤沟村3公里。因山麓有黄土陡坎,顶部悬崖也呈灰黄色。为镇域西部边缘的著名较高山峰之一,海拔1418米,属太行山系的北京西山。俗称二道冈梁,其下部的黄土坎称头道冈。山势陡峭,岭背呈北东向延伸10多公里。东北与青灰岭、高楼等较高的山峰一脉相连,西南隔谷与笔架山、黄草梁、东灵山等著名高峰断续相接,共同构成北京西山北部的主要山脉。山体上部由中元古界蓟县系白云岩构成,中下部为长城系白云岩和石英砂岩。因山势高耸,气候相对温凉,年平均气温6—7℃,一月份平均气温在-11℃以下。山区植被以绣线菊灌丛为主,顶部及阴坡有小片桦树林,东南坡麓及沟谷一带林粮间作,产核桃、苹果、杏等。山间道路崎岖,南雁公路经南麓谷地,通长途公共汽车。

**青灰岭** 位于镇域西部与河北省怀来县交界处,东南一侧在老峪沟西北部。因山沟产建筑涂料青灰而得名。为县域西部边缘较高的山峰之一,海拔1243米,属太行山山脉。山势陡峻,山岭呈西北、东南向延伸,北与高楼、南与黄崖夹等较高山峰一脉相连,为北京西山西北侧主脉的重要组成部分。山体主要由中生界侏罗系的火山沉积岩构成,西南侧断裂发育,断裂带以下出露中元古界长城系白云岩和石英砂岩。因山势较高,气候相对温凉,年平均气温6℃—7℃,一月份平均气温在-11℃以下。山区植被以绣线菊灌丛为主,800米以上的顶部及阴坡有大片山杨,南麓沟谷一带产核桃、杏等。地处深山区,交通不便,东南麓长峪城村有简易公路与南雁公路相接。

**大坨顶**　位于镇域西部,东南距老峪沟村2.5公里。因山体较大,呈块状突起于老峪沟谷与长峪城沟谷之间,因此而得名。为镇域西部较高的山峰之一,海拔1230米,属太行山脉的北京西山。山势较陡,岭脊呈南北向延伸,北与高楼山等山峰绵延相连,山体由中元古界长城系和蓟县系白云岩构成。东、北、南三面断裂发育。因地势较高,气候相对温凉,年平均气温在6℃—7℃,山区植被以绣线菊、平榛等灌丛为主,北部山区有大片山杨林,两侧沟谷为林粮间作区,产核桃、海棠、杏等。山路崎岖,沟谷中有简易公路与南雁公路相接,东南麓老峪沟村通长途公共汽车。

**锅顶山**　位于镇域西部,西距禾子涧村1.3公里。因顶部岩石浑圆,形似锅顶状,故名。清代称鹤顶山,现代地图上也谐音称郭定山。为镇域西部较高的山峰之一。海拔1131米,属太行山脉北京西山。山势东陡西缓,西侧山麓多冲积堆和洪积台地,山体由中元古界蓟县系白云岩、灰岩等构成,岩石形成年代距今15亿年。因山势较高,气温相对较低,年平均气温7℃—8℃。岩石的裂隙孔隙发育,含岩溶裂隙水,北侧山间有泉。山区植被以平榛、荆条、绣线菊等灌丛为主,西侧沟谷产核桃、杏等。禾子涧村有简易公路通老峪沟村。

**北西岭**　位于镇域西南部,山峰东南距了思台村1.2公里,因所处位置而得名。主峰南隔谷地与南西峪遥相对峙。为镇域西南部边缘的较高山峰之一,海拔1012米,属太行山脉北京西山。山势陡峭,岭脊大致呈北东向延伸,东北与双窑山、锅顶山等10多座千米以上的山峰一脉相连,山体由中元古界蓟县系白云岩构成,山间有古峰丛、坡立谷等岩溶地貌。因地势较高,气候相对温凉,年平均气温7℃—8℃。山区植被以荆条、绣线菊等灌丛为主,顶部岩石裸露。东南沟谷一侧为粮果间作区。地势险要,古为军事要地,山顶部有燕长城遗址。南侧沟谷交通便利,南雁公路经此地,通长途汽车。

**妙峰山** 位于流村镇西南部与门头沟区交界处,南坡在门头沟区妙峰山乡和上苇甸乡,北坡在高崖口村附近。山峰东南距门头沟区大峪约16公里。山名由来已久,取道家神妙之意,明、清志、典中多有记述,为北京西部山区著名的道教名山和朝拜圣地。海拔1291米,属太行山脉。为燕山期以来形成的褶皱向斜山地。岭脊山地大致呈北东向延伸,西南隔永定河谷与清水尖、髻髻山、老龙窝、百花山、百草畔等著名的高峰一脉相连,共同构成西山中部的主要山脉。山体由中生界侏罗系坚硬火山沉积岩构成,东北坡活山涧一带出露古生界奥陶系灰岩,灰岩已由当地开采。山势陡峻,山间奇峰挺秀,巨石峥嵘。因地势较高,气候相对温凉,年平均气温7℃—8℃。山区植被以绣线菊灌丛为主。海拔800米以上的缓坡及沟谷地带,水温适中,土壤肥厚,适于玫瑰生长。顶部山势相对和缓,建有碧霞元君庙等道教庙宇,古有"金顶"之誉称。该庙始建于明崇祯年间。清朝康熙年间称北顶天仙庙,乾隆年间重建,改名"灵感宫",俗称"娘娘庙"。时为京郊著名朝圣地,每年四月初一至十五有盛大庙会。据《燕京岁时记》载,鼎盛时香客达数十万之众。庙宇在抗日战争时期毁于战火。1986年以来,门头沟区出资逐步修葺庙宇,目前已开发为游览胜地。交通较为便利,门头沟区涧沟村专线公路南与京兰公路三家店—雁翅段相接。北侧活山涧村由简易公路北接高崖口村。

**西峰山** 位于镇域内,北流村西南约2.8公里处。因处于平原西部山口处,故名。为昌平区西南部的著名山峰之一,海拔320米,属太行山脉北京西山山前的侵蚀丘。山势较缓,西坡略陡,屏立于高崖口沟出山口处的洪积台地之上。山体由中元古界蓟县系白云岩构成,四周被第四纪松散沉积物所覆盖。植被稀疏,有荆条、酸枣、黄、白草等灌木草丛。地势险要,古为军事交通要地。明、清时为妙峰山北侧香道的必经之地。今交通便利,南雁公路经西北台地,357路公共汽车经此,设西峰山站。

**梯子峪南梁**  位于流村、南口二镇交界处,北距梯子峪 1.5 公里。因在梯子峪村南,故名。是昌平区西部较高的山峰之一,海拔1067 米,属太行山脉北京西山。山势陡峭,岭脊大致呈东西向延伸。西与高楼山东北侧山脊绵延相接,山体由中元古界长城系、蓟县系白云岩构成,因地势较高,气候相对温凉,年平均气温 7℃—8℃。山区植被以荆条、绣线菊、蚂蚱腿子等灌丛为主,顶部及阴坡有大片山杨和椴木林,山路崎岖,交通不便,东坡沙洞子村有简易公路经响潭沟谷,通南口镇。

**尖山咀**  位于流村镇与阳坊镇交界处,西北坡在流村镇,东坡在阳坊镇辖域,东距阳坊镇 4.5 公里。因山顶部突出峭立而得名,古称神岭峰、神山、驻跸山。为昌平区西南部著名的山脉之一,海拔 684米,属太行山脉,是西东路的侵蚀低山。山体主要由中生界侏罗系僵硬的火山沉积岩构成,东南坡大面积出露燕山期花岗岩侵入体。山间产花岗石材,植被以荆条、绣线菊、蚂蚱腿子等灌丛为主,山麓、沟谷多果林。东南部一带旅游资源丰富,因花岗岩的球状风化作用,山地千仞奇峰,怪石嶙峋,千姿百态。山间有金、明、清、民国期间的石刻。交通便利,温泉—阳坊公路经过,通长途公共汽车,西北侧南雁公路有 357 路公共汽车北流村站。

表3  流村镇山梁丘陵名录

| 名称 | 所属山脉 | 位置 | 海拔(米) | 植被 | 备注 |
|---|---|---|---|---|---|
| 老龙潭 | 太行山 | 长峪城 | 1321 | 灌丛杂草 | |
| 青灰岭 | 太行山 | 长峪城 | 1243 | 灌丛杂草 | |
| 灰窑东梁 | 太行山 | 长峪城 | 1083 | 灌丛杂草 | |
| 岭头 | 太行山 | 长峪城 | 1253 | 灌丛杂草 | |
| 十道岭 | 太行山 | 长峪城 | 1182 | 灌丛杂草 | 有仙人洞 |
| 锅顶山 | 太行山 | 长峪城 | 1131 | 灌丛杂草 | |
| 大坨顶 | 太行山 | 南窑 | 1230 | 灌丛杂草 | |

续表

| 名称 | 所属山脉 | 位置 | 海拔（米） | 植被 | 备注 |
|------|----------|------|-----------|------|------|
| 弯腰石北山 | 太行山 | 黑桑峪 | 1064 | 灌丛杂草 | |
| 迎门梁 | 太行山 | 马家 | 1100 | 灌丛杂草 | |
| 大东梁 | 太行山 | 马家 | 1075 | 灌丛杂草 | |
| 黄崖夹 | 太行山 | 沙壤沟 | 1418 | 灌丛杂草 | |
| 刘地沟北梁 | 太行山 | 马刨泉 | 955 | 灌丛杂草 | |
| 大平塌 | 太行山 | 马刨泉 | 1132 | 灌丛杂草 | |
| 大光镜东梁 | 太行山 | 马刨泉 | 928 | 灌丛杂草 | |
| 大西窑 | 太行山 | 马刨泉 | 812 | 灌丛杂草 | |
| 北西岭 | 太行山 | 马刨泉 | 1012 | 灌丛杂草 | 有古长城遗址 |
| 新开沟北栈 | 太行山 | 溜石港 | 1034 | 灌丛杂草 | |
| 南七岭 | 太行山 | 溜石港 | 1081 | 灌丛杂草 | |
| 水碰沟东梁 | 太行山 | 溜石港 | 662 | 灌丛杂草 | |
| 高立香 | 太行山 | 溜石港 | 658 | 灌丛杂草 | |
| 土兴梁 | 太行山 | 溜石港 | 661 | 灌丛杂草 | |
| 新开栋梁 | 太行山 | 新开村 | 524 | 灌丛杂草 | |
| 窝峪西梁 | 太行山 | 新开村 | 778 | 灌丛杂草 | |
| 脚道梁 | 太行山 | 小水峪 | 340 | 果树 | |
| 鸟鸣台 | 太行山 | 高崖口 | 350 | 果树 | |
| 妙峰山 | 太行山 | 高崖口 | 1291 | 灌丛杂草 | |
| 东葫芦 | 太行山 | 水碾 | 397 | 有刺密灌 | |
| 大后桥 | 太行山 | 菩萨鹿 | 616 | 有刺密灌 | |
| 大栈 | 太行山 | 韩台 | 527 | 有刺密灌 | |
| 双抓角梁 | 太行山 | 韩台 | 858 | 密灌 | |
| 窟窿山 | 太行山 | 狼儿峪 | 619 | 密灌 | |
| 歪咀坨 | 太行山 | 狼儿峪 | 769 | 灌丛杂草 | |
| 百子栈 | 太行山 | 活山洞 | 962 | 灌丛杂草 | |
| 跑马场 | 太行山 | 活山洞 | 1238 | 灌丛杂草 | |
| 六郎洞北山 | 太行山 | 活山洞 | 962 | 灌丛杂草 | 有六郎洞 |

| 名称 | 所属山脉 | 位置 | 海拔（米） | 植被 | 备注 |
|------|----------|------|-----------|------|------|
| 大坨 | 太行山 | 北照台 | 672 | 灌丛杂草 | |
| 桠树山 | 太行山 | 北照台 | 447 | 灌丛杂草 | |
| 棋盘山 | 太行山 | 瓦窑 | 306 | 灌丛杂草 | |
| 二洼梁 | 太行山 | 王峪 | 375 | 灌丛杂草 | |
| 柏山 | 太行山 | 漆园 | 262 | 灌丛杂草 | |
| 一撮缨 | 太行山 | 漆园 | 376 | 灌丛杂草 | |
| 大梯顶 | 太行山 | 古将 | 779 | 灌丛杂草 | |
| 大旗顶 | 太行山 | 古将 | 530 | 灌丛杂草 | |
| 寨顶 | 太行山 | 黑寨 | 524 | 灌丛杂草 | |
| 大羊坨 | 太行山 | 王家园 | 691 | 灌丛杂草 | |
| 营东坡 | 太行山 | 王家园 | 647 | 灌丛杂草 | |
| 大山 | 太行山 | 新建村 | 272 | 灌丛杂草 | |
| 西坡 | 太行山 | 西峰山 | 425 | 灌丛杂草 | |
| 望儿坨 | 太行山 | 西峰山 | 320 | 灌丛杂草 | |
| 高楼 | 太行山 | 黄场 | 1439 | 灌丛杂草 | 有古长城 |
| 蚂蚁骚梁 | 太行山 | 黄场 | 1328 | 灌丛杂草 | |
| 高尘咀 | 太行山 | 黄场 | 867 | 灌丛杂草 | |
| 冰梁沟顶 | 太行山 | 黄场 | 913 | 灌丛杂草 | |
| 驴耳山 | 太行山 | 黄场 | 1175 | 灌丛杂草 | |
| 大顶 | 太行山 | 上泥洼 | 785 | 灌丛杂草 | |
| 北大顶 | 太行山 | 上泥洼 | 914 | 灌丛杂草 | |
| 泥洼东梁 | 太行山 | 上泥洼 | 732 | 灌丛杂草 | |

（二）隘口

**高崖口** 位于县城西南22公里处,在高崖口村南端。《顺天府志》载:"在县西北五十里,初入高阔,入深二十五里,其路愈窄。"口北为高崖口沟河谷平原,南为高崖口南沟(干流)低、中山区。隘口曾有设施建于明代,属镇边城把总管辖。据《西关志》载:"东北至关(指居庸关)七十五里,隆庆卫地方,昌平州界。里口稍缓。"建有"正城一道、过门一空、水门一空"。南 3 里有山墩 1 座,驻守口军士 21名,今无存。现为流村镇南部山区各村出山及昌平区至妙峰山旅游的必经之道。南有乡村公路穿过,北与南雁公路相接。357 路公共汽车及昌平至禾子涧(长峪城)的长途公共汽车在口北有站。

**灰口关** 位于城西偏南 24 公里,流村镇新开村东 0.5 公里处。因山石呈灰色而得名,也称铁门关。口东为河谷、丘陵;西有风积黄土形成的台地,其坡度较缓。北为干旱荒丘,东为沙、砾石河滩,南为密集灌丛,西有成片果园。隘口曾有设施建于明朝,属镇边城把总管辖。据《西关志》载:"里口稍缓",建有"正城一道,水门一空"。西南 2 里有山墩 1 座,今无存。现为流村镇西部各村与东部各村之间必经之路。南雁公路自东向西穿过该口。

**新开口** 位于城区西偏南 24.5 公里处,在流村镇新开村西部。该口东、西为河谷,南为丘陵、低山,北为风积黄土形成的台地(其坡度较缓)。高崖口沟穿该口而过,且形成高台深谷。隘口曾有设施建于明代,属镇边城把总管辖。据《西关志》载:"里口稍缓",建有"正城一道,水门一空"。西南 5 里有山墩 1 座,驻守口军士 3 名,今无存。现为原高崖口乡与原老峪沟乡马刨泉村通往门头沟区的必经之路,南雁公路自南向西北穿过该口;该口东的新开村有县城至禾子涧(长峪城)的长途公共汽车站。

**长峪城** 位于原老峪沟乡境内,在城区西南 29 公里,北距明长城 5 公里。分新旧二城。旧城于明德十五年(1520 年)创建,城堡一座,东西跨山,其城上盘两山,下踞两山之冲,为堡城。高 1 丈 8 尺,周围 354 丈。南北各有一座城门,水门两座,敌台两座,角楼 1 座,城铺 10 间,边城 4 道,护城墩 6 座,墙以砖石砌之。城内有佛殿及娘娘庙,庙内有钟、鼓楼各 1 座。万历元年(1573 年)在堡城南侧筑新城,新城仅有南门,并建瓮城。内有关帝庙。因山谷长达 10 余里,故名长峪城,也称长古城。在东城东山头上,筑瞭望台一座。据《西关志》载:"东北距居庸关一百里,隆庆卫地方,怀来界,外围紧要。"该城北依长城,南望镇边城,东邻白羊城,战略位置十分险要,是明代京师北部防御的重要隘口。根据隆庆《昌平州志》载:"旧设提调一员防守地方,嘉靖二年(1523年)添设把总指挥一员。"后逐渐发展成村落。今城垣已大部塌毁。旧城北门、新城南门、娘娘庙内的钟鼓楼及铸钟保存完好。为区级文物保护单位。城区至长峪城通长途公共汽车。

**溜石港** 位于城区西偏南 25 公里处,在流村镇溜石港村北部,因山势崩塌下滑,故名。清光绪《昌平州志》载为溜石港。该口北侧为山谷及陡峻低、中山,南侧为较平缓的风积黄土台地。溜石港沟自西北向东南穿过山口,为季节河。北部河谷及南部台地有成片果园,东西山地为稀疏半干旱生灌草丛,个别地区岩石裸露。隘口曾有设施建于明代,属长峪城把总管辖。据《西关志》载:"里口稍缓",建有"正城一道,水门一空"。西北五里有山墩 1 座,驻守口军士 5 名。今无存。该口为原高崖口乡西部各村到原老峪沟乡东南各村的小径路口。西有简易公路(约 1 公里长)与南雁路相接,交点附近有县城至禾子涧(长峪城)的长途公共汽车站。

**鳌鱼口** 位于城区西偏南 24.5 公里处,流村镇溜石港村东 0.5 公里处(原鳌鱼村北),该口东南有风积黄土台地的丘陵,西北为低山谷地。鳌鱼沟自西向东南穿过山口,为季节河。西北部山谷有密集灌草丛,东南部仅稀疏半干旱生灌草丛。隘口曾有设施建于明代,属长峪城把总管辖。据《西关志》载:"里口稍缓",建有"正城一道,水门一空"。南四里有山墩 1 座,驻守口军士 7 名,今无存。原为原高崖口乡东南各村到原老峪沟东部各通道之一,今不通行。

**水涧口** 位于城区西偏南 23.5 公里,流村镇溜石港村 1.5 公里处(原水涧村北),因涧而得名。该口东南为平缓的风积黄土台地,西南为丘陵及黄土台地,北部为低山。水涧沟自西北向东南穿过该口,为季节河。东南部有果园,东北部为密集灌丛,西部为稀疏半干旱生灌草丛。隘口曾有设施建于明代,属长峪城把总管辖。据《西关志》载:"里口稍缓。"建有"正城一道,水门一空"。东 3 里有山墩 1 座,驻守口军士 30 名,今无存。原为原高崖口乡东南各村通往原老峪沟乡东部及原流村乡西北部小径路口之一,今不通行。

跳稍口　位于镇域西南部,小水峪村西 0.5 公里处(原跳稍村西)。南为黄土台地及深切河谷,北为河谷及低山。跳稍沟自西北向东南穿过该口,为季节河。东南部有果园,西北部为密集灌丛,其余为稀疏旱生灌草丛。隘口曾有设施建于明代,属长峪城把总管辖。据《西关志》载:"里口稍缓",建有"正城一道,水门一空"。西北 3 里有山墩 1 座,驻守口军士 14 名,今无存。原为原流村乡东南各村通往西部各村小径路口,今不通行。

石涧口　位于城区西偏南 21.5 公里、流村镇小水峪村北 0.5 公里处,因涧得名。南为风积黄土台地及深切河谷,北为河谷及低山。石涧沟自西北向东南穿过该口,为季节河。南部有零星果园,北部有稀疏旱生灌木丛。隘口曾有设施建于明代,属长峪城把总管辖。据《西关志》载:"里口稍缓",建有"正城一道,水门一空"。西北 1 里有山墩 1 座,驻守口军士 9 名,今无存。原为原高崖口乡东南各村通往原流村乡各村小径路口,今不通行。

小水峪口　位于城区西偏南 21.5 公里,流村镇小水峪村东北 0.5 公里处(原小水峪村西),因小水峪村而得名。东南为风积黄土台地,西北为低山深谷。小水峪沟自西向东南穿过该口,为季节河。东南部有果园,西北部为稀疏半旱生灌草丛。隘口曾有设施建于明代,属长峪城把总管辖。据《西关志》载:"里口稍缓",建有"正城一道,水门一空"。西北 3 里有山墩 1 座。今无存。原为原高崖口乡各村通往原流村乡西部各村的小径路口,今不通行。

大水峪口　位于城区西偏南 20.5 公里,流村镇王峪村西北 1.5 公里处(原大水峪村北)。因大水峪村而得名。东南为风积黄土台地,西北为低山深谷。大水峪沟自西北向东南穿过该沟,为季节河。东南部有果园,西北部为稀疏半旱生灌草丛。隘口曾有设施建于明代,属长峪城把总管辖。据《西关志》载:"里口稍缓",建有"正城一道,水门一空"。西北 2 里有山墩 1 座,今无存。原为原高崖口乡各村通往原流村乡西部各村的小径路口,今不通行。

**胜仙峪口** 位于城区西偏南 20 公里,流村镇王峪村北 1 公里处(原王峪村北),因山谷而得名。东南为风积黄土小丘及宽广河谷,西北为低山深谷。胜仙峪沟(今称峪沟),自西北向东南穿过该口,为季节河。东南部有成片果园,西北部为稀疏半旱生灌草丛。隘口曾有设施建于明代,属长峪城把总管辖。据《西关志》载:"里口稍缓。"建有"正城一道,水门一空"。西北 10 里有山墩一座,驻守口军士 7 名,今无存。原为原高崖口乡东南各村通往原流村乡西部各村的小径路口,今不通行。

**水峪台口** 位于城区西 19 公里,流村镇庆王坟(白羊城行政村驻地)村西南 1.5 公里处(原水峪台村西部),因口东有水峪台而得名。东为平缓的风积黄土台地,西为丘陵,水峪沟自西向东穿过该口,为季节河。东有果园,西为稀疏半旱生灌草丛。隘口曾有设施建于明代,属长峪城把总管辖。据《西关志》载:"里口稍缓。"建有"正城一道,水门一空"。西 2 里有山墩一座,驻守口军士 6 名,今无存。原为原流村乡东南各村通往西部山地的小径路口,今不通行。

**柏峪口** 位于城区西 18.5 公里,流村镇庆王坟村西南 1 公里处(原柏峪口村南)。《顺天府志》载:"在县西北三十三里,峪窄路险,入深五里许。"因沟名柏峪而得名。东为洪积冲积扇平原,西为丘陵宽谷。柏峪口沟自西向东穿过该口并在口外冲出深沟,为季节河。东有零星果园,西为稀疏半旱生灌草丛。隘口曾有设施建于明代,属长峪城把总管辖。据《西关志》载:"东北至关四十五里,隆庆卫地方,昌平州界,里口稍缓。"建有"正城一道,水门三空,闸楼二间,过门二空。"西有山墩 1 座,驻守口军士 18 名,今无存。原为流村乡东南各村到西北部及原老峪沟乡东北内的重要途经路口,今不通行。

**双石沟口** 位于城区西18.5公里,流村镇庆王坟西南0.5公里处(原柏峪口村北部),因沟得名。东为洪积冲积扇,西为丘陵深谷。双石沟自西向东穿过山口,为季节河。东有零星果园,西为稀疏半旱生灌草丛。隘口曾有设施建于明代,属长峪城把总管辖。据《西关志》载:"里口稍缓。"建有"正城一道,水门一空",今无存。原为柏峪口村向北通往山区的小径路口,今不通行。

**清泉口** 位于城区西17.5公里处,在流村镇芦村南部。因附近有清泉而得名。该口东南河谷稍宽,南北皆为低山。白羊城沟自西北向东南经该口;原为常年河。其北建王家园水库后,成为季节河。下游有白羊城塘坝,两侧山麓有王家园水库引水灌溉渠道。除河谷有少量果树,东山坡有小片树林外,多为稀疏半旱生灌草丛。山上有裸岩。隘口曾有设施建于明代,属居庸关西路隘口,由白羊口堡守备管辖。据《西关志》载:"东南至关四十五里,隆庆卫地方,昌平州界。里口稍缓。"建有"正城一道,水门一空,稍墙二道,拦马墙二道"。驻守口军士14名,今无存。现为原流村乡东南部平原通往西北山区的便捷大道上的隘口。从白羊城至窑湾的简易公路穿过该口。东南到白羊口堡东口约2公里。

**老姚城** 位于城区西20公里,流村镇王家园村0.5公里处(原窑湾村北部),因有老窑而得名,后因有姚姓建村而改为老姚城。该口以南有较宽的河谷盆地,以北有深切于较宽阶地上的山谷及低山。白羊城沟自北而南经过该口,为常年河,其下游有王家园水库。干支流谷地有少量果树,山地多为稀疏半旱生灌丛等。隘口曾有设施建于明代,属居庸关西路隘口,由白羊口堡守备管辖。据《西关志》载:"东南至关五十里,隆庆卫地方,昌平州界。里口稍缓。"建有"拦马墙一道",今无存。现为原流村乡东南通往西北山区的便捷大道上的隘口之一。白羊城通往窑湾的简易公路从该口经过。东南到白羊口堡东口约4.5公里。

**松湖片口** 位于城区西北 20.5 公里,流村镇王家园村北 2 公里处(原黄土岭村东)。该口南侧有深切于阶地上的宽谷,北侧有小河谷盆地,东、西两侧为覆盖着风积黄土的低山。白羊城沟接纳东部支流后,自北而南经过该口,为常年河。西部有密集灌丛,东部为稀疏半旱生灌草丛。隘口曾有设施建于明代,属居庸关西路隘口,由白羊口堡守备管辖。据《西关志》载:"东南至关六十里,隆庆卫地方,昌平州界。外口紧要。"建有"正门一道,过门一空"。驻守口军士 8 名。今无存。现为原流村乡东南平原通往西北山区的便捷大道上的隘口之一。从废村窑湾到废居民点黄楼院口的大车路经过该口。东南至白羊口堡东口约 6 公里。

**泥窝口** 位于城区西 21.5 公里,流村镇王家园村以北 3.5 公里处(原下泥洼村东 1.5 公里处)。因口西沟名泥洼而得名,讹为泥窝口。该口西北西南、东南三面为河谷,河谷间为低山。白羊城沟自西北往东南流,在接纳泥洼沟后经过该口,两沟均为常年河。植被为茂盛灌丛。隘口曾有设施建于明代,属居庸关西路隘口,由白羊口堡守备管辖。据《西关志》载:"东南至关七十里,隆庆卫地方,昌平州界。外口紧要。"建有"正城一道",今无存。现为原流村乡东南平原通往西北山区的便捷大道上的隘口之一。从窑湾到黄楼院口的大车路过该口。东南到白羊口堡约 8 公里。

**卧子头口** 位于城区西 23 公里,流村镇原王家园村西北 5.5 公里处(在原黄楼院口东)。东西为深谷,南北为低山。白羊城沟自西南向东北流,接纳黄楼院沟后,改向东流经过该口,均为常年河。周围灌丛茂密。隘口曾有设施建于明代,属居庸关西路隘口,由白羊口堡守备管辖。据《西关志》载:"东南至关八十里,隆庆卫地方,昌平州界。外口紧要。"建有"正城一道",今无存。现为原流村乡东南平原通往西北山区的便捷大道,尽头,再往西、往北仅有小路可通。废村窑湾至黄楼院口的大车路过该口。东南到白羊口堡约 10 公里。

**桑木沟口** 位于城区以西,流村镇西北白羊城沟内。《西关志》

载:"东南至关 120 里,隆庆卫地方,昌平州界。外口紧要。"隘口曾有设施建于明代,属白羊口守备管辖。建有"正城一道,稍城二道,敌台二座",今无存。

**牛腊沟口** 位于流村镇西北白羊城沟内。《西关志》载:"东南至关一百六十里,隆庆卫地方,昌平州界。外口紧要。"隘口曾有设施建于明代,属白羊口守备管辖。建有"正城一道",今无存。

**石板冲口** 位于流村镇西北白羊城沟内。《西关志》载:"东南至关一百六十五里,隆庆卫地方,昌平州界。里口稍缓。"隘口曾有设施建于明代,属白羊口守备管辖。建有"正城一道",今无存。

**西山庵口** 位于流村镇白羊城沟内。《西关志》载:"东南至关170 里,隆庆卫地方,昌平州界。"隘口曾有设施建于明代,属白羊口守备管辖。建有"敌台一座",今无存。

**大古将村** 位于流村镇古将村西,因沟而得名。该口东南为洪积冲积扇,西北为低山深谷。大古将沟自西向东流出该口,为季节河。该口东南及沟中有果园,西部山地为稀疏半旱生灌丛。隘口曾有设施建于明代,属居庸关西路隘口,由本关直接管辖。据《西关志》载:"东北至关三十八里,隆庆卫地方,昌平州界。里口稍缓。"建有"正城一道,水门一空"。口西山顶建墩台 1 座,驻守口军士 4 名。今无存。现为古将村民到西北山地去的小径路口。村南有公路与南雁路相通。该口东北至南口镇兴隆口长途公共汽车站约 3 公里。

**小古将村** 位于流村镇古将村北,因沟而得名。该口东南为洪积冲积扇,西北为低山深谷,为季节河。东南有果园,西北山地为稀疏半旱生灌草丛。隘口曾有设施建于明代,属居庸关南路隘口,由本关直接管辖。据《西关志》载:"东北至关三十七里,隆庆卫地方,昌平州界。里口稍缓。"建有"正城一道,水门一空"。口西山顶建墩台 1 座,驻守口军士 5 名。今无存。现为古将村民到西北山地去的小径路口。

**黑寨涧口** 位于流村镇黑寨村西,因沟而得名。该口西南为洪积冲积扇,西北为低山深谷。黑寨沟自西北向东南穿过该口,为季节河。口内0.5公里处有塘1座。东南部有果园,西部山地为稀疏半旱生灌丛。隘口曾有设施建于明代,属居庸关西路隘口,由本关直接管辖。据《西关志》载:"东北至关三十八里,隆庆卫地方,昌平州界。里口稍缓。"建有"正城一道,水门一空"。口西山顶建墩台1座,驻守口军士8名。现为黑寨村民到西北山地的小径路口。该口东南1公里处有公路与南雁路相接。

# 第二章 自然风光

流村镇位于太行山、燕山余脉交汇处,镇域面积辽阔,约257平方公里,是一个有着悠久历史文化的文明古镇。其文化遗存丰富,不仅有燕、北齐、明之残长城,辽、金时代的古井,明代的瞭望台,清代的王陵以及龙泉寺、永兴寺、菩萨庙等寺庙遗址,还有抗日战争时期的战场、溜石港惨案发生地、解放战争中歼灭国民党104师遗址、高崖口革命烈士陵园、上店革命烈士陵园等众多红色遗迹。但是作为生态古镇,流村的山水风光无疑更胜一筹。那里既有峭拔秀丽的青山,更有清澈见底的溪水,绿树成荫,风景宜人。近年来,流村镇党委、政府全面落实科学发展观,确立了"生态立镇,农业稳镇,工业强镇,旅游活镇,科技兴镇"的发展战略,全力谋划"一城三区"(即规划建设符合各类人群居住的绿色生态环保小城镇,建设高品位的生态休闲旅游区,建设就业富民工业区,建设高效生态观光农业区)。《流村镇"十一五"发展战略纲要》提出,以建设绿色生态和谐宜居新流村为目标,努力将流村建设成为昌平西部乃至首都北京西北新的后花园和生态屏障,让历史文化与现代文明相互融合,自然风貌与镇村景观交相辉映。2005年以来,重点实施了绿化、美化、亮化、路网改造、街道建设、垃圾处理等工程建设,使镇村环境整体上达到"洁、齐、畅、美"。镇党委、政府还聘请专家学者统筹规划,精心打造"百里环形旅游走廊",把民俗活动、生态观光、红色旅游、攀岩康体、凭吊古迹巧妙地链接为系列旅游精品,把总长60公里的民俗旅游村及13个观光果园生动展现在游客眼前。这些政策措施有力地推动了流村镇旅游业的发展。如今,流村镇有面积达12180亩的果园和两大观光景区及82个景点,而原有的三大旅游景区——白羊沟风景区、菩萨山风景区和老峪沟风景区的基础设施条件得到了很大的改善。各民俗村、民俗户的各项接待能力比以往也有了较大的改善,具备市级接待条件的民俗户达到 95 户。目前,全镇民俗村、民俗户拥有床位 1819 个,具备同时接待 2500 人就餐、1500 人住宿的能力。

## 第一节　古人眼中的秀美流村

在中国古代,许多文人学者有感于流村之秀美而将其自然风光载诸书册。明末清初著名学者孙承泽(1592—1676 年)在所著《天府广记》卷三十五《岩麓》中,对流村境内的菩萨鹿和漆园二地分别作了这样的描述:"自长峪而东,可二十里,有聚焉,曰菩萨埏","园之南有山焉,是名雅思,是名露池。"与孙承泽同一时期的著名学者顾炎武(1613—1682 年),也曾到过昌平。在其《天下郡国利病书·北直隶上》所辑录的文字中,顾炎武对流村的幽美景致作了更为细致的描写:

> 又北二十里许,乃从西折,斜入南谷,有聚焉,是名漆园。园之南有山焉,是名雅思。是山也,幽晦多雾,富有果蓏。山陷而为坎,有池焉。浚洌如露,是名露池。有比丘一人,上人敬事之。自园而出,再由走集西十里许,为高崖,崖下有泉,远其聚,四面皆山,蔚洞森萧,圹如也。又西北十里许,为清水涧。是涧也,两山如门,行可二十里。山皆奇峭龙嵸,山中飞泉瀺洒,或决地,或分流,淙汩树木之间,推激岩崖之穴。青如乱鬓,白如吹絮,仰视重峰,时有孤石之揭揭,沈黯迷离,天气自曈。崖间百合、忍冬、棠杜、牛奶、相思、郁葱、黄精、唐求之属,渗味扶芳,烁红隐翠。飞沫击枝,坠而复起。新实含湍,落而不变。奇禽异羽,嘤嘤满耳,乌窠雉囮,遍其岩穴。山鹿之麑,豪猪之毛,丰茸随风,沂流而行,高高莫极。有岭焉,石曰鳌鱼。又西里许,山益峻,有兰若二焉,上曰松阳,下曰金鹰。其独多松,合抱而数丈者有三,朴遫

者万计。登之而望,则大山屏张,霅然斜开,则金鹰在焉。金鹰下控大岩,岩吐百穴,汇而为湖,决而东流,是为清水之源。迤逦以东,下山折坂而南,蓊然红艳,髟髴有光。有陉焉,曰六十。屈折汙邪,黄芦白沙之间,可六十折。再由走集又西,有陉曰十八盘。息壤如金,郁勃而立,狭可容人,可十八折。登顾徘徊,西则植立夹待,不暇停足。俯视斜柯洪枝,匝藤萝而舞鹍雀者,深深莫极。旁睨则北山矗矗,一阴一阳,闪倏孤日,含濡云彩,山之上平衍……是为鸣皋之洞。南可十里,有聚焉,曰长峪。又西五里,有岩曰德胜,又曰凤凰。上有兰若焉,是山也,威纤距绝,抵此而穷,四面环匝,山可三十丈。磴道半,登之每顾,则山形变兰若已圮。然蟠结秀踈,下视三山,侧侧欲合。东望长峪,蔚然开阳,其左岩崟尤峻,右稍拥出,山下有泉焉,源源可二十里。

清代嘉庆年间重修《清代一统志》,在已经修成的《嘉庆重修一统志》第2226册中,对五峰山与雅思山所作的描述,虽很简短,然不失神采:

> 五峰山,在宛平县西四十里,五峰秀峙宛如列屏,土人每望此山之云气,以验晴雨。雅思山,在宛平县西北七十余里。旧志京西北诸山连缀一百八十里,半隶昌平。其宛平境与昌平接壤者,出百望山北四十里入南谷,有聚名漆园。园之南,即雅思山。有池,曰露池。又自西出漆园十里许,有高崖,崖下有泉绕之。又西北十里为清水,两山如门,行可二十里,山皆奇峭龙挻,飞泉澎洒,决地分流,声激岩穴。有岭,曰鳌鱼。

## 第二节 自然景区掠影

### 一、白羊城自然风景区

白羊城自然风景区坐落于今流村镇白羊城村。白羊城始建于明代正统年间,城堡居于南北两山之间。城由砖石构筑而成,城高2丈

5 尺、厚 1 丈 2 尺、周长 761 丈 5 尺,东西城门楼两座、东月城门 1 座、敌楼 4 座、水旱门 5 座、城铺 15 间、护城墩 12 座。白羊城是自紫荆关、镇边城、长峪城一线下的重要隘口,是明代护卫京师的重要关隘之一。

正德九年(1514 年)、十一年(1516 年),瓦剌小王子部先后两次由白羊沟入侵。十五年(1520 年),明政府加强防卫,派重兵防守。隆庆三年至万历元年(1569—1573 年),明政府先后两次对白羊城进行扩建、加固。增设附墙台 3 座、空心台 19 座,派守备 1 人、千总 1 人、把总两人,领兵 3330 人,同镇边城。白羊城景区现存有多处城墙、烽墩等遗址。

白羊城遗址东面是著名的五峰山,山上植被茂密,绿树成荫,风景秀丽。山峰下是清代庆王坟墓。乾隆皇帝的第 17 子爱新觉罗·永璘,军机大臣奕劻等葬于此处。现存有碑楼、宫门、月河桥等遗址。墓区有数万株松柏、国槐等古树。

白羊城景区内有一座 20 世纪 50 年代修建的水库,时任团中央第一书记的胡耀邦题名的"共青团水库"。当时,清华大学水利系正对过水土坝进行研究,建议北京市安排一座试验性过水土坝。市政府同意在王家园实施过水土坝试验。水库位于温榆河支流北沙河白羊城沟上,控制流域面积 42.7 平方公里,总库容 526 万立方米,最大坝高 36.8 米,坝长 163.5 米。该水库为黏土斜墙式过水土坝,是当时亚洲第一座试验性过水土坝。上下游非溢流段用千砌石护坡,下游溢流段为不透水混凝土护面板。全部工程总投资约 598 万元。下游有南北两条主干渠,水库控制灌溉面积为 6000 亩,实际配套面积约为 4000 亩,水库平水年供水 531 万立方米,枯水年供水 337 万立方米,常年供下游村庄饮水。"共青团水库"为流村镇的经济发展,人民生产生活默默贡献着力量,发挥着重要作用。

自然风景区全长 12 余公里,由"摆游垂钓迎宾区"、"书谷琴峡聚仙区"、"石歌水曲抒情区"等景区和青龙潭、雄狮岭、穿山峡、浴仙台、龟龙窥月等40余个景点组成。整个风景区内,树木花草满山遍野,山峰挺拔秀丽,山涧溪水常年流淌不息,空气清新宜人。1992年,流村乡政府投资70余万元开发,景区建成后对外开放,游人络绎不绝,每年接待游客十几万人次。

当代著名散文作家高若虹曾来此一游,有感于白羊城景区的秀美风光,写下了这样的美文:

## 白羊沟点石画水

### (节录)

大自然神工鬼斧的造"绝"之能,人类是不可企及的。它的每一件作品,都是美的极致,美的既没有副本,也不能复制,仿佛"心物婚媾合后所产生的宁馨儿"(朱光潜语)。正是这种唯一,大自然善良又大度地给大地上的山山水水赋予诗情、赋予画意,正如荷尔德林诗中所说:"人,诗意地居住在大地上。"

是的,大自然书写的美学是慷慨的,它将天籁播洒在每一棵草、每一枝花、每一座山、每一条溪、每一道沟、每一块石头,使得这每一个都具有灵性、具有美学价值,由此组成人世间一个个童话世界、神话世界、梦幻世界。

白羊沟也有幸被天工造设,接受了大自然的恩宠,具有了独立的审美意义。她像一首由水和石头作文字而写就的嫩生生的宋词、小令或元曲,让人们品读不尽。这世上恐怕无沟就无起伏、无迭宕、无深幽、无曲径,无雄山峻峰、无奇峡秀水。但沟又不尽相同,记得沈从文先生说过,云有地方性,各地的云颜色、形状各异,性格、风度不刊。石如此,沟更是如是。远且不比,仅与同在昌平地域且是近邻的虎峪风景区、碓臼峪风景区相比,白羊沟风景区天然去雕饰,清丽、自然、质朴,充满荒情野趣。如果说虎峪和碓臼、西水峪有城市少女那种成熟与迷人的丰姿,那么,白羊沟就是村姑般的纯朴、活泼、烂漫、清风绿水,一片童真。以言艺术美、人文美、古迹美,不及其他风景名胜,但言自然美,则是一般景区难以比驾的。

它的朴素、单纯,令你走近它就进入失语状态,令笔也进入失语状态。虽然文字从来就是我们游历名山大川的忠实伴侣,文人墨客自不别说,即使普通游人也不自禁地在所游历的树、竹、砖、墙上刻上一笔:××到此一游。更别说名胜古迹那唐诗宋词游记碑铭长联短赋总是扑面而来,与我们随行左右,经过文思点染的景点命名,以及应景而生的无数传说,总是把我们的行囊和心房塞满。这些书内和书外的文字,在诠释着风景的同时也控制着风景,控制着我们对风景的欣赏和想象。

可是白羊沟不同,这个景区的神奇恰在于它以独有的方式和原生的形态,消解了文字,远离了文化,颠覆了各种人为的定向联想,把我们流放到无语却有无穷思的境地。这一片山水,从文字的阵列里跳了出来,非汉非唐非明非清,似乎是一个文字和音符从未抵达和光顾的原始和终极。使得我们不得不抖落心中所有的定见和习语,不得不腾空已装满名胜古迹的心房,清理已蒙有其他山水云雾的眼睛,用一颗纯净空白的心,一双清澈透明的眼睛去亲近它、品读它。从它点点滴滴的气息、质感、线条、形态、声音里体验它,你会突然醒悟,此时此刻的任何赞美和夸誉都是多余的。我更相信白羊沟也许更乐于接纳一只会唱歌的鸟,一只善良的小羊羔,一位光着小脚丫的小姑娘,却拒绝像我们这样别有用心、揣着写作目的的人,它唯恐被我们格式化的构思和不可把握的语言将它失真。由此,我便羽化成一只鸟或物化为一只羊,赏它的石、品它的水。

是的,水是白羊沟的主旋律、是它的魂。水从山涧细细流来,如一脉透明而有动感、有韵律的气息;水从山谷汩汩淌来,如一串洁白而有质感、有色泽的珍珠;水从山腰哗哗泻来,如一首晶莹而有气势的朗颂诗。水,遇石而鸣,遇壁而溅,遇断而立,遇缝而隐;如此,便有了各异的造形,成瀑,悬挂山崖;成珠,镶嵌石颈;成潭,静如明镜;成练,佩带树、草和每一朵微笑的野花。

由于晶莹得厉害,纤丽得令人心疼,总觉得白羊沟的水是有情爱的,她们总是走得那么匆忙,在你身畔和手指、脚趾缝里轻柔地哗哗哗地流过,石头、树根、苔藓、绿草都留不住她。除了去赶一次约会,我想不出她为什么这么快乐和匆忙。

况且她又是这样的年少和洁净,身上没有一点刻痕。每一回崖前的转体,每一次峭壁的舍身,每一刻石上的腾跃,就会不经意地裸露洁白的体肤,仿佛裙衩掀动,几条闪亮的小鱼,好像是别在她头上的发卡,不乱不丢。她的那种咯咯的、哗哗的、叮叮咚咚的笑声,使白羊沟每天都保持着鲜活的灵魂。她那种晶莹而透明的状态,让我们感到水的伟大和奥妙。水的清纯造就了世间少有的美丽,正好比作家毕淑敏的《素面朝天》对自家的美丽从不经意,却倾倒了天下所有看客,一派大美而不矫饰的本色。不管你使用何种方式亲近她、面对她、涉足她、撩拨她、嬉戏她,她会让忧郁变得开朗,焦燥变得安宁,造作变得朴实,深沉变得透明,而让成熟老练变得如稚子样童真。这就是白羊沟的水。

白羊沟的石一如它的水一样,不可或缺,石就像山的骨、支撑了水的生命、水的灵魂,也支撑了白羊沟的生命的鲜活和魅力……这里的石,因为神话传说而更加瑰奇神秘;这里的水,因为那些美丽的传说而益发富有魅力;晨昏相对,令人想像其中必有天神仙女乘风驾云,翩翩而来。它使白羊沟罩上了一层神话世界的色彩,使白羊沟原本就瑰丽迷人的景观更富想像的空间,筑成连接过去、现在、未来的一座虹桥,沟通梦境、现实、希望的一条彩路。

我游白羊沟时,正当知天命之年,已经是告别神话与童话的年龄了,但置身其间,又仿佛找回了失踪已久的童年,重温和八仙过海、神笔马良为伴的梦幻世界,恢复了如白羊沟的石、白羊沟的水般的单纯和童贞。

　　当然,这种感觉的形成,不单单是因为这里的石、这里的水、这里的神话传说,而且,同白羊沟的自然天籁、荒情野趣有关。那荡荡清风,关关鸟语,卿卿虫鸣,红红山丹,如云团的绿,如水洗的蓝,那充盈着质朴的美、粗犷的美、宁静的美,都在你我的心弦上奏起美妙的和声,不期而然地流淌进你的性灵。在这里度过一个假日,真像裸体的婴孩扑如母亲的怀抱,生发出一种重葆童贞,宠辱皆忘,与壮美清新的自然融为一体的无我感觉。

　　为了留下一方净土,愿你永在,白羊沟的石,白羊沟的水!

## 二、菩萨鹿自然风景区

　　菩萨鹿自然风景区位于北京昌平区西南与门头沟交界处,属于昌平区流村镇管辖,距北京市区约56公里。整个景区南北宽东西窄,形状像一片树叶。景区山势雄伟壮观,佛光灵气,原始自然的山川风貌,悠远古朴的乡俗民风吸引着大批游客到这里来观光旅游避暑纳凉。菩萨山境内峰峦叠嶂,古木参天,奇花异草遍野,果树珍品漫山,环境清幽静谧,泉水清澈甘醇,素有"京都西北第一沟"的美誉。这里的农具展吸引了无数游客,是农业知识历史教育的活教材,引人入胜。春天满山香椿和木兰芽等山野菜飘香数里。

　　菩萨鹿是一个有着千余年历史的古老山村,有着许多珍贵的文物古迹和美丽的故事传说,文化气息浓郁。早在辽宋时期,菩萨鹿就建有菩萨院,至今还留有菩萨院被毁的痕迹。

　　菩萨鹿村中建有关帝庙、菩萨庙等庙宇。关帝之庙神宇梵宫,气势壮观,里面供着智勇诚信忠义之师——关羽。关羽,字云长,别号美髯公。关于他的历史故事家喻户晓,妇孺皆知。关公英名远播四海,忠义威震八方,是中华儿女的楷模和榜样。庙宇神像题有对联,上联:友子龙师卧龙龙友龙师;下联:兄玄德弟翼德德兄德弟;横批:亘古一人。描述和赞美了刘备、关羽、张飞、诸葛亮、赵云等人的动人事迹。来菩萨鹿观光的游客纷至沓来,虔诚进香叩拜,关帝庙的香火连绵不绝,一代宗师关公的忠义厚德流芳千古。

菩萨鹿景区宛若仙境,关于菩萨鹿的来历传说众多,其中最有特色和影响的一种说法是来源于《佛说九色鹿经》。

《佛说九色鹿经》有这样的记载:

佛言,昔者菩萨身为九色鹿,其毛九种色,其角白如雪,常在恒水边饮食水草,常与一乌为知识。时水中有溺人随流来下,或出或没,得着树木,仰头呼天:"山神树神诸天龙神何不愍伤我也?"鹿闻人唤声,即走往水边,语溺人言:"汝可勿怖,汝可骑我背捉我角,我相负出上岸。"鹿大疲极。溺人下地绕鹿三匝,向鹿叩头乞为大家作奴,给其使令采取水草。鹿言:"不用卿也,且各自去,欲报恩者莫得道我在此间,人贪我皮角必来杀我。"于是溺者受教而去。尔时,国王夫人夜梦见九色鹿,意欲得其皮角,即托病不起。王问夫人言:"何以不起?"夫人答言:"昨夜梦见非常鹿,其毛九种色,其角白如雪。我思得其皮作衣裘其角作拂柄,王当为我得之,王若不得我当死矣。"王告夫人:"汝为且起,我作一国王,何所不得?"王即便募于国中。若有能得九色鹿者,当与分国治,赐其金钵盛满银粟,赐其银钵盛满金粟。溺人闻王募重,心生恶念:"我说此鹿可得富贵,鹿是畜生死活何在。"于是溺人便使语募人言:"我知有九色鹿处。"募人便将至王所言:"此人知有九色鹿处。"王闻大欢喜。王言:"汝得其皮角来,报之半国。"于是溺人面上即生癞疮。溺人言:"此鹿虽是畜牲,大有威神,王亦多将人兵乃可得耳。"王即大出人兵往恒水边。乌在树上遥见王人众来,疑当杀鹿,即呼鹿言:"且起,王来取汝。"鹿故熟卧不觉。乌复言:"且起,王将兵至。"鹿故复不觉。乌便下树居其头上啄其耳:"且起,王兵围汝数重。"鹿方惊起四顾望视无复走地,便往趣王车边。傍人引弓欲射之。王告:"莫射此鹿,此鹿非常,将是天神耶!"鹿即言:"莫射杀我,假我须臾,我有恩于国。"王语鹿言:"有何恩?""我曾活王国中一人。"即长跪重问王:"谁道我在此?"王言:"车边癞面人也。"鹿举头看此人。眼中泪出不能自胜。"大王,此人本溺在水中,随流来下,或出或没,得着树木,仰头呼天:'山神树神诸天龙神何不愍伤我?'我时不惜此命,自投水中负此人出。本要誓不相道,人无反复,不如水中浮木也。"王闻鹿言有惭愧色:"我民无义。"王即三教其民:"奈何受恩反欲杀之!"王即放鹿使去。下国中若有驱逐此鹿者当诛汝五属。于是王便还宫,鹿归故处。是时国中众鹿皆来依附,数千为群,永不见害,共饮食水草,不犯人菜谷。从是之后,风雨以时,五谷丰熟,民无疾病。其时太平毕命化去。佛告诸弟子:"菩萨所行虽处畜生不舍于慈,人兽并度。是时夫人者孙陀利是也,是时乌者阿难是也,是溺人者调达是也,时鹿者我身是也。调达与我世世有怨,阿难有至意得道,菩萨更勤苦行波罗蜜,忍辱如是。菩萨,时鹿者。"此为菩萨鹿之得名。

菩萨鹿有着良好的旅游文化资源,2002 年下半年,北京菩萨山旅游发展有限公司与该村联合进行菩萨山风景名胜区的开发和建设,现已初步形成了一个集观光旅游、娱乐餐饮于一体的自然风景旅游区。

古朴、幽静、自然的小小村落吸引了来自各方的目光,引发了游人心中的无数美好遐想,当代作家王宗忠曾写下一篇散文《菩萨山畅想曲》:

## 菩萨山畅想曲
### (节录)

菩萨山是昌平西部地区与门头沟妙峰山接壤的一片群山。因这片群山中有一道山梁极像卧佛,因这片群山中一处很高很大的峭壁上有一幅天然佛像,因这片群山中有一处供奉观世音菩萨的观音台,所以这一带山区名为菩萨山。这片山哪,春时山花烂漫,夏日郁郁葱葱,秋天蓊蓊郁郁,冬季白雪皑皑,虽然有风景,也有诗意,但这一带群山的沟岭坡梁,土质不算肥沃,物产不算丰富且经济价值不算高,所以居住在这里的人们日子过得并不算富足,其实,这里的人们做梦也想富裕起来呀。

在菩萨山中有一个平凡的小山村叫做菩萨鹿,菩萨鹿——不知村以山名,还是山以村名,总之这一地区被笼罩在一种神秘的宗教氛围下,让人觉得她是极乐世界,是洞天福地。村子掩映在或苍老斑驳、秃枝拉杈,或枝繁叶茂、婀娜多姿的槐榆杨柳之中,村外的田头坝阶上核桃、海棠、柿子、山里红、香椿,在不同的季节演绎着不同的色彩,红了、绿了,变幻着,枝头争艳;村子周围的大大小小的山谷和村中一样,灌木繁茂,古木参天,生机盎然:林间飞翔着喜鹊、灰喜鹊、乌鸦、啄木鸟和许多种不知名的小鸟,山野间潜行着野兔、松鼠、山鸡、獾、狍,美景无限,生机无限,使人置身其中,恍若天上人间;山间有泉,泉水凛然,人们把几眼水流量比较大的泉赋予希望,赋予理想,赋予情操,分别称为成龙泉、忠孝泉、圣水泉;村里山中有巨石,人们因为其形状,或者因为其位置,而名为做人石,而名为兵法石,而名为映心石,等等,顾名思义,大可揣摩,拟人的手法虽有牵强附会之嫌,但都是极朴实极美好的初衷心愿。

菩萨鹿是一个有着神秘宗教色彩的小村庄。相传,在很久很久以前,这个只有几户人家的村子,还没有名字呢,忽一日,男装女相的观音菩萨骑着一只梅花鹿来到村里,看到村里境况,就点化了几眼山泉,点化了一些山间地块,随意撒了些种子,把梅花鹿点化成一棵大槐树,然后飘身而去:村里人见到凭空变化,疑是菩萨显圣,都心存感激,商量着给自己的村子起个名儿,叫做“菩萨鹿”;又在南山的半山腰上砌筑了一座高台,供奉观音菩萨,“菩萨鹿”这个村名由此而来。站在菩萨鹿村南面一座小山的礼佛台上眺望群山,北面一道山梁挡住了视线,细细端详,这道山梁上的座座山峰通过距离的组合,活脱脱就是一尊卧佛,正应了"距离产生美"那句有名的断言,他头西脚东,鼾然而睡,慈祥而安谧;站在礼佛台上向南山观望,之间远处一面巨大的垂直的峭壁上,有一幅几近天然的浮雕佛像(面部稍做雕琢),佛像栩栩如生,眈视而立,使人看后无不赞叹大自然的鬼斧神工;在山下的一个展览室中,迎面墙上有一个高3米的巨大的整体树根组成的"佛"字,起笔顿挫,间架结构各方面看,这个自然形成的"佛"字的笔画都是轻重有别,虚实得当,巧夺天工,惟妙惟肖,令人太不可思议了;在菩萨鹿的"慈母院"附近,有一只天然的石佛手,它高约4米,重达8吨,拇指、食指、中指、无名指、小指都一应俱全,矗立在山坡上,直指苍穹,让人赞不绝口,叹为观止。在菩萨鹿,与佛教相关的建筑还有菩萨殿、观音台,与佛教相关的还有巨幅国画《五百罗汉图》、巨型根雕"大肚弥勒佛"、"达摩渡江"等。看到这些,无论是谁都会产生遐想与疑问,莫非菩萨鹿是佛教胜地,梵宇仙宫,或是菩萨鹿与佛教有其他深不可测的某种渊源?

不是,这是菩萨鹿的村民们在利用村里的自然资源营造着一种氛围——宗教的氛围,在利用这个氛围为自己铺设着一条能富裕起来的康庄大道。他们的宗教意识是简洁的、原始的,因而信佛、敬佛;他们的愿望是强烈的,他们的追求是执著的,他们不光要温饱,他们还要有更好的生存环境(居住、交通、吃穿、日用),他们要度过舒适而健康的晚年,他们要赡养老人、要生儿育女并使他们受到良好的教育,他们把愿望与追求通过4平方公里山场与佛的渊源这一物质与意识的结合体在一点点地实现着。

菩萨鹿这个有75户人家、180口人、150亩耕地的小山村,除了4平方公里面积的山场外,没有其他可利用资源,且远离公路交通不便,多少年来菩萨鹿村民在仅有的耕地上一面广种薄收,靠天吃饭,一面寻找着使所有的村民富裕起来的康庄大道。

改革开放以来,历届村党支部、村委会在寻找、摸索着,他们终于把目标锁定在"充分利用现有资源,开发旅游观光、旅游休闲潜力,引导村民共同致富"这一长期目标上,并开展一系列(立项、申报、办理审批手续等)具体工作,为实现这一目标作了充分的铺垫。

2002年9月,菩萨鹿村民委员会与河北安华集团签订了50年合作协议,以旅游观光、休闲度假服务为经营形式,以佛教文化、养生文化、民俗文化、生态休闲文化为载体,联合成立了"中国·北京菩萨山旅游发展有限公司"并开始运营。在那几年,还有军人、退休干部、教授、企业家、艺术家们因为这里民风淳朴,空气清新,气候宜人而相继落户,使菩萨鹿这个小山村的知名度越来越高了。

菩萨山旅游发展有限公司为了把菩萨山的旅游休闲服务事业搞起来,首先做了这样几件事情:一是重视宣传,加大宣传力度,他们不但请区委宣传部、文委、旅游局、广播电视局利用报纸、电视、广播宣传菩萨山,还在全区率先利用互联网,建立起自己的网站,让全国、全世界都知道北京有座菩萨山,山下有个叫菩萨鹿的小山村。一是为便利村里人的出行,为便利各地人士到这里旅游观光,公司斥巨资重新修建了从村里到主干道的公路,原来凸凹不平、石头尖儿朝上的农村大车道,现在变成了平整的、信号齐全的柏油公路。一是在通往各个景点的山间小路上,都砌筑了石台阶,使那些远道而来的登山赏景的游客既有安全感,又有新鲜感,这些都充分体现了菩萨鹿人在旅游服务事业中保护环境、以人为本的指导思想。

其次,菩萨山旅游发展有限公司在旅游观光的内容上,紧紧围绕菩萨鹿村的自然环境,紧紧围绕中华民族的历史和中华民俗,紧紧围绕源远流长的佛教文化加以展开。围绕菩萨鹿的自然环境,他们以养生、健康、长寿为目的开发了登山远足、吃农家饭、睡农家炕、按季节采摘（夏初采香椿，秋末摘海棠、摘柿子、拣山里红）等活动，让游客们体验农村生活，找到回归自然、返璞归真的感觉。

他们以中华民族悠久的历史和中华民俗为契机，以进行爱国主义教育为目的，投资修建了华艺宫、根雕馆、民俗馆三个展区。在华艺宫中，有现代艺术家用传统的玻璃油画技法创作的唐、宋、元、明、清5个朝代的150多位皇帝和皇后的御像，这些御像，画功精湛，堪称一绝；龙，是中华民族的象征，在华艺宫中还有香樟独木根雕"九龙戏珠"和一对黑陶工艺品"二龙戏珠"，香樟独木根雕"九龙戏珠"高2.68米，宽3.8米，厚1.16米，是中华民族艺术精品中绝无仅有的稀世之宝，它是9位艺术家花费9年的时间精心设计并雕刻而成的，这件作品倾注了9位老人毕生的心血与精力；黑陶工艺品"二龙戏珠"高2.68米，直径0.86米，这种大型的制陶工艺，无论是打坯、雕刻，还是烧制，难度都是非常高的，因此菩萨山这对黑陶"二龙戏珠"堪称精品，无可非议；在华艺宫中，还有我国著名画家唐明创作的巨幅国画《五百罗汉图》，它长230米，高2.4米，全重180公斤，唐明利用16年时间将此创作完毕，画中有500罗汉，有1200余种动、植物，还有1280处印章，整幅作品无论从画面、装裱面积、重量、印章数量及动、植物种类等均创现代国画之最。根雕馆里收藏着以《清明上河图》为代表作的许多根雕作品，每件作品都是举世之宝、传世之作，价值连城，很值得观赏的，我无意在此一一赘述。在民俗馆里，展品都是历代劳动人民所使用的农业生产用具、农村生活用具、各种木制交通工具，如：辘轳、纺车、轿子、木制马车、簸箕、笸箩、升、斗、犁、耙等，这些伴随着劳动人民度过了一年又一年，而现在有许多东西在农村都已经很难见到了。

请到菩萨山来吧，请到菩萨鹿来吧，到这里看你想看的，记你想记的；在这里，你可以梦修炼之乐趣，也可以发思古之幽情，你会受到许多理想与真知的启迪。

菩萨山旅游发展有限公司的旅游观光、休闲度假服务事业已经有了一个良好的开端。他们要做的事情还很多,他们要走的路还很长,他们要使菩萨山游客众多,香烟缭绕,使菩萨鹿村民愈来愈富裕,还需要更长的时间,还要做更多的事情,因为,开弓没有回头箭。

从北京到昌平,到南口,到高口,到菩萨鹿,一下子从平原到了山区;一路上风驰电掣,既而盘桓曲折,峰回路转,曲径通幽,就到了菩萨山,就到了极乐世界,就到了洞天福地……

### 三、长峪城自然风景区

长峪城自然风景区位于昌平区流村镇西北部,距昌平卫星城54公里,面积约27750亩。这里植被茂密,空气新鲜,素有昌平"小西藏"之称。长峪城四季分明,每到春季,十里花香,桃花、杏花、海棠花次第开放,漫山遍野,一望无际,甚是鲜艳美丽。夏季,浓荫蔽日,空气清凉,平均气温低于市区5℃以上。晚间山风徐徐,使人备感清凉,远离酷暑。秋天,山葡萄、榛子、核桃、红果、海棠等任您随意采摘,既增添了乐趣,又极大地丰富了您的生活。冬季,白雪皑皑,南山之雪一直延续到次年初夏才融化,银装素裹,分外妖娆,令人心旷神怡。长峪城自然景观与人文景观并茂。景区有龙潭峡谷,峡谷两边悬崖峭壁,高耸入云,谷中绿草如茵,流水潺潺,风景迷人。峡谷上方水库,绿波荡漾,清澈见底,可供游人垂钓、游泳、划船。

长峪城是古代著名的关隘。旧城建于明正德十五年(1520年),砖石建构,横跨东西两山。城高1丈8尺、周长354丈,有南北城门两座,东山下设水门两座、敌台两座、角楼1座、城铺10间、边墙4道、护城墩6座。城内建有佛殿、娘娘庙、钟楼、鼓楼。新城建于万历元年(1573年),与旧城相连。南北有瓮城,东山头筑瞭望台1座。现多数城墙已坍塌。新城南城门、钟鼓楼及铸钟现保存较为完整。

距长峪城村北 1 公里有圆楼长城,是万里长城的一部分,东临八达岭,蜿蜒盘旋,宏伟壮观。圆楼长城建在昌平的最高峰——高楼山之上,海拔 1400 多米。

### 四、仙人谷自然风景区

仙人谷自然风景区坐落在昌平西部深山区禾子涧村北。禾子涧村是北京地区永定河流域及潮白河流域的分水岭,向南为永定河流域,向北为潮白河流域。这里地广人稀,平均海拔高度 850 米以上,其所特有的小盆地气候,使仙人谷有着极为丰富而茂盛的植被,成为人们春季赏青、夏季避暑、秋季采摘、冬季赏雪的好去处。

禾子涧地区历史文化悠久,从远古时代的神话传说到近代的革命斗争故事,给这边远山区增添了丰厚的文化底蕴。这里有著名的锅顶山传说,有闻名遐迩的仙人洞,有燕长城遗址等古迹名胜。

近年来,仙人谷风景区将以锅顶山、仙人洞为中心的古代文化资源进行了搜集、整理,结合旅游项目,确立了"崇尚自然,贴近自然,融合自然"的旅游主题,提出"山净、气净、水净、土净、人净"的旅游理念,努力打造全新的生态旅游文化风景区。这里有圆形堡垒式建筑群(蒙古包),方形四合院(清静温馨),20 人和 40 人会议室各 1 个,适合开小型会议;有独具一格的农家风味菜肴;有令人流连忘返的七道梁杨树林、庵子庙等自然景点,让您远离喧嚣,享受自然,放松心情,融入自然,忘掉自我。

### 五、老峪沟自然风景区

老峪沟位于昌平区流村镇,距市区约 50 公里。此处交通便利,群山环绕,植被葱郁茂盛,气候清爽宜人。风景区拥有昌平最高峰——高楼山,最高海拔 1439.36 米,顶峰生长着几百亩的野生黄花,俗称为"黄花坡",素有"京西坝上草原"之美誉。景点已于 2004 年被昌平区旅游局批准为"昌平第一峰天然景园",是夏季避暑纳凉的好去处。顶峰脚下就是著名的白羊沟自然风景区。

老峪沟具有丰厚的历史文化底蕴。这里地势险峻,是历朝兵家的必争之地。传说中杨六郎屯兵的"六郎城"就位于此地。还有明长城、阎罗堆的秦长城等遗址。蜿蜒起伏的野长城,被联合国教科文组织列为"世界文化和自然遗产保护项目",是中国古代万里长城的重要组成部分。长城上有烽火台数座,其中还有圆形烽火台1座,俗称圆楼,东与八达岭紧紧相连,具有极高的历史价值和考古价值,充分体现了独特的长城文化。

### 六、狼儿峪自然风景区

狼儿峪自然风景区位于昌平区西南30公里,距流村镇镇政府所在地14公里,南与门头沟交界,在京郊妙峰山脚下,四面环山,风景秀丽,景色怡人,是旅游度假的理想场所。地域总面积14578亩,其中荒山面积13929亩,山林茂密,空气清新宜人。这里自然风景奇特,山峦叠翠,峰回路转,环境幽雅。旅游景点达30余处,像狮子山、骆驼峰、鸡冠山,还有奇特的牛王嘴、黑龙潭、怪石坡等,皆天然造就,绝无人工雕琢。不仅如此,其丰富的农副产品可以让每一位到此的游客一饱口福。在风景区内有丰富的干鲜果品,如香椿、山杏、海棠、红果等十余种,可满足不同季节的游人登山采摘、品尝的需要。纯天然绿色食品让人玩得开心、吃得放心的同时真正享受回归大自然的感觉。风景区仍保持着原有天然的风格,是踏青、健身、修养、娱乐的好地方。

此外,狼儿峪是革命老区,解放战争时期中共昌宛县委县政府驻地,是京郊西北著名的红色旅游景点。

### 七、龙山自然风景区

龙山自然风景区位于昌平区流村镇南流村南,距北京45公里,占地3000亩,交通便利,植被茂盛,绿树成荫,空气新鲜,环境优美。

山上果树种类繁多,有苹果、梨、核桃、柿子、山里红等,游客在不同季节都可以亲自采摘、品尝到新鲜的水果,是集观光采摘、休闲、度假为一体的生态公园。

### 八、漆园自然风景区

漆园村位于北京市昌平区流村镇内东南部,距昌平卫星城 25 公里,村域面积 25000 万亩,明代成村。因村南山场有漆树种植并成林,故而得名。村内有四大奇景,堪称一绝。一奇:千年古树槐抱春。漆园村供销社门前有一棵千年古树,古树收"义子",钟灵毓秀槐抱"椿"。在参天古木的分枝处形成了一个一米见方的中空树洞,从树洞里生出一棵直径近 1 尺、高达 10 余米郁郁葱葱的椿树。更奇特的是椿树旁还钻了一棵有杯口粗细,高 2 米左右的小榆树,椿树和榆树和谐地生长在老槐树的树干中空处,根系也深入老槐树"身体"深处,那情形仿佛祖孙三代紧紧拥抱在一起,形成三树合围母异树同根,蔚为奇观。二奇:龙鼓龙幡,尽展漆园风情。漆园村蕴藏着丰富的民俗文化,昔日五虎棍、霸王鞭、小车会风靡一时,尤以清乾隆八年(1743 年)乾隆御赏宫中所用龙鼓、龙幡闻名京西。三奇:雅思山风景秀丽奇石林立。雅思山植被茂密,覆盖率达 95%,沟谷溪水长流。大自然的鬼斧神工,构筑了许多自然景观,有雷劈石、蛤蟆石、石龟、石佛、马架洞、十八盘、老虎洞、棺材石等自然景点,清代著名学者孙承泽所著《天府广记》中有对雅思山景观的真实描写。四奇:香椿宴绿色营养别有风味。漆园的红椿是绿色无公害产品,特点是叶、柄、梗均呈紫红色,芽肥嫩,色香味美,营养丰富。中医理论认为,香椿性寒,有清热解毒、涩肠止血、健胃理气、杀虫等作用。香椿吃法有腌香椿、香椿汁、香椿泥、炒香椿、香椿末等。

# 第三章　自然资源

　　流村镇域地形多样,山地、丘陵、平原地貌兼备,山区植被较为完整,野生动植物资源丰富。在长峪城及溜石港等地就分布有知母、柴胡、黄芪、丹参、地龙、远志、桔梗等多种野生植物资源;而西南部山区的地理环境、气候等自然条件使得这些地区成为野生动物的理想家园,例如西部有山鸡、野兔、狍子及各种鸟类;南部的禾子涧、狼儿峪、北照台地区有狐狸、松鼠、狼等野生动物。在自然物产方面,由于地处山前暖带的良好地理条件,使流村镇在果树栽培方面有着独特的优势。流村镇的果树栽培历史悠久,盛产苹果、李子、桃、油桃、蟠桃、杏、山楂、樱桃、大枣、冬枣、小枣、葡萄、柿子等。

## 第一节　野生植物

### 一、概况

　　木材植物有鹅尔枥、杨树、柳树、银杏、水杉、云杉、桧柏、雪松、千金榆、糙皮桦、坚桦、白桦、黑桦、山合欢、黄连木、栾树、拐枣、蒙椴、黑枣、山杨、黄檗、臭檀、大果榆、华北落叶松、白皮松、臭椿、香椿、苦木、白蜡、大叶白蜡、小叶朴、大叶朴、青檀、春榆、黑榆、樟子松、油松、侧柏、国槐、白榆、色木、椴树、桑树、元宝枫、泡桐、卫矛、黄菠萝、龙柏、法桐。

　　药材植物有丹参、阴生鼠尾草、雪见草、藿香、活血丹、益母草、串铃草、裂叶荆芥、薄荷、风轮菜、香薷、少华香薷、海州香薷、地笋、筋骨草、白苞筋骨草、内折香茶菜、旋覆花、烟管头草、苍耳、鳢肠、高山蓍、甘菊、石胡荽、飞廉、刺儿菜、烟管荆、细叶鸦葱、桃叶鸦葱、鸦葱、毛连菜、红梗蒲公英、抱茎苦荬菜、秋苦荬菜、苦苣菜、东北南星、一把伞南星、半夏、掌叶半夏、白头翁、草乌、牛扁、两色乌头、草芍药、金莲花、茴茴蒜、石龙芮、升麻、单穗升麻、瓣蕊唐松草、棉团铁线莲、芹叶铁线莲、黄花铁线莲、蝙蝠葛、野鸢尾、马蔺、射干、穿山龙、绶草、手参、角盘蓝兰、杠柳、萝藦、徐长卿、瓜老头、地梢瓜、白薇、白首乌、变色白前、鹅绒藤、牛皮消、菟丝子、金灯藤、打碗花、篱打碗花、毛打碗花、北黄草鱼、田旋花、牵牛、裂叶牵牛、达乌里龙胆、小龙胆、红直獐牙草、当药、小叶白蜡、毛叶丁香、照山白、迎红杜鹃、点地梅、狼尾花、紫草、麦家公、鹤虱、附地菜、瓦松、蓝萼香茶菜、碎米桠、夏至草、黄精、二苞黄精、玉竹、小玉竹、热河黄精、知母、曲枝天门冬、被重楼、铃兰、宝珠草、鹿药、藜芦、有斑百合、山丹、细叶韭、山韭、砂韭、沿阶草、桔梗、党参、羊乳、沙参、石沙参、多岐沙参、展枝沙参、紫斑风铃草、北柴胡、红柴胡、防风、蛇床、藁本、白芷、石防风、短毛独活、窃衣、水芹、大齿山芹、毒芹、葛缕子、峨参、黄芩、北京黄芩、粘毛黄芩、并头黄芩、山梗菜、茵陈、猪毛蒿、大籽蒿、黄花蒿、艾蒿、南杜蒿、杜蒿、兔儿伞、苍术、牛蒡、款冬、蓝刺头、祁州漏芦、猫眼草、小叶鼠李、酸枣、山葡萄、华北葡萄、爬山虎、葎叶蛇葡萄、鸡腿堇菜、中华秋海棠、东北土当归、忽木、刺五加、无梗五加、南蛇藤、龙葵、青杞、酸浆、小酸浆、苦蘵、泡襄草、天仙子、曼陀罗、阴行草、山萝花、反顾马先蒿、草本威灵仙、松蒿、北玄参、地黄、弹刀子草、水苦荬、角蒿、黄花列当、列当、牛耳草、透骨草、大车前、糙叶败酱、异叶败酱、黄花龙芽、缬草、茜草、猪殃殃、四叶葎、蓬子草、接骨草、盒子草、大丁草、鬼针草、小花鬼针草、狼把草、柳叶鬼针草、北方马兰、泽兰、狗哇草、阿尔泰狗哇草、东风菜、女苑、紫苑、火绒草、线叶旋覆草、狭叶红景天、景天三七、北五味子、杠板归、虎杖、拳蓼、小箭叶蓼、两栖蓼、水蓼、河北大黄、酸模、巴天酸模、牛膝、构树、百蕊草、反折百蕊草、北马兜铃、灯心草骚缀、鹅肠草、麦瓶草、瞿麦、石竹、霞草、细叶小檗、大叶小檗、白屈菜、野罂粟、角茴香、狭叶尺瓣延胡索、地丁草、白花菜、独行菜、密花独行菜、宽叶独行菜、葶苈、豆瓣菜、小花糖芥、糖芥、扯根菜、山楂、龙芽草、地榆、毛樱桃、山桃、西伯利亚杏、山杏、苦参、铁扫帚、狭叶米口袋、米口袋、红花锦鸡儿、扁茎黄蓍、合萌、胡枝子、山豆花、长萼鸡眼草、山野豌豆、醉浆草、拢牛儿苗、远志、西伯利亚远志、地构叶、铁苋菜、一叶荻、地锦草、乳浆草、赤雹。

油脂及淀粉植物有麻核桃、胡桃楸、花木兰、圆叶鼠李、鼠李、栓皮栎、柞栎、蒙古栎、辽东栎、槲栎、荞麦、苦荬菜。

食用植物油榛、毛榛、鸡桑、蒙桑、牛迭肚、欧李、毛叶欧李、豆茶决明、黄花、绵枣儿、猕猴桃、狗枣猕猴桃。

橡胶、树脂、挥发油、植物胶植物有漆树、盐肤树、黄栌、朝天委陵菜、捐毛葡萄委陵菜、鹅绒委陵菜、莓叶委陵菜、疏毛构叶委陵菜、野皂菜、刺苞南蛇藤、卫茅、省沽油、木本香薷、香青兰。

纤维、蜜源植物有葎草、宽叶荨麻、狭叶荨麻、艾麻、蝎子草、细叶苎麻、赤麻、红升麻、短序胡枝子、野亚麻、筒麻、野瑞香、荆条、蒙古荚迷、鸡树条荚迷。

牧草植物有绣线菊、蚂蚱腿子、铁秆蒿、苔草、野古草、大油芒、野青菜、白羊草、隐子草、黄背青、荩草、野葱、狗尾草、曲子菜、紫云英、白莲蒿、野青茅、黑苦梨、早熟禾、狼尾草、平榛、山萝卜、莞花、雀儿舌头、虎榛子、六道木、洋槐、细叶苔、蓝荆子、小红菊、白秆蒿、杭子蒿、野豆苗、野苏子、桑树、小儿拳头、苜蓿、小叶锦鸡、紫穗槐、覆盆子、野大豆、直立黄芪、野燕麦、狗舌草、繁缕。

## 二、主要野生植物介绍

**灌丛** 一切以灌木占优势所组成的植被类型。一般高度在5米以下,多为簇生的灌木,具有一定的郁闭度,裸露地面不足50%。灌木多为中生性。灌丛在我国分布很广,如温带的落叶阔叶灌丛有榛属,胡枝子、黄栌、蔷薇属、绣线菊属,其在流村的西部山区之中随处可见。由于灌木的生态幅度比森林广,故可在气候过于干燥或寒冷、森林难以生长的地方生长,所以从对流村镇西部山区的自然环境进行保护的角度看,其生态效应不亚于森林。

**榆树** 榆科,榆属,落叶乔木,主要见于镇域内中东部的洪积冲积扇上。作为一种常见的野生植物,榆树遍布全国,其在东北、西北、华北、华东等地海拔 1000 米以下的河流两岸、山麓或田边随处可见。榆树喜光,耐旱,耐寒,耐瘠薄,不择土壤,适应性强;根系发达,抗风力、保土力强;萌芽力强,耐修剪,生长快,寿命长。这些特点使榆树有着较强的叶面滞尘能力和抗污染性(尤其对氟化氢及烟尘有较强的抗性),过去农村绿化应用较多,城市内则一般用于庭园、工厂绿化。所以,榆树在流村的生态绿化中一直起着重要的作用。近年来,基本不用于绿化造林,且自然种质资源受到严重破坏,数量锐减。但榆树的作用远不止于绿化一途,榆木尤其是白榆木材耐磨、耐腐,是造船、建筑、室内装修地板、家具的优良用材。树皮纤维强韧,可作人造棉和造纸原料。果、树皮和叶入药,能安神,治神经衰弱、失眠;嫩果和幼叶食用或作饲料;树皮可作蝇索;植物体含 beta—固淄醇、植物醇,豆淄醇等多种淄醇类及鞣质、树胶、脂肪油,是重要的医药和化工原料。

**槐树** 豆科,落叶乔木,主要见于镇域内中东部的洪积冲积扇上。槐树性耐寒,喜阳光,稍耐阴,不耐阴湿而抗旱,在低洼积水处生长不良,深根,对土壤要求不严,较耐瘠薄,石灰及轻度盐碱地(含盐量 0.15% 左右)上也能正常生长,常见华北平原及黄土高原海拔 1000 米左右的高地上。槐树为优良的蜜源植物,花蕾可食,为清凉性收敛止血药。槐花可作黄色染料,槐实能止血、降压,根皮、枝叶药用,治疮毒;种子榨油供工业用;槐角的外果皮可提馅糖等。木材供建筑或制作农具和家具用,对二氧化硫、氯气等有毒气体有较强的抵抗性。花蕾与花含芸香苷、淄醇,果实含刺槐素、槲皮素等多种黄酮类和酚类成分,是用材及经济林兼用的树种。又能防风固沙,是流村本地较好的遮阴树和行道树种之一。

**杨树**  杨柳科,杨属,落叶乔木,主要见于镇域内中东部的洪积冲积扇上。杨树是世界上分布最广、适应性最强的树种。中国有丰富的杨树资源,天然林面积约 300 万公顷。中国天然种有 53 种之多,分布很广。从最北的大小兴安岭的甜杨、大青杨,直到南方的滇杨;从东到西,西部有耐干旱、耐盐碱的胡杨,还有银白杨、银灰杨等。因为杨树具备早期速生、无性繁殖容易两大特点,所以人们渴望利用杨树解决迅速恢复植被,解决生态问题;迅速种植形成人工林,解决木材问题。但品种单一、老化,生产力低,集约栽培水平不高等原因往往制约着杨树进一步扩大栽培。

**臭椿**  苦木科,臭椿属,落叶乔木,又名椿树或木砻树,古称樗。主要见于镇域内中东部的洪积冲积扇上。为阳性树种,喜生于向阳山坡或灌丛中,村庄家前屋后多栽培,常植为行道树。在中国,其分布范围南自广东、广西、云南,北直到辽宁南部,共跨 22 个省区,而以黄河流域为分布中心,垂直分布在海拔 100～2000 米范围内。臭椿树干通直高大,春季嫩叶紫红色,秋季红果满树,是良好的观赏树和行道树。可孤植、丛植或与其他树种混栽,适宜于工厂、矿区等绿化,是镇域内重要的野生林木之一。

**柴胡**  伞形科,多年生草本植物,在镇域内主要见于长峪城及溜石港等地,其根较细,圆锥形,顶端有多数细毛状枯叶纤维,下部多不分枝或稍分枝。表面红棕色或黑棕色,靠近根头处多具紧密环纹。质稍软,易折断,断面略平坦,不显纤维性。关于柴胡的名称由来有个民间传说。从前,一地主家有两个长工,一姓柴,一姓胡。有一天姓胡的病了,发热后又发冷。地主把姓胡的赶出家,姓柴的一气之下也出走了。他扶了姓胡的逃荒,到了一山中,姓胡的躺在地上走不动了,姓柴的去找吃的。姓胡的肚子饿了,无意中拔了身边的一种叶似竹叶子的草的根入口咀嚼,不久感到身体轻松些了。待姓柴的回来,便以实告。姓柴的认为此草肯定有治病效能,于是再拔一些让胡食之,胡居然好了。他们二人便用此草为人治病,并以此草起名"柴胡"。柴胡作为一种药材植物,可用于治疗感冒发热、寒热往来、疟疾、肝郁气滞、胸肋胀痛、脱肛、子宫脱落、月经不调,故在《神农本草经》中被列为上品。

**知母**　多年生草本植物,全株无毛,根茎横生、粗壮,密被许多黄褐色纤维状残叶基,下面生有多数肉质须根。喜温暖湿润气候,耐寒,耐干旱。适应性很强,对土壤要求不严,以土质疏松、肥沃、排水良好的腐殖质土壤和沙质土壤栽培为宜,在阴坡地、黏土及低洼地生长不良,且根茎易腐烂。多见于长峪城及溜石港等地,对治疗温热病、高热烦渴、咳嗽气喘、燥咳、便秘、骨蒸潮热、虚烦不眠等病症有奇效。

**丹参**　唇形科,多年生草本植物,茎高40—80厘米。叶常为单数羽状复叶;小叶3~7叶,卵形或椭圆状卵形。花期4—6月,果期7—8月。《本草纲目》曾记载道:"丹参,按《妇人明理论》云,四物汤治妇人病,不问产前产后,经水多少,皆可通用,唯一味丹参散,主治与之相同。盖丹参能破宿血,补新血,安生胎,落死胎,止崩中滞下,调经脉,其功大类当归、地黄、芎穷、芍药故也。"所以,丹参可用于月经不调、经闭痛经、症瘕积聚、胸腹刺痛、热痹疼痛、疮疡肿痛、肝脾肿大、心绞痛等症。常生长于山坡草地、林下、溪旁,为镇域内重要药材植物之一。

**远志**　为远志科,多年生草本,高20—40厘米。根圆柱形,长达40厘米,肥厚,淡黄白色,具少数侧根。茎直立或斜上,丛生,上部多分枝。叶互生,狭线形或线状披针形,长1—4厘米,宽1—3毫米,先端渐尖,基部渐窄,全缘,无柄或近无柄。总状花序长约2—14厘米,偏侧生于小枝顶端,细弱,通常稍弯曲;花淡蓝紫色,长6毫米;花梗细弱,长3—6毫米;苞片3,极小,易脱落;萼片的外轮3片比较小,线状披针形,长约2毫米,内轮2片呈花瓣状,成稍弯些的长圆状倒卵形,长5—6毫米,宽2—3毫米;花瓣的2侧瓣倒卵形,长约4毫米,中央花瓣较大,呈龙骨瓣状,背面顶端有撕裂成条的鸡冠状附属物;雄蕊8,花丝连合成鞘状;子房倒卵形,扁平,花柱线形,弯垂,柱头二裂。蒴果扁平,卵圆形,边有狭翅,长宽均约4—5毫米,绿色,光滑无睫毛。种子卵形,微扁,长约2毫米,棕黑色,密被白色细绒毛,上端有发达的种阜。花期5—7月,果期7—9月。生于海拔400—1000米的山坡草地或路旁。可用于失眠多梦、心悸怔忡、健忘、癫痫惊狂、咳嗽痰多、痈疽疮毒、乳房肿痛、喉痹等症状,是镇域内主要药材植物之一。

## 第二节　野生动物

哺乳类动物有虎、豹、熊、草兔、果子狸、貉、野猪、豺、狼、猞猁、鹿、麂、斑羚、赤狐、猪獾、鼹松鼠、刺猬、野山羊、豹猫、狍、花鼠、黄鼬、黄鼠、蝙蝠、花面狸。

鸟类有苍鹭、大天鹅、燕隼、鹗、松雀鹰、苍鹰、鹊鹞、蜂鹰、鹌鹑、四声杜鹃、大杜鹃、北京雨燕、戴胜、冠鱼狗、蓝翡翠、三宝鸟、云雀、家燕、金腰燕、树鹨、水鹨、平原鹨、斑鸠、黄鹡鸰、灰鹡鸰、白鹡鸰、山鹡鸰、栗耳短脚鹎鹎、太平鸟、红尾伯劳、黑枕黄鹂、黑卷尾、北椋鸟、棕眉山岩鹨、鸿雁、鸳鸯、普通䴙䴘、鹭鸶、豆雁、绿头鸭、兰点颏、红点颏、北红尾鸲、黑喉石即鸟、白顶鸭、黄梅柳莺、虎纹伯劳、北灰鹟、大鸨、红喉鹨、白眉鹨、锡嘴雀、燕雀、极北朱顶雀、白腰朱顶雀、斑嘴鸭、斑头秋沙鸭、黄爪隼、灰背隼、兰矶鸫、黄雀、普通朱雀、白头鹎、田鹨、黄头鹡、灰眉岩鹨、柳莺、鸂鶒、环颈雉、石鸡、勺鸡、岩鸽、鹰鹃、纵纹腹小鸮、啄木鸟、百灵、大嘴乌鸦、喜鹊、红嘴兰鹊、灰喜鹊、红嘴山鸦、松鸦、山噪鹛、大山雀、黑头鹎、麻雀、金翅雀、松头乌鸦。

两栖类动物有中华大蟾蜍、壁虎、石龙子、蝮蛇、赤链蛇、红点锦蛇、虎斑游蛇、黑眉锦蛇、玉斑锦蛇、白条锦蛇、赤峰锦蛇。

鱼类有鲫、鲇、泥鳅、鲤、黑鱼、马口鱼、餐条鱼、黄鳝、趴虎、黄颡鱼、鳑鲏。

加壳软体类动物有虾、蚌、螺、蟹、蜗牛、蜈蚣、蚰蜒、水蛭、蝎。

昆虫类动物有蜻蜓、蜜蜂、蝴蝶、蚂蚱、蟋蟀、蚂蚁、螳螂、蝼蛄、蝈蝈、金龟子、萤火虫、蝉、螟蛉、斑蝥、蜣螂、蜉蝣、蝇、叩头虫、蚊、红娘子、牛虻、螽斯、瓢虫、蚜虫、黏虫、胡蜂、椿象、蛾子、食心虫、棉铃虫、吉丁虫、天牛、叶蝉、象甲、蚱蝉、木虱、石蜂、蚧壳虫、瘿螨、尺蠖、蠹虫、叶蜂。

## 第三节 矿产资源

流村镇地域辽阔,蕴藏着丰富的矿产资源。具体而言,老峪沟一带有金、银、铜、锡、石英、石棉、硫磺等矿产,种类繁多。1959年曾小批量开采硫磺。流村附近也储有硫磺、白土、花岗石、沙石的矿产。高崖口有白土、花岗岩、沙石、石灰石,其中沙石、石灰石储量约为2亿立方米,含钙率为52%。瓦窑村西南有耐火土。

## 第四节 物产资源

### 一、概况

流村镇具有得天独厚的山前暖带优势,果树栽培已有200多年的历史。全镇建有标准化果园1.2万亩,有清汁盖柿、西峰山小枣、梨枣、骏枣、老峪沟杏扁、水蜜桃、红提葡萄、狼儿峪核桃、八棱海棠、北流村富士苹果、高口红椿等10多个品种。核小甜脆的西峰山金丝小枣、皮薄清水的大盖柿、肉肥红嫩的高口红椿,酸甜适度的红提葡萄等闻名中外。改革开放以来,流村果树发展整体水平有了质的飞跃,由过去树龄老化、栽植混杂、品种单一、管理粗放、技术落后的状况,发展到今天的果树栽培区划布局合理、特色突出、名特优新品种齐全的果品产业基地。果品基地建设投资逐年增长,重点工程项目实施有力,监管能力不断提高,果品基地建设取得重大成效。果品产业的长足发展,对促进全镇经济,满足首都市场需求,增加果农收入,改善山区人民生活水平等都发挥了显著作用。区(县)委、区(县)政府十分重视果品生产,明确提出标准化果品基地建设的"六条标准",即果园建设正规化、果树品种优良化、果园设施现代化、技术管理规范化、经营管理企业化、果品高产优质化。按照"七五"规划,依循"狠抓基地建设,建设高标准、各具特色的果品生产基地,走建、改、管一起上"的路子,果品基地建设做到五配套:水利配套、肥料配套、储藏配套、技术配套、管道喷药配套。采取"基地建设苗先行"的措施,建立苗木基地,保证果品基地的良种化。近几年来,镇党委、镇政府继续引导农户进一步重点发展优势品种,如西峰山小枣、老峪沟仁用杏、北流苹果、狼儿峪核桃等名、特、优品种。镇政府还注册了"西峰山"牌农产品商标,并制作了西峰山小枣、冬枣、高口红椿、紫金李子的包装箱。目前,经过包装的产品供不应求。2003年全镇果品产量达到5899万公斤,其中名特优产品占总量的80%。

## 二、主要物产介绍

### (一)西峰山小枣

别名西峰山家枣。枣原产于我国北方,已有3000年的栽培历史,北京郊区是枣的主要产地之一,春秋战国时期就有"北有枣栗之利"的记载。西峰山小枣已有上百年的历史,也是在长期的自然驯化过程中形成的特色品种,深受广大消费者的喜爱。正如民间流传的歌谣:"狼峪的核桃,西峰山的枣,漆园的姑娘,瓦窑的小。"西峰山小枣,其树姿开张,果实较小,鲜枣单果重6—8克,果实圆柱形、腰细;果皮薄,鲜红色;果肉厚、质细而脆,晒干后果肉有弹性;味甜、核小;鲜枣耐贮运性好,宜制干枣,也可鲜食,制干率55%—58%,是鲜食、加工兼用的优良品种。枣味美、营养丰富,含糖量最高(鲜枣为25%—35%以上,干枣为60%—70%)。另外,还含有蛋白质(1.2%—3.3%)、脂肪(0.2%—0.4%)及矿物质,如:铁、磷、钙等,均为人体不可缺少的元素。其另一营养特点是富含维生素，如：维生素 A、维生素 B，而以维生素 C 含量最为突出，每百克鲜枣果肉含维生素 C500—800mg；维生素 P 的含量达 3000mg 以上，对老年人高血压症有一定疗效。枣可入药，是常用的滋补剂。随着人民生活水平的提高，市场对枣的需求量越来越大。目前，西峰山小枣的面积近万亩，年产量约 20 万公斤。当代作家施会泉曾在散文《枣鱼》一文中描绘了关于西峰山小枣的美好回忆：

## 枣　鱼

把红枣的"枣"字和鱼虾的"鱼"字，连在一起组成"枣鱼"，从文理上似乎怎么也讲不通。但它确是实实在在连同我那童年的童趣一同雕刻在记忆的屏幕上，一条条一串串深褐色的枣鱼，吊挂在家乡老屋的屋檐下，形成一道淳朴独特的农家风情。

我的家乡在京郊妙峰山脚下的高崖口，如今撤乡建镇划归流村镇。共和国的最初岁月，家乡的父老从地主手里分回了土地，沉浸在翻身农民喜洋洋的气氛中。我家分得十几块坡田，块块都有枣树。就像水深火热的中国农民一样，这里的枣树适应贫瘠干旱的土地，枣树的根插在坝堰的石缝里，有的根系就裸露在地面上，红枣却年年都有好收成。由于党的阳光普照，那时的农民虽不富裕，却都有向前奔的好心情。那时我只有七八岁，记得秋天红枣成熟的日子，家家户户把成筐的红枣摊在用荆条编成的排子上，晒干后装成屯，待冬闲时用驴子驮到就近的阳坊镇集市上，或批发或零售，换回过日子所需的油盐酱醋棉花布匹等生活必需品。

枣乡的红枣是当地农民的主要生活来源。童年时我并不关心这件事情。在我的记忆里，最有趣的事情就是妈妈教我串"枣鱼"，妈妈首先选十几根两尺长短的榆树枝头的嫩条子，剥去外面黏糊糊的皮，就成了光赤溜溜的枝条，然后妈妈就从荆排上精心挑选出核小肉厚个头大晒成半焉的头等红枣，捡拾在一个用柳条编的篮子里,又用一只手将已经用镰刀削尖的榆条掐住,一只手拿起红枣,将削尖的榆条从枣的腰部斜穿到红枣带把的部位,然后逐一将红枣顺势捋到榆条的另一头,就这样一枚接一枚将榆条穿满为止。串好的枣鱼,被挂在屋檐下早已拴好的横杆上,继续风干晾晒。我们这伙顽皮的孩子,左邻右舍玩个遍,家家都吊挂着枣鱼,细细端详,颇像鱼钩钓起的长长的鲤鱼,因为是用枣串起来的,所以叫做"枣鱼"。

枣鱼在屋檐下,雨雪打不着,还能享受深秋的阳光,当寒冷的冬天到来的时候,我们这般大的孩子玩饿了,又吃不到饭的时候,妈妈便给我摘下横杆上的枣鱼来充饥。这就是那个时代孩子的零食。风干了的红枣,黑里透着红,红里透着亮,好看极了。我们将红枣从一头捋下,用手掰开便看到长长的黏丝,这就是枣里的糖分。我们用那玩泥巴的小黑手将厚厚的枣肉填到嘴里,那既脆又柔、甘甜可口的滋味,至今仍回味无穷。我们每人吃上一串枣鱼,肚子便不再咕噜地叫了。半夜里饿了,妈妈点起油灯,披上衣服开开门,从屋檐下摘下一串枣鱼递给我,我便在被窝里享用,然后做一个甜甜的枣鱼梦,梦见河里的鱼都是用枣鱼串成的……

这便是我童年的乐趣。

家家屋檐下,串串枣鱼点缀着建国初期的农家小院,从此也结束了只有地主富户家才有的"专利"。后来集体化了,农户分得很少红枣,这种景象也便绝迹了。

日月飞转,光阴荏苒,尽管大都市高楼林立,灯红酒绿,我仍然怀念儿时农家小院的串串枣鱼。如今叫得很响的回归大自然的民俗游,我家乡作为享誉京城的西峰山小枣的产地,几次回乡,都没能看到我童年屋檐下的串串枣鱼,是否应该添上这笔亮丽的风景呢!

（二）北流村苹果

苹果在中国的栽培记录可以追溯至西汉时期，中国土生苹果品种在清朝以前曾在今河北、山东等地广泛种植，其特点是产量少、果实小、皮薄、味道甘美，但不耐储存，容易破损，因此价格昂贵，清朝时期北京旗人用它供果。而地处太行山脉西段、属于半丘陵地区的北流村无疑是栽培苹果的良好场所。北流村占地面积2683亩，其中苹果就占地1000亩。有津轻、国光、富士系列等十几个品种，主要以红富士为主，每年产量在150万公斤左右，无公害，含糖量只有10%左右，被成为"绿色水果"。

# 第四章 自然灾害

自然灾害对人类社会所造成的危害往往是触目惊心的。中国自然灾害种类繁多,地震、台风、暴雨、洪水、旱涝、高温、雷电、大雾、灰霾、泥石流、山体滑坡、海啸、道路结冰、龙卷风、冰雹、暴风雪、崩塌、地面塌陷、沙尘暴等等,几乎每年都要在全国和局部地区发生,造成大范围的损害或局部地区的毁灭性打击。在流村的历史上,自然灾害也是频频发生,但这从没有动摇当地民众建设美好家园的信心。

## 第一节 水 灾

### 一、历史上的水灾举要

辽大安三年(1087 年)七月,大水。

元至元二十三年(1286 年)九月,大雨。大德五年(1301 年),霖雨 50 余日。泰定三年(1326 年)七月,南部河流泛滥。

明洪武十年(1377 年)七月,大水。正统四年(1439 年)五月,大水,北部受灾尤为严重。嘉靖三十三年(1554 年)六月,暴雨成灾,水淹房舍,冲坏桥、路。万历十五年(1587 年)六月,暴雨成灾,房屋倒塌。万历三十五年(1607 年)闰六月,大雨如注二旬,房倒屋塌。天启六年(1626 年)闰六月,大雨连旬。

清顺治十年(1653 年)六月,淫雨四旬,河水泛滥冲毁房舍。康熙七年(1668 年)七月,大雨 7 日,淹没房屋。康熙三十四年(1695 年)三月五日,大雨滂沱。康熙五十四年(1714 年)夏,大雨,河水泛滥。乾隆九年(1744 年)七月,涝灾。乾隆二十七年(1762 年)十月,大水。咸丰六年(1856 年)六月,大雨成灾。光绪十六年(1890 年)

七月二十九日,遭重水灾。光绪十八年(1892年)七月十七日,大雨成灾。光绪二十九年(1903年),洪灾后发生瘟疫。

1913年8月,暴雨引发山洪。1922年7月26日,大水成灾。1925年8月5日,水灾。1929年7月,山洪暴发,河水漫溢。1939年7月,河水泛滥成灾。1949年6月26日至8月15日,阴雨50天,农业受灾严重。1950年4月30日至5月1日,降暴雨9小时50分钟,耕地未适时播种。同年8月2日至12日降大暴雨。1956年6月15日至26日山区暴发山洪,小麦受灾严重。1959年7月21日至8月18日5次降大雨。1960年7月15日至16日连续降雨17小时。1962年7月8日西部山区原老峪沟公社暴雨成灾,山洪冲毁耕地475亩,873亩耕地没收成。1963年8月2日以来,连降大雨,降雨总量为531.7毫米。西部、南部原老峪沟、高崖口等地雨量很大,造成洪水泛滥,村庄田野变成一片汪洋,山坡上的谷坊、田间的坝堰倒塌了很多,对农业生产影响很大,被冲毁的农作物近230亩。1990年5月29日晚,中东部原流村乡域内降特大暴雨,历时40分钟,降雨68.3毫米,并夹带6—7级大风和冰雹。这场灾害,小麦倒伏1700亩,果树被冰雹所砸800亩,被暴雨冲坏玉米800亩,灾户450户。1991年6月10日,大雨,山区农田受灾严重。1998年7月5日傍晚至6日晨,流村镇遭受大雨袭击。其中原流村地区降水272.6毫米,原高崖口地区降水166.8毫米,原老峪沟地区降水151.9毫米。农作物倒伏2210亩,桃损失3万斤,苹果损失5万斤,柿子损失2万斤,道路堵塞3处,冲毁路面1万平方米,冲毁路基4处,滑坡1处。高崖口地区淹没沙石厂损失3万元,房屋山墙、后墙倒塌195间,院墙倒塌212处。全镇85%的群众住房漏雨。流村地区黑寨村水库坝体出现险情,坝下住户2户受险。高崖口地区发电站村2户受滑坡威胁。损失严重的北流村村内道路被水冲毁,高崖口地区通往南五村的道路有4处路基被冲,1处出现断路。

### 二、水灾成因简析

流村镇地势西高东低，三面环山，是山地和平原的衔接处，其所在的地理位置受大陆气候和海洋气候大气环流的影响，"春旱秋涝"是其主要气候特点。"秋涝"的时间如果提前，就会形成"夏秋洪涝"。所以说，秋季洪涝和夏秋季洪涝所引发的流村地区的洪涝水灾主要是由气候因素决定的。一般说来，从农历五月下旬进入汛期，到农历七月下旬或八月上旬结束汛期。在这段时间里，本地主要受海洋季风和南下冷空气的交叉影响，气候常以阴雨为主。长时间的连阴降雨天气不但造成城区由于沟渠排水不畅引起的积水过腰，而且会引起各处河流的水位盛涨。在这个时候如果再有强降雨即暴雨天气的出现，则十分容易在山区引起山洪和泥石流的暴发，在平原地区引起大范围的河水泛滥，一场巨大的水灾遂不可避免。当然，水灾并不完全是气候所引发的。河床淤积，堤坝矮小，泄洪系统的不完备，排泄不畅，同样可以引发水灾。古人治水历来以疏导为主，这也是传说中大禹治九河以来数千年积累的宝贵经验。但是，由于种种主客观方面的原因，在流村历史上乃至整个北京地区历史上发生的水灾中，往往可以发现由于疏导不畅而造成的大水灾现象。例如，民国时期，流村及所在北京地区河工废弛。北洋政府时期，军阀抢占地盘，搜刮民财，绝对没有想到修堤防灾，甚至将修堤修围的费用据为己有。日本帝国主义占领时期，只是为其占领华北地区的侵略政策服务时修建过分洪设施。实际上，在广大农村，日本帝国主义不但不修堤防洪，反而任洪水肆意横流，企图用洪水迫使游击队他去，把洪水当做阻止中国人民开展游击战的手段。

# 第二节 旱 灾

### 一、历史上的旱灾举要

元泰定元年(1324 年)四月，大旱。

明成化六年（1470年）五月，旱灾。嘉靖三年（1524年）春，大旱。嘉靖二十一年（1542年）五月，久旱夏疫。万历十一年（1583年）四月，旱灾。万历十三年（1585年）夏，大旱。万历十四年（1586年）七月，旱灾。万历四十三年（1615年）春夏不雨，干旱。

清道光十二年（1832年）春，大旱。道光二十八年（1848年），春旱。咸丰八年（1858年），旱灾。同治六年（1867年）夏，大旱。光绪三年（1877年）夏，旱灾。

1949年春，大旱。1961年7月旱灾严重，土地失墒深20厘米以上。1962年春，大旱，山区、半山区民户饮水困难。1972年5月下旬，大旱，水库干涸、河道断流。1975年春，干旱。1984年7月，高温、干旱，农田受灾严重。1985年5月，中东部原流村乡域内连续7年遭受干旱，农、林业生产受灾损失严重。到5月底，出现"地上没苗，树上没叶，水库没水"的现象。采取的抗旱措施因组织不利、措施不坚决，旱情持续发展。1988年，南部原高崖口乡域内干旱，截至当年6月统计，累计降雨量为35.4毫米。地下水位明显下降，全乡28眼机井，有8眼缺水停机。6月中旬地表最高温度达65℃以上。大面积的果树枯萎，大田只能等雨待播。全乡8700亩耕地此时只种了1500亩，出苗率占播种面积的三分之一，已出苗的也趋于枯死。部分村人畜饮水出现危机。1989年春旱，农田未适时播种。1990年10月20日，中东部原流村乡地区大旱，秋粮大幅度减产，经统计实际粮食减产50万公斤，同时林业受到很大的损失，果品减产17万斤。1992年夏、秋，南部地区原高崖口乡域内大旱，为历史上所罕见。其中，农业合计减产绝产亩数为5034亩，产量106.69万斤，损失47.89万元；林业受灾面积2.5万亩，减产238.4万斤，损失金额146.52万元。此外，全乡14个自然村有7个村人畜饮水困难，狼儿峪、南照台、北照台3个村缺水最为严重，受灾严重的户数达到811户。2003年8月25日，大旱，为近几年所少有。

### 二、旱灾成因分析

旱灾是中国北方地区经常出现的气象灾害。干旱造成气候干燥,土壤缺水,从而危害农作物的正常生长,导致产量减少,严重的出现饥荒。气象学上的干旱有两种含义:一是干旱气候,即年土壤水分可能蒸发量远远大于降水量的气候;二是干旱灾害,即某一年的部分季节或全年的降水量比年平均降水量明显偏少而造成的灾害。流村镇年平均降雨量为 500 毫米左右,大体上属于半湿润气候区,以种植旱田作物为主。但降水变率大,或者是同一年中的春、夏滴雨不降,夏、秋季却连旬淫雨不止;或者是某一年的降水量明显少于多年的平均降水量,从而造成春旱、春夏旱或全年旱,发生不同程度的旱灾。具体来说,流村地区气候受季风的影响很大,一般夏季季风偏弱时,全国气候就会偏旱而华北尤旱;夏季风过弱时,华北地区会少雨干旱,同时全国大多数地区也会伴随严重干旱。因此,如果大气环流发生异常变化,海洋暖湿气团不能伴随东南季风如期而至,北方冷空气南下不足,迟至农历五月、六月仍不降雨,流村地区就会发生夏季大旱灾,夏季无收,秋田难播,导致出现旱灾。所以,对农作物来说,最为严重的旱灾还是在夏、秋季,往往导致夏粮无收,秋禾枯死,全年颗粒无收。流村历史上的大旱灾常常是在这种情况下出现的。此外,流村所在的北京地区属于"十年九春旱"的地区,在中国气候变迁的大周期中,如果遇到普遍性的少雨干旱周期,流村也会发生连季干旱或连年干旱的情形。所谓的连季干旱,就是指春旱以后不见旱情缓解,并且持续夏旱乃至秋旱,最为典型的是持续到农历七、八月才开始降雨,因而造成全年颗粒无收。也有的连季旱是从前一年秋季开始,经三冬无雪,直至次年又和历年常有的春旱连续在一起。这时的农田由于长时间不见雨雪滋润,土壤非常干燥,墒情极差,从而造成春播失时、冬小麦返青断垄缺苗的情景。这种和前一年秋旱、暖冬相连出现的春旱在流村历史上也曾出现过,其灾情绝非一般春旱可比,同样可以造成严重的灾害。另外,缺乏有效的农田灌溉系统以及森林植被破坏所造成的坡地雨水流失，也大大加剧了灾情严重程度。

# 第三节　风　灾

## 一、历史上的风灾举要

元泰定三年（1326 年）八月，流村镇所在的昌平县大风，坏民房 900 户。

明天顺八年（1464 年）五月，大风，风飘瓦。成化十七年（1481 年）四月，大风成灾。万历三十八年（1610 年）春三月，大风扬沙。万历四十五年（1617 年）七月，怪风。万历四十八年（1620 年）三月，暴风扬沙。崇祯九年（1636 年）十月，大风数日。崇祯十三年（1640 年）二月，大风扬沙。崇祯十七年（1644 年）三月，大风飞沙，日似黄昏。

清道光十七年（1837 年）八月十四日，大风拔木。咸丰十年（1860 年）二月，怪风伤人。

1950 年 5 月 4 日遭暴风袭击，农田小麦受灾严重。1956 年 7 月 8 日至 9 日，大风暴雨，夹带冰雹，倒折树木。1984 年 7 月 14 日，大风。1988 年，原高崖口乡地区 6.7 级大风，使很脆弱的高秆作物严重倒伏甚至刮断，其中玉米倒伏 1200 亩，谷子倒伏 200 亩。这场大风也给当地林业造成了损失，柿子、红枣损失严重。1994 年 7 月 14 日至 15 日，原高崖口乡等地遭受 8 级至 9 级大风袭击，农田林果损失严重。1998 年 3 月 19 日，流村镇 5—6 级大风，部分村舍房屋受损，其中老峪沟村办事处西屋四间房脊剥掉，损失约 4000 元；禾子涧村鸡场房顶被刮掉，损失约 8000 元；老峪沟北流村鸡场部分房顶被刮掉，损失约 8 万元。同年 7 月 3 日晚 10 时至 11 时，流村镇再次遭受特大风袭击。北流村、新建村、南流村特别严重，大风达 8 级以上；持续时间 1 小时左右。这次大风造成直接经济损失 99.5 万元，间接经济损失 38 万元。同年 12 月 14 日流村地区遭受严重风灾。最大风力高达 8 级。5 栋蔬菜日光温室大棚全部刮坏，多处鸡舍屋顶被飞起的石头砸坏，有些鸡舍屋顶被整个掀起，照明电路被风刮断，给人们的日常生活带来严重的影响，直接经济损失达 15 万元，间接损失 10 万元。2002 年 6 月 11 日 6 时至 15 时，流村镇普遍遭受大风袭击，老峪沟地区最为严重。其中老峪沟地区的长峪城村遭受了瞬时龙卷风的袭击，有直径 30—50 公分的核桃树被连根拔起。

## 二、风灾成因分析

风是一种自然资源，按国家气象部门规定，轻风的风速大约为 1.6 千米/小时。风速达到 17.2 米/秒—20.7 米/秒的风就属于大风，风速在 24.5 米/秒—28.4 米/秒为狂风，风速在 28.5 米/秒—32.6 米/秒为暴风，风速大于 32.6 米/秒的风为台风。这里所说大风、狂风、暴风、台风等，都是具有破坏性的风，往往给人们带来灾难。流村镇属于季风气候区，冬季盛行偏北风，夏季盛行偏南风，春秋为南北风向转换季节，随着季节的转变，也往往会出现强风天气。此外，流村春季还多干旱风。所谓干旱风是指出现在温暖季节的一种干风，又称"干热风"，它是一种持续时间较短（一般 3 天左右）的特定的天气现象。干旱风袭来时，常使气温显著升高，湿度显著降低，蒸发迅速，严重时往往导致农作物的枯萎或死亡。由于各地自然特点不同，干旱风成因也不同。每年初夏，中国内陆地区气候炎热，雨水稀少，增温强烈，气压迅速降低，形成一个势力很强的大陆热低压。在这个热低压周围，气压梯度随着气团温度的增加而加大，于是干热的气流就围着热低压旋转起来，形成一股又干又热的风，这就是干旱风。具体到流村镇所处华北平原，干旱风形成的主要原因是以该区域的大气干旱为基础。春末夏初，正是北半球太阳直射角最大的季节，同时又是中国北方雨季来临前天气晴朗、少雨的时期。在干燥气团控制下，这里天晴、干燥、风多，地面增温快（平均最高气温可达 25℃—30℃），凝云致雨的机会少，容易形成干旱风。

# 第四节 虫 灾

## 一、历史上的虫灾举要

辽开泰六年(1017 年),蝗灾。

元至正十九年(1359 年),蝗灾。

明永乐十四年(1416 年)七月,蝗灾。正统十三年(1448 年)七月,飞蝗蔽天。弘治六年(1493 年)六月,飞蝗过境,蔽天三日。弘治七年(1494 年)三月,蝗灾,捕蝗 1 斗,给米 2 斗。万历四十五年(1617 年)三月,蝗灾。

清顺治三年(1646 年),飞蝗蔽天。康熙四十八年(1709 年)秋,蝗灾。道光五年(1825 年)六月,蝗灾。咸丰四年(1854 年)十月,蝗灾。咸丰六年(1856 年)八月,蝗灾。同治元年(1862 年)八月,蝗灾。光绪三年(1877 年)夏,蝗灾。光绪十七年(1891 年)夏,蝗灾。光绪十七年(1891 年)六月,蝗灾。

1915 年 9 月 30 日,蝗虫成群。1951 年,蝗灾。1963 年 5 月,虫害陆续发生。玉米地发生玉米螟,被害株率 10% —30% 。1964 年 4 月,春雨较多,广泛发生小麦锈病和玉米钻心虫。1967 年 6 月中旬,农作物普遍发生黏虫、钻心虫、棉蚜等虫害。1972 年 8 月 9 日,谷子普遍发生黏虫,部分玉米地也有黏虫为害。1973 年 6 月,从 5 月上旬以来,农作物发生了第二代黏虫危害,田间幼虫每亩高达 5—6 万头,为近几年所少见。1974 年 7 月,流村镇所在的昌平县开始进行生物防治试验工作,利用白僵菌防治第一代玉米钻心虫,利用赤眼蜂防治第二代钻心虫,都取得了较好效果。1981 年 6 月,粮食作物发生第二代黏虫。1982 年 5 月,大面积发生小麦蚜虫。

## 二、虫灾成因分析

自古以来虫灾就是一种对农业民生产生巨大破坏作用的灾害。

流村境内也有多种虫灾,其中蝗灾是历史上为害较大、较为典型的一种虫灾。

现代科学研究表明,包括蝗虫在内的温带昆虫最适宜的温度是20℃—30℃,40℃为高温临界区,50℃为停育高温区,60℃为死亡高温区;低温时,0℃为发育的起点温度,-10℃为停育低温区。华北地区的蝗虫在20℃—22℃时开始爬行,40℃以上则停止进食,做不正常活动。蝗虫虽然喜欢在20℃以上的干旱环境中生活,但是繁殖产卵却必须选择在土质较硬且有一定湿度和阳光直射的河边、湖堤、浅草荒地和水灾后不久的泛涝区。所以,从自然环境上看,流村地区引发蝗灾的原因有二:一、气候干旱。春旱秋涝是流村地区的气候特点之一,而春季的旱情有时可以延续到初夏,一般自农历五月才开始降透雨,所以春季到初夏的干旱很适合蝗虫的生活习性。另外,大旱之年,除了本地的土蝗会因为环境的适应而迅猛繁殖成灾外,外地的飞蝗也会乘风而至,从而引起突发性的虫灾。二、邻近地区有沿海蝗区、河泛滥区、内涝蝗区的自然环境。流村所在的京津地区濒临渤海湾,沿海有大量的滩涂,成为蝗虫的滋生地之一。另外,镇域外的永定河、潮白河、沙河和东南部的霸州、文安、廊坊泄洪积涝区等等,都是蝗虫的滋生地。因此,在一般年份,流村镇域内虽有蝗虫但尚不为灾;一旦遇到大旱、内涝等适宜繁殖生长的条件,蝗虫便会成倍增加,以致成灾。再加上错误迷信的蝗虫观、灭蝗技术的落后、捕蝗力量薄弱等人为因素,蝗灾自古以来就威胁着流村地区的农业生产。

# 第五节 震 灾

## 一、历史上的震灾举要

晋元康四年(294年)八月,大震,地陷裂,水泉涌出。

元至元二十七年(1290年)八月地大震。大德八年(1304年)正月,地震。至顺三年(1332 年)四月,地震有声,八月天鼓鸣于东北,复震。元统二年(1334 年),地震。元通三年(1335 年)八月,昌平地震。后至元二年(1336 年)五月,地震。

明成化二十年(1484 年)正月二日,地震,三月再震。弘治七年(1494 年)十一月二十七日,地震。正德十四年(1519 年)九月十五日,地震。嘉靖三十七年(1558 年)三月二十九日,地震有声。万历十九年(1591 年)闰三月初四日,地震。万历二十三年(1595 年)三月,地震。万历三十六年(1608 年)二月十一日,地震。崇祯五年(1632 年),地动。崇祯十年(1637 年)九月十六日夜,地震有声。崇祯十一年(1638 年)十月初一日,地震。

清顺治三年(1646 年)九月,地震有声。顺治十四年(1657 年)九月二十日夜,地震。康熙四年(1665 年)三月初二日,连续两次地震。雍正八年(1730 年)八月十九日巳时,地震。

1962 年 5 月 12 日 18 时 30 分 52 秒,地震,震中在流村镇所属的昌平县域东部地区(北纬 40.2 度,东经 116.3 度),震级 4.5 级。1976 年 7 月 28 日 3 时 42 分 53 秒,河北省唐山、丰南地区发生 7.8 级地震,波及镇域。1982 年 4 月 12 日地震,震中在沙河镇北,震级 3.4 级。1984 年 3 月 28 日地震,震中在南口镇,震级 3.7 级。1990 年 5 月 23 日地震,震中在小汤山镇,震级 4.3 级。1990 年 9 月 22 日地震,震中在小汤山南,震级 4.5 级。

## 二、震灾成因分析

从自然地理上看,流村位于太行山与燕山余脉交汇处,地势西高东低,三面环山,是山地和平原的衔接处,全镇 95% 以上为山区,居住地平均海拔 850 米以上。西部为深山区,北部和南部边缘为中低山,山顶多裸岩;中部偏南及东部地区为山前洪积冲积扇。此种地势地貌,决定其有震灾发生的可能性。因为从历史上看,此地区山区和平原之间的丘陵地带,多次受到强震的波及。而且,平原与山地接壤地带,地壳差异运动表现得最为突出。再加上从大范围看,流村所在的北京地区和华北地区本身就是地震高发区。翻阅史料可以发现,京、津、冀地区为我国地震最为频繁和灾害最为严重的地区之一。

## 第六节 雹 灾

### 一、历史上的雹灾举要

明天顺八年(1464 年)五月,大雨雹。隆庆六年(1572 年)四月,大雨雹。天启二年(1622 年)四月降暴雨,雹如卵,坏屋瓦。

清乾隆九年(1744 年)七月,雹灾,麦歉收。咸丰五年(1855 年)五月,雨雹灾。同治六年(1867 年)七月,雨雹灾。

1950 年 4 月 29 日,禾子涧村、古将村、黑寨村降冰雹,大如鸡蛋,厚约 15 厘米。1987 年 8 月 24 日,原高崖口乡的大部分地区遭遇冰雹,最大的直径有 3 公分。受灾面积达 6000 亩,其中玉米因灾减产 45000 斤,谷子因灾减产 30000 斤,豆类减产 9000 斤,柿子减产 1040000 斤,枣减产 110000 斤,农林业受到了严重的损失。1990 年 5 月 29 日,原流村乡地区遭冰雹袭击,降雹似鸡蛋,厚 20 厘米至 33 厘米。1991 年 6 月 8 日原老峪沟乡地区遭遇了一场 60 年未见的风雹灾,风力 6—7 级,冰雹的最大直径为 4—5 厘米,最大的有乒乓球般大小,致使农作物、果树及果品产量、部分耕地遭受严重的损失,部分房屋被冰雹砸坏,公路两侧出现了小型滑坡,乡村公路不同程度上遭到破坏,严重的地块有拉沟现象。这场灾害所造成的直接经济损失总计达 208.9 万元。1992 年 6 月 21 日 16 时,原老峪沟、高崖口等乡镇遭风雹袭击,经济损失 600 万元。1995 年 6 月 30 日,原高崖口乡等地降冰雹,经济损失严重。1998 年 6 月 9 日下午 4 时 40 分左右,流村镇突降暴雨,各地区均出现冰雹,并伴有 7—8 级大风。冰雹小的有 3 毫米,大的有 10 毫米,平均直径 7 毫米,持续时间约为 10 分钟。全镇受灾结果是,果品减产约 40 万公斤,减收 80 万元。2001
年 5 月 3 日下午 1 时 20 分至 40 分,新村、白羊城、西峰山、古将、黑
寨、北庄、北流村 7 个村遭受冰雹袭击,对果品生产影响很大,果树受
灾面积 5096 亩,直接经济损失 1266100 元,减产 24090500 公斤。受
灾严重的村有黑寨、西峰山、北流村 3 个村。2002 年 4 月,流村镇三
年连受冰雹袭击,造成巨大经济损失,为此昌平区气象局在镇内的古
将村建立了防雹点。2003 年 6 月 4 日下午 5 时 10 分,流村镇遭受大
风和冰雹袭击。平均降雨量达 25.3 毫米,风力 7 级左右,降黄豆粒
大小冰雹约 1 分钟。据统计,造成经济林倒折 2200 棵,减收约 20 万
元。其中,倒折核桃树 300 棵,减产约 150000 斤;枣树 1600 棵,减产
约 62000 斤;柿子树 100 棵,减产约 7000 斤;其他经济树木 200 棵,
减产约 8000 斤。此外,刮折路旁防护林 13 棵,其他用材林 16 棵,没
有人员伤亡。同年 7 月 27 日 16 时 10 分,流村镇降下豆粒大小冰雹
8 分钟左右。经统计,全镇受灾面积 1500 亩,果树和农作物减产约
计 900000 斤,减收 60 万元。

### 二、雹灾成因简析

冰雹是对流性雹云降落的一种固态水,不少地区称为雹子、冷子
和冷蛋子等,它是我国的重要灾害性天气之一。冰雹出现的范围小,
时间短,但来势凶猛,强度大,常伴有狂风骤雨等现象的出现。降雹
时间一般比较有规律,我国大部分地区降雹开始时间多出现在午后
至傍晚这段时间内,这是因为这时候近地层中对流量旺盛的缘故。
从各地调查反映的情况来看,冰雹发生的源地依天气形势、季节和地
形而变化。一般说来,山脉的阳坡、迎风坡以及地表复杂的地区等地
容易出现冰雹。降雹和天气系统紧密相联,又受地形和下垫面状况
的影响极大,即使在相同的天气形势和气象条件之下,冰雹的出现地
区和强度也会有很大不同。但从历史资料和各地反映的情况来看,
仍可以看出一些分布规律。高原和山地降雹较多而平原较少,迎风

坡较多,背风坡较少;山脉南坡多,北坡少;高山多,河谷少;地势起伏大、相对高度差大的地区多,地势起伏小、相对高度差小的地区少;地表复杂的地区多,地表单一的地区少;植被少的地区多,植被多的地区少。

# 第五章　行政区划

　　流村镇位于北京市昌平区西部,镇政府驻地在新北庄东南,距昌平卫星城 15 公里,现辖域于 1997 年 12 月 5 日由老峪沟乡、高崖口乡、流村乡三乡合并而成。流村镇位于太行山脉和燕山余脉交会处,域内既有深山区,又有山前缓冲区及平原区,是采集经济向栽培经济过渡的最适宜的自然环境。据目前的考古资料,流村镇域内及周围的附近乡镇分布着大量的古代遗址。流村镇域在战国时期是重要的边防地域。战国末期,燕昭王二十九年(前 283 年)曾在原流村乡、老峪沟乡和高崖口乡的交界处修筑长城,南北长约 30 公里,秦统一后废弃,现仅存遗址。这说明此地是当时的边防重镇。公元前 221 年,秦始皇统一中国,在行政区域划分上实行郡县制,将全国划分为三十六郡,流村镇域归属上谷郡。汉代,流村镇域属昌平县管辖。进入汉朝,汉承秦制,行政区划仍实行郡县制,西汉时设昌平县,名称来自汉代的昌平侯,为昌盛平安之意。据《昌平山水记》所载:“汉齐悼惠王子印以昌平侯立为胶西王,县名始见于此。”说明昌平的地名来自汉代贵族的封爵。南北朝时期,流村镇域属昌平郡管辖。隋王朝的建立结束了长达 400 年的分裂局面,重新建立封建大一统的国家制度。流村镇域当时隶属涿郡。唐初,包括流村镇域在内的昌平县复归幽州统辖。后唐昌平县改称燕平县。五代之后,包括流村镇域在内的昌平县基本上没有进入宋朝,而是先属辽,后归金。进入元朝后,国家又归于统一。当时设大都总管府,领二院六县十州,流村镇域所属的昌平县为六县之一。明朝,流村镇域所属的昌平县改称昌平州,属顺天府管辖。清承明制,流村镇域仍属顺天府管辖。1911 年辛亥革命以后,流村镇域进入了中华民国时期。1913 年,昌平州改称昌平县,属京兆地方。1928 年,改隶河北省。抗日战争及解放战争时期,为了适应革命战争的需要,隶属昌宛县。新中国成立后,流村镇域属昌平县管辖。20 世纪 50 年代建区辖乡,流村镇域进入了新的发展时期。1997 年 12 月 5 日,原属昌平县的老峪沟乡、高崖口乡、流村乡三乡合并组成流村镇,成为今天的规模。总面积 257 平方公里,下辖 28 个行政村,人口 21000 人。

## 第一节　历史沿革

流村镇域夏属冀州,商属幽州,周属燕国,秦属上谷郡。西汉元封元年(前 110 年)归昌平县,仍属上谷郡。王莽建新朝后改昌平县为长昌县,上谷郡为朔调郡。东汉建武十三年(37 年),改属幽州广阳郡。永元八年(96 年),长昌县复称昌平县。三国时,属幽州燕国,西晋仍属幽州燕国。十六国后赵时属幽州燕郡。前燕时属幽州燕国。前秦时属幽州燕国。后燕时属幽州燕郡。北魏时,省昌平县入军都县。北齐又省军都入昌平县。北周废东燕州及昌平郡,后复置平昌郡。虽然这一时期政局动荡,行政区域改动频繁,但总的看来,流村镇域仍属原昌平县的管辖。隋朝统一,结束了动荡的政治局面。初年,废平昌郡,流村属幽州管辖。大业三年(607 年),改属涿郡。唐朝武德元年(618 年)属幽州。天宝元年(742 年)属范阳郡。乾元元年(758 年)属幽州。五代后唐同光二年(924 年)属改称后的燕平县。后晋天福元年(936 年)恢复昌平旧称。辽朝初,属幽都府,开泰元年(1012 年)流村镇属南京道西津府。宋宣和四年至六年(1122—1124 年)属燕山府。金天会三年(1125 年),改燕山府为南京析津府,贞元元年(1153 年)改属中都路大兴府。元时属中书省大都路总管府。明洪武元年(1368 年)属北平府,永乐元年(1403 年)改属顺天府。正德元年(1506 年)因陵寝所在,昌平县升为昌平州,流村镇域属昌平州管辖。正德三年(1508 年),降州为县,改属顺天府。正德九年（1514 年），复升县为州，如旧。清顺治元年（1644 年）属顺天府，康熙二十七年（1688 年）属顺天府北路厅。

清朝灭亡后，1913 年，流村镇域所属的昌平州改称昌平县，属京兆地方。1928 年，改隶河北省。1935 年 12 月 25 日起，属伪冀东防共自治政府。1937 年，属伪河北省冀东道。1943 年，属伪河北省燕京道。

抗日战争期间，中国共产党在昌平与邻县交接地区相继建立抗日根据地。以平绥铁路为界，1939 年 3 月至 1942 年，属昌宛联合县；1943 年 2 月至 1945 年 8 月，属昌宛怀联合县。1945 年 8 月抗日战争胜利后，属国民党统治的河北省冀东道昌平县。1948 年 12 月 12 日，昌平县全境解放。1949 年 2 月属昌顺县第十二区、第十四区；4 月属昌平县第七区、第八区。各村陆续建立村政府。1950 年 2 月除古将、黑寨属第三区外，均属第六区。1953 年，撤村政府建区辖乡：柏峪口乡辖柏峪口、禾山埠、复兴庄、王家园、白羊城；西峰山乡辖西峰山、北流村、水峪台；上店乡辖上店、下店、南流村；禾子涧乡辖禾子涧、黄场、上泥洼；黑寨乡辖黑寨、古将。1955 年年底，柏峪口、复兴庄二村迁到白羊城以东，合并成立新村；禾山阜与水峪台二村迁往大兴县。1956 年 2 月，撤区并乡，分别为老峪沟乡、高崖口乡、流村乡。（1956 年 2 月撤区并乡时，柏峪口乡与黑寨乡并为白羊城乡；西峰山乡与上店乡合并为南流村乡；上泥洼与黄场属老峪沟乡。1958 年 3 月，白羊城、流村两乡合并为流村乡）1958 年 10 月属前进人民公社，乡改称工作站；同年 11 月属南口人民公社。1959 年 11 月工作站改称生产大队。1961 年 5 月成立流村人民公社。1972 年老峪沟人民公社的黄场、泥洼两村并入流村人民公社。1979 年新北庄从黑寨村分出。1982 年，改社建乡，以原驻地命名。1983 年，各生产大队改建村民委员会。1986 年黄场并入北流村。1988 年上泥洼、下泥洼并入黑寨的刘庄自然村。高崖口乡乡域 1949 年以前属昌宛县，1949 年 2 月属昌顺县第十三区，8 月属昌平县第八区，1950 年 2 月改属第六区。1953 年，设瓦窑乡、狼儿峪乡、韩台乡、鳌鱼村乡、大水峪乡等区辖乡。其中，狼儿峪乡辖狼儿峪、南、北照台;鳌鱼村乡辖鳌鱼村、溜石港、新开村、水涧村;大水峪乡辖大水峪、王峪、小水峪、跳稍;韩台乡辖韩台、泗家水、菩萨鹿;瓦窑乡辖瓦窑、漆园、高崖口。1956 年 2 月,撤区并乡称高崖口乡;同年,因国家需要,将鳌鱼村、水涧村、跳稍村、水台村、大水峪村、小水峪村 6 村迁到大兴县红星乡;当年有部分农民迁回,在征地外围建小水峪村和王峪村 2 村,称王小峪。1958 年 3 月,泗家水划归门头沟区田庄乡。1958 年 10 月,属前进人民公社,乡改称工作站;11 月,属南口人民公社。1961 年 5 月,成立高崖口人民公社。王小峪村分为王峪村、小水峪村两村,照台村分为南照台村和北照台村。1974 年 8 月南沟村从菩萨鹿村划出,称水电站。1982 年 9 月改社建乡。老峪沟乡乡域 1948 年属昌宛县,1949 年 8 月属昌平县第八区,1950 年 2 月改属第六区,1953 年设马刨泉乡、长峪城乡、禾子涧乡等区辖乡。其中,马刨泉乡辖马刨泉、老峪沟;长峪城乡辖长峪城、黄土洼;禾子涧乡辖禾子涧、黄场、泥洼。1956 年 2 月撤区并乡称老峪沟乡。1958 年 10 月属前进人民公社,乡改称工作站;11 月属南口人民公社。1959 年工作站改称工作大队。1961 年成立老峪沟人民公社。1972 年黄场村、泥洼村两村划归流村乡。1982 年改社建乡。1997 年 12 月 5 日,根据昌平县区划调整方案,撤销原流村乡、老峪沟乡、高崖口乡,合并组建流村镇,直属昌平县委、县政府领导,下辖 28 个行政村至今。

## 第二节　镇域概况

流村镇现辖南流、北流、上店、下店、古将、黑寨、白羊城、新建、王元、北庄、西峰山、老峪沟、马刨泉、禾子涧、黄土洼、长峪城、狼儿峪、瓦窑、小水峪、高口、王峪、溜石港、发电站、北照台、韩台、菩萨鹿、漆园、南照台 28 个行政村,69 个自然村。居民 5759 户,18129 人;其中男 9040 人,女 9089 人;劳动力 6730 人。人口密度为每平方公里 66 人。经济以农业为主。1997 年,国内生产总值 26692 万元,财政收入 300 万元,农村人均每年收入 2000 元。耕地有 40085 亩。其中水浇地 9371 亩,主要种植小麦、玉米、高粱、豆类,年产粮食 343 万公斤。各类农用机械 104 台,农用机械总动力 2845 千瓦。果园 5000 亩,年产果品 402.4 万公斤,主要品种是苹果、桃、柿子、李子、杏、枣、核桃、海棠。其中老峪沟的八棱海棠、西峰山的金丝蜜枣、小水峪的葡萄久负盛名,马刨泉的核桃还远销国外。年出栏商品猪 9333 头,商品羊 6414 只,商品肉鸡 176 万只,鸡蛋 4.56 万公斤。全镇有乡镇企业 11 家,其中镇办企业 39 家,主要行业有制药、喷漆、压力容器、玩具、服装、铸造、金银首饰、塑料等。高崖口花丝镶嵌厂制作的金银首饰、工艺品在市场上十分畅销,还远销美国、加拿大及亚太地区。1997 年全镇企业总收入 15254 万元,利润 975 万元。名胜古迹有明代的长峪城长城遗址、明代的白羊城、清代的庆王坟等。现在有中学 3 所,小学 24 所,敬老院 1 所,幼儿园 16 所,卫生院 3 所。京郊长途汽车及 357 路公共汽车在境域内设站。

## 一、各村基本情况表

**表4　各村基本情况表**

| 村民委员会名称 | 辖自然村 | 距乡政府方位距离(公里) | 曾用名 | 地面高度(米) | 户数 | 人口 | 辖域面积(平方公里) | 聚落面积(万平方米) | 耕地(亩) | 建村年代 | 村委会驻地 | 备注 |
|---|---|---|---|---|---|---|---|---|---|---|---|---|
| 新北庄 | 新北庄 | 东南0.3 | 沙庄子白羊河张庄子北庄子北庄 | 154 | 49 | 458 | 2.3 | 2 | 387 | 清 | 新北庄 | 镇政府驻地 |
| 白羊城 | | | | | 323 | 1036 | 3.4 | | 1799 | | 庆王坟 | |
| | 白羊城 | 西北2.8 | | 228.5 | 143 | 466 | | 7 | | 明 | | |

| 村民委员会名称 | 辖自然村 | 距乡政府方位距离（公里） | 曾用名 | 地面高度（米） | 户数 | 人口 | 辖域面积（平方公里） | 聚落面积（万平方米） | 耕地（亩） | 建村年代 | 村委会驻地 | 备注 |
|---|---|---|---|---|---|---|---|---|---|---|---|---|
| | 庆王坟 | 西北3.4 | 宫上 | 220—240 | 145 | 480 | | 9 | | 清 | | |
| | 北台 | 西北3 | | 228.9 | 35 | 90 | | 1.5 | | 清 | | |
| 黑寨 | | | | | 383 | 1278 | 10.1 | | 3137 | | 黄庄 | |
| | 黄庄 | 西北2.5 | | 155—168 | 258 | 866 | | 17.5 | | 清 | | |
| | 黑寨 | 西北3.1 | | 179.5 | 70 | 245 | | 13.5 | | 明 | | |
| | 刘庄 | 西北1.5 | | 152.3 | 55 | 167 | | 3.5 | | 清 | | |
| 王家园 | | | | | 68 | 234 | 13.6 | | 418 | | 王家园 | |
| | 王家园 | 西0.2 | | 160—170 | 63 | 194 | | 33 | | 清 | | |
| | 卢家 | 西北4.2 | | 245—345 | 5 | 40 | | 1.5 | | 清 | | |
| 古将 | 古将 | 西北2.7 | | 208 | 372 | 1308 | 3.7 | 20.2 | 3194 | 清 | 古将 | |
| 新建村 | 新建村 | 西北1.3 | | 206.8 | 306 | 1075 | 16.9 | 24 | 1936 | 1956年 | 新建村 | |
| 北流村 | 北流村 | 南1.5 | 北刘村 | 125 | 428 | 1623 | 4.1 | 40 | 3375 | 明 | 北流村 | |
| 西峰山 | 西峰山 | 西南3.5 | | 157.7 | 475 | 1612 | 8.2 | 24 | 2932 | 明 | 西峰山 | |
| 南流村 | 南流村 | 南2.5 | 南刘村 | 117.1 | 436 | 1523 | 5.3 | 21 | 3605 | 清 | 南流村 | |
| 上店 | 上店 | 东南3.2 | 刘村店 | 102.7 | 212 | 666 | 3.1 | 9 | 1479 | 清 | 上店 | |
| 下店 | 下店 | 东南3.7 | | 87.6 | 130 | 426 | 2.3 | 6 | 780 | 清 | 下店 | |

| 村民委员会名称 | 辖自然村 | 距乡政府方位距离(公里) | 曾用名 | 地面高度(米) | 户数 | 人口 | 辖域面积(平方公里) | 聚落面积(万平方米) | 耕地(亩) | 建村年代 | 村委会驻地 | 备注 |
|---|---|---|---|---|---|---|---|---|---|---|---|---|
| 老峪沟 | | | | | 306 | 1138 | 15 | | 1881 | | 张家湾 | |
| | 张家湾 | | | 785—800 | 16 | 48 | | 0.3 | | 清 | | 曾为乡政府驻地 |
| | 鹰缝沟 | 北 2.2 | | 850—900 | 6 | 12 | | 0.2 | | 清 | | |
| | 魏台 | 西北 1.8 | | 800 | 20 | 80 | | 1 | | 清 | | |
| | 黑桑峪 | 北 1.8 | | 780—800 | 10 | 30 | | 0.3 | | 清 | | |
| | 南窑 | 西北 1.4 | | 776—790 | 6 | 14 | | 0.3 | | 1921年 | | |
| | 东台 | 北 1.4 | | 776—780 | 10 | 30 | | 0.3 | | 清 | | |
| | 小东台 | 北 0.9 | | 775 | 10 | 40 | | 0.4 | | 1913年 | | |
| | 山咀 | 东北 2.5 | | 795 | 5 | 19 | | 0.3 | | 清 | | |
| | 七亩地 | 东北 2.2 | | 785—800 | 13 | 44 | | 0.5 | | 清 | | |
| | 双窑 | 东北 1.3 | | 785—810 | 15 | 46 | | 0.7 | | 清 | | |
| | 西旮旯 | 东北 0.9 | | 780 | 13 | 39 | | 0.2 | | 清 | | |
| | 八亩地 | 东北 0.9 | | 790—850 | 19 | 78 | | 0.7 | | 清 | | |
| | 长港 | 西南 1.5 | | 750 | 27 | 97 | | 1 | | 清 | | |
| | 孙家坟 | 南 0.5 | | 758—765 | 24 | 68 | | 0.7 | | 清 | | |

续表

| 村民委员会名称 | 辖自然村 | 距乡政府方位距离（公里） | 曾用名 | 地面高度（米） | 户数 | 人口 | 辖域面积（平方公里） | 聚落面积（万平方米） | 耕地（亩） | 建村年代 | 村委会驻地 | 备注 |
|---|---|---|---|---|---|---|---|---|---|---|---|---|
| | 桃园沟 | 北0.5 | | 780 | 4 | 17 | 7.9 | 0.3 | | 20世纪20年代 | | |
| | 老峪沟 | 北0.2 | 老姚城老窑沟 | 800—850 | 106 | 476 | | 10 | | 清 | | |
| 禾子涧 | | | | | 111 | 400 | | | | 清 | 禾子涧 | |
| | 禾子涧 | | | 830—850 | 93 | 351 | | 4 | 916 | 1976年 | | |
| | 仙人洞 | | | 850 | 4 | 6 | | 0.7 | | | | |
| | 喜鹊洼 | | | 840—850 | 14 | 43 | | 0.7 | | | | |
| 长峪城 | | | | | 153 | 545 | 12.8 | | 944 | | 长峪城 | |
| | 长峪城 | 西北4.3 | | 845—900 | 147 | 520 | | 10 | | 明 | | |
| | 五里松 | 西北4.3 | | 880—900 | 6 | 25 | | 0.4 | | 1912年 | | |
| 黄土洼 | | | | | 100 | 374 | 6.8 | | 969 | | 上沈家 | |
| | 上沈家 | 西北2.7 | | 800 | 19 | 61 | | 2.4 | | 清 | | |
| | 雕窝沟 | 西北3.6 | | 830—860 | 6 | 19 | | 0.3 | | 清 | | |
| | 官地 | 西北3.4 | | 825—830 | 3 | 13 | | | | 1912年 | | |
| | 北台 | 西北3.3 | | 790—810 | 3 | 10 | | 0.1 | | 清 | | |
| | 沙壤沟 | 西北3.5 | 沙亮沟 | 820—890 | 15 | 30 | | 0.8 | | 清 | | |
| | 北营 | 西北3.2 | | 800—810 | 3 | 10 | | 0.2 | | 清 | | |
| | 高家台 | 西北 | | 812.2 | 3 | 9 | | 0.2 | | 清 | | |

续表

| 村民委员会名称 | 辖自然村 | 距乡政府方位距离（公里） | 曾用名 | 地面高度（米） | 户数 | 人口 | 辖域面积（平方公里） | 聚落面积（万平方米） | 耕地（亩） | 建村年代 | 村委会驻地 | 备注 |
|---|---|---|---|---|---|---|---|---|---|---|---|---|
| | 左家 | 西北2.8 | | 768—790 | 1 | 3 | | | | 清 | | |
| | 下沈家 | 西北2.6 | | 768—790 | 20 | 71 | | 1.3 | | 清 | | |
| | 赵家 | 西北 | | 765—770 | 1 | 5 | | | | 清 | | |
| | 西坡跟 | 西北2.6 | | 760 | 1 | 3 | | | | 清 | | |
| | 东坡跟 | 西北2.4 | | 808—820 | 9 | 35 | | 0.2 | | 清 | | |
| | 马家 | 西2.6 | | 790—800 | 16 | 65 | | 1.4 | | 清 | | |
| | 和尚庄子 | 西2.5 | | 778—790 | 3 | 9 | | 0.1 | | 清 | | |
| 马刨泉 | 马刨泉 | 西南4.4 | | 676—730 | 352 | 1198 | 17.6 | 15.7 | 2122 | 明 | 马刨泉 | |
| 高崖口 | 高崖口 | 西0.25 | | 195.2 | 142 | 667 | 4.6 | 9 | 400 | 元 | 高崖口 | 曾为乡政府驻地 |
| 王峪 | 王峪 | 东北2.5 | | 245—265 | 93 | 374 | 6.4 | 4 | 658 | 清 | 王峪 | |
| 小水峪 | 小水峪 | 西北2.2 | | 280 | 54 | 224 | 15.3 | 4 | 400 | 清 | 小水峪 | |
| 溜石港 | 溜石港 | 西北4.4 | | 490—530 | 177 | 684 | 15.5 | 12.5 | 450 | 明 | 溜石港 | |
| 新开 | 新开村 | 西3.4 | | 378.9 | 25 | 97 | 4.2 | 2 | 215 | 明 | 新开村 | |
| 瓦窑 | 瓦窑 | 东南2.1 | | 170—230 | 292 | 1271 | 12 | 30 | 1888 | 明 | 瓦窑 | |

| 村民委员会名称 | 辖自然村 | 距乡政府方位距离（公里） | 曾用名 | 地面高度（米） | 户数 | 人口 | 辖域面积（平方公里） | 聚落面积（万平方米） | 耕地（亩） | 建村年代 | 村委会驻地 | 备注 |
|---|---|---|---|---|---|---|---|---|---|---|---|---|
| 漆园 | | 东南2.6 | | 200—220 | 482 | 1812 | 16.3 | 23 | 2576 | 明 | 漆园 | |
| 发电站 | | | | | 20 | 88 | 2.5 | | 110 | | 东台 | |
| | 东台 | 西南2.2 | 中水碾 | 250 | 15 | 73 | | 1 | | 清 | | |
| | 下菜园 | 西南1.7 | 下水碾西园子 | 210 | 3 | 10 | | 0.6 | | 清 | | |
| | 水碾 | 西南3 | 上水碾 | 220—240 | 2 | 5 | | 0.4 | | 清 | | |
| 狼儿峪 | 狼儿峪 | 南3.2 | 狼儿峪 | 320—340 | 117 | 454 | 9.5 | 12 | 610 | 清 | 狼儿峪 | |
| 北照台 | 北照台 | 东南3.6 | 北赵家台 | 359.8 | 64 | 262 | 4.6 | 5.3 | 300 | 清 | 北照台 | |
| 南照台 | 南照台 | 东南3.5 | 南赵家台 | 360—395 | 42 | 166 | 3 | 2.5 | 234 | 清 | 南照台 | |
| 菩萨鹿 | 菩萨鹿 | 西南3.7 | 菩萨木 | 327 | 54 | 205 | 3.2 | 1.7 | 192 | 清 | 菩萨鹿 | |
| 韩台 | | | | | 90 | 408 | 8.7 | | 280 | | 韩台 | |
| | 韩台 | 西南4.8 | 韩家台 | 351 | 89 | 407 | | 5 | | 明 | | |
| | 水泉 | 西南5.3 | | 330—340 | 1 | 1 | | 0.5 | | 清 | | |
| 活山涧 | 活山涧 | 东南5.9 | 活儿港 | 720—750 | 14 | 71 | 3 | 2.5 | | 清 | 活山涧 | |

## 二、部分村庄概况

（一）长峪城村

位于镇域西北部。东、西、北三面临山，南距雕窝沟1.9公里，西南距五棵松 1.5 公里,东南距禾子涧 3 公里。明代成村。地处长峪峡谷,称常峪口,明正德十年(1515 年)筑关城,称长峪城。明万历五年(1577 年)在其南增筑新城,后发展成村,村以城名。1938 年为昌宛怀联合县政府驻地。村域面积 11 平方公里,聚落占地 10 万平方米。民居在新、旧城内,呈方形;有南北街,长 200 米,宽 5 米;共 147户,520 人,均为汉族。姓氏有宋、陈、罗、王、张等。1968 年饮用自来水,1969 年通电。

地处高楼岭与西老峪所夹中山区,地势北高南低,村址海拔 845米—900 米。山体岩石为震旦亚界长城系白云岩。土壤大部分为石灰岩质淋溶褐土和碳酸盐褐土。长峪城沟纵贯村域,村北海拔 1243米的青灰岭东麓有龙潭泉,为常年泉。泉南有龙潭塘坝。地下水埋深 190 米。植被多为半干旱生灌丛杂草,北部有旱中生密集灌丛,多为荆条、平榛、胡枝子和阔叶林。山谷有大面积经济林。野生中草药有柴胡、知母等。野生动物有狐狸、獾、野兔等。农作物主要种植玉米、谷子、豆类。林果以海棠、沙果为主。

1949 年建小学,有幼儿园 1 所。设医务室,有医生 1 人。

长峪城旧城与新城均有城墙,券门 3 座,现大部保存较好;旧城内古庙有钟、鼓楼各 1 座,铸钟保存较好,并有古松、古榆各 1 株,为县级文物保护单位;新城有关帝庙、菩萨庙各 1 座,聚落东 0.5 公里处有古城遗址;东山头有瞭望台 1 座,与北面长城烽火台隔山相望。

村南长峪城路与禾子涧路相接,通长途公共汽车。

（二）马刨泉村

位于镇域西南部。东北距马家 2.1 公里,南距门头沟区大村乡房良村 3.5 公里,西、北两面临山。明代成村,村北有泉似马蹄形,称马刨泉,村因泉得名。村域面积 17.6 平方公里,聚落占地 15.7 万平方米,呈矩形。一条近东西向的街道,长 800 米,宽 5 米。有 352 户,1198 人,均为汉族,姓氏有田、刘等。1969 年通电,1987 年饮用自来水。

地处山区沟谷台地上,东北高,西南低。村址海拔 676—730 米。西北有镇内第二高峰黄崖峡,又称二道梁,海拔 1418.5 米。山体崖石为震旦亚界白云岩,800 米以上山地多裸岩。土壤为石灰质淋溶褐土,谷地为耕作型,河滩为堆垫物质型。马刨泉沟、黄羊沟自西向东斜贯全村,均为季节河,属永定河水系。地下水埋深 190 米。植被多灌丛杂草,山谷上部和东部阴坡有较多落叶阔叶林,谷地多经济林,东南部山地有大片用材林。野生动物有山羊、狍子、野兔、山鸡等。有耕地 2122 亩,其中水浇地 130 亩。粮田 1121 亩,种植玉米、豆类、白薯,年产粮 24.64 万公斤。果园 2010 亩,主要栽种核桃,其他果树有杏、海棠、桃、梨、红果等。年产干鲜果品 6.6 万公斤。有电机井 7 眼,农业机械较齐全。各户多饲养猪、鸡及小尾寒羊。村办有饲料加工厂、钢粒厂,年产值 32 万元。副业以运输为主,1990 年各业总收入 121.5 万元。

1949 年建小学,1978 年建幼儿园,1969 年建合作医疗站。村内关帝庙有市级保护古松 3 株,县级保护古槐 2 株。

南口至雁翅公路经村南,禾子涧路在村南与之相接,设长途公共汽车站。

(三)老峪沟村

位于镇域西部,东南距张家湾 0.2 公里,西与桃园相连。清代成村,明称老姚城,建拦马墙一道,为军事设施。村民在该地建窑烧炭,称老窑沟。后称老峪沟,村以沟得名。该村由西头、后旮旯、西坡根、后台 4 个小村连成一片,统称老峪沟村。村域面积 4.6 平方公里,聚落占地 10 余万平方米。居民散列在 0.8 公里的老峪沟南段两侧台地上,东南部和北部相对集中。有 106 户,476 人,多数为汉族,有蒙古族 1 人。姓氏有陈、李、郑、张、韩等。

地处山区,地势北高南低,村址海拔 800—850 米。老峪沟自北向南经村,有水注入禾子涧沟,为季节河。地下水埋深 190 米。耕地 930 亩,种植玉米、谷子、豆类,年产粮 20.1 万公斤。饲养猪、羊、鸡、蜂等。

1949 年建小学,现为中心小学。村有古槐 3 株,为北京市二级保护古树。现存古庙 1 座。1968 年建合作医疗站,现有个体诊所 1 家。有大道通禾子涧路。

(四)禾子涧村

位于镇域西部。东临山,东南距山咀 1 公里,西临山,北距喜鹊洼 0.7 公里。清代成村。因北、西各有 1 条子涧在村东汇合,村称合子涧,后演变为今称。村域面积 3.2 平方公里,聚落占地 4 万平方米,呈矩形。东西向街道 2 条,1 条长 500 米,宽 10 米;1 条长 300 米,宽 5 米。有 53 户,351 人,其中非农业人口 5 人,均为汉族。姓氏有韩、卢、庞、李等。1970 年通电,1983 年饮用自来水。

地处中山谷地,东有海拔 1131 米的锅顶山,西部最高海拔 1150 米,南部最低海拔 807 米,村址海拔 830—850 米。山体岩石为震旦亚界蓟县希白云岩。土壤为石灰岩质碳酸盐褐土。禾子涧西沟西北—东南向斜穿村域,在村东汇入禾子涧沟,均为季节河。地下水埋深 100 米。植被以半旱生灌丛杂草为主,东部山场有旱中生密集灌丛和落叶阔叶林。河谷多经济林,产柿子、苹果、海棠、红果等。野生动物有山鸡、野兔、狐狸、獾等。耕地 800 亩,种植玉米、杂粮。各户多饲养肉鸡和猪。

1949 年建小学,1966 年建合作医疗站。现设医务室,有医生 1 人。原有关帝庙 1 座,1949 年改为小学,后为村委会使用。有国槐 2 株,为北京市级保护古树。

禾子涧路经村,为长途汽车终点站。

(五)黄土洼村

位于镇域西部。1983 年设村委会,因各村位于长峪城沟口,沟多黄土,故名黄土洼。辖上沈家、下沈家、东坡根、西坡根、赵家、左家、高台家、马家、北台、和尚庄子、北营、官地、沙壤沟、雕窝沟等 14 个自然村,面积 6.8 平方公里。共 100 户,374 人,均为汉族。居民沿长峪城沟及西部两支沟分布。原为长峪村所辖,1946年划为行政村,改称黄土洼。各村都通电,1984年多数村饮用自来水。有耕地969亩,林粮间作,种植玉米、豆类,年产粮12.08万公斤。果园120亩,年产核桃、苹果、海棠、杏等果品1.43万公斤。植被多半为干旱生丛杂树,山麓有经济林。四旁树为杨、柳、槐,覆盖率30%。村办有猪场,各村普遍饲养小尾寒羊。各户多饲养猪、鸡。企业有磨玉厂、制鞋厂。

### (六)高崖口村

位于镇域西南部。东距瓦窑2.1公里,西南距东台1.3公里,西距新开村3.5公里,北距小水峪2.1公里。元代成村。因地处山口,山崖陡峭,故名高崖口。村域面积4.6平方公里,聚落占地9万平方米,略呈梯形。以高崖口西沟为界,分为西南与东北两部分,东北部略呈菱形,西南部呈丁字形。西街长400米,宽5米;北街长300米,宽4米。有142户,667人,其中非农业人口40人。均为汉族,姓氏有魏、叶、马、沈、施、张、王、李、赵等。1968年通电,1988年饮用自来水。

地处妙峰山北侧山地—丘陵区,地势南高北低,南部最高山峰海拔528米,其余各峰均低于500米,东部沟口处海拔184米,村址海拔195米。沟谷多松散沉积物,岩石为震旦亚界蓟县系下层白云岩。山地多石灰岩质淋溶褐土,较高的山区顶部有大片裸岩。沟谷及丘陵下部为轻壤质石灰岩质耕种型碳酸盐褐土,还有大面积的沙滩。境域内河流均为季节河,地下水埋深150米。南部多旱中生密集灌丛,北部多半旱生灌草丛,谷地有大片经济林。野生动物有山鸡、野兔、松鼠等。

经济以农业为基础,林业为主体。有耕地400亩,林粮间作,主要种植玉米、谷子、豆类、高粱等,年产粮1.9万公斤。有两个标准化果园共500亩,年产苹果、柿子、红枣、核桃及海棠、梨等干鲜果品20万公斤。1988年打电机井2眼,铺设浇水管道1000米。畜牧业以饲养牛、羊为主。工副业有服装、煤球加工、砂石等厂。

1980 年以前乡政府在村中西部台地上,村中有商店、医院、粮店等服务业。1949 年建小学,1958 年建中学。

南口至雁翅公路从村中通过,357 路公共汽车在村中设站。乡村简易公路经过村南,与南部各村相通。

(七)溜石港村

位于镇域西南部。东距小水峪村 3.2 公里,东南距新开村 1.2 公里,西南至了思台 3.6 公里,北临山。明代成村,因村北山冈曾有风化岩石崩塌下滑,当地"冈"作"港",故称溜石港,沿用至今。1956 年有鳖鱼村部分村民迁入该村。村域面积 15.5 平方公里,聚落占地 12.5 万平方米,呈矩形。南北走向街道 2 条,各长 250 米,宽 3 米;东西走向街道 2 条,各长 600 米,宽 5 米。为土石路面。有 177 户,684 人,其中非农业人口 10 人,均为汉族。姓氏有张、王、李、赵、郑、马、杨、刘、唐等。1971 年通电,1980 年饮用自来水。

地处锅顶山南段东侧的中低山区,地势西高东低,聚落海拔 490—530 米。山间有溜石港、了思台等较平缓的台地。山体岩石为震旦亚界蓟县系白云岩(含生灰岩)。高崖口西沟源于村西山岭,到村东与水涧沟相汇,均为季节河。地下水埋深 70 余米。南部植被多旱中生灌丛杂树。谷地和台地多经济林。山上有柴胡、知母、丹参、黄芪、地龙、桔梗、远志等中草药。野生动物有山鸡、狐狸、狍子、野兔等。

有耕地 450 亩,林粮间作。种植玉米、谷子、豆类及少量的高粱,年产粮 1.4 万公斤。有果园 600 亩,年产鲜桃 10 万多公斤。人工林 1500 亩,有油松、侧柏、刺槐等。庭院多栽植柿子、杏、海棠、榆、槐、香椿、花椒、臭椿等。有少数农机具,电机井 4 眼,灌渠 1500 米。畜牧养殖有集体饲养猪、鸡,个体饲养骡、马、羊、蜜蜂等,其中个体养蜂 1200 箱。1980 年,村办地毯加工厂。

1952 年建小学,1967 年成立合作医疗站,现医务室有医生 1 人,个体诊所 1 家。该村现存龙王庙 1 座,有古槐 2 株。石碾 20 盘,分布全村。

南口至雁翅公路经村西,村内有 1.5 公里长、宽 5 米的沥青路与南雁路相通。

(八)新开村

位于镇域西南部。东距高崖口村 3.5 公里,南临山,西距了思台 3.9 公里,西北距溜石港 1.2 公里。明代成村,称新开村。原址在现址以东 0.5 公里处的铁门关,因泥石流冲毁村庄,迁至今址。村域面积 4.2 平方公里,聚落占地 2 万平方米,在两山之间呈矩形。有 25 户,97 人,均为汉族,有郭、赵二姓。1971 年通电,1989 年饮用自来水。

地处低山丘陵区,地势南高北低,村址海拔 378.9 米。山体岩石为震旦亚界蓟县系白云岩。山地土壤多石灰岩质淋溶褐土,有大面积裸岩,谷地为轻壤质薄层石灰岩质耕种型盐酸褐土。新开沟及新开东沟分别纵贯村域西部和东部,在村北汇入高崖口西沟,三沟均为季节河。地下水平均埋深 100 米。植被为旱中生灌丛杂树,多荆条、酸枣、山杏、杂草,覆盖率为 30%。野生动物有山鸡、野兔、山羊等。

有耕地 215 亩,其中水浇地 65 亩,林粮间作。种植玉米、粟、豆类,年产粮 0.5 万公斤。1972 年建标准苹果园 50 亩,年产桃、香果、核桃、苹果等 5.5 万公斤。人工林有杨、槐、香椿等。

1952 年建小学,1966 年建合作医疗站。

南口至燕翅公路穿过村域北部。

(九)小水峪村

位于镇域中部。东距王峪 2.1 公里,南距高崖口村 2.1 公里,西距溜石港 3.2 公里,北靠山。原址位于现址东北 1 公里。清代成村,因有小泉长流不息而得名。1956 年迁往大兴县红星乡,当年部分村民与水涧、跳稍二村迁回,建成新的小水峪村。村域面积 15.3 平方公里,聚落占地 4 万平方米,大部分位于沟东台地上,略呈三角形。

南北向主街道 200 米。有 54 户,224 人,均为汉族。姓氏有沈、韩、李等。1969 年通电,1988 年饮用自来水。

地处锅顶山南部中低山区,地势北高南低,村址海拔 280 米。有沟谷 3 条,均为季节河。岩石多震旦亚界长城系上层硅质白云岩及白云岩。土壤为石灰岩质淋溶褐土,山前台地及谷地多轻壤质石灰岩质耕种型碳酸盐褐土为主。植被为旱中生密集灌丛及阔叶林,沟谷有经济林。野生动物有山鸡、野兔等。

经济以农业为基础,林业为主体。有耕地 400 亩,实行林粮间作。种植小麦、玉米、谷子、豆类、白薯等。1973 年,国家投资打机井 1 眼,供生活用水和农林灌溉。有苹果园 220 亩、桃园 120 亩,其他杂树 50 亩,产柿子、杏、海棠、香果等。四旁绿化植树多刺槐、香椿。村办肉鸡场养鸡 2000 只。集体养羊 300 只。

1951 年建小学,1966 年建合作医疗站,现医务室有医生 1 人。

有简易公路南通南雁路。

（十）发电站村

位于镇域南部。驻地东台。原为菩萨鹿所辖自然村,称南沟。1974 年 8 月改称发电站。生产大队以发电站命名。辖东台、水碾、下菜园 3 个自然村,面积 2.5 平方公里。共 20 户,88 人,其中非农业人口 1 人,均为汉族。

经济以林业为主,林粮间作。有耕地 110 亩,主要种植玉米、谷子及少量小麦、豆类,年产粮 3420 公斤。有桃园 32 亩,柿子园 10 亩,另有核桃、枣等,年产果品 1.5 万公斤。

1964 年建小学,1989 年并入高崖口小学。

（十一）菩萨鹿村

位于镇域南部。东距狼儿峪 1.7 公里,南、西两面临山,北距东台 2 公里,西南距韩台 1.3 公里。清代成村,称菩萨木,后称菩萨鹿。村域面积 3.2 平方公里,聚落占地 1.7 万平方米,呈丁字形。中心街东西走向,与通乡驻地公路相连。有 54 户,205 人。均为汉族。姓氏有陈、范、韩等。

地处山区,地势南高北低,南部高峰海拔 860 米,北部地处海拔 240 米,村址海拔 327 米。菩萨鹿沟纵贯村域,为季节河。岩石大部分为中生代侏罗纪中统火山碎屑岩、安山岩,北部为震旦亚界蓟县系白云岩。土壤为淋溶褐土及轻壤质石灰岩耕种型碳酸盐褐土。植被为旱中生灌丛杂树。

有耕地 192 亩,林粮间作。种植玉米、粟、豆类等,年产粮 1 万公斤。有桃园 50 亩,桃树 750 株,另有核桃、柿、杏、红果等。畜牧养殖骡、马、牛、羊及蜜蜂 40 箱。

1912 年后,村内大户为其子弟合办小学。1939 年边区政府改革了小学,贫富均可入学。

1945 年正式建立小学。1966 年建合作医疗站,1986 年撤销。

村域内有色麻树 1 株,直径 1 米多,树龄近 300 年。有古槐 1 株,生长于山缝中,虽直径仅 30 多厘米,但枝叶茂盛极为壮观。有古山洞 5 处:东流石大洞能容纳数十人;老抓港大洞位于半山腰,有自然行道达洞口,洞可容数十人;积咀湖大洞面积大;羊坊大洞深达数丈,能容纳百人,但洞口小,只能单人爬出爬入;连洞大洞由 3 个小洞构成,两边洞大,中间洞小,面积较大。各洞均有特色,有待开发。

有简易公路北通南燕路。

(十二)韩台村

位于镇域南部。东北距菩萨鹿 1.3 公里,东、西两面临山,西距水泉 0.6 公里。明代成村,韩姓为首居户在台地上建村,故得名韩家台,后演变为今称。村域面积 6.2 平方公里,聚落占地 5 万平方米,略呈三角形。南北向主街长 210 米,宽 3 米。有 89 户,407 人,其中非农业人口 3 人,均为汉族。姓氏有韩、刘、高等。

地处山区,地势东南和西北高,中间低。聚落位于沟谷台地上,村址海拔 351 米,中部沟谷最低处海拔 263 米。东南部为中生代侏罗纪中统火山碎屑岩、安山岩,西部为震旦亚界蓟县系白云岩。土壤大部分为淋溶褐土,谷地与台地为轻壤质中层石灰岩质耕种型碳酸盐褐土。高崖口沟西北—东南流,与韩台沟、水泉沟汇合后有常年流水。植被多旱中生灌丛杂树。野生动物有兔子、野鸡。

1952年建小学,设有幼儿班。

高崖口至门头沟田庄乡泗家水公路从村中穿过。

(十三)狼儿峪村

位于镇域南部。东距南照台1.5公里,南距门头沟区上苇甸乡禅房3.2公里,西距菩萨鹿1.7公里,北距高崖口村3.5公里。清代成村,即称狼儿峪。1938年昌宛联合县政府成立后,该村为县政府驻地,常有县、区党政机关和干部驻扎。1948年7月21日,国民党纠集正规军、武装特务和地主武装上千人,对该村包围袭击,烧毁房屋128间,抓捕县区干部26人,杀死13人;抓捕村干部、民兵和群众39人,杀死1人,打伤3人,制造了骇人听闻的狼儿峪惨案。村域面积9.5平方公里,聚落占地12万平方米,略呈方形。南北向主街4条,西街长500米,宽2米;东街长400米,宽1.5米;后岭下街长700米,宽3米;东庙街长500米,宽3米。共117户,454人,均为汉族。姓氏有邱、王、张、杨、刘、李、高、余等。1969年通电,1989年饮用自来水。

地处妙峰山北坡中低山区,地势北高南低,村址海拔320—340米。狼儿峪沟纵贯全村,在村北注入照台沟,两沟均为季节河。地下水埋深250米。岩石多中生代侏罗纪中统火山碎屑岩、安山岩。土壤大部分为轻壤质薄层安山岩橄榄岩质淋溶褐土,山顶多裸岩,沟谷为轻壤质褐土。植被茂密,大部分为半干旱生灌木丛,有稀疏的落叶阔叶林。野生动物有山鸡、野兔、狍子、狐狸、獾、松鼠等。

有耕地610亩,林粮间作。种植玉米、小麦、豆类、粟、芝麻、高粱等,年产粮食2.4万公斤。年产核桃、柿子、杏、红果、海棠、枣及香椿、花椒等。旧有"狼儿峪的核桃,西峰山的枣"之说,享誉京城。人工林有火杨、大小叶杨,北京杨、榆、国槐、臭椿、椴、桦等。畜牧业饲养牛、驴、骡、马、猪、羊等。

1949 年建小学,现为完全小学,1966 年建合作医疗站,现有个体诊所 1 家。

有简易公路南雁路。

（十四）王峪村

位于镇域南部。东距西峰山村 2 公里,南隔山距瓦窑 2.8 公里,西距小水峪 2.1 公里,北临山。清代成村,因地处山里凸处,依地势及姓氏得名。原村址在现址西北 1 公里处,1956 年迁往大兴县红星乡,当年该村与大水峪村部分农户迁回建成新王峪,为王小峪行政村的一个自然村。1961 年改为行政村。村域面积 6.4 平方公里,聚落占地 4 万平方米,呈矩形。6 条土路面街道,皆呈东西走向。有 93 户,374 人,其中非农业人口 7 人,均为汉族。姓氏有刘、张、孔等。1969 年通电,1988 年饮用自来水。

地处锅顶山脉东侧中低山区,地势西北高,东南低。西北部最高峰海拔 1090 米,东南部王峪沟(季节河)最低处海拔 177 米,村址海拔 245—265 米。除谷地有第四季松散沉积物外,均为震旦亚界硅质白云岩及白云岩。山地有石灰岩质淋溶褐土,谷地丘陵下部和台地为轻壤质石灰质耕种型碳酸盐褐土。植被多半干旱生灌草如荆条、白草等,封山育林后,海拔 800—1000 米高度森林已逐渐恢复。

经济以农业为基础,林业为主体,实行林粮间作。有耕地 658 亩,种植玉米、粟、豆类及部分小麦。1990 年产粮 2.8 万公斤。现有电机井 4 眼,渠道 1500 米。有果园 400 亩,以桃、柿为主,有少量香果、苹果,年产果品 14 万公斤。1983 年建荆编厂,产套筐、包装筐、二眼筐等。全村各业总收入 74 万元,人均收入 1978 元。

1945 年建小学,1966 年建合作医疗站。

村东有公路南通南雁路。

（十五）瓦窑村

位于镇域中部。东南距漆园 2.1 公里,南距北照台 2.8 公里,西距高崖口 2.1 公里,北隔山距王峪 2.8 公里。始建于明代,最初有 3 户人家以伐木烧炭为生,后又烧砖、瓦、盆,发展成村落后称瓦窑。清光绪《昌平州志》载有瓦窑村,沿用至今。村域面积 12 平方公里,有五分之一的土地在韩台村以北。聚落占地 30 万平方米,老村呈十字形布局,新村在老村北 0.4 公里,沿公路两侧散建。东、西、北 3 条街道。有 292 户,1271 人。均为汉族,姓氏有邢、刘、张、王、丘、白、韩等。1968 年通电,1988 年饮用自来水。

地处妙峰山北侧低山丘陵区,地势南高北低。主体部分南部最高峰马头山海拔 514.9 米,其余各峰均在 500 米以下,村址海拔 170—230 米,最低处海拔 140 米。西部山地南北高,中间低,最高海拔 770 米,最低处在常年流水的南沟,海拔 240 米。高崖口沟流经村域北部,为季节河。大部分岩石为震旦亚界蓟县系白云岩。山地丘陵以石灰岩质淋溶褐土为主,台地、谷地为轻壤质石灰岩碳酸岩褐土。地下水埋深 180 米。植被多旱中生灌丛及半干旱生灌草丛,谷地和丘陵下部为经济林,高崖口沟河滩为荒漠。

经济以农业为基础,林业为主体,林粮间作。有耕地 1888 亩,其中水浇地 404 亩,以种植小麦、玉米、粟、豆类为主。有标准化果园 700 亩,桃和苹果园各 300 亩,枣 100 亩,另有柿子、杏、京白梨、核桃等,年产果品 10 万—15 万公斤。有电机井 12 眼,扬水站 4 座,水渠 3000 米。村办有千头猪场,年售肥猪近 1000 头。工副业有项链厂、砖厂、耐火土厂,村办有汽车队。

1949 年建小学,现为中心小学。1968 年建合作医疗站。

村西棋盘山顶原建有天仙庙,现残存石碑和庙基。

有公路通南雁公路。

(十六)漆园村

位于镇域东南部。东、西两面临山,西南距北照台 3.1 公里,北距西峰山村 3.3 公里,西北距瓦窑 1.4 公里。明代成村,因村南山场原有漆树成林,故名。清光绪《昌平州志》载有漆园村,沿用至今。

村域面积 16.3 平方公里,聚落占地 23 万平方米,呈曲尺形。土路面主街 3 条,中街南北走向,长 1500 米,宽 3 米;南街南北走向,长 600 米,宽 2.5 米;西街东北—西南走向,长 1200 米,宽 3 米。有 482 户,1812 人,其中非农业人口 3 人,均为汉族。姓氏有赵、蔡、刘、王、杨、胡、李、崔、孙等。1968 年通电。1983 年饮用自来水。

地处山区,地势南高北低,南部最高峰海拔 1078 米,北部高崖口沟最低处海拔 137 米,村址海拔 200—220 米。山地土壤为轻壤质中层安山岩淋溶褐土,沟谷多轻壤质褐土,有少量砂壤质薄层堆垫物褐土性土。漆园沟东南—西北向斜贯全村,注入高崖口沟,为季节河。有长港泉、水港泉、花港泉,水量均不大。地下水埋深 100 米。山地植被为半干旱生灌草丛,有疏林多山榆、栎、山杏等。村南阳坡有密集的旱中生灌丛及山杨等落叶阔叶林。谷地有大面积经济林。野生动物有山鸡、野兔、獾、狍子等。

经济林以农业为基础,林业为主。有耕地 2576 亩,其中水浇地 370 亩,实行林粮间作。种植玉米、谷子、豆类、白薯、高粱等,年产粮 20 万公斤。有标准化果园 400 亩,其中桃、苹果各 150 亩,柿子 100 亩。另有香果、海棠、枣、核桃、杏、李子、黑枣等,年产果品 20 万公斤。人工林以刺槐、椿树为主,覆盖率为 40%。农机具齐全。1982 年以来打井 3 眼,修塘坝 3 座,扬水站 4 处。养殖业以养猪、鸡为主。村办有纸盒厂、剪刀加工厂。1990 年全村各业总收入 342 万元。

1951 年建小学,现有在校生 152 人,教职工 10 人。1967 年建中学,1982 年并入高崖口中学。1969 年建合作医疗站,现有家庭医务室 3 家。

村西有古庙,庙台下有古井,水质清甜,原来可供全村 80% 的人畜饮用,现已干涸,原庙址已建小学。

(十七)北照台村

位于镇域东南部。东南距活山涧 2.31 公里,西距狼儿峪 1.9 公里,西南隔山距南照台 0.5 公里,北距瓦窑 2.8 公里。清代成村,因村址位于山间沟谷地上,并以姓氏及相对位置得名北赵家台,后演变为今称。村域面积4.6平方公里,聚落占地5.3万平方米,呈矩形,沿北照台沟两侧分布。2条东西主街,均长500米。北街宽5米,南街宽2.5米。共64户,262人,其中非农业人口46人。均为汉族,姓氏有贺、李等。1971年通电,1988年饮用自来水。

地处山区,地势东南高,西北低,村址海拔359.8米。北照台沟斜贯全村,为季节河。山地为淋溶褐土及轻壤质中层角砾岩质棕壤,谷地为轻壤质褐土。植被为半旱生灌草丛,有稀疏经济林。野生动物有野兔、狍子、狼、狐狸、獾、山鸡等。

经济以农业为基础,林业为主,实行林粮间作。有耕地300亩,以种植玉米、粟、豆类为主,年产粮1.2万公斤。有人造林2500亩,标准化果园250亩,其中香椿200亩,柿子50亩。山坡谷地有核桃、枣、杏、红果、海棠、香椿、山桃、山楂等。畜牧养殖以个体专业户饲养蛋鸡、猪、山羊、牛、蜜蜂等为主。1990年全村各业总收入20万元,人均收入763元。

1948年建小学,1969年建合作医疗站。村内原有4座庙,现仅存村北五道庙。村东南约2公里处有六郎洞。1962年修简易公路与南雁公路相通。

(十八)西峰山村

位于镇域中部。东距南流村3公里,南距漆园村3.3公里,西距王峪2公里,北距新建村3公里。明代成村,称峰山口,村西依西峰山,村后因山得名。村域面积8.2平方公里,聚落占地约24万平方米,呈集团形。有东西向和南北向砂石路面街道各1条,各长约1500米,宽8米。有475户,1612人,其中非农业人口5人,均为汉族。姓氏有吴、王、陈、李等。民居多为砖瓦房,有1户建起二层住宅楼房。1963年通电,1990年饮用自来水。

地处山前洪积扇上,地势西高东低,村址海拔157.7米。丘陵南部有震旦亚界蓟县系石灰岩条带白云岩,北部为长城系白云岩。丘陵为石灰岩淋溶褐土、白粉土,洪积扇南部为轻壤质褐土,北部为砾石底砂壤质褐土性土。高崖口沟经村南部,柏峪口沟在村北,均为季节河。山地丘陵植被为半旱生灌丛杂草,有少量柏树等风景林。洪积扇上有大面积经济林。四旁树以柏、松、槐为主,野生动物有野兔、山鸡、刺猬等。有耕地2932亩,种植小麦、玉米、豆类,年产粮20万公斤。林果产苹果、柿子、桃、沙果、梨、枣等。西峰山小枣远近闻名,行销各地。村办有养猪场,年产肥猪千余头。全村累计养猪1843头,存栏808头。

1950年建小学,1967年建合作医疗站,现有个体诊所2家。小学院内有银杏1株,为北京市级保护古树。村内古井1眼,井壁无砌垒,为原始土壁,深约73.7米,水深13.3米。

南口至雁翅公路经村南,357路公共汽车及长途公共汽车经此站。

(十九)南流村

位于镇域东部。东距上店1.5公里,南临山,西距西峰山村3公里,西北距北流村1.1公里。清代成村,康熙年间称南刘村,以姓氏得名。光绪年间称前流村,后以相对位置改称南流村。村域面积5.3平方公里,聚落占地21万平方米,略呈梯形。有东西向街3条,南部2条各长约500米,分别宽4米、6米,均为土路。北部1条沥青路面,长700米,宽10米。有436户,1523人,其中非农业人口90人,均为汉族。姓氏有张、曹、陈等。1976年通电,1989年饮用自来水。

地处山前台地及洪积扇上,山地、丘陵约各占一半,地势南高北低,村址海拔117.1米。山地以中生代侏罗纪中统火山碎屑岩、安山岩为主。洪积扇上为第三纪洪积物,山地上部为安山岩,橄榄岩质淋溶褐土,多裸岩。西部丘陵为石灰质淋溶褐土,山地下部和洪积扇上为砾石底轻壤质褐土性土。高崖口沟以南丘陵为轻壤质褐土性土,沟谷沙滩上多沙砾石。高崖口沟在村南,柏峪口沟在村北,均为东西向季节河。南山有常年泉 12 处。山地上部、高崖口沟两侧丘陵以半干旱生灌丛杂草为主,下部缓坡与洪积冲积扇上有大面积经济林,四旁多植杨、榆等树。有耕地 3605 亩,林粮间作,种植玉米、小麦、高粱、豆类,年产粮 56.6 万公斤。果园 700 亩,产苹果、柿、桃、香果等。畜牧业多饲养猪、羊、鸡、牛。

1949 年建小学,现为完全小学。有幼儿班。1966 年建合作医疗站,现有医务室。有个体诊所 2 家。小学院内有古槐 3 株为北京市一级保护古树。

村级公路与干线公路相通,通行长途汽车。

(二十)上店村

位于镇域东部。东距下店 0.7 公里,南临山,西距南流村 1.5 公里,北靠南口农场二分店。清代成村,因在流村附近称流村店,因地理位置改称上店。村域面积 3.1 平方公里,聚落占地 9 万平方米,近似方形。有东西向和近南北向沙砾路面主街各 1 条,均长 500 米,宽7.5 米。有 212 户,666 人,其中非农业人口 15 人。多数为汉族,有满族 3 人。姓氏有王、陈、刘、解、张、崔等。1969 年通电,1988 年饮用自来水。

地处妙峰山脉北侧山前台地及洪积扇上,地势南高北低,聚落海拔 102.7 米。高崖口沟经村南侧,为季节河。西侧月石沟有常年流水,最大流量为 1 立方米/日。地下水埋深 60 米。土壤为砂石底砂壤质褐土性土。山地上部为半干旱生灌丛杂草。下部和洪积扇上有大面积经济林。四旁多植柏、槐、杨树,覆盖率为 30%。野生动物有山鸡、野兔、狍子等。有耕地 1479 亩,种植小麦、玉米、豆类,年产粮34.3 万公斤。果园 630 亩,年产苹果、柿子、桃子等果品 14.56 万公斤。现有农用机械 23 台,电机井 9 眼,灌渠 3 条,共长 4000 米。畜牧业以养猪为主。1982 年建喷漆厂,收入占全村总收入三分之一以上。1990 年各业总收入 280 万元。

1952 年建小学,1986 年与下店小学合并,校址在村东北。1966

年建合作医疗站,现设医务室有医生 2 人。村南古庙现存大殿及耳房。

村北有公路西通北流村,东连南阳路,有长途公共汽车通行。

(二十一)下店村

位于镇域东部。东距阳坊镇西马坊 3.9 公里,南邻山,西距上店村 0.7 公里,北至南口农场二分场 1.5 公里。清代成村,晚于上店村,又位于上店东南部,故称下店村。村域面积 2.3 平方公里,聚落占地 6 万平方米,略呈梯形。有东西向街 4 条,砂石路面,均长 400米,宽 4 米。有 130 户,426 人,其中非农业人口 8 人,均为汉族。姓氏有尹、刘、杜等。1969 年通电,1988 年饮用自来水。

地处妙峰山脉北侧山前台地及洪积扇上,地势西北高,东南低,村址海拔 87.6 米。山地为中生代侏罗纪中统火山碎屑岩、安山岩。洪积扇为洪积冲击物。土壤为砾石底轻壤质褐土性土,河滩多沙砾石。高崖口沟经村东南侧,为季节河。地下水埋深 85 米。海拔 350米以上多旱中生灌丛杂草,洪积扇上多经济林。四旁树以杨、槐为主,覆盖率为 40%。野生动物有山鸡、野兔、松鼠等。有耕地 780亩,种植玉米、小麦、豆类,年产粮 19 万公斤。有果园 200 亩,以桃为主,年产果品 12.5 万公斤。有电机井 6 眼,防渗渠道 3500 米,农业生产基本实现了机械化、水利化。村办有表厂、喷漆厂、清洁剂厂等厂。

1952 年建小学,1986 年与上店小学合并。1966 年建医务室,后改称合作医疗站,现有医生 1 人。

村北有公路西通北流村,东连南阳路。通长途汽车。

(二十二)白羊城村

位于镇域中部。东与新建村相接,东南距西峰山 3 公里,西距庆王坟(东宫上)0.6 公里,北距北台 0.7 公里。元代成村,元代设有千户所,称白杨口,以植被得名。明代中叶建城,称白羊城,与长峪城、镇边城、居庸关、上关城、黄花城、古北口等重要关口成为一条整体防线,是元、明、清三朝保护京师的重要关隘之一。城旁建村,村以城得名。1961 年年初,为防山洪,村民全部迁至现址。村域面积 2 平方公里,聚落占地约 7 万平方米,街道整齐,有 143 户,466 人,均为汉族,有汤、刘等姓氏。1963 年通电,1988 年饮用自来水。

地处山前洪积扇上部,地势西高东低,村址海拔 228.5 米。西部山地多震旦亚界长城系白云岩,东部洪积扇上为第三纪洪积物。山谷南侧有砂壤质褐土,洪积扇为褐土性土,河滩多砾石积砂。山地植被一半以上为半干旱生灌丛杂草,洪积冲积扇上多经济林。耕地、果园均在村东、西两侧。

1949 年建小学,1990 年并入新建村小学。1966 年建医务室,后改称医疗合作站,现有个体诊所 1 家。

明景泰元年(1450 年)建白羊城于白羊沟出口处,跨南北两山。曾驻重兵,是护卫京师的重要关隘之一,为区级文物保护单位。城内外有国槐 7 株,为北京市二级保护古树。

北流村至白羊城乡级公路经村南侧,东南直通下店村,与东北部的古将、黑寨等村公路相通。有村级公路通乡政府。

(二十三)黑寨村

位于镇域东北部。东距桃洼乡杨庄 1.5 公里,东南与黄庄相连,西南距古将 1 公里,西、北两侧临山。明代称黑渐涧口,东山设有墩台,沟口筑有正城及水门,后演变成村。清光绪《昌平州志》载有黑寨村。1974 年后大部分农户陆续迁入村南的黄庄,现聚落占地 13.5 万平方米,有南北向、东西向街道 2 条,分别长 500 米、200 米,均宽 5 米,砂石路面。有 70 户,245 人,均为汉族。姓氏有刘、王、张。1963 年通电,1985 年饮用自来水。

地处山前台地及洪积扇上,地势西北高,东南低,西部最高峰海拔 779 米,村址海拔 179.6 米—230 米。西北、北部山区面积近三分之二,地质条件复杂。山体岩石为太古界变质岩、震旦亚界长城系石英类岩组、石英砂岩及硅质页岩,粉砂页岩组、硅质及泥质白云岩、石英砂岩、粉砂岩、板页岩、硅质白云岩及白云岩组,中生界侏罗系中统石英正长岩组。黑寨沟斜贯村域西南部,村西北有常年泉,最大流量为每日0.8立方米,现为0.04—0.06立方米/日。土质较复杂,东部及南部洪积冲积扇上土壤为砾石体砂壤质和轻壤质褐土性土,西部及北部低山区为轻壤质薄层石灰岩质碳酸盐褐土和沙壤质薄层花岗岩淋溶褐土。植被为半干旱生灌丛杂草,谷口有经济林。

1949年建小学,1974年迁入黄庄为完全小学。村内有建于光绪年间的和平寺遗址,有古槐1株、古柏2株,村南河滩有古槐1株,为北京二级保护古树。

有简易公路与村外公路相通。

（二十四）王家园村

位于镇域中部。东南距北流村1.8公里,西北距新建村1.5公里,北与新北庄相连。清代成村,现村址在原村址东南5.9公里,1988年至1990年窑湾村及原王家园多数农户迁入现址,称王家园。村域面积7.6平方公里,聚落占地33万平方米,呈矩形。有东西向主街2条,长130米,宽8米。另有5条街道各长130米,宽3.8米,均为土路。有63户,194人,均为汉族,王姓居多。

地处山前洪积扇上,地势西高东低,村址海拔160—170米。山地较高处多裸岩,河滩多沙、砾石。土壤为砾石砂壤质褐土性土。植被大部分为半干旱生灌丛杂草。

有简易公路西通新建村。

（二十五）古将村

位于镇域东北部。东距黄庄1.1公里,南距新建村1.3公里,西南距卢家2.5公里,东北距黑寨1公里,北临山。清代成村,称枯江村,后演变为今称。现村域是由古将、姚庄、古庄、三家地4个自然村连成一片的聚落,统称古将村,姚庄、谷庄、三家地三个村名不再单称。村域面积3.7平方公里,聚落占地20万平方米,呈矩形。有南北向主街1条,长350米,宽8米,沥青路面。有372户,1308人,均为汉族。姓氏有谷、姚、黄、王等。1968年通电,1985年饮用自来水。

地处山前台地及洪积扇上,地势西高东低,村址海拔208米。古将沟经村域,白羊沟经村南,均为季节河。东部土壤为砾石底砂壤质褐土性土,西部有少量轻壤质石灰岩质耕作型碳酸盐褐土。植被为半旱生灌丛杂草。四旁植树以刺槐、椿树为主,覆盖率为35%。野生动物有山鸡、野兔等。有耕地3194亩,种植玉米、小麦、豆类,年产粮24万公斤。果园900亩,产柿子、苹果、核桃及香果。畜牧业以户养猪、羊、鸡为主。现有汽车8辆、手扶拖拉机10台,各种农机具30台,水渠1700米。村办企业有塑料厂、化工厂。1990年各业总收入418万元。

1955年建小学,1966年建医务室后改称合作医疗站,现有个体诊所2家。

有公路东经黑寨至南雁公路,南经新建村通乡政府。

(二十六)新建村

位于镇域中部。东南距新北庄1.8公里,南距西峰山3公里,西与白羊城相连,北距古将1.3公里。村民多来自柏峪口、复兴庄、南宫上、水峪台。因国家占地于1956年迁移至该地建新村,故名。村域面积16.9平方公里,聚落占地24万平方米,呈矩形。有东西向街道1条,长500米,宽6米。南北向街道3条,分别长370米、400米、400米,其中2条宽6米,1条宽8米。有306户,1075人,其中非农业人口33人,均为汉族。姓氏有刘、葛、王、张等。1960年通电,1984年饮用自来水。

地处山前洪积扇上部,地势西高东低,聚落海拔206.8米。村东部洪积扇为第三纪洪积物,山地丘陵为石灰岩质淋溶褐土,谷地为耕作型碳酸盐褐土,洪积扇为砾石体褐土性土。柏峪口沟纵贯山地丘陵,白羊城沟经村东北,均为季节河。东部洪积扇上多经济林,四旁树以刺槐为主。有耕地1936亩,种植玉米、小麦、豆类、高粱,年产粮15.2万公斤。林粮间作果园670亩,年产柿子、苹果、桃子、核桃、枣、梨等干鲜果品 10.5 万公斤。现有农业机具 20 台,干、支水渠 5400 米,引王家园水库灌溉,另有电机井 2 眼。有村办猪场,全村累计养猪 1404 头,存栏 651 头。村办企业有喷漆厂。1990 年各业总收入 237 万元。

1946 年建小学,1966 年建医务室,后改称合作医疗站,现有个体诊所 3 家。

村内主街通乡级公路。

(二十七)北流村

位于镇域南部。东北距南口农场二分场部 3.4 公里,东南距南流村 1.1 公里,西南距西峰山 2.7 公里,西北距王家园 1.8 公里。明代成村,明隆庆《昌平县志》称北流村。清康熙《昌平州志》载有北流村,光绪年间称北流村,沿用至今。村域面积 4.1 平方公里,聚落占地约 40 万平方米,略呈方形。有东西向、南北向两条主街在村中心呈"十字"形交叉,各长 600 米,砂石路面。有 428 户,1623 人,其中非农业人口 86 人,多数为汉族。有回族 1 人,姓氏有赵、孙、李、刘等。1967 年通电,1988 年饮用自来水。

地处山前台地及洪积扇中部,地势西北高,东南低,村址海拔 125 米。地面覆盖第三纪洪积物。地下水深埋 100 米。土壤大部分为砾石砂壤质褐土性土,西部有少量轻壤质褐土。有耕地 3375 亩,种植小麦、玉米、豆类,年产粮 45 万公斤。有标准化果园 750 亩,年产柿子、香果、苹果、桃等果品 25 万公斤。现有农业机械 28 台,电机井 14 眼,水渠 4500 米,农业生产基本实现了机械化、水利化。村办有养猪场,各户以饲养鸡、羊、牛、蜂为副业,村办有金属加工厂、中药加工厂,有个体鞋厂 1 家。1990 年各业总收入 417 万元。

1958 年建流村中学,1949 年建小学,1983 年建幼儿园。1966 年建医务室,后改称合作医疗站,现有个体诊所 1 家。村内设有妇女、青年之家,阅览室等。村内古井 1 眼,深 83.3 米。井旁古槐 1 株,为北京市一级保护古树。

村内有 6 条公路交会,为县西南部交通枢纽,可通昌平城区及南口、沙河等。南口至雁翅公路经该村,设有 357 路公交车和长途汽车站。

(二十八)新北庄村

位于镇域北部。东临南口农场四分场,南与王家园只一路之隔,西北距新建村 1.8 公里,北距刘庄 1.4 公里。清末成村,曾称沙庄子、白羊河、张庄子,因在流村北,1955 年改称北庄子。原为黑寨所属自然村,1958 年建王家园水库时迁到刘庄,1978 年又迁回原址称北庄。1979 年地名普查时因重名改名新北庄并设行政村。村域面积 2.3 平方公里,聚落占地约 2 万平方米,略呈矩形。东西街、南北街各 2 条。有 49 户,458 人,其中非农业人口 301 人,均为汉族。姓氏有赵、张、刘、谷、邢等。1960 年通电,1983 年饮用自来水。

地处山前洪积扇中部,地势西高东低,村址海拔 154 米。有第三纪松散洪积物,北部河滩多砂和砾石。白羊城沟自西向东经村域北部,为季节河。植被除南部有少量经济林外,多为农田和沙荒地。有耕地 387 亩,种植玉米、豆类,年产粮 2.1 万公斤。年产柿子、桃子等果品 1 万公斤。畜牧业多饲养牛、猪等。

1949 年建小学,1985 年并入流村中心小学。村医务室有医生 1 人。

环镇公路经村东。村南有简易公路西通新建村。

# 第六章　村镇建设

在历史上,流村镇所属的昌平区曾兴建多处城镇。1961 年成立建设局,60 年代初开始建设规划管理。1978 年成立城乡建设管理机构,依法对城乡建设进行管理。1980 年,北京市政府确定昌平为以高教、科研、旅游为主重点发展的首都卫星城市,开始编制卫星城和农村规划,实行统一规划、合理布局、综合开发、配套建设。1985 年 6 月建立县规划管理机构,对县城规划、乡镇总体规划和建设单位用地、工程建设、市政管线以及违章建设依法进行规划管理。在此形势下,流村的村镇建设工作有了长足的发展。进入新时期,根据北京市总体规划中次区域功能的划分及昌平区城市总体规划的功能定位,指出山区次区域是城市重要的生态屏障,以生态维护、水源保护、适度旅游和生态农业开发为主。流村镇属于山区次区域,位于北京西部生态带之南翼,首都北京的生态涵养发展区,该区域是北京的生态屏障和水源保护地,是保证北京可持续发展的关键区域,它被赋予了首都环境保护、生态维护、护林防沙等方面的重要空间意义。

区域总体定位在文化、风格、意象和特色方面有高度的概括性,在创业、投资、旅游、生活、居住等方面有充分的统御性,对未来的发展起到激励和指导作用。流村镇总体定位是"生态山镇,古韵流村"。这一定位,一方面突出了流村地处北京西部生态带的区域核心本位,另一方面也强调了流村宝贵的历史文化资产。

"生态山镇"——依山而建,靠山发展,生态环保始终是流村经济社会的主题,生态山镇是北京市、昌平区对流村的规划要求,是流村战略性的发展目标,同时也是流村发展必须坚持的首要选择。"古韵流村"——流村地区汇集了辽、宋、明、清和近现代大量的文物古迹,长城文化、边寨文化、寝陵文化、红色文化等遗产得天独厚。丰厚的历史人文资源不仅构成了流村的差异化特质,同时也是流村的核心魅力和发展优势所在。

在总体定位的基础上,流村规划和实施品牌化战略,着力塑造流村的独特形象,其中,重点塑造和传播"京西生态屏障"、"和谐流村"的品牌形象。品牌是一个区域核心竞争力的外在表现,具有不可取代的文化内涵和独树一帜的专属价值。好的品牌能够使区域争取到更有利的地位、更多的机会、更丰富的资源,能够挖掘和吸引经济增长要素,大幅度提高区域竞争力。品牌经济是城镇经济、区域经济发展的原动力。发展品牌经济是适应经济社会发展的需要,也是应对区域竞争挑战的重要举措。

# 第一节　村镇规划

## 一、机构的设立

### (一)规划管理机构

1958 年 12 月,流村镇所在的昌平区房地产管理处内设规划办公室。1960 年 8 月,成立昌平县规划办公室,1961 年 1 月并入县建设局,1964 年 3 月分设县规划办公室,1969 年撤销。1978 年 4 月,县基本建设委员会设规划管理科。1983 年 12 月起,县城乡建设管理委员会内设规划管理科。1985 年 6 月,成立昌平县规划管理局,设规划办公室。1995 年年底,规划局内设办公室、综合科、规划管理科、规划监督检查科、地名办公室,下属建筑设计室。1982 年起,乡镇设规划员。

### (二)建设管理机构

新中国建立初期,由村和区、镇公所管理。1953 年以后,城镇建设由县房管所管理。1958 年 8 月后,先后由区房管处、县建设局、县公交房管局、县工业房管局、县建设局管理。1978 年 4 月成立县基本建设委员会,1982 年 9 月改设县计划建设委员会,1983 年 12 月改设县城乡建设委员会(简称县建委)。这一切,使流村在建设管理方面走上了现代化的道路。

## 二、工作的开展

### (一)地名管理的展开

流村镇的地名主要由民间流传称呼习惯形成。1945 年以后,国民党昌平县政府曾对主要镇村和街(巷)名称进行管理,在县城及主要村镇设置安装镇牌、路牌、街(巷)牌和门牌。新中国成立后有的名称沿用,有的更新,有的注销。1979 年 5 月,成立昌平县地名领导小组,地名办公室设在县建委,有人员 6 人,开始对县行政区划内的居民点名称,独立存在的各专业部门使用的台、站、场等名称,著名的纪念地、名胜古迹、古遗址、游览胜地和人工建筑等名称进行了普查、登记建档。1983 年,根据《北京地名管理办法》,北京师范大学地理系部分师生对县域内各类地名所选条目进行实地调查。1985 年 6 月后,县地名办公室设在县规划局。1989 年 7 月,根据市政府办公厅关于以区县为单位编写《北京市地名志》通知要求,成立昌平县地名志编辑委员会,主旨进行县地名搜集、调查、编写工作。1994 年 8 月,完成《北京市昌平县地名志》初稿的编纂工作。这一切都为流村镇规划工作的深入展开提供了必要的条件。

### (二)建设规划管理工作的初步开展

20 世纪 60 年代初,开始建设规划管理,主要按照社会公约和地方有关规定管理。1985 年起,建设规划管理执行《中华人民共和国城市规划法》、《关于北京市城市建设规划管理暂行办法》和《北京市城市规划条例》等法规,管理工作主要有规划编制和用地、建筑、工程管线和违章管理。规划编制管理有县域和乡、镇、村总体规划、详细规划及给水、排水、电力、通信、供热、环保、防洪、道路交通、园林绿化等专业规划管理;用地管理对建设单位建设项目使用原有土地符合规划的核发建设工程规划许可证,对需征用土地选址定点后划出用地位置、范围、数量等,核发建设用地许可证;建筑管理对建设项目提出建筑高度、建筑密度、立面、色彩等要求,按要求作出设计方案后,核发建设工程规划许可证;工程管线管理对道路、防洪和地上架设、地下埋设的各种管线(雨水、给水、热力、通信等)进行管理;违章管理对未按照规划办理用地和建设手续、未按图纸要求施工及乱占滥建的违章建筑依法进行处罚。

（四）发展规划工作进一步完善

1990年1月,为了进一步加强村镇建设和村镇规划管理,保护耕地,合理利用土地资源,依照《中华人民共和国土地管理办法》和《北京市农村建房用土地管理暂行办法》的规定,结合流村乡域内的实际情况,制定了《流村乡村镇规划和村镇建设管理办法》,对村镇规划建设作出规定:各单位的建设必须统筹安排,布局合理,不得在居住区发展对人民生活有害的企业;各村民委员会要有计划、有步骤地逐步实施已确定的规划方案。任何单位和个人不得以任何理由影响、阻挠、破坏规划的实施;各村由村民主任主管村镇规划和宅基地的管理;村民建房要根据各村情况,本着整齐划一、尊重人民群众风俗习惯的原则;建房户原则上不能占用耕地,确实需要占用耕地的,本人必须先在指定地点开发相当新建住房用地面积两倍的荒地,并依法交齐耕地占用税后,方可占用耕地;翻建房屋,不能超出原宅基地范围,临街巷的要按规定在街巷宽度以外建,不能因建房屋堵塞原有管道和水路。住户不得在他户房基四周三尺内栽树、挖坑和破坏性施工;各社办企业、事业单位用耕地、非耕地进行生产生活和公共建设须先申请,报县农业局和县政府审批;与国营单位联营的企业占地,报规划局审批。

2005年,为实现流村镇的可持续发展,镇党委、镇政府抓住北京市规划整体修编的机遇,对全镇的整体规划进行调整,确定了符合本镇实际的发展思路,坚持"生态立镇,农业稳镇,工业强镇,旅游活镇,科技兴镇"的发展战略,全力谋划"一城三区"。"一城"即与北京国际大都市相对接,与昌平区卫星城建设相配套,规划建设符合各类人群居住的绿色生态环保小城镇;"三区"即依托流村自然、人文资源,建设高品位的生态休闲旅游区;整合各种要素,建设就业富民工业区;依托特色果林资源,围绕生态保护,建设高效生态观光农业区,实现养山富民的目标。按照"一城三区"建设布局,首先抓好规划的落实,相继完成了2004—2020年城镇规划,重新编修了2010年前的流村镇土地利用总体规划,调整了中心区规划,聘请海外投资公司对全镇的"十一五"规划进行编制,使规划更加科学、合理,符合流村发展的实际,符合大环境对流村今后发展的要求。

# 第二节 住 房

## 一、建设管理

### (一)建设开工管理

传统建设工程由建设单位和建筑企业自主协商确定建筑施工企业。新中国建立初期,全镇每年开工的建设项目数量少、面积小。1989年起,执行北京市有关建设开工管理暂行办法,实行建设开工管理。建筑工程列入市、县年度基本建设施工计划或更新改造计划,建设用地范围内的拆迁工作已完成,施工用地实现"三通一平"(通水、通电、通路、地平),建设资金、建筑材料设备和市政公用设施已落实,设计图纸符合要求和建设工程履行招投标,县规划管理部门核发建设工程开工证条件。

### (二)建筑企业资质管理

20世纪80年代起,流村镇所属的昌平县建委对建筑企业实行企业资质等级管理。1986年,根据《北京市建筑企业管理办法》和国家建设部制定的有关建筑企业条件,对全县111个建筑企业分五级划分资质定级。1988年,县建委成立建筑行业管理办公室,对建筑企业进行整顿。1992年起,县建筑行业管理办公室每年与县工商、税务、建设工程质量监督站等有关部门定期对建筑企业生产、安全及经营情况进行动态管理和年检,重新确定企业资质等级。

(三)建设工程质量管理

1985 年 9 月,昌平县建设工程成立质量监督站(简称"县质监站")。1993 年,县质监站获北京市颁发的《建设工程质量监督证书》。县质监站设土建设备室、构件室,受理县域内各建筑单位申报办理质量监督手续,对建筑施工单位开工前的准备、资质证件、建筑材料、施工设备进行检查,不符合资质等级的施工企业承接工程不准开工,不合格的原材料、构配件和设备不准使用,对建设单位未按规定选择相应等级的设计单位,由北京市勘察设计质量监督机构给予警告并责令限期改正、停工,处以罚款。施工过程中进行检查,达不到规范和设计要求的要返工,建筑工程竣工依据《建筑安装工程质量检验标准》进行验收,工程质量合格的发合格证书;未取得《建设工程质量合格证书》的工程,建设单位不得进行结算和投入使用;对建筑工程质量半年初评、年终总评。1993 年起,按照国家建设部《关于建设工程质量管理办法》,对县境内的新建、改建、扩建的建筑、市政、装饰、人防工程和文化设施、设备安装等建设工程质量进行监督管理和认证工作。1995 年,县质监站成立县建设工程中心试验室,对全县的建筑材料进行试验和检测。

(四)施工现场安全管理

镇域内传统建筑平房规模小,构造简单,施工安全事故少。1974年以后,随着楼房建筑增多,建筑物高、结构复杂、施工难度大,安全事故隐患增多。1988 年起,建筑施工坚持"安全第一,预防为主"的方针,昌平县建委成立行业管理办公室,加强建筑施工安全管理,对建筑施工设备等进行检查。建筑施工企业建立健全施工安全岗位责任制,建立安全生产、安全教育、安全用电、防护设备安全检查和施工机械使用与保养及治安保卫、消防、伤亡事故报告等施工安全管理制度。开始创建文明安全工地,评定内容有安全防护、临时用电、施工机械设备、保卫、消防、现场管理、环境保护及卫生等领域。

## 二、城区住房建设

1958 年,流村乡建立中学,平房面积 1729 平方米。1986 年,镇政府由北流村迁至新址,建楼房 1800 平方米,附属房 300 平方米,占地面积 1729.7 平方米。开关柜厂建筑面积 2800 平方米。1992 年,北方驾校占地 586.96 平方米,建筑面积 14000 平方米。1995 年,乡办企业面积共计 2800 平方米。老峪沟乡,在 1995 年年底,乡党政机关简易楼房、基层供销商业设施和卫生院面积达到 886 平方米;中学面积 1210 平方米;中心小学面积 1200 平方米。高崖口乡,1995 年,乡党政机关由原来平房迁至乡办企业楼房,乡办企业面积 1.36 万平方米;中学面积 3290 平方米;卫生院面积 990 平方米。

## 三、乡村住房建设

(一)农户家庭住宅

新中国建立后,随着生活水平的提高和人口的增加,农村家庭户翻建新房逐渐增多。20 世纪五六十年代,农村建房一般用土加水和泥垒墙,墙壁多为砖把角,石头或土坯夹芯、房顶盖瓦,窗户木制方格式。70 年代末以后,建筑材料一般用砖、瓦。80 年代起,农户家庭建房形成高潮。80 年代以后,农村建房占地规定每户 247 平方米。1982 年以后,农村有部分农户建砖混结构楼房,每户 1 栋,多为两层,少数三层。

(二)村集体办公用房

新中国建立初期,农村村公所大多数利用庙宇或在农户家庭中办公。20 世纪 50 年代中期以后,农业合作社主要借用或利用农户家庭房屋办公。1958 年,各生产大队、生产队集体投资兴建办公砖瓦房。改革开放后,村(队)集体开始翻建、扩建办公用房,经济发展快的村建有办公楼、礼堂等。

（三）村办企业用房

20世纪六七十年代，部分生产集体开始创办小农具、农机修配厂等队办企业，改建、扩建企业生产房。

（四）教育、卫生、体育事业和商业用房

直到1978年，整个流村农村小学校舍为砖木结构平房。改革开放后，农村集体多方筹集资金或扩建小学校舍。60年代，生产队集体建合作医疗站。70年代，逐步改建为村卫生室。80年代后，个别村兴建体育场地和活动中心，一些企事业单位和个人在农村兴建一批体育设施。新中国建立后，农村供销社分销店、经销店利用农村闲房或建平房。改革开放后，供销社集体商业和个体商户改建扩建商业、服务业用房。

## 第三节 街 道

街道，其原意指的是在城市范围内，全路或大部分地段两侧建有各式建筑物，设有人行道和各种市政公用设施的道路。在今天，作为城市母体的重要组成部分之一，街道不再单纯是一种公用设施，而是一面可以反映所在地面貌乃至深层文化内涵的镜子。所以，街道建设在城市建设中占有重要地位。具体到流村镇而言，街道按照传统道德和村规民约形成，自行协商自发维修。山区、半山区村庄街道分为石子路、土路，平原村庄为土路。20世纪50年代以后，村集体开始组织平整拓宽街道。80年代中期以后，村集体进行投资加大对村庄街道的整修、调直拓宽，有的村庄主要街道修水泥路面、柏油路，安装路灯。1995年，全部农村主要街道进行整修、拓宽，有的硬化，村路与乡镇公路相通。

## 第四节 供 水

水是人们日常生活必不可少的物质基础，所以水务建设是一个城镇能否健康存在并进一步发展的前提,对流村这一处于京郊地区的乡镇而言无疑更为重要。

1964年3月,流村所属的昌平县自来水厂建立;1965年1月成立自来水管理所;1984年7月,改称自来水公司;1988年10月,由企业改为事业单位,称自来水管理处。这让流村水务建设的发展有了前提和保障。但是,流村地处京郊的地理位置、域内复杂多样的地貌,让供水变得困难起来。世代以来,山区、半山区村人口饮用泉水、河水,平原人口饮用井水。50年代末起,农村逐步通电后,各级政府大力支持村集体投资开始打深电机井。60年代后,农村饮用水改造加快,修蓄水池、建水塔、铺设自来水管线,才引水进农户。同时,对水资源的管理也日趋规范化。

1990年2月24日,政府发布《流村乡人民政府在全乡开展水利执法大检查的通知》,成立乡水利执法领导小组,检查各单位水管机构、管水执法人员的配备情况;各种规章制度健全情况,是否列入村规民约;每年用于水利建设和管理的资金投入情况;水费计收、水利劳动积累工的使用情况;各类水利工程、设施的管理和保护及其范围划定情况;违法违章的查处情况,水利公物还家的活动情况。这些措施的推进和实施,大大促进了流村供水事务的发展。1995年,除个别偏僻的山村外,农村全部人口全部饮用自来水。

但是,这并不意味着整个镇域内的饮水用水问题得到根本解决,尤其在西部山区,人水矛盾仍然很突出。2004年,政府为了从根本上解决流村的供水状况,开展了"三大工程",即水利网络化配套工程、人畜饮水改造工程、建设现代化供水厂。具体而言,水利网络化配套工程就是在2004年内,镇政府投资190万元,重点完成了北流、王家园、北庄三个村的水利配套工程,从8万立方蓄水池引水,铺设了水管道2400米,配套建起了蓄水池,增加了节水灌溉面积1200亩;人畜饮水建设工程是在2004年内,西峰山、上店、古将等8个村人畜饮水改造工程全面实施,共打机井6眼、建蓄水池7座、改建扩建管道5万米、更新水泵5台、安装户用水表1250块,改善了5500户、11900人、807头大牲畜的饮水条件。工程总投资414万元;建设现代化供水厂工程是在2004年,由政府投资800万元,在山区建立起了占地10亩,日供水量5000立方米的集中供水厂,使流村镇工业小区和商业街的个体工商户等一些单位都用上了集中水厂的水。

2005年,政府又再接再厉,实施了人畜饮水改造工程,即镇域内的18个村、3313户、10010人,投资250万元,打机井6眼。安装主管道48711米,支管道98531米,出水头3342个,砌阀门井3342个,新建蓄水池11座,共500立方米,总投资365万元。年底时,17个村人畜饮水改造工程基本完成,剩余的1个村也于2006年上半年完成。同时,实施了王家园水库除险加固工程,确保水库下游部分村人民生命财产安全。

经过几年的努力,到2007年为止,流村镇的水务建设惠民工程遍地开花。修渠道建水池"五小工程"。建起了日供水能力6000立方米的集中供水厂,中心镇有28个企业事业单位、80余农户、3500人的生活用水实现城镇化;新凿生活用水机井16眼、铺设饮水管道22.1万米、建调蓄水池16座、蓄水容量9500立方米、安装水表8000多块。全镇28个行政村、5个事业单位、8000余户、18870人、890头大牲畜的饮水条件全面改善,供水安全保障能力大幅度提升,节水措施进一步完善。安管灌整梯田,节水灌溉与生态建设协调发展。完成了黑寨、新村、北流、西峰山、古将等村的近2万亩网络化节水灌溉,铺设输水管道4.8万米、建调蓄水池8座、蓄水容量12.7万立方米;完成了黑寨、漆园村、西峰山、禾子涧、老峪沟的京津风沙治理和小流域综合治理工程。治理小流域7000余亩、建石坎梯田500亩、沟道护岸1.5万米、修建并硬化田间路8100米;建3500立方米垃圾填埋池一座、凿污水观测井2眼。治河道砌护坝,防汛工程建设不断加强。在20个村实施了工程防护措施,修建护村坝6700米、护坡护岸600米、修建排洪渠5800米、排水路及泄洪沟3300米,治理河道

1.2 万米,与此同时完成了南沟水库的除险加固工程。有效预防和减少了雨洪灾害,不断为群众的生产和生活创造良好的条件和环境。集雨洪建截流,雨洪利用取得突破性进展。陆续在瓦窑、漆园、菩萨鹿、韩台、禾子涧等村修建集雨池和截流 11 座,蓄水容量 33 万立方米。其中 2007 年在瓦窑村建成了有"人工湖"之称的 12 万、9 万、5 万、2.5 万立方米的 4 座大型集雨池和 1 座 90 米长的跨河桥。这一工程的建成,起到了充分利用雨洪水的作用,而且为流村的民俗旅游增添了一道亮丽的风景线。

## 第五节　照　明

### 一、供电设施

1976 年 4 月,昌平供电所设计、施工阳坊至高崖口架空 35 千伏输电线路。

### 二、调度

从 20 世纪 50 年代起,流村所属的昌平县域供电网的调度管理由北京市供电局负责。1975 年 5 月 1 日,昌平供电所成立调度室,配备 10 千伏联络图板 1 块、变电站一次系统结线图图板 1 块、通信电话 2 部,接管 10 千伏电线路 28 条,调度范围为 10 千伏配电线路开关及两侧刀闸。1973 年,北京市供电局增加分配用电指标后,解除配电线路低周波保护装置,根据全县各地工农业生产情况进行拉闸限电,调节域内用电负荷,保证电气设备安全运行。是年,确定每周一、三、五或二、四、六为停电日,根据工农业生产的安排制定拉路序位表,通知各用户做好停电的准备。20 世纪 80 年代初期以后,电力供需矛盾突出。因华北电网严重缺电,靠拉闸限电保证电网安全运行,一般拉掉整个昌平县负荷的 20%,有时 40%。1987 年起,昌平县三电(供电、节电、安全用电)办公室每年制定拉路序位表。

1995 年 11 月,北京市电力建设"9511"工程完成,除部分工厂外,基本上实现不拉闸限电,工农业生产和人民生活用电得到保证。

### 三、管理机构

新中国成立后,流村所在的昌平县域供电网调度管理由北京供电局负责。1958 年 10 月,昌平县供电所成立,1963 年改称昌平电力局,隶属北京市郊区电力局。1969 年,昌平县电力局改称北京供电公司昌平供电服务站,1972 年改称昌平县供电所,1978 年改称昌平县供电局。1986 年 5 月,社农电办公室负责管理全县农村用电和乡级电力管理站(简称电管站)。同时,昌平县电力局开始培训农村生产队电工,1965 年起,农村电工实行亦工亦农。1972 年 7 月,北京市供电局成立郊电办公室,对郊区农村用电管理实行领导、管理、规划、运行、电价、规章制度六统一。1980 年起,公社设专职电工 1 人,负责管理农村社队用电、维护低压线路,技术业务工作由昌平县供电局领导。1986 年,成立流村乡电管站。电管站行政属乡镇,电管工作归昌平县供电局农电办公室。各村用电指定专人兼职电工管理。

### 四、用电概况

农村家庭传统使用豆油、菜子油和蜡烛照明。新中国成立后,使用煤油灯照明。1958 年后,农村用电不断发展,到 1965 年平原地区基本村村通电。1970 年,镇域内的农村全部通电。农村通电后,农田水利和生产开始用电。1974 年以后,农村打机井、修扬水站等水利基本建设迅速发展,流村所在的昌平县水利局负责确定扬水站的电机容量、台数,昌平供电所负责配套电力设施设计、验收和送电,工程的电力设备由国家投资,用电单位负责运输、施工等费用。1980年以后,农田水利机井抽水灌溉用电和乡镇企业生产仍是农村主要用电。

### 五、用电管理

（一）用电报装

20 世纪 70 年代中期以前,各企事业单位用电报装较少。1978 年起,用电报装以农村用电为主,有农田水利建设、农村生活用电,用电负荷较小,10 千伏线路架空线低压供电,电能计量表多装在配电箱内,有少部分简易配电室以配电盘为主;报装容量 160 千伏以上采用高压供电、低压计量,报装容量 315 千伏安以上采用高压供电、高压计量。而农村排灌用电由国家分配用电指标,不走报装程序,不缴纳贴费和材料费。1990 年以后,城镇住宅小区和工业企业用电量增大,逐步用电缆取代架空线路,在住宅区设立 10 千伏小区开闭站,配电室增大容量;农村用电结合报装增容进行低压改造,照明与动力用电分开计量。

（二）电费价格

1976 年起,执行水利电力部统一制定的电费价格,照明电不满 1 千伏每千瓦时 0.148 元、1 千伏及以上每千瓦时 0.145 元,动力用电不满 1 千伏每千瓦时 0.085 元、1 千伏至 10 千伏每千瓦时 0.083 元,大工业电价基本电费每月 1 千伏 4 元、最大需量每月 1 千伏 6 元,电价 1 千伏至 10 千伏每千瓦时 0.085 元、35 千伏及以上每千瓦时 0.055 元,农业生产电价不满 1 千伏每千瓦时 0.06 元、1 千伏每千瓦时 0.058 元、35 千伏及以上每千瓦时 0.055 元。其中有部分优待电价。1987 年 1 月 1 日起,开始执行高峰低谷浮动电价。1994 年起,执行电力工业部《关于提高电力价格的通知》和《京津唐电网峰谷分时电度电价》规定,调整峰谷电价,非工业、普通工业用电不满 1 千伏每千瓦时 0.296 元,高峰期 0.41 元、低谷期 0.19 元,1 千伏至 10 千伏每千瓦时 0.286 元、高峰期 0.4 元、低谷期 0.186 元,35 千伏以上每千瓦时 0.276 元、高峰期 0.386 元、低谷期 0.179 元;大工业用电 1 千伏至 10 千伏每千瓦时 0.206 元、高峰期 0.286 元、低谷期 0.133 元,35 千伏以上每千瓦时 0.194 元、高峰期 0.272 元、低谷期 0.126 元。其中有部分优待电价。

（三）电费管理

新中国建立后,电费处于低电价状态。至20世纪60年代初,照明用电实行按灯泡瓦数计费的"包灯制",按月缴费。后废除包灯制,实行按用电量收费,照明用电和动力用电每千瓦时按照不同的价格收费。至1957年,电费管理由北京市供电所负责。1958年起,流村所在的昌平县设专人管理电费,每月1日至15日按照供电线路的走向跨地区进行抄表,依据照明用电、动力用电、农业用电和工业用电等用电性质按不同的电价核算电费,每月收取的电费分次上缴北京市供电局。后又在整个县域内按行政区划分片负责,对用户进行抄表、电费核算,收费由昌平县电力局负责。1970年,昌平县供电服务站在全国电力系统率先实行银行代收和无承代托收取电费收费方式,用户根据每月用电通知单到银行缴纳电费。1978年,昌平县供电局在全国率先使用大型计算机计算大用户电费,一般用户电费由人工计算。1981年开始使用小型计算机计算大用户电费;当年,小用户电费仍由人工计算,其他用户计算电费使用计算机。

# 第六节　交　通

## 一、公路

### （一）镇域内的公路网络建设

公路运输是整个交通运输体系的重要组成部分,也是国民经济赖以发展的重要支柱。它在国家的政治、经济、军事、文化建设中起着重要的作用。随着改革、开放政策的全面推进,商品经济的蓬勃发展,城乡交流的日益活跃,公路将发挥更重要的作用。因为公路具有机动、灵活、直达、迅速、适应性强和服务面广的特点,这是其他运输方式所不及的。特别是现代化高速公路的出现,更显示出独特的优势和重要的作用。公路运输业是与广大人民群众的生产活动和物质文化生活活动联系最为密切的一种运输方式,对中国广大的农村地区尤为重要。因为农村公路是与农村、农业和农民关系最为直接的公共基础设施之一,对繁荣农村经济、促进农村社会进步、实现农业现代化、加快乡村地区城镇化、方便农民劳作、开阔农民视野起到重要作用。

流村镇地处太行山与燕山余脉的交会处,东西狭长,三面环山,镇域面积257平方公里,其中山场面积26万余亩,山场广阔,植被、林果资源丰富。在这种自然环境下,流村镇制订了"一环、三区、多点"的空间规划,即建设一个环形走廊,发展三个功能区,培育多个经济增长点。为此,公路建设尤其是成体系的公路网络建设无疑是流村的整体规划能否顺利实现的关键。

从1991年起,流村镇所在的昌平县就开始启动了"村村通油路"工程,由此"修建富民之路"成为流村历任政府工作的重中之重。近年来,在上级政府的大力支持下,流村镇积极争取各方投资,加大基础设施建设力度,相继实施了一批道路的改造工程,使全镇的道路交通条件得到明显改善。到2003年10月,流村镇最后一个未通油路的韩台村也完成了路面铺设工程。目前全镇辖区内共有各类道路29条,总长160.65公里,其中有市级公路南雁路(南口至雁翅)、区级公路北禾路(北流村至禾子涧)、高秦路(高口至秦峪口)、李流路(李庄—新元村—黑寨—古将—白羊城—新村—北流村)、下店路(下店村南口至西峰山村西双叉路)、昌流路(二分场加油站至北流村)、北葛路(北流村—南流村—上店—温南路)和水台路(西峰山村至工兵营)。此外,高崖口、流村一带有北京市公交357路和昌平公交11路、13路直抵昌平卫星城,交通十分便利。至此,一个多层次的公路网络框架已基本形成。

(二)流村镇部分公路介绍

**南雁公路** 位于北京市西北部,昌平区域西南。北起南口镇,西南至门头沟区雁翅,路以起止点地名首字命名,全长52.9公里。境内路段长32.79公里,属三级市道,平原区里程为11公里,山区里程为 21. 79 公里,路基宽 7.5 米至 9 米,路面宽 5.5 米至 6 米,次高级沥青路面及砾石路面,两侧已绿树成荫。北段与温南路、马兴路相接;中段东与葛流路,北与王峪路相接;西南端路北与禾子涧路相接,跨响潭沟、兴隆口沟。由北向西直经北马坊、李庄、北流村、西峰山、高崖口、新开村、了思台、马刨泉等村。该路是古代一条关隘道路,当时由南口至溜石港段沿沙滩可通马车,余为驮运道。侵华日军为了掠夺门头沟的煤矿资源和打通与怀来县的交通线,曾于 1939 年秋至 1942 年夏,强迫老百姓开凿北西岭盘山公路。1955 年 11 月交通部公路总局组成京郊公路修建指挥所负责组织施工,当年 12 月初施工至 1956 年 11 月,南口至马刨泉段竣工。1967 年 7 月,南口镇经流村乡至高崖口乡路段完工,南雁公路正式全程投入使用。这是中华人民共和国成立后在北京市由中央投资修建的第一条山区干线公路,对流村地区的经济发展起了重要作用。通长途公共汽车。

**温南公路** 位于北京市西北部,昌平区域西南。南起海淀区温泉,北至昌平区南口环岛,路以起止点地名首字命名。全长 21.42 公里。境内路段长 14.9 公里,属三级市道。路处平原区,路基宽 9 米至 23 米,路面宽 7 米至 20 米,次高级沥青路面,两侧已绿树成荫,南端与葛流路、昌土路相接;北端与南雁路相接。跨高崖口沟、兴隆口沟。道路两侧有西贯市、阳坊、葛村、土楼、南口农场、李庄等村落。该路是 1940 年侵华日军在原大车道的基础上强迫人民扩建的"警备路",路基宽 5 米。沿村庄设有炮楼,有日军警备队驻守巡逻。1956 年 3 月 15 日,由交通部公路总局交第五工程局机械化工程处承包施工。境内路段自南口环岛起经土楼乡至阳坊镇,按旧五级标准修建,路基宽 8.5 米,路面宽 6 米,1956 年 12 月 2 日竣工。1966 年 9 月至 10 月,南口镇至阳坊镇路段,由昌平公路管理所作渣油表面处理,成为黑色路面。1981 年 8 月 18 日改建温南路南口镇东大街、南大街路面工程,全长 2 公里。改建南口镇东大街、南大街为渣油路面,同年 12 月竣工。该路经过多年小修保养,路面加宽,已达到三级路标准,是南口镇通往海淀区的重要交通运输道路,也是通往旅游胜地颐和园的道路。通长途公共汽车。

**葛流公路** 东起温南路葛村路口,西至北流村与南雁公路相接,长5公里,路基宽12.5米,路面宽7米,二级公路标准,该路是1978年2月水、田、林、路综合治理中新开辟的道路。路基由流村公路和南口农场施工,油路面由昌平公路管理所施工。通车后,西部3个山区乡的进京路线缩短11公里,当地人民称之为"幸福路"。

**禾子涧路** 位于原老峪沟乡境内,北起禾子涧,南至马刨泉村,全长9.1公里,路以起点村名命名。路基宽8.5米,路面宽6米,次高级沥青、砾石路面。两侧已绿树成荫,属县三级公路。路南端与南雁公路相接,路两侧有和尚庄子、长港、孙家坟、桃园沟、张家湾、八亩地、西旮旯、双窑、七亩地、山咀等自然村落,原乡政府驻地在路北侧。该路是深山老峪沟乡境内主要交通运输道路,东连县域内各乡镇,南接北京市门头沟区。

**王峪沟路** 位于原高崖口乡境内,南起南雁路,北至王峪村,全长2.34公里,路以沟命名。路基宽7米,路面宽5.5米,次高级沥青路面,两侧已绿树成荫,属县四级公路。路间有王峪村,路左侧山沟通小水峪村。两侧均是高300米左右的山脊,是山货外运的道路之一。

**水涧路** 位于原高崖口乡境内,南起南雁路,北至天井垱西南,全长2.2公里,路以沟命名。路基宽7.5米,路面宽6米,中级砾石路面,两侧已绿树成荫,属县三级公路,是原水涧沟村民出山的唯一交通道路。该路为深山区道路,地势较高,路两侧山峰均在千米以上,为山货外运的主要道路。

**下店路** 位于原流村乡境内,西起南雁路,东至下店村打靶场,全长6.2公里。因路沿下店村东西向延伸,故称下店路。路基宽8.5米,路面宽6米,中级砾石路面。两侧已绿树成荫,属县三级公路。路西端与南雁路、昌平路相交,东端穿温南路,与白葛路相接。路两侧有北流村、南流村、上店、下店四村。是原流村乡东南部通往南口镇、阳坊镇、七楼乡、白善乡等地的交通道路。

水台路 位于原流村乡境内,南起南雁路,北至原水台村东,长2.3公里,路以聚落地名命名,路基宽7米,路面宽6米,次高级沥青路面。是在柏峪口沟始段修建的,两侧绿树成荫,路经西峰山,属县四级公路。两侧是山,右侧为山前台地,是山区去平原的交通道路。

表5 流村镇部分县道名称录

| 线路名称 | 起止地点 | 里程(公里) | 宽度(米) | | 路面类别 | 技术等级 | 绿化里程 | 途经主要地点 |
|---|---|---|---|---|---|---|---|---|
| | | | 路基 | 路面 | | | | |
| 禾子涧路 | 禾子涧—马刨泉 | 9.1 | 8.5 | 6 | 次高级沥青砾石 | 三 | 9.10 | 禾子涧、老峪沟、马刨泉 |
| 王峪沟路 | 南雁路—王峪村 | 2.34 | 7 | 5.5 | 次高级沥青 | 四 | 2.34 | 王峪 |
| 水涧路 | 南雁路—天井坨西 | 2.2 | 7.5 | 6 | 中级砾石 | 三 | 2.2 | |
| 下店路 | 南雁路—打靶场 | 6.22 | 8.5 | 6 | 中级砾石 | 三 | 6.22 | 北流村、男流村、上店、下店 |
| 水台路 | 南雁路—水台村 | 2.3 | 7 | 6 | 次高级沥青路 | 四 | 2.30 | 西峰山村 |
| 葛流路 | 葛村—北流村 | 5 | 12.5 | 7 | 次高级沥青 | 二 | 5 | |

表6 流村镇部分乡道名录

| 线路名称 | 起止地点 | 里程(公里) | 宽度(米) | | 路面类别 | 技术等级 | 绿化里程 | 途经主要地点 |
|---|---|---|---|---|---|---|---|---|
| | | | 路基 | 路面 | | | | |
| 禾黄路 | 禾子涧—黄场村 | 3.5 | 5—10 | 3.5—4 | 低级 | 四 | | 在原老峪沟乡东部偏北 |

续表

| 线路名称 | 起止地点 | 里程（公里） | 宽度（米） | | 路面类别 | 技术等级 | 绿化里程 | 途经主要地点 |
|---|---|---|---|---|---|---|---|---|
| | | | 路基 | 路面 | | | | |
| 禾仙路 | 禾子涧—仙人洞 | 1.2 | 4.5 | 3.5 | 低级 | 四 | 1.2 | 在原老峪沟乡域东部 |
| 长松路 | 长峪城—五里松 | 1.1 | 5 | 3.5 | 低级 | 四 | | 在原老峪沟乡域西部,长峪城沟内 |
| 黄沙路 | 黄土洼—沙壤沟 | 1.5 | 5 | 3.5 | 低级 | 四 | | 在原老峪沟乡域南部,长峪城沟内 |
| 老东路 | 老峪沟村—鹰缝沟村 | 1.8 | 5 | 3.5 | 低级 | 四 | | 在原老峪沟乡域东南部 |
| 黄长路 | 黄土洼—长峪城 | 5.3 | 6.5 | 5 | 次高级 | 四 | | 在原老峪沟乡西南部长峪城沟内,亦称长峪城路 |
| 溜石港路 | 南雁路—溜石港 | 2 | 8.5 | 6 | 次高级 | 三 | | 在原高崖口乡域西部 |
| 高韩路 | 高崖口—韩台 | 9.3 | 7.5 | 5 | 次高级3.50 低级5.80 | 四 | 1.00 | 在原高崖口乡域中部南沟内,经夏菜园、东台、菩萨鹿等村 |
| 水活路 | 水碾—活山涧 | 12.7 | 7 | 5 | 次高级2.50 低级10.20 | 四 | 4.4 | 在原高崖口乡域中南部山沟内,经南、北照台村 |

续表

| 线路名称 | 起止地点 | 里程（公里） | 宽度（米） | | 路面类别 | 技术等级 | 绿化里程 | 途经主要地点 |
|---|---|---|---|---|---|---|---|---|
| | | | 路基 | 路面 | | | | |
| 瓦窑路 | 南雁路—瓦窑村 | 1 | 6 | 5 | 低级 | 四 | | 在原高崖口乡域东北部 |
| 漆园路 | 南雁路—漆园 | 2 | 6 | 5 | 次高级 | 四 | | 在原高崖口乡域东北部 |
| 高小路 | 高崖口—小水峪 | 3 | 6 | 4 | 次高级 | 四 | | 在原高崖口乡域北部 |
| 北新路 | 北流村—新建路 | 2.5 | 9 | | 低级 | 四 | | 在流村乡域东部 |
| 泥洼路 | 白黄路—上泥洼 | 2 | 4.5 | 3.5 | 低级 | 四 | | 在流村乡域西北部，白羊城沟内 |
| 站梁路 | 白黄路—站梁 | 3.7 | | 3.5 | 低级 | 四 | | 在流村乡域西北部，白羊城沟内 |
| 上店路 | 葛流路—上店 | 1.4 | 7 | 5 | 次高级 | 四 | | 在原流村乡域东南 |
| 李黄路 | 李庄—黄庄 | 5.1 | 9 | 7 | 低级 | 四 | | 在原流村乡域东北 |
| 北复路 | 北流村—复兴路 | 8.9 | 9.5 | 7 | 次高级2.1 低级6.8 | 四 | 5.9 | 经原流村乡新北庄、刘庄 |
| 黄土岭路 | 白黄路—黄土岭路 | 1 | 4.5 | 3.5 | 低级 | 四 | | 在原流村乡域西北部白羊城沟内 |
| 北下路 | 北流村—下店 | 6.6 | 9 | 5 | 次高级 | 四 | 6.6 | 在原流村乡域东南，经南流村、上店 |

续表

| 线路名称 | 起止地点 | 里程（公里） | 宽度（米） | | 路面类别 | 技术等级 | 绿化里程 | 途经主要地点 |
|---|---|---|---|---|---|---|---|---|
| | | | 路基 | 路面 | | | | |
| 北白路 | 北流村—白羊城 | 3.8 | 9 | 6 | 次高级 | 三 | 3.8 | 在原流村乡域中部，经新建村 |
| 新古路 | 新建村—古将村 | 1.8 | 8 | 6 | 低级 | 四 | | 在原流村乡域中北部经三家地 |
| 西新路 | 西峰山—新建村 | 3 | 9 | 6 | 低级 | 三 | | 在原流村乡域中部偏东 |
| 南流路 | 良种场—南流村 | 2.6 | 6.5 | 4.5 | 低级 | 四 | 2.4 | 在原流村乡域东南部 |
| 白黄路 | 白羊城—黄楼院 | 13.7 | 4.5—6.5 | 4.5 | 低级 | 四 | | 在原流村乡域西北部 |

## 二、运输方式

### （一）人力

**人力抬、挑、背运输工具**  民间传统人力搬运物资方式为肩扛、挑、抬、背运。主要工具有扁担、木梯架、背篓、荆筐、土篮、布口袋、麻袋等。

**人力单轮和双轮车**  20世纪初期起，镇内部分平原农村出现了人力单轮、双轮车，有木制手推车和反瓦胶皮箱板车。50年代初期，农村有的农户开始使用手推车作为运输工具。1958年，流村镇所属的昌平县开展"车子化"、"轴承化"群众运动，多数手推车实现轴承化。60年代末起，单轮手推车成为乡村生活和生产的主要运输工具。80年代初期起，手推车主要为铁制，有多种造型、多种用途的单、双轮手推车，成为那一时期生产和生活的主要运输工具之一。90年代后，随着各种机动车的增加，人力手推车逐年减少。

**人力三轮车** 20世纪50年代中期起，一些较大的机关、企事业单位和商业服务业开始使用人力三轮车采购运输物资，或者进行走街串巷的流动服务。80年代初期起，个体工商户用人力三轮车作为主要的运输工具，三轮车使用增多。

**自行车** 1940年昌平县境内出现自行车，主要为日伪警宪特人员使用。50年代以前，包括流村在内的整个昌平县只有少量自行车作为公用交通使用。50年代后期，机关、企事业单位人员开始自购自行车作为上下班和外出的工具。60年代起，家庭个人购买自行车逐年增多，自行车逐步成为人们生产、生活的主要交通工具。

（二）畜力

**畜驮** 镇内传统主要运输工具，主要驮畜有驴、骡和马，配备有毡屉、木鞍和驮筐、驮架等驮具。畜驮是农村传统生产、生活物资运输和外出乘骑的主要工具，到20世纪80年代初仍是农村生产队集体农业生产工具。80年代中期实行家庭联产承包责任制后，仅在山区、半山区有个别使用。

**畜力轿车、篷车** 清代末期出现畜力轿车、篷车，畜力篷车在车上装席、篷，主要往返于集镇之间接送上下火车的旅客，也有乘畜力轿车探亲访友的。由于火车站揽接旅客称为"接站"，固定往返于两地之间称为"跑趟车的"。1957年以后不再有营业性畜力轿车、篷车，1958年后被公共交通汽车所取代。

**畜力大车** 传统主要运输工具，主要用于运载货物，小型车由1头驴或者牛拉车；大型车由1头马或骡驾辕、1头至3头拉套；畜力车由1人驾驭，叫"赶车的"。小型车主要用于农事生产和生活短途运输，大型车主要从事大运量或长途运输。畜力车结构分为上车、下车。上车多为木制，下车为木轮木轴、铁瓦木轴、反瓦胶皮铁轴和胶轮等。民国初年以后，木轮木轴改为铁瓦木轴。40年代后，木制轮车渐渐改为铁制，载重量1000公斤左右。1946年12月，实施《北平市大车取缔规则》，有些路段禁止铁瓦车通行，一些营业性的铁瓦车逐渐换上轮胎,此后发展成胶轮大车。一直到80年代初,畜力胶轮大车是农村生产队集体主要生产和生活的运输工具。80年代中期以后,农村农业生产和生活不再使用畜力大车,随着机动车的增加,经营货运畜力胶轮大车逐年减少。到90年代中期,农村只有少量的畜力胶轮大车。

(三)机械

1956年起,拖拉机主要用于农业生产耕地,少量轮式拖拉机农闲时由区运输管理部门安排承运一些农用物资。1962年1月后,执行北京市人民委员会《关于禁止使用拖拉机从事运输业务的通知》,运输管理部门不再给拖拉机调配任务。1970年以后,农村生产队和个别企事业单位用拖拉机从事内部短途运输。农村实行家庭联产承包责任制后,生产队集体所有的拖拉机承包、出卖给个人,出现个体拖拉机运输专业户。90年代以后,随着货运汽车的发展,营业性拖拉机减少。

### 三、管理

(一)机构

民国时期,由流村所在的昌平县政府建设科管理公路交通。1942年日伪时期,由县政府建设科路矿股管理道路整修和物资的运输。昌平解放后,由县政府建设科管理交通运输。1955年12月后,县人委设交通科。1958年5月,成立区交通管理处。1959年1月,改设运输管理局;12月,北京市运输公司昌平运输营业所划归运输管理局。1963年,包括流村在内的县运输营业所及各运输站划归北京市运输公司管理,县交通运输局主要负责地方道路和运输市场管理。1981年7月,县交通局与昌平汽车场、汽车修理厂合并成立县运输公司。1986年2月,县交通局成立公路运输管理所。同年10月,县交通局的职能由管理直属企业转向行业管理。1995年,县交通局定为事业单位,下辖包括流村在内的21个乡镇服务运输车站。

（二）公路护养

明、清时期，州内御道定期进行维修护养，一般为每年春季4月、秋季9月由工部派专员督修，按所用人车支银。新中国建立后，流村的公路养护由昌平县政府发动组织当地民工进行季节性养护。1957年起，县级以下的道路由当地乡镇组织民工自修自养。50年代，公路修建、养护全由人力使用竹扫帚、铁锨、十字镐、人拉排子车等工具和畜力运输车完成。60年代初开始，试制使用处理撒砂车、洒水车、扫砂车。1965年起，县级公路由民工建勤养护。1978年以后，公路修建和养护机械先进设备逐年增加。到1980年，畜力车、手推车被淘汰，公路修建、养护全部使用汽车、手扶拖拉机、小翻斗车，运料倒料实现运输机械化。1985年起，铺筑路面使用沥青摊铺机。是年，建勤工改为协议工，养护县级以上公路；乡级公路由乡镇养路队季节性养护。1993年，乡镇建立公路管理站，养护乡级路段。

（三）征收公路养路费

1960年7月起，昌平县交通运输管理局征收公路养路费，汽车按照营运额6%计征，畜力车按照营运额4%计征。1963年起，社会车辆按营运额计征，汽车每月每吨征费30元，挂车15元，畜力车双套10元，单套6元。1964年，设公路管理所收费站。1965年1月1日起，营运汽车费率由6%提高到8%，参加社会运营车辆每月每吨45元。1966年12月起，营运汽车费率提高到10%，按载重吨位计征每月每吨57元，挂车每吨28元。1979年1月起，费率下降为8%。1985年2月起，营运汽车费率提高到12%，按载重吨位计征每月每吨80元。从1991年1月1日起，按核定载重吨位计征收费额，客运汽车每月每吨150元（载客10人为一个吨位），货运汽车每月每吨140元，挂车每吨70元，手扶拖拉机每月每吨40元；二轮摩托车每月20元，一次性缴纳年征150元，侧三轮摩托车每月20元，一次性缴纳年征200元，个人所有客、货汽车和拖拉机分别按照规定增收10%；畜力车单套每月每辆6元，双套每月每辆10元。

（四）公路运输经营资格登记

1951 年 10 月起,公路运输经营实行统一管理,取缔私营货栈,昌平县联运货栈对运输经营人员进行登记、编组,实行统一货源、统一定价、统一票证。1953 年,对流村在内的全县胶轮马车状况和车工进行审验、审查,合格的发车辆牌照和车工驾驭执照。1956 年,办理集体公路运输营运证。1957 年 2 月,对运营车辆重新审查登记,合格的每车发给一面红色三角布旗插在车上,车辆按地区编组,同年起颁发车辆运输营运证。1981 年起,对出北京市境的长途机动车进行资格审查,签发准运证,后改为跨省、市运输通行证;1983 年 11 月,改为公路长途货物统一行车路单。1986 年 2 月起,对昌平县内为社会提供运力、从事营业性客货运输(包括搬运、装卸、起重、包装和有关联运等)及对外进行运杂费结算的单位和个体车辆纳入运输管理,进行资格审查。营业性车辆每年进行一次年审。1992 年 2 月起,实施国务院颁发的化学危险品安全条例。同年 12 月,流村在内的昌平全县进行换发车辆道路运输证和货运年度审查。

（五）运价管理

以前,民间货物搬运价格由双方商定。1950 年后,货物运价由搬运工会与货主协商确定。1951 年昌平县联运站成立后,执行河北省运输公司统一运价,运输票证由省交通运输、税务部门制发,运输营业所、站统一管理使用,结算时按营业额的 2% 征收管理费。1956 年 2 月起,执行北京市交通运输统一运价。1966 年、1975 年和 1979 年,北京市交通运输部门先后调整各种车型、各类货物和各种交通运价。1986 年起,货物运价实行行业管理,由县运管所和县物价局、财政局、税务局等有关部门对运价执行情况进行检查监督,发布统一运价标准,使用统一结算凭证。票证主要有公路运输统一行车路单、统一结算凭证和零星运费报销凭证、统一多价车票、票据领用证、里程图和运价表、跨省市运输统一行车路单、运输管路收据、罚没款收据、票证工本费收据、运管费交款汇总单等,票证执行每年普查一次,公路运输管理部门按营业额的1%或按吨位定额向运营者征收行业管理和服务事业费。公路运输经营进行运政稽查,有户查、运输现场稽查和运输支线拦车检查,稽查内容有经营者的行为规范、公路运输的必备证件和查处违法违章行为。1992年,北京市再次调整货物运价。1995年起,公路运输价格放开,货运双方按统一指导运价商定运价。

## 第七节 电 信

1953年,流村所属的昌平县成立县邮电局。1957年,分设区电信局。1958年年底,与区邮政局合并设立区邮电局。1970年1月,分设昌平县电信局。这样,流村的电信事业有了统一的管理。同时,县电信局不断对其设施设备进行更换,尤其是1990年6月建立新电信业务楼,开通联网6000门法国产的E10B程控电话交换机后,县域内的电话网进入北京市地方电话网,局号为974局,开通国内、国际电话直拨线路,昌平县的电信事业面貌有了彻底的改变。为了使本乡的电信事业能及时满足乡经济建设和各项事业发展的需要,流村乡政府于1992年制定并实施了《流村乡关于更新电信的集资方案》,以期让本乡域内的电信事业在短时间内得到尽快的发展。根据该方案的内容,改造和更新电信设备供需资金15万元。资金投向是购买程控总机约7万元,增加外线两条。但是单从财政出资解决电话设备是困难的,所以通过集资方式来解决。按照现有电话机部数和户数为准,采取每户集资4千元,串机1千元,电话用量大、业务多的用户多集一些的原则来解决。按以上的原则各单位应上缴集资额如下表7:

表7 原流村乡关于更新电信的集资方案

| 单位 | 户数金额(元) | 串机数金额(元) | 总额(元) |
|------|------------|--------------|---------|
| 下店大队 | 4000 | | 4000 |

| 单位 | 户数金额（元） | 串机数金额（元） | 总额（元） |
|---|---|---|---|
| 上店大队 | 4000 | 1000 | 5000 |
| 南流大队 | 4000 | 1000 | 5000 |
| 北流大队 | 4000 | | 4000 |
| 西峰山大队 | 4000 | 2000 | 6000 |
| 新村大队 | 4000 | 1000 | 5000 |
| 古将大队 | 4000 | 2000 | 6000 |
| 白羊大队 | 4000 | 1000 | 5000 |
| 黑寨大队 | 4000 | 1000 | 5000 |
| 北庄大队 | 4000 | 2000 | 6000 |
| 王家园大队 | 4000 | | 4000 |
| 北流二队 | 4000 | | 4000 |
| 于宝利 | 4000 | | 4000 |
| 派出所 | 4000 | 1000 | 5000 |
| 卫生院 | 4000 | | 4000 |
| 兽医站 | 4000 | 2000 | 6000 |
| 水管站 | 4000 | 1000 | 5000 |
| 电管站 | 4000 | 1000 | 5000 |
| 工商所 | 4000 | 2000 | 6000 |
| 税务所 | 4000 | | 4000 |
| 粮管所 | 4000 | 1000 | 5000 |
| 西峰山供销社 | 8000 | 2000 | 10000 |
| 北庄供销社 | 4000 | | 4000 |
| 新村供销社 | 4000 | | 4000 |
| 肉食部 | 4000 | | 4000 |
| 老峪沟化纤厂 | 4000 | | 4000 |
| 中心小学 | 4000 | | 4000 |
| 中学 | 8000 | | 8000 |
| 中药厂 | 1000 | | 1000 |
| 信用社 | 4000 | | 4000 |

| 单位 | 户数金额（元） | 串机数金额（元） | 总额（元） |
|------|------------|--------------|---------|
| 水灌厂 | 5000 | | 5000 |
| 建筑队 | 5000 | | 5000 |
| 塑料厂 | 4000 | | 4000 |
| 喷漆厂 | 5000 | | 5000 |
| 服装队 | 4000 | | 4000 |
| 机务队 | 4000 | | 4000 |
| 水库 | 4000 | | 4000 |

这种灵活的方式无疑起到了事半功倍的效果。同时，流村乡政府继续加大对电信事业、尤其是电信设备的改造工作。1992 年流村乡根据《关于申请重新建设广播线及更新广播设备的请示》中的规定，改造电信设备，引进 12 条中继线，解决通讯困难的问题。此外，原来的电话总机和广播室都在老机关院内，由于解决通讯问题，乡政府又决定将电话总机和广播室一并迁至现机关驻地。从老机关至现机关相距近 2 公里，必须重新架设一条广播线路，将县广播引入现机关。更新改造广播设备，及重新架设一条广播线路，共计投资月 2.5 万元。资金投向包括重新架设近 2 公里的广播线路；装修播音室、机房 2 间；更新广播设备等。

在长途电话方面，1953 年起，长途电话业务种类和服务项目有企业电话、一般电话、业务电话。1985 年 4 月起，改为国内公共长途电话业务，开办代号电话、特种电话、紧急调度电话、政务电话、普通电话、公务电话。1995 年起，国内人工长途电话分为代号电话、紧急调度电话、政务电话及普通电话、公务电话，除少量普通电话通过人工台转接，其他电话转为长途电话。至于电话费的计算征收也日趋规范合理。1950 年起，国内长途电话费 100 公里以内按照两个通话地点的空间距离计算，100 公里以上按经纬计算。1958 年 1 月 1 日起,执行全国调整后统一长途电话资费。1985 年 4 月 1 日起,执行《国内公共长途电话规定》资费标准,长途电话资费根据通话两地空间距离按通话用分钟计算。1990 年,执行全国统一的《公共电信业务资费表》规定。对此,流村根据北京市物价局、北京市电信管理局关于调整电话初装费标准的通知,昌平县电信局农话费收缴实施意见,结合本乡的电信设备的实际情况,在 1991 年 4 月公布《流村乡电话收费实施细则》,即收费方法采取以季度收费方法,即每季度最后一个月 25 号至月末,为交纳电话费的时间。收费标准以本乡现行情况按以下四种收费形式收费:1. 满费:每月 45 元;全年 540 元整。2. 半费:每月 22.50 元;全年 270 元整。3. 串机收费:每月 30 元;全年 360元整。4. 免费:也就是不收费。其中,收满费的单位有:西峰山供销社、肉食部、卫生院、税务所水灌厂、供销库房、建筑队、中学校长、机务队、小学、中学、药厂、1 号 2 号信用社、北流供销社、塑料厂、新村供销社、北庄供销社、喷漆厂、水站、北流二队;收半费的单位有:11 个行政村及电管站、王元水库、兽医站派出所;串机收半费的单位有:粮站、工商所、水管站、服装厂、南流造林队、上店喷漆厂、古将塑料厂、白羊汽水厂、新村喷漆厂。此方案在 1991 年第二季度开始施行。

## 第八节 部分乡村建设

### 一、狼儿峪村

郎儿峪村距昌平区政府 30 余公里,离流村镇政府 16 公里,南与门头沟交界,在京郊妙峰山脚下。全村现有耕地 440 亩,退耕还林140 亩。现有 163 户人家,总人口 343 人,其中散居 47 户、男性 41人,女性 17 人。农业户 116 户,男性 154 人,女性 131 人。姓氏以邱、王、张为主,均为汉族。改革开放后,利用政府对山区的优惠政策,退耕还林 140 亩。发展林业,栽植核桃树 1.5 万棵,香椿树 2 万多棵,嫁接枣树 1 万余棵。解决生态管护人员 84 人。2004 年发展旅游业一家，一次能接待游客50人左右。2006年完成了上级交给的任务，人均收入已达到3300元。近几年来，郎儿峪村大力加强基础设施。电力完成低改线路、电表上杆、变压器增容、主要街道安装路灯43盏。水力方面：改造全村自来水管线8000米，每户安装水表；建人用蓄水池3座，蓄水量280立方；翻修东沟自流水管道1670米，新接主管道西沟1600米。全村80%以上的农户已安装有线电视。建手机塔一座，建电话机房，80%以上的农户已安装了电话，年青人大部分有手机。狼儿峪村已有自己的民间小乐队。村内修了两道防洪渠，为全村的险户做了防护工程。为全村农业人员办理了大病统筹，减轻了村民医药费用的负担；修建了健身园；乡村公路已全部改造；改造了村委会办公室。

### 二、白羊城村

白羊城村坐落在流村镇政府正西3公里处的五峰山脚下，由二、三队和北台、宫尚自然村组成。村域面积44公顷，区域面积9222亩，耕地1500亩。共有444户人家，人口1056人。其中农户320户，886人，男439人，女447人；城镇居民户124户，170人，男99人，女71人。白羊城人口主要由汉族组成，主要姓氏：二、三队有刘、姚、周、汤、张、李、许、关、王；北台有汤、侯二姓；宫尚有刘、李、路、谷。自改革开放以来，白羊城村经济发展迅速。2002年以来，以每年人均收入上升500元的速度发展，2006年人均收入达5700元。村镇建设方面也是硕果累累：1964年全村通电，2005年完成改电工作；1988年全村饮用水库供应的自来水，2003年全村饮用电井水，2005年完成改水工作，2003年通有线电视120户，1988年全村硬化街道至120户；2005年硬化路面44000平方米，方砖路9500平方米，青石路1000平方米，青砖广场5000平方米，护坡2300立方米；装太阳能路灯52盏；电能路灯17盏。为古松柏垫土5400立方米；2006年绿化五峰山30亩；2007年绿化公园、街道30亩；2007年被评为"北京市新农村建设基础设施整体推进村",全村改厕,建污水处理池 3 座;全村铺设排污管道,污水集中处理;2006—2007 年为居民搭吊炕 320 铺。

### 三、古将村

古将村位于流村镇北 4 公里,花塔和平寺西 3 公里,距白羊城 1.5 公里,距昌平城 25 公里。全村总面积 1755 亩,荒滩荒沟面积 2776 亩,可开发山场面积 4700 亩。全村 420 户,1247 口人,均为汉族。从事农业人口 210 人,劳动力 700 人,男性 780 人,女性 467 人。姓氏以姚、谷、黄、王为主。近年来,村依托白羊沟自然风景区和得天独厚的地理环境,大力发展民俗旅游休闲、观光采摘等产业。近几年,发展民俗旅游接待 10 余户。2004 年规模宏大的奇石馆在村南落成,馆内收藏奇石数以千计,以内蒙古大漠石、戈壁石、风凌石为主,是当今国内收藏大漠石最多的奇石馆之一。在新农村建设中,于 2006 年建成新村民委员会办公室 17 间,250 坪,占地 1.77 亩。内设老年活动中心、图书室;村主街道为区级公路,西边有排水沟,路东有红砖垒成的花墙 1000米,栽有各种花草树木,常年有专人清扫街道,管理花木;村西街从南至北、北街从东至西于 2005 年铺设水泥板路 1500 米;北山绿化主要是侧柏,现已成林 500 亩。村东、西、南面有"富士"苹果、"久保"桃、柿、杏、核桃、枣园 400 亩;为发展果业,从王家园水库将水引至北山上;2007 年国家投资在村南大地铺设水管 700 余亩;村已实现无线广播,各街道安装路灯 120 盏,2007 年实现有线电视入户率为 90%;村里有健身园 1000 平方米,健身器材 20 件。古老而传统的文化在古将村源远流长,新中国成立前曾有柳子戏、帆、评剧、京剧、秧歌、霸王鞭,"文革"时期只有评剧、秧歌。村里已进行水改,有 400 米深的电井 3 眼,24 小时向村民供水,水质达到国家承认矿泉水标准。

### 四、北流村

北流村位于昌平区城西 20 公里处,是流村镇政府所在地。昌平公交 357 路、11 路、13 路在村北口环岛处设有站点，交通十分便利。全村现有耕地 3315 亩（其中标准化果园 1000 亩），另有荒山荒地 23271 亩。528 户人家，人口 1596 人，其中农业人口 1326 人，非农业人口 210 人，共有劳动力 675 人，姓氏以杨、郭、孙、李等为主，均为汉族。水利工程造就良田，退耕还林使农业更兴。党的富民政策接连实施，农民的生产积极性空前高涨。优势产业是林果业，有集体管理 1000 亩市级标准化果园一处，完成了无公害认证、标准化认证和有机果品认证。建有果园服务中心 1200 平方米，可同时容纳百人大、中、小会议及餐饮，占地 6 亩并有发展空间。此园环境优美，空气、水源无污染。借助地理优势，大力发展林果业，逐步向二、三产业发展，将果园建设成为集旅游、观光、采摘、休闲、娱乐为一体的多功能生态农业园，从而解决农民就业，使农民增收。同时以建设社会主义新型农村为契机，逐步完善村内基础设施建设。近年来，村里大力加强基础设施建设，村内街道、大小胡同、环村公路实现道路硬化 100%，加强环境综合整治，并在道路两旁进行绿化、美化和安装路灯。全村吃上了自来水，保证 24 小时正常用水、用电。建公共厕所，帮助农户进行旱厕改造，兴建省柴灶、吊炕等。同时，加快公益事业发展，建立了图书、学习、会议等综合性文化活动室和村级卫生室。大多数村民已安装了有线电视、电话等通信设施，街道上有清洁车及时地将垃圾清理干净，保证了村容村貌的整洁。村内有两处健身园，内有各种各样的健身器械，还有篮球、乒乓球等体育用品。

### 五、菩萨鹿村

菩萨鹿村坐落于北京昌平区西南与门头沟交界处，四面环山，属于昌平区流村镇管辖。该村东与昌平区流村镇的高崖口、南与妙峰山、西与门头沟区的泗家水、北与老峪沟相邻，距北京市区约 56 公里。菩萨鹿村呈南北长，东西窄，形状像一片树叶，地形主要是丘陵和山地。全村目前共有 75 户，248 人，村辖面积 4 平方公里。该村为典型的以农业为主的山村,由于地处边缘山区,有效耕地面积较少,经济一直相对较为落后。2002 年下半年,北京菩萨山旅游发展有限公司与该村联合进行菩萨山风景名胜区的开发与建设,使该村的经济状况发生了根本好转,目前该村的主要成年劳动力均属于北京菩萨山旅游发展有限公司的职工,同时每户居民每月均有公司提供生活保障。2005 年,由北京建筑工程学院编制《北京菩萨山生态休闲产业开发与建设示范项目总体规划》。为改变菩萨鹿村建设规划不合理、基础设施配套差和村民住房条件落后、危旧房多的现状,规划对原有村庄进行彻底改造,在原村庄的西南部兴建菩萨鹿新村,新村建设本着"可持续发展"、"村民受益"、"自力更生"和"建设高标准"的四原则,达到五化,即"建设规划标准化"、"能源环保化"、"管理规范化"、"农民职工化"和"农村城镇化"的目标。通过旧村改造,既从根本上改善村民的居住条件,又促进了当地旅游业的发展。

# 第七章　生态保护

　　自古以来,流村因其地处远郊的地理位置,生态环境相较而言有着较好的保持。但随着社会经济发展所带来的人与自然的矛盾,使流村的生态环境开始恶化。为遏制这一趋势,历年来,流村镇政府都把创建优美生态环境作为工作的重点之一。在"创建优美环境、建设和谐流村"的思想下,一个美丽的"生态山镇,古韵流村"的雏形开始形成。尤其是为了迎接 2008 年奥运会,流村镇政府结合自身实际,提出了全面而细致的加强村庄环境整治工作,流村的生态保护进入了新的历史时期。

## 第一节　历史上的生态状况及保护

### 一、历史上的生态状况

　　考古学家提供的资料表明,流村所在的北京地区原来是一个森林茂盛、水草丰盛、奇珍异兽繁衍的林区。远在旧石器时代,居住在山区周口店群山中的"北京人"、"山顶洞人"就以狩猎为主,他们赖以生存之所,到处是生长繁茂的森林。近年在北京清河东花虎沟的古河道里发现的古树,被埋藏约 7200 年,也证明北京平原(沼泽地)过去到处都是树海莽莽的森林地带。而流村镇所在的昌平区历史上也属于林木茂密之地,一些古人的著述和地方志均有记载。

　　北京地区森林遭到大规模破坏是从辽、金两代开始的。辽、金入主中原后,北京地区人口开始增加,田园广拓,经济发展,多次解除山林之禁,允许入山砍柴伐木。元朝也先后十多次颁布解除封山。明朝"洪武中,诏北平、山东、河西荒间土地,听民开垦,永不起科"。连续多年开禁和垦荒都使森林遭到较大的破坏。特别是元、明、清三代建都北京以来,修筑皇宫御园,大兴土木,对"山林丛密,取木甚易"的燕山、太行山大片森林实行掠夺式的砍伐。明嘉靖时期,对燕山森林砍伐最重。《热河志》中记述"辽、元以来古树略尽"。到明末清初,十三陵地区的森林也不能幸免。顾炎武在《昌平山水记》中写道,嘉靖中东山口"有松园,方十数里,皆松桧,无一杂木,⋯⋯今尽矣。"又"大红门以内,苍松翠柏,无虑数十万株,今剪伐尽矣"。《延庆州志》记"居庸关⋯⋯向以林密地阴,敌不得骋,近年来樵采森林渐疏,往来无有阻矣"。

明嘉靖后期,北京人口激增,经济繁荣,商业发达,人民生活用木材和柴炭供应数量倍增。北京有神木、大木两个木材厂。炭行也成为城市的主要行业之一。木材多出自北京郊区和永定河上游,柴炭主要产自房山、门头沟等地。《清代档案史料丛编》中有"昌平之民,惟藉山林樵采易米资生"的记载。山林火灾给森林造成的损失更是惊人。光绪《昌平州志》中对森林火灾有两则记载,一是"弘治十三年(1500年)秋七月庚申,永宁卫燕尾山至居庸关石缝山东西四十里,南北七十里,延烧七昼夜";二是"万历四十三年,夏四月,黄花镇柳沟大火,延烧数十里"。森林毁于火灾的情况当然不止于此。昌平区的森林经历过历代的砍伐,特别是日军侵华和国民党统治时期,由于连年的战争和人为的破坏,到新中国成立初期,森林资源所剩无几。

## 二、历史上的生态保护

### (一)古代的环境保护法令

在历史上,早在周代即有了一些保护生物资源,禁止破坏式利用的规定。这些规定,大多数是以政府或国君命令的形式颁布的。例如,公元前11世纪,西周颁布《伐崇令》,规定"毋坏屋,毋填井,毋伐树木,毋动六畜。有不如令者,死无赦"。其中还有禁止采集鸟卵和禁止用毒箭狩猎的规定。

1975 年,由湖北省博物馆以及孝感地区和云梦县文化部门的考古工作者从睡虎地十一号秦墓中发掘出来的云梦睡虎地秦墓竹简中的《田律》,主要是讲农业生产的法律,其中有一系列规定是关于环境保护的,特别是关于生物资源保护的,可视为我国最早的环保法律。例如,《田律》中曾规定春天二月,不准到山里去砍伐树木,不准堵塞水道。不到夏季,不准烧草做料,不准采撷刚发芽的植物,或猎取幼兽、鸟卵和幼鸟,不准毒杀鱼鳖,不准设置捕捉鸟兽的陷阱和网罟。直到七月,这些禁令才解除。由此可见,《田律》中对保护的对象(包括树木、水道、植被、鸟兽鱼虫等)、时间限制、捕猎采集方法做了具体的规定,还对于违反这些规定时如何分别不同情况进行处理的办法作了规定,体现了法律易于执行的特点。所以,说《田律》是我国最早的环境保护法是适当的。

从周秦以后,我国历朝历代差不多都发布过有关某一方面或某几方面的环保法令。如西汉宣帝元康三年(前 63 年)夏六月诏书:"令三辅毋得以春夏摘巢探卵,弹射飞鸟,具为令。"南北朝时期,宋明帝泰始三年(467 年),命令禁止不按季节捕鸟的做法。北齐后主天统五年(569 年)发布命令,禁止用网捕猎鹰、鹞和观赏鸟类。唐高祖武德元年(618 年)发布命令,禁献奇珍异兽。宋太祖建隆二年(961 年)提出,禁止春夏两季捕鱼射鸟。辽道宗清宁二年(1056 年)发布命令,在鸟兽繁殖季节禁止在郊野纵火。

(二)古代的环境保护机构

夏、商、周三代涉及环保的机构,在清人黄本骥编撰的《历代职官表》中被列在一起,相当于虞衡司郎中一栏中为"虞人",相当于虞衡司员外郎一栏中为"山虞中士"、"泽虞中士",相当于虞衡司主事一栏有"山虞下士"、"川衡下士"、"林衡下士"、"泽虞下士"。周代虞人归地官司徒领导,主管"山泽所生之物及其禁令"。虞人下面设置着山虞、泽虞、川衡、林衡。到秦汉时期,管理山林川泽的机构主要是少府,具体分管的当是林官、湖官以及苑官、畴官等。与周代不同的是,周代由地官司徒领导,秦汉归皇室的私府——少府领导,其业务的内容也有所不同,少府掌山海池泽收入外,还管着皇室手工业制造及宫中御衣、宝货、珍膳等,是直接为皇室服务的。三国两晋南北朝虽然有 300 多年,但大多数时间陷于战乱,统一的时间很短,许多政权对山林川泽管理无暇顾及。据《历代职官表》记载,这一时期属于虞衡的职官有:三国时期的曹魏曾设虞曹郎,晋设虞曹郎,宋齐梁陈设虞曹郎,北魏设虞曹郎中,北齐设虞曹郎中及虞曹主事,北周设虞部下大夫、小虞部上士、山虞、川衡、林衡中士和下士。在那样动乱的年代,还有这些虞衡机构的设置,可见当时对山林川泽管理的重视。隋朝虞衡司又叫做虞部,主官为虞部郎,次官为虞部员外郎或虞部乘务郎,并配有下士级的虞部主事。虞部隶属工部。唐代建制与隋大体相同。虞曹司隶属工部,主官为虞部郎中或司虞大夫、司虞郎中,次官为虞部员外郎或司虞员外郎,虞部还配有下士级的虞部主事。宋明清各朝虞衡司大体与唐代同,元代略异。宋代工部下有虞部,同样有虞部郎中、虞部员外郎、虞部主事。元代,无虞衡司设置,但上林署令、丞是有的。明代工部下设虞衡清吏司,主官仍叫做郎中,次官为员外郎,下士级官员有主事。虞衡清吏司与上林苑监的分工大概是前者管广大的山林川泽,后者专管皇家禁地。清代同明代一样,工部仍为六部之一,下设仍为营缮、都水、屯田。

## 第二节　当今的生态状况及保护

### 一、管理机制

（一）管理机构

1975 年 6 月,流村镇所属的昌平县"革委会"计划组设立环境保护办公室,对"三废"（废水、废气、废渣）进行管理。1978 年 5 月 1 日,昌平县环境保护办公室成立。1984 年 2 月,改称昌平县环境保护局,内设办公室、治理科、监测站,对包括流村镇在内的整个县域进行管理。同时,1979年起,由公社规划员监管环保工作。1986年起,设立专职或兼职环保员。

（二）实行环境保护目标责任制

1979年起,县环保工作室实施《中华人民共和国环境保护法（试行）》和《大气污染防治法》、《水污染防治法》等法规,环境保护工作逐步深入施行。1989年起,实行环境保护目标责任制,县长与乡镇长签订《昌平县乡镇长环境保护责任书》,每两年签订一次,重点环境保护区乡镇与村、企业单位签订环境保护责任书。每年年底,由县环保局和有关部门对乡镇责任书任务完成情况进行考核验收,并召开环保工作会议进行总结,表彰先进单位。

（三）环境保护执行"三同时"原则

从20世纪80年代初起,新建、扩建和改建的企业的防治污染项目必须和企业主体工程建设执行"三同时"（同时设计、施工、投产）原则。1989年起,对乡镇企业进行调查。1989年以后,县环保局依法关停污染严重的印染、漂染、岩棉生产等企业。1990年,县环保局制定并实施了《昌平县环保局建设项目审批制度》,对企业生产污染严重、难于治理的项目不批准;对违背"三同时"原则、不履行环保审批手续的企业和单位依法给予行政处罚。

（四）实行水源"三级"管理原则

严格执行县、乡镇、村三级管理。1987年,制定控制饮用水水源污染的措施,水源保护区严格禁止建有污染的企业和生产项目,对有污染的企业实行停、迁、治等措施。1995年,县环保局、县自来水公司共同制定《昌平县城镇自来水厂地下水水源保护管理办法》,规定在水源核心区内禁止建设取水构筑物以外的其他构筑物,禁止堆放垃圾、废弃物,禁止挖设渗井、渗坑、污水渠道等。

（五）收取排污费

根据北京市政府的有关规定,1981年4月起,征收生产锅炉烟尘浓度超标排污费;1981年6月起,征收企事业单位污水排放污染物浓度超标排污费;12月起,征收采暖锅炉烟尘浓度超标排污费;1982年1月起,对茶炉超标排放污染物实行收费;1987年7月起,征收县级医院含菌污水排放污染物浓度超标排污费,其中流村镇所属的乡镇卫生医院1995年起征收。1989年9月起,对污染严重的乡镇企业征收超标排污费。

### 二、环境的治理和保护

#### (一)水污染的整治

从1976年起,治理企业生产电镀废水,且多采用钠盐、硫酸亚铁等方法进行处理。1982年,重点推广北京市第二量具厂研制的钛管薄膜蒸发器新技术处理电镀废水。1982年以后,对电镀企业进行调整,相继关闭了一些设备差、无治理能力的电镀厂。1991年,昌平县环保局召开造纸厂废水处理现场会,推广采用微滤技术工艺处理造纸废水的先进技术。1992年,昌平县环保局制定了《污水治理设施监督管理办法》,要求包括流村在内的各单位进行污水处理。2006年,根据《北京市郊区村庄环境整治方案》精神,各村通过"一清"即清理厕所为代表的水污染源。通过与农村卫生厕所改造工程的结合,有效利用生活污水冲厕洁厕,逐步解决村内污水乱排乱倒的问题,基本实现污水沟渠排放,不上街、无溢流,实现对水资源的切实保护。

#### (二)大气污染治理

20世纪80年代初期开始,流村所在的昌平县加强对老式锅炉的管理、改造和淘汰旧锅炉。1984年,县环保局根据北京市有关部门的规定,淘汰5种锅炉;次年又要求停止使用2种不符合标准的锅炉烟尘除尘器。到1995年,各机关、企事业单位1吨以上的锅炉全部安装配套消烟除尘器。从1985年起,推行连片集中供暖。1993年,昌平县环保局制定《司炉工消烟除尘技术考核管理办法》,控制锅炉燃煤污染环境。

（三）固体废弃物治理

对城乡居民生活和机关、企事业单位固体废弃物及时清运，集中深埋处理，锅炉渣用于铺路。2004年内，政府开展大规模卫生整治活动3次，清理垃圾2.5万吨，拆除私建临时性摊点22处、1500万平方米，清理卫生死角14处。投资120万元，成立垃圾清理队，修建封闭式垃圾房34个，投放封闭式垃圾桶530个，购置垃圾清运车4辆。改建水冲式厕所200余个。2005年，政府又在全镇范围内逐步实施全方位立体保洁，垃圾日产日清，环卫专业化作业，做到村收集、镇运输、区消纳，确保垃圾不暴露、不积压。全镇安排保洁就业人员119人，拥有清运车辆5辆，设置密闭性垃圾桶1020个，建设垃圾房68座，二级公共厕所5座，平均每月清理运输垃圾500吨左右。2006年，为了配合即将举行的北京奥运会，根据《北京市郊区村庄环境整治方案》精神，镇政府加大了对固体废弃物的治理，即"两治"——治理垃圾、治理乱堆乱放。经过努力，到2007年全镇建二级公共厕所6座，安排保洁人员就业140人，拥有清运车辆5辆，设置密闭性垃圾桶1053个，建设垃圾房82座，平均每月清理运输垃圾600吨左右。通过实施垃圾封闭无害化消纳处理工程，镇村环境得到明显改观。

（四）植树绿化

绿化　流村乡政府进一步加强主要乡镇街道工厂单位等的绿化工作。1986年3月《流村乡党委、流村乡人民政府关于春季植树绿化美化工作的意见》包括：乡级重点绿化工作；搞好各村以连村路为重点的绿化；对田间道路以前未栽齐的、成活不整齐的，要选大苗补齐，同时动员村民搞好宅旁、院内的绿化；各企业单位除完成重点工程所分配的任务外，要搞好厂区内外的绿化美化，要树木、花草、青绿相结合，要因地制宜、土洋结合，发动群众充分挖掘种苗资源。由乡党委、乡政府直接领导绿化美化工作，由政府办公室、农业办公室、农业公司具体负责。各单位书记、厂长、村主任要亲自主持研究过问春季植树、绿化工作,责成专人具体抓。有任务要求,有质量检查,有奖罚办法,一步一个脚印切实抓出成效。

镇域环境进一步改善　2004 年,镇政府投资 500 万元,完成了流村环岛、环岛公园、商业街的美化亮化工程,对东拓路、西拓路进行绿化美化亮化,优美的流村生态小城镇建设格局基本形成。

山区险村、险户防护、搬迁、生态移民安居工程　2005 年内,完成了泥石流易发区农户搬迁工程,涉及瓦窑、溜石港村,共 10 户、41 人,全部完成搬迁任务,通过了区有关部门的验收。完成生态移民工程 12 项。完成泥石流和洪水易发区综合防治工程 7 项,5 个村、226 户、714 人直接受益,总投资 215.99 万元,区补助资金 191.17 万元,确保山区人民生命财产安全。

1987 年《流村乡人民政府关于 1987 年春季植树绿化美化工程的意见》将喷漆厂前路和瓶厂路列为重点绿化工程,并把瓶厂和喷漆厂作为重点绿化单位。各村要明确一个重点工程,或安排一条路或一条果园防护林,或一块片林或一条街道重点绿化。各单位要认真做好宣传和发动工作,教育群众提高绿化美化改善生态环境、造福子孙后代的认识,把履行全民义务植树作为遵纪守法的一项重要内容,把植树造林、人人爱护保护树木作为树立社会主义风尚、建设精神文明和物质文明的高度来认识。乡成立绿化领导小组,组长由乡长担任,办公室在林业公司,各大队要成立 5—7 人的领导小组,由村主任挂帅。

林木资源的保护　1985 年 1 月流村乡政府在《流村乡人民政府关于林木保护管理的规定》中对保护绿化造林的成果、加快流村乡林业生产的发展作出了细致的规定,即根据《中华人民共和国森林法》和《北京市农村林木资源保护管理暂行办法》以及昌平县《关于护林防火的几项规定》,对森林资源进行保护管理。具体来说,对损坏林区水利、牌示等各种设施的,盗伐林木的,陡坡开荒并造成水土流失的处以罚款并根据情节追究刑事责任;规定所有权属集体的林木和个人承包责任山、自留山上的林木,如需采伐必须经过乡主管部门审批;对于保护林木资源、积极参加救护的,村民委员会和集体经济组织应予奖励;对保护林木作出突出贡献的,政府给予表彰或奖励;乡人民政府每半年对护林工作进行一次检查。对于防止山林火灾制止破坏林木、扩大林木资源以及执行林业法规取得显著成绩的单位,给予表扬或奖励。对于护林工作抓得不利、造成损失严重的,追究村主要负责人的责任。

为了使山区绿化造林、加快林业发展的成果得以保持,政府不遗余力地加强护林防火工作。流村乡人民政府、护林防火指挥所在1990年11月《流村乡关于搞好1990—1991年度护林防火工作的意见》中指出,在每年的重点防火期(即11月1日至次年的5月31日),加强护林防火联防工作,保护现有的绿化成果,提高对护林防火工作的认识,严防火灾的发生。同时,要求全乡各村及有关单位,加强领导,健全组织,明确责任。全乡各村及有关单位都要成立护林防火领导小组,乡政府成立护林防火指挥所。巩固充实现有的护林队伍,明确护林员责任,对护林员的工作要加强检查,并与护林员签订合同书。狠抓护林防火法规的宣传,大造声势,预防火灾。各村各单位要充分利用广播、板报、标语等形式向人民群众进行宣传,使全乡家喻户晓,人人皆知。特别是每年11月初至来年春节前后、清明节前后、"五一"节前后,开展四次护林防火宣传周活动。各村根据自己的特点,在各个林区路边和进山路口,用油漆书写较为醒目的护林防火及禁止吸烟的标志,原有字迹不清楚的要重新书写。政府在每个宣传周内,在重点路口建立军警民护林防火宣传站,对过往的行人进行护林防火知识的宣传教育,造成强大的声势,在重点防火期内各村单位必须昼夜有值班,并备有机动车辆、打火工具等一切设备,做到一旦有火情能够及时组织人员扑救。此外,开展护林防火的奖罚办法。各村、各单位按照乡指挥所和乡政府的要求,认真做好护林防火工作,并做到全年无火灾、无任何毁林事件的评为先进单位。各村、各单位如发生一次火灾,按损失情况予以罚款并通报批评,且要追究领导责任。如发生火情不上报,加倍罚款。对其他一切毁林现象则按照《中华人民共和国森林法》、《北京市农村林木资源管理条例》和《森林防火条例》处理。

护林防火宣传标语有:一、护林防火,人人有责。二、护林护山者奖,烧山毁林者罚。三、以法制林,加速首都绿化。四、严格执行《森林法》,认真执行护林防火制度。五、提高警惕,防止山林火灾的发生。六、严格控制一切野外用火。七、禁止随便烧燎地边。八、禁止在林区野外用火。九、行动起来,与一切破坏森林的行为作斗争。

进入新世纪,流村镇政府仍把林木资源的保护作为环境保护工作的重中之重。2004年,为了进行京津风沙管理,镇政府加大生态环境管理力度,投入荒山造林资金240万元。5月开始施工,到6月底,严格按照技术规格标准,栽植侧柏、黄栌、阔叶树等耐旱树种6800亩、66万株,成活率达到95%,到7月底,8000亩雨季造林工程全部完成。

同时,为了使生态建设工作得到切实有效的执行,镇政府加大落实山区生态补偿工作的力度。2004年内,按照《昌平区关于建立山区生态补偿机制实施办法》,全镇28个村,拥有生态林总面积259470亩,投入生态林补偿资金687.11万元,安置就业管护林人员1749名,实现山区农民由"靠山吃饭"向"养山就业"的转变。

## 第三节　生态环境建设实例——昌平区流村镇西峰山示范小流域

### 一、西峰山小流域基本情况

(一)自然地理概况

西峰山小流域位于昌平区西北部,隶属于流村镇,流域总面积

16.8 平方公里,属浅山丘陵区,地势较缓,土层较厚。

（二）水土流失情况

治理前,西峰山小流域水土流失面积 10.41 平方公里,流域侵蚀模数 2000 吨/平方公里/年,水土流失类型主要为面蚀和沟蚀两种。其中微度侵蚀 6.39 平方公里,轻度侵蚀 2.87 平方公里,中度侵蚀 4.94 平方公里,强度侵蚀 2.32 平方公里,巨强度侵蚀 0.28 平方公里,剧烈侵蚀 0.013 平方公里。

（三）社会情况

据 1998 年统计,全流域有 430 户,1000 口人,480 个劳动力,耕地面积 1200 亩,人均占有耕地 1.2 亩,人均年收入 3100 元。

## 二、西峰山小流域综合治理情况

（一）指导思想

西峰山小流域治理工作注重科学规划、综合治理。根据当地实际情况,以小流域为单元,山、水、田、林、路统一规划,灌、排、拦、蓄、节综合治理。坡面工程与沟道工程相结合,开源节流,形成远山封禁、坡面整治、沟道防洪、泥石流预防、护村护地、塘坝蓄水、节水灌溉等多道水土保持防线。

（二）综合治理成果

西峰山小流域的综合治理工作开始于 1980 年,主要为坡面治理措施,面积较小,标准较低。

1999 年,为提高西峰山小流域治理标准,开始了以坡面工程为主的综合治理工程。根据小流域自身特点,在坡脚建设基本农田,坡中修水平条、鱼鳞坑建山地果园,这样既能有效地防治水土流失,又能增加农民收入。

通过治理,共建设完成河道护岸 2000 米,沟道护坡 2000 米,田间路 3000 米,坝阶 8000 米,蓄水池 5 座,管道灌溉 800 亩,微灌 700 亩,衬砌渠道 2500 米,树盘 8000 个,治理水土流失面积 10 平方公里。

### 三、综合治理效益

通过治理,西峰山小流域生态环境得到明显改善,水土流失综合治理程度达到90%以上。

#### (一)生态效益

工程实施过程中,由于建立了责、权、利相结合,运行良好的水土保持工程建设和管护机制,持续发挥了水土保持工程效益。通过治理,土壤侵蚀亩数由原来的2000吨/平方公里/年降低到300吨/平方公里/年,土壤侵蚀量减少85%,有效控制了人为水土流失。

#### (二)经济效益

坡面工程的实施,增加了基本农田和经济林的面积,加之灌溉工程的配套,使农业耕作条件得到较大改善。流域改变了昔日旧貌,流域经济走向良性循环轨迹,随着新栽果树进入盛果期,林果产业将成为流域经济的支柱,这样既改善了生态环境,又增加了农民收入,为流域内经济的可持续发展打下了良好的基础。

#### (三)社会效益

流域生态环境的改善,农民生活水平的提高,大大提高了农民治理水土流失的积极性,形成了以林果业为主的流域经济结构。

### 四、主要做法及经验

#### (一)建立健全领导机构

为加强工程建设的组织与管理,昌平区成立了以主管县长为组长的项目建设小组,下设项目建设管理办公室,由水资源局局长任组长,具体负责项目建设有关技术、资金、工程管理、工程施工等事宜。项目所在镇也成立相应机构,负责项目施工组织、劳务投入等事宜。

#### (二)项目治理突出综合原则

项目建设与发展山区经济,改善山区群众生产环境、提高农民生活水平紧密结合,注重发挥生态、社会、经济综合效益。

（三）严格管理工程,严把质量关

项目建设积极推行"四制"（项目法人制、招投标制、监理制、合同制）,建立目标责任制和岗位责任制,加强监督检查,严格执行国家技术标准和质量要求。

区水保站派技术人员定期检查,指导工程施工,督促工程质量。

（四）加强资金管理

严格资金管理,专款专用,加强审计和追踪检查,确保工程资金及时、足额到位,不搞"半拉子工程"。

（五）做好后期管护工作,确保工程效益发挥

对治理后的小流域加强管护,明确治理成果所有权和使用权,划定范围,落实管护责任,保证工程效益的充分发挥。

（六）加强宣传,严格执法

采取多种形式广泛深入宣传教育,增强全社会的水土保持法律意识,认识到保护水土资源就是保护人类自己,就是发展生产力。严格贯彻执行《中华人民共和国水土保持法》,避免造成新的人为水土流失,真正做到治理一片、见效一片。

# 第三卷　政通人和

# 第一章　政党社团

## 第一节　中国共产党的地方组织

### 一、党的历史

（一）组织机构沿革

1926年1月,中共南口特支下设7个支部,流村地区支部也在其列。主要活动是以开展工人运动为主,兼顾农村斗争。后支部遭到破坏,党的活动暂停。

抗日战争时期(1937—1945年),流村地区的党支部为取得抗战胜利,开始开展各种运动。

流村地区属于平西根据地,后改称晋察冀区党委,对外称教委会,属晋察冀边区北方分局领导。流村地区的狼儿峪村是党的活动基地之一。早在抗战以前,狼儿峪村就是平西地下党秘密集会、开展革命活动之地。抗战开始后,这里就成了抗日根据地。抗战胜利后,这里则成了昌宛县委、县政府的所在地。狼儿峪村曾经是昌宛县成立党支部最早、党员人数最多的村,是模范村、模范党支部。白羊城村是流村地区抗日武装发展的第一村。1937年7月22日,白羊城村在该村村民汤万宁的领导下,就地起义,宣布成立抗日军,成为京郊第一支人民抗日武装。

解放战争时期(1945年8月—1949年10月),流村地区党委得到继续发展。

1945年1月—1947年12月期间,流村地区大部分党组织划归当时的中共昌平县六区委员会(六区西到南北流村)。

中共昌平县六区委员会:

书记：朱景云、田克。

1947年12月，昌平、西顺义两县合并，成立了昌顺联合县。

1947年12月—1949年4月期间，流村地区全境解放。

1948年12月12日，包含流村地区在内的昌顺县全境解放。1949年3月29日，县区两级分别成立了生产委员会。同年4月6日，根据专区指示，昌顺联合县撤销，建立了昌平县和顺义县。流村地区隶属昌平县。

中共昌顺联合县六区委员会：

书记：冯玉瑞、王殿湘。

新中国成立后的17年间，随着流村镇隶属的昌平县(今昌平区，以下皆同)行政建制的变化，党的委员会的设置也相应地进行了调整。流村地区党的领导机构也产生了相应的变化，其沿革变化大体可分为三个阶段：

第一阶段是从1949年10月至1956年8月，基层行政单位设建设区(镇)，党的领导机构设区(镇)委员会。

第二阶段是从1956年8月到1958年8月，根据1956年1月召开的昌平县首届人民代表大会第四次会议关于"合并扩大乡制"的决定，撤销了区的建制，改为乡制。党的领导机构也随之撤销了各区委，建立了乡党委或乡党总支。

第三阶段是从1958年8月以后，随着政社合一的人民公社的建立，原各乡党委被各人民公社党委所替代。

新中国成立初期，昌平县下属的行政单位以自然数为序，下设一到八区(流村地区隶属八区和七区)，后又不断进行变革。1948年冬，流村地区解放，归属河北省通县专区领导。到1950年年初，昌平重划行政区县，直到1955年1月，昌平所辖一至六区以地名相称，流村地区隶属南口区。

解放后至1953年，流村13个自然村成立了村政府。

1953年6月，村政府撤销，改制为乡，分别设立四个乡政府——

柏峪口乡、上店乡、西峰山乡、白羊城乡,直属昌平县委领导。

1956 年 1 月,昌平县第一次人民代表大会召开第四次会议,各区所辖同时撤区建乡。1956 年 8 月,在南流村乡、高崖口乡、老峪沟乡建立了党总支委员会。1958 年 3 月,白羊城乡与南流村乡合并为北流村乡,设党的委员会。

中国共产党北流村乡委员会(今属流村镇):

书记:周万如、晁占武。

中国共产党白羊城乡委员会(今属流村镇):

书记:韩凤岭、晁占武。

中国共产党高崖口乡总支部(今属流村镇):

书记:张振生、安洪喜。

中国共产党老峪沟乡总支部(今属流村镇):

书记:王文玲。

1957 年冬,柏峪口乡、上店乡、西峰山乡、白羊城乡四个小乡合并建立流村乡。

1958 年 8 月,人民公社化运动进入高潮,各地人民公社相继成立,各公社设置了党的委员会。

中国共产党流村公社委员会(今属流村镇):

书记:刘延贵、张仁诚。

中国共产党高崖口公社委员会(今属流村镇):

书记:王建庭、傅启堂。

中国共产党老峪沟公社委员会(今属流村镇):

书记:王文玲、杜应文、周万发。

"文化大革命"时期(1966 年 5 月—1976 年 10 月),流村地区设立公社委员会。

流村地区设立各人民公社委员会(1966 年 5 月—1967 年 10 月期间):

中国共产党流村公社委员会:

书记:张仁成。

中国共产党高崖口公社委员会:

书记:李友林。

中国共产党老峪沟公社委员会:

书记:周万发。

昌平县革命委员会成立至中共昌平第三次代表大会召开(1967年10月—1971年4月期间):

中国共产党流村公社委员会:

书记:刘瑞春。

中国共产党高崖口公社委员会:

书记:寇宝珍。

中国共产党老峪沟公社委员会:

书记:杜春生。

中共昌平县第三次代表大会至粉碎江青反革命集团(1971年5月—1976年10月期间):

中国共产党流村公社委员会:

书记:晁占武、郭兆祥、刑德顺。

中国共产党高崖口公社委员会:

书记:刘殿俊、梁奎。

中国共产党老峪沟公社委员会:

书记:杜春生、刘志德、纪俊念。

社会主义现代化建设新时期(1976年10月—1987年10月),流村地区根据昌平县的要求,各公社、区、乡(镇)的党的领导机构的沿革变化大致分为两个阶段:从1976年10月至1982年4月前后为各人民公社党委阶段;从1982年4月前后至1987年10月为各区乡(镇)党委阶段。

中共昌平县各人民公社(镇)委员会(1976年10月—1982年4月期间):

中国共产党流村公社委员会：

书记：刑德顺、黄德山。

中国共产党高崖口公社委员会：

书记：梁奎、王禄。

中国共产党老峪沟公社委员会：

书记：纪俊念、王恒德、杜春生、刘富江。

1982年4月—1987年10月，流村地区基层体制出现了变化，从1982年4月至1983年4月，县24个人民公社（中越公社除外），相继进行了政社分设的工作，建立了乡人民政府，取消了公社体制。到1983年4月，流村地区相继成立流村乡、高崖口乡、老峪沟乡等乡党委。

中国共产党流村乡委员会（今属流村镇）：

书记：黄德山。

中国共产党高崖口乡委员会（今属流村镇）：

书记：王禄、刘秉成、刘满泉。

中国共产党老峪沟乡委员会（今属流村镇）：

书记：刘富江、谷永泉。

1993年12月17日，中共流村乡第九次代表会议召开，这次会议选举产生了新的中共流村乡第九次委员会，并选举产生了中共流村乡纪律检查委员会。

党委书记：刘志奇。

党委副书记：贺德纯、王和平、王文治、张泉知。

党委委员：刘秉德、贾国玺、李德林、崔洪生、张树玲、贾福贵。

纪委书记：贾国玺。

纪委副书记：齐炳瑞。

纪委委员：刘秉德、徐金瑞、王学翠。

1996年12月22日至23日，中共流村乡第九届代表大会第十次会议召开。这次会议选举产生了新一届党委委员和纪委委员，并召开了第一次会议,进行了分工。

新一届领导班子成员:

党委书记:于泓。

副书记:贾福贵、崔宏生、孙启、张树玲。

组织委员:陈文广。

宣传委员:陈进利。

党委委员:邵继亮、李德林、时桂荣、张连芝。

纪委方面书记:邵继亮。

副书记:柴会昌。

纪委委员:陈文广、王学翠、张连玉。

根据昌平县区划调整方案,1997年12月5日,撤销原流村乡、老峪沟乡、高崖口乡,合并组建流村镇,直属昌平县委、县政府领导,下辖28个行政村,即:南流、北流、上店、下店、古将、黑寨、白羊城、新建、王元、北庄、西峰山、老峪沟、马刨泉、禾子涧、黄土洼、长峪城、狼儿峪、瓦窑、小水峪、高口、王峪、溜石港、发电站、北照台、韩台、菩萨鹿、漆园、南照台。

党委系统机构组成情况:党群组织系统下设党委办公室,另设组织、宣传、纪检、工会、共青团、妇联、武装部、广播站、档案室。

党委系统主要领导人名录:

党委书记:于泓。

政工副书记:王启苍。

组织委员兼党委办主任:陈文慧。

宣传委员:陈进利。

纪检书记:王正学。

武装部长:李德林。

团委书记兼党办副主任:蔡辉。

妇联主任:王学翠。

党办副主任:谷瑞亮。

广播站站长:马全勇。

档案员:吴宪玲。

流村镇2001年党委系统组织机构:

党委书记:董锦华。

党委副书记:张伟。

纪检书记:刘春林。

宣传委员:陈进利。

组织委员兼党委办主任:刘振婷。

武装部长:李德林。

党办副主任:谷瑞亮。

妇联主席:崔文秀。

团委书记:刘玉良。

档案员:王秀菊。

党办干事:张建波、陈燕、王红娟。

流村镇2002年党委系统组织机构:

党委书记:董锦华。

党委副书记:张伟。

党委副书记、纪检书记:刘春林。

宣传委员:陈进利。

组织委员:刘振婷。

武装部长:李德林。

党办主任:时桂荣。

党办副主任:谷瑞亮。

团委书记:刘玉良。

妇联主席:崔文秀(宣传干事)。

档案员:王秀菊。

党办干事:张建波、陈燕、王红娟。

流村镇2003年党委系统组织机构:

党委书记:董锦华。

党委副书记、政工书记:瓮民。

纪检书记:刘春林。

武装部长兼党委委员:李德林。

组织委员:刘振婷。

宣传委员兼党办主任:时桂荣。

流村镇2006年党委系统组织机构:

党委书记:张勇。

党委副书记:王建、刘春林。

纪委书记:张立红。

组织委员(兼党办主任):张进海。

宣传委员:时桂荣。

武装部长:史功歧。

流村镇2008年党委系统组织机构:

党委书记:赵宝东。

党委副书记:张立红。

纪委书记:史功歧。

武装部长:张进海。

宣传委员:时桂荣。

党委办公室主任:王瑞江。

(二)党委工作概要

第一,发展基层组织,开展抗日活动。

1938年五六月间,中共平西地委工作队秘密进入县西部山区老峪沟、马刨泉、长峪城村,秘密发展贫苦农民5名加入中国共产党。后因各种原因,党的基层支部并未建立。到1940年5月,中共昌延联合县委成立,贯彻执行中共冀热察区委制定的"巩固平西,坚持冀东,开辟平北"的战略任务和"巩固地向前发展"的抗日根据地的方针,在流村地区开始建设农村根据地,发展党员队伍,建立党的组织,开展抗日斗争。1943年,在平北地委和县委的领导下,开展精兵简政和大生产运动。1945年,在抗战胜利前夕,流村地区已全部成为民主政权覆盖的区域。

第二,发展民主政权,争取胜利解放。

抗日战争胜利后,国民党政权迅速抢占胜利果实,占领昌平大部分地区,并且准备向中共领导的北部山区、半山区解放区的民主政权进攻。1946年,根据中共中央关于土改问题的指示,流村地区党组织开始在解放区进行土地改革。流村地区各村以农会为基础,组织分田委员会或小组,发动群众,调查摸底,确定斗争对象,划分阶级成分,并按照土地数量、质量等,将地主多余的土地没收,分配给农民。1947年12月,根据中央指示,流村地区党组织学习《中国土地法大纲》,明确土改政策和方法步骤。土改后,人民群众为支援解放战争,积极投入生产,并踊跃参加人民解放军。

1948年7月,昌宛县委城工部和社会部(公安部),集中了山外平郊地区的敌保甲长约一二百人,在狼儿峪村进行集训。这次集训的目的,主要是对敌占区保甲长进行解放战争形势的教育,动员他们完成向我方缴纳公粮的任务,不干资敌坏事。县委社会部(公安局)也利用这个机会,在保长中秘密发展中共的情报关系。县委城工部长吕杰、社会部长(公安局长)张世晶主持集训。吕杰带领参加集训的二区、四区、六区、八区的城联委员(多是区委副书记兼任)和治安员,在狼儿峪村活动。同时,党组织在菩萨鹿村建立工作点,由张世晶负责。三区区公所(三区从书记、区长到助理等绝大多数干部都在)、八区区小队、分区情报站(对外叫昌宛怀中队)、分区二股、政教队的干部在狼儿峪村协助吕杰工作。县委组织部长师守琪到三区帮助土改复查的甄别工作,在狼儿峪村办公。经过一系列的努力,到1948年,流村地区全境解放,开始恢复正常的生产和贸易。根据县委和人民武装委员会的要求,流村地区党组织开始支援平津战役前线的工作。各级干部群众采取各种措施克服困难,完成春耕工作,为粮食储备做准备。根据县委要求的,废除国民政府征收的绥靖临时捐、绥靖建设捐、城防费等,流村地区党组织开始实行新的税收政策和新的征收办法。经过这些努力,最终巩固了革命政权。

第三,进行社会主义改造,完成生产任务。

1949年10月,根据华北局新区土改的决定和中共河北省委提出的新区土改任务、方法和步骤,由昌平县土改团下设的工作组,来到流村地区各村进行土改工作。1949年10月28日,工作组进驻各村。土改工作分为三个阶段:一是充分发动群众、划分阶级成分;二是没收与征收财产;三是土地财产分配及发放土地证。主要步骤有:发动群众成立农代会,广泛深入宣传"依靠贫农,团结全体中农,有步骤地消灭封建剥削制度,发展农业生产"的方针和"中间不动两头动"(即没收地主土地和征收富农多余土地分给贫雇农、中农的土地坚决不动)的政策。作为土改的领导机构农代会以贫雇农为主,要求中农代表占三分之一。根据中央划分农村阶级成分的规定,一般是农代会提出草案,农民大会通过,征求本人意见,做到三榜定案;划分阶级成分根据各农户经济状况、土地占有多少和剥削量(雇用长工数)划为地主、富农、中农、贫农、雇农;地主和富农户数一般不超过全村户数的8%,人口不超过10%;没收地主的土地和征收富农多余的土地,分给无地或少地的贫雇农;分给地主一份与贫雇农大体相等的土地;给富农留下一份与中农大体相等的土地。到1950年2月,基本上完成了土地改革。

1950年,县委下发了《关于两个典型互助组》的通报,流村地区各村开始互助合作。1953年,根据县委的指示精神,流村地区开展了党在社会主义过渡时期总路线的宣传和教育工作,推动互助合作运动的发展。各村建立农业合作社,社员入社,小社并大社蓬勃展开。在合作社内改善经营管理,建立健全规章制度,加强财务管理和民主管理,推行"三包一奖"(包工、包产、包开支、超产奖励)和社队

"分权分利"的管理制度。

第四,全面建设社会主义时期。

1956年,为贯彻执行中共八大路线和市党代会精神,流村地区加强对工农业生产和经济工作的领导,大力开展技术革新和技术革命。1961年,农业生产管理实行"四固定"(土地、劳力、牲畜、工具)和评分记工办法,落实"三包一奖",调动社员的生产积极性。

1958年春,正当全国农村水利化蓬勃开展的时候,昌平县人民政府根据群众要求,决定在白羊沟两侧山谷形成的长沟上修建一座水库,以解决这里常年干旱少雨而汛期雨量集中的问题,起到拦洪蓄水、灌溉农田的作用。1959年11月8日,王家园水库宣布正式开工。开工之前早有南口公社所属老峪沟、阳坊、高崖口、流村四个管理区2300多名民工进行紧张的筑坝前期准备工作,筑路6000余米,打荆条10万余斤,编筐4947个,砍镐把1万余根,自制胶轮、木轮车1500余辆,搭建工棚35栋,为正式开工进行充分准备。1960年6月26日,王家园共青团号水库胜利竣工。

1958年,贯彻中共八大二次会议精神,流村地区党委和政府深入开展"鼓足干劲,力争上游,多快好省地建设社会主义"总路线的宣传教育。农业调整生产计划和指标,大办公共食堂,工业以"土法上马"大炼钢铁为核心,流村地区内掀起"大跃进"热潮和人民公社化运动。1958年10月,流村乡、老峪沟乡和高崖口乡相继加入了前进人民公社。在人民公社化和"大跃进"运动中出现浮夸风、瞎指挥等脱离实际、违反科学的做法。1959年,贯彻区委强调的中央政治局郑州会议精神,开始解决人民公社体制、生产管理、分配等方面存在的问题。公社体制由"基本社有制,部分队有制"改为"基本队有制,部分社有制",实行公社、管理区、大队、生产队四级管理及公社、管理区(大队)、生产队三级核算体制;劳动管理实行"三定一奖"(核定产量、开支、劳动力,规定奖励办法)和"评分记工、定额管理"的办法;社员分配改"公社统一分配"为按三定"三包"合同和社员实际工分进行分配。6月,贯彻中共中央《关于社员私养家畜、家禽、自留地等四个问题的指示》,恢复社员自留地,鼓励社员利用闲地种粮,谁种谁收,不征公粮;逐步解散农村集体公共食堂。1960年,学习贯彻中共中央《关于农村人民公社当前政策问题的紧急指示信》(即《十二条》)精神,在农村纠正"一平二调"(平均主义和无偿调拨)的"共产"风、浮夸风和命令风,开展以"三级所有,队为基础"为内容的整风整社工作。1961年,流村地区贯彻中共中央提出的"调整、巩固、充实、提高"方针,落实《农村人民公社工作条例》,开展整社运动,纠正"五风"(一平二调的"共产"风、瞎指挥生产风、强迫命令风、浮夸风和干部特殊风),缩小公社规模,落实"三级所有"、"队为基础"的管理体制,停办公共食堂,取消社员分配上的供给制,完全纠正"一平二调"的退赔工作。1982年,老峪沟、高崖口、流村改社建乡。

1959年,贯彻中共八届八中全会精神,流村地区党委和政府学习中共中央《关于反对右倾思想的指示》,根据县委的部署,开展"反右倾"运动,要求群众进行学习、讨论,挖"右倾"情绪,进行批判。1959年12月底,召开基层党员的"反右倾"动员大会,要求每个党员做一次思想检查和批判,"问题"不大的一次"过关",对问题较多较严重的人再进行重点批判。1963年,根据中共中央杭州会议精神和中共北京市委的指示,县委召开会议,要求各公社、大队进行清账目、清仓库、清财务、清工分的"四清"(后称"小四清")社会主义教育运动。1965年2月,贯彻《中共中央关于农村社会主义教育运动中目前提出的一些问题》(简称《二十三条》),以后的"四清"内容统一为清政治、清组织、清经济、清思想(称"大四清"),提出运动的重点是整党内的那些"走资本主义道路的当权派"。"文化大革命"开始后,"四清"运动停止。

第五,"文化大革命"时期。

1966年5月16日,中共中央下发《中国共产党中央委员会通知》(简称"五一六通知")。6月,中共北京市委派"文化大革命"工作队进入昌平县,代行县委职权。7月底至8月中旬,学校停课"闹革命",群众纷纷成立"造反派"组织,开展"四大"(大鸣、大放、大字报、大辩论),矛头指向党政领导干部。1967年1月,在上海"一月革命"风暴的影响下,"造反派"开始全面夺权,流村地区的正常生产生活遭到破坏。1973年后,县委要求各级领导干部不能乱整乱斗,要把生产搞上去,取得一定的效果,"文化大革命"以来形成的混乱局面得到控制,社会秩序趋于稳定。但干部群众思想和全县的各项工作继续受"以阶级斗争为纲"的"左"的错误影响和派性的干扰,农业生产学大寨经验、强调"以粮为纲",工作方法上实行"一刀切",农民生产积极性受到限制;政治上先后开展"批林批孔"、"批判右倾翻案风"等运动。1976年10月,中共中央粉碎"四人帮"反革命集团,"文化大革命"结束。

第六,改革开放,建设社会主义现代化的新流村时期。

中共十一届三中全会召开后,为贯彻全会精神,流村地区党委和政府开始进行拨乱反正,组织广大党员和干部相继开展"真理标准"讨论补课,批判"两个凡是"的错误观点。1979年,开始落实党的政策,全面展开平反冤假错案工作。1982年进行清理"文化大革命"中发生的重大案件。1984年开始落实知识分子政策,真正把知识分子作为工人阶级的一部分,做到在政治上充分信任,工作上放手使用,生活上关心照顾,新发展的党员中知识分子所占的比重在逐年增加。乡党委继续进行平反冤假错案的工作,实事求是地处理一些历史遗留问题,主要包括改正错划右派和给地富分子摘帽工作的善后工作;清退"文化大革命"中被遣返人员及精简人员的工作,补发工资;清查落实私房政策和民族宗教政策。到20世纪80年代末,未落实的案件全部复查落实。

1980年,流村地区党委和政府在经济建设上贯彻党提出的"调整、巩固、充实、提高"的八字方针,农村社、队改革过去的农业生产"大拨轰"、吃"大锅饭"的管理方法,大部分地区实行联产计酬生产责任制。到 1982 年秋，开始推行包产到户、包干到户为主要形式的家庭联产承包责任制，大力发展农村经济，制定措施鼓励发展个体经济，兴办乡镇企业。1987 年，进一步完善农村"统分结合、双层经营"的经营体制，深化企业改革，建立健全责、权、利相结合的企业经营机制，完善综合部门的改革配套，为发展商品经济创造宽松的条件；面向经济建设，加快教育、文化、卫生体制改革等。1990 年，学习县委提出的"依法治县、科教兴昌"发展战略，明确具体的实施措施。

1992 年，流村地区党委和政府学习和贯彻邓小平南方谈话精神，进一步解放思想、深化改革、扩大开放，坚持以经济建设为中心，大力发展生产力，掀起改革开放和社会主义现代化建设的新高潮。1993 年 12 月 17 日，中共流村乡第九次代表会议召开，大会通过了刘志奇同志代表第八次代表会议所作的党委工作报告——《全党团结起来，向着更高的目标前进的决议》；通过了贾国玺同志所作的纪委工作报告——《励精图治，从严治党，为流村经济及各项事业的大发展而努力奋斗的决议》，进一步解放思想，发展经济，为实现更高的目标而努力。1995 年 12 月，流村乡党委在全乡范围内组织开展了"流村精神"大讨论活动，最后"讲团结、守法纪、肯吃苦、再创新"十二个字被确定为流村精神。1996 年 12 月 22 日至 23 日，中共流村乡第九届代表大会第十次会议举行。于泓作了题为《解放思想，开拓进取，为实现本世纪的宏伟目标而奋斗》的党委工作报告，邵继亮作了题为《深入持久地搞好党风廉政建设，为流村经济及各项事业的快速发展而努力奋斗》的纪检工作报告，为实现流村经济及各项事业的大发展做出进一步的努力。

2001 年 4 月 22 日，流村镇开展了"科教兴农、科教兴村、科技富农"系列活动。2002 年 3 月，流村镇在全镇开展"解放思想，更新观念，抓住机遇，促进发展"大讨论活动。2002 年 11 月，流村镇第二次党代会党员代表选举工作圆满结束，全镇共有党员 1190 名，45 个支部。按照规定程序和上下结合的原则，经过全体党员的充分酝酿，投票选举共选出党员代表100名。2003年1月9日,流村镇召开第二届代表大会第一次会议。镇长郭玉清同志作了题为《抓住机遇,加快改革,与时俱进,再创佳绩,为建设富裕、民主、文明的新流村而努力奋斗》的报告,并为三年来流村镇在物质文明和精神文明建设中所取得的成绩给予了充分的肯定。2003年11月22日,流村镇第二次代表大会召开。按照法定程序,与会的94名代表经过讨论酝酿,选举出了出席昌平区党代会的12名党代表。2004年9月24日,流村镇党委召开各村党支部书记、村民主任工作会,就土地政策相关问题进行学习培训,区农委副书记魏宝华出席会议。会议就群众关心的土地占用、出租、利益分配等问题采取了集中学习与讨论的方式,针对《昌平区农村集体土地征用占用对外承包出租收入管理使用补充办法》(23号文)和《昌平区农村集体土地征用占用收入管理使用暂行办法》(27号文)进行了系统的解答。会议期间,各村书记和村民主任就村民百姓所关心的土地问题与区农委领导进行了交流和讨论,区农委副书记魏宝华对基层领导提出的相关问题一一给予解答。会议要求各村党支部书记、村民主任要认真学习会议精神,熟悉文件中各项土地政策内容,并认真落实。2004年11月1日,流村镇党委决定在"四权"上下工夫,抓好权力运行的监督:一是合理分权。进一步完善规范了党政领导班子成员岗位职责,把村"一把手"权力作为分权的重点。明确规定重大事务必须经村民代表民主讨论决定,财务审批签报必须三人以上。二是集体行权。建立健全《镇党委工作规则》和《基层党支部工作规则》,凡是重大问题决策、重大建设项目安排的大额资金使用等,都必须实行集体决策。三是上级控权。研究出台的村重大决策请示报告制度,在村一级班子集体讨论决定后,正式实施前,必须向镇党委报告,严格按上级批复执行。四是群众督权。进一步推行政务、村务、财务公开制度,强化群众的监督,凡是办理与群众利益密切相关的事项,必须公布办理。2005年,流村镇党委、政府坚持以经济建设为中心,大力实施养山富民工程,打造绿色生态流村。全面实施"一产抓调整,培育优势产业;二产引增量,增强镇域实力;三产抓开发,引市场进山"的经济发展思路。不断加强区域经济结构调整,已初步发展成为"西峰山小枣"、"老峪沟杏扁"和"北流村苹果"名优特色果品生产区;肉鸡、肉羊、蜂养殖优势产业区;高科技环保型工业生产区;自然风光、古迹游览、民俗风情休闲度假区。2006年,流村镇以农村"五个好"建设为目标,确定"抓班子,带队伍;抓思想,转作风;抓党员,树形象;抓基础,创一流"思想,以先进性教育工作为抓手,开展困难党员"一帮一"、"革命歌曲大家唱"、"廉政文化入村,警句格言促廉"等教育活动,使党员领导干部的综合素质和执政能力得到加强,群众的利益更得以维护。2007年5月8日,流村镇围绕新农村建设推出"五项文化工程":思想建设工程。在镇村领导干部中开展以"建设绿色、生态、文明新流村"为主题的"新农村建设标准"讨论活动。主要包括宣传口号征集、学习研讨等。开展"讲文明、治环境、建和谐家园"宣传教育活动,以"八荣八耻"为标准,树立社会主义荣辱观,大力提升农民文明素质,树立新农民新形象。2007年10月20日,流村镇在镇科技活动中心召开镇第三次党代会,全镇109名代表参加了会议。大会选举产生了流村镇第三届党委委员9人,纪律检查委员会委员3人,以及出席区第三次党代会13人。2008年,流村镇经济实力进一步加强,财政税收大幅度增长,农民生活有了质的提高,新农村建设取得可喜的进步,效果显著,"诚信、守法、文明、和谐"的时代精神深入人心,农民的综合素质显著提高。

## 二、组织工作

### (一)党员队伍

流村地区发展党员从抗日战争时期开始。1938年五六月间,中共平西地委工作队进入县西部山区老峪沟、马刨泉、长峪城村,秘密发展5名贫苦农民加入中国共产党。1938年和1939年,因八路军及党的地方干部两次撤回平西,流村地区的党员与党组织中断联系。至1940年后,随着中国共产党平北工委地方干部的再次到来,流村地区的党员队伍得到继续发展。随着流村地区党组织的成熟,党组织推选党员的程序日益严格。1947年,在土改工作中,党组织对发展党员工作提出严格要求,发展对象必须经过支前、土改、大生产运动的锻炼和考验,入党必须经过支部研究、报区委批准,并经过预备期才能转为正式党员。1949年6月,发展党员工作采取公开宣传号召、个别吸收的方式,党员数量增多。

建国后,流村地区的党员队伍得到继续发展,党员发展工作也一直贯彻"积极慎重"的方针。1979年后,流村地区发展党员的重点逐步转移到各行各业第一线党员数量较少的单位,发展对象突出生产业务骨干和各类专业技术人员,加大吸收知识分子和优秀青年入党。1985年,流村地区党组织恢复组织员制度,选派专人担任专职组织员,负责发展党员干部的考察和培养积极分子的工作。1989年起,流村地区发展党员的重点是放在入党积极分子的培养上面。1991年后,流村地区加强对入党积极分子的培养、教育和考察。1995年,流村地区贯彻落实县委加强党的建设三年规划纲要,积极发展党员。1996年后,本着"坚持标准、保证质量、改善结构、慎重发展"十六字方针,流村地区在组织建设方面严格要求,积极分子队伍不断扩大,党员质量不断提高。

流村地区党员发展稳步提升,党员的数目不断增加,党组织力量不断增强。1961年,流村乡共有党员213人,其中正式党员188人,预备党员25人。此外开除党籍2人,退党2人。1964年,党员共计217人,正式党员209人,预备党员8人,其中男性党员194人,女性党员23人,有2人被取消预备党员资格,1人死亡。到1992年,乡企事业单位共有党员20人,工业部门6人,农业部门6人,党政机关共计39人。1997年,流村乡国家干部共产党员13人,以工代干干部共产党员2人,选聘干部共产党员30人。2002年,流村镇共有党员 1190 名,45 个支部。2005 年,流村镇加强对党员干部的培训和不断发展新党员的任务要求,于"七一"期间表彰优秀共产党员 118 名,新申请入党积极分子 184 名,发展新党员 9 名。2005 年,农村党员共计 993 名。截至 2008 年 7 月,流村镇共计有 46 个党支部,1207 名党员。

**表 1　新中国成立前狼儿峪村党员统计**

| 姓名 | 性别 | 民族 | 出生日期 | 文化程度 | 入党时间 |
|------|------|------|----------|----------|----------|
| 张景富 | 男 | 汉 | 1929 年 12 月 20 日 | 小学 | 1948 年 3 月 12 日 |
| 张静淑 | 女 | 汉 | 1931 年 3 月 8 日 | 小学 | 1948 年 |
| 刑富贵 | 女 | 汉 | 1922 年 9 月 4 日 | | 1943 年 4 月 |
| 邱兰英 | 女 | 汉 | 1923 年 3 月 23 日 | | 1948 年 1 月 |
| 邱洪如 | 男 | 汉 | 1916 年 | 小学 | 1944 年 1 月 15 日 |

(资料来源:狼儿峪村村委)

**表 2　1970 年老峪沟乡各村党员数目统计**

| 单位 | 党员数目(人) | 性别 | | 新发展人数 | | 其他 |
|------|--------------|------|------|------------|------|------|
| | | 男 | 女 | | | |
| 马刨泉 | 61 | 51 | 11 | 2 | 1 | 下放干部 3 人 |
| 长峪城 | 40 | 36 | 5 | 5 | | 下放干部 2 人 |
| 老峪沟 | 31 | 26 | 6 | 5 | | 下放干部 2 人 |
| 黄土洼 | 28 | 23 | 5 | | 1 | 下放干部 1 人 |
| 禾子涧 | 24 | 17 | 7 | 2 | | 下放干部 4 人 |
| 黄厂 | 11 | 7 | 4 | | | 下放干部 2 人 |
| 泥洼 | 7 | 6 | 1 | 1 | | 下放干部 2 人 |
| 社直 | 综合 74 人,机关 11 人 | 15 | 1 | | | |
| 合计 | 215 | 181 | 40 | 15 | 2 | 下放干部 16 人 |

(资料来源:昌平档案馆)

在党员队伍不断发展的同时,流村镇认真做好党员的支部建设、制度建设、党员管理和争优创先等各项工作。

(二)支部建设

1940 年后,随着中国共产党平北工委地方干部的再次到来,流村地区的党员得到发展,在各村陆续建立起党支部。1950 年后,基层党支部建设重点放在农村的支部建设上。1963 年,流村乡共计有 10 个支部。"文化大革命"初期,农村党支部基本上处于瘫痪状态。1968 年 10 月之后,开始在整党建党中加强党支部建设。中共十一届三中全会以后,乡镇企业中党的建设得到不断加强,陆续在中药厂、水罐厂、开关柜厂等乡镇企业中设立党支部。截至 2008 年,流村镇有基层党支部共计 46 个。

革命战争年代和新中国建立后,基层党支部和支部书记基本上采取上级党组织选派指定或征求党员意见后,经党委会、党员大会通过产生;支部委员的变动主要结合政治运动、生产工作,通过整党整风进行个别调整。"文化大革命"中,1969 年恢复基层党组织后,一些支部曾以无记名投票的方式选举支部或调整支部委员。1981 年起,执行《农村大队党支部工作条例》,基层支部委员会一年一改选,由党员大会民主选举支部成员。1988 年,基层党支部的换届改选,实行由党员酝酿支部委员候选人、无记名投票的差额选举办法。支部委员任职条件产生过巨大变化:20 世纪 50 年代至 60 年代,主要强调家庭出身成分;70 年代,突出政治表现;80 年代中期以后,强调要选党性强、作风正、有知识、工作带头的党员进支部。1986 年起,按照"四化"(革命化、年轻化、知识化、专业化)的要求建设党支部,进行支部成员的年龄、文化、结构调整。1982 年至 1993 年,党总支坚持每年分析一次农村党支部状况,并将各村党支部进行分类排队,派乡局级领导挂村或者组织工作队对少数党支部进行考察等。1993 年,流村乡实行党委委员、副职干部包村挂厂制度。1994 年,结合全县扶贫工作,流村地区加强以党支部为核心的村级组织建设,从县乡机关干部、企事业单位职工、退伍军人、个体劳动者中选拔选派支部书记。1994年11月21日,崔洪生被县委组织部任命为流村乡党委副书记、农工商联合企业公司经理。1995年2月22日,流村乡企业公司副经理朱延波经县委组织部批准调往老峪沟乡任党委副书记、企业公司经理。

在支部发展建设中,流村地区根据县委的要求发展工农业生产第一线的骨干,在发展过程中执行"坚持标准、保证质量、改善结构、慎重发展"的方针,乡党委多次培训,党小组、党支部、党委三级讨论,党小组长介绍人、党支部负责人、党委组织委员谈话,坚持了时间观念、考察观念、政审观念、培训观念、审批观念,保证了党员的质量和支部的发展。

各支部设立支部书记一名,副书记一名或两名,组织委员一名或两名,宣传委员一名或两名,监察委员一名,委员数名。另外,按照党的民主建设设立党的委员会,遇有大事,按照党章党规办事。

表3 1963年中共流村乡支部建设

| 支部名称 | 支部书记 | 支部副书记 | 组织委员 | 宣传委员 | 监察委员 | 党委会委员 |
|---|---|---|---|---|---|---|
| 南流 | 贾长起 | 刘凤梧 | 相嵩明 | 张展忠 | 张玉德 | |
| 下店 | 尹长明 | 尹士奇 | | | | |
| 上店 | 陈宝恒 | 陈文亮 | 白金茅 | 王世忠 | 陈文亮 | 陈宝恒、王世福、王世孝、王世贤、刘炳银、王世中、陈文亮 |
| 北流 | 相德水 | 张富友 | 郑福来 | 李万合 | 周万生 | 李华、相曰发、崔瑞满、许文增、相德水、郭忠、相廷明、相士瑞 |
| 西峰山 | 吴少宽 | 李忠玉、高方生 | 刘天成、朱振芳 | 李长英 | 高廉 | 周振禹、吴少华、李皮玉、李先泉、吴长富、刘连义、时玉合 |
| 新建村 | 古万全 | 戈玉礼 | 刘炳云 | 李成茂 | 戈玉礼 | 古万全、刘炳禹、王永广、戈连余、戈宝顺 |

续表

| 支部名称 | 支部书记 | 支部副书记 | 组织委员 | 宣传委员 | 监察委员 | 党委会委员 |
|---|---|---|---|---|---|---|
| 白羊城 | 陈宝珍 | 姚敬天 | 古德旺 | 周忠田 | 关士敏 | 姚敬明、姚敬天、陈宝珍、周忠田、刘文相、李德明、汤文浩、古德旺 |
| 古将 | 姚长伶 | 王正英 | 姚敬田 | 姚长久 | 王正英 | 王树元、姚长伶、黄长清、姚敬礼、黄德才、王树发、姚常贵 |
| 黑寨 | 黄万明 | 谷瑞华 | 刘新民 | 王万富 | | 古桂芳、刘民春、黄成吉、王万富、刘振川、黄成富、刘福文、沈德起 |
| 王家园 | 谷永伶 | 赵玉伦 | 赵玉振 | | | 赵玉斌、张叙庆、谷永伶、黄进荣、赵玉伦、姚常旺、谷永发 |

（资料来源：昌平区档案馆）

### 表4　流村镇北流村新中国成立以来曾担任过村党支部书记统计表

| 序号 | 姓名 | 是否下派 | 身份 | 出生年月 | 年龄 | 累计任职年数 | 连续任职 | 具体时间 |
|---|---|---|---|---|---|---|---|---|
| 1 | 孙殿选 | 否 | 农民 | | | 13 | 13 | 1949—1962 年12月 |
| 2 | 郭忠 | 否 | 农民 | 1927 年 10 月 | 79 | 4 | 4 | 1963 年 1 月—1965 年 12 月 |
| 3 | 杨田发 | 否 | 农民 | 1935 年 3 月 | 71 | 7 | 7 | 1966 年 1 月—1973 年 12 月 |
| 4 | 沈永利 | 否 | 农民 | 1945 年 8 月 | 61 | 3 | 3 | 1974 年 1 月—1976 年 1 月 |
| 5 | 孙淑芳 | 否 | 非农 | 1949 年 3 月 | 57 | 5 | 5 | 1976 年 1 月—1980 年 10 月 |

续表

| 序号 | 姓名 | 是否下派 | 身份 | 出生年月 | 年龄 | 累计任职年数 | 连续任职 | 具体时间 |
|---|---|---|---|---|---|---|---|---|
| 6 | 孙秀峰 | 否 | 农民 | 1938年2月 | 68 | 6 | 6 | 1980年10月—1986年12月 |
| 7 | 郭名 | 是 | 非农 | 1958年4月 | 48 | 3 | 3 | 1987年1月—1989年5月 |
| 8 | 张德荣 | 否 | 农民 | 1945年12月 | 61 | 8 | 8 | 1989年5月—1996年12月 1971年9月—1986年12月 |
| 9 | 孙宝芹 | 否 | 非农 | 1958年7月 | 49 | 10 | 10 | 1996年12月至今 |

(资料来源:北流村村委)

## 表5 流村镇新建村建国以来党支部书记历任情况统计表

| 届次 | 书记 | 届时 |
|---|---|---|
| 一 | 葛连洞 | 1949年—1953年 |
| 二 | 葛宝庭 | 1954年—1956年 |
| 空档 | | 1957年—1958年 |
| 三 | 刘秉海 | 1958年7月—1959年 |
| 四 | 葛玉元 | 1960年 |
| 五 | 谷万金 | 1961年—1964年 |
| 六 | 李成付 | 1965年—1969年 |
| 七 | 刘秉成 | 1970年—1971年 |
| 八 | 孙宝 | 1971年3月—1971年8月 |
| 九 | 刘秉德 | 1971年8月—1975年8月 |

续表

| 届次 | 书记 | 届时 |
|------|------|------|
| 十 | 葛宝柱 | 1975 年 9 月—1980 年 12 月 |
| 十一 | 赵玉伦 | 1981 年—1982 年 |
| 十二 | 李成华 | 1983 年—1986 年 |
| 十三 | 王士山 | 1987 年—1989 年 |
| 十四 | 王志新 | 1990 年—1991 年 9 月 |
| 十五 | 姚宝琛 | 1991 年 10 月—1992 年 10 月 |
| 十六 | 葛宝柱 | 1992 年 11 月—2002 年 11 月 |
| 十七 | 刘元有 | 2002 年 11 月至今 |

（资料来源：新建村村委）

1990 年,流村地区的支部建设采取党委与农村企业支部签订党建合同书的方式,使各个部门的目标明确,责任清楚,并与经济挂钩。这种方式取得了良好的效果,流村地区共发展党员 16 名,转正 6 名。

1991 年 10 月 25 日,流村乡党委调整了新村支部班子,任命姚宝琛为新村党支部书记,免去王志新原新村党支部书记的职务。

1992 年 3 月 16 日,流村乡开展了党建活动月,其内容主要是对支部班子和全乡党员进行系统的培训。

1993 年,党的建设得到加强,按照干部的"四化"标准和整体结构要求,调整了下店、半山、新村、水罐场、黑寨五个单位的领导班子,在村里实行股份制管理。

1996 年 8 月 14 日,流村乡加强基层支部建设,开展基层党支部暑期培训活动。

2001 年 4 月 22 日,流村镇第五届村委会换届选举提名候选人阶段圆满结束,参加投票的选民超过 60% 以上。

2002 年 5 月,为解决基层支部班子后继乏人的现状,流村镇在培养后备干部上开拓新思路,经充分调查摸底,按照双向选择的原则,确定了7名退伍兵作为后备干部的候选人。

2003年7月2日至7月7日,流村镇党委对镇村级"两委"班子进行工作考察。通过考察,使镇党委准确掌握基层支部的各种情况,为年底村支部换届选举一次成功奠定了基础。

2003年10月15日,流村镇广大机关干部和群众认真学习了党的十六届三中全会公报。镇村基层支部组织干部群众进行了座谈讨论。

2003年10月20日至10月22日,流村镇举办区人大代表换届选举选民登记员培训班,全镇共培训选民登记员80余人。

2005年,流村镇完成了村级"两委"班子的换届选举工作。全镇28个农村党支部换届选举工作圆满完成,共选出28名村党支部书记,17名村党支部副书记,39名委员。依法选出村委会成员92名。

2007年7月6日,流村镇16名大学生"村官"正式上任,流村镇及16个村党支部书记在北流果园举行欢迎仪式。

2008年,村党支部换届选举工作圆满完成。流村镇共有28个村党支部,党员1017名。28个村党支部进行了"两推一选",产生了新一届支部委员,全镇参加选举正式党员849名,占正式党员的98.2%。新一届支部委员会共有支部委员81人,其中男性党员60人,女性21人,平均年龄为43.6岁,比上届降低3岁。其中35岁以下的14人,35岁至50岁的55人,50岁以上的12人。支委中具有大专及以上学历的14人,中专学历35人,初中学历32人。此次换届,有12个村原套班子实现连任,56名支委和23名支部书记实现连任。新进入支部班子的25人,其中11人为现任村委,4人为村工作人员,10人为其他成员。共选出支部书记26人,通过组织任命主持工作2人。平均年龄为44.8岁,比上届降低近1岁,其中35岁以下的5人,比上届增加3人;36岁至50岁17人,50岁至60岁6人。

大专及以上学历9人,与上届持平;高中、中专学历13人,比上届增加3人。新一届村级支部班子在文化程度、年龄结构和战斗力等方面较上届有了一定的改善。

2008年7月,王家园党支部与北庄党支部的所有党员,在王家园村委会举行了支部互动——"忆光辉历程,展改革成就"主题党日活动。利用大屏幕和投影仪,王家园村党支部书记李富增为党员们讲述了1919年至2007年中国共产党历史上的大事记,回顾了改革开放30年来国家的发展变化。

2008年6月28日上午,南流村党支部与区妇幼保健院党支部开展互动活动。保健院支部与村支部一起座谈交流,为党员们讲了一堂生动的慢性病的防治讲座,并在讲座结束后为南流村党支部的全体到会党员进行了义诊。这次活动将理论学习、互动活动、党员义诊等诸多内容结合在一起,使支部党员深刻体会到了理论联系实际开展社会实践活动的完美效果和无限乐趣,并进一步增强了每个党员的党性原则,增进了两个党支部的沟通与交流,拉近了彼此的距离,提高了党支部的凝聚力和战斗力。

2008年"七一"前夕,瓦窑村组织全体党员参观棋盘山景区。此次活动让大家亲身感受瓦窑村的巨大变化,为瓦窑村的今后发展建言献策。党员们纷纷表示要支持村"两委"工作,做一名合格的共产党员。

2008年6月29日,下店村全体党员来到古将村,在村民委员会活动室内举行了"下店、古将庆祝建党八十七周年活动"。副镇长张树玲,下店、古将村的党支部成员和两村全体党员出席了本次活动。活动中党员们学习认真、反响热烈,对入党宣誓词有了更深入的认识,收获很大。为庆祝建党87周年,贯彻中共北京市委组织部关于开展"为奥运奉献,为党旗增辉"主题党日活动的通知精神,菩萨鹿村党支部于七一前夕组织全体党员义务劳动一天,清理村口路边堆积渣土50多立方米,清除健身园周围杂草160多平方米。虽然天气异常炎热,但大家干劲十足,毫无怨言。

2008年6月30日,漆园村党支部组织61名党员分成五组,手提环保袋,沿着漆园村各主要街道,开展了以"迎奥运,同观漆园建设新成绩;庆七一,共商漆园未来大发展"为主题的环保长走活动。2008年8月24日晚,漆园村党支部组织党员、积极分子到村委会统一观看奥运会闭幕式直播,有57名党员和两位积极分子参加。

（三）党员教育和管理

革命战争年代,流村地区的党委坚持举办党员训练班,经常对党员进行坚定信心、坚定立场和保持革命气节的教育。1946年至1947年,在清理、整顿基层党支部的同时,对一些政治立场不坚定、不过组织生活和不起作用的党员进行"坦白"教育,开除个别叛变投敌分子的党籍。1948年,结合土地改革对党员进行组织观念的教育。新中国建立后,1949年冬至1950年春,全县以村为单位召开群众代表大会,有组织地公开党的基层组织和党员名单,对党的组织和党员进行清理,恢复和健全党的生活。

1951年10月至1953年5月,贯彻中共中央组织工作会议精神,下发了《关于加强新党员管理教育工作通知》,开展党员标准教育。1954年,根据县委的要求,对党员进行整顿,整党建党工作蓬勃展开,对混入党内的坏分子和犯有严重错误并且不愿悔改的党员进行劝退或直接开除党籍。1955年至1956年,曾先后举办一系列的党员培训班,组织党员认真学习中共第八次代表大会通过的政治报告和《党章》,结合审干运动处理历史问题严重、长期隐瞒问题的党员。1957年1月至1958年4月,结合中央、县委的整风反右运动,对基层党员进行了集中整顿。1960年,对党员干部进行"三反"教育。1962年,贯彻中共中央工作会议(七千人大会)精神,对新中国成立以来在历次政治运动中受处分的党员进行甄别、恢复名誉。1964年年初到1966年上半年,结合"四清"运动进行整党,主要是在思想动员、组织教育的基础上,对党员进行审查鉴定,履行党员重新登记手续。

1967年至1969年,进行了"清理阶级队伍"运动和"开门整党"运动。"文化大革命"期间,党员教育以"无产阶级专政下继续革命的理论"为主要内容,学习毛泽东思想和大寨精神等,对党员进行思想上、组织上的鉴定和考察,将一切不合格的党员及党员干部排除出党的队伍。

中共十一届三中全会之后,根据中共中央和北京市委的要求及部署,1978年年底至1979年,陆续为先后在历次政治运动中被错误处理的党员恢复党籍。1979年,基层党组织利用夏、冬农闲时间,对党员进行集中培训,开展民主评议党员工作。1980年,健全党内"三会一课"(支部党员大会、支部委员会、党小组会和党课)制度,县委乡委开始分批分期对党员进行培训,组织党员学习《关于党内政治生活的若干原则》和《党章》。1981年,对党员进行党性观念教育和全心全意为人民服务教育,开展"为人民服务、对人民负责"大讨论,基层党委领导深入基层为党员讲党课。1982年,组织各级支部开展以"党员带动群众、群众带动党员"为内容的"党员联系户"活动。1984年结合整党开展"做合格共产党员"教育活动,对党员进行思想作风和组织纪律的整顿。整党分统一思想、对照检查、党员登记三个阶段进行,以增强党员党性观念,加强领导班子建设,纠正和克服新的不正之风,保证改革和经济建设的顺利进行为中心,集中对党员进行党的宗旨及党性、党纪、理想、形势、政策教育和"两个文明"一起抓教育。1986年,基层党支部开展"五个一"活动,要求党员坚持同积极分子谈一次话、做一次群众家访、向支部汇报一次思想、提一项好建议、为群众做一件好事。1987年,对党员干部进行理想、宗旨、党风、党纪和坚持四项基本原则、反对资产阶级自由化的教育。1989年,贯彻全国党员教育工作会议精神,开展"做新时期合格共产党员"教育活动,在部分村中开展"评议党员,妥善处置不合格党员的活动",并且基层党委坚持每季度检查阅评一次"三会一课"记录本,参加一次基层党支部活动。

1990 年冬,根据中共中央和北京市委部署,结合农村社会主义教育、党员冬训和民主评议党员工作,流村地区党总支对各支部进行党的理论教育。内容包括关于党的性质、任务和宗旨的教育,党员坚持理想、坚持社会主义信念和坚持四项基本原则的教育。1990 年,支部班子建设坚持常抓不懈的方针,按照党委意图既考虑整体班子战斗力,又考虑个体素质,年初在各个支部制定了岗位责任制度,使每个成员在支部的集体领导下各司其职。通过生活会形式检查总结各方面工作情况,下半年在全乡各个农村支部、企业支部,对主要领导干部通过民意测试、个别谈话、座谈会等形式进行了普遍考察,通过考察总结了工作,找出了差距,党委对每个干部状况心中有了底。在支部书记队伍建设中,按照党委意图,狠抓三个环节,即选拔、培养、管理,针对各单位人才有无的不同特点,对有人才的单位引用竞争机制,通过民意测验、党员推荐、组织考察等方式选拔候选人,然后党内选举时实现优秀者上,平庸者让。对后继无人的党支部,采取选苗子、压担子、进班子,物色候选人进行超前培养,为本单位的人才开拓视野,从而为机关、企事业单位选择合适的人选。1990 年的阵地建设,针对农村支部被淡化,流村乡在抓三个典型的基础上,普遍设立了党员活动室。1990 年,支部党员管理主要针对党员先锋模范作用发挥不够充分的问题,首先采取在各支部建立健全了三会一课的制度;二是在全乡党员中广泛使用党员活动手册,党员交纳党费,同时奖励处分各得其所的方法。

**附  组织委员岗位责任书:**

1. 协助党委书记抓好党建工作、班子建设。

2. 对支部工作做好指导,要求规范化、制度化,明确岗位责任,工作有计划、有布置、有督促、有检查、有评比、有典型。

3. 建好各支部、党员活动室。

4. 按照坚持标准、保证质量、改善结构、慎重发展的原则,发展新党员。

5. 建好支委以上干部档案。

6. 做好党员转入转出手续及老干部工作。

7. 做好党委分给的中心工作。

8. 及时收缴党费。

1991 年,党总支组织开展"一学三为"(学习县先进党员典型王国明,为改革做贡献、为人民做好事、为党旗添光彩)教育活动。在村内建党员活动室。1992 年 3 月 16 日,流村乡开展了党建活动月。乡党委组织全乡党员、干部、中学生和积极分子,为敬老院捐款,捐款总额达 5580 元。1993 年,流村乡实行党委委员、副职干部包村挂厂制度,并且开展了"一学三为"争创优秀党员,忆党史、铸党魂、扬国威,做新时期合格党员的活动。1994 年,流村乡组织党委干部带头学习邓小平理论,以《邓小平文选》第 3 卷为主要教材,党委多次召开学习会议,领导干部积极参加。1996 年 1 月 15 日至 19 日,流村乡举办了为期 5 天的全乡支委以上干部和党员培训班。1996 年 4 月 17 日,流村乡落实县委加强基层党组织建设的要求,根据"五个好"标准与基层党支部签订《党支部建设责任书》,确定了 1996 年加强基层党支部建设的九项重点工作。1996 年 8 月 14 日,流村乡加强基层支部建设,开展基层党支部暑期培训活动。

2001 年 9 月 11 日,流村镇村级"三个代表"学习教育活动动员会召开。全镇 28 个村 120 名村级干部参加了动员会,副区长杨旭明到会并讲话。2002 年 3 月 6 日,流村镇召开了迎"两会"、庆"三八"表彰大会。镇党委副书记张伟,副镇长张树玲、韩国玲,武装部长李德林参加大会,会上对各类先进人物进行表彰。镇党委书记董锦华要求广大妇女学习"两会"精神,积极投身流村镇的两大文明建设中,在新的一年里再立新功。2002 年 11 月,流村镇第二次党代会党员代表选举工作圆满结束,共有党员 1190 名,45 个支部。按照规定程序和上下结合的原则,经过全体党员的充分酝酿,投票选举共选出党员代表 100 名。2002 年 12 月 25 日,流村镇党委组织基层支部书记、村民主任、各站所负责人及机关副科级以上干部共计 70 余人，收看《WTO 与中国》入世知识系列讲座。2003 年 10 月 15 日，流村镇广大机关干部和群众认真学习了党的十六届三中全会公报。镇村基层支部组织干部群众进行了座谈讨论。2004 年 9 月 4 日，流村镇举办"两委"干部培训班。镇党委书记郭玉清、镇长张勇、党委副书记刘春林分别在会上作了重要讲话。镇党委印制了《村级管理制度汇编》。2005 年，流村镇本着全面贯彻党的十六大、十六届四中全会和中央组织工作会议的要求，切实加强领导班子、干部队伍、党员队伍和人才队伍建设，提出了五个方面的要求：一是以"五好"创建为载体，进一步加强基层组织建设；二是以开展保持共产党员先进性教育活动为契机，切实加强干部队伍建设；三是认真做好党员的教育管理工作，建立健全管理体制；四是深入探索富村途径，大力发展壮大村级集体经济；五是严格规范村级工作，健全完善村级各项制度。2005 年，流村镇加强对党员队伍的教育和管理，建立健全农村党员目标管理责任制、设岗定则、党员联系户、学习培训、党课党性教育等制度。2006 年，流村镇开展各项党员教育活动，使党员领导干部的综合素质和执政能力得到加强。2007 年 6 月 28 日，流村镇举办"永远跟党走，建设新流村"庆祝建党 85 周年文艺演出。演出以村民自创节目为主要内容，包括小品、锣鼓、快板、歌曲、舞蹈等形式，丰富多样。2008 年"七一"前夕，狼儿峪村组织党员义务劳动，30 多位党员对四嘴至村委会这段路程进行了集中卫生整治，全面提高了村民保护环境的意识。溜石港村党支部在中国共产党成立 87 周年之际，组织村中有基本劳动能力的 16 名党员参加义务劳动，铲除村内杂草，对全村垃圾死角及主要街道进行清扫，体现了党员任劳任怨、无私奉献、吃苦在前、全心全意为人民服务的宗旨。为更好地让黑寨村党员了解党的十七大精神，黑寨村支部组织党员坚持"理论学习会"制度，进行"重温入党誓词+理论学习篇目+电教方式"开展了庆"七一"活动。对《昌平区委区政府理论学习中心组学习党的十七大精神体会文章汇编》中与"三农"有关的篇目进行了学习,又观看了"抗震救灾"的精神报告会。党员们认真学习,劲头十足。2008 年 8 月 22 日,上店村、南流村共同举办支部共建党员知识竞赛活动,两个村的"两委"班子成员、全体党员、镇包村干部以及大学生村官共 70 余人参加了活动。活动采取知识竞赛与文艺会演相结合,内容包括政治时事、奥运知识、计生政策。

（四）干部组织工作

20 世纪 50 年代起,流村地区的乡局级领导干部的管理工作主要围绕政治运动进行。1950 年起,乡局级干部的任免须由县委和中共河北省审批。1950 年,流村地区两次对干部队伍进行整编,开展"评功论过"活动。1955 年至 1956 年年底,对干部分批进行政治、历史审查。1956 年起,乡镇的领导干部由区委常委会讨论决议人选,分别报北京市委、市人委各主管部门审批任免。1958 年,对干部提出"提高共产主义觉悟,克服资产阶级个人主义,破除等级观念,能上能下,能官能民"的要求。

20 世纪 70 年代,流村地区各公社正职由北京市委、市革委会审批任免,公社副职由县委任免。1981 年,选拔德才兼备、年富力强的中青年干部到乡级领导班子。1982 年,选拔乡级领导干部实行走群众路线、广泛听取群众意见,通过民意测验、小型座谈会、举办培训班、个别谈话等方式进行。1983 年,按照干部队伍建设"四化"要求,选拔任用优秀年轻干部到乡机关任职,乡领导干部平均年龄 37.6 岁;在领导干部使用上破除论资排辈、求全责备的传统旧观念,注重把政治、思想、作风、工作表现突出的优秀中青年干部选拔到领导岗位,实现干部的新老交替。1984 年,对乡的领导班子进行民主评议工作,对领导干部的思想、工作、作风、政绩等情况进行民主评议。1987 年,逐步建立干部考绩档案,乡委的领导干部都要接受动态考核,包括领导干部的德、能、勤、绩,考核内容包括单位的年度工作计划、工作总结、领导干部年度的述职报告、民主评议记录、民意测验结果及平时考察资料。1986 年起，乡的领导干部由县委常委会决定，或提出建议名单按法定程序任免。乡党政领导干部换届由乡党代表大会和人民代表大会民主选举产生。1989 年，组织干部参加在职学习，干部的学历教育采取多层次、多形式、多渠道办学的方法。

1990 年，流村地区为加强后备干部的选拔，采取开展生活会的方式检查总结各方面的工作情况，并于下半年在乡各个农村支部、企业支部，对主要领导干部进行民意测试、个别谈话和座谈会，进行普遍考察。1995 年 11 月 6 日至 13 日，流村乡党委在乡机关举办了为期 6 天的后备干部培训班。参加培训的人员都是来自行政村和乡办企业推荐的年龄在 35 岁以下高、初中文化的本乡青年、退伍军人、致富能手、乡村企业管理骨干，共 60 多人。培训的内容有关于市场经济的基础知识、科学的思维方法、领导者的决策能力、如何处理经济与廉政建设的关系、如何做好思想政治工作、新闻写作的基本要求、中国特色的社会主义理论、目前国际及国内形势、如何树立正确的人生观和价值观等 13 项。1996 年 1 月 15 日至 19 日，流村乡举办了为期 5 天的全乡支委以上干部和党员培训班。1996 年 8 月 14 日，流村乡为加强基层支部建设，开展基层党支部暑期培训活动。2001 年 12 月，根据机构改革领导小组的总体工作部署，流村镇 60 名同志经过笔试、演讲答辩、测评三个环节的严格考核，有 41 名同志竞争上岗，并于 21 日走上各自的工作岗位。2002 年 5 月，为解决基层支部班子后继乏人的现状，流村镇在培养后备干部上开拓新思路，经充分调查摸底，按照双向选择的原则，确定了 7 名退伍兵作为后备干部的候选人。2003 年 7 月 2 日至 7 月 7 日，流村镇党委对流村镇村级"两委"班子进行工作考察。通过考察，使镇党委准确掌握基层支部的各种情况，为年底村支部换届选举一次成功奠定了基础。2003 年 7 月 25 日，流村镇将 4 名后备干部充实到基层工作岗位。2003 年流村镇采取四项措施，对机关公务员进行考核：一是所有机关工作的公务员(包括科级、副科级、科员)向基层干部述职,现场进行打分,并与年终评奖挂钩;二是采取机关公务员背对背互相评议的形式,进行相互打分,与年终评奖挂钩;三是副职领导对科级以下机关公务员进行评议打分,与年终评奖挂钩;四是根据各口工作在全区排名情况对公务员进行评议,与年终评奖挂钩。2004年8月20日至22日,流村镇组织30多名机关干部到西柏坡参观学习。2008年10月,流村镇关心培养大学生村官,通过多渠道多角度、关心培养和全方位引导锻炼。一是在培养方式上,注重压担锻炼,适时向大学生村官交任务提要求;二是在培养过程中,精心设计活动载体,增强大学生村官参政议政能力,多次组织开展培训考察学习活动;三是在培养力度上,镇领导班子成员按分工村和分管工作与大学生村官加强联系沟通。2008年10月5日,镇党委发出了"集结号",将56名大学生村官逐一召回在政府二楼会议室召开了奥运后期大学生村官管理工作部署暨安全工作会议。镇党委书记张勇、镇党委副书记张立红、大学生村官管理专职干部刘振婷等领导以及全镇56个村的大学生村官出席会议。会上,大学生村官管理专职干部总结了各项工作情况。镇党委书记张勇也畅谈了一些工作感受,讲了四句话:一是清爽身心,寻找自己的情趣;二是务实忙碌,压住自己浮躁的情绪,踏实工作;三是崇尚思考,培养朴实的智慧;四是乐观坚强,直面陌生的考验,做好定位。2008年10月30日,为期四天的2008年昌平区农村党支部和村委会主任培训班在郑各庄村落下帷幕。本次活动目的是深入贯彻学习党的十七届三中全会精神,扎实推进社会主义新农村建设。通过这次培训,村干部纷纷表示,自身受益匪浅,感受颇多,培训过后一定会深入贯彻落实十七届三中全会精神,提高自身及班子作风建设,扎实推进农村基层党风廉政建设,认真贯彻落实昌平区委相关文件精神,不断加强农村各项民主管理,维护好农村和谐稳定,为加强社会主义新农村建设而努力奋斗。

表6 流村乡1991年国家干部登记表

| 单位与职务 | 姓名 | 性别 | 民族 | 文化程度 | 级别 | 入党时间 | 参加工作年月 |
|---|---|---|---|---|---|---|---|
| 党委书记、委员 | 刘志奇 | 男 | 汉 | 大专 | 115 | 1978年4月 | 1980年2月 |
| 党委副书记、委员 | 王文治 | 男 | 汉 | 中专 | 115 | 1974年2月 | 1974年4月 |
| 武装部长 | 李德林 | 男 | 汉 | 高中 | 97 | 1982年11月 | 1979年12月 |
| 副书记、乡长 | 王和平 | 男 | 汉 | 中专 | 115 | 1977年1月 | 1981年7月 |
| 农工商总公司经理、副书记 | 贺德纯 | 男 | 汉 | 大专 | 122 | 1979年7月 | 1969年6月 |
| 农工商总公司副经理 | 崔宏生 | 男 | 汉 | 中专 | 105 | 1969年2月 | 1978年1月 |
| 科委副主任 | 王成华 | 男 | 汉 | 中专 | 89 | 1981年2月 | 1976年4月 |
| 经管站站长 | 徐金瑞 | 男 | 汉 | 中专 | 105 | 1985年4月 | 1962年7月 |
| 一般干部 | 古福林 | 男 | 汉 | 初中 | 105 | | 1956年3月 |
| 工业企业公司副经理、党委委员 | 周振宇 | 男 | 汉 | 高小 | 105 | 1967年1月 | 1974年9月 |
| 工业企业公司副经理 | 王文志 | 男 | 汉 | 大专 | 105 | 1981年4月 | 1979年7月 |
| 队办公司经理 | 任福来 | 男 | 汉 | 初中 | 89 | 1965年12月 | 1974年7月 |
| 乡办企业主任 | 陈文广 | 男 | 汉 | 初中 | 89 | 1974年12月 | 1978年6月 |
| 主任科员 | 许志明 | 男 | 汉 | 初中 | 97 | 1952年12月 | 1956年3月 |
| 林业公司技术员 | 陈进立 | 男 | 汉 | 大专 | 76 | 1989年 | 1991年7月 |
| 农业公司技术员 | 徐玉庄 | 男 | 汉 | 中专 | 82 | | 1981年7月 |

(资料来源:昌平区档案馆)

表7　1991年流村乡副科级以上干部（不含国干）登记表

| 单位与职务 | 姓名 | 性别 | 民族 | 级别 | 文化程度 | 本人成分 | 入党时间 | 参加工作年月 |
|---|---|---|---|---|---|---|---|---|
| 纪检书记 | 贾国喜 | 男 | 汉 | 113 | 初中 | 农转非 | 1976年2月 | 1975年2月 |
| 组织委员 | 刘秉德 | 男 | 汉 | 105 | 初中 | 农转非 | 1966年4月 | 1975年1月 |
| 宣传委员 | 范建华 | 男 | 汉 | 97 | 高中 | 农转非 | 1986年5月 | 1984年5月 |
| 党办主任 | 时桂荣 | 女 | 汉 | 76 | 中专 | 选聘 | 1987年2月 | 1982年4月 |
| 妇联主任 | 王学翠 | 女 | 汉 | 82 | 高中 | 选聘 | 1989年3月 | 1983年5月 |
| 团委书记 | 张树玲 | 女 | 汉 | 82 | 中专 | 选聘 | 1989年3月 | 1983年5月 |
| 广播站副站长 | 姚桂欣 | 女 | 汉 | 76 | 中专 | 选聘 | 1989年10月 | 1985年5月 |
| 副乡长 | 朱建波 | 男 | 汉 | 97 | 大专 | 农转非 | 1988年6月 | 1986年9月 |
| 副乡长 | 齐炳瑞 | 男 | 汉 | 97 | 高中 | 农转非 | 1987年2月 | 1984年10月 |
| 计生办主任 | 时淑丽 | 女 | 汉 | 82 | 高中 | 农转非 | 1982年1月 | 1984年4月 |
| 法律服务所所长 | 王德臣 | 男 | 汉 | 82 | 初中 | 农转非 | 1981年12月 | 1981年1月 |
| 文化站站长 | 李宏安 | 男 | 汉 | 89 | 初中 | 选聘 | 1966年3月 | 1970年11月 |
| 财政所所长 | 张连芝 | 女 | 汉 | 82 | 中专 | 农转非 | 1981年6月 | 1981年4月 |
| 农业公司经理 | 谷天旺 | 男 | 汉 | 89 | 中专 | 农转非 | 1972年5月 | 1979年1月 |
| 统计科科长 | 张连玉 | 男 | 汉 | 80 | 中专 | 工代干 | 1982年11月 | 1974年10月 |
| 畜牧公司经理 | 李德良 | 男 | 汉 | 89 | 中专 | 选聘 | 1984年12月 | 1979年1月 |

| 单位与职务 | 姓名 | 性别 | 民族 | 级别 | 文化程度 | 本人成分 | 入党时间 | 参加工作年月 |
|---|---|---|---|---|---|---|---|---|
| 林业站站长 | 张进海 | 男 | 汉 | 82 | 大专 | 选聘 | 1991年6月 | 1985年7月 |
| 农工商总公司副经理 | 孙淑芳 | 女 | 汉 | 97 | 初中 | 选聘 | 1969年3月 | 1976年1月 |
| 总务科副科长 | 张志海 | 男 | 汉 | 76 | 初中 | 选聘 | | 1980年12月 |
| 开发公司经理 | 任福启 | 男 | 汉 | 97 | 初中 | 选聘 | 1978年8月 | 1958年10月 |
| 开发公司副经理 | 孙洋 | 男 | 汉 | 97 | 初中 | 工代干 | | 1980年12月 |
| 派任下店村党支部书记 | 尹振祥 | 男 | 汉 | 105 | 初中 | 工代干 | | 1971年9月 |
| 派任白羊城党支部书记 | 李桂稳 | 男 | 汉 | 76 | 高中 | 选聘 | 1980年6月 | 1978年2月 |
| 派任王元村党支部书记 | 郭明 | 男 | 汉 | 76 | 高中 | 选聘 | 1984年12月 | 1982年10月 |
| 派任北庄村党支部书记 | 姚宝森 | 男 | 汉 | 89 | 初中 | 选聘 | 1984年6月 | 1976年3月 |
| 派任南流村党支部书记 | 曹瑞清 | 男 | 汉 | 97 | 高小 | 选聘 | 1959年9月 | 1960年3月 |
| 派任南流村社长 | 陈德瑞 | 男 | 汉 | 97 | 高小 | 选聘 | 1965年11月 | 1970年11月 |
| 乡办企业公司经理 | 贾福贵 | 男 | 汉 | 82 | 高中 | 选聘 | 1981年10月 | 1983年10月 |
| 乡办企业办公室副主任 | 崔文礼 | 男 | 汉 | 76 | 高中 | 选聘 | | 1981年6月 |

| 单位与职务 | 姓名 | 性别 | 民族 | 级别 | 文化程度 | 本人成分 | 入党时间 | 参加工作年月 |
|---|---|---|---|---|---|---|---|---|
| 乡办企业办公室副主任 | 谷天支 | 男 | 汉 | 89 | 初中 | 选聘 | 1978年8月 | 1958年6月 |
| 财务科副科长 | 古永茂 | 男 | 汉 | 82 | 初中 | 选聘 | 1966年5月 | 1981年9月 |
| 派任北庄村社长 | 李富来 | 男 | 汉 | 82 | 初中 | 选聘 | 1973年1月 | 1968年4月 |
| 民政科长 | 薛得满 | 男 | 汉 | 89 | 初中 | 选聘 | 1985年11月 | 1975年11月 |
| 交通安全科科长 | 姚比好 | 男 | 汉 | 76 | 初中 | 选聘 | 1975年11月 | 1980年12月 |
| 政府办主任 | 谷天华 | 男 | 汉 | 82 | 中专 | 选聘 | 1984年4月 | 1982年3月 |

（资料来源:昌平区档案馆）

1992年流村乡党委系统共计92人,正副书记3人,组织委员1人,组织干事1人,宣传委员1人,宣传干事1人,纪检委员1人,纪检干事1人,秘书1人,武装部长1人,武装干事1人,党办干事1人,还有一些其他人员编制。1997年,国家干部共计正局级3人,副局级5人,科级5人。以工代干干部科级2人,选聘干部副局级4人,科级24人,机关一般干部42人,选聘37人,机关工勤人员9人,机关总人数99人,专职工会主席、纪检书记、武装部长2人。

（五）党委机构设置

1953年6月至1956年2月,流村地区的柏峪口乡、上店乡、西峰山乡、黑寨乡分别设立了党总支办公室、民兵队部、团总支、妇联会。之后,党群设置未变。1961年5月至1982年9月,流村公社党委下设党委办公室、武装部、团委、妇联会、广播室。"文化大革命"期间,公社革命委员会成立后,其政治组一度代理行使党委办公室职权,直到1978年5月。1982年9月,建立流村乡,乡党委下设党委办公室、武装部、团委、妇联会。1985年5月,建立乡纪律检查委员会。1997年高崖口乡、老峪沟乡与流村乡合并成立流村镇,镇党委组织系统下设党委办公室,另设组织、宣传、纪检、工会、共青团、妇联、武装部、广播站、档案室。2001年12月,流村镇进行了机构改革,党委系统下设八大科室:组织、宣传、纪检、武装、妇联、团委、档案、党委办公室。此种机构设置一直延续至今。

### 三、宣传工作

#### (一)宣传思想工作

革命战争年代,宣传思想工作围绕革命斗争任务进行。抗日战争期间,大力宣传中国共产党的抗战方针,号召军民团结起来,组成抗日民族统一战线,发动群众开展抗日斗争。解放战争时期,主要宣传民主革命、建立人民政权、实行减租减息、土地改革,宣传动员人民群众积极支援人民解放军,推翻国民党反动派的统治,翻身求解放。

新中国建立后,宣传思想工作围绕不同时期党的中心任务进行,制定宣传思想工作计划,主要宣传党的路线、方针、政策,统一党员干部群众思想,贯彻落实党的会议、文件精神。新中国建立初期和社会主义改造时期,主要围绕镇压反革命、禁毒、贯彻《婚姻法》、土改(新区)、抗美援朝、"三反""五反"、农村互助合作运动、粮食统购统销和贯彻党在过渡时期"一化三改"(国家社会主义工业化,对农业、手工业、资本主义工商业的社会主义改造)等开展宣传工作。1957年至1966年,主要围绕完成对生产资料私有制的社会主义改造、建设社会主义总路线、"大跃进"、人民公社化和反右派斗争、整风整社、"四清"运动等开展宣传思想工作。"文化大革命"中,宣传学习毛泽东著作和语录、最新指示。党的十一届三中全会以后,大力宣传会议精神,开展解放思想、拨乱反正、改革开放的宣传思想工作。1980年、1982年和1985年,3次在县委的要求下开展如何使农村尽快富起来的大讨论宣传教育;1981年、1985年和1988年,在县委的要求下,组织全乡开展解放思想大讨论宣传。1982年,农村开展党员联系群众到户、广播喇叭安装入户、党报党刊订阅入户活动。1987年,中共十三大召开以后,宣传党的"一个中心,两个基本点"(以经济建设为中心,坚持四项基本原则,坚持改革开放)的基本路线和全面深化改革的决策。1989年,围绕建设有中国特色的社会主义,坚持四项基本原则,反对资产阶级自由化进行宣传思想工作。1989年至1991年,连续三个冬季在全乡进行社会主义教育。1990年,教育党员干部群众坚定社会主义信念,解决思想认识上的一系列问题。1990年流村乡开展了一系列的宣传工作:一是以社会主义思想教育为主题,加强思想政治工作。在社会主义教育的基础上,为了更深一步地大张旗鼓地宣传社会主义,流村地区党委引导干部群众认清国内外敌对势力对社会主义国家"和平演变"的阴谋,从而坚定对社会主义的信念,稳定思想,统一认识,振奋精神。二是抓好"依法治县,科技兴昌"发展战略和"争创先进,振兴流村"的宣传教育。乡里先后组织多次法律培训学习班,先后有宪法、刑法、刑事诉讼法、民事诉讼法和厂规、厂法以及各科技术专业培训,共计16期,普及面是乡办队办两级企业,受训人数达3389人次。每班都进行了考试,考试及格率达到98%。9月份兴建流村中学教学楼,在全乡范围内开展了"我为农村后代做贡献"活动,得到全乡群众的拥护和响应,党员干部、人民群众、中小学生,纷纷伸出友谊之手,有钱的捐钱,没钱的捐物。到11月底,已为教学楼集资10万元。三是加强党的建设,充分发挥党员联系群众作用。流村乡党委在党员中开展了"过五关,创六风"的教育,五关即"权利关、金钱关、作风关、亲属关、人情关",和比学赶帮之风、调查研究之风、发扬民主之风、看书学习之风、以身作则之风等。四是加强广播、新闻的宣传报道,繁荣流村乡文化事业。投资1600元钱,新购置了两台录音机。广播内容增设"流村风采"、"一周新闻综述"、"计划生育知识讲座"等专题。乡广播站一年共播出稿件120篇。组织两次基层通讯培训班,请老师讲专业知识,建立健全岗位责任制。五是弘扬亚运精神,做好本职工作。弘扬亚运精神,学雷锋,学习王国明,大搞农田水利基本建设,努力做好本职工作。11月份,在乡党委书记刘志奇的关心下,乡政工副书记薛文好亲自抓,在邮局的密切配合下,圆满完成了县委宣传部下达给流村乡的1991年党报党刊的征订工作。12月3日,为了欢迎中共中央总书记江泽民、国务院总理李鹏及其他国家领导人来昌平辛店参加水利建设劳动,在工地上安装了广播,张贴了20条小标语、四条大幅标语、插上了条旗,并播出了稿件。同时,对全国第四次人口普查、县乡换届选举、"三夏"等工作进行了专题报道。1990年,流村乡党委在全乡继续宣传社会主义思想教育,实施流村乡党委提出的方案,即在社会主义教育活动中,干部群众要树立八个思想观念。(一)坚持发展壮大集体经济,反对瓦解吃空集体经济;(二)坚持党的领导,反对资产阶级自由化;(三)坚持两个文明一起抓,反对一切"向钱看";(四)坚持以公有制为主体,反对自私自利;(五)坚持按劳分配,反对极端个人主义;(六)坚持自力更生,艰苦奋斗,反对等、靠、要的依赖思想;(七)坚持发扬昌平精神,反对无所作为;(八)坚持一切从实际出发,反对生搬硬套。采取的十种教育形式为:(一)认真学习中央、市、县有关文件。(二)利用广播、板报、标语、图片等开展教育活动。(三)完善农业生产责任制。(四)兴修水利基本建设。(五)加强党的建设,整顿支部班子。(六)进行年终总结评比。(七)开展丰富多彩的文体活动。(九)通过生产救灾,用身边的事实进行教育。(十)进行调查评比。

附 宣传工作岗位责任书:

1. 协助政工副书记抓好全乡干部群众的政治思想教育,做好全党的路线、方针、政策的宣传。

2. 保质保量按时完成上级有关部门下达的各项任务。

3. 做好广播宣传报道工作,积极弘扬战斗在全乡各条战线上的先进人物和先进事迹,搞好自办项目。

4. 建立健全宣传报道队伍,全年培训四次。

5. 完成全年见报稿件 24 篇,乡广播站自播稿件 1800 篇。

6. 完成 1989 年乡人民功臣录的编写。

7. 完成 1991 年的报刊订阅计划。

1994 年,为了全乡的经济建设能做好宣传,使之更全面地为经济建设服务,流村地区建立了一支骨干通讯队伍,这支队伍由团支部书记、妇联主任、民兵连长组成。上半年,流村乡与昌平县宣传部共同协作,投资 3 万元印制 35000 份流村画册。1994 年,流村乡开展爱国主义教育,组织青少年收看了中央记者采访和维持和平部队在柬埔寨执行任务的实况录像及"士兵发展史"的录像片,组织青年听英雄报告。流村乡还结合重大节日,组织有关部门开展了丰富多彩的文艺活动。春节期间,乡里组织了民间秧歌队,到各村进行演出。11 月,流村乡经过一系列准备,圆满完成了县里组织的山区招商新闻发布会。会上流村乡与其他市属单位签订了四项协议书,引进资金几十万元。1994 年,流村乡认真完成上报稿件和向县广播站投稿的任务,上报稿件和上电视台的稿件项目达 40 余次,超额完成县里下达的宣传稿件任务。同时与北京法制报共同开辟了"在流村这片土地上"的专栏报道,稿件十余篇。1994 年,流村乡克服资金不足的困难,拿出资金参加县里举办的摄影培训。12 月份,乡里组织了百道知识竞赛题,内容分十四届四中全会、流村概况、党的知识等,流村乡又通过乡团委、乡妇联等组织开展了"岗位学雷锋,行业树新风,社会送温暖"的活动,涌现出很多典型,如教育战线的吴凤华等。1994 年 2 月,流村镇组织党员、干部和人民代表先后两次参观流村乡的重点工程、重点企业。同时及时总结推出宣传典型的经验和个人,在商业服务行业上始终以王国明为典型,号召所有的商业服务行业的职工向王国明学习;在教育战线上,以陈玉启和吴凤华两位教师为榜样,发扬奋斗精神;在企业中,以上店村尹振光为榜样,广开渠道,广开思路,使农村经济不断走向社会、走向市场。

2001 年 4 月 22 日，流村镇开展了"科教兴农、科教兴村、科技富农"系列活动，区科委、区农业局、中国农大 30 余名专家、教授围绕节水灌溉、温室大棚、果蔬保鲜、优良畜草种植等内容举办专题讲座。2001 年 7 月 11 日，流村镇出动宣传车在北流村三角地举办了庆祝"世界人口日"大型宣传活动。2001 年 9 月 11 日，流村镇村级"三个代表"学习教育活动会议召开。全镇 28 个村 120 名村级干部参加了动员会，副区长杨旭明到会并讲话。2002 年 3 月，流村镇在全镇开展"解放思想，更新观念，抓住机遇，促进发展"大讨论活动。此次活动从 4 月份开始，12 月份结束，分三个阶段，历时 8 个月，参加讨论的是流村镇全体党员群众。2002 年 5 月，为进一步推动全镇"解放思想、更新观念、抓住机遇、促进发展"大讨论活动的深入开展，流村镇党委邀请了中国农业大学原副校长李青山教授为全体机关干部、28 个村支委以上的基层领导干部作了题为《提高素质，当好干部》的报告。2002 年 10 月，为确保十六大召开期间的社会稳定，流村镇党委召开专题会议，对全镇的治安保卫、综合治理、环境整治及"法轮功"的打、防、控等工作进行了研究，并采取了有效措施。2003 年 10 月 15 日，流村镇广大机关干部和群众认真学习了党的十六届三中全会公报。镇村基层支部组织干部群众进行了座谈讨论。2004 年 11 月 17 日，流村镇将有关文件印发到每家每户，引导群众按照法规政策办事。2005 年，流村镇制定了本镇宣传工作的六项工作要点：一是深化学习，切实把学习宣传贯彻"三个代表"重要思想落到实处；二是加强领导，唱响"加强党的执政能力建设，努力构建和谐社会"主旋律；三是强势推进，全面提升农村文明程度，提高全镇农民素质；四是开拓创新，引导群众积极开展丰富多彩的文化宣传活动；五是构建和谐社会，做好统一思想、凝聚力量、振奋精神、鼓舞士气的工作；六是改进作风，塑造全镇宣传思想战线队伍新形象。2005 年，为构建和谐流村，提高全镇农民的综合素质，流村镇开展了"实施农民素质教育工程"的活动，其主题是"构建和谐流村，从提高农民素质教育做起"。成立农民素质教育工程领导小组,组长由镇党委副书记瓮民担任,副组长由党委副书记兼纪委书记刘春林、党委组织委员刘振婷、党委宣传委员时桂荣担任,成员由镇政府办、政法办、财政所、妇联、团委、社会事务科、社会保障科、经济发展科、农林办、计生办、水务站、林业站、农业服务站、兽医站等职能部门人员组成。2005年,流村镇大力实施依法治国、以德治国方略,采取多种形式,广泛开展"文明流村人"、"做人民满意的公务员"等专题教育活动;结合"发展流村我出力,流村发展我受益"和"实施养山富民工程,打造绿色生态村"的宣传教育活动,深入开展社会公德、职业道德和家庭美德教育。2006年,流村镇开展了大型文化和先进性教育宣传活动五场,先后举办了《庆七一文艺节目会演》、《红心向党唱赞歌》、《革命歌曲大家唱》、《燕山情,情暖昌平,走进流村》、《正月十五秧歌花会表演》等大型活动,起到了以活动凝聚人心,以活动教育人民,以活动促进稳定,以活动加快发展的作用。2007年5月8日,流村镇围绕新农村建设推出思想建设工程。在镇村领导干部中开展以"建设绿色、生态、文明新流村"为主题的"新农村建设标准"讨论活动,主要包括宣传口号征集、学习研讨等。开展"讲文明、治环境、建和谐家园"宣传教育活动,以"八荣八耻"为标准,树立社会主义荣辱观,大力提升农民文明素质,树立新农民新形象。2007年6月28日,流村镇举办"永远跟党走,建设新流村"庆祝建党85周年文艺演出。演出以村民自创节目为主要内容,囊括小品、锣鼓、快板、歌曲、舞蹈等形式,丰富多样。2008年7月,流村镇组织多种形式打造平安奥运宣传氛围。一是各支部组织党员干部群众观看《奥运祝你平安》宣传片,教育他们提高奥运安全平安人人有责意识。二是开展家家户户挂国旗活动,增强了村民的爱国意识。三是制作《平安奥运、平安流村》宣传专刊10000份,发放到全镇家家户户,教育村民增强责任意识,争为平安奥运做贡献。黑寨村先后召开"两委"班子会、党员村民代表大会,传达上级精神,并商讨六项举措保奥运平安。一是宣传力度到位,充分利用广播、海报、标语等形式大力宣传平安奥运。二是深入剖析,查找村内矛盾,力保和谐稳定。三是继续开展环境整治和维护,以整洁村貌迎接奥运。四是加强政策性就业人员的管理和上岗监督。五是丰富群众业余文化生活,开展"流村镇星火工程文艺演出"、"姐妹秧歌队扭秧歌"等活动。六是坚持"治三乱"、"除三害",促进村情和谐。

(二)干部理论学习

革命战争年代,干部学习主要结合斗争实际学习革命道理、文化知识和党的路线方针政策。

新中国成立后,干部理论学习内容主要是马列主义基础理论和党的路线方针政策,结合历次政治运动,采取个人政治学习、组织短训班等形式进行。1955 年冬至 1956 年春,对农村乡、社干部分四批进行轮训,主要学习党的会议文件、辩证唯物主义和历史唯物主义基本知识、《中华人民共和国宪法》、时事政治等。

1957 年后,主要学习中共八大文件、《毛泽东选集》、毛主席语录和最新指示及时事政治。1971 年后,开始在县委的要求下,普遍建立政治学习制度,坚持每周统一组织三次至四次以上集中读书读报,建学习班分批对干部进行短期培训。

1978 年 5 月,《光明日报》发表《实践是检验真理的唯一标准》文章后,组织全乡干部结合开展真理标准问题大讨论,学习毛泽东的《实践论》、《人的正确思想是从哪里来的》等著作。中共十一届三中全会以后,乡局党委建立理论学习中心组,制订学习计划,坚持学习制度,学习内容有政治理论、科技知识和市场经济知识,先后组织重点学习中共十一届三中全会文件、《关于建国以来党的若干历史问题的决议》、《关于经济体制改革的决定》、《中共中央关于社会主义精神文明建设指导方针的决议》、《马克思主义哲学学习纲要》、《邓小平文选》(1 至 3 卷)和有关市场经济知识的书籍等。1985 年至 1989 年,对全乡党政机关干部进行正规化理论教育,系统学习《马克思主义哲学》、《政治经济学》、《中国革命史》和《科学社会主义原理》等教材。

1991年后,组织干部重点深入学习邓小平建设有中国特色社会主义理论和市场经济知识。1992年,组织干部学习邓小平南方谈话。1993年,流村乡党委研究制定了加强党委班子思想作风建设的决定。为发挥班子的整体作用,制定了加强作风建设的十项制度,继续坚持党委干部工作规则和"过五关,创六风"的要求。思想作风建设的十项制度是:第一是党委议事规则;第二是领导班子理论学习制度;第三是党员干部民主生活会制度;第四是深入基层密切联系群众制度;第五是廉政制度;第六是监督制度;第七是谈心制度;第八是维护领导班子团结制度;第九是民主评议领导干部制度;第十是谈心制度。党委干部的六项工作规则是:1. 同心同德,团结协作;2. 忠于职守,尽职尽责;3. 出以公心,为党为民;4. 顾全大局,开拓进取;5. 为政廉洁,办事公道;6. 集体领导,作风民主。1994年,流村乡组织党委干部带头学习邓小平理论,以《邓小平文选》第三卷为主要教材,党委多次召开学习会议,领导干部积极参加。1994年12月,乡里组织了百道知识竞赛题,内容分十四届四中全会、流村概况、党的知识等内容。1995年1月26日,在全体乡村干部和机关干部参加的大会上,乡党委书记刘志奇讲了流村乡两大文明建设的"双十"工程,即物质建设的十项工程:1. 林果基地工程;2. 白羊沟自然风景区开发工程;3. 亚都生产基地的扩建工程;4. 商业街的开发工程;5. 粮田基地工程;6. 畜牧发展工程;7. 荒山荒坡的开发工程;8. 工业小区的开发工程;9. 政府街的规划开发工程;10. 山区村的脱贫、致富工程。精神文明建设的十项工程:1. 党建三年的规划工程;2. 绿化工程;3. 军民共建工程;4. 文明村镇、依法治村工程;5. 横向联合工程;6. 综合治理工程;7. 人才培养开发工程;8. 群众文化活动工程;9. 爱祖国、爱家乡的教育工程;10. 社会环境的改造工程。1995年12月,流村乡党委在全乡范围内组织开展了"流村精神"大讨论活动,最后"讲团结、守法纪、肯吃苦、再创新"十二个字被确定为流村精神。1996 年 4 月 17 日,流村乡落实县委加强基层党组织建设要求,根据"五个好"标准与基层党支部签订《党支部建设责任书》,确定了 1996 年加强基层党支部建设的九项重点工作。

2005 年,流村镇组织干部学习"三个代表"重要思想和党的十六大、十六届四中全会精神,牢固树立科学发展观,并制订党委理论中心组学习计划,举办党委理论中心组读书会,带动全镇各级组的理论学习。会同有关部门举办镇、村干部培训班,全面提高领导干部队伍的政治理论水平。2006 年,按照中央和市委的要求,根据区委的统一部署,流村镇全镇开始第三批保持共产党员先进性教育活动,集中学习分为三个阶段:学习动员、分析评议和整改提高。镇先进性教育活动办公室为各支部提供《北京市保持共产党员先进性教育活动农村党员学习教育重点内容摘编》、《永葆党的先进性》、《昌平区第一批、第二批保持共产党员先进性教育集萃》、《流村镇优秀共产党员事迹汇编》和先进性教育活动光盘。2008 年 7 月 1 日,流村镇举办庆祝建党 87 周年表彰大会暨文艺演出。区委组织部副部长刘全新,镇党委书记张勇,镇党委副书记、镇长王建,镇党委副书记张立红等领导班子成员出席了会议,各基层党支部班子成员、受表彰的优秀党务工作者、优秀共产党员以及新发展的党员、大学生"村官"党员等300 余人参加了表彰大会。会议由镇党委副书记、镇长王建主持。大会对先进人员进行了表彰,镇党委书记张勇以"发挥党员先锋模范作用,积极推进社会和谐稳定,确保平安奥运目标实现"为题作了重要讲话。区委组织部副部长刘全新也在会上作了重要讲话,对流村镇党建工作、经济社会发展取得的新进展给予了充分的肯定,并对平安奥运工作的开展作了进一步指示。2008 年 7 月,流村镇以多种活动形式庆祝建党 87 周年:一是表彰一批"两优一先"先进典型;二是走访慰问一批建国前和困难老党员;三是开展了一次新党员党的基础理论知识答题活动;四是开展党员电教片重点播放月活动;五是举办了一场"永远跟党走,建设新农村"大型文艺演出。基层党员干部、机关党员干部、大学生村官等人员参与活动,营造了浓厚的节日气氛。2008年11月,流村镇开展"弘扬奥运精神、打造和谐团队"的活动。打造学习型团队、服务型团队、健康型团队、和谐型团队、创新型团队、高效型团队。2008年10月25日,流村镇在科技文化活动中心召开了"弘扬奥运精神,打造和谐创新团队"主题活动大会,镇党委书记张勇,镇党委副书记、镇长王建,镇党委副书记张立红,镇党委宣传委员时桂荣出席会议。会上,镇党委副书记张立红宣读了流村镇"弘扬奥运精神,打造和谐创新团队"主题活动意见。镇党委宣传委员时桂荣宣读了镇机关党支部"弘扬奥运精神,打造和谐创新团队"主题活动方案。据了解,此次主题活动具体内容为打造学习型团队,打造和谐型团队,打造创新型团队,打造健康型团队,打造服务型团队,打造高效型团队。会后,流村镇邀请区疾病预防控制中心主任、主任医师彭智慧从"当前农村地区面临的主要公共卫生与健康问题"、"健康概念与标准"以及"提高健康水平和疾病预防控制的主要对策措施"三方面为与会人员上了一堂既生动又实用的健康知识讲座。

(三)宣传报道

1990年,由于乡党委重视,投资1600元钱,新购置了两台录音机。广播内容增设"流村风采"、"一周新闻综述"、"计划生育知识讲座"等专题栏目。乡广播站一年共播出稿件120篇。组织两次基层通讯培训班,请老师讲专业知识,建立健全岗位责任制。

1994年,流村乡建立了一支骨干通讯队伍,这支队伍由团支部书记、妇联主任、民兵连长组成。上半年,流村乡与昌平县宣传部共印制35000份流村画册。

2003年秋,流村镇党委创办了《流村视窗》内部刊物。这是一份旨在服务基层工作、引导基层工作、促进基层工作的融新闻性、思想性、交流性于一体的刊物。

2007 年,流村镇科技文化活动中心落成。10 月 10 日,流村镇科技文化活动中心落成典礼暨科普展览活动隆重举行。工程建筑总面积 510 平方米,总投资 120 万元,于 3 月动工,11 月 15 日竣工。仪式上,中国政法大学为流村镇捐赠科普图书 600 册。

2007 年,《流村时报》正式出版发行。《时报》旨在关注流村大事和动态,展示流村地区的政治、经济、文化发展,不断促进基层工作的进步。

2008 年 5 月 7 日,流村镇与中国美术家协会共同组织的"古韵流村"山水画写生活动正式拉开序幕,并于 9 月 8 日至 15 日在中国美术馆举办山水画作品展。

### 四、纪检监察

1985 年,流村乡建立了乡纪律检查委员会,由上级党组织任命纪检书记、副书记及委员。1993 年,纪委书记:贾国玺;副书记:齐炳瑞;委员:刘秉德、徐金瑞、王学翠。1996 年,纪委书记:邵继亮;副书记:柴会昌;委员:陈文广、王学翠、张连玉。1997 年,纪检书记:王正学。2003 年,流村镇纪检书记:刘春林;现任纪委书记:史功岐。

1990 年,流村乡纪委贯彻落实党的十三届四中全会、五中全会、六中全会的精神,以争创先进、振兴流村为目标,努力抓好党风廉政建设,为争创先进、振兴流村的事业保驾护航。

在纪委委员的选拔上,坚持选拔政治性、纪律性较强,各方面素质较好的委员干部来担任纪检委员。调整后的结果是:全乡 26 名纪检干部平均年龄为 36 岁以下,文化程度高中 4 人,初中 18 人,高小 4 人。建立了每月一次的纪检干部工作例会制度。对流村党政现状进行了调查,为县纪委和乡党委掌握党政情况、制定和加强党政廉政建设制度措施提供参考依据。1990 年 2 月,纪委按照县纪委要求安排部署,组织了党委党纪联合调查组,对流村乡党政情况进行了全面调查,历时一个月,召开了 14 次党政群座谈会,走访了 205 人次,最后按时写出 5000 字的党政调查报告,制定并完善了乡党委、乡纪委制定的党委生活制度,领导干部过双重组织生活制度,党政领导干部述职报告制度和针对党政领导干部进行民主评议制度,领导干部参加基层生活会制度。此外,乡党委和纪委不定期和定期召开组织党、政、群座谈会征求群众对党委和政府的工作意见,根据群众意见,制定改进工作措施。惩治腐败,在 1990 年上半年认真查处了两起党员干部违纪事件;开除了原下店村党支部书记尹玉庆的党籍,给予水罐厂党支部副书记高若虹留党察看一年的处分。加强对党员领导干部的权力制约,认真搞好各项廉政工作,严肃处理动用公款公物请客送礼和动用公车办私事、钓鱼打猎等。纪委组织两次大检查,检查了全乡 17 个餐馆食堂、25 个单位,对在检查中发现的不规范制度、政策条文的问题进行了纠正,并对个别问题、个别人进行了批评教育。对党政领导干部进行纪律监督,在监督过程中,先后对两个科级干部建房进行了审查,严格了审批手续,避免了在建私房中侵占国家、集体的公款公物。对全乡科级以上的党员领导干部进行党规党法考核,确定参加考核的 4 名干部,并在一定范围内进行民主评议;将提出的意见进行综合,制定改进工作的方法和措施,与全乡党员干部见面,达到考核的目的。为加强党员干部教育,纪委主要抓正、反两方面的典型教育。正面教育:请县纪委书记陈继茹给广大党员上党课,请阳坊驻军首长吴专金作光荣传统的报告,同时乡党委书记、纪委的领导都分别讲了党课,重点内容是加强党的纪律,改进工作方法。纪委将评选的 6 名流村人民功臣的典型材料打印下发,并请商业战线标兵王国明作报告。反面教育:发放了关于开除尹玉庆党籍、给予高若虹留党察看处分的通报,在全乡党政干部大会上进行通报批评,并通过广播反复播送,给党政干部敲了一记警钟。

1991 年 3 月 27 日,流村乡纪律检查委员会第一次会议召开。参加人员:刘志奇(主持人)、王文治、贾国玺、刘秉德、齐炳瑞、时桂荣(记录人)。内容:选举乡纪律检查委员会书记、副书记(举手表决）。经过选举，一致同意贾国玺担任乡纪律检查委员会书记，齐炳瑞担任乡纪律检查委员会副书记。

1991年4月1日，流村乡纪律检查委员会第二次会议在乡纪检会办公室召开。列会：王文治、贾国玺（主持人）、齐炳瑞、徐金瑞、刘秉德、时桂荣（记录人）。内容：①传达县纪委〔1991〕2号文件《关于党员领导干部学习和执行党规党法情况进行考核的通知》精神。②公布县纪委〔1990〕71号文件《纪检工作百分赛内容及要求》。纪检工作百分赛三步及八个方面内容：1. 保护党员民主权利（4分）。2. 认真查处党内违纪案件（15分）。3. 严把案件审理质量关（8分）。4. 及时处理来信来访，健全信息反馈（13分）。5. 深入开展党风党纪教育（16分）。6. 扎实地搞好党内监督（23分）。7. 认真落实县《纪检文书档案管理规划》（5分）。8. 加强纪检基层队伍建设（16分）。

1991年4月25日在三楼会议室召开纪检工作会。参加人员：基层支部纪检委员、党政检察员、纪检员共32人。主持：贾国玺；记录：时桂荣。内容：1. 学习市纪委〔1991〕3号文。2. 学习市纪委〔1991〕5号文。3. 纪检工作事务报告：包括学习贯彻党代会、纪委工作报告和召开一季度工作总结生活会等内容。

1991年5月25日，在三楼会议室召开乡纪委工作会。列会：齐炳瑞、徐舍瑞、刘秉德、时桂荣；主持：贾国玺。内容：1. 学习纪律条规。2. 总结两个月来工作情况。3. 通报关于王士山案件调查情况——王士山存在以下问题：①工作造假，进行作弊（票据），企图贪污4004元。②个人自入账1538.79元。③销毁商店票据。④在经营猪厂工作中，财务管理混乱，违反财务管理制度，以致现金离库3395.25元。根据其态度给予留党察看2年的处分，由支部大会对其宣读决议。

1991年6月6日晚在文化站礼堂召开纪检工作会。参加人员：农村大队支部书记、副书记；社长，村主任，民兵连长，团支部书记，妇代会主任,会计,主管农、林、牧的大队长。企业单位党支部书记、副书记,厂长;事业单位党支部书记。记录人:时桂荣;主持人:王文治(政工副书记)。内容:1. 由乡纪检书记贾国玺宣读流村乡党委、乡纪委关于给予新村党支部书记王士山留党察看处分的通报。2. 由乡纪检书记贾国玺介绍对全乡科级领导干部进行党规党法考核情况。3. 由纪检书记贾国玺宣讲第三季度纪检工作百分赛考核内容。4. 乡党委书记刘志奇作大会总结。

1991 年 7 月 11 日,在乡纪委办公室召开乡纪委工作会议。参加人员:贾国玺(主持人)、徐舍瑞、齐炳瑞、刘秉德、时桂荣(记录人)。内容:1. 传达县纪委工作会议精神。2. 学习京纪发〔1991〕5号、京纪发〔1991〕8 号、京纪发〔1991〕10 号文件。3. 纪检书记总结半年工作情况。

1991 年 8 月 21 日,在乡纪委办公室召开乡纪委工作会议。到会人员:刘志奇、王和平(乡长)、王文治、贾国玺。主持:刘志奇;记录:时桂荣。会议提交了关于反和平演变、反腐败斗争的认识,并找出了纪委在党风建设和廉政建设上存在的问题。

1991 年 8 月 23 日,在乡机关大会议室召开纪检工作例会,参加13 人。主持人:王文治。会上宣布将召开全乡党支部委员以上的纪检工作大会,并要求今后认真做好以下工作:1. 认真抓好党员干部在商品经济条件下应对考验和反对和平演变的教育。2. 认真抓好各项廉政制度的落实。3. 继续开展反腐败斗争,坚决查处党内违纪案件。4. 抓好正反两方面教育。5. 不折不扣完成县纪委各方面的工作,努力创新。

1991 年 12 月 21 日,在乡文化站礼堂召开纪检工作会。参加人员有农工、企业、事业、机关的全体党员、干部。主持人:王文治。内容:贾国玺传达了 3 份文件:1. 昌纪字〔1991〕18 号文件。2. 昌办发〔1991〕43 号文件。严禁公款吃喝,严禁突击花钱和进一步减少各种会议的通知。3. 中共中央办公厅、国务院办公厅关于认真检查对严禁用公款吃喝送礼等有关规定执行情况的通知。三份文件要求党员干部廉洁自律,身体力行。

1992年3月6日,在乡机关三楼会议室召开基层纪检委员工作会议。列会:王树英、陈有亮、曹瑞青、杨广礼、沈玉霞、谷天成、李德英、王德明、秦福年、郭明、曹宝深、谷天稳、谷天友、周明顺、汤文存、沈玉臣、张淑兰、周德山、刘秉文、张万奎、孙岳峰、朱连祥、李成富、陈德山、白舍文。会议内容:1. 传达市纪委〔1992〕1号文件。2. 传达县纪委工作会议精神。3. 讲乡纪委1992年工作重点。4. 讲5个具体问题。会议主持人:时桂荣(代记录)。会议主讲:贾国玺。重点问题:1. 党政干部住房建修必须接受纪律监督,坚持审批手续;装修住房造价在500以上必须申报,建房一间造价在2000元以上必须向乡纪委申报,批准后方可施工。2. 认真严格把关,严禁用公款公物大吃大喝,请客送礼。3. 严禁用公款公物,以各种名义外出旅游观光。4. 严禁用公车、公款外出钓鱼打猎。5. 从2月份起,对全乡支委及以上的党员干部学习执行党规党法进行考核。

1992年4月3日,在乡机关大会议室召开全乡党政领导干部纪检工作大会,主持:王文治。会议内容:通报对陈士杰的党内处分和几个具体问题:1. 以陈为戒,按党员标准办事。2. 在改革开放和经济建设中,必须遵守党纪党规,严禁收红包。3. 加强廉政建设。4. 加强监督,同人民群众密切联系。5. 今后再有违法案件,发生一起查处一起,绝不姑息。列会人数:123人。

1992年5月8日,在乡机关三楼会议室传达县纪检工作会议精神。记录:时桂荣。内容:学习中央2号文件。贾国玺做主要发言人。发言内容为如何以身作则,加强纪律监督和干实事。

1992年7月3日下午3点,在了思台招待所会议室召开例会。列会人员:王和平、贺德纯、王文治、张全智、李德林、刘秉德、贾国玺。主持:刘志奇。记录:时桂荣。会议内容:总结上半年工作,对照六中全会精神进行乡内自查以及落实情况。

1993年1月15日,在三楼会议室召开1992年四季度党委生活会。主持:刘志奇。记录:刘秉德。列会:王和平、贺德纯、王文治、张泉知、李德林、崔宏生、张淑芳、朱健波、齐西瑞、徐兴元、刘秉纯、贾福贵。会上通报了上年的主要成绩:白羊沟的开放;黄大钱的兑现;石子厂的电源;25个企业,成功做了3个联合项目;柏油路,中学楼,电话改装;机关成功改革。

1995年8月,流村乡纪委对杨东明、张玉堂、李福华、王德臣、张青松5位党员1995年5月份在白羊沟、凤凰城嫖娼一案进行了处理,开除了5人的党籍。

2004年,流村镇纪委为响应上级的号召,并加强自身工作,对党员作了如下通知:严禁党员参与群众集体上访。要求首先对党员加强教育和管理;二是要认真受理信访案件;三是共产党员要保护和维持本地区本单位的稳定。

2005年,深入贯彻党的十六届四中全会精神,为认真落实中纪委五次全会、市纪委七次会议和区纪委三次全会精神,加快经济和社会全面发展,确保流村镇党风廉政建设和反腐败工作的落实,按照市区的部署,结合流村镇的实际,以开展"保持共产党员先进性"教育为主线,努力提高全镇各级党组织执政能力,以建立健全教育、制度、监督并重惩治和预防腐败为重点,促进全镇党风廉政建设和反腐败工作深入开展。主要工作:一是继续抓好党风廉政建设,加强领导干部廉洁自律工作;二是采取有力措施,继续加强查办案件和信访举报;三是认真解决群众反映的突出问题,坚决纠正损害群众利益的不正之风;四是逐步建立健全教育、制度、监督并重的惩治和预防腐败体系,认真抓好源头治理工作。

**附** 2005年纪委工作考核办法:

1. 严格执行党委纪委的各项决定,按时参加镇纪委召开的会议、培训,支部要有纪检委员负责纪检工作。

2. 严格遵守"村级领导干部若干规定",村级领导干部做到廉洁自律全年无违纪现象发生。

3. 每年向村民公布两次账目,重大事项、计划生育指标、房宅基地等,定期在公告栏中向村民公示。

4. 全年不发生农村党员严重违法、违纪案件。

5. 能及时上报信息,化解内部矛盾,全年不发生集体上访,更不能出现党员及领导干部参与集体上访。

6. 做好每年的5—6月"党风廉政建设宣传月活动"。

7. 加强对党员教育管理的力度,特别是对党员中的"法轮功"练习者的教育转化力度,做到完全转化。严禁党员参与邪教组织活动。

8. 严肃党的纪律,村级购买工作用车必须召开党员会、村民代表会,必须报镇纪委审批,批准后方可购买。

9. 村级重大工程完工后,必须上报一切重大工程项目的审批材料、收支预算执行情况等书面材料复印件,以便监察。

10. 村级党员及领导干部全年未出现重大交通事故,未出现赌博现象。

表8　1985—1990年6月流村镇纪委受理信访情况调查表

| 年度 | 信访件数 | 其中 | | | |
|---|---|---|---|---|---|
| | | 县纪委转办 | 县信访办转办 | 县监察局转办 | 本单位直接办理 |
| 1985 | 12 | 5 | 3 | / | 4 |
| 1986 | 10 | 2 | 8 | / | / |
| 1987 | 14 | 4 | 7 | / | 3 |
| 1988 | 13 | 3 | 9 | 1 | / |
| 1989 | 20 | 9 | 3 | 3 | 5 |
| 1990年1—6月 | 13 | 5 | 6 | 1 | 1 |
| 合计 | 82 | 28 | 36 | 5 | 13 |

(资料来源:昌平区档案馆)

## 第二节　社会团体

### 一、农民组织

贫下中农协会(简称"贫协")由土地改革中划分农村阶级成分家庭定为贫农、下中农成分的人员代表组成。协会成立后,根据《中华人民共和国贫农、下中农协会组织条例(草案)》,处理农村工作。中共十一届三中全会以后,贫下中农协会组织职能逐步削弱,1981年正式解散。

### 二、工人组织

1949年7月,县工会筹委会开始在流村地区发展会员,基层工会逐步建立。1960年至1962年,工会组织开始进行整顿,在新建立的企业中发展工会。1968年,被基层工代会取代。1984年起,工会工作根据中华全国总工会和北京市总工会规定,开展整顿工会组织,建立职工之家(简称"整组建家")。流村乡工会第一次代表大会于1996年9月12日召开,张树玲代表筹备组作筹备工作报告,大会选举产生了流村乡第一届工会委员会和工会经费审查委员会。党委书记于泓主持召开流村乡第一届工会委员会第一次会议,并公布分工结果。

流村乡第一届工会委员会名单如下:

主席:张树玲。

副主席:贾国玺、张玉宝。

委员:刘丙德、王学翠、崔文秀、李宝安、黄成江、高若虹。

流村乡第一届工会经费审查委员会名单:

主任:贾国玺。

委员:陈进利、刘正雄。

工会主席张树玲发表题为《发挥职能作用,为促进流村两大文明建设做贡献》的讲话，县乡领导也分别发表讲话。

2008 年 6 月 25 日，张立红任流村镇工会主席。

工会工作主要是开展生产劳动竞赛，参与企业民主管理，维护职工利益，关心职工生活，开展宣传教育，组织文体活动。

### 三、共青团组织

共青团组织是中国共产党领导下的先进青年的群众组织。在抗日战争和解放战争时期，流村地区的民主政权区成立了青年抗日救国会。新中国成立后，整团建团工作开始陆续展开。中小学校从新中国成立后，成立了中国新民主主义青年团组织。乡（镇）党委设团总支（团委）。1995 年，团县委下发《关于加强团的建设三年（1995年—1997 年）规划纲领》。在党的领导下，共青团不断进行思想教育、团支部建设、文化建设等活动。

思想教育工作：积极开展"学雷锋、做贡献"活动和各项竞赛活动。

1992 年元旦期间组织中学、小学、喷化厂、水罐厂、中药厂等 30余名团干部，各单位集资 300 多元，为乡敬老院、北流三户军烈属送去白糖、茶叶、水果、年画等慰问品，贴对联、年画 40 余幅。在乡的各个单位中设立 19 个学雷锋小组，6 个定点服务对象和定点服务站。每逢节日，学雷锋小组到敬老院义务服务，送慰问品。举行"学习十四大"知识竞赛。在乡企业中，广泛开展"争做青年科技星火带头人活动"，成绩优异的有中药厂的黄成武，建筑队的陆全亮和喷化厂的王学龙等人。在农村广泛开展了"争当科技示范户"活动，涌现大批专业户，如养猪专业户、古将村的姚春江，葡萄专业户、北流村的崔文云。开展爱国主义教育，在乡文化站中举办了电影宣传周活动，受教育人数 1000 人次。继续开展达标创优竞赛活动，团支部达标创优作为长期活动，达标率在 80% 以上，创优率在 30% 以上。

1993 年 1 月 20 日，乡团委组织中药厂团支部、水罐厂团支部、建筑队团支部、机关团支部、小学团队联合到乡敬老院慰问,给敬老院的孤寡老人带去了橘子、茶叶、白糖、橘汁、苹果、蛋糕等慰问品,为敬老院贴对联,同去的小学生为敬老院扫院子、清垃圾。各村团支部在春节前结合拥军优属工作,为五保户、军烈属送油、送肉、贴对联、年画,打扫卫生。北流团支部不但给烈属崔福家送慰问品,还为其拆洗被褥。春节期间,团委学雷锋小组共为五保户、军烈属贴对联40余幅,做好事达100余人次。1993年,依据县团委关于开展"人人出力争先锋,为突破百亿做贡献"主题竞赛活动的通知精神,流村乡团委在乡广大团员青年中广泛开展了"紧团结,齐奋战,超两亿做贡献"主题竞赛活动,活动宣传了昌平县委在七届七次全会上提出的"八五"末工业总产值要突破百亿的宏伟目标以及在县委七届七次全会基础上乡党委提出的"八五"末的各项经济指标。在深入开展这项活动中,涌现了一批农村致富的青年带头人,如古将村的王德臣,白羊城村的李贵稳,中药厂的黄成武,建筑队的陆全亮、陈得文等。

1994年,乡团委重点加强团员青年的革命传统和爱国主义教育。清明节前,乡团委开展了一系列活动,组织团员扫墓,请老同志讲京西第一支队抗日武装力量的历史等,对团员进行革命传统教育。乡团委和各基层团支部在春节前后对敬老院和30余户军烈属进行了走访慰问,并送去了慰问品。1994年3月6日,乡团委向全乡广大团员青年发出"爱心帮团,爱心助残"的号召,全乡基层团组织成立的20余个"学雷锋爱心行动小组"为敬老院、困难户擦玻璃、扫院子,在汽车站设点义务修车、擦车,并为过往公共汽车司机送水,帮助"王国明分销店"擦柜台。这一天,流村乡团组织共发动青年团员150余人次,进行献爱心义务服务,贴标语150余条。

1995年,流村乡团委以《共青团昌平县1995年工作思路》、《团建三年规划》、《昌平县1995年共青团工作要点》以及各时期团委下发的文件通知精神为指导,紧密围绕乡党委、政府《双十工程》的工作中心和"强工商、兴农林、建设小集镇"的区经济发展思路,以务实的工作作风,扎扎实实地开展好每一项工作。1995年,在全乡青少年中广泛开展"学雷锋、送温暖青年志愿者活动"。乡团委积极开展青年志愿者爱心行动,并与学雷锋活动有机结合起来,充分发挥团组织的作用,在广大青少年中倡导团结友爱、助人为乐的新风尚。1月26日,乡团委组织中药厂、水罐厂、建筑队、小学系十余支青年志愿者服务队联合去敬老院、军烈属户、孤寡老人家、王国明分销店(小学德育基地)进行慰问服务,并且带去了各种年货,同去的少先队员为敬老院的老人表演了文艺节目。农村团支部也积极组织团员青年走访慰问军烈属、困难户,并进行益民服务活动,为他们扫院子、贴对联、年画等。全乡共出动团员、青年、少先队员200余人次,贴对联24幅。1995年3月5日,乡团委抓住毛泽东题词"向雷锋同志学习"32周年的有利契机,积极弘扬雷锋精神,组织机关团支部、西峰山团支部、中药厂团支部、水罐厂团支部在西峰山汽车站开展"学雷锋益民咨询服务"活动,贴标语、挂横幅、并设立"学雷锋广播宣传站"宣传雷锋的事迹和本乡劳模王国明的敬业精神,团员青年义务清扫街道,帮助供销社擦玻璃。北流共青团支部的学雷锋小组,利用半天时间,从林场捡来一车柴,给特困烈属崔福家送去,新村团支部组织团员青年对老革命团员张秀云、刘荣芝家进行慰问服务活动,他们帮助打扫卫生、擦玻璃,并帮助修好了自来水。中学团总支的学雷锋小组,在北流村三角地汽车站设点义务修车,仅半天时间,就修车20余辆。乡团委向基层团队组织发出号召,学雷锋活动要经常持久开展下去。积极动员、广泛宣传、上下协调、扎扎实实开展好5月21日"全国助残日"活动。乡团委基层组织利用板报、广播等宣传工具积极宣传有关保障残疾人合法权益的条文、法律、法规,并大力宣传乡残疾青年李维海身残志坚发展个体经济的典范和新村残疾青年幼儿教师葛玉珍自强不息、为幼儿事业奉献的事迹。根据本乡团队组织分布情况,使45名残疾人与团队组织结成对子,开展"一助一送温暖"活动。为加强青少年爱国主义教育,流村中心小学在本校开展一系列"爱祖国、爱北京、爱家乡"的活动。5月中旬,流村乡中心小学1000余名少先队员参加了本校举办的"祖国真伟大"的演讲比赛,通过参加演讲比赛,增加了少先队员的"祖国伟大"的信念,同时也培养了他们的演讲能力。

2005年,开展旗帜鲜明的主题思想教育,以抗日战争胜利60周年、红军长征胜利70周年为内容,树立和贯彻科学发展观,深化理想信念教育,进一步加强和改进青少年思想政治工作。

团支部自身建设:建立健全团支部建设,完善团支部各项制度。

1992年,团委建立了三册、三根、二簿、一档、一卷制度,共办理团组织关系转出22人,转入1人,办理超龄团员47名,办理注销手续3人,青年入党3人。组织调查工作,本着"选好一个书记,搞活一个支部"方针,对4个团支部进行了调整,有下店、新村、供销社、机关。进行5次团干部培训,培训内容包括理论知识和业务知识。乡团委成立了马列学习小组,部分团支部也参加了小组的学习,通过学习培训,提高了团支部的理论水平,丰富了团支部的知识。加强对学校团队工作的领导,乡团委经常与中心小学负责团队工作的老师联系,互相沟通,共同制订工作活动计划,互相支持,互相帮助。1992年底,团委制定了团委工作手册和团支部工作手册。为提高团支部的战斗力,本着"选好一个书记,搞活一个支部"的方针,1992年年底对下店、新村、机关三个支部班子进行了调整。

1993年年初,团委工作手册和团支部工作手册发到各团支部书记手里,使团支部书记工作开始变得正规、规范,从而健全了三册、三根、二簿、一档、一卷制度。1993年共发展团员142人,办理团组织关系转出75人,转入组织关系2人,办理超龄离团72人,办理注销手续20人,青年入党7人。1993年年初,又对西峰山、服装厂、喷漆厂三个支部班子进行了调整,从而使这些团支部工作起来更富有活力。进行团干部培训,培训内容有理论知识和业务知识,并在培训期间召开了座谈会、研讨会，还对团干部进行了交谊舞培训。

1994年，为壮大团员队伍，提高团员素质，乡团委进行严格的团员管理。1994年年初，就团员发展工作进行调研。五四期间，乡团委在坚持标准、保证质量的前提下，共发展团员63名，其中中学生56名，企业2名，农村5名。加强对团干部的培养教育和管理，乡团委通过每月的团支部书记会议加强对团干部培训，并于5月下旬对团干部进行了为期2天的集中培训，共有19名干部接受培训。在培训中，除共青团知识的培训外，还加入了经济、法律、管理以及交谊舞、写作知识的培训，进一步完善了团干部的知识结构。做好团员教育的评议和注册。1994年年初，对全乡255名团员进行了评议和注册，注册率为74%。为严肃团的纪律，对1名团员做出了开除团籍的组织处理。为加强青少年维权工作，乡团委抓住3月6日"学雷锋日"的有利契机，利用咨询、发放宣传材料的形式，积极宣传《北京市未成年人保护条例》，并在"六一"儿童节之际，以慰问信的形式发送到儿童手中。宣传《条例》真正做到立足青少年，服务青少年，切实做好维护青少年合法权益。加强推优入党工作，根据县委组织部、团县委的通知精神，乡团委以各团支部书记、基层团组织推荐的24名团员作为党员发展对象，通过党课学习、党组织培养考察，共有3名团干部、6名青年加入了党组织。在党员发展中，团员比例超过了30%。1994年，团委做好团务工作，共办理组织关系转出100人，转入组织关系5人。

1995年共发展团员38名，并在五四表彰大会上由12名新团员代表举行了宣誓仪式。加强组织建设，为2个长期没有团支部书记的支部配齐了团支部书记。开展团籍注册工作，共注册250人，注册率近70%。进行推优入党工作，共推荐28名优秀青年做党员的发展对象。1995年5月25日，入党积极分子同党员一起参加乡党委组织的党课学习。做好团务工作，包括收缴团费、团组织关系转接和文件存档。

2005 年,坚持"党建带团建",精心部署流村镇共青团第二次代表大会,继续开展"推优入党"和"推优荐才",为党组织输送人才。

文化建设方面,举办各种文体活动。

1992 年年初,乡团委在文化站礼堂、中药厂、小学和 88750 部队,联合举办了青年春节联欢会。协助乡文化站举办自行车越野比赛。在乡里举办了乒乓球比赛、象棋比赛。积极参加县团委举办的"青春颂歌"系列竞赛。举办"学习十四大知识竞赛"。

1993 年 3 月,在文化站装修了一个小型舞厅,受到广大青年的欢迎。1993 年 3 月,下店村团支部、中药厂团支部同 88732 部队举办了一台军民联欢晚会,丰富了农村的文化生活。1993 年 4 月 29 日,在团办舞厅,为纪念五四运动 74 周年举办了团干部联欢会,并邀请了部分优秀团员参加。5 月 4 日晚,在中药厂礼堂,举办了"庆五四卡拉 OK 比赛",有 200 余人观看了比赛。同日,在文化站礼堂举办了"庆五四表彰大会",会上对各类先进进行了表彰,还为 70 名新党员举行了集体宣誓仪式。党委刘书记、王书记到会,共有 200 余人参加了表彰大会。1993 年 6 月,乡团委协助文化站举办了乒乓球比赛。

1994 年 4 月,乡团委本着"立足青年,服务青年"的原则,举办了"青年交谊舞培训班",共有 50 余名团员青年参加交谊舞学习。1994 年 5 月 4 日,乡团委主办、中药厂团支部承办了"青年歌舞联谊晚会",在中药厂礼堂举行,有 70 余名团员青年参加了晚会。5 月 5 日,乡团委组织中药厂团支部、小学团支部、新村团支部同工兵营部的战士举行了一场联欢晚会,密切了军民关系,丰富了部队战士和地方青年的业余生活。1994 年 6 月 8 日,乡团委在机关会议室举办了"我的家乡"演讲比赛,12 名选手参加了比赛,评选出了前 3 名,并推荐最优秀的选手参加了 11 月 30 日县团委举办的"我的家乡"演讲比赛。1994 年"八一"期间,乡团委开展了一系列庆祝活动,组织青年团员到工兵营部队进行慰问服务,为部队战士机补、手补衣裤共计80余件,被罩2个,还组织青年同88372部队战士进行了篮球友谊比赛,组织机关、中药厂、小学团支部同88372部队战士举办了联欢晚会。

绿化美化方面,进行植树造林活动。

1992年4月初,流村乡团委提出"绿化美化、爱我家乡、造福子孙"的口号。在当年的绿化美化活动中,中药厂团支部在本单位外修了花池,栽上柏树,在院内栽上成行的黄洋,隔成小区。北流村团支部参加了猪厂的绿化造林工作,基层各支部相继开展了绿化美化植树义务活动。

1993年4月3日,为"争奥运,迎七运"做贡献,600余名团员青年参加了乡组织的庄一新路植树大会战。为迎接4月18日举行的"燕德杯"全国自行车邀请赛,喷漆厂团支部、建筑队团支部发动团员青年协助本单位栽几十株17年生的桧柏树;为了给"燕德杯"自行车赛创造良好的比赛环境,乡团委又同武装部、妇联一起联合组织了清除青年绿化基地内石头的大会战,共出动团员青年500余人次。

在1994年春季的植树造林活动中,乡团委广泛发动团员青年少先队员,中、小学生,积极投身于流村乡的绿化美化事业,建小枣基地,绿化新校园,给连村路披绿装,到处都留下了团员青年挥汗如雨的身影。在绿化美化活动中,全乡团组织共贴标语200余条,放广播20余次,更换板报17块,栽树2000余株。

1995年3月18日,流村乡20余个单位的团员、青年学生、部队战士、少先队员共计800余人参加了乡重点工程——西峰山小枣基地挖坑的大作战,仅半天时间就挖坑2000余个。1995年4月1日,乡团委组织团干部、团员和入团积极分子80余人,到王家园植树100余株,培树盘240余个,为村里解燃眉之急。1995年4月13日,80余名团员青年来到大西沟种植香椿,半天就定植300余亩,近3000株。

宣传工作方面,通过多种形式进行宣传教育。

1992 年,乡团委利用板报、广播、橱窗等形式及时宣传党的方针、政策,积极宣传流村乡的经济发展方针和一系列政策。配合党的中心工作,做好三夏、三秋的宣传,益民服务抢收抢种工作。

1993 年 3 月 7 日,乡团委组织机关干部、西峰山团支部、中学团总支在西峰山三角地汽车站和北流三角地汽车站,开展了学雷锋益民咨询服务活动,贴标语、挂横幅、放广播、发宣传品,并为"争奥运,迎七运"进行宣传。1993 年,流村乡共确定了 12 项重点工程,白羊沟旅游业开发是重中之重。为配合乡党委的中心工作,搞好白羊沟的宣传工作,乡团委相继给 50 多个大专院校 30 多个中学、师范、中专学校发信要求进行白羊沟旅游宣传。

1994 年,为配合党委中心工作,做好三夏、三秋安全生产,乡团委进行了宣传活动、益民服务和抢收抢种工作。制定"团委委员分片负责制"和"厂帮村制",即一名团委委员包一村或几个村,一个厂帮一个村,并成立互助组,帮助孤寡老人、军烈属抢收麦子,还利用板报、广播、标语知识,积极宣传安全、生产、防暑、防食物中毒和防盗。1994 年,为搞好白羊沟的宣传工作,乡团委利用自身优势相继向 100 余所大专院校和中专学校进行宣传。

技术培训工作方面,开展各项技术技能培训活动。

1992 年,为贯彻县委"依法治县、科教兴昌"的战略方针,确实提高企业青年的业务、技术和法制、安全观念,乡团委、乡企业公司、乡科委、乡安委会联合制定了企业青工双培训计划,培训内容共计 9 项,受训人数达 150 人。通过培训,提高了青工的法制观念和安全理念,违法乱纪的现象减少,业务技术提高,企业的经济效益增加。

1994 年,广泛开展完成乡"441"工程做贡献为主题的活动。流村乡各级团组织紧紧围绕这一奋斗目标,开展劳动生产竞赛活动,企业团组织开展"争当青年岗位能手活动",农村团组织继续开展"科技兴农"活动。林业站站长张进海积极帮助农村团组织对广大农村青年进行实用技术培训,讲授果树嫁接、剪枝和管理,并多次进行现场指导,带动广大农村青年学习和运用相关实用技术,走致富之路。开展以服务青年为突破口,培养农村"青年科技带头人"的活动。1994 年 4 月中旬,北农大的一些专家、教授到流村乡考察,送科技下乡。乡团委组织青年、各林业技术员,在西峰山小枣基地听了专家对果园规划、管理病虫害部分的讲解。

双拥工作方面,开展拥军优属活动。

1993 年 8 月 1 日是中国人民解放军建军 66 周年纪念日,为推动双拥工作,共建新形势下的军民鱼水情,流村乡各级团组织展开了丰富多彩的"八一"庆祝活动,从 7 月 26 日至 8 月 1 日,举行了"八一"双拥活动宣传周。7 月 27 日,乡团委和乡武装部一起在乡领导的带领下对 11 个驻军部队进行了慰问,并送去了慰问品。7 月 28 日,乡团委组织基层团支委以上干部同武装干部妇联干部一起听了赴束情况报告会。各村团支部在"八一"期间也都不同程度地开展了拥军优属工作。中药厂团支部给烈属崔福家送去了慰问品。新村团支部同村干部一起走访了工兵营,送去了慰问品,并邀请部队战士进行了一场篮球友谊赛。上店团支部对军领导进行了走访慰问。

2005 年,流村镇共青团工作的总体目标是:牢固树立和坚持"建设、服务、创新、发展"的工作理念,以服务全镇"生态、旅游、休闲"建设、服务全镇青少年。做好 11 名大学生志愿者的管理工作,充分调动每名志愿者工作的积极性。做好"品学兼优但生活贫困学生"的"爱心基金、学子阳光、希望工程(1+1)"等奖学金的统计、申报、发放及管理工作,继续开展"扶贫济困"行动,为青年做好服务。

### 四、妇女组织

抗日战争时期,流村地区成立妇女联合会(妇联),在各村成立妇女抗日救国会。解放战争时期,成立村妇代会。新中国成立后,妇代会的地位更加巩固。70年代以后,在村镇、企业中相继成立妇代会。流村乡妇联在乡党委和县妇联的领导下,不断开展妇女工作。1993年,流村乡共有18个基层妇代会。到1996年,流村乡共举办5届妇女代表大会。1998年3月4日,流村镇召开第一届妇女代表大会,选举产生了第一届妇女联合会会员。现任流村镇妇联主席的是崔文秀。

开展妇女宣传教育活动方面,抗日战争期间,在妇女中开展宣传抗日思想活动,妇代会组织妇女参加筹措粮草、纳鞋底、做军鞋、抢救伤病员、组织担架队等支援抗日。解放战争期间,妇代会宣传党的新政策,组织妇女收粮运粮、抢救伤病员,并支持妇女们鼓励其丈夫参军参战,为解放战争胜利做出自己的贡献。新中国建立后,在县妇联的领导下,围绕不同时期党的工作,开展宣传教育活动。1950年,组织开展"抗美援朝、保家卫国"的教育宣传。50年代中期,进行社会主义教育、集体主义教育,学习毛泽东的著作。改革开放后,通过组织学雷锋、培训班等活动,对妇女进行爱国主义教育和"四自"(自尊、自信、自立、自强)教育。1993年,妇联组织7个义务小分队,走访了临近的驻军单位,为他们洗衣、理发、修表等,并为赴柬官兵制作了40双精致鞋垫。在"八一"建军节,请来了赴柬部队的同志为广大的妇女干部作了一场赴柬报告。同时宣传先进妇女事迹,利用广播、板报等形式进行宣传,受教育面达100%。2001年3月8日,流村镇妇联开展"助申奥登长城"、"大众读书征文"、"建设绿色家庭"知识竞赛、健身球表演等系列活动,庆祝"三八"国际劳动妇女节。农村妇女劳动力分布总人数2419人,参赛人数2400人,乡镇企业女职工768人。2008年6月,流村镇妇联向全镇妇女发出了"创平安家庭,保奥运平安"的倡议书,主要倡议如下:一要提高认识,不断增强大局意识、忧患意识和责任意识;二要遵纪守法,争做社会主义的合格公民;三要积极行动,为建设平安社会、守护平安奥运做出应有的贡献。妇联呼吁全镇的妇女姐妹们,为了亲人的幸福和家庭的安宁,为了社会的和谐和北京奥运的平安,携手积极参与到"创平安家庭,保奥运平安"的活动中,"人人讲平安,家家创平安",齐心协力共创家庭平安、社会稳定、美丽和谐的灿烂明天。

搞好三八五好活动,是妇联的传统工作。1993 年,三八红旗手共计有 300 多名,五好家庭共计有 2250 户。2002 年 3 月 6 日,流村镇召开了迎"两会"、庆"三八"表彰大会。镇党委副书记张伟,副镇长张树玲、韩国玲,武装部长李德林参加大会,会上对各类先进人物进行表彰。镇委书记要求广大妇女学习"两会"精神,积极投身流村镇的两大文明建设,在新的一年里再立新功。

活跃妇女文化生活方面,帮助妇女学习文化知识,进行娱乐活动。开展大众读书会、座谈会,要妇女谈体会、讲故事等。1993 年举办经验交流会 2 次,参加人数 160 人。农村妇女进行实用技术培训,乡级共计进行 3 期,300 人参加;村级共计组织 3 期,有 2400 人参加。参加"绿色证书"或"专业证书"学习人数 12 人,领证 1 人。2008 年 5 月 30 日,镇妇联举办了家政服务员岗前培训班。此班为期 10 天,于 6 月 8 日结束,来自全镇 7 个村的 45 名妇女参加了培训。这次培训班结束后,参加培训的学员陆续就业,就业率达 100%。

保护妇女合法权益方面,学习《婚姻法》、《妇女权益保护法》,并举办各种知识竞赛。1993 年,共接来访信件 14 件,全部结案。

做好儿童工作方面,兴建幼儿园,个体兴办家庭托儿所,举行"三优"(优生、优育、优教)的教育活动。1993 年,新搬迁两个幼儿园,为幼儿园投资 3 万多元,举办幼儿教师培训班 12 期,每月 1 期。5 月 29 日召开少儿工作协会会议。5 月 30 日,召开庆六一儿童节大会,总结工作,表彰先进。开展一系列家庭教育。1993 年,有 41 人参加家庭骨干培训班,开展三优知识竞赛,征订了婴幼儿教育类报刊 500 份。

表9　1993年流村乡妇联评选各类先进统计表

|  | 三八红旗集体 | 三八红旗手 | 五好家庭总数 | 占村户数的比例（%） | 好婆婆 | 好媳妇 | 敬老尊老 | 老有所为 | 其他 |
|---|---|---|---|---|---|---|---|---|---|
| 村级 | 16 | 95 | 1545 | 60 | 30 | 50 | 55 | 17 |  |
| 镇级 | 15 | 34 | 22 |  | 9 | 16 | 22 | 11 | 18 |

（资料来源：昌平区档案馆）

表10　流村乡妇联评选各类标兵数

|  | 三八红旗集体 | 妇代会 | 服务组 | 幼儿园 | 承包队组 | 村办企业 | 五好家庭标兵 |
|---|---|---|---|---|---|---|---|
| 村级 | 25 | 3 | 9 | 4 | 7 | 2 |  |
| 镇级 | 15 | 5 | 2 | 3 | 3 | 2 | 22 |

（资料来源：昌平区档案馆）

三八红旗标兵镇级共计34人，其中妇联干部11人，幼师7人，各级妇女干部5人，企业女职工6人，一般群众5人。

表11　妇女干部培训表

| 种类 | 村级（期数，人数） | 镇级（期数，人数） |
|---|---|---|
| 业务知识 | 8期124人 |  |
| 写作知识 | 1期16人 |  |
| 政治理论学习 | 4期320人 | 2期32人 |
| 法律知识 | 1期30人 | 2期32人 |

（资料来源：昌平区档案馆）

表12　先进妇女事迹报告会

|  | 次数（次） | 报告人数（人） | 受教育人数（人） |
|---|---|---|---|
| 村级 | 16 | 44 | 1100 |
| 镇级 | 2 | 6 | 300 |

（资料来源：昌平区档案馆）

### 表13 妇联表彰典型

| | 受表彰人数（人） | 受教育妇女（人） | 占成年妇女比例（％） | 宣传典型 |
|---|---|---|---|---|
| 村级 | 1500 | 11000 | 100% | 44 |
| 镇级 | 120 | 2000 | 90% | 17 |

（资料来源：昌平区档案馆）

### 表14 妇女活动站情况统计表

| 村名 | 房间 | 合办否 | 有会徽 | 条例 | 桌椅 | 书柜 | 各类文体用品 |
|---|---|---|---|---|---|---|---|
| 古将 | 3 | 是 | 有 | 5 | 10 | 2 | 2 |
| 黑寨 | 3 | 是 | 有 | 5 | 10 | 2 | 2 |
| 北庄 | 2 | 是 | 有 | 5 | 5 | 1 | 2 |
| 漆园 | 3 | 是 | 有 | 5 | 7 | 1 | 2 |
| 中药厂 | 5 | 是 | 有 | 5 | 15 | 4 | |
| 水罐厂 | 4 | 是 | 有 | 5 | 20 | 4 | |
| 服装厂 | 2 | 是 | 有 | 5 | 10 | 1 | |
| 建筑队 | 3 | 是 | 有 | 3 | 10 | 1 | |
| 喷化厂 | 2 | 是 | 有 | 3 | 10 | 1 | |
| 合计 | 48 | | | 76 | 318 | 37 | 46 |

（资料来源：昌平区档案馆）

### 表15 妇联组织参加技术培训统计表

| 村名 | 实用技术 | 时事政治 | 法律知识 | 知识竞赛 |
|---|---|---|---|---|
| 古将 | 1期42人 | 1期70人 | 1期150人 | 2期170人 |
| 黑寨 | 1期40人 | 1期50人 | 1期150人 | 2期200人 |
| 北庄 | | 1期20人 | 1期40人 | 1期60人 |
| 漆园 | | 1期15人 | 1期30人 | 1期40人 |
| 中药厂 | 1期170人 | 1期300人 | 1期30人 | 1期170人 |
| 水罐厂 | | 1期140人 | 1期40人 | 1期40人 |
| 服装厂 | 2期140人 | 1期70人 | 1期68人 | 1期40人 |
| 建筑队 | | 1期30人 | 1期12人 | 1期20人 |

续表

| 村名 | 实用技术 | 时事政治 | 法律知识 | 知识竞赛 |
|------|----------|----------|----------|----------|
| 喷化厂 |  | 1 期 30 人 | 1 期 20 人 | 1 期 30 人 |
| 合计 | 15 期 587 人 | 16 期 1865 人 | 14 期 920 人 | 22 期 1610 人 |

（资料来源：昌平区档案馆）

表 16　基层妇代会大众读书会活动情况统计表

| 妇代会名称 | 会员数 | 小组 | 读书演讲 | | 知识竞赛 | | 学习座谈 | | 朗读比赛 | | 专刊小组 | |
|------------|--------|------|----------|----|----------|----|----------|----|----------|----|----------|----|
| | | | 次 | 人 | 期 | 人 | 次 | 人 | 次 | 人 | 次 | 人 |
| 中药厂 | 50 | 4 | 1 | 7 | 1 | 22 | 12 | 40 | | | 12 | 37 |
| 下店 | 10 | 2 | 1 | 5 | 1 | 16 | 6 | 10 | | | 12 | 8 |
| 上店 | 10 | 2 | | | 1 | 11 | 6 | 12 | | | 12 | 11 |
| 北流 | 10 | 2 | | | 1 | 30 | 6 | 15 | 1 | 11 | 12 | 12 |
| 水罐厂 | 20 | 3 | | | 1 | 18 | 8 | 20 | | | 12 | 21 |

（资料来源：昌平区档案馆）

表 17　1995 年开展"三八"绿色工程活动情况统计表

| 村名 | 建立时间 | 基地名称 | 规模（亩） |
|------|----------|----------|------------|
| 下店 | 1990 年 | 三八果园 | 25 |
| 上店 | 1989 年 | 三八果园 | 45 |
| 南流 | 1988 年 | 三八果园 | 150 |
| 北流 | 1989 年 | 三八果园 | 120 |
| 西峰山 | 1991 年 | 三八果园 | 50 |
| 古将 | 1990 年 | 三八果园 | 60 |
| 黑寨 | 1991 年 | 三八果园 | 70 |
| 乡妇联 | 1989 年 | 三八果园 | 250 |

（资料来源：昌平区档案馆）

1995 年，妇联组织开展"三八"绿色工程，参加人数 2100 人，植树 10500 棵，基地植树 5350 棵，四旁植树 5050 棵，妇代会委员以上的干部计 93 人，植树 465 棵；参加纪念植树共计 150 人，植树 450

棵。三八林业队 8 人参加,植树 132 棵;庭院经济示范计 1 人,植树 36 棵。

表 18　三八绿色基地建设统计表

| | 树林基地 | | 果园基地 | |
|---|---|---|---|---|
| | 个数 | 亩数 | 个数 | 亩数 |
| 乡级 | 1 | 250 | 1 | 250 |
| 村级 | 8 | 470 | 8 | 470 |

(资料来源:昌平区档案馆)

乡级基地 1 个,计划创经费 600 元;村级经费基地 8 个,计划创经费 800 元。

# 第二章　基层选举

## 第一节　1949 年之前的基层选举

明、清两代县衙州署的官吏通过科举取士制度选拔任用,里长村正的推选有一定社会地位的地主豪绅等担任。

清末废除科举后和民国时期,基层官吏的任职选用新学毕业的知识分子,由县长或其他有名望的豪绅推荐任职。

日伪统治时期,伪政府任命原民国政府人员和旧知识分子,根本没有基层选举的任何举动。

国民党统治时期,委任地主豪绅和知识分子为基层行政人员,基层选举无法实行或只是走过场。

## 第二节　1949 年之后的基层选举

1949 年新中国建立后,基层选举有一定的进步。各村农会、各地工会的基层领导干部基本上是由选举产生。流村地区各村支部书记等基层管理机构的个别领导由选举产生。参加选举的一般都是贫农或是下中农。基层选举是讲阶级成分的,并且由各村都有一定口碑的贫农或下中农选举。

1969 年恢复基层党组织后,一些支部曾以无记名投票的方式选举支部或调整支部委员。

1981 年起,执行《农村大队党支部工作条例》,基层支部委员一年一改选,由党员大会民主选举产生。1982 年,中共第十二次代表大会以后,基层党支部实行定期换届选举。1988 年,基层党支部的换届改选实行由党员酝酿支部委员候选人、无记名投票的差额选举办法。1990年,《中国共产党基层组织选举工作暂行条例》下发,党的基层组织选举有了制度上的依据。

1990年,流村乡第九届人民代表大会选举于10月开始,分五阶段进行。一是准备阶段:统计人口,划分选区,分配代表名额;选区成立领导小组,抽调选民登记员。二是选民登记阶段:11月2日至11月25日。三是推荐代表候选人阶段:11月26日至12月20日,公布投票时间和地点。四是投票选举阶段:12月21日至12月30日。五是召开新一届人代会阶段:在1991年1月底前,成立选举委员会,主席:刘志岐(乡党委书记);副主席:王凤岐(乡长)、薛文好(副书记);委员:贺德纯、周振禹、李德林、齐炳瑞、朱建波、刘秉德、范建华、孙淑芳、张树玲、谷天华、薛得满、时淑丽、张玉宝。选举委员会办公室:主任:齐炳瑞;副主任:孙淑芳;组员:谷天华、时淑丽、薛得满、姚桂欣、张玉宝、黄桂平、黄进国。

1993年,根据《选举法》、《地方组织法》、《北京市选举实施条例》,为贯彻十四大精神,学习邓小平理论,加快改革开放和两大文明建设,推进基层民主政治的建设,使人民真正实现当家作主,调动人民管理国家事务的积极性,流村乡举行了县乡人大代表的换届选举。全乡人口摸底统计11227人,农业10476人,非农业751人。全乡划为三个县选区和18个乡选区,分配6名县代表和38名乡代表名额。确定县、乡初步候选人分别为9名和56名,根据差额要求,县乡正式候选人确定分别为9名和56名,并且于12月7日和12月20日前公布初选和正式候选人名单。全乡3个县选区选举的6名县代表和18个乡选区选举的38名乡代表全部依法产生。选民参选率达99.9%,乡代表妇女为9名,占24%,群众14名,占37%;县代表中妇女为3名,占50%;群众占50%。成立乡选举委员会,主席:刘志岐;副主席:王和平、王文志、齐炳瑞;委员:刘秉德、李德林、薛得满、齐宝成、王学翠、陈进利。选举办公室成员:主席:齐炳瑞;副主席:薛得满;成员:黄德平、姚桂欣、葛玉双、王学仕及基层抽调的两人。

　　1996 年 10 月 24 日,流村乡选举委员会,主席:于泓;副主席:贾福贵、张树玲;委员:李德林、黄长荣、刘丙德、王学翠、崔文秀、薛德满、李富增、马太平。1996 年 10 月 30 日,流村乡选举委员会第一阶段工作:一、本年 10 月初成立了乡选举委员会,主席由党委书记于泓担任,副主席由乡长贾福贵、党务副书记张树玲担任,成员有:副乡长李德林、人大副主席黄长荣、组织委员刘丙德、妇联主任王学翠、团委副书记崔文秀、民政助理薛德满、政府办主任李富增、派出所长马太平,共 11 人组成。选举办公室主任黄长荣,副主任李德林、李富增,成员 7 人,乡机关抽调科级干部 17 人任选举工作组长。基层成立了选民领导小组 38 个,由 3 人组成,各单位主要领导任组长。二、乡选举委员会制订了工作计划,下发到各选区,全乡划分选区 24 个,划分选民小组 44 个,确定选民登记员 44 人。选举办和工作组摸清核实了全乡的人数,并做到了派出所、统计科、各村各单位三方面核准。按全乡核准的人数,依照选举法的规定,确定了代表名额,分配到各选区。三、乡党委对选举工作非常重视,先后召开两次党委会研究选举工作。10 月 18 日召开了全乡动员会,各村党支部书记、村民主任、企事业负责人、工作组组长参加了会议,选举委员会主席于泓作了重要讲话,选举办讲了具体工作意见。四、做好宣传工作:乡选举办制定了宣传口号,县下发的宣传材料印发成册,下发到各选区,在动员会上要求每个选区和每个单位,都要利用广播、板报、标语进行广泛宣传,做到家喻户晓,人人皆知。五、进行选民初步登记:选举办打印了选民登记表,各选区、各单位要逐户逐人进行登记,防止重登、漏登。全乡总人口 10752 名,确定代表名额 47 名,按照县人大选举领导小组的要求,推荐参选代表不超过 15%,妇女代表不低于 30%,群众代表不低于 40%。在比例上,具体到各选区。在进行第二阶段的工作时,严格按照"选举法"和县选举领导小组的要求,逐步落实每一项工作。

　　1998 年,《中华人民共和国村民委员会组织法》正式颁布,标志着农村基层民主政治建设进入了新的发展阶段。这一举措把村民民主管理作为建设社会主义新农村的重要政治任务来抓,村民参与村委会换届选举、参与制定规章制度、参与决策重大村务、参与民主评议村干部、参与监督村务公开内容、参与村内财务管理。基层选举依照法律法规,坚持公正、公平、公开的原则,候选人由村民直接提名,设立秘密写票间,实行差额、无记名投票、公开计票,由村民进行直接选举,并当场公布选举结果。1998年11月25日,流村镇选举出12名出席县第九次代表大会正式代表。

2001年4月22日,流村镇第五届村委会换届选举提名候选人阶段圆满结束,参加投票的选民均超过60%以上。伴随着中共党的十六大的召开,农村基层选举进一步深化。

2003年10月21日,流村镇从10月20日到10月22日举办区人大代表换届选举选民登记员培训班,全镇共培训选民登记员80余人。2003年11月,流村镇选举昌平区第二届人大代表换届选举工作圆满完成。全镇共设六个选区,有选民15586人。六个选区参选率均在98%以上,选举工作一次成功。共选出区人大代表11名,其中妇女代表4人,占36.4%;群众代表4人,占36.6%;区参选代表3人。

2005年,流村镇完成了村级"两委"班子的换届选举工作。全镇28个农村党支部换届选举工作圆满完成,共选出28名村党支部书记,17名村党支部副书记,39名委员;依法选出村委会成员92名。

2008年村党支部换届选举工作圆满完成。流村镇共有28个村党支部,党员1017名。28个村党支部进行了"两推一选",产生了新一届支部委员,全镇参加选举正式党员849名,占应参加会议正式党员的98.2%。新一届支部委员会共有支部委员81人,其中男性党员60人,女性21人,平均年龄为43.6岁,比上届降低3岁。其中35岁以下的14人,35岁至50岁的55人,50岁以上的12人。支委中具有大专及以上学历的14人,其中中专学历35人,初中学历32人。此次换届,有12个村原套班子实现连任,56名支委和23名支部书记实现连任。

新进入支部班子的25人,其中11人为现任村委,4人为村工作人员,10人为其他成员。共选出支部书记26人,通过组织任命主持工作2人。平均年龄为44.8岁,比上届降低近1岁。其中35岁以下的5人,比上届增加3人;36岁至50岁17人,50岁至60岁6人。大专及以上学历9人,与上届持平;高中、中专学历13人,比上届增加3人。新一届村级支部班子在文化程度、年龄结构和战斗力等方面较上届有了一定的改善。2008年镇第7届村民委员会选举工作圆满结束。流村第七届村民委员会选举工作从5月15日动员会开始至6月25日,历时一个多月时间,经过镇、村两级严密安排部署和紧张工作,全镇28个村按时限要求全部圆满完成了村委会换届工作。

表19　1959年流村人民公社基层选举结果统计表

| 村名 | 人数 | 性别 | | 政治面貌 | | | 阶级成分 | | |
|------|------|------|------|------|------|------|------|------|------|
| | | 男 | 女 | 党员 | 团员 | 群众 | 上中农 | 下中农 | 贫农 |
| 北流 | 5 | 4 | 1 | 4 | 1 | | | 4 | 1 |
| 黑寨 | 6 | 5 | 1 | 3 | 2 | 1 | | 2 | 4 |
| 新村 | 5 | 4 | 1 | 2 | 2 | 1 | | 2 | 3 |
| 白羊城 | 8 | 7 | 1 | 6 | 1 | 1 | 1 | 2 | 5 |
| 店上 | 7 | 6 | 1 | 6 | 1 | | 2 | | 5 |
| 南流 | 7 | 6 | 1 | 2 | 1 | 4 | 1 | 3 | 3 |
| 丰山 | 4 | 3 | 1 | 1 | 2 | 1 | | 1 | 3 |
| 古将 | 5 | 4 | 1 | 4 | 1 | | | 4 | 1 |

(资料来源:昌平区档案馆)

表20　1959年流村人民公社生产队选举前干部登记表

| 村名 | 人数 | 性别 | | 政治面貌 | | | 阶级成分 | | |
|---|---|---|---|---|---|---|---|---|---|
| | | 男 | 女 | 党员 | 团员 | 群众 | 上中农 | 下中农 | 贫农 |
| 北流 | 16 | 10 | 6 | 3 | 1 | 12 | | 7 | 9 |
| 黑寨 | 13 | 9 | 4 | 2 | 1 | 10 | | 6 | 7 |
| 新村 | 10 | 7 | 3 | 6 | 4 | | 1 | 3 | 6 |
| 白羊城 | 15 | 4 | 6 | 4 | 4 | 7 | | 10 | 5 |
| 店上 | 10 | 6 | 4 | 4 | | 6 | | 6 | 4 |
| 南流 | 12 | 10 | 2 | 2 | | 10 | | 10 | 2 |
| 丰山 | 9 | 6 | 3 | 3 | 1 | 5 | | 4 | 5 |
| 古将 | 11 | 7 | 4 | 2 | 3 | 6 | 1 | 10 | |

（资料来源：昌平区档案馆）

表21　1960年流村人民公社大队选举情况统计表

| 村名 | 总人数 | 有选举权利人数 | 在京选举权人数 | 参选人数 | 选举率 |
|---|---|---|---|---|---|
| 北流 | 1123 | 629 | 608 | 545 | 88.4% |
| 新村 | 738 | 418 | 341 | 341 | 83% |
| 黑寨 | 922 | 476 | 406 | 435 | 91.4% |
| 古将 | 936 | 526 | 511 | 511 | 97.14% |
| 南流 | 1173 | 706 | 665 | 593 | 83.9% |
| 店上 | 391 | 213 | 193 | 192 | 91% |
| 下店 | 268 | 146 | 142 | 142 | 97.3% |
| 丰山 | 1365 | 735 | 653 | 603 | 82% |
| 白羊城 | 696 | 376 | 376 | 346 | 90% |
| 王家园 | 340 | 161 | 171 | 154 | 84.1% |

（资料来源：昌平区档案馆）

表22　1990年流村乡选举情况（包含县选区和乡选区）

县选区：

| 选区编号 | 地名 | 组长 | 组员 |
|---|---|---|---|
| 第一选区 | 南五村 | 贺德纯 | 赵树林、刘秉德、朱建波、时淑丽 |
| 第二选区 | 北五村 | 齐炳瑞 | 王德臣、李德林、张连玉、贾国喜 |
| 第三选区 | 西峰山企事业单位 | 周振禹 | 孙洋、王文志、崔文礼、姚宝森、徐金瑞、孙岳峰 |

乡选区：

| 选区编号 | 地点 | 组长 |
|---|---|---|
| 一 | 下店 | 时淑丽 |
| 二 | 上店 | 刘秉德 |
| 三 | 南流 | 赵德林 |
| 四 | 北流 | 谷天华 |
| 五 | 北庄 | 范建华 |
| 六 | 新村 | 齐炳瑞 |
| 七 | 白羊城 | 张连玉 |
| 八 | 古将 | 李德林 |
| 九 | 黑寨 | 王德平 |
| 十 | 王家园水库 | 贾国喜 |
| 十一 | 西峰山 | 徐金瑞 |
| 十二 | 机关敬老院、派出所、水管站、配种站、电管站、机务队乡道班 | 朱建波 |
| 十三 | 中学、小学、信用社、卫生院 | 孙岳峰、曹瑞臣 |
| 十四 | 邮局、工商科、西峰山道班肉食部、粮管科 | 张玉宝、周万明 |
| 十五 | 中药厂 | 黄成武、郭秀英 |
| 十六 | 水罐厂 | 高若宏、孙洋 |
| 十七 | 服装厂 | 白金文、姚宝森 |
| 十八 | 石子厂 | 王文志、王朝银 |
| 十九 | 建筑队 | 谷永茂、张辛生 |

续表

| 选区编号 | 地点 | 组长 |
|---|---|---|
| 二十 | 喷漆厂 | 时井祥 |
| 二十一 | 塑料厂 | 陈文广、谷天永 |

（资料来源：昌平区档案馆）

### 表 23　1995 年流村乡县、乡换届选举统计表

| 项目 | 实选数 | 性别 | | 年龄 | | | | 政治面貌 | | | | 民族 | |
|---|---|---|---|---|---|---|---|---|---|---|---|---|---|
| | | 男 | 女 | 35岁以下 | 36—55岁 | 56—65岁 | 65岁以上 | 党员 | 团员 | 民主党派 | 无党派 | 汉 | 少数民族 |
| 县代表 | 6 | 3 | 3 | 0 | 6 | 0 | 0 | 3 | 0 | 0 | 3 | 6 | 0 |
| 比例（%） | 50 | 50 | 0 | 100 | 0 | 0 | 50 | 0 | 0 | 50 | 100 | 0 | |
| 乡镇代表 | 38 | 29 | 9 | 9 | 27 | 2 | 0 | 24 | 0 | 0 | 14 | 38 | 0 |
| 比例（%） | 76 | 24 | 24 | 71 | 0.05 | 0 | 63 | 0 | 0 | 37 | 100 | 0 | |

选举代表的文化程度越来越高。1995 年，县人大代表大专以上文化程度占 17%，中专占 33%，高中占 50%；乡人大代表中大专以上文化程度占 13%，中专占 21%，高中占 53%。

基层选举受到国家法律法规的保护。选举工作由上级党的委员会和纪律检查委员会负责监督实施。在选举中，凡有违反党章和条例规定行为的，必须认真查处，根据问题的性质和情节轻重给予批评教育，直到组织处理。

# 第三章 政 府

## 第一节 古代政府设置

流村地区在明代陆续开始建村,并且接受昌平县(后改称州,在明朝正德九年撤县置州)的管辖。州行政辖里,设里长一人;里辖村,村设村正、村副各一人。里长负责管理各村的村政,处理各种事务,接受知州的巡视和检查。村正、村副负责处理村里的一些琐事,并接受里长的管理。元代曾在流村的白羊城设千户所,管理此地的军事。

各村建村后,在明清两代均设有村正、村副各一人,村内小事皆由村正调解管理。遇有大事,由村正报给里长,里长再报到县(明正德后称州),由州内的不同官员管理。吏(民政、人事)、户(户籍、财政)、礼(教育)、兵(武备)、刑(司法)、工(工程)分别处理不同的事务,协助知州管理,但重要案件仍由知州审理。

## 第二节 民国时期政府设置

1913 年,昌平撤州设县,县行政公署为行政机构,流村隶属于昌平县。行政县下设区,区设区长,区下设乡(镇),乡(镇)下设村,村有村长。在流村地区设区,由区长统管地方事务。民国初期,推行新政,县、区采取一系列措施推动社会进步的改革。主要有破陋习、树新风,明令禁止女人缠足,倡导已缠足妇女放足;兴办邮政,开通多条邮政线路;发展教育,利用庙宇或其他房屋作校舍兴办学校;推广、试验农业生产新技术等。流村西山秀才力抗花果税,轰动一时。袁世凯窃取中华民国临时大总统职务后,国库空虚,袁大肆搜刮民财,巧立税种,果树也未能幸免。西山果农辛苦一年获得的果实,除去上税,所剩无几。若不交,又抗不过官府重压。当时,西山48村果农叫苦连天,无计可施,正处在两难之际,高崖口叶久安秀才挺身而出。叶久安代果农拟文直接上书袁世凯,文书所陈事实,无懈可击。经一而再再而三上书,袁世凯终于免除了西山花果税。

1935年11月25日,国民党滦榆区行政督察专员、汉奸殷汝耕宣布冀东22县(含昌平县)实行"自治",成立"冀东防共自治委员会",12月25日,改为伪"冀东防共自治政府"。日伪时期,流村地区隶属于昌平县。县辖行政区设区长,区辖乡设乡长。1939年起实行保甲制度,每保10甲,每甲10户。政权的主要任务是建立和巩固乡村伪政权,进行"中日亲善"、"东亚共荣"等奴化宣传教育;压迫奴役劳动群众,强迫群众为日军挖"战壕"(封锁沟);组织反动武装、汉奸配合日伪军进攻抗日根据地,杀害抗日群众,抢夺物资,维护日伪政权统治和日军占领。

1945年8月15日,日本宣布投降后,国民党接管昌平县,建立国民党县政府,流村地区隶属于此。国民党县政府行政县辖区,区公所设区长;区辖乡,乡公所设乡长;行政村实行保甲制,设保长、甲长。国民党政权主要是巩固乡村反动政权,组织地方武装,与国民政府军配合进攻中国共产党领导的解放区政权,杀害中共党员和革命干部群众,抓丁抢粮和征税、征粮、征款等,维护国民党反动统治。1948年12月12日,国民党县政权被推翻。

# 第三节  当代政府设置

## 一、政府设置沿革

1939年3月,八路军冀热察挺进军成立昌(平)宛(平)联合县政府,流村镇隶属于此。1941年7月,又成立昌宛县佐公署。1943年2月,撤销昌宛县佐公署,成立昌宛怀(来)联合县政府。1947年

2月,昌宛怀联合县撤销,昌(平)顺(义)联合县政府设立。1948年冬,流村地区解放。时流村地区属河北省。

新中国成立后流村地区的政府组织沿革:

基本完成社会主义改造和开始全面建设社会主义时期(1949年10月—1966年5月)

1950年初,流村地区共有13个自然村,属于河北省。南面有上店、下店、南流、北流、峰山、水台6个村;北面有柏峪口、复兴庄、白羊城、黑寨、古将、王家元、北台7个村。南面隶属于昌平县六区管辖,六区区长安洪喜(初)、焦文华(中、后);北面隶属于昌平三区管辖,三区区长是白凤移。1953年6月开始建乡,设4个乡——柏峪口乡、黑寨乡、上店乡、西峰山乡。1956年,4个乡合并成为流村乡和白羊城乡。流村乡乡政府先设在南流村,于1957年8月迁到北流村。

昌平区各乡人民政府(1956年8月—1958年8月)

白羊城乡人民政府(今隶属于流村镇):乡长肖振清。

北流村乡人民政府(今隶属于流村镇):乡长刘仲魁。

1958年3月南流村乡与白羊城乡合并为北流村乡。

高崖口乡人民政府(今隶属于流村镇):乡长刘贵忠。

老峪沟乡人民政府(今隶属于流村镇,以下皆同):乡长谷福生。

为适应农村经营、管理的需要,克服分配上的平均主义,1961年5月,按照中共中央《农村人民公社工作条例(草案)》的精神,结合昌平实际,将原5个人民公社(以下简称公社)改设为25个小型公社,实行了"三级所有,队为基础"的体制。到1966年5月,共辖24个人民公社。

流村公社管理委员会:

主任:刘万安、朱良云。

高崖口公社管理委员会:

主任:季守增;副主任:寇宝珍。

老峪沟公社管理委员会：

主任：安洪喜。

"文化大革命"时期(1966年5月—1976年10月)

昌平县各人民公社管理委员会基本沿袭以往。

流村公社管理委员会：

主任：朱良云。

高崖口公社管理委员会：

主任：寇宝珍。

老峪沟公社管理委员会：

主任：安洪喜。

流村公社革命委员会(1968年2月成立)：

主任：晁占武、郭兆祥、刑德顺；副主任：周金泽。

高崖口公社革命委员会(1967年12月成立)：

主任：寇宝珍、刘殿俊、梁奎。

老峪沟公社革命委员会：

主任：吕凤亭、杜春生、刘志德、纪俊念。

社会主义现代化建设新时期(1976年10月—1987年10月)

从粉碎江青反革命集团到1987年的11年间,昌平县下属各人民公社、乡(镇)政权领导机构的沿革变化,大体经历了三个阶段:一是"文化大革命"结束后的人民公社革命委员会阶段；二是恢复人民代表大会后的人民公社管理委员会阶段；三是乡(镇)人民政府阶段。

1976年10月—1981年3月

流村公社革命委员会：

主任：刑德顺、黄德山、周成友。

高崖口公社革命委员会：

主任：梁奎、王禄、刘秉成。

老峪沟公社革命委员会：

主任：纪俊念、王恒德。

1981 年 3 月—1982 年 4 月

流村公社管理委员会：

主任：周成友。

高崖口公社管理委员会：

主任：刘秉成。

老峪沟公社管理委员会：

主任：刘富江、刘宝生。

1981 年之后的一年多时间中，各县人民公社，相继改革了公社体制，建立了乡人民政府，并通过乡人民代表大会选举产生了乡政府领导机构。

1982 年 4 月—1987 年 10 月

流村乡人民政府（1982 年 9 月成立）：

乡长：贾进堂、王凤岐、吴长兰。

高崖口乡人民政府（1982 年 9 月成立）：

乡长：邵启苗、陈连富、刘满泉、沈长茂。

老峪沟乡人民政府（1982 年 8 月成立）：

乡长：张锦清、韩久国。

1997 年 1 月 12 日—13 日，流村乡第十一届人民代表大会第一次会议召开。大会按照选举法有关规定，选举产生了新一届乡长、副乡长。具体选举结果是：

乡长：贾福贵；副乡长：李德林、柴会昌。

根据昌平县区划调整方案，1997 年 12 月 5 日，撤销原流村乡、老峪沟乡、高崖口乡，合并组建流村镇，直属昌平县委、县政府领导，下辖 28 个行政村，即：南流、北流、上店、下店、古将、黑寨、白羊城、新建、王家园、北庄、西峰山、老峪沟、马刨泉、禾子涧、黄土洼、长峪城、狼儿峪、瓦窑、小水峪、高口、王峪、溜石港、发电站、北照台、韩台、菩萨鹿、漆园、南照台。

流村镇政府系统组织：

镇长:徐德清。

副镇长:张树玲、邢全江、刘春林、柴会昌。

政办主任:刘云龙。

政办副主任:邢如凤。

安委会主任:姚长好。

计生办主任兼高口办事处副主任:陈连英。

老峪沟办事处副主任:刘振婷。

2002年流村镇政府系统组织:

镇长:郭玉清。

副镇长:韩宝田、张树玲、韩国玲、邵继亮、徐树义。

政府办公室主任:刘云龙。

政法办公室主任:黄进国。

计划生育办公室主任:王学任。

社会事务科科长:张进海。

经济发展科科长:刘文勇。

经济发展科副科长:李玉福。

财政统计科副科长:沈久望、韩秀萌。

老峪沟办事处主任:郑启明。

老峪沟办事处副主任:刘淑玉。

人大副主席兼高口办事处主任:邢金江。

2003年流村镇政府系统组织:

镇长:郭玉清。

常务副镇长:韩宝田。

副镇长:韩国玲。

副镇长:张树玲。

副镇长:邵继亮。

副镇长:徐树义。

2006年流村镇政府系统组织:

镇长:王建。

常务副镇长:刘毅。

副镇长:张树玲。

副镇长:黄进国。

2008 年流村镇政府系统组织:

镇长:王建。

副镇长:张进海。

副镇长:黄进国。

副镇长:张树玲。

政府办公室主任:刘志广。

## 二、政府工作概要

抗日战争时期,贯彻党的抗日方针和工作部署,动员组织群众参加抗日,摧毁日伪政权,建立基层抗日民主政权;成立农民、青年、妇女抗日救国会和儿童团等群众抗日组织;组织建立地方人民武装,开展多种形式的抗日斗争,配合支援八路军粉碎日伪军的"扫荡";在抗日根据地实行减租减息、恢复发展生产。

解放战争时期,动员和组织解放区人民群众投入推翻国民党县政权反动统治的斗争,巩固和发展民主解放区,发展壮大人民武装,组织参军参战,开展反"蚕食"斗争,保卫民主政权;开展大生产运动,发展农工商业,保证粮食供应;开展减租减息、进行解放区土地改革;组织农民筹集物资、踊跃支援前线。

1949 年 1 月北京解放后,全县进入经济和社会事业恢复时期,主要工作是稳定社会秩序、进行土地改革和农业互助合作、发展农业生产、兴修水利和发展教育卫生事业等。

1953 年,进入社会主义改造时期,进行农业、手工业和资本主义工商业的社会主义改造。发展工农业生产,进行市场管理、粮食统购统销、农机推广,发展文化教育事业,同时提高干部职工工资待遇,进行农业税减免和医疗卫生的工作。

1956年进入全面建设社会主义时期,发展农业和工业生产,进行自由市场管理,开展以"除四害、讲卫生"为中心的爱国卫生运动。1958年6月后,贯彻多快好省地建设社会主义的总路线,开展"大跃进"和人民公社化运动,兴修水利,兴办工业,开展技术革新和增产节约。1961年,贯彻中共中央关于"大办农业、大办粮食"和国民经济"调整、巩固、充实、调高"的方针,发展工农业生产、巩固人民公社集体经济、增加市场供应、做好农业和农村经济、工业、商业、文教卫生及其他各项事业,掀起社会主义建设新高潮。

"文化大革命"开始后,流村乡的乡委组织开始遭到冲击,领导遭到批判和斗争,机关陷入瘫痪,正常的生产和工作秩序被打乱,昌平经济建设受到很大影响。流村乡革命委员会成立,主要工作有贯彻昌平县委所制定的关于工农业生产和国民经济发展规划,以粮为纲、加强农业生产和劳动管理,改善农业生产条件,加强农业科技推广工作,进行以改土治水为中心的农田基本建设,掀起"农业学大寨"的群众运动,山区建"大寨田",发展文化、教育、卫生事业等。

"文化大革命"结束后,乡革命委员会的主要工作是,贯彻以农业为基础、以工业为主导的发展国民经济的总方针,制定长远规划,落实全国第二次农业学大寨等会议精神,进一步开展工业学大庆、农业学大寨等群众运动;农村大力开展农田基本建设,企业进一步加强管理,建立健全各种规章制度,推进全乡经济和各项事业的发展。

党的第十一届三中全会后,乡革命委员会、乡政府贯彻执行十一届三中全会精神和党的路线、方针、政策,解放思想,坚持以经济建设为中心,不断深化改革,扩大对外开放,坚持经济和社会各项事业的全面发展,加快城乡建设,增加居民收入,不断提高人民生活水平。从1979年开始,全乡的工作重点转移到经济建设上来,改善农村社队的生产管理,全面发展农、林、牧、副、渔业;工商企业扩大经营自主权,提高经济效益。1981年,乡政府贯彻执行党中央关于首都建设的指示和市政府提出的"服务首都,富裕农民,建设社会主义现代化新农村"的要求,农村改革完善生产责任制、实行家庭承包经营责任制,发展农业和乡镇企业,繁荣农村经济;深化教育改革,发展教育卫生文化体育事业。1984年以后,农村改革的重点是稳定和完善农村家庭承包责任制,实行适度规模经营,发展商品经济,调整产业结构,农村经济形成农、林、牧、副、渔、工、商、建、运、服十业全面发展。1987年以后,坚持党的基本路线,以经济建设为中心,深化改革,扩大开放,进一步加快发展;农村改革巩固家庭承包经营责任制,在继续完善适度规模经营中,农业按照商品化、专业化、现代化的要求调整产业结构,全面发展农村经济;工业深化改革,推行企业承包经营责任制和用工制度改革,调整产业结构、产品品种,提高经济效益;加快外经外贸、旅游业和社会各项事业发展;城乡建设坚持"市政先行",综合开发、配套建设。

　　1992年后,乡政府深入贯彻邓小平南方重要谈话和中共十四大精神,进一步深化改革、扩大开放、抓住机遇、加快发展,招商引资,发展"三资"企业;农业和农村经济面向市场,调整结构,发展"三高"(高产、高效、高质)农业,提高农业规模化、商品化、专业化、现代化水平;乡镇企业调整产业结构,转换企业经营机制,提高企业经济效益;商业进一步开放搞活,繁荣市场,发展旅游业和对外贸易;完善城镇基础设施建设,进一步发展社会各项事业。1992年4月,乡机关改革开始,改革方案出台,并召开了正、副科级干部招聘大会。改革主要是改进机关作风,提高办事效率,提升服务水平,提高干部素质,促进全乡事业发展,使党的基本路线落到实处。1992年5月6日,流村乡召开致富奔小康讨论动员大会,县委副书记王元作了动员讲话,大会并未制定任何指标分配。1992年9月21日上午10时,流村乡档案工作晋升市二级验收大会在西院会议室召开,并以118.5分(满分120分)的好成绩通过检查验收。1992年10月,农业公司、林业公司改为经济实体,同时迁出机关大院。1992年12月4日,流村乡第二步改革方案出台,改革情况有以下调整:有 17 名同志到村、厂任职;9 名同志作为工作队下派村厂,有 2 名同志到白羊沟工作。但这些同志仍保持机关编制、工资关系。1993 年 4 月 26 日,昌平县第一个股份制试点单位在流村乡下店村开始试行。1993 年 7 月 18 日,由昌平县政府牵头,马池口北方企业代表左权与流村乡签署了在乡政府后面兴建汽车培训场的协议,并于 8 月开始施工,培训场实际占地面积为 7600 亩。1994 年 10 月 8 日,流村乡政府、北京农业大学、88615 部队三方在西峰山小枣基地签订协议书,共同合作培育种植西峰山小枣。1996 年,高崖口乡在近 3 年内共花费 18 万元,送 17 名年轻干部深造,后有 5 名同志走上了领导岗位。

1996 年 7 月 31 日,流村乡落实县委八届七次全会精神,确定下半年 10 项重点经济工作:一是全面完成县委、县政府下达的各项工作任务,力争经济总收入提高 5—7 个百分点;二是争取全年税收突破 200 万元;三是以喷漆厂技改为基础,继续扩大与亚都的合作范围;四是继续扩大药厂的"三证"优势,发展药业基地;五是加快药厂与中国癌症基金会的协作;六是加快服装厂的改造;七是解决开关柜厂的转制问题,以集体、个人一起上的形式扩大规模;八是加快家庭经济发展,以古将、白羊城、王家园为重点,发展生产规模 3—4 万只肉鸡的小基地建设;九是发展林果业,具体落实立体种植;十是深入838 工程,重点一是南大地,二是 300 亩低产田的改造。同日,县各级领导到流村乡开展与群众"心连心"活动。

1997 年 8 月 13 日,流村乡机关新调进 4 名大学生:曹炳玲、游前进、柳立文、许文霞。他们被安排在企业公司工作。

1998 年 3 月,流村镇推出机关机构改革办法。30 名同志内部下岗,每年流村镇可节省开支约 10 万元。

2002 年 6 月 19 日上午,流村镇举办了由机关及基层干部参加的解放思想大讨论报告会。区委党校校长刘志奇为与会的 70 余名干部作了题为《解放思想,更新观念,加快发展》的报告。

2003 年 5 月 3 日,流村镇为加强施工单位的"非典"防控工作,成立专门检查组,每天对工地"非典"防控工作的落实情况进行检查,并同各施工单位签订责任书。

2003 年 12 月,流村镇将采取四项措施,对机关公务员进行考核:

一是所有机关工作的公务员(包括科级、副科级、科员)向基层干部述职,现场进行打分,并与年终评奖挂钩;二是采取机关公务员背对背互相评议的形式,进行相互打分,与年终评奖挂钩;三是副职领导对科级以下机关公务员进行评议打分,与年终评奖挂钩;四是根据各口工作在全区排名情况对公务员进行评议,与年终评奖挂钩。

2004 年 9 月 8 日下午,在流村镇政府大楼举行流村镇政府会议。区发改委主任郝和、财政局局长刘亮臻、市政管委主任张荣禄、公路局局长李自明、供电公司经理王晓希及流村镇主要领导参加了会议,就流村镇关于百姓民生的 9 项工程进行了讨论,并最终提出了建设性的意见。佟区长最后提出四点意见:一是防汛工程建设必须严格按照工程质量要求,扎扎实实抓好落实,对各项工程要全面跟踪督查检查;二是敬老院和弃婴所改造工程,必须以"区域内收养容量功能保证和实用"为建设原则,不能脱离实际,规划设计方案力求科学合理实效,整个工程必须确保手续合理不违规;三是三条道路建设工程,基于"安全、深山区百姓出行、防御自然灾害、节约能源、促进山区建设和经济开发"五项深远意义考虑,区政府将会全力支持实施百里环行旅游走廊王家园水库大坝至禾子涧路段、黄土洼至长峪城和西峰山到新村两段连村路三条道路建设;四是流村变电站工程,这是关系昌平西部开发战略实施和流村可持续发展的枢纽工程,要创造条件疏通渠道加快实施。

2004 年至 2005 年度防火期,为了有效地保护流村镇的森林资源,减少森林火灾的发生,按照区护林防火指挥部的要求,为达到"确保在防火期内无重大火情,确保无人员伤亡"的两个确保,流村镇在"防"字上做文章:一是全镇在重点防火地带打隔火道10万延长米;二是清理可燃物1000余公顷;三是投资35万元,在老峪沟新建瞭望塔一座;四是向全镇每户下发防火宣传单;五是成立45人的专业扑火队,重点负责全镇三个地区火情巡查;六是配备风力灭火机、灭火弹、二号打火工具、两辆巡逻车;七是刷新、制作固定宣传标志牌2000个。此外,镇政府还专门召开基层各单位领导防火工作会,对基层的防火工作做了进一步的部署。

2004年10月14日,流村镇核桃修剪技术培训班在狼儿峪村举行,参加培训的来自漆园、瓦窑、溜石岗、狼儿峪等8个村,共计60人。从区林业局聘请的周老师首先从我国核桃发展的市场形势讲起,对核桃修剪的重要性及修剪技术作了详细的讲解,并在现场对各种树型的修剪进行具体指导,同时还解答了学员们提出的在生产中遇到的各种实际问题。此次培训收到了预期的效果。

2004年,全镇坚持以经济建设为中心,大力实施养山富民工程,打造绿色生态流村。全面实施"一产抓调整,培育优势产业;二产引增量,增强镇域实力;三产抓开发,引市场进山"的经济发展思路。不断加强区域经济结构调整,已初步发展成为"西峰山小枣"、"老峪沟杏扁"和"北流村苹果"名优特色果品生产区;肉鸡、肉羊、蜂养殖优势产业区;高科技环保型工业生产区;自然风光、古迹游览、民俗风情休闲度假区。全年经济总收入完成49436万元,比上年增长12.6%;实现国内生产总值19756万元,比上年增长14.1%;财政税收达历史最高水平,完成3078万元,比上年增长61.3%;人均劳动所得达到4790元,比上年增长8%。

2005年2月24日,流村镇政府在新利同创公司召开了政府工作研讨会,会上听取了各科室2005年工作汇报,对计划生育、安全生产、社会事务、统计工作、信访工作、农林工作、财政工作每一个科室的工作安排逐一进行了研讨。通过此次研讨,提高了认识,明晰了思路,要求对各自的工作按照新的形势、新的要求,高标准、高质量地完善和提高,为做好当年的工作奠定坚实的基础。

2005年,流村镇开展机关包村活动,成立机关包村工作队,共有成员12名,每个工作队由4—5名机关干部组成,工作队长由副职及副职以上领导担任。

2006年,流村镇政府抓住北京市整体规划修编的机遇,对全镇的整体规划进行了调整,确保符合本镇实际的发展思路,坚持"生态立镇,农业稳镇,工业强镇,旅游活镇,科技兴镇"发展战略,全力谋划"一城三区"。"一城"指:与北京国际大都市相对接,与昌平卫星城建设相配套,规划建设符合各类人群居住的绿色生态环保小城镇。"三区"指:依托流村自然、人文资源,建设高品位的生态休闲旅游区;整合各种要素,建设就业富民工业区;依托特色果林资源,围绕生态保护,建设生态观光农业区。

2007年2月,流村镇菩萨鹿村被确定为市新农村建设试点村;北流、白羊城、王峪、韩台、长峪城村被确定为区新农村建设示范村。

2007年3月24日,流村镇在北流果园召开新农村建设研讨会。会上,各村支部书记就本村新农村建设情况作了汇报。

2007年,流村镇以经济建设为中心,全面落实科学发展观,以点带面推动社会主义新农村建设,完成农业节水灌溉工程控制总面积17655亩;泥石流易发区农户搬迁3个村,共11户,30人;全镇粮食直补面积15316.5亩,补贴资金853960.92元。完成乡村公路大修工程14条,总里程31.14公里,总投资1748.3万元,惠及14个行政村;为村民搭建吊炕3634铺,安装太阳能路灯958盏;农村改厕1278户。以实现"强镇、兴村、富民"为目标,全力打造"绿色生态、和谐宜居"新流村。2007年,全镇国民经济总收入67324万元,比上年增长10.2%,纯收入约6171万元,财政税收9276.6万元。

2008年,流村镇农业普查工作结束。自2006年11月至2007年6月,历经8个月时间对全镇28个普查区、79个普查小区,按照区普查办的安排部署,结合流村的实际情况制定了《流村镇第二次全国农业普查工作实施方案》、《流村镇第二次全国农业普查工作考核办法》,以普查机构组建、参加普查会议、普查区划分、清查摸底、普查宣传、参加培训七个方面作为考核内容,确保了农业普查工作的顺利展开。通过此次农业普查,掌握了流村全镇农业、农村、农民情况及文字数据,为镇党委、政府的各项决策提供了可靠依据。

2008年6月11日,流村镇举办文明流村治三乱排队日活动,在环岛公交车站设立了倡导"文明流村治三乱和谐城乡树新风"排队日活动宣传站。此次活动中悬挂横幅2条,向群众发放《争做文明北京人》、《文明观赛》、《流村时报》等宣传折页、宣传画300份。

2008年7月18日,流村镇召开了平安奥运行动战时工作部署会。镇平安奥运行动战时区域指挥中心总指挥、镇党委书记张勇,常务副总指挥、镇长王建以及指挥中心全体成员、各村党支部书记、村民主任、各企事业单位负责人、机关包村干部全部参加了工作部署会。会议由镇长王建主持。会前,首先观看了流村镇应急救援和避险转移桌面演练,而后,由镇平安奥运行动战时区域指挥中心副指挥、副镇长黄进国传达部署了《流村镇平安奥运行动战时工作方案》。镇平安奥运行动战时区域指挥中心副指挥、镇党委组织委员张进海传达了《关于发挥基层党组织和共产党员在筹办奥运期间的战斗堡垒作用与先锋模范作用的通知》,镇平安奥运行动战时区域指挥中心副指挥、镇党委副书记张立红传达了镇纪委《关于平安奥运期间纪律规定的通知》,传达了《关于全面加强矛盾纠纷排查化解工作,确保奥运期间社会和谐稳定的意见》和《关于确保国家重点地区涉奥地区稳控工作方案》。

2008年9月,流村镇为关怀和鼓励高考、中考优秀学子,拿出112000元奖励在2008年高考、中考中成绩优秀的学子。其中一类本科生11名,每人奖励4000元,二类本科生16名,每人奖励3000元,三类本科生5名,每人奖励2000元;同时出资10000元奖励在中考中考取前10名的学生每人1000元。从2005年起,流村镇政府出台了《关于对流村籍高考和中考取得优异成绩的学生给予一次性相关奖励的政策》,连续四年共拿出40万元给予学子奖励。2008年9月,镇长王建到狼儿峪村对奥运安保工作进行检查。同时,对狼儿峪村房屋倒塌情况作了详细的勘察,并提出几项要求:一是要强化措施,做好维护社会稳定的工作;二是加强组织领导,确保维护稳定工作落到实处,取得实效;三是一定要克服各种厌战情绪,盯紧重点部位和环节,时时刻刻保持警惕。严密防范各种事故的发生,把责任落实到人,确保地区安全稳定。

2008年10月13日,流村镇召开了档案员培训会,具体部署《机关文件材料归档范围和文书档案保管期限规定实施细则(试行)》工作。会上,由主管档案工作的镇领导张立红传达了昌平区《机关文件材料归档范围和文书档案保管期限规定实施细则(试行)》的会议精神及《流村镇关于贯彻落实〈昌平区文件材料归档范围和文书档案保管期限规定实施细则(试行)〉的方案》和流村镇实施档案科室立卷工作的实施方案。

### 三、人民代表大会

流村镇人民代表大会,基本上于每年3月底和8月底各举行一次,一年共计两次。现任人大主席韩国玲。

1954年3月,流村公社第一届人民代表大会召开。柏峪口乡、黑寨乡、上店乡、西峰山乡同时召开第一届人民代表大会。选举产生柏峪口乡乡长古万金、黑寨乡乡长姚敬田、上店乡乡长曹振林、西峰山乡乡长李宝仓。

1957年11月,流村公社第二届人民代表大会在公社机关召开。选举产生流村公社乡长刘仲魁,副乡长姚敬田、杨德、刘西连。

1959年5月,流村公社第三届人民代表大会在流村工作站召开,出席会议的正式代表89人。选举产生流村工作站站长刘万安,副站长姚敬田。

1961 年,流村公社第四届人民代表大会在公社机关召开。选举产生公社主任朱良云,副主任韩丙祥。

1963 年 2 月 18 日—4 月 10 日,流村公社第五届人民代表大会在公社机关召开,出席会议正式代表 62 人。大会选出了公社管委会组成人员。社长:朱良云;副社长:韩丙祥;委员:陈宝兴、胡介春、胡崇增、陈文斌、朱光署、赵锡悦、谷天友、张玉伦、肖兰霞、杨春来、李德明。

1981 年 3 月,流村公社召开第六届人民代表大会,出席大会正式代表 80 人。这次人民代表大会取消了革命委员会名称,选举了公社管理委员会委员。公社主任:周成友;副主任:贾进堂、黄长荣、李玉成;委员:王士敏、时玉坤、李荣茂、赵德林、许长江、仇严。

1982 年 9 月 3 日,流村乡第六届三次代表大会召开,出席大会的正式代表 59 人。会上通过了流村乡关于第六届人民代表大会第三次会议选举乡长、副乡长结果的报告。乡长:贾进堂;副乡长:王凤岐、吴长兰。

1984 年 8 月 24 日—25 日,流村乡第七届人民代表大会在机关会议室召开。出席大会的正式代表 50 人。会上通过了关于执行殡葬改革的决议,通过了王凤岐所作的政府工作报告。大会选举产生了乡长王凤岐;副乡长吴长兰、王士敏。

1987 年 5 月 15 日—16 日,流村乡第八届人民代表大会在乡喷漆厂会议室召开,出席会议的正式代表 32 人。会议通过了 1986—1987 年乡财政所预算报告的决议,通过了王凤岐作的政府工作报告的决议。选举产生了乡长王凤岐;副乡长李长富、王士敏。

1992 年 3 月 18 日,流村乡九届三次人民代表大会在乡机关二楼会议室召开,这次大会通过了王和平作的政府工作报告和崔洪生作的财政预算报告的决议。由乡长王和平带队参观了桃洼乡的花塔村和本乡教学楼,看外乡比自己,听取代表意见,在讨论中代表们积极发言,为流村乡经济的再度腾飞献计献策,并提出建议 16 条,最后由乡人大主席刘志奇作总结发言。

1994年1月12日,流村乡第十届一次人民代表大会在乡机关会议室隆重开幕。乡长王和平在大会上作了《全乡人民齐奋进,建设富裕、文明的新流村》的政府工作报告。听取了贺德纯作的流村乡1993年财政决算和1994年的财政预算的报告。通过了关于政府工作报告和财政预决算报告的决议。选举了乡长、副乡长。乡长为王和平,副乡长为齐炳瑞、张青松。

1994年8月31日,流村乡第十届二次人民代表大会在机关大会堂举行。乡长王和平作了题为《抓住机遇,开拓进取,为实现"两会"提出的目标而奋斗》的政府工作报告。通过了关于乡《政府工作报告》的决议。通过了关于第一次会议代表议案办理情况的报告,通过了关于第二次全体会议代表议案的审查报告。

1995年3月29日,流村乡第十届三次会议在乡机关召开,应到代表36名,实到代表29名。大会听取并审议通过了《政府工作报告》和《财政预决算报告》的决议。补选流村乡第十届人民代表大会主席。于泓当选为流村乡第十届人民代表大会主席。

1995年5月14日,流村乡第十届四次会议在乡机关二楼会议室召开。应到代表32名,实到代表23名。大会的主要内容是补选正、副乡长。乡长:贾福贵;副乡长:李德林。

1996年3月19日,流村乡召开第十届人民代表大会第五次会议。大会审议通过了乡长贾福贵作的《政府工作报告》和农工商总公司经理崔红开作的《财政预决算报告》,选举黄长荣担任本届乡人大副主席。

1996年8月29日—30日,流村乡召开第十届人民代表大会第六次会议,全体代表参观了乡创业农场和延庆县二道河乡的家庭养鸡情况。乡长贾福贵代表政府向大会作了《政府工作报告》,汇报了1996年上半年政府在两大文明建设方面的情况和下半年全乡各项工作的指导思想及奋斗目标;副乡长李德林向大会汇报了上届大会提出问题的解决情况;乡人大主席于泓、副主席黄长荣也分别作了报告。

1997 年 1 月 12 日—13 日,流村乡第十一届人民代表大会第一次会议在流村乡机关会议室隆重举行。大会历时两天。本次大会应到代表 47 名,实到代表 44 名。大会按照选举法有关规定,选举产生了新一届乡人大主席、副主席、乡长、副乡长。具体选举结果是:

人大主席:于泓。

副主席:黄长荣。

乡长:贾福贵。

副乡长:李德林、柴会昌。

1997 年 12 月 12 日,流村镇第一届人民代表大会召开。选举产生了新的领导班子:

人大主席:崔宏生。

镇长:徐德清。

副镇长:张树玲、刘春林、邢全江、柴会昌。

1998 年 3 月 9 日,流村镇第一届人民代表大会第三次会议召开。

2001 年 8 月 23 日,流村镇第一届人民代表大会第四次会议召开,全镇 40 多名人大代表出席了会议。

2001 年 10 月 20 日,流村镇第一届人民代表大会第五次会议圆满闭幕,董锦华当选为流村镇人大主席,郭玉清当选为流村镇人民政府镇长。

2002 年 8 月 15 日,流村镇召开了第一届人民代表大会第七次会议。

2002 年 10 月 24 日,在流村镇第一届人民代表大会第八次会议上,经全体与会代表的投票选举并一致通过,徐树义当选为流村镇副镇长。

2003 年 1 月 9 日,流村镇召开第二届人民代表大会第一次会议。镇长郭玉清作了题为《抓住机遇,加快改革,与时俱进,再创佳绩,为建设富裕、民主、文明的新流村而努力奋斗》的报告。与会代表听取和审议了政府工作报告,对三年来流村镇在物质文明和精神文明建设中所取得的成绩给予了充分的肯定。会议投票选举了流村镇第二届人大和政府领导班子。

2004 年 8 月 12 日上午,流村镇第二届人代会第四次会议圆满结束,刘毅满票当选副镇长。

2005 年 4 月 2 日,流村镇第二届人民代表大会第五次会议举行,镇长张勇作了《抓住机遇、夯实基础、发挥优势、加快发展,为流村镇经济和各项工作再上新台阶而奋斗》的工作报告。会议通过了《流村镇第二届人民代表大会第五次会议关于流村镇 2004 年财政预算执行情况和 2005 年财政预算决议》、《流村镇第二届人民代表大会第五次会议关于政府工作报告的决议》、《流村镇第二届人民代表大会第五次会议关于流村镇人大主席团工作报告决议》。在这次会议上,镇党委书记郭玉清作了重要讲话,要求各位代表继续支持镇党委和政府的工作,为加快流村经济建设和精神文明建设做出自己的贡献。区人大经济委员会主任张之良号召与会代表牢固树立和落实科学发展观,为全镇经济发展同心同德,做出更大贡献。

2007 年 11 月 19 日,流村镇召开了第三届人民代表大会第一次会议;听取、审议、通过了流村镇财政预决算执行情况和 2007 年财政预算的报告;听取、审议、通过了流村镇人大主席团工作报告;选举流村镇第三届人民代表大会主席、副主席,流村镇人民政府镇长、副镇长。

2008 年 11 月 4 日,流村镇召开了第三届人民代表大会第五次会议。出席会议的代表共计 50 人。会议选举产生了第三届人民代表大会主席、流村镇人民政府副镇长。韩国玲以全票当选为流村镇人大主席,张进海当选为流村镇人民政府副镇长。

### 四、行政机构及其工作

新中国成立后，流村政府机构设民政、会计、教育、粮食、供销社和派出所、税务等机构。后来，乡政府机构多次进行调整，在1956年之后，设临时机构：爱国卫生委员会、交通安全委员会、私营工商业改造办公室，以及每年秋后粮食征购办公室等。1966年之后，乡政府设立政府办公室、人事科、民事科、民政科、劳动科以及计划生育委员会、工业科、交通科、粮食科、农业科、林业科、水利科、卫生所、供销社等机构。"文化大革命"后，流村乡成立党政合一的中国共产党流村公社委员会，下设办事组。设立保卫组、农林组等，增加了畜牧组、工副业组。之后，公社委员会机构有多次调整。1976年后，正式设立政府办公室、民政科、教育科、计划生育科、土地管理科、路政科、统计科、粮食科、卫生局、教育局、劳动科、广播科、供销社等机构。1981年，流村公社革命委员会改称流村公社管理委员会。1982年9月，流村公社改为流村乡。乡政府下设政府办公室、文化站、民政、司法、文教分设助理员，土地规划管理员、计划生育办事员。到1983年，实行党政分开，相继改革了公社体制，建立了乡人民政府，并通过乡人民代表大会选举产生了乡政府领导机构。1991年之后，乡政府正式设立下列机构：政府办公室、计划生育办公室、法律服务所、文化站、财政所、统计科、林业站、经管站、科技委员会、总务科、水管站、电管站、机务队、配种站、工商科、邮局等。1992年，新设立交通安全科、土地规划办公室等机构。1995年，设立专审科、管理科。1997年，流村镇设立安全委员会。1998年，流村镇推出机关机构改革办法。30名同志内部下岗。2001年12月，流村镇机构改革后设立政府办公室、计划生育办公室、社会事务科、经济发展科、财政统计科、农林办、政法办。2004年以来，流村镇设立的行政机构有：政府办公室、计划生育办公室、财政统计科、政法办公室、社会事务科、经济发展科、农林办公室、社会保障所、旅游办公室、信访办公室、全程代理办公室、老峪沟办事处、高口办事处等。

乡镇政府通过下发文件发布命令。公文的种类有:命令、决定、决议、指示、公告、通告、通报、批复、意见、函件、会议纪要等。公文有红色字头,有"昌平区流村镇"字样,下发给乡(镇)各政府工作部门、人民团体执行;文件内容有转发国务院、北京市政府下发的行政文件和区政府制定的各种行政决策、措施规定和任务要求等。重大事项由乡长(镇长)、副乡长(副镇长)签发;以乡(镇)政府的名义发出"请示"、"报告",由乡长(镇长)或委托常务副乡长(副镇长)签发。政府各工作部门送交乡(镇)政府的公文,由乡(镇)政府办公室统一处理,按照领导的分工呈批,重大事项报告乡长(镇长)、常务副乡长(副镇长)审批。根据工作需要,由乡(镇)委和乡(镇)政府联合下发文件。

乡长(镇长)分工负责制,设正乡长(镇长)1 人,副乡长(副镇长)2—7 人,完善乡长(镇长)分工责任制。乡长(镇长)主持全乡(全镇)的工作,主持召开政府工作会议、政府常务会议、乡长(镇长)办公会议和全体会议。常务副乡长(副镇长)协助乡长(镇长)做好政府日常工作,其他副乡长(副镇长)分管经济和社会各项事业。乡(镇)政府经常召开乡镇工作机构行政领导干部会议,或者与乡(镇)党委共同召开全乡(镇)机关领导干部大会,对工作进行部署、总结和表彰等。

政府办公室负责上传下达、上情下传的工作,并做到及时、准确、无误,同时做好综合协调工作;负责草拟文件、处理信息、办理公务、组织会议等,提供办理事务和组织会议的建议和方案并完成;负责窗口服务工作,坚持政府办公室全天有人值班,来人进行接待服务,做好政府公章管理工作;负责建立健全政府系统信息员队伍,充分调动信息员的积极性,与各科室搞好协作,努力抓好政府系统有价值信息的捕捉、编写工作;负责老峪沟和高口两个地区事务的管理、协调、处理工作,协调好村与村之间的关系,做好矛盾问题及时排查解决,对群众关心的热点、难点问题做好调查化解工作。同时,政府办公室还负责政府各项临时性的工作。

### 五、机关干部编制

(一)干部编制

行政机关干部的人事编制,在新中国建立后就一直不断变化。经过精简机构,干部编制不断发生变化。改革开放后,乡镇机构设置不断增加,机关干部人事编制也不断增加。1992 年开始进行标识代码发放,截止到 1994 年全部完成代码的发放和修改。1995 年,对各等级法人事业单位进行定期检验和核查。2004 年 10 月 13 日—15日,流村镇举办了为期两天的法人基本单位情况表的填报和基础工作整顿培训班,对与会人员详细讲解了该表的填报和应注意的事项,对后期的整顿工作提出了具体的要求。这次培训班标志着流村镇经济普查工作进入了第二个高峰阶段。

表24　1995 年流村乡关于事业单位法人年度检查情况表

| 机构名称 | 地址 | 所有制情况 | 经营管理形式 |
|---|---|---|---|
| 流村乡农业技术推广站 | 新建村 | 全民所有制 | 独立核算 |
| 流村乡林业工作站 | 北流村 | 全民所有制 | 独立核算 |
| 农村合作经营管理站 | 北流村 | 全民所有制 | 独立核算 |
| 农业机械管理站 | 政府东 | 全民所有制 | 独立核算 |

(资料来源:昌平区档案馆)

表25　1992 年流村乡机关科室名称及人数统计表

| 科室名称 | 人数 | 科室名称 | 人数 |
|---|---|---|---|
| 党委 | 4 | 安全监察科 | 1 |
| 组织 | 1 | 总公司办公室 | 4 |
| 宣传 | 2 | 财政所 | 4 |
| 妇联 | 1 | 统计科 | 3 |
| 共青团 | 1 | 经管站 | 5 |

| 科室名称 | 人数 | 科室名称 | 人数 |
|---|---|---|---|
| 广播室 | 3 | 审计科 | 1 |
| 打字员 | 1 | 林业工作站 | 5 |
| 档案室 | 1 | 农业公司 | 5 |
| 政府办公室 | 5 | 畜牧公司 | 5 |
| 计生办 | 3 | 科委 | 3 |
| 法律服务所 | 2 | 总务科 | 5 |
| 土地规划办 | 1 | 工业企业公司 | 22 |
| 交通安全科 | 2 | 工勤人员 | 6 |
| 民政科 | 2 | 文化站 | 4 |
| 共计 | 29 | 共计 | 73 |

（资料来源：昌平区档案馆）

表26 1992年流村乡党、政、群机关机构编制统计表

| 机关名称 | 人数 | 行政经费列支人数 | 集体经费人数 |
|---|---|---|---|
| 党委 | 95 | 16 | 79 |
| 团委 | 12 | 2 | 10 |
| 妇联 | 1 | | 1 |
| 武装部 | 1 | 1 | |
| 政府 | 50 | 4 | 46 |
| 总公司 | 29 | 9 | 20 |

（资料来源：昌平区档案馆）

（二）干部管理

干部管理分为干部的任免、干部的考核与奖励、干部的惩戒和干部的离休退休。

**干部任免** 新中国建立初期，一般干部的任免是根据工作需要和本人情况，由组织部门决定，民政科登记手续。50年代后期，干部队伍录用主要通过招收、调入干部、"工代干"转干、安排军队转业干

部、接受大中专毕业生、聘干等方式。50 年代至 80 年代,吸收、补充干部队伍主要从农村干部、小学教师和大、中专毕业生中进行吸收和补充。1980 年后,干部需求量大增,机关、企事业单位抽调一批职工、工人当作干部使用(简称"工代干")。"工代干"人员经过考试考核转干的人数不断增加。1987 年起,停止转干,实行聘干制度。聘用期 3 至 5 年,到期续聘或不续聘。聘用期间享受干部待遇。1993 年 10 月 1 日起,实施《国家公务员暂行条例》。1994 年年底,开始对乡内国家行政机关干部按公务员考核办法进行年度考核。1995 年起,国家干部结构由国家公务员、企事业管理人员、专业技术人员和聘用制干部组成。

**表 27　1963 年中共流村乡人民公社委员会下发文件批准**
**以下各村的大队长和副大队长的任职**

| 村名 | 大队长 | 副大队长 |
|------|--------|----------|
| 下店 | 尹玉龙 | |
| 上店 | 刘胜旺 | 白金茅、陈宝合 |
| 北流 | 相廷泉 | 张富友、刘淑珍 |
| 西峰山 | 王礼生 | 吴长满、邹玉兰 |
| 新村 | 戈玉元 | 李成茂、刘炳云、戈连瑞 |
| 白羊城 | 刘文焕 | 张云、阴戈茅 |
| 古将 | 古永芳 | 谷天有、黄淑珍(妇女大队长) |
| 黑寨 | 刘长海 | 张彦忠、刘淑英 |
| 王家园 | 赵玉振 | 孔贵兰(妇女大队长) |

(资料来源:昌平区档案馆)

**表 28　流村乡 1991—1992 年机关编制增减人数表**

| 时间\种类 | 1991 年末 | 1992 年 1 月—1992 年 9 月 30 日增加人数 | 1992 年 1 月—1992 年 9 月 30 日减少人数 | 截至 1992 年 9 月 30 日机关人数 |
|-----------|-----------|------|------|------|
| 编制 | 22 | 4 | 6 | 20 |

续表

| 时间\\种类 | 1991 年末 | 1992 年 1 月—1992 年 9 月 30 日增加人数 | 1992 年 1 月—1992 年 9 月 30 日减少人数 | 截至 1992 年 9 月 30 日机关人数 |
|---|---|---|---|---|
| 在职 | 94 | 4 | 6 | 92 |

（资料来源：昌平区档案馆）

表29　1992 年流村乡街道、乡镇编制在职人数统计表

| | 总计 | 党委 | | 政府 | | 群团 | |
|---|---|---|---|---|---|---|---|
| | 在职人数 | 编制 | 在职 | 编制 | 在职 | 编制 | 在职 |
| 总计 | 94 | 12 | 12 | 47 | 47 | 3 | 3 |
| 乡 | 94 | 12 | 12 | 47 | 47 | 3 | 3 |

（资料来源：昌平区档案馆）

表30　1995 年流村国家机关、事业单位干部定期
统计表（机关由张树玲负责）

| | 政办公室 | 人事部门 | 人民武装部 | 科委 | 工业部门 | 农业部门 | 总计 |
|---|---|---|---|---|---|---|---|
| 机关 | 2 | 4 | 1 | 1 | 6 | 6 | 20 |
| 事业单位 | 2 | 4 | 1 | 1 | 6 | 6 | 20 |

（资料来源：昌平区档案馆）

表31　1995 年流村各级政府机关人员基本情况

| 总数 | 学历 | | | | 政治情况 | | 年龄 | | | | | | | |
|---|---|---|---|---|---|---|---|---|---|---|---|---|---|---|
| | 大学本科 | 专科 | 高中毕业 | 初中以下 | 中共党员 | 无党派人士 | 25 岁以下 | 26—30 | 31—35 | 36—40 | 41—45 | 46—50 | 51—55 | 55—59 |
| 20 | 4 | 2 | 10 | 1 | 3 | 19 | 1 | 2 | 3 | 1 | 3 | 4 | 3 | 2 | 2 |

（资料来源：昌平区档案馆）

表32 1995年流村乡干部调配情况统计表

| | | 总数 | 调动原因 | | 调动去向 | |
|---|---|---|---|---|---|---|
| | | | 干部交流 | 其他 | 乡镇一级党政机关 | 县级党政机关 |
| 总计 | 人数 | 4 | 4 | 4 | 1 | 3 |
| | 中专及以上学历 | 4 | 4 | 4 | 1 | 3 |
| | 科级以上党政干部 | 4 | 4 | 4 | 1 | 3 |
| 市内调动 | 人数 | 4 | 4 | 4 | 1 | 3 |
| | 中专及以上学历 | 4 | 4 | 4 | 1 | 3 |
| | 科级以上党政干部 | 4 | 4 | 4 | 1 | 3 |

(资料来源:昌平区档案馆)

**干部考核培训** 干部考核按照国家的规定,实行绩效考核。随着经济技术的不断发展,专业技术人员的需求大增。专业技术人员必须进行培训和考核。在县内建设干部进修学校,乡镇干部通过短期培训、专题研讨、电化教育、实地教学等形式,得到了继续教育。1995年流村机关有3人取得中级专业技术职务,其中:工程技术师1人,经济师2人,均相当于科级职务,属于乡镇的专业技术职务。

**干部奖励** 流村镇每年评选表现先进的个人和集体。在农业、工业、商业、教育、卫生等系统内,评选劳动模范、先进工作者,社会主义建设积极分子等。2004年,流村镇市级先进个人:崔文秀(基层妇女组织先进个人,市妇联"十佳热心娘家人"称号)、刘玉良(北京市"保护母亲河"绿色先进个人)、蔡立军(爱国卫生先进工作者)、张玉祥(重大动物疫病防治先进个人)、黄进国(市司法局社区矫正先进个人)。区级先进个人:崔文秀(区妇联"十佳热心娘家人"称号,优秀信息员)、刘玉良(昌平文明人标兵)、陈燕(优秀工会干部)、蔡立军(科技工作先进个人、残疾人工作先进个人、科技周先进个人)、张树华(复退军人安置工作先进个人)、刘秋玲(电影工作先进工作者)、杨福芝(计划生育工作先进工作者)、杨秀琴(财政工作先进工作者)、张玉祥(昌平文明人标兵)、黄进国(社会治安综合治理先进个人、法制工作先进个人、法制宣传教育先进个人、区司法局三等功、人民调解先进工作者、优秀司法信息员、优秀公务员)、韩金玲(社会治安综合治理先进个人)、刘志广(交通安全先进工作者、区交通安全三等奖)、刘富义(信访排查工作先进个人)、王瑞江(信访排查工作先进个人)、邢如中(昌平文明人标兵)、张秀荣(民俗旅游先进个人)。**市级先进集体**：流村镇团委(首届大学生志愿者最佳协作奖、北京市"五四"红旗团委)、农林办(森林防火先进单位)。**区级先进集体**：宣传部门(昌平区宣传思想工作十佳单位、昌平区新闻宣传工作先进单位、昌平区委信息工作先进单位、昌平区政府信息工作先进单位)、武装部(双拥模范镇、人民武装标兵单位)、610办(防范和处理邪教问题先进集体)、档案(档案报刊征订工作三等奖)、社会事务科(昌平区科技工作先进单位、残疾人工作先进单位、科技周先进集体、复退军人安置先进集体、最佳放映单位、第五届秧歌大赛二等奖、第二届机关运动会团体总分第六名、第二届机关运动会田径比赛第二名、第二届乒乓球比赛第七名、第一套健身秧歌大赛优秀奖、迎新春第五届"北七家杯"体育专干乒乓球赛最佳组织奖)、统计科(统计工作达标单位)、财政科(决算先进单位)、农林办(昌平文明人标兵集体、先进雨量站)、信访办(信访排查工作优秀单位)、旅游办(先进民俗旅游服务组织)。

**干部惩戒**　干部惩戒是对干部进行管理的一种方法。自1951年起,干部惩戒工作依据《政务院人民监察委员会干部惩戒中的几个问题对东北监委的解释》执行;1957年后,执行《国务院关于国家行政机关工作人员奖惩暂行规定》,国家干部惩戒处分有警告、记过、记大过、降级、降职、开除留用察看、开除等7种。1993年起,执行《国家公务员暂行条例》规定,干部处分有6种:警告、记过、记大过、降级、撤职、开除。

表33 1995 年流村国家行政机关、事业单位、企业单位
工作人员惩戒统计表

| | 受惩戒人数 | 受处分人数 | 撤职人数 | 道德品质问题 |
|---|---|---|---|---|
| 合计 | 1 | 1 | 1 | 1 |
| 正副科级及相当者 | 1 | 1 | 1 | 1 |

(资料来源:昌平区档案馆)

**干部离休退休** 流村镇按照国家规定,对离退休干部进行离休退休管理。1949 年 9 月 30 日前参加革命工作、享受供给制待遇的干部可以离职休养,工资照发,并按参加革命的不同时期每年增发 1 个月至 2 个月的生活补贴。新中国建立后参加工作的干部,男性年满 60 周岁、女性年满 55 周岁,参加革命工作满 10 年和男性年满 50 周岁、女性年满 45 周岁,参加工作满 10 年、因病及因公致残完全丧失工作能力的可退休。干部退休后的退休费,工作年限满 20 年的为个人工资的 75%、满 15 年不满 20 年的为 70%,满 10 年不满 15 年的为 60%。因工致残需要人扶助的为个人工资的 90%。1955 年后,执行国务院颁发的国家机关工作人员实行干部退休制度规定。男年满 60 岁、女 55 岁,工作年满 5 年(包括参加工作前主要依靠工资生活的劳动年限)和男性年满 25 年、女 20 年,因工致残疾丧失工作能力的,经批准可办理退休。退休费标准为工作年限满 10 年不满 15 年的发给个人工资的 60%,15 年以上的发给工资的 70%,因工致残满 15 年以上发给工资的 80%。1980 年后,每年对办理退休手续的干部进行详细登记。1993 年,执行国务院有关规定,调整退休费比例,实行职级工资制工作人员退休费,基础工资和工龄工资按退休干部原标准的全额计发,职务工资和级别工资按工作满 35 年的两项之和的 88% 计发,满 30 年不满 35 年的按两项之和的 82% 计发,满 20 年不满 30 年的按两项之和的 75% 计发,满 10 年不满 20 年的按两项之和的 60% 计发。工作不满 10 年退职的按 40% 计发。事业单

位工作人员和机关职工退休费,按个人职务(技术等级)工资与津贴之和,工作满35年的退休费为90%、满30年不满35年的为85%、满20年不满30年的为80%、满10年不满20年的为70%、工作不满10年的退职费为50%。退休人员的退休费还根据在职人员的增资情况不断增加,并享受生活补贴、物价补贴及书报、洗理费等。

**表 34　1995 年流村乡干部退休**

| 退休干部原职务 | 职称情况统计表 | | 行政干部 |
| --- | --- | --- | --- |
| | 总数 | 小计 | 副乡(科)长及相当职务 |
| 合计 | 3 | 3 | 3 |
| 70 岁以下 | 3 | 3 | 3 |
| 执行机关事业工资标准 | 3 | 3 | 3 |

(资料来源:昌平区档案馆)

1995 年干部退休情况统计 70 岁以下的干部退休共计 3 人,属于副乡(科)长的职务及相当职务,执行国家机关事业退休干部工资标准。

**表 35　1995 年流村退休干部两年数字化统计对比**

| | 上年 12 月 5 日前总数 | 本年度新办退休 | 本年 12 月 31 日应有人数 | 本年 12 月 31 日实有人数 |
| --- | --- | --- | --- | --- |
| 合计 | 2 | 1 | 3 | 3 |

(资料来源:昌平区档案馆)

## 六、信访工作

1984 年起,流村乡开始设立信访工作小组,设专职人员负责信访工作。2005 年 5 月 1 日《信访条例》开始施行。信访办公室主要受理来信、来访,维护信访人的合法权益。承办上级机关的信访事项,并负责上报处理结果。向下级机关交办信访事项,并负责督促检查。向信访人宣传有关法律、法规、规章和政策。对本地区信访问题及时排查做好协调处理,掌握基本情况,向领导提供准确的信访信息。现任信访办主任:刘富义;科员:邱振丽;副处待遇:李桂山。

信访工作坚持领导审批手续达100%,坚持领导主持研究解决本单位权限范围内的信访疑难问题。一是解决了喷化厂女工工资问题。1990年初,乡喷化厂20余名女工到乡机关找党委书记,原因是喷化厂已半年没发工资了,可厂长和党委书记经常到财务室支借工资款。当时的书记刘志奇针对工资问题,召开座谈会,对职工进行解释,并答复15天内发工资。后又召开党委会,免去了尹玉悦书记厂长职务,调贾福贵任书记厂长。二是解决了上店村土地分包问题。1992年初,上店大队第三大队在调整责任制中,由于计划不全面,剩下的30多亩地没有分包下去,队干部12人想承包这30亩地,结果广大群众不满意。针对此问题,乡政府责成经营站的同志立即赶到上店大队。经调查,群众所言属实,最终乡领导帮助第三大队调整方案,进行了公平承包。三是解决了老峪沟村李春林的欠款问题。2007年10月8日,流村镇老峪沟村民李振友为年近80岁的老父亲提出信访请求:李父李春林1986年带18名残疾人在大东沟荒山造林,搞水土保持。因村集体没钱,拖欠工款5000元和松树子款600元,要求给予兑现欠款,并在老父亲有生之年把这件事解决。信访办会同镇包片、包村领导及时与老峪沟村两委会取得联系并具体了解和调查此事,走访当事人和村前几任干部,证明信访人反映的情况属实,提出的信访请求合理。经与现任老峪沟村两委领导协商,决定将拖欠的5600元钱于2007年11月6日一次性支付给李春林。上访人对此事项的办理结果表示非常满意。

健全信访制度:①来信拆封登记。②来访接待记录。③信访立案、转办办法。④档案管理。⑤回信回访制度。1988年一年中由中央批转下来的信件3件,由市委市政府批转下来的信件6件;由县信访、县纪检会、县监察局以及其他部门批转下来的信件共76件,直接到乡政府上访的全年达470人次,乡党委、乡政府、纪检会接到信访件 24 件。信件多为反映党政干部违纪,以及在责任制调整中出现的问题,这些问题最终得到合理解决。

2007 年流村镇到镇、区的信访总量比上年同期大幅度下降。镇接待批次和人次比上年同期分别下降 35% 和 5‰。其中,集体访批次下降 26%,人次增加 6%。到区以上单位访比上年同期分别下降 19% 和 68‰。其中,集体访批次、人次分别下降 71% 和 80%。

2008 年 5 月 25 日是信访工作日,为了加强小水峪村的信访工作,引导村民正确行使权利,小水峪村开展了"平安奥运,依法信访"法律宣传与咨询活动。在活动中,为村委会工作人员每人发放了一本《北京市信访工作条例》,村委会又向村民发放《北京市信访工作条例》与《平安奥运十要十不要》,并耐心回答了他们的提问。一天下来共发放材料 50 余份。

表 36　1990 年流村镇信访小组成员

|  | 姓名 | 职务 |
|---|---|---|
| 组长 | 薛文好 | 政工副书记 |
| 副组长 | 齐炳瑞 | 总经理 |
| 成员 | 贺德纯 | 总经理 |
|  | 贾国玺 | 纪委副书记 |
|  | 孙淑芳 | 党办主任 |
| 专职信访干部 | 孙淑芳(兼) | 党办主任 |

(资料来源:昌平区档案馆)

1990 年,上级部门转来信件共计 16 件,分别是县纪委 7 份,监察局 1 份,县领导、县信访办 9 份,都已结案。

流村镇有 48 个单位荣获 2007 年度昌平区信访排查调处工作优秀单位;3 人被评为 2007 年度昌平区信访排查调处工作先进个人:

刘富义:流村镇信访办公室主任。

李桂山:流村镇信访办公室副处级工作人员。

邱振丽:流村镇信访办公室科员。

2007 年,昌平区信访工作"三无村"共 132 个。其中流村镇有 18 个信访"三无村":下店、西峰山、古将、北庄、瓦窑、王峪、小水峪、发电站、菩萨鹿、韩台、狼儿峪、北照台、新开、溜石港、马刨泉、黄土洼、长峪城、老峪沟。

# 第四章 政 法

　　流村镇设立专门的政法办公室,负责建立健全基层人民调解组织、司法信息组织以及矛盾排查组织,做好对基层调解人员的培训工作,参与协调基层调解组织,调解处理疑难纠纷。解答咨询,代写各类法律文书;担任企事业单位常年法律顾问,代理民事诉讼,代为拟定经济合同,解决经济纠纷;协助公证处办理公证;积极参加"严打"整治斗争,主动做好法律援助工作。负责"两劳"释放人员帮教工作,建立健全帮教组织,建立个人档案,做好"两劳"释放人员的思想工作,帮助他们就业。负责本辖区交通安全管理工作,宣传交通安全知识,制定目标管理责任制,做好车辆和驾驶员备案、年审管理工作,加强工作的指导检查监督和车管干部及驾驶员培训工作,协助查处违章事故案件。负责全镇企业安全生产工作,负责特种行业报告、考试、年检等管理工作。负责协助派出所抓好镇村社会治安综合治理工作,确保一方平安,为本地区经济和社会发展保驾护航。现任负责人:黄进国、韩金玲、刘志广、杨振宇、彭志杰。

## 第一节 社会治安

### 一、1949 年之前的社会治安

　　1913 年,县公署设警察所;1925 年起,县政府设立警察局。流村地区并没有警察系统。1935 年,伪县政府(公署)设立警务局,在南口设立警务分局,负责区域包含流村。1946 年起,国民党统治区成立警察局,在南口设警察分局,流村在其管辖之内。1948 年 12 月 12 日,旧警察机构同国民党政府一起被推翻。1948 年,县公安局在南口设派出所,管辖流村地区的治安。

新中国成立后的 1959 年,在县公安局下增设北流村辖派出所,当时派出所所长是王永通,民警有魏北臣、王文芝、郭凤荣、常虎堂,负责流村、高崖口、老峪沟三个地区的社会治安工作。改革开放后,派出所的装备不断更新,人员素质不断提升。后又设立森林派出所,负责森林的护卫、安全及防火。现森林派出所办公室负责人:朱佳刚。

**二、社会治安工作**

从 50 年代起,开始镇压反革命运动,打击对象主要是土匪、恶霸、原国民党反动党团骨干分子和反动会道门骨干等。对敌伪特等反革命分子摸底深挖予以逮捕,对罪大恶极的反革命分子组织群众控诉。1956 年,乡镇成立镇反领导小组,发动群众揭发、检举反革命分子及其活动。对有一般问题的不当做反革命分子看待,罪行严重的根据不同表现进行不同处理。1956 年底,镇压反革命运动结束。新中国建立后,对判处极刑以外的"四类分子"(地主、富农、反革命分子和坏分子)编入生产小组,安排可靠群众监督进行劳动改造。规定被管制对象要定期向派出所管片民警和村治保会干部汇报,外出要请假销假,家庭来人要登记等制度。

对公共秩序的管理,主要是对旅游、娱乐、集会、营业等社会公共场所进行安全管理。改革开放后,在乡内组织的各种活动中,组织警力,确保各项活动的公共秩序和安全。1993 年起实施《北京市关于禁止燃放烟花爆竹的规定》,严禁私运、私售烟花爆竹。1994 年 11 月 30 日起,实行《北京市严格限制养犬规定》,流村乡被定为一般限养犬乡。

危险物品管理分为枪支管理和爆炸物品管理。1949 年起,实施华北人民政府《枪支管理暂行办法》和《携带枪支暂行规则》,对社会上散存的步枪、马枪、驳壳枪等枪支进行收缴,对行政机关人员配备与使用枪支、弹药作了具体规定。1981 年,实施《中华人民共和国枪支管理办法》,对全乡枪支进行统一登记管理。50 年代中期以后,生产炸药和进行农田、水利及道路建设施工用炸药单位增多,炸药、雷管使用量增多,炸死、炸伤人的事件时有发生。1964 年,开始管理炸药。1978 年,爆炸物品管理规定,各单位购买爆炸物品须经过当地派出所、公安人员审查同意,由县公安局开具购买证。1979 年,对储有爆炸物品的单位进行整顿,发给《制造、储存爆炸物品登记证》、《购买使用爆炸物品登记本》,对购买、制造、储存、使用爆炸物品实行登记制度。1984 年后,在县公安局领导下,多次对全县爆炸物品进行检查整顿,坚持爆炸物品的管理制度。

1957 年 10 月 22 日起,执行《中华人民共和国治安管理处罚条例》,查处治安案件处罚有警告、惩罚、拘留等。20 世纪五六十年代社会治安案件较少,改革开放之后,社会治安案件逐年增加。1987 年起,执行新颁布的《中华人民共和国治安管理处罚条例》。90 年代中期,违反治安管理的案件增多,主要有扰乱公共秩序、殴打伤害他人、偷窃伤害他人、偷窃财物、寻衅滋事、赌博、侮辱妇女、卖淫嫖娼等。1995 年 5 月,杨东明、张玉堂、李福华、王德臣、张青松 5 位党员在白羊沟、凤凰城因嫖娼被抓,8 月流村乡纪委开除了这 5 人的党籍。

### 三、户籍管理

主要包括常驻户口登记、常驻户口迁移登记、农业户口转非农业户口、颁发居民身份证,同时进行外来人口的管理。常驻户口管理根据 1958 年第一届全国人大常委会第 91 次会议通过颁布的《中华人民共和国户口登记条例》,建立城乡常住人口、暂住人口、出生、死亡、迁出、迁入、变更更正 7 种登记制度,每年年底进行一次户口复核工作。人口登记按城镇非农业人口和农村农业人口分别管理,出生登记随母亲户籍落户,迁出、迁入除因婚姻(农村女方入男方户籍)、工作分配调动、考入大中专院校、参军入伍外,其他户口迁移不办理。1956 年起,农村农业户口考入大中专院校上学和招工、招干,办理转为城镇非农业户口。1977 年起,执行北京市有关政策规定,开始办理农业户口转为非农业户口(简称农转非),主要有干部、职工、军队干部、家属等。1984 年 5 月起,实施《中华人民共和国居民身份证试行条例》,流村镇派出所选调工作人员,进行核对户口、组织照相、按人编码、填写底卡、检查验收、制证发证等工作。1994 年,首批发放的 10 年有效居民身份证到期,更换有效期为 20 年的居民身份证。1985 年,实施公安部《关于城镇暂住人口管理的暂行规定》、北京市《关于暂住人口户口管理的规定》及市公安局实施暂住人口管理的规定细则管理外来人口。1987 年,执行市公安局、房管局《关于加强暂住人员租赁私有房屋管理的规定》,开始对外来人口和出租房屋实行申办暂住证和登记制度。1995 年 10 月,流村乡成立外来人口办公室,办公室主任由派出所所长担任,聘用专、兼职协管员。外省、市来县人员须在 3 日之内到属地派出所申报暂住登记,年满 16 周岁、暂住时间超过一个月或者从事务工、经商活动的人员同时申领暂住证。无合法有效身份证明和无固定住所的人员,或从事各种危害社会秩序和公共安全活动的人员不予办理暂住证,逾期不办理暂住证或未按规定办理延期手续的单位和个人,容留无暂住证人员的,依法进行处罚。

## 第二节　交通管理

1987 年,设立交通安全管理委员会,其后改称为交通安全科,负责管理流村的道路、车辆和驾驶员。始终坚持以整秩序、保畅通、防事故、提高全乡群众交通安全意识为重点,坚持司机月例会制度和车辆月、季检制度,严格个体车辆和新司机的管理,与各基层单位层层签订责任书。1995 年上半年调解事故 10 起,纠正违章 80 起。上半年经县里验收,各项指标均未超标,基础验收工作得 95 分。1995 年初,乡成立流村运输服务站,对于规范流村地区交通运输市场秩序起到重要的推动作用。

道路交通的安全,从 1957 年就开始设固定岗,指挥疏导交通,纠正交通违章,对违章人员进行交通安全教育。管理对象有畜力车、自行车、行人。80 年代以后,随着机动车辆的增加,交通安全委员会开始调整交通勤务设置,交通信号灯、固定岗、巡逻岗等装备完全。交通安全教育,主要是以广播、板报的形式进行。同时宣传队深入到村镇和企事业单位宣传交通安全知识,签订《交通安全责任书》。1973年,开始执行北京市《关于驾驶机动车违章的处理规定》。1979 年执行北京市《关于处理交通违章的暂行办法》,交通民警开始对交通违章实行现场罚款处罚制度,交通民警对机动车违章可罚款 5 角到 1元,最多不超过 2 元,交通班长、排长可处罚 1 元到 3 元,3 元以上的罚款由中队执行。1982 年 3 月 1 日以后,交通违章 5 角至 2 元的罚款由执勤民警当场裁决;4 元以下的罚款和 5 日内暂扣驾驶证、行驶证,其车辆、车牌的扣押由交通中队办公室或交通班、排长批准办理裁决手续;6 元以下罚款、吊扣驾驶证 1 个月以内的由交通中队领导批准办理裁决手续;处 15 元以下罚款、吊扣驾驶证 3 个月以内的,由市交通大队或交通科的领导批准,由交通中队办理裁决手续。1988年起,执行《北京市实施〈中华人民共和国道路交通管理条例〉的若干规定》和市公安交管局《关于交通违章处罚程序规定》,罚款 20 元以上扣一张驾驶证副证,罚款 100 元以上扣 2 张驾驶证副证;交通民警对违章可以当场处 50 元以下罚款、吊扣 2 个月以下驾驶证,200元以下罚款、吊扣 6 个月以下驾驶证由交通队裁决;吊扣 6 个月以上驾驶证由市交管局裁决;治安拘留由交通队领导提出意见,由县公安局裁决。1992 年起,开始执行市公安局《关于改进对外埠机动车在京违章处罚管理的通知》,对外省市驾驶员在北京违章要严格执法,合情合理处置。

车辆的管理,主要包括自行车、人力三轮车、机动车。从 1959 年起,全乡的自行车开始换发自行车牌证。非机动车登记站设在南口。

1980年3月起,执行北京市统一规定,对自行车换发牌证,由车主到所在地非机动车登记站换领新牌照。1994年下半年起,执行北京市《非机动车车辆安全技术条件》规定,自行车核发牌证规定增设自行车车前安装有车辆厂牌型号,不得安装异响装置、设单人座等。人力三轮车分人力客运和人力货运三轮车、小三轮车,由市公安局核发执照。1987年4月起,小三轮车牌照经市公安交通管理局核发,车主持车辆证明相关证件到户口所在地非机动车登记站检查车辆,办理号牌和行驶证。私自生产,拼、改装的车辆不上牌。1994年6月起,执行市公安交通管理局《非机动车车辆安全技术条件》,车辆符合条件核发牌照。机动车的管理,从1964年起实施《北京市机动车管理办法实施细则》,机动车号牌新规定北京市地区的字头代码是"01",字头后一横杠,杠后5位数字为车辆编号,号牌有六种:大型汽车为黄底黑字、小型汽车天蓝色底白字、二轮三轮机动车天蓝色底白字、试车白底红字、临时号牌(纸质)白底竖排"临时"黑字、拖拉机白底黑字。1972年起,增加手扶拖拉机号牌为白底黑字。1973年,机动车换发牌照,北京市地区改用"31"字头。1985年3月起,乡内两轮摩托车新车上牌证需要持购车发票、车辆保险单、车主户口本,核发"北京G"字头牌照,限定在北京市区三环路以外道路驾驶,驾驶员和乘车人必须戴头盔。1986年8月起,使用新的机动车铝质号牌,反光牌面,上排"北京01",下排5位数车辆编号,超过5位数时,第一位号码用英文字母代替。新的机动车牌号有14种:大型汽车米黄色底白字;小型汽车中绿色底白字;挂车白底黑字;二轮和三轮摩托车中绿底白字;轻便摩托车白底朱红字;拖拉机和专用机械及电瓶车淡黄底黑字;试车蓝底白字数码第一位有"试"字;教练车蓝底白字数码第一位有"学"字;临时车纸质白底黑字;补号车牌纸质白底黑字;使馆汽车黑底白字,字码第一位有红"使"字;领事馆汽车黑底白字,数码第一位有红"领"字;外国籍汽车和摩托车黑底白字。1988年起,执行市交通管理局与农机局《关于贯彻两部〈关于农用拖拉机道路交通管理问题的通知〉的协议》规定,从事运输和农田作业兼用的拖拉机和其驾驶员由市交通管理局按机动车管理,车辆年检和驾驶员年审由市交管局委托市农机局负责,县农机局具体实施。1994年7月起,启用全国统一的"九二"式机动号牌。北京地区号牌为"京A"字头,其他字母一次排序,后为5位数编号。小型机动车号牌蓝底白字;大型机动车和摩托车号牌黄底黑字;外国籍车号牌黑底白字;使馆车号牌黑底白字,红色"使"字后为代码。

流村一直坚持车管干部和全乡司机的月例会制度,坚持月纪检制度,及时排除事故隐患,并严格了个体车辆和新司机的管理,与各基层单位层层签订责任书。1995年,流村乡通过县里验收,各项指标均未超标。全年总得分191分,平均95.5分,获得了上级领导和主管部门的好评。2008年8月,西峰山村用"五项措施"抓好奥运期间交通管理。一是把好"人员"关,专职定岗,领导牵头;以村交通安全委员为主体,党支部书记牵头,抓好奥运期间交通管理工作。二是把好"宣传"关,利用广播和在文化广场出板报宣传交通管理,同时发放宣传材料,开展"一对一"宣传,向驾驶员发放交通管理宣传材料50余份。三是把好"联络"关,完善联络机制。设立专门办公室和固定电话,用于奥运期间交通管理时的上下联络;利用之前对本村司机的调查记录,编写驾驶员电话联系簿,用于保证奥运期间对驾驶员的随时联系;按照镇里要求,在奥运期间坚持每日报平安制度,将交通违法的苗头消灭在萌芽阶段。四是把好"监督"关,街边路口,长期巡查。对不按规定出行的机动车驾驶员给予告知,并劝其回村,搭乘其他可以出行的机动车或者公交车。对个别不听劝阻的,耐心做好思想教育工作,并及时向镇里汇报。五是把好"记录"关,每日备案,及时总结。

## 第三节 社会治安综合治理

新中国成立后,由县公安局设专人负责综合治理工作。1995

年,流村乡建立了基层社会治安综合治理委员会(简称综治委),围绕市场、治安、市容、交通"四个秩序"进行综合治理。1985年起,执行中共中央、全国人大常委会、国务院《关于加强社会治安综合治理的决定》和《北京市社会治安综合治理条例》,综合治理坚持"打防并举、标本兼治、重在治本"的方针,对重点地区、重点路线进行综合整治,协调公安、工商、市容、交通、防疫、规划等职能部门进行综合治理,查处各种违反治安交通规定、违法经营、违章建筑等各类案件。为维护社会稳定,保障改革开放和经济建设的顺利进行,搞好社会治安综合治理工作,把确保一方平安作为基层干部任职期间目标之一,流村将综合治理纳入单位年度工作计划之中,与政绩考核、晋职、晋级、提升和奖惩直接挂钩。对基层治保会、调委会、护村队做到组织落实、人员落实、制度落实、任务落实、报酬落实。多年来,流村在严格治理不安定因素、保障社会秩序方面做了大量工作,动员全社会力量,充分发挥公安、派出所和治安联防队的作用,为他们配备专用车辆。多次组织清查工作,使民事纠纷、刑事案件逐渐减少,社会治安状况逐步好转。与村、企事业单位层层签订社会治安综合治理目标责任书,对基层治保会、调委会、护村队做到组织、人员、制度、任务、报酬五落实。1990年,在严打工作中,查获黄色录像两起9人,赌博20起,100人;刑事案件全年发生4起,破获4起,破案率100%。同时,进一步完善了联防队组织,加强领导,对原有成员相应调整。成功地组织了全国第四次人口普查工作,并圆满地完成了摸底、登记、汇总。1995年全乡共有护厂队、护村队员109名。在严格治理不安定因素、保障社会秩序方面做了大量工作,动员全社会力量,充分发挥公安、派出所和治安联防队的作用,紧密配合严打斗争,坚持不定期、重点时期重点巡逻。对外来人口加强管理。1996年,流村乡共有外来人口450人,办证410人。对重点企业供销社及信用社内部保卫及安全工作进行经常性检查,消除不安全因素,乡派出所收缴各类非法枪支85支。1996年,通过各村建设"文明一条街"活动,结合

"严打斗争",进一步加强了社会治安综合治理工作,使民事纠纷、刑事案件明显减少,有效地控制了发案率。1995年为派出所联防队解决121部汽车。汽油费4800元,乡11个村和各个事业单位负担联防队经费6万元左右。流村乡的综治委始终不放过重点村、重点部位、治安乱点的安全防范工作,通过宣传教育,加强巡逻力度,从而使乡内的社会治安形势比较稳定,为全乡各项事业的蓬勃发展创造了良好条件。2008年6月,距离奥运会的开幕还有40多天时,流村城管分队写下了"平安奥运行动"决心书,决心做到以下三点:一是严格履行城管职能,坚持依法行政,文明执法,塑造城管"执法为民"良好形象;二是认真贯彻执行"三大执法机制";三是深入开展"城市管理十百千标兵"争创活动,力求以最好的精神状态,最高的工作标准,服务奥运,保障奥运,奉献奥运。2008年7月,流村镇多措并举认真抓好奥运安保工作:一是成立了奥运安全稳定工作领导小组;二是积极开创"创文明村镇、做文明村民"活动;三是加大隐患排除力度,深入开展"大排查、大检查"活动;四是严把"三关",确保奥运安全生产形势的稳定。2008年7月,镇综合治理巡逻队、公安、城管、治安、联防等执法单位全部书写志愿书或者决心书,坚决保障"平安奥运"目标的顺利实现。2008年8月,新建村为了确保平安奥运工作的顺利展开,开展奥运期间巡逻布控工作,共安排22人上岗执勤,全天24小时巡查村内。

## 第四节　司法行政

1981年,流村乡设立司法所,由司法助理员协助乡镇村庄处理司法方面的问题。1983年6月,设立南口人民法庭,有人员12人,流村、高崖口、老峪沟三个乡发生的案件都在南口法庭进行审理。建立人民调解委员会,专门解决民间传统家庭和邻里之间产生的纠纷和矛盾。1988年,根据县司法局下发的《昌平县乡镇法律服务若干规定》，流村乡司法办公室改为法律服务所，由 2 名专职、1 名兼职成员组成，所长由司法助理员兼任。法律服务所的工作人员由乡政府机关选调或农村招聘，人员实行聘用制。现任所长刘三奇；科员彭志杰、陈万秋；狱警张来增；协管员刘德永、刘淞。

新中国建立后，为了维护社会稳定，保障改革开放和经济建设的顺利进行，流村地区一直进行法制宣传教育。1982 年，配备法制宣传车，重点建立法治橱窗，形成乡、村两级广播法制宣传网。1983年，宣传《中华人民共和国宪法》。1985 年，实施"一五"普法工作，普法对象是具有接受能力的全体公民，重点是全乡各级领导干部和青少年，普法内容有《中华人民共和国宪法》、《中华人民共和国刑法》、《中华人民共和国刑事诉讼法》、《中华人民共和国民法通则》、《中华人民共和国民事诉讼法》、《中华人民共和国婚姻法》、《中华人民共和国继承法》、《中华人民共和国兵役法》、《中华人民共和国经济合同法》和《中华人民共和国治安管理处罚条例》。1991 年，"二五"普法开始，普法内容有《中华人民共和国宪法》、《中华人民共和国行政诉讼法》、《中华人民共和国义务教育法》、《中华人民共和国集会游行示威法》、《中华人民共和国国旗法》、《中华人民共和国婚姻法》、《关于禁毒的规定》、《关于惩治走私、制作、贩卖、传播淫秽物品的犯罪分子的决定》和《北京市计划生育条例》。1993 年，流村乡的民主法制建设得到加强，依法治村、依法治厂有起色。法律知识宣传从广播、报纸到培训，全乡平均每人有三次以上接受培训的机会。加强法制宣传，建立信息网络，上报电传和文字信息 23 件，司法信息10 篇，其中一篇被北京法制报刊登、一篇被北京残联选用，搞法制宣传 14 场，受教育面 6473 人。1995 年，流村乡狠抓了法制宣传，发放流村乡人民政府《依法治乡管理规定》4000 本，发到每户。提供司法信息 24 篇，对企业 60 多人进行了一周的经济合同法培训。同时对近两年刑满释放、监外执行、保外就医 18 人建立相应的帮教组织，并收到效果。2008 年 8 月 21 日，流村镇召开保密法知识培训会，全镇机关干部、各村支部副书记、村民主任100余人参加了培训。

民间纠纷主要有婚姻、家庭、继承、赡养、宅基地、斗殴、赔偿和土地林木等生产资料产生的矛盾纠纷。调解员摸底确定对象,调解人员分工负责帮教,并且坚持调解回访制度。1990年,流村乡11个村都设有调解组织和信息员,全年调解各类纠纷85件,调解率100%,成功率达94%。1995年,参与调解民间纠纷87件,防止民间矛盾激化5件,其中两件被市司法局评为二等奖,3件评为三等奖,并被县评为人民调解工作先进乡。1995年初,流村乡整建调解组织17个,调解各类民事纠纷234件,防止矛盾激化7件,协助厂村调解纠纷9件。2003年11月7日,流村镇司法所按照区司法局要求,全镇各村及镇司法所共建立了29个民事调解庭,总共投资1.5万元。29个民事调解庭依据标识、程序、地点、公章、人员、格式,统一开展民事调解,实现了村民民事调解不出村。

改革开放后,随着法制和律师制度的建立,案件当事人聘请律师服务也是逐年增加。企事业单位纷纷聘请法律顾问,维护企业、事业单位的合法权益,同时帮助企事业单位解决各种经济和社会纠纷。1990年,公司法律顾问为单位追回欠款2.46万元,修改合同3份,直接代理诉讼两件,办理公证6件,全年代书9份,法律咨询27次,依法治村落实3个(北庄、西峰山、上店)。1995年法律服务所与10家基层单位签订了顾问合同,代理诉讼18件,其中二审3件;非诉讼34件,总标的额131万元,挽回经济损失17.8万元,避免经济损失34万元。协办公证10件,代书26份,解答法律咨询100余人次。

2002年2月12日,镇司法所与南口法庭进行现场开庭与咨询,就一起土地承包纠纷进行公开审理,并当庭判决。现场发放材料,解答问题,得到好评。2002年11月,南口法庭对一起不履行赡养义务的案件在流村镇黑寨村进行公开审理。

2008年6月16日,镇司法所组织辖区部分村党支部书记、村委会干部到延庆监狱,对在那里服刑的流村籍罪犯开展帮教活动。帮教采取了面对面的会见交谈方式。此次帮教活动对服刑人员的心理产生了积极而深远的影响。

2008年6月,在迎奥运倒计时50天之际,镇司法所结合区奥运安保第二阶段的工作目标和工作任务,对刑满释放人员的帮教安置工作方面推出了一项新的措施,使帮教工作更加具体化和明确化,有助于落实奥运安保工作和平安奥运目标的实现。

2008年7月,镇司法所帮助矫正对象解决了一桩家庭纠纷。镇司法所矫正对象葛某的妻子向司法所的工作人员倾诉了她与葛某的家庭纠纷,驻所狱警张警官和司法协管员刘淞通过劝说教育,使葛某打消了离婚的念头,帮助葛某和其妻子认识到了自己的不足并决心加以改正。正是司法所的及时介入,使葛某夫妻的感情纠纷得以快速解决,从而保证了社区矫正工作的顺利开展。在《奥运安保社区服刑人员管控方案》思想宣传,组织服刑人员分层次、分阶段展开系列教育活动方面,一是倡导文明、革除陋习。组织服刑人员开展"迎奥运、讲文明、树新风"系列教育活动,发放自行设计的《倡导文明,革除陋习——倡议书》。二是抗震救灾、爱国明理。5.12四川汶川大地震发生后,先后有5名社区服刑人员捐款525元,其中因心脏病而保外就医的姚春来先后两次到村委会向灾区捐款150元。三是平安奥运、安全随行。把安全教育放在重点,前期开展了以"四五"祭扫安全防火为主题的安全教育。对持有驾驶证的社区服刑人员进行了交通安全教育。在奥运到来之际,组织服刑人员逐个签订《奥运期间安全保证书》。

2008年11月,流村镇司法所成功调解一起因土地承包地界不清引发的纠纷,使两年多的相互扯皮得以解决。村民田某与王某两家的承包地相邻。两年中,双方经常因为耕地、种地以及秋收时相互轧到对方土地而发生争吵,且矛盾逐渐升级,双方互不相让。2007年,在村委会的调解下,双方达成书面协议,使双方紧张的关系暂时得到缓解。但到2008年10月份,因一方反悔,双方关系再度紧张,争吵不休,于是纷纷找到村委会,要求明确各自承包地的范围,并尽快对此事进行解决。村委会将纠纷的大概情况上报镇司法所,请求司法所协助村委会对这起纠纷进行调处。司法所到现场进行了实际观察,并与双方当事人进行了谈话和询问。在征得双方当事人的同意后,当场对纠纷进行调解。按照各自承包合同上载明的亩数进行实地测量,并指出相邻各方都应该本着有利生产、方便生活、互谅互让的原则来解决此纠纷。最后经过司法所工作人员将近三个小时深入浅出的法制教育、耐心细致的说服劝解,最终使双方的思想认识有所改变,实现和解。

# 第五章 民 政

日伪统治时期,在县内设民治股。国民党统治时期,在县内设民政科。抗日战争和解放战争时期,中共领导的抗日根据地和解放区联合县政府设民政科。新中国建立后,在流村乡设立民政助理员,协助处理各种民政事务。民政内容分为优抚、救济、退伍军人安置等。流村镇建镇后,增设社会事务科,负责流村地区的民政。流村镇民政科现任科长刘玉良;科员张树华、张秀荣、李文彬;副处待遇王春和;残疾人协管员李英。

## 第一节 优待抚恤

1981年,流村乡在上店村的村北建上店烈士陵园,占地800平方米,园内立纪念碑1座,安葬解放战争中在上下店战斗中牺牲的烈士46位。1983年,根据北京市民政局《关于换发、补发〈革命烈士证明书〉工作的通知》,为革命烈士换发、补发《革命烈士证明书》。

1950年12月起,执行政务院颁布实施的《革命烈士家属革命军人家属优待暂行条例》、《革命军人牺牲病故褒恤暂行条例》,对革命烈士家属、因公牺牲和病故军人家属及因公牺牲病故的国家机关工作人员家属、人民警察家属进行抚恤。抚恤分为一次性和定期两种。享受一次性抚恤后,还可享受定期抚恤。牺牲烈士一次性抚恤标准为粮食225公斤至600公斤或折款发给,在职伤残人员抚恤标准为一等每年粮食150公斤、二等甲级粮食100公斤、二等乙级粮食75公斤、三等甲级粮食50公斤、三等乙级粮食40公斤。在乡伤残人员标准为:特等每年残废金为粮食150公斤和抚恤粮650公斤供给终身、一等100公斤和500公斤供给终身、二等甲级75公斤和450公斤供养终身两年后减半、二等乙级50公斤和300公斤供给终身两年后减半、三等甲级200公斤和抚恤300公斤一次发清、三等乙级200公斤和抚恤200公斤一次发清。1988年起,执行国务院《军人抚恤优待条例》,以牺牲时工资标准计发,革命烈士发放40个月工资,因公牺牲军人发放20个月工资,病故军人发放10个月工资。1978年起,对家居农村生活困难的病故军人家属标准每人每月4元。1995年,对家居农村的烈属抚恤标准调到每人每月130元、孤老烈属160元、病故军人家属为120元。

伤残抚恤是对保卫和建设祖国而负伤致残人员采取的具有生活保障性质的抚慰。1978年起,开始执行市民政局、财政局通知规定,逐步对伤残人员按居住地实施定期定量补助。对生活困难的抗日战争时期在乡三等伤残军人每人每月补助18元。1985年起,对一等伤残军人发放护理费每人每月60元。1988年起,对在乡二等伤残军人102人实施定量定期补助,每人每月5元;三等伤残军人12人,实施定期定量补助,每人每月5元。民兵、民工及国家工作人员中的三等伤残人员,实施定期定量补助,每人每月5元。1992年开始,对抗日战争时期的在乡二等伤残军人16人实施定期定量补助,每人每月25元;对解放战争期间二等伤残军人实施定期定量补助,每人每月20元;新中国建立后,对在乡二等伤残军人实施定期定量补助,每人每月5元。对在乡三等伤残军人1人实施定期定量补助,每月30元;对伤残孤老军人实施定期定量补助,每人每月55元。1995年,对因战、因公特等革命伤残人员护理费调整到每人每月200元,一等革命伤残人员护理费调到170元,因病一等革命伤残人员护理费调到140元。

优待军烈属。新中国建立后,优待军烈属有代耕土地,对优抚对象生产、生活困难的实施国家补助。1983年起,对优待优抚对象开始发放现金,当年户均优待211元。1978年,执行北京市关于对优抚对象按居住农村实施定期定量补助的规定,对在乡生活困难的抗日战争时期的复员军人实施补助,每人每月 4 元。1986 年起,对新中国建立后的复员军人生活困难的实施补助,每人每月 10 元;患有精神病的复员军人和退伍义务兵实施补助,每人每月 40 元。因病退伍的义务兵实施补助,每人每月 13 元。1986 年起,对在抗日战争时期和解放战争时期的复员女兵实施补助,每人每月 36 元。

1952 年 7 月起,执行卫生部、内务部《革命烈士家属、革命军人家属诊治疾病优待暂行办法》和 1966 年 2 月财政部、卫生部《关于复员军人退伍义务兵医疗减免问题的复函》规定,为优抚对象报销医药费。1962 年,流村公社有军属 35 户 167 人,烈属 13 户 53 人。1991 年起,执行《北京市优抚对象医疗减免办法》,优抚对象医疗费报销,烈属和因公牺牲军人家属报 80%,病故军人家属报 60%,烈士家属改嫁报 60%,带病还乡复员军人报 50%,孤寡老人报 100%。二等伤残军人享受公费医疗,三等伤残军人报销 50%。

每年的元旦、春节或八一建军节期间,走访慰问优抚对象、安排军人家属就业,召开优属先进单位和个人表彰会等。1998 年 1 月 19 日,县纪委书记王振华等领导在菩萨鹿村慰问了 9 户军烈属,并与村干部进行了座谈。2001 年 8 月 1 日,流村镇以召开军政座谈会、走访等多种形式庆祝八一建军节。2002 年 1 月 17 日,昌平区杨旭明副区长、区财政局刘亮臻局长等在郭玉清镇长陪同下,到流村镇山区马刨泉村慰问 6 位解放前入党的老战士,并为其送去了慰问品。2002 年 1 月 19 日—20 日,流村镇两级领导干部对 35 位新中国成立前入党的老党员、离退休干部及 12 户军烈属等进行了慰问。2002 年 1 月 25 日,区委副书记、区纪委书记李福忠到流村镇看望了菩萨鹿村的老党员、老干部陈恩达,并送去了慰问品和慰问金。2002 年 2 月 1 日,区委书记赵凤桐在常务副区长董瑞龙的陪同下,到流村镇白羊城和北流村两个村分别慰问了新中国成立前入党的老党员及伤残军人。2002 年 2 月 5 日,流村镇党委书记董锦华、镇长郭玉清等领导看望了新中国成立前老党员刘淑珍、刘胜兴,送去了面、油、水果等慰问品。2003 年 9 月 30 日,流村镇党委、政府在九九重阳节到来前夕,看望机关 28 名离退休干部,并为每个人送去价值 200 元的慰问品。2005 年,流村镇共有优抚对象 71 户 71 人,发放优抚金 36.4 万元,为优抚对象报销药费 12.6 万元为 381 户低保户,发放低保金 59.1 万元。

表37　1964 年流村公社优抚款救济发放表

| 公社 | 户数 | 类别 | 金额(元) | 户数 | 类别 | 金额(元) |
|------|------|------|----------|------|------|----------|
| 下店 | 4 | 优抚 | 100 | 5 | 救济 | 30 |
| 上店 | 3 | 优抚 | 65 | 7 | 救济 | 35 |
| 南流 | 11 | 优抚 | 310 | 3 | 救济 | 30 |
| 北流 | 6 | 优抚 | 120 | 3 | 救济 | 20 |
| 西峰山 | 4 | 优抚 | 216 | 3 | 救济 | 20 |
| 新建村 | 3 | 优抚 | 50 | 1 | 救济 | 15 |
| 古将村 | 8 | 优抚 | 85 | 3 | 救济 | 20 |
| 黑寨村 | 11 | 优抚 | 157 | 4 | 救济 | 30 |
| 王家园 | 1 | 优抚 | 50 | 2 | 救济 | 15 |

(资料来源:昌平区档案馆)

## 第二节　荒政赈灾

流村镇地处水旱灾害易发地区,每年的水旱灾害使人民的生命财产安全受到了严重的危害。乡(镇)政府采取多种方法有效地防治和减轻水旱灾害,如搬迁水灾易发地区的住户,建立防汛指挥部,进行防汛演习;改造吃水工程,构建人畜饮水的新系统等。

### 一、灾害

1952 年,流村地区遭受水灾,许多房屋被冲毁,良田果树被冲毁,全年粮食未收,大部分人去口外逃荒、背煤。1972 年,流村地区遭受了历史上罕见的大旱。至 9 月份,滴雨未下,农作物颗粒无收。1976 年 7 月 28 日凌晨 4 时,发生了 5 级左右的地震,部分墙倒塌,但没有人畜伤亡。1990 年 5 月 29 日晚降大暴雨,历时 40 分钟,降雨 68.8 毫米,并夹带 6—7 级大风和冰雹。全乡小麦倒伏 1700 亩,林果树木被冰雹所砸 800 亩,暴雨冲毁玉米 800 余亩,受灾户达 450户。上店、下店、南流、北流小麦受灾害最为严重,总计减产 405 万斤,柿子 800 亩,损失 100 万斤。受害最重的是新村、西峰山、白羊城、北流村、南流村。同时冲坏春玉米 800 余亩,损失种子 4800 斤;二套玉米 710 亩,损失种子 3000 斤。1991 年,南流、北流、上店、下店小麦因气温高造成减产共计 70 万斤。1992 年 9 月下旬,流村乡大面积种粮,由于干旱严重造成秋粮减产四分之三左右。1993 年,流村乡地区又发生近百年来未有的大旱,造成秋粮大幅度减产,经统计实际粮食减产 50 万公斤,同时林业受到很大的损失,果品减产170000 斤。

1998 年 3 月 19 日,流村镇刮起 5—6 级大风。老峪沟办事处西屋 4 间房脊剥掉,损失约 4000 元;禾子涧鸡场房顶被刮掉,损失约 8000 元;老峪沟北流村鸡场部分房顶被刮掉,损失约 8000 元。1998年 6 月 9 日下午 4 时 40 分左右,流村镇突降暴雨和冰雹,并伴有 7—8 级大风。冰雹小的有 3 毫米,大的有 10 毫米,平均直径 7 毫米,持续时间约为 10 分钟。全镇受灾结果情况严重,预计果品减产 40 万公斤,减收 80 万元。1998 年 7 月 3 日晚 10 时至 11 时,流村镇遭受特大风袭击。流村地区北流村、新建村、南流村特别严重,大风达 8级以上,持续时间 1 小时左右。这次大风造成直接经济损失 99.5 万元,间接经济损失 38 万元。1998 年 7 月 5 日傍晚至 6 日晨,流村镇遭受大雨袭击。其中流村地区降水 272.6 毫米,高崖口地区降水166.8 毫米,老峪沟地区降水 151.9 毫米。农作物倒伏 2210 亩,桃损失 3 万斤,苹果损失 5 万斤,柿子损失 2 万斤,道路堵塞 3 处,冲毁路面 1 万平方米,冲毁路基 4 处,滑坡 1 处。高崖口地区淹没砂石厂损失 3 万元,195 间房屋山墙、后墙倒塌,院墙倒塌 212 处。全镇 85% 的群众住房漏雨。流村地区黑寨村水库坝体出现险情,坝下两住户受险。高崖口地区发电站村两户受滑坡威胁。损失严重的北流村村内道路被水冲毁,高崖口地区通往南五村的道路有 4 处路基被冲,1 处出现断路。1998 年 12 月 14 日,流村地区遭受严重风灾,最大风力高达 8 级。5 栋蔬菜日光温室大棚全部刮坏,多处鸡舍屋顶被飞起的石头砸坏,少数农户的鸡舍屋顶被整个掀起,照明电路被风刮断,给人们的日常生活带来严重的影响,直接经济损失达 15 万元,间接损失 10 万元。

2001 年 5 月 3 日下午 1 时 20 分至 40 分,新村、白羊城、西峰山、古将、黑寨、北庄、北流村 7 个村遭受冰雹袭击,对果品生产影响很大,果树受灾面积 5096 亩,直接经济损失 126.61 万元,减产 2409.05 万公斤。受灾严重的村有黑寨、西峰山、北流村 3 个村。2002 年 6 月 11 日—15 日,流村镇普遍遭受大风袭击,老峪沟地区最为严重。其中老峪沟地区的长峪城村遭受了瞬时龙卷风的袭击,有直径 30—50 公分的核桃树被连根拔起。

2003 年 6 月 4 日 17 时 10 分,流村镇遭受大风和冰雹袭击,平均降雨量达 25.3 毫米,风力 7 级左右,降黄豆粒大小冰雹约 1 分钟。据统计,造成经济林倒折 2200 棵,预计减收 20 万元。其中,倒折核桃树 300 棵,预计减产 15 万斤;枣树 1600 棵,预计减产 62000 斤;柿子树 100 棵,预计减产 7000 斤;其他经济树木 200 棵,预计减产 8000 斤。此外,刮折路旁防护林 13 棵,其他用材林 16 棵,没有人员伤亡。

二、赈灾

1972 年,面对历史罕见的大旱,国家调拨玉米救济灾民。1990 年,面对暴雨和冰雹,财政局拨款 7 万元用于救济。

2001 年 12 月 7 日,流村镇全体机关干部、当地驻军及群众 500 余人在西峰山小枣基地进行水利富民工程建设。2002 年 1 月,流村镇京津风沙源治理工程启动,此工程为流村镇 2002 年水利富民综合开发重点工程之一,工程完工后,将有效地改善流村镇的生态环境,对京津风沙源的治理起重要作用。

2001年底,流村镇共建蓄水池两座,计1000立方米。

2002年4月,流村镇连续三年(1999—2001年)遭受冰雹袭击,造成巨大经济损失,为此昌平区气象局在流村镇古将村建立了防雹点。2002年7月15日晚上7点,流村镇防汛抗旱指挥部在王家园水库下游组织了防汛演习。2003年6月,为强化各村领导的防汛意识,流村镇在瓦窑村举行防汛演习。镇防汛指挥部全体成员、几个村领导参加了演习活动。2003年7月27日16时10分,流村镇降下豆粒大小冰雹8分钟左右。经统计,全镇受灾面积1500亩,果树和农作物减产约计90万斤,减收60万元。2003年,流村镇面对几年少见的干旱,采取以下措施开展自救:

1. 鼓励农户实施一树一库,镇政府给予实施农户适当补助。

2. 引导农户发展养殖业。

3. 积极拓宽务工渠道,为农民寻找就业途径。

4. 积极发展小型企业,吸纳本地劳动力就业。

5. 对于确无产量的玉米,镇政府积极帮助联系出售青储,以降低灾害损失。

6. 鼓励农户搞好小秋收。

7. 实施以工代赈工程。

从2004年5月起,流村镇开始实施荒山造林活动,造林任务主要集中在老峪沟、菩萨鹿、韩台村区域的荒山荒坡,共计投资240万元。到7月底,8000亩雨季造林工程全部完成,成活率达95%。同时,靠以工代赈解决当地村民就业180人,整个工程完工后每个工人可收入2000元到3000元。

2004年5月27日,流村镇防汛指挥部对处于危险地带的王家园水库上下游的河沟、河套等地带进行了检查;同时,与房屋处于危险地带的养蜂户、个体户及集体单位等分别签订了避险责任书。此外,流村镇还对当年的防汛工作做好了充分的物资准备。根据《搬迁政策》,流村镇成立了农户搬迁领导小组,稳步推进搬迁工作,共搬迁 55 户、194 人,完成 2004 年搬迁计划。实施防护工程,修建排水沟 22000 米,浆砌护村坝 5465 米,修建过水桥一座,总投资 135.42 万元,于 2004 年 10 月底全面完成了施工任务。2004 年,流村镇对西峰山、上店、古将、狼儿峪等 8 个村实施人畜饮水改造工程,修建蓄水池 8 座,打机井 2 眼,管道改造 27260 米,安装一户一表 580 户,工程总投资 414 万元。

2005 年,流村镇投资 190 万元,实现了水利网络化配套工程,重点完成北流、王家园、北庄 3 个村的水利配套工程,从 8 万方蓄水池引水,铺设饮水管道 2400 米,配套建起蓄水池,增加节水灌溉面积 1200 亩。2005 年,流村镇在山区投资 800 万元,建起了占地 10 亩、日供水量 5000 立方米的集中供水厂。流村镇工业小区和商业街的个体工商户等一些单位都用上了集中供水厂的水,使流村向现代化小城镇迈出了坚实的一步。

2006 年,流村镇完成泥石流易发地区农户的搬迁工程,涉及瓦窑、溜石港村,共计 10 户。完成泥石流和洪水易发区综合防治工程 7 项,涉及 5 个村、226 户、74 人,总投资 215.99 万元,区补助资金 191.17 万元,确保山区人民生命财产安全。

2008 年 6 月 30 日,流村镇精心策划、周密组织了一场防汛抢险实战演习。镇防汛抗旱指挥部成员、全体机关干部、各中小学校学生、部分村民以及驻军的 30 名官兵参加了演习。演习结束后,又在镇科技文化活动中心召开了 2008 年防汛抗旱工作会,镇党委书记张勇、镇党委副书记、镇长王建等领导班子成员出席会议。会上常务副镇长刘毅总结了 2007 年防汛抗旱工作,部署了 2008 年防汛抗旱工作。强调以"平安奥运"为核心,确保"三个安全":即确保奥运赛事安全、确保人民生命安全、确保城市运行安全。镇党委书记张勇也作了重要讲话:一是明确防汛抗旱的总体目标;二是全面梳理隐患;三是各村各单位结合实际细化各自的应急预案；四是以防汛抗旱工作为契机全面推进平安奥运等项工作，实现机构健全、职责明确、人员到位、协调运转。2008 年 11 月，天气转凉，山区防火工作开始展开。此照台村为了做到全村冬季林木防火无灾，保证山区树木的无烟无火，组织全体村民打扫山路两旁杂草和枯叶，割出一条冬季防火的道路。2008 年 11 月 5 日，流村镇召开了 2009 年度森林防火动员会，镇党委书记张勇，镇党委副书记、镇长王建，镇人大主席韩国玲，镇纪委书记史攻岐，常务副镇长刘毅，副镇长黄进国等领导出席会议。在这次会上，镇党委书记张勇提出了七点意见：一是要从思想上高度重视护林防火工作；二是要严格执法，坚决严惩火灾肇事者；三是要进一步强化村级的防火责任；四是要加强防火、扑火安全知识宣传教育；五是要强化火源管理，不留防控死角；六是要加强管护队伍建设，提高上岗率；七是要加强值班，完善应急预案。2008 年 11 月，流村镇广泛开展森林防火宣传活动。为进一步强化冬季森林防火工作，消除各种火灾隐患，流村镇围绕“广泛宣传，提高认识，落实措施，狠抓重点，防治结合，预防为主”这一主线，结合本镇山林多、森林覆盖率高的实际，于 11 月 1 日在流村环岛广场设立宣传台，向过往群众发放宣传画册、宣传单 1000 余份，做到森林防火宣传家喻户晓、深入人心。11 月 5 日，在全镇召开护林防火工作动员大会，强化责任意识。利用标语、广播、宣传车等方式广泛宣传森林防火注意事项、防火知识等。一系列宣传活动的开展，增强了全镇干部群众森林防火工作的责任感、紧迫感，提高了广大人民群众的森林防火意识，为流村镇全面开展森林防火工作打下了坚实基础。2008 年 10 月 31 日，北照台村委会召开冬季防火动员大会。村委会主任贺长启在会上号召村民要积极认真对待该项工作，做到值班在勤，不能够有丝毫松懈，生态林管护员要对自己的工作认真负责，也就是对自己的生命财产安全负责，更是对全村的公共财产安全负责。生态林管护员纷纷表示要把防火护林不仅当成自己的工作，更要当成自己的责任。

## 第三节　社会救济和社会福利

新中国建立后,对生活困难的居民住户实施粮食、衣被救济。80年代,农村实行家庭联产承包责任制后,对困难户救济的同时开始实施扶持脱贫措施,扶植困难户发展各种种养业、运输业、服务业。扶持标准逐步提高,1984年每户年均收入150元至200元为扶持对象。1995年,每户人均年收入低于800元以下为扶贫对象。1983年后,救济帮困实行定期定量救济,救济标准随着经济的发展逐年递增。农村常年困难户(简称常困户)救济标准为月人均5元。1995年,定为月人均40元。1995年以后,随着部分国有、集体企业人员下岗,按北京市统一规定,建立实施城镇居民最低生活保障制度,每户发放帮困卡,每张卡可抵偿贷款20元。

社会福利。按照《北京市人民政府批转市民政局关于在我市开展社会福利有奖募捐活动请示的通知》,每年组织乡镇发放福利彩票。发行奖券资金的50%作为奖金奖给中奖者,15%为发行费用,其余作为社会福利基金。此资金一部分用于建敬老院,资助残疾儿童和托老所,并支援灾区,资助残疾人活动中心和社区服务中心。

每年财政预算按党政机关和事业单位在职人数提取一定数额的福利费,党政机关、事业单位工作人员及其家属生活困难的,按比例给予数额不等的临时或定期困难补助。1977年起,执行北京市统一规定,福利费按每人每月1.56元提取。1982年,执行国务院有关规定,由单位提取退休、退职干部福利费,主要用于退休、退职干部生活困难补助。1990年,福利费提取为每人每月5.2元。

1990年,民政工作共扶贫32户,其中优抚8户,脱贫率达95%;优抚救济工作方面,共发放优抚金6450元,62户,其中优抚户12户。当年退伍军人6人,至6月中旬全部安置完毕。1994年6月24

日,流村乡为改善初步医疗救济的环境,乡卫生院改建正式破土动工,总占地 6 亩,建筑面积为 800 平方米,共投资 55 万元。1998 年 1 月 19 日,县纪委书记王振华等领导给菩萨鹿村送来 1 万元扶贫款。2002 年春节期间,市、区、镇三级领导慰问流村镇困难户、残疾人等共计 200 余户。2003 年 1 月 21 日,区政协主席任宝贵,副主席武宁、郑祥和、区委常委、区武装部副部长王红专等领导到流村镇看望了新中国成立前入党的老党员李成凤。2003 年 1 月春节将至,区各职能部门纷纷到流村镇进行走访慰问,区审计局书记郭子承、副局长张爱萍到老峪沟村看望他们帮扶的李志敏、陈文龙、李宝华,为他们带去了生活用品。区个体工商联会长、路德公司总经理李阳慰问流村镇敬老院的老人们,带去价值 3000 元的慰问品和 2000 元慰问金。区妇联主席王淑存看望小水峪村的陈连英和敬老院的弃婴。区政法委书记刘桂才和北七家镇鲁滩村书记高秀芹到溜石港村慰问困难户。2005 年,流村镇扶贫工作取得新进展。镇党委、政府积极与区扶贫牵头领导取得联系,协调村与扶贫单位关系,主动加强沟通联系,积极争取合作支持,切实抓好责任落实、项目落实,确保资金合理使用,保证工程进度。共落实人畜饮水、修路、防汛、民俗旅游、种养植业的造血功能项目的启动,为贫困村从根本上脱贫致富打下了基础。2005 年,流村镇共有优抚对象 71 户、71 人,发放优抚金额 36.4 万元,为优抚对象报销药费 12.6 万元;低保户 381 户,发放低保金 59.1 万元。2006 年,流村镇扶贫工作有了新进展:一是抓发展思路,帮助低收入村研究确定功能定位,确定产业项目,理顺发展思路,为在新一轮扶贫工作中取得实效奠定了基础。二是抓产业项目发展,老峪沟、禾子涧、长峪城和韩台、王峪、北照台等村的旅游发展项目和种植业发展项目取得很大进展。三是抓项目申报,结合低收入村所报的发展项目,协调区财政部门进行立项,以此争取政策资金,使得人畜饮水等村级建设项目有了政策资金支持。四是抓扶贫资金落实,通过扶贫会议落实扶贫资金 221 万元。2006 年,农村医疗卫生设施建设工程进一步完善,完成了漆园、南流、西峰山、马刨泉 4 个村的社区卫生建设,对 23 个村的医疗点实施了药品配送,全镇医疗卫生设施日益完善。

"五保户"养老制度。民间传统以养儿防老,鳏寡孤残等无依靠人员靠远亲近邻帮助。新中国建立后,按国家有关规定,建立对社会上无依无靠无经济来源的鳏寡孤残人员等实施保吃、保穿、保住、保医、保葬的"五保"制度。1989 年,高崖口乡敬老院被评为北京市一流敬老院。1995 年,敬老院老人的生活标准平均每人每月 180 元,入院五保老人穿衣每人每年冬衣、夏衣各两套,生活零用钱全县平均每月每人 10 元至 20 元不等。2002 年 10 月 11 日,区老龄委领导到流村镇走访慰问百岁老人及特困老人,为南流村百岁老人列化,北照台贺庆斌、贺庆起,狼儿峪邱洪如及敬老院送去慰问品和慰问金6000 元。

### 表38　1962 年流村公社五保户统计表

| 大队名称 | 五保户数 | 五保人口数 | 1961—1962年实分粮食数 | 已补人口占总人口的百分比（%） | 五保户占全户的百分比（%） | 已补户占全队户的百分比（%） |
|---|---|---|---|---|---|---|
| 下店 | 42 | 166 | 43247 | 50 | 59 | 29.6 |
| 上店 | 49 | 206 | 509737 | 35 | 47.6 | 16.5 |
| 南流 | 60 | 217 | 52513 | 60 | 19.4 | 19.5 |
| 北流 | 72 | 262 | 63389 | 45 | 28.8 | 12.8 |
| 西峰山 | 78 | 308 | 742048 | 39.2 | 31.2 | 13.2 |
| 新村 | 62 | 278 | 66853 | 25.6 | 34.5 | 16.7 |
| 白羊城 | 76 | 281 | 67314 | 48.4 | 40.9 | 24.2 |
| 古将 | 50 | 195 | 48799 | 40 | 21 | 9.2 |
| 黑寨 | 54 | 236 | 559893 | 45 | 23 | 10.2 |
| 王家园 | 48 | 105 | 24974 | 57 | 70.7 | 19.2 |
| 合计 | 591 | 2253 | 5482584 | 46.2 | 31.5 | 14.5 |

（资料来源:昌平区档案馆）

## 第四节　婚姻登记和殡葬管理

### 一、婚姻登记

旧时婚姻沿袭父母之命、媒妁之言,以举行婚礼为婚姻合法的必经程序。有权有钱男子可以纳妾,一夫多妻,平民男子一般一夫一妻,存在"指腹为婚"、"童养媳"、买卖婚姻和"抢婚"、"逼婚"现象;离婚权属于男子叫"休妻",妇女无离婚自由。1950 年,开始实施《中华人民共和国婚姻法》,实施婚姻自由,一夫一妻,男女平等,结婚年龄男满 20 周岁,女满 18 周岁。禁止包办、强迫、买卖或变相买卖婚姻和重婚纳妾、虐待家庭成员等。实施结婚登记制度,男女双方自愿结婚,持本人户口本(80 年代中期后增加个人居民身份证)、所在工作单位或村民委员会出具本人出生年月日和婚姻状况的证明、健康证明及本人三寸免冠照片,双方亲自到一方户口所在地的婚姻登记机关申请结婚登记。1981 年 1 月起,实施新颁布的《中华人民共和国婚姻法》(以下简称《婚姻法》),结婚年龄男不得早于 22 周岁,女不得早于 20 周岁。经婚姻登记机关检查,符合《婚姻法》和《婚姻登记办法》规定的,准予登记,发给结婚证,即为合法婚姻。离婚登记,男女双方自愿离婚,并对子女抚养和财产处理达成协议,双方亲自到一方户口所在地的婚姻登记机关申请离婚登记,婚姻登记机关查明情况属实,准予登记,发给离婚证,收回结婚证。复婚登记为离婚后男女双方自愿恢复夫妻关系,双方亲自到一方户口所在地的婚姻登记机关申请复婚登记,婚姻登记机关按结婚登记程序办理登记,发给结婚证,收回离婚证。1949 年起,由县辖区政府办理婚姻登记;1955 年起,先后由流村乡政府、流村人民公社办理婚姻登记。1990 年办理婚姻登记 116 对,离婚 7 对。近年婚姻登记须到区民政局并携带本人身份证办理。

### 二、殡葬管理

流村乡的殡葬管理由乡民政办公室负责,村内成立红白理事会负责殡葬管理。世代流传形成旧丧制丧礼,民间殡葬实行"重殓厚葬",以家庭设墓地土葬。1966 年,开始实行殡葬改革,把传统的土葬改为火葬。但此项工作三起三落。1984 年 8 月 24 日—25 日,在流村乡第七届人民代表大会上通过了关于执行殡葬改革的决议,但到 90 年代才全面落实。在推行火葬的同时划定土葬区,尊重少数民族习俗。现在流村镇有五个村允许土葬:老峪沟、禾子涧、马刨泉、黄土洼和长峪城。土葬在指定地点埋葬,非指定地点埋葬做到不留坟头、不立碑。随着火葬的推行,旧的丧葬习俗也不断改变,逐步形成"厚养薄葬"的新习俗,但在农村仍存在一些旧的丧葬习俗。根据《昌平县落实〈北京市殡葬管理暂行条例〉实施细则》,对殡葬事宜实施监督。

# 第六章　军　事

## 第一节　军事设施和驻军

### 一、军事设施

(一)关城

**白羊城**　明正统年间(1436—1449年)建白羊堡城,史称白羊城或白羊口堡城。明代中期,白羊城与长峪城、镇边城、居庸关等构成北京西北部长城内的整体防御体系。明正德十五年(1520年)重建白羊城。白羊城堡属居庸关西隘口,有10处:白羊口堡、清泉口、老姚城、松湖片口、泥窝口、卧子头口、桑木沟口、牛腊沟口、石板冲口、西山庵口,由白羊城守备管辖,兼制长峪、横岭、镇边三城。1961年建王家园水库,白羊城内村民迁出。白羊城向西至老峪沟乡长峪城原有关隘道路,今有公路相通。

**长峪城**　位于流村镇高崖口村南端,曾建有正城一道、过门一空、水门一空,南3里有山墩1座,属镇边城把总管辖。镇边城(今属河北省怀来县)辖隘口23处,其中属今昌平县域内隘口3处,有高崖口、灰关口、新开口。

(二)隘口

**高崖口**　位于高崖口乡域内高崖村南端,因隘口东侧有高崖而得名,是明代北京西北部防御的主要关隘之一。高崖口至镇边城原为关隘道路,今为昌平区西南主要交通道路,有县级公路相通。

### 二、驻军

**元代驻军**　至大四年(1311年),在白羊口设千户所,由隆镇卫万户府统领。在元皇庆元年（1312 年），改为隆镇卫亲军，设都指挥使统管。

**明代驻军**　明洪武十五年（1382 年）九月，设镇守军边卫控守要害，白羊口、高崖口、常峪口（今长峪城）均派兵驻守。正德十一年（1516 年）六月，蒙古小王子部攻白羊口，左都督刘晖为总兵官，太监张忠监督军务领西官厅官军 1000 人、东官厅官军 500 人，都指挥张安领团营官军 1000 人驰赴白羊口防守；正德十六年（1521 年）五月，居庸关西路灰领口（现镇边城）、上常峪（今长峪城）地方所辖 11 处隘口添设城堡，调堡军 300 人守长峪城，改设守御千户所。嘉靖二十九年（1550 年）八月，白羊口、高崖口、镇边城等处报警之后，增设昌平提督，兼署都督佥事，专门管理八卫边城兵防守。镇边路下辖长峪城、白羊城。嘉靖三十九年（1560 年），设昌平镇守，兼署都督佥事，统领白羊城等地游兵三支 3000 人。

**民国初期驻军**　1924 年，冯玉祥国民军驻防南口。1931 年，北平宪兵（原东北边防军张学良部宪兵改编）分驻防南口一个宪兵大队，辖四个中队：两个中队驻南口，一个中队驻高崖口，大队部带一个中队驻白羊城。

**解放战争时期驻军**　1945 年 12 月，晋察冀军区八旅第二十二团从平绥路东转移至路西进驻高崖口村。1948 年 5 月，国民党政府军第九十二军一四二师两个团驻守在上店、下店村。

新中国成立后，流村镇的驻军分别隶属于总参谋部、总政治部、总后勤部、总装备部、北京军区和武警。92076 部队、61172 部队、工兵一营、工兵二营、总参 61975 部队、总参 61016 部队、工程兵 88615 部队、工程营 88750 部队、88372 部队、海军 38576 部队驻守于流村地区。88372 部队担负人民解放军院校、部队、科研单位训练、试验的保障和外训、迎宾等任务。党和国家领导人毛泽东、邓小平、江泽民曾到部队视察并观看军事表演，1988 年被国家民政部、解放军总政治部授予"全国拥政爱民先进单位"。

# 第二节　重要战事

### 一、民国前战事

明嘉靖二十九年（1550 年）八月，蒙古俺答部进攻北京，入县域后与明军激战于昌平城、白羊口、高崖口等地，双方死伤 1000 多人。二十一日，俺答军兵临北京城下；二十八日，取道古北口、高崖口退走。

### 二、民国初期战事

**南口大战**　1926 年初，奉系军阀张作霖在英、日等帝国主义支持下，联合直系军阀吴佩孚进攻冯玉祥国民军。15 日，直鲁联军进逼北京，对国民军形成合围。国民军相继退守南口、张家口等地。在流村地区激战十余日。国民军约 20 万人投入战斗，历时 3 个月，伤亡过半，给养、饷械补充困难，遂向绥远撤退，南口之战结束。

### 三、抗日战争时期战事

**中国军队南口抗战**　1937 年 7 月北平沦陷后，国民党政府军第七集团军前敌总指挥兼第十三军军长汤恩伯奉命率部抢防南口，在南口、德胜口、横岭城地域组织防御。1937 年 7 月 15 日凌晨，迂回横岭之日军进攻锅顶山、老峪沟、禾子涧村地区的中国守军阵地和850 高地，被中国守军四师十旅击退并击落日机 1 架。16 日，日军秘密转移其主力，企图攻击南口右翼。日军向 850 高地发射毒瓦斯炮弹，中国守军伤亡官兵 1240 人，日军死伤 2000 多人。1937 年 8 月20 日 10 时，第七集团军总司令傅作义抵怀来主持召开军事会议，阵地部署作适当调整，待机反攻。日军全部集结昌平县城，准备再次发动进攻。1937 年 8 月 21 日拂晓，日军13000 多人、炮 50 多门分路向中国守军阵地横岭、黄泥洼和 850 高地发动进攻，15 架飞机配合轰炸。经一日激战,日军大部被歼于阵地前。1937 年 8 月 24 日,日军坂垣第 5 师团进攻居庸关、德胜口,中国守军各防御要点孤立无援,陷于弹尽粮绝之境。1937 年 8 月 26 日凌晨 1 时,各部奉命按突击路线、集结地域,自行部署突围。1937 年 8 月 27 日,日军攻占居庸关。9 月 3 日,南口抗战结束。中国军队南口抗日激战 18 天,伤亡16643 人(负伤 10698 人),其中军官 493 人;日军死伤 15000 多人。中国守军第十三军八十九师五二九团——罗芳珪团被誉为抗日战争初期"四大名团"之一(其他三团为陈锡联团、吉星文团、谢晋元团)。

**八路军粉碎日伪军春季扫荡** 1940 年 3 月,日伪军集中近万人,分 10 路对平西抗日根据地进行春季"扫荡",其中两路在县境内:一路为日军古井部 500 多人,从昌平县城、南口镇出发,经柏峪口、马刨泉、老峪沟村进至大村;另一路为日军田中部 800 多人,从南口出发,经瓦窑村进至涿州青白口转赴大村。八路军晋察冀军区第十团团长白乙化率部在青白口、东胡林一线反击西路 4000 多日伪军,鏖战持续几昼夜,数次与日伪军白刃格斗,将其击退。反"扫荡"毙伤日伪军 800 多人,缴获枪支 100 多支和一批军用物资,击落飞机1 架。

### 四、解放战争时期战事

**马刨泉战斗** 1946 年 9 月 29 日拂晓,国民党政府军 4 个师,分两个梯队沿平绥路两侧向怀来中共领导的解放区进攻。10 月 8 日,驻马刨村地区的中国人民解放军晋察冀军区第一纵队(司令员杨得志、政委苏振华)第三旅趁其不备,设伏全歼国民党政府军一个团和一个炮兵连。10 日午夜,晋察冀军区第四纵队第十旅在大村南山地区全歼国民党政府军一二一师 1000 多人。11 日晨,一二一师向阳坊、沙河镇溃逃。

**上店和下店村战斗** 1948 年 5 月 13 日,中国人民解放区华北军区野战军第二兵团所属的第三纵队、第四纵队及第二纵队第四旅共七个旅，在司令员杨得志、政治委员罗瑞卿率领下发起冀热察战役。5月16日，第三纵队并第二纵队第四旅在司令员郑维山、政治委员胡耀邦率领下向热西发动进攻，行至昌平西峰山、高崖口地区，与驻守上店、下店村的国民党政府军第九十二军一四二师展开激战。在昌宛联合县地方武装配合下，毙伤俘国民党政府军两个团300多人，俘虏团长1人，人民解放军牺牲46人。

**高崖口战斗** 1948年11月29日，平津战役开始。根据中央军委部署，华北野战军第三兵团开始包围张家口地区的国民党政府军。12月2日，东北野战军先遣兵团四纵队、十一纵队及独立第四、第六、第八师和骑兵师，由三河、蓟县直插密云、怀柔、永宁、延庆县，向南口、怀来前进，切断平绥路。12月4日，国民党政府军傅作义命令驻昌平的一〇四军二五九师西调怀来，驻涿县十六军移至南口、昌平县城间。国民党政府军一〇四军、十六军先后几次沿平绥路西进接应新保安三十五军失败。四纵队、十一纵队在康庄歼灭国民党政府军第十六军。12月10日下午，国民党政府军一〇四军从怀来城往南沿丰沙线向北平撤退。中国人民解放军东北野战军四纵队十一师、十师从怀来、康庄两个方向追击。国民党政府军一〇四军应从镇边城东南经门头沟地区撤回北平，因遭截击而错折向东，进入县西山高崖口地区。12月10日傍晚，平北军分区转冀热察军区急电令解放军独立二十六团速至昌平西峰山山口阻击国民党政府军一〇四军，昌顺联合县大队随独立二十六团行动。独立二十六团和昌顺县大队急进至南北流村时，国民党政府军一〇四军先头部队已接近西峰山口。独立二十六团抢先占领西峰山西山梁，枪战10多分钟后，将国民党政府军一〇四军先头部队骑兵打退。独立二十六团二营、三营和昌顺县大队重新部署卡住西峰山山口处。10日晚和11日，国民党政府军一〇四军多次向二十六团阵地发动轮番进攻，被二十六团官兵白刃拼杀击退。11日晚，东北野战军四纵、十一纵尾追进攻，将国民党政府军一〇四军歼灭在高崖口地区。此战役歼灭国民党政府军一〇四军军部及二五〇师和二六九师残部,共11000多人。其中独立二十六团和昌顺联合县大队俘虏敌兵2000多人,缴获电台3部、八二迫击炮8门、六〇迫击炮50多门、重机枪5挺、轻机枪37挺、步枪1500多支、战马100多匹和弹药等军用物资。

**地方党政干部和武装人员遭国民党政府军袭击** 1948年7月,中共昌宛联合县县委、县政府组织在狼儿峪村对边缘地区保甲长进行形势教育,布置征集公粮。21日凌晨,由于西山大队大队长杨述叛变,国民党保密局沙河突击队队长贺庆振带领国民党政府军三十五军一〇一师一部和瓦窑、溜石港、复兴庄等乡还乡团1000多人包围袭击狼儿峪村。一部分干部冲出包围,县委城工部部长吕杰,三区区委副书记韩连达,县工会主任邢老伍,区干部张田、王德林、张文奎和军区分区情报站站长张树林等13人牺牲,县区干部26人被捕,村党支部书记、贫农团长等干部、民兵、群众39人被捕。

# 第三节 民兵组织

新中国建立后,流村地区各村普遍成立民兵组织,建大队、中队、小队或者民兵班。群众武装组织统称民兵。流村民兵组织以行政村为单位建立民兵队部,年满18周岁至20周岁参加民兵基干团组织。1962年,贯彻落实毛泽东关于"民兵工作要做到组织落实、政治落实、军事落实"(简称民兵工作"三落实")的指示,全面整顿民兵组织。1976年10月至1980年年底,4次整顿民兵组织,落实营连建制。1981年7月,民兵工作贯彻中共中央关于"缩小范围,压缩年龄,简化层次,提高质量"的要求,调整民兵组织,减少民兵建制和人数。1985年,再次调整民兵组织,减少民兵建制和人数。1986年,按照中共中央"减少数量,提高质量,抓好重点,打好基础"的方针,再次减少民兵建制和人数。1991年,按照总参提出的"宏观规划、总体稳定、局部调整、纯洁组织"的十六字方针,进一步健全调整民兵组织。2004年10月20日,流村镇武装部召开了27个行政村的民兵连长会议。2005年民兵工作要求首先是认真做好民兵、预备役部队的组织整顿工作,为全面开展民兵、预备役工作奠定坚实的基础;二是按照上级军事训练指示要求,圆满完成训练任务;三是开展多种形式的政治教育任务,确保民兵、预备役政治合格;四是开展深入细致的思想工作,确保民兵登记、征兵任务圆满完成;五是发扬优良传统,努力做好双拥工作;六是组织发动民兵、预备役部队,积极承担急、难、险、重任务,充分发挥民兵、预备役部队突击队、战斗队的作用。

### 一、民兵组织建设

1991年,为了更好地贯彻乡党委提出的"争取先进,振兴流村"的奋斗目标,做好民兵的各项工作,完成上级交给的各项任务,充分发挥民兵在流村乡两个文明建设当中的作用,狠抓了基层连队的组织建设,为开展好各项民兵工作奠定了坚实的组织基础。1. 抓组织建设首要问题是抓好民兵连长的选配,继续实行民兵连长任离职的审批制度,以确保民兵连长的质量。2. 搞好民兵整组的摸底,做好民兵整组工作,保证整组的数量和质量。在整组的同时,印制各类表格,乡武装部和民兵连队分别建立流村乡民兵花名册,流村乡基干民兵花名册,流村乡预备役连、排、班花名册,流村乡民兵应急分队和预备役应急分队花名册,流村乡防汛、防火、治安小组花名册等。3. 经常以开会代训的形式,对民兵连长进行思想、组织、纪律性的教育,加强民兵连长热爱本职工作、努力干好本职工作的思想责任,表彰先进,帮助工作能力、思想觉悟低的民兵连长,使之全面完成民兵的各项工作任务。1992年完成民兵预备役整组工作。坚持了调整民兵连长由党委审批、武装部任命的制度,向乡敬老院捐款334元,并被首都军警民共建指导组织评为全市16个标兵之一。

1992年,乡武装部采取多种措施,确保征兵任务的完成:一是完成兵役登记,二是进行身体检查。

1993年,在民兵组织建设上,把该调换的民兵连长进行了调换,配齐了干部,对民兵预备役合理编组,建立了护林防火、抢险救灾等组织。

1994年,乡武装部对优待军烈属标准由1994年的每年800元提高到每人每年1200元,并召开表彰大会,对在征兵当中表现突出的6名支部书记、五名村民主任和5名民兵连长给予精神鼓励和物质奖励。

2005年,民兵组织建设的首要任务是做好民兵、预备役部队的组织整顿工作,为全面开展民兵、预备役工作奠定坚实的基础;二是按照上级军事训练指示要求,圆满完成训练任务;三是开展多种形式的政治教育,确保民兵、预备役政治合格;四是开展深入、细致的思想工作,确保民兵登记、征兵任务圆满完成;五是发扬优良传统,努力做好双拥工作;六是组织发动民兵、预备役部队,积极承担急、难、险、重任务,充分发挥民兵、预备役部队突击队、战斗队的作用。

**二、民兵政治教育和军事训练**

1991年,按照上级要求,狠抓民兵应急分队的政治教育和军事训练工作,参加县组织的民兵比武取得好成绩。同年,采取多种形式,加强全民性的国防教训,每月一次,国防教训课以录音形式播放。1992年,开展民兵三项比赛活动。积极训练,认真选拔,确定了4名同志参加尖子比武选拔赛,最终有两名同志参加了全市组织的尖子比武比赛,并取得了班对抗、射击第一名的好成绩。昌平县人民武装部给参加的两名同志记三等功一次,代表单位获优秀组织奖,并给予乡武装部记三等功一次。1993年,在政治思想教育上,坚持每周进行两次有关民兵内容的专题广播。军事训练上,在子弹很少的情况下,发挥部队优势,组织部分民兵干部到部队打靶。

**三、民兵其他活动**

1991年,结合上级精神和自乡的实际,乡武装部开展新的民兵活动。在"七一"党的生日期间,采取多种形式,开展我为党旗添光彩的活动,通过开展活动,加强对民兵的思想教育,提高民兵的组织意识。结合上级要求,开展民兵连队达标活动,做到普遍抓与重点落实相结合,力争年底抓出四个民兵达标连队。1991年还组织民兵积极参加植树造林建果园活动,做好防汛、护林防火、维护社会治安等各项工作。1992年春节期间,发动民兵清扫街道500米,有94名民兵参加值班巡逻,在国庆节和十四大的安全保卫中,组织了60人的应急分队,各单位都有5人以上的巡逻小组,确保了不出现问题。1993年,在春季造林活动中,组织497名民兵预备役参加造林活动,共计植树3074株。在防汛工作上,有应急分队13个,共有310名民兵预备役人员参加。遇有阴雨天和可能有大雨的时候,应急队员特别是领导都坚持在防汛岗位上。1993年在造林活动中,共有472名民兵、预备役人员参加,植树2857棵;牵头组织学雷锋活动,共组织全乡民兵、中小学师生1600多人,清扫街道19条,为敬老院等单位擦玻璃、打扫卫生,理发180多人,发动小学生拾柴700余斤,为群众义务修车6辆。1994年,组织企业民兵预备役人员124人,在西峰山小枣基地挖树坑253个。

### 四、拥军优属工作

1991年,搞好民兵摸底工作,按要求完成征兵任务,在完成任务的同时,坚持与服役战士保持通信联系,做好拥军优属工作。流村乡"双拥"工作一是坚持以开展"双拥"工作的指导思想为奋斗目标,二是建立"双拥"工作指导委员会。"双拥"工作指导委员会由下列人员组成:

主任:王文治(流村乡党委副书记);副主任:刘希海(88372部队主任)、王和平(流村乡乡长)、贺德纯(流村乡总公司经理)。委员:齐炳瑞(流村乡副乡长)、张宝忠(88750部队工兵营)、李德林(流村乡武装部长)、薛德满(流村乡民政科长)、张树玲(流村乡团委书记)、王学翠(流村乡妇联主任)、李宝安(流村乡文化站站长)。

指导委下设办公室,主任齐炳瑞,成员李德林、薛德满、张树玲、王学翠、李宝安、姚桂欣。

1992年,拥军优属活动保证军烈属的优待金按时发放兑现;春节走访慰问驻军单位,召开军烈属代表参加的座谈会。下店村还开展义务活动,为88372部队剪枝10亩。2002年1月29日,由镇党委副书记、武装部长带队,北流、古将、上店等村领导一行6人,慰问了为镇经济发展及各项公益事业做出了很大贡献的南口海军汽车团的全体官兵,送去了6000余元的慰问品,以表达对解放军的深深谢意。2003年1月9日,武装部"西片"双拥工作座谈会在流村镇召开。区双拥办主任王双武,区双拥办副主任朱自宣及镇党委书记董锦华,纪检书记刘春林参加了座谈会。

### 五、民兵国防教育

上世纪90年代,积极开展国防教育,乡武装部于每周四定时举办国防教育专题节目,内容有部队刊物上刊登的国防教育材料。在新世纪,为加强全民国防教育,乡武装部利用现有条件,在民兵中进行国防安全教育,努力提升民兵的国防意识。

### 六、军民共建

1991年,发挥民兵的参谋助手作用,主动经常地与部队保持联系,协助领导抓好军民共建工作。在原有文明村的基础上,扩大军民共建文明村点,结成共建单位,广泛开展"双拥"活动。一是指导委根据原有的共建单位和原有的共建关系及实际工作的需要,重新明确下列共建单位:88750部队工兵营—古将村、88750部队工兵营—新建村、88750部队工兵营—西峰山村、88615部队教导队—西峰山村、88372部队靶场—下店村、52876部队步兵营—北流村、38576部队海军仓库—上店村(防化学院—南流村)。二是加强对军烈属、荣残军人、复退军人的优待服务工作。三是军校乡齐抓共管,社会主义精神文明物质文明一起抓。1992 年在夏季生产时,到 88750 工兵营、52876 步兵营,88734 一大队和防化学院四个部队联系,共出动 400 名官兵,帮助流村乡黑寨村收割小麦 90 亩,靶场 88372 部队在抽不出人的情况下,出动汽车帮助黑寨村搬运小麦。88750 部队的 40 名官兵,在白羊沟自然风景区铺路 400 米。1992 年,在流村乡农贸建设中,到 88734 部队一大队联系了推土机,利用一周时间,平整场地 10 亩,还平整中学楼院场地。1993 年,与 11 个部队单位建立了联系,通过相互来往,促进了军政军民之间的团结。在建设西峰山 500 亩小枣基地当中,为了能够在北京市立项,共建方北京农业大学做了大量考察、论证、申请报批工作。在春季造林中,组织 4 个部队单位参加,共挖树坑 400 个,还联系三台吊车参加造林吊树苗。在三夏生产中,联合部队 300 余名战士,帮助乡黑寨村收割集体小麦近 200 亩。在乡确定的 1993 年完成建设 1294 亩标准化果园挖坑任务中,到两个部队单位联系挖掘机共 10 余车台次。

在为部队干实事上,通过乡武装部门直接抓的有三点:第一,慰问了赴东帝汶回国的工程兵大队全体官兵,送去了 1500 元现金。第二,结合庆八一建军节,开展了八项活动:一是乡举办了庆八一"双拥"活动室宣传周。二是给部队放电影两场。三是给 11 个部队单位送桃将近 4500 斤。四是组织由全体机关干部和兵、妇负责人参加的赴柬情况报告会。五是开展由 11 个部队首长参加的军民共建座谈会。六是同 41 旅、北京农大商定了近期共建内容。七是由乡妇联组织妇女为第 2 批赴柬部队制作 20 双鞋。八是各村普遍走访了军烈属和有共建关系的部队。第三,为装甲步兵营解决长达近 9 个月拉水吃的困难。1994 年春季造林当中,组织民兵、预备役和部队官兵共 680 人,挖树坑 4453 个,防风林沟 800 米,动土 320 方。组织 4 个部队单位 260 人,挖防风林沟 800 余米长、动土 320 方。各村民兵连组织民兵 296 人,分别参加各单位的重点工程,挖树坑 4200 个。

在秋季开展的农田基本建设中,组织民兵预备役人员和部队 215 人,共挖树坑 630 个。组织民兵预备役人员 85 人,挖树坑 170 个。组织教导队、工兵营 130 名官兵和一台挖掘机,共挖树坑 460 个。积极与北京农大联系,争取西峰山小枣基地能够在市立项。通过农大请来两位市科委的领导到乡里详细了解了西峰山小枣基地的已建情况和发展规划。北农大的专家也多次到乡里检查指导小枣基地的落实发展情况,还在农田基本建设当中举行了军校乡共建西峰山小枣基地的签名仪式。四十一旅共出动压路机 65 台车次,刮平机 51 车台次,挖掘机 10 车台次,运输车和装载机 9 车台次,修理费 2100 元,耗油 5800 公升,总开支为 110580 元。防化学院为流村乡出动喷水车 6 车台次,整个工程队从 4 月份开始到 9 月底完工。四十一旅还出动车辆垫平了中学操场,约 150 车,合 1000 平方米。由于部队的支持,为乡里节省了资金,解决了燃眉之急,加快了工程进度,确保了质量。流村乡与 12 个部队单位建立了经常性联系,做到春节、八一走访慰问和召开座谈会。八一期间,流村乡同三个部队单位一起举行了篮球赛,到工兵营义务补衣服 80 余件;还和工兵营铺柏油路,合 3223 平方米。1994 年 11 月份,与北京农大、四十一旅、中央警卫团三方四家的军民共建工作得到了上级领导的充分肯定,被评为全国军民共建先进单位。完成了制作、埋设遍布三乡五块军事禁区牌的任务。为便于禁区内的安全保卫,还积极给 88734 部队办理了 20 张白羊沟自然风景区的出入证。1995 年 9 月 28 日,流村乡古将村小学在乡党委、乡政府的关怀下,举行了新校址的"奠基仪式"。总政治部机关官兵为古将村小学捐资 30 余万元。唐天标中将以及陶希干、胡昭广等领导参加了奠基仪式。1996 年 4 月 20 日,中国农大、中央警卫团、中国人民解放军 88615 部队与流村乡举行了"三方四家"双拥共建十周年庆祝活动。1998 年 1 月 10 日,流村镇邀请 14 个驻军单位在高口办事处召开军政座谈会。1998 年 5 月 30 日,流村镇利用原高崖口和老峪沟乡闲置的楼房建成昌平县青少年军事训练基地和北京清峡凉谷度假园。北京总参部队向老峪沟办事处和中心小学捐赠了 100 套住宿军用品和 185 套服装、书包。1998 年 12 月 30 日,由中国人民解放军总参谋部、中央军委办公厅、科技园区、双拥办、教育局共同捐款 4 万元,捐给漆园八一爱民小学,用于奖学金。县委副书记曹俊清参加捐赠仪式。

2001 年 12 月 7 日,流村镇全体机关干部、当地驻军及群众 500 余人冒着严寒,挥锹奋战西峰山小枣基地,再掀流村镇水利富民工程高潮。2002 年 7 月 26 日上午,上店军民共建爱民路落成仪式在流村镇上店村举行。2008 年 6 月 30 日,发电站村党支部与昌平区文化委执法大队开展了以"庆党建,搞互动,促和谐"为主题的支部共建活动,双方互相介绍了各自支部情况。两支部决定,今后此类活动将持续开展下去,这也必将为发电站村下一阶段的社会主义新农村建设注入新的生机活力。

# 第四卷 均输平准

# 第一章　农　业

## 第一节　流村镇农业综述

### 一、流村镇农业史略

农业是栽培农作物和饲养牲畜的生产事业。由于发展阶段和涵盖范围的不同,农业有广义和狭义之分,广义的农业包括种植业、林业、畜牧业、副业和渔业;狭义的农业仅指种植业或农作物栽培业。在中国历史上,农业始终是国家的根本。我国早在春秋时期,已有"民以食为天"的思想。在长达两千多年的中国传统社会中,历代统治者始终坚持农业为本的政策,将农业置于"为政之首"的地位。新中国成立后,始终将农业作为社会主义的经济基础、国家的第一产业。随着中国社会经济的发展,新的形势对农业发展提出了新的要求,国家农业政策也做出重大调整,将农业、农村、农民"三农"问题作为全党工作的重中之重,大力推进社会主义新农村的建设。

流村镇位于北京市昌平区西部,1997 年由老峪沟乡、高崖口乡、流村乡三乡合并而成,其中老峪沟乡、高崖口乡地处深山,适宜农作物种植的整片土地较少,流村乡地处山地与平原衔接处,农作物种植相对发达。受中国传统经济模式及其地理位置和地形地貌的影响,流村镇的传统农业生产以粮食为主,同时林果又有很大发展。

流村镇农业发展有着悠久的历史。北京地区是原始人类活动的重要发源地之一,有着丰富的原始人类文明。相关资料证明,北京地区的原始农业出现当在大约 10000—8000 年前的气候剧变期间。据目前的考古资料显示,流村镇域内及周围的乡镇分布着大量的古代遗址,这些遗址有着典型的农业文明的特征。由此,可以推断大约

6500—4000年前,流村镇附近的农业已经产生并得到初步发展,夏商时期已有一定程度的发展,并兼有渔猎、手工业。在3600年前的商代至2200年前的东周,高崖口一带已经出现了具有一定规模的村落,而这种村落的形成,则是农业文明的产物。

春秋战国时期,流村地区属于燕国。地域内既有深山茂林,又有丘陵平原,地理环境非常适合农业的发展,盛产桑、麻、枣、栗,兼有猪羊牛马等畜牧业。此外,流村地区在战国时期是重要的边防地域,燕昭王二十九年(前283年)曾在流村乡、老峪沟乡和高崖口乡的交界处修筑长城,南北长约30公里,秦统一后废弃,现仅存遗址,这说明此地是当时的边防重镇。边防卫戍需要大量的粮草,因此,流村地区在战国末期应当有一定的屯田,并有繁荣的粮食贸易、运输和发达的粮食仓储,又由于战时马匹的需要以及兵士生活的需要,当地的畜牧业应该较为发达。

公元前221年,秦始皇统一中国,在行政区域划分上实行郡县制,将全国划分为三十六郡,流村地区归属上谷郡。为了巩固国家统一,加强新兴封建地主阶级的统治,秦始皇采取了一系列变革措施,重新确立并发展了封建土地私有制,实行重农抑商、以农为本的治国策略,发展粮食种植,粮食生产成为重要内容之一。流村地区的山前丘陵、平原地带的土地得到开垦,人们开始自觉地种植粮食,主要品种是小麦和谷子,但由于耕种面积十分有限,生产力水平比较低下,粮食生产远远不能满足人们的生产生活需要,仍要靠天吃饭,不得不"食于枣栗",或以枣栗等山果换取粮食。

汉代,流村地区属昌平县管辖。流村地区靠近通往蒙古高原的咽喉要地——居庸关,镇守边关的卫戍要求粮草、马匹丰足,农业、畜牧业的发展必不可少。汉代大力发展农业,铁制农具得到大量使用,生产力有了明显提高,流村地区的农业有所发展,但土地产量甚微,《汉书·晁错传》说"百亩之收不过百石"。尽管两汉三国时期各县实行"三十税一"的赋税制,但流村地区及其附近地区地广人稀,粮食生产极为落后,故"以麻布充税",可见此地仍盛产桑麻,粮食种植相对落后,林业、农业经济作物较为发达。

南北朝时期,流村地区属昌平郡管辖。这一时期,人们更加重视土地的作用,土地的分配及占有制度也更加明确。北魏太和九年(485年),孝文帝下诏书道:"均给天下民田。男十五以上,受露田四十亩,妇女二十亩。诸民年及课则受田,老免,及身没还田。"并规定:"初受田者,男夫一人给田二十亩,课莳余种桑五十树,枣五株、榆三根。非桑之土,夫给一亩,依法课莳榆枣。"在国家政策的激励下,流村地区不仅注重粮食生产,而且注意针对当地生产桑麻枣栗的特点,林果生产得到发展。北朝北魏太和十年(468年),昌平郡的赋税不再完全以麻布相充,开始收纳部分粮食。"其民调,一夫一妇帛一匹,粟两石"。可见,当地的农业较之前代有了很大发展,粮食种植应当是以粟为主。但是,三国两晋南北朝时期,国家分裂,战乱频繁,赋税增加,农业生产难以得到稳定发展。

隋王朝的建立结束了长达400年的分裂局面,重新建立起封建大一统的国家制度。流村地区隶属涿郡,土地实行"均田制",农业经济又得到了发展,物产较为丰富,赋税数额有所增加。"丁男一床,租粟三石。桑土调以绢、𫄧、绝,麻土调以布。绢、𫄧、绝以匹,加绵三两。布以端,加麻三斤"。赋税的增加从另一个侧面也说明当时农业经济有了一定的发展。

唐初,流村地区复归幽州统辖。武德七年(624年)颁发"均田令",明确规定,分配给个人土地的十分之二为永业田,即属个人所有的私田,其余为"口分田",意即地权归国家所有,农民耕种,收获后的产品上缴国家。这种土地分配制度,促进了粮食生产的发展,使产量有所提高。唐天宝元年(742年),流村地区改为范阳郡管辖。安禄山为范阳节度使,天宝十四载(755年)安禄山与史思明制造了"安史之乱"。这次战乱绵延8年之久,生活在流村地区的人们,深受战乱之苦,农业经济遭到破坏,粮食及其他作物的产量严重不足,甚至无力支赋。后来在农民战争的打击下,唐朝政权最后为五代十国所代替。这一时期,战争连年,政权更易频繁,国家处于四分五裂之中,各种势力在征战中都大感物力不足,都非常重视粮食储备。因此,这一时期流村地区的粮食生产也得到了一定的发展。

五代之后,包括流村地区并没有进入宋朝,而是先属辽,后归金。辽初,统治者注意适应境内不同民族的生产方式和生活方式,实行胡汉分治,使"畜牧畋渔"的北疆游牧经济与"耕稼以食"的内地农业经济并存,同时得到发展。流村地区受析津府所治,畜牧业和农业均得到发展。进入金朝后,流村地区改属中都路大兴府统辖,受统治者采取的"猛安谋克"制的影响,社会经济又受到破坏,农业生产停滞不前。

进入元朝后,国家统一,当时设大都总管府,领二院六县十州,流村地区所属的昌平县为六县之一。至正十二年(1352年),元丞相脱脱为了解决当地粮食不足的困难,便由江南招募能种水田和修筑围堰的一千余人为师,使他们分赴北京附近各地传授和推广种稻技术。流村地区及其附近地区出现了一些稻田,粮食生产的品种有所增加。另外,元代拥有庞大的工匠组织,称为"匠军",有分门别类的生产部门,制造的机械、工具的精度举世无匹,生产力水平得到很大提高,促进了粮食生产的发展。

明朝,流村地区所属的昌平县改称昌平州,属顺天府管辖。明初,出于巩固政权和发展经济的需要,统治者大量移民入京。洪武四年(1371年),大将军徐达一次便将大漠以北的28000余户蒙族人迁至北京附近各州县。可见,当时应该有大量蒙古族人进入流村地区。随着人口的大量增加,当地开始实行屯田制,这大大促进了粮食生产的发展。据明隆庆《昌平州志》所载:"永乐十年,夏税小麦61361斗2升,人丁丝15004两,农桑丝753两9钱,秋粮粟米148018斗3升,稻米6766斗7升,地亩棉花7677两6钱。"从田赋税收的数额和品种上看,都足以说明当时粮食及其他物产是相当丰富的,这其中应该有流村镇地区的贡献。在土地制度方面,从明朝开始,昌平的肥田沃土以及风景优美的山水佳处,逐渐为皇室、贵族和官僚所占有,大批农民沦为佃户。

清代,统治者实行圈地,流村地区大量的土地受到大规模兼并,统治者集中地权,对大批廉价劳动力的强制使用和压榨,使国家的农业经济得到发展,粮食生产的规模和水平较之前朝都有提高。通过加大田赋税收,使国家收入充裕,粮物储备充足。在这种情况下,流村地区和全国一样,在康熙、雍正、乾隆时期呈现出一片繁荣景象。1840年鸦片战争后,中国开始向半殖民地半封建社会沦落,清王朝也随之衰败,流村地区的农业经济又陷入困境,粮食生产停滞不前。

1911年辛亥革命以后,流村地区进入了中华民国时期。1913年,流村地区所属的昌平州改称昌平县。到1937年抗日战争爆发之前这一时期,流村地区的农业经济仍是以粮食生产与分配为主,粮食经济继续作为社会经济的主体。在当时流村地区的粮食经济处于恢复之中,粮食的流通环节有所发展,生产工具有所改善,耕种技能有所提高,粮食产量比历史上任何朝代都有所增长。流村地区有粮食集市和粮行,人们常常以粮食作为通货,直接与其他物品进行交换,后来,受军阀混战的影响,流村地区粮食经济受到破坏。1937年,抗日战争爆发,日伪统治者靠霸占耕地、强征民粮、控制贸易、掌握粮价等手段,对粮食大肆掠夺侵吞,并频频发动对流村等地山区、半山区农村的大扫荡,所到之处均被洗劫一空,使粮食生产遭到破坏,严重摧残了流村地区的农业经济。1945年8月,侵华日军宣布无条件投降,抗日战争结束。1946年6月,国民党反动派发动内战,昌平县的战事此起彼伏,失去了和平发展的环境,流村地区的农业经济又陷入停滞状态,直到1948年12月昌平解放,这种状态才得到根本改变。

总之,在原始社会向奴隶社会、封建社会和半殖民地半封建社会的进化过程中,流村地区的粮食经济经过了从无到有、从极其简单到初具规模的发展过程。但粮食经济仍处于低水平阶段。由于建国前数千年来,流村地区广大劳动人民一直处于被剥削被压迫的境地,加之政权数易、社会动荡、战乱频繁和天灾人祸等因素,使社会生产力的发展受到种种制约,流村地区的粮食经济发展迂回迟缓,甚至衰退。在这其中,尽管也有许多仁人志士提出过不少发展经济的富民良策,历史上也曾出现过几次短时期的繁荣,但落后的社会制度和腐败昏聩的统治,终究没能使流村地区的广大劳动人民摆脱饥饿贫穷的处境。

1948年冬,流村地区解放,解放后的流村地区归属河北省局宛县领导。1949年10月1日,中华人民共和国成立,新的社会制度下粮食经济得到了迅猛发展。早在1938年3月,中国共产党领导的八路军进入平西,开创抗日革命根据地时,流村地区就开始了一系列的粮食工作,设立了财粮助理员,所辖各村都设粮秣委员,从上到下形成了比较完整的粮食工作机构。围绕土地改革、解决根据地人民合理负担、支援前线、开展粮食贸易、调剂余缺、改善人民生活、抗震救灾和粮食工作自身建设等问题,根据地军民进行了积极有益的探索和实践,为促进根据地的经济建设,保障军政人员的粮食供给和人民群众的需要,争取革命战争的胜利,做出了巨大贡献。而且还培养和锻炼了一大批粮食经济工作的干部,积累了许多组织粮食流通、管理市场、应付战时条件下的各种急需和粮食储存保管等宝贵经验,为发展社会主义粮食经济打下了良好的基础。

新中国建立之初,由于长期遭受战争破坏和摧残,粮食生产一时难以恢复和发展,延续十几年的恶性通货膨胀留下的后遗症,也不可能立即消除。因此,新生的人民政权首先面临着粮食短缺严重、市场粮价剧烈波动的严峻局势,流村地区根据中共昌平县委、县人民政府指示积极组织全县人民开展农业生产劳动竞赛,大力开垦荒地,提高粮食产量。在搞好粮食生产的同时,抓好粮食的调运和市场的管理供应,与资本主义投机粮商展开针锋相对的斗争,保护了广大人民的利益,保证军需民食,使国营粮食商业逐步占据主导地位,使三乡粮食经济在国民经济恢复时期的三年中,渡过了一个又一个难关,得到了较大发展。1952年7月,昌平县成立了粮食管理局,流村地区粮食管理与经营实现了统一领导,同时相应地建立了粮食机构,为粮食经济的顺利渡关奠定了组织基础。

1953年6月,流村地区开始建乡,包括柏峪口乡、黑寨乡、上店乡、西峰山乡,此时国家进入大规模的社会主义经济建设时期,流村地区的各项经济建设也全面展开。从1952年下半年开始,粮食形势日趋紧张,供求矛盾尖锐。为妥善解决这一问题,中共中央决定在粮食的流通领域实行计划收购和计划供应政策(简称统购统销)。统购统销被看成是建国初期在经济领域继财政大一统后的治国第二战役,宣传贯彻落实这一重要政策成为当时流村地区经济工作的中心。粮食统购统销政策的实施,有效地缓解了粮食的产需矛盾,稳定了粮食价格,使国家掌握控制了粮食市场的主动权。随着对资本主义工商业社会主义改造任务的完成,流村地区社会主义粮食经济根基进一步得到巩固。

1956年3月,进行小乡合并,柏峪口乡、黑寨乡合并为白羊城乡,上店、西峰山乡合并为流村乡,直属昌平县委领导。1957年冬,白羊城乡与流村乡合并成为流村乡。1958年8月,全县实现了人民公社化,流村乡与高崖口乡、老峪沟乡等七个乡和南口国营农场成为南口公社,三乡改名为流村管理区、高崖口管理区和老峪沟管理区。由于在指导思想和经济决策上发生了急于求成的"左"的错误,使该地区的经济建设陷入极大的困境,粮食经济的发展也受到很大的影响。1959年至1961年连续遭受自然灾害(三年困难时期),粮食大幅度减产,造成粮食异常紧张,调度困难,城乡人民生活受到影响。1961年5月,全县大公社改制为小公社,流村公社成立,公社认真贯彻落实中共中央调整国民经济、大办农业、大办粮食等有关指示精神,加强对粮食集中统一管理。经过共同努力,顺利地渡过难关,到 1965 年，粮食形势趋于缓和，粮食经济恢复到 1958 年以前的最好水平。

1966 年 5 月，"文化大革命"开始，这场动乱持续十年之久，流村地区的粮食经济发展受到严重阻碍和干扰。由于粮食在国计民生中的地位和作用决定了粮食经济的重要性、生产和消费的不可中断性，在这十年中，排除了各种干扰，三个公社粮食经济仍有一定程度的发展。在这期间，流村地区粮食行业的广大职工坚守工作岗位，认真贯彻落实稳定粮食统购统销价格，实行统一收购、统一调拨、统一库存、统一销售的"四统一"管理体制，实行农村粮食征购基数一定三年不变、压缩控制商品粮销售以及建立各级粮食储备等一系列重大方针政策，使粮食经济的损失减少到最低限度。

"文化大革命"结束后，经过一段时期的准备，流村地区的粮食经济进入了改革的大发展时期。中共十一届三中全会将全党的工作重点转移到社会主义现代化上来，实现了党的工作重点历史性的伟大转移。农业是国民经济的基础，粮食是基础的基础，又作为发展经济的基本依据得到了重视。流村地区经济体制改革也是从发展农业，特别是发展粮食上起步的。1979 年到 1984 年，认真贯彻执行中共中央、国务院关于加快农业发展、加强和完善农业生产责任制、发展农村多种经营等一系列决定，开始普遍推行农业联产承包责任制，因地制宜地发展粮食生产和多种经营，使粮食连续几年大丰收，粮食的增长速度远远超过了历史上的任何一个时期，粮食的总产量也达到历史最高水平。这期间，流村、老峪沟、高崖口三乡建立。三乡大胆改革粮食流通体制，实行计划内的管住和计划外的放开搞活的"双轨制"方针，适应了社会主义有计划商品经济发展的需要，促进了这一时期计划供应口粮的发展，开展计划外的粮食议购议销，繁荣了市场，方便和丰富了人民生活。由于政策正确，粮食生产的发展和国家计划指导以及市场调节作用，古老的粮食企业也焕发出活力，使粮食生产空前发展起来。

进入20世纪90年代以后,随着联产承包责任制和各项农村政策的推行,流村地区的粮食生产得到空前的发展。为了适应形势发展的需要,流村地区结合自身农业资源的特点,积极调整种植业结构,在抓紧粮食生产的同时,重点发展苹果、核桃、仁用杏、小枣等品种。按照昌平县"两退一进"的产业发展要求,发展绿色养殖,逐步优化种养业结构,同时积极发展旅游业,引导农户发展休闲观光假日经济。1997年12月,撤销原流村乡、老峪沟乡、高崖口乡,合并组建流村镇,直属昌平县委、县政府领导。撤乡建镇后,流村镇成立了农工商总公司系统,设总公司办、财政所、统计科、审计科、经管站、农业公司、畜牧工作站、林业工作站、工业企业总公司、旅游公司,集中管理流村镇的经济。近年来,流村镇坚持以经济建设为中心,大力建设养山富民工程,大造绿色生态流村。流村镇以农民致富为中心,以农业产业化经营为目标,以深化结构调整为主线,全面实施"一产抓调整,培育优势产业;二产引增量,增强镇域势力;三产助开发,引市场进山"的经济发展思路,不断加强区域经济结构调整,使农业和农村经济持续保持良好发展势头,基础设施明显改善,农民收入持续攀升。

### 二、农业资源

农业资源是农业自然资源和农业经济资源的总称。农业自然资源含农业生产可以利用的自然环境要素,如气候资源、土地资源、水资源和生物资源等。农业经济资源是指直接或间接对农业生产发挥作用的社会经济因素和社会生产成果,如农业人口和劳动力的数量和质量、农业技术装备,包括交通运输、通讯、文教和卫生等农业基础设施等。

对于流村镇的农业资源,陈德辉《魅力流村乡》有诗赞曰:

巍巍太行最东端,两河冲击千里川。

峰岭纵横开屏障,霞光闪耀照山弯。

右翼伸连驻跸顶，左臂延接居庸关。

人杰地灵物产富，鸡鸣果香民心安。

（一）气候资源

流村镇地处温带大陆性半干旱气候，降水量少而不均，近三年平均降雨量为 490.9 毫米，多集中于 6、7、8 三个月。老峪沟一带平均海拔在 800 米以上，形成一种独具特色的小气候，夏季凉爽，昼夜温差大，无霜期短（一般在 120 天左右），年平均气温在 9—11℃，夏季白天最高气温比市区低 5—10℃，空气凉爽宜人，可谓是城市的避暑山庄。流村镇政府所在地及高崖口一带年平均气温在 11—12℃，大于 0℃积温为 4500℃，大于 10℃积温为 4200℃，无霜期为 160 天。

（二）土地资源

流村镇是昌平区的西大门，位于首都西北上风上水，地处太行山和燕山余脉交汇处，东西狭长，三面环山，地势西高东低，西北部为深山区，北部和南部边缘为中低山，山顶多裸岩，中部偏南及东部地区为山前冲积扇。西北部深山区海拔大于 800 米，山高坡陡，土层较厚，水分状况较好，植被类型多为落叶阔叶林及萌生丛和中生灌丛，其下多发育山地棕壤，适宜发展林业生产。北部和南部边缘为台地和丘陵，土地以淋溶褐土为主，主要由火山碎屑、白云质灰岩、沙砾岩组成。台地和丘陵地区的土层厚度多为 50 厘米至 80 厘米，耕层较浅，含水层薄，土地利用以旱作物为主。山前洪积扇坡度大，组成物质粗，主要是沙砾质，中下部坡度变缓，过渡为沙质和黏土质；冲积扇前缘和洪冲积平原呈渐变形式而参差不齐。洪冲积平原由温榆河水系作用形成，地表总体从顶部到前沿呈缓倾斜状，地势平坦开阔，略有起伏，组成物质多为黏沙、沙粒、粉细沙，土壤颗粒细腻，土质较好，沙粒适中，养分含量中等，适于作物生长，有利于农、林、牧、副、渔各业生产发展。

（三）水资源

流村镇镇域西部河流属永定河水系，主要河流为老峪沟河和北沙河。老峪沟河源于老峪沟地区的长峪城沟,向南流入门头沟区的湫河,汇入永定河,流域面积 53.6 平方公里。北沙河源于流村镇所属昌平区的西北部山区,白羊城沟为其东部主要河流,呈"Z"字形流经流村镇整个东部地区。镇域内还有大量沟谷,主要有禾子涧沟、长峪城沟、高崖口沟、白羊城沟等。山区地带有大量的泉,主要有马刨泉、龙潭泉、禾子涧泉、湖头泉、龙眼泉等,如此丰富的水资源,为流村镇发展工农业生产和生活创造了良好的条件。

(四)生物资源

流村镇域地形多样,山地、丘陵、平原地貌兼备,山区植被较完整。长峪城村及溜石港村主要分布有柴胡、知母、丹参、黄芪、地龙、桔梗、远志等。流村镇地处山前暖带,非常适合栽培果树,果树在流村镇的栽培历史悠久,盛产苹果、李子、桃、油桃、蟠桃、杏、山楂、樱桃、大枣、冬枣、小枣、葡萄、提子、柿子及香椿等。西部和南部山区地理、气候等自然条件为野生动物提供了理想家园。西部有山鸡、野兔、狍子及多种鸟类,禾子涧、狼儿峪及北照台有狐狸、松鼠和狼,西峰山有刺猬。

### 三、农业生产关系的变革及调整

新中国成立以前,流村地区土地实行私有制,土地改革后,实行农民土地所有制,高级农业生产合作社、人民公社时期实行集体土地所有制。1983 年 11 月,进行农村经济体制改革,推行土地集体所有家庭联产承包经营责任制,到 1984 年年底,实行包产到户双田制、专业承包到队、包产到组、联产计酬多种形式的生产责任制。此后,高崖口乡、老峪沟乡、流村乡进一步稳定和完善家庭联产承包责任制,完善农村合作经济组织,使农业和农村改革得到不断深入。1998 年,流村镇落实国家政策,取消农业税。2005 年,流村镇开始实施农民粮食直补政策。2006 年,流村镇基层落实公益事业专项补助政策。

（一）封建土地所有制

1946 年以前，流村地区的土地等主要生产资料为私人所有，土地主要来源于继承、买卖以及在山区、半山区开垦的少量坡地、梯田。农村中，只有少数地主拥有较多土地，大多数农民仅有少量土地或没有土地，主要靠租用地主土地或出卖劳动力生活。地主剥削农民的方式主要有雇工剥削、高额地租剥削、高利贷剥削。

（二）土地改革

1946 年 7 月至 1947 年 12 月土地改革和 1949 年 10 月至 1950 年 2 月新解放区土地改革，使流村地区废除了旧土地制度和地主的土地所有权，按乡村全部人口，不分男女老幼，统一平均分配土地，抽多补少、抽肥补瘦，土地和牲畜等生产资料归农民个人所有，这一措施使贫雇农拥有的土地数量增加。

（三）农业合作化

1950 年年底开始，流村地区紧跟国家政策，开始在农村发展互助组，组织农民开展拨工、换工、搭具等形式的互助合作运动。互助组又分为临时互助组和长期互助组：临时互助组一般在农忙季节组织起来，人员固定，成员间相互协商安排劳动，拨工互助，以工换工，农闲季节则停止活动；长期互助组人员固定，劳动力统一使用，由专人进行安排，统一计划、统一分工，农副业结合。

1952 年年底至 1955 年年底，流村地区各村按照自愿互利的原则，组织发展初级生产合作社（简称初级社）。初级社一般由 20 户至 30 户社员组成。章程规定：社员大会选出管理委员会负责社务，选出监察委员会监察社务，选出社长、副社长组织生产；初级社统一经营，社员入股土地，统一使用牲畜农具，保留社员的土地所有权；劳力分红为初级社集体生产收获物分配的主要办法，社员参加集体劳动评工分，季节包工，按件记分，男女同工同酬。初级社的评工记分办法是根据社员年龄、劳动能力和参加集体劳动的表现，每半年由全体社员评议，评分设一等至三等，男劳力一等至三等每日记 10 分、9

分、8分,女劳力一等至三等一般每日记8分、7分、6分,年末按全年所记工分总数参加集体收益分配,核算出分值,按个人总分值数参加集体收益分配。

1956年2月起,流村地区的农村初级社发展成立为高级农业生产合作社(简称"高级社")。高级社由一个村或几个村组建一个社,每社农户有几十户至几百户不等。流村乡的主要高级社有联欢社(上店、下店)、乐园社(南流村)、远景社(北流村)、西峰山社(西峰山村)、国庆社(古将村和黑寨村)、美丽社(白羊城村和王家园村)。高级社的章程是由社员大会和社员代表大会选举产生社务管理委员会和监察委员会,选出社长、副社长管理社务和组织合作社集体生产。高级社是社会主义集体经济组织,土地和生产工具等生产资料入社,由农民所有制改为合作社集体所有制,社员参加合作社集体劳动,实行各尽所能、按需分配的原则。1957年后开始允许社员饲养家畜禽,自留地由社员自由种植。高级农业合作社仍采用社员参加集体劳动评工记分办法参加集体收益分配,全年集体收益分配采取夏季预分和年终决算两次。1956年8月26日,根据昌平县农工部《关于1956年农业合作社秋收分配工作意见》的规定,合作社总收入60%至70%归社员分配,争取90%的社员增加收入,受灾减产的社提取公积金不超过3%,公益金不超过2%。

(四)人民公社化

1958年8月,全县实现了人民公社化,流村地区归属南口公社,公社组织实行政社合一,工、农、商、学、兵五位一体,设生产、畜牧、水利、林业、副业组等机构。1961年5月,全县大公社改小公社,流村公社、高口公社、老峪沟公社成立。公社下设生产大队,生产大队下又划分若干生产队,例如老峪沟公社下设老峪沟大队、长峪城大队、黄厂大队、禾子涧大队、泥洼大队、黄土洼大队、马刨泉大队,每个生产大队由社员选举或上级委派生产队长、副队长及会计、出纳、保管人员。1961年,流村公社共有10个生产大队,35个生产小队。1964年,老峪沟公社共有 7 个大队，29 个生产队。三公社依据昌平县制订的生产计划，分配任务，落实到生产大队和生产队。生产大队和生产队按计划组织生产、采购、保管、使用生产物资；粮食和其他农产品由生产队集中保管；大牲畜统一饲养，设专职饲养员，实行岗位责任制；各种设备、农机具等固定资产统一保管使用，农闲时入库，由专人负责保管。

高口公社、老峪沟公社、流村公社集体生产经营实行生产大队、生产队统一组织，由生产队长根据生产需要，统一安排使用劳力、牲畜和农具。公社建立初期，生活上实行集体化，建立公共食堂，生产管理分配由公社统一指挥安排。1959 年 3 月，三公社集体所有制形式改"基本社有制、部分队有制"为"基本队有制、部分社有制"。1962 年，推行生产队核算体制，同时生产队劳动管理实行"三包一奖"定额管理和评工记分办法。1963 年以后，三公社集体生产管理实行个人包工、按件计酬，集体包工按件按工种计酬，基本工分集体评议的办法。1968 年秋，三公社各村开展批评"三自一包"（自留地、自由贸易、自负盈亏和包产到户）、"物质刺激"、"工分挂帅"、家庭副业割"资本主义尾巴"，推广大寨记"政治工分"经验，合并生产队，改成大队为核算单位，统一经营分配，实行公社化初期的"一平二调"、平均主义、"大锅饭"。1970 年、1971 年，老峪沟公社有 7 个生产大队，8 个生产队，13 个基本核算单位。到 1972 年生产大队为 7 个，生产队增加到 10 个，基本核算单位仍然为 13 个。1978 年年初，三公社部分村庄开始试行"包产到户、四定一奖"（即以作业组为单位定地块、定劳动力、定产量、定工分，超产奖励）生产责任制。1980 年 8 月 14 日，三公社根据昌平县委下发《关于认真落实自留地政策的意见》，实行自留地经营由社员民主讨论决定，并按 1979 年 1 月 1 日实有人口调整自留地面积的政策。

1958 年年初建公社时，根据县委下发的《关于人民公社中几个问题的解决意见》，流村公社、高口公社、老峪沟公社确定集体经济收益分配形式，实行饮食供给制，供给部分占 60%，社员现金分配占 40%，取消评工记分等管理办法。1960 年以后,三公社开始实行社员参加集体劳动评工记分制度,集体经济收益分配办法规定扣除生产费、管理费后的当年农业纯收入要兼顾国家、集体和社员三者利益,集体收益分配经过分配计划、夏季预分和年终决算和分配兑现四个环节。农业税征收根据不同年份一般占纯收入的 5% 至 9%,集体提留(包括公积金、公益金、生产粮和储备粮基金等)根据不同年份占纯收入的 8% 至 26%,社员分配额占纯收入的 60% 至 80%。公社化时期,社员口粮和农副产品分配按人口定量和劳动分工参加分配的办法不断调整。评分方法一般采取自报等级、小组评议、队委会审核、再交群众讨论、最后集中群众意见公布。生产队按性别、年龄、身体状况、生产技能评定男女一等至三等工分,男劳力一至三等日记 10 分、9 分、8 分,女劳力一至三等日记 8 分、7 分、6 分。"文化大革命"中,评工记分标准要求政治思想好、树立为革命种田的理想,关心集体劳动。

(五)家庭承包责任制

20 世纪 50 年代中后期,流村地区曾出现过各种形式的生产责任制,包括"小段包工"、"按件计酬"等,后遭取消。中共十一届三中全会后,流村地区的经营管理体制发生了重大变化。1980 年 11 月 21 日,流村公社、高口公社、老峪沟公社根据昌平县委下发的《关于进一步加强和完善农业责任制的意见》,在农业生产管理中普遍推行"五定一奖"(原"四定"的基础上增加"定开支")生产责任制。1982 年,县委下发《关于进一步改进完善农业生产责任制的意见》,三公社开始普遍推行专业承包、联产到户的生产责任制:在三公社平原地区生产队农田管理以专业承包、联产到户为主要形式;在三公社山区、半山区以林为主的生产队粮食生产实行联产到户、超产归己的办法,林果业扩大专业队,实行专业承包、联产计酬,一定几年不变;做到生产工具不分散,工副业继续发展,不拆散集体经济。1982 年 12 月,三公社根据县委下发的《昌平县农村人民公社联产承包责任制试行条例》、《关于进一步完善农业生产责任制的意见》,开始推行土地集体所有、承包到户为主要形式的家庭联产承包责任制,实行自主经营,收入"交够国家的,留够集体的,剩下都是自己的"。这一政策在山区、半山区及平原比较贫困的生产队很快实行起来,土地家庭承包期规定为15年。1984年,三乡进一步完善家庭承包经营责任制。家庭联产承包责任制的实行,使生产队失去组织生产的职能作用。1985年年初,三乡开始撤销生产队,个别生产队撤队分集体生产资料时出现集体房屋、设备被拆毁现象,集体财产受到不同程度的损失。1985年5月18日,根据县委下发的《关于加强对农业的领导提高农业生产水平的意见》,流村乡、高崖口乡、老峪沟乡开始加强对农业的领导,建立健全各种服务组织,引导发展村办小农场,由村组织按业分工,专业化生产;土地向种田能手集中,实行大户承包;在家庭经营基础上,创造条件发展新的合作组织。1984年流村乡实行联产承包责任制的大队有40个共2752户,其中实行大包干的有34个队共2274户。1985年8月,三乡对农村土地承包"一畦多户"、"一户多块"的问题和原划分土地进行调整,在外人员、乡镇企业职工不再承包土地,各类专业户的土地实行转包。1986年,根据县委、县政府深入贯彻中共中央1982年5个关于农业农村经济的"一号文件",相继召开3次农村工作会议,三乡结合实际情况,巩固、完善、调整家庭承包经营责任制,提高专业化水平,强化农业生产服务,在种植计划、耕种、良种、灌溉、植保、施肥、生产技术措施等方面实行统一服务。1988年8月13日,三乡根据县委、县政府召开推进农村规模经营工作会议的要求,进一步扩大粮食生产经营规模,劳动力人均承包粮田达到20亩以上。1989年8月10日至11日,县委、县政府召开深化农村改革工作会议,部署进一步提高农业规模经营水平和巩固壮大集体经济的方针。通过调整,三乡劳动力人均承包面积由13.6亩增加到16亩。1990年10月,进一步调整完善平原产粮区农业规模经营责任制,流村乡、高崖口乡、老峪沟乡被确定为山区乡,其中高崖口乡、老峪沟乡被北京市确定为贫困乡。1991年,县委、县政府制定贯彻《北京市边远山区乡村十年(1991—2000年)致富工程纲要》,确定扶持山区经济发展优惠政策。1992年5月8日,全县山区工作会议对纲要进行部署实施,主要调整山区承包责任制,高崖口乡实行林果、土地租赁制,租赁期30年至50年。1994年,北京市农机局、畜牧局向高崖口乡、老峪沟乡派驻工作队,建立长期扶贫关系。

农村实行家庭联产承包经营责任制后,农民不再直接参加集体经济收益分配。1986年,流村乡、老峪沟乡、高崖口乡各村根据实际情况确定村提留办法。提留的标准是村干部及管理人员、从事种养业的人员、乡镇企业职工以及有劳动能力但未参加集体劳动的劳力年人均交提留60元,乡以上企事业单位的普通合同工、协议工、社员工等年人均交提留120元,个体工商户及建筑工年人均交提留150元,企业业务员及个体承包企业人员年人均交提留180元。此后,开始结合经济发展实际调整村提留的办法。农民家庭上缴的承包费、提留款和村集体发展经济的利润积累等集体经济收益主要用于以工补农、提供农业生产服务,发展乡村社会公益事业,如水、电、路、卫生、教育以及养老保险、优抚等福利事业。村集体工副业、农业等实行专业承包、安排劳动力就业实行务工工资和自主经营。

## 第二节　种植业

### 一、粮食作物

（一）玉米

玉米,俗称"棒子",是流村镇传统的主要粮食作物,种植分布广,玉米品种由农家种植自选留用。玉米种植分为两种:一种在春季4月种植,夏季7月成熟,有生长期短、产量低等特点,种植较少,一般为粮菜辅作种植;一种在春季4月种植,秋季9月上中旬成熟,有生长期长,产量高等特点。新中国成立以前,由于自然灾害和玉米品种退化等因素的影响,产量较低。新中国成立以后,流村一带大力发展玉米种植业,不断地引进新品种进行更新换代,玉米产量大大提高。1995 年,流村乡玉米播种面积为 14150 亩,亩产 111.9 公斤,总产量 158.3 万公斤;高崖口乡玉米播种面积为 2651 亩,亩产 97.8 公斤,总产量 25.9 万公斤;老峪沟乡玉米播种面积为 3006 亩,亩产 134.5 公斤,总产量 40.4 万公斤。2007 年,流村镇玉米播种面积为 13112 亩,亩产 111.96 公斤,总产量 146.8 万公斤。

**表 1　玉米种植面积统计表**　　　　　（单位:亩）

| 年份<br>乡名 | 1971 | 1973 | 1975 | 1978 | 1981 | 1983 | 1987 | 1991 | 1993 | 1995 | 1996 | 1997 |
|---|---|---|---|---|---|---|---|---|---|---|---|---|
| 老峪沟 | 4346 | 3799 | 2860 | 3686 | 3150 | 2860 | / | 2113 | 2776 | 3006 | 3037 | 3043 |
| 高崖口 | 4907 | 4979 | 4723 | / | 3949 | 3862 | 3426 | 2786 | 1010 | 2561 | 2475 | 2435 |
| 流村 | 8132 | 9086 | 10232 | 10139 | 12878 | 12932 | 12277 | 13515 | 13515 | 14150 | 14925 | / |

（单位:亩）

| 镇名 | 1996 | 2003 | 2004 | 2005 | 2006 |
|---|---|---|---|---|---|
| 流村镇 | 14925 | 13877 | 16305 | 13983 | 13112 |

**(二)小麦**

小麦是流村镇传统粮食作物,分春小麦、冬小麦。春小麦在春天播种,夏季 6 月收割,产量低,品质差,种植较少。冬小麦 9 月下旬播种,次年 6 月中旬成熟。传统的小麦种植因水肥条件要求高、品种退化等原因,产量较低。新中国成立以后,由于耕地、水肥条件的不断改善和优良品种的引进推广,小麦种植面积逐年增加,产量上升较快。20 世纪 80 年代以后,流村地区不断推行科学种田,稳定小麦种植面积,使小麦生产进入一个新阶段,成为流村平原地区重要的粮食作物。90 年代以后,随着工业、住宅等占地面积的增加,流村镇小麦的种植面积大量减少。

**表 2　小麦播种面积统计表**　　（单位:亩）

| 年份<br>乡名 | 1970 | 1973 | 1975 | 1978 | 1981 | 1983 | 1990 | 1991 | 1993 | 1995 | 1996 |
|---|---|---|---|---|---|---|---|---|---|---|---|
| 老峪沟 | 115 | 30.5 | 123.5 | 313.8 | 33 | / | / | / | 555 | / | / |
| 高崖口 | 1931 | 1163 | 1176 | / | 400 | 335 | / | / | / | / | / |
| 流村 | 6085 | 3972 | 5918 | 6500 | 3025 | / | 2000 | / | / | 2000 | 2000 |

（三）谷子

谷子古称粟,在流村镇有着悠久的种植历史,是传统粮食作物之一。元末《析津志·物产》"谷之品"中已有"高苗青"、"撑破仓"等18 个品种的记载。流村镇谷子品种由农户家庭种植自选留用,主要品种有佛手谷、红粘、黄粘、绳头紧、杂抱齐、大黄、小白谷等。谷子耐旱适应性强,但产量低。20 世纪 50 年代后,流村镇不断引进新品种,谷子的产量不断增加。80 年代以后,谷子在流村地区的种植面积减少,转为零星种植。

**表 3　谷子播种面积统计表**　　（单位:亩）

| 年份<br>乡名 | 1971 | 1973 | 1975 | 1978 | 1981 | 1983 | 1987 | 1991 | 1995 | 1996 | 1997 |
|---|---|---|---|---|---|---|---|---|---|---|---|
| 老峪沟 | 1787 | 2152 | 2037 | 1973 | 1509 | 1779 | / | 786 | / | 210 | 190 |
| 高崖口 | 2883 | 2803 | 2560 | / | 2401 | 1031 | 2889 | 2786 | 2384 | 657 | 657 |
| 流村 | 6039 | 5358 | 4679 | 4068 | 2742 | 4540 | 1030 | 2120 | / | 1823 | / |

| 年份<br>镇名 | 1996 | 2003 | 2004 | 2005 | 2006 |
|---|---|---|---|---|---|
| 流村镇 | 1823 | 2121 | 2000 | 1356 | 1341 |

（四）高粱

高粱又名蜀黍、秫等,也是流村镇传统的粮食作物,种植历史悠久。新中国成立以前,高粱品种由农家自选留用,主要品种有达子帽、大红、红、白高粱及红、白粘高粱等。20 世纪 50 年代种植面积较广,60 年代引种多穗高粱,产量较高,成为主要品种。70 年代引进种植杂交高粱。80 年代以后,种植面积减少。1989 年以后,高崖口乡和老峪沟乡仅零散种植。

表4　高粱种植面积统计表 （单位:亩）

| 年份\乡名 | 1971 | 1973 | 1975 | 1978 | 1981 | 1983 | 1987 | 1991 | 1995 | 1996 | 1997 |
|---|---|---|---|---|---|---|---|---|---|---|---|
| 老峪沟 | 67 | 119 | 1200 | 50 | 85 | / | / | 40 | / | / | 32 |
| 高崖口 | 221 | 143 | 343 | / | 116 | 20 | 344 | / | 252 | 187 | 187 |
| 流村 | 878 | 1223 | 2521 | 1158 | 755 | 646 | 1168 | 1961 | / | 1307 | / |

| 年份\镇名 | 1996 | 2003 | 2004 | 2005 | 2006 |
|---|---|---|---|---|---|
| 流村镇 | 1307 | 750 | / | 390 | 309 |

（五）豆类

豆类为流村镇传统的粮食作物,种植历史悠久,分布广,品类繁多,品种主要有黄豆、白豆、黑豆、蚕豆、豌豆、青豆、褐豆、绿豆、豇豆、刀豆、扁豆等,其中黄豆、白豆、黑豆,多与玉米、谷子、高粱间作或零散种植,蚕豆、豌豆、青豆、褐豆等多为菜田轮作或零散种植,红小豆、白小豆、绿豆、豇豆、刀豆、扁豆多与玉米、谷子间作、零散种植或夏季轮作种植。新中国成立后,属于粮食作物的豆类主要以大豆为主,绿豆、红小豆次之。20 世纪 60 年代中期,引进东北品种黄豆;70 年代中期,引进杂交和提纯复壮黄豆品种;50 年代至 80 年代种植面积逐年减少;90 年代中期以后,黄豆、红小豆种植面积增加。

表5 豆类种植面积统计表 （单位:亩）

| 年份<br>乡名 | 1971 | 1973 | 1975 | 1978 | 1981 | 1983 | 1987 | 1991 | 1995 | 1996 | 1997 |
|---|---|---|---|---|---|---|---|---|---|---|---|
| 老峪沟 | 327 | 263 | 436 | 330 | 443 | / | 670 | 450 | 450 | 180 | 185 |
| 高崖口 | 617 | 271 | 270 | 885 | 929 | 1586 | / | 884 | 1257 | 440 | 964 |
| 流村 | 2824 | 1896 | 478 | 609 | 1355 | 1661 | 2435 | / | / | / | / |

| 年份<br>镇名 | 1996 | 2003 | 2004 | 2005 | 2006 |
|---|---|---|---|---|---|
| 流村镇 | 4424 | 4497 | 3313 | 7470 | 7268 |

（六）薯类

甘薯俗称白薯或红薯,是流村镇的主要传统粮食作物,种植历史悠久,产量高,用途多。新中国成立以前,种植区域广,品种由农家自选留用,但品种易退化减产。50年代中期,引种推广的品种有大红袍、胜利100号、华北117号等。60年代的品种有北京533号、北京红、宁薯14号、红皮早等。70年代中后期引种推广的有徐薯18号、蜜瓜、宁薯2号和少量一窝红、农大红等品种。80年代初期,甘薯栽种面积减少。90年代后仅个别农户少量种植。

马铃薯,俗称土豆,在流村镇只有零星种植。


二、经济作物

流村镇镇域内主要的经济作物有花生、芝麻、棉花、麻、烟等。

（一）芝麻

芝麻为流村镇传统的油料作物,种植历史悠久,多为农家自食,小面积种植。20世纪六七十年代,生产队集体小面积种植,80年代以后很少种。老峪沟乡是种植芝麻较多的地区。1991年,流村乡芝麻种植面积为 202 亩。

（二）花生

花生为流村镇传统的主要食用和油料作物,种植历史悠久,传统的品种有一窝猴、爬蔓、小麻果等。50 年代,花生种植面积较广。60 年代,引种的有山东伏、油果、徐州 68、白沙 1016 品种。六七十年代花生种植面积减少。80 年代后,由于薄膜覆盖等方法,产量增加,品种以海花 1 号为主。1985 年种植面积更少,90 年代初较少种植。

（三）蓖麻

蓖麻在流村镇种植历史悠久,可以作为医药、工业用油料。50 年代末至 70 年代初,集体和个人利用路边、沟边、地边零散种植。80 年代已很少种植。

（四）烟

烟在流村镇也有着悠久的栽种历史,农家利用庭院、田边地头小面积或零散种植自用。90 年代中期,山区、半山区家庭仍有少量种植。

三、蔬菜

流村镇主要蔬菜品种有葱、白菜、萝卜、油菜、菠菜、韭菜、茴香、蒿子秆、生笋、西葫芦、豌豆苗、豆角、芸豆、蒜、倭瓜、角瓜、丝瓜、黄瓜、冬瓜、架豆、豇豆、扁豆、茄子、辣椒、香椿、仁仁菜、落落菜(灰菜)、马勺菜、刺菜、猪毛菜、苦荬菜、荠菜、河里菜、曲荬菜、柳叶、杏叶、槐花、榆钱儿、木蓝叶、花椒叶等,菌类主要有蘑菇。1995 年,高崖口乡蔬菜种植面积为 759 亩,亩产 462.5 公斤,总产量 35.1 万公斤;老峪沟乡蔬菜种植总面积为 2440 亩,亩产 619.7 公斤,总产量为 151.2 万公斤。2007 年,流村镇蔬菜种植面积为 928 亩,亩产 470 公斤,总产量 43.6 万公斤。

（一）春季蔬菜

第一年的秋分后播种,第二年 4 月至 5 月收获的越冬蔬菜主要有小葱、菠菜、韭菜等。3 月播种,4 月底、5 月初收获的蔬菜有小白菜、小油菜、茴香、蒿子秆、小萝卜、菠菜等。

（二）夏季蔬菜

4月上旬种植,5月至6月收获。水肥条件好的土地种植早熟品种,主要有生笋、西葫芦、黄瓜、豌豆苗、豆角、芸豆、小萝卜、蒜等。1976年开始种植圆白菜。

（三）秋季蔬菜

4月至5月种植,6月到9月收获。种植较广的传统品种有倭瓜、角瓜、丝瓜、黄瓜、冬瓜等瓜类,架豆、豇豆、扁豆等豆角类,白萝卜、红萝卜、胡萝卜、茄子、辣椒、大葱等。50年代起,不断引进新品种和优良品种。60年代以后引进的新品种,种植较广的有黄瓜,主要品种有北京刺瓜、鞭瓜、秋瓜等。70年代引进的品种京津1号和2号、长春密刺成为主要黄瓜品种。90年代黄瓜主要品种有津研4号、津春4号和5号、津绿4号等。60年代种植的西红柿有红、黄、粉三种颜色,个小,产量低。90年代引进的品种主要有美国大红、毛粉802号、佳粉等优良品种。50年代种植的大椒皮薄、个小、产量低。70年代以后引进主要品种有茄门、中椒等。90年代引种的有海花、农大系列品种,颜色有红、绿、黄、紫等,大椒个大、肉厚、籽少、抗病、高产,其他引进品种种植较多的有菜花、芹菜、茄子、土豆、佛手瓜等。80年代后引进的品种有藕、茭白、食用菌等。

（四）冬季蔬菜

7月播种,10月至11月初收获,主要有大白菜、萝卜、胡萝卜、芥菜、雪里红等。大白菜成为冬季当家菜,是蔬菜的主要种植品种。60年代,逐渐淘汰的传统品种有白口菜,引种外地的有拧心青、抱头青、小青口、大青口等优良品种。70年代中期,引进品种有双青156号和106号等。到90年代,种植较多的主要有绿海1115号、新1—5号等优良品种。

（五）野菜

流村镇民间有食用野菜的习惯。野菜主要在春季采摘,根叶菜主要有仁仁菜、落落菜(灰菜)、马勺菜、刺菜、猪毛菜、苦荬菜、荠菜、河里菜、曲荬菜等,树叶菜主要有柳叶、杏叶、槐花、榆钱儿、木蓝叶、花椒叶、香椿叶等,尤为值得一提的是高崖口的红椿。高崖口红椿是一种天然绿色蔬菜,是香椿的一种,它的嫩芽为蔬菜中的珍品,营养物质易被人体吸收,它特有的芳香能通肝明目,对血液系统疾病有独特疗效,所以,红椿被称为"中国特色保健菜",是一种纯净自然的绿色无害蔬菜。

**表7　老峪沟一带商品菜地面积**　(单位:亩)

| 年份<br>单位 | 1983 | 1984 | 1985 | 1986 | 1988 | 1990 | 1991 | 1993 | 1994 | 1995 |
|---|---|---|---|---|---|---|---|---|---|---|
| 老峪沟 | 1691 | 1108 | 969 | 1042 | 1189 | 873 | 611 | 640 | 1070 | 2440 |

(六)食用菌

老峪沟一带从2006年就开始种植食用菌,主要品种有杏鲍菇、香菇、双孢菇、草菇、鸡腿菇和猴头菇六个品种。由于市场需求增多,已建立起标准化生产基地,可种植更多的品种。老峪沟一带是种植食用菌的重要基地,利用自身的生态、资源优势,大力发展菌类种植。到2007年年底,老峪沟一带建起了9个大棚,用于试验、示范性蘑菇栽培。所谓示范性种植就是通过村委会的种植,带动村民的就业问题。再加上老峪沟乡村是反季节销售,蘑菇比平常价格高,通过一段时间的试验,猴头菇、香菇、木耳等20多种蘑菇获得成功。2007年5月,历时11周的食用菌技能培训班在老峪沟乡村正式开班,培训的主要内容是理论知识和实际操作。理论知识主要以食用菌栽培原理、种类介绍、栽培技术、生产技术、技术加工、实用价值等为重点,实际操作由老师带领学员到食用菌基地亲自练习。此次培训对发展生产、促进就业产生了积极作用。

#### 四、耕作技术

##### （一）农时农事

流村镇的传统耕种主要靠天气和经验安排农事，根据流传的二十四节气，世代总结的农时谚语有："谷雨前后，种瓜种豆"、"芒种不可强种"、"春争日，夏争时"、"头伏萝卜、二伏菜、三伏种荞麦"、"白露早，寒露迟，秋分中买正当时"等。农时有冬季备耕，上年11月至当年2月，主要农事有冬季备耕积肥和平整土地、兴修农田水利设施等。春耕春种，3月至5月，主要农事有春耕、积肥、春种、春管等。春小麦3月中旬播种，白薯3月上旬育秧，4月中下旬栽植，春玉米、谷子4月中旬播种。春管主要是对玉米、谷子、高粱等作物定苗松土，小麦松土、浇水、施肥等。夏收夏种夏管，俗称"三夏"，每年6月至8月，6月中旬收割冬小麦、春小麦、大麦、麦田套种或轮作种植的豆类、高粱、谷子、玉米、蔬菜等；夏管进行定苗松土、中耕除草、防治病虫害、积肥等。秋收秋种秋管，俗称"三秋"，每年9月至10月，9月中旬开始收割谷子、高粱、玉米等，9月下旬种植冬小麦，10月中旬收获白薯等；秋管有耕地和麦田松土、浇水等。

##### （二）良种繁育

流村镇的良种繁育工作主要得益于昌平县（区）有关部门重视。1954年秋收时，高崖口乡、老峪沟乡、流村乡开始玉米、谷子、高粱等的选种留种工作。此后，昌平县对三乡的良种选育工作产生了深远的影响。1960年，在兴寿、乃干屯村建立良种繁育基地，面积9354亩，繁育玉米、小麦、谷子、大豆、高粱和棉花良种。1962年，又在辛庄、老牛湾、良各庄村建立良种基地。1967年，昌平县开展良种调剂工作，推广优良品种，扩大优良品种的种植面积。1986年，秋播小麦种子田套配，县种子田占1%、乡种子田和农村种子田占10%，全县落实县小麦种子田1500亩、穗行圃2亩，乡种子田3290亩、穗行圃15亩，村种子田2.425万亩。1989年，县种子公司建设种子加工车间及配套工程，1990年，新建种子车间、种子库房，精选小麦、玉米种子,完成种子生产许可证、种子质量合格证、种子经营许可证的核发工作。

(三)种植方式

流村镇广大人民群众在长期生产实践中形成了适合本区域地区耕种和气候特点的种植方式,粮食作物基本是一年一熟。50年代初期,传统种植方式是玉米、豆子间作或单作,大垄稀植,玉米一步三棵苗,每亩留苗700株至800株,小麦多采用行距4尺、播幅5寸至6寸的大对垄。50年代中期以后,推行二年三熟制,第一年春玉米收获之后种冬小麦,第二年小麦行间种春玉米,小麦收获以后在玉米行间种豆类或其他晚茬作物,采用大、小对垄间作及平作。1953年推广密植,每亩玉米株数约1000株至1100株,小麦推行窄行窄幅、行距3寸至4寸。1954年开始,实行玉米和豆类、玉米和小麦间作。1957年,推行2行或3行玉米与1行豆子间作,行距1.8尺至2.1尺、株距1.5尺至1.7尺,每亩留苗1300株至1500株;1行玉米与1行小麦的株距1尺至1.5尺,亩留苗1000株至1500株;平作玉米行距2尺,株距1.5尺至1.8尺,亩留苗1600株至2000株;谷子、水稻、棉花等种植密度也有所增加。1958年以后,推行以小麦为前茬的同作套种。60年代初,推广"三密一稀"(畦宽3尺,畦内种6行小麦,畦埂上套种1行玉米),小麦、玉米两茬套种;中期推行4.5尺畦小麦、玉米两茬套种和6尺畦三种三收(即耕地做畦,畦内当年种麦;畦埂次年春套种玉米;小麦收后,畦内种高粱、谷子或豆子)。70年代初,粮食作物一年一熟,一年两熟占45.5%,种植平作实行4.5尺畦和两茬套种;中期以后,二年三熟占34%、一年两熟占66%,种植实行7.5尺畦,"三种三收"间作套种,一年三种作物,前茬小麦,中茬玉米,第三茬玉米、高粱或豆类。连环套种,用工多,成本高,不利农业机械作业。1977年以后,小麦、玉米种植方式实行平播,淘汰"三种三收"和部分7.5尺畦两茬套种。80年代初期,推行以7.5尺畦"三种三收"为主,两茬套种畦式由4.5尺畦扩大到8尺畦;小麦、玉米两茬平播,畦式1丈2尺,两茬套种从8尺畦缩小为7.5尺畦。
1990年以后,推广无埂无渠"大网络"种植,麦田一半左右两茬平播。

(四)农作物施肥

流村地区从20世纪50年代初期开展积肥、造肥,扶持农民贷、
购商品肥料。商品肥料主要有大粪、猪马粪、香油渣、骨粉、花生饼、
硫铵灯。1952年,流村地区亩施有机肥1450公斤,平均亩施氮素化
肥0.02公斤。1956年,流村乡、高崖口乡和老峪沟乡积极响应县里
提出的"一亩万斤肥"政策。1957年平均亩施有机肥2500公斤,肥
料结构以农家肥为主,种肥或追肥少量施用化肥。1958年平均亩施
氮素化肥0.96公斤。1962年大面积施用碳铵,年平均亩施氮素化
肥8.1公斤;施肥仍以农家肥为主。1964年平均亩施有机肥3500
公斤。1971年平均亩施化肥增加到25公斤。70年代中期施有机肥
和化肥并重,70年代末以化肥为主。1970年,老峪沟乡全年施用化
肥总量为15.2845万公斤。80年代平均亩施化肥66.3公斤,有机
肥施用量下降。1980年,老峪沟乡全年化肥总施用量为14.625万
公斤,其中硫氮肥的施用量为0.04万公斤,硝氮肥的施用量为
14.47万公斤。1981年以后,提高有机肥施用量,应用小麦、玉米秸
秆还田,开展积肥和购买商品有机肥,每年夏、冬两季开展积肥造肥
运动。到1989年,昌平全县共有积肥专业队2333个,完成全年积肥
任务的50%以上。同时,全县组织从县外调入牛粪、鸡粪等有机肥
3000万公斤至5000万公斤。从1987年开始,试验配方施肥新技
术,提高氮磷配比。80年代后期增加复合肥磷二铵使用,平均亩施
7.1公斤,全年亩平均施化肥105公斤,其中氮肥74.4公斤、磷肥
30.6公斤,部分地区增加使用锌肥、锰肥、硼肥等微肥,开始试用稀
土农用技术进行科学施肥。1981年,老峪沟乡化肥施用总量为5.81
万公斤,其中硫氮的施用量为0.225万公斤,硝氮的施用量为0.645
万公斤,碳氮的施用量为4.94万公斤,尿素的施用量为0.004万公
斤。1995年,高崖口乡化肥施用总量为0.59万公斤。2006年流村

镇全年化肥施用量为 6.45 万公斤,其中氮肥 0.31 万公斤,磷肥 0.1 万公斤,钾肥 0.03 万公斤,复合肥 0.6 万公斤。

农家肥料有家畜粪尿及厩肥、家禽粪肥和人粪尿,一般经过堆制腐熟后做底肥或追肥。堆肥利用秸秆、杂草、根茎、落叶、垃圾、河泥等为主要原料,加适量粪尿沤制形成。70 年代以前以堆肥为主,80 年代以后以高温堆肥为主,主要用作底肥,是传统的主要施用肥料。绿肥利用粮田轮作种植。从 1981 年开始,实施农作物秸秆直接还田。杂肥传统来源有房土、厕所土、炕坯土、磨道土、烧灶土、坑土、坑泥、河泥、草木灰、熏肥、垃圾、秧壳皮等,主要用作底肥,草木灰等用作追肥。饼肥是传统施用的细肥料,主要有麻渣、花生饼、棉子饼、豆饼及棉子等,经发酵或炒熟后用作种肥或追肥,80 年代后很少使用。

化学肥料的使用开始时以硫胺为主,1952 年开始施用硫酸铵,1953 年使用量增加一倍还多,主要用于农作物追肥。1962 年以后,开始大规模施用碳酸氢铵,逐步代替硫铵。氮肥主要用于种肥或追肥,1987 年以后开始做底肥。60 年代小面积施用磷肥,以后逐年增加。70 年代中后期施用复合肥磷酸二氢钾作追肥。1986 年开始试验、示范、推广施用硫酸锌、硫酸锰、硼砂等微量元素肥料。80 年代中期以后,开始大量施用磷酸二铵等复合肥。

菌肥是利用土壤中的有益微生物制成的生物性肥料,有细菌肥料和抗生菌肥料等。1958 年用根瘤菌肥,1972 年使用"5406"抗生菌及磷菌肥等,1989 年试用过增产菌,多用作种肥。

表8　流村乡农业现代化情况表

| 年份 | 化肥使用量（斤） | | | | | 农药使用量（斤） |
|---|---|---|---|---|---|---|
| | 合计 | 氮肥 | 磷肥 | 钾肥 | 复合肥 | |
| 1975 | 170893 | / | / | / | / | 71323 |
| 1978 | 135800 | / | / | / | / | 37753 |
| 1983 | 901449 | 638102 | 263347 | / | / | 14472 |

续表

| 年份 | 化肥使用量(斤) | | | | | 农药使用量(斤) |
|------|------|------|------|------|------|------|
| | 合计 | 氮肥 | 磷肥 | 钾肥 | 复合肥 | |
| 1984 | 557982 | 394900 | 163082 | / | / | 38475 |
| 1987 | 343150 | 289350 | 53800 | / | 10000 | 5397 |
| 1989 | 480000 | 382000 | 5000 | / | 83000 | 10000 |
| 1993 | 266000 | 176000 | 16000 | / | 74000 | 26000 |
| 1994 | 172400 | 95000 | 9400 | 800 | 68000 | 26000 |
| 1995 | 274000 | 144000 | / | / | 130000 | 76200 |

（五）农作物保护

流村镇农家传统病害防治方法是在农作物无病区选种、拔除病株等。50年代，对小麦锈病及小麦、玉米黑穗病等病害重点推广温汤浸种法，用赛力散药剂拌种和石灰、硫磺合剂等化学药剂防治，防治小麦腥黑穗病用赛力散拌种。60年代，应用石灰硫磺合剂防治麦类锈病，防治黑穗病试用代森锌对氨基苯硫磺酸、敌锈钠等化学药剂以变温浸种法进行种子消毒、播种时用20%的赛力散拌种，抽穗后拔除病株，防治甘薯黑斑病使用硼砂浸种法。70年代，植保工作贯彻"防治为主，综合防治"的方针，县里建立了病虫害预报预测网。1973年，防治小麦锈病和白粉病、甘薯黑斑病等推广使用代森锌，农作物病害的防治由单一的种子消毒、拔除病株、无病区选种发展到化学药剂防治。1974年县里成立了农业病虫害测报站，建病虫测报点46个。80年代，进一步完善植物保护机构，普及植保知识，提高防治病虫害技术，推广农药新品种、施药新器具、测报新手段、防治新技术，防治小麦散黑穗病、白粉病及其他病害，推广多菌灵、粉锈宁、瑞霉素等新型杀菌剂16种生物杀菌剂如双效灵、抗枯宁等。

在农作物虫害防治方面，50年代初，对虫害的防治主要是人工捕杀、毒饵诱杀和草木灰水、烟草水浸杀等办法。1951年，发生蝗虫灾害,县政府动员乡、村组织近3万人捕蝗,半个月时间捕杀蝗虫2.6万公斤;对蚜虫及红蜘蛛使用1605、1059、滴滴涕、666等药剂喷杀,并用草木灰水、烟草水浸杀;对黏虫以喷洒粉剂666、黏虫粉防治为主;对玉米钻心虫用6%可湿性666灌杀、用0.5%666粉撒杀。1963年,流村地区组织大量人力普遍除治第一代玉米钻心虫,采用烧、沤等方法处理玉米秸秆,消灭钻心虫虫源;对小麦地下害虫防治先使用砒霜、666粉拌毒谷诱杀、666粉土壤处理、氯丹和硫酸磷拌种。70年代,防治虫害,大面积推广化学药剂和生物防治。1974年,开展白僵菌、赤眼蜂防治二代玉米螟的试验。1976年,全面应用超低量喷雾技术治虫。80年代,大面积推广机械化和飞机洒药防治虫害。1983年至1995年,每年进行飞机洒药防治蚜虫,防治效果在90%以上。1984年全面停止使用滴滴涕、666粉、砒霜。

在农作物草害的防治方面,麦田杂草危害有拉拉秧、藜草、田旋花等,玉米田间杂草危害以马唐草为主,还有稗草、苍耳、蟋蟀草、狗尾草,稻田杂草危害有莎草、藻类。逢多雨之年,杂草蔓延,严重影响农作物产量。解放前,存在大量因草荒无收成的土地,以传统的人工防治草害进行除草。50年代中期以后使用新式农具,增加中耕除草次数,基本控制草害的发生。1974年开始,使用化学除草剂进行除草试验、示范;1976年开始在玉米田进行除草试验、示范。1970年,老峪沟乡全年施用农药总量为0.076万公斤。80年代,草害又多发生,应用化学除草剂除草面积增加,化学除草剂有恶草灵乳油、杀草丹乳油、威罗生乳油、敌牌隆、绿麦隆、除草通乳油等。1981年,老峪沟乡农药施用总量为0.089万公斤。1995年,高崖口乡全年农药施用总量为0.32万公斤。

(六)农机具改进

流村镇传统农具构造简单,人工加工制作,操作简单,制作材料有铁、木、竹、石四类。畜力驮运工具主要有铁轮大车、驮子,人力搬运工具有木轮手推车、挑筐、抬筐、粪箕子等;挖掘农具,畜力工具有木犁,人力工具有镢头、镐、铁锨、三齿等;播种及田间作业农具,畜力工具主要有耧子、点葫芦、耙、砘子平爬,人力工具有板锥、薅锄、挠钩等;农作物收割及场院收打作业农具,畜力工具主要有碌碡,人力工具主要有镰刀、爪镰、连枷、玉米擦床、扇门、铡刀、木锨、木叉、三股叉、扫帚、沙耙、簸箕、筛子等;粮食加工,畜力工具有碾子、磨,人力工具有箩、簸箕等。值得一提的是流村镇下店村的农具制造远近闻名。70年代末期后,随着农业机械化水平的提高,传统农具只在山区半山区使用,同时,各种新式农具也得到推广。新式农具大多为铁制机加工制成的半机械化机具。50年代初期,开始使用的畜力农具有七寸步犁,1954年开始使用的畜力农具有玉米套播机、小麦播种机、马拉双行、施肥机、马拉耘锄、马拉镇压器、马拉立磨、胶轮大车、解放式水车、双轮双铧犁等,人力农具有喷雾器(手动和单双管喷雾器)、摇臂式小麦收割机、切片机、胶轮手推车等。70年代,仅有个别新式农具在山区半山区使用。

在农业机械的使用方面,70年代,主要有大中型拖拉机、小型拖拉机、联合收割机等。1955年,农业合作社集体开始使用柴油机,主要用于山区抽水、发电、米面加工等。1956年开始使用农机牵引犁,有悬挂双铧犁、三铧犁、四铧犁、深耕犁、牵引三铧犁、五铧犁和手扶双铧犁,农机牵引植保机具喷雾器、喷粉器、喷雾除草机等。1958年,社、队集体开始使用农用电动机,用于水利排灌、米面加工、农作物场院脱粒等。1959年,开始使用农机牵引耙,有滚动耙、圆盘耙、重耙,并开始使用农机牵引播种机。1959年开始使用农用水泵,有离心水泵、农排泵、潜水泵等。1964年,开始使用农用脱粒机。1975年开始使用农用喷灌机。1987年,乡村集体开始使用玉米收割机。

## 五、管理服务机构

1949年4月以后,相继由县政府建设科、实业科、农建科主管农业生产。1953年6月以后成立县农林局,1956年10月改称农林水利局,1957年4月改设区人委农业科,1959年9月改设区农林局,内设农业科、机务科、林业科、秘书科和农业生产、蔬菜办公室。在这些机构的领导下,流村地区的种植业得到了较好的发展。

### 六、种植业在地方经济发展中的作用

种植业在流村镇经济发展中具有重要的作用。一是保证主要农产品有效供给。种植业在保持流村镇粮食生产的稳定增长,确保粮食供应方面起到了重要的作用。二是增加农民收入。近年来流村镇通过优化种植业结构与布局,提高了种植业整体效益,促进了农民收入的增加。三是促进种植业可持续发展。通过加强基础设施建设,提高综合生产能力,保护生态环境,促进种植业生产的良性循环和可持续发展。

流村镇通过紧紧围绕保供、增收、促发展三大目标,大力实施科教兴农和可持续发展战略,积极推进增长方式由粗放型向集约型转变,不断寻求新的增长点和突破点,促进了种植业向高产优质高效方面转化。

## 第三节　林　业

### 一、林业资源

流村镇镇域90%以上面积为山区,森林覆盖率达到70%,林业资源丰富。西部原高崖口乡至原老峪沟乡一带山地是以辽东栎为主的落叶松林区;原老峪沟乡阴坡遍布辽东栎萌生丛,伴有色木槭、青杠子、椴树和少量白蜡,有小片山杨幼林;在黄崖夹山地阴坡分布小片白桦林,北照台村、南照台村沟谷多生长以香椿为主的杂木林;妙峰山北坡生长玫瑰花。人工林有华北落叶松,沟谷有二青杨,经济林以核桃、枣、仁用杏为主。主要植被以六道木、毛榛、胡枝子、荆条、酸枣、绣线菊、官草和山杏、山楂、山桃等灌木为主。流村镇地处山前暖

带,具有平原、半山区、山区等多种气候特征,光照好,昼夜温差大,便于果品中的糖分储存,发展林果业具有得天独厚的优势。林果业的生产在流村镇具有悠久的历史。

## 二、植树造林

1963 年,高崖口乡、老峪沟乡、流村乡山区半山区社队开始植树造林、水土保持工程。1963 年,开展山区建设以来,三乡山区半山区建立了果树专业队、组,此外,还建立了各种类型的专业队。1964年,高崖口乡的漆园大队专业队名为猛虎突击连,开展水土保持,积极发展果树。1964 年 12 月,为充分利用野生酸枣资源,山区半山区普遍推广酸枣嫁接大枣的活动,流村乡、高崖口乡的成绩尤为突出。1977 年,根据市落叶松基地建设要求,老峪沟乡公社以国营合作造林方式开始落叶松造林,经过 4 年的造林补植,共计完成 1 万亩。1980 年,老峪沟乡全年造林面积为 0.759 万亩。到 1981 年,老峪沟乡实有林地面积为 10.63 万亩。1983 年,北京市规划局、房管局、环卫局、环保局、机械局、建工集团总公司、公交总公司、住宅建设总公司、建筑设计院、建材供应总公司、城建开发总公司、地铁公司在流村乡、西峰山、高崖口乡进行义务种树。1983 年 4 月,成立南口绿化指挥部,流村乡绿化带是南口地区治沙绿化带的一部分,另外还包括南口、桃洼和土楼。1986 年 2 月,高崖口乡、流村乡、阳坊三个乡第一次进行油松飞机播种试验,播种面积 14230 亩,样地调查目测每平方米平均出苗 1.3 株。飞机播种试验是在降雪后进行的。同年,为贯彻党的扶贫政策,发展庭院经济,林业局果树科在县科委支持下,在高崖口乡小水峪村建设葡萄村,全村 48 户,每户 3 株,共栽植葡萄150 株,品种有巨峰、红瑞宝、京玉、京超等。1981 年至 1994 年,南口地区治沙绿化面积达到 13274 亩,植树 164.5 万株。

**表9  1995年流村乡、高崖口乡、老峪沟乡植树造林面积统计表**

| 乡名 | 造林面积(公顷) | | | 四旁植树(万株) |
|---|---|---|---|---|
| | 合计 | 经济林 | 其他林 | |
| 流村乡 | 3.3 | 3.3 | 0 | 4.2 |
| 高崖口乡 | 702.4 | 55.7 | 646.7 | 0.5 |
| 老峪沟乡 | 80 | 13.3 | 66.7 | 0.9 |

2004年,流村镇大力推进林业生态体系建设,年内进行京津风沙治理,加大生态环境治理力度,投入荒山造林资金240万元。5月开始施工到6月底,严格按照技术规格标准,栽植侧柏、黄栌、阔叶树等耐旱树种6800亩,66万株,成活率达到95%;到7月底,8000亩造林工程全部完成。2007年,流村镇人工造林总面积为813.34公顷,四旁植树11100株。12月,市政府出台了山区生态补偿机制政策,流村镇受益最大,全镇有1749名闲置劳动力当上管护人员,走上了生态养山富民之路,每年共享受生态补偿基金691万元。

### 三、经济果木

流村镇特色林果产业优势突显。近年来流村镇紧紧依托生态、政策、山前暖带等方面的优势,以"培育优势、树立品牌、富裕农民"为目标,围绕培育优势产业抓特色,坚持不懈地倾力打造优势产业,重点培育"西峰山小枣、北流苹果、老峪沟杏扁三大优势产业"。目前西峰山小枣、北流苹果、老峪沟杏扁等特色林果产业正在逐步上规模、上档次,通过采取商标注册,制作小枣、樱桃、桑砂苹果等包装箱,加强品牌宣传,参加北京市著名农产品商标展,申报安全食用农产品等形式,大大推动了特色产品的产业化、精品化,具有一定的市场竞争力和很大的发展潜力。北流苹果全红率达到97%,单果平均重330克,含糖量高于国家标准3个百分点,优质果率达到90%以上。

在 2001 至 2002 年昌平区举办的金果节上,北流村富士苹果获金奖。王家园桑砂苹果在北京奥运推荐果品评选活动中,获得一等奖,荣膺"中华名果"称号。流村镇果树栽培历史悠久,山前暖带地区盛产苹果、李子、桃、油桃、蟠桃、杏、山楂、樱桃、大枣、冬枣、小枣、葡萄、提子、柿子及香椿等。以下有两首赞美流村镇物产丰富的诗:

今日流村镇
——有感昌平第三届苹果节

(一)

太行脚下流村镇,欣逢国泰勇奋进。
科技产品走世界,传统水果送奥运。
一条大道通美景,四合小院传喜讯。
金秋十月人欢聚,三农政策民心顺。

(二)

西山京城过彩桥,眼观秋景心如潮。
乡村果香有回味,农家炕热接疲劳。
科学耕作蓬苹果,精心管理瑶池桃。
一果拍得六万六,父老乡亲感自豪。

这两首诗反映了当代流村镇林果种植业的繁荣以及给人们带来的高回报。下面介绍流村镇的主要林果产品。

(一)苹果

流村镇苹果栽种历史悠久,传统品种有香果、沙果、槟子、八棱海棠,主要分布在山区、半山区,小片或零散种植,夏季成熟,保存时间短,产量低,20 世纪 60 年代后逐步淘汰,仅有较少散存。1958 年,生产队集体开始发展林果,引进的苹果品种有国光、元帅、倭锦、金冠、红星、祝光、红玉、鸡冠、黄魁、赤阳、黄香蕉、青香蕉等。1970 年,老峪沟乡苹果的总产量为 7.28 万公斤,1972 年的产量为 9.58 万公斤。1978 年以后,种植的新品种主要有红国光、红冠、红星、甜黄魁、秦冠等。80 年代后,开始引种和培育日本、美国等国外品种,主要有乔纳金、新乔纳金、普通富士、着色富士、王林、皇家嘎啦等,新品种在秋季成熟,保存时间长,个大,产量高,口感好,成为全镇种植面积最大的林果。1995 年,苹果品种主要有小国光、红国光、红星、新红星、红星 112、金冠、金冠短枝等国内品种和陆奥、王林、红富士、乔纳金等国外引进品种。由于有耐贮藏的特点,将早、中、晚熟苹果品种配合栽培,可以有效地延长市场供应期,实现全年供应。另外,苹果树的寿命长,适应性强,一般可持续 30 年结果。70 年代引进的红富士苹果是主要的栽植品种,树势旺,树冠大,承枝力强,枝条密生,果型大,平均单重量 271 克,果底色黄色,成熟后,果面有鲜红色,着色面积可达 90%,果肉黄白色、致密、脆,果汁多,极耐贮藏,一般条件下,可贮存到翌年 5 月,仍保持新鲜不皱皮。果实采收期为 10 月中旬。

**表 10　苹果产量统计表**　　　　　（单位:万公斤）

| 年份<br>乡名 | 1971 | 1975 | 1978 | 1981 | 1983 | 1987 | 1989 | 1990 | 1991 | 1993 | 1995 | 1996 | 1997 |
|---|---|---|---|---|---|---|---|---|---|---|---|---|---|
| 老峪沟 | 25.9 | 13.7 | 19.3 | 20.5 | 21.9 | 14 | 4.6 | 5.5 | 3.2 | 5.6 | 3.6 | 3.7 | 9.3 |
| 高崖口 | 8.36 | 18.1 | / | 13.1 | 7.6 | 5.9 | / | 5.1 | 12 | 19.7 | 23.3 | 25.8 | 25.5 |
| 流村 | 94.1 | 2.03 | 4.6 | 12.5 | 8.2 | 8.8 | 5.5 | 10.9 | 11.3 | 45.2 | 84 | 74.6 | / |

| 年份 | 1998 | 1999 | 2000 | 2005 | 2006 |
|---|---|---|---|---|---|
| 流村镇 | 138.31 | 137.55 | 144.4 | 180.9 | 139.8 |

(二)柿子

柿子栽种历史悠久,多为零散或果粮兼作,形成北部和西北部山前暖带地区柿树带,是镇内栽种面积较大的主要林果。传统的品种为大盖柿、杵头柿。大盖柿形状如磨盘,故也有人称它为"磨盘柿",树冠较高大,层次明显,半张开,圆锥形,枝粗壮,叶大而厚,呈椭圆形。果实个大,平均重量在 250 克,大者可达 450 克以上,扁圆形,中部有缢痕,果顶平或凹,果基部圆,梗洼广深,萼片大而平,基部联合。果皮橙色到橙红色,颜色艳丽;果肉淡黄色,味甜多汁,无核,纤维少,果肉松,易脱涩,以色、形、味俱佳而闻名。柿树挂果晚,生长期长,结果柿树多为 20 世纪 50 年代前或 50 年代末生产队集体栽种。1984年 1 月,学习推广平谷县柿树修剪技术,结束了柿树自然生长的历史。进入 90 年代后,少量试种从日本引进的早生火柿。1995 年,高崖口乡柿子的总产量为 35.75 万公斤,总产值为 50.05 万元。

### 表 11　柿子产量统计表　　　　（单位:万公斤）

| 乡名＼年份 | 1971 | 1975 | 1978 | 1981 | 1983 | 1987 | 1990 | 1991 | 1993 | 1995 | 1996 | 1997 |
|---|---|---|---|---|---|---|---|---|---|---|---|---|
| 老峪沟 | 0.41 | 0.56 | 0.51 | 0.55 | / | / | / | / | / | / | / | / |
| 高崖口 | 67.2 | 47.5 | / | 14.8 | 45.4 | 76.1 | 54.5 | 21.9 | 18.5 | 35.8 | 55.1 | 50.7 |
| 流村 | 129.8 | 147.6 | 98.4 | 45.3 | 114.8 | 58.5 | 48.5 | 30 | 14.8 | 57.8 | 56.3 | / |

| 年份 | 1998 | 1999 | 2000 | 2005 | 2006 |
|---|---|---|---|---|---|
| 流村镇 | 28.72 | 73.43 | 120.8 | 155.1 | 181.5 |

### (三)桃

桃的栽种历史悠久,主要在山区、半山区零散或粮果兼作栽种,传统的品种有山桃(油桃)、毛桃、笨桃等,个小、口感差。50 年代末,生产队集体果园开始种植的桃的品种有五月鲜、和尚帽、白嘴子、鹰嘴、红鹰嘴、冷秋方、秋蜜、大久保、白凤、白花、岗山白、早生水蜜、初笑美、橘早生、离核、传十郎、土沧、杭水蜜、晚黄金、蟠桃、上海水蜜、大叶白、六月白、萝卜桃、玛瑙红等品种。70 年代末以后,引进桃品种有沙子早生、食方早生、京红、京玉、绿化 3 号、绿化 7 号、绿化 9号、麦香、庆丰、早香玉、朵子 1 号、早魁、农大早艳、金童 5 号等品种。1971 年,老峪沟乡桃的产量只有 421 斤,到 1972 年增加到 1800 斤。

1980年,老峪沟乡桃的总产量为0.038万公斤,到1981年增加到0.15万公斤。90年代初,常栽桃品种有五月鲜、麦香、庆丰、大久保、白凤、岗山白、京红、绿化1号、绿化9号、萝卜桃等。桃是栽种面积较大的林果之一,多成片栽种。1995年,高崖口乡的总产量为62万公斤,总产值为99.2万元。

**表12    桃产量统计表**    (单位:万公斤)

| 乡名\年份 | 1971 | 1975 | 1978 | 1981 | 1983 | 1987 | 1989 | 1990 | 1991 | 1993 | 1995 | 1996 | 1997 |
|---|---|---|---|---|---|---|---|---|---|---|---|---|---|
| 老峪沟 | 0.02 | 0.06 | 0.54 | 0.15 | / | 0.7 | 0.2 | 0.3 | 0.12 | 0.2 | / | / | / |
| 高崖口 | 4.6 | 2.1 | / | 4.7 | 7.8 | 15.2 | / | 36.3 | 19.7 | 72.3 | 62 | 51.2 | 62 |
| 流村乡 | 7.12 | 14.2 | 12.3 | 41.9 | 36.3 | 16.2 | 17.5 | 26.2 | 10 | 56.5 | 60.8 | 63 | / |

| 年份 | 1998 | 1999 | 2000 | 2005 | 2006 |
|---|---|---|---|---|---|
| 流村镇 | 108.68 | 147.6 | 108.6 | 171.8 | 166.5 |

(四)杏

杏的栽种历史悠久,有早熟和晚熟果用、仁用或果仁兼用品种,主要分布在山区、半山区和山前暖带,零散或果梁兼作栽种。杏的品种有串铃白、平顶白、白梅子、黄杏、海红、小白杏、大白杏、玉黄、灯笼红、玉巴达、铁巴达、红扁子、黄扁子、平顶香、大黄杏、土黄杏、关老爷脸和山杏等。80年代引种的新品种有串枝红、龙王帽、北山大扁,优良品种有玉黄、灯笼红、铁巴达、大白杏、白梅子、龙王帽、串枝红、北山大扁等。杏树生长慢、结果晚、生长期长,结果杏树多为70年代栽种,90年代只有小片栽种。1980年,老峪沟乡鲜杏产量为0.038万公斤。1995年,高崖口乡杏的总产量为1万公斤,整个流村镇的杏核产量也非常高。杏核是流村镇传统的出口商品,营养价值极高,是有名的干果之一。

**表 13　杏的产量统计表**　　　　　　　　（单位：万公斤）

| 年份\乡名 | 1971 | 1975 | 1978 | 1981 | 1983 | 1987 | 1989 | 1990 | 1991 | 1993 | 1995 | 1996 | 1997 |
|---|---|---|---|---|---|---|---|---|---|---|---|---|---|
| 老峪沟 | 0.18 | 0.17 | 0.16 | 0.04 | / | 0.84 | 0.1 | 0.3 | 0.3 | 0.2 | / | / | / |
| 高崖口 | 0.64 | 0.60 | / | / | 1.9 | 0.65 | 0.01 | 0.4 | 0.2 | / | 0.18 | 0.1 | 0.05 |
| 流村 | 1.40 | 0.77 | 1.14 | / | 1.5 | / | / | / | / | / | / | / | / |

| 年份 | 1998 | 1999 | 2000 | 2005 | 2006 |
|---|---|---|---|---|---|
| 流村镇 | / | 0.01 | 0.75 | 1.07 | 0.61 |

**表 14　老峪沟乡杏核产量统计表**　　　　　（单位：万公斤）

| 年份\乡名 | 1971 | 1975 | 1978 | 1981 | 1983 | 1987 | 1990 | 1991 | 1993 | 1995 | 1996 | 1997 |
|---|---|---|---|---|---|---|---|---|---|---|---|---|
| 老峪沟 | 7.18 | 5.38 | 5.4 | 4.63 | 3.5 | 6.6 | 2 | 1.5 | 2.95 | 2.85 | 2.6 | 6.35 |
| 高崖口 | 10.3 | 1.4 | / | 0.88 | 4 | 1.5 | 5.8 | 0.6 | 5.1 | 1.3 | 0.52 | 4.44 |
| 流村 | 0.37 | 0.17 | 0.34 | 0.67 | 0.2 | 0.41 | 0.25 | / | 1.3 | / | / | / |

| 年份 | 1998 | 1999 | 2000 | 2005 | 2006 |
|---|---|---|---|---|---|
| 流村镇 | 11.84 | 6.61 | 11.18 | 7.71 | 7.37 |

（五）核桃

核桃栽种历史悠久，主要分布在高崖口一带的等山区半山区，其他地区多为零散分布。核桃树生长慢、结果晚、生长期长，结果树多为 70 年代前栽种，品种有麻核桃、山核桃、棉核桃、新疆核桃等。1971 年，老峪沟乡核桃的总产量为 3.79 万公斤，1972 年为 7.46 万公斤。1995 年，高崖口乡核桃的总产量为 0.75 万公斤，总产值为

4.5 万元。

**表 15　核桃的产量统计表**　　　　（单位：万公斤）

| 乡名＼年份 | 1971 | 1975 | 1978 | 1981 | 1983 | 1987 | 1989 | 1990 | 1991 | 1993 | 1995 | 1996 | 1997 |
|---|---|---|---|---|---|---|---|---|---|---|---|---|---|
| 老峪沟 | 3.79 | 7.46 | 6.75 | 11.8 | 8.46 | 11 | 7.9 | 6.8 | 3.2 | 5.65 | 3.75 | 9.05 | 6 |
| 高崖口 | 4.3 | 9.5 | 11.2 | / | 6.8 | 10.2 | 1.51 | / | 3.3 | 0.5 | 0.75 | 1.1 | 3.75 |
| 流村 | 0.19 | 0.2 | 0.42 | 0.37 | 0.76 | 6.5 | 0.18 | 0.25 | 0.1 | / | / | / | / |

| 年份 | 1998 | 1999 | 2000 | 2005 | 2006 |
|---|---|---|---|---|---|
| 流村镇 | 13.4 | 19.1 | 20.5 | 21 | 18 |

（六）葡萄

流村镇葡萄栽种历史悠久。民间传统多在家庭个别散种，1956 年开始成片种植，品种有北京白、白玫瑰、红玫瑰和牛奶子等。50 年代末，生产队集体果园开始栽种葡萄，新品种有玫瑰香、龙眼、北京晚红、白玫瑰、牛奶子、鸡心、沙巴珍珠。70 年代，新品种有巨峰、先锋、红瑞宝、京早晶、北醇、早藤等，常栽品种有早藤、玫瑰香、巨峰、龙眼，成片或家庭零散栽种。1975 年，流村乡葡萄总产量为 0.64 万公斤。1995 年，高崖口乡葡萄的总产量为 0.43 万公斤，总产值为 1.29 万元。

（七）枣

枣的栽种历史悠久，主要由酸枣做母本嫁接大枣，分布在西南部半山区西峰山、漆园等地，还有家庭院落零散种植，品种有家枣、泡红、小枣、白枣、璎珞枣。西峰山村地区生产的小枣为名优品种。90 年代以后引进梨枣和骏枣，试种成功。1995 年，高崖口乡枣的总产量为 0.07 万公斤，总产值为 0.34 万元。枣的适应性比较强，分布较广，对当地条件要求不严，在长期的自然驯化过程中，形成了适应本地的栽培种。枣的主要品种有以下几种：（1）西峰山小枣。树姿开张,果实较小,鲜枣每公斤 200 粒左右。果实圆柱形,果皮薄,红褐色,果肉质脆、味甜,核小,晒干后果肉有弹性,腰细肉厚且有金丝。鲜枣耐贮性好,出干率达 79% 左右,是鲜食加工兼用的优良品种。(2)西峰山大家枣。树姿半开张,树冠为自然、乱头形,果实为大果型,倒卵圆形,平均单重量 11 克,最大单果重 16 克。果肉白绿色,致密,汁液中等多,风味甜,品质中等,果实于 9 月下旬成熟。(3)大红袍。树势旺,丰产,果实个大,果皮薄,肉质松而稍绵,汁液少,味酸甜,果实为全红型,于 9 月中旬成熟。(4)骏枣。果实个大,平均果重 30—40 克,圆筒形,皮薄色深红,肉质厚密,味甜,耐贮藏,鲜食、制干均可,品质上等。树势强健,树冠高大,分枝性强,属大枣型。(5)梨枣。果实个极大,平均单果重 50 克以上,肉质松脆,汁多味甜,适宜鲜食,品质上等。树势中等,树体较小,枝条下垂,树冠呈伞形,结果早,早期产量高,坐果率高,丰产性好。(6)黑枣。黑枣多为小片散生或散种,幼苗为嫁接柿树母木,成树果用,有零散分布。

1964 年,为充分利用野生枣资源,流村地区普遍推广酸枣嫁接大枣活动。

(八)樱桃

樱桃在山区半山区少量栽种,品种有毛樱桃、中国樱桃。90 年代初,引种的新品种有日本娜翁、大紫、宾库和意大利早红樱桃。

### 四、林木保护

在林业执法方面,20 世纪 50 年代初,滥采伐、乱收购林木案件屡有发生,流村地区内发生的毁林案件都要到昌平县法院进行裁决和审判。60 年代初期,山区伐木、毁林开荒种粮现象较多。1961 年 6 月后,贯彻中共中央国务院《关于确定林权、保护山林和发展林业若干政策》,制止毁林开荒现象。"文化大革命"中,贯彻"以粮为纲",重粮轻林,山区出现毁林开荒、放牧毁林的现象。80 年代中期,国家森林法和《北京市农村林木资源保护管理条例》实施后,实行林木抚育间伐、采伐审批制度,严格控制采伐,依法保护林木,查处各种毁林案件。

在林木病虫害防治方面,流村地区民间传统的防治果树虫害的方法主要是人工捕杀。50年代,林果病虫害主要发生核桃举肢蛾和柿圆斑等病。1963年,对病虫害进行防治,到1965年基本得到控制。六七十年代,苹果、桃食心害虫和枣步曲、红蜘蛛、卷叶蛾等病虫害每年都有不同程度的发生。1978年后,林果病虫害防治采用人工地面防治和飞机撒药防治相结合。1984年,开展以防治病虫害为中心的林果植保工作,设立林果病虫害测报点,通过县林业局及时发布的病虫害情报,统一部署防治任务。1985年,开始生物防治林木病虫害,连续释放肿腿蜂防治柏类双条杉天牛。1986年以后,流村地区派干部参加县林业局每年3月底4月初召开的林果植保工作,防治果树红蜘蛛、蚜虫、象鼻虫、卷叶虫等虫害,山区、半山区对成片果园连续喷洒3次至4次;6月中下旬柿子产区普遍施药防治柿棉蚧;7月中旬防治桃小食心虫。1987年春,高崖口乡果园安装地下喷药管道。1989年,县林业局有关单位成立县林木病虫害联防小组。1987年至1995年,县林业局对林木主要病虫害多次组织飞撒防治,林木严重的病虫害木撩尺蠖、松毛虫和杨树溃疡病、轮纹病、赤星病、双条杉天牛得到控制,林果红蜘蛛、食心虫、核桃黑、柿蒂虫等多种病虫害得到较好的防治。2007年,为圆满完成市政府、市防控指挥部下达的"第一时间发现,第一现场根除,不出现美国白蛾灾情"的目标和任务,流村镇主要采取了5项防控措施:一是进一步加强领导,落实责任,层层签订责任书。二是修订、完善了《流村镇防控美国白蛾应急预案》,提高应急处理能力,保证发现、报告、除治等环节紧密衔接。三是建立完善监测测报网络,在全镇建立美国白蛾监测点,全镇共设监测点86个,有80名监测人员,并划分了责任区。四是加大防控美国白蛾的培训宣传力度。五是成立美国白蛾应急防治队伍。

在护林防火方面,50年代初期,流村地区的林木防火贯彻"以防为主,扑救为辅"的方针,每年冬春季节县政府都要发布禁止烧山毁林的布告,山区各乡村成立护林委员会。1985 年,林木、林地资源划分为三级防火区,防火区落实到乡村、林场。每年 11 月 1 日至翌年 5 月 31 日为重点防火期,春节、清明为山火易发期,3 月 15 日至 4 月 15 日为防火戒严期。每年重点防火期,流村镇政府都会在所辖的各个乡村利用广播、电视、宣传车、黑板报、标语等宣传防火知识和法规。护林防火工程实行"首长负责制,责任合同制,成效奖罚制,区域联防制"。乡镇成立护林防火指挥部,实行乡长负责制,配备护林员,做到"组织、责任、报酬、奖罚"四落实;基层护林防火组织与护林员、放牧员、精神病患者监护人、外来人和中小学校长签订"五定到人"责任书;印发"野外用火规定、重点防火期、林木采伐申请、毁林处罚标准"小册子和"四知入户"等宣传材料;防火戒严期组织巡逻队、扑火队。1987 年至 1989 年,实现三年无山林火灾。2004 年,为增强护林防火能力,投资 10 万元建成森林防火指挥中心,成立了 45 人的专业扑火队,配备锋利灭火机 10 台,水袋 12 个,油锯 2 台,灭火弹 30 箱,铁锹 50 把,二号灭火工具 1500 把,深入林区、旅游景点等进行防火检查,杜绝火灾发生,确保全年未发生森林火警、火灾,无直接经济损失的良好状况。2007 年 3 月,为了做好清明节的防火工作,流村镇采取了五项措施:一是加强宣传引导。镇森林防火指挥部配备宣传车 3 辆,在镇域内巡回宣传;各村利用广播加强宣传,每天播放防火内容不少于 2 小时;发放森林防火宣传单以及插"禁止上坟烧纸"的小旗 5000 面。二是加强巡护监测。森林公安民警坚守岗位,设扑火队员 45 名,生态林管护员 1749 名,按责任区全部上岗到位。森林公安民警和扑火队员加强巡逻,坚持夜间查岗,生态林管护员严格执行管护纪律,加强巡视,严禁脱岗、漏岗。三是管理和控制火源。重点路口、重点林地、坟区,要严格控制,加强对过往行人的管理,控制火源火种进入林区,杜绝一切野外用火。加强执法,对烧荒燎地边、上坟烧纸和林地吸烟等野外用火行为坚决给予查处。四是配置防火设施。储备充足的扑火工具 2000 把,每个管护员人手一把，提前检修和检查所有的灭火机具及设备，坚决做到来之能战、战之能胜。五是保持通讯网络畅通。电台主台、车载电台、手持电台以及其他通讯工具保持畅通，镇森林指挥部全面调度，实行市与区、区与镇、镇与村及火场或单位及火场网络畅通的方式，分级沟通、逐级报告。

### 五、管理体制和机构

（一）体制

几十年来，随着流村镇农村经济发展，生产关系不断变革和发展。农业经济体制经历了个体生产、农业互助组、初级农业生产合作社、高级农业生产合作社、人民公社和集体经济基础上实行的农业生产家庭联产承包责任制多次变革。林业生产体制，除国营林业外，基本是以农业经济体制变革为转移的。在不同时期出现了与农业生产相适应的组织形式和体制。土地改革后，1949年至1952年，林业生产以一家一户的个体农民在自己的土地、山场和房前屋后进行小片的零星种植为主，自筹树苗，"谁栽谁有"。1953年至1955年，在农业互助组和初级社阶段，林业生产组织起来，以党员为骨干开展群众合作造林，带动个体造林。林业生产组织形式有：青年义务植树，以青年团、妇联为主体在公有荒山荒地或村旁空地上进行小面积的义务植树，公家出树苗，树权公有；公社合作造林，由政府组织农民在国有土地上造林，国家出树苗，农民出劳力植树和管护，树权公有，收益分成；群众合作造林，在土地私有制基础上，个体农民按照自愿两利的原则，实行"等价算股"（按土地、树苗、劳力折价）、"按股分红"的办法，进行群众合作造林，林业政策是"伙造伙有"；个人零星植树，主要是农民在房前屋后和私有土地上栽植零星果树，果树栽植和经营仍以个体为主。1956年至1985年，农村经济体制不断变化。高级社时，流村地区主要靠各农业社在集体土地上造林，林权归集体。山区平原地区果树入社统一经营，多组成果树专业队管理。人民公社后 20 多年,林业生产还一直以社、队集体造林为主。人民公社化初期,实行"一大二公"的全盘公有化,流村地区开展群众性大规模植树造林活动,林权归公社所有,实行经济核算三级所有。队为基础后,林业政策规定"社造社有,队造队有,社员在房前屋后植树归个人所有"。这一时期植树造林的形式有:季节性的集体造林,在社队的集体土地上,按季节组织社员参加植树造林活动,林权归集体,社员按劳计酬;社队办林场,以社队为单位组成固定劳力,长年进行林业生产活动,林权归社队集体,人员报酬采取按劳计酬或基本工资加奖励的办法,如老峪沟乡社办林场;林业专业队,以生产大队或生产队为单位,组成林业生产专业队,在集体土地上长年进行造林营林活动。60 年代后,流村地区组建果树专业队,以统一经营果树为主,林业收益归集体,社员报酬采取按劳计酬或基本工资加奖励的办法,如高崖口乡的漆园大队专业队;国社合作造林,由国家给予造林补贴,供给苗木,在集体山场造林,树权公有或国家与集体按照二与八的比例分成,如老峪沟乡公社的落叶松基地造林;国家机关分片造林,1958 年至 1962 年,由中央国家机关和北京市委组织 41 个绿化队,在国有荒山荒地进行分片包干造林,绿化队出劳力、出苗木,树权归国家所有;全民义务植树,1982 年按照全民义务植树的决议,由国家出苗木,机关单位出劳力,在集体或国有山场造林,树权分归国家和集体;农民自留地造林、责任山"三定"造林。1981 年流村地区进行林业划分自留山,1987 年在"三定"基础上继续放宽林业政策,给山区农民划分自留地、责任山,现有成片果树以企业经营、专业队管理、个人承包为主,山区部分果树实行分户经营,出现了国家、集体、个人三者一起办林业的局面,农民在自留山、责任山造林、营林,享有山场使用权、子女继承权、转让权、享受国家造林补贴和栽植树种选择权。

(二)机构

1977 年成立了高口林业组,1980 年成立了流村公社林业组,1987

年流村乡又成立了流村林业站。林业组和林业站的工作职责主要有：宣传贯彻执行林业政策、法律法规，提高群众的知法、懂法、守法的自觉性；指导和组织农村集体、个人开展各项林业生产经营活动，抓好种苗工作，实现良种壮苗化，负责苗木调度；配合上级主管部门搞好造林规划设计及封山育林、幼林抚育、中幼林抚育间伐调查规划设计，做好施工指导监督和作业验收等工作；协助主管部门和当地政府落实防治森林病虫害责任制，做好病虫害预防和防治等组织工作，检查落实防治措施；加强自身政治、业务学习，提高政治、业务素质，做好林业生产的技术咨询服务，积极进行科学实验活动，实现科学营林；严格执行限额采伐管理，及时搞好伐区工艺设计，检查监督采伐情况，管好木材流通领域，按照有关规定收取林业资金；负责林地保护、开发、利用、监督、管理工作，做好辖区内征占用林地的统计报告工作；搞好木材市场管理和野生动物保护管理，严格实行木材经营加工许可证和狩猎证制度；认真贯彻执行《森林防火条例》，搞好森林火灾的预防和扑救工作，及时查处森林火灾案件等。2003 年 3 月，流村森林公安派出所成立，2004 年 1 月 28 日进驻流村开展工作。

### 六、养蜂

流村地区山场蜜源植物多，有野生蜜蜂群，民间农村家庭有养蜂的历史。新中国成立初期，政府鼓励号召山区利用资源发展养蜂，其中古将村、溜石港村新建村家庭养蜂数量较多。2006 年，流村镇全镇年末养蜂 6609 箱，全年产蜂蜜 137.12 吨。

表 16 流村乡养蜂情况统计表

| 年份 | 年末养蜂（箱） | | | 产蜜量（斤） | | 王浆（克） | 蜂蜡（斤） |
| --- | --- | --- | --- | --- | --- | --- | --- |
| | 小计 | 集体 | 社员户 | 小计 | 其中社员户 | | |
| 1983 | 1613 | 819 | 794 | 26840 | 13930 | 22100 | 128 |
| 1984 | 1607 | 595 | 1012 | 85510 | 58210 | 12960 | 103 |

续表

| 年份 | 年末养蜂（箱） | | | 产蜜量（斤） | | 王浆（克） | 蜂蜡（斤） |
|------|------|------|--------|------|----------|----------|----------|
| | 小计 | 集体 | 社员户 | 小计 | 其中社员户 | | |
| 1986 | 961 | / | 961 | 15200 | 15200 | 5500 | 258 |
| 1988 | 1316 | / | 1316 | 52640 | 52640 | 368480 | / |
| 1990 | 1911 | / | 1911 | 20895 | 20895 | 173370 | 890 |
| 1991 | 2005 | / | 2005 | 66525 | 66525 | 36100 | 522 |
| 1992 | 1632 | / | 1632 | 19470 | 19470 | 43400 | / |

**表 17　老峪沟乡养蜂情况统计表**

| 年份 | 年末养蜂（箱） | | | 产蜜量（斤） | | 王浆（克） | 蜂蜡（斤） |
|------|------|------|--------|------|----------|----------|----------|
| | 小计 | 集体 | 社员户 | 小计 | 其中社员户 | | |
| 1975 | 152 | 0 | 152 | 1938 | 1938 | / | 5 |
| 1981 | 814 | 385 | 429 | 35812 | 17200 | 30897 | 49 |
| 1983 | 567 | 50 | 517 | 4075 | 3975 | / | / |
| 1987 | 540 | 0 | 540 | 79500 | 79500 | 47300 | / |
| 1989 | 645 | 72 | 573 | 28380 | 26940 | 28300 | 95 |
| 1990 | 726 | 80 | 646 | 93520 | 73520 | 18150 | 72 |
| 1991 | 519 | 0 | 519 | 77050 | 77050 | 13500 | 32 |
| 1992 | 450 | 0 | 450 | 57700 | 57700 | / | / |
| 1993 | 347 | 0 | 347 | 21760 | 21760 | / | / |

**表 18　高崖口乡养蜂情况统计表**

| 年份 | 年末养蜂（箱） | | | 产蜜量（斤） | | 王浆（克） | 蜂蜡（斤） |
|------|------|------|--------|------|----------|----------|----------|
| | 小计 | 集体 | 社员户 | 小计 | 其中社员户 | | |
| 1975 | 108 | / | / | 2074 | / | / | / |

| 年份 | 年末养蜂（箱） | | | 产蜜量（斤） | | 王浆（克） | 蜂蜡（斤） |
|---|---|---|---|---|---|---|---|
| | 小计 | 集体 | 社员户 | 小计 | 其中社员户 | | |
| 1983 | 1516 | 70 | 1446 | 21552 | 207092 | 26380 | 733 |
| 1985 | 1596 | 0 | 1596 | 82130 | 82130 | 60800 | 95 |
| 1987 | 2198 | 0 | 2198 | 121433 | 121433 | 430550 | 980 |
| 1990 | 2285 | 0 | 2285 | 70720 | 70720 | 12290 | 466 |
| 1991 | 2822 | 0 | 2822 | 72290 | 72290 | 116000 | 1404 |
| 1993 | 2420 | / | / | 77650 | / | / | / |
| 1995 | 1895 | / | / | 71150 | / | / | / |

### 七、2008 年奥运会与流村镇经济林果发展

2008 年的奥运会，为流村镇林果经济的发展提供了很好的契机。作为首都北京周边城镇，理所当然成为北京市重要的物资生产基地。流村镇瞄准"奥运农业"的目标，结合自身农业资源特点，针对奥运的需要兴办优质水果现代农业生产基地，重点发展苹果、核桃、仁用杏、小枣等品种。2007 年，根据区政府生产奥运苹果的要求，积极开展奥运有机苹果生产工作。在流村镇北流果园建立了中型有机肥发酵池，同时对果园实行有机栽培补助，对北流有机肥场进行生产补贴，使果园土壤改良取得了良好效果，土壤的有机质含量由此前的 0.8% 上升到目前的 1.2% 的水平。建立生物防治体系，通过物理、生物等多种方法实现病虫害综合治理。有机认证，完成果园优质转换期认证，辐射带动了周边果园开展有机化栽培，并邀请韩国有机果品专家进行有机栽培技术培训。同年 10 月 24 日，2008 年北京奥运推荐果品评选苹果专场暨昌平区第三届苹果节在流村镇北流果园开幕，苹果节的主题是"迎奥运，富国农"。昌平、密云、延庆、房山、平谷、大兴等 10 个区县参与评选，评出苹果优质金奖 4 名、银奖 12 名、铜奖 20 名，并评出了"富士苹果果王奖"等奖项。流村镇北流

经济合作社等7家单位获得有机果品转换期认证奖,大会组委会对于超过716克重的果王进行了拍卖,拍卖所得款项6.6万元全部用于果农的培训工作。苹果节持续到了10月31日,活动期间开展了苹果书画笔会活动、苹果长廊展示、观光采摘等一系列活动,充分展示了宣传昌平苹果、形成政府搭台、果农唱戏的格局,为金秋苹果采摘观光掀起新的高潮。

奥运会期间,为实现平安奥运,切实保护农民利益,促进奥运会期间农产品销售,流村镇政府根据昌平区《关于农产品销售及运输保障工作安排意见》,于7月17日成立了以镇长王建为组长的奥运会、残奥会农产品销售工作领导小组,制定了奥运期间农产品销售工作方案。农林办公室抽出2人,各有分工,一人负责统计填表上报,一人负责收购、市场销售工作。果农在用足政府提供的运输许可证明的同时,想方设法积极联系进京送菜车辆和进京送煤车辆捎带水果。奥运会期间,流村镇共帮助果农销售鲜桃277702公斤,李子96416.5公斤,解决了果农的运输和销售困难。

### 八、流村镇北流村果园

北流村果园隶属于北流村委会,位于昌平区以西20公里处,357公交线路流村段路北,交通十分便利。流村镇地下水资源丰富,周围无任何污染源,土壤气候特别适宜果品生产。北流村果园始建于1965年,在昌平区林业局的指导下,逐步建成了标准化果园,在发展过程中,果园的管理也实行了企业化管理模式。现在的果园占地近千亩,生产小区面积556亩,共有15个小区,办公区及果棚占地12亩,防风林20亩,主路面积14亩,环园路面积22亩,区间路面积32亩,在果园中还建有10万公斤地下保鲜库一座。

北流村果园的土壤有机质含量为0.97%,果树栽植面积850亩,主栽果品为苹果,品种有富士、红星、金冠、金星、陆奥、国光,其中以富士为主,其他果品有桃、李子、樱桃、杏等近20个品种。目前果园内有机井4眼,王家园水库的水也引入果园,以保证果园内果树的应时灌溉,同时果园内的灌溉全部采用了节水式。

为了不断提高果品的产量和质量,也使果园的管理上一个新台阶,北流村果园把提高管理人员的技术水平提到了重要议事日程,曾先后聘请了北京果林研究所专家、区林业局高级技师和专业技术骨干,经常性地到果园进行技术指导与培训,还把区林业局刘会平等一部分专家聘请为果园管理的长期顾问。在专家们的精心指导下,果园的负责人对果园进行了科学规划,积极推广引进名特优新品种,去除杂劣,高接换优,对老果园进行了彻底改造,使苹果、桃、樱桃等20多个优质品种在果园落户。2004年,北流村果园被北京市农委、市林业局、市农业局等定为果品标准化示范基地,2005年又被定为北京市名优果品出口基地。

在果园管理过程中,领导们非常重视技术人员思想观念的更新和技术水平的提高,先后组织他们到平谷、真顺、桃林及中日友好观光果园参观学习,以便更新观念,并且每年都要由所聘请的专家根据农时进行地头授课,以提高他们的技术。通过这几年的培训,目前果园的技术员可根据不同的果树品种、树龄,实施不同的配套管理措施,能进行科学的树上、树下综合管理,如树型改造、疏花疏果、套袋、择叶、转果及铺设反光膜等。不仅果品的产量上去了,而且果品的品质也有了较大的提高,单果重量在330克以上,农药残留量也大大低于国家标准,优质果品率在90%以上,曾被评为绿色安全食品,获得过昌平区金果节金奖。

北流村果园之所以由集体管理,很重要的一个原因就是为了解决老百姓特别是农村妇女的就业问题。70年代,流村镇的乡镇企业曾经有过一段非常辉煌的历史,解决了一大批农村劳力的就业问题。但是近几年,由于企业管理不善及大环境的影响,过去的企业现在已所剩无几,劳动力就业难成了农民增收的一个很大的制约因素,因此,村党支部、村委会把解决农民的就业问题作为工作的重点。现在,这个果园共解决了 50 余名村民的就业问题,加上管理人员,现在在果园上班的人员达到了 70 余人,其中妇女近 70%。为了使果园的生命力更强,在市场竞争中能够站稳脚跟,2004 年,他们积极争取资金,建立了观光采摘接待站,以便为前来采摘的游人提供更好的服务。在妇联及农委等多家单位的关注和支持下,流村镇农家女培训学校也将很快投入使用。同时,为了不断适应市场需求,北流村果园又在向发展有机果品的方向努力。

## 第四节　水　利

历史上昌平县水资源丰富。元至元二十九年(1292 年)修筑白浮堰,引白浮神山泉水,入汇大都,汇积水潭。大德十一年(1307 年)修筑白浮泉至瓮山泊河堤。皇庆二年(1313 年)二月至八月,修白浮泉至瓮山泊河堤的倾陷处,长 37 里 215 步。延祐元年(1314 年)四月,军兵千余人疏治白浮泉到瓮山泊下至广源河堤工程。泰定四年(1327 年)八月,军兵 8000 人修白浮泉至瓮山泊河堤。秦城龙泉水早有利用,到 30 年代,当地村民利用水利推碾和自流浇地。

新中国成立后,昌平县各级政府重视水利建设,治理河流,兴修水库,修建蓄水塘坝,开渠引水,打井提水,兴建水利建设工程。到 2007 年为止,流村镇的水务建设惠民工程遍地开花,完成了修渠道建水池“五小工程”。建起了日供水能力 6000 立方米的集中供水厂,中心镇的 28 个企业事业单位、80 余农户、3500 人的生活用水实现城镇化;新凿生活用水机井 16 眼,铺设饮水管道 22.1 万米,建调蓄水池 16 座,蓄水容量 9500 立方米,安装水表 8000 多块,全镇 28 个行政村、5 个事业单位、8000 余户、18870 人、890 头大牲畜的饮水条件全面改善,供水安全保障能力大幅度提升,节水措施进一步完善,安管灌整梯田,节水灌溉与生态建设协调发展。完成了黑寨、新村、北流、西峰山、古将等村的近 2 万亩网络化节水灌溉,铺设输水管道4.8万米、建调蓄水池8座,蓄水容量12.7万立方米;完成了黑寨、漆园、西峰山、禾子涧、老峪沟的京津风沙治理和小流域综合治理工程。治理小流域7000余亩,建石坎梯田500亩、沟道护岸1.5万米,修建并硬化田间路8100米;建3500立方米垃圾填埋池一座,凿污水观测井2眼。治河道砌护坝,防汛工程建设不断加强,在20个村实施了工程防护措施,修建护村坝6700米、护坡护岸600米,修建排洪渠5800米、排水路及泄洪沟3300米,治理河道1.2万米,与此同时完成了南沟水库的除险加固工程,有效预防和减少了雨洪灾害,不断为群众的生产和生活创造良好的条件和环境。陆续在瓦窑、漆园、菩萨鹿、韩台、禾子涧等村修建集雨池和截流水库11座,蓄水容量33万立方米,其中2007年在瓦窑村建成了有"人工湖"之称的容积为12万、9万、5万、2.5万立方米四座大型集雨池和一座90米长的跨河桥,这一工程的建成,起到了充分利用雨洪水的作用,而且为流村乡的民俗旅游增添了一道靓丽的风景线。在山区险村险户防护、搬迁、生态移民安居工程方面,实现了泥石流和洪水易发区170户、513人的搬迁工程。10年共完成菩萨鹿变压器、机井、护坡、管道、污水处理工程、漆园村排污工程等生态移民工程16项。

## 一、水利自然条件

### (一)地理条件

流村镇地势西高东低,西部为深山区,其中高楼岭是昌平第一高峰,海拔1439.3米;北部和南部边缘为中低山,山顶多裸岩;中部偏南及东部地区为山前洪积冲积扇。

### (二)河流水系

流村镇镇域西部河流属永定河水系,主要河流为长峪城沟。南部河流属温榆河上游的北沙河水系。白羊城沟为东部主要河流,呈"Z"字形流经整个东部地区。山区地带常年有泉水。温榆河《水经注》称温余水,以关沟为正源。《汉书·地理志》记载:上谷郡,军都,温余水,东至路南入沽(白河)。《辽史》记载:顺州有温榆河。元代称榆河,又俗称富河,是北京历史上开发较早的重要河流,北运河的上游,是源于北京境内的唯一河系。温榆河在沙河镇以上,汇集了发源于北山及西山的诸小河流,出山以后流经在山前的洪冲积扇上,河水渗漏于松散的砂砾石中,变成平谷,在地下水溢出带以下才成为常年有水的河流。温榆河流经流村镇的支流主要有两条:(1)北沙河。源于昌平区西北部山区,上游有关沟、狻猊峪沟、兴隆口沟、白羊城沟、柏峪口沟、高崖口沟六条大沟,于双塔村西汇合后称北沙河。东流至踩河村又纳入虎峪沟(古称易荆水),全部流域面积为546平方公里,其干流长约20公里,纵波千分之一,河宽60至100米,枯季流量为2.35立方米/秒(1981年实测)。(2)老峪口沟。为季节河,属永定河流域,源于镇域内的长峪城沟,流经门头沟汇入永定河,全部流域面积53.6平方公里,地表均为干沟,水资源贫乏。

历史上流村地区的泉很多,水也旺,反映了该区地下水资源极为丰富。主要有:(1)马刨泉。位于镇域内马刨泉村西2.5公里处,黄羊沟内有一泉水,雨时有水,无雨干涸。1951年县政府投资玉米800公斤,开凿黄羊沟水泉打60米山洞引水到村,解决人畜引水困难,水量很少,不够全村人畜饮用。1981年泉已有水无量。(2)龙潭泉。位于镇域内长峪城村北龙潭沟内,水量丰富,1981年涌水量0.016立方米/秒,60年代是长峪城、黄土洼、马刨泉、老峪沟乡四个村人畜用水之源。1966年在龙潭沟内建成塘坝一座,蓄水量8万立方米。此外,在黄土岭村南(该泉水流速0.088立方米/秒,流量0.0015立方米/秒,总水量47300立方米/年)、禾子涧村(该泉水流量0.027立方米/秒,总水量8514.7立方米/年)、南照台村、水碾村都有泉水出露。(3)禾子涧泉。位于镇域西部深山区,禾子涧村东南的禾子涧沟中,故名。系老峪沟东岭花岗岩地区地下水出露而形成,为下降泉,常年溢流。该泉是禾子涧村民生活与生产用水源。禾子涧路从泉东经过通长途公共汽车。(4)湖头泉。位于镇域西部山区,仙人洞村西,因地势高,多水季节,泉附近呈湖波状,故称湖头。系侏罗系上统火山岩地下水及周围潜水出露而成,为下降泉、季节性溢流。最大流量为 0.0036 立方米/秒,甜水。雨后涌流,下游有溪流、瀑布。附近为半干旱生灌草丛,泉旁有小路通往喜鹊洼。(5)龙眼泉。位于镇域西南部山地中,水碾村西,古代多以水为龙,该泉泉眼大而圆,故名。别名水碾泉。系高崖口南沟及两侧花岗岩山地地下水出露而成,为下降泉水。常年溢流,甜水,泉在水碾堂坝中,水东北流,注入高崖口乡沟。清光绪年间,有人曾在泉东利用泉水落差带动水碾轧香面。1958 年在此建一小型水电站,用泉水发电。1966 年塘坝加固、加高、扩大,坝长 52 米,高 17 米,宽 14 米,蓄水量达 24 万立方米,并通过盘山渠道,供下游饮水、灌溉。在多水的年代,泉眼被水所淹没,近年水少泉眼重新出露。

（三）水旱灾害

流村镇在建国前水旱灾害经常发生,广大人民群众常年处于水旱灾害之中,农民种在人,收在天,靠天吃饭。据光绪《昌平州志》记载:万历三十五年(1607 年),"闰六月大雨经旬,漂溺官廨民舍,决陵内五空、七空桥、沙河桥"。天启二年(1622 年)夏四月,"阴雨怒号。雹如卵,坏屋瓦,禾木偃拔"。"天启六年(1626 年)夏五月丁未,地震,大风霾,京城石狮掷出城外,银钱器皿飘至州城南阅武扬。闰六月,大雨连旬,坏天寿山神路"。1622 年至 1626 年,仅相隔四年出现两次大雨灾害。

## 二、水利工程

（一）水库

王家园水库位于流村镇白洋沟出口处,1959 年 11 月 8 日开工,由清华大学水利教授张光斗主持设计并多次到现场指导施工。中共昌平县委组建指挥部,副县长徐福光任指挥,马保珍、段有明、邱春山、李有林、段振昆、仇永满以及清华大学的何会珍任副指挥。该水库大坝为试验性土坝，最大坝高 36.8 米，坝长 163.5 米，溢流坝段堰顶净宽 48 米，顶端建工作桥 1 座，水库输水闸进口闸径 1.5 米、长 236.7 米，最大泄洪量 22.1 立方米/秒，总库容量为 526 立方米，控制流域面积 42.7 平方公里，灌溉农田 6000 亩。水库在修建过程中共动用民工 8000 人，投资 525 万元，奋战 8 个月，于 1960 年 6 月 26 日竣工，后经县共青团昌平县委书记李友林呈请共青团中央书记胡耀邦题名为"共青团号水库"。由于施工质量差，蓄水后上游一坝坡屡屡出现塌坑，坝后严重漏水，先后四次整修无效。1964 年，由市水利工程总队将上游黏土截水墙全部挖除重建，并做了帷幕灌浆和其他加固工程；1978 年至 1980 年，又进行混凝土溢流面加固工程；1995 年年底，水库蓄水量 109.1 立方米，常年供下游村庄引水。

南沟水库位于高崖口南约两公里处南沟上游，控制流域面积 16.2 平方公里，库区岩性为石灰岩，主沟长 6.1 公里，上游泉水丰富，枯水期基流 0.08 立方米/秒。1965 年冬，经县水利局勘测设计，原高崖口乡公社组织施工，在沟内修建一座高 14 米的浆砌石重力坝，之后两次加高至 18 米，蓄水量达 7 万立方米。1979 年春再次加高 5 米，总高达 23 米。由于修建标准低，再次加高，坝底宽度不够，经市、县检查均认为坝体稳定性差，不安全。1980 年 8 月 4 日，经市水利局核准昌平县水利局提出的"南沟水库除险加固设计方案"，经过一年的施工，于 1981 年 9 月 25 日除险加固工程竣工。加固工程完工以后，最大坝高 20.7 米，坝顶长 73 米，宽 4 米，坝型为浆砌石水坝，坝顶高 245.1 米，溢流段长 30 米（净长 24 米），堰顶高 243.3 米，最大泄洪量 175 立方米/秒，总库容量为 26.45 万立方米，国家投资 6.5 万元。总计完成工程量浆砌石 18400 立方米，混凝土 1900 立方米，可灌溉农田 1500 亩。

（二）山区塘坝

自 1958 年大兴水利起至 1987 年，为扩大山区水浇地，改变山区的生产条件，利用山间小溪、支流小河，采取民办公助、国家只补助主要材料费、受益单位组织施工的办法,先后建成长峪城塘坝、关元塘坝、山南塘坝、菩萨鹿塘坝、韩家台塘坝、漆园村北沟塘坝、水泉塘坝、水沟塘坝、黑寨塘坝。自 1972 年以来,由于降水稀少,地面基流减少,加上泉水干涸或减少,有些工程基础渗露,年久失修,效益不好。原老峪沟乡、高崖口乡、流村乡山区塘坝工程具体情况详见下表。

表19　山区塘坝工程具体情况表

| 序号 | 乡名 | 塘坝名称 | 坝型 | 坝长 | 坝高 | 蓄水能力 | 建成日期 |
|---|---|---|---|---|---|---|---|
| 1 | 老峪沟乡 | 长峪城 | 浆砌石重力坝 | 68 | 11.5 | 8 | 1966 |
| 2 | 高崖口乡 | 关元 | 浆砌石重力坝 | 40 | 8 | 1.2 | 1967 |
| 3 | 高崖口乡 | 山南 | 浆砌石重力坝 | 35 | 6 | 0.15 | 1967 |
| 4 | 高崖口乡 | 菩萨鹿 | 浆砌石重力坝 | 30 | 5 | 0.2 | 1966 |
| 5 | 高崖口乡 | 韩家台 | 浆砌石重力坝 | 30 | 8 | 9.6 | 1974 |
| 6 | 高崖口乡 | 漆园村北沟 | 浆砌石重力坝 | 33.3 | 4.7 | 0.18 | 1973 |
| 7 | 高崖口乡 | 水泉 | 浆砌石重力坝 | 30 | 8 | 0.1 | 1964 |
| 8 | 高崖口乡 | 水沟 | 浆砌石重力坝 | 24 | 3.3 | 0.12 | 1964 |
| 9 | 流村乡 | 黑寨 | 浆砌石重力坝 | 31 | 12 | 1.50 | 1975 |

注:上表中坝长、坝高的单位为米,蓄水能力的单位为万立方米。

(三)灌溉工程

建国前,流村镇地上、地下水资源充沛,绝大部分村民都引用井水,耕地基本上全是旱田,很少掘井灌田。新中国成立后,人民政府积极发动群众打井抗旱,发展农业生产。自 1950 年开始,打钻石井、自流井(当时人们称为"洋井"),用辘轳人工提水和畜力水车提水进行灌溉,受益面积很低。1960 年后,逐步开始机井建设,并在沿河两岸建设扬水站,扬水工程受到极大重视,直到 1972 年遇到大旱之后,大力开发地下水利资源,打井又成为重要的农田水利建设任务。

建国初期,流村镇人民饮用水均靠钻石井。早在 1950 年,在中央农业部灌溉工程处水利推进社凿井队的支援下,开始在昌平县地下水充沛地区凿井。1952年在合作化运动的推动下,党和政府广泛发动群众抗旱挖井。1956年,掀起抗旱打井高潮。但是,由于当时提水工具大都是辘轳、水车、吊杆,用人工和畜力提水,因此虽然成井数量多,但质量差,效益低,未获圆满成功,水利工作的重点转向着重开发底墒水利资源,挖渠、修水库、建扬水站,一度忽视了地下水的开发。1972年遭到历史上罕见的大旱,各中、小型水库干枯,河道断流,地下水位下降,农田灌溉用水严重不足。经过总结认识了"人靠河,河靠天,天不下雨河库干"的教训,开始机井建设工作,建立打井队,昌平县成立了打井办公室。1973年到1976年凿机井工作逐步掀起高潮,呈现每年递增趋势。但当时钢材短缺,大部分井管都是木管,常年水泡腐坏,井孔坍塌,致使机井逐年更新,机井管材由木管改为混凝土管,后全部改用铸铁管。1980年后,因大气降水稀少,地下水开采量增加,尤其是改革开放以来,城镇建设和乡镇企业的迅速发展,工业自备井增加,地下水开采量大增,水位逐年下降,原装离心式水泵抽水失效,逐步更换新井泵,并逐渐增加级数,加大动力,级数由三级到五六级,有的到十级以上,服务于农田灌溉。

（四）扬水站建设

扬水站在昌平兴建较早,1950年前后,境内的地表水源充沛,温榆河及其支流小河,都具有建设扬水站的有利条件。另外在有泉水的地方也具备拦水筑堰提水灌溉的条件。60年代初,昌平县在温榆河两岸建起较大型扬水站20多处。1965年,全县建成大、小扬水站430多处。1965年,京密引水工程建成通水后,沿渠两岸又增装扬水机泵四五十处,大部分是临时设施。1970年,全县扬水站按固定设施统计,发展到580处,安装电机泵628台,耗电88681千瓦。1972年,遭遇到历史上罕见的大旱,水库干涸,河水断流,地下水位下降,沿河两岸的扬水站无水可提,有近300处扬水站失去作用。至此,市、县水利部门开始控制扬水站建设,集中力量搞机井建设,农田灌溉开始向双保险发展(即地表水、地下水)。1973年后,扬水站提水设施,全县固定式和流动式临时泵站一直保持在 500 处左右,装机 600 多台,耗电 11000 千瓦。1980 年以来连续十几年的干旱少雨,地表水资源紧缺,扬水站设施逐步减少,到 1989 年保留下来的扬水站全县只有 450 多处。下表为 1989 年流村乡、高崖口乡、老峪沟乡扬水站的基本情况。

**表 20  1989 年扬水站基本情况表**

| 乡镇名称 | 扬水站数量 | 配套电机泵台 | |
|---|---|---|---|
| | | 台 | 千瓦 |
| 流村乡 | 2 | 2 | 56 |
| 高崖口乡 | 18 | 18 | 418.5 |
| 老峪沟乡 | 2 | 2 | 57 |

(五)荒滩治理

治理荒滩,美化环境,发展生产,是山区农田基本建设的一项重要任务。自 1975 年开始,昌平县先后治理了定陵、关沟、高崖口、响潭水库下游、昭陵五处荒滩,并取得显著成效。

高崖口沟位于高崖口乡中心地带,沟宽 100 至 200 米,是一条缺水、少土、石头多、十年九不收的穷山沟。1976 年公社党委对当地生态环境和水土资源进行了全面的考察,认识到要想改变穷山恶水的贫困面貌,必须从农田基本建设入手,大搞山、水、田、林、路的综合治理。自 1976 年开始,全公社集中抽调施工力量,连续奋战三年多时间,修山区公路 19 公里,河滩打坝造地 700 亩,扩建小水库一座,打电机井 2 眼,初步改善了高崖口乡西河滩的面貌。这期治滩造田工程从溜石港至漆园村,整个河滩长 9 公里,每 50 米砌一道坝阶,共垒坝长 6000 多米,平地垫土造地 700 亩,上游打机井 2 眼,出水量 80 吨/小时,建起容水 1000 立方米蓄水池一座,利用自然落差,开挖并安装一条长 3580 米的喷灌铸铁管道,使 700 亩河滩造地全部实现自压喷灌,一改以前乱石滚滚、杂草丛生的荒沙滩的旧貌,1979年产粮10多万公斤。1982年至1983年,从漆园村到瓦窑又有9公里的河滩相继治理完成,并从南沟水库修一条长达9000多米的衬砌自流渠道,可引水0.6立方米/秒,在河滩凿机井3眼,安装了喷灌设备,将1500亩河滩挖坑换土栽植果树,如今郁蔽成林,果实累累,旧貌换新颜。以上工程共动土石方41万立方米,投工58.5万个,除机井建设外,主要是当地农民投入,国家仅补助材料费25万元。

(六)山村供水工程

供水及水土保持工程是流村镇乡镇经济建设的重要组成部分。经过60多年的建设和发展,流村地区历代人畜饮水困难的问题得到根本解决,山区水土保持面积日益扩大,山、水、林、田、路综合治理成效显著,昔日贫穷落后的面貌得到改善,人民生活水平有很大提高,山区的生态环境也有很大的改善。

新中国成立以来,党和政府始终把解决山区人民生活用水困难当做一项重要的政治任务,采取有效措施,不断提高饮用水质量,到1990年年底,流村地区用水困难的状况得到根本改变。

流村地区缺水的主要原因是岩石裸露、破碎,含水性差,透水性强,地下水埋藏较深,不易开采,尤其是高崖口乡和老峪沟乡水位深埋在地下80米到100米之间,地表严重缺水,打井取水困难,为严重缺水区。加之大气降水稀少,地下水位下降,造成原有的井泉干涸,山地植被稀疏,保水能力低下。同时,随着国民经济的发展,人民生活水平的提高,城乡用水数量增加,对水的质量要求提高。

建国初期,国家正处于国民经济恢复时期,财力不足,采取民办公助的办法修建小水库、塘坝蓄水池,以缓解水源不足、解决人畜吃水问题。1952年,为解决马刨泉村吃水困难问题,昌平县第三届第二次各界人民代表大会决议,县政府出资补助,马刨泉村出工,开凿黄羊沟水泉一眼,凿山洞长60多米,引水到村,解决人畜饮水困难问题。1955年,修建长峪城小塘坝,铺设6550米引水管道(竹管),引长峪城村北龙潭沟泉水入村,解决长峪城、黄土洼、老峪沟和马刨泉四个村人畜饮水,从而结束了到 10 公里外的禾子涧、仙人洞去人背驴驮用水的艰苦局面。1965 年,国家投资 3 万多元,将竹管道改换成直径 4 英寸的铸铁管;9 月,上店村、下店村饮水工程竣工。该项工程历时一个多月,引南山泉水入村,解决了两村的人、畜饮水困难问题。1960 年,王家园水库建成后,铺设 20 多公里的饮水管道,解决了古将、黑寨、北庄、白羊城、新村、北流村乡、南流村的吃水问题。

溜石港村 200 多户、700 多人,60 年代初仅靠水涧湖一个小山泉吃水,此泉距村 2000 多米,并低于村庄 200 多米,吃水非常困难,一家人用一盆水洗脸,洗完脸再喂牲畜,还有借水吃的现象。1961 年 4 月,经县委和解放军工程部商洽,由国家投资 7.8 万元在解放军的大力支持下,架设高低压线路 3110 米,安装 80 千伏的变压器三台和 75—90 米的高扬程水泵三台,埋设铸铁管道 750 米,经三次扬水将水涧湖泉水引进村中蓄水池,解决群众用水困难。

70 年代,特别是 1970 年到 1975 年,因连续干旱,水源干涸,蓄水减少,加重了山区人民的饮水困难,不仅旧缺水点原有引水工程失效,又增加了许多新的缺水点。地表枯季径流干涸,不能引流,只能开发地下水,改造旧有引水工程,提高工程标准,改善饮水卫生条件。从 1974 年起,先后在马刨泉、老峪沟、黄土洼、禾子涧等村凿岩石井 5 眼,出水良好,从而结束了历史上当地无地下水的传说。

进入 80 年代到 90 年代,大气降水仍继续下降,年均不足 500 毫米,比 50 年代减少 200 多毫米,大部分泉水干涸,地下水位急剧下降,原来机井、大口井水源不足,也有的干涸,缺水点大量增加,主要原因是市饮用水标准大大提高。过去解决人背驴驮水问题,这时是解决自来水入户问题。这时的主要工程措施是凿岩石、覆盖层机井、建水塔、铺设自来水管道,工程要求设计必须保证水源,水质达到国家饮用水标准,工程施工实行“四定一验收”制度,即定工程规模、定工期、定效益、定资金、一次性验收拨款。验收质量合格,达到设计标准,然后移交乡水管站负责管理使用,做到设计有图纸,施工有组织,竣工有资料,确保工程质量和有效发挥效益。随着工程规模的扩大,饮水标准的提高,由单一引水、蓄水升级到打井、建水塔、自来水管网化,为使工程常年保持良好运转状态,乡、村两级分别建立严格管理制度,拥护安装水表以量计征水费,确定专人管理,维修机电设备,保证正常运行。80年代后新建饮水工程全部实现自来水化,结束了用水难的局面。

2004年内流村镇投资190万元,实施了水利网络化配套工程,重点完成了北流、王家园、北庄三个村的水利配套工程,从1.8万方蓄水池引水,铺设引水管道2400米,配套建起蓄水池,增加节水灌溉面积1200亩。在西峰山、上店、古将等8个村全面实施人畜饮水改造工程,共打机井6眼,建蓄水池7座,改建扩建管道5万米,更新水泵5台,安装户用水表1250块,改善了3550户、11900人口、807口牲畜的饮水条件,工程总投资414万元。与此同时,流村镇还投资800万元,在山区建起了占地10亩、日供水量5000立方米的集中供水厂,使流村镇工业小区和商业区的个体工商户等一些单位都用上了集中供水厂的水,为流村向现代化小城镇发展迈出了坚实的一步。

2006年,流村镇大力改善基础设施条件,完成了全镇28个村8600多户的农村自来水改造工程、80000方蓄水池及3000余亩农田水利配套工程。

(七)节水灌溉工程

流村地区自1972年大旱后连续多年干旱少雨,自1980年起水资源紧张,水库缺水,地下水位下降,供水紧张始终得不到缓解。为发展农业生产,各级党政领导积极提倡发展节水型农业,吸取外地节水经验,推广新技术进行渠道衬砌,发展喷灌、滴灌、管灌等灌溉新措施,以达到节水高产之效。1976年2月,北京市水利局在大泉村召开了部分郊区喷滴灌现场会,推广大泉村小水大用的经验。会后,在高崖口乡韩家台村等水资源极缺的地区推广部分滴灌,后因管路设备老化失修,管理不善,滴头质量差而停滞,未能继续发展。1977年至1980年4年间,老峪沟公社利用长峪城小水库埋设6350米铸铁管道,建半固定式自压喷灌960亩;高崖口公社西河滩治理后,上游凿成机井一眼,建一水池,顺沟埋设3600米铸铁管道,建成半固定式自压喷灌590亩。1982年,流村地区完成节水灌溉工程,效益显著,得以继续推广使用。

(八)水土保持工程

水土流失是破坏山区生态平衡,使生态环境恶化的主要灾害之一。流村镇山区、半山区面积较广,属于温带半湿润、半干旱、低山、中山土石山区,山体出露主要岩性为花岗岩、石灰岩、白云岩、闪长岩、火山碎屑岩等。由于山区地形、地貌、岩性分布有较大差异,导致山区气候、降水、土壤种类、植被分布及水土流失状况不尽相同。据1988年的调查,高崖口乡土壤侵蚀面积达到84.13平方公里,占本乡面积的76.8%;老峪沟乡土壤侵蚀面积为50.194平方公里,占本乡面积的84.76%;流村乡土壤侵蚀面积为48.472平方公里,占本乡面积的43.3%。

开展水土保持工作,控制和防止水土流失是根治水旱灾害、迅速发展山区生产的一项具有决定意义的措施。早在建国初期,党和政府就广泛发动群众修整梯田,挖鱼鳞坑,封山育林,开展水土保持工作。60年代至70年代,在大兴水利的同时,在有条件的地区兴建截流、塘坝、小水库等蓄水、保水工程,并动员国家机关、团体、集体生产,上山分片包干,搞荒山造林,做到工程措施和生物措施相结合。1966年至1967年,在高崖口乡漆园村后鞍沟小流域实行治理试点。该村组成75人的治理专业队,集中治理后鞍沟。两年间投工4万个,垒坝阶230多道,造林400余亩,栽种果树8300多棵。经过十几年坚持实施封山造林、加强管理、修筑梯田等各项水土保持措施,取得良好的成果。进入80年代,在认真总结经验的基础上又逐步推行小流域综合治理措施,取得显著效益。1989年年底,高崖口乡治理水土流失面积为40.3平方公里,老峪沟乡治理面积为3.84平方公里,流村乡治理面积为 16.46 平方公里。

（九）小流域治理

流村镇的西峰山小流域总面积 16.8 平方公里,属浅山丘陵区,地势较缓,土层较厚。治理前,该小流域水土流失面积 10.41 平方公里,流域侵蚀模数 2000 吨/平方公里/年(侵蚀模数是土壤侵蚀强度单位,是衡量土壤侵蚀程度的一个量化指标,也称为土壤侵蚀率、土壤流失率或土壤损失幅度),水土流失类型主要为面蚀和沟蚀两种,其中微度侵蚀 6.39 平方公里,轻度侵蚀 2.87 平方公里,中度侵蚀 4.94 平方公里,强度侵蚀 2.32 平方公里,极强度侵蚀 0.28 平方公里,剧烈侵蚀 0.013 平方公里。

在西峰山小流域治理工作中,根据当地实际情况,注重科学规划、综合治理,以小流域为单元,山、水、田、林、路统一规划,灌、排、拦、蓄、节综合治理,坡面工程与沟道工程相结合,开源节流,形成远山封禁、坡面整治、沟道防洪、泥石流预防、护村护地、塘坝蓄水、节水灌溉等多道水土保持防线。

1980 年,西峰山小流域的综合治理工作全面开始。初始阶段主要为坡面治理,面积较小,标准较低。1999 年,为提高小流域治理标准,西峰山小流域开始了以坡面工程为主的综合治理工程,根据小流域自身特点,在坡脚建设基本农田,坡中修水平条,鱼鳞坑建山地果园,这样既能有效地防治水土流失,又能增加农民收入。

通过治理,流村地区共建设完成河道护岸 2000 米,沟道护坡 2000 米,田间路 3000 米,坝阶 8000 米,蓄水池 5 座,管道灌溉 800 亩,微管 700 亩,衬砌渠道 2500 米,树盘 8000 个,治理水土流失面积 10 平方公里,小流域生态环境得到明显改善,水土流失综合治理程度达到 90% 以上。

## 三、管理服务机构

新中国成立初期,未设专门从事水利工作的机构,当时由农建科负责水管工作。随着水利事业的发展和县内行政区划的变更,水利行政主管机构逐步建立健全,人员不断增加。1960年5月建立王家园水库管理处,管理人员27人,负责管理水库和流村乡公社的灌溉工作,职工大部分是上调社员。1963年因三年自然灾害,人民生活处于极端困难时期,绝大部分管理职工被精减回乡,只留下少数国家干部、职工看摊、管库,灌溉管理工作主要靠公社自管。"文化大革命"开始后,1968年,水库管理机构下放到流村公社管理。1970年9月,经县革命委员会决定,将下放由公社管理的水库管理机构又收回县里统一管理。此后机构稳定,职工人数不断增加,逐步形成人员固定、管理技术健全的水库管理组织。为加强社、队农田水利设施的建设和管理,各公社从1972年11月起开始配备水利人员,其任务是负责公社范围内农田的水利设施建设规划、设计施工、管理维修、灌溉防汛排涝等各项水利工作,享受公社上调社员的待遇,由县水利事业费中支出。1987年,高崖口乡、老峪沟乡、流村乡分别建立了水利管理服务站(简称水管站),各水管站是全民所有制事业单位,受县水资源局和乡镇政府双重领导,负责本乡管辖范围内水利工程建设和管理任务。

# 第五节　养殖业

## 一、家畜家禽种类

### (一)牛

牛是流村镇传统家畜饲养种类,品种主要为民间自繁选育,属蒙古牛品系,性情温驯,饲养粗放,主要用于耕地,少量拉车,适用于山区、半山区役用。1965年流村乡养牛的数量为712头,1970年为941头。1973年6月,县农林局在老峪沟乡等公社进行试点工作后,引进"海伏特"肉用公牛。90年代后,流村镇牛的饲养量减少。

**表 21　养牛的数量统计表**　　　　（单位:头）

| 年份<br>乡（公社）名 | 1970 | 1973 | 1975 | 1981 | 1983 | 1990 | 1991 | 1993 | 1995 | 1997 |
|---|---|---|---|---|---|---|---|---|---|---|
| 老峪沟 | 429 | 433 | 490 | 401 | 359 | 102 | 128 | 73 | 100 | 164 |
| 高崖口 | / | 473 | / | / | 475 | 366 | 537 | 128 | 182 | 250 |
| 流村 | 941 | / | 823 | / | 784 | 648 | / | / | / | / |

（二）驴

驴俗称毛驴,是流村镇传统家畜饲养的主要种类。饲养较普遍,主要为驮运、耕地、乘骑等役用,是山区、半山区主要的驮运和乘骑役用畜。饲养品种主要是世代混交的黑灰驴,用饲料少,饲养粗放,但体形小,力量小。1968 年县里从外地引进公驴,改良县内驴种和发展驴骡。1966 年,流村乡饲养驴的数量为 712 头,1969 年增加到 927 头。80 年代后驴的饲养量逐年减少。90 年代后,驴已经不再作为交通工具使用,而主要用于宰杀食肉。

**表 22　养驴的数量统计表**　　　　（单位:头）

| 年份<br>乡（公社）名 | 1970 | 1973 | 1975 | 1976 | 1981 | 1983 | 1990 | 1991 | 1993 | 1995 | 1997 |
|---|---|---|---|---|---|---|---|---|---|---|---|
| 老峪沟 | 780 | 247 | 446 | 438 | 321 | 302 | 343 | 244 | 210 | 192 | 106 |
| 高崖口 | / | 550 | / | / | / | 349 | 434 | 506 | 353 | 289 | 289 |
| 流村 | 868 | / | 661 | / | 382 | 367 | / | / | / | / | / |

（三）骡

骡是传统家畜饲养的主要品种,民间自繁选育,是马和驴进行杂交的后代,无生殖能力。品种有马为母本、驴为父本的马骡和驴为母本、马为父本的驴骡。骡的特点是体壮力大、耐力强、少疾病、使役年龄长,用于拉车、驮运、耕地等役用。

表 23　老峪沟乡养骡的数量统计表　　　　（单位:匹）

| 乡（公社）名 ＼ 年份 | 1970 | 1973 | 1975 | 1978 | 1981 | 1983 | 1990 | 1991 | 1993 | 1995 | 1997 |
|---|---|---|---|---|---|---|---|---|---|---|---|
| 老峪沟 | 56 | 95 | 88 | 90 | 114 | 95 | 108 | 111 | 118 | 99 | 106 |
| 高崖口 | / | 166 | / | / | 189 | 175 | 84 | 65 | 41 | 13 | 14 |
| 流村 | 251 | / | 398 | / | 440 | 366 | / | / | / | / | / |

（四）马

马是流村镇传统家畜饲养的主要品种。马身高体大,多用于拉车、驮运、耕地等役用,地方马品种主要为民间自繁选育。20世纪五六十年代,昌平县供销合作社多次从外地引入种马,增设大牲畜配种站,进行地方品种的改良。1960 年,从新疆引购伊犁和顿河公马及一批母马,改良县内马品种。90 年代后,马的饲养数量减少。

表 24　养马数量统计表　　　　（单位:匹）

| 乡（公社）名 ＼ 年份 | 1970 | 1973 | 1975 | 1983 | 1987 | 1990 | 1991 | 1993 | 1995 | 1997 |
|---|---|---|---|---|---|---|---|---|---|---|
| 老峪沟 | 25 | 41 | 40 | 35 | / | 12 | 8 | 12 | 19 | 17 |
| 高崖口 | / | 70 | / | 69 | 13 | 9 | 5 | 3 | 2 | 2 |
| 流村 | 161 | / | 132 | 94 | 75 | / | / | / | / | / |

（五）猪

猪是流村镇家畜饲养的主要品种,是传统肉食主要家畜种类。猪在流村镇各村饲养普遍,历史悠久。民间选育母、种猪自繁仔猪。传统品种仔猪生长慢,仔猪育期一年多,成猪 70 公斤至 100公斤左右出栏。50 年代后期开始养殖从国内外引进的优良猪品种。1959 年,县里引进苏联白种猪 60 头,进行母猪人工授精,改良后仔猪 8 个月至 12 个月可育出 100 公斤以上的肥猪。此后,饲养猪的品种主要有引进品种内江猪、宁乡猪、陆川猪等。60 年代,县里建良种猪场,引进国内良种荣昌猪、吉林黑猪等品种进行繁育推广。1979 年,县种猪场引进饲养北京黑猪,繁育饲养杂交一代母猪、种猪。1980 年,老峪沟乡全年售出商品肥猪 1793 头。到 1981 年,老峪沟乡有集体养猪场 27 个,全年售出商品肥猪 1464 头。1988 年,县里引进加拿大长白猪、大约克夏猪和培育仔猪的先进设备,实行封闭饲养。

表 25　老峪沟乡(公社)养猪数量统计表　　　(单位:头)

| 年份 | 全年养猪 | 年末存栏猪 | | | 商品猪 | 自食 |
| --- | --- | --- | --- | --- | --- | --- |
| | | 合计 | 乡村集体猪场 | 农户 | | |
| 1970 | 1865 | 1228 | 256 | 972 | 637 | 0 |
| 1973 | 1950 | 1176 | 232 | 944 | 772 | 2 |
| 1975 | 2680 | 1699 | 645 | 1054 | 981 | 0 |
| 1976 | 2905 | 1620 | 649 | 971 | 1285 | 0 |
| 1978 | 3725 | 2071 | 750 | 1321 | 1649 | 5 |
| 1981 | 2989 | 1525 | / | / | 1464 | 0 |
| 1983 | 3250 | 1525 | 2 | 1586 | 1725 | 0 |
| 1985 | 1886 | 542 | / | / | 1328 | 16 |
| 1987 | 1370 | 650 | / | / | 720 | 0 |
| 1991 | 6541 | 2569 | / | / | 3950 | 1 |
| 1993 | 5509 | 2164 | 1351 | 813 | 3345 | 0 |
| 1995 | 4301 | 1736 | / | / | 2565 | 0 |
| 1996 | 3743 | 922 | / | / | 2823 | 0 |
| 1997 | 2063 | 819 | 204 | 615 | 1244 | 0 |

表 26　高崖口乡(公社)养猪数量统计表　　　(单位:头)

| 年份 | 全年养猪 | 年末存栏猪 | | | 商品猪 | 自食 |
| --- | --- | --- | --- | --- | --- | --- |
| | | 合计 | 乡村集体猪场 | 农户 | | |
| 1981 | 3696 | 1937 | 150 | 1787 | 1759 | 0 |
| 1982 | 3647 | 1947 | 157 | 1790 | 1700 | 0 |
| 1983 | 3834 | 2117 | 15 | 2102 | 1717 | 0 |
| 1984 | 3936 | 1880 | / | 1880 | 2056 | 0 |
| 1988 | 1744 | 1073 | 838 | 235 | 671 | 0 |
| 1995 | 4798 | 1786 | / | / | 3012 | 0 |
| 1996 | 3680 | 1042 | / | / | / | 0 |
| 1997 | 4131 | 1042 | / | / | 3089 | 0 |

表 27　流村乡(公社)养猪数量统计表　　　(单位:头)

| 年份 | 全年养猪 | 年末存栏猪 | | | | 商品猪 | 自食 |
| --- | --- | --- | --- | --- | --- | --- | --- |
| | | 合计 | 国营猪场 | 乡村集体猪场 | 农户 | | |
| 1970 | 3950 | 2874 | / | 510 | 2364 | 1076 | 0 |
| 1973 | 4847 | 3242 | / | 620 | 2622 | 1602 | 30 |
| 1975 | 3950 | 2874 | / | 510 | 2364 | 1076 | 0 |
| 1978 | / | / | / | / | / | / | / |
| 1981 | 3863 | / | / | / | / | 3140 | / |
| 1984 | 6743 | 3001 | / | 221 | 2780 | 3742 | / |

表 28　流村镇养猪数量统计表　　　(单位:头)

| 年份 | 全年养猪 | 年末存栏猪 | | | 商品猪 |
| --- | --- | --- | --- | --- | --- |
| | | 合计 | 乡村集体猪场 | 农户 | |
| 1998 | 11739 | 2564 | / | 2564 | 9175 |

续表

| 年份 | 全年养猪 | 年末存栏猪 | | | 商品猪 |
| --- | --- | --- | --- | --- | --- |
| | | 合计 | 乡村集体猪场 | 农户 | |
| 1999 | 12085 | 3061 | / | 3061 | 9024 |
| 2000 | 11034 | 2032 | / | / | 9002 |
| 2001 | 9172 | 1246 | / | / | 7926 |
| 2003 | / | / | / | / | 6782 |
| 2004 | 2502 | 842 | 0 | 842 | 1660 |

（六）羊

羊是流村镇山区、半山区传统肉用畜主要种类。民间自繁选育，主要饲养品种有山羊和绵羊。山羊体小，饲养粗放，肉皮兼用。80年代初，县里引进绒山羊50只，改良山羊品种，增加产绒量，后又引入西北地区莎农奶山羊，仅个别饲养。绵羊体大，肉、毛、皮兼用。60年代初引入新疆细毛羊，改良县内绵羊，增加产毛量。1987年，县里从山东引进鲁西小尾寒羊1870只，分布在山区、半山区饲养。小尾寒羊具有生长发育快、体型大、产羔多、适合粗放养殖等特点。

表29　老峪沟乡（公社）养羊数量统计表　　（单位：只）

| 年份 | 年末山绵羊 | | | 山羊 | 绵羊 | 出售商品羊 | 自宰自食羊 |
| --- | --- | --- | --- | --- | --- | --- | --- |
| | 合计 | 集体 | 农户 | | | | |
| 1971 | 3840 | 3805 | 35 | 3757 | 83 | / | / |
| 1972 | 3545 | 3463 | 82 | 3463 | 82 | / | / |
| 1975 | 4552 | 4527 | 25 | 4525 | 27 | 786 | 131 |
| 1976 | 4885 | 4870 | 15 | 4870 | 15 | 589 | 171 |
| 1978 | 5062 | 5013 | 49 | 5013 | 49 | 962 | 184 |
| 1980 | 2951 | 2826 | 125 | 2826 | 125 | 1191 | 133 |
| 1981 | 2437 | 2266 | 171 | 2266 | 125 | 538 | 88 |

| 年份 | 年末山绵羊 | | | 山羊 | 绵羊 | 出售商品羊 | 自宰自食羊 |
|---|---|---|---|---|---|---|---|
| | 合计 | 集体 | 农户 | | | | |
| 1983 | 2611 | 2094 | 517 | 2094 | 517 | 759 | 73 |
| 1990 | 2188 | / | / | / | / | 2142 | 45 |
| 1991 | 1937 | / | / | 1547 | 392 | 2260 | / |
| 1993 | 1851 | / | / | / | / | 887 | / |
| 1995 | 2249 | / | / | 1792 | 457 | 707 | / |
| 1996 | 3090 | / | / | 2356 | 734 | 1124 | / |
| 1997 | 3477 | / | / | 2536 | 941 | 852 | / |

表30　高崖口乡（公社）养羊数量统计表　　（单位：只）

| 年份 | 年末山绵羊 | | | 山羊 | 绵羊 | 出售商品羊 | 自宰自食羊 |
|---|---|---|---|---|---|---|---|
| | 合计 | 集体 | 农户 | | | | |
| 1973 | 5074 | 6200 | 56 | / | / | / | / |
| 1981 | 4708 | / | / | 4532 | 176 | 878 | 176 |
| 1982 | 3634 | 2841 | 793 | 2711 | 291 | 1540 | 160 |
| 1983 | 2696 | 1075 | 1621 | 2371 | 278 | 1386 | 39 |
| 1984 | 1903 | 110 | 1793 | 1721 | 174 | 1708 | 76 |
| 1988 | 3839 | 161 | 3678 | 3330 | 509 | 2481 | / |
| 1997 | 3884 | / | 3884 | / | / | / | / |

表31　流村镇养羊情况表　　（单位：只）

| 年份 | 年末山绵羊 | | | 山羊 | 绵羊 | 出售商品羊 | 自宰自食羊 |
|---|---|---|---|---|---|---|---|
| | 合计 | 集体 | 农户 | | | | |
| 1998 | 10460 | 0 | 10460 | / | / | 6595 | / |

续表

| 年份 | 年末山绵羊 | | | 山羊 | 绵羊 | 出售商品羊 | 自宰自食羊 |
|------|------|------|------|------|------|------|------|
| | 合计 | 集体 | 农户 | | | | |
| 1999 | 3760 | 200 | 3410 | 16049 | 5447 | 17826 | / |
| 2000 | 12020 | / | / | 8818 | 3202 | 9003 | / |
| 2001 | 11062 | 0 | 11062 | 7883 | 1619 | 16164 | / |

（七）柴鸡

柴鸡是民间俗称，为流村镇农户家庭传统家禽饲养的主要品种。家庭利用庭院散养，蛋用为主、蛋肉兼用，主要品种由民间自选繁育，主要有大黄鸡、黑鸡、白鸡、芦花鸡等。柴鸡的饲养粗放，年产蛋几十枚，产蛋率低，抗病力差，90年代逐步淘汰，仅有少量饲养。

（八）蛋鸡

蛋鸡是流村镇引进饲养禽类的主要品种，蛋用为主、蛋肉兼用，由养鸡场或家庭养殖专业户实行规模化、机械化饲养。1975年，北京市畜牧局在县内东沙各村建成家禽育种中心。1978年，县内开始饲养蛋鸡，雏鸡主要由市属养鸡场提供，1980年建成县种鸡场。1985年，县种鸡场与北京农业大学合作培育出农昌1号、农昌2号褐壳蛋鸡。县种鸡场引进优良品种，推广人工授精、雏鸡雌雄鉴别等先进技术，成为流村地区饲养蛋鸡的雏鸡供应基地。经不断引进培育，蛋鸡饲养的主要品种有罗斯、伊莎、巴布考克、边卡、黑杂579、海塞克斯、北京白鸡、海兰白、海兰褐、农大褐罗曼等，具有抗病力强、产蛋时间长、产蛋率高等特点。1983年，高崖口乡共有饲养蛋鸡专业户41户，年末实有蛋鸡19805只，全年产蛋量为5.4万公斤。1990年，高崖口乡年末实有蛋鸡12100只，全年产蛋量为5.9万公斤。

（九）肉鸡

肉鸡是引进饲养禽类的主要品种。肉鸡由养鸡场和家庭饲养专业户实行规模化饲养，雏鸡由种鸡场统一繁育供应。1985年，驻县国营北京华都肉鸡联营公司引进德国罗曼肉鸡品种。1986年,县畜牧局与中国种畜进出口公司、北京农科院合作建立北京肉用种鸡场,成为流村镇重要的雏鸡供应基地。该鸡场引进荷兰勃罗肉鸡优良品种进行培育,1990年更新培育出艾维菌肉鸡品种,具有饲养周期短、用料少、产肉率高等特点。

(十)鸭

鸭是流村镇传统的家禽饲养品种之一,多为家庭少量散养,蛋用为主、肉蛋兼用,传统的饲养品种由民间自选繁育,品种单一,年产蛋几十枚,产蛋率低。1985年县畜牧局建养鸭场,从黑龙江引进优良品种康贝尔鸭2万只,此品种具有耐粗饲料、用料少、抗病力强等特点。鸭现在已经很少饲养。

(十一)肉鸭

肉鸭为引进饲养禽类之一,肉用为主、肉蛋兼用,主要为饲养场规模饲养,饲养品种主要为北京鸭,具有生长期短、肉质鲜嫩等特点。成年公鸭体重3.5公斤左右,母鸭体重3公斤左右,蛋重平均90克;有较好的肥肝性,填肥二周至三周,肥肝重300克至400克,仔鸭填充育肥后,成为著名的北京烤鸭原料。

(十二)鹅

鹅是流村镇传统家禽饲养种类之一,蛋肉兼用,草食水禽,多为家庭零散饲养。饲养品种由民间自选繁育,品种单一,产蛋率低,现已极少饲养。

(十三)犬

犬是家庭传统饲养动物,主要品种有家犬和猎犬。70年代以前,家庭饲养犬较少。80年代后,家庭饲养犬数量增加,农村家庭养犬多为体形较大的家犬,主要为看家护院,城镇家庭养犬多为体形较小的宠物犬,品种较多。

(十四)猫

猫是流村镇家庭传统饲养动物,有黑、灰、白、花等毛色。农村养猫主要为捕鼠保粮。80年代后,农村家庭养猫的数量减少。90年代中期,猫成为家庭宠物,品种繁多。

### 二、家畜家禽饲养

（一）役用家畜饲养

流村镇民间重视役用家畜的饲养,是农业生产和交通运输的主要工具。家庭饲养的品种主要有马、驴、骡、牛,也叫大牲畜。新中国成立后,流村地区重视发展大牲畜饲养,规定"严禁任意贩运、倒卖和屠宰耕畜",实行相应的奖惩制度。50年代中期以后,农业生产合作社和人民公社生产队集体重视大牲畜的发展。70年代,大牲畜的数量发展到最高峰。80年代以后,随着农业机械化水平的提高和机械运输工具的发展,役用大牲畜逐年减少。1995年,山区、半山区仅有个别农户家庭饲养役用马、驴、骡。

（二）肉蛋用家畜家禽饲养

流村镇农村家庭有饲养肉蛋用家畜的传统。家庭饲养主要有猪、羊,大多每户一二头（只）。1959年4月,县农林局在老峪沟乡村召开山区养羊现场会,号召利用山区资源,发展养羊生产。1989年6月,县畜牧局组织老峪沟乡、高崖口乡等5个乡主管干部赴房山考察绒山羊饲养。农业合作社和人民公社生产队集体曾办养猪场,发展集体养猪业。1958年5月,区人委号召全区大搞养猪生产,实行以集体为主、集体和农户家庭并举养猪的举措。60年代起,生产队发展养猪业,普遍建集体养猪场,但因饲料和饲养技术等原因几度兴衰。1961年6月,流村乡新建村四队实行母猪队有户养办法。1970年,老峪沟乡共有集体养猪场16个。家禽饲养主要是鸡,大多每户几只。为加快农村经济发展的速度和农民致富的步伐,市县制定了若干项扶持农村经济发展的优惠政策。根据市县制定的优惠政策和流村镇的实际情况,在畜牧业方面抓管理促效益,抓发展促规模,加大服务力度,成立农民自己的合法经济组织,拓展产、供、销渠道,保护农民利益,使养殖业真正成为流村镇农民致富的有效途径。

### 三、饲草饲料

流村镇传统的养畜饲料主要是青饲料。草食畜类的主要饲料有自然草场、饲草、秋草和树叶、青贮饲料、种植牧草。自然草场主要分布在中低山区或平原田边路边河边。饲草,根据昌平县1981年和1991年对草场进行的两次调查显示,主要为圈养越冬牲畜用饲料,传统饲草主要有农作物秸秆和禾本科、豆科农作物的茎、叶、皮、荚等,是秋冬季储存备用饲料之一;秋草和树叶为秋季采割田间、渠岸野生杂草和树叶晒制,是传统的主要草食性牲畜的饲草之一;青贮饲料为夏末秋初将野草、薯秧、玉米秆等切碎,密闭于窖内,经发酵而成的青贮畜用饲料,50年代末开始在饲养奶牛中推广应用,70年代曾用于养猪,也是进行规模化养牛的主要饲料;种植牧草,50年代末开始种植牧草紫花苜蓿,后来在发展养猪业的过程中开始推广种植聚合草、苦荬菜等和水生植物浮萍、水葫芦等。80年代,结合荒山荒滩绿化工程,开始在山区半山区推广种植沙打旺和小冠花、紫花苜蓿等豆科牧草。在饲养用粮和粗饲料方面,由于以前生产力不发达,粮食产量低,传统农户饲养家畜用粮较少。农业合作社和人民公社时期生产队集体饲养的耕畜、种畜用饲料粮有统一的标准,规定每匹(头)马、骡饲料粮每年400公斤至600公斤、驴150公斤至250公斤、耕牛50公斤至100公斤、种猪200公斤,依照实际养畜存栏数量和发展情况,由生产队集体留饲料粮,品种主要有玉米、高粱、黑豆、薯干等。粗饲料有农产品酿造榨油和粮食加工后的渣、饼、糠、麸等,是传统饲养家畜的主要添加饲料。传统家庭养猪主要用生活饭菜水,俗称泔水,添加的粗饲料有农产品酿造榨油和粮食加工后的副产品,养猪青饲料主要有菜叶、鲜草、薯秧等,精养、追肥用少量粗粮。80年代后,家庭养猪专业户已经不再用泔水和粗饲料。

传统家庭养禽数量少,饲养方式为散养,用剩余饭菜及粮食加工后的渣、饼、糠、麸等粗饲料拌食。

畜禽配合饲料是指根据不同畜禽饲养的需要,按一定比例综合配制而成,主要成分有玉米、蛋白质饲料、骨粉、矿物质添加剂、微量元素、盐等。70年代中期,县内引进国内外技术设备发展畜禽饲料加工,生产不同畜禽品种饲养需要的配合饲料。1976年,县粮食局建立西沙屯饲料加工厂,生产蛋鸡用和猪用配、混合饲料。1979年,成立县饲料公司。90年代,饲料加工行业迅速发展。

### 四、疫病防治

流村镇民间传统畜病医治用流传的土验方、土办法,遇有传染性疫病流行,畜禽大量死亡。50年代后,开展畜禽防疫工作,进行猪瘟及鸡瘟新城疫预防接种和春秋预防或市场检疫,主要对猪瘟、猪丹毒、猪肺疫病、鸡新城疫、鸡马立克氏病、大牲畜炭疽、破伤风、狗的狂犬病等传染病的疫苗接种和对马鼻疽、马传染性贫血、牛结核布氏杆菌等检疫,控制疫病的蔓延。五六十年代,诊断畜禽疫病主要靠临床;70年代起增配化验设备,对疫病进行诊断和免疫监测;80年代,流村地区开始实施全县统一的防疫免疫规程。1951年1月,昌平县畜牧兽医站成立;10月,在华北农业科学研究所的协助下,组织兽医开展猪瘟重点预防注射。1952年10月,畜牧兽医站组织部分兽医和农村青年全面开展预防接种。1956年3月,在区人委的指示下,流村、高崖口、老峪沟三乡大力开展猪瘟预防,以保证养猪事业的顺利发展;同年10月,昌平区举办农业合作化后首次畜牧防疫员培训班,三乡分别派工作人员参加,培训的内容主要是大牲畜、猪、鸡的饲养管理,以及防病治病的基本知识和技术。1957年5月,区人委畜牧科举办大型畜禽防疫员技术培训班,每村至少派一人参加,三乡所辖各村分别派人员参加了培训,这次培训的重点是传授猪疫病防治技术和饲养管理知识。1958年,全区兽医联合诊所解散,兽医人员全部回乡,三乡开始配备兽医,并建立了兽医站。12月,区农林局召开兽医工作会议,会议要求继续加强兽医工作,提出建立"无疫区"。1959 年 5 月,区人委决定在各公社建立畜牧兽医站,将原联合诊所的兽医全部吸收,实行定级定职,自负盈亏。1962 年 7 月,老峪沟公社暴雨成灾,倒塌棚圈 15 间,砸死牛 2 头,羊 26 只。同年 11 月,高崖口、流村公社发生猪瘟,农林局组织兽医人员进行紧急预防注射。1963 年 4 月,接到县人委通知,各公社生产大队要配备不脱产畜牧防疫员。1967 年 4 月,对猪的 2 号病预防注射工作全面开始,防疫密度在 90% 以上。1970 年,县农业服务站在昌平镇开设兽医门诊,根据县里要求,各公社重新配备畜牧指导员。1982 年 12 月,西峰山猪场发生"血痢",175 头猪患病,死亡 27 头,市畜牧局高级兽医亲临会诊。县畜牧水利局驻场技术员以庆大霉素注射治疗,得到有效控制。1983 年,根据县畜牧兽医站的要求推行"防疫员专业承包责任制";4 月,家畜 5 号病开始蔓延,5 号病指挥部组织兽医人员采取紧急补救措施。1986 年,畜牧兽医站设立检疫员对禽畜活体及屠体实行检疫制度。2004 年 8 月至 9 月,为预防大规模禽流感疫情的爆发,流村镇各村的散养禽类进行了禽流感免疫。2005 年 1 月 20 日,为进一步加强动物防疫工作,确保无重大动物疫病发生,流村镇政府下发《关于加强禽流感等重大动物疫病防治工作的通知》,要求各村和各养殖场积极配合兽医站,做好禽流感的再次免疫工作,散养户的禽类免疫在 2005 年 1 月 31 日前完成,免疫密度达到 100%,同时加紧做好口蹄疫免疫的查漏补缺工作,确保口蹄疫免疫率达到 100%。

### 五、管理服务机构

1955 年,分别成立了流村乡联合诊所、老峪沟乡联合诊所、高口乡联合诊所,专门负责流村地区畜禽疾病的诊治。1958 年,成立流村兽医站、老峪沟兽医站、高口兽医站。2002 年,成立流村镇兽医站。目前,该站有职工 7 人,实际支付工资人数 15 人,其中退休职工 8 人,主要经济来源靠区财政下拨款(每人每月 1040 元,退休职工每人每月 900 元),其余靠本站门诊、出售药品、检疫等经营收入。2005年,成立流村镇动物卫生防疫站。

在畜禽饲养技术信息服务方面,1982 年 9 月,昌平县畜牧水产局与北京 11 所高等院校和科研单位合作,成立北京市昌平畜禽技术咨询服务公司,下设培训部、函授部、咨询服务部、资料室,开展畜禽饲养技术信息、行业信息和最新技术服务,举办养猪、养鸡、饲料营养、兽医新技术等理论培训班,这成为流村乡、高崖口乡、老峪沟乡畜禽饲养技术信息的主要来源之一。

80 年代,畜禽产品主要由县食品公司统购销售。1992 年 11 月,农副产品购销市场开放后,畜禽肉蛋奶生产面向市场,建立产销服务组织,实行生产、加工、销售一体化。乡镇畜牧公司对肉鸡饲养专业户组织提供产供销服务,与北京多家企业签订购销协议,按时出栏商品肉鸡,鲜蛋购销由养鸡场和经销商户建立购销关系直接销售。

### 六、养殖业在流村镇的新发展

流村镇畜牧资源较为丰富,山场广阔,饲草资源丰富。通过几年的努力,流村镇在肉鸡养殖、山羊养殖、蜜蜂饲养及特色养殖方面都有较大幅度的发展,到 1998 年畜牧总收入达到 4848 万元,占农林牧总收入 5642 万元的 85.9%。

(一)肉鸡饲养粗具规模

在华都、正大两大集团公司的扶持下,通过老峪沟、流村两个家庭养殖服务公司和镇畜牧公司的努力,肉鸡生产粗具规模,已有养鸡专业户 269 户,年出栏肉鸡 420 万只,并且肉鸡生产已经向规模化、标准化的方向发展,逐渐形成了饲养小区。目前,流村镇主要的肉鸡饲养企业有正大鸡场、迎晨服务养殖中心、流村文芝养鸡合作社等。

(二)山区养羊业稳步发展

流村镇具有广阔的山场,饲草资源丰富,农民养羊已有悠久的历史。到 1998 年,已有养羊专业户 206 户,存栏羊 12000 只,年出售商品羊6700只,特别是近两年加强了对本地山羊的改良工作,已有20%的本地山羊被改良为绒山羊和小尾寒羊。

**(三)特色养殖发展迅速**

随着市场经济体制的逐步完善,流村镇养殖业结构不断发生变化,近几年特色养殖发展速度较快,其中,达到专业户标准的已有22户,养殖范围包括鸵鸟、狐狸、鹿、山鸡、孔雀、肉鸽、蛇、甲鱼、香猪、观赏鸟等15个品种。

**(四)养蜂业稳中发展**

养蜂业在流村镇也有悠久的历史,到1998年年底,全镇共有养蜂专业户(30箱以上)82户,养蜂现存6000箱,70%以上的养蜂户年纯收入都在万元以上。

此外,养牛业稳中发展,已有养牛专业户24户。

**(五)私营养猪业发展迅速**

养猪业以私营猪场为主,到1998年年底,全镇已有养殖户1600户,达到县各类专业户标准的已达到700户,占有养殖能力户的31%。

养殖业成为农民增收的主要途径。

# 第二章 工业和旅游业

## 第一节 工业发展概况

历史上,流村镇一直是一个农业地区,以农业经济为主体,现代工业几近空白。中华人民共和国成立后,随着国民经济的不断发展,工业经济开始建立,并逐步发展壮大。70 年代以前,乡镇企业发展缓慢,中共十一届三中全会以后,乡镇企业异军突起,1986 年开始发展联营经济。到 2007 年,已有 43 家企业落户流村乡,另外有 20 家纳税企业注册,工业成为流村乡经济发展的主脉,拉动了其他领域的全面发展,为流村乡带来了更强的经济效益和广泛的社会效益。自 1997 年 12 月 5 日流村乡、老峪沟乡、高崖口乡合并撤乡建镇以来,流村乡的工业迅速发展,工业生产总值由 1997 年的 4500 万元增加到 2007 年的 4.5 亿元,工业销售收入由 1997 年的 3800 万元增加到 2007 年的 4.2 亿元,工业增加值由 1997 年的 650 万元增加到 2007 年的 1.5 亿元,固定资产由 1997 年的 1800 万元增加到 2007 年的 1800 万元,税收由 1997 年的 500 万元增加到 2007 年的 7000 万元,职工年平均劳动所得由 1997 年的 3000 元增加到 2007 年的 15000 元,本地劳动就业由 1997 年的 600 人增加到 2007 年的 2500 人。

### 一、流村镇工业发展的历史进程

(一)新中国成立以前的工业状况

1949 年,整个昌平县的工业生产总值仅有 4.5 万元,占全县工农业生产总值的 0.2%,流村镇的工业生产几近空白,只有少数集中于乡村集镇的小手工作坊。生产条件简陋,基数落后,生产率极为低下,以自产自销为经营形式的个体家庭手工业为主,主要有白酒酿造、食品加工、小农具制造、木器加工制造、服装鞋帽编织加工、修理服务等行业。由于这些小手工业生产分散、生产方式落后、资金短缺、生产效率低下,手工业者还受资本家的重重剥削,很多处于贫困破产的境地。

(二)工业恢复时期(1949—1957 年)

1949 年以后,为了迅速恢复和发展国民经济,党和政府致力于将恢复和发展生产作为自己的中心任务,着手建立和发展国营工业的同时,根据公私兼顾、劳资两利的政策,努力调动私营工业的积极性。由于手工业在当时的国民经济中占有不可忽视的地位,因此人民政府采取低利贷款、组织加工订货、收购包销等方式,以利于恢复和发展手工业。这一时期的手工业在人民政府的扶持下,得到了迅速发展,传统的手工业恢复,又发展了一些新的手工业项目。

为了把个体手工业者组织起来,进一步发展生产,在党的过渡时期总路线的指引下,从 1951 年开始对个体手工业实行社会主义改造,改造的形式分低、中、高三级,即低级形式的功效生产小组、中级形式的供销生产合作社、高级形式的生产合作社。1955 年 5 月,昌平成立手工业生产合作联社。1956 年,流村地区绝大多数个体手工业户加入了手工业合作社。至此,流村地区手工业合作化已全面完成。通过对手工业的社会主义改造,手工业生产能力大大增强,机械设备水平有所提高,并积累了一定的资金。

(三)形成发展时期(1958—1965 年)

这一时期是流村镇工业发展史上的一个重要阶段,整个流村镇的工业在此期基本形成,并在发展中历经挫折。从 1958 年开始,北京市的社会主义建设进入全面发展时期,一大批骨干企业先后建成。在 1958 年的大跃进运动中,流村地区也掀起了群众性大炼钢铁运动,同时还盲目建立了一些砂石厂、建筑队等,大跃进的不良后果在 1959 年就逐渐暴露出来,不少工厂由于资金短缺、原材料及产品销路问题,不得不关、停、并、转,企业数量锐减。以后的几年中,由于农村工业的发展,工业企业的数量有所增加,整个工业发展水平也有所提高。

为了适应工业发展的需要,1958 年下半年,昌平县政府着手将昌平区手工业生产合作社逐步改组为昌平县地方工业局。这一时期的发展特点为:一是形成了以全民所有制经济为主,以集体、合作、个体经济为辅的多种经济形势并存的局面。1958 年以前没有全民所有制企业,从 1958 年开始建立起全民所有制经济;二是技术设备水平逐年提高;三是经济效益显著提高;四是生产能力大大增强。

(四)缓慢增长时期(1966—1975 年)

"文化大革命"的 10 年期间,中国的国民经济濒临崩溃,生产力遭到严重破坏,生产停滞。流村地区的工业在这一时期的发展也受到不同程度的影响,昌平县工业局被精简合并到县革委会生产指挥所,直至 1973 年才被重新恢复。工业生产一直在原有水平上徘徊不前,1971 年以后才逐步回升并有所增长。乡镇企业在摆脱了徘徊不前的困境后,在社会生产停滞、产品短缺的缝隙中加快了自己前进的步伐。

(五)工业高速发展时期

"文化大革命"结束后,1976 年 10 月,为了推动乡镇企业的发展,乡镇企业局独立出来。中共十一届三中全会确定把工业重点转移到经济建设上,全国掀起了经济建设的高潮,流村地区的工业也进入了一个前所未有的高速发展的新时期,中央、市属驻地工业得到进一步发展,又新建了一批工业,这一时期最引人注目的是乡镇企业的异军突起。1980 年,县委、县政府组织干部到广东南海参观学习,继而开展了农工商综合经营大讨论,确立了无工不富、无商不活的思想,流村地区掀起了大办乡镇企业的热潮,使乡镇工业有了一个飞速发展。1987 年,进一步明确提出,把经济工作的重点转向乡镇企业,加快乡镇工业发展的步伐。

　　为了进一步加快工业发展,使企业上规模、上档次、向高技术方面发展,从 80 年代中期开始,流村地区从实际出发,广泛开展多形式、多渠道、多层次、多方位的横向经济联合,紧密依靠中央和市属单位、大专院校及科研院所,引进人才、技术、设备、资金以及先进的管理经验,建起了一批高技术、大规模的联合企业。在与国内进行联营的同时,大力吸引外资引进国外先进技术和设备,吸收国外先进的管理经验,发展外向型经济。

### 二、工业现状

　　经过多年发展,流村镇的工业已经具备了一定规模,国有、集体、私营、联营、中外合资多种经济成分并存,城乡工业并举,大中型企业并举、轻重工业并举,此外还有商办、建委办、校办工业及三资企业等城市工业。目前,流村镇共有工业项目 39 个,工业园区内聚集了若干低污染、低耗能,并具有一定实力和发展潜力的制药、加湿器、控制柜、喷涂、玻璃制品、包装制品、汽车配件企业,成为地方经济发展的有力支撑。流村镇已经具备了工业产业发展所必须的基础设施条件,水、电、交通、通讯设施较好,土地价格与周边地区相比为最低,劳动力成本低、获取便利。与北京市其他地区相比,流村镇的生产成本相对低廉。

　　但是,流村镇的工业企业在发展过程中还是面临着一些困难,主要表现在以下几个方面:一是基础设施建设严重不足。尽管近几年来流村镇基础设施建设取得了很大的进步,但由于历史欠账较多,镇级财政能力有限,供水、供电、道路、通讯等基础设施无论在建设水平还是在完善程度上与北京市区相比还有很大的差距,不利于工业发展。二是产业素质需要提高。流村镇的工业基础相对薄弱,农业产业化程度较低,农产品只能进行初级加工,缺乏产品包装和营销能力;工业企业竞争力不强,小型加工企业多,现代高新技术企业少,特别缺乏一、三产业有机结合、产业链完整的大中型现代企业;旅游服务业水平不高,配套设施尚待改善,带动消费能力不足。按国家大中小型企业划分的标准,流村镇的企业基本上属于小型企业。小型企业固然有船小好掉头的优势,但是在现代激烈的工业竞争中显得实力不足,缺乏竞争力。三是一些乡镇工业企业在发展中统一规划不足。各乡村在乡镇企业的发展过程中,由于受地域和市场信息的限制,带有一定的随意性和盲目性,一些新建企业或项目由于不符合市场经济的实际而缺乏生命力;另外,由于各村自成体系,使得乡镇企业在整体上缺乏社会化、专业化分工,不能形成企业群体,企业集团为数甚少。四是技术设备水平低,技术工艺落后。90 年代中期,乡镇主要工业企业的产品占 70 年代出产的 70%,其余的均为五六十年代的产品,整个技术设备现代化的水平很低,由于设备陈旧,耗能高,加工精度达不到设计要求,对于提高产品质量、降低消耗是很大的阻碍,严重影响企业的产品质量和经济效益,削弱了企业的市场竞争力,不利于企业的进一步发展。五是技术含量低的企业和产品多,名优产品少。由于工业企业多停留在小型加工甚至初级加工的水平上,高技术水平的企业和项目少,因而技术含量高的产品为数甚少。虽然近几年来涌现了一些名优产品,但为数甚少。六是资金、原材料、能源紧张。资金紧张是乡镇企业面临的普遍问题。一方面,由于乡镇企业发展资金大部分是靠企业自身的积累,而企业自身积累能力下降;另一方面,银行贷款逐年减少,使这一问题进一步加剧。尽管近几年来引进国内外资金以及挖掘其他方面的潜力,在一定程度上缓解了资金紧张的状况,但离完全满足企业要求还有一定的差距,原材料、能源紧张也是始终困扰乡镇企业的难题。七是人才缺乏,企业职工素质有待提高。人才缺乏特别是管理人才缺乏是乡镇企业普遍面临的问题。造成这种情况的原因很多,主要有:企业职工主要来源于当地农村,文化水平普遍较低;绝大多数企业无论在硬件上还是在软件上都还没有足够的能力吸引大学毕业生和其他人才;企业自身培训能力有限。企业的竞争力归根到底还是人才的竞争,要想在激烈的市场竞争中取胜,必须加强乡镇企业人才的开发。

### 三、工业管理

（一）机构

1979 年,流村公社成立 2 人到 3 人的工副业组。1987 年 4 月 10 起,乡镇相继成立工业企业总公司,公司设经理、副经理。1995 年 10 月,乡镇企业总公司以乡镇工业企业办公室列入乡镇政府机构,对外称乡镇工业企业总公司。

（二）企业管理

在管理组织方面,50 年代初,流村地区的手工业生产合作社设主任、副主任各 1 人。1958 年以后建工厂,设厂长 1 人,主持全面工作,设副厂长 1 人至 2 人,协助厂长工作,企业生产规模扩大后设副厂长 1 人至 3 人,厂下设车间或班组。70 年代后,工厂规模较大的企业设办公室和生产、财务、行政、技术、供销（改革开放后有的企业分设供应科、销售科）、经营、劳资、保卫、政工等科室,有的企业设设备动力科、基建科等。按照生产任务的需要,公司、厂设生产车间（大型企业设立分厂）,车间设主任、副主任和劳动、安全、原材料、工具保管、质检等专（兼）职人员,协助车间主任、副主任管理工作。根据生产工序,车间分生产班组,设正、副班组长管理本班生产等工作。

在生产管理制度方面,50 年代,企业制定简单的生产管理规章制度。60 年代后,企业逐步建立健全生产管理规章制度,主要有原辅材料采购、验收、保管、发放制度,编制年度生产计划、月生产作业计划,产品质量检验、成品、半成品、在制品保管、入库及新产品试制及财务资金使用审批核算制度。计划经济时期,企业实行计划生产,企业生产由行业管理部门计划管理企业产品的产量、品种、原材料指标。企业完成计划内的产品,由有关部门统一组织统购包销,超额计划部分产品可由企业自销。1980 年以后,企业管理逐步放开,各个管理部门不再下达指令性的生产计划和原材料指标,企业按市场自主安排生产计划和原材料市场采购,生产产品自行销售。企业生产由计划经济体制向市场经济转变中,多数企业面向市场调整产品结构,加强产品销售,生产适销产品,增加花色品种,提高产品质量,降低价格,服务用户,使企业得到发展壮大。有的企业经营管理未能适应市场的需要,产品滞销,生产经营困难,关停并入其他企业或转产。

在生产经营管理方面,计划经济体制时期,企业内生产经营管理实行公司(厂)、车间、班组逐级下达生产任务,职工工资固定,按月、季、年度定期评定奖金。1982年起,开始推行经营管理责任制,企业对车间、科室,车间对班组层层制定落实经济责任制,主要形式有两种:一是实行五定(定产量、质量、成本、利润、品种)、一奖(经济效果奖)、两考核(安全、精神文明考核);二是实行五定(定人员、工资及费用、产量、质量、成本)、三奖(超产、质量、成本奖)、双浮动(工资、奖金浮动)。1987年以后企业推行"两保一挂"承包责任制,企业生产经营管理实行承包指标分解到科室、车间,层层订立承包合同,职工个人收入与职工劳动成果挂钩、与企业经济效益挂钩。

## 四、工业企业体制改革及发展方向

从1979年开始,流村地区部分企业试行经济责任制,开启了工业企业各项改革的序幕,以后逐步展开,并不断予以深化和完善。

### (一)企业经营管理模式

工业经济体制改革首先是企业经营管理方式的改革。过去企业的人、财、物、产、供、销均由上级主管部门负责,企业没有经营自主权,因此缺乏生产动力。1979年,在党和国家确定改革开放的方针后,流村地区开始将权力逐步下放给企业,主管部门只对企业规定产值、产量、利润等指标,试行分成或包干,并由企业主管部门和试点企业签订经济合同书,使之具有法律约束力。经济责任制的实行,调动了企业生产的积极性,取得了较好的效果。在这一基础上,从1984年开始,昌平县又制定了以承包为中心的承包经营责任制,在全县企业中普遍推广,流村地区也是在这一政策下开始工业企业经营管理方式改革的。其具体做法是:首先由县政府主管部门,如县经委、乡镇经委等签订《经济承包责任制合同书》,承包的经济任务主要是完成工业总产值、上交利税、技改措施等指标;然后由各主管部门与所属企业签订承包合同,形成多层次的经济合同网络,承包指标围绕产值、产量、利润、上交利税等。经过多年的实践,使经济承包责任制逐步充实和完善,并日益规范化、制度化,至今已成为企业的主要经营管理方式。目前承包制的主要形式有二保一挂、利润包干、全额利润分成、利润定额、超额利润分成等。在执行承包经营责任制中,昌平县还坚持骨干企业实行集体承包、厂长负责、个别微利或亏损的小企业在充分监督的基础上实行个人承包的原则。承包责任制的实行,极大地推动了工业经济的发展,对实现企业自主经营、搞活企业是十分有效的。

(二)分配方式的改革

企业经营方式的改革要求企业的工资分配制度进行相应的改革,根据北京市政府关于改革企业工资和奖金制度的精神,流村地区的企业工资制度进行了改革,改革方式主要有以下几种:一是实行工资总额同上缴的国家利税挂钩浮动的方法;二是实行税前列支工资总额同上缴税金挂钩浮动的办法;三是计税成本工资与经济效益挂钩浮动分档列支方法;四是实行销售合格产品金额计件工资制的方法,主要是产品单一的企业实行本办法;五是实行成本列支的工资总额包干办法。

(三)企业用工制度改革

用工制度改革是企业内部制度改革的一个重要方面。流村地区工业企业对原有的用工制度逐步进行了改革,将过去统一由国家分配和上级主管部门安排职工的制度改为录用制,企业可根据自身的情况自主录用职工,并对科室、车间和一般干部采取逐级招聘制。用工形式上,也将单一的固定工改为固定工与合同工、临时工多种形式并存。

全员劳动合同制规定,企业全体职工一律实行劳动合同制,合同制分为长期、中期和短期,长期合同一般为 10 年,中期合同为 3 至 5 年,短期合同为 1 年。用工制度的改革,对于增强职工的竞争意识和工作责任心,以及促进劳动力的合理流动,起到了十分重要的作用。

## 第二节　企业类型、布局和结构

### 一、企业类型

#### (一)室内产品

北京亚都室内环保科技有限公司亚都公司创立于 1987 年,位于流村镇亚都工业园区。现有职工 1300 人,生产经营占地面积 71733.05 平方米,主要从事室内环保产品的制造及加工,同时提供技术咨询服务,主要产品有加湿气、净化器等。2008 年年末,总资产66052.44 万元,实现销售收入 33607.2 万元,利润 5973.1 万元,上缴利税 2963 万元。

北京市普腾厨房设备有限公司昌平分公司创立于 2003 年 10 月,位于流村镇下店村东口。现有职工 39 人,生产经营占地面积 3875 平方米。主要生产不锈钢厨房设备以及厨房通风、净化设备。2008 年实现总产值 420 万元,销售收入 280 万元,上缴利税 19.2 万元。

#### (二)保健和药品生产工业

**北京勃然制药有限公司**　公司的前身为北京同仁堂中药加工厂,1987 年改为北京昌平制药厂,2003 年改为北京勃然制药有限公司。公司位于昌平科技园流村工业区,现有职工 260 人,生产经营面积 22000 平方米,主要生产尿素[$C^{13}$]呼气试验试剂盒、明目地黄丸、抗骨质增生丸、逍遥颗粒等。2008 年,实现产值 4970 万元,销售收入 3527 万元,利润 254 万元,上缴利税 229 万元。

**北京天九药业有限公司**　公司成立于 1995 年,位于流村镇北流村,现有职工 105 人,占地面积 40000 平方米,主要产品为天九肾骨胶囊。2008年,实现工业总产值1268.6万元,销售收入1678.3万元,缴纳税金228.2万元。

**北京星辰万有科技有限公司**　公司成立于2002年,位于流村镇西峰山村,现有职工81人,公司占地面积11000平方米,主要生产眼保仪、降糖仪、降压仪、场效仪和眼保灯。2008年,实现总产值1220万元,利润144.6万元,上缴利税8.81万元。

**北京科林世纪海鹰科技发展有限公司**　公司成立于2002年2月,位于流村镇北流村环岛西600米处,占地面积5000平方米,现有职工36人,主要生产鼠药、卫生杀虫烟剂、农药、卫生消毒产品、植保器械等。2008年年产值195万元,实现销售收入182万元,利润11.7万元,上缴国家利税19.8万元。

**流村中药厂**　该厂占地4万平方米,建筑面积1.6万平方米。具有300万固定资产,年产饮片中成药330多万公斤,是原流村乡的骨干企业,是1964年建厂以来稳步发展起来的饮片加工厂。目前,该厂生产的有"乌鸡白凤丸"、"接骨丸"、"逍遥丸"、"健脾丸"等丸药已达29个,饮片加工达到500多种。

**昌平流村酸枣加工厂**　厂址位于北流村村南,成立于1958年,注册资金1.5万元,资产总额12万元,主导产品是酸枣仁,主要为北京同仁堂制药四厂、同仁堂饮片厂做加工。

（三）机械制造

**北京西山圣通风机有限公司**　公司成立于1985年11月,位于流村镇下店村,占地面积26640平方米,主要生产燃煤锅炉配套通引风机、矿用对旋轴流风机、一般通风机。2008年实现年产值3500万元,销售收入2200万元,利润4.1万元,上缴利税70万元。

**老峪沟铸造厂**　成立于1976年,占地面积33350平方米,拥有职工320人,2000年转让给个人。

**高口制钉厂**　1976年建厂,占地面积135400平方米,于2000年倒闭。

（四）建筑业

**北京鑫基建筑工程有限责任公司第二十分公司** 该公司位于流村镇振兴路派出所东院,占地面积 8800 平方米,总投资 1000 万元,主要从事建筑业(建筑施工一级、装饰装修二级、市政三级),分公司现有管理人员 19 人。

（五）高新技术工业

**北京东方诚益通工业自动化技术有限公司** 该公司成立于 2003 年 7 月,注册资本 1500 万元,位于流村镇工业园区,占地面积 20000 平方米,现有职工 182 人,主要从事制药、化工自动化控制项目的设计和实施,研制适合生物工程、中药提取等生产过程自动化控制的 CTN－1000－CNT－6000 系列计算机自控系统和多种专业自控仪表(智能补料控制器、智能 PH 控制器、智能温度控制器、消沫控制器等)以及生物工程用的新型长寿命无菌自控执行器等高新技术产品。2008 年,公司年销售收入达到 4094 万元,实现利润 226 万元,上缴税金 93 万元。

**北京北锅恒轮能源设备制造有限公司** 公司占地面积 100 亩,有员工 50 人,位于流村镇工业园。公司主营业务为机电安装项目的工程管理,业务范围涉及电站建设、化工动力中心建设、环保发电项目等的工程总承包,服务的客户主要分布在电力、化工、环保等工业领域。此外公司拥有一批长期工作在设计院、电建公司、化建公司等单位的资深专家、设计及工程管理专业人员。

（六）化工、塑料制品

**老峪沟化工厂** 该厂 1980 年成立,占地面积 338500 平方米,有职工 20 人,于 1995 年倒闭。

**老峪沟化纤厂** 该厂始建于 20 世纪 70 年代中期,占地面积 2000 平方米,拥有职工 30 人,主要生产化纤产品,年产值 50 万元,2000 年转让给个人。

**北京昌平流村喷漆厂** 该厂成立于 20 世纪 80 年代中后期,注册资金 50 万元,资产总额 150 万元,员工总数 130 人,地址在西峰山村南,后迁至北流村村北,主导产品是为北京无线电仪器厂的器具喷漆、打砂、加工。

**下店喷漆厂** 该厂是在 1980 年为乡喷漆厂搞打砂业务的基础上逐步发展起来的,有职工 60 人,占地面积 3575 平方米,固定资产 11 万余元,业务范围由单纯的打砂发展到喷漆、拉网、侧板等生产加工。下店在近几年又建起表盘厂、清洗剂厂,产品工艺先进,质量上乘。

**上店喷漆厂** 该厂建于 1981 年,以图书架加工为主,兼顾其他。1987 年创利 8 万多元,成为当年全乡队办企业中创利最高的厂家。

**燕峰塑料厂** 20 世纪 80 年代建立,注册资金 110 万元,资产总额 210 万元,主导产品是为北京交电公司制作电器元件,地址在昌平制药厂院内(建厂初期),后迁至西峰山村西南。

(七)纺制服装

**老峪沟京联毛纺制品厂** 该厂始建于 1990 年,占地面积 2700 平方米,拥有职工 40 人,年产值 300 万元,于 2000 年转让给个人。

**流村服装厂** 80 年代以来,一批老企业受各种因素的制约,原生产产品品种不受欢迎或因原材料奇缺,面临着巨大的考验。原流村乡鞋厂在这种形势下,于 1987 年 6 月转产为北京童装三厂加工童装,原料、资金、技术都有了保障,使这个濒临倒闭的企业出现了转机。

(八)保温容器

**流村玻璃瓶厂** 1983 年建厂,占地 6 万平方米,拥有 300 名职工,250 万元固定资产,具有年产量 2000 万只的两条机器生产流水线,各种检测测试设备齐全,日产瓶达 7 万只,合格率达 89%。该厂生产的汽水瓶受压力强,透明度高,造型匀称,符合国家质量标准。

**燕峰水灌厂** 其前身是一个具有 20 多年历史的农机修理厂。1986 年开始生产出了 SN. SNW 立卧式囊状隔膜全自动气压供水装置,并获得昌平县科技进步二等奖,北京市科技成果三等奖,并在 1987 年列入了北京市第一批科技星火计划。1987 年 11 月,北京市消防局通过对该厂全面验收,批准其为消防器材定点生产厂家。1986 年创产值 318 万元,比 1985 年翻了两番;1987 年又创产值 500 多万元,产品在全国二十几个省市安家落户。

**北京昌平流村玻璃制瓶厂** 北京昌平流村玻璃制瓶厂于 1982 年组建,1983 年 1 月 1 日正式投产,注册资金 50 万元,资产总额 200 万元,占地面积 40 亩,员工总数 210 人,地址在北流村北(现亚都所在地),主导产品是玻璃瓶,主要供应昌平酒厂、延庆八达岭酒厂,后为北京啤酒厂生产啤酒瓶。

(九)矿产开发业

**白桥石子厂** 1985 年白桥石子厂正式投入生产,这是流村利用丰富资源与北京市建材厂、卢沟桥石子厂联合组建的,客方提供先进的开采设备,年产量可达 50 万吨。其中 1.2 厘米水洗砂、3.2 厘米水洗机碎石硬度高、质量好。原隶属于该厂的水泥管厂,1986 年独立经营以来,其产品质量很快提高,各种产品共有 17 种规格。

(十)食品业

**白羊城大队五峰山饮料厂** 该厂是原流村乡唯一的食品加工企业,有职工 22 名,在配料和卫生上严格把关,五峰山牌橘汁已在昌平县绝大部分商业网点中打开了销路。

表32　1987 年流村乡、高崖口乡、老峪沟乡乡镇企业表

| 厂名 | 职工 | 占地面积(平方米) | 固定资产(万元) | 主要产品 | 年产值(万元) | 收入(万元) | 利润(万元) | 税收(万元) | 建厂时间 |
|---|---|---|---|---|---|---|---|---|---|
| 下店喷化厂 | 60 | 3575 | 11.6 | 侧板、拉网 | 31.9 | 27.8 | 0.6 | 1.4 | 1980 年 |
| 下店表盘厂 | 30 | 275 | 9 | 水表盘 | 18 | 15.2 | 0.1 | 0.7 | 1980 年 12 月 |

续表

| 厂名 | 职工 | 占地面积（平方米） | 固定资产（万元） | 主要产品 | 年产值（万元） | 收入（万元） | 利润（万元） | 税收（万元） | 建厂时间 |
|---|---|---|---|---|---|---|---|---|---|
| 下店洗剂厂 | 15 | 1667 | 1.7 | 便池清洗剂水壶除垢剂 | 15 | 16.9 | 2.6 | 0.8 | 1986年3月 |
| 上店喷化厂 | 44 | 2333 | 22.0341 | 图书架 | 36 | 36.1 | 8.3 | 1.8 | 1981年12月 |
| 南流砂石厂 | 8 | 10000 | 1.1 | 砂石 | 5 | 2.1 | 0.2 | 0.05 | 1984年 |
| 北流瓶盖厂 | 5 | 80 | 0.55 | 瓶盖 | 16.6 | 2 | 0.3 | 0.1 | 1987年 |
| 北流铸造厂 | 11 | 1333 | 0.503 | 铸件 | 8.5 | 4.9 | 0.5 | 0.2 | 1985年 |
| 西峰山刀厂 | 36 | 873.4 | 10 | 菜刀 | 18 | 11.5 | 0.3 | 0.6 | 1982年 |
| 西峰山皮鞋厂 | 26 | 636 | 0.6548 | 皮鞋 | 10 | 10.2 | 0.5 | 0.3 | 1985年12月 |
| 五峰山饮料厂 | 22 | 1040 | 3.4 | 橘汁 | 21 | 16.7 | 0.4 | 1.7 | 1986年7月 |
| 古将化工分装厂 | 13 | 1333 | 6.6850 | 醇酸稀料氨基稀料 | 20 | 19 | 0.1 | 1.1 | 1987年6月 |
| 古将塑料厂 | 75 | 1800 | 18.1242 | 洗衣机配件 | 60 | 27 | 2.2 | 0.6 | 1987年2月 |

表33　1995年乡镇企业分布情况表

| 乡名 | 合计（个） | 乡办（个） | 村办（个） | 个体（个） | 三资（个） | 人数（人） | 产值（万元） |
|---|---|---|---|---|---|---|---|
| 流村乡 | 7 | 6 | ／ | 1 | ／ | 588 | 3726.3 |
| 高崖口乡 | 23 | 17 | 5 | ／ | 1 | 1395 | 5264 |

续表

| 乡名 | 合计（个） | 乡办（个） | 村办（个） | 个体（个） | 三资（个） | 人数（人） | 产值（万元） |
|------|-----------|-----------|-----------|-----------|-----------|-----------|-------------|
| 老峪沟乡 | 15 | 8 | 7 | ／ | ／ | 301 | 857 |

**表34　1995年重点企业经济指标完成情况**　（单位:万元）

| 企业名称 | 建厂时间 | 固定资产原值 | 工业产值 | 利润总额 | 上缴利税 |
|----------|----------|--------------|----------|----------|----------|
| 高崖口乡拔丝制钉厂 | 1976年 | 147 | 750 | 8 | 12.5 |
| 高崖口乡咪特玩具厂 | 1992年 | 500 | 1200 | 56.5 | 40.2 |
| 流村乡中药厂 | 1964年 | 470 | 710 | 78 | 32 |

### 三、产业布局

自1997年撤乡建镇以来,流村镇认真贯彻执行党在农村的各项方针政策,结合本镇的实际,真抓实干,加速山区致富奔小康的步伐,有效地促进了全镇经济的发展和人民生活水平的提高。依托本镇的资源、生态、政策等方面的优势,不断调整经济结构布局,理清经济发展道路。实施"一产抓调整,培养优势产业;二产引增量,增强镇域经济实力;三产抓发展,引市场进山"的经济发展战略,促进镇域经济的持续、健康、稳定发展,总体经济实力有明显提升。

十年来,政府制定工业小区规划和流村小城镇规划,使流村镇的发展按照整体规划发展,通过招商会、网络招商等手段,吸引企业入驻,入驻的企业大部分为高科技产业,具有强大的技术、资金实力。

## 第三节　流村镇企业典型

**北京亚都室内环保科技股份有限公司**

亚都公司创立于1987年,是国内空气品质(IAQ)领域起步最早、规模最大、自主知识产权最多的著名企业,是国家科技部首批认证的"民营高新技术企业"和中关村优秀新技术企业,是中关村硕果仅存的老一代企业之一,也是中关村科技园区企业的代表旗帜,已发展为室内环保产业领域的顶尖企业。

亚都公司专业从事环保22年,注重国际前沿技术的研发和应用,提供室内空气品质整体解决方案。目前拥有的湿度测控系统、去除室内污染技术、去除室内病毒病菌技术、分子络合锁定技术、干法甲醛技术、超饱和吸收式除湿技术、医疗级洁净手术室净化技术等原创科技专利和知识产权,在国内外均处于领先地位。其产品销售网络覆盖全国,连续多年保持国内市场占有率80%以上,并远销几十个国家,是室内空气品质行业的中国第一、世界第二的大型企业。由于亚都在室内环保行业的绝对优势,许多国际著名厂商都是亚都OEM供应商,如日本SHARP。亚都是民族品牌的骄傲。

亚都公司产品具备极其完善的质量保证,主要产品不仅通过了ISO9000认证,同时还取得了美国UL、德国GS、欧盟CE等认证。"亚都"品牌是北京市著名商标,"亚都加湿器"和"亚都净化器"是北京市名牌产品。经过最近几年的技术升级、产业升级,目前,亚都公司除了传统的加湿器、净化器生产线外,还开发了除湿器、冷风机产品线,四条完备的生产线丰富了亚都产品结构,提高了亚都的市场竞争力,增强了亚都品牌的影响力。

亚都在不断提高经济价值的同时还积极参加社会公益事业:"非典"时期,亚都捐赠大量空气净化器到指定医院,与医患人员众志成城,共抗"非典";2006年,亚都捐赠了2000万元的净化器,联合全国妇联在百座城市、千家医院共建10000所健康绿色产房;2008年,5·12汶川大地震发生后,亚都迅速反应,为灾区捐献30万元善款,送去100套净水机、4.5万只HEPA口罩和一批具备奥运技术水平的空气净化设备。

2006年5月11日,亚都公司被确定为百年奥运史上的第一家空气加湿净化类产品供应商——"北京2008年奥运会空气加湿净化器独家供应商"。2008年,亚都以精湛的技术和产品,为"绿色奥运"保驾护航。

# 第四节　工业前景及规划

经过多年不懈的努力,流村镇的工业经济有了很大发展,已经具备了一定的规模和实力,但仍然存在一些缺陷和不足,有待进一步调整和提高。这主要表现在以下几个方面:一是企业数量虽然不少,但以小企业居多,企业规模普遍较小,有实力的骨干企业以及企业集团较少,没有形成规模优势。二是技术水平低的企业多,高科技企业少,拳头产品和科技含量高的产品少,缺乏市场竞争力。三是产业结构和产品结构未达到最佳配置,需进一步调整。四是工业布局较分散,地区间发展不平衡。五是企业管理水平不高,人才缺乏,资金能源紧张,技术设备落后,大部分仍停留在50至70年代的水平上。针对上述情况,流村镇工业企业部门已经并继续注意在以下几个方面进一步发展完善。

## 一、积极推进"一园带三区"的工业发展战略

昌平区近年来制定了以科技园区为龙头,带动民营科技园区,扶贫工业区和流村地区乡镇工业小区的工业发展规划,并已经开始实施,各乡镇工业小区也正在建设中,今后要按照发展规划进一步加快发展步伐。科技园区要加快建设速度,利用优惠的政策和良好的条件吸引更多的高科技企业尽快入驻,使科技园逐步成为工业发展的"硅谷"。各工业小区也需要加紧建设,做到合理布局,形成工业的整体优势,推动全镇工业早日实现高科技、大规模、高速度增长。

## 二、进一步调整产业和产品结构

流村镇需要进一步调整产业和产品结构。一是充分利用本地的

资源优势,发展一批高水平的资源型企业。虽然当地的锰、铁及石材等资源得到一定的开发,但大多只限于初级加工阶段,因此需要进一步引进资金和技术,在资源产品的深加工和精加工上下功夫,扶持和发展建材行业和矿产品采掘业。二是利用农业上的资源优势,大力发展农副产品加工业,并提高其深度和精度。三是发展为农业服务的化学工业,农业修造业。四是继续大力发展已经具有一定基础的为大城市配套的行业,如汽车配件、彩色电视机、电冰箱、洗衣机、印刷机等零件加工业。五是大力发展旅游和出口创汇产品,发展高档次服装、工艺美术品、五金工具和机电产品等。

### 三、大力发展横向经济联合

昌平区大专院校、科研院所以及中央、市属大型企业较多,过去与这些企业进行横向联合方面取得了一些成就。当前,流村镇更加充分地利用这一有利条件,进一步发展与他们的横向经济技术合作和协作,引进先进的科学技术、设备、科技人才,加快企业的技术改造,提高企业的科技含量和产品质量,提高企业的档次。

### 四、继续扩大对外开放

继续扩大招商引资的领域和力度,在与港台和东南亚合资合作的基础上,把招商引资的重点向欧美市场转移,进一步发展"三资"企业,充分发挥"三资"企业的优势,提高"三资"企业在全镇经济中的比重,推动全镇工业经济的进一步发展。

### 五、加快组建企业集团

镇领导制定政策,要继续发展企业集团和企业群体,以骨干企业和拳头产品为龙头,组建各种适应本地区特点的跨行业、跨地区乃至跨国集团,以扩大企业规模,壮大经济实力,形成群体优势。企业集团的形式根据不同情况,以紧密型、半紧密型和松散型相结合为宜。

总之,流村镇的企业在今后的发展过程中,首先要积极改革,对企业实行科学化的管理;其次要不断进行技术改造,提高生产能力;再次要广泛引进国内外资金以及先进技术和设备,促进企业向高新技术发展;再次要重视培养和引进人才,"企业要发展,关键是人才";最后要转变过去卖方市场的销售观念,调整销售战略,走出一条独具特色的道路。

## 第五节　旅游业

### 一、发展现状

根据市场需求,依托丰富的旅游资源,流村镇政府确立了以生态休闲为重点的旅游发展思路。根据旅游规划,不断改善基础设施条件,完善基础设施建设,投入 3160 万元,开发了昌平第一峰、菩萨山等景区,挖掘漆园村龙鼓、长峪城社戏等为代表的传统文化。目前,流村镇已经建成 2 个景区,10 个民俗村,20 家市级民俗旅游宾馆,17 个观光果园,其中 13 个被区旅游局确定为观光采摘园,白羊城民、菩萨鹿和禾子涧 3 个民俗旅游服务中心,具备了同时住宿 1500 人、就餐 2500 人的接待能力。全镇从事旅游人数为 600 人,旅游收入每年以 20% 以上的速度递增,使以旅游业为重点的第三产业得到迅速发展。

### 二、发展条件

（一）旅游业与农产品深加工产业互补

流村镇地处山前暖带,农业基础条件好,玉米、谷子、豆类等各种小杂粮品质优良,特色突出。林果业是该地区的中药产业和优势产业,古树栽培历史悠久,目前已经发展成盖柿、小枣、苹果、海棠、杏仁、核桃、葡萄、李子、蜜桃等十大果品生产基地。野生动植物资源丰富,上百种的草木植物、药材、马齿苋、车前草、苦丁花、香姑娘等数不胜数,国家级的野生动物数量众多,这些都可以作为发展旅游的重要资源。

（二）丰富的自然人文环境

流村镇自然资源丰富,植被茂盛,森林覆盖率高、山清水秀,空气清新,人杰地灵,古迹和自然风景众多。流村镇是北京市的西部生态带,地形多样,区内有近80%的山丘区,山区植被较为完整,自然生态环境保存良好,具有较好的生态环境基础,拥有被誉为"昌平小西藏"的老峪沟、漆园等自然生态景区。流村镇的人文资源也比较雄厚,拥有庆王坟、长峪城明长城遗址、菩萨鹿佛教文化区、解放战争时期昌宛县政府旧址、棋盘山、龙胜寺等一大批文物古迹和风景名胜区。

（三）有力的政策支持

建设社会主义新农村,是中共中央从全面建设小康社会、加快社会主义现代化的全局出发提出的重大历史任务。搞好"大农业"和"大旅游"的结合,大力发展农业旅游,是推进社会主义新农村建设的重要途径。农业旅游以农业生产过程、农村风貌、农业劳动生活作为主要的旅游吸引物,这就把"三农"推向了市场,使其成为旅游业资源和旅游产品,从而与解决好"三农"问题实现了全面对接。

流村镇既是奇山秀水、古迹名胜、风情民俗等传统旅游资源的富集地,又是自然生态、田园风光等现代旅游资源的分布地;既是海内外旅游者观光度假的目的地,又是发展迅速的国内旅游与出境旅游的客源发生地;既是需要旅游行业重点支持发展和搞好服务的地区,又是旅游业发展的主要基地。依托农村地区在旅游资源方面拥有的特殊优势,大力发展以农业生产过程、农村风貌、农民生活为主要吸引物的农业旅游,实现"大旅游"与"大农业"的互相渗透融合。

昌平区对山区的扶持力度也在不断加大,制定了一系列农户搬迁、农村基础设施建设和环境治理政策,这些都为改善山区生产、生活条件,进一步促进区域经济建设以及增加农民收入提供了政策支持。

### 三、旅游发展的新机遇

（一）巨大的客源市场机遇

中国乡村旅游加速发展的产业现状，市场潜力巨大，流村镇力图打造一个国际化、都市化的旅游度假胜地。流村镇的乡村旅游面对的最主要的客源市场是中国首都北京的假日出游游客。京城的游客可以在乡野篝火旁烧烤野炊，尽享浓浓的民风乡土之情；又可垂钓于田野坡塘，陶冶乡村文化；也可徜徉田园，亲手采摘果蔬，与农家分享收获的喜悦。流村镇有强大的市场驱动力来打造符合高品位乡村旅游者需要的休闲旅游产品。

（二）全新休闲方式转化的机遇

随着一个旅游目的地走向成熟，旅游高度开发过程所带来的负面效应往往使地方文化不断受到稀释、冲击，使地方原汁原味的特色逐渐淡化、商业化、趋同化，产品老化，导致游客的注意力又转向了新的旅游目的地，去获取全新的体验。中国的旅游市场也正逐步由"观光为主"向"度假+观光"转化，庞大的市场必定呼唤不仅具有观光功能，而且具有独家及更多体验功能的新一代旅游目的地的开发，这为流村打造一个全新的旅游目的地提供了可靠的市场保证。

（三）北京奥运会的机遇

2008 年奥运会在北京成功举办，为流村镇旅游业的发展吸引了更多的游客。在奥运会之前，北京进行了较大力度的基础设施和生态环境建设，对于流村镇来说，北京奥运会为其提供了一个加强自身设施建设的机会，同时奥运会在世界范围内的媒体宣传，使得北京成为世界的焦点。流村镇紧抓这个机遇，扩大自己的知名度。

（四）红色旅游机遇

2005 年国家提出大力发展红色旅游，政策倾斜，因地制宜，保护当地的自然资源、生态环境，充分发掘革命历史遗迹，通过旅游扶贫的方式,推动流村镇区域经济的发展。历史上,流村镇曾有许多著名的战役发生,如1948年震动了昌宛全县和整个平西的狼儿峪惨案,又如在抗日战争和解放战争时期,瓦窑村村民配合解放军主力部队阻击敌人,消灭敌人104军万余人。这些都为发展红色旅游提供了条件。

# 第三章 商 贸

## 第一节 商 业

### 一、商业体制

由于地理及交通的优势,昌平在历史上曾是商贾云集的重镇,是传统的物资集散中心,商业发展的历史较为悠久。特别是清末以后,商业机构和经贸人员的数量均呈上升的趋势,形成具有一定规模的商品交易市场,流村镇在这一时期的商贸也得到较大的发展。以后由于社会动荡和战乱的影响,整个昌平地区包括流村镇域在内的经济发展和商贸活动均受到严重阻碍。到解放前夕,全县各类商业机构中仍主要以落后的手工作坊、自产自销的加工销售点和小门店居多,真正上规模、比较正式的店铺很少。解放初期,市场经营主体仍主要以私营商业为主,农村市场则主要依靠供销社的力量,供销社的前身是解放前的推进社。

1951 年至 1955 年,农村供销社系统也逐渐发展起来。1954 年下半年,开始对私营商业的社会主义改造工作,具体工作由县供销社的组导科负责。社会主义改造的第一步以合作小组、公私合营和联营形式分别对私营商、饮、服务业进行改造。第二步,以提高组织形式为重点,完成了由初级合作社向高级合作社的全面过渡。第三步,在 1958 年的"大跃进"中,又向人民公社经济过渡,商业实行同步合并,打破了所有制界限。同年 9 月,成立昌平县商业局集中管理,全县商业集体所有制性质的供销社全部合并到商业局,实行国营、供销社的第一次合并;同时,各人民公社都成立了商业科,统管当时各种形式的商业机构,县商业局所属的零售网点也交给各乡统管,打破行业界限,统管各地的百货、副食、医药、饮食服务等各类门店,私营商业基本消失。这一时期,对商业实行计划管理体制,供销合作社集体商业实行柜台、门店、联社(基层社)三级管理,国营商业实行批发部和门店两级管理,各级按计划下达和完成商品供应经销任务,以基层社和批发部为基本核算单位。企业职工实行固定工制度,基层商业企业管理干部实行任免制,职工、干部实行级别工资加奖励的工资制。

由于急于过渡、升级,给商业发展和市场供应带来很多问题。1960年3月开始纠正"冒进"做法,恢复农村供销社,恢复农村集市。1961年10月,商业局与供销社正式分开办公,重新设置供销商业机构。1962年5月又开始"吐出去"工作,先后吐出大量私营业户,一些合作经济性质的小企业、小商贩从经济中退了出去。"文化大革命"开始后,商业系统在"左"的思想的指导下又开始重复所有制形式的升级、过渡,供销社与国营商业于1969年再次合并,个体商贩被视为资本主义"尾巴"被割掉,农村集市重新被取缔,商业流通体系成为国营经济一统天下。

实行改革开放政策以后,各项事业迅速发展,旅游业的蓬勃兴旺和流动人口的迅速膨胀,使流村镇原本就设施简陋、网点稀少、服务水平落后的商业更加难以承受,不可避免地出现吃饭难、购物难、住店难等诸多商业问题;而商业本身由于基础落后,加上常年微本薄利经营,没有能力进行自我改造、自我发展。

80年代初,商业经营市场放开,个体私营和社会办商业加快发展。这一时期,国营集体商业企业实行经营管理体制改革,企业经营逐步放开搞活。1981年8月从饮食服务业开始,逐步扩大到其他商业企业。1983年1月30日起,县属国营和供销合作社集体商业的零售网点开始划小核算单位,实行经营承包责任制。其中百货、服装行业实行利润承包、全利分成和超额分成的办法,城镇小企业承包给个人、班组经营,副食、蔬菜行业试行集体承包,实行亏损包干、减亏分成、超亏不补的承包责任制;农村小型商业门店试行集体或个人承包,独立核算,自主经营,自负盈亏。同时改革企业职工分配制度,经营承包责任制实行基本工资和计件工资相结合的工资制度。80 年代中期以后,国营和集体商业进行经营体制的改革。1987 年,对商业企业实行"两保一挂"经营责任制(保上缴国家税收、企业积累和发展,职工收入与企业上缴税收挂钩),一定 4 年不变。同年,商业企业实行多种形式的效益工资制度,进入企业的职工实行集体劳动合同制。1988 年,县委、县政府召开财贸改革工作会议,县商业服务业实行《关于企业招标承包试行办法》,到 90 年代中期形成以国有、集体、社会办和个体私营商业共存的商业经营体制。1991 年,国营集体商业企业实行用工制度改革。1992 年,国营集体商业进一步深入进行管理经营体制改革,县政府成立领导小组,制定商业企业经营、物价、用工、分配"四放开"的实施方案。1993 年,县属国有、集体商业年利润在 20 万元以下的小型商业企业实行租赁、承包、股份制、股份合作制、企业兼并、联销经营、企业部分或整体出卖 6 种形式的经营管理改革模式,企业所有权和经营权"两权分离",重点推行"国有民营"为主、"社(供销社)有个营"为辅的经营方式,到 1993 年年底,国有、集体商业企业的大部分基层门店推行"国有民营"、"社有个营"。同时试行国务院《全民所有制工业企业转换经营机制条例》,进行改革试点。流村地区商业网点建设也取得了较大的成效。

## 二、商业网点

新中国成立初期,个体私营商业网点设施主要在乡镇中心的临街门店。进行社会主义改造之后,农村供销合作社商业网点增多,主要是旧房改用或建简易平房。六七十年代,国营、合作社商业相继建成批发、专营门市部、综合商店,大多面积较小,购物条件简单。改革开放以后,商业网点设施建设加快。

### 三、商品流通

50 年代初期，主要的商品执行统一计划供应后，商品流通逐步实行按行政区域、商品类别、行业由县专业公司负责供应，农产品购销和日用商品由县供销合作社负责，城镇日用商品由县百货公司、县工业品公司负责，副食品、肉食品、蔬菜和石油、煤炭、物资由各专业公司负责，商品购入由县各专业三级批发公司按计划从北京市二级专业批发公司购入，各专业公司按供应计划批发给各商店、门市部零售。由于商品流通地区、城乡和行业之间分割，商业发展受到限制。80 年代逐步改革商品流通体制，放开搞活商品流通市场，打破地区、城乡和行业分割，减少商品流通环节，商品购入由经营者按市场需求直接购入，放开商品经营的地区、商品类别和行业，形成社会主义市场经济的商品流通体制。

传统的农村个体商户商品销售方式采取走村串户流动售货，民间俗称"货郎"。50 年代初期，基层供销合作社所属门市部、分销点也大多采取走村流动售货。80 年代后期，基层供销合作社已不再流动售货，农村个体商户以坐商、摊商方式经营。

城镇个体商户多以临街店铺经营，规模稍大的商户以经营商品起店铺号。50 年代初期以后，国营集体商业在城镇和农村建立门市部和分销店。门市部一般营业面积较大，商品品种齐全，售货员较多，采取柜台售货；分销店较小，售货员少，主要销售日用商品和小商品。到 70 年代末期，门市部和分销店是国营集体商业基本供应经销的方式。1993 年以后，城乡国有集体商业门市部、分销店已拍卖或由个人承包租赁经营。

### 四、商品供求

50 年代，流村镇人民生活日用商品匮乏，品种少，市场供应不足。1959 年，商品市场供求矛盾突出，一些日用商品脱销断档，大件商品凭证定量供应 12 种。1960 年，日用商品供应扩大凭证凭票定量供应商品范围，并对一些日用商品实行高价供应。实行凭票证供应的商品有肉食、鸡蛋、食油、食糖、糕点、奶制品、酱油、黄酱、卷烟、酒类、茶叶、碱面、生产用盐、文具、灯泡、自行车、缝纫机、手表、被罩、衫裤、秋衣、秋裤、线麻、棉布、毛巾、汗衫、背心、棉毯、毛衣、鞋帽、棉线、肥皂、香皂、火柴、煤油等。之后,增加凭工业券、农业券供应商品的办法。1961 年,城镇居民和农村人口凭票、凭证定量供应的商品有156 种,其中日用商品有 128 种、副食品 28 种,使用的票证有布票、粮票、油票、肉票、糕点票、手表票等和副食本、购货本,按户人口数量发放,购买凭票并登记购物本。1962 年 4 月开始采取凭证供应日用商品,呢绒、绸缎、毛衣、奶锅、饭盒、电池、长毛绒等 55 种商品实行凭购货证购买的办法;4 月后,对部分商品实行凭购货券供应,可购买原凭票证供应的 55 种商品;9 月,凭券供应的商品减为 12 种,对产妇用红糖、儿童用奶粉、病人用的特殊需要的商品按照规定标准供应并予以重点照顾,铁锅、炕席、烟筒、炉子等必需品有限供应急需户,救灾物资、军需物资实行专项供应,小百货、小五金、小日杂等商品敞开供应;实行收购农副产品、奖售工业品和以农副产品换购工业品。1963 年起,副食品由原来凭证、凭票供应的 28 种减少到 8 种,蔬菜、酱油、黄酱、鱼等大部分产品敞开供应;工业品由原来凭证、凭票、凭券供应的100 种减少到 10 种;实行定量供应的商品增加定量标准;一些高价商品下调或恢复平价;奖售商品范围扩大,标准增加;副食品中肉食、食油、粉丝等几种主要商品凭证供应,其他商品敞开销售;棉布凭票供应;肥皂凭证登记,每人月供应 1 块,最多不超过 1 条;香皂凭证不登记,每人每次限 1 块至 2 块;洗衣粉凭证不登记,每人每次限购 1 袋。农村人口自行车每 35 户供应一辆,缝纫机每 50 户供应一台。1976年,城镇居民自行车 50 人发给一张票,缝纫机 125 人发给 1 张票。

80 年代初期以后,市场商品逐渐丰富,多数日用商品敞开供应。到 80 年代中期,主要日用商品实行凭票、凭证限量供应,计划供应主要品种为自行车、缝纫机、手表、布鞋、被罩、卫生衫裤、秋衣裤、棉线、牙膏和五金类商品。1982 年有 406 种商品供应放开,此后又有 682

种商品放开价格供应。1983 年 1 月,北京市发放的工业券和农业券停用。到 80 年代末,只有冰箱、彩电、洗衣机等少量日用商品供不应求,凭票供应。90 年代初期,日用商品市场繁荣,商品供应大于需求,购销两旺,商品销售额逐年上升。

## 第二节　对外贸易

### 一、农副产品出口

1979 年开始,流村镇开始组织农副产品出口,当年以鲜水果和干果板栗、核桃、杏仁出口为主,以后增加畜禽、蔬菜品种。1990 年停止鲜水果出口。杏仁、核桃主要出口到英国、法国、德国等国家。1986 年以后停止杏仁出口,1991 年以后停止核桃出口。板栗主要出口到日本,1980 年起每年秋季,昌平县根据京津冀 3 省市板栗收购价格衔接会要求,就板栗收购和出口奖励政策等召开专门会议部署,在板栗生产乡镇进行实施。1995 年,停止板栗出口。1979 年,开始出口肉牛,1989 年停止出口。1986 年鸭开始出口,1990 年停止出口。

### 二、工艺美术品出口

70 年代中期,北京市专业进出口公司开始在基层社队建立工艺美术品出口定点生产厂,品种有珐琅、首饰、地毯、挂毯、烧瓷 5 大类。

表 35　2006 年流村镇出口企业一览表

| 企业名称 | 企业性质 | 出口行业分类 | 企业数 | 人数 | 营业收入 | 利润总额 | 出口产品交货值合计 |
|---|---|---|---|---|---|---|---|
| 北京富亿玻璃制品有限公司 | 股份合作企业 | 轻工业 | 1 | 120 | 639 | 2 | 639 |
| 北京市昌高福利玻璃制品厂 | 集体企业 | 轻工类 | 1 | 80 | 488 | 49 | 487 |

# 第四章　财税金融

## 第一节　财　政

### 一、管理机构

新中国建立之初,流村地区设财粮员,负责征收农业税及农业自筹(经北京市人民代表大会决定,自1956年起按应纳农业税额的15%筹征,其中10%上缴北京市财政局,5%由昌平县统一管理)、工商业自筹、公产收入及其他零星收入。1957年1月1日起,原乡镇人民委员会的财粮工作委员会办理一切预算收支事项,在业务上受区人民委员会财政科的领导和监督。1958年冬,昌平县实现了人民公社化,在流村镇建立工作站,人民公社内设财政科,财政科负责管理全社的财政、财务工作,组织完成上级财政机关分配的财政定额包干任务。1966年起,人民公社设辅导员、会计各一人,负责会计指导和财政财务工作。"文化大革命"期间,人民公社仅有一名财务辅导员负责全社的会计指导工作和一名会计负责机关的财务及财政工作。财政预算收入仅为农业税及农业税附加一项,且收入全部上缴,财政预算之初为人民公社行政经费(包括国家补贴干部经费),文教、卫生、民政等事业费和一些主管局派驻人民公社的人员经费由主管部门直接拨给人民公社或乡政府(1983年后,政、社分设)。1983年8月,县财政局向公社、管理区派驻农财人员,负责公社、管理区财政预算内支农资金的管理使用、预算内行政经费领拨和农业税征收等。1985年年底建立乡级财政,1986年1月1日起正式办公。1985年春,高崖口乡建立乡财政所试点,6月1日正式办公。其后,全县各乡筹建乡级财政的工作全面展开,流村乡、老峪沟乡在这一时期分别建立了财政所。

## 二、财政收入

### (一)元代赋税

额办钱粮(钱帛、丝、粮米)。酒醋课,元之有酒醋课自太宗始,其后皆著定额,为国赋之一焉。马政,民间有抽分之制,数及百者取一,及三十亦取一,杀乎此者则免。牛羊亦然。

### (二)明代赋税

田粮,民地,每亩起科夏税地正麦五升,秋粮地正米五升;官地,每亩起科夏税地正麦一斗,秋粮地正米一斗。赋役,赋分二等:曰正赋,曰徭赋。力役,役分二等:一曰实役,一曰牧役。此外,还有人丁税、商税、铺税、马政等。

### (三)清代赋役

田赋,分民地、船地(收地)、兑补地、备边地、蓄边地、马房地、夹空地、卫地、增地等。每亩各征银不等。丁粮,有上中下三等:上有上上、上中、上下;中有中上、中中、中下;下有下上、下中、下下。康熙五十二年恩诏,续生人丁永不加赋。雍正元年,改令顺天府征丁银,自雍正三年开始摊入地粮,谓之丁银,人丁各征银不等。另外,还有典当税、牛驴猪羊税、房地契税、盐牙税、牙帖税、窑赋税等。

### (四)新中国建立前财政收入

自清末筹备自治、举办新政以来,兴学校、办警察所需经费都取于绅商之捐助及增收田赋和其他捐税之附加,自此地方捐税渐次日多。

中华民国政府成立后,依据前清成规,相度各地情形,允许地方随田赋正税加征附加税,唯其税率各不相同。嗣后,军事频起,田赋附加额倍于正税额。1918年,除田赋外,还有补助费、附加税、杂项税捐、公款生产费、公益会费等。1932年,除田赋外,还有房地契税、营业税、牲畜杂税、屠宰税、牙税、警费、学费、自治费等,名目日多。

1933年废粮改元,订应征地粮、屯粮银一分者,改征洋二分三厘;应征旗杂各租银一分者,改征洋二分,其他如黑地等杂赋统按现征银元数目为科则,一律卷毫成厘。其后又将旧有一地征本色,折色数种科则重叠者,按照银元合并为一,统称田赋。1948年,除田赋外,还有营业税、屠宰税、房地契税、营业牌照税、使用牌照税、筵席税等。

（五）新中国成立后财政收入

新中国成立后,流村地区1949年到1957年,财政收入数额很少。1958年到1977年期间,经历了"二五"到"五五"四个五年计划和1963年到1965年三年经济调整,由于区乡行政区划的变化及"大跃进"、三年自然灾害和"文化大革命"等的影响,财政收入出现起落和不稳定的局面。1978年到1997年开始发展,经济体制改革初见成效,特别是1980年实行财政包干的管理体制,彻底打破了"大锅饭现象"。90年代后,流村地区财政收入逐年稳步发展。新中国成立后,流村地区财政收入包括预算内收入、预算外收入和自筹资金收入。预算内收入包括按照规定划归乡镇范围内的工商税、计提所得税、农业税、农林特产税、屠宰税、城市维护建设税、集市交易税、牲畜交易税、车船使用牌照税等和其他收入。预算外收入包括农业税附加、农业教育经费附加、行政事业单位管理的预算外收入,以及一些国家政策规定的公用事业附加。乡镇自筹资金包括乡镇企业上缴收入和折旧基金、固定资产变价收入、公益事业费收入和集资收入。

**农业税收入**　农业税,是国家向一切从事农业生产、有农业收入的土地,向其所得人、单位(纳税人)征收的一种税制。1950年9月5日中央人民政府公布了《新解放区农业暂行条例》,政务院同时颁布了《关于解放区征收农业税的指示》,这个条例是根据解放区的一般情况,特别是还没有经过土地改革的情况制定的。1950年到1957年,执行有免征额的比例税制。农业税的课税对象是耕地,耕地的计算单位定名为"标准亩"。凡常年产量10市斗谷之土地面积为一个标准亩,不足10市斗的,每斗折标准亩一分,每升折标准亩一厘,升以下不计。对于免征农业税的土地,《华北区农业税暂行条例》中有明确的规定。农业税的征收单位定名为"负担亩",每一负担亩每年征收小米 21 市斤,地方附加不得超过正税的 10%,随同农业税征之。负担亩系指以户为单位,扣除免征额以后,所余应纳负担的标准亩。所有农业人口除条例另有规定外,每人均扣除一个标准亩的免征额,不能以农业人口扣除免征额计税者,其所有标准亩均作为负担亩,依据暂行条例的规定征税。对于提高免征额,须经村人民政府评定,呈请县人民政府批准。农业税全年一次计算,分夏秋两季征收,部分村秋季一次征收。农业税除保证征收国家必须的粮食数额外,为便利群众交税,可折征其他农产品和现款。1953 年,在总平均税率不变的前提下,将所有村庄划分为四个等级村,实行四个等级的税率:一等村,税率为 22 斤每负担亩;二等村,税率为 21 斤每负担亩;三等村,税率为 19 斤每负担亩;四等村,税率为 15.6 斤每负担亩。1955 年,全国农业合作化基本完成,农业税未作大的修订,只是改变了征收单位。1956 年,为了适应农业生产合作统一经营、统一分配,农业税改为以社为单位征收,税额从全社收入中统一提缴。实现高级农业合作化后,国家对农业税收制度进行了改革。1958 年 6 月 3 日,发布了《中华人民共和国农业税条例》,北京市人民委员会办公厅根据此条例制定了《北京市农业税征收实施办法》,规定:农业税征收实行比例税制,对从事农业生产、有农业收入的单位和个人,都是农业税的纳税人,按照规定缴纳农业税。征收农业税的收入有粮食作物和薯类作物收入;有棉花、油料等和其他经济作物收入;有蔬菜、烟类、园艺收入;有果木、山货等特产收入和其他收入。农业收入按常年产量计算,根据折合比例,一律折成小米,以市斤为单位计算。北京市农业税实施办法中规定,昌平县农业税平均税率为 15.2%,并随农业税税额附加征收,地方自筹经费,昌平县根据本区的实际情况确定 16%、15%、13%、8%、5% 五个级别的税率。农业税全年计算一次,分夏秋两季征收。夏收较少的,在秋季一并征收。农业税以征粮为主,对于交纳粮食有困难的纳税人,由区人民委员会批准可改其他农产品或现款。1979 年,根据财政部《关于执行农业税起征点若干具体问题的规定》的精神,从本年度起农业税实行起征点的办法,人均口粮在起征点以下的生产队,免征农业税,这是国家为加快农业发展而采取的一项重要措施。1983 年,停止执行农业税起征点的办法。《中华人民共和国农业税条例》颁布后,连续执行了 30 多年,1983 年,农村实行责任制后,随着农村经济的发展作了修订补充外,整体来说基本上没有变动。1984 年,昌平县对产粮区农业税的征收办法进行了改革,即把产粮区农业税征收粮食改为"钱粮皆收、按人民币结算"的办法,加快了农业税的入库进度。1985 年,为了平衡农村各种粮食作物的税收负担,促进农业生产的全面发展,对从事农林特产品生产,根据实际销售收入,按一定的比例和税率征收农林特产税和农林特产税附加,改变了过去增收不增税,按常年产量计税的办法。园艺收入,包括水果、茶、桑、花卉、苗木、药材等产品收入,林木收入和水产品收入均属于征税范围。1985 年,农业税计税价格改按"倒三七"比例价计算征收,并改征代金,对山区、半山区的缺粮队和自足队,按"倒三七"比例价(0. 2241 元每斤小米)征收代金,增加部分税款给予免征照顾。农业税征收是财政部门的重要工作,也是财政收入的主要来源。在抗日战争和解放战争时期,保证了供给,支援战争取得了伟大胜利;在社会主义经济建设时期,促进了社会主义经济建设和农业生产的发展。农业税是"取之于民,用之于民"的,它同旧政府田赋征收"取之于民,用之于己"有截然不同的区别。2004 年,北京市全面取消农业税;2006 年,国家全面取消农业税。

**工商各税收入** 在新中国成立以前,农村革命根据地的供给,主要是由农民缴纳的公粮(农业税)来解决的,工商税收的数量是有限的。

其他财政收入:一是公产收入。建国以后,就有公产收入。1953年 7 月 17 日,河北省人民政府《关于公产管理意见》中对公产范围的划分与管理作了明确的规定,属于一村所有而在土地改革中未被分配的土地、房屋、地基、沼泽(包括池塘、鱼塘、藕池等)、荒山、沙滩、河淤、堤坝、堤根占地、学田、庙产以及绝户财产(指无任何继承人之户)、公林、公树等,除县以上政府明令留作他用外,其余则为村公产,均由村政府管理。划乡以后,各自然村合并为一乡时,所有各村公产仍归原村所有,不属于一村者均列为市、县、乡、镇公产范围,由各主管市、县、乡、镇管理。根据公产范围的划分,采取分级管理的办法,村公产由村管理,县以上公产由市、县、乡、镇管理。公产收入以谁管谁收为原则,属于村公产收入归村,作为公共事业使用,县以上公产分别按性质列入市、县、乡、镇财政预算或上缴中央。二是罚款和赃款、赃物收入。建国后,长期以来对罚没财物和追回赃款赃物的管理,没有一个统一的管理办法。1965 年 12 月,最高人民法院、最高人民检察院、公安部、财政部联合颁发了《关于没收和处理赃款物若干问题的暂行规定》。随着对内搞活、对外开放的改革方针的逐步实施,生产力获得解放,经济得到迅速发展,同时在社会经济生活中也出现了一些阴暗面,经济犯罪活动时有发生。为了保证社会经济秩序,中共中央、国务院于 1982 年 1 月发布了《关于打击经济领域犯罪活动的规定》。1982 年 7 月,财政部修订并颁布了《关于追回赃款赃物的财务处理办法》;8 月 2 日颁发了《关于罚没财物管理办法》;1986 年年底,财政部对两个《办法》进行了重新修订。

**财政预算外收入** 财政预算外收入包括预算外资金和财政集中的预算外收入。一是预算外资金。建国以后,从总体上看流村镇的预算外资金呈扩大的趋势。1949 年到 1952 年,在国民经济恢复时期,预算资金主要为了解决机关零星开支和一些农村文化教育卫生行政经费的需要设置的。预算外资金项目由机关生产收入和地方附加公粮,以后又明确规定了征收工商业税附加和房地产税附加,公共事业费附加由地方因地制宜,没有统一规定,在管理上比较严格。1952 年,政务院发布了《关于统一管理生产和整顿乡自筹的规定》,决定中规定除民政、劳改生产事业收入以外的机关、部队的生产单位一律作为国营企业纳入预算,取消"小公家务",对农村自筹规定了"包、筹、禁"的原则。"包"就是把原来由农村自筹解决的人员开支纳入预算包起来;"筹"就是继续允许地方筹集7%以下的农业税附加以解决农村公益事业的开支;"禁"就是除了以上"包、筹"外禁止自行摊派。1953年,全国进入大规模经济建设时期,财政体制进行了改革,"实行划分收支、分级管理体制",预算外资金项目增加,企业设置奖励基金、福利基金和大修理基金,开始形成了由企业管理的专项基金。从1954年起,把工商税附加列入预算外,用于公用事业支出。"大跃进"和"调整"时期,大批中央企业和北京市属企业下放,与此相适应,财政体制也进行了改革,国企开始实行利润留成制度。企业按规定从所实现的利润中留一部分自行安排,留成中大部分用于福利和奖励方面。这个时期,国家对附加范围和比例作了调整:工商税附加从1958年起统一改为四种税收(商品流通税、货物税、工商业营业税、工商业所得税)的总额附加1%;农业税附加,在粮食作物地区一般不超过15%,经济作物地区可超过15%,但最高不超过30%。"文化大革命"时期,向企业事业单位下放的预算外资金项目很多,财权相应下放,这一时期的预算外资金有所增长。1978年1月,经国务院批准,改变了基本折旧基金全部留给企业和主管部门的办法,将折旧基金的50%留给企业,50%上缴国家。1979年1月决定上缴国家的50%中的20%不纳入国家预算,按照企业隶属关系分别交给地方财政或主管部门安排使用,列入预算外。1978年11月,国务院规定,凡是全面完成国家下达的产量、品种、质量、原材料和动力消耗、劳动生产率、成本、利润、流动资金占用等8项指标及供货合同的企业,可按照工资总额的5%提取企业基金;完成产量、品种、质量、利润等4项指标和供货合同的企业可按照工资总额的3%提取企业基金。1981年1月,企业开始推行利润留成制度;12月,财政部、国家经委颁布了《关于国营公交企业实行利润留成和盈亏包干的若干规定》后,建立了多种形式的企业经济责任制;1987年,企业折旧基金开始全部留给企业。这一时期,由于采取了改革措施,一部分预算内资金转移到预算外,使预算外资金迅速发展。

二是财政集中的预算外收入。财政集中的预算外收入主要是各项附加收入,以及利润留成、更新改造资金等。农业税附加,1950 年 3 月 24 日,中央人民政府政务院《关于统一管理 1950 年度财政收支的规定》中规定:"地方附加公粮,不得超过国家公粮的 15%。"1951 年 6 月 21 日,中央人民政府政务院《关于 1951 年农业税工作的指示》中规定:"全国各地区农业税地方附加,不得超过征税的 20%,随同农业税征之。"这一年,乡村镇各种摊派名目很多,加重了农民负担。为了解决乱摊派问题,政务院在 1952 年 6 月 16 日发出的《关于 1952 年农业税征收工作的指示》中规定:"全国各地农业税的地方附加,一律取消。今后对农业税只由中央统一征收一道农业税,不征附加。"同年 11 月 22 日,政务院在《关于 1953 年度各级预算草案编制办法的通知》中规定:"乡村镇的干部培训费、干部会议费、区县立完全小学、县立中学及简易师范学校、县文化馆、卫生院、县农场、苗圃、交通事业(区乡电话)、农田水利等费、社会抚恤费、县人民政府行政经费、党派团体补助费、区县人民代表大会会议费、司法费均列入县财政预算。乡村镇的行政办公费、干部生活费、小学教员工资及学校公杂费均列入乡村镇单位预算。1953 年度乡村镇预算列入国家预算后,所有乡村镇原有工商税、城市房地产税上的附加及一切未经法令规定的自行摊派等一律废止。"1955 年又恢复征收农业税附加,省附加和乡自筹的比例可以调剂,但两项总计不得超过征税总额的 12%。1956 年 7 月 18 日,国务院在批转财政部《关于 1956 年农业税收工作中的几个问题的请示》中规定:"为了适应小学经费下放一部分的需要,农业税的地方附加和乡村自筹经费拟在过去规定的不超过征税额 12% 的基础上,将限度提高到不超过征税额的 22%。"1958 年,北京市农业税征收实施办法第 19 条规定:"为了办理地方性公益事业的需要,随农业税附加征 15% 的地方自筹经费,在种植经济作物、园艺作物比较集中而获利高、超过种植粮食作物较多的地区,附加的比例可以高于15%,但最多不得超过30%;具体比例可由区人民委员会拟订,报北京市人民委员会批准执行。"1961年,地方附加相当于征税税额的比例,由过去的15%至30%,一律降为不超过10%。1964年,农业税附加占征税的比例,由过去的10%提高到最高不超过15%。在"文化大革命"中,增加的这部分附加,被转为补助农村生产大队搞"文革"经费。1983年到1990年,农业税附加占征税的10%左右,主要用于文教事业。工商税附加,1953年3月,政务院公布的《关于进一步整理城市的决定》中规定,随同营业税、所得税、临时商业税按1%—10%征收工商税附加。1957年11月,国务院规定,从1958年起对商品流通税、货物税、工商营业税、工商业所得税按税款的1%征收附加。1973年5月,财政部制定的《关于工商税制改革后城市维护费和工商税附加处理办法的通知》中对工商税附加作了详细的规定,自1973年起,工商税收入中改为按月提取1%的留成,而随同工商税征收的1%的地方税附加仍由纳税单位随征税交纳。1984年实行利改税以后,按产品税、增值税、营业税的1%退库提取。1985年1月1日开征城市维护建设税,取消了工商税附加,工商所得税附加仍按照原制度规定继续执行。1985年10月,财政部规定对集体企业不再征收所得税附加,从1986年起征收教育费附加。

### 三、财政支出

#### (一)清朝官俸役银等项支出

财政支出主要由以下几个方面:官俸银、役食银、杂支银、祭祀银、带办银、驿站银等。

#### (二)建国前财政支出

民国时期反映有关流村镇财政经济的资料十分匮乏。

#### (三)建国后财政支出

乡镇统筹费,1953年起,乡镇自筹经费用于有关事业财政支出。

1955年，县下发《加强乡经费准许部分预算管理的通知》，规定允许乡全年实纳农业税额6%，统一自筹部分资金，用于小学教育、乡办公用房修补、乡村农民集体的文化生活等，合作社开始提留工积金。1956年起，合作社农业税乡镇自筹经费一律上缴区财政。70年代初期以后，乡镇农业税统筹费范围有民办教育、计划教育、优抚、民兵训练、乡村街道修建费和其他6项，为乡镇统筹、村级提留、农户直接缴纳。

乡镇财政支出，1989年起，乡镇编制财政预算报表和乡镇财政收支决算表。支出分为预算内支出、预算外支出和自筹资金支出，其中预算内支出包括乡镇范围内的农、林、水、畜牧事业经费，文化、教育、计划生育、抚恤和社会救济事业费，行政管理和公安、司法员经费；预算外支出包括小学校舍维修费、广播站经费、乡道路维修费等；乡自筹资金支出包括企业投资、支援农业支出、乡办行政事业费和文教、卫生、养老院支出。

**表36　1989—1995年乡镇财政收支统计表**　　（单位：万元）

| 年份<br>乡镇 | 1989 | | 1990 | | 1991 | | 1992 | | 1993 | | 1994 | | 1995 | |
|---|---|---|---|---|---|---|---|---|---|---|---|---|---|---|
| | 收 | 支 | 收 | 支 | 收 | 支 | 收 | 支 | 收 | 支 | 收 | 支 | 收 | 支 |
| 老峪沟 | 13 | 64 | 9 | 88 | 20 | 81 | 22 | 112 | 40 | 113 | 13 | 96 | 19 | 184 |
| 高崖口 | 50 | 110 | 58 | 113 | 56 | 151 | 42 | 210 | 131 | 258 | 135 | 324 | 122 | 321 |
| 流村 | 120 | 113 | 78 | 63 | 102 | 121 | 120 | 100 | 127 | 136 | 44 | 152 | 31 | 213 |

**表37　1997—2008年流村镇收支统计表**　　（单位：万元）

| 年份<br>乡镇 | 1998 | | 1999 | | 2000 | | 2001 | | 2003 | | 2006 | | 2007 | |
|---|---|---|---|---|---|---|---|---|---|---|---|---|---|---|
| | 收 | 支 | 收 | 支 | 收 | 支 | 收 | 支 | 收 | 支 | 收 | 支 | 收 | 支 |
| 流村镇 | 920 | 1000 | 443 | 443 | 910.4 | 890 | 972 | 629.7 | 1112 | 943.1 | 4694.6 | 4694.6 | 9388 | 7515 |

### 四、财政管理

#### （一）财政管理体制

**1950 年至 1957 年**　1950 年,流村镇各乡的行政费开支和代管小学教育费由县财政负责管理,按开支科目标准分季领取。1953 年,乡镇的小学经费、小学教员工资及福利费、村乡镇人民政府办公费、村干部津贴补助费等分别列入区级预算,由区统一核算,统一批拨。乡村的水利灌溉、修桥、补路、小学校修建、设备购置以及正当的文化娱乐、民校及其他公益事业事项,如政府无力举办,可在农民群众完全自愿的原则下,经乡、村人民大会通过,报请市、县人民政府批准,由各村自筹决定。自筹办法由村乡人民政府在实纳农业税额6% 的限度内按亩平均负担征收。自筹部分只限粮款、物资等财力负担,不包括劳动力负担;若是"有啥出啥,个个计算"的筹款办法,所出的技工和一般人工,则应按照当地工价折款计算,列入此项目自筹部分。准许群众兴办的事业,一般地区应该以教育第一、生产第二、其他第三为原则切实掌握,灾贫地区可以利税生产事业为主。自筹资金使用范围:1. 村乡小学(不包括高小)校舍的修建及板凳的添置,村中学民校房舍的修补以及必要的教学设备和用品的添置,灯油补助等。2. 村乡人民政府办公房舍的修补。3. 有利于农业生产的修桥、补路、挖河、开渠、防洪、筑堤、植树、造林、打井等小型事业。此项事业有利于数村时,可由收益村共同协商,集资兴办。4. 村民的集体文化娱乐活动,如演唱戏剧、影剧、秧歌等。村自筹预算的具体执行办法是县人民政府于每年 11 月 1 日前通知各村编制下年度的预算,经村人民代表或群众大会讨论通过,于 12 月 1 日前提交区人民政府审查签具意见后,报经县人民政府详细审核批准,于 12 月 31 日前批复村乡人民政府执行,并同时将全县准许群众自筹部分的预算汇总报省财政厅备案。1954 年,昌平县人民委员会规定:凡属一村所有的土地、房屋(土改及军田在内)、基地、池塘、荒山、荒滩、学田、庙产、绝户财产等,除县以上人民政府命令留作他用外,其余则为村公产,由村管理,收入归村,作公益事业用,划分后仍归原村所有。不属于一村者均列入县公产范围,由乡管理,收入归县。1957 年 2 月 17 日,昌平县财政科制定了《北京市昌平县人民委员会关于乡(镇)自筹经费和乡(镇)公产费管理办法》,对经费统筹、支出范围、收支中若干规定、预算决算管理程序和组织管理作了规定:1. 经费统筹。(1)农业自筹:经北京市人民政府决定,自 1956 年起按应纳农业税额的 15% 筹征自筹经费,此项经费除 2% 上缴市财政作为烈军属优待劳动日和 8% 用于小学教育事业外,其余 5% 由区统一管理。(2)工商业自筹:根据北京市财政局通知,昌平县自 1957 年 1 月 1 日起,在昌平、南口两镇开征,征收办法仍按以前文件执行,由昌平县税务局代征,以前年度所有余款,一律上缴县人民委员会。(3)各乡镇的公产收入(包括砂石变价款、房租和其他收入)除按 30% 的比例留给乡以外,其余全部上缴。以上款项,镇上缴后,由区人民委员会专户存储,统一开支。2. 支出范围。(1)工商自筹:除用于农业自筹不足以外,其余部分用于所在地的市政建设和文教卫生事业。(2)使用乡镇农业自筹、公产费和上年结余经费的有群众举办的道路、桥梁修建、维护费,小型农田水利、除虫、防灾补助费,农村小学房屋修缮费、民校公杂费、烤火补助费,乡镇人民委员会房屋修缮费和一般购置费、其他经乡镇人民代表大会通过并报区人民委员会批准的公益事业。3. 收支中的若干规定。(1)收入部分:凡供销合作社、信用合作社、私人以及其他属于企业经营单位使用的公产房屋(包括庙宇),一律缴纳房租,房租标准每间每月 0.08 元至 2.5 元。上述房屋由住户自己修理,修理费由住房者逐月按 30% 抵扣房租,直至扣完修理费为止,其余 70% 房租仍由住房者逐月缴纳。上述住房单位或其他经济单位占用公家土地时,每月每平方米按 5 分钱到 8 分钱收费。凡开采乡镇公产地矿石,一律由经营单位缴纳公产费,公产费标准是按经营额的 8% 执行。草田、鱼塘、山林果树、木料按实际收入检出工本费后作收入。(2)支出部分:乡镇举办经济建设事业和一般修缮小学房屋时(指公房),要贯彻以社办学的精神,在厉行节约的原则下举办,防治宽打窄用的浪费现象。民办的办公费按常年入学人数计算,全年每人准予开支0.3元(学员书费由自己负担),冬季烤火费按入学人数计算,每人在0.2元内开支。乡镇文娱活动补助费的标准是:1000户以下的乡镇,全年30元;1000户以上不足2000户的全年40元;2000户以上的全年50元。各乡镇人民委员会的房屋修缮应本着节约的原则,凡50元以上的固定资产一律不准开支。除以上规定外,其他事业费非经人民代表大会通过并报区批准的,不准开支。4.预算决算管理程序。(1)预算、决算从1月1日起至12月31日止为一个会计年度。(2)各乡镇人民委员会应于本年度12月1日前将下半年全部公产费收入和支出预算(没有公产收入的只做开支预算,乡自筹收入预算由区代做)做好,经乡镇人民代表大会审查通过后报区人民委员会批准。各乡镇公产收入留成部分应本着生产第一、教育第二、其他第三的原则,由乡镇自行支配。(3)乡镇预算经区批准后应严格贯彻执行,不经区批准不得变动,在执行过程中要把握专款专用,不得挪用。各乡镇积极挖掘潜力,增加收入,公产费超收时,其超收部分按50%的比例留给乡镇,其余上缴区人民委员会。(4)各区人民委员会应于来年1月20日前根据实际收支数字编制决算,经乡镇人民代表大会通过后报区批准。预算有结余的上缴区人民委员会40%,乡镇留60%,按规定标准机动使用。5.管理组织。(1)各乡镇人民委员会的财粮工作委员会为乡镇级财政,办理一切预算、决算收入事项,在业务上受区人民委员会财政科的领导与监督。(2)各乡镇预算由当地银行或信用社办理出纳业务。(3)乡镇预算收支应单独设账簿,根据单据记账,并注意保存,不得与乡镇经费混淆。

**1958年至1959年** 1959年,流村地区农村人民公社成立以后,国家级财政工作同公社财务合而为一。1958年12月3日,北京市人民委员会颁布了《关于农村人民公社财政管理体制的暂行规定》

（草稿），主要内容有:1. 农村人民公社建立一级财政,负责管理公社应当上缴国家的一切财政收入和应由国家开支的一切财政支出。2. 人民公社应当上缴国家的收入和应当由国家开支的经费实行收支包干办法。1959年1月24日,根据上述精神,参照1958年各公社实际完成收支额及1959年工业、农业生产规划,昌平县财政局草拟了《人民公社1959年实行财政包干的意见》。包干收入包括各乡税收、企业收入、事业收入和其他收入,支出类主要包括行政费、文化事业费、教育事业费、抚恤费、救济费、卫生事业费和农林水利事业费。实行包干以后,一般情况下,当年不进行调整。公社的生产经营超过计划时,原则上不多上交,完不成计划时不减少上交任务,但在执行过程中,若遇国家政策调整,行政区划变更或重大灾害时,可以进行调整。1959年2月18日,昌平县财政局根据中共中央、国务院《关于适应人民公社化的新形势改进农村财政贸易管理体制》的决定精神,下发《财政管理暂行办法》(草稿),就人民公社的行政、事业经费、基本建设投资、工业企业经营与资金管理等作了具体规定。

**1960年至1985年** 这一时期,县财政对流村地区各人民公社的财政管理体制,基本上实行统收统支的体制,人民公社经费由县财政统一拨付,从1981年起,对人民公社(1984年后改称乡)实行"预算包干,逐月下拨"的体制。

**1986年至1990年** 1985年5月,县财政局在小汤山、上苑、南邵、高崖口四个乡建立乡级财政试点,并确定了定收定支的管理体制,即"收入上交,超收分成,支出下拨,超支不补,结余留用,一年一定"。具体办法如下:收入,乡、队、个体户交纳的工商各税、所得税、农业税及其他收入(工商、征罚没收入、追回赃款赃物收入)等全部归乡,作为包干收入,中央、市、县属企业的各项收入(包括企业所得税、农业税附加和工商税附加)仍分别上交中央、市和县。文化事业费、教育事业费、卫生事业费、公费医疗经费、乡财政干部经费、民政事业费、行政人员经费和正常的固定支出,作为乡的包干支出。一次性支出包括教育、卫生单位的基建费、修缮费、购置费等,还有临时性困难补助、救灾款等。文化、行政的修缮、购置费等不包括在包干范围之内,由县财政另行拨款。根据上述包干范围,完成核定收入任务,小汤山、上苑、南邵三个乡固定提留3%,高崖口乡固定提留5%;超收部分,小汤山、上苑、南邵三个乡按20%分成,高崖口乡按80%分成,年终结算。1985年12月,建立乡级财政,1986年1月正式办公。1987年至1990年,乡财政实行"划分税种,核定收入,递增包干,超收分档分成(山区各乡超收部分全部归乡),减少自负,一定四年"的财政管理办法。超收部分分成办法如下:1. 贫困山区(如老峪沟乡、高崖口乡)共享收入超收额,县分成比例为63.69%,乡财政分成比例为36.31%,固定收入超额全部留给乡财政,农业税超收额县、乡分成比例各50%。2. 平原乡(如流村乡)共享收入超额的36.31%为分成额(分成额等于超收额乘以36.31%),县、乡财政分档次分成,农业税超收额县财政分成比例为60%,乡财政分成为40%。

## 第二节　税　务

### 一、税种税额

明代,明政府向流村镇征收的税种有田赋、银差税、力差税。田赋税征小麦、农桑丝,秋粮征粟米、稻米、谷草、稻草、马草、地亩棉花;银差税对黄蜡、果品、家禽、药材、纸张、皮类、车船等征收;力差税对防夫、轿夫、水手、马民、河夫等征收。

清代征收税种有田赋、人丁税、旗租税、杂税,清末增新税种。田赋原额民地、额外民地每亩征银三分一厘二毫六丝五忽三微四纤,开荒垦地、清查垦地、新垦屯地、拨补地征银不等;人丁税原额人丁上丁每丁征银0.45两、中丁每丁征银0.3两、下丁每丁征银0.15两;旗租税对存退地、另案地、庄头地、赎典地、奴典地、公产地征收;杂税有当税、房地税、牛驴税、牙帖税、屠宰牲畜肉厘、团练捐、百货厘金、新关税、盐税等,征收无定额,应征尽解。清光绪二十五年(1899年)盐斤加价、茶糖加厘、药店加捐、烟酒加税、颜料和缎匹折价等征收。光绪三十三年(1907年)征收印花税,清末开征车捐、船捐、房捐、戏园捐等税。

1913年春起,实施《划分国家税地方税草案》,其中国家税有田赋、盐税、常关、统捐、厘金、契税、牙税、当税、捐、当捐、烟捐、酒税、茶税、糖税、渔业税等税种17个,地方税有田赋附加、商税、牲畜税、粮米税、油捐及酱油捐、船捐、车捐、杂货捐、肉捐、鱼捐、夫行捐、屠捐、茶馆捐、饭馆捐、房捐、戏捐、乐户捐,其他杂税捐等税种20个,同年开征印花税,采取定额帖花和比例税率征收。1915年,开征屠宰税,采取定额税率,猪每头征银3角,牛每头征银1元,羊每只征银2角。1928年,原牙税、当税、商税改征营业税,同年开征统税,对卷烟、熏烟叶、酒、火柴、棉纱、糖6类货物征收。1936年,开征证券存款利息所得税(税率为5%)和盈利事业所得税。1941年,日伪实施《使用牌照税征收通则》,原车捐、船捐合并改征使用牌照税,机器行驶车辆年征税额2元至10元,人力驾驶车年征税额1元至2元,畜力驾驶车年征税额3元。1942年,开征筵席及娱乐税,饭馆每席消费20元以上的征收筵席税,税率为8%,对以盈利为目的的影剧院等娱乐场所、书场等按原价20%征收娱乐税。到1942年年底,昌平县征收税种有田赋、租课、契税、烟酒税、牌照税、营业税、牲畜税、屠宰税、牙帖税、各税附加、妓捐等30多种。1943年,开征财产租赁及出卖所得税,财产租赁所得采取4级超额累进税率10%至8%征收,财产出卖所得税采取11级超额累进税率按10%至5%征收,同年开征薪给报酬所得税,税率为超额累进税率。1945年,开征货物统税(原统税废止)。1946年,按民国政府修正的所得税法增加新税种,开征综合所得税,对年所得额超过60万元(法币)的个人征收,税率为12级超额累进税率按5%至50%征收,同年开征货物税(废止原货物统税），对烟、酒、糖、茶等 13 类货物采取比例税率征收。1947 年，开征特种过分利得税，对买卖业、金融业、代理业、制造业、营造业征收，税率为 13 级超额累进税率 10% 至 60% 征收。国民党统治时期，昌平县征收其他税种有营业税、土地税、契税、遗产税、土地改良税、屠宰税、营业牌照税、筵席及娱乐税、特别课税等。

抗日战争和解放战争时期，中共领导的抗日根据地和解放区联合县政府先后执行《晋察冀边区统一累进税暂行办法》、《晋察冀边区统一累进税税则》和华北人民政府《工商业征税办法和决定》和《货物税暂行条例》、《所得税暂行办法》、《农业税暂行税》征收办法。

新中国成立后，昌平县征收税种、税率和开征、停征时间执行国家统一税制规定，实行依率计征。1949 年征收工业税，税种有货物税、工商业税、印花税、存款利息所得税、屠宰税、交易税。1950 年 1 月起，按照政务院颁布的《全国税收实施要则》统一税政后，征收的税种有货物税、工商业税（包括营业税、所得税、摊贩营业牌照税、临时营业税）、屠宰税、交易税、印花税、存款利息所得税 6 种；同年 9 月，使用牌照税改为车船使用牌照税。1953 年试征商品流通税，货物税将卷烟等 20 个税目划出，征收商品流通税，修正营业税，合并其他税种，消费行为税改为文化娱乐税，交易税改为牲畜交易税。修正后工商业税种有商品流通税等 12 种，县征收的税种有商品流通税、货物税、工商业税、印花税、存款利息所得税、屠宰税、牲畜交易税、文化娱乐税。1956 年，开征车船使用牌照税。1958 年，实行《中华人民共和国统一税条例草案》，试行工商统一税，县主要征收工商统一税、工商所得税、屠宰税、牲畜交易税、城市房地产税、存款利息所得税、文化娱乐税、车船使用牌照税 8 种。1959 年，停征存款利息所得税。1962 年，开征集市交易税，1964 年停征。1966 年，停征文化娱乐税及牲畜交易税（集体部分）。1972 年年底，县征收工商统一税、工商所得税、屠宰税、城市房地产税、车船使用牌照税 5 种。1973 年 1 月起，试行财政部《工商税条例草案》，县征收的税种有工商税、工商所得税、屠宰税、车船使用牌照税4种,来年各种保留税种对个人征收。1978年,停征车船使用牌照税,保留税种。1980年9月,开征中外合资企业所得税、个人所得税。1982年,开征烧油特别税、外国企业所得税。1983年6月1日起,执行国务院《关于国企企业利改税试行办法》,对国营企业实行第一步"利改税"改革,开征国营企业所得税,国营企业由上缴国家利润改为大中型企业按55%的比例缴纳所得税、小型企业按8级超额累进税率缴纳所得税;是年12月1日起,复征集市交易税、牲畜交易税、屠宰税、工商税4个税种。1984年9月,国营企业实行第二步"利改税"改革,原工商税按纳税对象划分为产品税、营业税、盐税,开征国营企业奖金税等税种。税制改革后,工商税收有产品税等21个税种。1985年至1993年,相继开征、充实、调整部分税种。到1993年年底,开征的工商税种有5大类32个税种,县征收的有产品税、增值税、营业税、工商统一税、集体企业所得税、国营企业所得税、私营企业所得税、个人收入调节税、外商投资企业和外国企业所得税、集体企业奖金税、固定资产投资方向调节税、城市维护建设税、车船使用税、房产税、土地使用税、印花税、屠宰税、国家能源交通重点建设基金、国家预算调节基金共22种税、费、金。1994年1月,国家进行税制改革,对商品的生产、批发、零售和进口征收增值税,实行价外税;对第三产业征收营业税;对需要调节的部分最终消费品征收消费税;对内资企业统一征收33%的企业所得税;对境内外和中外籍人员开征统一个人所得税;开征土地增值税等3个税种,取消产品税等10个税种,下放屠宰税等2个税种。税制改革后,国家税收有7大类6个税种。9月1日起,划分国家和地方税种,由县国税和地方税税务部门征收的有5大类18个税种。

国家税种由县国家税务局征收,有外商投资企业和外国企业所得税。1980年9月开征中外合资企业所得税,1982年1月开征外国企业所得税,1991年两税合并为外商投资企业和外国企业所得税,税率分别为30%(另加3%地方所得税)和20%。增值税,1983年1

月开征,征收范围为机器机械、农业机具及零配件、缝纫机、自行车、电风扇,前两项采用扣额法,后3项采用扣税法征收,税率为6%至16%。1984年起,机器机械及零配件等甲类产品采用扣额法、钢坯等乙类产品采用扣税法征收,共12个税目6档税率。1986年至1988年,扩大增值税征收范围,税目有31个,税率为8%至45%,共12档。1994年税制改革,原产品税、工商统一税并入增值税,增值税改为价外税,以不包含增值税税额的商品价格为税基,实行凭增值税发票注明的税款进行抵扣的方法计算征税,基本税率为17%。生活必需品、报刊类、农药、化肥为低税率13%,出口货物为零税率。从事货物生产或提供应税劳务应税销售额100万元以上和从事货物批发、零售应税销售额在180万元以上为一般纳税人,以下应税销售额为小规模纳税人,按全部销售额的6%征收增值税。能源交通重点建设基金,1983年1月开征,税率为预算外资金及集体企业税后利润的15%,1995年6月停征。国家预算调节基金,1989年1月开征,税率为10%,1995年6月停征。消费税,1994年1月开征,1982年4月开征的烧油特别税与1989年2月开征的特别消费税合并,对卷烟、酒及酒精、化妆品、护肤护发品、贵重首饰及珠宝玉石、鞭炮焰火、汽油、柴油、汽车轮胎、摩托车、小汽车等11类产品征收。征收方法是从价定率征收,税率为3%至45%,从价定额征收的有黄油240元/吨、啤酒220元/吨、汽油0.2元/升、柴油0.1元/升。证券交易税尚未开征。地方税税种由县国税局征收或代征的有营业税、企业所得税、个人所得税、城市维护建设税、房产税、车船使用税、印花税、屠宰税、教育费附加9种。

地方税种由县税务局征收,有12种税、1种费。屠宰税:1949年开征,税目为猪、牛、羊、马等,税率为10%。1957年税率调整为8%,1979年对个人按4%征收。1990年起按定额征收,猪每头4元,羊每只0.8元,大牲畜每头6元。纳税时间为纳税人屠宰应税牲畜的当日,其中集贸市场屠宰税由县国税局代征。印花税:1949年开征,税目商业凭证为1‰至3‰,许可证等实行四档定额税率0.02元至0.5元。1958年印花税并入工商统一税,1988年10月恢复征收,税目包括营业账簿权利许可证等,为定额税率,每件5元,经济合同为3‰至1‰五档比例税率。1994年1月起,对购销合同、加工承揽合同、建设工程勘察设计合同、建筑安装工程合同类税率分为千分之一、万分之零点五、万分之一、万分之三、万分之五共五个档。经营账簿、许可证为定额税率,在应税凭证的确立或领受时纳税,其中个体工商业户应纳印花税由国税局代征。营业税:1950年开征,税率为营业收入的1%至3%,1958年并入工商统一税,1984年10月成为独立税种,税目包括商业零售批发、交通运输、建筑安装、金融保险、邮政电信、公用事业、娱乐业、服务业、临时经营9个税目,按税目设3%、5%、10%三档税率,纳税期限为5日、10日、15日或1个月。营业税是地方工商税收的主要税种,建筑、服务、邮电通信、金融保险业是纳税的主要行业。资源税:1950年开征盐税,1984年10月开征资源税,1994年盐税并入资源税。征收范围有原油、天然气、煤炭、金属矿和其他非金属矿产品、盐等,采用定额税率0.3元/吨至60元/吨、天然气2元/千立方米至15元/千立方米。企业所得税:1950年开征工商业税,税率为5%至30%的14级全额累进税率,1958年改为工商所得税。1983年开征国营企业所得税,1985年开征集体企业所得税(原工商所得税废止),1988年开征私营企业所得税,1994年1月3种所得税合并为企业所得税,征收范围包括国有企业、集体企业、私营企业、联营企业、股份制企业以及事业单位、社会团体等组织(外商投资企业和外国企业除外),法定税率为33%,另设两档照顾性税率,应纳税所得额在3万元至10万元的企业税率为27%,3万元以下的企业税率为18%。企业所得税按年计算,分月或分季预缴。1987年开征房产税,按房产余值计算缴纳税率为1.2%、按房产租金收入计算缴纳税率为12%,每年1月、4月、7月、10月的15日内纳税。车船使用税:1956年开征车船使用牌照税,为定额税率,

1986年更名为车船使用税,对外企征收车船使用牌照税,1994年两税合并为车船使用税,为定额税率。机动船按净吨位计征,非机动船按载重吨位计征,机动车年税额分60元、80元、200元、250元、300元5个税率,非机动车年税额分4元、6元、12元、18元、30元5个税率。单位机动车税每年1月、7月缴税,非机动车每年1月缴税,个人应税的机动车、非机动车每年3月缴税。个人所得税:1980年9月起对外籍人员开征,1987年1月开征个人收入调节税,1994年统一并入个人所得税,设11个税目,以工资薪金所得、劳务报酬所得、利息、股息、红利所得为主要税目。工资薪金所得以月收入800元为起征点,适用5%、10%、15%直至45%的九级超额累进税率,劳务报酬所得以适用20%、30%、40%的三级超额累进税率,个体承包、承租税率为5%至35%五级超额累进税率,利息、股息、红利适用20%的单一税率。个人取得收入时,由个人到主管税务机关缴纳个人所得税或由单位代扣代缴。固定资产投资方向调节税:1983年1月开征建筑税,税率为三档,10%至30%。1993年改为固定资产投资方向调节税,分5%、10%、15%、30%等税率,纳税人按年度计划投资额依次缴纳税款。城市维护建设税:1985年开征,实行地区差别税率,纳税人在县城、镇范围的税率为5%,其他地区税率为1%,按纳税人缴纳的产品税、增值税、营业税的税额计算。1994年税制改革后,依据增值税、消费税、营业税税额计税,纳税期限随各税缴纳。城镇土地使用税:县内1989年开征城市房地产税,纳税按城镇土地分级,北京市统一规定县城所在地土地为五级的每平方米年税额1元,其他建制镇、工矿区所在地土地为六级每平方米年税额0.5元,每年1月、4月、7月、10月,15日内缴纳上季度应纳税款。土地增值税:1994年开征税种,转让房地产并取得收入的单位和个人为纳税义务人,按增值额超过扣除项目金额的比率设30%、40%、50%、60%四档税率,纳税人自转让房地产合同签订之日起7日内向房地产所在地税务机关申报纳税。教育费附加:1986年1月开征。计税依据为产品税、增值税、营业税,税额附加率为1%。1994年,税制改革后,征收范围包括缴纳营业税、增值税、消费税的单位和个人同时缴纳,教育费附加率为3%。

### 二、征收管理

（一）征收体制

民国初期,昌平县税收划分为国家税和地方税,1927年起,执行国民政府财政部颁布的《划分国地收支标准》。1940年起,县税收省、县款统收统支,县财政费用支出由库款补助。1942年起,县税收省、县款分立,省款税收如数报缴。

新中国建立后,流村地区的农业税由县财政科、局征收,县税务局征收工商税。1954年起流村地区各乡开始执行河北省规定,印花税、屠宰税、房地产税等8种税种为地方财政收入,工商业税和工商所得税为国家、省、县固定比例分成收入,商品流通税、货物税为国家、省、县调剂收入。1958年6月起,执行国务院《关于改进税收管理体制的规定》,印花税、利息所得税、屠宰税、牲畜交易税、城市房地产税、文化娱乐税、车船使用牌照税7种税收划为地方固定收入,昌平区有权减、免、加税,调整税目、税率;商品流通税、货物税、营业税、工商所得税税收划为国家和地方调剂分成收入,按国家和地方比例实行分成,税收管理权归国家集中掌握,允许地方在规定范围内减、免、加税,开征地区性税收。1961年起,部分税收管理权限国家收回。1977年8月起,执行财政部《关于税收管理体制的规定》,税收实行统一领导、分级管理。1986年起,实行划分税种、核定收支、分级包干、5年不变的办法,对于昌平县属国营企业缴纳的所得税、调节税、预算外国营企业所得税、集体企业所得税、车船使用税、屠宰税、牲畜交易税、集市交易税、集体企业奖金税、县属事业单位奖金税等划为固定收入,产品税、增值税、营业税、国营企业奖金税划为国家和地方共享收入,按比例分成。1994年财税体制改革后,实行在合理划分中央和地方的权力基础上的分税制,建立中央税收和地方税收体系。关税,海关代征的消费税和增值税;消费税,中央企业所得税,地方银行和非银行金融企业所得税,铁道部门和银行总行、各保险总公司等集中缴纳的营业税、所得税和城建税划为中央固定收入;营业税(不包括划为中央固定收入部分)、地方企业所得税(不包括划为中央收入部分)、个人所得税、城市维护建设税(不包括划为中央收入部分)、房产税、车船使用税、印花税、屠宰税、农牧业税、耕地占用税、契税、遗产和增值税、土地增值税划为地方固定收入;增值税、资源税、证券交易税划为中央和地方共享收入,增值税 75% 上缴中央,25% 留地方,资源税除海洋石油资源税外其他全部归地方,证券交易税 50% 上缴中央、50% 留地方。

(二)税收减免

1950 年起,执行政务院《关于统一全国税收的规定》,部分地方税减免事项由地方在规定的范围内确定。1953 年 6 月,为扶持农村医疗事业的发展,经通县专区税务局批准,对农村医院、诊所免征工商业税。10 月,执行《合作社缴纳工商业税暂行办法》,对于手工艺匠及家庭副业不纳税的小生产者组成的砂石、编织、石灰、锰氧矿 4 个生产合作社免征工商业税 3 年。1961 年,县里按规定对个体手工业者和小商贩所得税加成征收 2 成以下、行商放弃贩运加征 5 成以下、居民房地产税和个人车辆牌照税缴纳有困难、合作组织营业收入不足支付工资、社员从事生产自救税率在 5% 以下期限在半年以内的 5 种情况有减免权。1965 年 4 月,县税务局对社队办企业直接为农业生产服务和兴修水利使用的产品免征工商统一税和所得税,生产为生产队公用或社员自用产品免征工商税。1970 年 12 月,对中学校办企业从生产之日起免税 1 年。1973 年 1 月,对农机公司及基层供销社经营的农业机械、零部件和工业企业自制自用产品免征工商税。1974 年 7 月起,对小学校办工厂收入暂不征税、中学学生学工收入免征工商税、学校勤工俭学收入免征工商所得税。1976 年 1

月起,社队办工业企业投产有收入之日起免征工商税 1 年。1978
年,执行市财政局规定税收减免权限,对社队企业所得税起征点由年
利润 1500 元提高到 2400 元,不足 2400 元免征所得税;新办城镇集
体所有制工商企业从开办之日起免征所得税 3 年、工商税 1 年至 3
年;城镇集体企业按当年安置城镇知青人数的比例减征所得税,对集
中安置城镇知青在农村举办的集体所有制农场、队,自 1979 年起至
1985 年年底,生产工艺经营管理的各项应税品和业务收入免征工商
税、所得税。1979 年 1 月,对新办和乡镇企业免征 2 年至 3 年的工
商税、所得税,所得税起征点 3000 元,年超过 3000 元的部分按 20%
税率征收。1980 年,对受灾减收、人均收入 60 元以下和人均收入 61
元至 80 元的山区公社和乡镇企业税收免征或减半征收。1981 年,
对新办乡镇企业除高税率产品外免征工商税 1 年,年盈利不到 10 万
的免征所得税 1 年至 2 年。免税期满利润率在 5% 以下微利企业再
免征 1 年或减征所得税。同年 9 月,企业产品被列入北京市计委、经
委、科委新产品试制项目的,试制期间纳税有困难的减免工商税 1 年
至 2 年,10 月,执行市财政局《关于北京市集体企业增长利润减免所
得税的通知》,以企业 1980 年利润为基数一定 3 年不变,超过基数增
长的利润减征所得税 50%。1984 年 4 月,执行财政部《关于对乡镇
企业缴纳减免工商所得税规定》,新办的乡镇企业免税 1 年、革命老
区收入低的乡镇企业减征 50%,采矿、经营化肥、农机具修理、饮食
业等给予一定的照顾。6 月,执行财政部《关于对乡镇企业缴纳减免
税规定》,山区基层供销社和新办企业免征所得税 1 年,新建冷库和
仓库免征所得税 3 年。10 月,对民政部门福利生产单位定期减免产
品税、增值税、营业税、所得税。1985 年 6 月,对饮食、服务、修理、服
装、零活加工和理发、洗澡等服务行业所得税减征 40%。1986 年 1
月,执行市税务局《关于对北京市人民政府划定的 37 个山区乡减免
集体企业所得税的通知》规定,对老峪沟乡、高崖口乡免征 1986 年
所得税 1 年,1987 年减半征收。1987 年,执行市税务局《关于对贫困

乡和部分山区的基层供销社减免营业税和集体企业所得税的通知》,对山区、半山区基层供销社减免营业税、集体所得税。1988 年 1 月,执行市税务局《关于减免税审批权限的通知》规定,对原需上报市局审批的产品税、增值税、营业税及城建税、教育费附加等减免由县税务局代市局审批。1992 年起,执行北京市《新技术产业开发实验区暂行条例》,高新技术企业所得税按 15% 税率征收,开办之日起 3 年内免征,第 4 年至第 6 年减半征收。从 1992 年起,执行国家外商投资企业和外国企业所得税法规定,对生产性外商投资企业经营期在 10 年以上的,从企业获利年度开始免征所得税 2 年,3 年减半征收,高新技术性外商投资企业按 15% 的税率正式征收,从纳税年度开始 3 年免征,3 年后减半征收。1994 年,对以前由乡镇兴建的福利企业、教育部门所属的校办企业,增值税先征后退。

(三) 征收方式

日伪时期税收实行包税制,纳税人自行缴纳,由承征员、警察所征收和承征员派驻各村镇征收。

新中国建立初期,工商业税采取"自报查账,依率计征"、"自报公议、自主评定"、"定期定额"征管,货物税采取"查定征收"征管。1951 年,在乡镇建立书屋及村联营办公室,中心大村建立联营小组,村设兼职税收委员,税务所聘用交易员,负责农村的屠宰税、交易税、摊贩营业牌照税、货物税的征收管理。1954 年,建立乡村税收组织,乡财粮委员会设立专职税收委员(大村设 2 人,小村设 1 人)。1955 年,实行税务人员划片包干管理。1958 年,实行农村税务专管员带票下乡巡回征收;1961 年、1962 年,个体小商贩建立纳税住址;1962 年 4 月,聘用集市交易税税收员;1963 年,专管员到纳税单位征收所得税;1965 年,税务专管员实行"三代"(代完税证、代盐证、代发票)、"四同"(同吃、同住、同劳动、同工作)征收管理;1973 年起,试行农村运输收入委托联合运输指挥部及所属联运站代收、代缴工商税,城镇集体和社办企业及税源较大的队办企业采取纳税户自核自缴、税务机关辅导检查的办法,规模较小分散的税源企业采取巡回征收、试行月征收、季清理检查的税收管理方式。

1984 年税制改革后,试行纳税户自核自缴,税务机关管理、检查。县税务局增设税务所,税源户由以乡镇属地管理改为乡镇属地和行业类别结合管理。1986 年起,中直机关部属、市属、县属及其"三产"纳税户由原属地征管改为专业所集中征管,其他纳税户按属地管理。

（四）税款征收

首先在税务登记方面,企业、个体工商户和从事生产、经营的事业单位自领营业执照之日起 30 日内,持有关证件向税务机关申报办理税务登记,税务机关审核后发给税务登记证件。税务登记内容发生变化向税务机关申报办理变更或注销税务登记。纳税人未按规定的期限申报办理税务登记、变更或注销登记的,税务机关责令期限改正。逾期不改正的,可处以 1 万元以下的罚款。其次在纳税申报方面,纳税人、扣缴义务人必须在申报期限内到主管税务机关办理纳税申报或者报送代扣代缴、代收代缴税款报告表,纳税人办理纳税申报可以邮寄。纳税人未按规定的期限办理纳税申报的,税务机关责令期限改正。逾期不改正的,可处以 1 万元以下的罚款。在账簿和凭证管理方面,纳税人自领取税务登记证件之日起 15 日内将财务、会计制度报送税务机关备案,账簿、会计凭证、报表、完税凭证等有关纳税资料保存 10 年。纳税人向税务机关申请领购发票,不得转借、转让、代开、倒买倒卖发票,发票存根保存 5 年。对违反纳税资料和发票管理逾期不改正的,可处以 1 万元以下的罚款。在税款征收方面,税务机关采取查账征收、查定征收、查验征收、定期定额征收等方式征收税款。对逃避纳税义务的行为,税务机关责令限期缴纳税款,纳税人偷税、欠税、拒不缴纳税款、抗税和企业事业单位骗取国家出口退税款的依法处以罚金,对负有直接责任人员依法追究刑事责任。

（五）税务稽查

清康熙十五年(1676 年),昌平州查处沙河城外垦地 581 亩、征银 17.43 两;咸丰十一年(1861 年),昌平查处黑地 6600 亩。民国时期实行的税法、税则、条例等对查处逃避税收的行为列有罚则。1942年,日伪县公署对买卖商人漏交牙税查实后,除照章补税外,并按应征牙税额处五倍以下罚金,情节较重者依法惩办。1945 年 9 月后,国民党县政府对查获的印花税违法凭证移送司法机关惩处。

新中国成立后,由各税务所结合征收管理开展纳税检查。1987年 10 月,北京市税务局稽查大队昌平分队成立,1990 年 7 月管理稽查大队一队、二队、三队,有专职纳税检查人员,检查纳税人有无偷漏、拖欠、挪用、截留税款和隐瞒收入、扩大开支、乱挤成本等问题。稽查采取纳税查账、实地调查等形式。1994 年开征增值税后,出现利用增值税专用发票偷逃税款的犯罪行为。1994 年 4 月,配合县税务局连续进行了三次大规模和若干次小规模的增值税专用发票打假活动。

### 三、管理机构

1984 年 1 月 1 日,昌平县财政局再次分设财政局和税务局,税务局隶属于北京市税务局和昌平县人民政府,同时昌平县高崖口税务所成立,建所时有公职人员 6 名。截至 1994 年 8 月 31 日,该所公职人员增至 11 人。根据国务院办公厅〔1993〕87 号文件"关于组建国家税务局和地方税务局"的精神,昌平县税务局于 1994 年 9 月 15日正式分设为昌平县国家税务局和昌平县地方税务局,单独行使职权。同时昌平县国家税务局高崖口税务所改为西峰山税务所,至1997 年 7 月改为昌平县国家税务局稽查四所。

## 第三节　金　融

流村镇域内最早流通的货币是战国时代的刀币,明清两代的制钱流通时间最长。新中国成立后至 1995 年,流通中国人民银行发行的四套人民币纸币以及人民币硬辅币。中国人民银行实行非现金结算制度,分同城和异地两种结算方式,个人使用现金支付,单位大额支付活动由商业银行进行非现金转账结算。1949 年 12 月至 1984 年年初,实行中国人民银行体制,高度集中统一管理金融活动。1984 年,撤销中国人民银行昌平县支行,成立中国工商银行昌平县支行、中国农业银行昌平县支行、中国建设银行昌平县支行和中国银行昌平县支行四家专业银行,并逐步向商业银行转制。农村信用社是农村金融机构。各金融机构统一执行中国人民银行存款、贷款利率,实行以利润为经营目标,自主经营、自负盈亏、自担风险、自求发展的经营货币商品的国有商业银行,形成以中央银行为统一领导、以国家商业银行为主体以及其他非银行机构并存的金融体制。新中国建立之初至 1983 年,保险业由中国人民银行昌平县支行代理经营。1984 年成立中保昌平县公司,实行中国人民保险公司县公司体制,统一开展财产、人寿保险。90 年代初,国有股份公司在昌平开展保险业务。1992 年,中国太平洋保险公司在昌平设立分公司,开办财产和人身险等业务。

## 一、货币

### (一)战国至清末货币

**刀币** 刀币是一种中国古代的铜币名,由生产工具的刀演变而成,流通于春秋战国时期的齐、燕、赵等国。虽然在流村镇域内没有出土,但 1985 年在崔村乡香堂村出土的 17 枚刀币证明了在那个时期刀币是主要的币种。明清两代由官方定制的方孔圆形铜钱成为制钱,又称铜钱,为铜铸货币。清朝所铸制钱的种类比较多,有"天命通宝"、"雍正通宝"、"乾隆通宝"等,清朝末年制钱逐步被铜圆所取代。

**银两、银圆** 银两也称"宝银"或"马蹄银",为称重货币。多铸成锭形,有圆锭、元宝、碎块之别;大锭重 50 两;中锭也称小元宝,重

10 两;小锭为"稞子",多为馒头形,重 1 两至 5 两;碎银重一两以下,作为辅币。银元俗称"洋钱"、"洋钿"、"花边钱"、"大洋"。清光绪年间后,自铸银元与银两并行,以"元"为单位,一库平两 7 钱 2 分,含纯银 9 成,大多数铸有清朝年号。

**铜圆**　清朝末年以来所铸各种新式铜币的通称,俗称铜板。圆形无孔,用黄铜或红铜铸造。"大清铜币"面额为 1 文、2 文、5 文、10 文、20 文五等。"光绪元宝"面额为 2 文、5 文、10 文、20 文四等。

户部官票又称京票,清朝官银号发行,面额有 1 两、3 两、5 两、10 两、50 两、1 元、5 元、10 元 8 种,与制钱、银两相辅流通。

**宝钞**　清朝咸丰年间发行的钱票,面额有 500 文、1000 文、1500 文、2000 文、5000 文、10000 文、50000 文、100000 文 8 种。

**黄金**　民间视黄金为最贵,有货币职能,称重货币,按两计算,多铸成条形、元宝形,或制成佩物,多为收藏或做货币使用。

(二)中华民国初期货币

**纪念币**　1912 年,出现铸造带有孙中山侧面像的中华民国开国纪念币。

**银币**　1914 年 2 月以袁世凯像铸银币,圆形,俗称"袁大头"。1927 年停铸,改为铸造孙中山像银币。1935 年禁止流通。

**东钱票**　又称秃瓢,1923 年由昌平县高丽营镇各商户自出,每张二吊、四吊、五吊、十吊不等,后因发出的数量较多,无法兑现,失去信誉,停止流通。

**铜圆券**　1929 年《工商半月刊》记载,昌平县农工银行发行 4000 吊银元券,每吊银元个数 100 枚。1931 年 2 月《中国银行月刊》记载,昌平县农工银行订印 10 枚、40 枚、60 枚铜圆券各 10 万张。

**银元票**　由中国交通银行发行以银元为单位的可兑现货币,票额有 1 角、2 角、5 角、1 元、5 元、50 元、100 元等,因发行量过多且滥,1935 年后禁止流通。

**蒙疆券**　伪蒙疆银行发行的纸币,面额有 5 分、1 角、5 角、1 元、

5元、10元、100元7种。国民政府以法币与蒙疆币兑换，收兑比例为2：5。

（三）日伪时期货币

**冀东币** 1935年由伪冀东防共自治政府冀东银行发行的纸币，面额有5角、1元、5元、10元、100元5种。

**老头票** 朝鲜银行发行的纸币。1937年七七事变后大量发行，票面有一老人头，俗称"老头票"。面额有1元、5元、10元、100元4种，1945年8月日本投降后停止流通。

**联银券** 也称"联准票"，1938年3月，由日本和伪华北临时政府成立的中国联合准备银行发行。券分别从0.5元到5000元45种，其中1元券为绿色，因纸幅大，俗称"大绿被子"。开始发行时，以1：1比价收兑法币，以后6角收兑。

（四）国民党统治时期货币

**法币** 1935年11月4日起，由国民政府中央银行、中国银行、交通银行发行，最大面额10元。1948年后，因通货膨胀，法币最大面额升至500万元，同年8月被金圆券取代。

**金圆券** 1948年8月国民党政府发行的纸币，主要目的是收兑民间的金银，10月全县范围内出现抢购风。1949年，金圆券贬值，南口支行对金圆券采取收兑和排挤相结合，收兑时按金圆券10万元折合旧人民币1元比价收兑。

（五）中共领导的抗日根据地和民主解放区货币

**冀热辽边币** 1938年3月冀热辽边区银行发行，票面印有"冀热辽"字样。面额有5元、10元、50元、100元、200元、500元、1000元、2000元、5000元9种，1948年5月停止发行，1949年按500元折合旧人民币1元比价收兑。

**北海币** 1938年8月山东抗日根据地的北海银行发行。面额有1角、2角、5角、1元、2元、5元、10元、25元、50元、100元、200元、500元、1000元、2000元和10万元15种，1949年收兑时按100

元折合旧人民币 1 元比价收兑。

**冀南币** 1939 年 10 月晋冀鲁豫地区冀南银行发行。面额有 1 角、2 角、2 角 5 分、5 角、1 元、2 元、3 元、5 元、10 元、20 元、25 元、50 元、100 元、200 元、500 元、1000 元、2000 元 17 种,1948 年 12 月停止发行,收兑时按 100 元折合旧人民币 1 元比价收兑。

**陕甘宁边区贸易公司商业流通券** 1944 年发行。面额有 5 元、10 元、20 元、100 元、200 元、250 元、500 元、1000 元、2000 元、5000 元 11 种,1949 年收兑时按 2000 元折合旧人民币 1 元的比价收兑。

**华中券** 1945 年 8 月华中银行发行。面额有 1 元、2 元、5 元、10 元、20 元、50 元、100 元、200 元、250 元、500 元、1000 元、2000 元、5000 元 12 种,1949 年收兑时按 100 元折合旧人民币 1 元比价收兑。

**东北币** 1946 年东北银行发行。面额有 5 角、1 元、5 元、10 元、50 元、100 元、200 元、250 元、500 元、1000 元、5000 元、10000 元和 5 万元、10 万元、50 万元、100 万元券本票 16 种。

**长城币** 1949 年 2 月长城银行发行,印有"冀热辽流通券"字样。面额有 100 元、200 元、500 元、1000 元、5000 元和 5 万元、10 万元券本票 7 种,1949 年收兑时按 9.5 元折合旧人民币 1 元比价收兑。

(六)新中国货币

**人民币纸币** 1948 年 12 月 1 日,中国人民银行发行第一套人民币,亦称旧人民币。共有 12 种面额 62 种版别,其中 1 元券 2 种、5 元券 4 种、10 元券 4 种、20 元券 7 种、50 元券 7 种、100 元券 10 种、200 元券 5 种、1000 元券 6 种、5000 元券 5 种、10000 元券 4 种、50000 元券 2 种。流村乡、高崖口乡、老峪沟乡从 1949 年 9 月 19 日开始使用。1955 年 3 月 1 日发行第二套人民币,主币面额为 1 元、2 元、3 元、5 元、10 元 5 种,辅币面额为 1 分、2 分、5 分、1 角、2 角、5 角 6 种,新旧收兑比率为 1∶1000。1962 年 4 月 15 日发行第三套人民币,面额有 1 角、2 角、5 角、1 元、2 元、5 元、10 元 7 种,有 9 种版别,其中 1 角券有 3 种版别。1964 年 4 月,苏联代印 1953 年版 3 元、5 元和 10 元面额人民币停止流通使用;4 月 15 日,中国人民银行县支行在昌平县设兑换点,收兑苏联代印的人民币。1987 年 4 月 27 日发行第四套人民币,主币面额有 1 元、2 元、5 元、10 元、50 元、100 元 6 种,辅币面额有 1 角、2 角、5 角 3 种;1990 年版人民币有 50 元、100 元,加印防伪线。

人民币纸币在流通使用过程中,有模仿人民币的形象非法印刷的情况。50 年代初有少量影印、扫描等加工制作的假币,80 年代中期以后主要为非法印刷的假币。1985 年,出现 5 元假币。1990 年以后,50 元、100 元大额假币增多。到 1995 年,出现假币数量较大,银行对假币进行没收处理。

**人民币硬辅币**　与同额纸币等值流通。1957 年 12 月 1 日中国人民银行发行面额有 1 分、2 分、5 分 3 种铝镁合金硬辅币,1980 年 4 月 15 日发行硬币 1 角、2 角、5 角和 1 元 4 种面额的铜锌、铜镍合金硬币,1992 年 6 月 1 日发行新版 1 角、5 角、1 元硬币,币材改为铝镁合金、铜锌合金和钢心镀镍。

**纪念币**　1979 年,在中国人民银行首次铸造发行中华人民共和国建国 30 周年纪念币,面额有 1 角、2 角、5 角、1 元、5 元、10 元、50 元、100 元 8 种。1984 年后发行的纪念币有:1984 年 10 月 1 日中华人民共和国成立 35 周年,面额 1 元,在全县发行 3000 套;1985 年 9 月 1 日庆祝西藏自治区成立 35 周年,面额 1 元,在昌平县范围内发行 1500 套;1985 年 10 月 1 日新疆维吾尔自治区成立 30 周年,面额 1 元,在全县发行 1500 套;1986 年 9 月 20 日国际和平年,面额 1 元,在全县范围内发行 2000 套;1987 年 7 月 30 日内蒙古自治区成立 40 周年,面额 1 元,在昌平县发行 1500 套;1987 年 11 月 20 日第六届全国运动会,面额 1 角 3 枚,在昌平县发行 2000 套;1988 年 9 月 20 日宁夏回族自治区成立 30 周年,面额 1 元,在昌平县发行 1500 套;1988 年 12 月 1 日广西壮族自治区成立 30 周年,面额 1 元,在昌平县

发行 1500 套;1988 年 12 月 1 日中国人民银行成立 40 周年,面额 1
元,在昌平县发行 2000 套;1988 年 12 月 1 日全民义务植树运动 10
周年,面额 1 元,在昌平发行 4000 套;1989 年 9 月 28 日中华人民共
和国成立 40 周年,面额 1 元,在全县发行 3000 套;1990 年 8 月 22 日
第十一届亚洲运动会,面额 1 元,在全县发行 3000 套;1991 年 6 月
18 日中国共产党成立 70 周年,面额 1 元,在全县发行 4000 套;1992
年 11 月 27 日宪法颁布 10 周年,面额 1 元,在全县发行 5000 套;
1993 年 1 月 16 日宋庆龄诞辰 100 周年,面额 1 元,在全县发行 5000
套;1993 年 12 月 26 日毛泽东诞辰 100 周年,面额 1 元,在全县发行
5000 套;1995 年 4 月世乒赛,面额 1 元,在全县发行 4000 套。纪念
币主要为个人收藏。金质、银质纪念币没有规定可以在市场上流通,
其他各种金属纪念币与同面额的纸币价值相等流通。

### 二、流通

民国期间,昌平县内地区转账结算曾实行支票、汇票、汇兑及委
托收款等形式。

人民币现金流通有购买商品、支付劳务费等现金结算。人民币
现金投放主要有机关、企事业单位采购支出和人员管理费用支出、信
贷支出和其他支出。人民币现金回笼主要有商品销售回笼、服务费
用支出回笼、财政税收收入回笼、存款和回收贷款现金回笼。随着经
济和社会发展,人民币现金流通范围扩大,流通量增长较快。

人民币非现金流通,又称"转账结算"。1950 年起,中国人民银
行县支行实行党政机关和企事业单位间划拨结算,单位之间的人民
币结算使用转账支票,由县支行办理。同城结算有手指凭证、装张支
票、专用支票、一般支票、保付支票;异地结算有电汇、信汇、票汇、代
收异地款项。1953 年起,人民币支付结算方式有支票、保付、托收
(无承付)、计划、托收承付、电信、特种账户、信用证 8 种。1955 年
起,人民币支付同城结算方式有托收承付、付款委托书、计划结算、支

票、限额支票 5 种;异地结算有异地托收承付、信用证、特种账户、汇票结算 4 种。1972 年 11 月起,实行《中国人民银行结算办法》,异地结算方式有托收承付、委托银行收款、汇兑;同城结算有托收无承付、委托银行收款、支票等。1979 年 1 月 1 日停止凭证收据办理托收,改为汇兑式信用证结算。1980 年 10 月,试行异地委托收款结算。1989 年 4 月 1 日起,试行新的结算办法,包括有银行汇票、商业汇票、本票、支票、贴现、汇兑、委托银行收款、托收承付等结算方式。1984 年 3 月后恢复汇票结算。90 年代初期,专业银行开始办理个人消费信用卡。1990 年起,建设银行昌平县支行办"长城卡";1995 年起,工商银行县支行开办"牡丹卡",方便个人和单位消费非现金结算支付。随着银行信用卡的发展和结算工具的现代化,非现金流通的范围和数量不断扩大,到 1995 年,机关、企事业单位转账结算占人民币结算的 95% 左右,单位之间银行结算有银行汇票、商业汇票、银行本票、支票、汇兑、委托收款、托收承付 7 种方式。

### 三、机构

(一)中国人民银行昌平县支行

1949 年 1 月,察哈尔省银行机构接受伪蒙疆银行分支机构,成立南口兑换所,开始收兑金银和地方货币;同年 5 月,更名为南口营业所;8 月,更名为中国人民银行南口支行;12 月迁至昌平镇,更名为中国人民银行昌平县支行,在流村乡、老峪沟乡、高崖口乡设有营业所。1950 年 10 月,人民银行县支行分设昌平保险特约代理处,开始经营保险业务。1951 年,人民银行县支行分设农业合作银行,办理农林牧水利贷款,1952 年撤销县农业合作银行。1956 年 3 月起,人民银行县支行隶属于中国人民银行北京市分行,更名为昌平办事处,1960 年 5 月改设中国人民银行昌平县支行。1964 年 1 月,人民银行支行分设中国农业银行昌平县支行,9 月并入。1969 年 12 月,人民银行县支行与财政局合并成立县财金局。1973 年 1 月,县财金局撤销,恢复为中国人民银行昌平县支行。到1984年2月底,人民银行县支行内设办公室、会计科、出纳科、储蓄科、计划科、信贷科、国农科、社队财务科、合作科、保险科、人事科、总务科、工会等13个科室。1984年4月,人民银行县支行撤销后分别成立工商银行县支行、农业银行县支行、保险公司县公司。

(二)专业银行、商业银行

1915年2月,建立昌平农工银行,资本金总额20万元,下设文书科、调查科、营业科、出纳科、会计科。营业种类为抵押存放款项,抵押品以田契为多。1935年9月,与通县农工银行合并为北平农工银行,财政部特准纸币发行权,专发铜圆券,有财政部、北平印刷局承印,流通区域为北平、天津、包头等地。1937年七七事变以后,北平农工银行停业。

1979年后进行金融体制改革。1980年1月成立中国人民建设银行昌平支行;1982年5月成立中国银行北京市分行昌平办事处,后改为县支行;1984年4月撤销中国人民银行县支行后,成立中国工商银行、中国农业银行。专业银行向中国人民银行缴纳一定比例准备金,按城乡和行业分工经办储蓄存款和信贷金融业务。工商银行经办工商信贷和城市储蓄,受中国人民银行委托,办理现金管理、工资基金监督等业务。农业银行县支行经办农村储蓄存款和农业信贷金融业务,管理领导农村信用合作社。中国银行县支行经办外汇储蓄存款和外经外贸外汇信贷金融业务。建设银行经办城市储蓄存款和管理基本建设投资,有财政拨款监督支付财政职能和基本建设中长期信贷金融业务。1995年7月1日起,金融机制进一步深化改革,各专业银行打破行业储蓄存款和信贷等业务专业分工,开始转为自主经营、自负盈亏、自行发展的国有商业银行。

(三)农村合作社和信用合作社

日伪统治时期,县内建有农村合作社,独立经营,扶持农业生产。县新民总会厚生科向农民贷款,限于经费,未能长期举办,只在每年春耕时节放贷,各户所得贷款数元。1945 年成立股份制生产合作社,主要吸收社员存款、办理社员放款,进行生产、消费等投资合作事业。

1952 年 10 月开始建立农村信用社,1986 年 3 月成立昌平县信用联社,承办近半农村、农业储蓄存款和信贷业务。1995 年,流村乡、老峪沟乡、高崖口乡基层信用社情况如下表所示:

表38 基层信用社情况表

| 名称＼项目 | 成立时间（年） | 人员 | 营业面积（平方米） | 户数 | 入股社员 | | | | |
|---|---|---|---|---|---|---|---|---|---|
| | | | | | 股金（元） | 其中 | | | |
| | | | | | | 团体户数 | 股金额 | 个人户数 | 股金额 |
| 流村信用社 | 1953 | 12 | 150 | 589 | 42400 | 5 | 5000 | 584 | 37400 |
| 高崖口信用社 | 1954 | 6 | 168 | 360 | 34350 | 6 | 5000 | 355 | 39350 |
| 老峪沟信用社 | 1954 | 3 | 50 | 189 | 14020 | 2 | 2000 | 187 | 12020 |

### 四、信贷储蓄存款

#### (一)存款

**个人储蓄存款** 1949 年,中国人民银行南口支行开始办理"折实储蓄",折实单位有玉米面、面粉、布等,以五幅布 1 市尺、玉米面 1 市斤和面粉 1 市斤 3 种实物的批发价为牌价,折实单位的牌价随物价的升降随时调整。1950 年,开办"保本保值"储蓄,按折实单位保值,又按原有货币保本,同时开办货币储蓄,陆续开办"活期储蓄"、"活期支票储蓄"、"整存整取"、"零存零取"、"存本取息"、"有奖储蓄"等。个人储蓄存款执行中国人民银行统一规定的不同存款种类、起存金额、存取时间和利率。80 年代中期,专业银行相继增加外币个人和单位存款,人民币储蓄种类增多,利率执行中国人民银行统一规定。

**单位存款** 1949 年开始办理,1950 年起,规定党政机关、企事业单位资金一律存入银行。到 70 年代末,主要对公单位存款。80 年代初期,多种经济成分企业单位存款增多。1980 年年初,专业银行单位存款主要为专业分工单位存款。1987 年以后,单位存款专业分工逐步放开。

**贷款** 1949 年后,中国人民银行县支行实行"统存统贷,存贷两条线,统一计划,分级管理",集中统一分配资金的信贷计划管理体制,支持工农业生产,开始发放的贷款种类有农业、工业、商业贷款。农业贷款:1949 年开始发放,专款专用,资金采取自下而上定计划、自上而下审批,实行"折实贷款",8 月后改为货币贷款。1955 年后,开办合作基金贷款、社员生活贷款等。1959 年,农业贷款实行指标下放、差额包干的发放办法。1961 年,发放灾区口粮贷款、国营农场贷款。1966 年后,发放贷款支持农田基本建设、农业机械化、发展多种经营、兴办社工副业贷款等支持农村经济发展。1979 年起,农业贷款实行"重点发放、照顾一般"的原则,重点贷款支持社队和承包户、专业户、重点户,发展农林牧副渔商品生产。工业贷款:1949 年开始发放支持工业贷款,贷款基本满足企业资金需要。1955 年,对企业贷款只解决企业季节性、临时性超定额物资储备资金,贷款实行"计划性、保证性、归还性"的原则。1958 年起,工业信贷资金实现基本充分供应,保证工业发展。1971 年 9 月起,工业贷款按计划发放,信贷资金和企业流动资金实行基本充分供应,保证工业发展。1971 年 9 月起,工业贷款按计划发放,信贷资金和企业流动资金按规定用于生产和流通。1977 年起,执行中国人民银行《国营工业贷款办法》。商业贷款:1949 年开始发放贷款支持集体企业和私营商业,1953 年后,对集体商业收购主要农副产品资金充分供应,基层批发和零售企业按借款计划供应资金,国营商业实行定额管理、直接房贷。1958 年后,主要支持商业收购、服务、流通业,充分供应资金。1979 年后,商业贷款支持商业,搞活商品流通,扩大购销,繁荣市场。

1959 年起,信贷计划指标由银行和企业主管部门共同管理,实行统存统贷、存贷两条线信贷计划管理体制。1961 年起,信贷实行"按计划发放,各项贷款指标不得相互留用"的办法。1963 年,实行"以农为主、以副养农、综合经营、全面发展"和"财政资金与信贷资金分别管理、分别使用"的原则,支持公社发展多种经营,发放社办企业贷款、国营拖拉机站贷款。工商企业贷款实行"区别对待、择优培植"和"以销定贷"的原则,信贷与发展经济、提高效益联系,贷款主要支持城镇集体工业、技术改造项目、生产日用消费品、生产优质名牌产品和工业出口产品等。

1984 年起,专业银行信贷逐步实行区别对待、择优培植、以销定贷、以经济效益为核心,计划与市场调节相结合的贷款体制。信贷资金管理实行统一计划、划分资金、实贷实存、相互融通的体制,中国人民银行可向专业银行发放贷款或委托专业银行发放一些专项贷款等,专业银行执行中国人民银行统一制定的贷款利率,1979 年后,各专业银行贷款主要按专业分工发放贷款,工商银行县支行负责工业、商业和企业基数改造、科技开发贷款,农业银行县支行负责国营、集体农业、建筑业流动资金、土地开发及商品房贷款,中国银行县支行负责进出口外贸企业、"三资"企业贷款。1987 年以后,各专业银行贷款逐步放开。

### 五、保险

(一)机构

1984 年 5 月,中国人民保险公司北京市昌平县公司成立,下设昌平、南口、沙河三个营业所。流村地区的村民办保险一般到就近的营业所办理。1984 年,人保县公司开办财产和人寿保险险种 27 个。到 1995 年,增加大额医疗保险,开办保险种共 41 个。目前,开办的保险业务主要有财产损失保险、责任保险等财产保险、财产保险的再保险、国家政策规定的农业保险等。

流村地区农民办保险的另外一个选择是太平洋保险。1992 年

10月,国有股份制的商业保险公司太平洋保险公司北京市分公司筹备组建昌平代理处,1993年2月营业,12月成立昌平支公司筹备组。1994年,昌平支公司筹备组内设业务一科、业务二科、综合业务科和理赔监理科,下属县域内各行业建业务代办处。1995年7月12日,成立中国太平洋保险公司北京市分公司昌平支公司。

### 六、金融对流村镇经济社会发展的作用

农村金融状况在很大程度上影响着新农村经济的发展。农村金融在流村地区农业和农村产业结构的调整优化过程中,对促进农业产业化迅速发展、农村乡镇企业发展和小城镇建设、农民的生产和生活等方面作用显著。新中国成立以来,尤其是改革开放以来,流村地区的农村金融得到了很大的改善,对流村镇的经济和社会发展产生了重要的作用。

（一）农村金融促进农业产业化快速增长

在产业结构调整中,流村地区的农村金融部门发挥了重要的作用,如发展"一优双高"农业,需要引进技术、购置优良品种和进行农田基本建设,建立农产品加工厂需要购买设备、聘请技术人才,开办农产品批发市场需要市场基础建设,需要大量的启动资金,这些资金的来源首先是企业筹集自有资金,但通常数额较小,这时农村金融部门的贷款便成了主要的资金来源。

（二）农村金融促进农村乡镇企业发展和小城镇建设

流村地区乡镇企业从发展之初就得到农村金融的信贷扶持,利用银行资金建筑厂房、购置设备、购进原料,银行还为这些企业提供流动资金贷款和资金结算服务。目前,迅速成长的乡镇企业要适应市场化、国际化和信息化的需求,投资主体要多元化和股份化,企业发展要集团化和集约化,这些都要以资本为纽带来完成。在市场经济不断完善的情况下,农村金融提供的产品和服务为流村镇企业的健康发展提供了重要支持。流村地区的农村基础设施原本就不完

善,农村城镇化对这些设施提出了更高的要求,农村小城镇基础建设拉动了金融需求,同时也带动了农村产业结构的调整,第二、三产业不断增加,逐步取代农业现在的主导地位。随着农民进驻小城镇,将会促使房地产、乡镇企业、医疗、文化等产业迅速发展,这些都离不开农村金融的支持和服务。

**(三)市场经济下农民的生产、生活需要金融服务**

流村镇农民扩大生产、发展养殖业以及个体经商都需要购买大量配套的生产资料,需要在前期投入大量资金,农民生活中盖房、成亲、购买耐用消费品也有资金需求,以前主要依靠民间亲朋借贷,现在逐步转向依靠农村金融提供消费贷款,这项业务发展迅速,已发展为农村个人贷款的主要形式。随着经济的快速发展,农民迫切需要农村金融机构提供更加完善和优质的金融服务,如存款贷款服务、结算服务,甚至是投资服务。农村金融作用发挥得好不好,直接影响到农民的生产生活和农村的经济发展。

# 第五章 经济管理

明清两代,工商当铺、行业开歇业经县衙、州属工房校准。民国时期,工商企业开业经营由县政府建设科验资注册发给营业执照。新中国建立后,由县政府工商科、市场管理委员会管理。1954 年,昌平县建立了县计划管理机构,编制与制定全县经济和社会发展的年度计划、五年计划、专业计划和长期规划。1984 年,昌平县又成立了县统计局,统计工作按规定编制年度计划表,进行人口、工业、商业、第三产业普查及流动人口等专项调查。改革开放后,计划管理体制进行改革,由指令性计划转变为指令性计划与指导性计划、市场调节并存,逐步缩小指令性计划比例。1979 年后,加强商品商标注册和广告商业的管理。1981 年起,县行政工商管理局对企业实行登记注册、年鉴制度以及对企业实行审核、换发营业执照制度。随着商业体制改革的深入,市场管理逐步形成市场经济的商品流通市场管理体制。1992 年,县消费者协会负责调节处理各类商品投诉案。

1959 年,对市计量进行改制。1985 年起,贯彻国家计量法,全县取消市制单位,实行法定计量单位。1991 年起,贯彻国家标准化法。1992 年起,县质量监督检查所对产销假冒伪劣产品执法检查监督。

50 年代初,日用商品、工农业产品等社会消费商品价格统一集中管理。根据国家和北京市物价政策,县结合实际,调整具体商品价格。改革开放后,逐步放开社会消费商品价格,实行国家定价、国家指导价和市场调节的价格管理体制。1993 年,县政府对物价实行监控和检查,县物价检查所对商品价格进行监督检查,县价格协会进行市场价格检测,形成市场经济价格管理体制。行政事业性单位实行收费许可证、收费监督卡、收费公示制度。

# 第一节　技术监督及物价

## 一、计量管理

### （一）计量制度

1915 年以后，计量制度按国民政府《权度法》规定，以万国权度会制定的铂铱公尺、公斤原器为标准。长度以尺为单位，1 尺等于 32 厘米；重量以库为单位，库平 1 两等于 26.8 克。米简称公制，长度以营造公尺为单位，1 公尺等于 100 厘米，1 厘米等于 10 毫米，1000 公尺等于 1 公里；重量以斤为单位，1000 公斤等于 1 吨。1928 年 7 月，按国民政府公布权度标准方案规定，万国公制（米制）为标准制：长度以 1 公尺（1 米）为标准尺；容量以 1 公升（1 立特）为标准升；重量以 1 公斤（1 千格兰姆）为标准斤。市用制长度以标准尺三分之一为市尺；容量以标准升为升；重量以标准斤二分之一为 1 市斤，1 市斤等于 16 两。1930 年 10 月，国民政府公布《度量衡法》等法规，万国公制与市制通用，并实行国际通用医疗、生产等专用计量标准。新中国建立后直至 1958 年，流村镇使用的计量单位还没有统一，长度有公尺、市尺、鲁班尺，重量有公制、市制、旧杂制，容量有升、斗、提等。长度量制为尺，10 分等于 1 寸，10 寸等于 1 尺，10 尺等于 1 丈，150 丈等于 1 里；重量量制为斤，1 斤等于 16 两，1 两等于 10 钱；土地面积量制为亩，1 亩等于 60 平方丈；粮食容积量制为斗，1 斗等于 10 升，10 斗等于 1 担；酒、油类容积量制为提，有 1 两提、2 两提、半斤提、1 斤提。1959 年，根据国务院统一计量制度的命令，16 两秤改为 10 两秤（中医处方用秤除外）。1979 年，根据国务院的要求，对中医处方用药单位进行改制，"两"和"钱"改为以克和毫克为计量单位。1985 年，根据国务院全国统一实行法定计量单位的命令，取消市制单位，实行法定计量单位，改制原市制计量单位衡器，更换市制计量单位尺为米制计量单位，更换以重量为计算单位的量提，以公斤力为计量单位的力值改为以牛顿为计量单位的表盘,以毫米汞柱为计量单位的血压表改为帕斯卡计量单位,但民间仍有市制单位的习惯。1995年1月1日起,开始实施《北京市关于在公共交易中禁止使用杆秤的规定》,县政府颁布《昌平县实施北京市关于在公共交易中禁止使用杆秤的规定》,当年在重点农贸市场开展禁止使用杆秤试点。

（二）计量器具

随计量单位的变化,计量器具也不断地变化发展。长度计量器具:市制尺多为木制的单一市制尺,也称尺子;公制称为米尺,有皮尺、钢尺、卷尺等多种。1960年以后,长度计量单位开始使用标准类量具、微分类量具、表类量具。现用木尺、米尺为市制、公制两种长度计量刻度,使用方便。重量计量器具:市制称市制秤,木制的也叫杆秤,根据重量要求有多种规格的杆秤,有提式小杆秤,称小重量,分两、斤进制,大秤也叫台式杆秤,分1斤、5斤、10斤进制。中草药药店用1市两至20市两秤,下分至钱、分、厘,多为木杆秤,也有骨秤制,后用药物架盘天平秤称药,但民间未普及使用。公制计量器具称公制秤,金属制秤由国家制定、企业生产,规格种类较多,有便携式手提秤、案秤、台秤和地秤等,使用称公斤、十公斤、百公斤、吨以上不同重量。有的秤有市制、公制两种计量刻度,使用方便。1970年起,使用盘秤、光栅电子秤、电子计价秤。容量计量器具:民间沿用容量计量器具酒、油类量提由铝、竹、木制成,粮食类斗、升由木制,50年代中期后已不再使用。1985年,计量容器改为1升、500毫升、250毫升、100毫升、50毫升。由于经济和商品包装技术的发展,原有容量器具逐渐被淘汰,现大多采用瓶、桶、袋预称计量包装。70年代后,随着产品精度要求的提高,工业企业生产使用计量器具有测长机、万能工具显微镜、硬度计、材料试验机、光学天平、热电偶和毫伏计、电子电位差计、酸度计等计量器具,医疗卫生单位使用的有血压计（表）、精密天平等。

（三）计量器具生产

清代曾禁止私人制造计量器具。民国初期后,计量器具由个体手工业修制,主要产品有木杆秤、木尺、斗、升、量提。1958年起,县内开始生产计量器具,昌平、南口修理服务社修制杆秤,北京衡器厂从市区迁入县内生产案秤、地秤等。以后,乡镇建立计量器具企业,生产的产品有四等标准码(5公斤—20公斤)、塑料量提(0.05升—1升、0.1升—2升酒油醋提)、容量瓶(5毫升—2000毫升)、量筒(100毫升—250毫升)、SDC商用电子计价秤(5公斤—15公斤)、三相三线和四线分时有功电度表、卡尺、千分尺、天然油石研磨器、杆秤、液化石油器罐装秤、雷达测速仪、涡街流量计、压力式温度计、高压开关参数测量仪、智能温度控制仪、铂铑—铂和镍铬镍硅热偶、镍铬—镍硅和镍铬—康铜热偶、电流电压功率表、IC系列智能控制仪、单相电能表(2级)、一次性医用定量取血管、Xm0.05级数字显示仪。

（四）计量管理

企业计量管理从1962年开始,1984年后,工业企业加强计量管理。1987年,县计量管理所与县物价管理所共同组织在全县开展物价计量信得过活动。1988年到1995年,对企业的长度、热工、力学、电学的最高计量标准器进行考核、核发计量检定人员操作证多人,对商业企业使用的商用计量器具、贸易企业结算用的台案秤、安全防护压力表等计量器具进行强检授权,考核合格的单位代表技术监督部门行使强检职权。1982年5月起,实行《北京市商用器具管理办法(试行)》。1984年1月1日起,执行《北京市商用计量器具管理办法》。1985年9月起,实施《中华人民共和国计量法》,对用于贸易结算、安全防护、医疗卫生、环境监测的器具进行强检,对计量违法的行为进行处罚。县技术监督局使用计量标准器经市技术监督局检定合格后,以检定企业最高标准和计量器具,企业按溯源关系送检或报检。

## 二、标准化管理

流村镇传统手工业生产生活用品,如编筐、打制锄头和镰刀、制鞋等在制造过程中的轻重、大小、长短凭经验或习惯掌握,根据用户需求,用户认可即为合格。50 年代初起,随着工商业企业的建立,开始按标准组织生产。1962 年年底起,执行国务院《工农业产品和工程建设技术标准管理办法》,开展标准化配件加工的农机配件等产品按标准图纸组织生产。1978 年,县计量管理所、县工业局、县农机局对全县技术标准执行情况进行检查。1987 年,县标准计量所成立标准质量科。1991 年开始实行县政府下发的《关于在昌平县实施标准化法的意见》。1993 年 6 月,县政府下发《昌平县关于加强产品标准管理和备案的若干规定》。1995 年,对企业执行标准化法进行检查,对企业产品标准进行登记;9 月 20 日,派人参加县里召开的消灭无标生产会议,加快企业标准化。县技术监督局举办乡镇企业消灭无标生产培训班,乡镇企业管理和技术人员参加培训。

1989 年 4 月 1 日,根据国务院统一规定对全县企事业单位、社会团体发放 9 位数字的统一标识,其中 9 位为校验码。县成立统一代码标识领导小组,下设办公室,由技术监督局负责代码发放。

## 三、质量管理

### (一)企业产品质量管理

流村镇传统手工业生产产品质量主要靠眼看、手试等方式自检。60 年代,部分企业生产开始设立检验机构、人员,按产品标准检验产品质量。70 年代,部分企业配备相应的检测设备、设施,定期培训质检人员,企业质检工作日益完善。县工业局成立质量科,监督管理县属企业的质量检验工作,商办企业成立计量检验室、化验室,包括流村镇企业在内的全县企业质检开始进入统一质量管理和实行生产过程全面质量管理,组织企业开展质量、品种、效益年活动,扶植油脂产品。1993 年 9 月,根据北京市开展"93 北京质量行活动"的部署,开展《中华人民共和国产品质量法》宣传活动,举办大中型企业提高产品质量、加强产品质量管理培训班 20 期。1994 年起,实施国家产品质量法,县技术管理局、工商行政管理局、广播电视局举办有关产品质量法的知识讲座和知识竞赛,电视台播放介绍鉴别假冒伪劣商品知识录像,对企业厂长、经理等进行产品质量法考试,编写《质量管理手册》。

（二）产品质量监督执法

1985 年起,对企业生产和经营假冒伪劣商品违法行为进行监督处罚。1991 年到 1992 年,抽查生产饮料、食品、纸、铁粉等产品的企业,对市场上销售的饮料、食品、低压电器、电线电缆的质量进行多次检查。1992 年,县成立技术监督检验所,配置 20 多套检测设备,对食品、饮料、副食品、调味品进行科学检验。1995 年 9 月,技术监督局成立执法检查队和打假办公室,建立健全执法程序。

### 四、价格管理

（一）日用商品和农工业产品价格

新中国建立以前,流村镇日用商品和农工业产品的价格和经营者在交易过程中双方商定,物价受市场供求的影响,物价不稳定。解放初期,物价大幅度上涨。1992 年,由于县政府要求采取措施抑制物价,流村镇对农产品小米、小麦、花生油、盐、猪肉、枣、栗统一购销价格。

50 年代开始,国家对主要日用消费品和农工业产品价格集中统一管理,由国家统一定价,物价管理实行"统一领导,分级管理"。流村地区根据国家和省、市物价政策,结合本地的实际情况规定商品和产品的定价办法和差价率,调整具体商品、产品价格。1951 年,开始执行国家提高部分农产品价格的指示,部分农产品价格提高情况为棉花 12.5%、烤烟 18.9%、芝麻 25.14%、花生油 11.7%。1953 年起,根据国家要求对农产品实行国家统购统销,统购统销的物资和供不应求的物资实行统一价格,建立商品价格报告制度,要求销售商品实行明码标价;私营工商企业实行核实工料、依质定价、缩小城乡地区差价、取消季节差价、调整批零差价等措施;对抢购、抬价、杀价、扰乱市场行为进行整顿,打击不法投机商的破坏行为。1954 年年初,流村镇根据国家规定对部分商品价格进行调整,其中猪肉价格提高17.5%。1955 年 2 月 1 日起,国营商业和供销合作社商业实行统一牌价。当年根据国务院有关物价通知要求,纠正工业品城乡倒挂、农副土特产品没有差距的现象,对火柴、食糖、碱面、玻璃、毛线、绒线、水壶、床单、搪瓷制品、蜡纸实行企业挂牌经销。1956 年,为保证市场物价相对稳定,7 月开始冻结物价至 1957 年。根据县市场管理委员会加强市场和物价管理及严禁国家一类统购物资流入市场的要求,规定上市商品一律不准超过国营牌价的 10% —15% ;农副土特产品允许买卖双方自行议价,规定平均毛利率饮食业和糕点 25% —28%、水果 25%、蔬菜 20%。生产资料利润 1% —4%、批零差率8%。生活资料利润 5% —7%、批零差率 10% ;工业品价格保持在1956 年的水平。1958 年 5 月,贯彻全国物价工作会议的精神,对不合理的价格进行调整,由北京市管理的 280 多种商品定价权限下放到区县,由区县物价委员会执行。1959 年 8 月,县人委根据中央《关于社办工业大宗产品不变价格的通知》要求,对多产粮和多提供商品粮的社队实行高于统购价 10% 的价格进行奖励,提高花生仁、大豆、芝麻等油脂油料统购价格,平均提高 26%。1962 年,根据国家有计划地调整工业产品和农副产品的收购价格规定,调整工业品城乡差价幅度 3% ,由 34 种小商品的价格平均上调 41.77%,提高部分土特产品及荆条品价格。1963 年 7 月,根据北京市物价委员会调整工业品城乡差价规定,全市城郊区县分 3 个价区,昌平县属于二价区,日用商品加价 1% ,小商品加价 2%。1964 年,根据北京市物价分工管理目录,对地产地销工业品和次要三类农副产品购销价格加强管理,调整部分商品价格和工商业产品零售价格。根据 1965 年 1 月19 日国务院《关于调整当前市场物价的决定》的要求,县调整城镇粮食统销价格,提高低档棉布价格,降低部分高档布价格,调整棉布的地区差价、批量差价,对地产地销的 210 种工业产品的出厂价、销售价和饮食、服务、修理、交通、运输等行业收费标准试行价格统一管理。1965 年 3 月,根据国务院提高粮食统购价格的规定,县调整小麦、稻谷、玉米等 6 种主要粮食收购价格,实行奖售政策;7 月,将面粉、小米、玉米面等 6 种成品粮每百斤平均统销价格由 15.07 元调为 15.83 元。1966 年,调整肥皂、洗衣粉、棉花、化纤、猪革制品、药品、半导体收音机等商品价格。"文化大革命"开始后,根据北京市通知规定,1967 年冻结物价。1978 年年底,商品一律执行全市统一价。1979 年 9 月,提高粮食、油脂、油料、棉花、生猪等 18 类主要农副产品的收购价格;11 月,对猪肉、羊肉、蛋、禽等销售价格相应提高。1980 年起,国家逐步放开日用商品和农工业产品的物价管理,由国家统一定价改为国家定价、国家指导价、市场调节价。当年,开始逐步放开蔬菜价格,实行市场调节价,放开时间 13 天,但因群众意见大,按北京市决定重新实行统一价。1982 年后,根据国家和北京市物价改革的要求,放开部分土特产品、水产品,分三批放开 1087 种小商品价格,工业品价格下调 63 种、上调 289 种;其他商品价格下调 115 种、上调 138 种;降低彩色电视机、电风扇、胶卷、胶鞋和部分国产手表价格。1984 年,果品价格全部开放。1985 年,放开生猪的收购、猪肉、牛羊肉、蛋禽、淡水鱼的价格。1987 年,对开放商品价格规定,生产经营单位调整价格必须向县物价局或主管局预报计划。到 1988 年,国家定价、国家指导价、市场调节价重工业品约为 4∶3∶3,轻纺工业品约为 2∶3∶5,农副产品收购价为 1∶4∶5,销售价约为 5∶2∶3。1988 年,市物价管理对与人民生活息息相关的食品和服务收费实行价格备案、提价申报制度,严禁擅自提价。同年 6 月,彩色电视机实行浮动价格;7 月,对国产 13 种名酒、13 种香烟价格放开,实行市场调节价。1989 年,按国家规定对彩电实行专营,每台彩电按规定加收消费税、发展基金,设立专营点。实行一年之后取消专营点,重新实行国家定价。1989 年,对议价粮、家用电器、名牌自行车、日用商品等9类36种商品放开价格,实行提价申报制度,对自行车、蛋、菜等商品执行最高限价。1990年春季期间,对菜花、土豆等5个蔬菜品种实行限价补贴。6月21日,转发执行市物价局《关于贯彻执行国家物价局〈关于商品和收费实行明码标价的规定〉》。1991年4月,粮食统购价格提高58.5%,食油统销价提高164%;9月1日,取消原油、钢材等10种计划外生产资料全国统一最高出厂价或销售限价;10月,0.30元(含0.30元)以下瓶装饮料价格审批权由市下放到县管理,放开白酒、啤酒和135种重工业产品价格;12月,北京市放开肉、蛋、菜价格,实行市场调节价。1993年,蔬菜价格实行指导价;5月10日,放开粮油购销价格和居民口粮、食用油、酱油、醋销售价格和鲜奶购销价格,取消凭票证定点供应的办法,停止粮票流通,取消对粮、油、肉、蛋、菜等商品限价管理,改为指导价管理。生产资料、日用工业品价格全部放开后,市、县政府采取措施控制物价;11月,开放行业用面粉、大米的价格;19日,转发北京市物价局对粮、油、肉、蛋、菜等主要品种零售价实行最高限价的通知,对富强粉、菜籽油等21个品种的零售价实行最高限价,规定粮、油、肉类实行国家指导价和最高限价管理。此后,全县社会零售商品市场调节价占91.3%,国家统一定价和指导价占4%,日用商品和农工业产品初步转变为适应社会主义市场经济的价格管理体制。

(二)统一管理行业产品和服务价格

新中国建立后,流村地区的水、电、煤、煤气、公交、电信行业的产品和服务由国家和北京市统一管理、统一规定价格。改革开放以后,国家和北京市相应调整水、电、煤及煤气、电信、公交客运等价格。1990年7月,国家调整邮电价格,邮寄平信,北京市内由4分调为10分,外埠由8分调到20分;电话初装费,普通程控电话5000元/号线,机电制电话3500元/号线。1991年,开始调整居民用水价格,由每吨0.08元调至0.12元;1992年,由每吨0.12元调至0.3元;8月,调整电、煤气、水和两种民用燃料煤、石油液化气等19种产品价格,其中民用燃料煤由每吨 49 元调至 97 元。1993 年 1 月,农村照明、农业生产排灌用电实行最高限价 0.23 元/千瓦时;11 月,农村照明用电由 0.162 元/千瓦时调至 0.235 元/千瓦时,城镇居民用电由 0.164 元/千瓦时调至 0.245 元/千瓦时。

### 五、价格监督

1949 年,流村地区成立集市委员会,对集市价格进行监督。50 年代初期,流村镇各乡的集贸市场由县商会、工会和集市贸易委员会主任、管理员进行巡回检查。1955 年,流村地区对违反粮食生猪统购统销政策、提高物价的个体经营户进行查处。1956 年,配合区工商科组织重点检查,检查基层供销社商品零售价格,纠正在执行物价政策中商品价格错调、漏调、价格混乱现象,加强对商贩和集贸市场的物价管理,对重点集镇的物价进行检查。1958 年,部分价格管理权限下放后,以区商业局为主,积极配合区有关部门对商品价格进行检查。1979 年,随着副食品和其他商品价格调整,市场商品涨价品种较多,涨价幅度较大。1982 年,实施国务院颁布的物价管理条例,进行行业物价检查,制止乱涨价。1984 年,昌平县成立物价检查所,负责物价监督管理,受理群众价格投诉,处理价格问题。1984 年,开展物价大检查,对农药、化肥、邮电、停车场收费进行专项检查。1988 年起,每年五一国际劳动节、十一国庆节、元旦、春节等重要节日期间集中检查物价。1987 年,县政府下发《关于在昌平县开展物价、计量信得过单位评选活动的通知》,从本年起,每年评选一次。

1988 年起,流村镇开始物价监测。监测项目中,日用工业品主要有电视机、录音机、电冰箱、肥皂、洗衣粉、自行车等,副食品主要有白酒、啤酒、红葡萄酒等,农副产品主要有蔬菜、干鲜果品、猪肉、鲜鱼、食用油、粮食及其制品等,建筑材料主要有钢材、水泥等,监测市场商品共 36 类 344 种。1988 年成立昌平县价格协会,与外省市建立信息网络,参加全国 190 多个大中城市信息交流会。1994 年,成立商品价格事务所,承办资产评估、赃物作价,提供市场信息服务。

# 第二节 计划管理

## 一、机构

1954 年 9 月,建立昌平县人民政府计划委员会,统筹县域内的计划工作;1955 年 2 月,改称昌平县人民政府委员会经济计划委员会;1955 年 7 月,改称昌平县经济计划委员会;1956 年 5 月,县计委撤销,计划工作由昌平县人民委员会办公室负责。1958 年 7 月,恢复县计委。1968 年年初,县革命委员会设计划组;1979 年 1 月,县革命委员会计划组改称县计委;1982 年 9 月,县计委与县基本建设委员会合并成立昌平县计划建设委员会。1986 年 12 月,县计委成立昌平县地下资源管理办公室。1988 年 8 月,县计委撤销物资科,物资管理权下放到物资局,增设经贸科、科教科。1995 年年底,县计划委员会内设办公室、综合计划科、经济发展计划科、固定资产投资计划科、地下资源管理办公室和计委机关事务管理站。

## 二、管理

(一)计划编制

1954 年起,按照北京市发展计划工作要求,县编制全县国民经济和社会发展计划、规划,分为年度计划和长期计划(5 年和 5 年以上)。计划编制采用两上两下、个别计划采取一上一下的编制程序:第一步,流村镇各乡作为基层计划单位逐级上报建议计划。县政府各委、办、局和乡镇提出经济和社会发展计划完成情况,分析有利和不利因素,建议计划逐级上报,一般于 10 月底完成下一年年度建议计划。第二步,县下达计划控制指标,主要包括发展速度、工农业主要产品产量、固定资产投资规模和重大项目建设、人民生活水平提高幅度、乡内生产总值、财政收入、出口供货额、旅游收入等项指标的初级设想及准备采取的重大措施和主要经济调节手段。第三步,流村镇各乡计划单位以县计划控制指标为依据制订计划,于 11 月底或 12 月上旬完成,并按规定时间报县计委。第四步,县纪委在上报全县计划的基础上,全面安排、综合平衡制订全县国民经济和社会发展计划,并按时上报北京市计划委员会,同时提请县长办公会议审定,形成计划草案,提请县人民代表大会审议批准,作为全县国民经济和社会发展计划。

(二)发展计划

1954 年起至 1966 年,每年制定乡(公社)国民经济和社会经济年度计划。1967 年至 1969 年,因"文化大革命"的发生没有制订年度计划,1970 年恢复制订乡(公社)年度计划。年度计划是当年各乡(公社)国民经济和社会发展的依据。五六十年代,乡年度计划指标根据县年度计划指标制订,县年度计划指标根据北京市计委计划工作要求以指令性计划指标和实物量指标为主。1954 年,流村地区国民经济计划指标主要有粮食亩产、棉花亩产、花生亩产等农产品实物量指标和社会商品零售额等价值量指标。70 年代,乡镇(公社)国民经济计划增加一些工业品,如玻璃、保温瓶、白酒、化肥等产品产量实物量指标。改革开放后,在制订年度计划时,对关系国计民生的生活消费资料和生产资料的生产和分配按国务院、北京市要求实行指令性计划;对关系重大的商品以及企业实行指令性计划;对一般经济活动,集体企业生产实行指导性计划;对于饮食服务业、小商品生产实行市场调节。随着经济体制改革的深入,指令性指标计划减少,计划指标逐步由以实物量指标为主改变为以价值量指标为主。1995 年,国民经济和社会发展计划主要经济指标有国内生产总值、社会总产值、工农业生产总值、农民人均纯收入等项指标。

### 三、计划管理与执行

(一)计划管理

1956 年,昌平县计委计划工作主要贯彻北京市和县经济、社会发展方针、政策,编制昌平县国民经济年度计划、全县农业和商业等部门计划、五年计划,协助县政府组织各项计划的实施,开展农业调查和农业生产统计工作,为县政府各部门提供统计资料。70年代起,计划管理工作包括计划、统计、物资分配、物价检查与监督、劳动管理、计量管理、工商管理、土地规划管理、环境保护等项内容。改革开放以后,计划工作由微观管理为主向宏观管理为主转变,从单纯的要数字、要资金、分配资金逐步转变为深入基层调查研究、制订中长期规划、专业规划,从单一批复建设项目转变为宏观调控、调整产业、产品结构,由指令性计划为主转变为指令性计划、指导性计划与市场调节并存。1991年起,执行"八五"计划(1991—1995年),计划工作进一步加强宏观调控,开始利用财政、金融、税收、产业政策等调节经济,进一步扩大指导性计划的比例,缩小指令性计划比例,宏观调控经济和社会发展。

(二)计划执行

县计划草案提请县人民代表大会审议批准后,成为全县国民经济和社会发展的执行规划,执行五年计划、专项计划作为全县中长期经济和社会发展的目标和任务。县委、县政府每年召开全县计划工作会,乡镇和县直机关各领导参加,布置执行县年度计划,下达全县综合计划及乡镇、各部门计划指标、任务。从1986年执行"七五"计划后期开始,每年县委、县政府领导同县政府各经济部门和乡镇主要负责人签订合同书,明确经济目标责任制。乡镇、县政府各经济部门对计划指标分解落实到下属各基层单位,召开工作会议下达任务、签订责任书。计划执行中,流村地区计委与县有关部门对计划执行情况按月、制度进行检查,协调解决计划执行中的问题。县委、县政府每年年初召开经济工作会议,总结上年度经济工作完成情况,布置下达当年年度计划任务。会上,对年度计划各项主要指标完成情况进行考核奖励,县委、县政府授予完成任务先进单位奖旗或奖牌,给予一定的经济奖励。

## 第三节　统计管理

### 一、机构

#### (一)机构沿革

1953 年 4 月 4 日,县委、县政府下发《关于建立村统计组织》的通知,行政村按要求设立专兼职统计员。1954 年 3 月 13 日,县政府下发《在基层选举中要认真整顿健全全乡统计组织》的通知。7 月 17 日,县政府通知要求由秘书兼职负责统计工作。1958 年后,各村(大队)和生产队设专职统计员。1966 年后,公社由专人或兼职负责统计工作,人员不稳定。1980 年开始,村(大队)和村办企业设统计组。1984 年起,乡政府设统计科。1984 年到 1987 年,流村地区的统计工作主要由高崖口乡农工商总公司、老峪沟乡农工商总公司和流村乡农工商总公司负责。1987 年以后,分别更名为高崖口乡统计科、老峪沟乡统计科和流村乡统计科。1997 年,高崖口乡、老峪沟乡、流村乡三乡合并为流村镇,成立流村镇统计科。2001 年,流村镇统计科更名为流村镇财政统计科。2007 年 5 月,成立北京市昌平区统计局流村统计所。

#### (二)主要职责

流村统计所是昌平区统计局下属的职能科级单位,对本区域内经济和社会发展情况进行统计调查、统计分析,提供统计资料和统计咨询意见,同时还负责进行统计监督工作。另外,流村统计所还担负着宣传贯彻《中华人民共和国统计法》、《中华人民共和国统计法实施细则》、《北京市统计管理条例》,对基层统计人员进行统计业务培训,完成国家大型普查及地方重点调查工作的任务,为全镇经济的发展提供优质的统计服务。

## 二、统计管理

### (一)统计工作类别

**统计报表**　1953年起,统计报表的类别主要有工业统计报表、能源统计报表、固定资产投资统计表、物资统计报表、农副产品收购和农业生产资料价格报表、消费价格指数调查表、对外经济贸易统计报表、商业统计报表、劳动工资报表、农业统计报表(分为基本情况、耕地面积、农作物产量、蔬菜、林业、干鲜果品、蜂蚕、生猪、山绵羊、家禽、牧业、农业机械、农业现代化、农村经济和农村住户)。1993年起,实行新的国家统计报表,按统一规定的基层调查单位设计7种基层表:农林牧副渔企业报表、工业企业报表、建筑企业报表、交通、运输企业报表、批发零售贸易业(含商业、外贸、物资报表)及餐饮业企业报表、服务业企业报表、行政事业单位报表,另有固定资产投资统计基层表。

**统计资料汇编**　原流村乡、高崖口乡、老峪沟乡的资料交由县统计局按时间和年度整理编制成全县经济和社会发展综合统计资料汇编。阶段性统计资料汇编有:1955年1月编制完成的《1949年—1954年昌平县农林水利历史资料汇编》,资料分为农业生产发展、农业生产组织发展、牲畜发展、农具发展、农具供应、果类生产、灌溉造林等7项;1956年7月编制完成《昌平县1949年—1954年统计资料》,内容有人口、户数、农业、商业、手工业、文教、卫生、财政金融、交通运输等;1958年11月编制完成《昌平县历年各种基础数字汇集(1949年—1958年)》,内容有自然和人口概况、政权建设、农业、民政、手工业、劳动、财政金融、文教、卫生、体育等情况;1962年1月编制完成《昌平县1949年—1960年十二年各项基础数字历史资料》;1964年6月汇编完成《昌平县1958年—1962年第二个五年计划期间各项历史资料》,内容有人口、户数、劳力、耕地、农业、商业、教育、卫生、交通运输、金融、基建等;1981年7月编制完成《昌平县1949年—1978年国民经济统计资料》,内容有综合概况、农业、工业、基本建设、商业、财政金融、劳动工资和文教、卫生、体育等;1986 年 2 月编制完成《北京市昌平县 1953 年—1985 年国民经济及社会发展情况》,内容有人口、农业、工业、商业、财政、金融和文教、卫生、体育等;1986 年 7 月,整理完成《昌平县 1978 年—1985 年国民经济统计资料》,内容有综合、农业、工业、劳动工资、基本建设和城市公用、交通、邮电、商业、金融、文教、卫生、体育等项。1964 年开始,流村乡、高崖口乡、老峪沟乡开始为县统计局提供资料。

**统计报告** 乡镇统计人员撰写统计分析报告,上交县统计局,县统计局工作人员再结合统计资料撰写统计报告,不定期地向县领导和有关部门提供重点资料和统计分析报告。1953 年,统计内容有统计报表和调查,1959 年后开始增加分析内容。1960 年起,县统计工作每年结合全县经济工作中心进行典型调查,写出统计分析报告。1983 年,开始加强对农村统计工作的重视,县政府转发县纪委、县社队经济委员会、县财政局《关于加强农村统计、财务会计工作开展经济分析的意见》,要求定期开展统计工作。

**普查调查** 历史上流村地区的普查活动有 1942 年日伪时期,国立新民学院研究部编印昌平实习学生调查报告,分三篇:第一篇为昌平县现实状况,内容有行政机构、县财政、司法机构、教育等 10 个方面;第二篇为县城内概况;第三篇为白浮村农业实态调查。解放战争时期,中共领导解放区民主政府根据察哈尔省政府《关于进行典型调查的通知》进行典型调查,调查项目按战前、战后,分耕地、户、人口、劳动力、积肥、农具等内容。新中国建立后的普查调查由全国统一部署,北京市统一组织、县组织进行,乡镇基层具体操作。人口普查:从 1953 年至 1990 年进行第一次至第四次全国人口普查。工业普查:1950 年 3 月进行第一次工业普查。1985 年至 1987 年 10 月,根据北京市统一部署进行第二次工业普查。1995 年 10 月,根据北京市统一部署,开始进行第三次工业普查,内容有工业技术进步、企业的投资效益和负债、主要工业产品的生产、销售、库存、生产能力利用和产品的质量、价格、成本、盈利、税收情况及不同类型企业的市场占有份额。商业普查:1987年11月至1988年10月,按北京市部署进行商业普查,普查时间为1987年12月31日,普查分基本情况和经济指标。1988年6月至8月,进行外地来本地经商、务工、服务人员普查。1992年下半年,根据北京市部署进行第三产业普查。农业普查:2006年9月,流村镇第二次全国农业普查工作全面启动,主要内容是彻查农业、农村和农民的发展变化情况,掌握本地区农业生产、农田水利和农村基础设施建设、农村劳动力转移等方面的基本信息。9月20日全面启动,流村镇专门组建镇农业普查领导小组,负责全面的领导和检查工作,领导成员由镇政府和镇内相关单位负责人组成;成立农业普查办公室,成员由镇政府各科室抽调,根据普查内容及工作量各司其职;组建村级农业普查机构;召开专题全国农业普查工作会议,镇长亲自做动员并安排部署工作任务;定制《村委会普查区示意图》、《村级经济普查人数表》、《乡镇、村普查机构、人员、经费落实情况表》等,以便及时统计和上报。

(二)统计报表管理

1953年9月,清理乱发报表现象,县政府制发统计报表的审批手续。1955年,逐步加强对统计报表的管理,每年进行一次统计报表的清理检查,直指乱发报表。1956年开始,建立初步的统计数据管理制度,规定各项基础数据均以县统计科为准。1960年11月,县人委党组向县委作《关于进一步加强统计工作与统一报表、统一数字管理的意见》,提出,凡属向人民公社索取全面性的统计数字,一律由县计委负责提供。1962年至1965年,每年组织一次统计报表清理、检查。1966年"文化大革命"开始后,统计报表的管理工作中断。1979年,县组织数次统计数据质量调查。1984年1月1日起,实施《中华人民共和国统计法》。4月,县政府转发县计划委员会关于贯彻国家统计法的实施意见,开始设统计法法规检察院。1985年3月19日,收到县统计局下发的《关于停止非法统计报表的通知》。

1990 年,对法规检查员颁发《统计检查证》。1990 年 11 月,对专职统计人员颁发《统计人员岗位证书》。

**统计人员培训** 1954 年 4 月开始培训统计人员,以后每年对基层统计人员进行一次业务培训。1981 年后,培训内容有职称评定、应试培训、统计分析报告写作培训、新国民经济核算体系和统计指标与会计指标衔接培训。1990 年 8 月,县统计局根据北京市《统计员资格考试实施细则》,成立统计员资格考试领导小组,对县域内的考生进行考前培训。

**统计工具** 20 世纪 50 年代初起,统计工作以算盘为主要工具处理统计数据。1956 年,区纪委统计科配备国外进口手摇计算器 1 台,但因手工操作使用不便,一直闲置。80 年代初期,统计工作开始使用计算器。1991 年,乡镇统计工作开始使用计算机。1993 年 9 月至 1994 年 6 月,乡镇配备远程通讯设备,实现乡镇统计科与县统计局的计算机传输联网。1995 年,统计工作开始应用蔬菜月报、养猪月报、工资管理系统、国内生产汇总程序等。

# 第四节　工商行政管理

## 一、工商企业管理

明、清两代工商业铺、行开歇业经县衙、州署工房核准,民国和日伪时期工商企业开业经营由县政府(公署)建设科验资注册发给营业执照。

新中国建立初期,工商企业开业经营由县工商科呈报县长审批,由税务局登记注册、颁发营业执照。1953 年起执行《河北省行商管理办法》,规定行商在营业前向县工商科申请登记,审批后发给营业执照,并到税务部门领取运销货物证明单,两项证件完备始准营业。1962 年 12 月 22 日,县政府批转县市场管理委员会《关于对小手工业和小商贩进行清理整顿和实行登记发照管理的意见》,规定凡是经营手工业、服务业、商业及行医卖药活动的城镇居民、农村人民公社、大队、生产队和社员个人，必须首先由本人提出申请，报请当地政府审查同意签署意见，然后报县主管部门审核，最后由市场管理委员会批准发给营业执照后方可开业。1964 年 6 月起，工商企业核发北京市工商局统一印刷的《工商企业营业执照》。1981 年、1988 年，执行国务院《关于城镇非农业个体经济若干政策规定》、《中华人民共和国法人登记管理条例》后，工商企业登记制度逐渐完善。企业登记分为开业登记、变更登记和注销登记。企业法人申请开业登记，应提交登记申请书、经营资金数额的证明、负责人的任职文件、经营场所使用证明和其他文件、证件。申请变更登记应提交法定代表人签署的变更登记申请书、原主管部门审查同意的文件和其他证明、有关文件、证件。外商投资企业申请变更登记应提交董事长签署的变更登记申请书、董事会决议和原审批机关的批准文件。1981 年 10 月起，对全县商业企业进行登记，重新核发营业执照。1983 年起，对工商企业实行年检制度，规定每年 1 月 1 日至 4 月 30 日进行年审年检，县域内工商企业须参加年审年检，不符合要求的企业注销营业执照。1984 年，对副食品公司、工业品公司、饮食服务公司、粮食局、供销社所属商业企业进行审核，换发营业执照。1985 年起，对工商户换发全国统一的个体工商业营业执照，实行一年一验、五年一换照的制度。1986 年 3 月至 1988 年，对全县多家企业换发全国统一印刷的《企业法人营业执照》，营业执照分为四种：具备企业法人条件的企业核发《企业法人执照》，不具备法人条件但具备经营条件的企业核发《营业执照》，具备企业法人资格的外商投资企业核发《中华人民共和国企业法人营业执照》，外商投资企业设立从事经营活动的分支机构核发《中华人民共和国营业执照》。营业执照有正本、副本、具有同等的法律效力。凭营业执照，企业可以刻制公章、开立银行账户、办理税务登记。企业申请注销登记，提交注销申请书、原主管部门审查同意的文件、主管部门或清算组织出具的负责清理债权债务的文件或清理债务完结的证明,同时将营业执照的正本、副本、公章收回,撤销注册号并通知开户银行。

### 二、个体工商业管理

新中国成立初期,私营工商企业有布铺、理发店、粮食站、药店、茶叶店、首饰铺和经营铁具、肉、车行、杂货、麻、荆编、鞋帽等店铺。1955 年,对私营工商业进行社会主义改造之后,按行业组成手工业合作社。

50 年代中期,个体工商户主要是临时商贩。1957 年,取消个体工商户。1960 年,群众自发恢复农村集市,"文化大革命"开始后被严禁。改革开放后,国家允许个体从事工商业。1979 年开始,县工商局对个体工商业户颁发《北京市昌平县个体经营许可证》。1981 年起,执行国务院《关于城镇农业个体经销若干政策规定》后,个体工商业迅速发展。1983 年,县工商局对个体商户换发《北京市个体经营户营业执照》;1985 年,个体工商业户换发全国统一的营业执照。1989 年,根据北京市工商局部署,对外地来的经商人员进行普查。

1962 年,对个体手工业和小商贩管理取消一批、批准一批,未经批准不准私自经营。1963 年,全面清理个体无照经营。1979 年起,工商企业管理建立企业档案,对工商企业登记注册资料组卷归档。1981 年 10 月,对公社、大队、建筑队进行整顿,换发建筑企业营业执照。1985 年,根据北京市政府和市工商局《关于整顿公司中心企业和加强公司企业登记管理的暂行规定》,对中心企业和公司进行整顿,对生产经营由违法违章行为的企业负责人进行法律法规培训。1990 年,根据国务院《关于进一步清理整顿公司的决定》,再次对公司企业进行清理整顿。1992 年,对三资企业进行审检。1994 年,根据市工商局《关于对流通领域进口商品进行检查的通知》规定,对企业进行检查。

### 三、集市贸易管理

#### (一)商品流通市场管理

1953 年起,国家对主要商品实行计划统购统销,商品流通逐步实行地区和行业计划供应销售,商品流通市场实行计划经济管理体制。1961 年,县规定一类统购统销物资不准上集市贸易,二类、三类物资在完成国家议购、订购合同后可以上市场交易,不准转手倒卖,不准弃农经商,坚决打击和取缔贩运农副产品或倒卖工业品的投机倒把活动。80 年代初期,商品流通市场放开搞活,打破商品经营市场地区和行业分割,逐步建立社会主义市场经济的商品流通体制,市场管理转为建立有序的商品流通市场。1985 年,商品流通市场主要查处走私、贩私和利用职权倒卖紧俏物资彩电、钢材、汽车、木材、水泥等经济违法行为。1987 年 7 月,对商品市场进行全面整治,查出企业无照、超范围经营和销售假烟假酒,分别给予限期改正和经济处罚。1993 年,在公安局的配合下,县工商局查处个体商贩在旅游景点、饭店尾追游人兜售、强买强卖旅游商品的不法行为,配合县医药等部门整顿药品市场,查封禁销药品。1994 年 8 月,在县公安局的配合下,对全县重点市场进行综合整治,取缔非法市场和无照经营户,拆除违章建筑,取缔违法经营户,销毁病死猪肉,没收注水猪肉、病死鸡肉。

#### (二)集贸市场管理

传统集市是在社会生产和生活中自发形成的。集市逢双日、五日和节日为集日。每逢集日,农副产品和小手工品上市交易。1949年,县政府成立集市管理委员会,即使市场管理由市场交易员负责。1957 年起,农村集贸市场撤销,不准自由收购和自由贩卖农副产品。1961 年 5 月,根据中共中央《关于农村人民公社当前政策问题的紧急指示信》以及有计划地恢复农村集市贸易的指示,西峰山村的集市得到恢复,此后,其他乡、村的集市相继得到恢复。集市商品主要有瓜果、蔬菜、秧苗、家禽、荆编等农副产品约 70 多种。"文化大革命"开始后,集市贸易全部撤销。1979 年 3 月,根据市革委会的批示精神,集市贸易陆续开放。1981 年后,集市不再设集日,各集市形成自然摊群集贸市场,集市地摊又发展为棚台销售,建起一批棚台市场。

### 四、管理机构

1985 年,在西峰山村成立了西峰山工商所,主要职能是维护高崖口、老峪沟、流村三乡的市场经济秩序,1998 年撤所。

第五卷　庠序杏林

# 第一章 教 育

## 第一节 旧 学

### 一、私学

私学历史悠久,产生于春秋时期,以孔子私学影响最大。汉代称为"学馆"或"书馆",后世称为"私塾"。私塾一般先学识字、习字,接着读《三字经》等启蒙读物,然后学习《论语》、《孝经》等儒家经典。教学形式为个别教学,因材施教。在私塾就读,需交学费。明代起,人口集中的村镇私塾较多。清末,渐兴新学。1934 年 2 月后,各地私塾陆续被取缔,增建一批小学校。新中国成立后,私塾取消。

流村地处昌平西部,由于贫困,村里私塾并不多。老峪沟村在解放前基本上是个文盲村,只有东台有钱的李家聘请过私塾先生教他们的子弟念私塾。菩萨鹿村村内的大户于 1912 年后为其子弟合办过一所小学,但在 1939 年边区政府对其进行了改革,使得贫富人家子弟均可入学。

### 二、官学

官学就是朝廷直接举办以及官府按照行政区划在地方所办的学校,包括中央官学和地方官学。地方上最早的官学始于西晋、北魏时期的乡学。元代乡学改称社学。明代,社学有所发展,并设立武社学。明末,流村镇域有长峪城等社学。清初,长峪城的文武社学均废。按康熙《昌平州志》之《学校志》所载:"白羊口社学一所,今废。明制教书生员一名,岁给银七两二钱,今裁。长峪城社学一所,今废。明制教书生员一名,岁给银八两四钱,今裁……以上十社各有教书生员,月给其银,出自延庆卫均徭票内,又各城拨军二名看守洒扫,盖皆明制也。自我国家定鼎以来,历三十余年独此为缺,恐非所以仰体皇上右文之至意。"可知,社学设教书生员一人,经费由国家拨付,而且有军人负责保卫、卫生工作。

# 第二节 新 学

## 一、教育发展历程

新中国成立后,中国的教育也进入了一个新的时期。1949 年 9 月召开的中国人民政治协商会议第一届全体会议规定,中华人民共和国实行新民主主义教育。据《昌平建设史》记载:解放第五天,各学校均已复课,为全面掌握教育状况,统一筹划,1949 年 6 月,县政府对全面教育情况作系统调查。为了督导各学校施行新民主主义教育,县里派三名干部巡回检查各校教育情况,对教学中存在的脱离实际、死板僵化等问题进行纠正。在注重学生智育的同时,也重视学生的德育,组织学生参加生产劳动,如利用课余时间捡粪、植树、拔草,帮助家庭喂养畜禽等。春季,因课本供给不足和教材的迟误,影响了教学,各学校克服困难,积极想办法,利用报纸和书刊等辅助材料替代了教材给学生授课。1949 年 6 月 8 日,召开全县教师大会,会议提出了新的教育方针。会后,组织学习讨论,提高教师的思想觉悟,增强爱岗敬业的责任感。县、乡、村的社会教育也逐步开展起来,师资力量以小学教师为骨干。

1953 年至 1957 年,全国掀起了学习苏联的热潮,甚至照搬苏联的教育模式,大量引进苏联的教学大纲、教科书等。1958 年以后,开始抛弃苏联的教育模式,寻求符合中国国情的教育模式。在探求符合中国国情教育模式的过程中,流村镇建立了很多中小学校。如南照台村于 1958 年建立小学,北流村和高崖口村分别于 1958 年建立中学,韩台村和活山涧村分别于 1961 年建小学(1983 年全部合并到南照台小学），发电站村于 1964 年建小学。

1966 年到 1976 年的十年"文革"期间，中国的教育受到了一定的影响。随着高考制度的恢复，教育事业逐步走上正轨。

20 世纪 80 年代以来，教育事业逐步受到重视，地方政府加大了对教育的投资。1985 年，中央确定的"教育投款的增长要高于财政经常性收入的增长，普遍按在校学生人数平均的教育费用逐步增长"政策在原流村乡、老峪沟乡、高崖口乡都得到了很好的落实。老峪沟乡在财政预算内教育支出占教育经费总额的比重为：1985 年占80%，1986 年占85%，1987 年占85%，1988 年占89%。教育经费的增长是教育受到重视的体现，也是教育质量得以提高的保障。

1986 年 4 月，我国颁布了《中华人民共和国义务教育法》，这就保证了适龄儿童和少年必须接受九年义务教育，标志着我国的教育进入了一个新阶段。

1986 年 7 月，流村乡、高崖口乡、老峪沟乡等分别从各地实际出发，依法实施九年义务教育。

附：1988 年高崖口乡实施九年义务教育规划（节录）

1. 规划依据

《中华人民共和国义务教育法》；《北京市实施〈中华人民共和国义务教育法〉的办法》；北京市和昌平县实施义务教育法基本要求和定量指标；高崖口乡经济及社会发展"七五"规划。

2. 高崖口乡教育事业基本情况

全乡有普通初中 1 所，小学 14 所（村小 8 所，完小 6 所），有幼儿园 6 所，共 11 个班，有成人教育学校一所。小学在校学生 602 人，中学在校学生 294 人，16 周岁以下儿童少年 1713 人。目前已初步形成幼教、普教、成教一条龙的管理体制。

3. 改善中小学的办学条件和教学条件

实行中学乡办，小学村办，支教单位和乡挂钩，企业协助乡、村办学的方法，保证改善办学条件工作的顺利进行。

新建标准化的中学。1987 年至 1988 的两年内,中学教学区已按县教育局的要求建成。学生教室、理化实验室、图书和仪器室均已投入使用。1989 年重点建设体育场地,配齐体育器材。1990 年力争建成生活区,使新中学达到规定的标准。

小学实行村办,做到"一无两有三配套"。按照教育局的要求,儿童实行就近入学,8 所村小只开设 1—4 年级,可以实行隔年招生的办法,高年级由中心小学安排到附近完小上学。在近几年不断改善办学条件的情况下,从 1989 年开始,每年有计划地翻新 1—2 所小学,到 1991 年,使全乡 14 所小学全部达到"一无两有三配套"的要求。

保证学校必需的经费。教育体制改革后,中小学实行乡办乡管,民办公助,除县教育局按标准下拨的教育经费外,由乡政府每年负责筹集 10 万元补助经费,其中 8 万元作为改善办学条件用,2 万元作为教师奖金,乡财政所负责中小学费用的筹集和使用。乡属各企事业单位、大队和个人,不经乡政府批准,不得以各种名义向中小学征收任何费用。

实行社会综合治理,安定社会秩序,改善教学条件。为确保中小学能在安定有序的环境中完成教与学的任务,在中小学普遍开展尊师爱生爱校的活动,认真贯彻执行市公安局、教育局《关于维护学校正常秩序的通告》,对干扰学校工作又劝阻不服者,由乡政府同公安部门予以处理。

4. 提高教育质量,培养合格毕业生

继续巩固普及小学教育成果,提高中小学教学质量,中小学入学率、在校生巩固率、毕业班合格率均达到普及义务教育标准,学生留级率不超过教育局规定指标,保证在 1991 年普及义务教育。严格控制学生流失,使学生进得来,留得住,学得好。

5. 建设一支稳定的教师队伍

中学现有大专以上学历的教师 10 名,占教师总数的 33.3%,占专任教师的 50%，还有 5 人正在进修大专，预计到 1991 年，符合学历要求的教师可达专任教师数的 75%。小学现有中师、高中以上学历的教师 35 名，占专任教师的 81%，还有 3 人正在进修中师。三年内，县再统分 5—7 名中师毕业生，符合小学教师学历要求的可达教师总数的 100%。

6. 加强领导，1991 年实现义务教育

加强乡政府对中小学的领导，调整充实学校的领导班子，实行校长负责制和任期目标责任制。

乡教委充分发挥职能作用，对本乡实施义务教育工作进行规划、部署、检查，筹措教育经费，改善办学条件，配合教育局对学校和教师的工作进行考评，保证义务教育在本乡的实施。

20 世纪 90 年代以来，深化教育改革、全面推进素质教育和新一轮基础教育课程改革成为这一时期教育的主导性课题和价值取向。进入 21 世纪，素质教育的指导思想更加明确，重在培养学生的创新精神及实践能力，而且新一轮基础教育课程改革被提上了日程。2006 年 9 月，实施新的义务教育法，继续实施素质教育。在国家教育政策的指导下，流村镇的教育取得了重要成果。如：2005 年，流村中心小学获得北京市基础教育课程教材改革实验先进单位。2006 年，流村中心小学被评为全面实施素质教育先进学校。2007 年 12 月，在昌平区 2007 年地方校本课程评选活动中被评为先进学校。2008 年 10 月，被评为 2007—2008 学年度小学教学质量监控与评价优秀学校等。

## 二、学前教育

（一）幼儿园概况

20 世纪 70 年代，高崖口乡的幼儿园主要有建立于 1974 年的瓦窑大队幼儿园，建立于 1977 年的狼儿峪大队幼儿园，建立于 1979 年的溜石港幼儿园等。1977—1991 年老峪沟乡五个行政村（老峪沟、

马刨泉、长峪城、黄土洼、禾子涧)开始建立幼儿园,有入园儿童 145 人左右,一个幼儿园大队选派一位教师任教。

1985 年年初,一些幼儿园解散,县妇联下发《关于进一步巩固和发展农村幼儿园(所)的几点意见》,巩固农村幼儿园(所),解散的重新恢复。1986 年年初,县政府按人均收入的不同情况,制定出村办幼儿园建园的三个等级标准,分期分批检查验收。在普及村办园的基础上,试办上苑、南邵、高崖口等乡中心幼儿园,以带动全乡幼教事业发展。

1989 年,流村乡的上店、下店、南流、北流、西峰山、新村、白羊城、古将、黑寨各大队幼儿园全部实现分班教学。

1992—2004 年,撤掉黄土洼、长峪城、禾子涧三个行政村的幼儿园,合并到老峪沟村入园,只保留马刨泉、老峪沟两所幼儿园,共有儿童 80 多名。但幼儿呈逐年减少趋势。

1995 年,农村托幼园、所形成大村独办、小村联办、乡镇中心园辐射全乡镇的办园格局。1998 年,流村镇共有幼儿园、托儿所 12 个,园、所内有儿童 377 名。

2005 年至 2009 年,老峪沟只保留一所幼儿园,有一名队派教师任教,有儿童 20 名左右。

2006 年,流村镇有 9 所幼儿园、托儿所。2007 年,流村镇有幼儿园、托儿所 11 个。

(二)幼儿园管理

1974 年,成立县托幼工作领导小组,县妇联负责农村幼儿园所的管理。1975 年起,农村幼儿园大班实行"队办校管"。

1985 年举办农村幼儿教师培训班,每次培训结束后,流村幼儿园的一些骨干教师又在本园内自训。1982 年,制定幼儿园各类人员的岗位职责。1986 年起,实行县、乡镇、村"三级办园、分级管理"体制。1989 年后,幼儿园、所实行科学安排幼儿一日生活、膳食,做好幼儿的疾病预防与治疗,特殊儿童特殊照顾。1989 年,流村乡各大队幼儿园都进行体检,并且达到幼儿一人一杯一巾专用的标准。1991 至 1995 年,县教育局制定乡中心园检查标准、乡镇中心幼儿园管理办法等 12 种(类)幼儿园管理考评制度。

(三)幼儿园教育

"文化大革命"中,幼儿教学以背毛主席语录、唱革命歌曲为主。1981 年起,幼儿入园年龄为 3 至 6 周岁,教育年限 3 年,按幼儿年龄小班 3 周岁至 4 周岁,中班 4 周岁至 5 周岁,大班 5 周岁至 6 周岁编班。但高崖口、老峪沟等山区乡镇的入园年龄会延迟到 8 周岁前,而且教育内容也是根据各乡镇、村实际情况具体安排。如高崖口乡幼儿园每班幼儿人数一般为小班(3 至 4 周岁)25 人,中班(4 至 5 周岁)38 人,大班(5 至 8 周岁前)35 人,混合班 30 人。1983 年,高崖口乡幼儿教育安排:活动内容每月两次(双周星期六),活动地点瓦窑学校;活动具体安排,每周语言课三节,数学课三节,常识课两节,美术课两节,音乐课两节,体育游戏课五节。教育原则是德、智、体、美诸方面的教育相互渗透,有机结合,遵循幼儿身心发展规律,符合幼儿特点。注重个体差异,因人施教,引导幼儿个性健康发展。认真贯彻执行党的教育方针和幼儿教育教学纲要,组织适合儿童特点的游戏及体育活动,在正常气候下,每天在外活动不少于 2 个小时。

高崖口乡对幼儿教师的职责要求是根据国家规定的幼儿教育纲要,结合本班幼儿的特点和个体差异,制订教育工作计划并组织实施;严格执行幼儿园安全、卫生保健制度,做好卫生保健工作,并观察分析记录幼儿发展情况;参加业务学习和幼儿教育研究活动;定期组织和指导家长工作,建立幼儿园与家长联系制度,组织幼儿家长会议在 8—12 次左右,学习一些科学教育知识,听取家长对幼儿工作的意见和建议,建立家长开放日制度,交流家庭教育经验。

流村乡、高崖口乡、老峪沟乡幼儿教师在 80 年代已基本达到初中文化程度,有部分高中和大专学历。

表1  1984年流村乡幼儿入园入班情况统计表

| 单位 | 幼儿总数 | | | | 合计 | 实入园入班人数 | 学前班人数 | 中班人数 | 小班人数 | 混合班人数 | 托儿所数 | 入托婴儿数 | 备注 |
|---|---|---|---|---|---|---|---|---|---|---|---|---|---|
| | 1—3岁人数 | 4岁人数 | 5岁人数 | 6岁以上人数 | | | | | | | | | |
| 上店大队 | 23 | 无 | 4 | 11 | 38 | 15 | 无 | 无 | 无 | 15 | 无 | | |
| 下店大队 | 25 | 8 | 2 | 11 | 46 | 23 | 11 | 无 | 12 | 无 | 无 | | |
| 南流大队 | 66 | 21 | 20 | 23 | 130 | 43 | 23 | 无 | 20 | 无 | 无 | 泥洼、王家园、北庄等未统计在内 |
| 北流大队 | 67 | 29 | 23 | 36 | 155 | 45 | 无 | 无 | 无 | 45 | 无 | |
| 西峰山大队 | 21 | 23 | 16 | 38 | 98 | 34 | 无 | 无 | 无 | 34 | 无 | |
| 新村大队 | 40 | 11 | 14 | 25 | 90 | 50 | 25 | 无 | 25 | 无 | 无 | |
| 白羊城大队 | 40 | 12 | 2 | 1 | 55 | 30 | 无 | 无 | 无 | 30 | 无 | |
| 古将大队 | 62 | 23 | 16 | 24 | 125 | 63 | 23 | 无 | 40 | 无 | 无 | |
| 黑寨大队 | 59 | 17 | 22 | 35 | 133 | 56 | 30 | 无 | 26 | 无 | 无 | |
| | | | | | 890 | 356 | 109 | | 123 | 124 | | | |

表2  1985年流村乡幼儿入班情况统计表

| 大队 | 幼儿总数 | | | | | 入班入园人数 | | | |
|---|---|---|---|---|---|---|---|---|---|
| | 1—3岁 | 4岁 | 5岁 | 6岁 | 合计 | 学前班 | 中班 | 小班 | 混合班 |
| 下店 | 21 | 9 | 4 | 4 | 38 | | | | 15 |

| 大队 | 幼儿总数 | | | | | 入班入园人数 | | | |
|---|---|---|---|---|---|---|---|---|---|
| | 1—3岁 | 4岁 | 5岁 | 6岁 | 合计 | 学前班 | 中班 | 小班 | 混合班 |
| 上店 | 32 | 5 | 2 | 8 | 47 | | | | 15 |
| 南流 | 47 | 24 | 21 | 21 | 113 | 25 | | 30 | |
| 北流 | 55 | 33 | 19 | 14 | 121 | | | | 33 |
| 西峰山 | 64 | 23 | 19 | 16 | 122 | | | | 35 |
| 新村 | 43 | 10 | 7 | 11 | 71 | 3 | | 15 | |
| 白羊城 | 36 | 14 | 5 | 14 | 69 | | | | 30 |
| 古将 | 72 | 15 | 13 | 15 | 115 | | | | 43 |
| 黑寨 | 42 | 21 | 18 | 19 | 100 | | | | 39 |
| 合计 | 412 | 154 | 108 | 122 | 796 | | | | |

**表3　1986年流村乡幼儿入班入园情况统计表**

| 大队 | 幼儿总数 | | | | | 入班入园人数 | | | |
|---|---|---|---|---|---|---|---|---|---|
| | 1—3岁 | 4岁 | 5岁 | 6岁 | 合计 | 学前班 | 中班 | 小班 | 混合班 |
| 上店 | 38 | 9 | 5 | 5 | 57 | 15 | | | 15 |
| 下店 | 56 | 6 | 2 | 7 | 71 | 15 | | | 23 |
| 南流 | 92 | 23 | 21 | 20 | 156 | 25 | 20 | | |
| 北流 | 72 | 33 | 22 | 9 | 136 | 32 | | 30 | |
| 西峰山 | 74 | 20 | 21 | 14 | 125 | 30 | | | |
| 新村 | 47 | 10 | 12 | 7 | 75 | 33 | | | |
| 白羊城 | 61 | 14 | 5 | 12 | 92 | 27 | | | |
| 古将 | 101 | 19 | 14 | 13 | 147 | 35 | | | |
| 黑寨 | 61 | 25 | 17 | 18 | 121 | 39 | | | |
| 泥洼 | 4 | 3 | 2 | 3 | 12 | | | | |
| 王元 | 6 | 4 | 5 | | 15 | | | | |
| 北庄 | 5 | 1 | | 3 | 9 | | | | |

表4 1987年老峪沟乡幼儿入班入园情况统计表

| 单位 数字 项目 | 幼儿总数 | | | | | 入班入园情况 | | | | | | | | 入园率 | 备注 |
|---|---|---|---|---|---|---|---|---|---|---|---|---|---|---|---|
| | | | | | | 大班 | | 中班 | | 小班 | | 混合班 | | | |
| | 0—3岁 | 4岁 | 5岁 | 6岁 | 合计 | 班数 | 人数 | 班数 | 人数 | 班数 | 人数 | 班数 | 人数 | | |
| 马刨泉大队 | 78 | 19 | 22 | 21 | 140 | 1 | 28 | 1 | 30 | | | | | 94% | 0—3岁未算入园率 |
| 老峪沟大队 | 70 | 15 | 6 | 10 | 101 | | | | | | | 1 | 28 | 90.3% | |
| 长峪城大队 | 29 | 8 | 10 | 14 | 61 | | | | | | | | | | |
| 黄土洼 | 19 | 5 | 5 | 11 | 40 | | | | | | | | | | |
| 禾子涧 | 20 | 4 | 7 | 5 | 36 | | | | | | | | | | |
| | 216 | 51 | 50 | 71 | 378 | | | | | | | | | | |

表5 高崖口乡1988至1991年幼儿教育规划

| 实施年份 | 幼儿园分布点 | 其中成型园 | 招收新生 | | 合计 | | 小班 | | 中班 | | 大班 | | 入园率 |
|---|---|---|---|---|---|---|---|---|---|---|---|---|---|
| | | | 起点年龄 | 新生人数 | 班数 | 人数 | 班数 | 人数 | 班数 | 人数 | 班数 | 人数 | |
| 1988 | 6 | 6 | 3.5 | 129 | 11 | 387 | 3 | 98 | 2 | 77 | 6 | 212 | 94.7% |
| 1989 | 6 | 6 | 3.5 | 126 | 12 | 357 | 3 | 132 | 3 | 98 | 6 | 127 | 94% |
| 1990 | 6 | 6 | 3.5 | 85 | 12 | 358 | 3 | 90 | 3 | 120 | 6 | 148 | 95% |
| 1991 | 6 | 6 | 3.5 | 82 | 11 | 353 | 2 | 82 | 3 | 90 | 6 | 181 | 97% |

表6 1983年高崖口公社幼儿教师情况统计表

| 大队 | 姓名 | 年龄（岁） | 政治面貌 | 文化程度 | 任教时间 | 任教班级 | 工资待遇（元） |
|---|---|---|---|---|---|---|---|
| 瓦窑 | 邢桂新 | 35 | 群众 | 初中 | 1976—1983 | 大班 | 21 |
| 瓦窑 | 邢桂云 | 21 | 团员 | 初中 | 1982—1983 | 小班 | 21 |

续表

| 大队 | 姓名 | 年龄（岁） | 政治面貌 | 文化程度 | 任教时间 | 任教班级 | 工资待遇（元） |
|------|------|------|------|------|------|------|------|
| 王元 | 王玉霞 | 21 | 团员 | 高中 | 1981—1983 | 大班 | 24 |
| 王元 | 刘淑英 | 21 | 群众 | 高中 | 1981—1983 | 小班 | 24 |
| 狼儿峪 | 张云秀 | 18 | 群众 | 初中 | 1982—1983 | 中班 | 21 |
| 溜石港 | 刘淑英 | 20 | 团员 | 初中 | 1982—1983 | 中班 | 21 |

### 表7　1985年流村乡幼儿教师情况统计表

| 单位 | 姓名 | 年龄（岁） | 政治面貌 | 文化程度 | 任教时间 | 任教班级 |
|------|------|------|------|------|------|------|
| 下店大队 | 刘秀英 | 35 | 群众 | 初中 | 1个月 | 混合班 |
| 上店大队 | 孔秀珍 | 18 | 群众 | 初中 | 新上任 | 大班 |
| 南流大队 | 陈淑英 | 34 | 群众 | 初中 | 10年 | 大班 |
| 南流大队 | 曹秀清 | 33 | 群众 | 初中 | 新上任 | 小班 |
| 北流大队 | 沈凤荣 | 24 | 群众 | 高中 | 6个月 | 混合班 |
| 西峰山大队 | 李法英 | 25 | 团员 | 高中 | 1个月 | 混合班 |
| 新村大队 | 王喜燕 | 28 | 群众 | 初中 | 10年 | 大班 |
| 新村大队 | 李法连 | 34 | 群众 | 初中 | 1年 | 小班 |
| 白羊城大队 | 仁金花 | 19 | 群众 | 初中 | 6个月 | 混合班 |
| 古将大队 | 魏玉玲 | 38 | 群众 | 初中 | 10年 | 小班 |
| 古将大队 | 王福伶 | 34 | 群众 | 初中 | 10年 | 大班 |
| 黑寨大队 | 王朝英 | 33 | 群众 | 初中 | 新上任 | 大班 |

表 8　1987 年老峪沟乡幼儿教师情况统计表

| 单位 | 姓名 | 年龄（岁） | 政治面貌 | 文化程度 | 任教时间 | 任教班级 |
|---|---|---|---|---|---|---|
| 马刨泉大队 | 于肃芹 | 38 | 党员 | 大专 | 3 年 | 大班 |
| 马刨泉大队 | 贾秀花 | 22 | 群众 | 初中 | 2 年 | 中班 |
| 老峪沟大队 | 陈玉娟 | 21 | 群众 | 初中 | 2 年 | 混合班 |

表 9　1990 年流村乡幼儿教师情况统计表

| 村名 | 姓名 | 年龄（岁） | 民族 | 政治面貌 | 文化程度 | 任教时间 | 在何班 | 是否参加教材教法考核 | 是否领取合格证 |
|---|---|---|---|---|---|---|---|---|---|
| 下店 | 尹振连 | 27 | 汉 | 团员 | 初中 | 1983 | 混 | 是 | 否 |
| 上店 | 刘建芳 | 33 | 汉 | 群众 | 初中 | 1988.4 | 大 | 是 | 否 |
| 上店 | 陈桂明 | 27 | 汉 | 群众 | 初中 | 1989.3 | 中 | 否 | 否 |
| 南流 | 陈淑英 | 38 | 汉 | 群众 | 初中 | 1975 | 大 | 是 | 否 |
| 南流 | 李秀清 | 34 | 汉 | 群众 | 初中 | 1987 | 中 | 是 | 否 |
| 北流 | 沈凤荣 | 32 | 汉 | 群众 | 高中 | 1983 | 大 | 是 | 否 |
| 北流 | 张凤娥 | 32 | 汉 | 群众 | 高中 | 1989 | 中 | 否 | 否 |
| 西峰山 | 王朝英 | 33 | 汉 | 群众 | 高中 | 1978 | 大 | 是 | 是 |
| 西峰山 | 韩志芹 | 26 | 汉 | 群众 | 初中 | 1987 | 中 | 是 | 否 |
| 新村 | 王喜燕 | 35 | 汉 | 群众 | 小学 | 1974 | 大 | 否 | 否 |
| 新村 | 丁桂芬 | 34 | 汉 | 群众 | 初中 | 1990 | 中 | 否 | 否 |
| 白羊城 | 周振荣 | 25 | 汉 | 团员 | 初中 | 1986 | 混 | 是 | 否 |
| 古将 | 姚秀丽 | 29 | 汉 | 群众 | 初中 | 1989 | 小 | 否 | 否 |
| 古将 | 郭金霞 | 28 | 汉 | 群众 | 初中 | 1988 | 大 | 否 | 否 |
| 黑寨 | 董春红 | 28 | 汉 | 群众 | 初中 | 1987 | 大 | 否 | 否 |
| 黑寨 | 姚春香 | 28 | 汉 | 群众 | 初中 | 1988 | 混 | 否 | 否 |
| 王元 | 范玉贤 | 38 | 汉 | 群众 | 小学 | 1989 | 混 | 否 | 否 |

资料来源：表格 1—9 出自昌平区档案馆。

### 三、初等教育

（一）小学概况

1912 年,菩萨鹿村内大户为其子弟合办小学,是流村镇成立最早的一所小学。1939 年,边区政府改革了该小学,贫富子弟均可入学,1945 年正式建小学。1942 年,长峪城村创办中共领导抗日根据地第一所抗日小学。昌平西部山区的老峪沟、高崖口等抗日根据地在 1942 年及其以后开办的抗日小学,向学生进行抗日爱国、坚决不当"亡国奴"的教育。1945 年,高崖口新建小学 1 所。1946 年流村乡新建小学 1 所。

1949 年,流村、高崖口、老峪沟共建小学 12 所。1950 年,流村乡建小学 1 所。1951 年,高崖口建小学 2 所。1952 年,流村、高崖口建小学 6 所。1955 年,流村乡建小学 1 所。高崖口于 1958 年、1961年、1964 年分别建小学 1 所。1972 年,遵照毛泽东"学校一切工作都是为了转变学生的思想"的指示,县文卫局在流村中学召开"反腐蚀、夺灵魂"现场会,并推广南新村小学"学英雄,见行动"的经验。

1991 年后,增办老峪沟、高崖口等寄宿制小学 2 所。1991 年,高崖口乡有小学 12 所,31 个班,647 名学生,有教职工 59 人。1998年,流村镇共有小学 12 所,在校学生共有 1944 人。

2007 年,流村镇有小学 8 个,在校学生有 869 人。

（二）小学教育

解放初,兴办新学,由于学生、教师、教室紧张,尤其是老峪沟和高崖口山区学校实行复式班教学,即有两个以上年级学生同班上课。20 世纪 50 年代初,学习苏联教学法,实行教师集体备课,按"五段教学法"上课（组织教学、复习旧课、授新课、巩固新授、布置作业）,提倡启发式教学。50 年代中期以后,县成立小学教研室,组织观摩课,推广教学经验。如 1955 年 6 月,县人民委员会召开优秀教师代表会,45 名代表在会上交流经验,推选出老峪沟学区程森出席河北省优秀教师代表座谈会。

70年代末期以后，教研活动有青年教师开展"双佳"（最佳教案、最佳课）评优、请外省市教研员来县讲课、介绍先进教学方法、派骨干教师到外地参观学习、进行教学研究与改革的优秀"样板课"评选、开展百节优秀课评课、组织青年教师巡回讲观摩课、办讲座和推广小学生质量综合评价实验、评选优秀教研组等。1977年5月，县委召开638名代表参加的中小学先进集体、先进工作者代表会，漆园村农中李秀兰等5人作大会发言等。1988年6月，流村中心小学教师陈玉宏在市教育局召开的青年教师"教书育人"经验交流会上介绍经验。

解放初，教材紧缺，小学课程设置根据村镇具体情况而定，老峪沟小学在解放之初主要有语文、数学、音乐、体育等。1969年至1983年，狼儿峪小学开办农业专业课，开展勤工俭学，栽桃树200棵，养猪12头，种植小麦试验田，学生学到了建设山村的本领。其他小学均是执行国家的教学计划。

2007年，为推进素质教育，昌平区政府规定各学校必须依据义务教育新课程计划制订本学校的课程计划或课程设置安排表，并认真贯彻落实，确保各门课程开足开齐，以保证课程改革实验工作的科学性和规范性。主要课程有品德与生活、品德与社会、思想品德、历史与社会（历史、地理）、科学（物理、化学、生物）、语文、数学、外语、体育、体育与健康、艺术（音乐、美术）、劳动技术、信息技术、写字、自主安排等。自主安排包括研究性学习、社区服务与社会实践活动、地方与校本课程。2008年，流村中心小学开展校本课程活动主要校级课题"农村小学生提高阅读与写作能力的实践研究"活动，开设农家饭制作校本课程等。

流村各小学自建校就有组织课外活动的传统。如新中国成立之时，长水峪花塔校区就举行一次庆祝活动——文体比赛，在距离长水峪村8里的古将村举办，学区的8所小学均参加，比赛内容有演讲、唱歌、团体操、舞蹈、民间花会等。近年来，各种课外活动逐渐增多。

2007年，流村中心小学"创建书香校园"活动已进行两年，取得了成绩。2007 年 8 月 13 日,流村镇组织中小学生夏令营活动。

2008 年 3 月 19 日,流村中心小学的 10 名英语教师和部分学生在中心校参加了昌平区第九届"英语沙龙"活动。2008 年 4 月 3 日,西峰山小学开展"踏着革命烈士的足迹前进"扫墓活动。

(三)小学选介

**老峪沟中心小学** 始建于 1952 年,有 20 名左右学生,1 名教师。1968 年成立文卫组,至 1977 年负责老峪沟地区中小学教育教学工作。1978 年中小学分开,形成独立的老峪沟中学和老峪沟学区领导体制,学区负责老峪沟小学的教育教学工作。1981 年更名为老峪沟中心小学,是北京市昌平区的一所深山区小学校,距昌平城区 55 公里。学校总占地面积 5500 平方米,建筑面积 1000 平方米。共有 6 个教学班,有学生 42 人。专用教室 6 个(体育、图书、自然实验室、音乐、计算机、多媒体教室)。在职教职工 22 人,设行政人员 5 人,统会 2 人,后勤 3 人,专任教师 12 人,其中专科以上学历的有 8 人,高级教师 10 人,一级教师 6 人。

2003 年以来,学校的校容校貌发生了很大变化,区、镇投资 130 万元重新翻建了校舍,投资 40 万元完成了校园网工程建设,并投入使用。2007 年投资 9 万元新建了接送学生用车车库,教师洗浴室,教职工厕所,翻修了教师和学生水房。

表 10　1990 年完全小学情况一览表(以建校时间先后为序)

| 学校 | 班级 | 学生数 | 教职工数 | 教职工中专任教师数 | 建校年代 | 备注 |
|---|---|---|---|---|---|---|
| 高崖口中心小学 | 6 | 151 | 21 | 15 | 1926 年 | |
| 漆园小学 | 6 | 152 | 6 | 6 | 1935 年 | 另有临时工 4 名 |
| 马刨泉小学 | 6 | 134 | 10 | 9 | 1941 年 | |
| 流村中心小学 | 7 | 242 | 27 | 19 | 1946 年前 | |
| 南流村小学 | 6 | 149 | 10 | 9 | 1946 年前 | |

续表

| 学校 | 班级 | 学生数 | 教职工数 | 教职工中专任教师数 | 建校年代 | 备注 |
|---|---|---|---|---|---|---|
| 新建村小学 | 6 | 197 | 10 | 9 | 1946 年 | |
| 狼儿峪小学 | 4 | 59 | 5 | 4 | 1947 年 | |
| 西峰山小学 | 6 | 144 | 8 | 6 | 1949 年前 | |
| 黑寨小学 | 6 | 144 | 10 | 9 | 1949 年前 | |
| 老峪沟中心小学 | 6 | 123 | 17 | 11 | 1949 年 | |

表 11　1990 年初级小学情况一览表（以建校时间先后为序）

| 学校名称 | 班数 | 学生数 | 教职工数 | 建校年代 | 备注 |
|---|---|---|---|---|---|
| 溜石港小学 | 3 | 71 | 4 | 1930 年 | |
| 菩萨鹿小学 | 1 | 10 | 1 | 1937 年前 | |
| 长峪城小学 | 2 | 42 | 2 | 1938 年 | |
| 禾子涧小学 | 2 | 26 | 2 | 1943 年 | |
| 黄土洼小学 | 2 | 25 | 2 | 1943 年 | |
| 王峪小学 | 1 | 12 | 1 | 1945 年 | |
| 北照台小学 | 1 | 20 | 1 | 1948 年 | |
| 古将小学 | 5 | 126 | 10 | 1949 年前 | |
| 高崖口小学 | 4 | 65 | 5 | 1949 年 | |
| 上店小学 | 4 | 71 | 5 | 1949 年前 | |
| 小水峪小学 | 1 | 12 | 1 | 1950 年 | |
| 韩台小学 | 2 | 44 | 1 | 1951 年 | |
| 新开小学 | 1 | 6 | 1 | 1952 年 | |

资料来源：表格 10—11 出自《昌平县普通教育志》。

表 12　高崖口乡 1988—1991 年小学教育规划

| 实施年份（年） | 1988 | 1989 | 1990 | 1991 |
|---|---|---|---|---|
| 学校数 | 13 | 13 | 14 | 14 |

续表

| 实施年份（年） | | 1988 | 1989 | 1990 | 1991 |
|---|---|---|---|---|---|
| 招收新生 | 起点年龄（岁） | 6.5—7 | 6.5—7 | 6.5—7 | 6.5—7 |
| | 班数 | 5.5 | 5.5 | 5.5 | 5.5 |
| | 人数 | 109 | 105 | 97 | 105 |
| | 受过学前教育的人数 | 85 | 98 | 92 | 100 |
| 合计 | 班数 | 31 | 31 | 32 | 32 |
| | 人数 | 602 | 617 | 617 | 606 |
| 一年级 | 班数 | 5.5 | 6 | 5.5 | 6 |
| | 人数 | 113 | 108 | 102 | 110 |
| 二年级 | 班数 | 5.5 | 5 | 5.5 | 5 |
| | 人数 | 89 | 103 | 98 | 102 |
| 三年级 | 班数 | 6 | 6 | 6 | 6 |
| | 人数 | 116 | 89 | 103 | 98 |
| 四年级 | 班数 | 5 | 5 | 5 | 5 |
| | 人数 | 88 | 116 | 89 | 103 |
| 五年级 | 班数 | 5 | 5 | 5 | 5 |
| | 人数 | 113 | 93 | 121 | 89 |
| 六年级 | 班数 | 4 | 4 | 5 | 5 |
| | 人数 | 83 | 108 | 88 | 121 |
| 普及率 | | 100% | 100% | 100% | 100% |

## 表13 高崖口乡1988—1991年小学校舍设备规划

| 实施年份（年） | | 1988 | 1989 | 1990 | 1991 |
|---|---|---|---|---|---|
| 占地 | 总面积（㎡） | 74 | 75 | 76 | 80 |
| | 生均面积（㎡） | 20 | 20 | 21 | 23 |
| | 与指标差距（㎡） | +12 | +12 | +13 | +13 |

续表

| 实施年份（年） | | | 1988 | 1989 | 1990 | 1991 |
|---|---|---|---|---|---|---|
| 校舍 | 总面积（㎡） | | 3800 | 3800 | 3800 | 3800 |
| | 生均面积（㎡） | | 6 | 6 | 6 | 6 |
| | 与指标差距（㎡） | | +1 | +1 | +1 | +1 |
| | 教室 | 个 | 31 | 32 | 31 | 32 |
| | | 面积（㎡） | 1395 | 1440 | 1395 | 1440 |
| | 其他教学用房 | 间 | 3 | 3 | 3 | 4 |
| | | 面积（㎡） | 135 | 135 | 135 | 180 |
| | 宿舍 | 间 | 50 | 50 | 50 | 50 |
| | | 面积（㎡） | 600 | 600 | 600 | 600 |
| | 其他 | 间 | 30 | 30 | 30 | 30 |
| | | 面积（㎡） | 450 | 450 | 450 | 450 |
| 围墙 | | | 882 | 900 | 900 | 900 |
| 操场 | 面积（㎡） | | 2300 | 2300 | 2300 | 2300 |
| | 生均面积（㎡） | | 4 | 4 | 4 | 4 |
| | 与指标差距（㎡） | | +0.7 | +0.7 | +0.7 | +0.7 |

### 表14 1988—1991年高崖口乡小学教师进修规划

| 年份 | 教职工现有数 | 定编人数 | 教师学功达标 | | | | 教材教法考试 | | | 专业合格证考试 | | | |
|---|---|---|---|---|---|---|---|---|---|---|---|---|---|
| | | | 本年达标 | 本年进修毕业达标 | 预计配进毕业生 | 达标率 | 免考率 | 已合格率 | 未通过数 | 免考数 | 应考数 | 已参考合格数 | 未参考数 |
| 1988 | 46 | 48 | 36 | | 1 | 81% | | 100% | | 2 | 3 | | 2 |
| 1989 | 47 | 48 | 37 | 3 | 1 | 87% | | 100% | | 2 | | 3 | |
| 1990 | 48 | 48 | 40 | 3 | 1 | 90% | | 100% | | 2 | | | |

| 年份 | 教职工现有数 | 定编人数 | 教师学功达标 | | | | 教材教法考试 | | | 专业合格证考试 | | | |
|---|---|---|---|---|---|---|---|---|---|---|---|---|---|
| | | | 本年达标 | 本年进修毕业达标 | 预计配进修毕业生 | 达标率 | 免考率 | 已合格率 | 未通过数 | 免考数 | 应考数 | 已参合考格数 | 未参考数 |
| 1991 | 49 | 49 | 43 | | 1 | 90% | | 100% | | 2 | | | |

### 表15　高崖口乡1986—1987学年度小学学生数

| 学校 | 合计 | 一年级 | 二年级 | 三年级 | 四年级 | 五年级 | 六年级 |
|---|---|---|---|---|---|---|---|
| 瓦窑 | 132 | 21 | 21 | 17 | 14 | 78 | 31 |
| 漆园 | 170 | 28 | 24 | 25 | 32 | 32 | 29 |
| 王峪 | 11 | | 9 | | 2 | | |
| 小水峪 | 16 | 10 | | 6 | | | |
| 高口 | 66 | 8 | 9 | 6 | 10 | 12 | 21 |
| 溜石港 | 171 | 30 | | 23 | | 18 | |
| 新开 | 10 | 6 | | 4 | | | |
| 韩台 | 39 | | 8 | | 17 | | 14 |
| 菩萨鹿 | 21 | | 13 | | 8 | | |
| 狼儿峪 | 58 | 3 | 8 | 9 | 7 | 16 | 15 |
| 南照台 | 26 | 14 | | 12 | | | |
| 北照台 | 10 | | 5 | | 5 | | |
| 发电站 | 9 | 4 | | 5 | | | |
| 活山涧 | 5 | 5 | | | | | |
| 合计 | 644 | 129 | 97 | 107 | 95 | 95 | 110 |

资料来源:表格12—15出自昌平档案馆。

### 四、中等教育

（一）中学概况

老峪沟中学建立于1957年,有学生20人,教师6人。流村中学、高崖口中学、高口中学均建立于1958年。漆园村1967年建中学,1982年并入高崖口中学。1960年3月12日,老峪沟、高崖口中学改为半耕半读中学。1965年,流村中学、高崖口中学、老峪沟中学分设海子分校。1974年年初西峰山大队农中建有高中,修业两年。1975年,老峪沟中学设高中班,到1978年停招。1976年2月,马刨泉农中开学。1987年,老峪沟中学招收30名农林专业的学生,修业2年,招生后改为电工专业。2002年,老峪沟中学撤并到南农中学。2007年8月,高口中学与流村中学合并。2007年,流村镇共有中学1所,在校学生有350名。

(二)中学管理

流村地处山区,教育管理自有特色,如流村中学制定了学校的管理思路、管理方法、管理原则等。管理思路是:从大处着眼,从小处着手;科学发展,拾阶而上。管理原则是:坚持把安全稳定作为学校工作的第一要务;坚持把提高教育质量作为学校生存和发展的生命源泉;坚持把科学发展作为促进学校各项工作的永恒主题。管理方法是:用目标鼓舞人;用制度规范人;用学识影响人;用人格凝聚人。

(三)中学教育

1958年,教学要求文化科学知识教育必须与实际结合,公社成立校际各科教学研究组,定期开展教学研究、教改试验活动。由于流村中学刚建校,教育设施不全,师资力量较弱,仅有三名教师,课程也只有文科、理科、政治、俄文。"文革"期间,教育亦强调阶级斗争,学生要搞好学工、学农、学军活动等。如1975年,老峪沟中学的课程设置根据三大革命运动的需要,删繁就简,密切结合农业生产实际,改革教学内容,遵照毛主席"政治教育是中心的一环"的教导,加强政治思想教育,加强阶级路线教育,用马列主义、毛泽东思想武装师生,从"学校一切工作都是为了转变学生的思想"的观点出发,初中准备建三场一站一田,初三增设红医班:

1. 猪场:推广良种,试用饲草,喂养,培养饲养员,结合兽医课实践(初一)。

2. 农场:培养学生会科学种田(有学农基地)。

3. 林场:培养林业员,改造山区面貌。

4. 机修站:培养机修员,为粮食"过河"、"过江"服务(初二)。

5. 校外五七田:社队挂钩,学习贫下中农的好思想、好品质,提高三大觉悟,并粗知科学种田(初三)。

1979 年后,初中教学以教师进修学校为中心,成立各科中心教研组,对抓"双基"、贯彻精讲多练、指导学生掌握正确的学习方法、培养学生的学习兴趣等问题进行研究,取得一定成效。1993 年,推广新课程设置。实行素质教育以后,流村中学以地域特色为本,积极探索山区寄宿制初中的办学方法和途径,促进学校又快又好的发展。

(四)课外活动

1953 年起,初中以学校共青团和少先队为中心,组织开展小型课外教学活动。1958 年后取消教学方面的课外活动。1964 年上半年恢复各学科课外小组活动。"文化大革命"中,课外活动主要是开展大批判。1972 年,遵照毛泽东"学校一切工作都是为了转变学生的思想"的指示,县文卫局在流村中学召开"反腐蚀、夺灵魂"现场会,并推广南新村小学"学英雄,见行动"的经验。1978 年起,初中学校组织开展部分学科竞赛。1989 年在全国作文三级训练联合体举行的竞赛中,高崖口中学马兰英获一等奖。1986—1988 年县地理分会在高崖口等中学开展乡土调查及讲本乡地理的试验。2008 年 4 月 16 日,流村中学参加昌平区教委"与奥运同行春季运动会",流村中学选派 11 名运动员参加比赛,于海洋获得男子铅球和铁饼两项第一名,杨东获得男子三级跳远第三名,阎姣获得女子铅球第三名,共获团体总分 41 分,在 37 个初中学校代表队中位于上等水平。

(五)中学选介

**流村中学**　始建于 1958 年,位于原流村乡北流村村西南部,有一个教学班;1966 年,有四个教学班;1970 年教育改革曾招收过一届高中;1972 年开始办高中;1975 年开始办农业高中班;1977 年恢复高考,变成普通高中学校;1982 年最后一届高中学生毕业,1983 年停办高中。

学校初建时只有一个教室,两个办公室兼宿舍,共 9 间房。1959 年又建一个教室。1980 年进行扩建(将新村中学合并),共建教室 8 个,实验室 5 间,办公室 3 间,扩建校址占地面积 7.44 亩,建筑面积 1660.5 平方米。1992 年 8 月底搬迁到北流村北,也就是现在的校址。1996 年至 1997 年,建成 400 米的操场,建设围墙 400 多米,铺设水泥路面 2600 平方米,水泥篮球场一个,自来水管道 600 多米。占地面积约 70 亩,即 44832 平方米。2003 年 9 月 23 日第一个多媒体教室完工,9 月 27 日校园网外网接通。2005 年,市、区政府陆续投入资金 1500 万元,新建了一座 3729.2 平方米的宿舍楼、一座 1980.68 平方米的食堂、劳技教室、形体教室及配套的辅助用房,并对原有的教学楼和综合楼进行了外装修,对校园的地面进行了硬化,购置安装了校园文化建设的各种设施。2005 年北京市教委投资 25 万元,对学校物理、化学、生物实验室进行改造,使实验室达到标准化。2006 年,北京市政府投入普通教室改造专项资金 68 万元,更换了教学楼破旧门窗,为教室和办公室铺了地砖和墙砖。2006 年,市政府投资 300 万元,区政府投资 284 万元,为学校建设 400 米标准环形跑道的田径运动场。2006 年,北京市政府投入达标专项资金 311.27 万元,为学校购置了实验仪器、体音美器材、现代技术教育设备和办公家具。2006 年,镇政府争取社会支持,为学校捐赠了信息技术教室的全套设备。2007 年,学校利用自有资金对校园进行了绿化,购置了 2 套体育健身器材。

2007 年 8 月 3 日,高口中学、老峪沟中学合并到流村中学,山区寄宿制学校建成,有 350 名学生、63 名教职工、12 个教学班。1990 年到 2008 年,学校共培养 2588 名初中生。2008 年,学校以崇德守信、博学健体为校训,形成了尊师爱生、务本求实的校风,修身、治学、善教、奉献的教风,博学、乐学、会学、勤学的校风。

学校于 2007 年获得昌平区社会治安综合治理平安示范学校;2008 年被评为昌平区共青团达标创优五四红旗团委;2009 年被北京市人民政府、首都绿化委员会评为首都绿化美化花园式单位。2009 年,学校参加北京市中学生第 47 届田径运动会取得优异成绩。

附:改变高崖口中学基础薄弱面貌情况汇报(1992 年)(节录)

全乡有中学 1 所,6 个教学班,学生 256 人,教职工 38 人,其中任课教师 21 人,大专以上学历的有 17 人,占任课教师的 81%;有小学 8 所,其中完小 2 所,学生 647 人,教职工 63 人,其中专任教师 43 人;全乡有成人教育学校 1 所,幼儿园 6 所,有 11 个教学班,幼儿教师 13 人,幼儿入园率 94%。

在党的十一届三中全会正确路线指引下,社会主义经济建设突飞猛进,各行各业蓬勃发展,乡镇企业如雨后春笋,层出不穷。山区需要变化,变化需要人才,而人才的培养主要靠学校,不把学校抓好,培养人才就是一句空话。乡党委、乡政府以"教育必须为社会主义服务,社会主义建设必须依靠教育"为指导思想,紧密结合本地实际,积极开展对教育的乡办乡管工作,为当地培养有用的人才。为了抓好教育,主要做了以下几项工作:

1. 加强领导,建立健全组织机构,抓好中学的规范化建设。

2. 尊师重教,为学校办实事。

3. 多渠道筹措教育经费,改善办学条件。

4. 提高教师的社会地位和生活水平。

5. 在全乡广泛开展尊师重教宣传活动,利用乡广播宣传教师的先进事迹和辛勤耕耘的园丁精神,以教师节为重点。

6. 每年春节前,乡政府、学校领导抽出时间走访退休教师,关心他们的生活,并已形成制度。

7. 教师的结构工资及时兑现,公费医疗问题能及时解决,教职工能够满意。

8. 落实知识分子政策,有计划地发展优秀教师入党,五年来共发展了 4 名中学教师为党员。

9. 为每年来中学任教的大学生报销上、下班汽车费。

10. 加强学校管理,培养合格人才。

要提高全民族素质,培养有理想、有道德、有文化、有纪律的"四有"新人,就必须树立"百年大计,教育为本"的指导思想,才能培养出千百万优秀人才,以适应经济建设和教育的需要。

1. 乡党委书记、乡长经常过问学校的事,参加开学典礼,召开各种形式的会议,上好思想教育第一课,为学生、教职工解决实际问题。

2. 选配年富力强并有实践经验的教师组成领导班子,加强对学校的领导。

3. 制定了管理措施,把教师的政绩、教师的各种表现与结构工资挂钩,调动了教师积极性。

4. 乡制定了《在中小学加强德育工作的意见》,学校开展文明礼貌、遵纪守法、爱国主义和艰苦朴素等教育,促进了班风、校风建设;定期对学生进行军事训练,使学生学到了解放军的优良传统和作风,使之自觉遵守学校的校规校纪。

5. 还充分发挥家长学校的作用,坚持学校、家庭、社会三结合,共同做好学生的思想工作,使学生能够在健康有益的环境中茁壮成长。由于全体教职工的辛勤劳动和学生的共同努力,毕业班及格由 1991 年的 62% 上升到 1992 年的 81.8%。

6. 依法治教,控制学生流失。

表16　1990年流村普通中学及初中班情况一览表

| 学校名称 | 合计 | | 初中 | | 高中 | | 教职工 | | | | 建校年份（年） |
|---|---|---|---|---|---|---|---|---|---|---|---|
| | 班数 | 学生数 | 班数 | 学生数 | 班数 | 学生数 | 总数 | 专任教师数 | | | |
| | | | | | | | | 合计 | 初中 | 高中 | |
| 流村中学 | 11 | 429 | 11 | 429 | | | 48 | 36 | 36 | | 1958 |
| 高崖口中学 | 7 | 254 | 7 | 254 | | | 25 | 14 | 14 | | 1958 |
| 老峪沟中学 | 4 | 115 | 4 | 115 | | | 13 | 11 | 11 | | 1958 |

表17　1995年昌平县初中学校一览表

| 学校名称 | 建校年份（年） | 班级数 | 学生人数 | 教职工数 | 专任教师人数 | 校舍面积 | | 备注 |
|---|---|---|---|---|---|---|---|---|
| | | | | | | 占地面积（m²） | 建筑面积（m²） | |
| 流村中学 | 1958 | 12 | 453 | 42 | 31 | 33900 | 3092 | |
| 高崖口中学 | 1972 | 6 | 225 | 30 | 13 | 14652 | 1856 | 1958年始办 |
| 老峪沟中学 | 1974 | 3 | 117 | 14 | 9 | 9034 | 1210 | 1958年始办 |

资料来源:表格16—17出自《昌平县普通教育志》。

## 五、成人教育

（一）管理机构

1952年,县辖区设扫盲委员会,配备专职干部1人,行政村设教育委员会配合开展工作。1956年至1966年,由乡镇、公社普通教育管理机构监管。1978年起,公社配专职成人教育干部。1985年至1989年,乡镇成立成人教育委员会,建乡镇成人教育学校,各村和乡镇企业成立成人教育领导小组。

（二）扫盲教育

民国初期,县内兴办平民学校、民众学校、国民补习学校等,由小学教师任教开展扫盲,学校规模小、人数少、变动大。新中国成立后,县农工教育委员会、扫盲委员会大力开展扫盲工作,农村办冬学识字班,由小学教师任教,配合时事政策、农业生产和卫生教育,识字、学文化。

1989年11月25日县扫盲工作会议后,高崖口乡及时召开了扫盲领导小组会议,讨论通过了扫盲计划,制定了教学进度,确定了扫盲干部和教师、培训内容。扫盲领导小组由7人组成,主管乡长韩国伶任组长,教育助理任副组长,妇联主任、团委书记、中小学校长和文化站负责同志任组员。各村的扫盲工作由村主任直接负责组织与领导,妇联主任配合工作。为保证扫盲工作的顺利完成,乡扫盲领导小组于12月份与各村民主任签订了扫盲合同书。乡扫盲领导小组成员和村干部都落实了责任制,分片包干掌握进度等情况。

**1990年高崖口乡扫盲教育总结** 高崖口乡16—45岁有2629人,其中男1318人,女1311人,在这个年龄当中有文盲半文盲108人,其中男45人,女63人。在108名文盲半文盲中初步具备接受扫盲能力的有31人,分布在9个自然村,其中男3人,女28人。这31人全部参加了脱盲学习,结业考试参加率100%,不及格4人,及格27人,及格率87.1%。其中90分以上6人,80—89分6人,70—79分5人,60—69分10人。

老峪沟乡1991年建立健全乡村巩固提高扫盲成果领导机构:乡、村两级成立领导小组,组长由主管乡长和各村村长担任,组员由扫盲领导小组成员组成。

**学员组织形式** 由于学员居住比较分散,采取分片的形式组织学习,全乡共分为10组。村干部要包片责任到人,教师要具有初中以上文化水平,要求责任心强,对工作认真负责,同时要与乡政府签订巩固提高扫盲成果合同书。

**学习时间安排** 从1990年12月初至1991年4月初完成县要求所学的课程。每周一、三、五晚上6:30—8:30为集中学习时间,要求每晚上至少要学会 3 篇课文(认、读、写)。春节统一放假半个月(2 月 9 日—24 日)。

教师的劳动报酬:由乡、村两级负责。教师在完成所赋予工作的情况下,每名教师每晚上补助 0.5 元。优秀的教师和学员都要给予适当的奖励。

表18　1990 年高崖口乡扫盲结业成绩单

| 大队名称 | 姓名 | 口试成绩 | 笔试成绩 | 总分 |
|---|---|---|---|---|
| 漆园村 | 刘福兰 | 38 | 47 | 85 |
| | 张贵珍 | 14 | 16 | 30 |
| 瓦窑 | 李福珍 | 5 | 38.5 | 43.5 |
| | 白淑玉 | 25 | 49 | 74 |
| | 张登兰 | 39 | 43 | 82 |
| | 郑淑珍 | 22 | 38 | 60 |
| | 段秀清 | 39 | 44 | 83 |
| | 李淑香 | 22 | 39 | 61 |
| | 王文霞 | 32 | 47.5 | 79.5 |
| | 焦翠英 | 40 | 53 | 93 |
| 小水峪 | 沈秀玲 | 33 | 47 | 80 |
| | 李福霞 | 10 | 20 | 30 |
| 辛开 | 赵艳 | 14 | 46 | 60 |
| 溜石港 | 郑淑芳 | 18 | 53.5 | 71.5 |
| | 李瑞婷 | 25 | 50 | 75 |
| | 郑瑞琴 | 30 | 57 | 87 |
| | 王淑英 | 28 | 57 | 85 |
| | 贺秀荣 | 36 | 56 | 92 |
| | 杨淑珍 | 37 | 58 | 95 |
| | 李彩梅 | 35 | 55.5 | 90.5 |
| | 刘玉芝 | 40 | 58 | 98 |

续表

| 大队名称 | 姓名 | 口试成绩 | 笔试成绩 | 总分 |
|---|---|---|---|---|
| 菩萨鹿 | 张树芬 | 21 | 40 | 61 |
| 狼儿峪 | 李秀平 | 27 | 34 | 61 |
| | 李玉芬 | 30 | 30 | 60 |
| | 李秀珍 | 30 | 32.5 | 62.5 |
| | 陈淑英 | 39 | 60 | 99 |
| | 邱广祥 | 26 | 51 | 77 |
| 北照台 | 李福珍 | 10 | 16 | 26 |
| 南照台 | 李秀华 | 26 | 38 | 64 |
| | 暴永泉 | 28 | 38 | 66 |
| | 陈宝龙 | 26 | 42.5 | 68.5 |

资料来源:表格18出自昌平区档案馆。

### (三)各类成人教育

**干部文化教育** 抓好在职干部的学习培训,是提高干部队伍素质,实现干部知识化、专业化的重要途径之一。1986年年初,流村乡从提高干部队伍素质入手,按照市委组织部和市成人教育局关于提高干部文化水平规定的"严格限期"的指示,动员组织年龄在45岁以下,文化程度不是高中的干部参加文化补习。1986年,流村乡办大班,一期一班22人,培训对象为机关干部,内容为文化课,154课时。流村乡乡机关干部杨建龙,克服困难,坚持自学成才。他合理安排工作和学习的时间,坚持白天工作,晚上自学,做到工作、学习两不误。到1986年,已有6门大专课程考试合格。

**职工教育** 职工教育是提高职工技能和文化的一个重要途径,有些企业为提高职工的职业技能办学培训职工。1986年,流村乡企业本着生产过程发展的需要,干什么学什么,提高他们的职业技术素质,全年培训了34期,210人次,占全乡职工总数的12.5%。如中药厂重视职工技术培训,结合生产过程,本着职工应学会的原则,做一个品种药,学一个品种药的知识,并经常进行考核,使多数职工掌握了中药切片的切制规范和中成药的基础知识。对职工的业务技术培训做到常年不断,受训职工达 210 人次以上,占全厂职工的 80% 左右。中药厂党支部书记王朝银从中药厂的生产需要出发,坚持常年对职工进行业务技术培训,做到进什么品种药,学什么品种药的知识,舍得花钱买业务知识的书籍,做到技术骨干人手一册。因而,1986 年被评为为成人教育而努力工作的先进工作者。

**技术教育**　技术教育多以中短期培训班的形式举办。1986 年,流村乡办短期班 16 期 18 班,内容为农业科技知识,幼师培训,40 岁以下妇女扫盲,服装裁剪,法律知识培训等,受训人员 1272 人,304 课时。

1986 年流村乡村办学全年 35 期,242 课时,培训 76 人,内容有农林科技知识,肉鸡饲养技术等。白羊城大队大队长刘文利,重视技术人员的培训,结合本村养肉鸡的特点,主动与乡畜牧公司联系,请他们到村里讲授养肉鸡的专业知识。

1990 年,高崖口成人学校举办农民实用技术班 12 期,541 人次,干部兼职工岗位培训 38 期,2919 人次。

到 1995 年年底,已有大专毕业生 10 人,其中 1994 年毕业 9 人,1995 年毕业 1 人,占任务指标 30 人的 33.3%。在校大专生 4 人,备考学员 3 人,中专毕业生 45 人,占任务指标 50 人的 90%;岗位技术培训已完成 260 人,其中 1995 年培训企业职工 50 人,农业培训 70 人,占任务指标 500 人的 52%。1995 年乡成人学校配合各职能部门积极开展中短期培训,共办班 6 期,培训 564 人次。

2005 年,流村镇农村有富余劳动力 1855 人,计划完成职业技能(岗前岗位、休闲产业)培训 200 人,农业实用技术培训 800 人,引导性培训 900 人,使就业率达到 85% 以上。在未就业劳动力中妇女劳动力有 800 多人,初中及以下文化程度的约占 80%,因此,提高她们的整体素质是解决就业的关键。流村镇以北流果园观光采摘接待站为依托,建立一所农家女培训学校,校舍建设已完工。学校建成后,将对妇女进行市场营销、烹饪、计算机、实用技术及一些引导性培训。同时,还要根据就业岗位需求,进行针对性培训,为妇女的就业增收做好基础性工作。

2007 年 4 月 18 日,流村镇社保所为农民办了司炉工培训班,培训课程历时 13 天。通过考核的学员将获得国家颁发的《特种设备作业人员证》。

2007 年 11 月 13 日,流村镇为大学生村官开设一堂关于请示、公函、报告、简报、会议记录、新闻稿等日常办公常用文体公文拟写培训班。

2008 年 5 月 6 日,流村镇与昌平农机学校在老峪沟村联合举办了食用菌技能培训班。此次技能培训,是以发展生产、促进就业为目标,以产业拉动就业,培训推动就业为原则。

2008 年 6 月,"农民教育大讲堂"在流村镇市级示范村菩萨鹿村、北流、王峪、白羊城、韩台、长城峪 5 个区级新农村建设试点村开课,培训内容涉及法律知识、民俗接待礼仪、农作物种植等多项内容,并结合各村培训对象提出的实际需求,有针对性地开展各类教育培训活动,并向村民免费发放各类农业知识书籍、光盘。

近几年,流村镇政府坚持"以人为本"的理念,把安置农村富余劳动力就业作为促进农村经济发展、农民增收的大事来抓;加大对劳动力的培训力度,着力抓好对全镇农民工的培训、就业和服务管理等工作。2005—2008 年共举办 250 多期、20000 余人次的各类培训班。

### 表19　1990 年高崖口乡成人教育培训表

| 培训对象 | 培训人数 | 培训内容 | 期数 | 所用课时 | 起止时间 | 教师姓名 | 教师职务职称 |
|---|---|---|---|---|---|---|---|
| 机关干部 | 80 | 行政诉法 | 1 | 36 | 5.29—6.25 | 刘福和 | 教育助理 |
| 中学生家长 | 200 | 学生教育 | 1 | 6 | 4.21 | 韩国伶 陶峰 | 副乡长 校长 |

续表

| 培训对象 | 培训人数 | 培训内容 | 期数 | 所用课时 | 起止时间 | 教师姓名 | 教师职务职称 |
|---|---|---|---|---|---|---|---|
| 机关干部农村企事业单位书记 | 100 | 哲学 | 1 | 36 | 8.7—9.29 | 刘文良等 | 县党校、乡党委 |
| 养蜂专业户 | 28 | 养蜂 | 3 | 21 | 7.4—9.10 | 宋广和 | 养蜂研究所教授 |
| 计生干部 | 20 | 如何做好计生工作 | 1 | 12 | 3.12—3.13 | 刘满良 | 乡计生办主任 |
| 学生家长 | 200 | 学生家庭教育 | 2 | 12 | 2.23—24 | 刘士亮 | 中学主任 |
| 书记、村主任 | 40 | 行政诉讼法 | 1 | 6 | 3.26 | 韩国伶 | 副乡长 |

### 表20　1992年高崖口乡成人学校中短期培训班统计表

| 培训内容 | 培训人数 | 培训学校或部门 | 起止时间 | 培训形式 | 授课时数 | 授课教师姓名及职称 |
|---|---|---|---|---|---|---|
| 服装裁剪 | 30 | 成校文化站 | 9.10—10.10 | 面授 | 120 | 尹秀平 |
| 果树管理 | 11 | 成校果树队 | 11.20—93.2.20 | 面授 | 70 | 刘纪龙等3人（林业技术员） |
| 舞蹈班 | 17 | 成校妇联 | 7.15—7.22 | 面授 | 42 | 邢桂新（幼儿园园长） |
| 财会 | 20 | 成校经管站 | 3.15—3.18 | 面授 | 21 | 马晓丽（会计员） |
| 普法培训 | 70 | 法律服务所 | 6.20—6.22 | 面授 | 21 | 刘德胜（司法助理） |
| 养蜂 | 40 | 成校乡科委 | 1月—10月 | 面授 | 42 | 宗广和（助理工程师） |
| 药材 | 24 | 成校乡科委 | 4月—11月 | 面授 | 140 | 陈志中（助理工程师） |

续表

| 培训内容 | 培训人数 | 培训学校或部门 | 起止时间 | 培训形式 | 授课时数 | 授课教师姓名及职称 |
|---|---|---|---|---|---|---|
| 大棚香椿管理 | 30 | 成校乡科委 | 10月—11月底 | 面授 | 70 | 白金（农艺师） |
| 枣树栽培 | 48 | 成校乡科委 | 4.20—27 | 面授 | 42 | 赵玉贵（农艺师） |

表21　1991年流村乡成人学校建设现状

| 校舍 | | | | | | 设备 | | | | | 干部 | | 教师 | |
|---|---|---|---|---|---|---|---|---|---|---|---|---|---|---|
| 占地面积 | 建筑面积 | 使用面积 | 教室 | 办公室 | 图书室 | 课桌椅 | 办公桌椅 | 文件柜橱 | 录音机 | 放像机 | 图书 | 专干 | 兼干 | 专职 | 兼职 |
| 100 ㎡ | 100 ㎡ | 100 ㎡ | 2座专 | 1间兼 | | 7040套 | 1套 | 1个 | | | | 1人 | | | 12人 |

资料来源：表格19—21出自昌平区档案馆。

### 六、家庭教育

教育不仅仅是学校的事，要使教育工作做得更好，就需要家庭、学校、社会协调起来共同努力。1985年，流村乡成立了家长学校，家长通过学习，认识到家庭教育在学生整个教育过程中（尤其是中小幼教育）的重要作用，在家庭、学校的共同努力下，流村乡的教育得到了进一步的发展。

1990年，流村乡共有中学生505名，分布在14个教学班，全乡有6所完小，2所村小，共有小学生1076名。全乡共有10所幼儿园，17个教学班，共有3岁以上幼儿567名。全乡共有家长学校19所，有教学班62个，其中中学14个，小学38个，幼儿园10个。全乡共有家长学校学员2011名。

自1985年以来，全乡家教工作取得了较好的成绩，其中一个重要原因就是领导重视,组织健全。这是做好家教工作的关键。1985年以来,乡党委成立了家庭教育领导小组,组长由党委副书记担任,以中小幼为阵地的家长学校也相应地建立了领导小组,特别是中学和小学抽出一名主要领导分管家长学校的工作。由于各级领导的重视,使流村乡几年来的家庭教育工作取得了一定的成绩。

自1985年以来,流村乡各类家长学校主要做了以下工作:

1. 中学家长学校活动情况

流村中学共有14个家长学校教学班,每班教学都有计划、有安排。初一、初二的家长学校教学班,每学年都要召开两次家长会议,初三年级每年至少召开三次家长会议。学校组织家长学习家庭教育报,这张报纸做到了人手一份,还组织家长学习《中学生家长必读》、《家教大纲》、《中学生德育大纲》等材料。除了组织学习这些材料之外,学校还与家长交流学生的情况,以便共同做好学生的思想教育工作。1995年2月,流村中学还同广播站一起举办了家长学校专题广播,每星期两次,每次半小时,向家长宣传家庭教育的知识。

2. 小学生的家庭教育情况

1995年,流村中心小学共有家长学校教学班38个,有学员1076人。中心小学领导对家庭教育工作十分重视,他们为了做好家教工作,在黑寨学校做了试点,做到学校、大队和家庭三方面结合起来,共同对学生进行思想教育。他们注意典型引路以点带面,促进全面工作的开展。中心小学在抓家庭教育工作上面取得了显著成绩,他们的具体做法是,每个学年至少组织三次家长学习,年初一次,年中一次,年末一次。为了便于家长学校的学习,他们发动学生自费订阅家庭教育报800多份,每个学校平均140份。中心小学除了组织家长学习家教理论知识外,还能定期进行家访,了解交流学生的情况,以便共同对学生进行帮助教育,中心小学在家庭教育工作上取得了可喜的成绩,写出了一份论文上报市教育局,这篇论文还获得教育局三等奖。

### 3. 幼儿园的家长学校工作

流村乡共有 10 所幼儿园,有家长学校教育班 10 个,有学员 430 名。由乡妇联主抓幼儿园的家长学校工作,乡妇联把家长学校工作纳入了妇联百分赛考核之中。各家长学校的组织健全,校长由村民主任或支部副书记担任,副校长由妇代会主任或幼师担任,主讲老师一般由幼儿老师担任。各家长学校活动有计划,教学有安排,每个季度至少上一次课,做到农闲多学习,农忙少学习,便于学员按时上课,做到了人员齐、效果好。家长学校学习的材料有《生命知识》、《爱的教育和爱的艺术》、《家庭教育问答》和《年轻父母》、《学前儿童十万个为什么》等等。幼儿家长非常满意,他们说在家长学校不仅学到了科学育儿知识,还能经常了解到孩子在幼儿园的情况,便于帮助孩子、教育孩子,使孩子健康成长。

由于各级领导的重视,学校的努力,家长的配合,流村乡家庭教育工作取得了可喜的成果。从 1985 年到 1990 年 7 月,全乡共有 60 余名家长被评为出席乡的好家长标兵,有 9 名同志被评为出席县的好家长标兵,还有 2 名同志被评为北京市好家长标兵。有 250 名小学生被评为三好学生,有 100 名小学生连续三年以上被评为出席县的三好学生,并获得了市三好学生奖,还有 90 名中学生被评为市级三好学生,有 510 名中学生光荣地加入了中国共产主义青年团组织。

1989 年"六四风波"以后,各个家长学校都把思想品德教育摆到了家庭教育的首要位置,向家长们宣传讲解思想品德教育的内容和方法,使青少年真正树立起热爱中国共产党,热爱社会主义祖国,一心为集体,心中有他人,勤俭节约、艰苦朴素的思想意识,发扬共产主义精神,做到一方有难八方支援。1990 年春节过后,当中心小学领导和同学们听说古将大队社员姚敬召老人家房屋不慎失火后,自愿捐款 230 多元,为老人解决燃眉之急。3 月份,中学生和乡妇联又为桃洼中学苏俊同学治病捐款 680 元。中小学生为亚运会捐款 7618.28 元,其中中学生捐款 3668.28 元,小学生捐款 3950 元。这些事例说明流村乡中小学生思想品德教育是健康的,同学们也是积极要求进步的。

尽管几年来流村乡在家庭教育工作中取得了一定的成绩,然而还应该看到工作中不免存在着这样那样的问题,归纳起来有以下几点:

1. 有个别单位的领导对家教工作重视程度不够,对中小幼教育存在着不同程度的家庭、学校、社会脱节现象。有的家长撒手不管孩子,把子女教育问题单纯地推给了学校,在家庭教育这个问题上存在着学校唱独角戏的现象。

2. 在家长学校学习上发展不平衡,参加学习的年轻家长多,年龄稍大些的家长不愿意参加学校的学习。

3. 个别的学生有厌学现象,不喜欢学习只想提早去挣钱,这部分学生约占总数的3%—5%。

4. 在学生中存在着早恋现象。

5. 流村乡目前独生子女有920名,在独生子女的教育问题上存在着以下几个方面的问题:

(1)对独生子女迁就纵容多,严格要求训练少,把独生子女摆到"小皇帝"的位置上。

(2)独生子女任性,事事以我为核心,全家人都要围着"我"来转,遇有不顺心的事就要发脾气。

(3)爱美爱打扮,勤俭节约意识淡薄,花钱似流水,劳动观点和劳动能力差,不珍惜别人的劳动成果,生活上浪费现象严重。

(4)在集体纪律约束和老师面前尚能服从管教,回到家中爱撒娇,尊敬关心家长意识淡薄。

6. 有的家长素质偏低,有的因文化水平低管教方法不得当,有的因工作忙,有的只顾及挣钱,没有精力管教孩子,有的本身道德水平低,给孩子带来不良影响。

针对以上问题,根据昌平县家庭教育研究会的工作安排,流村乡于1990年7月31日成立了家庭教育研究会。这次家庭教育研究分会的成立,目的就是要把幼儿园、学校、社会、家庭四个方面的力量协调起来,发挥各自优势,搞好对中、小、幼的教育工作。因此,家庭教育研究分会总结了流村乡中小幼教育工作的经验,找出了存在的问题,对教育工作起到了推动作用。

流村乡家庭教育研究分会成立,聘请了会员50名,选举产生了理事13人(其中名誉会长1名,副会长3名,正副秘书长3名,理事5名),并制订出了家庭教育工作计划。

1. 加强领导,健全组织

为了宣传普及中小幼教育知识,把家庭教育、学校教育、社会教育有机地结合起来,使中小学生以及幼儿在德、智、体、美、劳方面全面发展,使教育工作在各方面引起足够的重视。

为了加强领导,健全组织,流村乡家教研究分会理事分为中教、小教、幼教三个组。中教组组长:薛文好;组员:时玉浩、张树玲、时淑丽。小教组组长:孟庆堂;组员:古天华、孙文华、沈玉霞。幼教组组长:朱建波;组员:张凤娥、戈季荣、王学翠。

流村乡各大队成立家庭教育领导小组,并已配备3—7名家庭教育辅导员,做好家庭教育工作。

2. 普及家庭教育知识,做好家庭教育工作

要普及家庭教育知识,做好家庭教育工作,必须有一支训练有素的骨干队伍。流村乡家庭教育分会根据流村乡的实际情况组织了由27人组成的家庭教育骨干队伍,于8月31日对这支骨干队伍参照县讲课内容进行了培训,并由参加县里培训的中心园园长李淑娥讲课,时间一天,讲课内容为《家庭教育系列讲座汇编》第一讲——家庭教育要重视德育。

(1)为什么要重视德育,让家长教育孩子做一个品德高尚的人,不要重智轻德,保证孩子全面发展。

(2)家庭德育的内容有三点:第一,爱国主义教育,因为它是思

想政治教育的基础。第二,集体主义教育,因为它是思想品德教育的中心。第三,勤俭节约、艰苦奋斗教育,它是家庭教育的重要内容。

(3)家庭德育的途径。家庭德育必须同学校教育、社会教育紧密结合,把家庭德育搞好,就为接受学校教育和社会教育打下了良好的基础。

(4)家庭德育的关键。家庭德育要从家长的修养入手,提高家长自身素质,这是家庭德育的关键。培养孩子具有高尚的道德情操,家长首先要有高尚的品德,处处做表率,掌握科学的教育思想和教育方法,才能把孩子培养成为合格的接班人。

计划第二课由参加培训的时淑丽讲,讲课内容:家长修养。时间:9月上旬。第三课由参加县培训的张凤娥讲,讲课内容:幼儿家庭品德教育。第四课由从参加乡里培训的骨干中选拔,讲课内容:儿童卫生保健。第五课:小学生家庭教育中的几个问题。第六课:中学生家庭教育。第七课:中学生品德教育。第八课:青春期教育。

流村乡家庭教育研究会为了把家庭教育工作办得更好,乡里按期培训家庭教育骨干。由辅导员向广大学生、幼儿家长讲解家庭教育知识,提高家长教育子女的水平。

加强家庭教育宣传,乡妇联与中学、小学团委、计生办于10月中下旬搞一次家庭教育咨询。

3. 以中小幼为阵地,做好家庭教育工作

为普及宣传家庭教育知识,提高家长教育子女的水平,流村乡中学、小学、幼儿园都普遍办起了家长学校。为了把教育工作做得更好,流村乡以中小幼为阵地,加强对中小学生、幼儿的爱国主义教育、集体主义教育、人生观教育,勤俭节约、艰苦朴素的教育,使他们真正成为有理想、有道德、有文化、有纪律的四有新人。具体就是:

(1)加强爱国主义教育,通过爱国主义教育,增强少年儿童的民族自尊心和民族自信心,振奋民族精神,为建设社会主义现代化祖国而努力,学习科学文化知识,增长才干。

（2）进行集体主义教育。心中有他人、心中有集体是中小学生遵守日常行为规范和接受爱国主义、共产主义教育的思想基础。

（3）人生观的教育。教育青少年儿童以雷锋、赖宁为榜样，发扬一心为公、一心为集体的精神，自觉抵制损人利己、唯利是图、金钱至上、极端个人主义等资产阶级腐朽思想的侵蚀。

（4）勤俭节约，艰苦朴素的教育。教育青少年儿童在思想品德上坚持高标准、生活上低标准，节约每一分钱为他人、为社会服务，反对奢侈浪费行为。

（5）劳动教育。培养少年儿童树立热爱劳动、劳动光荣、艰苦朴素、勤俭持家、自强不息的奋斗精神。

（6）审美教育。教育中、小、幼树立健康的审美观，正确指导孩子的精神生活。

（7）配合学校抓好孩子的文化学习，巩固他们的学习成果，很好地完成他们的学习任务。

随着时代的发展，教育越来越受到家长的重视，家长学校已经不再开设，但80年代流村乡家庭教育依然影响着流村镇现在的教育。

2002年，流村镇幼儿家长学校学员数量增加，学员出勤率达到了100%，幼儿家长学校还出了四期家教板报。2002年，家教主题活动是对幼儿实施素质教育。

2006年4月13日，高崖口中心小学开展了第二次"家长走进课堂"的教育活动。一至五年级80名学生家长走进课堂参与教学，家长参与了教学全过程，参观了学生在课堂教学中的全部活动，听取了教师授课的全部内容及采用的教育教学方法，感受了新的教育理念指导下的课堂教学。课后，高崖口中心小学领导、各班主任与学生家长在座谈会上进行了深入的交流。

2008年4月12日上午9点，北流村人口学校内座无虚席，70多名独生子女父母、爷爷、奶奶们在聚精会神地听课。这是北流村计生协会专门聘请了昌平区"关心下一代委员会讲师团"的王宝珍老师为北流村的独生子女家长从幼儿期、学龄前到上小学的孩子的教育问题上的一堂生动课程。王老师就"如何在家庭中培养教育孩子"、"如何培养孩子在家里的好习惯"、"如何培养孩子的独立性格"等方面进行了详细讲解,老师专心讲课,家长们认真听讲,王老师通过讲故事、举例子并与家长孩子做游戏,这种互动形式极大地吸引着家长和孩子们,这次讲课收到了很好的效果,得到了家长的好评。

表22　流村乡家教研究会分会第一届会员大会理事候选人名单

| 协会职务 | 姓名 | 性别 | 年龄 | 文化程度 | 政治面貌 | 工作职务 | 工作单位及部门 |
|---|---|---|---|---|---|---|---|
| 名誉会长 | 刘志奇 | 男 | 34 | 大专 | 中共党员 | 乡党委书记 | 流村乡机关 |
| 会长 | 薛文好 | 男 | 33 | 初中 | 中共党员 | 乡党委副书记 | 流村乡机关 |
| 副会长 | 朱建波 | 男 | 29 | 大专 | 中共党员 | 副乡长 | 流村乡机关 |
| 副会长 | 时玉清 | 女 | 38 | 中专 | 中共党员 | 副主任 | 流村中学 |
| 副会长 | 孟庆堂 | 男 | 47 | 高中 | 中共党员 | 主任 | 流村中心小学 |
| 秘书长 | 王学翠 | 女 | 30 | 高中 | 中共党员 | 乡妇联主任 | 机关 |
| 副秘书长 | 张树玲 | 女 | 26 | 高中 | 中共党员 | 乡团委书记 | 机关 |
| 副秘书长 | 谷天华 | 男 | 30 | 中专 | 中共党员 | 文教助理政府办主任 | 机关 |
| 理事 | 时淑丽 | 女 | 31 | 高中 | 中共党员 | 计生办主任 | 机关 |
| 理事 | 孙文华 | 女 | 47 | 中师 | 中共党员 | 教师 | 流村中心小学 |
| 理事 | 张凤娥 | 女 | 32 | 高中 | 群众 | 幼师 | 中心园园长 |
| 理事 | 戈秀荣 | 女 | 41 | 初中 | 中共党员 | 妇代会主任 | 前流大队 |
| 理事 | 沈玉霞 | 女 | 27 | 高中 | 中共党员 | 村民主任 | 新村大队 |

表23　1993年流村乡幼儿园家长学校活动情况统计表

| 家长学校名称 | | 下店家长学校 | 上店家长学校 | 南流家长学校 | 中心家长学校 | 西峰山家长学校 | 新村家长学校 | 古将家长学校 | 黑寨家长学校 |
|---|---|---|---|---|---|---|---|---|---|
| 学员数 | | 20 | 33 | 76 | 94 | 86 | 88 | 46 | 46 |
| 主讲教师人数 | | 1 | 1 | 2 | 4 | 4 | 3 | 2 | 2 |
| 有无教学计划 | | 有 | 有 | 有 | 有 | 有 | 有 | 有 | 有 |
| 全年讲课次数 | | 9 | 9 | 9 | 10 | 10 | 9 | 9 | 9 |
| 有无学员考勤簿 | | 有 | 有 | 有 | 有 | 有 | 有 | 有 | 有 |
| 出勤情况 | 平均出勤人次 | 19 | 30 | 72 | 93 | 85 | 80 | 44 | 45 |
| | 出勤率 | 99% | 99% | 97% | 99% | 99% | 98% | 99% | 99% |
| 学员有无听课笔记 | | 有 | 有 | 有 | 有 | 有 | 有 | 有 | 有 |
| 教师有无备课笔记 | | 有 | 有 | 有 | 有 | 有 | 有 | 有 | 有 |
| 有无家教学习园地 | | 有 | 有 | 有 | 有 | 有 | 有 | 有 | 有 |
| 教学内容重点 | | 三优知识 | 三优知识 | 三优知识 | 三优知识 | 三优知识 | 三优知识 | 三优知识 | 三优知识 |
| 知识测验 | 次数 | 1 | 1 | 1 | 2 | 2 | 1 | 1 | 1 |
| | 人数 | 15 | 19 | 50 | 180 | 140 | 40 | 20 | 20 |
| 家教座谈 | 次数 | 4 | 3 | 4 | 5 | 3 | 4 | 3 | 4 |
| | 人数 | 75 | 91 | 210 | 340 | 210 | 270 | 95 | 80 |
| 写学习体会 | 人数 | 20 | 30 | 75 | 90 | 75 | 80 | 40 | 40 |
| | 篇数 | 40 | 60 | 75 | 120 | 75 | 80 | 40 | 40 |

资料来源：表格22—23出自昌平区档案馆。

### 七、特殊教育

1986年以来,高崖口乡逐步把对残疾人的教育纳入义务教育的轨道,逐步完善了对残疾儿童、少年进行教育的措施,基本上消除了特殊教育的空白,适龄儿童、少年入学率几年来一直保存在99.8%

以上。

　　高崖口乡对肢残儿童按时接收入学,在生活学习等方面给予帮助和照顾,对中度左右的弱智儿童(约占适龄儿童1.5%)作为弱智生随班就读。到1991年有弱智儿童14名,分散在11个教学班,其中有2个班确定为昌平县的随班就读实验班。他们与正式生一样,使用统一教材,参加统一考试,区别于正式生的是降低了要求。在教学中采取"分层教学"、"个别辅导"、"同伴教学"等方法,使他们学有所长。给教师确定了弱智教育指标,要求所教学生的成绩年年有程度不同的提高,并要求教师在教学过程中不断加强品德教育进行行为矫正、品质培养。中心成立了特殊教育领导小组,建立了教研组,配备了智商检测员。

　　在特殊教育问题上,还存在一定困难,主要是教师紧张、辛苦。复式班教学本来就难度大,再加上弱智生的教育,等于又增加了一个教学层次。

# 第三节　教育条件

## 一、教育设施

### (一)学校校舍

　　解放初期,村镇学校几乎没有自己独立的校舍。50年代,已有部分村镇开始建设学校校舍。1954年,老峪沟村学生人数增加,教室不够用,县政府拨给的部分建校款仅够买砖瓦和白灰,盖房的主要木料和沙石是村民自愿捐献的,并出义务工盖起了两个6间房教室。

　　70年代,学校依然存在用房紧张的问题。如高崖口乡的中心幼儿园,园、所占地面积4.5亩,园、所建筑面积195㎡;七兀幼儿园,园、所占地面积1.5亩,园、所建筑面积80㎡。

　　1981年,县委、县政府召开农村教育工作会议和改善农村小学办学条件现场会,县、乡、村三级加大改善办学条件投入。1981年,流村的校舍修缮工作全面铺开,进展迅速。自 1984 年起,陆续改造全乡的小学校舍,累计翻建校舍 200 余间,2400 平方米。1986 年,流村大队为改善办学条件,为学校盖起了新教室 10 间,并购置了 40 套桌椅。1986 年,高崖口乡中心幼儿园有床位 81 张,课桌 86 张。1989 年又新建了中心小学操场。老峪沟乡中心小学实行乡办乡管后,坚持改善办学条件,自 1985 年以来,修缮房屋 5200 平方米,建校门 11 座,垒围墙 1100 米,建车棚 7 间,水电工程 10 项,中学搬迁新建房屋 89 间合计 1335 平方米。五年来,改善办学条件共投资 33 万元,全乡中小学没有一间危房。

1990 年高崖口成人学校校舍使用面积 111 平方米。到 1991 年,全乡中小学校舍设备基本实现了一无、两有、三配套的标准(中学有教室 4 个,专用教室 3 个,小学中心校有教室 6 个,专用教室 4 个)。1988 年,高崖口乡校舍总面积 2499 平方米,中学普通教室 11 个,理化生实验室 3 个,图书阅览室 1 个。1996 年 3 月,流村乡投资 10 万元落实"古将村八一小学"绿化工作,共栽植雪松、油松、白皮松、毛白杨、黄杨、月季等 40 多个品种的花草树木来美化校园。同年 10 月,昌平县个体私营经济协会捐款 8 万元,援建流村乡中学操场。

2001 年 10 月,流村中学教学楼工程全面启动,此工程投资 300 万元,建筑面积 3000 平方米。该工程 2001 年 7 月动工,到 2002 年 5 月竣工。2003 年 9 月,流村镇老峪沟中心小学新校舍落成。2007 年 10 月 30 日,流村中学学生宿舍楼、食堂工程竣工,学生宿舍楼建筑面积 3729.92 平方米,学生食堂建筑面积 1980.68 平方米。

(二)教学设备

解放之初,教学设施非常简陋。50 年代,学生除了课本没有任何参考书籍,只有邮递员每周送来的一份报纸。

"文革"期间,很多教学设备受到人为的破坏,这一时期的教学设备严重短缺。

十一届三中全会以后,教育逐步走上正轨,教学设备有所增加。

1983 年,瓦窑大队幼儿园有 15 套桌椅,溜石港大队幼儿园有 8 套课桌,16 套课椅。1985 年,高崖口兴建小型儿童乐园。

1990 年,高崖口成人学校有桌椅 70 套,黑板、圆规等教学设备,图书 900 册。1996 年 9 月教师节前夕,县教育局投资近 3 万元为流村乡八一古将小学配备了 10 台 286 微机。1998 年 3 月,北京大学资助流村镇西峰山小学建图书室,装有 200 册图书,赠送了高档手风琴和大量教育教学用品。

2001 年 1 月,北京机械工业学院赠给流村镇中心小学电脑 25 台和 LQ—100K 打印机。同年 6 月,总参群工部在流村镇漆园小学举行了中国教育台"绿网"工程仪式。此工程可使山区学生通过"绿网"直接收看到中国教育台的节目,还可收到上百条信息。2002 年 6 月,中关村科技园区管理委员会向山区小学捐赠电脑仪式在西峰山小学举行。2005 年 11 月 30 日,区教委、流村镇政府共同投资的高崖口中学校园网工程全面竣工并投入使用。这个项目共投资 399621 元,师生平均每 4.2 人一台电脑。2005 年 12 月 30 日,由区委和流村镇政府、高崖口中学共同投资的高崖口中学电视监控和防盗报警系统全面竣工,项目共投资 5.8 万元,其中电视监控系统配有电脑主机和 5 台定点摄像头,无线报警系统共配置 11 个室内红外报警探头。2007 年,在六一儿童节来临之际,国家粮食局科学研究院、国贸工程设计院的全体师生为漆园村爱心小学捐赠书包 100 个,图书 350 余册。

### 表 24　1988 年流村中学教学设备规划

| 实施年份（年） | 桌椅（套） | 体育器材折价（元） | 图书（册） | 挂图 | 风琴（架） | 生化仪器折价（元） | 录音机 | 投影仪 | 电视 |
|---|---|---|---|---|---|---|---|---|---|
| 1989 | 730 | 7500 | 6073 | 250 | 3 | 7223 | 8 | 2 | 3 |
| 1990 | 830 | 8500 | 6573 | 300 | 3 | 7723 | 10 | 2 | 4 |
| 1991 | 930 | 9500 | 7073 | 350 | 3 | 8223 | 12 | 3 | 5 |

资料来源:表格 24 出自昌平区档案馆。

## 二、教育师资

### (一)教师

流村地区位于昌平区的西北部,其中高崖口和老峪沟是相对贫困的山区,经济落后,影响了各项事业的发展,同样也波及教育事业。

1947年,漆园小学建立时有教职工2人。

1949年,高崖口小学建校时有教师1人。

1952年,高崖口中心小学初创时有教师1名。

1958年,流村中学建校时有教师2人,1959年增至10人,分别是于德明、范贻礼、刘德九、孔召会、汪宜昌、张孝忠、赵瑞、周立忠、罗振成、崔宝善。

1961年,因周立忠、张孝忠调走,范贻礼下放回家,剩7名教师。1966年又增至10人:于德明、刘德九、王连起、黄纯、李益宾、程亚兰、尹玉萍、伊夏年、李寿明、许姗玲。

1977年5月,县委召开638名代表参加的中小学先进集体、先进工作者代表会,漆园村农中李秀兰等5人作大会发言。

1979年12月24日,高崖口中学教师林瑞荣被评为全国劳动模范。

1983年,高崖口公社有幼儿教师6人,其中高中学历者有2人。

1985年,流村乡有12名幼儿教师,高中学历者2人,其中任教时间不足1年者就有8人,任教时间长达10年者有4人。

1986年,高崖口乡中心幼儿园有教师3人。

1987年,马刨泉大队有1名大专学历的幼儿教师。1989年,流村中心小学校长曹瑞臣被评为先进教育工作者。

1990年,流村乡有幼儿教师17人,高中学历3人。1990年流村镇初级小学有教职工36人,完全小学有教职工124人,其中专任教师97人。1990年,流村中学有教职工48人,其中专任教师36人;高崖口中学有教职工25人,其中专任教师14人;老峪沟中学有教职工13人,其中专任教师11人。

　　1991 年老峪沟乡中学教职工总数为 22 人(临时工 5 人),专任教师 15 人,其中大专学历 9 名,占专任教师的 60% ,中专、高中学历 6 名,占专任教师的 40% ;1991 年,老峪沟乡小学教职工有 35 人,其中临时工 1 人,专任教师 27 人,中师、高中以上学历 22 人,占 81.2% ,初中学历 5 人,占 18.8% 。

　　1998 年,流村镇有小学教师 230 名。中学、职业技术学校有教师 118 人。

　　2007 年,流村镇有小学教师 277 名,中学教师 95 名,流村中学有教职工 62 人。2007 年全镇中小学受表彰的优秀教师:王冬梅、王美玲、王晓燊、罗桂江、张小伶、陈霞、周立霞、张毅、路淑芳、艾华良、陈志清、杨淑明、王树林、陈志新、赵利利、李海娇、崔国玲、姚春玲、沈立顺、崔晓丽、李春梅、杨立红、韩春燕、陈艳冰、魏强、沈宇、荆建军、王凤芹、陈立刚、刘玉兰、郑振华。

　　2009 年,高崖口中心小学有教职工 20 人。

表 25　1955 年河北省优秀教师

| 姓名 | 性别 | 政治面貌 | 单位 | 职位 |
| --- | --- | --- | --- | --- |
| 程森 | 男 | 共青团员 | 老峪沟学区 | 教师 |

表 26　1958 年北京市普教系统先进工作者

| 姓名 | 性别 | 政治面貌 | 单位 | 职位 |
| --- | --- | --- | --- | --- |
| 张起 | 男 | | 老峪沟中心小学 | 教师 |

表 27　1960 年北京市教育、文化、卫生、体育社会主义建设先进工作者

| 姓名 | 性别 | 政治面貌 | 单位 | 职位 |
| --- | --- | --- | --- | --- |
| 王炳辉 | 男 | 共青团员 | 老峪沟中学 | 教师 |

续表

| 姓名 | 性别 | 政治面貌 | 单位 | 职位 |
|---|---|---|---|---|
| 艾玉森 | 男 | 共青团员 | 老峪沟中心小学 | 教师 |
| 赵才 | 男 | 共青团员 | 流村中心小学 | 教师 |
| 曹德金 | 男 | 共青团员 | 高崖口中心小学 | 教师 |
| 王秀平 | 女 | | 流村上店幼儿园 | 教养员 |
| 李玉平 | 女 | 共青团员 | 老峪沟禾子涧幼儿园 | 教养员 |
| 李淑义(1943— ) | 女 | | 流村西峰山幼儿园 | 教养员 |
| 催秀兰 | 女 | 共青团员 | 老峪沟马刨泉幼儿园 | 教养员 |

**表 28　1983—1984 学年度北京市普教系统先进工作者**

| 姓名 | 性别 | 政治面貌 | 单位 | 职位 |
|---|---|---|---|---|
| 丁祺 | 男 | 中共党员 | 流村中心白羊城小学 | 教师 |
| 苗芝 | 男 | | 高崖口中心南照台小学 | 教师 |

**表 29　1985—1986 学年度北京市普教系统先进工作者**

| 姓名 | 性别 | 政治面貌 | 单位 | 职位 |
|---|---|---|---|---|
| 刘书国 | 男 | 中共党员 | 老峪沟中心小学 | 完小主任 |
| 佟士昌 | 男 | 中共党员 | 流村中学 | 教师 |
| 陈玉宏 | 男 | 中共党员 | 流村中心小学 | 教师 |
| 赵满臣 | 女 | 共青团员 | 高崖口中心小学 | 教师 |
| 崔田 | 男 | 中共党员 | 高崖口中学 | 教师 |

**表 30　1987—1988 学年度北京市普教系统先进工作者**

| 姓名 | 性别 | 政治面貌 | 单位 | 职位 |
|---|---|---|---|---|
| 汤文焕 | 男 | 中共党员 | 流村中学 | 主任 |

续表

| 姓名 | 性别 | 政治面貌 | 单位 | 职位 |
|------|------|----------|------|------|
| 李俊生 | 男 | 中共党员 | 高崖口中学 | 校长 |

表31　1988—1989 学年度北京市普教系统先进工作者

| 姓名 | 性别 | 政治面貌 | 单位 | 职位 |
|------|------|----------|------|------|
| 陈玉宏 | 男 | 中共党员 | 流村中心小学 | 教师 |
| 韩桂余 | 男 |  | 老峪沟中心小学 | 教师 |

资料来源:表格 25—31 出自《昌平县普通教育志》。

(二)教育经费

幼儿园教育经费来自乡及各大队拨款以及各园收取的幼儿入园费。80 年代中后期流村乡规定每年大队向幼儿园投资不少于 500 元,以改善园所条件;一般本村本单位的幼儿入园费低于外村外单位的幼儿入园费,收费采取半年收一次的形式。

为促进教育事业的发展,县财政大力投入教育经费。小学学生人均占有公用经费已从 1986 年的不足 100 元增加到 1990 年的 133 元,1986 年县拨经费 85512 元,1990 年县拨经费 154107 元,增长接近 1 倍。中学学生人均占有公用经费从 1986 年的 209.31 元增加到 1990 年的 680.61 元,1986 年县拨经费 46676 元,1990 年县拨经费 78270 元。

1985 年以来,中央确定的"教育投款的增长要高于财政经常性收入的增长,普遍按在校学生人数平均的教育费用逐步增长"政策在老峪沟乡的落实情况如下:

1985 年财政收入为 34.6 万元,1986 年比 1985 年增 24%,1987 年比 1986 年赠 4%,1988 年比 1987 年增 1%,1985 年教育经费拨款 16.7 万元,1986 年比 1985 年增 9%,1987 年比 1986 年增 7%,1988 年比 1987 年增 46%。

1985年生均教育经费168元,1986年比1985年增11%,1987年比1986年增12%,1988年比1987年增71%。

在财政预算内教育支出占教育经费总额的比重为:

1985年占80%,1986年占85%,1987年占85%,1988年占89%。

乡财政1985年用于教育的其他资金为4.3万元,1986年为5.8万元,1987年为7.9万元,1988年为7.7万元。

人员经费占教育经费开支的比重:

1985年为74%,1986年为71%,1987年为63%,1988年为50%。

公用经费占教育经费支出的比重:

1985年为26%,1986年为29%,1987年为37%,1988年为50%。

小学生均经费(公用):

1985年为44元,1986年为30元,1987年为39元,1988年为47元。

中学(初中)生均公用经费:

1985年为57元,1986年为86元,1987年为118元,1988年为604元。

教育经费除政府拨款外,乡领导和百姓也大力支持教育事业,从高崖口乡人民政府关于执行《高政字(89)第3号文》筹集人民教育基金的几点说明,可以看出对教育的重视:

1. 1990年继续执行《高崖口乡关于捐资助教,筹集人民教育基金的办法(试行)高政字〔1989〕第3号文》。

2. 按照昌平县人民教育基金委员会办公室1989年11月28日发文意见三"经乡、镇同意,1989年各乡村对学校基本建设和投入(包括现款和工料折价)可计为1989年乡、镇筹集的教育基金,计入手续的分会做明细登记单,经分会主任签字"的规定,1989年各村各单位对中小学、幼儿园基本建设的投工投料加投入的现金均可抵顶应缴教育基金数额。手续是：由投入单位写《改善学校办学条件报表》，单位盖章，村民主任签字，报分会，经分会主任签字后计入基金账。

3. 未交或未交齐1989年教育基金的村委会，企事业单位及筹集范围的个人与1990年筹集的人民教育基金同时缴纳。

4. 根据高政字〔1989〕第3号文"个体户按持照者每人每年30—50元筹集"的规定，1990年做出具体规定如下：个体工商户持照者集40元，汽车运输专业户持照者集100元，各村委会不再向以上人员征收基金。该户其他人员按劳力标准筹集。

5. 各村各单位按本年度6月份的实有人数或劳力数筹集基金。

6. 收缴办法：

（1）各村民委员会和乡办乡管、乡属事业单位的基金由单位统一造册交乡分会。

（2）手扶运输户、汽车运输户缴的教育基金由乡安委会代收，造册交乡分会。

（3）个体工商户、运输户和乡办企业联办企业及企业公司等单位的干部、职工应缴的教育基金和集体捐助的基金由企业公司统一征集，分位填写登记表，筹齐后交给分会。

7. 全乡筹集人民教育基金的时间为7月1日至8月15日。按时筹集有困难的需报分会批准方可推迟。

8. 本说明未涉及的条款仍按高政字〔1989〕第3号文执行。

2007年六一节前夕，流村镇西峰山小学收到一笔千元支教款，捐资人是曾就读于西峰山小学的村民时景洋。时景洋初中毕业后在家务农。近年来，他组建了一支建筑队，承接一些工程，很快甩掉了贫困帽子，踏上了小康之路。刚刚脱贫的他对母校怀有深厚感情，首先想到的是学校，他说："再苦不能苦了孩子，我个人的力量是微薄的，只要全社会都来重视教育，我们的学校就会越办越好。"2007年9

月份,西峰山村的企业星辰万有公司捐资2000元,表示对西峰山村小学教育事业的支持。教师节更令人感动的是,村民时景洋、韩学敬、时景生、韩国华纷纷掏出个人钱款共计4000元,作为对教师节日的慰问金,并对全体教师辛勤培育西峰山村的下一代表示衷心的感谢。

附:老峪沟乡《关于公办民办教师经济待遇》

1. 1979年以来,国家和地方政府决定采取的提高中小学教师工资待遇的各项政策措施都已经按上级要求的期限按时兑现。中小学教师的工资包括协议教师,临时工的工资都能按时发放,从来没出现拖欠现象。

2. 中小学公办教师的公费医疗在1989年4月份以前执行医疗证制度,1989年5月份以后执行现金购药,单位报销,全年报销不超过人均90元的制度,个别超标的由单位会同卫生院协商解决的办法,尽量防止个人负担医疗费的现象。

3. 现有民办教职工8人,其中中学3人,小学5人,占教职工总数的10%,民办教师年收入为中学1488元,小学1462元,与中小学公办教师人均数比较稍低,但与工龄相同的公办教师比较基本一样。民办教师的工资从未拖欠发放。

4. 自1984年以来,乡政府每年都向中小学教职工发放年终奖,1984年人均120元,1985年人均130元,1986年人均220元,1987年人均234元,1988年人均270元,村委会每年教师节还看望教师,带去礼品或奖金。乡政府每年还拨给中小学各500元作为毕业班教师特殊奖。以上奖金自1985年以来共向教师发放了11万元,乡政府还决定:教师优先审批房基地,优先安排教师子女工作,教师不摊派义务工,教师看病免费用车等。

5. 城镇教师可以住上现成的房屋,山区教师在城镇弄不到房,只得在本地自己建房,而建房的木材、水泥等又不容易搞到;请上级给解决一部分指标,使教师建房困难少一点。

# 第二章　文化艺术

## 第一节　文化管理

### 一、机构设施

（一）文化机构

流村镇的文化机构主要是文化站,文化站负责组织和开展本地区群众的文化生活。流村乡的文化站建立于 1980 年 4 月 21 日,老峪沟乡的文化站建立于 1981 年 1 月 18 日,高崖口乡的文化站建立于 1982 年 3 月 1 日。各乡镇文化站成立以来组织了各种深受人们喜爱的文化活动,主要有花会、传统戏剧、节日文艺表演、书法比赛、体育比赛、知识竞赛以及电影放映等。2005 年,文化服务中心开始负责文化工作。

2006 年,南流村投资 12 万元,修建了老年活动站,为村里老人创造了一个干净舒适的娱乐健身场所。

2007 年 10 月,流村镇科技文化活动中心落成,该活动中心是集会议、学习培训、表演娱乐多功能于一体的文化活动场所。

（二）设施

各乡镇文化站都有固定的场所、演出设备,由于时代和经济发展水平的不同,文化站设施也有区别。如 1985 年,流村乡确立新的文化站址,有房屋 4 间,配备了 3 名专职人员。1987 年,流村乡文化站有工作人员 3 名,房屋 5 间,照相机 2 架,电影放映机 2 部,收录机 2 台,图书 500 册以及扬琴、手风琴、锣鼓等乐器,还有十几套演出服装,各类球、棋和固定性宣传橱窗等文化设施。1994 年流村乡文化站的设施有了更明显的改进,当时有独立的活动场所,使用面积达

1000 平方米:有多功能厅室(其中包括电影放映厅,会议和中小型文化活动室 1 间,音乐厅 3 间,文体办公室宿舍 2 间,展室 2 间,教室 6 间,图书室 1 间)。彩电 1 台,放映机 1 架,照相机 1 架,工作人员 4 名(即站长、农协会秘书长、电影放映员、图书管理员),自藏书 2500 册。1983 年,昌平县政府文化科出资为老峪沟乡文化站购置办公用品。1997 年,老峪沟乡文化站有 3 名工作人员,中专文化程度,有一定的业务专长和组织能力;有相对固定的活动场所,有多功能活动厅、台球室、乒乓球室、图书借阅室、辅导办公室等,使用面积 2250 多平方米;设备有电视机、录音机、照相机、卡拉 OK、电子琴以及适于开展群众文化活动的音响设备、电影放映器材等,有图书 1000 余册。

2006 年建成的老年活动站,建筑面积 230 平米,活动站内设多功能厅、棋牌室、阅览室、乒乓球室,并购置了活动设备,室外还有 300 平米的羽毛球场地。

2006 年,西峰山综合文化广场建设工程顺利进行。将村东原有垃圾坑填平,建设文化广场,面积 5500 平米,填土近 2 万立方,投资 12.5 万元;建设篮球场,面积 1400 平米,填土 4900 立方,投资 3.5 万元。广场东侧垒起护坡石墙,中心建起舞台,上立影壁。综合文化广场的建设为村民休闲提供了一个好去处。

2007 年 8 月 29 日,伴随着挖掘机"隆隆"声,漆园村文化广场建设工程破土动工了。漆园村是流村镇人口最多的村,地处半山坡,平地很少,一直缺少一个供大家活动的场地。随着新农村建设,村民收入和村中经济有了一定发展,群众文化活动需求日益增长。为满足群众这一文化需求,漆园村党支部通过召开党员、村民代表大会,高票通过了将村委会对面原废弃填平的蓄水池场地加以利用,建设文化广场。

## 二、市场管理

80 年代后,随着文化经营市场的放开,国营、集体、联营、个体多种所有制、多种经营方式的文化市场迅速发展,丰富了人民群众的业余文化生活,提高了人民群众的文化素质。但同时也存在一些问题,如非法经营的舞厅、赌场等毒害人们思想健康的场所。因此,80 年代开始实施北京市有关文化市场管理行政法规、条例,对从事印刷业、图书经营业及文化娱乐场所进行审批,实行许可证制度。文化市场管理执法的重点是"扫黄打非"。1990 年,乡镇成立"扫黄打非"领导小组,"扫黄打非"工作与禁赌工作相结合,开展宣传教育活动。老峪沟乡的扫黄工作一直本着常抓不懈的原则,1993 年以来,在乡领导的支持下,此项工作在全乡普遍铺开。首先,成立了乡扫黄领导小组,每个月对中小学、供销社、分销店的图书、画报进行一次认真细致的检查,对各单位及家庭的音响录像带随时抽查,通过检查和抽查尚未发现淫秽书刊、非法出版物及黄色录像带等。这次检查推动了老峪沟乡扫黄工作的开展,整顿了文化市场。

## 第二节　广播影视

### 一、广播

（一）有线广播

1958 年,成立乡广播站,设兼职播音员及电工。1965 年以后,各村陆续设有广播室,使用电子管扩音器。1980 年以后,逐步更新为晶体管扩音器。1979 年,乡广播站改为 K4—800 瓦扩大机,频率32KC,配有接收机和滤波器。1992 年,改建广播站播音室,达到乙级标准。乡广播站以转播县广播电台节目为主,不定期摘播党报的重要文章,宣传交通安全、计划生育、科技知识等。村广播室主要转播县广播电台、乡广播站节目,召开村民广播大会,广播通知事项、组织指导生产等。

农户家庭收听广播则依靠有线喇叭。1956 年,农村曾开展舌簧式小喇叭进入农户家庭。1958 年开始,农村改成大喇叭广播。1970

年春,农村再度开展小喇叭入农户家庭工作。同年夏,流村公社黑寨村1万伏高压线搭上入户低压线造成火灾事故,停用小喇叭,重新安装广播大喇叭。1982年起,农村再一次进行圈式小喇叭入农户。但是1990年后,随着收音机、录音机和电视机进入农户家庭,小喇叭逐渐停用。

（二）调频广播

1987年7月1日,昌平成立人民广播电台调频广播电台并进行试播,使用频率100.9兆赫,转播有线广播台的新闻节目并自办文艺节目。1988年7月1日,调频广播电台正式开播,使用调频发射机2台,安装天线遥控开关机和传输系统。

1995年年底,乡广播站安装调频接收机。当年,调频广播电台节目每天播5套节目,时间5小时52分钟;第一套、第三套、第五套栏目设置和内容、播出时间与有线广播电台节目第一套、第二套、第三套节目相同;第二套节目播出时间9时至10时,栏目设置依次为昌平新闻、空中大舞台、音乐星空、曲艺欣赏、歌曲欣赏;第四套节目播出时间15时至16时,栏目设置依次为昌平新闻、空中大舞台、戏曲欣赏、小说连播。

2007年,流村镇有广播电视站1个。

## 二、电视

流村镇地处昌平区西部太行山和燕山余脉交汇处,镇内多山,这就造成了电视信号接收的困难。为解决山区和个别地区收看电视难的问题,1983年在老峪沟乡中学内建第一座电视差转台,安装10瓦差转机1台。1984年,在老峪沟乡3个村安装10瓦差转机1台。1985年,在高崖口乡5个村安装3瓦差转机5台,在流村乡1个村安装小型电视差转台。1989年,在老峪沟乡长景沟南梁山建电视差转台,安装直径3.2米卫星信号地面接收天线1座、接收机2台、10瓦晶体管差转机2台,初步解决了山区老峪沟乡、高崖口乡大部分地区村民收看中央电视台、北京电视台和昌平电视台节目难的问题。

2003 年 1 月 31 日，北京青年报开展的"帮村民看上春节晚会"电视捐献仪式在流村镇政府举行。区委副书记李庆、团区委书记于波、流村镇党委书记董锦华、镇长郭玉清参加了捐赠仪式。36 台彩电送到居住在深山区的流村镇韩台村、菩萨鹿村、老峪沟村 30 户困难户家中，使他们在大年三十看上了春节晚会。流村镇古将、黑寨、新村、白羊城四个村的有线电视入户也在近日开通，使村民在新春佳节之日收看到了丰富多彩的文艺节目。

随着时代的发展，大部分家庭已换上了彩电，村民们也不满足于只能收看几个台的电视节目了。原来的地面接收电视节目信号急需调整为专用卫星接收。卫星广播电视转星工作受到镇党委、镇政府的高度重视。2007 年 8 月 15 日，北京市广播电视局局长孙向东，区委常委、宣传部长戴维，区广电中心主任李贵忠等领导到流村镇漆园村督导检查卫星广播电视转星调整工作。

所谓转星就是将原接收 6 颗卫星广播电视节目的地面接收设施全部调整到接收专用卫星上；将原接收"鑫诺 1 号卫星、KU 频道节目"的地面接收设施全部调整到接收"亚太 6 号卫星"，确保卫星信号安全播出。

据了解，漆园村"村村通"工程 2006 年 9 月已正式建成，覆盖550 户，可接收 19 个频道；有线电视 78 户可接收 54 个频道，目前全村 600 多户都能收看到清晰的电视节目。村中的卫星广播电视地面接收机，通过技术人员的努力，于 2007 年 8 月 10 日全村转星调整工作已完成。转星后的用户现已能收看到内容更多、质量更高、图像更清晰的电视节目。2007 年，为保障深山区农民能够收看到电视节目，在市有关领导部门的支持下，对流村镇漆园村和兴寿镇百合村 800 余农户进行卫星+闭路网络升级改造。2007 年，"村村通"升级改造工程进展较快，截止到 10 月底，改造工程全部竣工，总投资 50 万元，有线电视入户数达到 7171 户。

### 三、电影

20 世纪 80 年代中期之前电视机还很少见,尤其是农村,电影就成为人们文化生活中很重要的一个部分。流村地区的电影放映队有流村、老峪沟等。此外,文化站也承担着电影放映工作。

1955 年起,农村放电影到北京市电影公司租片,租片费 5 至 8 元,看露天电影实行包场,一般乡镇包一场电影 20 元、25 元和 30 元左右。合作社(村)按人口多少包场放映,收费 20 元至 35 元不等。1959 年以后,公社电影队放映的影片主要有《五朵金花》、《扑不灭的火焰》、《上甘岭》、《红日》、《洪湖赤卫队》、《永不消逝的电波》、《平原游击队》等。"文化大革命"期间,电影队主要放映革命样板戏影片。

1980 年起,农村电影放映实行按自然村放映点核实放映任务、超场奖励的管理办法。1984 年,流村乡电影队全年完成放映任务280 场,超额 10 场,提前 5 日完成全年任务。1988 年,老峪沟乡文化站的电影放映工作于 12 月初已提前超额完成了县电影公司的合同任务,完成场次 203 场,比合同 192 场超 11 场。在放映工作中不仅做到了影片的内容丰富,满足各种年龄段的需要,而且还基本做到了按时放映,不影响群众休息。此外,老峪沟乡文化站放映工作还按时完成了县公司规定的"特供片",如"科技跟踪"、"儿童节服务片"等。老峪沟乡的电影放映工作一直走在全县的前列,保持着"先进放映单位"的荣誉称号。

1994 年,流村乡文化站电影放映队积极配合当时形势及不同的节目放映,举办"新春乐"电影放映月活动,利用文化站礼堂放映 10 场电影,全年放映 70 余场,超额完成了放映任务,年终被评为先进放映队。1995 年,农村电影放映有包场放映、承包影片放映等形式。1995 年,流村乡全年放映电影 80 余场,超额完成县下达的任务,被评为全县一流放映队。1997 年,老峪沟乡政府与县电影公司签订了农村电影工作协议后,文化站根据乡放映任务与各村委会签订了电影放映协议,在各行政村都圆满完成了下达的放映任务。全乡共放映故事片93场,科教片30场,完成县下达50场任务的186%;同时能够积极参加县电影发行公司组织的电影宣传月(周)活动,并能超额完成任务。

2007年,放映及演出336次。

# 第三节　文　艺

## 一、报刊

1986年,西峰山大队村民主任范建华,坚持结合自己大队的特点,自愿组织起6个人,办起了《凤山月报》,利用自己办的报纸,有针对性地对社员进行各方面的教育,包括农业科技知识的教育。做到每月一期,每期330份,基本上达到了每户一份,小报既有知识性,又有趣味性。

1986年,流村乡文化站创办了《流村文化》,后改为简报,坚持每搞一次活动,出一期简报。

1988年,老峪沟乡文化站和乡团委共创了两期《碧野》和一期《燕山民间故事集》,均受到了乡党委、政府领导的称赞和广大读者的赞扬。

2007年4月,第一期《流村时报》发行,每个月一期。

## 二、书法绘画

书法绘画活动多由文化站举行。1987年,流村乡文化站组织了"迎春书画展"、"书法比赛"等活动,获奖者为军烈属、孤寡老人书写对联,并将这些反映党的新政策,歌颂新时代、新生活的新春联贴到门上。

1988年,老峪沟乡文化站举办了两次书画展览(国庆、春节)。每次平均展出30幅,参观达50人次,对作品给予了较好的评价。通过展览激发了一些作者的创作热情和更高的艺术追求。当年,有的作者就参加了北京齐白石艺术函授学院,为推动流村乡民间艺术发展起到一定的促进作用。

2006年10月13日,流村镇举办"金色流村书画笔会"活动,本次"金色流村书画笔会"活动由昌平区文化委主办,流村镇党委、政府承办。区委副书记、区纪委书记李福忠,区文化委主任杨富志,流村镇党委书记张勇,副书记刘春林等领导出席了活动,来自昌平区书画协会的8位名师各施才情,好书佳画层出不穷。活动现场笔墨香气浓郁,书画家们挥毫泼墨,绘制国画"富贵平安牡丹图"、"鲜果飘香"、"农家乐";书法"金色流村"、"弘扬民族文化,构建和谐社会"、"培育新型农民,依靠科技致富"等,创作了书画作品20余幅。此次活动达到了弘扬中华传统书画精神,丰富流村镇文化建设内涵,推进全镇社会主义新农村建设的目的。

流村镇具有良好的生态环境和深厚的文化底蕴,是画家师法自然的绝好去处。2008年5月7日,"古韵流村"全国山水画写生活动启动仪式在流村举办,中国美术家协会党组成员、副秘书长戴志奇,区委书记关成华,区委常委、宣传部长戴维,区文化委主任杨富志等领导出席启动仪式,来自全国各地32名著名画家参加了启动仪式。此次活动不仅仅是画出流村镇的山水,更重要的是画出流村的"古韵",促进流村文化的发展。

### 三、戏曲杂技

**长峪城山梆子** 长峪城梆子曲调独特,历史悠久,远近闻名,每年春节期间都是当地百姓的一项重要文化娱乐活动。长峪城梆子在永乐年间之前就已经形成,明代专为唱戏修建了戏楼,明清至"文革"前相当兴盛,还曾到阳坊庙会、花塔庙会、白羊城庙会等地演出。长峪城梆子培育出无数人才,据考证,建国前后已故唱过戏的有名望的艺人有近百人,他们给后人留下了丰厚的文化遗产。

继承和发扬传统文化,在长峪城梆子剧团演出人员年龄偏高的情况下,不断克服困难培养新人,老人在保留原传统剧团节目的同时,每年还新增一至二出新戏配合中心工作编演群众喜闻乐见的文艺节目,培养年轻演员的兴趣,加强演艺技能的培训,使这一古老文化得到原汁原味的传承。

长峪城梆子的最大特色是具有独一无二的唱腔曲调,既有山西梆子的高昂,又近似河北梆子的曲味,是在这两者之间形成的一种独特曲调,通过此剧种可追根求源到历史移民的形成区域路线。

此外,马刨泉村、古将村也都有梆子戏。

**白羊城村的耍幡**　1820 年,白羊城五峰山下自建庆王墓之后,看坟人与北京王爷府来往频繁。为增添白羊城过年过节的气氛,模仿北京天桥耍幡的幡样和动作制作了两支幡,自编动作,每年正月十五由青年人玩耍。具体制幡人是白羊城看坟人张喜,制作时间是 1840 年。

耍幡是参加节日广场活动的节目,也是一种体育项目,深受青年人的喜爱。冬闲时小伙子在场院练习,过节时谁都可以表演。谁的表演观众叫好多,谁就是第一。就这样一直传到 20 世纪 40 年代初,至今已失传半个多世纪。

幡,用根部直径 10 公分、长 5 米的竹竿制成,竹木顶尖 40 公分之下,每隔 40 公分插一横杆,共插三根。竹竿顶端插一红色三角旗,三横杆顶端插六面小三角旗,并挂六个小铃铛。耍幡可做各种动作,头、肩、额、腰、背、手、脚都可以将幡顶起。可以两人耍、三人耍、独立耍。可惜老耍幡人已经故去,幡也无存,只有老年人的记忆,有待重新挖掘。

**四、文艺表演**

(一)春节演出

为丰富全乡人民的业余文化生活,增强全乡人民体质,乡文化站做了大量工作。1984 年,流村乡文化站举办了民间花会、高跷、霸王鞭,巡回演出 15 场,还参加了县文艺会演。1987 年,流村乡文化站挑选了各村乐于文化活动的积极分子 30 多人,分别组织了四档花会即踩高跷、闹小车、大头舞、跑驴,在流村乡以及邻乡几个大队演出,获得人们的普遍赞赏,观看人数达 2 万余人。1988 年,根据县局的布置,每乡组织一场大型演出活动。老峪沟乡根据自己的情况,以少花钱多办事为原则,投资 40 元,组织了 34 场传统戏演出,演员 40 人,观众达 1500 人次,文艺节目一场演员 12 人,观众 300 人。1994 年,流村乡文化站为配合县第五届艺术节,在南流村干部的大力支持下,组织了一支拥有 150 名的文艺骨干队伍,恢复了流村的民间花会,即高跷、小车、跑驴、东北大秧歌、猪八戒背媳妇等。春季期间,到流村乡 8 个大村、乡敬老院和当地驻军进行巡回演出,受到了群众的好评,还参加了县举办的花会表演,并且参加县文化局举办的创作节目调演,获二等奖。

1994 年,马刨泉村和长峪城村组织了文艺联欢会及灯会、花会、传统戏剧,共演出 13 场,100 多个剧目。1995 年,流村乡文化站走街串巷,进行花会、秧歌、高跷会演 28 场,参加人员 70 人。平时节日举办演出 6 次,为全乡人民增添了节日气氛。1997 年,老峪沟乡文化站以浓厚的节日气氛为依托,在继承民族优秀文化传统的基础上,以健康文明的文化娱乐形式,开展了丰富多彩的节日文化活动。特别是马刨泉村和长峪城村举办了传统的灯会、花会、秧歌和传统的戏剧,花会有小车、汉船、竹马、扛官、骑驴、大头和尚逗柳翠等 10 余档,观众最高峰达 1000 多人。

(二)其他节日演出

1988 年儿童节前夕,老峪沟乡文化站举办了马刨泉幼儿园首次庆六一演出活动。小演员 12 人,文化站组织演员 5 人,节目 30 余个,观众达 1000 余人。1994 年五四青年节,流村乡文化站举办了卡拉 OK 歌咏比赛,评出 6 名优秀选手,颁发了奖品,并推荐参加县比赛。1997 年,流村乡文化站为了庆祝党的生日,喜迎香港回归,于 6

月 27 日组织了中小学师生、机关干部和部分文艺骨干在马刨泉村举行了迎回归、庆七一大型文艺演出。演出 30 多个节目，观众达 500 余人。6 月 28 日，长峪城村为了迎回归、庆七一和有线电视的开通，村民们载歌载舞扭起秧歌，跑起旱船和小车，呈现出一派节日景象。1998 年 2 月 11 日（正月十五），流村镇长峪城村举行花会和灯阵表演。1999 年 3 月 2 日，流村镇在长峪城、马刨泉、北流村举行正月十五灯会和文艺演出。2002 年正月十五日晚，长峪城村传统的闹花灯活动吸引了 2000 多名群众。2003 年 9 月 23 日，中央电视台第七频道的"乡村大世界"节目在流村镇菩萨山风景区举办了一次庆九九重阳节的文艺演出。此次节目邀请了文艺界知名人士沈莉、常宝华、文兴宇及关凌。2007 年，流村镇举办文艺演出庆八一。

（三）其他文艺活动

1982 年，老峪沟公社为了活跃群众的文化生活，解决山区社员文化生活贫乏的问题，公社文化站开展了文体活动，组织了两次篮球、乒乓球比赛，一次象棋比赛，一次游艺活动，借阅图书 500 余次。各大队成立了俱乐部，置办了文体用品和图书，使青少年业余活动有了场所。1987 年，流村乡文化站为适应各层次需要，积极开展知识性娱乐性文化活动。针对以乡镇企业青年职工、中小学教师员工为主的第一主要层次，决定开展篮球、乒乓球体育活动，互赛联赛、自由结对赛，并由乡政府决定每年搞一次全乡性的流动杯篮球赛。在文化站的倡导组织下，20 世纪 90 年代，流村乡乡办的几个企业，个个都有篮球队，厂厂都有体育用品，家家都有自己的活动，活跃了职工生活，促进了企业经济效益的提高。由于活动较普遍，提高了流村乡的体育竞技水平。针对社会青年兴趣广泛，人才较多，需求面宽，文化站分别举办了"书法比赛"、"摄影作品有奖赛"、"象棋比赛"、"知流村、爱流村"智力比赛。参赛人共有 1000 余名，有 20 多件作品分别获得了一、二、三等奖。这些活动吸引了广大青年，加强了精神文明建设的发展。针对广大社员群众的需要，文化站别开生面，有史以来第一次举办了"消夏晚会"，办得比较成功，反映很好，广大社员群众、乡企业职工、中小学学生纷纷前来观赏。在金秋季节，丰收之时，文化站又搞了"金秋之夜"歌咏比赛。

1993年，老峪沟乡文化站以申办奥运为主题，开展了五月鲜花歌咏比赛，同时参加了县文化局举办的卡拉OK比赛。7月中旬，文化站与乡科委一起联合举办了消夏晚会活动，具体内容是利用晚上给社员群众放录像，有养猪、养鸡、养羊等实用技术科教片，共举办3次，每次晚上参加300余人。

1994年5月份，流村乡乡政府、喷漆厂、文化站联合举办了一场自行车邀请赛。1994年，老峪沟乡文化站根据当地群众的习惯、特点、条件，举办了一次健康、有益、丰富多彩的"消夏文化活动"。组织马刨泉村一些老人利用乘凉的机会进行文化活动，有说书的，有唱戏的，有讲故事的等等。这次活动受到了老人们的好评，也受到广大群众的赞扬。

1996年2月11日，流村乡举办首届农民艺术节暨千人秧歌舞大赛，8月10—13日，举办"96夏日文化广场活动"，丰富群众业余文化生活。

1997年1月21日，文化文物局在流村乡举办昌平县第七届艺术节开幕式，并演出了文艺节目。1997年，流村乡文化站于5月29日举办了迎回归五月鲜花演唱会。参加这次活动的有中小学、乡总公司、乡政府、乡党委办等几个单位。每个单位都组织了合唱和独唱（卡拉OK），歌手40多名，合唱了社会主义好、没有共产党就没有新中国、保卫黄河等热爱祖国、热爱社会主义的歌曲。歌手们充分发挥自己的演唱水平，表达了他们爱祖国、爱家乡、盼回归、盼团聚的一片深情。

1998年1月5日，昌平县第八届农民艺术节在流村中学操场举行，流村镇荣获"群众文化先进集体"称号。同时，流村镇举办了隆重的庆典活动。中央电视台第七套"农村书架"栏目联合10余家出版社捐赠价值 13 万元的图书,中央电视台"新闻联播"、昌平电视台分别对此次活动进行了报道。

1999 年 1 月 22 日,流村镇第二届艺术节开幕,昌平县副县长任学良、县委宣传部副部长郭自成、局长王玉林、副局长王才参加。

2001 年 9 月 5 日,区文化局在流村镇举办了夏日文化广场演出活动。2002 年 7 月 26 日,流村镇政府在古将村举办了"夏日文化广场"文艺演出活动,前来观看演出的群众 500 余人。

2006 年 8 月 26 日,在流村镇长峪城村举办了"传承文化遗产——长峪城社戏篝火晚会"。来自北京的 100 多位游人融入篝火晚会欢快的气氛之中,与村民们一起观看了本地独有的社戏。社戏剧团表演了《小二黑结婚》、《刘巧》等多出戏文,彰显出民族文化的深厚底蕴。同时,增强了村民与游人之间的文化交流。

2007 年,"星火工程"艺术团陆续在西峰山村、北照台村、长峪城村、漆园村、高崖口村等十多个山村,以"迎奥运树新风,构建和谐流村"为主题,开展了巡回文艺演出。来自白羊城、古将、北庄、王家园等村村民自发组织的艺术团,为当地村民献上了一场丰富的文艺"大餐"。

### 五、文艺创作

1964 年,高崖口大队青年社员施惠全参加全国业余文艺创作会议。

2007 年 4 月 18 日,在南流村果香农家,举办了一场别开生面的陈德辉新农村题材诗词研讨会。市、区诗词协会多位著名诗人和诗词爱好者也前来参加此次研讨会。

陈德辉是一名来自南流村镇的普通农民,他用自己的诗词捕捉新农村建设中给家乡带来的变化。他创作的诗词已达 100 余首,用诗词歌颂着新农村建设给家乡带来的巨大变化。他所创作的新农村建设题材的诗词也达 30 余首,曾在昌平周刊等刊物多次发表。陈德辉说:"我的诗词创作灵感来源于家乡一草一木的变化,我要用自己的作品,把家乡的魅力写在诗词里。"

2008年6月6日,区委常委、宣传部部长戴维到流村镇调研文化创意产业发展情况,区文联主席周振华、镇党委书记张勇等领导陪同调研。

镇党委书记张勇汇报了流村镇文化创意产业发展建设思路,然后到瓦窑文化新村——"作家村"调研考察该村文化创意产业发展建设情况。在调研考察过程中,戴维部长说:"作为21世纪的朝阳产业,文化创意产业正逐步成为一个国家和地区经济社会发展的重要动力。发展文化创意产业,是贯彻落实党的十七大精神,推动社会主义文化大发展大繁荣的需要,是满足人民群众日益增长的精神文化生活的需要,是落实科学发展观、建设昌平首都城市发展新区的需要,是调整产业结构、转变发展方式的需要。流村发展文化创意产业基本具备了扎实的基础、巨大的潜力和良好的发展势头,希望镇村干部要进一步统一思想,提高认识,加强领导,出台举措,使流村的文化创意产业发展建设步伐加快。"

2008年6月12日,市作家协会党组书记、副主席李青,市作家协会秘书长王升山,区文联主席周振华等市区作家协会领导到流村镇调研文化创意产业发展情况,镇党委书记张勇陪同调研。

### 六、民间文艺

昌平有极其丰富的文化宝藏。就民间舞蹈来说,就有不少民间艺术花会,为广大群众所喜闻乐见。民间花会是在民间流传形成的,由村、企业单位自发组织。花会种类有很多,如北流村的小车会,西峰山村的抬花轿,古将村的高跷会、小车会,流村制药厂的狮子会,南流村的小车会,马刨泉村的高跷会、小车会、旱船会、杠子会,长峪城村的高跷会、小车会等。

**白羊城村的威风锣鼓**　流村镇白羊城是从北京西北直达北国的古关隘之城,明代燕王扫北,从此城赶走大批元朝官兵,明军胜利之后击鼓庆祝,从此留下白羊城的英雄锣鼓,一直流传至解放初期。

自明代初年之后,英雄锣鼓不断演进,从单纯的庆祝胜利发展为庆丰收、求吉祥、保家乡、逞英豪、庆胜利、爱和平六节,主要在春节期间到各村演出。鼓点庄重平和,欢快深沉,激昂交错,节奏感强,鼓声可传至 5 里之外。

六节鼓韵可按不同场面不同节日随时调整,时间可长可短。8 面 60 公分大鼓,8 副大镲,24 副小镲,大号 1 个。

此项民间艺术激奋人心,参加大型活动可以激发人们的斗志,使人向上。

**漆园村的"龙鼓"**　流传在流村镇漆园村的龙鼓,其前身为"锅子鼓",产生于当地村民祈求消灾除祸、保佑平安的期盼和愿望,是村民请"娘娘"时所奏的乐曲和护驾的队伍,后来又在祭祀和庙会等活动中演奏。现在已被列为第二批北京市级非物质文化遗产。

据村民世代相传,龙鼓产生于清乾隆八年(1743 年)闰四月,京畿大旱,皇帝派礼部尚书祈雨未果,忽闻漆园村赴黑龙潭祈雨时,天降甘霖,不禁龙颜大悦,特颁旨御赏宫中所用龙幡一副,龙鼓 6 面,鸳鸯钹 48 副。龙鼓直径为 80 公分,鼓帮上画着金龙;龙幡高 3.3 尺,幡旗为蓝布,上锈金龙,四周镶饰白火焰;鸳鸯钹大小一致,但薄厚不一,表演起来饶有特色。漆园村"龙鼓"以口传心授的方式代代相传,到了清末民国时期最为兴盛,经常受邀到附近庙会表演,在京西北地区享有盛名,至今已传承 7 代。

"龙鼓"共有 36 套古谱,乐谱从不同角度反映了当时人们的生活,使人们在演奏时有一种身临其境的亲切感,其中既有祭祀仪式中使用的庄重、浑厚的乐曲,又有表现生活中欢快场景的乐曲。现在已整理并演奏的有"三锅子"、"六锅子"、"七锅子"、"混蛟龙"、"双钉钹"、"斗鹌鹑"等 6 套鼓乐。"三锅子"为前奏,其他乐曲有的是祭祀时演奏,有的是娱乐性演奏,"混蛟龙"为高潮。

"龙鼓"的传承关系:

第一代:刘天龙(生卒年不详,父子传承);

第二代:刘万全(生卒年不详,父子传承);

第三代:刘继才(生卒年不详,父子传承);

第四代:刘永恒(1838—1935 年,父子传承);

第五代:赵国有(1885—1948 年)任会头时间为 1937—1945 年,师徒传承;

第六代:杨得元(1885—1955 年)任会头时间为 1945—1949 年,师徒传承;

第七代:1951 年杨得元授徒朱福林(1938—  )、杨福林(1938—1999 年),师徒传承。

2004 年 5 月,朱福林、蔡连存等人继续传承。

现在,漆园村龙鼓丰富了老百姓业余文化生活的同时,也对新农村建设起到了积极的推动作用。今后流村镇及漆园村还将进一步做好挖掘、保护工作,使这项民间艺术继续传承下去。

**马刨泉村的霸王鞭**  马刨泉霸王鞭具有悠久的历史,来源于陕北抗战时期。在日本侵略中国时期,马刨泉当地的老百姓生活在水深火热之中,为了国家的和平,他们积极投身到抗击侵略者的战斗当中,和共产党、八路军共同抗战,打击日寇。为了宣扬这种抗战精神,当地百姓创造了一种用一根木棍挥舞代替抗日武器,并唱着自编的歌谣,与侵略者作斗争的宣传活动。

由于霸王鞭这种文化活动易学易懂,上至六七十岁的老人,下至七八岁的孩子,都可以参加其中,是一项参加人数比较广泛的活动。现在马刨泉村的大部分人都可以融入其中,使这种当时宣扬反侵略的活动传承到今天,并成为现在的一种文体娱乐活动。

在这一地区的各种活动中,马刨泉的霸王鞭是非常独特的,因为这种活动只有在马刨泉可以看到,在流村乃至昌平地区都很少见。它有独特的活动工具,通过一根小小的木棍来展现人民心中的喜悦,表达人们对美好生活的憧憬。

**古将村的高跷会**　流村镇古将村高跷历史悠久,远近闻名。每年春节期间都是当地百姓的一项重要文化娱乐活动。伴随着敲锣打鼓看精彩的表演,看别具特色的高跷姿态是老百姓们的一件乐事。古将村高跷在明代永乐年间之前就已经形成,明代专为高跷队成立了高跷会。明清时至"文革"前相当兴盛,还曾到各地庙会巡回演出。古将村高跷队人才济济,他们对艺术的执著追求值得我们后人学习。

继承和发扬传统文化,每代高跷队的师傅们都注重培养新人,把高跷技能传承至今。在传承的基础上还时有创新,最终使这一古老的艺术发扬光大。

古将村自有了高跷队之后,老百姓积极参与,如今的老一辈们基本都登过高跷。每逢重大节日高跷队都能配合节日特色进行宣传,编排表演。通过大家经常的交流表演,增进了村民之间的感情,促进了村民的和谐和社会的稳定。

古将村的高跷队最大特色是造型多样,姿态新颖,技能娴熟。既有其他高跷的灵活又有古将村特色的幽默。透过古将村高跷队的表演可以看到这一民族艺术的顺延。

**白羊城村的高跷**　流村镇白羊城高跷,据传说是清代看守王爷坟的人从北京传来,一直延续下来,解放前因战争而停,其主要内容是登方凳的演员,扮成各种戏剧中的人物,与英雄锣鼓、耍幡轮流登场凑热闹,增加喜庆气氛。

此项活动一直传至 1937 年抗日战争爆发之前,现已失传,但仍有恢复的可能。

另外,1995 年流村乡有民俗村 9 个;民俗户 182 户,其中 131 户取得营业执照,具备市级接待条件的达到 95 户;被区旅游局确定为观光采摘园的有 13 个,挂牌为星级民俗宾馆的有 14 个。

目前流村镇有白羊城民俗旅游服务中心、菩萨鹿民俗旅游服务中心和禾子涧民俗旅游服务中心,2004 年准备再发展 3 个村级民俗旅游中介服务组织。

# 第四节　图书档案

## 一、图书工作

1994 年,流村乡文化站有图书室 1 间,有自藏图书 2500 册,积极开展对外借阅活动,并积极参加县图书馆举办的图书宣传月活动,被县图书馆评为二类图书馆。1994 年,老峪沟乡由于经济条件较差,一无场地,二无设备,图书室和书柜一直没有解决,上半年只有一点旧图书进行流通,做了换发新证工作。下半年经过自己的努力,争取领导的支持和帮助,多方筹措资金,购买了两个书柜,两间成人教室作为图书室。下半年已从县图书馆借了部分图书,有小说和科技知识等书刊。

1997 年,老峪沟乡有图书室 2 间,藏书 1000 余册。有图书管理员 1 名,有图书管理制度和借阅制度。由于人口较少,大部分青壮年劳动力都不在家,所以图书借阅人较少。一年内只能借阅 150 余人次,年流通书刊 300 册次,图书借阅大部分是一些实用技术书刊。

2007 年,文化委提出"以区图书馆为中心",在基层设立图书馆分馆,实现"区、镇、村图书服务网络化",建立图书服务体系的工作思路,建立了流村图书馆分馆。

2007 年 12 月 28 日,中国新农村工程"千村书屋"文化工程启动仪式在流村镇古将村正式启动,这是全国首个新农村"千村书屋"工程,为丰富广大村民的精神文化生活,促进新农村精神文明建设,培养文明乡风,提高村民素质起到了积极作用。

表32　1993 年度大众读书会活动情况统计表

| 借阅点名称 | 中药厂妇代会 | 下店妇代会 | 上店妇代会 | 北流妇代会 | 水罐厂妇代会 |
|---|---|---|---|---|---|
| 会员数 | 50 | 10 | 10 | 10 | 20 |

续表

| 借阅点名称 | | | 中药厂妇代会 | 下店妇代会 | 上店妇代会 | 北流妇代会 | 水罐厂妇代会 |
|---|---|---|---|---|---|---|---|
| 建期刊小组 | | | 4 | 4 | 2 | 2 | 3 |
| 各点活动情况 | 读书演讲 | 次数 | 1 | 1 | | | |
| | | 演讲人数 | 7 | 5 | | | |
| | | 受教育人数 | 300 | 75 | | | |
| | 知识竞赛 | 次数 | 1 | 1 | 1 | 1 | 1 |
| | | 参赛人数 | 22 | 16 | 11 | 30 | 18 |
| | 讲故事朗读比赛 | 次数 | | | | 1 | |
| | | 讲故事人数 | | | | 11 | |
| | | 到会人数 | 123 | | | | |
| | 学习座谈 | 次数 | 12 | 6 | 6 | 6 | 8 |
| | | 人数 | 40 | 10 | 12 | 15 | 20 |
| | 专刊小组 | 活动次数 | 12 | 12 | 12 | 12 | 12 |
| | | 参加人数 | 37 | 8 | 11 | 12 | 21 |
| 乡级活动情况 | 知识竞赛 | 次数 | 1 | | | | |
| | | 参赛人数 | 59 | | | | |
| | | 到会人数 | 150 | | | | |
| | 演讲比赛 | 次数 | 1 | | | | |
| | | 演讲人数 | 13 | | | | |
| | | 到会人数 | 120 | | | | |
| | 学习座谈 | 次数 | 12 | | | | |
| | | 人数 | 192 | | | | |
| | | 受教育人数 | 200 | | | | |
| 总结表彰 | 先进借阅点 | | 2 | | | | |
| | 优秀管理员 | | 2 | | | | |
| | 优秀会员 | | 10 | | | | |

资料来源:表格32出自昌平区档案馆。

## 二、档案

流村镇全宗有档案 5274 卷(件),其中永久保存 670 卷,长期保存 4604 卷(件)。1984 年 6 月首次接受进馆,案卷起止时间为 1957 年至 1998 年,上架排列长度 23.8 米。有文书、会计、专门三类档案。检索工具分文书、会计、专门档案案卷目录 7 本。

**文书档案** 1、3 号目录是文书档案。形成于 1957 年至 1995 年,共有档案 1235 卷,其中研究保存 661 卷,长期保存 574 卷,档案整理采用年度——组织机构分类法,永久、长期混合编号。主要内容有:流村公社、流村乡党委会、党委生活会、团委会会议记录;农代会、学习毛主席著作积极分子代表会、学习班、工作会会议综合材料;三反、整风、四清、一打三反等政治运动材料;建立机构、社队成立革委会、建立改选党、团支部、启用印章、干部任免、人员处分的请示、批复、通知;党建、党务、共青团、妇联、计划生育、民兵、知青、优抚救济、综合治理、农业生产、农村工作、土地管理、防林防火等工程计划、规划、总结、意见、决定、通知;修建王家园水库工程预决算、损失赔偿的请示、报告、报表;旅游、沙石资源开发、场地租赁合同、协议书;国家集体占地、社员盖房用地申请书、批准证书、建筑用地许可证、协议书;市勘测局测量标志委托保管书;婚姻登记申请书、证明;农村基本情况、农业、林业、牧业、副业、收益分配、农村经济、财务、企业概况统计报表;党、团组织、党员、团员、民兵、社队干部、计划生育、国民党起义投诚人员登记、统计报表;人口普查、生产资料普查汇总表、登记册、交接单、示意图;各类先进集体、先进个人登记、统计报表、名单、典型材料。

**会计档案** 4 号目录是会计档案。形成于 1986 年至 1995 年,共有档案 19 卷,其中永久保存 9 卷,长期保存 10 卷。档案整理采用类别——年度分类法。主要内容是:流村乡财政、收支决算报表、机关人员工资表、副食补贴统计报表。

**专门档案** 2 号目录是土地承包档案——农村土地经营权证

书,有全镇各村的土地、粮田、林地、果园、荒沟承包合同。形成于1994 年至 1999 年,共有档案 4020 件,均为长期保存。档案整理按照问题分类,以村为单位按户排序。

1992 年 9 月 21 日上午 10 时,流村乡档案工作晋升市二级验收大会在西院会议室召开,并以 118.5 分的好成绩通过检查验收(满分120 分)。

(一)机构管理

档案工作是一项十分重要的工作,随着经济的发展,机关档案发挥越来越重要的作用。

高崖口乡自 1981 年起建立机关档案,党委办公室负责档案工作,设置专职档案管理员管理档案。档案收藏从一般的机关文书档案收集整理逐年扩大收集范围。1986 年设立机关档案室,对文书、会计、基建、声像、实物、照片等各种门类档案实行综合管理,同时购置了必要的档案设备。

1987 年 8 月 5 日起,实施《中华人民共和国档案法》,使档案管理工作规范化。随着档案法的贯彻执行,高崖口乡档案管理工作纳入了依法管理的轨道。几年来,高崖口乡机关档案室集中时间,利用多种不同形式,广泛宣传《档案法》,对广大干部进行教育,努力增强机关干部的档案意识和法律观念。与此同时,还加强了档案的内部管理,制定了《机关档案收集整理办法》、《机关档案借阅管理制度》等几项管理制度,做到了有法可依、有章可循,促进了机关档案的制度化、规范化建设。由于县主管部门的大力支持和党委的重视,高崖口乡档案管理工作连续十年被评为管理先进单位。

其管理制度主要为:

　　档案工作人员要坚持四项基本原则,在思想上、政治上与党中央保持高度一致,与乡党委保持一致,要安心和热爱本职工作,严于职守,坚守岗位,要学知识,钻业务,抓平时收集,重科学管理,不断创新,不断提高管理水平。

做好平时立卷工作,把平时办理完的文件、材料及时收回管理,做到平时清,平时选,季度组,半年订,年终总,严格防止档案管理的杂乱无章。

档案室年终收集本机关各职能部门的文件材料,进行正确鉴定,确定存毁,各职能部门要注意平时整理,抓细抓全,协助档案室做好立卷归档工作。

建立健全登记制度,做到底子清,情况明,心中有数,了如指掌,要有收进或移出登记簿,查阅文件、档案要有单位证明,要在档案室内查阅,任何人不得携带文件、档案出室查阅,严格按照规定的制度和手续办理档案调阅工作。

做好档案的保密、保卫工作,严守保密纪律,堵塞一切漏洞,避免可能的失误,防止泄密事故的发生,不让档案的只字片纸飞出室外,以保卫党和人民的利益。

保护档案的完好无损,尽可能地延长档案、文件的寿命,要进行定期和不定期的检查,防止不适宜的温度、湿度、光线和有害气体的侵蚀,防止档案发霉、变质、虫蛀、鼠咬、纸张磨损、字迹模糊等,对破损或变质的档案应及时修补、复制或做其他技术处理。

要维护档案的完整和安全,不得分散和私自保存档案,更不允许随意转移和销毁档案。

档案在整理、鉴定、传阅时,不得在档案上圈点、画线、涂改和做任何标记,以保持档案的原貌。

档案保管人员调动工作时,应在离职前办好交接手续。

除做好党员档案、文件档案的管理外,做好会计档案、复退军人的档案管理。随着经济的发展和时代的要求,逐步建立科技档案,为经济生产的发展服务。

根据县档案局的要求,努力做好照片的收集和整理工作,对有价值、有意义的事件、活动做到图文并存,对原始材料记载保存原貌,提高各种档案的利用率。

在档案管理中,做到短期保存和长期保存,分柜收存保管,做到柜内整洁不乱,条理层次分明,查阅简便。

档案工作人员要积极主动地向党委和政府领导请示汇报工作,汇报县主管部门的工作要求,及时反映情况,提出解决问题和完成工作任务的意见,取得党、政领导的指示和大力支持,乡机关各职能部门要大力协助,做好档案的保密和管理工作。

## (二)档案管理

### 外出学习考察人员带回资料归档制度

(1)外出考察学习人员参加各种会议,必须将带回全部文件材料系统整理,及时向档案室移交归档。

(2)外出考察学习人员带回各种材料必须先送交档案室登记,若使用需办理借阅手续,使用完毕及时归还档案室。

### 文书档案管理制度

(1)凡是本机关各职能部门在各项工作中形成的具有保存价值的文件材料,均属归档范围,要由档案室统一整理保存。

(2)各职能部门形成的文件材料由四大办公室的兼职档案员收集审定,在元月底前向档案室移交,进行整理、立卷、归档。

(3)收档材料必须齐全、完整,书写格式与墨迹符合规范要求,无损页和破损现象,归档文件必须是原件,保证档案的质量和延长使用期限。

(4)材料齐全之后,由综合档案室统一组卷,整理完毕后,各职能部门或个人查阅档案材料,要履行登记手续,再行查阅。

(5)专、兼职档案员要尽职尽责,严格按制度办事,端正服务态度,积极主动做好提供利用工作。

### 档案保管制度

(1)设置专门综合档案室,配备专职档案员,负责档案保管工作。

(2)档案室各类档案,根据不同要求,合理存放,柜架排列有序,查阅方便。

(3)对存放的各类档案材料要经常检查,以防丢失。

(4)库房经常保持整洁,温度在 14℃—20℃,相对湿度在 50%—65%,严禁存放与档案无关的各类物品,做到防火、防盗、防光、防潮、防鼠、防虫、防尘。

(5)非库房管理人员,未经领导批准不得擅自入内;库房无人时,应将库房门关严锁好。

## 档案借阅制度

(1)凡是查阅本机关档案者,必须严格遵守档案管理制度,履行借阅手续,严格保密。

(2)外单位借阅档案时,必须持有本单位介绍信,经主管领导审阅同意后,方可履行手续查阅,如需借阅要限期归还。

(3)借阅档案材料,要负责保管爱护,不准拆页、乱画涂改,不允许转借,如发现类似现象,要返查当事人责任。

(4)档案管理人员要对工作认真负责,必须检查监督履行各种手续。

## 档案保密制度

(1)档案管理人员和查阅人员必须认真学习,贯彻执行《保密法》、《档案法》。

(2)查阅档案者必须履行档案查阅手续,认真遵守安全保密制度,严守机密,不允许失密、泄密,在指定时间内及时归还。

(3)不允许档案管理人员及借阅者把档案材料带到公共场所,不准带回家,要在保密的基础上妥善保存。

(4)对违反保密规定,泄露国家秘密,对工作造成严重后果者,要依照《保密法》之规定,严肃处理并追究刑事责任。

## 档案统计制度

档案统计工作既是档案工作中一项独立的工作环节,同时也是保证档案工作质量,提高档案工作水平的一项有效方法。档案统计工作应准确、及时、科学。

(1)档案管理人员每年按规定时间向县档案局报送档案管理基本情况统计表。

(2)根据档案资料的查阅、借阅登记,每年统计一次利用效果。

(3)凡立卷归档的文书、科技、专门声像档案应分类填写登记本,年终总立卷情况。

(4)凡经档案室移交或销毁的档案应进行统计登记。

### 档案的鉴定、销毁制度

(1)档案的鉴定、销毁工作应按照国家有关部门的规定,以档案保管期限为标准进行。

(2)档案的鉴定工作应在鉴定领导小组的组织下与有关人员共同进行。每次鉴定应写出鉴定报告,并在备考中注明鉴定意见,注明鉴定日期。

(3)经过鉴定具有保存价值的案卷,要采取提高保管期限档次的办法延长保管期限,对确无保存价值的档案应编制销毁清册,写出书面报告,说明销毁理由,经主管领导批准予以销毁并报上级主管机关备案。

(4)档案销毁完毕,应在销毁清册上注明"已销毁"字样和销毁日期。监销人员应在销毁清册上签名。

(5)销毁的档案应在案卷目录中注明,销毁报告和销毁清册应放入全宗卷内永久保存。

为了进一步加强档案管理,2008年流村镇委员会发布了《关于进一步加强档案管理工作的意见》。主要内容有加大对村级档案工作的考核力度,促进新农村档案工作发展;开发档案信息,服务新农村建设;提高认识,增强做好档案工作的责任感;完善档案管理制度,确保档案齐全完整;加强领导,强化相关人员的职责;加大对村级档案工作检查力度;建立村级档案员例会制度;各村做好干部离任档案移交工作。

(三)档案利用

档案利用主要是为经济建设和社会各项事业发展服务。实施《中华人民共和国档案法》以后,档案工作由封闭型向开放型转变。

高崖口乡档案利用效果案例汇编

(1)1990年9月,通过查阅小型水利和水土保持补助等合同书,使水管站顺利地通过了支农资金大检查。

(2)1990年9月,通过查阅1987年幼儿园托儿补助费规定的文书卷,在此基础上又建立健全了各项制度。

(3)1991年7月,通过查阅历年的会计档案资料,找出年度之间的差额,为领导提供了可靠的分析资料。

(4)1991年10月,通过查阅水利合同的文书卷,及时找到所需数字,顺利地写出了乡管理历年来的详细情况。

(5)1991年11月,因计生办罚款账不准确,查阅了有关计划生育的文书卷,使罚款账做出了正确处理。

(6)1991年9月,乡科委查阅了有关档案材料,在此基础上,为进一步开展工作制定措施提供了经验,有利于实施科技项目的正常进行。

(7)1991年10月,统计科查阅了有关文书档案,为本年度定期报表提供了准确数据。

(8)1992年4月,刘文良同志通过查阅大量文书档案,编写了本乡《组织机构沿革》、《党代会简介》、《人代会简介》。

附:高崖口乡档案全宗介绍

1. 全宗档案主要内容

(1)文书档案:高崖口乡的文书档案是用年代组织机构分类法,永久、长期流排短期另排大流水编号,主要内容是全乡政策性文件,本乡的各种会议记录,年度工作计划、总结、专题报告,重要请示、批复,组织机构设置、干部任免、党员干部、职工名册及各种统计表。

(2)会计档案:高崖口乡的会计档案采用类别年度分类法,证、账簿、报表分别单排,大流水编号。

会计凭证:包括记账凭证、农业税入库凭证、国债券发行转让支出凭证。

会计账簿:预算内外收支总账、收支明细账、往来账和银行现金账。

会计报表:各种收支报表和决算报表。

(3)声像档案:本机关组织重大活动,召开重大会议,机关副职以上领导成员所形成的照片、底片。

(4)实物档案:县级以上领导机关授予本机关的奖杯、奖旗、奖状、荣誉证书等有保存价值的实物。

2. 全宗档案的数量

文书档案(1983—1990 年)共计 667 卷,其中永久、长期 533 卷,短期 134 卷。

会计档案(1983—1990 年)共计 122 卷,其中凭证 79 卷、账簿 3 卷、报表 12 卷。

声像档案(1984—1990 年)

实物档案:收集 1986 年以来上级发的奖杯、奖旗、奖状、荣誉证书共 29 件。

3. 档案的质量及移交情况

1983 年以前的档案,按照档案应该按时间向档案馆移交的要求,已经移交县档案馆共计 252 卷。

4. 检索工具的编制情况

昌平县高崖口乡检索工具是以书本式为主,现有文书档案的全引、案卷的目录,会计、实物档案目录。

### 5. 档案库房设施及管理情况

档案室设在高崖口乡新建小楼,办公阅览室和库房分开,库房12平方米,办公阅览室25平方米。档案装具有五套铁柜,有防光窗帘、温湿度计、灭火器、防鼠、防虫药剂。为了使档案室温湿度适宜,配备了电暖器、电风扇,室内整洁卫生,柜子摆放合理。

### 6. 档案利用情况

为了使乡级领导更好地制定各种决策,充分发挥档案的作用,档案室现编有《中共昌平县高崖口乡组史》、《高崖口乡大事记》、《档案利用效果登记本》等资料。通过查阅各种资料,对高崖口乡的各种工作计划、总结、研究分析等,有利于乡级领导制订出新的工作计划。总而言之,高崖口乡的档案工作对县、乡两大文明建设具有重要价值。

**表33 1990—1992年专、兼职档案员培训情况统计表**

| 姓名 | 时间 | 内容 | 培训单位 |
|---|---|---|---|
| 陈翠芳 | 1990年2月 | 档案学基础知识 | 昌平县档案局 |
| | 1991年11月 | 各种档案的基础知识 | 昌平县档案局 |
| 杨春勇 | 1992年4月 | 各种档案的基础知识 | 北京市档案局 |
| 赵 丽　蔡立军<br>马长海　邢全江<br>王瑞江　韩振清<br>陈秀珍 | 1990年9月 | 文书档案范围及期限划分<br>如何装订文书档案(现场操作) | 高崖口乡机关会议室 |
| 陈秀珍　马晓丽<br>赵 丽　杨春勇<br>蔡立军　韩振清<br>王瑞江 | 1991年3月 | 学习《档案法》、《档案法实施办法》<br>学习《档案学概要》的基础知识 | 高崖口乡机关会议室 |

高崖口乡文书档案归档范围和保管期限分以下几种:

表34　党委

| 序号 | 条款 | 保管期限 |
|------|------|---------|
| 1 | 本级党的代表大会通知、编组、名单、议程、会议组织机构、报表、领导人讲话、大会发言、选举结果、讨论通过的文件、决议、纪要、公报、主席团会议记录、简报、重要的照片、录音(像)带等文件材料。 | 永久 |
| 2 | 党代会的贺信、贺电、讨论未通过的文件。 | 长期 |
| 3 | 党代会的小组会议记录,参考文件、会议服务机构的计划、总结、文件材料。 | 短期 |
| 4 | 党委会记录。 | 永久 |
| 5 | 全年工作计划、总结。 | 永久 |
| 6 | 党委制定的各项制度、政策、规定、办法等文件材料。 | 永久 |
| 7 | 党员花名册。 | 永久 |
| 8 | 支部换届改选的请示、报告、批复及总结。 | 永久 |
| 9 | 出席市级先进个人、集体名单。 | 永久 |
| 10 | 出席县、乡级先进个人、集体名单。 | 长期 |

表35　党委办

| 序号 | 条款 | 保管期限 |
|------|------|---------|
| 1 | 本机关的重要请示、报告、大事记、组织机构沿革、对下级单位的重要批复。 | 永久 |
| 2 | 年度工作计划、总结、重要问题的调整报告。 | 长期 |

表36　组织

| 序号 | 条款 | 保管期限 |
|------|------|---------|
| 1 | 统计年报表。 | 永久 |
| 2 | 干部党员花名册。 | 永久 |
| 3 | 干部任免文字材料。 | 永久 |
| 4 | 基层支部班子及党员状况调查报表。 | 永久 |
| 5 | 重要请示、报告及对下属党支部的批复。 | 永久 |

| 序号 | 条款 | 保管期限 |
|---|---|---|
| 6 | 年度工作计划、总结、汇报。 | 长期 |

### 表37 宣传

| 序号 | 条款 | 保管期限 |
|---|---|---|
| 1 | 全年工作计划、总结。 | 长期 |
| 2 | 开展各种活动的思想调查材料。 | 长期 |

### 表38 纪检

| 序号 | 条款 | 保管期限 |
|---|---|---|
| 1 | 会议记录。 | 永久 |
| 2 | 全年工作计划、总结。 | 长期 |
| 3 | 开展各种活动所形成的材料。 | 长期 |

### 表39 共青团本级团代表会的材料同党代会材料

| 序号 | 条款 | 保管期限 |
|---|---|---|
| 1 | 团员名册。 | 长期 |
| 2 | 团支部会议记录、计划、总结、决定。 | 长期 |
| 3 | 团支部的通知、通报及开展各项活动形成的文件材料。 | 长期 |
| 4 | 优秀团员及先进团支部事迹、审批表。 | 长期 |

### 表40 政府

| 序号 | 条款 | 保管期限 |
|---|---|---|
| 1 | 本级人代会材料同党代会材料。 | |

续表

| 序号 | 条款 | 保管期限 |
|---|---|---|
| 2 | 重要请示、报告、批复、领导讲话。 | 永久 |
| 3 | 年度计划、总结、规划。 | 永久 |

### 表41　民政

| 序号 | 条款 | 保管期限 |
|---|---|---|
| 1 | 年度报表。 | 永久 |
| 2 | 年度工作计划、总结。 | 长期 |
| 3 | 结婚证明申请书。 | 长期 |
| 4 | 抚恤、社补、社保文字材料。 | 长期 |

### 表42　司法

| 序号 | 条款 | 保管期限 |
|---|---|---|
| 1 | 各类诉讼卷案。 | 永久 |
| 2 | 年度计划、总结。 | 长期 |
| 3 | 开展各种活动的计划、总结。 | 短期 |

### 表43　妇联

| 序号 | 条款 | 保管期限 |
|---|---|---|
| 1 | 年度工作计划、总结。 | 长期 |
| 2 | 举行各种活动的总结、计划、申请报告等。 | 短期 |
| 3 | 评选出的先进典型人物材料。 | 长期 |

表 44　武装部

| 序号 | 条款 | 保管期限 |
|------|------|----------|
| 1 | 年度工作计划、总结。 | 长期 |
| 2 | 民兵预备役名册。 | 短期 |
| 3 | 举行各种活动的总结、计划、申请报告等。 | 长期 |

表 45　计生办

| 序号 | 条款 | 保管期限 |
|------|------|----------|
| 1 | 重要行文、请示、报告、批复。 | 永久 |
| 2 | 年度报表、汇总材料。 | 永久 |
| 3 | 年度工作计划、总结。 | 长期 |
| 4 | 照顾二胎审批表、超生费收支平衡表。 | 长期 |
| 5 | 上级下达任务完成情况。 | 长期 |
| 6 | 重要问题的调查报告。 | 长期 |
| 7 | 一般业务工作会议材料。 | 短期 |

表 46　安委会

| 序号 | 条款 | 保管期限 |
|------|------|----------|
| 1 | 年度工作计划、总结。 | 长期 |
| 2 | 各种宣传活动的计划、总结、汇报。 | 短期 |

表 47　教育

| 序号 | 条款 | 保管期限 |
|------|------|----------|
| 1 | 年度工作计划、总结。 | 长期 |
| 2 | 成人教育情况。 | 长期 |
| 3 | 中小学流失率情况。 | 长期 |

表 48 总公司办

| 序号 | 条款 | 保管期限 |
|------|------|----------|
| 1 | 年度工作计划、总结。 | 永久 |
| 2 | 与县签订的经济承包合同。 | 永久 |
| 3 | 重要行文。 | 永久 |
| 4 | 与各村签订的经济责任制合同。 | 短期 |
| 5 | 一般事物性文件。 | 短期 |

表 49 经管站

| 序号 | 条款 | 保管期限 |
|------|------|----------|
| 1 | 各类年报表。 | 永久 |
| 2 | 农村经济汇总表及财务情况年报。 | 长期 |
| 3 | 各类月报。 | 短期 |

表 50 统计科

| 序号 | 条款 | 保管期限 |
|------|------|----------|
| 1 | 各种指标年报。 | 永久 |
| 2 | 夏秋粮分析。 | 长期 |

表 51 畜牧公司

| 序号 | 条款 | 保管期限 |
|------|------|----------|
| 1 | 年度报表。 | 永久 |
| 2 | 年度计划、总结。 | 长期 |

### 表 52　企业公司

| 序号 | 条款 | 保管期限 |
|---|---|---|
| 1 | 年度工作计划、总结。 | 长期 |
| 2 | 公司办公会记录。 | 长期 |

会计档案归档范围和保管期限分下列几种：

### 表 53　会计凭证

| 序号 | 条款 | 保管期限 |
|---|---|---|
| 1 | 预算外凭证。 | 15 年 |

### 表 54　会计账簿证

| 序号 | 条款 | 保管期限 |
|---|---|---|
| 1 | 各类明细账(包括固定资产)。 | 15 年 |
| 2 | 预算外总账。 | 15 年 |

### 表 55　会计报表类

| 序号 | 条款 | 保管期限 |
|---|---|---|
| 1 | 工资表。 | 长期 |
| 2 | 会计年度预决算。 | 永久 |

### 表 56　实物档案归档范围与保管期限

| 序号 | 条款 | 保管期限 |
|---|---|---|
| 1 | 获得市级以上的奖杯、奖旗、奖状、证书。 | 永久 |
| 2 | 市级以上和在外事活动中赠送的纪念品。 | 永久 |

| 序号 | 条款 | 保管期限 |
|---|---|---|
| 3 | 获得县级的奖杯、奖状、证书。 | 长期 |
| 4 | 获得县级以下的奖杯、奖旗、奖状、证书。 | 短期 |

**表 57　声像档案归档范围和保管期限**

| 序号 | 条款 | 保管期限 |
|---|---|---|
| 1 | 反映本单位主要支农活动和工作成果的录像带。 | 永久 |
| 2 | 记录县级以上领导人参与本地区重要活动的照片。 | 永久 |
| 3 | 记录本单位、本地区党、团、妇、人代会的照片。 | 永久 |
| 4 | 反映本单位副职以上领导人的照片。 | 永久 |
| 5 | 放映城乡建设、名胜古迹产品的材料。 | 长期 |
| 6 | 记录本单位、本地区重大事故的材料。 | 长期 |
| 7 | 本单位重要会议、生产活动的材料。 | 长期 |
| 8 | 文化、体育、宣传、生产活动的材料。 | 短期 |

资料来源:表格 33—57 出自昌平档案馆。

# 第三章 体 育

## 第一节 体育项目及机构设施

### 一、健身项目

昌平区民间体育活动历史悠久,在长期的生产、生活实践中,民间流传适合各类人群健身的活动项目。民国初期学校始设体育课,20年代末学校有简易的体育设施。新中国成立后,贯彻执行"发展体育运动,增强人民体质"的方针,城乡居民健身锻炼新项目增多,有的游戏健身项目逐渐被淘汰。改革开放以后,城乡广泛开展健身活动项目,主要有自行车、球类、棋牌类、跳舞、散步、跑步、爬山等。2003年9月,流村镇获昌平区全民健身体育节优秀表演奖,并取得昌平区全民健身体育节第二名的成绩。2004年3月,流村镇获昌平区迎新春健身大赛表演奖。2005年5月,参加昌平区登山比赛夺得第六名和昌平区第五届全民健身体育节优秀组织奖。

### 二、竞技项目

新中国成立后,随着体育运动的发展,引进推广一些新的体育竞技项目,有些群众健身项目逐渐发展成竞技项目。举办竞技比赛较多的项目有田径,棋类有象棋和围棋,球类有篮球、足球、乒乓球、门球。此外,还有武术、自行车。竞技项目比赛在综合体育运动会设置项目或举办专项比赛,规则按统一要求进行。2008年11月,流村镇获"十三陵金果杯"昌平区男子篮球联赛三等奖。

### 三、机构设施

#### （一）农民体育协会

1992 年 6 月流村乡农民体育协会成立。该会是组织与指导流村乡村企体育运动的群众性团体,在乡党委、乡政府的领导下进行工作。协会的最高权力机构是全体委员会。它由乡党委、乡政府有关部门代表人士组成,吸收各村企体育工作者为团体会员。其宗旨是宣传党和政府有关体育工作的方针、政策,领导、协调、监督、检查、考核、评定村企体育工作,组织发动、团结全乡农民、体育积极分子和农村体育工作者,推动农村体育运动的发展,为促进流村镇村企社会主义物质文明和精神文明建设服务。其任务是贯彻执行中共中央关于进一步发展体育运动的通知精神,深化农村体育改革,健全机制,发展村企体育运动,推动农村体育社会化,活跃村企体育文化生活,增强体质,全民健身。具体任务是发展适合本乡的传统体育项目,不断扩大流村乡体育人口;布置、实施本乡体育活动计划;组织举办全乡运动会、体育比赛,不断提高竞技水平;巩固、完善、扩大村企体育设施建设;培养村企体育骨干,举荐农民体育人才;组织村企体育活动的经验交流和表彰先进活动。其职权是协商产生协会主席、副主席、秘书长;听取和审查协会的工作报告;确定协会的工作方针和任务;商定体育活动经费来源,审查经费开支;制定、修改协会章程。协会经费以发展农村体育为目的,经费收支情况由秘书长定期向委员会做出报告。其经费来源主要为乡财政拨款、协会成员单位资助和社会捐赠及其他收入。

1992 年,流村乡体育工作主要有以下三个方面:

1. 抓村企体协组织建设

村企体协组织建设是搞好农村体育的组织保证。年初乡农民体协根据上级要求纷纷成立了村企体协组织,做到村企有专兼职体育干部,保证启动计划的落实。

村企体育干部大都是村民主任、副村长兼任,他们具有一定的工作能力和组织能力。北流村村民主任孙宝路对工作认真负责,乡农协组织的体育比赛积极参加。制药厂副厂长黄成江在抓好本厂工作的基础上,注重抓好本厂的体育工作。特别是勃然自行车队建设,他们定期召开会议,研究训练计划,制定训练措施,使自行车队竞技水平不断提高。在厂长的重视支持下,制药厂在乡级组织的各项比赛中,总分是第一名。黑寨村党支部书记黄成华非常重视体育工作,在乡级组织的篮球比赛中,亲临比赛现场,黑寨村在该年的乡级篮球比赛中获得冠军。

2. 抓村企场地设施建设

抓村企场地设施建设是搞好群体活动的基础。流村把这项工作放在首位,逐个地进行调查、摸底,研究解决的办法。流村乡有11个行政村,除王北店村外,其他九个大村基本上具备一场一室,百人以上企业具备一场一室的达到100%。

由于村里有了篮球场,村与村之间互相开展竞赛,使得篮球队伍不断壮大,竞技水平不断提高,新村篮球队在该年乡举行的篮球比赛中表现出色,取得第二名的好成绩。黑寨篮球队由于村党支部的重视,运动员的奋力拼搏,获得了这次比赛的第一名。乡机关篮球队在连年乡比赛中获得冠军。

3. 抓群体活动建设

年初配合乡党委、乡政府搞好双拥活动,开展了军民友谊冬锻越野赛,从而把冬锻活动推向高潮。参加比赛的有流村当地驻军四个部队200多人,全乡干部职工200余人参加了角逐,最后分别录取前六名给予奖励。这次活动下店村给予了大力支持赞助。

该年乡搞了五个项目比赛,其中篮球、乒乓球由乡办企业、喷漆厂承办;中国象棋由乡办企业水罐厂承办;公路自行车由制药厂承办;还有一次由个人李德水、刘广友承办的中国象棋比赛。

1995年,农村人口参加不同形式体育健身活动的有8.4万人,约占农村人口的30%。农村体育活动形式主要有村和乡镇举办专项比赛和综合体育运动会,组队或选拔人才参加县以上单项和综合农民运动会。一些行政村和村办企业每年举办单项体育比赛,乡镇每年定期组织单项体育比赛。1988年老峪沟文化站根据该乡的客观条件,据现有的活动器材,春节期间组织了乒乓球赛。五一、五四期间,举办了象棋、羽毛球、乒乓球赛。6月中旬组织了全乡首届篮球赛等各种项目的比赛,均发了一、二、三等奖和活动纪念奖。平时活动以羽毛球训练为主,坚持了常年活动,并且今年老峪沟乡建立健全了组织机构,体协主席由乡长匡儒祥担任,下设成员4人,其中由文化站负责主抓活动,其余由团委、民政康春霞、妇联孙淑明等同志协助,体协组织建立。1995年,流村、高崖口等11个乡镇每年定期举办综合体育运动会,多的已经举办9届。每届运动会参加人员一般几百人,多的有1000多人,设置项目少的5项,多的15项,比赛项目主要有田径、球类和自行车等。

(二)设施

20世纪70年代末,农村仅有少数公社建有供召开大会和开展文体活动的场地,部分生产大队和社队企业、共青团、民兵组织建设有组织地开展乒乓球、棋类等活动的房屋、场所。80年代中期,农村体育场地设施建设发展较快,特别是1985年全国第一届农运会、1988年北京市第一届农运会的召开和争创全国体育先进县活动的开展,促进农村体育设施的建设。到1989年年底,农村乡镇体育设施基本达到国家体委关于体育先进县的要求。全县具备条件的265个行政村,有体育活动场地和活动中心的村有164个,有篮球场298个,其中灯光球场28个,乒乓球室265个,体育训练房9个。1996年10月,昌平县个体私营经济协会捐款8万元,援建流村乡中学操场。2003年上半年,流村镇建设健身娱乐场所6处,总投资200余万元,健身场所面积2万余平米。2007年,流村镇有全民健身体育设施12个。2008年4月,王峪村村委会按照规划修缮了篮球场,把篮球场周围用砖墙新盖护栏,场面进行了清扫、追平,给村民增添了一个安全性比较高的活动场所。韩台村在村口新建建筑面积为 420 平方米的大队部，修建健身场地 120 平方米，装健身器材 7 套、篮球筐一个、乒乓球案 3 台。

### 四、体育器材

1956 年，乡村小学配置一般常用体育器材。改革开放后，参加健身锻炼的人口增加，体育健身器材在种类、数量和质量上有了较快的增加和提高。20 世纪 90 年代中期，体育健身商品消费逐步成为个人和家庭消费的重点。2002 年 5 月，流村镇西峰山、古将两个村的居家健身工程已投入使用，共安装了 6 万元的健身器材。2005 年，流村镇争取资金 32 万元，为 8 个村配备了健身器材等设备。2006 年为了搞好全镇的文化体育工作，积极争取资金，建立了镇科技文化活动中心，建立了北照台村、瓦窑村、南流村和新建村四个老年活动中心，16 个健身园，并为各村配备了体育器材。2006 年投资建设了 24 个山区村老年活动中心，建设山区农村老年人进行文化教育、娱乐、医疗保健等活动的基础设施。3 月，南流村投资 12 万元，修建了老年活动站，建筑面积 230 平米，活动站内设多功能厅、棋盘室、乒乓球室，并购置了活动设备，室外还有 300 平米的羽毛球场地。2002 年 11 月，流村镇获昌平区"全民健身工程"健身器材使用展示优秀奖。

## 第二节　群众体育

### 一、职工体育

1997 年春节前夕，老峪沟乡文化站举办了乒乓球、台球及象棋比赛。参加这次活动的有机关干部、企事业单位人员和中小学教师等。

2000 年 2 月，流村镇参加区"城北办事处杯"春季长跑，获团体第六名。2002 年 3 月,参加区"城北街道杯"春季长跑,获第五名。2002 年 8 月 10—16 日,在昌平区第一届机关运动会篮球比赛中,流村镇获得第一名。此次比赛共 11 个代表队参加。9 月,流村镇取得了昌平区首届机关运动会团体总分第三名、田径及趣味比赛第三名、乒乓球比赛第六名的成绩,同时获区第一届机关运动会广播体操比赛一等奖,区第一届机关运动会比赛最佳组织奖。2003 年 3 月,流村镇获昌平区第四届"北七家杯"干部乒乓球比赛最佳组织奖。2004 年 3 月,流村镇获昌平区第五届"北七家杯"干部乒乓球最佳组织奖。7 月,流村镇获第二届机关运动会乒乓球比赛第一名。2006 年流村镇举办第二届"和谐友谊杯"篮球赛,参加比赛的球队有流村镇镇机关、勃然制药、新利同创、天九药业等 8 支队伍,近 100 名运动员,历时 7 天。6 月,流村镇在昌平区第三届机关运动会中取得团体总分第六名、田径趣味比赛第五名的成绩。12 月,参加昌平区 2006 年农村体育干部第三届乒乓球比赛,获优秀参与奖。

## 二、农民体育

农村传统健身活动多结合生产、生活实践在农闲时自发开展,主要有棋类和牌类。20 世纪 80 年代初期以后,随着农村体育工作的加强,有组织的体育活动不断增多。1984 年,流村等乡镇相继成立信鸽、武术、自行车、足球、篮球、乒乓球、象棋等体育协会。1986 年 5 月,流村乡举办第一届乒乓球赛。从 1984 年个别乡镇开始举办单项体育比赛,到 1995 年已有 20 个乡镇定期举办,主要项目有田径、篮球、乒乓球、拔河、棋类、羽毛球、自行车等。2000 年,参加全民运动会,获第五名。2002 年 6 月,流村镇获"南邵杯"第十三届农民男子拔河第四名。7 月,流村镇获第二届"回龙观杯"农民游泳体育风尚杯。2002 年,流村镇获"小汤山杯"第十三届女子农民拔河赛组织奖。

2003 年 4 月,流村镇获"南邵杯"第十四届农民男子 68 公斤级拔河比赛第四名。2005 年 6 月,"全民健身体育节"活动项目之一的"企业杯"篮球决赛在流村镇拉开序幕。经过紧张的角逐,北京勃然制药有限公司夺冠。除了篮球比赛外,还有拔河、象棋、秧歌、乒乓球等项目。10 月,流村镇获昌平区第十六届农民女子 56 公斤级拔河比赛第八名。2006 年 12 月,流村镇获昌平区 2006 年农村体育干部第三届乒乓球比赛优秀参与奖。2007 年流村镇举行新老"村官"篮球交流赛。

### 三、学校体育

#### (一)广播操

民国时期,中学设有早操。新中国成立后,中学开展广播操锻炼,夏季上早操,其他季节多为课间操,冬季课间操时间以长跑代替广播操;小学一、二年级推行儿童广播操,三、四年级推行第四、五套少年广播体操,广播操列入每天课内时间,保证 1 小时体育活动。1954 年起,中学学习"少年广播体操"。80 年代,健美操、韵律操和自编操引入学校。1990 年以后,县教育局组织全县中小学进行广播操比赛、检查、评比活动,高崖口中学获市级广播操评比优秀奖。同年,高崖口中学被评为市广播操先进单位。

#### (二)体育课

民国初期,中学设体操课(后改称体育),分普通与兵士两门。新中国成立初期,中小学每班每周 2 节体育课,每节课 45 分钟,由于无具体要求和缺专职体育教师,体育课主要内容是以球类、田径项目和游戏、舞蹈为主。1952 年起,小学实行《"四二"旧制小学暂行教学计划》,每日安排有 1 小时至 1 小时半体育课。1953 年起,中小学每班每周 2 节体育课。1954 年,中学体育课教学内容为"少年广播操"和"劳卫"制锻炼。1956 年起,中小学执行《中小学体育教学大纲》,各学校成立体育教研组,组织体育教师学习执行《体育大纲》。至 1965 年,中小学体育课内容主要为田径和球类。1967 年后,中小学体育课内容为队列和部分军事体育项目;1969 年,体育课改为军体课,以学习军事体育为主,大部分中小学校仍为每班每周 2 节课。1976 年后,中小学体育课内容增加田径、球类、体操(广播操、自编操、绳操和棒操等)、武术(长拳和军体拳)等,音乐、儿童健美操、韵律操引人体育课教学。70 年代中期以后,组织体育教师进行业务培训,召开教学现场观摩会、体育教师评优等活动,开展体育课教研,进行体育教学改革,提高体育教学水平;体育课教育以教学班为单位,授练结合。1980 年起,中小学执行教研部与国家体委联合颁布的《中小学体育工作暂行规定(试行草案)》。1990 年起,执行国家体委《现行普通高中教学计划调整意见》,体育为高中必修课。1995年,中小学每学期安排体育课 32 节至 36 节。高崖口中学体育教师崔田,多年坚持山区教育,为教好体育课,自己制作多种体育器材,并把体育动作系列分解制成幻灯片,便于学生理解动作原理和掌握技巧要领,使室内课和室外课结合。他的教学经验给体育教师以很大启发。

(三)课外体育活动

20 世纪初开始,中小学开展经常性的课外体育活动。民国时期,中学课外体育活动多为兵式操练。新中国成立后,小学课外体育活动内容有游戏、表演、舞蹈、体操、球类等,课间活动有跳绳、踢毽、丢手绢等,放假期间开展远足体育活动。60 年代初期,中小学取消课外活动。1964 年,县教育局规定学校课外体育活动每周安排两次,每次不少于 30 分钟。"文化大革命"后期,中小学课外体育活动以军训、长跑为主。1975 年 11 月,县教育局和县体委联合下发《关于中小学开展冬季锻炼的通知》。至 1977 年,县教育局组织中小学冬季锻炼并进行评比。以后,中小学每天平均有 1 小时进行课外体育锻炼活动。20 世纪 90 年代初,中小学课外体育活动有组织地开展军训和军事野营拉练等。

（四）课外体育锻炼"达标"

1955年起，全县中小学正式实行"劳卫制"预备级、一级、二级。1958年下半年体育"大跃进"中，要求中学13周岁至15周岁的学生100%达到少年"劳卫制"和少年级运动员标准，16岁以上的学生100%达到劳卫制一级、二级和等级运动员标准，但实际达到标准要求的人数很少。1964年起，中小学"劳卫制"改为《青少年体育锻炼标准》，主要项目是田径和体操，标准分少年级、三级、二级、一级和运动健将，达标者颁发证书和证章，但实际"达标"人数较少。1975年起，中小学将"达标"工作列入议事日程，开展以"达标"为中心的学校体育活动。1978年4月，中小学执行国家体委、教育部、卫生部《关于加强学校体育卫生工作的通知》，加强学生体育"达标"锻炼。到1979年，农村学校学生35%达标。从1980年开始，教育局先后向全县中小学下发价值200余万元的体育器材，使中小学普遍配齐了教学用体育器材。1982年起，中小学执行《国家体育锻炼达标》。1983年，县教育局对中小学"达标"情况进行检测，高崖口中学获北京市"达标"一等奖。1984年6月，高崖口中学被评为北京市"达标"先进单位。1985年，高崖口中学再次被评为市级"达标"先进单位。1988年起，中小学"达标"成绩纳入学生体育成绩，作为评选优秀学生的必备条件。1989年，县教育局制定中学"达标"活动县级合格和优秀两类标准，合格类标准"达标"及格率90%，良好率70%，优秀率26%；优秀类标准"达标"及格率95%，良好率75%，优秀率38%。同年10月，北京市体委检查全县19所中学，全部达到国家体育锻炼标准规定的要求。同年底，乡镇学校基本达到国家体委关于体育先进县农村体育设施的要求。1989年至1995年，全县中小学"达标"及格率95%以上，优秀率35%以上。

（五）中小学运动会

1990年4月下旬在县中小学生春季田径运动会上，刘学生破800米的县纪录。2008年5月11日，流村中学举行"与奥运同行"

春季田径运动会。开幕式上,各班运动员方队步伐整齐,斗志昂扬地相继步入了会场。张瑞祥校长在开幕式上向全体师生倡议:"我们要鼓励全校师生坚持运动健身,向'更高、更强、更好'的目标迈进,让奥运精神在校园里发扬光大。"随后,裁判员代表发言表示要坚守岗位,公正裁判。运动员代表发言表示要继承奥运精神,争取更高、更快、更强。比赛过程中,运动健儿个个龙腾虎跃,争先恐后,在赛场上演绎着他们对体育运动的热爱,也诠释了奥林匹克精神。

表58　"七五"计划期间昌平县小学男子运动员最佳成绩

| 姓名 | 项目 | 成绩 | 所在学校 | 时间 |
|------|------|------|----------|------|
| 张健民 | 800m | 2′19″ | 流村中心 | 1990 年 4 月 |

表59　"七五"计划期间昌平县小学女子运动员最佳成绩

| 姓名 | 项目 | 成绩 | 所在学校 | 时间 |
|------|------|------|----------|------|
| 汤海涛 | 铅球(3kg) | 9.02m | 流村小学 | 1990 年 10 月 |

资料来源:表58、59 均来自《昌平县志·体育篇》。

# 第三节　竞技体育

## 一、体育竞赛

### (一)镇运动会

1988 年 4 月 12 日,流村乡体育协会召开会议,对流村乡第一届农民运动会就比赛时间、项目、规则等内容提出若干意见。1988 年,流村乡召开由乡机关、武装部、流村中心小学等多个单位共同承办的流村乡第一届农民运动会。流村乡第一届农民运动会自 1988 年 5 月 9 日开始至 5 月 22 日结束,共进行了篮球、乒乓球、象棋等三项团体和乒乓球、象棋、自行车、射击、田径等 26 个单项的比赛。本次运动会设有文化站、海军球场、南流运动场等多个运动场地,分别进行象棋、篮球、田径等项目的比赛。本届运动会以村企为单位参加,各单位集体项目单项限报一项,各大队、各单位必须参加一个集体项目的比赛。报名参加的运动员达 250 人,实际参加人数 200 余人,裁判员 52 人,观众人数达 2000 余人,参加本届比赛人数最多的代表队是中药厂代表队,为 42 人。田径比赛得分最多的代表队是西峰山大队代表队,计 58 分;获团体总分第一名的队是流村中心小学队,117分。获个人总分第一名的是派出所代表队的郅桂仓,计 29 分。获第一名最多的是流村中学王秀敏,共获 3 个。本届运动会跑得最快的是张宪华,百米达 13″5;跳得最高的是孙术臣,成绩达 1.47 米;跳得最远的是姚宝泉,5.20 米;投得最远的是赵连国,55.5 米。从 1995年起,流村、高崖口等 11 个乡镇每年定期举办综合体育运动会,多的已经举办 9 届。每届运动会参加人员一般几百人,多的有 1000 多人,设置项目少的 5 项,多的 15 项,比赛项目主要有田径、球类和自行车等。同年 8 月,乡体协在乡机关楼会议室召开会议,内容包括成立组织参加县运会的领导小组,由 9 人组成,学习县关于召开第二次农民运动会的文件(由李凤明读)、参加县比赛领导人员(足球由郅桂仓负责,男篮由尹玉悦、女篮由李凤明负责等)、训练问题及补助费。

1990 年是亚运之年,流村乡在 5 月份召开了第二届运动会。这次运动会设置了班干部组、小学组、中学组、农民组等四个组的 5 个单项及田径 9 个项目的比赛。项目在第一届的基础上增加了拔河比赛,田径项目增加了 60 米、4×100 米接力等项目。参赛 1200 人次。这次运动会各村企都积极参加。最后中心小学获得了运动会团体总分第一名。

为配合乡党委、乡政府搞好双拥工作,为活跃春节期间的文体活动,流村乡政府农民体协于 1992 年 1 月 18 日在北流村黑三角举行军民友谊环乡越野赛。

该乡所属单位干部、职工、社员、当地驻军以村企、部队为单位均可报名参加,中小学生一律不得报名参加比赛。竞赛包括青壮年组(40岁以下):男子7000米、女子2500米;壮老组(60岁以下):男子2500米、女子2500米。每组均录取个人前六名,按6、5、4、3、2、1计分,报名不足6人减一录取,按参赛运动员得分之和录取团体总分前三名。

军民友谊环乡越野赛成绩表:

团体成绩:

部队:　　　　　　　　　　　地方:

第一名:88615部队　　　　　第一名:制药厂

第二名:88750部队　　　　　第二名:北庄

青年男子组:

第一名:杨明团　　　88615部队

第二名:肖秦平　　　88750部队

第三名:王安昌　　　88750部队

第四名:邹和根　　　88615部队

第五名:黄用宅　　　88615部队

第六名:黄明德　　　88750部队

流村乡军民友谊环乡越野赛成绩表:

| 青年男子组: | | | 青年女子组: | | |
|---|---|---|---|---|---|
| 名次 | 姓名 | 单位 | 名次 | 姓名 | 单位 |
| 1 | 郅桂仓 | 派出所 | 1 | 王学菊 | 丰山 |
| 2 | 赵连国 | 制药厂 | 2 | 王学生 | 制药厂 |
| 3 | 李协森 | 西半山 | 3 | 姚秀民 | 制药厂 |
| 4 | 龙不会 | 新村 | 4 | 姚秀敏 | 制药厂 |
| 5 | 陈洼成 | 制药厂 | 5 | 王树敏 | 制药厂 |
| 6 | 刘兴军 | 制药厂 | 6 | 刘春霞 | 制药厂 |

壮年女子组

| | | |
|---|---|---|
| 1 | 刘兴琴 | 北庄 |
| 2 | 刘振兰 | 药厂 |
| 3 | 张淑荣 | 北庄 |
| 4 | 王秀芝 | 药厂 |
| 5 | 黄佳琴 | 药厂 |
| 6 | 周法英 | 机关 |

壮年男子组

| | | |
|---|---|---|
| 1 | 刘振富 | 中学 |
| 2 | 陈俊 | 药厂 |
| 3 | 汤文有 | 药厂 |
| 4 | 尹士亮 | 王庄 |
| 5 | 沈一新 | 北流 |
| 6 | 谷瑞泉 | 派出所 |

按照流村乡每两年召开一次运动会的规则，1992年是乡运动会之年。经乡党委乡政府研究决定，4月17日召开由流村乡农民体协主办的流村乡第三届运动会。这次运动会设置了干部组、青年组、中年组、老年组。其中干部组包括乡级副职以上干部、村级支部书记、社长、村民主任、企业厂长、副厂长、单位一把手（不分男女组），其项目包括200米、跳远、投篮、钓鱼、射击；青年组包括30岁以下村企干部、职工社员（男女），其项目为100米、200米、男1500米、女800米、跳高、跳远、铅球、同心协力跑、自行车、篮球、乒乓球、中国象棋、射击、投篮；中年组包括31岁至45岁村企干部、职工、社员（男女），其项目包括200米跑、跳远、投篮、钓鱼、射击；老年组包括46岁以上村企干部、职工、社员（男女），其项目包括投沙包、钓鱼、射击。（射击不分组别录取）本次运动会以村企单位组织参加，运动员必须身体健康，适合参加比赛者。中小学生不得参加比赛。各单位每单项集体项目限报一队。拔河队每单位上场10人，男8人，女2人。由上店村承办的拔河赛于4月12日在小学田径场举行，以机关、学校、乡办企业、农村大队为单位组织参加，每队报名运动员10人，男8人，女2人，运动员必须是本乡的干部、职工、农民。根据报名队多少，采取分组预赛，三局两胜制。运动员参赛不得穿高跟鞋、带钉、带柱的防滑胶皮鞋。由服装厂承办的射击比赛于4月12日上午8点30分在南河套进行。以所在单位报名参加，每单位限报6人，男女

各 3 人。设干部组(乡级副职以上干部、村级三巨头、企业厂长、副厂长、单位第一把手),农民男女组。由流村乡喷漆厂承办的乒乓球赛 4 月 15 日在流村乡文化站举行,设男子团体、男子单打、女子单打三个项目,每单位限报团体一队 3 人,个人不限。由昌平制药厂承办的公路自行车赛于 4 月 19 日在北流三角地举行,北流三角地起终点,路程女子 10 公里,男子 50 公里,二级线路终转。运动员必须是本乡的干部、职工、农民,在校学生经允许可以参加比赛。篮球比赛于 4 月 17 日在中心小学田径场举行,以机关、学校、乡办企业、村及所在单位组织。运动员必须是本乡的干部、职工、农民,不准外单位借人参加。由水罐厂举办的中国象棋赛于 4 月 13 日在水罐厂举行。根据积分赛制进行,本单位限报团体一个队 3 人。由下店村举办的环乡赛于 1 月 18 日在三角地举行。这次运动会,竞赛方面男子 100 米的最好成绩是 14″06,女子 100 米是 16″8;男子 200 米的最好成绩是 29″66,女子 200 米是 39″19。田赛方面男子铅球的最好成绩是 7.26kg,10.4 米;女子铅球是 5kg,6.31 米;男子跳高的最好成绩是 1.4 米,女子跳高是 1.07 米;男子跳远的最好成绩是 5.25 米,女子跳远为 3.65 米;乒乓球赛方面男子单打冠军是北流村的张春生,女子个人冠军是中心小学的吴凤华。北流村以 14 分的成绩夺得团体赛冠军。中国象棋个人赛冠军是机关的陈文广;喷漆厂以 14 分夺得团体冠军。黑寨以 21 分成绩夺得篮球比赛的冠军。公路自行车赛男子冠军由派出所的郅桂仓摘得,女子冠军则由药厂的王学生获得。

(二)参加区镇、市级运动会比赛

1984 年 5 月 4 日至 5 日,在县体委田径场举行的昌平县首届农民运动会中,高崖口乡获精神文明奖。1986 年 5 月,举行县第三届农民运动会,32 个乡镇参加,运动员 824 人,比赛项目设田径、自行车、篮球、乒乓球、拔河、举重。1988 年 8 月至 10 月,老峪沟乡参加了县农民运动会四个项目——跳高、跳远、铅球、标枪,8 名运动员参加。流村乡农民体育协会在群体活动普及的基础上,进一步提高竞技水平,根据流村乡的地理条件,于 1990 年 6 月份成立了勃然自行车队。车队坚持每周训练两次,后参加了县农民体协公路自行车负重赛,并获团体总分第一名的好成绩。1990 年乡农民体协组织参加市县级比赛十余次,都获得了较好的成绩。1992 年,流村乡农民体协组织队组参加县级体育的比赛五次,获南口长跑总分第一名,获县环城赛团体总分第一名,获四运会农民组团体总分第五名。2005 年年内,流村镇参加举办区镇级组织的娱乐、体育竞赛 20 项次,参加人员达 2000 人次。2006 年流村镇共参加和举办区镇两级体育比赛 100 余次。为庆祝《北京市全民健身条例》的实行,3 月 17 日昌平区在东关环岛东举办春季长跑比赛及现场赠书活动,流村参加比赛并获团体第六名。2007 年 11 月 24 日至 28 日,北京市昌平区"迎奥运和谐杯金秋全民健身"篮球比赛区级决赛在昌平体育馆成功举行,流村镇黑寨村获全场 5 对 5 篮球赛第五名。2008 年流村镇获北京市迎奥运和谐杯、金秋全民健身篮球赛优秀奖组织奖、"迎奥运、讲文明、树新风——争做首都文明职工活动"优秀集体奖。

表 60　1987—2008 年流村镇(乡)所获奖励表

| 流村乡 | 市级 | 被评为 1987 年农村体育先进单位 | 1988 年 1 月 10 日 | 奖状 | 北京市体育运动委员会 |
|---|---|---|---|---|---|
| 流村乡 | 市级 | 被评为北京市 1988—1989 年度农村体育先进乡 | 1990 年 1 月 20 日 | 奖状 | 北京市体育运动委员会 |
| 流村乡 | 市级 | 北京市人人锻炼迎亚运活动先进单位 | 1990 年 12 月 | 证书 | 北京市体育运动委员会 |
| 流村乡 | 市级 | 1990—1991 年被评为市级农村体育先进单位 | 1992 年 1 月 | 奖状 | 北京市农村体育委员会 |
| 流村镇 | 区级 | 2000—2001 年农村体育先进单位 | 2001 年 12 月 | 证书 | 区农委、区农民体协 |
| 流村镇 | 市级 | 2002 年度北京市农村体育先进单位 | 2002 年 12 月 | 证书 | 市农民体协 |

续表

| | | | | | |
|---|---|---|---|---|---|
| 流村镇 | 区级 | 2003 年昌平区体育工作先进单位 | 2003 年 11 月 | 奖牌 | 昌平区政府 |
| 流村镇 | 区级 | 2003 年农村体育工作先进单位 | 2003 年 12 月 | 奖牌 | 区农委、区农民体协 |
| 流村镇 | 区级 | 2001—2005 年体育工作先进单位 | 2005 年 | 奖牌 | 区体育局组委会 |
| 流村镇 | 区级 | 体育工作先进单位 | 2005 年 | 奖牌 | 区体育局 |
| 流村镇 | 区级 | 2006 年推进新农村建设农村体育工作先进单位 | 2006 年 12 月 | 奖杯 | 昌平区农委、体育局、体协 |
| 流村镇 | 区级 | 2007 年昌平区奥运会培训先进单位 | 2008 年 2 月 | 奖牌 | 区精神文明办 |
| 流村镇 | 区级 | 2008 年奥运会、残奥会职工文明拉拉队优秀组织单位 | 2008 年 9 月 | 奖牌 | 昌平区总工会 |
| 流村镇 | 区级 | 北京奥运会残奥会先进集体 | 2008 年 10 月 | 奖牌 | 区委、区政府 |
| 流村镇 | 区级 | 2008 年北京市全民健身月先进单位 | 2008 年 12 月 | 奖牌 | 北京市体育局 |
| 流村镇 | 区级 | 荣获 2008 年度昌平区奥运城市志愿服务工作先进集体 | 2009 年 2 月 | 证书 | 昌平区委员会 |

资料来源:表格内容来源于流村镇档案馆。

　　(三)参加全国和国际运动会比赛

　　1984 年以后,一批昌平籍运动员被选入北京市和国家体育代表队,代表北京市和国家参加全国和国际体育比赛。1988 年汤学忠(原老峪沟中学初中毕业)参加第二十四届汉城奥运会。1990 年汤学忠参加第十一届亚运会获 100 公里团体第一名和赛车场 50 公里计分赛第 2 名。1994 年汤学忠参加第十二届亚运会获 180 公里个人第一名。

表 61  汤学忠参加全国运动会比赛成绩一览表

| 年份 | 姓名 | 比赛项目名称 | 名次 | 地点 |
|---|---|---|---|---|
| 1986 年 | 汤学忠 | 全国公路自行车 4 公里计时赛 | 1 | |
| 1987 年 | 汤学忠 | 全国公路自行车多日段 100 公里计时赛 | 1 | 北京市昌平县 |
| | | 全国公路自行车多日段 100 公里团体赛 | 1 | 北京市昌平县 |
| | | 全国公路多日分段 180 公里个人赛 | 2 | 北京市昌平县 |
| | | 全国公路自行车多日段 100 公里团体赛 | 1 | 山西省 |
| 1988 年 | 汤学忠 | 全国六运会赛场自行车 4 公里个人追逐赛 | 3 | 上海市 |
| | | 全国自行车赛场 4 公里个人追逐赛 | 1 | 山西省 |

资料来源:表格出自《昌平县志·体育篇》。

## 二、竞技体育

（一）竞技训练

1989 年,建立四级业余训练重点学校 6 所,其中流村中心小学重点项目为田径,每校训练运动队 20 人左右。7 月,县体委和 6 所学校签订管理协议书,负责四级训练重点校管理。重点学校训练经费由市、县体委负责。

（二）体育人才

汤学忠,男,1969 年 3 月 31 日出生,北京昌平流村镇仙人洞村人,北京体育大学毕业。1985 年成为北京自行车队运动员;1987 年12 月,成为中国国家自行车队运动员,是我国著名的自行车运动员之一,在同门师弟香港黄金宝于 1997 年崛起前,他一直独领中国自行车比赛之先,曾 6 次荣获亚洲冠军。

汤学忠从小就酷爱自行车运动,1983 年,由其班主任推荐到昌平体校试训,经过一个月的试练,昌平体校马士其教练收下了他,从此汤学忠走上自行车运动员的生涯,车技一路飙升。1985 年成为北京队专业选手;1987 年入选国家队后,师从沈金康。

1989 年,汤学忠代表中国队参加在印度举行的亚洲锦标赛,获得两金一银的佳绩;1990 年第十一届北京亚运会,则是他自行车生涯中一个历史性的里程碑。本次比赛获得 100 公里团体和 180 公里个人两枚金牌,为他的未来照亮了征程。1991 年荣获亚洲锦标赛个人和团体冠军;1993 年蝉联该赛事个人冠军,为中国体育事业做出了突出的贡献。1993 年 3 月,他将自己多年来保存的浸透着自己心血和汗水的奖杯、奖牌、证书等 100 余件实物送交档案馆珍藏。为了展示这位著名自行车运动员的成就,昌平区档案馆为汤学忠建立了名人档案库,面向社会开放,成为对全区青少年进行爱国主义教育的素材之一。

### 三、承包体育竞赛活动

1990 年 6 月份流村乡成立了勃然自行车队,车队坚持每周训练两次。10 月份由昌平制药厂邀请全市自行车爱好者在流村举办了公路自行车赛,车队获团体总分第一名的好成绩。

### 四、体育活动

1990 年,流村乡组织迎接“亚运之光——西山烽火”路流村段火炬传递。在乡机关门前举行亚运之光西山烽火路高口——流村火炬交接仪式。机关门前及门前向西 200 米(公路转弯处),公路两侧为手执花束、花环、彩带的中小学生及机关企事业单位的干部、群众计 1000 人的迎送队伍。机关门前向西 100 米处悬挂横幅“流村人民喜迎亚运圣火”,党委书记参加仪式并致辞,高口队向后转,交接火炬后,流村队向左转,党委书记执枪发令,火炬队启程,跑向机关以西 150 米处,上车,开至白羊城村口,整队跑入会场。乡长宣布活动开始,宣讲革命传统,向少先队员授一把火炬,全体队员面向火炬宣誓。

火炬传回火炬队,启程至村边,上车,开至阳坊镇交接仪式处。

# 第四节 体育宣传及人才培养

## 一、流村百里户外体育运动公园

昌平区体育休闲产业的空间布局以《北京市昌平区国民经济和社会发展第十一个五年规划纲要》为基础,基本布局表现为一带、两轴、三园、四中心、五基地。其中三园之一为流村百里户外体育运动公园。该公园将旅游为主题的体育休闲元素进行包装,起到整合资源、打造品牌的作用。流村镇的体育休闲发展产业方向为大型户外体育运动公园建设。

白羊沟位于流村西北部山区,全长 12 公里,与宋长城遗址相连接。景区内有清代庆王坟遗址、杨六郎金枪井、穆桂英望儿坨、明代白羊城遗址和烽火台等历史遗迹,景区往西还有燕长城遗址,距今有 2000 年的历史。景区处于山前暖带,资源丰富,植被茂密,环境优美、风景独特,有浓郁的野趣,适合于开展各种带有旅游、观赏、休闲特征的户外体育运动。流村百里户外体育运动公园,规划以五峰山为起点,向西延伸至老峪沟、长峪城等地区,并经过双台路、沿韩台、菩萨鹿、瓦窑、漆园到镇中心区,全力打造地理上绵延百里,时间上纵贯 2000 年的大型户外体育运动公园。当前初步设计的项目有:

1. 五峰山体育休闲产业区

该项目位于白羊城村西,计划利用部分奥运比赛项目作为体育休闲的内容,目前该休闲产业区的初步设计已完成。

2. 白羊沟生态休闲产业区

该项目位于白羊沟自然风景区内,符合镇域总体规划,项目以景区道路为主线,以生态保护和户外休闲为建设内容。

3. 黄花坡生态休闲产业区

该项目位于老峪沟的西北与河北交界处,占地面积约 1000 余亩,该项目所在地区海拔 1479 米,每年 7 月中旬,满山遍野的黄花竞相开放,是进行生态休闲的理想场所。

4. 长峪城边城文化产业区

此项目以长峪城旧村为基础,充分利用特有的边城文化,在古村落保护的前提下,打造流村镇的边城文化产业区。

5. 双台路户外休闲产业区

此项目以自然生态观光为中心,建设成以远足、宿营为内容的户外休闲产业区。

6. 韩台休闲度假产业区

该项目位于韩台村,规划产业区从韩台村西下套出发,向西南延伸,沿南山东行,以村东上阶为出口,全长 5 公里。

7. 菩萨鹿登山景区

该产业区位于菩萨山风景区,现有景区步道和即将完成的步道共计 3.5 公里,是进行近距离登山、观景的理想场所。

8. 漆园健走登山产业区

此项目计划与凤凰岭景区相连,全长 15 公里,使漆园村的生态资源和凤凰岭景区的各项配套设施有机结合,达到资源互补的目的。

9. 流村苹果主题公园

以北流果园为中心,向西北延伸至王元、古将,向南延伸至南流上店果园,总面积约 2000 亩。

10. 龙山森林公园

以南流村为中心,主要开展森林浴等户外休闲项目。

建设流村百里户外体育运动公园,主要工作是对整个地区的各种资源进行整理包装,建设必要的运动营地和餐饮、服务设施,对部分运动路线进行修整,设置路牌、通讯设施、休闲设施、厕所、救护点等。

建设流村百里户外体育运动公园,其整体感来自于统一的形象设计和包装。所以设施使用统一的色彩和标志,各服务项目采用相同的收费标准,使各旅游景点合并在一起,形成有竞争力的统一品牌。

建设流村百里户外体育运动公园,其开放要与生态涵养相结合,应遵循适度发展、保护为先的原则,避免过度开发对环境造成不可恢复的损害。

流村百里户外体育运动公园的范围是流村西南部山区全境,面积约200万平方公里,预计投资1.5亿元,由昌平区政府、流村镇政府及社会投资者共同筹措。

### 二、奥运宣传活动

2007年7月31日,30名北京联合大学奥运志愿者来到流村镇,开展了"心系奥运,走进流村"的奥运宣传实践活动,发放《奥运知识手册》等宣传材料,以游戏的方式让村民在互动中了解奥运知识。

2007年,是流村镇构建"古韵流村,生态山镇"和谐新流村的关键之年,流村镇以七大行动全面掀起了"迎、讲、树"活动的新高潮。

实施"优雅言行——迎奥运礼仪文明行动"。该年春天,《流村时报》创刊,专门开设了"迎、讲、树"专栏,刊登与迎奥运相关的知识,在镇广播栏目中开设专刊专栏。加强公民道德、礼仪知识、奥运知识宣传,大力倡导和弘扬以"八荣八耻"为主要内容的社会主义荣辱观。把"迎、讲、树"宣传材料发放到机关、乡村、企业、学校、家庭、工地等,倡导"知荣明耻、礼貌友善、平和宽厚、言行优雅",着重培养城乡居民公共文明行为习惯。

实施"爱护家园——迎奥运环境文明行动"。开展"迎奥运攀登菩萨山比赛,捡白色垃圾净化景区环境"活动。全体机关干部70多人自带塑料袋,登上菩萨山景区,义务捡拾垃圾,为美丽的菩萨山进行了一次彻底的清洗。

实施"排队礼让——迎奥运秩序文明行动"。每月11日,镇政府都组织公共文明志愿者走上街头,引导群众在人流拥挤的重点公共场所自觉排队,以培育群众的排队意识,使自觉排队、文明礼让成为良好风气。

实施"热情懂行——迎奥运赛场文明行动"。依托镇文明市民学校,利用《奥林匹克知识市民读本》和《奥运项目规划和礼仪》等教材,不定期开展迎奥运培训活动,使奥林匹克知识和人文奥运理念进村镇、进机关、进学校、进企业、进工地、进家庭。

实施"诚信优质——迎奥运服务文明行动"。开展机关评选文明科室活动,大力推进奥运培训工作,推动培训成果转化为服务质量的提高,推进奥运服务文明行动。

开展"喜庆热烈——迎奥运群众性文化活动"。结合镇新春团拜会、正月十五、消夏晚会等文艺会演契机,积极组织各村、各单位参加"迎、讲、树"文艺会演。积极创作以"迎、讲、树"、"八荣八耻"、公民道德、民族礼仪、奥运知识为主要内容的文艺节目,以群众喜闻乐见的形式进行表演。以此为契机,进一步推动群众文化事业向前发展。

开展"强健体魄——迎奥运群众性文化活动"。"六一"期间,组织开展了独生子女家庭运动会活动、军营一日和军事训练活动,组织30名大学生村官和部分机关干部参加区里组织的"奥运倒计时400天昌平千人走迎奥运"活动。流村镇于2008年1月21日奥运倒计时200天举办了题为"奥运连着你我他,做奥运文明使者"的大型签名活动。本次活动旨在宣传奥运知识,发扬奥运精神,倡导大家从我做起,从小事做起,以自己的实际行动来宣传奥运精神,争做宣传奥运文明的志愿者,共创和谐奥运。参与本次宣传活动的群众300余人,发放宣传材料500多份。2008年2月,西峰山村与驻军部队共同举办"和谐迎奥运军民联欢会",大学生村官们举办"走向奥运,展翅高飞"春节联欢会。2008年3月,流村镇在全镇农村党员中开展了"兑现承诺,服务奥运"为主题的奥运承诺活动,以及志愿者服务活动。全镇1081名农村支部党员中990人进行了奥运承诺,占农村党员总数的91.6%,基本上有行动能力的党员全部进行了承诺,并建立了服务奥运承诺台账。2008 年 4 月 25 日到 5 月 4 日,流村镇团委在全镇广泛开展了以"迎奥运庆五四美化环境"为主题的活动。在瓦窑村,村团支部组织村里的团员、入党积极分子 20 余人,到妍山湖小区美化环境,在小区街道两旁种植黄杨、月季等植物 1000 余株,美化了周边的环境,充分体现了绿色奥运、人文奥运的精神。在流村中心小学,校团委积极组织少先队员们与青年团员教师带着扫帚、水桶、清洁球等工具走上街头,为"红领巾一条街"清理卫生,到群众健身园擦拭体育活动器械,用自己的实际行动体现奥运精神。与此同时,全镇各团支部组织团员青年,在各自辖区的公共场所、主要街道开展清理卫生死角、小广告,捡拾白色垃圾,擦洗健身园体育活动器械,捡拾旅游景点周边垃圾,废旧电池回收以及奥运知识宣传等各种形式的活动。此次活动中共清洁街道 5000 平方米,清除小广告 280余张,擦拭公园健身器材、工艺宣传橱窗 90 件,发放奥运宣传材料1000 余份。为庆祝"五四青年节"的到来,进一步倡导"绿色奥运"理念,扩大社会影响,提高全民参与奥运、美化环境的意识,王家园团支部于 5 月 4 日组织支部团员,开展了以"迎奥运——美化环境"为主题的活动。5 月 6 日,为迎接北京奥运会,增进机关干部对首都文化历史的了解,流村镇组织机关干部、基层干部 100 余人参观了首都博物馆。5 月,北流村巾帼志愿者服务队身着队服,手拿垃圾捡拾夹子,对他们平时观察到的垃圾死角进行清理,用自己的行动为奥运加油。2008 年 6 月,流村镇妇联向全镇妇女发出"平安奥运、平安流村、创平安家庭、保奥运平安"的倡议书。8 月 16 日,流村镇召开了辖区矫正对象和刑释解教人员迎奥运安保教育大会。会上,司法助理员和抽调监狱干警就奥运测试赛期间的控制安保方案对矫正对象和释解人员提出了具体的要求,教育他们要认清形势,遵守法律法规。司法人员还给 36 名到会的矫正对象和释解人员发放了《奥运法律知识手册》宣传折页、社区法制治保报等学习资料 144 份。

## 第五节　迎奥运与体育热

### 迎奥运活动

2007 年 6 月,流村镇新建村与古将村联合举办了主题为"庆五一,迎奥运"的篮球比赛。比赛双方分别是由新建村党支部书记刘元有带领的新建村代表队和由古将村党支部书记黄成安带领的古将村代表队。比赛双方本着"友谊第一,比赛第二"、"锻炼身体,宣传奥运"的精神,在赛场上展开了激烈的拼抢。最后比赛以不计分形式,宣告双方比赛打成了平手。11 月 3 日,流村镇举办"迎奥运和谐杯"金秋全民健身篮球赛。此次比赛以"迎奥运、健身心、促和谐"为目的,分为篮球五对五、三对三制正规篮球比赛和 6 项篮球趣味等比赛项目,参与活动人数达 500 余人。镇党委、政府对此次活动高度重视,投资 3 万多元组织此次活动。活动以"全民健身与奥运同行"为主题,精心组织颇具特色的比赛项目,集趣味性、娱乐性、群众性为一体。最终,五对五比赛中由黑寨村获得冠军;三对三男子、女子比赛分别由漆园村和高口中心小学摘得桂冠。2008 年 1 月,北照台村委会与韩台村委会进行了一场以"全民健身迎奥运"为主题的篮球友谊赛。两村上场队员都由各村"两委"班子成员、村官和部分村民组成,比赛由北照台支部书记开球。经过两个小时的激战,两队以 100 比 100 握手言和。同时韩台村也启动"迎奥运共建和谐新农村"活动。3 月 8 日北京晨创投资担保有限公司、北京银行昌平分行在韩台村举办了"迎奥运共建和谐新农村"启动仪式和登山活动,与韩台村民共同庆祝"三八妇女节"。启动仪式在韩台村接待站举行,常务副镇长刘毅、北京晨创投资担保有限公司及北京银行昌平分行的所有干部员工以及韩台村的部分村民参加了仪式,公司及支行领导向村民赠送了图书。2008 年 3 月 17—28 日,禾子涧村举行了"迎奥运和谐社区杯"乒乓球比赛。40 位乒乓球爱好者参加了比赛,比赛历时两周,参赛者坚持

"友谊第一,比赛第二"的方针,经过紧张、激烈的角逐,选拔出 7 位优秀选手准备参加镇里的复赛。2008 年 3 月 23 日,瓦窑村成功地举办了一次乒乓球比赛。本次比赛从早上 9 点开始至 12 点结束,报名参加比赛的共有 49 名选手,采取抽签分组比赛淘汰的方式,激烈角逐。最后,本村邢夏明、刘建英分别获得男单、女单冠军。本次比赛除设一、二、三等奖之外,还设纪念奖、竞技文明奖等奖项。

**表 62　2007—2008 年迎奥运活动获奖表**

| 流村镇 | 区级 | 北京志愿服务最佳协作奖 | 2004 年 7 月 | 奖杯 | 北京志愿者协会 |
|---|---|---|---|---|---|
| 流村镇 | 市级 | 市迎奥运和谐杯金秋全民健身篮球赛优秀组织奖 | 2007 年 2 月 | 奖牌 | 市体育局、市民政局 |
| 流村镇 | 区级 | 昌平区迎奥运和谐杯全民健身篮球赛优秀组织奖 | 2007 年 11 月 | 奖杯 | 区体育局、民政局 |
| 流村镇 | 区级 | 昌平区迎奥运和谐杯全民健身篮球赛第五名 | 2007 年 11 月 | 奖杯 | 区体育局、民政局 |
| 流村镇 | 市级 | 迎奥运讲文明树新风争当首都文明职工活动优秀集体奖 | 2007 年 12 月 | 奖牌 | 市总工会 |
| 流村镇 | 区级 | 2007 年度昌平区迎奥运、讲文明、树新风优秀组织奖 | 2008 年 2 月 | 奖牌 | 区精神文明办 |
| 流村镇 | 区级 | 昌平区第二届迎奥运"和谐社区杯"乒乓球比赛组织奖 | 2008 年 4 月 | 奖杯 | 昌平区体育局、民政局 |
| 流村镇 | 区级 | 北京市第二届迎奥运和谐社区杯乒乓球比赛优秀组织奖 | 2008 年 5 月 | 奖牌 | 北京市体育局、市社工委、市民政局 |
| 流村镇 | 区级 | 北京市第二届迎奥运和谐社区杯乒乓球比赛优秀组织奖 | 2008 年 5 月 | 奖牌 | 北京市体育局、市社工委、市民政局 |

资料来源:表格来源于流村镇档案馆。

# 第四章　卫　生

## 第一节　卫生行政

### 一、机构

民国时期,由县政府社会科审批医生开业和药政管理。日伪时期,医生开业须向县伪警务局保安系申请。解放战争时期,由县联合政府民政科监管卫生行政。1995年年底,县卫生局内设办公室、政工科、医教防保科、药政科、财务科和县公民义务献血办公室、公费医疗办公室、爱国卫生运动委员会办公室、红十字会,有人员37人。局直属卫生医疗机构有县级综合医院4所、农村改水办公室、昌平卫生学校,下属乡镇卫生院26所,有人员2780人。1976年以前,老峪沟卫生院共有职工12人,其中大夫9人,管理人员3人。为改变卫生条件,上级党委给老峪沟卫生院增添了设备,增建了房屋。医疗器械有手术灯、器械、手术床、病床、30层安七光机、电冰箱1台、进口显微镜1台,老峪沟卫生院缺医少药的状况得以解决。粉碎"四人帮"以后,在党中央的领导下,在公社党委的领导下,卫生工作有了进一步的好转。特别是党的十一届三中全会以来,贯彻了党的方针政策,学习了三中全会精神,进行了思想教育,建立健全了各项规章制度,促进了医疗、防保、妇幼、合作医疗等各项工作的开展,医疗技术水平有了很大提高。大型贵重的医疗器械保护得完好,没有损坏。人员由原来的12人增加到15人,其中中医1人,西医9人,后勤人员4人。技术方面按照上级的要求,基层卫生院一专多能,对医务人员有了明确的分工,定出了内、外、妇、幼,各科有专人负责,加强了各科的建设。提高业务技术的水平,开设了一般辅助科室。比如化验、激光。化验能开展 3 大常规,激光能做到胸透、四肢和腹透,同时能做到四肢和胸腹诊断。老峪沟乡从实际情况出发,重点派内、外、妇科大夫到县医院进修。除进修外,本单位还建立了学习制度。通过进修、单位组织学习和自学,技术水平有了大幅的提高。对休克、心衰、急性中毒、脑水肿、急腹症、脱水、中毒性痢疾、咯血等疑难病症能独立抢救、诊断治疗,并掌握了收住病人的一整套治疗方法,提高了诊疗率,解除了人民群众的疾苦和经济负担。一般妇女病能做到诊断和治疗,能做 3 项计划生育手术。1997 年年初,老峪沟乡政府成立了卫生工作领导小组,组长由主管乡长担任;组员由文卫办主任、乡卫生院院长、乡团委书记等人员组成,并对 1997 年全乡卫生工作做了具体分工,责任落实到人。

## 二、医政管理

### (一)医疗机构执业管理

1950 年,县政府卫生科开始对个体医生进行考核,合格者方可开业。60 年代初,无照个体行医现象增多。1964 年 5 月 28 日,县人委下发《关于取缔非法行医的通知》。1966 年 2 月 21 日,县卫生局等有关部门联合转发北京市卫生局等有关部门《关于加强农村医药市场管理和坚决取缔无照行医的通知》。1981 年起,实行"多层次、多渠道、多形式"办医疗机构。当年起,对社会上有一定医疗技术的人员进行考核,发放个体行医执照。1985 年起,医疗从业开放,出现多种形式办医疗。1991 年,对全县 108 名个体医生进行业务考核,合格率 94%,对合格者进行职称评定。1994 年后,个体从医实行发放执业许可证制度。

1995 年年初,县卫生局成立昌平一级医院评审委员会,对 15 所乡镇卫生院进行评审验收,达到一级甲等标准的有 14 所、合格标准1 所,对县属 23 个医疗机构进行执业登记,发放医疗机构执业许可证。年底,发放医疗机构执业许可证 538 个,其中乡镇卫生院 26 个、村级卫生室 303 个。1998 年,流村镇获得昌平区"精神病防治康复工作先进单位"称号。

(二)医疗工作管理

1980 年,老峪沟卫生院提出该年卫生工作指标,在医疗工作方面做出了具体规定,包括改善服务态度、提高医疗质量,全年月平均每人每天门诊、出诊、巡诊 2 人次;实行 24 小时应诊;开展巡诊送药上门,三个大队,每个大队每周巡诊一次;坚持出诊,急性病人做到随叫随到;建立健全并且执行各项医疗护理常规制度。此外,老峪沟卫生院还加强全院职工思想建设,改善服务态度,提高服务质量,每星期政治学习一次,开展一次学习白求恩、吕士财同志的学习班,开展"假如我是一个病人"的讨论。

1980 年,老峪沟卫生院规定了合作医疗检查条件,坚持昼夜值班,保证随叫随到;对危重病人包括各种食物中毒及服毒者及时转诊抢救治疗;针头、针管、棉签等严格掌握无菌操作;加强妇幼保健管理,掌握本大队孕妇产数,做到产前检查六次,产后三次,有登记,开展新法接生,并有登记,建立登记簿和卡片;加强学龄儿童的管理,开展儿检一次,检查率达 90% 以上,对体弱儿进行治疗,对新生儿进行三次访视,有登记记录,按上级要求,掌握各年龄组人数,治疗率达 80% 以上,治愈率达 70% 以上。

### 三、药政管理

新中国成立后,一般药品管理根据国家有关药品管理法规进行药品质量监督和检验。1957 年 3 月 17 日,区人委对个体联合诊所下发《对防止中医滥用西药做出明确规定》的通知。1959 年 10 月 14 日,区卫生局下发《关于药品使用保管方面的几项规定》。1963 年,县卫生局对全县 28 个公社卫生所药品进行检查,查出不合格药品 5 种。1964 年 11 月 4 日,县卫生局下发《复方樟脑酊及含阿片的复方甘草片的管理供应办法》的通知,规定实行专柜专店管理供应。

1966 年 3 月 18 日，县卫生局下发《关于在出售止痛、解热药时做好宣传工作的通知》；8 月 12 日下发《关于加强成药下乡工作的通知》。1977 年 6 月至 7 月，县卫生局、商业局联合进行药品检查，查出不合格药品 8 种。1978 年后，老峪沟乡卫生院药品诊所制药共两种类型，丸剂 9 种，3690 丸；片剂 10 种，50950 片。采药用了 79 斤，购药量 134 斤，采药占 37%，价值 410 元。药品有相应的管理制度，有专人保管，只要正式大夫开方，就可使用，做到了账实相符。药库、药房、药品摆放整齐，保持物品卫生。1981 年 2 月 25 日，县卫生局转发市卫生局《关于停止生产、供应、使用复方樟脑酊的通知》，医疗单位剩存的复方樟脑酊上缴县卫生局销毁。1982 年 9 月 9 日，根据卫生部要求淘汰药品 127 种。1985 年 7 月 1 日起，实施国家药品管理法。根据国家药品管理法，8 月，对药品经营单位进行初检，以后每年坚持实行药政检查制度，查处违法行为。1990 年对县供销合作社 30 个药品兼营单位进行检查验收。1993 年 6 月，县卫生局组织举办药品经营单位、医疗机构执行《中华人民共和国药品监督管理行政处罚规定》学习培训。9 月，召开药品经营单位会议，执行市卫生局《关于立即封存含虎骨、犀牛角中成药》的规定。2003 年 12 月 3 日，昌平医药药材总公司组织全区农村药品服务网点举行第二批从业人员法规培训班。这是 6 月 30 日首期培训班后，昌平药监分局为规范农村药品销售市场，让农村群众吃上"放心药"而实施的一项重要措施。7 月 16 日，"昌平区农村药品销售服务网点"在十三陵镇再生春堂正式启动，这标志着昌平区"切实解决农村百姓用药难问题、保证农村群众用上安全有效的药品"工作步入实质性实施阶段，也标志着昌平农村群众用药难问题将成为历史。农村药品销售服务网点启动以后，各网点做到统一价格、统一核算、统一配送、统一管理，让农民群众切实感到方便实惠。截至 7 月，昌平区共有 15 个镇设有中心药店，首批建成的农村药品销售服务网点已达到 50 个。2004 年，全区完成 190 个农村药品销售服务网点的布点工作。同年 1 月 17 日，流村镇举办药品市场监督与管理相关法规培训班。2005 年年初,北京市药监局昌平分局在对农村卫生院、卫生室的抽检中就发现了 14 个品种、34 个批次的假劣药品,所涉及品种全部为常用药。而价格虚高同样普遍,如市场零售价仅 2 元多的复方丹参片,村卫生室的进货价就达到了 8.8 元。2004 年以来,昌平区开始全力解决这个危害农民用药的顽症。在区政府领导下,药品实施统一配送并已经覆盖到全区各个乡镇的村级卫生室。复方丹参片给村卫生室的进货价已经只有 1.92 元了。2004 年 3 月,昌平区开始实施药品统一配送,成立了昌平区药品统一配送评审委员会,负责对药品配送企业药品质量、价格、服务和对村级卫生室药品使用情况进行评议。从参与昌平地区药品供应的 7 家企业中投票确定昌平区医药药材总公司为中标企业,承担对区内农村卫生室的药品统一配送工作。流村镇成为昌平区农村统一药品配送的试点。到目前为止,统一配送已经覆盖到昌平全区各个乡镇的村级卫生室。7 月,北京市药品监督局在马池口镇医院、兴寿镇医院、流村镇漆园村卫生室发现了新康泰克、芬必得、头孢氨苄片三批假药。2006 年,加强农村卫生室药品统一配送、药品抽验、农村药品销售服务网点管理等工作。在 2005 年工作基础上,完成全区各镇农村卫生室的药品统一配送工作,达到规范化卫生室药房的标准;加强对农村地区民办医疗机构的监管,加大农村药品市场的抽验力度;进一步规范农村药品销售服务网点的管理,使其达到"百姓放心点"的要求;同时加强农村地区药品、医疗器械、保健食品、化妆品知识和法规宣传,提高群众鉴别能力和自我防范意识。11 月 13 日,流村镇在王家园村委会举办药品信息员培训班,各村药品信息员参加了培训。2008 年 5 月,药监昌平分局组织召开昌平区农村药品统一配送领导小组工作会,昌平区政府副区长方炎以及区发改委、卫生局、监察局、农委、工商昌平分局等部门和部分镇政府主管领导出席了会议。会上,药监昌平分局副局长董雅新总结了药品统一配送工作情况。自 2005 年由流村镇试点开始至今,昌平区农村药品配送已运行三年,既保障了昌平区农村药品市场药品的质量,又规范了村级医务室的购进药品的渠道,杜绝了假劣药品的流入。评审委员会每年召开评审会两次,分别从进货资质、村卫生室药品管理档案、采购票据、管理制度、库房管理、药品质量和服务质量等方面,对药品配送企业、村卫生室进行现场考评。自2002年起,昌平分局开展农村药品供应网和农村药品质量监督网的建设以来,截至2008年,区已成功构建起上下联动、齐抓共管的区、镇、村三级药品质量监督网,全区药品监管网络也已覆盖到全部镇(街)的300多个行政村,覆盖率达到100%;并成功构筑了以药品批发企业、镇级药店和村药品销售服务网点组成的"横到边,纵到底"的农村药品供应网络,将规范的药品配送网络延伸至村卫生室,通过抓源头监管,有力地保证了农村群众的用药安全有效。

### 四、县属医疗机构管理

(一)医疗机构干部制度

新中国成立后,县属医疗机构领导干部由县卫生局任用。1983年开始,县属医疗机构正、副职领导干部实行聘任制;6月,在沙河医院试点实行,以后普遍实行聘任制。1988年,县卫生局对聘用医疗机构领导干部进行考察,有6个单位进行改聘。

(二)医疗经费

新中国成立后,县属医疗机构医疗经费实行每年定额分配。1981年起,医疗经费实行"医疗预防任务包干、收支定比、增收节支、超比提成"管理方法,在7个公社卫生院、所进行试点。1982年起,在县属医疗机构普遍施行。1985年起,医疗经费实行"两项补助、独立核算、自负盈亏、结余留用"的管理办法,按医疗机构门诊人次、病床使用日、承担防疫保健人口数量给予经费补助。1988年1月1日起,县属医疗机构实行"承包自主经营"、"单项防保补助"、"两项补助"、"防保单位经费包干"等多种形式的医疗经费管理办法,其中1

家医院试行"独立经营、集体承包",其他 35 家医疗卫生机构与县卫生局签订合同实行"独立经营、集体承包"。1989 年 5 月 12 日起全县试行"一定三挂双处方"(一定:定点医疗;三挂:公费医疗开支与享受单位、个人和医疗单位挂钩;双处方:享受公费医疗的职工就医时,加纳现金,处方一式两份,一份留医院,一份交所在单位存查)的新公费医疗管理制度。1990 年起,县属医疗机构实行一定(人员编制)、三包(医疗预防任务、经费补助、工资总额)、一奖罚(超额完成任务按工资总额一定比例给予奖励,完不成任务按工资总额一定比例给予扣罚)的医疗经费管理办法。

### 五、农村卫生保健管理

（一）乡村医生管理

1952 年,县政府卫生科对村级卫生人员 255 人进行传染病学、环境卫生、生命统计学培训。1958 年,全区培训卫生人员 2000 人次。1965 年 11 月,县卫生局举办半农半医班 9 个,学习时间 7 个月,培养"赤脚医生"325 人。1971 年,"赤脚医生"由公社卫生院组织定期培训,坚持三分之一时间参加生产队集体劳动。为提高医务人员的医疗水平,老峪沟公社卫生院计划每次派两名大夫到县医院进修,其余的主要靠自学。1978 年,卫生院派了 3 名大夫,内科、外科、妇科各一名。计划 1979 年派两名,一名学习进修化验,一名进修五官和口腔。1979 年,县卫生局对考试及格的"赤脚医生"632 人颁发证书。1980 年,老峪沟公社卫生院根据《全国农村人民公社卫生院暂行条例(草案)》第四、五、六条精神,制定了《1980 年赤脚医生实行"五定一奖"条例(草案)》。1981 年 12 月,县卫生局对"赤脚医生"362 人进行考试,合格者发"赤脚医生"证书。1988 年,流村乡共有 10650 人,有 11 个农村大队,其中有 2 个是小大队。农村大队基本上都有卫生工作人员,有专职 15 人,兼职 2 人,个体 1 人,当中有接生员 8 人,基本上村村有医生。有了一批比较稳定的初级卫生工作保健队伍,并随着医疗事业的发展和需要,对这支队伍进行培训。从乡卫生院工作人员的业务水平开始,按卫生局的要求分期分批进行培训,然后再由卫生院负责培训农村医务人员。卫生院、乡村同时进行(二年)。从设备情况看,总的情况没有达到县卫生局的要求。村里还是比较支持这项工作,下店的报酬不低于后勤人员的同等报酬;上店每年补给卫生员 400—500,南流村大队每年补给 200—300 元,但要求补一部分款的人必须在村里干活,方便群众,不准到外边去干。然而仍存在发展不平衡的问题,也有个别领导重视程度不够,卫生工作人员报酬偏低。1987 年,黑寨有这种情况,乡卫生院和大队书记做了工作,得到了比较妥善的解决。1991 年,"赤脚医生"改称乡村医生,经考核向 480 人发放了乡村医生证书。

(二)初级卫生保健管理

1957 年 3 月,县卫生科对农业合作社未经批准建保健站进行处理。1971 年起,大队医务室执行《昌平县农村合作医疗章程(草案)》。1973 年,县革命委员会转发县卫生局《关于在全县建立县、社、村三级医疗卫生网点的办法》。同年,在高崖口等公社进行大队医务室、公社卫生所和中心卫生医院、县医院三级医疗网试点,实施《昌平县分级、分工三级医疗网点实施办法(草案)》。在 1988 年的 3 月份,流村乡卫生院院长对全乡初级卫生保健工作者进行了一次检查摸底。通过这次检查,对基层的初级卫生保健工作做到了心中有数,与各大队主要领导互通情况,要求各大队进一步重视卫生工作。1988 年 12 月 30 日起,县卫生局组织对农村村级卫生室进行检查验收,全县有村卫生室 171 个,其中合格 124 个。1988 年昌平县卫生工作会议以后,流村乡成立了初级卫生保健领导小组,由主管乡长、财政所长、卫生院长、卫生院支部书记、乡妇联主任 5 人组成。该年验收的地点是下店、新村、古将,对这几个验收单位流村乡每年都和村主任支部书记打过招呼。当时流村乡除去下店大队纯属大队办的以外,其余的村都是个人承包、集体补贴的办法,个人的收入不低于

1000 元。1989 年 2 月,成立县初级卫生保健办公室,当年县投资 3 万元为村医务室装配必备医疗设备。1990 年 3 月 17 日,国家卫生部会同市卫生局对昌平初级卫生保健工作进行中期评价,抽查了包括黑山寨乡黑山寨、北庄、望宝川等在内的 9 个村。1992 年年初,全县 319 个行政村全部建卫生室。

## 第二节　医疗发展概况

### 一、机构

（一）卫生院

1955 年,昌平县有联合诊所 13 个,山区有山羊洼、马刨泉村设立分诊所 2 个。1955 年年底全县有流村、老峪沟、高崖口等乡镇卫生院 24 个。1959 年至 1967 年,市卫生局拨款 10 万元建高崖口、长陵、黑山寨、小汤山卫生院,总面积 1200 平方米。1966 年 8 月,高崖口公社卫生所改为卫生院(同时分别为北京人民医院、北京儿童医院、北京医院的分院备战点)。1995 年黑山寨乡卫生院面积 733 平方米,高崖口乡卫生院面积达 990 平方米。年底,老峪沟乡党政机关简易楼房、基层供销社商业设施和卫生院面积 886 平方米。2006 年完成流村镇卫生院(社区卫生服务中心)新建工程。加强对基层卫生院的管理,加强卫生队伍建设,真正做到农民群众"小病不出村"。对流村等镇卫生院进行改造。2007 年流村镇镇级卫生院改造工程基本完工,建筑面积 2877 平方米,其中门诊楼北三层 2070 平方米,西三层 807 平方米,预计投资 650 万元。高崖口、老峪沟卫生院分别于 2004 年的 4 月、8 月合并到流村镇医院。

2008 年 12 月,北京市卫生局关于《恢复运行 120 急救网络 65 个急救站工作方案》的通知,北京市 120 急救网络奥运期间新增 65 个急救站将恢复运行,其中包括昌平流村镇卫生院的高崖口急救站。"十一五"计划期间,全区只保留 13 所镇卫生院(社区卫生服务中心),其中包括流村镇卫生院。12所卫生院改为社区卫生服务站,其中包括流村镇高崖口社区卫生服务站、流村镇老峪沟社区卫生服务站。

(二)村医务室

2004年3月底,根据山区村、低收入村看病难的情况,区财政拨款为每个纯山区村或低收入村补助1万到3万元,统一建立医务室。由当村的乡村医生担任医务人员,并由区财政拨款,保证支付医务人员每人每年5000元的工资,以改善山村的医疗条件。

韩台村医务室于2004年4月22日率先投入使用,这间约40平米的医务室由原来的支部办公用房改造而成,室内用铝合金板分别隔成了诊疗室、药房和输液室;添置了药柜、诊断床、桌椅等新设备。存放的药品也由原来的50余种增加到了120多种。药品将以低于卫生院的价格卖给村民,其他项目都不收费,老峪沟等70多个深山村、低收入村的医务室2004年下半年全部投入使用。

2004年12月,村村建立了医务室。2006年内,流村镇完成了漆园、南流村、西峰山、马刨泉4个村的社区卫生室建设,并且为改善村民的就医环境,争取资金19万元,对全镇各村医务室进行修缮,对23个村的医疗点实施了药品配送。该年有医疗机构3个,医疗技术人员36个,医疗床位数25个,使全镇医疗卫生设施日益完善。2007年流村镇有医院、卫生院3个,医生36人,病床25床,村卫生室24个。

(三)医疗队

新中国成立初期至70年代末,县医疗机构多次组织医疗队下乡,开展防病、治病,支援卫生工作。1965年,市儿童医院医疗队到黑山寨卫生所、北京医院医疗队到高崖口卫生所防病治病,培训医务人员。1966年上半年,县医疗队21人到老峪沟、流村等公社防病治病,培养"赤脚医生"。1967年11月28日,前门医院医疗队到高崖口卫生院开展支援医疗工作。1967年至1972年,前门医院等医队陆续从所在地卫生院撤离。1975年4月下旬,解放军北京部队总医院、解放军261医院和北京医学院附属人民医院、小汤山疗养院、市第一传染病医院、安定医院、崇文区医院与昌平县医院、沙河医院抽调医务人员共174人组成9个卫生工作队,分驻高崖口、老峪沟等公社参加卫生下乡活动。近年来,北京市及县医疗机构也多次组织医疗队下乡,开展卫生宣传与支援活动。2001年5月10日,宣武区牛街办事处计生办、妇联、回民医院三家联合组织13名干部和医务人员来到流村镇老峪沟开展"城乡手拉手医疗保健进山村"活动。6月22日,北京红十字会10余名医务人员来到流村镇为建国前老党员进行健康体检,还为老党员送去260箱方便面和价值1万元的药品。7月6日,北京交通医院10余名医务人员来到深山区老峪沟地区,为那里的群众看病并免费提供药品。2002年2月,昌平区红十字会开展节前"送温暖"活动,为流村镇20户困难户每户送去了价值200元的生活用品及200元慰问金。5月17日,流村镇科委与海淀医疗队在流村镇北流村联合举办了科技、文化、卫生三下乡活动。2003年9月24日,昌平区"科技、文化、卫生、司法"四下乡活动在流村镇古将村举行。参加活动的有科协、区科委、区林业局、区图书馆、区中医院、平板玻璃公司职工医院及流村镇科委、科协、政法办、计生办、社会事务科等部门。2005年5月19日,区科协特邀市区医生到流村镇韩台村、菩萨鹿村开展卫生进山村活动。2006年,按照北京市卫生局对口支援有关工作的要求,北京市普仁医院院长率领院长助理曾文军、医务科副主任郝宇红到流村镇社区卫生服务中心就2007年的卫生支援工作计划与中心主任进行了充分的沟通,到最贫困的老峪沟社区站进行了现场调查。根据当地的具体情况双方达成共识:普仁医院提供B超、检验、手术室护士等人员的培训;根据流村镇的实际情况安排专家出诊、协助体检、普查宣教、短期出诊、急诊会诊;对设备、办公用品、一次性材料等进行资助。7月19日至21日,应流村镇的要求,普仁医院安排内科、检验、超声等相关人员为流村镇130余名村干部进行了体检并建立了健康档案。下半年普仁医院还进行健康教育大课堂及派遣人员对流村镇社区卫生服务中心的工作人员进行相关培训,开展咨询义诊,免费安排流村镇社区卫生服务中心的人员来该院进修。2007年1月7日,团区委联合卫生局、区科技局到流村镇狼儿峪村开展了"文化、科技、卫生"三下乡送温暖活动。区卫生局志愿者为近百名群众进行了医疗咨询和体检,并向群众发放了医疗常识宣传材料。2008年4月10日,区政协组织部分委员单位和有关单位的医疗骨干等120人同时到王峪村、韩台村开展了"科技、文化、卫生、法律"四下乡服务活动。区政协主席王振华,副主席张国良、李富和及有关单位的负责同志参加了活动。2009年1月9日上午,在昌平团区委的倡导下,昌平区妇幼保健院同区农委以及昌平区多家高校来到昌平区流村镇瓦窑村开展"文化、科技、卫生"三下乡送温暖活动。在本次"三下乡"活动中,院团总支部组织部分青年医务人员为村民开展义诊与健康咨询,并发放健康知识宣传材料。

## 二、医疗发展概况

### (一)合作医疗

合作医疗是人民公社社员依靠集体力量,在自愿互助的基础上建立起来的一种社会主义性质的医疗制度。合作医疗的发展,对改变农村缺医少药的状况,保护社员身体健康发挥了积极的作用。1978年流村公社5个大队农业人口4072人,参加合作医疗的3795人,占总人口的93.1%。马刨泉大队总资金3548元,其中合作医疗基金2348元(社员每个人1元,公益金每人1元),总开支3162元,库存1200元,结存1586元;全年用药2639元,自采种植药92元,占全年用药3.4%。报销比例方面,药费超过全家总医疗基金以外,5元以内全部报销,5元以上报销50%,10元以上报销30%,20元以上不给报销,全额收费。长峪城大队总资金1534元,其中合作医疗基金948元(社员每个人0.5元,公益金1元),总开支1991元,库存336元,亏121元;全年用药1453元,自采种植药40元,占全年用药9.7%。报销比例方面,看一次病就收半费,50元以内报销50%,收诊费2分。老峪沟大队总资金2613元,其中合作医疗基金1084元(社员每个人0.5元,公益金每人1元),总开支2274元,库存61元,结存400元;全年用药2078元,自采种植药587元,占全年用药28.2%。报销比例方面,看一次病就收半费,经大队医转院治疗药费报销50%。禾子涧大队总资金928元,其中合作医疗基金713元(社员每个人0.5元,公益金每人1元),总开支1229元,库存193元,亏107元,全年用药769元,自采种植药37元,占全年用药4.8%。报销比例方面,每人全年5元以内全部报销,慢性病人,到外地看病,经大队医同意,报销50%。诊费门诊3分,出诊5分。黄土洼大队总资金1572元,其中合作医疗基金922元(社员每个人1元,公益金每人1元),总开支1145元,结存427元;全年用药1208元,自采种植药317元,占全年用药26.2%。报销比例方面,每人看病,5元以内全部报销,5元以上报销30%,不收诊费,每人交药材,折扣0.5元代替诊费。1980年老峪沟合作医疗实行全额管理,加强药品管理,节约资源资金,年终有余或平衡。严格控制非业务性开支,做到账实相符,实耗实清,开展三上四自,大力开展自采、自种、自制、自用中草药,1980年三上四自中草药要达到全年总用药量的(以金额计算)25%以上,结余留用巩固发展合作医疗。由于各级党组织的重视,加强了领导,使"赤脚医生"发挥了积极的作用,开展了三上四自活动,使合作医疗基本达到了平衡和略有节余。卫生院对"赤脚医生"的技术加强了培训,提高了他们对农村常见病、多发病的诊断和治疗能力。可以说,老峪沟公社的合作医疗还是比较巩固的。

(二)农村合作医疗大病统筹制度

2003年11月14日,流村镇农村合作医疗大病统筹制度在全镇全面推行。采取三步走战略:第一步,在经济实力较强的村全面推行；第二步，在经济基础相对较好的村展开；第三步，在 15 个贫困村中进行。合作医疗出资，镇、村、个人三级筹集，采取"112"方式，即镇、村两级年均各补 10 元，个人每人每年交 20 元。目前，已有三分之一的村开始推行。是月，流村镇积极筹措资金，全面推进农村合作医疗大病统筹工作的开展。凡户籍在流村镇的农民（不含违反计划生育政策的户）均可入农村合作医疗。为了市政府匹配资金每年能及时到位，2004 年政府将匹配五年农村合作医疗专项资金存入银行账户专款专用，作为一项长期工程加以落实。2006 年，随着农村大病统筹参保率逐年增加，共为群众报销医疗费 150 余万元。2007 年 8 月，流村镇社保所积极进行政策宣传，现场答疑，专门召开村级社保员会议，进行"一老一小"业务培训，认真组织实施。截至 8 月 31 日，医疗缴费工作已全部结束，进入上报阶段，全镇"一老一小"参保人数共计 158 人，其中老人、小孩分别为 79 人，男性 36 人，女性 122 人，确保了大病医疗保险制度的顺利实施。流村镇医院、流村镇高崖口卫生院是北京市基本医疗保险定点医疗机构昌平区的定点医院之一，前者为一级甲，后者为一级合格。

（三）新型农村合作医疗

2004 年北京开始在全市推广实行新型农村合作医疗制度。新农合已覆盖了 13 个区县的所有行政村，参加合作医疗的农民今年已达到 268 万人，占农业人口总数的近 90%。2003 年，这些农民中有 198 万人次获得补偿，补偿总金额为 3.29 亿元。2004 年，市政府在原有新农合筹资基础上，新增补助金 1 亿元，区县增补 8000 万元，使全市新农合筹资水平提升到人均 220 元，人均增加 80 元。未来三年，新农合人均筹资标准每年还将增加 100 元；到 2010 年，参合农民每年医保账户上的数字将增至 520 元。2007 年，全镇 28 个村参加新型农村合作医疗保险人数 10453 人，占全镇农业人口的 70% 多，有 422 份报销单，报销总金额 74 万多元。

流村镇从 2004 年开始，共有 1273 份报销单，报销总金额达 274

万多元,有 1273 户家庭因参加新型农村合作医疗受益。

（四）新型农村养老保险

2007 年,流村镇参加农村社会养老保险 2302 人。2008 年 1 月 1 日新型农村养老保险政策的实施,是北京市委市政府统筹城乡、解决民生问题的重大决策举措,是加快建立覆盖城乡居民社会养老保障体系的一项重大举措。为确保新制度的平稳运行,引导农民参保,扩大覆盖范围,1 月 14 日,市劳动和社会保障局又出台了《北京市新型农村社会养老保险试行办法实施细则》。2008 年 2 月 29 日,流村镇召开城乡无社会保障老年居民养老保障和新型农村社会养老保险工作动员大会。镇党委书记张勇、党委副书记刘春林、副镇长张树玲及镇社保所、派出所等部门领导出席会议。28 个行政村支部书记、主任、全体机关干部、大学生"村官"300 余人参加了会议。

### 三、治疗

（一）门诊

20 世纪 50 年代县卫生院开始门诊,经不断规范健全,形成完善的门诊制度。门诊主要制度有挂号、医生诊断、化验检验、处方用药或手术治疗、住院治疗。1976 年以前,在上级党委的支持和帮助下,老峪沟卫生院增加了人员,健全了设备,但是由于林彪、"四人帮"的干扰破坏,人心散乱,卫生理论学习不足,对内、外、妇、儿的疾病只能治疗一般的农村常见病、多发病,对危重病人不能就地医治,不能及时住院治疗。在县医疗队的帮助下,掌握了一部分病的治疗技术,但距党的要求和人民的需要还相差很远。粉碎"四人帮"以后,老峪沟卫生院加强了对医疗技术的管理和服务态度的改善,在工作上有了一定的成绩。1978 年,老峪沟卫生院岗位责任制的各项制度建立并基本上贯彻执行。内儿科方面基本上能诊断治疗一般常见疾病、传染病;外科方面,能处理一般的四肢骨折和外伤,对疝、痔、瘘能诊断,但还不能手术;五官科方面,能处理耳、鼻、眼、咽一般的病,不能做手术;能拔牙和治疗牙病;中医科能做到辨证施治;放射科能做到胸、腹四肢各部位的透视,达200多例;化验方面能做血、尿、便、痰四大常规的化验,有100多例。妇产科能诊断治疗一般常见病和多发病。计划生育四项手术,能做取环、放环、人流三项手术,能接正常生产和臀位生产。门诊量1977年截至12月16日是7731例,平均每天21例。老峪沟卫生院1978年有病床6张,收住病人38例,其中转院12例,病床使用天数共182天,平均每张床使用率8.6%。病历24小时内能完成,病程日志有90%的病历都已填写,病房比较干净整齐,该年没有发生医疗事故。医疗工作方面,1979年全年门诊出诊率是9100人次,平均每天249人,比1978年7813人次增加了1287人次,增16.4%。病房工作方面1979年收住病人60例,比1978年38例增加23例,增加57.8%,对老年人来院有困难的还设了家庭病房。1978年15例,1979年19例,增加了4例,增26%。透视1979年713例(包括体检),比1978年的200例增513例,增256.5%。化验方面1979年129例,比1978年100例增加29例,增长29%。

(二)出诊

旧时个体医生进行医疗的主要方式。以走村串户治病为主的医生,被称为走访郎中。有的由病人家属请到家为病人治病。新中国成立后,随着个体医生加入联合诊所,已无走访郎中。病人病情较重(尤其是传染病),由病人家属到医院(卫生所)请大夫到家看病。60年代起,随着交通状况的改善和农村初级卫生保健工作的开展,出诊减少。80年代中期,又有医疗机构设家庭病床,出诊治疗老年性疾病。

(三)义诊

1958年1月,县卫生局组织25人医疗队到山区上庄、老峪沟、高崖口、黑山寨乡34个村进行免费医疗,治疗患者3500多人,提供药品价值2000多元。1963年6月,县组织医疗队到老峪沟公社为医疗、生活困难病人实行免费医疗。1985年10月21日,县有关部门组织 28 名医生到高崖口乡义诊 244 人次。1986 年 5 月 29 日,县医疗服务队到老峪沟乡义诊 584 人次;8 月 10 日,县医院团员青年医护人员到老峪沟乡义诊 280 人次。1997 年,老峪沟乡政府共组织 7 次义诊活动,北京阜外医院、北京交通医院各科专家 7 次来老峪沟乡为广大群众义诊,共看病 5000 多人次,解决了一些群众看病难的问题。2001 年 5 月 16 日,中共昌平区委统战部、民建昌平工委联合在流村镇瓦窑村为山区群众义诊。区政协副主席、统战部长沈玉宝和民建北京市委副秘书长唐伟力等领导参加这次活动。1990 年 3 月 13 日,县卫生医疗机构离退休医生到黑山寨乡义诊 200 多人次。2004 年 4 月 18 日,民盟市委、医疗卫生委员会、民盟昌平支部组织宣武、海淀、协和、皇城等医院的民盟成员、专家医生十余人,来到昌平区流村镇白羊城村开展义诊活动,送医药到山区。4 月 28 日,市委书记刘淇到韩台村和菩萨鹿村进行调研,还亲切看望了 20 多年来一直坚持为村民义务出诊的村医韩桂芹。5 月 19 日,区科协特邀北京农学院、北京和义哮喘医院、区卫生局(区医院、区中医院)、区科委、区计生委、区档案局、区图书馆、区计算机俱乐部等单位的专家、医生和技术人员到流村镇韩台、菩萨鹿村开展科技、文化、卫生三下乡活动。医务人员为当地群众进行了义诊。区科协主席李省、副主席田野青、区科委副主任刘平、区档案局副局长杨兴朝、北京农学院科研处副处长李华等领导参加此次活动。2007 年 4 月 6 日,区科协在流村镇白羊村组织了科技、文化、卫生进山村活动。九三学社的 6 名医疗专家在村委会为 50 名村民进行了义诊。5 月 29 日,昌平区中医医院按照上级“下山区义诊”的部署要求,由医务科组织并带队,儿科、防保科等医务人员一行 5 人到流村镇老峪沟义诊点,开始了迎“六一”边远山区儿童健康义诊活动。医务人员为该地儿童进行了健康体检、疾病咨询、疾病追踪治疗等,在 29 名接受义诊的儿童中,年龄最小的 3 个月,最大的 10 岁,其中有不同程度营养不良现象的 6 名、伴有消化道症状的 3 名,另有一名疑似脑瘫患儿。2007 年

11 月 2 日，回龙观医院医生来到流村镇，分别为流村中学初三年级的学生讲授青少年心理健康咨询知识并为南流村独生子女家庭进行义诊活动。在南流村村委会院内，回龙观医院的医生们认真地为前来的村民进行了血糖、血压的测量，对血糖血压不正常的村民，医生反复告诉他们要到医院去复诊。2008 年 4 月 10 日，卫生局组织区医院、中医院的医生在王峪村和韩台村开展了义诊咨询活动，医疗义诊、咨询 260 余人次。2009 年 2 月 10 日，北京急救中心 7 名青年志愿者及网络管理科相关人员来到昌平，为当地人民"送医、送药、送知识、送温暖"，支援流村镇卫生服务中心，开展急救技能培训、访贫问苦等活动，将"北京青年健康使者火炬行动"推向深入。昌平区卫生局、急救分中心、卫生服务中心的领导参加活动。昌平区流村镇卫生服务中心下设两个急救站，作为新增急救站，在奥运期间圆满完成了各项任务。目前，急救站点已作为奥运遗产保留下来，从事日常急救工作。急救站的出车人员都是其他卫生院对口支援人员，急救工作经验不足，针对医务人员的实际需求，急救中心赠送了价值 5000元的专业急救书籍、光盘和急救知识展板，提高了他们的专业理论知识水平；青年志愿者作了题为《院前急救与急症应对处理》的讲座。讲座选取院前急救病历，分析讲解了猝死、外伤、心脑血管疾病、呼吸系统疾病等院前常见急症的救治原则和转运条件，与基层医务人员进行了良好的互动和交流。与此同时，与会领导和另一组青年志愿者深入西峰山村和古将村，慰问了 103 岁的老人和 53 岁的低保户，送去了米、面、油、棉被和健康书籍。古将村低保户天生智力障碍，没有劳动能力，两个月前因意外摔伤，生活异常艰难。青年志愿者为她做了详细的检查和诊治。2009 年 4 月，流村镇 14 名贫困白内障患者在兴寿镇社区卫生服务中心接受了白内障复明手术。几年来，市、区政府先后为 1568 名贫困白内障患者实施了减、免费复明手术，有效地解决了贫困视力残疾人康复难的问题，为实现 2010 年残疾人"人人享有康复服务"的目标打下了基础。

# 第三节　卫生防疫

## 一、传染病防治

### (一)天花

1949年3月中旬,昌平县成立了中西医诊疗所,卫生防疫工作由中西医诊疗所兼管,防止传染病蔓延。1953年3月,县卫生院设卫生防疫股,后改称卫生防疫组。诊疗所将牛痘疫苗普发到各区镇,为群众义务接种。在各村广泛普及卫生知识,教育群众养成良好的卫生习惯。1952年发病2例,1953年后未发现天花患者。1981年3月31日,根据市卫生局要求停止接种牛痘疫苗。

### (二)脊髓灰质炎

俗称"小儿麻痹症",系常见的流行少儿疾病。1979年起实行计划免疫接种后,无此病发生。

### (三)斑疹伤寒

1961年昌平县出现斑疹伤寒病人。老峪沟公社1979年发生两例斑疹伤寒病人。在《1980年卫生工作指标》中要求加强对斑疹伤寒病的预防工作,开展3次灭虱运动(春、夏、秋),对病发的大队重点抓,使发病数不超过1979年的10次。

### (四)麻疹

1961年有所上升。该年1—4月就发病2556人,其中死亡13人,比1960年全年还增加了2倍多。

### (五)疟疾

主要流行传染病。1961年发生了20多例,1983年后县内未发生此病。

### (六)非典

2003年4月25日,流村镇加强"非典"防控工作,全镇行动起来,投资近15万余元,购买消毒液、消毒器材、口罩、隔离液,并为辖区内的三个卫生院配备了相关器材。27日,流村镇防"非典"进入一级防备状态,正式组建一支由116名25—40岁男青年组成的巡查小分队,昼夜分兵把守镇辖区内19个关键路口。28日,昌平区副区长杨旭明等领导到流村镇、村就防控"非典"工作的落实情况进行了检查,对流村镇防控"非典"方面采取的设卡盘活、登记造册、统一消毒、建立专业应急小分队、下发车辆通行证等措施表示满意。29日,为确保"非典"防控期间各村信息的沟通,流村镇投资3万元,为全镇28个行政村购置了传真机。30日,加大对全镇人口流动的控制力度,镇出资统一印制了"村民出入证",确需外出的村民将凭"村民出入证"进入本村。同日,出资为全镇6000余户村民购买体温表。同日,加大对宠物及畜禽的管理、统计、防疫和圈舍消毒。5月1日,向全镇人民发放"致全镇人民的公开信"6500余份,并利用宣传车进行宣传。3日,成立专门检查组,每天对工地"非典"防控工作的落实情况进行检查,并同各施工单位签订责任书。4日,上店村私营企业——航运喷涂厂厂长崔淑利捐款11000元,为全体村民购买防"非典"中药。7日,下发关于"非典"疫情民意调查表,绝大部分群众对政府采取的措施表示满意,并积极予以配合。截止到6日,流村镇镇、村两级共投资94万元用于防"非典"。20日,流村镇投资1万余元购买鼠药,掀起"人人动手,消灭四害"的灭鼠高潮。25日,全镇共有300余名初三学生返校复课,高口、流村两所中学严格按照复课要求,设立了隔离室,封闭了楼内垃圾道,班容量不超过30人,并每天对校园室内外进行全面消毒。镇投资近万元,为学校购买了消毒液、电子体温测试仪,于复课前送到了学校。6月9日,区建委领导关注山区经济发展,到流村工业小区检查"非典"防控及施工进度,并为工地送84消毒液。2003年7月,流村镇获得昌平区"防止非典型肺炎工作先进集体"称号。

（七）手足口病

由多种肠道病毒引起的常见传染病,以婴幼儿发病为主,大多数患者症状轻微,以发热和手足口腔等部位的皮疹和疱疹为主要特征。

2008 年 5 月 2 日起,我国正式将手足口病纳入丙类传染病管理。2008 年 5 月 14 日,流村镇召开工作会议,安排部署全镇手足口病防控工作。会上,镇卫生院院长王兴从手足口病的流行现状、传染源和传播途径、临床诊断病例、预防控制措施等方面进行了业务培训。流村镇将手足口病防控工作作为当前重要工作来抓,成立由镇长任组长的领导小组,制订切实可行的工作方案;镇卫生院专门设置传染病分诊室,并分派医护人员分别对镇域内各村村医、幼儿家长进行手足口病防控知识培训;各村分别统计 0—6 岁外来、本地儿童基本情况,联合卫生院等部门加强对小学、幼儿园儿童的管理。安排救护车昼夜 24 小时值班,开通专线电话,坚持日报制度。向学校、幼儿家长入户发放《致全镇村民的一封公开信》、《正确认识手足口病》等宣传材料 8000 余份,普及手足口病知识和预防知识。

(八)流感

1978 年,老峪沟卫生院发放预防汤药片,煎预防汤,预防流感。2007 年,市卫生局宣布,该年北京为本市户籍的 200 余万 60 岁以上老人免费接种流感疫苗;为百余万在校中小学生(含流动人口的中小学生)半价 20 元接种疫苗。为方便广大市民接种,市卫生局在全市医疗机构中设立了 575 家流感疫苗接种门诊。在 10 月 15 日至 11 月 15 日期间,全天向社会开放(周六、周日不间断),为市民提供接种服务,市民可就近选择接种门诊进行接种。本市年龄在 60 周岁以上(出生日期在 1947 年 10 月 1 日之前)的老年人可凭本人身份证享受免费接种。在校中小学生由所在学校统一组织,在征得学生家长的同意下,学生可在校接种。该年本市使用的流感疫苗全部是由北京市医疗机构药品集中招标采购中心组织专家从国家批准上市的产品中招标选出的,包括赛诺非巴斯德公司、北京科兴、杭州天元、江苏延申及大连雅立峰公司五家企业的产品。疫苗成分为世界卫生组织所推荐,可预防三个亚型流感病毒引起的流感。先期采购的 93 万支流感疫苗已下发到全市 575 家流感疫苗接种门诊、包括昌平区的黑山寨、流村镇卫生院、高口社区卫生服务站、老峪沟社区卫生服务站。2007年11月23日古将村免费为136名花甲老人注射流感疫苗。

（九）痢疾、流脑

1961年1—3月份昌平县痢疾发病99人,4月份一个月即发病98人,而5月份骤然上升到427人,比4月份增加4倍多,比1960年同期的117人增加了近四倍。其中患中毒性痢疾死亡4人,比1960年同期1名增加了3倍。发病地区已遍及全县。5月份,发病较多的有沙河公社、城关、流村等公社,其中流村公社43人。粉碎"四人帮"以后,在县防疫站的直接领导下,老峪沟卫生院加强了防保工作,贯彻预防为主的方针,对传染病加强了管理。在县委领导的大力支持下,防疫站召开了四次赤脚医生会议,内容包括预防注射、建卡管理和夏季传染病预防等。卫生院成立了防保组,大队医有一个赤脚医生负责预防工作,对卡片进行了管理,建立出生、死亡、传染病登记本,对痢疾病预防采取了井水消毒（投漂白粉）,发动群众、小学生消灭蚊蝇,使各种传染病逐年下降。1978年痢疾病227例,相比1977年的178例,发病率上升了24.8%。其中漏报9例,相比1977年的34例,下降了73.5%。麻疹发病37例,相比1977年的7例,发病率上升了428.5%,漏报2例。流感459例,比1977年的140例,发病率上升了227.8%。1979年175例,比1978年227例下降52例,下降了29.7%,流脑1979年没有发生。

（十）病毒性肝炎

简称肝炎。1958年定为传染病。1961年第三季度昌平县发生18例,而10月份1个月就发生12例,而且有的成为肝硬变,无法医治。1979年,县卫生局下发通知组织预防肝炎。1981年,为接触患者儿童注射胎盘球蛋白1572人。1988年,为把预防甲肝工作做好,流村乡成立了由卫生院、学校校长、供销社主任、宣传干事组成的领导小组,乡长亲自挂帅,副乡长主抓,召开了全乡农村大队、各企业单位主要负责人会议,传达了县政府召开的预防甲肝工作会议精神和乡政府关于预防工作的具体意见,并要求各单位制定预防工作的具体措施,确保全乡各项工作的顺利进行。乡广播站紧密配合这次预防工作,每天广播相关预防甲肝的知识,村广播室都大力配合本单位进行宣传、广播,有的厂还召开职工大会,讲预防工作的重要意义。乡卫生院长向社员群众进行广播宣传,乡政府印发材料2300份发到每家每户,做到了家喻户晓,人人皆知。预防工作开始以后,各部门紧密配合,乡卫生院对全乡所有的饮食、服务行业从业人员进行了体检。全乡共体检410人,并实行健康证合格上岗。对外来外出人员管理得比较严格,各单位采取的措施比较有力,比如喷漆厂领导买了板蓝根,给职工熬水喝,楼道每天进行消毒,对外来人员做到分餐制。中心学校买了板蓝根发给每个完小,做到重点人群重点保护,下店大队买药分给广大社员,乡机关、中药厂、水罐厂等单位都采取了比较好的措施。卫生院的同志积极到各食品、副食单位检查执行食品卫生法的情况,发现问题及时给予指导。在预防甲肝期间,全乡各单位对卫生进行了一次清扫,中药厂、乡机关、西峰山供销社、流村中心卫生院、北庄大队等单位对本单位的卫生进行了大清扫。

（十一）结核病

1961年比以往有所增加。县医院门诊1961年9月15日至11月22日统计新发现病人58名,比1960年同期发病减少,但重病人增加了2人。病情较严重根本不能工作的1960年仅占37.7%,而1961年占48.1%;能工作半日的1960年仅占28.9%,1961年占46.6%;轻微的1960年占33.3%,1961年仅占5%;农民1960年占4%,1961年占25.8%。1978年,老峪沟公社有结核病人8人,其中空洞1人已治愈,浸润2人已经好转。

（十二）其他传染病

1961年昌平县发生白喉1人死亡、1人伤害,植物日光性皮炎400多人。1961年上半年人民委员会还组织县医院、中国医学科学院工作队、防疫站等单位共13名医务人员携带药品深入麦收任务较重的重点地区对田间防暑进行了检查、宣传和治疗工作。肠膜炎 4 人,已治愈 3 人,控制 1 人;淋巴 1 人。肠炎病人大量增多,据不完全统计,1—3 月份发病 90 人,4 月份 34 人,而 5 月份即上升到 286 人,比 1960 年同期上升一倍多。从 1978 年到 2005 年,昌平区已连续 27 年无脊髓灰质炎、28 年无白喉、14 年无狂犬病病例发生。

### 二、地方病防治

#### (一)地方性甲状腺肿

简称地甲病,老峪沟、高崖口、黑山寨等山区乡村为此病高发区。旧时发病人数占当地人口的 20%—30%。新中国成立后,从 1950 年起开展对甲状腺肿的防治,县政府、县卫生部门将地甲病作为主要地方病防治。1957 年,区供销社组织对山区乡村供应含碘食盐。1960 年,在中国医学科学院人民卫生工作队协助下普查地甲病,查出病人 25933 人,占全县人口的 13.2%,男女发病比例 1:2,山区发病高于平原。工作队在旧县村进行中药及碘剂的试验性治疗。1969 年 12 月,市、县防疫站联合进行地甲病普查试点。1970 年,全县普查 267465 人,发现病人 28975 例、患病率 10.8%。其中 I 度病人 83%、II 度病人 14%。是年,县盐业批发部门研制食盐加碘半机械化装置,全面供应加碘食盐;对 II 度以上地甲病人注射 3% 碘化钾,在发病多的 16 个公社治疗 1200 多人。1971 年 3 月 3 日,县革委会制定《关于消灭地方性甲状腺肿病规划》,成立县地方病防治工作领导小组。1976 年,对重点病区 20 个公社 15 万多人进行第二次重点普查,查出病人 24574 人、患病率 16.38%。对 II 度以上病人进行口服碘化钾片或 3% 碘化钾注射液治疗,对囊肿型患者采取抽取囊腔液并肌注 3% 碘化钾或手术治疗。1977 年 11 月,市地方病防治办公室在黑山寨公社召开防治地方病现场会,县防疫站介绍防治工作经验。1978 年 4 月 20 日,县委成立防治地方病领导小组及办公室。同年老峪沟公社成立了由 7 人组成的地方病领导小组,李春生任组长。大队由三人组成地方病领导小组,加强防治地方病的领导。领导小组多次开会,研究开展宣传教育,利用宣传稿、开会、广播等形式进行广泛、深入的宣传,大讲甲状腺病的危害性,提高广大群众和患者对防治甲肿病的认识,让他们积极主动配合医疗人员进行治疗。卫生局检查评比后,李春生又主持召开了领导小组会,对食盐加碘问题进行了研究,供销社积极配合,立即从沙河运来碘盐,停止了大盐的供应,有力地促进了甲肿病的治疗。大队医分队分别在学校以班为单位,由班主任负责,每天早晨上课前由医生发药,卫生院大夫也发挥了积极的作用。7月老峪沟公社进行普查,应查335人,实查267人,有甲肿病人767人,患病率23.4%。在公社党委的领导下,在县防疫站的指导下,1978年、1979年在商业部门食盐加碘的基础上,对767例患者进行了服务治疗,由原发病人767人下降到268人,患病率由23.4%下降到8%以下,取得了可喜的成绩。8月1日,县卫生局、供销社、商业局联合下发《关于认真做好碘食盐宣传和保管工作的通知》。8月,对全县中小学进行地甲病普查,对查出的病人进行治疗。当年,全县有患者8217人,发病率4.37%。1979年,根据市地方病领导小组关于“甲状腺肿病人的手术费、医疗费、住院费3项可以全免”的规定,开始免费对部分病人进行手术治疗。当年,对25个公社各1所中小学学生共25340人进行抽查,查出患者822人。其中对5个公社中小学生Ⅰ度以上175例患者采用碘油注射液肌肉注射,每人每次1毫升,进行试点观察。1979年进行第三次地甲病普查普治,患者口服河南瘿药,投药率90%以上、服药率80%以上;在患病率较高的老峪沟公社黄土洼大队采用氦氖激光机试治各度、各型病人20例,治疗1个月,8例弥漫型基本治好,其他型肿物不同程度缩小。经过3次普查普治,老峪沟公社患病率由59.6%降到6.46%,消灭了重病区。1979年,老峪沟卫生院要求在商业部门坚持搞好食盐加碘的基础上,做好地甲病人的碘油注射,要求学生注射率达90%以上,社员注射率达70%以上。对部分有手术适应症者,动员实行手术治疗。1980 年发病率控制到 5% 以下,并做好预防工作的各项统计和登记工作。

(二)浮肿病

昌平县部分地区于 1960 年 11 月出现浮肿病,并陆续发展。从 1960 年到 1961 年 1 月 15 日,全县共累计发病 463 人,其中公社 141 人,卫生部门 45 人。在农村的 141 人中,北流大队的王家园 1 人,南流村 1 人,故江村 3 人,高崖口大队的瓦窑 6 人。463 名浮肿病人已治愈 285 人。县成立了防治病领导小组,在卫生科成立了办公室做具体工作,确定了专人抓防治工作。县里曾组织两批(每批七八十人训练)医院、卫生市属医疗单位人员,讲述有关浮肿病的知识和防治措施。1961 年新年前后三次组织医疗队计 18 人次到各公社结合大队卫生所医务人员巡回检查治疗;继续宣传减少和严格控制病人食盐量,常人不得超过 3 钱,患者不得超过 1 钱。到 1961 年 2 月 6 日,全县共发病 1399 人,农村 816 人,已治愈 848 人,占发病人数的 60.6%,现有的 540 名病人中也大部分由重转轻,流村等地基本控制发病。到 3 月初,全县共发病 1876 人,其中农村社员 1201 人,已治疗 1418 人,其中农村社员 847 人;死亡 27 人,其中农村 26 人,居民 1 人;现有病人 431 人,其中农村社员 328 人。在农村社员病人中,有二度 28 人,三度 17 人。现有病人,大多都是由其他慢性病引起的浮肿。其中高崖口大队的瓦窑、阳坊大队是重点。在死亡的 13 人中,高崖口大队占 8 人。该大队有病人 62 人,占全公社现有病人的 50%,而其中瓦窑一个村就有 39 人。针对这种情况,城关公社的工作组 4 人已全部抽到昌平镇大队,昌平镇卫生所抽出 11 人和工作组一起突击治疗昌平镇各街现有病人。科学院工作队惠建队长去了高崖口大队。从 1960 年 11 月中旬至 1961 年 4 月底止,全县发病 2370 人,其中农村社员 1738 人;已治疗 2080 人,其中农村社员 1474 人;死亡 17 人,其中社员 16 人;现有病人 272 人,其中社员 247 人。在现有的农村社员病人中,有较重的二、三度病人 12 人,有复发的 68

人,有整半劳动力147人,高崖口大队的瓦窑、黑山寨、上店等大队,都是生活安排有问题的地方或三类食堂,粮食、蔬菜和副食品少,指标低,这些地方的病人多。由11月底到现在,全县已报浮肿病病人441名,其中社员18名。1961年,县委生活办公室大抓了社员生活和粮食安排,商业部门给病人提供了鱼4500斤,肉、糖3890斤,水果2500多斤,粮食部门给病人调整了粮食品种,卫生部门曾多次组织工作组,深入发病较重的地区进行防治,对病人实行免费医疗,并授给病人消肿散、糖精散5000多斤及大量的营养药品,各公社对浮肿病的防治也特别重视。流村公社领导深入病人家里了解情况组织慰问,解决实际问题。到10月份,全县除有其他合并症或年老死亡22人外,只剩下因病引起浮肿或年老久治不愈病人10人,治好2500多人。高崖口公社瓦窑村等重点村或单位,农村新发病人不多,但有的病人长期没治好,新病人又开始增多。如瓦窑村从去年到现在发现浮肿病人85人,目前仍有25人没有治好。1961年全县共有浮肿病人2602人,其中农村社员1956人,占发病人数的35%,占农业人口的0.9%。在2600多名病人中,除因患有其他疾病死亡22人(占发病人数的0.8%)以外,治疗2562人,占发病的98.6%。

(三)克汀病

1975年昌平县进行首次普查,查出克汀病患者523人,对患者主要采用食盐加碘和口服、肌注碘化钾进行治疗。1980年8月、9月对25个公社进行第二次普查,查出患者612人。1982年,克汀病防治所与北京同仁医院合作,采用黄甫殖酸钠药物及生活自理能力训练等方法治疗。1983年,县卫生防疫部门请北京电影学院在县拍摄地方性克汀病防治的科教片。1989年后,全县无克汀病新发病例。

## 三、食品卫生

(一)食品中毒

1961年,农药中毒和食物中毒1—4月共发生8起,计440人,死亡 2 人,其中白砒中毒 6 起 436 人,死亡 1 人;苍耳子中毒 1 起 2 人,死亡 1 人;上半年发生误食农药中毒 8 起,共 400 人,其中死亡 1 人;苍耳子中毒一起 4 人,其中死亡 1 人。1965 年 5 月 14 日,王家园水库工地民工食熟牛肉中毒 161 人,其中 108 人送县医院治疗。

(二)食品卫生管理

老峪沟公社在 1979 年夏季爱国卫生运动中要求供销社认真贯彻执行国务院颁发的食品卫生条例和市政府颁发的实施细则,着重抓好以下两方面的工作,一、管理食品卫生,要有防尘、防蝇设备,不用不卫生的纸来包装直接入口的食品。二、加强食品的管理,防止腐烂变质,不出售发霉变质的食品。集体食堂的炊事人员树立全心全意为人民服务的思想,不吃馊饭菜,保持食物干净卫生。饮具干净,饭前便后洗手,勤剪指甲、勤洗衣服,保持个人卫生。1983 年 7 月起,县政府、爱国卫生运动委员会执行《中华人民共和国食品卫生法(试行)》,依法管理食品卫生,食品从业人员开始持健康证上岗,食品卫生和经营单位实行卫生许可证制度。1988 年,流村乡在《关于预防甲型肝炎的具体意见》中要求搞好食品卫生,严格执行食品卫生法;饮食行业、服务行业要进行检查合格上岗。2008 年流村镇人大明确工作重点及思路,为下一步工作打下良好基础,为配合市、区人大工作,开展食品卫生执法检查等一系列活动。

## 四、公共卫生

(一)学校卫生

1954 年起,昌平县学校卫生执行河北省卫生厅、教育厅联合通知规定,各校建立保健委员会。1957 年 9 月起,学校卫生执行区人委通知要求,各校配备卫生保健师。到 1995 年,全县中小学学生沙眼、视力下降、龋齿、贫血、营养不良等发病率下降,肠道蠕虫感染率达到卫生部规定控制在 5% 以下的指标。

（二）劳动卫生

1985 年 1 月，县卫生局、劳动局联合下发《关于加强职业中毒和职业病预防的通知》。到 1989 年，有 30 个乡镇建立职业病防治网。

（三）农村改水

县域城乡居民世代饮用井水、泉水或河水。1981 年后，全县农村开始进行大规模改水。到 1986 年 5 月，县、乡和村投资 805.5 万元、村民集资 218.15 万元，除氟改水专项投资 78.9 万元，全县有 178 个村进行改水，其中修建蓄水池 40 个、压力罐 48 个、水塔 94 座，受益人口 15 万人。1986 年 6 月至 1990 年，县、乡、村投资和村民集资 1831 万多元，安装铺设干水管道网总长 113 公里，180 个村完成改用自来水，受益人口近 19 万人，全县 319 个行政村全部饮用自来水。2003 年农村饮用自来水户数 5859 户。

（四）公共场所卫生

1960 年县爱委会开展爱国卫生运动，并于同年的 1 月至 4 月，组织培训农村十员（卫生员、接生员、教养员、保育员、炊事员、饲养员、清洁员、积肥员、粮食加工员、理发员）6750 人、卫生知识教育 1.5 万多人；6 月 1 日，县爱委会指挥部颁布农村卫生标准要求。当年，农村开始兴建公厕、农户养猪建圈。1972 年起，县爱委会对城镇和农村分别提出环境卫生要求。1978 年 1 月份，老峪沟公社提出了《老峪沟卫生院地方病小组关于春节前搞环境卫生和灭鼠工作的建议》，由公社爱委会召开各大队、各单位爱委会领导人会议，大讲搞好爱国卫生运动的伟大意义，动员社员积极行动起来，搞好街道、家庭、集体场所的卫生，定出标准，及时检查，表扬先进，带动后进，做好春节前的爱国卫生运动。灭鼠工作采取机械灭鼠和化学灭鼠两种形式。机械灭鼠主要用捕鼠器械，如鼠夹、鼠笼等来灭鼠；化学灭鼠主要是用毒鼠药。毒鼠药有磷化锌和安妥两种。磷化锌为灰黑色带有酸味的粉末，可以溶解在油内，不溶于水，受潮易分解，可配成 3%—5% 的磷化锌毒饵；安妥为白色，不溶于水，可配成 0.5%—1% 安妥毒饵。灭鼠时,毒饵由大队赤脚医生统一配制,统一时间,由专人布放,连续布放三日,晚放早收,多余及回收的毒物,必须妥善保管,由专人负责保存。

1979年11月,老峪沟卫生院提出了《1980年卫生工作指标》。1980年6月,老峪沟公社爱委会发布夏季爱国卫生运动的部署。1982年老峪沟公社成立了卫生检查小组,制定了卫生检查评比制度,做到了每两月检查一次卫生,仅3月份就搞了两次卫生,进行了评比,全公社先后有3000人次参加了活动,清理垃圾180平方米,同时建立了若干条青年卫生街,定期打扫卫生,使主要的街道改变了过去粪便成堆、石块满街的状况。禾子涧大队过去积水成河,冬天结冰,既不卫生又不安全,文明礼貌月活动中,在党支部的领导下,发动团员青年几次进行清理,刨冰块,清垃圾,使卫生面貌有了根本的转变。为解决社员饮水卫生问题,在有关部门的支持领导下,该年有两个大队改建了部分饮水池,并为一个吃水困难的自然村安装了自来水,解决了该村饮水问题。1986年,流村乡提出《1986年卫生工作计划》,要求积极宣传执行卫生法,各大队村民主任和各单位一名负责人抓卫生防疫工作;按时做好防疫工作,方便群众看病。各大队都要设医务室,做到有医有药。大队拿出300—500元垫底,作为周转资金,社员用药不收利润;医务人员的报酬按本大队的生产队长报酬标准,签订合同,年终兑现,并根据完成任务的好坏给予适当的奖励。医务人员要做到:(1)按时完成卫生院下达的防疫任务。(2)服务态度好。(3)坚守岗位。(4)积极宣传卫生知识。(5)诊费按统一标准收,内诊0.1元,外出0.2元,归医务人员。(6)防疫按卫生院考核给予奖励;各大队、各单位要抓好每季度卫生工作。做到有制度、坚持经常。各大队抓好街道的管理。清理脏、乱、差,做到街道整洁、干净,环境卫生好。卫生之家达到总户数的60%。卫生先进单位、卫生之家要达到总户数的70%。做到灭鼠、灭蝇,整洁干净,厕所灭蛆、家畜圈养。企事业单位、机关、学校要坚持卫生制度。划卫生区,实行"门前三包",做到车间、宿舍整洁干净。集体食堂达到三无:无老鼠、无苍蝇、无腐烂变质食物,做到整洁干净。夏天灭蝇三次。在3月、11月开展两次灭鼠活动,乡政府统一买药,买药开支150元,灭鼠活动费300元,共计450元。"六一"儿童节对独生子女搞一次体检,每人1.5元,500多人,需开支750元。乡政府每季度进行一次卫生检查,半年一次初评,年终一次总评,先进单位发给奖状。评出50户卫生之家,发给小奖品,需开支80元。乡政府给卫生院防疫金1000元,用于大队防疫卫生的奖金。1988年,全县农村设保洁员956人。同年,流村镇提出《1988年卫生工作计划》。1990年,农村设卫生保洁员834人。1997年是《北京市公共场所禁止吸烟的规定》实施第二年,为了加强领导,广泛宣传,加大执法力度,老峪沟乡下发了宣传资料50余份,张贴禁烟规定20余份,乡卫生领导小组成员对中小学、乡机关、供销社、卫生院等公共场所进行了不定期的抽查,对在公共场所吸烟的人员进行了批评教育,通过宣传教育,在公共场所基本上做到了无吸烟现象。2005年,流村镇王家园村被评为北京市卫生村,村委会被评为北京市爱国卫生先进单位。年内,开展大规模环境卫生整治活动3次,清理垃圾2.5万吨,拆除私乱搭建临时性摊点22处1500平方米,清理卫生死角14处,投资120万元,成立垃圾清运队,修建封闭式垃圾房34个,投放封闭式垃圾桶530个,购置垃圾清运车4辆,改建水冲式厕所200余个。2006年,流村镇北照台村建公共厕所和冲水厕所。为改善村内卫生条件,减少村民疾病困扰,建公共厕所两个,引导村民自建冲水厕所65户。2006年,昌平区实施以建设节能架空炕为核心的温暖工程,在流村镇等5个山区镇推广高效节能架空炕1万部,改善山区农民生活卫生条件。昌平全区农村改厕完成1万户,其中包括14个镇(街道)32个新农村建设示范村、试点村共7187户农民改厕。2007年,狼儿峪全体党员七一前夕打扫街道卫生;8月,流村镇加大创建国家卫生区工作力度,在镇域内市级、区级、镇级的所有公路上,专门安排25名保洁员,每人配备专用三轮车一辆,包段负责卫生清理。流村镇还开展了环境整治周活动,32条主要街道共清运垃圾杂物46吨。"十五"期间,昌平区积极落实"亿万农民健康教育"工作,积极开展了"送健康知识到农家"即"乡村健康金话筒"联播活动,农村改厕完成60%,改水达到100%。

（五）爱国卫生运动

1956年乡镇成立爱委会。粉碎"四人帮"后,老峪沟公社成立了由7人组成的爱国卫生运动委员会,公社党委书记李春生任主任委员,各大队、各单位都建立了爱国卫生运动领导小组,订立了卫生公约。公社共搞了三次评比检查,春节前、4月底、9月底各一次,供销社在运动中搞得比较好,领导重视,他们本身也定了制度,每个月各村分别互检一次,卫生保洁经常化。卫生院院内环境卫生保持经常打扫,无污水、污物。1980年6月,老峪沟公社爱委会发布《夏季爱国卫生运动的部署》,提出深入开展宣传市革委关于城市卫生"十二条"规定的教育工作,宣传搞好爱国卫生运动的意义,卫生院和大队医宣传卫生科学知识;整顿村容、院容、厂容的卫生,消灭苍蝇、蛆,搞预防工作;加强食品卫生管理工作;加强夏季胃肠道疾病的预防工作;按照县委的规定,每星期一为统一卫生日,每月最后一周要进行一次卫生检查,建立健全卫生制度和卫生公约,加强领导,健全组织。1986年,各乡镇、有关单位与县爱委会签订爱国卫生任务承包协议,开展灭鼠运动。1988年,流村乡大力开展爱国卫生运动的宣传教育及灭蚊、灭蝇、灭鼠、消灭传染病的卫生活动。1997年入夏以来,老峪沟乡政府狠抓环境卫生的综合治理工作,号召广大社员群众在"五一"、"七一"、"十一"前夕大搞一次卫生整治活动,清除大街小巷的垃圾,消灭蚊蝇滋生地,彻底消除卫生死角,农民住户、庭院、室内干净,物品摆放整齐,窗明几净。同时乡卫生工作领导小组还检查了供销社、个体小卖部所卖的食品和卫生,对卫生不合格的限期改进,食品不合格的严禁再出售。1997年,老峪沟乡共搞了两次灭鼠工作。第一次是 4 月 15 日,乡卫生工作领导小组成员重点抽查了粮店、供销社、乡机关、卫生院和果脯厂等单位,对这几个单位发放了药品;第二次是 11 月 14 日,为全市统一灭鼠日。这次活动比较大,老峪沟乡政府召开了会议,培训了技术员。11 月 24 日抽查了黄土洼村 10 户、粮店、供销社、果脯厂。抽查结果:10 户农村住户调查了 41 间库房,有鼠房间 3 间,有鼠房间率 7.3%,共布粉点 123 个,阳性点 4 个,鼠密度为 3.2%。三个单位共调查 31 间,有鼠房间 3 间,有鼠房间率 9.7%。共布粉点 93 个,阳性点 5 个,鼠密度为 5.4%。全乡共调查 372 间房,有鼠房间 6 间,有鼠房间率 8.3%,布粉点 216 个,阳性点 9 个,鼠密度为 4.1%。这次冬季灭鼠工作,老峪沟乡是重点乡,工作人员的广泛宣传,精心组织,确保了这项工作按时按质地完成。2002 年 12 月,流村镇获得昌平区“2002 年度爱国卫生先进单位”称号。2003 年 5 月 20 日,流村镇投资 1 万余元购买鼠药,掀起“人人动手,消灭四害”的灭鼠高潮。

表 63 1988 年 11 月 14 日昌平县灭鼠达标第一阶段情况一览表

| 单位＼项目 | 一般宣传 | | | | | | | | 区县乡镇单位广播宣传 | |
| | 县区乡镇地区领导会 | | 技术培训会 | | 县区乡镇地区 | | 稿件 | | | |
| | 人数 | 场次 | 人数 | 场次 | 加强人数办公室 | 补贴金额 | 乡镇 | 本单位 | 次数 | 接受宣传人数 |
| 流村 | 45 | 1 | 30 | 1 | 4 | 1910(元) | 1 | | 1 | 8000 |

表64 1988年冬季灭鼠有关情况统计

| 区区区 类别 | 用药量(吨) | | | | 参加灭鼠人员 | | | | 投药部位 | | | |
|---|---|---|---|---|---|---|---|---|---|---|---|---|
| | 颗粒毒饵 | 腊块 | 母粉 | 小计 | 投药员 | | 街乡干部 | 小计 | 应投房间数 | 实投房间数 | 下水道检查井 | 暖气管道沟检查口 |
| | | | | | 农民 | 单位 | | | | | | |
| 流村 | | | 14.5 | 14.5 | 58 | 38 | 21 | 117 | 2840 | 2500 | | |

表65 1988年冬季灭鼠前后结果统计表

| 检查结果 区县单位 | 检查房间数 | 有鼠房间数 | 有鼠房间率 | 布粉块数 | 阳性粉数 | 鼠密度 |
|---|---|---|---|---|---|---|
| 流村乡 | 190 | 3 | 1.5% | 164 | 3 | 1.8% |

资料来源:以上表格均来自昌平档案馆。

# 第四节  妇幼保健

## 一、机构

1978年至1997年,昌平县未发生传染病暴发流行,计划免疫中的四苗覆盖率均达到100%。新生儿死亡率7.24‰,婴儿死亡率9.5‰,孕妇系统管理率达到87%以上,住院分娩率达到94.83%,结核病全监化疗率达到100%,新生儿卡介苗接种率达99.92%。1986年,乡卫生院有妇幼医生50人。1995年,乡镇卫生院有63人,村接生员55人。2008年1月22日,流村镇计生办专门请来区计生委信息中心的同志为流村镇28个行政村计划生育专职干部进行软件管理培训。信息中心的同志对育龄妇女基础信息的录入、卡片变更等9大项进行了细致讲解。流村镇28个村配备了联想电脑、打印机、U盘等全套电脑设备。区计生委为基层专门开发了育龄妇女管理软件。今后,基层育龄妇女各种信息将全部纳入计算机管理,报表、信息报送实现办公自动化。

## 二、妇女保健

### (一)新法接生

世代相传妇女生育由民间产婆(俗称接生婆)接生。有些贫困家庭不能请产婆就自己接生,不洁的环境、用具和缺医少药使产妇易得产褥热和产后大出血,有的产妇死于难产,有的新生儿患破伤风(俗称四六风)。新中国成立后,妇女生育受到重视。1952年,县妇联和卫生部门组织对全县接生婆300人进行新法接生培训,考试合格发给新法接生用具。1953年普及新法接生,培训新法接生员147人,建立接生站。至1956年,培训接生员310人,新法接生基本普及。1961年对农村的不脱产接生员队伍进行了整顿,在全县255名接生员中,有50%以上进行了一次技术培训和思想教育,进一步提高了业务水平,合理解决了她们的劳动报酬,巩固了专业思想,积极开展了孕期检查和新法接生。据统计,全年6883名新生儿中,用新法接生的有6783名,占98.6%。1966年,接生员因家庭成分、历史等问题有109人不准接生,农村有近三分之一孕妇分娩不能新法接生。到1995年,全县连续10年未发生新生儿破伤风,产妇住院分娩率97.7%。1979年11月,老峪沟卫生院制定《1980年卫生工作指标》,在妇女保健方面提出加强孕妇的管理,做好孕妇登记和孕妇检查,产前6次,产后诊视3次。对新法接生员,每半年组织学习一次,提高妇产科技术含量,杜绝新生儿破伤风。积极开展计划生育手术,严格掌握手术适应症,避免差错事故发生。

### (二)围产保健

20世纪80年代初,县医院开始实行围产保健。孕妇实行县、乡分级分类管理,乡卫生院筛选的高危孕妇送县级医院。围产保健实行责任制,孕产妇系统管理实行早孕检查建册,孕中期遗传病和胎儿发育异常诊断处理,晚期对高危产妇防治,分娩期防产伤和出血,产褥期着重产后护理和访视。1988 年,在 1 个乡开展优生咨询,实行母婴保偿制。1989 年推广到 14 个乡,对入保者实行监护、医疗和保健服务。

(三)劳动保健和妇女病防治

1955 年,昌平县在山区乡建妇女病防治治疗站 7 个,重点开展妇女经期、孕期、产期、哺乳期卫生保健工作。1959 年,在村试行孕妇登记、月经交牌方法,生产劳动分工实行妇女孕期调轻不调重、经期调干不调湿、哺乳期调近不调远的分工办法。子宫脱垂是农村妇女常见的一种疾病。1960 年开始,对厂矿企业和农村妇女进行妇女常见病子宫脱垂、尿瘘的普查普治,在中国医学科学院协助下,使用以蓖麻栓剂为主的综合疗法治疗子宫脱垂患者 499 人,治愈 201 人。在 1961 年 4 月以前已查出患者 657 名,约占全县妇女劳动力的 1.8%。1961 年全年全县共发现子宫脱垂病人 655 人,占全县农村妇女劳动力的 1.8%,共治疗 492 人。其中整半劳动力 467 人,占已治的 95%,已完全治好的有 93 名,占已治的 18.9%,基本治愈的有 176 人,占 35.7%。好转的有 74 名,占 15%。县妇幼保健人员还积极地开展了妇女劳动保健工作,配合妇联等部门进行了妇幼卫生的宣传教育,提高了广大妇女的卫生知识,进一步贯彻了妇女"三调三不调"。农村大部分生产队都对经期、孕期和哺乳期的妇女给予了适当的照顾。1988 年后,执行国务院《女职工保护规定》,实现女工在孕产期和哺乳期享受优待、生育有产假休息制度。

(四)婚前检查和健康检查

1984 年起县开展婚前保健工作,妇幼保健所设男女医生各 1 人专做婚前检查和咨询服务。1991 年 1 月 1 日起,执行普遍婚前健康检查。当年,婚前检查覆盖率为农村青年婚检率 100%。2008 年 4 月,流村镇党委、镇政府特别邀请区妇幼保健院医生为本地区及流动育龄妇女进行每年一次的生殖健康检查。检查包括妇科 B 超、乳透、妇科内诊检查、测血压等免费检查项目。此次检查还包括进行计划生育知识政策答卷抽奖宣传活动,历时 19 天,预计当年妇女健康检查流村镇政府将投资 12 万多元。5 月,根据上级政策的要求,镇卫生服务站来到各村开展妇女健康检查服务和计划生育知识宣传进万家活动。卫生服务站的医生对各村妇女进行乳透、妇检、刮片、B超、检测骨密度等身体健康检查。

（五）计划生育

1978 年,老峪沟公社育龄妇女 476 人,采取避孕措施 282 人,其中放环的 79 人,服药的 127 人,绝育的 59 人,人流 17 人,避孕率 59%。计划生育手术,1978 年做人流 10 人,放环 17 人,没有差错事故。1978 年出生指标 40 人,实际生 41 人。新法接生员 5 人,其中 4 名女赤脚医生,一名专职接生员,新法接生的约占 50%。新生儿死亡 4 人,破伤风死亡 1 人。1983 年元旦至春节期间开展"计划生育宣传月"活动,向干部群众宣传计划生育的政策、生育的科学知识等。同年,高崖口乡狠抓宣传月,促进计划生育工作全面开展。领导重视,建立健全组织机构。1985 年高崖口乡落实计划生育岗位责任制,开展经常性的宣传教育工作,宣传教育经常化。公社每月不定期地广播,广播文件 60 篇,宣传橱窗 4 块。做到平时经常抓,节假日重点抓。充分发挥宣传骨干的作用,全乡共有宣传员 21 人。对全乡采取各种节育措施,做到心中有数。加强药品的管理,建立药品登记,做到不浪费、不积压药品,把药品及时送到用户手中,保证用户的需求,并做到介绍药品的服用方法。1990 年,高崖口乡卫生院对本乡的计划生育工作给予很大支持,帮助乡计生办提供孕情,宣传育龄妇女卫生保健知识及避孕节育知识,并下乡各家走访,帮助动员一孩上环,二孩绝育,为育龄妇女提供方便。高崖口乡溜石港村 1989—1990 年连续无计划外生育,在 1989 年被县计生办评为三无大队。溜石港大队对计划生育工作很重视,要求党员"包户"把计划生育工作放在首位,并由计生专干组织宣传员每期学习两次,组织育龄妇女学习一次,利用活动室开展各种活动,做到"五访五问",狠抓长效,使这个村目前的长效率已达到80%,两年内这个村做到了无罚款、无计划外生育,无大月份引产,使计划生育工作收到了很好的效果。王峪村、小水峪村、狼儿峪村1989—1990年连续无计划外生育,1989年被评为三无村。各村党支部对计划生育工作很重视,王峪村大队要求计生干每月向支部汇报一次计划生育情况。要求党员包户时把计划生育放在第一位。每月召开一次育龄妇女会,充分利用活动室,开展各种活动,狠抓长效,使这个村目前长效率已达91.8%,两年来这个村无计划外怀孕和生育。小水峪村计生专干和宣传员一起组织育龄妇女学习,宣传计生政策、优生优育及避孕知识,送药上门,走访育龄妇女户,有问题及时解决或汇报,长效率已达76.4%。狼儿峪村计生专干积极主动地和党支部一起抓育龄妇女思想组织工作,宣传和教育育龄妇女,提高妇女生育观,使这个村两年来无计划外怀孕和生育,超生罚款除一户特殊情况外,其余全部收齐,长效率已达89.2%。新开村、活港村1980—1990年连续无计划外生育,连续10年被县计生办评为三无村。新开大队10年来,从未出现多胎、多育现象,该村长效率已达88.9%,生育率100%。计生专干每月组织一次育龄妇女会,走访各家,送药到户,宣传优生优育、避孕节育知识。活港村计生专干10年来坚持送药上门,逐个走访,坚持上户宣传、教育,近两年狠抓长效,长效率已达90%,10年内无计划外怀孕、生育,无多胎。

### 表66 1990年计划生育工作先进个人登记表

| 姓名 | 任职单位 | 职务 | 所获荣誉 |
| --- | --- | --- | --- |
| 杜素芬 | 乡计生办 | 计生专干 | 1985年、1986年、1987年被评为计划生育先进工作者 |
| 王廷叶 | 溜石港村 | 计生专干 | 1989年被县评为计划生育先进工作者 |
| 王淑芹 | 活港村 | 计生专干 | 计划生育先进个人 |
| 李春玲 | 狼儿峪村 | 计生专干 | 1989年被县评为计划生育先进个人 |

续表

| 姓名 | 任职单位 | 职务 | 所获荣誉 |
|------|----------|------|----------|
| 贺淑英 | 小水峪村 | 计生专干 | 1989 年获得计划生育先进工作者光荣称号 |
| 王淑琴 | 新开村 | 计生专干 | 连续 10 年被评为计划生育先进工作者 |

资料来源：以上表格均来自昌平档案馆。

　　流村还组织专业骨干利用晚上时间到各村进行咨询服务、知识解答。1991 年高崖口乡计划生育协会服务小分队成立，大部分由个体工商业者组成。据统计，服务小分队共义务为群众做好事 2000 多次，其中义务看病 1000 人次以上，为山区独生子女家庭带来方便，帮助他们解决了一些生活中的实际困难，也为计划生育协会扩大了影响，造了声势。2007 年 12 月 17 日，高崖口村召开计划生育总结大会，总结了 2007 年全村计生工作。随后又进行了计划生育知识考试，内容涉及范围大，紧贴实际，应用率高。通过这次考试，使育龄妇女进一步了解计划生育知识，在日常生活中加强自我权利和义务认知，进而用计划生育知识来指导生育和生活。12 月 18 日，瓦窑村举办计生宣传周活动，工作人员利用计生知识有奖问答的形式吸引了众多村民竞相抢答。瓦窑村利用广播、宣传栏、展板、宣传标语等大众传媒进行广泛宣传，受到了本村村民的欢迎。与此同时，全镇各村都相继开展计生宣传周活动，宣传活动共设立宣传站 27 个，展出宣传图板 60 块，发放宣传单 1000 余份，在全镇营造了良好的计划生育宣传氛围。新建村、白羊城村把《村民自治章程》中的计划生育利益导向机制落到实处。在春节前夕，村里进行土地收益分配时对独生子女户增加了一人一份。2000 年 5 月 27 日宣武区计生委、计生协组织有关部门到流村镇王峪村开展计划生育家庭结对仪式。昌平区人口计生委加大对生殖健康服务中心的投入，建设数字化服务中心，提高服务的科技含量和科技水平。通过建立服务信息管理系统，分类管理就诊档案，在服务中心的小局域网内，只要轻点鼠标，都可进入信息管理平台,迅速检索各种信息,方便各类查询。从构建和谐社会的大局出发,将传授健康知识与社会稳定工作紧密结合。服务中心医务人员在进村讲解时,增加情绪、心理对健康影响的内容,从单纯关注身体健康到关注群众的心理健康,让群众了解心理健康是身体健康的基础,以及不良心理情绪对健康的影响。在生殖健康检查中,昌平区在政府补贴的基础上,村级也增加资金投入,将检查项目增加为 B 超、乳透、妇科检查、宫颈涂片、血糖、血压等 6 项。在查环、查孕的同时,突出对育龄妇女身体健康的关心。各村的计划生育负责人不仅为育龄妇女办理保险,还积极帮助群众办理理赔事项,提供人性化一条龙服务,既为群众提供健康保障,也为群众增加了心理保障。2005 年 5 月下旬,流村镇 28 个村的独生子女家庭举办了一场别开生面的趣味运动会,来自 100 多户的 300 余人参加了运动会。2006 年 8 月 26 日,流村镇政府在区计生委的支持下,本着"提倡计划生育、倡导全民健身、迎接人文奥运、构建和谐新农村"的宗旨,举办了独生子女家庭趣味运动会。区计生委副主任张海滨、流村镇镇长张勇等领导以及来自全镇 84 户独生子女家庭 252 名成员参加了运动会。运动会比赛项目有勇闯三关、跳绳、趣味投篮、折返拼图、青蛙过河、筷子夹球等。10 月 28 日,"九九"重阳节前夕,西峰山村举办了一场"独生子女家庭登山比赛"活动。这天来自西峰山村的 14 户独生子女家庭,以饱满的热情、昂扬的斗志参加到比赛当中,他们积极参与,奋勇向前,不甘落后,一拨接一拨向终点冲刺。比赛进行了近一个半小时,最终王子涵、王志维等 6 名独生子女家庭分别获得了一、二、三等奖。组委会为获奖家庭颁发了奖品并合影留念。2007 年 8 月 25 日,流村镇计生办举办第四届独生子女家庭趣味运动会。来自全镇的 60 户独生子女家庭 180 名成员参加了运动会,并且已连续组织开展了 4 年。2008 年 1 月 8 日,区计生委副主任邱少强带领法制、流动人口、办公室科室人员到流村镇进行座谈研讨。镇党委副书记、镇长王建,副镇长张树玲,纪检书记张立红出席座谈会,部分村支部书记、村民主任、计生专干参加了座谈会。座谈会上,副镇长张树玲利用多媒体PPT的形式总结了本镇2007年计划生育工作以及存在的问题。南流村、西峰山村、瓦窑村支部书记分别介绍了本村基本情况以及基层计划生育存在的问题。区计生委副主任邱少强对流村镇在地理环境特殊、客观因素存在条件下的2007年计划生育工作给予了充分肯定,对机关各部门与计划生育工作的紧密配合表示赞赏,对村级领导对基层计划生育工作的重视支持表示感谢。2008年"三八"妇女节前夕,小水峪村在村党员活动中心召开"三八"妇女座谈会,并举办迎奥运庆"三八"妇联计生知识问答竞赛,其间村妇联主任为大家讲解了最近正在办理的养老保险和"新农保"政策及一些有关妇联计生的科学知识。4月9日,2008年人口和计划生育工作会在本镇文化活动中心召开。昌平区人口与计划生育委员会副主任邱少强出席会议,镇领导张勇、王建、刘春林、张立红、张树玲等参加了会议。会议首先由主管计划生育工作的副镇长张树玲同志作了题为"扎实做好人口计生工作,为构建和谐流村创造良好的人口环境"的报告。报告总结了本镇2007年人口与计划生育工作,提出了工作中存在的问题,并结合本镇实际确定了2008年工作重点:加强领导,落实责任;加大宣传力度,树立新型生育文化观;确定重点对象,排查孕情;规范村级人口和计划生育信息化管理;完善村级计划生育利益导向内容;发挥协会作用促进农民增收致富;加大流动人口管理力度。充分运用法律、利益导向、优质服务等手段宣传思想工作,稳定低生育水平。此外,还将继续做好关注青少年健康成长、流动人口管理服务、提高人口素质等工作,加强人口计生工作的管理与服务,保证各项任务顺利完成。会上,镇党委副书记刘春林宣读了2007年度《中共流村镇党委、流村镇人民政府〈关于表彰2007年度人口与计划生育工作先进集体、先进个人的决定〉》,并举行了颁奖仪式。对北流派出所、流村卫生院、南流村、北庄村、高口村、菩萨鹿村、小水峪村、长峪城村、发电站村、禾子涧村、马刨泉村、黄土洼村、新开村 13 个计划生育先进集体,对田宝川、李娜、刘淑芳、王凤英、张玉珍、王爱玲、杨瑞琴、陈玉田等 13 位计划生育先进个人予以表彰,并颁发证书。昌平区人口与计划生育委员委副主任邱少强对当前流村镇在计划生育工作中所面临的机遇和挑战进行了细致全面的剖析,并以此向我们提出了工作任务和要求:稳定低生育水平,控制违法生育力度;一定要坚持五个不动摇:一是坚持稳定现行生育政策不动摇;二是坚持党政一把手亲自抓负总责不动摇;三是坚持稳定计划生育机构队伍不动摇;四是坚持人口和计划生育工作一票否决不动摇;五是坚持不断创新人口和计划生育工作思路、机制、方法不动摇。基层一定要明确责任,落实任务;建立和完善计划生育利益导向机制,发挥政策导向作用。镇党委书记张勇在会议最后作了重要讲话,他指出了目前计划生育所面临的压力,提出目前存在着政策越来越好、工作越来越难、一把手越来越懒、决心越来越小、机制越来越老"五个越"的现实问题。在 2008 年奥运之年,各基层干部要增强紧迫感、责任感,要抓单位一把手。2007 年对单位、村委会一把手要进行计划生育知识的考试,切实把计生政策宣传到领导。二是要狠抓计划生育队伍建设,提高基层计划生育专干的业务水平,保证信息员资金待遇的落实。三是加强计划生育政策宣传,利用《流村时报》、宣传栏等宣传窗口宣传计生政策,形成浓厚的计生宣传氛围。四是增强服务意识,提高为育龄群众的服务水平。五是创新工作机制,形成合力,加强利益导向机制。张勇要求基层查找不足,找出问题的切入点,抓住当前工作的新机遇努力开创计生工作的新格局。5 月 5 日至 6 月 5 日是流村镇计划生育协会活动月。计划生育协会及时召开基层专干会议,传达通知精神并转发复印通知。希望基层以"母亲节"、"会员集中活动日"为契机开展多种形式的宣传和捐款活动,利用现有宣传设备对活动全过程进行音像和文字记录。计生协会在 5 月 11 日母亲节暨第十二届"幸福工程活动日"之际,采取多种形式进行广泛宣传,大力宣传幸福工程实施几年来本镇得到借款的贫困母亲生活发生的变化,采用图文的形式制作成展板进行直接的宣传。在"回报母亲献爱心幸福工程捐款"活动中,共捐得款项 2500 多元。各基层也积极行动起来,除积极为贫困母亲捐款外,在"5.29"全国会员集中活动日中,各村协会会员以不同形式来庆祝活动日。古将村计划生育协会为独生子女王东培举办了送秧歌迎新娘活动。北庄村计划生育协会开展迎奥运知识竞答、往桶中扔毽球、定点投篮、半分钟俯卧撑、踢毽球等趣味活动,共投资 3000 多元。西峰山村以"平安奥运"为主题在西峰山小学举办了"迎奥运,独生子女家庭踢毽比赛",分别评出了一、二、三等奖。老峪沟计划生育协会举办了食用菌培训班。北流村、菩萨鹿村计生协会邀请了镇卫生院的医生为幼儿园家长进行了手足口病的预防知识的讲座。

### 三、儿童保健

(一)儿童保健

1953 年起推行新法育儿,加强儿童传染病预防接种和早产婴儿管理。1961 年第一季度,中国医学科学院人民公社卫生工作队与县内有关部门配合在流村等地,对 4 个公社 48 个村的 597 名 3 岁以下儿童的营养不良发病情况及其病因进行调查,发现患营养不良的有 139 名,占 23.3%,并重点在南口公社、南北流村运用捏积和试制的营养进行治疗观察,宣传新法育儿知识,为 2606 名新生儿(占出生的 49.3%)和 2692 名 15 岁以下的儿童进行了卡介苗接种。该年全县已发现 691 名幼儿患有程度不同的营养不良,治疗 547 名。医学科学院儿科研究所领导亦十分重视这项工作,诸福堂所长亲自深入现场,了解情况,并对检查儿童营养不良的方法和利用当地的红枣、核桃等出产增加营养饼的营养价值提出了宝贵意见。1978 年,老峪沟卫生院预防接种方面,新生儿 61 人,卡介苗接种 53 人。乡卫生院妇幼医生负责农村儿童保健。1974 年至 1977 年共 227 人,接种 72 人;小儿麻痹丸从 1976 年至 1977 年应服 86 人,实服 65 人。1978 年

11月,老峪沟卫生院为儿童进行身体检查,应检的137人,实检107人,营养不良的25人,佝偻病21人,总共46人,发病率42.8%。1979年11月,老峪沟卫生院制定《1980年卫生工作指标》,提出开展对7岁以下儿童的体格检查,检查率达85%以上,发现病儿积极治疗,治疗率达75%以上,治愈率达65%以上。1989年开始,按市统一规定实行托幼园所分级分类管理,举办保育员和炊事员培训班。1990年起,全县实行儿童保健保偿制,内容有儿童系统保健管理和计划免疫服务。当年入保儿童4648人,农村儿童保健系统管理率94.9%,新生儿访视2429人。1992年,农村有80%的卫生院开始儿童保健门诊,医务人员开展儿童系统管理,配备身长测量计、婴儿体重秤等器具,从婴儿出生起开始访视、注射预防针,宣传指导家长科学育儿等。1995年,全县儿童系统管理的0至6岁散居儿童城镇有1718人、农村有16836人。

（二）儿童疾病防治

1960年,对托幼园所内流行的红眼病、黄水疮、腹泻突击治疗,免费送药到托幼所。1979年,全县进行学前儿童投药驱除蛔虫,服药21010人,服药率95.9%、排虫率85.2%。1994年,县妇幼保健所与市儿童保健所对15个乡的乡村妇幼医生进行急性呼吸道感染标准病例管理培训,当年儿童肺炎死亡率比1990年降低11%;到1995年儿童龋齿治疗率38.84%。2008年为庆六一儿童节,流村镇政府投资近4万元,为全镇750名小学生每人购买"福娃"笔袋等学习用具。同时,为预防手足口病,镇政府特意为全镇230名幼儿购买两块"福娃"手帕以及水壶。2008年5月,北流村、菩萨鹿村计生协会邀请了镇卫生院的医生为幼儿园家长进行了手足口病的预防知识的讲座。同月27日,区妇联走访慰问了流村镇古将村贫困家庭姚跃冬的儿童。

# 第五节　卫生宣传

## 一、健康知识宣传

1997年3月份,老峪沟乡广播站结合爱国卫生活动,利用2周的时间向全乡人民开展健康教育,普及卫生知识,同时利用会议电影标语、板报等形式大力宣传卫生知识,动员广大群众自己起来同不卫生的习惯、疾病和迷信作斗争。通过向广大农民群众传播卫生科学知识,提倡文明、健康、科学的生活方式,不仅提高了农民的自我保健意识和自我保健能力,还对移风易俗、加强社会主义精神文明建设起着重要作用。2006年3月3日,流村镇科协组织大学生志愿者、医务人员,在北流环岛开展了科技、卫生知识宣传活动。活动中共发放《常见病预防》等图书及各种宣传品1000余份。9月19日,区卫生局、区疾控中心、区爱卫会联合组织的"健康知识进农家"百场讲座活动在流村镇菩萨鹿村举行。宣讲团为村民们宣讲预防疾病的基本技能、厨具消毒和生熟食分开的基本方法、如何防治艾滋病等卫生知识。生动具体的讲解吸引了很多村民前来听讲,会场座无虚席,村民提问专家解答的互动方式,将讲座活动推向了高潮。流村镇副镇长张树玲也参加了此次活动。2007年8月10日,流村镇政府组织安排了"迎奥运、构和谐"——做自己的健康管家和国防知识教育大讲堂,专门聘请了中华中医药学会全国百名中医院科普专家、中国中医科学院西苑医院研究员张国玺教授,为基层干部、大学生村官讲授了一堂与个人生活息息相关且意义深刻的保健课程。8月17日,区疾病控制中心和王家园村委会联合举办了"2007昌平居民健康知识大讲堂",区中医院汪道平教授就几种常见疾病的预防和治疗为主题给王家园100余村民上了一堂生动的保健课,并为参加问卷调查的村民发放了健康知识宣传页和纪念品。12月,在区疾控中心组织的健康知识竞赛中,王家园代表队凭借对健康知识的积累和优秀的临场发挥,在激烈的竞争中表现出色,荣获三等奖。2008年3月,在三八妇女节来临之际,流村镇召开庆"三八"巾帼者愿者服务队暨"关爱生命"健康讲座大会,标志着流村镇"三八"巾帼志愿者服务队正式成立。一年来,她们开展了丰富多彩的志愿服务活动,共开展有组织的活动150余次,共计1800余人次。活动内容有清理卫生死角、定期擦洗村内健身器材、为奥运会开展义务服务等。为了普及奥运法律科技知识,4月10日,昌平区政协组织司法、科技、卫生等部门到流村镇山区开展奥运法律科技四下乡活动。区司法局在这次活动中给山区群众送去了奥运法治书籍和光盘,为山区群众解答法律咨询,广泛宣传奥运法律知识,受到山区广大群众的欢迎。2008年6月12日,区妇幼保健院专业讲师团主讲王老师,到北流村为全村近百名妇女就妇科常见病的预防和治疗、妇女健康保健知识等内容进行了讲解。2009年1月6日,"北京市社区儿保医师先心病筛查知识与技能大赛"在北京市妇幼保健院五楼多功能厅隆重举行,全市18个区县均参加了这次比赛,区妇幼保健院保健部儿保科组织基层社区8个单位参加了本次比赛,其中昌平区医院、回龙观镇医院、流村镇卫生院各选一名参赛队员,并在最后的比赛中获得了北京市三等奖的好成绩,也是远郊区县中获得比赛奖项的唯一一个区县。北京财贸职业学院"红色1+1"活动自2006年6月启动以来,各系党支部陆续开展了一系列活动,其中旅游系学生党小组与昌平区流村镇白羊城村结对,进行奥运知识和健康知识宣传。

## 二、妇女保健知识宣传

1983年3月23日至本月底,高崖口对全公社育龄妇女进行了身体检查。检查中发现的病人,配合医院给予治疗。做好卫生工作,做好肝炎预防工作,利用广播宣传预防肝炎的方法,对幼儿、教师、保育员进行身体检查,配合卫生院对幼儿普遍进行预防,肝炎发病率在全公社减少了10%。妇联把1—3岁婴儿的喂养、卫生保健知识作为重点来抓。高崖口乡妇联配合妇幼大夫为全乡 15 名儿童进行体检,并开展优生优育、保健、维权法律等咨询活动。1990 年在亚运会期间组织妇女搞宣传,贴标语,换板报,和团支部联欢,用这些活动提高广大妇女亚运意识,还成立了"三八服务进山小队",深入偏僻山村为老百姓服务。1996 年 3 月中旬,流村乡计生办举办了为期 10 天的人口教育培训班,聘请县计生委服务站的程医生和李平同志任教。在全乡范围开展了"心系育龄妇女,书信送千家、说句贴心话"活动,共送了 3600 份《致全乡育龄妇女的一封信》。结合《条例》实施五周年,又搞起了"走千家、访百友"调查活动。2008 年 6 月 12 日,区妇幼保健院专业讲师团主讲老师王老师,到北流村为全村近百名妇女就妇科常见病的预防和治疗、妇女健康保健知识等内容进行了讲解。12 月 17 日,高崖口村召开计划生育总结大会,总结了 2007 年全村计生工作,随后又进行了计划生育知识考试。通过这次考试,使育龄妇女进一步了解计划生育知识,在日常生活中加强自我权利和义务认知,进而用计划生育知识来指导生育和生活。

# 第六节 药 品

## 一、中药材

### (一)中药材资源

1984 年 7 月至 10 月,县药材公司重点对县域东北部深山区黑山寨乡进行中药材资源普查。1985 年 7 月,对西部、北部山区老峪沟乡、高崖口乡、流村乡等进行中药材资源普查。白洋沟风景区有野菜及名贵野生药材多达百余种。

### (二)中药材种植、养殖

20 世纪 70 年代,农村合作医疗站(室)、"赤脚医生"采挖中药材自配中药,利用场边、地头、菜园子集体试种、引种中药材,主要品种有地丁、板蓝根、连翘、款冬花、生地、党参、薏米、白芍、菊花、桔梗等 20 多种。1978 年,老峪沟乡卫生院采药方面,5 个大队共采药 50 多种,485 斤,相比 1977 年的 3208 斤,采药率下降了 84.8%。种药方面,全公社 5 个大队计划种药 13 亩,实际种了 34 亩,收获药品 51 斤。1980 年,有 10 多个村批量种植外省区特产中药材,主要品种有丹皮、沙参、生地、泽兰、佩兰等 30 多种,有 3 个村引进种植西洋参。

## 二、药品生产

旧时中医常用的丸、散、膏、丹等中成药主要由中药铺、店自制自销,各有特殊疗效,多以世代相传、师徒相授延续。1964 年,流村公社建中药加工厂,为北京市药材公司加工生产炒炙药、中草药饮片。1987 年,中药加工厂改为北京市昌平制药厂。到 1995 年,昌平制药厂生产中成药有 28 个品种,主要有肾骨胶囊、乙肝解毒胶囊、风痛安胶囊、感冒清热冲剂、止咳枇杷冲剂、健脾冲剂等。

1978 年,老峪沟乡卫生院制药方面共 4 种剂型:针剂 5 种,2215 支,用药 13.6 斤,采种药占 73%;片剂 15 种,149500 片,用药 237 斤,采种药占 61%;丸剂 9 种,5611 丸,用药 131 斤,采种药占 23%;散剂 2 种,2.7 斤,用药 2.9 斤,采种药占 48%。

## 三、药品经营

### (一)药材公司经营与发展

1996 年 7 月 31 日,流村乡继续扩大药厂的"三证"优势,发展药业基地,并加快药厂与中国癌症基金会的协作。1997 年 6 月国家外经贸部中海贸经济贸易开发公司出资 2100 万元,与昌平制药厂联营,成立了北京中海贸隆迪药业有限公司,既盘活了药厂 900 万元资产,又可使乡财政年增加收入 80 万元。12 月 30 日,中海贸公司与原流村乡工业企业公司合作成立的北京隆迪药业有限公司成立签字仪式在昌平县六亭会馆举行,县政协主席孙学、副县长杨旭明参加了签字仪式。2002 年 4 月,流村工业小区规划占地 772 亩,入驻小区的北京勃然制药有限公司已破土动工,占地 65 亩,总投资 2000 万元,预计 2002 年 10 月投入使用。2003 年 1 月 17 日,流村镇举办药品市场监督与管理相关法规培训班。2003 年 3 月 21 日,入驻流村镇工业小区的北京天九药业有限公司破土动工,占地 60 亩,总投资3000 万元。

(二)北京市昌平制药厂

流村乡办企业,1964 年建立。建厂初期,进行少量中药材粗加工。到 80 年代中后期,厂房建筑面积 3 万平方米、固定资产 1800 万元,有职工 240 人;生产中成药丸剂、散剂、冲剂、胶囊、酒剂、饮片等500 多个规格品种,其中中药饮片占北京市场四分之三左右。1995年,企业中成药主要产品有肾骨胶囊、乙肝解毒胶囊、风痛安胶囊、玉液渴冲剂、感冒清热冲剂等,年产量 200 多万公斤,年产值 710 万元,利润 78 万元,上缴税金 32 万元。

(三)北京勃然制药有限公司

其前身是 1965 年建立的流村乡药厂,是国家医药管理局参股的集科研、生产、销售为一体的现代化新型制药企业,以中药、天然药物研发、生产、销售为核心。2000 年 6 月注册于北京中关村昌平科技园,占地面积 70000 平方米、建筑面积 38000 平方米、绿化面积 20000平方米、固定资产 7000 万元。公司拥有按世界卫生组织(WHO)和国家 GMP 标准严格设计的现代化生产厂房,配置有高度自动化的先进生产设备。公司坚持以质量求生存的发展战略,秉承“忠实于科学、服务于健康”的理念,在全面质量管理的基础上严格按 GMP 标准组织生产。公司在历年的质量抽查中合格率均为 100%。公司现有颗粒剂、丸剂、胶囊剂、饮片等 4 大剂型 30 多个品种。主要产品有:明目地黄丸、逍遥颗粒、脑立清胶囊等,其中近十个品种已被列入国家社保目录。另外,公司下属的华宝保健品公司还从事保健品的研究与开发。目前“唐泰”、“玺圃”两个主打产品已经问世并出口日本。公司体系健全,销售手段灵活,拥有一支数百名高素质人员组成的销售队伍,销售网络覆盖全国各地,部分产品远销欧美及东南亚市场。公司于2001年注册成立奥凯医药研究所。该所与全国多所院校、科研机构长期合作,不断开发研制新产品,其中中药植物胰岛素治疗糖尿病的产品在研制中。这些都为公司的发展奠定了坚实的基础。2002年公司被北京市科委评定为"高新技术企业"。2003年1月首家通过国家sfda两级gmp认证(证号:京e0001)。公司为中国中药协会理事单位、北京药学会团体会员,被北京市工商行政管理局评为"2004年度守信企业",同年被首都精神文明建设委员会评定为"首都文明单位"。勃然制药有限公司,仅几年时间就发展成有固定资产9600多万元,销售收入近亿元,年完成税收总额600万元的中型企业。员工320人,50%为技术人员,拥有4个剂型30个品种,其中进入国家医保目录的18个。总经理黄成武先后被评为昌平县首届十大杰出青年、北京市优秀经营者,当选为北京市工商联合会医药保健品行业商会副会长、昌平区第二届党代会代表。

（四）北京广大制药厂

成立于1994年,注册资本800万元,系集体所有制企业。药厂位于北京市昌平区,1995年入驻流村镇,总占地面积3万多平方米。主要生产中成药,并从事药品技术开发和技术服务工作。制药厂吸收借鉴国内外先进经验,全部生产设施和生产条件达到GMP规定标准,并装备了现代化生产流水线,可同时满足多种剂型药品的生产,年生产能力可达10万吨。2003年2月,制药厂总经理沈庆利被聘为流村镇荣誉镇民。

# 流村镇

张涛 邓瑞全等 编著

LIUCUN ZHEN ZHI

（下）

人民出版社

# 目　　录

## 第六卷　淳和化育

# 第七卷　古韵觅踪

# 第八卷　古今人物

# 第九卷　文渊册府

## 第十卷　继往开来

第六卷　淳和化育

# 第一章　民间风俗

俗语云"百里不同风,千里不同俗"。经过世代流传,流村镇形成了具有地域特色的传统习俗。虽然有些旧习俗迷信落后,但自从新中国成立以后不断移风易俗,特别是改革开放以后,随着社会不断进步和人民文化素质的普遍提高,传统旧习俗逐渐被破除,逐步形成健康向上进步的社会主义新习俗。节日习俗有年节、元宵节、二月二、清明节、端午节、中秋节、重阳节、寒衣节、腊八节等。年节是民间最隆重的传统节日,过年的习俗主要有贴春联、贴年画、吃年饭、守岁、吃长岁饺子、拜新年、燃鞭炮等。过年节习俗体现了人们追求家庭和睦、团圆、喜庆、祥和,期盼新的一年万事如意,生活美满幸福的美好愿望。80年代中期以后,文化程度较高的青年人渐兴过国外的圣诞节、母亲节、父亲节、情人节等。旧婚嫁习俗受封建思想的影响和束缚,在订婚、结婚、离婚、再婚中封建陋习较多。新中国成立后,自由恋爱逐渐取代了传统的父母包办婚姻。90年代初期以后,兴起婚姻介绍所,男女青年通过婚介机构等形式相识者逐渐增多。婚礼多新事新办,有的举行集体婚礼,逐步形成文明进步的婚姻新习俗。传统旧丧葬习俗兴厚葬。50年代中期以后,丧葬旧习俗逐渐被破除。70年代中期开始推行火化、薄葬,逐渐形成丧葬新习俗。

新中国成立以前流村地区人民生活贫困,人们缺衣少食,穿粗布旧衣,吃粗粮糙粮,过着"吃不饱穿不暖"、"糠菜半年粮"的生活。新中国成立后到70年代末,人民群众的温饱问题得到基本解决。80年代以后,人们穿着开始注重舒适、美观、新潮,服装成为人们的重要消费之一。新中国成立以前,流村地区农村居住条件极为简陋,多土房、草房或石板房,仅有少数人住瓦房。80年代以后,砖瓦房已成为农村主要住房,部分农户盖起了庭院式楼房,有的村统一盖起了单元式楼房。90 年代以前,人们出行仅靠步行或骑马、骑驴;到 90 年代中期,近途出行交通工具主要为自行车、摩托车、公共汽车、出租车,远途乘坐火车、飞机。

# 第一节　生活习俗

## 一、饮食

### (一)主食

吃饱饭是大多数劳动人民的基本生活追求,新中国成立前流村地区绝大多数人的吃饭问题得不到解决,过着"糠菜半年粮"的生活,逢灾年要靠野菜、树叶、糠皮等充饥,人民群众普遍营养不良。新中国成立后到 80 年代初,流村地区人民的吃饭问题得到基本解决。此后饮食质量不断提高,主食在饮食结构中的比例下降,肉、蛋、奶、菜、饮料等的比例增加。人们对饮食的要求已经从吃饱转变为吃得可口,适合营养要求,有利于身体健康。

70 年代以前,流村地区的农村居民冬闲时为一日两餐,早吃稀食晚吃干食。春、夏、秋三季一日三餐,中午吃干食,早晚吃稀饭。主食主要是玉米粥、贴饼子、小米饭、豆面汤、白薯、窝窝头等,逢年过节或来亲友时才会吃面条、馒头、大米饭、烙饼、饺子等。70 年代末期以后,农村和城镇饮食习惯每日主食基本为三餐。一家一户生火做饭,农村燃火多用柴木、杂草等物,城镇居民和少数农村家庭用燃煤炉火。80 年代中期以后,城镇大多用液化石油气。90 年代中期,农村也大多用煤和液化气,燃柴草减少。主食自做减少,购买加工的成品、半成品食品、速冻食品及方便食品增多。

在流村地区,民间习惯将制作主食的粮食分为粗粮和细粮。到 70 年代末期,粗粮是流村地区大部分农村居民的传统主食;城镇居民主食按比例定量供应部分粗粮。粗粮主要有玉米、小米、豆类、薯类、高粱等杂粮。用玉米面加工而成的熟食品主要有贴饼子、窝窝头、玉米粥、玉米面糊糊，以细玉米面为主可以制成面条、饺子、烙饼和发糕、烙糕子等；用小米可以做成的小米饭、小米粥；用豆面可以制成豆面汤及掺上其他杂粮制成豆饭、粥、年糕；用高粱米加工而成的有高粱米饭、高粱米粥，以高粱面为主可以制成烙饼、饺子等。细粮主要指大米、面粉。大米做的日常主食有米饭、米粥，面粉做的主食有馒头、花卷、豆包、糖三角、面条、包子、饺子、烙饼等。50年代中期以后，流村地区城镇居民人口按比例凭粮本、粮票定量供应细粮，农村人口使用细粮以自产为主、辅以节日少量供应。80年代后，细粮逐步敞开供应，流村地区城乡居民主食均以细粮为主。90年代中期，城乡居民调剂饮食结构，又兴起吃粗粮。

（二）副食品

50年代中期以前，流村地区由于经济条件的限制，民间习惯饮食以主食为主，吃菜较少。流村地区农村居民吃菜为自种自食，在每年秋后储存白菜、萝卜等，一般每个家庭都备有咸菜缸，腌萝卜缨、白菜叶、雪里红、芥菜、豆角、辣椒、黄瓜以及酸白菜、萝卜等，以供来年春季食用。50年代中期以后，流村镇城镇家庭主要吃供应商品菜，农村家庭以自种自食为主以购买菜为辅。90年代初期以后，蔬菜市场本地产和外地菜品种增多，城乡家庭一般四季多以新鲜菜为主，市场腌制小菜、苋菜品种较多，家庭已很少冬春储菜或自制腌菜。蔬菜在饮食中的比例增加，家庭饮食做菜大多荤素搭配，炒、烧、炖、拌等多种做法。家庭饮食蔬菜消费量增加，成为主要副食品之一。

**肉类食品** 新中国成立以前，流村地区居民因生活贫困，绝大多数居民除大户人家外，饮食很少吃肉，只有逢年过节、婚礼和丧葬时才有肉食。50年代以后，农村人口肉食主要靠自养自食，城镇居民吃肉按人口凭票限量供应。80年代初期以后，肉类食品种类和数量增多，城乡家庭猪、牛、羊、驴、鸡、鸭、鱼肉食用量逐年增加，海味品及各种肉制熟食品增多，肉食品消费在饮食中的比例提高，成为基本副食之一。目前,流村镇居民日常生活中肉类主要以驴肉为主。

**蛋类食品**　流村镇传统蛋类食品仅有鸡蛋,主要为婴幼儿、老人、病人、产妇食用。农村家庭自养食用。60 年代初期以后,流村地区城镇居民凭副食本按人口定量供应。80 年代中期以后,蛋类食品市场放开供应,蛋类食品种类增多,有鸡蛋、鸭蛋、鹌鹑蛋等。蛋类食品在饮食构成中比例增高,消费量增加,成为主要副食品之一。

(三)小吃糕点

流村镇传统小吃品种很多,主要有油饼、烧饼、麻花、火烧、螺丝转和凉粉等,商家在城镇设摊点或走街串巷叫卖。80 年代初期以后,外地小吃进入流村地区,小吃品种开始丰富起来。新增小吃品种主要有油条、煎饼、肉包、肉饼、麻团、糖耳朵、元宵、汤圆、炸糕、炸排叉、米粉和羊、牛、鸡、鱼等肉类炸、烤制小吃等。小吃汤类主要有鸡蛋汤、豆腐脑、馄饨汤、羊杂碎汤等多种,经营小吃摊点多。到 90 年代中期,饮食小吃成为居民家庭调剂饮食或外出快餐食品。

**烤类小吃**　流村镇的烤类小吃包括烧饼、火烧、螺丝转、牛舌饼、开口笑、墩饽饽、烙糕子、粮食糕等。烧饼的特点是面和得软硬适度,外形美观,配料讲究,麻酱涂得多,口味较重,具有五香味道,所以又称麻酱烧饼和五香烧饼。制作过程是将和好的面先擀成带状,上涂厚厚的一层用炒熟的花椒、八角、小茴香、麻仁粉调好的咸麻酱,而后拉长卷起,揪成大小相同的面团,经揉捏、压扁、定形,上面刷上清酱汁,蘸上麻仁,放铛上烙八成熟,再放入炉膛内两面烘烤,使之熟透变黄变焦,因此刚出炉的烧饼个个外部焦黄酥脆,内部暄软可口,散发着阵阵香味。除麻酱烧饼外,还有咸甜油酥烧饼。火烧是半发面制成,制作方法是先将面和好揉匀,搓成圆柱状,揪成大小相同的面团,再将一个个面团擀成圆片,表面涂以与烧饼相同的五香咸麻酱,而后,再一个个卷起压扁,从中间切成两半,再合二为一,拉长卷成螺丝状压扁成小饼,放在饼铛上烙熟,放炉膛内烧黄烤焦即可。螺丝转刚出炉时,可以一丝丝拉开,特别受到儿童欢迎。更值得一提的是,螺丝转一时卖不完,还可用炉膛余火将其烤脆,名之为"干蹦",用来下酒,别有一番风味。牛舌饼用发面制成,中间涂油、撒椒盐,形似牛舌,故曰椒盐牛舌饼。它里外3层,外焦内暄,咸淡适宜,香味扑鼻,价钱便宜,为人们所喜爱。开口笑,即发面豆馅烧饼,皮薄馅大,烙烤过程中内部热气会把其一侧冲开一个口子,像人张开嘴大笑,故名开口笑。墩饽饽,即呛面墩状饼,分甜淡两种,吃起来较干较硬,但便于储存,出门可当干粮食用。烙糕子的做法是先将玉米面和好,发酵之后放上白糖和少许碱,调成糊状,然后用勺子舀适量的面糊放在坐热的饼铛上均匀摊开,烤熟即可食用。烙糕子色泽金黄,口感香软,吃上一口甜津津,同时又有一股玉米面的清香,让人回味无穷。粮食糕在流村镇也是极富特色的一道烤类小吃,制作粮食糕的材料有黄米面或江米面、豆馅儿、红糖。其制作方法也很简单,首先用开水把面和好,饧一会儿,然后坐锅,待水开后,把面揉成团放入锅内蒸,10分钟后,面达到七成熟出锅,再和一和。然后分成小面团,擀成皮,包入豆馅,压扁,最后坐锅放少量油,把包好的粮食糕放入锅中烙,翻几次,使其均匀受热,成金黄色后出锅,即可食用。流村镇的居民这样形容粮食糕:豆馅红糖腹中藏,黄米江米做衣裳,躺在油锅翻几过,金黄金黄的,极为漂亮。

**炸类小吃**　流村镇的油炸类小吃包括油饼、馃子、麻花、炸糕、豆面饸饹等。油饼分咸甜两种,咸油饼又有大小之别。小油饼一般一两一个,又小又薄,论个出售;大油饼最小半斤一个,既大又厚,论斤出售。其制作方法基本相同,即先用适量的矾碱盐水把面和好(后来均不加矾),按需要切成面团,擀成长圆面片,中间切2—3个开口,拉长拉宽放入热油炉内炸黄即可。小油饼是早点主要食品,比较普遍;大油饼个大肉厚,多在庙会、集市出售,可代正餐。甜油饼均是小油饼,一般炸成圆形,它是在咸油饼的一面再加一层用糖、麻酱和少许面粉合成的添料,使之吃起来咸中有甜,甜中有咸,更加可口。另外,油饼还有两个派生品种,即油篦子和薄脆。油篦子即在擀好的均匀的面片内把面切成条状,炸出来酥脆,像个篦子,故称油篦子。薄脆是把面团擀得很薄很薄,中间再用手指戳一些小洞,炸出来又薄又脆,一碰就碎,故名薄脆。馃子和今天的油条相似,但不是条状,而是长圆两条相连,比较细,所以炸出来又酥又脆,人们多把它夹在热烧饼里吃,一个烧饼夹一个馃子,称为一套。另外,还有焦圈,它是一种正圆形的完全炸焦的小馃子,因其像个圆圈,故曰焦圈。麻花分脆麻花和蜜麻花两种。脆麻花与今天点心店卖的脆麻花无异。蜜麻花形如人的耳朵,炸出来后还要蘸蜜,又称糖耳朵。炸糕主要有三种:一种是江米面炸糕,一种是黄米面炸糕,还有一种是酥皮炸糕。江米面炸糕和黄米面炸糕均内包豆沙,前者淡黄,后者阴红,味道各不相同。酥皮炸糕用烫熟的白面制作,一般内包糖馅,炸出呈褐色,两面各鼓起一层酥皮,故称酥皮炸糕,凉热吃均可,绵润可口,特别受老年人欢迎。此外,还有炸江米面麻团等。值得一提的炸类小吃还有西峰山的豆面饸饹,这种小吃用当地所生产的豆面摊成薄饼,切成小长方块,再用油炸一遍,吃到嘴里,可以体味到脆香、油香、豆香合一,特别顺口。由于它特别好吃,现在已成为西峰山村的一种商品,村中马路边上,每天都有村民在售卖,销量很大。

**蒸煮类小吃** 流村镇蒸类小吃花样也很多,主要有四小,即小豆包、小肉包、小花卷、小三角,此外还有发糕、拿糕、驴打滚等。小豆包内包豆沙,长圆形雪白如鸭蛋。小肉包做得小巧玲珑,上面还要捏出均匀的褶,十分好看。蒸出后,不在屉内存放,也不放在小笸箩中,而是倒扣在乳白色的小苇帘上,冒着热气,就像一朵朵乳白色的月季花,再用鲜荷叶或鲜蓖麻叶托起,白绿相间。蒸食除了四小,还有小枣切糕、小枣粽子、江米团、江米糕等。小枣切糕多以黄米面制成,内加江米、小枣,香甜松软而不粘牙。用刀切着卖,论斤出售,出售时均把切糕叉在竹竿上,为的是不粘手。卖切糕的有时还同时卖驴打滚,即在黄米面蒸的年糕中裹上红糖拌的熟黄豆面,吃起来更是香甜可口。粽子分江米、黄米两种,馅也有小枣、豆沙之分。它用当地煮软的鲜苇叶包起,见棱见角,十分好看。粽子煮熟后要浸泡在冷水中,使其变凉,方可出售。买者可以带走,也可就地食用。如带走,卖者要用湿马莲替顾客把粽子串起;如就地食用,卖者要替买者把粽子一个个剥开,码在小瓷盘中,上面撒上白糖,再给买者一把钥剥(剥粽子的工具)或竹制的二齿小叉子,以便叉起来吃。煮的小吃主要有煮三豆,即煮蚕豆、煮芸豆和煮豌豆。其制作方法比较简单,只要把泡展的三种豆煮透煮软,捞出后趁热撒上五香椒盐粉,搅拌均匀使其出现豆碱即可。煮三豆一般单煮单卖,可以当小吃食,也可下酒。因其松软便宜,尤其适合老年人食用。江米团、江米糕是先把江米煮成江米饭,而后内包豆沙和砂糖,分别做成圆团和小饼,外面再撒上江米粉,以免相互粘连。前者称江米团,后者称江米糕,均为凉吃,很爽口。发糕的制作材料主要有玉米面、白面、小米面、碱或苏打、红糖。其制作方法是把玉米面、白面、小米面、红糖和在一起发酵,把发酵好的面放上碱水或苏打水,用水和匀,接着坐上蒸锅,锅开后,把和好的面均匀地铺在笼屉上,盖上盖,20分钟后,黄澄澄的发糕就蒸熟了,色泽金黄,咬上一口松软可口。拿糕在流村镇也是一个极具特色的小吃。制作拿糕很简单,主料为玉米面,用凉水稀释均匀后,放入开水锅中,不停地搅拌直至成糊糊状,再放上葱花、酱油、辣椒面、米醋、香油、酸菜汤,调配起来味道极香。驴打滚的主要原料是黄豆面、江米面,其制作方法是将黄豆面和江米面加水揉成面团团,放在笼屉里蒸熟;然后将蒸熟的面团揉成一个大面团用擀面杖擀成薄片,再将豆面红糖拌在一起,均匀地撒在面片上,将面片卷起切成一段段即可食用。用微火稍蒸,味道更佳。一层面一层糖,轻轻一咬,诱人的口水直往下流。

**汤羹类小吃**　在流村镇汤羹类小吃最常见的有嘟豆腐、嘟丸子、豆腐脑、老豆腐、面茶、杂碎汤、凉粉、扒糕等。嘟豆腐、嘟丸子要事先把豆丸子炸好。丸子分豆面丸子和豆面瓜菜丸子两种,卖时把豆腐和丸子同时放入用各种香料调入滚开的老汤中,煮透煮软,连汤带水一起出售。愿吃豆腐单盛豆腐,愿吃丸子单盛丸子。盛在碗里,再浇辣椒油、香醋,吃起来又鲜又酸又辣又烫。卖嘟豆腐、嘟丸子一定要保持锅的滚开,所以过去卖这种小吃的都吆喝"炸豆腐、炸丸子开锅"。豆腐脑与现在卖的无区别,只是浇的卤汁比现在讲究,即它一定要用口蘑汤,再加鲜羊肉片、黄花、木耳和绿豆淀粉制成,所以吃起来特别光滑。老豆腐与豆腐脑同类,但点得较老,点过后还要继续在锅里煮,使其变得较有咬劲;同时改卤汁为酱豆腐汁、麻酱汁、蒜菜花、卤虾酱汁、清酱、香醋、大蒜汁、辣椒油等各种调料,吃起来特别爽口。杂碎汤有牛杂碎汤、羊杂碎汤,依做法不同,又分混汤杂碎和白汤杂碎。白汤杂碎即在汤中不加带颜色的汤料,保持汤的清澈透明,并且杂碎(即牛的心、肝、肺、肠等)一定要洗净、切碎、煮烂。面茶是一种用小米面熬成的稀面糊,为了好看,有时加上色素,使其变成淡黄色。卖时,先盛在碗里,表面均匀地撒上一层用油调稀的麻酱,再在麻酱上撒上一层熟芝麻椒盐粉,就可入口了。面茶要喝不叫吃,所以卖者从来不准备羹匙筷子之类。喝面茶一般配吃烧饼馃子,单喝的很少。凉粉用绿豆淀粉熬制而成,略带绿色,晶莹透明,切成豆腐一样大小的方块,浸泡在冷水中使其变得劲道。卖时,把凉粉从冷水中捞出,用小刀(讲究的用竹刀)切成细条,放在大碗中,上浇麻酱汁、蒜泥、辣椒油、香醋、咸胡萝卜丝,味道又凉又咸又辣又酸,是夏季一种清凉去暑小吃。扒糕是用荞麦面制成的一种夏季风味小吃,它的做法是先把荞麦面放入碗中蒸成砣状,取出放入冷水中浸泡,使其变得劲道富有弹性,卖时浇的调料与凉粉大同小异,价钱便宜且扛饿,因此更受人们欢迎。此外,还有馄饨、油炒面。馄饨外形与今天卖的馄饨无异,只是过去的不用白水煮,讲究用鸡汤煮,差一点的也要用猪骨头汤煮,并且吃时要撒些胡椒粉、鲜香菜、香醋,所以味道鲜美。油炒面则是用牛油加糖炒熟的白面,可以用开水冲着喝。

总之,流村镇的小吃有悠久的历史,有丰富的品种,有很好的制作技艺和灵活的经营方式,需要认真加以挖掘、发展、提高。

**糕点**　传统糕点品种主要有桃酥、酥皮带馅点心、鸡蛋糕、甜果球、中果条等。50 年代末期以后增加饼干、面包等。60 年代至 80 年代中期，糕点主要为婴幼儿、老年人食用，探望病人、社会交往送礼也大多装糕点盒子。80 年代末期以后，糕点、面包、饼干种类多，并兴起生日蛋糕。到 90 年代中期，糕点成为家庭调剂食品之一。

（四）地方特产

**高口红椿**　高口红椿是一种天然绿色蔬菜，是香椿的一种，它的嫩芽为蔬菜中珍品，营养物质易被人体吸收，它特有的芳香物质能通肝明目，对血液系统疾病有独特疗效。所以，红椿被称为"中国特色保健菜"，是一种纯净自然的绿色无害蔬菜。民间食用红椿，据说从汉代起就风行大江南北了。红椿食用方法很多，通常有油炸香椿鱼、香椿拌豆腐、香椿炒鸡蛋，也可将香椿捣烂加盐搅拌制成香椿糊，再淋上辣椒油，味鲜可口。还可将香椿和大蒜一起捣烂成糊状，加些盐和香油、酱油及适量凉开水调成香椿蒜汁，当做调料，别具风味。

**西峰山金丝小枣**　西峰山枣树种植始于明清时期，距离今天已经有数百年的历史了。由于村里独特的土壤条件，使这里产出的枣味道宜人，口感也特别好，远近驰名。西峰山金丝小枣在清朝被定为进贡物品，深受皇族及大臣的喜爱。正如民间流传的歌谣："狼儿峪的核桃，西峰山的枣，漆园的姑娘，瓦窑的小。"金丝小枣皮薄、肉厚、香甜可口，细细地品味才能感觉到甘甜中带着淡淡的酸味儿，它酸中带甜，甜中带酸，不但使人感到回味无穷，更具有解渴、去暑之功效。金丝小枣还可干吃，更是煮八宝粥不可缺少的原料。金丝小枣营养价值高，维生素 C 的含量最为丰富，是苹果的 70 倍，是梨的 100 倍，可称为"活维生素丸"。另外，枣还有很高的药用价值，多种补血、养气的中药中，都含有枣的成分。据村里的老人讲，常吃红枣头发也会变得又黑又亮。金丝小枣多在脆熟期采收，这时果实色泽鲜艳，含糖量高，酸甜可口，脆嫩多汁，风味好，能充分显示鲜食品种的特点。

**老姑嘴儿**　"老姑嘴儿"是绿色纯天然蔬菜，生长在水分充足的田野间。五一前后,"老姑嘴儿"长出两片狭长的叶子,中间抽出三至五根茎,茎的顶端有一花朵,花蕊为黄色。在花蕊未老发黄时采摘,把花蕊掰掉,留下花萼、叶食用。"老姑嘴儿"可以爆炒食用,也可以生食,其营养成分丰富,健康,无危害,是流村镇农村特有的一道风味小吃。

**巧舌头**　农村地里的一种野菜,人们称其为"巧舌头"。"巧舌头"这种野菜,人们主要吃它的叶子。春天,它开始从地里钻出来,茎也渐渐长高,人们俗称它为"荸儿"。大约在清明节前后,叶子就会从"荸儿"上长出来。长出来的叶子呈椭圆形,并且有些扁,伸出的一段略尖。刚长出的叶子呈现出紫色,随着叶子渐渐长大,就慢慢变成绿色了。

在"巧舌头"开花之前,将它的叶子捋取来吃,鲜嫩可口。如果在其开花以后才采摘,叶子就变老了,吃起来不鲜嫩。"巧舌头"的叶子主要用来做凉菜、吃馅儿或做成爽口的酸菜。吃时首先要用开水烫一遍,然后再用凉水浸泡,直到没有苦味儿为止,否则吃后会对身体有危害。吃馅儿、凉拌,可依个人的口味儿来调配。如果想做成酸菜,只需将采摘来的叶子放在温水中(加一些小米汤最好)泡三至五天,就可以吃了。酸菜味道鲜美,冰凉可口,令人回味无穷。

**尖儿鼓**　"尖儿鼓"也是流村镇农村的一道特色小吃。"尖儿鼓"是一种野生的植物,因这种植物成熟时叶子较长,呈扁圆形,向外伸展的一端略有些尖,尾部一端略鼓,因此流村镇的人们称它为"尖儿鼓"。"尖儿鼓"在流村镇的农田地边儿上以及山坡上都随处可见。每年的清明节后,"尖儿鼓"就开始从藤上长出嫩芽,到6月初叶子渐渐成熟,一蓬蓬、一簇簇的非常茂盛。这时的叶子绿得有些发黑,油亮亮的闪着光泽。它的生长期可以持续至8月底,在这期间,人们可以捋取嫩叶制成可口的菜肴。

**野生木耳**　在流村镇的农村,每逢夏季连雨天,干枯的榆树和臭椿树的树干便会长出一些野生的木耳。雨水越多,干枯的树木长出的木耳就越大越胖。人们采摘后,干枯的树干还会继续长出新的木耳。这种木耳是纯天然的绿色食品,吃起来较鲜嫩,味道也较好。

(五)饮料烟酒

**奶类食品** 50 年代末期开始,城镇婴幼儿凭本限量供应鲜牛奶,其他奶类制品很少。80 年代初期以后,牛奶逐步放开供应,奶制品不断增加。到 90 年代中期,牛奶食品有纯鲜牛奶、加钙鲜奶、酸奶、奶粉以及其他多种奶制食品。随着流村镇城乡居民生活水平的提高,奶类食品消费量逐年增多,成为人们饮食构成之一。

**茶** 流村镇居民饮茶习惯由来已久。新中国成立前因生活贫困,大多数家庭仅用茶水待客,平时很少饮用茶水。50 年代中期以后,饮茶增多,80 年代初期以后,茶成为人们日常主要饮品。茶叶的种类有绿茶、花茶、红茶等,喝花茶、绿茶者较普遍。90 年代初期以后,城乡居民家庭茶叶消费量增多。近年来,随着社会经济的不断发展,速溶茶、冰茶、液体茶以及各类袋泡茶等也开始走进流村镇居民的生活。

**饮料冷饮** 60 年代中期以前,由于经济条件的限制,居民尤其是农村居民很少喝饮料和吃冷饮。到 60 年代中期,喝饮料和吃冷饮之风逐渐兴起,但人数较少,而且大多为青少年。当时饮料有橘汁汽水,冷饮主要有冰棍,少量牛奶冰棍。80 年代初期以后,人们喝饮料吃冷饮逐年增加,冰棍销量减少、牛奶雪糕增多。新增饮料有瓶、罐装雪碧和可乐等。到 90 年代中期,饮料品种丰富,有各种瓶、罐装雪碧、可乐和椰子、杏仁、橘子、苹果、桃等果汁,兴起喝咖啡和矿泉水、纯净水;有由牛奶和水果、咖啡等制成的多种形状、口味的刨冰、雪糕、冰激凌等。

**酒** 在流村镇,民间中老年人喜欢喝酒者较多。到 50 年代,多为当地产散装白酒,瓶装酒较少。要自备容器(酒瓶、酒葫芦等)购买,老年人喜欢将酒烫热饮用。60 年代初期以后不再有散装酒,流行喝白薯干、高粱酿造的瓶装白酒。70 年代后,夏季流行喝啤酒,有很多外地品牌。80年代初期以后,饮酒的人逐渐增多。到90年代中期,酒类品种丰富,有白酒、黄酒、曲酒、汾酒、色酒、啤酒,并渐兴饮低度白酒、葡萄酒和啤酒。饮酒成为宴席必备和家庭中老年人主要饮食习惯。

**烟** 20世纪50年代以前流村地区吸烟者以中老年男性居多,女性较少,大都是吸自种的旱烟叶。吸烟用具叫烟袋锅子,由烟袋、烟杆、烟嘴和烟锅组成。烟袋用布、皮制成,用于装烟末,悬系在烟杆的中间。烟杆的大小不一,大的一二尺长,小的五六寸长。烟杆有的为木制,个别为铜制。烟杆的一头为烟嘴,由铜、玉或铝等制成,另一头接用铜或铝制成的烟锅,烟锅在吸烟时装烟末用。抽烟时,把烟锅塞到烟袋中舀烟末,再隔着烟袋布用拇指把锅子里的烟草按紧实,然后拿出来用铁制的火镰自采火石摩擦取火点燃烟末,边点边吸。50年代后期,吸烟取火不再用火镰,除少数老年人吸烟用烟袋锅子外,多数人用薄纸或书报废纸裹旱烟自吸,燃火用火柴。60年代吸盒装卷烟增多,开始用打火机点火。80年代中期以后,打火机取代火柴。除农村有个别老年人用烟袋吸烟外,普遍买盒装卷烟。90年代初期以后,烟卷种类多,国外烟增多,吸烟人数也增多。吸烟成为个人生活和社会交往的习惯之一。目前,随着人们生活水平的提高,吸烟影响人的身体健康也越来越受到人们的关注。

(六)糖果水果

**糖果** 20世纪50年代流村地区的糖果品种少。红糖主要为产妇和病人食用,蔗糖为婴幼儿和青少年个别少量食用。六七十年代,糖果品种增加白砂糖、牛奶糖果等。80年代初期以后,糖果品种丰富,成为人们生活和接人待客必备食品,砂糖成为家庭饮食必备调味品,消费量增多。90年代以后,糖果的种类增多,主要有白糖、冰糖、红糖、黄糖、薄荷糖、夹心糖、酥心糖、棉花糖、葡萄糖、牛皮糖、麦芽糖、巧克力等。

**水果** 50年代流村地区的水果品种主要有苹果、桃、梨、枣、杏、柿子、核桃、葡萄、樱桃等,主要为自产食用,季节性强,食用很少。60年代后,市场有少量供应本地产、南方产干鲜水果和水果罐头、果脯,主要为婴幼儿、病人、老年人少量食用。80年代初期以后,本地产和南方产水果种类增多,一年四季有干鲜果。90年代中期,水果已成为人们饮食和接待客人、探亲访友的主要食品之一,消费量逐年增加。

## 二、服饰

（一）服装鞋帽

**衣服**　在过去,流村地区人民因生活贫困,绝大多数家庭缺衣少食,日常穿用的衣服大都是"新三年、旧三年,缝缝补补又三年",有衣穿、穿得暖是人民群众的基本生活追求。外衣经世流传,男性穿着衣服基本式样为两截装,上穿对襟袄,下穿缅裆裤,遇礼仪场合有的外罩大褂;女性穿大对襟褂子,右边侧扣对襟纽襻,下穿缅裆裤,裤脚绑腿带。衣服夏季为单,春秋季为双层,冬季为棉服,有的穿羊皮袄。平民百姓冬季大多数无内衣,或用旧衣做内衣,有的女性上半身穿遮盖胸的"兜兜"。

新中国成立前贫富不均,穿衣式样、布料各有不同。流村地区绝大多数家庭穿民间自织粗布（也称土布）自己缝制的衣服。少数有钱家庭男性穿长袍马褂,夏季多用白绸布,春、秋多用古铜、紫色绸缎,冬季用黑、蓝色团花绸缎或裘皮料衣服;女性穿旗袍或过膝长裙,内穿大褂上衣,散腿绣边长裤。公职人员、店职员、教员穿单色机织布（民间称洋布）大褂、中山装。极少数人受国外生活习惯影响穿花格西装或单色西装。国立学堂的学生穿藏蓝色立领学生装制服,衣兜、衣襟用黄色金属纽扣。城镇女学生穿白色过膝布裙,足穿过膝白线袜;春秋季节穿藏蓝色过膝布裙,足穿过膝蓝线袜。新中国成立后,50年代初期不再穿长袍、马褂;50年代中期人们穿衣服主要是对襟小褂、缅裆裤。公职人员多穿中山装（也称干部装）。夏季有的女公职人员穿百褶裙、连衣裙。工人穿工作服。学生穿青年服、列宁服。秋冬春季时兴内穿绒衣绒裤，外穿短大衣。50年代末，除农村个别老年人外，基本不穿缅裆裤、对襟褂，男女主要流行穿便装。六七十年代，受社会环境的影响，流行穿草绿色军装和建设服，夏季女性穿裙子的较少。冬季男女流行穿军大衣、棉大衣。衣服大多买成衣、买布料定做或用缝纫机家庭缝制。改革开放以后的80年代初开始，服装款式多样式、多颜色，城乡和职业间穿着差别较小。到90年代中期，夏季男性服装有各式长短袖衬衫、T恤衫，女性服装有各式长短袖衬衫、T恤衫和便裙、连衣裙；春、秋、冬季男女性服装有西服、便服、中山服、牛仔服、运动服、夹克衫和各式长短大衣；女性流行穿西装裙、便裙；冬季男女保暖外衣有各式棉袄、羽绒服和棉（皮）大衣。

**鞋**　在流村地区，50年代中期以前人们大多穿家庭自制的布鞋。依个人所好，鞋有制成圆口鞋、尖口鞋、双面（脸）鞋、单面（脸）鞋。山区为了让鞋耐穿，还用薄皮子包住前后跟部，鞋底钉掌、钉胶皮鞋底。夏季穿单脸鞋，冬季穿双脸棉鞋，俗称毛窝。老人爱穿毡制鞋。新媳妇穿红面绣花鞋。50年代中期以后，开始时兴买成品布鞋、胶鞋，流行方口鞋、带梁鞋、三眼鞋、五眼鞋。60年代初期以后自制鞋减少，买成品鞋增多，流行松紧口布鞋、胶鞋、布棉鞋、塑料凉鞋。70年代，流行翻毛皮鞋、网球鞋、塑料底布鞋和凉鞋。80年代初期以后，鞋的样式和制作材料变化较快，已不再自制布鞋。到90年代中期，鞋品种繁多，款式、用料各异。男性有各式皮鞋、皮凉鞋、塑料凉鞋、旅游鞋、运动鞋；女性有各式高跟鞋、半高跟和平跟皮鞋，皮凉鞋、塑料凉鞋、旅游鞋、运动鞋，冬季女性中流行穿各式的长筒靴、短筒靴等；此外各种样式的室内拖鞋也开始流行，布鞋已经很少有人穿。

**袜子**　到50年代初，流村地区居民多穿传统自制白色布袜，50年代中期以后自制袜减少，开始穿机织线袜。60年代流行尼龙袜、混纺袜。70年代流行涤纶袜、锦纶袜、长筒袜。80年代初期以后到90年代中期，袜子的种类很多，春、秋、冬三季流行穿棉线袜、涤纶袜、锦纶袜,夏季穿丝袜、纯棉线袜,年轻女性穿高弹袜、无跟袜、长筒袜、弹性裤袜等。

**帽子** 新中国成立前,男性绅士、商贾多戴鸭舌帽、礼帽、皮帽,一般人流行戴便帽,个别社会交往多的中青年多戴礼帽、鸭舌帽,在校学生多戴学生帽,幼童多戴虎皮帽、绒球帽;夏季劳动戴草帽,春、秋戴没有饰物的鸭舌帽,冬天戴毡帽、棉帽。老年妇女出门戴风尘帽,中年妇女蒙头巾、戴头帕。50年代初期以后,男性戴八角帽或干部帽,冬季戴绒棉帽和长围脖巾,中、青年妇女戴头巾、围巾,老年妇女戴棉线帽。"文化大革命"期间,中青年男女时兴戴军帽。70年代中后期,男性流行呢子帽、鸭舌帽、大围脖,女性时兴围纱巾、毛围巾。80年代初期以后,帽子式样、用料变化较快。到90年代中期,帽子品种多样,样式美观,功能随季节而异。夏季,男女戴凉帽、太阳帽;春秋季节,戴运动帽、旅游帽、休闲帽;女性春、秋季围真丝纱巾;儿童中流行戴军帽、警官帽、太阳帽、凉帽等;冬季戴棉帽。

(二)发型及饰物

20世纪50年代初,男性多剃光头,公职人员、学生男性留平头、分头,女性留短发或梳长辫。城乡未婚女性额前留"刘海",脑后梳一条长辫子,结婚后梳纂儿。结婚后一般女性佩戴的饰物多为头上的簪、钗,耳朵上的耳环、耳坠子,腕上的镯子、手指上的戒指,质地有铜、银、镀金、玉等。50年代中期以后,男子留寸头、平头、分头、一边倒、背头的较多;除老年人外,很少有人剃光头。青年妇女梳两条长辫子或留短发,中年妇女剪短发。大多数妇女参加生产劳动后,不再佩戴饰物。60年代后,成年女性剪短发,中小学女学生梳两条小辫或留短发。80年代以后到90年代中期,男性主要留大背头、分头、平头和鬓角,中青年女性兴烫发、披肩发,大多数女性为盘头发、短发、梳纂儿、梳辫儿。在校女生剪短发、梳辫子。中老年人和少数青年男女兴染发。80年代以后,中青年、老年人兴起戴饰物,男性有戒指,女性有耳环、耳坠、项链、手链、戒指,质地为24K金、白金,大多为保存或平时佩戴。

（三）戴用物

50年代中期以后，流村地区公职人员和青少年学生戴近视镜人员增多，仅有个别公职人员戴手表。60年代初期以后，城镇中大多数人戴机械式手表。80年代初期以后，城乡戴手表已很普遍，多为电子表、石英表。中青年中普遍兴起戴风镜、墨镜、变色镜。90年代初期以后，兴起携带使用寻呼机、手机等。

## 三、居住

### （一）住房

**农村住房**　新中国成立以前人民生活贫困，大多数家庭住土坯房、石板房，农村只有少数家庭住瓦房，还有贫寒人和单身汉等住在用山草、玉米秸、木棍等搭盖的窝棚或茅草房中。新中国成立后，随着社会经济发展和人民生活水平的不断提高，农村住房用材和建筑质量不断变化和提高。土坯房用块石抱墙角，黄土坯砌墙，无木柁，檩条架于隔断墙上（俗称"硬山到顶"）；房顶内衬草席，外覆秸草，上抹黄泥。新中国成立后，石板房代替了土坯房成为主要的房屋类型，为山区或半山区大多数家庭使用。石板房是用石块砌根基，用砖抱脚砌框，用石料砌墙，房顶采用青石板覆盖的房屋。50年代末不再建石板房，瓦房陆续成为农村基本住房。瓦房房顶用砖筑砌（80年代起用机制砖），泥（80年代起用水泥）勾缝，房屋柱、柁、檩、椽俱全，柁有大柁、二柁；檩有五根、七根之分，椽上铺篱笆或衬木板（80年代起用油毡等材料），房顶用泥瓦覆盖。80年代初开始，农村兴起建房热，瓦房成为居住的基本房屋建筑。旧房翻新、盖新房为砖木结构，用料石砌地基，砖砌到顶，房上起脊，用布瓦或水泥瓦盖顶。80年代中期，部分村大部或个别户盖庭院式两层别墅楼房，为砖混结构。90年代中期，一部分村进行旧村改造，统一盖单元式五层至六层楼房。

**房屋布置**　在房屋布局方面,民间传统习惯依据经济条件和占地面积,正房一般坐北朝南,少数以东、西房屋为正房。有四合院、三合院和正房院,富裕人家住三合院、四合院。

**房屋格局**　四合院有大有小,北房三间东西两间为房,正中一间为堂屋,每间宽一丈,进深一丈三尺或一丈五尺,南房两间,东西两间或三间为厢房,房宽、进深比正房稍小。一般人家多为三间正房或两侧另盖耳房两间。正房中间一间开门为堂屋,左右间为里屋。堂屋兼作厨房,左右两边各搭一锅台,上放铁锅,为做饭及烧炕取暖的设施。锅台有烟道直通堂、里屋居室的土炕,烟囱多设在山墙前角处,直通屋顶出烟。房屋侧起山墙,后有沿墙,前脸装木料门窗,窗户分上下两部分。窗户的框架内侧糊纸,房正门多为两扇木质门,外加一扇木格窗门。屋内吊糊纸顶棚。

**院落布局**　民间传统院落居住布局大多数在庭院内右角侧建厕所、猪圈或牲畜棚,50 年代中期以后不再建牲畜棚,到 70 年代为砖或土围墙,80 年代初期以后为机制砖围墙,不再建猪圈。农村建房大多为正房五间或三间,院内左右各建两间配房。新建房屋多改为单扇木格油漆门,窗户镶嵌玻璃,有的是铝合金门,室内四壁粉刷,有的吊顶棚。室内地面通抹水泥或铺砖、水磨石、地板砖等。

**城镇住房**　到 70 年代末,城镇居民的住房主要为单位自盖平房或城镇农业人口家庭闲房。70 年代末期以后,机关、企事业单位自建或统一开发建有供暖、水、电设施,卧室、客厅、厨房、卫生间等单元楼房。80 年代末开始,城镇居民兴起旧房和新房室内装修,门窗多改为铝合金、塑料等新型材料。室内装饰地面先后用地板革、地板砖、木地板、人造仿板等,安装吸顶灯、吊灯、壁灯等装饰灯具,墙上先后兴贴壁纸、壁布、制作木墙裙、刷涂料等。90 年代初期以后,住房制度改革,城镇居民家庭陆续购买有自己产权的平房和楼房。

（二）居住

**居住习俗**　在流村镇,传统居住习惯是长辈住正房,晚辈住两侧配房,且只有长房子孙可以世居同住在一起。60年代初后,农村青年男女婚后大多另盖房与父母分住。80年代初期以后,城镇青年婚后大多单位分房、购房分住,少数与父母同住。农村居住传统睡土炕、大联炕(亦称火炕),未婚弟妹与父母同住一炕,婚后住里间或耳房、配房。80年代初期以后,大多拆火炕改木板床。90年代初期以后,流行睡沙发软床。

**室内陈设** 流村地区农村传统室内家具以板柜为主,有少数三节柜,两节柜和一节柜居多,颜色多为枣红和栗皮色,配以小坐柜、八仙桌、橱柜、条凳、木椅等。60年代以后,城乡室内家具流行大衣柜、高低柜、酒柜、沙发等。自80年代后期起,室内家具流行组合家具、书柜、写字台、各式沙发、沙发床、圆桌等,以及电视机、电风扇、洗衣机、收录机、组合音响、电冰箱、空调等家用电器。

#### 四、出行

新中国成立以前,流村地区居民出行主要为赶集上市、出门办事、探亲访友等。出行距离较近,绝大多数人为步行,妇女老人出门一般骑驴。少数做官之人或富有人家出门坐马车或轿子。50年代中期以后,农村外出已不再骑驴,人们上班工作、出差办事和生产活动增多,出行方式近距离步行,中远距离主要以骑自行车、坐马车或拖拉机和公交客车为主,远途则乘坐火车。80年代后期到90年代中期,人们外出到县外、市外、国外经商、务工、上学、旅游增多。外出近途骑自行车、摩托车,乘坐出租车、单位汽车或驾驶个人汽车,已很少步行;远途乘火车、坐飞机,方便、舒适、快捷。

#### 五、娱乐

流村地区孩子的娱乐游戏主要有跳皮筋、老虎跳、红玻璃、绿玻璃,射弓箭等;大人的娱乐活动主要有打牌、打麻将等。

（一）跳皮筋

跳皮筋在流村镇的小孩子中比较流行。它可以提高儿童弹跳能力、思考能力以及身体协调性。在游戏开始之前的准备：一根长 10 米的皮筋，把皮筋的两头接在一起，形成一个环形套。人数以 8 至 10 人为宜。小朋友们按个子高矮站成一排，一、二报数，报二的单站一排。站成两队后，两个队各派代表争头家。

游戏方法：游戏开始，头家先跳，末家出两名同学抻筋，可以先把筋放在较低的位置（如脚踝处）。头家队站在皮筋一侧，选一名技术高的同学当排头，本组的其他同学都跟着排头做同样的动作。（1）双脚蹦起踩住一根皮筋；（2）双脚蹦起同时踩上两根筋；（3）双脚蹦起，两只脚分别落在两根皮筋上；（4）双脚蹦起两脚落在两根皮筋的里边；（5）跳到皮筋外；（6）最后勾筋，双脚蹦起，同时把离自己近的一根筋挑起，把这根皮筋挑到另一根皮筋的外侧（使两根筋交叉），然后双脚落地，然后双脚蹦出皮筋外，这局就算胜利。继续把皮筋升高到身体的上一部位。本组同学在任何一个环节脚动了或动作出了差错，这局就算失败，这队抻皮筋，换另一个队开始跳。

（二）老虎跳

老虎跳这个游戏在流村镇的中小学生中也比较流行。这个游戏可以提高学生观察、分析和判断能力，培养学生考虑事情周全、行为果断的习惯。

在做这个游戏之前要准备：（1）一张游戏图，相当于棋盘大小（注：5 线 4 格的正方形，画对角线）。（2）一块或两块大石子儿作老虎，20 块或 24 块小石子儿作小羊（如果用一只老虎就用 20 只小羊，用两只老虎就用 24 只小羊）。（3）代表羊的同学先把 24 只小羊平均放入 4 个羊圈（米字格）的中心；代表老虎的同学将两只老虎放在除羊圈外的任意一处，但要放在直线的交点上。

游戏方法：老虎先走一步，走时要尽量跳越羊圈吃掉一只小羊，也可走其他步；然后小羊也走一步，走时要尽量使两只羊在与老虎的一条直线上,这样老虎就不能吃掉小羊了。老虎走一步,小羊走一步,直到小羊把老虎堵死,或者老虎把小羊吃光为止。老虎每走一步的目的是想多吃掉一只小羊,而小羊每走一步的目的,一是避免老虎吃掉自己的同伙,二是尽快地将老虎堵死。

游戏规则:(1)游戏过程中老虎与小羊要互相交替走,老虎越过一个位置上的小羊,就吃掉一只小羊,但不能同时越过两个位置上的小羊。两只小羊连续排在一起时,老虎就不能通过这条路线。任何一方都不能连续走两步。(2)老虎和小羊均可在图上的空交点上走。(3)小羊把老虎堵死算小羊赢,老虎把羊吃光算老虎赢。(4)到最后老虎吃不着羊,羊也堵不死老虎,算平局。(5)两只老虎和一只老虎的玩法相同,轮到老虎走时,可任选一只走,但不能两只同时走动。

(三)红玻璃绿玻璃

这个游戏可以培养学生团结合作的意识。游戏方法:将学生分成人数相同的两队,一队为红玻璃队,另一队为绿玻璃队。每队选一名队长,并给每个队员起好名字(名字保密),如蓝精灵、花仙子等。两名队长用锤子、剪子、布争头家。赢者用手蒙住对方一名队员的眼睛,并请本队一名队员(叫事先起好的名字如蓝精灵)悄悄地走过来,轻轻地拍三下被蒙住眼睛同学的头,拍完后回到原位,和本队其他队员一起做相同的滑稽动作。最后,请被蒙住眼睛的同学猜出是谁拍了自己的头。如果猜对,为赢,那名同学就要跟他回到他的队伍里,充当这一队的队员;如果猜错,为输,自己就要留在对方的队伍里。游戏依次进行,最后哪队人数多哪队为胜。参加人数以20人左右为宜,可以用手帕等蒙住眼睛。

(四)射箭

射箭这个游戏在流村镇的孩子当中也很流行。弓箭是古代武士战斗的一种进攻武器,也是现代儿童玩具手枪的前身。游戏中的弓和箭都需要自制,自制弓箭的质量好坏反映出儿童动手能力的高低。

游戏过程中可以发展儿童的空间智能、身体运动智能,提高儿童的动手、动脑能力,培养儿童做事果断、专心致志的品质。当射中目标时,儿童可以享受到胜利的愉悦。

在做游戏之前要先进行准备:用一根荆条棍或竹棍做弓背,用一根细绳做弓弦,做成一张弓;用一根约40厘米长的木棍做箭,箭的头部绕上铁丝或其他物体使箭头重一些,可以使箭飞得更远,击得更准。

游戏方法:比赛开始,在起点画一条直线叫做"疆"(指两人或两队的界限)。比赛的人站在疆上,右手握住弓背,左手将箭搭在弓上瞄准要射击的目标(树或山石等),左手将弓弦拉紧,猛地一松,将箭射出,射中目标或射得最远的人为优胜者。(射击时不可对准人,以免危险)

(五)打尜

打尜这种游戏是流村镇半山区的传统游戏。由于地区的局限和经济的原因,当地人们善于借助本地区的资源进行一些游戏活动。打尜游戏的材料是这个地区最容易选取的,场地选择也比较方便。此游戏能发展学生的身体运动智能、空间智能、数理逻辑智能,锻炼臂力;提高手眼协调能力、判断能力和估算能力;培养学生做事严谨,并具有团结协作精神。

在做这个游戏之前要准备的东西:

(1)选取一段40厘米长、直径约3.5厘米左右的圆木棍作为"尜棒",选取长为8至10厘米,粗为4厘米左右的一段木棍,把两头削成尖状叫做"尜"。

(2)选择一块宽阔的场地,在场地的一端画一个大的长方形或正方形叫做"房子"。

(3)游戏人数不限,在游戏之前排出顺序。

游戏方法:游戏开始几个人先争头家,头家站在房子的边线上向房子外发尜(用一只手拿着尜棒的下端,并同时用这只手夹住尜将尜扔起，用尜棒向前挑尜），越远越好，等尜落地后，末家跑过去捡起尜站在原地，将尜向房子里扔。这时头家站在房子的边线上用尜棒极力拦挡，如果没挡住，尜落入房子中，头家算输。如果头家挡住了尜，就站在尜落下的地方，用尜棒敲击尜的一端，使尜向远离房子的方向蹦去。（敲中后再用尜棒向前跳一下，这样可使尜跳得更远一些）第一下叫"一敲局"，落地后再敲第二下，方法同第一下，叫"二蹦壳"；尜落地后再用同样的方法敲第三下，叫"三锅老"；最后敲第四下，叫"四打锅"。第四下尜落地后，游戏双方都目测估计一下尜与房子的边线之间的距离，之后末家问："要几丈?"头家回答自己目测的距离，末家如果觉得实际距离大于头家所说的长度，那么就回答："给了。"如果认为实际距离小于头家所说的长度，则回答："不给。"然后，末家就要量一量。（用尜棒量房子边线至尜的落点，一尜棒算一尺，十尺算一丈。也可以末家拿着尜棒趴在地上量，腿和胳膊尽量伸直，从脚尖到尜棒的尖，叫做一探，两探为一丈）量的最后结果如果大于头家所说距离，头家赢，头家回到房子边线重新开局。若结果小于或等于头家所说距离，则末家赢，那么末家发尜开始玩。

## 第二节　礼仪习俗

### 一、节日习俗

（一）年节

在流村镇，农历十二月三十日（小月二十九），公历元月中下旬至二月上中旬，俗称"过年"（亦称"年节"），是民间最重要的传统习俗节日，世代流传形成。浓缩着悠久的中华民族传统文化和家庭社会伦理的年节主要节俗有以下几种：

**过小年**　农历十二月二十三。在流村镇，旧时民间信奉灶神，灶神俗称"灶王爷"。民间盛传："灶王爷本姓张，一碗凉水三炷香。"认为灶王爷是玉帝派往人间监督善恶之神，每年腊月二十三日都要去朝奏玉帝,报告所住之户的善恶言行,所以当二十三晚上给他送行时,就用江米或麦芽做成的糖来粘住他的嘴,"意为塞满口,使上天不得多言也"。有的在正堂屋墙上贴上灶王爷神像,神祇画像两侧贴有对联或贴上一副对联,要求灶王爷"上天言好事",以便"下界保平安",横批是"一家之主"。在流村镇,按旧时规矩,自灶王爷上天之日,年内互相所欠款物从即日起上门收缴和归还,直至大年三十吃年夜饭时止,未收齐的部分转至来年再收,故民间有"要命的关东糖,救命的包饺子"的俗谚。新中国成立后,农村民间"祭灶"活动已很少,60年代初被破除,但"糖瓜"这一节令食品却保留下来流传至今。

**过年准备** 一过腊月二十三(民间俗称农历十二月为腊月),流村镇旧时有"二十四,扫房日;二十五,磨豆腐;二十六七,杀猪鸡;二十八,白面发;二十九,蒸馒头"的习俗。扫房即古代春节大扫除,又称为"扫年",起源于古代人民驱除病疫的一种宗教仪式,后来逐渐演变为年终的卫生大扫除了。据宋代的吴自牧《梦粱录》记载:"十二月尽……不论大小家,俱洒扫门闾,去尘秽,净庭户……以祈新岁之安。"扫房以后,全家就要开始筹办年货,请香蜡纸码、供品,写对联、剪窗花、买挂钱、年画、鞭炮……准备过年了。改革开放后,社会消费品日益丰富,城镇居民已很少有人自制年货,一般都到商店购买,年节成为日用消费品销售的高峰期。

**贴春联** 一般在农历十二月二十九、三十日。春联,俗称门对子。每年春节,家家户户在门上贴上大红的春联,更增添了喜庆气氛。春节期间,文化部门组织下乡慰问,为烈军属送春联。90年代以前,流村镇农村贴春联都要找村里专门写毛笔字的人现场书写,如今随着社会经济的发展,每到过年,在农村集市上或城镇的超市里都有印刷的春联,价格便宜而且方便,很少有人再自己动手写。现在常用的对联有:"福如东海长流水,寿比南山不老松",横批"福寿绵长";"天增岁月人增寿,春满乾坤福满堂",横批"福寿满堂";"翻身不忘共产党,幸福不忘毛主席",横批"普天同庆";"爆竹声声辞旧岁,桃符户户迎新春",横批"万象更新";"精耕细作丰收年,勤俭持家有余年",横批"五谷丰登";"勤劳致富兴大业,改革开放奔小康",横批"美好生活";"国强应教育为首,兴业以科学领先",横批"科教兴国";"国泰民安逢盛世,风调雨顺庆丰年",横批"国强民富"。贴在门上和庭院门口两侧墙上的还有"福"字,有的把福字倒贴在门上,取"福到了"之意。有的剪红纸制作"门挂钱"、"街门挂钱",寓意处处有钱有财源。屋里、院墙内贴上春条,贴到屋内抬头见到的有"抬头见喜";贴在院内处的有"出门见喜",贴在粮仓上的有"五谷丰登";贴在马车辕杆上的有"日行千里";贴在牲畜棚的有"六畜兴旺";贴在猪圈门上的有"肥猪满圈"。还有将"招财进宝"、"黄金万两"等吉言写在红纸上,贴在箱子、柜子的正中央。

**贴年画**　农历十二月二十五六日起,在流村镇民间有贴年画的风俗习惯。一张张新年画给家家户户平添了欢乐的节日气氛。春节贴年画,在流村镇有非常悠久的历史。新中国成立之初,流村镇的年画主要以抗日和劳苦大众为题材,如参军图、新年劳军、兄妹开荒等。新中国成立以后,年画艺术发展迅速,无论是造型布局,还是寄情寓意,既有继承,又有发展,创作了不少宣传新道德、新思想、新生活的优秀作品。五六十年代,流村镇居民家中张贴的生活年画内容有五谷丰登、喜鹊登枝、瑞雪兆丰年、吉庆有余、富贵有余、麒麟送子等;戏曲年画内容有穆桂英挂帅、贵妃醉酒、花木兰等戏曲人物;领袖年画有毛泽东、刘少奇、周恩来、朱德、邓小平画像。80年代时兴挂历,图案多为山水、花草、人物等。

**吃年饭**　年三十晚饭民间称"团圆饭",是必不可少的,也是全年最丰盛的一次晚餐。新中国成立后,流村地区过年过节仍要一家人在一起吃团圆饭,在外的人都要赶回家过年,欢聚一堂过团圆年。年饭要荤素一起上,有冷荤、大件和清口菜。冷荤有冷炖猪、羊肉,冷炖鸡、鸭。大件有红烧肉、扣肉、米粉肉、红白丸子,四喜丸子。清口菜一般都是豆腐、青菜、咸菜佛手等。主食多以荤素水饺为主。年饭饭菜的数量讲究成双,取六、八、十、十二数,寓意"团团圆圆,顺顺利利"。

**祭故人** 年节在流村镇民间有纪念已故直系亲人的习俗。年三十要在堂屋设供桌为故去亲人摆上供品、供包,夜间烧供包,以示缅怀。农村老年人至今仍保持这一习俗。

**守岁** 除夕守岁是最重要的年俗活动之一。守岁之俗由来已久,最早记载见于西晋周处的《风土志》:除夕之夜,各相与赠送,称为"馈岁";酒食相邀,称为"别岁";长幼聚饮,祝颂完备,称为"分岁";大家终夜不眠,以待天明,称曰"守岁"。按流村镇传统习惯,饭后至夜间接神、拜年之前不能就寝,要"守岁"至次日凌晨,表示年老的人在辞旧岁之际有珍惜光阴的意思,年轻人有祝老辈延年益寿的意思。凡是父母健在的人,都必须守岁。以前在守岁时进行的娱乐活动丰富多彩。小孩们随心玩耍,抖空竹、抽陀螺、捻升官图、掷骰子、玩牛牌、吹琉璃喇叭、口琴、要影戏人、点走马灯,放"滴滴金儿"、"耗子屎"、"黄烟带炮"……老太太们则坐在一起斗纸牌、打麻将、打十胡。80年代以后,大多是全家看中央电视台的春节联欢晚会。

**吃长岁饺子** 在流村镇饺子是一种历史悠久的民间吃食,深受老百姓的欢迎,民间有"好吃不过饺子"的俗语。每逢新春佳节,饺子更成为一种应时不可缺少的佳期食品。过年吃饺子有很多传说,一说是为了纪念盘古氏开天辟地,结束了混沌状态;二是取其与"浑囤"的谐音,意为"粮食满囤"。另外,民间还流传吃饺子的民俗语与女娲造人有关。女娲抟土造成人时,由于天寒地冻,黄土人的耳朵很容易冻掉,为了使耳朵能固定不掉,女娲在人的耳朵上扎一个小眼,用细线把耳朵拴住,线的另一端放在黄土人的嘴里咬着,这样才算把耳朵做好。老百姓为了纪念女娲的功绩,就包起饺子来,用面捏成人耳朵的形状,内包有馅(线),用嘴咬吃。饺子成为春节不可缺少的节日食品,究其原因:一是饺子形如元宝。人们在春节吃饺子取"招财进宝"之音；二是饺子有馅，便于人们把各种吉祥的东西包到馅里，以寄托人们对新的一年的祈望。在包饺子时，人们常常将金如意、糖、花生、枣和栗子等包进馅里。吃到如意、吃到糖的人，来年的日子更甜美，吃到花生的人将健康长寿，吃到枣和栗子的人将早生贵子。子时辞旧岁迎新春时吃饺子，俗称"长岁饺子"，此时晚辈向长辈拜年，旧时要磕头或鞠躬行礼，现在兴问候，长辈为晚辈分送压岁钱的习俗仍然盛行，压岁钱的数额从几十到几百不等，这些压岁钱多被孩子们用来购买图书和学习用品，新的时尚为压岁钱赋予了新的内容。

**放鞭炮**　从农历十二月二十三到正月年节期间，流村镇民间有过年放鞭炮的习俗，关于放鞭炮的来历民间流传着一个古老的传说：很久以前，有一种叫"年"的猛兽，见了人畜就吃，十分可怕。天神把它锁在深山里，只许它除夕的夜间出来一次。人们在这天夜里一夜不睡，持刀操棒和它搏斗。后来人们发现"年"这个怪物最怕爆炸的响声，于是就拢起火堆烧烤青竹。竹子受热，爆裂开来，发出乒乒乓乓的响声，就叫它爆竹。因为那时还没发明火药，也没有鞭炮，只好采取这种办法。后来发明了火药，制成了鞭炮，这鞭炮也就沿用了习惯的名称，把鞭炮有时也称为爆竹了。据说放鞭炮是为了吓跑害人的怪物，也有的说放鞭炮是为了驱鬼避邪。民间年三十午夜辞旧迎新时刻，燃放鞭炮，喜迎新年的到来。改革开放前，燃放的主要是小挂鞭炮、大小二踢脚等，燃放数量少。90年代初期以后，鞭炮种类繁多，有一旗火、炮打灯、金盘落月、大火花麻雷子、二踢脚、划炮、闪光雷、手榴弹、窜天猴、花炮、摔炮、颗粒炮、鞭炮、神经炮、蜘蛛炮、蜜蜂炮、冲天炮、火箭炮、牡丹炮、手枪炮、鱼雷炮等几十种烟花爆竹，燃放数量多。90年代中期起，城镇人口稠密地区禁止燃放烟花爆竹，近年又有所放松。

**正月初一**　民间俗称农历一月为正月，初一也称大年初一。大年初一流村镇民间有燃放鞭炮的习俗。早饭传统要吃饺子，外出见人要互相拜年,互道"恭喜发财"、"四季如意"、"新年快乐"、"新年好"等吉祥的话语,左右邻居或亲朋好友亦相互登门拜年或相邀饮酒娱乐。

**拜年** 在流村镇正月初二开始外出拜年。一般先到父母、岳父母家拜年,再到直系亲戚家拜年,已婚妇女始可回娘家拜年。到80年代初,拜年礼品主要送糕点、茶、酒、糖。80年代中期以后,拜年的礼品增加有水果、鲜花等。亲朋好友之间互相请客、共叙友情。拜年活动延续至农历正月结束。

**正月初五** 也称破五,流村镇民间习俗要吃饺子。当天将节前、节后堆放在院子中的垃圾清除出院子。正月初六起即可进行生产活动。

(二)元宵节

农历正月十五夜,是民间传统的元宵节,又称"上元节"、"灯节"。正月十五闹元宵,将从除夕开始延续的庆祝活动推向又一个高潮。元宵之夜,在流村镇有吃元宵,举办"花灯会"、"灯会"闹元宵的习俗。在老峪沟、马刨泉、长峪城村等地,有摆九曲黄河灯阵的习俗。

正月十五吃元宵,"元宵"作为食品,在流村镇也已经有很长的历史。元宵以白糖、玫瑰、芝麻、豆沙、黄桂、核桃仁、果仁、枣泥等为馅,用糯米粉滚成圆形,可荤可素,风味各异。可汤煮、油炸、蒸食,有团圆美满之意。随着社会和时代的变迁,元宵节的风俗习惯早已有了较大的变化。改革开放以后,举办元宵节花灯会成为流村镇春节期间的主要文化活动之一。90年代初开始,元宵已不仅是节令食品,更成为主要小吃之一,且品种越来越丰富。

(三)二月二

农历二月初二"春龙节",又称"二月二龙抬头"。二月初二这一天,在流村镇有很多习俗。俗话说,"二月二,照房梁,蝎子蜈蚣无处藏"。老百姓要在这天驱除害虫,点着蜡烛,照着房梁和墙壁驱除蝎子、蜈蚣等。在流村镇，这一天民间饮食还多以龙为名，以取吉利，如吃水饺叫吃"龙耳"，吃米饭叫吃"龙子"，吃馄饨叫吃"龙牙"，吃油炸糕，叫吃"龙蛋"，蒸饼也在面上做出龙鳞状来，称"龙鳞饼"。这一天妇女忌动针线，为的是免伤龙的眼睛，就连小孩剃头也叫"剃龙头"。80年代后，这一习俗已逐渐在青年中淡化，但吃春饼的习俗至今还有。在这一天吃春饼裹豆芽，家家户户都是将早已泡好的绿豆芽，用开水焯一下，然后辅以青蒜苗、白菜心等，吃起来美味可口，菜饭俱全而且营养丰富。

（四）清明节

清明节也是流村镇的民间传统节日之一。清明节，又名鬼节、冥节、死人节、聪明节，与七月十五、十月十五合称三冥节，都与祭祀鬼神有关。清明时节，春暖花开，万物复苏，天清地明，正是春游踏青的好时节。踏青的习俗在流村镇也是历代承袭的习惯。踏青除了欣赏大自然的湖光山色、春光美景之外，还开展各种文娱活动，增添生活情趣。在流村镇，清明节民间还有祭祖扫墓的习俗，在清明节的前三天和后三天内进行。扫墓由晚辈和同辈人带着冥币和供品清扫墓地，添上新土，焚化纸钱，坟头上压上纸钱。新中国成立后，清明上坟添土之风仍很盛行。改革开放以后，随着人们思想观念的更新，清明扫墓活动也移风易俗，有在墓前植树等以示纪念。机关团体、企事业单位、学校在清明节期间组织干部、职工、师生去革命烈士陵园扫墓，进行革命传统教育。

（五）端午节

农历五月初五，又称"端阳节"，形成于战国时代，传说伟大的爱国诗人屈原，忧国忧民，于阴历五月五日投入汨罗江，人们为了纪念他，于每年五月五日到江边祭祀，把粽子投入江中，于是形成端午节吃粽子的习俗。也是流村镇民间传统节日之一。旧时过端午节民间习俗吃粽子，节间亲友来往多馈送粽子。其他习俗还有红布、红线缝制的荷包，内装五谷杂粮，缝在小孩的衣襟或腋下，女孩在胳膊上系红头绳;在家门口插艾蒿或桃树枝条以避邪;在水缸四周、墙角、床下倒一点白酒或撒些白灰,以驱虫。80年代以后,过端午节的习俗已逐渐淡化,大多数家庭已不再自包粽子而到市场购买。粽子也不再是节令食品,成为人们日常小吃食品之一。

(六)立夏节

在流村镇,人们还会庆祝立夏节。夏至后入伏有初伏、中伏、末伏之分,三伏天是一年之中最炎热的时期,容易中暑、生病。清李渔《闲情偶记》卷十五:"一岁难过之关惟有三伏,精神之耗、疾病之生,死亡之至,皆由于此……使天只有三时而无夏,则人之死也必稀。"因此,旧时多驱鬼以求平安,同时也讲究中午歇晌,讲究吃补食。此外,还要特别注意防暑。尽管如此,夏天对人体的消耗也是较大的,因为吃不好,睡不实,受到炎热的煎熬,因此称为苦夏。在流村镇有一个既定的风俗,每逢立夏节村民们都要称体重,看看体重是增加还是减少,以此来判断身体的健康状况。另外村民还会在街上支上锅做立夏粥,各户出米,全村分享。

(七)中秋节

农历八月十五日为中秋节,又称仲秋节,团圆节,俗称八月节。在流村镇,中秋节是重要的节日之一,受到人们的重视。节前,各大糕点铺均应时出售中秋月饼,以"自来红"和"自来白"为主。"自来红"烤色较深,清一色的白糖、冰糖、果仁为馅,外皮上画一黑红色的圆圈,圈内用针扎上几个小孔。"自来白"是用精白面烤制的什锦馅月饼,有枣泥、豌豆、山楂、白糖等,外皮纯白。有红色小戳记号,标志着馅的类别。其他月饼,如提浆月饼、翻毛月饼、广东月饼等,均有出售。有送礼者皆用蒲包装之。此外还有特制的大月饼,直径约一市尺左右,大都是论斤的,上刻桂殿蟾宫、玉兔捣药的图案,是专为供月用的。进入90年代,月饼的品种适应市场和人们饮食的需求,越来越丰富,制作更精细,包装越来越精致。节日期间,亲友有送月饼的习俗。十五日晚间,待家人聚齐,月亮升起以后,祀月仪式即在庭院举行,形式大同小异。有的望空(对着月亮)设祭;有的将刻有桂殿蟾宫图案的大月饼镶在木架上当神位,但都用小矮桌(小饭桌),上设中秋月饼、团圆饼以及各种水果。参加祀月的家庭成员,没有男女限制,全家都可叩拜,女人先拜,男人后拜。撤供后,家中长幼咸集,盛设瓜果酒肴,于院中聚饮,谓之"团圆酒"。同时,全家分食大月饼、团圆饼。但各家习惯不一,有的将当做团圆饼的大月饼放于干燥风凉处,留待除夕全家再分享。

(八)重阳节

旧历九月初九日,俗称"重九"。古时,流村地区的居民对重阳节也极为重视。重阳节活动内容很丰富,有登高、赏菊、饮菊花酒、插茱萸等。清代的重阳节除登高外还有多种风俗,其中"重阳花糕"极盛。有的是糕点铺用烤炉烤出的酥饼,两饼中间夹上枣栗诸果,有糙细两种(这种糕点一直沿袭到新中国成立初期);有的是用发面蒸出来的蒸饼,两饼之间夹上枣栗诸果;还有的是用江米面、黄米面蒸成的年糕饼,成为上"金",下"银",中间夹上诸果。后两种都插着五色小旗,以为标识。可用来供于佛堂、家祠,或馈送亲友,以为礼品。小孩子们在这天将酸枣捣成泥,做成枣糕,连同火炙脆枣、糖拌果干,线穿山里红一并拿到街市上叫卖。重阳节也是女儿节之一。凡有出嫁的女儿者,都备名酒、糕点、水果去接女儿回家,谓之"归宁父母"。从九月初一起京师各大道观均"立坛礼斗"(斗即星宿),名曰"九皇会"。重阳之日,为北斗众星之母斗姥元君诞辰,士人有献供、演戏之举,有的前去燃灯祭拜,焚"茅草云蕊真香"。此外,重阳前后家家盛栽菊花(也叫九花),品种极多。民国以后,这种风俗逐渐淡薄,至三四十年代,只留下了老人们的传说,在民间并无实际活动。重阳前后,民间仅仅留下了吃烤羊肉、涮羊肉和吃花糕的风俗。新中国成立后,旧时民间外出登高的习俗也已淡化,重阳节改为"老人节",每逢重阳节,流村地区的企事业单位多组织老年人开展健身娱乐活动或开展多种形式的尊老、敬老、助老活动。

（九）腊八节

腊八节，又称腊日祭、腊八祭、王侯腊或"佛成道日"。在流村镇，民间有在这一天吃腊八粥、做腊八蒜的习俗。腊八粥又名五味粥、七宝粥、乳糜粥、香粥、佛粥或长生粥，系用各种米（糯米、大米、玉米、黄米、高粱米、黑米）各种豆（芸豆、赤豆、绿豆、大豆、豇豆、扁豆）、各种干果（大枣、板栗、杏仁、花生、核桃、百合、桂圆、莲子、芝麻、青红丝），杂以豆腐、薯芋、肉品、蔬菜熬煮而成。在流村镇，腊月初八还有泡腊八蒜的习俗。蒜要取小汤山地区生产的紫皮蒜，于腊月初八泡在米醋里，密封在罐中，等到春节时打开瓶罐，蒜瓣绿如翡翠，食之无辣味，酸甜可口，为佐饭小菜。现在腊八蒜已成为生活中特色调味佳品。

（十）庙会

庙会又称"庙市"或"节场"。民间古庙会是一种特殊的社会形式。庙会最早的形式是隆重的祭祀活动，是人们敬祀神灵、愉悦身心的产物。随着社会的发展，特别是经济的发展，庙会和集市交易融为一体，成为人们敬祀神灵、交流感情和贸易往来的综合性社会活动。流村镇的庙会主要有七盘山庙会和白羊城庙会。

**七盘山庙会**　七盘山位于瓦窑村西北，海拔400多米，虽群山环抱，但又不与周围群山相连，是一峰凸起的孤山。山顶平坦，面积达1000余平方米。东、西、北三面陡峭险峻，南面较舒缓，有上山的土路及石块铺砌的台阶。

从七盘山上残缺不全的碑文可以看出，七盘山庙始建于明代嘉靖四十三年（1564年）四月初八。庙宇坐北朝南，正殿3间为娘娘庙。殿内有3尊娘娘塑像，中间天仙娘娘为正宫娘娘，左右分别为子孙娘娘、眼光娘娘。在3位娘娘的两侧各有4位童子相伴。正殿建筑比较普通，房顶为合瓦，房山为猫头滴水花纹，深红色油漆门窗，窗格大小不等。在正殿东侧与正殿为一条直线上建有回香亭3间，回香亭内有佛像1尊，左右各有1个童子，壁画为72司。在正殿前面的东西两厢为茶棚,西茶棚 5 间,东茶棚 3 间。在山门外两侧还有 1 个茶棚为 6 间。茶棚皆为普通青砖建筑,室内有石桌、石凳。山顶上总建筑面积约 800 平方米。山门外正前方,往坡下有 27 层台阶,有座戏楼共 5 间,戏楼较普通,建筑面积约 90 平方米。

七盘山庙自明朝嘉靖四十三年树碑建庙,至今已 440 余年。每年农历四月十五的 5 天庙会热闹非凡,茶棚上面五颜六色的布幡迎风招展,茶棚里会免费供应茶水和冰糖水。在回香亭的路边和戏台两侧摆满了摊点,有各种小吃、糖果、小孩玩具等。戏台上演出的大都是蹦蹦戏(评剧的前身),演员大都来自门头沟的斋堂和流村镇的马刨泉。远至天津、京郊海淀,近则是周围的乡村,求娘娘、拜神、上香的人络绎不绝。七盘山庙会香火极盛,几米高的香池子,香火能延续到下半年的庙会。庙会期间会有专门的人员管理上香,上香、上供品的人需要先排队,等到管理人员撞钟后,才能上香。

庙会由瓦窑、漆园、高崖口、西峰山四个村轮流组织,一年由一个村负责。修建七盘山庙就是由上述四个村发起的。

据有关资料及当地老人回忆,七盘山庙会的鼎盛时期应为 19 世纪初到 20 世纪初的 100 年间。到 1937 年,日军侵占华北大片土地,烽烟四起,民不聊生,香火便由盛而衰,直到庙宇被毁,庙会便完全终止。

**白羊城庙会** 据史料记载,明代八达岭的居庸关有重兵驻守,而白羊沟通塞外,成为外族入侵的旁门便道。明朝正德十五年(1520年),为防止蒙古族进犯,始建白羊城,设重兵驻守,以御外侵。

白羊城原址在白羊沟出口开阔处,城墙随山而筑,建在悬崖峭壁,弯弯曲曲非常险要。城墙结构由大小不同石块和三合土筑成,城门和钟鼓楼为砖砌,设东西两城门。城墙周长 2536 米,高 8.3 米,宽 5.5 米,东西门相距 500 米,设有八总部,有 1000 户人家。城内设有钟鼓楼,楼上设有一口大钟,钟身高 1.5 米,重 600 斤,钟声远播数里之外。在主城南侧又修建了一座辅城,该城位于五峰山脚下,后面倚山,前面平坦,呈正方形,是座砖城。南门外设有教场,东门设有排墙和点将台,是军队练兵的地方。清政府看重此宝地,乾隆第 17 子及其后代葬于此,此处后被称为庆王坟。

白羊城主城形似舟形,北尖南齐,北似舟头,南似舟尾,从高处望去好似木船跨越两山之势。城内设有粮仓,称之为大仓,有水窖。东西门外各有一口水井,城中也有一口水井,供全城军民饮用。

白羊城内外寺庙较多,鼓楼上有玉皇庙,西门外西侧有山神庙,城南坡上有佛庙和娘娘庙,俗称苍坡庙,南坡下有菩萨庙,俗称庵庙。五峰山头道梁下有一山神庙,其楹联书:"五峰山神一方诚敬,三圣古庙千古有灵。"庙观大多建于明清年间,毁于民国战乱时期。

白羊城庙多,自然要举行庙会,白羊城庙会历史悠久且远近闻名。每年阴历四月十五日至十七日,众香客前来求神拜佛,大小庙堂内香烟缭绕、钟磬齐鸣。庙会期间,远近民间艺人都来会演,演出极其精彩热闹。白羊城的"吵子"、"钹鼓"、"耍幡"唱主角,邻村的花会也踊跃一显身手,如古将村的"秧歌柳子"、黑寨村的"钹鼓"、花塔村的"少林棍"等,还有从远处赶来杂耍卖艺的、变戏法的、耍猴的、唱曲的、说书的、相面算卦的等。1945 年以后,庙会渐渐消失了。


## 二、婚嫁习俗

### (一)订婚

新中国成立以前,由于封建思想束缚,婚姻不能自主,由父母包办,讲究门当户对,八字相配,命不相克。婚姻习俗有指婚、童养媳、换亲、招女婿(俗称"倒插门"),有钱有势的人家有纳妾习俗。青年男女订婚首先要由媒人提亲,男方请媒人到女方家说亲的时候,媒人要介绍男女方年龄、属相、长相、生辰八字及家庭财产情况。通过媒人介绍,双方家长同意后由媒人安排女方到男方家相亲。相亲满意后,由媒人向男方传达女方所要结婚彩礼,一般冬夏衣服数套或其他财物,也有因生活贫困在女儿婚嫁时索要钱物或买卖婚姻的现象。

订彩礼后,男方要择日备双数酒、米、面及糕点等礼物到女方家"下定礼",同时男方要备礼谢媒人。举行结婚仪式就算确定了正式婚姻关系。新中国成立后颁布实施婚姻法,实行婚姻自主,破除男女封建婚姻陋习。随着社会发展进步,男女自由恋爱订婚是主要形式,经亲朋好友、单位同事介绍男女双方相互认识了解确定婚姻关系。80年代兴起婚姻介绍所,有专门从事婚姻介绍的机构,广播、电视、报纸、刊物等媒介开展征婚广告服务业务,男女青年、离异男女、丧偶者参加婚姻介绍所登记征婚,通过婚介机构相识。按规定男女青年须到指定医院进行婚前身体检查,符合要求者方准结婚。订婚后到当地政府登记,领取结婚证,成为合法婚姻。民间旧习俗有表兄弟姐妹之间结婚亲上加亲的习俗。新中国成立后,按新的婚姻法规定,近亲不能登记结婚。

(二)结婚

民间视结婚为人生大喜事,婚事要办得隆重、喜庆、圆满。

**结婚准备** 20 世纪 50 年代男方要准备新房和结婚生活用品;女方准备嫁妆,一般多为二三节衣柜、梳妆台、暖瓶、桌椅、洗漱用品等。六七十年代结婚日用品准备主要有大衣柜、碗橱、沙发、写字台、自行车、手表、缝纫机、收音机;80 年代结婚日用品准备主要有沙发床、组合衣柜、组合沙发、彩电、冰箱和洗衣机;90 年代中期结婚准备主要有彩电、组合音响、冰箱、洗衣机、成套组合家具等。

**订婚日子** 俗称"定日子",旧时结婚定日子男方家要选择吉日,提出娶亲的日子,然后到女方家商定结婚日期,并把娶亲安排各自告知亲友。50 年代中期以后,订婚时间由男女双方商定,多定在元旦、春节、五一国际劳动节、十一国庆节或星期日等方便亲友聚集的日子。进入 90 年代,结婚日子多定在节假日。

**迎娶** 也称迎亲、接亲。传统婚俗女方家陪送的嫁妆要在婚礼之日前一天或当天送到男方家,也称"送嫁妆"。新郎迎娶新娘要赶在中午前回家。新郎的弟弟、侄子参加迎娶。家院门口和新房要贴喜字。迎娶新娘兴用轿子(也称花轿),贫寒人家用驴、马迎娶,由6至8个吹鼓手沿途吹奏。新郎迎娶时要备酒、肉、米、面等礼品(俗称离娘肉、面)。50年代中期以后,迎娶方式有较大的变化。50年代多用畜力车,60年代多用自行车或坐公共汽车,70年代多用拖拉机、货用汽车,80年代多用面包车,90年代后多用小轿车(数量为6辆或8辆等双数)。新郎的兄弟姐妹参加迎亲。

**送亲**　女方家备茶点招待迎娶客人,旧时新娘出嫁身穿红衣、红裤,腰系红带,被披镜子,脚穿红布绣花鞋,头上蒙红布"盖头"。新娘由两位妇女扶上轿,兄弟或侄子参加送亲。起轿后,一路吹吹打打,迎亲的人在花轿前边行,送亲的人在花轿后边走。到新郎家门口停轿后,由两位妇女扶新娘下轿,此时新娘要脚踏红毯、跨马鞍,取"平安"、"红火"之意。五六十年代新郎多着中山装、时尚便装,新娘着时尚便装;80年代后新郎多着西装系领带,新娘多着白色婚纱,并作美容美发等化妆。

**结婚仪式**　传统结婚仪式也称拜天地或拜堂。婚事主持人(民间称张罗人)安排新郎、新娘一拜天地、二拜公婆、夫妻互拜后进入洞房,城镇有工作单位的男女结婚仪式比较简单,由单位领导主婚,新人向毛泽东主席像鞠躬(1970年前)、向父母鞠躬,再互相鞠躬;新郎新娘向来宾发喜糖、喜烟。农村举行婚礼在新郎家举办。80年代末期以后,有的男女结婚新事新办,参加集体婚礼或旅行结婚。城镇青年婚礼多在饭店举行。结婚由婚礼主持人安排,程序为宣读结婚证书、鞠躬拜父母、互拜、互赠纪念品、新郎新娘证婚人和父母讲话等。

**婚宴**　也称办喜事、婚事。新娘家办喜事在婚礼前一天,新郎家在结婚当天举办。结婚需办喜事,不办被人笑话。新郎、新娘结婚举行仪式后,婚宴开席。婚宴自备米、面、肉、菜、酒等,在家里支锅搭棚摆桌操办。办喜事要提前给亲友送信,请街坊邻居喝喜酒。参加婚宴者要出数量不等的礼金,50年代至70年代一般为几元和一二十元不等,到90年代中期一般为几十元和一二百元不等。互相贺喜是邻里、亲友主要礼仪习俗之一。传统婚宴有"二八"席,即菜有八个碟和八个碗;"四五"席,即菜有四个盘,五个碗。60年代后有的男女结婚不举办婚宴,新郎或新娘两家或只请亲友聚餐庆贺。80年代后,婚礼过程要拍照留念。进入90年代,兴起大办婚事之风,新郎迎娶新娘用摄像机拍摄迎送新娘、婚礼、婚宴过程,制作录像带留念。城镇和农村青年结婚大多已不在家举办,结婚仪式同婚宴设在宾馆、饭店举行,婚宴费每桌均几百元。结婚仪式后婚宴开始,由婚礼主持人带新郎、新娘认亲朋好友并敬喜酒,新娘行称呼礼,受礼者给新娘礼金。亲朋好友、工作同事送礼金祝贺成习俗。

婚后第三日,要由新娘的兄弟接新婚夫妇回娘家,俗称"回门",有女儿不忘父母养育之恩、女婿感谢岳父母及新婚夫妇恩爱和美等意义。新郎到了新娘家要给新娘家小辈礼钱。

(三)离婚

新中国成立以前,由于封建礼教的束缚,女人要"从一而终",男人可休妻,但女人不可以和男人离婚,已婚妇女被"休"则会受人歧视。新中国成立后,人们受传统婚姻观念影响,婚姻关系相对稳定,有的夫妻感情不和因孩子和社会舆论影响等以"忍"维持婚姻关系,离婚较少。80年代以后,受社会观念变化的影响,离婚率上升,出现部分轻率婚姻现象,女性提出离婚或因第三者影响离婚增多。

(四)再婚

妇女丧偶被称为寡妇,在旧中国,社会风气鼓励寡妇守节,一般不允许改嫁,要在婆家守节。改嫁的妇女会受到家庭和社会舆论的非议与刁难。新中国成立后,这一封建陋习逐渐被破除。90年代以后,离异、丧偶的中老年人再婚增多,有的参加婚介机构征婚,并得到家庭和社会的同情与支持,出现"黄昏恋",老年人再婚屡见不鲜。中老年人婚姻大多不举行结婚仪式,有些因性格、子女、财产、习惯等原因婚姻关系不稳定。

### 三、生育寿辰习俗

#### （一）生育

新中国成立前，流村地区由于生活贫困、医疗卫生条件差，产妇和婴儿的死亡率高，有的妇女因生产患上终生疾病，妇女生小孩如同过生死关。民间逐渐形成一套生育习俗，主要有：产妇娘家母亲在产前一个月要带上面粉等物到女婿家，给女儿煮面，待面条熟后，捞一个满碗，一个半碗，放在锅台上盖上盖，然后让女儿端，如果端满碗就生男孩，如果端了半碗就生女孩。婆家要准备好产房。产前准备有将门窗糊严，不漏风，褥子垫厚，让产妇舒适；预备好新生儿用的小被褥、小衣服，到生育时间请接生婆，婴儿出生后，由接生婆用剪刀将脐带剪断，当天埋掉胎衣，婴儿用被子包裹起来，置于产妇身边。女婿要当天送信到岳父家，岳母带上核桃、红糖、小米、尿布等物看望产妇婴儿。婴儿出生的第3天，请家族中年长的妇女给婴儿洗澡，称"洗三"或"喜三"，通常要边洗边念喜词，在孩子身上寄托厚望。"洗三"的中午或晚上全家人一起吃喜面。产后第7天，产妇母亲给产妇捏合身体，称"捏骨缝儿"，日后不会落下月子病。满月之前，产妇不能出屋，称"坐月子"，不能干家务活，不能着凉受风等；一般人不能进产房，怕"踩风"，特别忌讳孕妇进入，防"坐奶"（即没奶）。第12天产妇母亲要与婆家一起为婴儿过"十二天"。第30天，要为婴儿过满月，亲友携礼品一起为婴儿办满月。满月酒是当地从古至今一直流传的习俗，由于重男轻女，故有男孩30天、女孩29天为满月。满月是喜庆的日子，是日，要给婴儿起乳名，行剃头礼，为孩子剃去胎发。饭前，产妇抱孩子到席前请亲友观看，听长者祝词。产妇在满月过后，娘家要接母婴住几天，俗称"挪窝"。第一百天要为婴儿"过百天"。是日，父母请人为男孩剃头，在其脑后留一撮头发，俗称"百岁毛"；亲友是日携带营养品、衣帽、食物、玩具等礼品祝贺，主家要设宴款待。婴儿一岁时要过"周岁"，要行"抓周"，即在堂屋地上铺席或在炕上坐垫摆上玩具、文房用品、书籍、剪刀、升斗戥子、彩缎花朵、官楮钱陌、女红针线、应用物件等,将孩子放在锦席或坐垫上,观其先抓何物,由此卜定其日后前途、志向和兴趣。60 年代后,随着医院和妇幼保健站(所)卫生机构的建立,城镇产妇和多数农村产妇都到医院或妇幼保健站(所)生产,产妇和婴儿的健康得到较好保障。妇女在怀孕期间要多次到医院检查。80 年代以后,孕妇生产一般在预产期前住院,实行剖腹产者越来越多。人们逐渐改变生育旧俗,有利于母婴健康的习俗如事前预备产妇产后补养、产期保障及新生儿穿用之物的习俗尚存。为婴儿办满月的习惯比较普遍,亲友多在当日携礼物祝贺,也有的在饭店举行庆贺婴儿满月的酒席。满月、周岁时,全家人聚在一起为婴儿拍摄纪念照。

(二)寿辰

新中国成立以前,一般人到 60 岁称为大寿,是年开始办寿诞庆祝活动。每年正月初六,女儿要送红腰带,意为扶正祛邪、福寿绵长。生日寿诞之日清晨,平辈要拱手作揖,儿孙要行跪拜礼为老人祝寿。有钱人家中要设寿堂,点寿烛,挂"五福捧寿"或"麻姑献寿"图。亲朋、挚友要携礼祝寿,寿礼多为寿糕、寿桃、寿烛、寿面。寿宴在家里举行,要喝寿酒、吃寿面。新中国成立后,家庭为老人祝寿,通常只说一些吉祥话,一家老少聚餐,喝寿酒、吃长寿面。80 年代中期以后,特别是进入 90 年代以后,随着人民生活水平的提高,过生日之风兴起,已不仅限于老人过生日。全家每个人生日,大多团聚庆贺,吃面条(意为长寿)或到饭店聚餐,送生日蛋糕和生日纪念礼物,摄影或摄像。亲戚、同事、朋友间生日多送贺卡、纪念品或到饭店聚餐庆贺;有的单位逢员工生日送蛋糕庆贺。过生日已成为一种新的家庭伦理和社会交往习俗。

## 四、民间祭俗

(一)丧葬旧习俗

新中国成立以前,受旧的习俗影响,兴厚葬。主要丧俗有以下几个方面。送终:病人弥留之际,亲人围绕病人床边站立、诀别,称送终。穿寿衣:俗称装裹衣裳。在病人生命垂危时,亲属要给他穿戴好内外新衣,否则就是"光着身子走了",亲属会感到十分地遗憾和内疚。此外在病人断气后还要为其净面、梳头。抬床:将死者抬到居室正中设的灵床上,男子左脚压右脚、女子右脚压左脚,脚腕部用麻绳捆绑。死者口含铜钱,遗体用布覆盖。用纸或布蒙脸,留人看守,不让猫、狗出入,开始为死者准备棺材。送信:又称报丧。停枢一段时间之后,诸事准备就绪,就要选日子报丧。报丧时死者的儿子腰系孝带,将死讯及丧事活动安排告知亲友。报丧时要磕头,遇到熟人也要行半礼,即请安礼;对尊长行全礼,视亲缘远近磕一个头或三个头。穿孝:在报庙、报丧的同时,女眷开始扯白布缝孝衣。孝衣随缝随穿,与死者亲缘远近而有区别,儿子、孙子、侄子戴孝帽,穿孝袍,系孝带,绷孝鞋。侄子的孝帽上缝蓝布头,孙子的孝帽上缝红布头。儿子鞋面绷满孝,侄子、孙子的鞋面绷半孝。女儿、儿媳妇、孙女、孙媳妇戴孝箍,女儿、孙女的孝箍有垂带。女婿及姑表亲、姨表亲的男性系孝带,女性戴孝箍。入殓:人亡次日傍晚,把棺材放在院内或设灵棚,棺内放铜钱、纸钱、寿枕,死者入棺,亲友与死者见最后一面。棺木封盖,棺材头前置供桌,桌上点长明灯,桌前置丧盆,供吊祭者烧纸用。地上设垫,供吊祭者磕头用。守灵:死者入殓后,孝子、亲戚轮流守灵。亲友邻里前来吊唁,孝子等人要跪迎跪送。做道场:即请和尚或道士、吹鼓手为死者超度亡灵,根据家庭经济情况决定繁简,阔绰人家做道场七七四十九天。选坟地:请邻里挖棺材坑;死者葬入家族坟地的兄弟同辈按从左到右排序,未结婚的葬在坟地边。办丧事(民间也称白喜事):年纪大的老人故去,农村有为亲人办丧事宴席的习俗,亲友邻里随席。出殡:又称出灵。清早死者家属聚集灵前磕头,称"参灵"。随后长子将棺材盖钉牢,亲属至院门外依次下跪。杠夫将棺材抬至门外大杠上,等候吉时。灵枢起杠时,亡者长子摔丧盆,手执引魂幡在前边哭行;孝男手执哭丧棒随其后;孝妇远坐车、近步行,尾随灵后,至墓地半路返回。死者生前好友在路口、自家门前设供桌、祭品,实行路祭。棺材放进墓坑后,将引魂幡和哭丧棒放在棺材上,孝男将土扔到棺材上,然后众人埋土成坟。也有不将引魂幡埋入坟中,而待成坟后将引魂幡插于坟上。圆坟:葬后第三日凌晨(或天亮前),亡者儿子、孙子到坟地,先将新坟修整成圆形,将秫秸弯成门形插于坟前。祭奠后将祭品用碗扣住,也有将祭品埋入坟前浅土中。追祭故去亲人:亲人故去的第七天为"头七",此后每隔七天祭一次,直至"七七"。此外,还有60天、100天、1周年、3周年等追祭活动。守孝:亡者子孙通常要守孝3年,守孝期间,家人不用穿孝衣但是不穿色彩鲜艳的衣服,不能谈婚论嫁。子孙们戴的帽子要用白布沿边,所穿之鞋也用白布做成,女性守孝期间不能浓妆艳抹,发髻系白绳,扣代白襻,满3年为止。在守孝的3年之内,春节时不贴春联,不贴门神,3年后方可恢复正常。

（二）丧葬新习俗

50年代中期以后,流村镇的民间丧葬旧习俗逐步被破除。70年代中期起推行火化,平原地区不保留坟头,村统一指定埋葬地区,昌平县内建有多处公墓,人死后丧葬从简,形成丧葬新习俗。主要有人死后整理遗容、穿寿衣,一般当天或第二天通知殡仪馆专车送到火化场。亲属的告别仪式由殡仪馆安排,举行悼念活动后火化。骨灰装入骨灰盒由亲属决定埋葬或保存。为表示纪念,有些亲属在亡者埋葬处植树或立纪念碑等。

（三）白羊城的满族祭俗

**主持法事** 白羊城的满族人(旗人)与汉族人的祭奠习俗大相径庭,尽管时过境迁,仍有一些内容和形式流传至今。

庆密亲王爱新觉罗·奕劻是庆王坟八座陵园中官职最高、埋葬较晚、陵园附属建筑最多的一位墓主人。奕劻的丧葬过程对当地满族乃至汉族人的祭奠习俗产生了很大的影响。

据老人们传说,奕劻于1917年正月初六去世,灵枢在京城的护国寺停了 49 天。当时,庆王府按惯例从五峰山福地抽调了一些差人去守灵,俗称"当白差"。白差们见多识广,以至在以后村中操办丧事时往往被推举为主持人。

奕劻下葬时,位于花塔村的唐王敕建和平寺派了八九位和尚做法事。和尚们手持法器先坐在寺庙门前的朝房里念经,再起身边走边念至琉璃门内,围绕着大红宝顶先左后右地转着圈儿念,然后再边走边念回到朝房。如此连续几天,撒下无数的红黄蓝白黑五彩纸钱和斛食(拇指大的馒头)。罕见的丧葬过程吸引了附近村庄的很多汉族人观看。后来,有钱的大户人家办丧事也模仿这种排场:请和尚做法事、放焰口、撒斛食,布倒头罐、转灯花、守灵、接三、请杠铺出大殡等,只是规模小一些罢了。至今,有些人家办丧事仍在沿用这些旧俗中的一些做法。

**祭奉官坟**　护陵当差的把每年例行的庆王坟祭奠活动叫做祭官坟。满族人把清明节、阴历七月十五日和十月初一日称做鬼节。庆王府的亲属在每年的三次鬼节时都来五峰山祭祖扫墓。

鬼节的前几天,南宫、北宫的几位章京(看坟头目)要做好 3 件事:一是预备下 5 只活羊作祭品;二是安排差人将南北阳宅和 8 处墓园的百余间殿堂、朝房、客房打扫干净,把园内松柏树间的杂草拔净(平日里各陵的宫门紧闭,如果谁家亲戚想瞻仰陵墓,要请章京打开铜锁才能如愿);三是用黄、白色彩纸裱元宝、裁纸钱、剪千张(天梯状)以备烧化之用。

鬼节前一天,章京带领几十名差人在东营奕劻墓的南阳宅大门外集合,列在道路两旁恭候。官亲们从车马上下来时,章京要高喊一声"伺候着",差人们一律单膝跪地,齐声说:"奴才给主子请安!"然后,官亲们进南阳宅休息,车马被差人们带进墓园北侧的北阳宅由专人照看。

鬼节当天,官亲们由章京和差人们簇拥着去谒陵。差人们先把活羊宰杀摆上供案,再把官亲们从京城带来的糕点、麻花、葡萄干、冰糖、荸荠等摆放整齐。官亲们先后到各陵的享殿内焚香祭拜祖宗牌位、烧化元宝、纸钱、千张，祈求祖宗佑护。祭礼结束后，每个差人家可以分到满满的一簸箕羊肉、糕点和水果。

**坟东轮值**　这里的满族百姓把每年祭奠祖先活动的组织者称做坟东。家族中的各户人家轮值当坟东，负责清明扫墓和为亡人办忌日。家族中如有绝户（无直系后代的鳏寡老人）去世，他（她）的房产、田地、家具等会被折卖成现金由族长掌管，谁家有困难用了这笔钱，来年理所当然地要当坟东。

每年的清明节前，居住在各个地方的同族人，都要按约定时间来祖坟祭祖扫墓。坟东负责准备祭奠仪式上需要的供品、香火、千张、黄白纸钱。祭礼开始前，坟东要在正房中的显要位置供奉上那幅流传了多少代的轴画式的祖宗牌位。直到现在，有些人家在春节、婚丧嫁娶期间，仍要供上祖宗牌位（当地汉人没有这种祖宗牌）。祭礼过程大致包括：先在供桌上摆设供品，再焚香、祈福、给坟墓添新土、坟顶压白纸钱、烧化千张和纸钱，最后磕头、撤供品。祭礼结束后，坟东负责给族人提供饭食。主食是用玉米面或者荞麦面或者高粱面做的压饸饹。吃饸饹寓意为家族历史源远流长，希望祭祖活动延绵不断。

坟东还要负责操办忌日。坟东为亡故者办一七、三七、六十天、一周年、三周年等几个忌日时，要把和平寺和尚请来做法事，超度死者灵魂早日投胎转世为人。办忌日的那几天要请族人吃酒席，一切费用由坟东筹措。

**戴孝穿白袍**　旧俗中，在族中尊长的治丧期间，其平辈人、晚辈人要身穿白色布衣、脚穿白布鞋，头戴白帽或白圈儿，这叫做穿白戴孝。旗人穿孝服与当地汉人不同。旗人家中有人去世，丧家要为奔丧吊唁的族人、亲戚无偿提供孝服。不论男女老幼都要身穿白袍，再用5尺多长的白布带系腰1周，带端前垂，叫做系褡包。鞋面上要用白布缝严实。男人们头戴约1尺长的口袋状白帽子，帽子上半截向前耷拉着。女人们头上用七八尺长的白布缠头1圈，余下的白布在脑后自然下垂(汉人妇女头戴约 3 个手指宽的白纸圈儿)。在治丧期间,如果天气炎热,亲属们可以贴身穿汗榻儿(满语),外面必须把孝服穿戴齐整。在夏季里办丧事的人家,好多人都捂出了痱子。新中国成立后,政府号召移风易俗勤俭节约,旗人遂把穿白袍改为像汉人那祥只在腰间系白褡包,女人也把白布缠头改成了戴白纸圈儿。

穿着孝服的人一般不能去外姓人家串门,必去不可时要将白褡包的两端提起缠在腰间。下葬的棺材落到坟坑底后,送葬的亲属、亲戚们要拆下白帽子上的铜钱和表示晚辈身份的红布条扔到坟坑里;腰中系的白褡包要盘结起来,带端不准再下垂;鞋上罩的白布可以拆下来。

**旗人不报庙**　当地有这样一句话:旗人不报庙,汉人拜城隍。报庙是指由死者的亲属去拜城隍爷,查看死者的灵魂是否来庙报到的过程。

在旗的人家死了人不用报庙,把死者灵魂送上路的具体做法是:在某人临死咽气之前,亲属要把事先捻成并浸过油的纸灯花在扁担上捏成一排。某人刚一咽气,亲属们要立即点燃灯花,由两人各握扁担一端从死者床榻向院门外走,一边走一边不停地呼唤着:"某某,骑驴走哇。"他们必须在灯花熄灭之前来到院门外,倒掉未燃尽的灯花。据说,这样就把死者的灵魂顺利地送上了黄泉路。

汉人拜城隍又是怎么回事呢? 当地的汉人死后,亲属恐怕其灵魂四处游荡找不到归宿,就要去白羊城西门内北山根的城隍庙,查看死者的灵魂是否到了城隍庙。具体做法是:报庙人手捏黄纸钱,贴着供桌的木腿上下左右移动,嘴里不停地问:"在这儿吗? 在这儿吗?"一旦黄纸钱贴在某处不动时,报庙人赶紧说:"在这哪! 在这哪!"于是报庙人起身回家,告诉家人死者的灵魂已到了城隍庙。

满族的祭俗还有其他规定:如,凡横死(意外死亡)、夭折(未成年人死亡)、产后死亡等都被看做不吉利,不得入祖坟,但可葬在坟地的边角处,叫做看坟边。又如,有人去世的人家当年不许贴春联,第二年贴蓝纸春联,第三年可以贴红纸春联。再如,下葬的棺材落到坟坑底时,送葬人家的主妇要从坑边包起一把土,默默地走回家把土放到板柜底下,寓意为借祖宗荫德发家致富。再有,亲属守孝时间一般为一年,期间不能谈婚论嫁。

# 第三节　称　谓

## 一、姓名

### (一)姓

在流村镇,姓氏繁多,分布较分散,具体分布情况如下所示。长峪城村:宋、陈、罗、王、张等;马刨泉村:宋、陈、罗、王、张等;老峪沟村:陈、李、郑、张、韩等;禾子涧村:韩、卢、庞、李等;高崖口村:魏、叶、马、沈、施、张、王、李、赵等;溜石港:张、王、李、赵、郑、马、杨、刘、唐等;新开村:郭、赵等;小水峪村:沈、韩、李等;菩萨鹿村:陈、范、韩等;韩台村:韩、刘、高等;狼儿峪村:邱、王、张、杨、刘、李、高、余等;王峪村:刘、张、孔等;瓦窑村:邢、刘、张、王、丘、白、韩等;漆园村:赵、蔡、六、王、杨、胡、李、崔、孙等;北照台村:贺、李等;西峰山村:吴、王、陈、李等;南流村:张、曹、陈等;上店村:王、陈、刘、解、张、崔等;下店村:尹、刘、杜等;白羊城村:汤、刘等;黑寨村:刘、王、张等;王家园村:王等;古将村:谷、姚、黄、王等;新建村:刘、葛、王、张等;北流村:赵、孙、李、刘等;新北庄村:赵、张、刘、谷、邢等。在流村镇传统姓氏习俗,子女随父姓,女孩出嫁后要随夫姓;有女无男户,为传宗接代抚养老人,男到女方家做上门女婿要改随女方父亲姓。新中国成立后,改姓习俗已逐渐破除,但所抱养子女仍随养父姓;上门女婿大多不改姓,离婚、丧偶妇女改嫁,与前夫所生的子女随再婚夫姓,也可不改姓。再婚和离婚妇女子女姓氏随父或随母可自由选择,改姓氏要到户口管理机构登记。80年代起,出现个别子女随母姓或随父母双姓的现象。

（二）名

婴儿出生以后由父母起小名也叫乳名,小名大都寓意健康、吉庆,叫起来方便。50年代中期后,婴儿出生要登记户口,大多已不起小名。名字民间称大名,也称官名。旧时人们大多不识字,起名要请识字先生。封建旧习俗女孩不起大名,婚后随夫姓合并父姓称呼,如李(夫姓)王(父姓)氏。男孩起名为一个字或两个字,按家谱辈分排字起名。男性名字多用福、财、富、余、旺等字;女性多用兰、花、玲、琴、凤、英、珍等字。50年代以后,男性名字多用国、庆、利、江、林、强、全、民等。改革开放以后,父母为孩子起名字讲究文化内涵,好听好叫,寓意对孩子的希望。

（三）属相

属相也是民间世代流传的习俗,每个人出生后均有属相,以地支与十二生肖相配,顺序为子鼠、丑牛、寅虎、卯兔、辰龙、巳蛇、午马、未羊、申猴、酉鸡、戌狗、亥猪,即子年出生者属鼠,丑年出生者属牛,依次类推,只要记住属相,即可准确推算出生年。

**二、称呼**

（一）夫妻之间称呼

在流村地区,妻子对外称丈夫旧称那口子、孩子他爸,丈夫对外称妻子孩子他妈、做饭的、我媳妇等;夫妻间妻子称丈夫旧称老头子、当家的。新中国成立后,随着社会发展和人们文化素质的提高,夫妻间称呼不断发生变化。妻子对外称丈夫现称爱人、丈夫、先生,丈夫外称妻子为爱人、妻子、夫人;夫妻间直称其名或姓前加老字或小字。

（二）亲属之间称呼

亲属之间的称呼,若从父亲家族排起:父亲的父亲(及其一辈兄弟)称呼爷爷(祖父);父亲的母亲或祖父辈兄弟的妻子称呼奶奶;父亲称呼爸爸;母亲称呼妈妈;父亲哥哥称呼大爷(大伯),大爷妻子称呼大妈;父亲弟弟称呼叔叔,父亲弟弟的妻子称呼婶子;父亲姐妹称呼姑姑，姑姑的丈夫称呼姑父。同父辈兄弟所生子女为堂兄弟姐妹，姑姑所生子女为表兄弟姐妹；长兄称哥哥，其妻子称嫂子；年纪小的称弟弟，其妻子称弟妹；长女称姐姐，其丈夫称姐夫；年纪小的称妹妹，其丈夫称妹夫；堂兄弟姐妹婚后子女称侄儿、侄女。家族同父辈的兄弟所生子女称远堂兄弟姐妹。若从母亲家族排起：母亲的父亲及其同一辈兄弟称呼姥爷、外祖父；母亲的母亲及姥爷兄弟的妻子称呼姥姥、外祖母；母亲的兄弟称呼舅舅，母亲兄弟的妻子称呼舅妈；母亲姐妹称呼姨，母亲姐妹的丈夫称呼姨父；对舅、姨辈所生子女称为表兄弟姐妹。夫妻互相对其家族成员称呼：妻子称丈夫的父亲为爸爸或公公，丈夫的母亲为妈妈或婆婆，其父辈家族称呼随丈夫；丈夫称呼妻子的父亲为爸爸或岳父，妻子的母亲为妈妈或岳母，其父辈家族称呼随妻子。长辈对晚辈称呼：年幼时直称小名，成年后多直称姓名。

（三）社会称呼

相识的称呼多直称对方名字或根据年龄大小在姓前加老或小相称；知道对方职业、职务的称呼对方姓加职务如"某老师"、"某医生"等。不相识的称呼要敬重对方，较多的称呼同志、师傅；对女性年纪轻的称呼有姑娘、妹子、小姐，年纪大的叫大姐、大嫂、大娘、奶奶；对男性年纪轻的称呼有小伙子、老弟，年纪大的称呼有大哥、大叔、大爷等。

# 第四节　语言习俗

## 一、俚语

在长期的生产、生活中，流村地区形成了具有地方特色的俚语，流传较多的主要有：老爷儿——太阳。今儿个——今天。后儿个——后天。昨儿个——昨天。蔫儿吧唧——没精神。腻歪——腻烦、不受欢迎、办事不痛快。咋呼——喊叫、大声说话。麻利儿——

迅速、赶紧。寒碜——样子难看。坏醋了——事情未办好。赶趟儿——来得及。麻利——做事干净利落。难缠——不好来往、难办。瞅不冷子——突然、猛然。出溜——滑动。膈应——心有余悸、讨厌心烦。能干儿——聪明、手巧。巴结——逢迎、奉承。打愣——发呆、思忖。嚼舌根——说话不算数、传话。吃挂络儿——受牵连、连累。摔咧子——发泄不满言论。矫情——无理狡辩。待见——惹人喜欢。白话——花言巧语、能说会道。胡吣——说无根据话。劳驾——谢谢、麻烦。借光——让让路。没溜儿——不分场合、随便开玩笑、无规矩。嗑瘪子——失败、受指责、自找麻烦。作落——自生是非。闲篇——无正题、无正语。炝蹶子——不顺心而怒、不干正事。涮人——耍笑、失约。贴上了——凑一块、靠住了。托儿——私下找人说事,哄骗第三者上当、诱惑对方。火啦——兴旺、红火。铁啦——关系密切。老虎大赶山——做事缺少周密计划,等等。

## 二、歇后语

人们在生产和生活中形成的歇后语幽默、诙谐、俏皮,流传较多的歇后语主要有:胳肢窝夹柿子——够搂(懒)的。挑水的回头——过井(境)了。锅盖上的小米——熬出来了。肉包子打狗——一去不回头。砂锅砸蒜——一锤子买卖。哑巴吃饺子——心里有数。茶壶煮饺子——肚里有货倒(道)不出来。磨道上的驴——听喝的。骑驴看唱本——走着瞧。小牛撅尾巴——来劲了。耗子扛枪——窝里横。老鼠拉木锨——大头在后边。兔子尾巴——长不了。猪八戒照镜子——里外不是人。聋子的耳朵——摆设。张飞吃豆芽——小菜一碟。瞎子点灯——白费蜡。姜太公钓鱼——愿者上钩。麻秸秆打狼——两头害怕。擀面杖吹火——一窍不通。竹篮打水——一场空。凉锅贴饼子——蔫溜了。大姑娘上轿——头一回。老太太吃柿子——嗑瘪子。茅房的石头——又臭又硬。木鱼改梆子——挨揍的东西。老虎驾辕——谁赶(敢)哪。傻子过年——瞧街坊的。大萝卜上锅台——挨擦的货。哑巴吃黄连——有苦说不出。泥菩萨过河——自身难保。芝麻开花——节节高。纸糊的驴——大嗓门。狗熊掰棒子——掰一个丢一个。土地爷掏耳朵——崴泥。张飞拿耗子——大眼瞪小眼。狗拿耗子——多管闲事。夜猫子进宅——无事不来。铁公鸡——一毛不拔。程咬金的斧子——就三下子。罗锅上山——前(钱)紧。冻豆腐——没法拌(办)啦。后脑袋留长发——随辫(便)。萤火虫的屁股——没多大亮(量)。缯鞋不用锥子——针(真)行。腊月里出生——冻(动)手冻(动)脚。小庙着火——慌神了。怀胎十月——生(升)了。俩鸭子加一鸭子——仁鸭子(撒丫子)。小葱拌豆腐——一(青)清二白。嗑瓜子嗑出臭虫——什么仁(人)都有。怀里揣马勺——盛(诚)心。揪着胡子过河——牵须(谦虚)过渡(度)。电线杆上绑鸡毛——好大的掸(胆)子。烙饼卷蚂蚱——夹(家)吃去。下雨泼街——假积极。出头的椽子——先烂。铁路警察——各管一段。洗澡水沏茶——不是味。外甥打灯笼——照就(舅)。马尾拴豆腐——没法提。头顶上长疮脚底下流脓——坏透了。做梦娶媳妇——想得美。使唤丫头拿钥匙——当家不做主。西瓜皮擦屁股——没完没了。老鼠进风箱——两头受气。爹死娘嫁人——个人顾个人。坐轿子哭丧——不识抬举。驴粪蛋——外面光。蛤蟆不长毛——天生那路种。老鸹落在猪身上——谁也别说谁黑。秋后的蚂蚱——蹦跶不了几天了。王八吃秤砣——铁了心了。黄鼠狼下耗子——一窝不如一窝。井里的蛤蟆——没见过多大的天。没头的苍蝇——瞎撞。猫哭老鼠——假慈悲。猴吃麻花——满拧。

### 三、谚语

不是靠天吃饭,全靠两手动弹。地是刮金板,人勤地不懒。人要无计算,吃尽斗粮金。人心齐,泰山移。单丝不成线,独木不成林。一家盖不起龙王庙,一人造不起洛阳桥。三人同心,黄土变金。人多主意好,柴多火焰高。三个臭皮匠,顶个诸葛亮。土帮土成墙,穷帮穷成王。要求自己要严格,莫嫌父母教训多。路从脚下起,事从今日做。滴水穿石功夫深,铁杵磨成绣花针。虚心人万事可成,自满人十事九空。没有十分耕耘,哪有十分收获。轻霜打死独根草,狂风难毁大树林。少年不知勤学苦,老来方恨读书迟。钱遮眼睛会发昏,官迷心窍能作恶。宁可为国站着死,决不为己跪着活。浇树浇根,交人交心。宁交双脚跳,不交眯眯笑。马在柔草地上打前失,人在甜言蜜语中栽跟头。不经一事,不长一智。要得惊人艺,需下苦功夫。无志山压头,有志能搬山。灯不拨不亮,理不辩不明。养猪赚钱不赚钱,回头看看责任田。冷在三九,热在三伏。要想风沙住,山川多栽树。雷公先唱歌,有雨也不多。开口之前要考虑,着手之前要准备。人不可貌相,海水不可斗量。细水长流,吃穿不愁。人生天地间,劳动最为先。人勤地生宝,人懒地生草。博览见识广,寡交少见闻。众人拾柴火焰高。一等二靠三落空,一想二干三成功。山高遮不住太阳。是村就有庙,是山就有道。留得青山在,不愁没柴烧。车到山前必有路。砍倒大树有柴烧。夜晚下雨白天晴,打了粮食没处盛。亮一亮,下一丈(一般山村下小雨时,天空是黑色的,一旦天亮,就说明大雨就要来临了)。早晨云雾走,晚上晒死狗。鸡鸣拍翅膀,狗叫山音响。树林子大了,什么鸟都有。穷奔山,富奔川。山地多种树,由穷能变富。修阶子垒堰,准能吃饱饭。

# 第二章　民间艺术

## 第一节　漆园"龙鼓"古乐

漆园村的龙鼓古乐与大多数民间艺术一样,是以口传心授的方式,代代相传,流传了200多年。到了清末民初时期最为兴盛,经常应邀到附近庙会表演,在京西北地区享有盛名。2005年、2006年两年间,《北京晚报》、《京华时报》、《昌平周刊》、昌平电视台等新闻媒体相继刊登和播放漆园龙鼓的相关内容,引起了各界人士及有关专家的重视,漆园村于2006年12月28日向区文物部门递交了非物质文化遗产申请报告。如今的漆园龙鼓以其原生态艺术的无限魅力展示在各种庆典活动中,成为不可多得的非物质文化遗产。

### 一、漆园村是诞生"龙鼓"古乐的沃土

作为昌平西部山区大村的漆园村,周边雄奇险峻的自然环境,成就了前面所提到的如星罗棋布般的文物古迹。在漫长的历史长河中,老百姓根据自己的意愿,赋予山水以灵性、美感,留下了很多美丽的传说,用口头文学的形式,述说着对英雄人物的敬仰和对美好未来的憧憬。如穆桂英和望儿坨,杨六郎和西峰山井,以及长城脚下关沟72景的传说等。民间文化的沃土,必然会孕育出老百姓喜闻乐见的艺术之花,漆园村"龙鼓"就诞生在这样的人文环境中。

据考证,漆园村明代成村。明朝永乐初年(1403年)以前,有郄姓人家在此建窑烧炭,故名郄窑。如今,当地及周边的一些老年人还是这样称呼漆园村。明成祖朱棣在现在的十三陵建造帝王陵寝后,禁止乱伐树木,这里便改业为农耕。到明代中叶,有人在村南种植漆

树,后成园成片,才有了漆园这个村名。邳窑和漆园这两个村名,在相当一个时期内同时出现。不过,在能够见到的官方典籍和文件中,都是以"漆园"落款署名,一直延续至今。中国农村几千年的封建社会,乡间的百姓多以农耕为业,种田谋生,春种秋收劳累无比,一年下来枯燥乏味,农闲时的乡间娱乐,如庙会、灯会、贺岁等活动中的地方戏、魔术、武术、杂耍等,包括民间婚丧嫁娶的鼓乐,自然而然地成为一种休闲方式。乡民们的一个共识就是只要有"活动",就要制作一种"响动",于是,便衍生出敲锣打鼓的鼓乐原生态艺术。由于原始宗教的图腾崇拜,乡民们对神灵的崇拜高于一切,因为庄稼人种地是靠天吃饭,天气干旱就要求雨,跪拜龙王爷便成为民间隆重的祭拜活动,乡间的求雨也就成了一种压倒一切、高于一切的祭典。于是,漆园村的"龙鼓"古乐,随着祈雨这种至高无上、声势浩大的活动应运而生。

### 二、充满传奇色彩的"龙鼓"古乐

#### (一)"龙鼓"古乐的由来

"龙鼓"的前身是锅子鼓。明代成村之后,由于这里得天独厚的生态环境,既没有塞外的风沙和高寒,又没有江南的酷热和潮湿,又是离京城不过百里的天子脚下,这里很快聚居了包括山西的移民和流离失所逃荒要饭的游民。到民国初年,这里的住户已达到200多户近千口人。当地有句民谣:漆园的姑娘,瓦窑的小儿(小伙子)。这是说漆园村的姑娘长得漂亮。其实,一个重要的原因是村大人口多,必能挑出几个美女来。另外,在当时的昌平西部农村,都有为乡民提供服务的"小团体",如轿子房,抬死人的杠房,都有一帮"吹鼓手",时辰一到,吹打一番,营造出一种或喜或悲的氛围。除此之外,还有几个家庭凑起来的戏班子,农闲时唱几台大戏,如溜石港、南照台、北照台,大多唱的是河北梆子或西路评剧,从大年初一到十五连台不断,半个月热热闹闹红红火火,还有就是一些祭祀活动,如死者周年,为家人许愿等。乡间祈雨,靠天吃饭的乡民,可以说没有比这更大的事了。漆园村"龙鼓"古乐的前身是锅子鼓,因祈雨成功,皇帝赐封"龙鼓",并注入了新的敲打技法,才使漆园村的"龙鼓"古乐闻名遐迩。

漆园村和周边的一些村落,历史上十年九旱。因为是山区,绝大部分农田都像簸箕一般,跑水跑肥,得不到春苗,拿到春苗如果赶上"掐脖旱",也等于一年白干,所以,每年的农历五月,是祈雨的最关键时节。当地民谚:大旱不过五月十三,人们大都在五月十三前求雨。清乾隆八年(1743年)闰四月,京郊大旱,漆园村的父老乡亲眼看着播下的春苗打蔫了,有好事者就催促"园头"应该祈雨了。漆园是种漆树的园子,村头不叫村长叫园头。对"龙鼓"的由来做过考证的村民李金满(当时57岁)说,当时的园头姓赵,名字不详。"赵园头"和"杨掌鼓"(即锅子鼓的掌门人,也就是会头),这两人心里装满大家的期待,率领着本村老少300多号人奔黑龙潭祈雨。黑龙潭今属海淀区,从漆园往东南过阳坊镇再往南3公里,在温泉以北半山腰。上海辞书出版社1981年出版的《中国名胜词典》第38页中有介绍。山腰有一圆潭,径10余米,水从山峡石隙中流入潭内,溢满则泻入山野中。传说有黑龙潜藏水底,故名黑龙潭。这黑龙潭,水深不见底,潭后有庙,庙建于明成化八年(1472年),名黑龙王庙,坐西向东,依山而筑,殿宇层层上升。天旱时,这300人的队伍来此求雨,一色的光脚丫,头戴柳条帽,前面开路的便是"锅子鼓"队。锅子鼓的前面有一人举着用硬黄纸折叠成高4尺、直径为1尺的方筒,名为"大表",里面装有写满祭词的白纸,行话叫白纸瓢子。祭词里要包括来者是哪方百姓、旱情程度、许什么愿,是杀猪还是宰羊,或唱多少台大戏等,然后再表示一下虔诚之心。由于乡下识字人不多,白纸瓢子上的词语,由裱糊匠一并写好。这黑压压的祈雨队伍由锅子鼓队开道,浩浩荡荡逶迤前行。《日下旧闻考》云:

> 祷黑龙潭而雨,因纪所见:灵湫神所宅,澄波深且滢。利民

功久着,泽物诚斯应。我来瞻庙貌,肃然而起敬。匪为求多福,
稼穑惟民命。泰阶六幕调,屡丰寰宇庆。省岁率咎征,神乃司其
柄。获佑以为愧,遑论谄与佞。况兹实古迹,圆池明似镜。渫然
鉴毛发,更鲜鲲鲕泳。一鳞游其中,昂藏无与竞。频频露头角,
如具飞龙性。然疑我未知,变化斯称圣。

　　漆园村祈雨队伍来到黑龙潭,便在潭前摆下坛场。首先在杨掌
鼓的指挥下,一通急风暴雨般的锅子鼓,敲得人心刚烈、坦荡、别无他
顾,给人以赴汤蹈火前心灵要净化的感觉。多少年来,漆园村的锅子
鼓在周边各大庙会中很有影响,它吸收了民间轿子房吹打乐的喜庆
气氛,又融入山川日月四时更替的自然法则和暮鼓晨钟的佛家禅性,
成为四邻八村鼓乐队中的佼佼者;接着是祈雨村民在黑龙潭前给龙
王庙里的龙王爷跪拜三叩头;尔后,由赵园头将 1 个用 10 层红布封
紧的小瓶,用红头绳将其送进潭里,约莫一个时辰,提上来,看瓶里有
没有水,水多就雨大,水少就雨小,没水就是没雨,或是由于心不诚没
有感动龙王爷,须重新整顿人马择日再求。没想到,赵园头提上来一
看,瓶里的水满满的,村民的脸上现出了喜色,紧接着就要宣读表瓤
子。这时,从锅子鼓队伍后面走出一人,说声"慢!"此人说不上魁梧
粗壮,细高挑个儿,一副虔诚的样子,将袖口轻轻挽起,双手将大表里
的表瓤子拿出,然后,从自身斜挎着的布袋里掏出一个红布包,打开
布包,将自己早已备好的表瓤子装进去,此人叫刘天龙。在 2006 年
12 月 21 日采访时,村民刘福玉( 74 岁)讲,他为刘天龙八代世孙。
以下文字便是据刘福玉口述整理:

　　　　这时,赵园头又重新将表瓤子从大表里掏出展开举过头顶,
　　　从头念出,句句恳切,声声动人,在场的人个个一脸肃穆。当表
　　　瓤子念到过半时,只见西方乌云卷起……谁知,这一切却被人群
　　　外一位 30 多岁布衣打扮的年轻人看在眼里,走上前来说道:
　　　"这表瓤子写得好啊,就不要烧了,我收藏下来留有后用。"此人
　　　是谁,怎有这般胆量? 大家的眼光都集中在这个人身上。只见

他天庭饱满，面若朝阳，眉宇间透出一股吞吐山河之气。赵园头看此人一定有来头，不是等闲之辈。此时，乌云已压过头顶，隐隐响起了雷声。赵园头也顾不得多想，便将这表瓢子双手递给了他，急忙引导祈雨的队伍奔向回家的路上，大雨便瓢泼般下了起来。

收下表瓢子的不是别人，正是乾隆帝，他微服私访来到这里。据《昌平文史资料》记载，清乾隆八年（1743年）闰四月，京郊大旱，乾隆派礼部尚书多次祈雨未果，见到漆园村赴黑龙潭祈雨时，普降喜雨，龙颜大悦，随颁御旨赏宫中所用龙幡1幅、龙鼓6面、鸳鸯钹48副并赐有黄马褂、龙斧、龙锯、黄摆旗及韵铃等。1面高大的龙幡意味着漆园村人一心一意祈雨有顶天立地的英雄气魄。6面龙鼓表示天下百姓六六大顺；48副鸳鸯钹象征着要把漆园村的鼓乐声传遍四面八方；龙斧龙锯起着漆园村鼓乐队在行进过程中逢阻开道，碍树能伐的作用。据此推断，漆园村的龙鼓距今已有260多年历史，它能在乱世纷争、军阀混战、运动不断的200多年里幸存下来，当属不易。

对于乾隆帝赐龙鼓过程，还有一说。据漆园村村民李金满（57岁）说，漆园村那年是五月十三求的雨，果然灵验，这场雨下得沟满壕平，昌平西山一带解除了旱情。五月二十，乾隆帝命当时的朝廷总管和珅到漆园村代赐龙鼓。为了欢迎和感谢皇帝赐封之事，原来的锅子鼓和龙鼓一起敲打，真是撼天动地、声震寰宇，场面十分热烈。当下，和珅问侍从，鼓声能传多远？侍从说能传10里。和珅为了讨好皇上，当场立下遗嘱，死后将自己埋葬在离漆园村10里的地方，常听皇上赐给的龙鼓声。李金满说此种说法是村人代代相传，说和珅死后就埋在流村南山上，距漆园村恰好10里。事实是和珅祖坟在今天的紫竹院一带，因和珅是戴罪之身不能入祖坟，而埋在了天津郊区的河滩下。

另据村民口传，这次乾隆御赐龙鼓影响很大，村人为纪念这次不可多得的赏赐，特将漆园村西的建于明代的龙泉寺改名为龙圣寺。

（二）龙鼓的规制及表演形式

龙鼓鼓帮底色为红色，直径 80 厘米，高 37 厘米。鼓帮上镌刻着 4 条 5 爪金龙，均为"二龙戏珠"图案。金龙鳞为黄色。据当地老人讲，给鼓冠龙的只有漆园村，龙为 5 爪的只有皇帝御赐才能使用。龙幡高 33 尺，幡旗为蓝色，上面也绣着金龙，四周镶饰白色火焰。龙幡犹如一面旗帜，统领着"龙鼓"古乐这支队伍。龙幡要舞出风采，舞出气魄，才能使"龙鼓"古乐体现出庄严肃穆、气吞山河的气韵，才能有别于民间的锅子鼓。因而要求舞幡人舞技必须高超，既要力气大，又要灵巧，因为除了幡的本身重量，还要掌握好平衡，所以舞幡绝非一般人所能为。

村民刘福玉听他爷爷说，乾隆赐鼓之后，并派来了镖师董纪斋到漆园村传授"龙鼓"古乐。随他而来的还有一个叫孟魁的 22 岁的武士。

村民朱福林（67 岁，任"龙鼓"古乐教练）回忆，新中国成立前夕，他八九岁，曾随最后一档"龙鼓"古乐学练过。他说，"龙鼓"古乐共有 36 套曲目，由龙鼓、鸳鸯钹、铛子 3 种乐器组成，敲打起来，高亢激越，气势磅礴，声震数十里，如翻江倒海一般。龙鼓与普通的锅子鼓击法不同，锅子鼓多为双手击鼓，手腕上下同时用力，而龙鼓单手击鼓，手腕左右用力，上击鼓帮下击鼓面，击出的声音节奏均匀。而鸳鸯钹是因为薄厚不同大小不一，所以，发出的声音有阴有阳，使尖厉与厚重交融在一起。鸳鸯钹在演奏时，有扬、转、翻等多种套路，花样变换多姿。从整个旋律、音色、气势上，比锅子鼓少了些诙谐平和的成分，平添了威严、庄重、大气磅礴的气韵。特别是那根高 33 尺的巨大龙幡，旌旗招展，舞动生风，再加上艺人运用肩、肘、腕、顶、腰、腿、膝、足的娴熟动作，奇妙无穷。

表演时，不管 50 人还是 70 人，都列成方阵，举幡人站在队伍前列，给人以场面恢弘、动人心魄之感。举幡人的后面是 6 面龙鼓，然后是鸳鸯钹、铛子等器乐手。当演奏进入高潮时，掌锅子的把式，要在龙鼓上翻跟头。整个队列一色的黄摆旗、黄马褂、黄头巾，金灿灿金光耀眼,御赐的龙锯、龙斧,意味着在龙鼓乐队的行进过程中,逢阻开道,遇树砍伐,不为罪,不为过,体现着皇权至高无上的权威,所以,乡绅地痞等皆躲避退让。

(三)"龙鼓"古乐会头传承考证

在乾隆赐龙鼓之前,漆园村的锅子鼓就已远近闻名。如3里之隔的瓦窑七盘山庙会、和平寺庙会,漆园村的锅子鼓是年年不落。当时漆园村有"杨家门的鼓,赵家门的幡,大北屋的五虎棍,上台刘家的霸王鞭"(大北屋、上台都为漆园村内的小地名)。对于"龙鼓"古乐会头传承,因为时间久远,又没留下文字资料,仅凭代代相传,说法很难相吻合。现在比较能达成一致的是,在乾隆赐龙鼓前,应该是本文前面提到的赵园头、杨掌鼓2人,生卒年代不详。乾隆赐龙鼓之后的第一任会头,认识比较统一的是刘天龙。

从1743年开始,到1949年中间跨越206年,如果按25岁为一代人,至少要有8任,现在村人能回忆起来的是新中国成立前最后2任会头。其一是赵国有,1937—1945年;其二是杨德元,1945—1949年,中间有几任会头已难以考证。

### 三、"龙鼓"古乐衰败中断的原因

漆园村"龙鼓"古乐与昌平后牛坊的花钹大鼓传承和延续的不同之处,在于后牛坊在新中国成立初期,政府及主管文化工作的有识之士对花钹大鼓就开始进行抢救性整理,受到干扰仅在"文革"期间。而漆园村"龙鼓"古乐因与乾隆御赐龙鼓一事有关,在漆园村是家喻户晓,人所共知。当时舆论导向非常简单,"龙"是代表帝王,帝王代表封建社会,革命目标就是推翻他们,岂能容忍带有"龙"字的文化娱乐活动充斥乡村,因而"龙鼓"古乐开始沉寂下来。

还有,就是对"龙"的机械理解和"左"的思想作怪,认为龙是没有的,是迷信,不知"龙"是一种文化。节日里,在人们舞龙、赛龙舟、灯谜、绘画、剪纸中,龙成为不朽的主题,龙成为一种吉祥物。改革开放后,人们才逐渐认识到,龙是中华民族的象征,每一个炎黄子孙都是"龙"的传人。

可以说,乡间锣鼓就是为民间的一些活动造气氛,创祥和,"龙鼓"古乐也不例外。民间祈雨,民间庙会,是一种在农耕文化里的精神期盼和寄托。通过对神灵的崇拜,起到平衡心理的作用。

由于历史的原因,使"龙鼓"古乐受到了不公正的待遇,从而沉寂了半个多世纪。据村民王震(76岁)讲,直到1958年,6面龙鼓还在,可惜当时把6面龙鼓分到各生产队,成为公共食堂打鼓开饭的一种信号工具。

### 四、"龙鼓"古乐的抢救

沉寂了半个多世纪的"龙鼓"古乐在2004年三四月份由村民刘守仁出面,本着弘扬传统文化挖掘民间艺术的初衷,几次找到漆园村支部书记,提出组建"龙鼓"队。漆园村党支部、村委会经过研究决定对"龙鼓"古乐重整旗鼓。2005年5月4日,完全按照"龙鼓"的样式,定做了6面新鼓,成立了漆园村龙鼓队。由刘守仁任顾问,漆园村村民朱福林任队长,本村另外一位老人蔡连存任教练,组建了一支25人的龙鼓队。队员平均年龄55岁,年龄最大的70岁。

经过8个月的训练,队员们已经能熟练演奏《混角龙》、《三锅子》、《双钉钹》等五套原汁原味的龙鼓古乐,并成功进行了演出。令人欣慰的是,现在村里有十几位年轻人主动找上门来,也要学习这门传统艺术。

如今,沉寂了半个世纪的"龙鼓"古乐,终于在漆园村重现。

## 第二节 戏 曲

### 一、长峪城社戏

社,既是指土地神及祭祀土地神的活动,又是古代的一个地区单位。社戏，泛指在社中进行的民间曲艺活动，目的是求福佑、祈丰收、逐瘟疫，同时担负人伦教化的功能。传统的社戏以庙会戏和节令戏为主，通常在各种神道如关帝、龙王、火神、城隍、土地等诞辰祭祀以及其他的重要节日活动中演出。祭祀神道的诞辰，是神庙所在地的盛大庆典。

长峪城是北京周边不多的可以看到社戏的地方。如今长峪城60岁以上的男人80%都学过戏、唱过戏。据村里的老人介绍，这里的社戏从明朝永乐年间就已经形成并代代相传，到如今已有近600年的历史，在当地远近闻名。明代还专为唱戏修建了戏楼，明清时代至"文革"前相当兴盛，还曾到阳坊庙会、花塔庙会、白羊城庙会等地演出。长峪城村的社戏其实就是早期的河北梆子戏，经过长时期的演变，又跟现在的河北梆子不完全相同，应该说是既有山西梆子的高昂又有河北梆子的曲味，是在这两者之间形成的一种独特曲调。

每年的正月十五和农历的一些节日，社戏都会在村中清代重修的古庙中上演。村中高台上建有古庙，据说也有几百年的历史，前为十八罗汉殿，后是三位娘娘殿，墙上的壁画隐约可见；左钟右鼓，现有的明朝大钟响起时，5里外可听见；只有在有社戏之时此钟才敲。戏台就在庙内南侧。

社戏的演出精彩纷呈，既庄重肃穆，又热闹非凡。每每吸引四邻乡里，成群相结，远道游客也慕名前往。村中剧团有30多人，全部是村民。他们虽然都是非专业演员，但生旦净末丑一应俱全，唱念做打有板有眼。其中，社戏名角儿有张文芝（青衣）、罗世民（反串旦角）、徐立凤和孔繁荣（反串旦角）。长峪城村的保留曲目有《蝴蝶杯》、《下河东》、《柜中缘》、《辕门斩子》、《王宝钏大登殿》等。不仅如此，长峪城村民还能结合党的政策进行配合宣传，编排曲目，如《小二黑结婚》、《刘巧儿》等。广大百姓都从学戏、唱戏中学到不少知识，懂得了不少道理，同时通过学戏、演戏增强了团队精神，增强了凝聚力，促进了本地区的安定与和谐。

继承和发展传统文化，在长峪城社戏剧团演出人员年龄偏高的情况下,不断克服困难培养新人,老人在保留原传统剧团节目的同时,每年还增加一至二出新戏,配合中心工作编演群众喜闻乐见的文艺节目,培养年轻演员的兴趣,加强演艺技能的培训,使这一古老文化得到传承。

平时农闲季节,四方游客来看戏需付一定的费用,剧团一般随点随唱。但在正月里因演出繁忙,游客一般要提前预约。只有正月十五这一天,才是社戏演出的传统日子,村民和游客可以免费赏戏。

### 二、马刨泉梆子戏

马刨泉梆子戏具有独特的曲调,属梆子老调,历史悠久,远近闻名。每年春节与农闲季节都是当地百姓的一项重要文化娱乐活动。伴随着敲锣打鼓看精彩的表演,听别具特色的唱腔是老百姓的一件乐事。明清时代至"文革"前相当兴盛,还曾到花塔庙会、阳坊庙会、香台庙会等演出。马刨泉梆子戏剧团培育了许多名角,经过一代代的传承,到今天马刨泉梆子戏的发展、兴盛,给我们留下了丰富的文化遗产。

马刨泉自有了梆子戏后,百姓们纷纷加入其中,如今70岁以上的老人大部分都学过戏、唱过戏,现在一部分年轻人也积极参与这项活动,并能结合党的政策配合宣传,编排曲目,除了演宋朝、清朝大戏以外,还上演《刘巧儿》《井台会》《沙家浜》等,给农村人民的日常生活带来不少乐趣。

马刨泉梆子最大的特色是具有独一无二的唱腔曲调,也是兼有山西梆子的高昂和河北梆子的曲味,是在这两者之间形成的一种独特曲调。通过此剧种可追根溯源到历史移民的形成区域路线。此项活动可以活跃农村人民群众的业余文化生活,而且有一定的历史文化价值和艺术价值,并可以为村里的旅游事业作出贡献,有一定的经济价值。

### 三、古将村梆子戏

古将村河北梆子剧团在永乐年之前已经形成,明代专为河北梆子剧团修建了戏楼。明清时至"文革"前相当兴盛,是每年春节期间当地百姓的一项重要的文化娱乐活动。古将村河北梆子剧团人才济济,他们对艺术的追求值得后人学习。

为继承和发扬传统文化,古将村每代河北梆子剧团的演出人员都注重培养新人,把古老的河北梆子传承至今。在传承的基础上还时有创新,最终使这一古老的艺术发扬光大。

古将村自从有了河北梆子剧团之后,在百姓们的积极参与下,如今的老一辈基本上都唱过梆子。每逢重大节日,河北梆子剧团都能配合节日特色进行宣传表演。通过交流表演,增进了村民间的感情,促进了和谐。

古将村的河北梆子剧团最大的特色是融入有山西梆子的高昂曲调,豪放激扬。透过古将村河北梆子剧团的表演,可以看到这一民族艺术的历史传承。古将村梆子戏曾在1975—1979年多次参加昌平县的秧歌汇演。

古将村梆子戏剧团现在有20人,随着梆子剧团人员年龄的增大,现已不再传唱,面临失传。

## 第三节　民间舞蹈

有不少民间艺术花会,为广大群众所喜闻乐见。民间花会是在民间流传形成的,由村、企业单位自发组织。花会种类有很多,如流村乡北流村的小车会,西峰山村的抬花轿,古将村的高跷会、小车会,流村乡制药厂的狮子会,南流村的小车会,老峪沟乡马刨泉村的高跷会、小车会、旱船会、杠子会,长峪城村的高跷会、小车会等。

### 一、高跷

又叫大秧歌,分为文跷(三尺三)、武跷(二尺八)。根据表演情节想象化妆,编写符合表演角色的唱词,演员脚蹬木制跷腿,按照扮演的角色随着锣鼓点边行进边表演;高跷的表演形式有单秧歌、双秧歌,唱法有单唱、群唱(领唱、合唱),曲牌有五六十个,如《绣荷包》、《绣门帘》、《绣花灯》、《拾针扎》、《王三公子游春》、《大五台》、《春翠屏》等,鼓点有老三点、串花篱笆等,表达人们对风调雨顺、五谷丰登幸福生活的追求与向往;有的表演男婚女嫁内容,后表演内容大多是渔樵耕读。其中最负盛名的当属流村镇白羊城的高跷,传说是清代看守王爷坟的人从北京传来,一直延续下来,新中国成立前因战争停止。其主要内容是蹬方凳的演员扮成各种戏剧中的人物,与英雄锣鼓、耍幡轮流登场凑热闹,增加喜庆气氛。

## 二、小车会

一种自发组织的民间舞蹈花会,形式活泼、情节曲折、舞姿优美、易演易唱,深受人们的喜爱。清嘉庆年间从外地传入,流传至今。开始叫太平车,后老艺人把太平车和"诗赋弦"结合改成小车会。表演形式有一辆双轮彩车,上坐一少妇,一老叟推车,一少女(或二少女)在前面拉车,帮车人若干。表现出在凸凹不平的道路上艰难行进的情景,边扭边唱,加些锣鼓、唢呐等乐器伴奏。小车会原表演内容有《大秃和尚逗柳翠》、《老夫背少妻》等庸俗内容,后不断改进,用《跑驴》、《猪八戒背媳妇》等取代,有的村小车会表演的是历史故事《昭君出塞》、《千里送京娘》或民间故事《白蛇传》、《孙悟空》等情节。旧时民间花会是欢度佳节、喜庆丰收的群众娱乐活动,主要在年节、元宵节、庙会等各种节日进行表演。

## 三、耍幡

自1820年白羊城五峰山下建庆王墓之后,看坟人与北京王爷府来往频繁。为增添白羊城过年过节的节日气氛,他们模仿北京天桥耍幡的幡样和动作制作了两支幡,自编动作,每年正月十五由青年人玩耍。具体制幡人是白羊城看坟人张喜,制作时间是1840年。

耍幡是参加节日广场活动的节目,也是一种体育项目,深受青年人的喜爱。冬闲时小伙子在场院练习,过节时谁都可以表演,谁的表演观众叫好多,谁就是第一。就这样,一直传到20世纪40年代初,至今已失传半个多世纪。

幡,用根部直径10公分,长5米的竹竿制成,离竹竿顶端40公分之下,每隔40公分插一横杆,共插三根。竹竿顶端插一红色三角旗,三横杆顶端插六面小三角旗,并挂六个小铃铛。耍幡可做各种动作,头、肩、额、腰、背、手、脚都可将幡顶起。可以两人耍、三人耍、独立耍。

耍幡可锻炼男人的体魄和反应能力以及各种动作技巧,增加喜庆气氛;可参加庆典演出,对发展旅游业有一定的价值。

### 四、霸王鞭

霸王鞭是一种舞蹈型的运动。新中国成立前,曾在流村镇古将村流传,"文革"后失传。霸王鞭又称打连厢、打花棍、浑身响、金钱鞭等,清代初期的著作中已出现对它的记载。鞭长约1米,以竹、木做成,两端嵌有铜钱,鞭身饰以彩纹。有单鞭也有双鞭,舞者以鞭敲击肩、臂、腰、背、腿,打出有节奏的声音,随之跳跃舞蹈。两人或多人舞时还相互对击。即兴性较强,可根据自己的情绪、性格和技巧击打。各地还有一些套路,如雪花盖顶、黄龙缠腰、三点头等。

霸王鞭历史悠久,流传很广,在清代许多著作中对它都有记述,如毛奇龄的《西河词话》中记载:"金作清乐,仿辽时大乐之制,有名连厢词者,带唱带演,以司唱一人,琵琶、笙、笛各一人,列坐唱词……此人至今谓之连厢,亦曰打连厢。"康熙年间李振声的《百戏竹枝词》中记有"徐沛伎妇,以竹鞭缀金钱,击之节歌"。这种舞蹈使用的就是霸王鞭。

进行这一运动时,一只手的手指上扣着绣有各种图案的方巾,另一只手执鞭的中端、鼓或竹片,也有双手各执一鞭的。舞起来时,以鞭击打或碰击臂、腿、肩、腰、背、脚心、膝、胯、肘、手掌等部位或地面，两人以上舞蹈时常常互相对敲，随着跳动的步伐，这些器械发出整齐有节奏悦耳的响声。参赛者人数不限，可一个人打，男女双打，也可集体分组对打。参赛者按一定套路有规律、有节奏地挥舞击打，形成一套跳跃、舞蹈的连续动作。步法有立、跪、蹲、坐、卧、行进、停留、跳跃等各种动作。击打分十二下、十四下、十六下等，使鞭两端交替不断地碰打自己身体各处，也可棍与棍、棍与地碰击。男女对打和集体对打，有"背合背"、"心合心"、"脚勾脚"、"凤穿花"、"五梅花"、"双采花"、"一条街"、"龙吐水"等竞技动作和舞蹈队形。霸王鞭运动量大，有跳跃、下蹲、转体以及许多舞蹈动作，舞蹈时用霸王鞭围绕身体的主要关节碰击发出的响声和由此引动上身的拧、摆和小腿的变化和双脚的跳动，形成各式各样的动作。

　　霸王鞭还包括金钱鼓和双飞燕，三者同时进行。金钱鼓以木条围边成八角或六角，鼓的一面绷有羊皮，每角钉有铁钉，拴上铜钱，推打时发出的声音比霸王鞭更为奔放。双飞燕用四块竹片做成，饰以彩带，用手各握两片，向身体各部分敲击，动作舒展矫健，铿锵有致。一般男子舞金钱鼓、双飞燕，女子舞霸王鞭，从两人到十几人均可，但要组成双数。舞者随着霸王鞭、八角鼓在身体各部位敲击的节奏，双膝轻轻颤动，肩、胸、腰随之晃动，并唱各种小调，同时还有笛子或三弦伴奏。

# 第三章　民间手工技艺

## 第一节　下店村农具制作工艺

　　流村镇下店村至今已有 150 年的历史,早年因进京城做小买卖的人开旅店而得名。当时下店人一边经营着旅店,一边用自己制作的简单耕种工具耕种自己的土地,并在使用过程中不断改进。

　　多少年来下店人用自己亲手制造的农具耕种,年复一年地生产、生活,用自己的智慧和勤劳的双手创造着幸福美好的生活,繁衍着后代,养育着子孙。

　　农具犁铮制造:选长度 180 厘米、粗 20 厘米并有 150 度角左右的弓弯榆木或枣木,去皮,按前后 3∶2.5 的比例在 150 度角处凿眼安装前扶手,高度 40 厘米为宜,然后在末端凿孔安高 110 厘米左右的扶手,最后用直径相当、用同样木质固定两个扶手下方并与最前端凿孔安柁头(厚度小于原材料直径的木砖)处成为水平直线。犁铮在耕地和播种时所装的零件是不同的,播种时需在固定木的前方装上俗称鬼脸的铁板(长 20 厘米、宽 18 厘米,带两孔,中间凸起),耕地时需装划(半椭圆形,中间凹,长度 25 厘米)。实际操作:驴带踢子(套在脖子上能固定的套)牛上套,用纤绳将牲畜与犁铮的柁头连接,人在犁铮后掌握平衡,是一个小型的特色农具,给当时的人们带来很大的方便。

　　现在随着社会的发展和进步,科技水平不断提高,机械化耕种替代了人畜耕作模式,减轻了农民劳作的强度,解放了生产力,可是它在当年确实丰富了人们的物质生活,给集体和家庭带来了经济效益。

# 第四章　民俗旅游

## 第一节　魅力地名探寻

### 一、菩萨鹿

菩萨鹿村坐落于北京昌平区西南与门头沟交界处,四面环山,属于昌平区流村镇管辖。该村东与昌平区流村镇的高崖口、南与妙峰山、西与门头沟区的泗家水、北与老峪沟相邻,距北京市区约 56 公里。菩萨鹿村南北长,东西窄,形状像一片树叶,地形主要是丘陵和山地。

菩萨鹿的周围都是山。南山、北山、大山、小山,高低错落,鳞次栉比,连绵起伏,层林尽染,气象万千。村子掩映在或苍老斑驳、秃枝拉杈,或枝繁叶茂、婀娜多姿的榆槐杨柳之中,村外的田头坝阶上核桃、海棠、柿子、山里红、香椿,在不同的季节演绎着不同的色彩,红了,绿了,变幻着,枝头争艳;村子周围的大大小小的山谷和村中一样,灌木繁茂,古木参天,生机盎然;林间飞翔着喜鹊、灰喜鹊、乌鸦、啄木鸟和许多不知名的小鸟,山野间潜行着野兔、松鼠、山鸡、獾、狍,美景无限,生机无限,使人置身其中,恍若天上人间;山间有泉,泉水凛冽,人们把几眼水量比较大的泉赋予希望,赋予理想,赋予情操,分别称为成龙泉、忠孝泉、圣水泉;村里山中有巨石,命名为映心石等等,都寄托了村民们极朴实、极美好的心愿。

入村口山门左转,便见关帝之庙,气势壮观,真乃英名远播四海,忠义威震八方,游客纷至沓来,香火连绵未绝。关帝庙之侧为古槐,巍然耸立,枝叶繁茂,福荫怡人,纳青山之灵气,集秀水之静美。相传,有一白凤飞临菩萨山,见此灵光之地,便长鸣三声,落于古槐之上。游者至此，静心定气绕福树三匝，可保此生健康长寿、平安幸福。

（二）菩萨鹿村名由来

菩萨鹿村是一个有神秘宗教色彩的小村庄。关于它的由来有好几种传说。

一种传说是自从韩昌被六郎的"转塔"赚赢后，回营途中，心中着实懊恼，追悔错失擒拿宋军主帅和将领的机会。由于路途难行，军兵疲惫又饥又渴。好不容易来到一小山庄前，韩昌刚要下令让军兵抢掠，忽然看到村头小山坡一片平地上有位鬓发斑白的老者带领全村老少一齐朝南跪拜，为首的那位老者还不停地向空中祷告。韩昌见状，甚是诧异，忙令一懂汉话的士兵上前问个究竟。士兵来到长者面前，问起跪拜的缘由。老者从头至尾向这名契丹兵讲述了一番，说罢，又连连祷告不已。这名士兵听了之后，吓得面如土色，"咕咚"一声连忙朝南跪了下去。远处的韩昌见状，既疑又气，急忙打发身边中军再去问个究竟。中军来到老者近前，问明缘由后，与那名士兵一样地跪拜，吓得浑身颤抖，连头也不敢抬。

原来，带领村民跪拜的那位老者正是村正。这天天刚亮，一位上山砍柴的年轻人气喘吁吁地跑回村里，径直奔村正家中，向村正禀告说："近日来的梦，果是菩萨显灵了，山环远处有一股契丹兵，过一会儿要从村里经过了。"村正听罢，对那年轻人说："按我昨天的吩咐去做。"

年轻人鸣锣把村民聚集到村头的平地上，显然村正早有安排，平地已被打扫得十分干净。以村正为首，全村老少一齐朝南跪拜。一位老者，银发飘飘，一群质朴的山民，在晨风中虔诚祈祷。

韩昌亲身来到平地，问起村正跪拜根由，村正严肃地说："三日来，每值半夜，村民都在做同样的梦。梦中见到一位骑鹿的菩萨，手捧佛经，指点村民，说：'近日来要有灾祸，只是灾由人为，祸亦暂时。但为灾者之行，不久必遭劫难。务将吾言直告欲为灾者，听其所为，谨记莫忘。'我们村民三日来于每天清晨净地焚香，求菩萨保佑免灾祸。"村正述说时,韩昌面色更变。当村正的话音刚落,乡民齐声道:"我们所梦皆同,求菩萨保佑。"再看韩昌,早已吓得体似筛糠,"扑通"一声双膝跪倒,好久直不起身来。原来,契丹人信佛的虔诚远胜过汉人。只见韩昌对天发誓:要放下屠刀,不入村,不扰民。祈祷后,下令军兵绕道回营。为了感谢菩萨的大恩大德,人们给村庄起名为"菩萨鹿"。

韩昌率兵回营后,此事便在契丹军中传开了。以后,凡是从这里路过的契丹军兵,皆不敢入村扰民。后来,村里又复建原来的菩萨庙,而且香火鼎盛。"菩萨鹿"的村名延续至今。

另有传说,在很久很久以前,这个只有几户人家的村子还没有名字,忽一日,男装女像的观音菩萨骑着一只梅花鹿来到村里,看到村里境况,就点化了几眼山泉,点化了一些山间地块,随意撒了些种子,把梅花鹿点化成一棵大槐树,然后飘身而去。村里人见到凭空变化,疑是菩萨显圣,都心存感激,商量着给自己的村子起个名儿,叫做"菩萨鹿";又在南山的半山腰上砌筑了一座高台,供奉观音菩萨,"菩萨鹿"这个村名由此而来。

还有一种传说,很久很久以前,在妙峰山的山坳里住着一只梅花鹿,它所居住的山洞顶上生长着一棵灵芝草,在山下的沟谷里,还有一潭清清的泉水,供这只鹿饮用。多少年过去了,这里一直是风调雨顺,家家户户五谷丰登,六畜兴旺,人们称这只鹿为仙鹿。

有一天,村里有一家人办喜事,宾客满席,热闹非常。日将西沉的时候,忽然间来了一位白发苍苍的老翁,虽然他眉毛胡子全都白了,但却筋骨强健,满面红光。他自称是远道而来的贺喜者。好客的主人就热情接待了他,找来了众多的宾客陪同,把他让到首席。这老者纵谈古今无所不及,得到在座人的称赞。喜酒千杯开怀畅饮,这老翁昏昏然有些醉意,便起身告辞了。

夜幕降临,酒席将散的时候,进来了一个猎人,只见他身上背了一只梅花鹿,说是拿这只鹿作为贺喜的礼物。主人听了很高兴。为了表示主人的诚意,当场把这只鹿开膛破肚。奇怪的是这只鹿肚子里装的全都是席间的饭菜,同时还散发着浓郁的酒味。人们都迷惑不解,面面相觑。猎人将在路上如何撞上这只鹿,又如何张弓搭箭射死这只鹿述说了一遍。众人醒悟过来,说这一定是灵芝草下山洞里的那只鹿,变成了人,酒醉之后显了原形。

仙鹿造福于这里的乡民,猎人却伤害了它。自打伤害了这只仙鹿,山顶上的灵芝草不见了,清清的泉水干涸了,灾害降给了这里的老老少少。为了拯救百姓,让它早日升入天堂,大家给它修座菩萨庙,里面还铸上了梅花鹿的铜像。附近的村民每逢佳节都到庙里焚香祷告,盼望有一个吉祥如意的未来。从此,菩萨鹿的村名便延续至今。


### 二、白羊城

白羊城村历史悠久,因地处白羊沟入口处,是北京地区通往北方的必经之路之一;是军事要冲、兵家必争之地;是一座和平时期不断发展,战争时代多灾多难的小城。两千多年的历史,有悲壮的抗敌故事,有百姓灾难深重的年代,有胜利的欢呼,有城池的破坏,有繁荣的历史,更有大量人口逃亡的年代。真正的稳定发展是从 1948 年年初冬至今,在中国共产党的领导下发生了翻天覆地的变化。

白羊城据说是东周时期燕国为防止北方匈奴袭扰所建边城。唐代尉迟恭曾重修白羊城(1958 年刘秉刚等人在白羊城内西坡下挖水渠发现一块残碑,上刻有"尉迟恭重修白羊城,守备侯一峰"等字样)。白羊城城墙长 1700 多米,高 5.7 米,宽 2.8 米,有东西两门。明代燕王扫北时,最后一场战役是在白羊城东 3 里的双山处交战,元兵和明军双方各投入 10000 人马,经三天三夜厮杀,明军大胜,元军残部从白羊沟败退至长城以北。从此,燕王非常重视此城,1043 年至 1422 年陆续筑起山城居庸关,白羊城南侧五峰山下建起一座白羊新城和长峪城、镇边城。从此白羊城实为新旧两座城,共驻兵千人,设守备一人。守备衙门设在老城山坡下中央处,门前有上马石,南山平台处是军用仓库,现在的地名仍称"大仓",至今有一段库墙未倒。

据世代传说,老白羊城最繁荣的时期在明代,城内住户分河南、河北。有店铺多处,城外有南苑、北苑、东寺,城外北侧有三里长街。同时还建有庙宇,有关帝庙、菩萨庙、娘娘庙、钟鼓楼,楼上有镇武庙、城隍庙,城西有山神庙,鼓楼西有五道庙,城东有双泉寺。因白羊沟山洪暴发,大水冲毁南苑、北苑和东寺三处民宅,只剩东墙城外一条小街的高、曹、姚、刘 4 户人家。

长城由八达岭向西南伸展,越过石峡峪,便进入了白羊城地界。目前,开发修复这段长城,条件已经成熟。从北京市内出发,经阳坊之白羊沟,要比去八达岭近得多。这条沟里原有的几个小村庄早已迁出山外,空气无污染,水质清洁,可称得上蓝天净土。

此地的自然景观也是十分优异的。进山口不远,有一座不平常的大水库,即王家园水库。再上行可见一奇观瀑布,即吊水湖。走至黄鹿院可看到大片的天然森林。最可观的是那座雄伟参天的高楼山,比京郊有名的妙峰山还高,海拔 1439 米。由于山体高,植物垂直分布种类繁多,奇花异草看不完,说不尽,真可谓百花山第二。正所谓:

> 太行山头千里浪,长城跃岭游龙状。
>
> 壮观要属八达岭,南看白羊不差样。

此外,白羊城境内还有庆王坟遗址。

### (一)白羊城的由来传说

凡是到过白羊沟自然风景区的人,都会被青山叠翠满目葱茏的景致所吸引,关于白羊沟的由来,有许多优美的传说。

有一种传说是这样的:在唐代之前,白羊城本名为白龙城。据传,狄仁杰视察此城时,有白龙给狄仁杰托梦说:"从匈奴来一条黑龙与我争水补给黑龙河,明天在城西南山坡上决斗,我变为白羊,黑龙变为黑羊。黑龙凶狠,我恐不敌,请助我一臂之力。"第二天清晨,狄仁杰提弓箭前往城西南山坡,果见一白一黑二羊搏斗,白羊渐不敌黑羊,狄搭箭射黑羊,黑羊动作敏捷,将白羊抵往来箭处,白羊中箭受伤而败,黑羊变成黑龙争走了白龙河的水,腾空而返。从此,白龙河水势减小,由长流河变为季河,北方的黑龙河变成了后来的黑龙江。狄仁杰追悔莫及,为纪念白羊,下令将白龙城改为白羊城。

另有传说,相传在很早以前,这里只住了一户人家,以打猎为生。那时的南山坡上花果满山,树木参天;北山坡上则是荒山秃岭,寸草不生。一天,老猎人在睡梦中见一白衣书生气喘吁吁挣扎求救……老猎人突然惊醒,甚感诧异,赶忙起身,执叉背弓,出门以后,明月之下,见山坡上有两只羊正在角斗。黑羊势猛,白羊体力不支,节节后退,老猎人这才想起梦中的情景,那白衣书生就是那白羊点化而成。老猎人为救白衣书生,急忙拈弓搭箭射向黑羊,没想到,急切间误射中了白羊,黑羊向北坡跑去,受伤的白羊艰难地挪向南山坡。老猎人悔恨交加,不久就病倒了,临终前将此事告诉了 12 岁的儿子。

自白羊带伤走后,南山坡也和北山坡一样变成了荒山秃岭。老猎人的儿子恨透了那只黑羊,决心要为白羊报仇,为民除害,为山山岭岭除害。三年后,他终于在一个黑夜里找到了那只黑羊,用箭射死了它。从此,南北山坡同时成了繁花似锦燕舞莺歌的好地方。

以后到这里落户的人渐渐地多了起来,人们为了纪念那只白羊,起名就叫"白羊村"。到了明代,为了防止外敌进入中原,于正德十五年(1520 年)在此建城防备,派重兵驻守。由于有了城郭,这里的乡民就不再叫村了,习惯唤做"白羊城",一直沿用至今。由于这里地势优美,有吉地之祥,清朝后期将此地辟为墓地,清乾隆第十七子庆亲王死后葬在这里。白羊沟自然风景区得到开发后,为了将这白羊的美丽传说给游客留下直观的印象,增添旅游情趣,在景区入口处特请工匠打磨了一尊正在角斗中的白羊雕像。

另有传说,白羊村地处山口,又叫白羊口。明朝燕王扫北,元蒙退出口外,仍与明朝抗衡。因南口为北方重镇,天下有事则南口先受灾。明成祖朱棣迁都北京后,于八达岭居庸关建关城,但白羊口仍可通往口外,形成了南口的旁门便道。明朝于 1403 年至 1442 年陆续筑起山城居庸关、白羊城、镇边城等,镇守以利防御。

白羊城城墙建筑在南北山坡之上,随山形而筑,弯弯曲曲,悬崖峭壁,非常险要。城墙结构是用大小不等的石块三合土筑成的,只有城门、钟鼓楼是砖筑的。设有东西门,城墙周长 2536 米,墙高 8.3 米,墙宽 5.6 米。东西门距离 500 米。城内正中有钟鼓楼,楼上有一铸铁大钟,钟身高为 1.5 米,重五六百斤,钟声远听几里之外。白羊城好似舟形,北尖,南齐。北为船头,南为船尾。南北高,中间凹,远望去好似木船跨越南北两山之外。

另有一段故事,据传"白羊"二字的来历,当年筑城竣工后,派一将军镇守,夜梦白龙之神拜托,我与黑龙争夺此地盘,务请将军协助。

将军问:如何协助?

白龙答:请将军明日五更提弓矢,登北城敌楼(指北城墙顶尖),将军可望见黑白两羊相斗,即我与黑龙神也! 请助一箭,射伤黑羊,则对我白羊助矣! 将军于梦中慨然应许。次日五更,将军提弓登北楼望之,果然有黑白两羊相格斗,将军拉满弓,一箭直射黑羊,不防黑羊乖巧,于箭到刹那间,将身一闪,射中了白羊,两羊忽不见,将军悔恨万端,负气命名白羊城。

此故事近似神话聊斋,但数百年来,故老相传至今。

今有张志良题诗一首,曰:

争城一战决输赢,

北角楼头夜引弓。

倒置恩仇成遗憾,

负气命曰"白羊城"。

还有传说,在很多年以前,白羊城村是个非常繁华的小镇。因为它是这一带南来北往做生意的买卖人走南闯北的必经之路:他们从北边带来牛羊等大小牲口,又从这儿把各种干鲜果等带到北边去。

时间一长,过路客商和来往行人无不在这儿打落歇脚,这样,各色大小店铺一应俱全地一个跟着一个开张了。渐渐地这个村子就成了昌平西部一个重要的商业和交通中心。随后,当地政府又在这儿设立关卡,向来往的大小商人征税,并进行搜刮。这些收税的官员,当地人把他们称做"拔岁"。"拔岁"们趁火打劫,进一步压榨当地的良民百姓,闹得这儿鸡犬不宁,民怨沸腾。

有一天,管理税卡的"拔岁"头儿来到大街上转悠。忽然,他看见一头白羊跟一头黑羊正在打架。它们各自用头上的犄角相互顶打,角斗,直打得鲜血淋淋。也不知这两头羊是从谁家跑出来的,过路行人怎么拉也拉不开。"拔岁"头儿也装着一副上前拉架的样子,实际上却想把它们拉回家宰吃解馋。不知是由于他心虚还是力怯,反被两头猛烈争斗着的羊顶出老远去,跟跟跄跄地跌了个嘴啃泥。他懊丧地一屁股坐在地上,眼睁睁地看着两头羊一路扭打着,直到渐渐远去离开了小镇。

这天晚上,"拔岁"头儿在睡梦中又见到了白天在大街上打架的那只白羊。当这只白羊见到这个"拔岁"头儿时,忽然开口说起话来:"我是住在附近山涧的一条白龙,那儿还住着一条黑龙。我们整天打架已经有些日子了,为的是争夺山涧的水。那儿的水要是被黑龙夺去,这儿的老百姓就要遭受祸害了。现在,我们白天一个变成白羊,一个变成黑羊,继续打斗。今天白天,我看你好像要为我们拉架,实际上,你那样是没有什么用处的,如今我身小力亏,希望你能帮助我,打败黑龙。""拔岁"头儿说:"怎么个帮法呢?"白龙说:"明天一早,我变成白羊还要和变成黑羊的黑龙在镇子里打架,你备好了弓箭,到那儿找我们,设法把黑龙射倒,我就有办法取胜了。这样,当地的老百姓也就能有个风调雨顺的好年头,庄稼就有个好收成。"说完,白羊转眼就不见了。

"拔岁"头儿第二天一早醒来,想起了晚上梦见白羊和自己说话的事,不觉有点奇怪。他起身后洗漱用餐完毕,便似信非信地带着弓箭磨蹭着来到镇子里,想看个究竟。果然,他看见一头白羊和一头黑羊又在那儿拼打得难解难分。不过,白羊身上已多处受伤,力气渐渐不支。"拔岁"头儿见到这番情景,相信白羊夜里托梦给自己的事那是真的了。于是,他眼珠子骨碌一转就打起了坏主意,他想我怎么能帮白龙的忙,让这儿的穷小子们过上舒坦的日子呢? 黑龙胜了不正好趁机捞一把吗? 想着想着,他不由得拿出弓箭,对准了白羊的脑袋,嗖的一声就把箭射在了白羊的腿上,白羊顿时鲜血直冒。这时白羊才明白,自己完完全全地看错了人,求他帮忙是自招灾祸。它不再恋战,带着新的箭伤且战且退急忙离去了。

白龙誓报这一箭之仇,当天就施行法术,发了一场大水。这场大水白浪滔天,来得十分凶猛又十分奇怪:它不仅把整个税卡局子和"拔岁"头儿全给卷走了,而且,凡是平日作恶多端、残害百姓的恶霸地痞,也都在这场大水中丧了命。他们用不义之财盖起的幢幢房子,也都一幢不剩地全给冲塌了。而对那些穷苦善良的平民百姓,都小心地避开他们另走一条水路,并不伤害一个。然后,白龙就到离这小镇以北几十里远的白龙潭找它的朋友,一起修行练功,积攒着将来和黑龙决一死战的功夫和力量。

从此,这个小镇再也没有以前那样热闹繁荣了,人烟也渐渐地冷落稀少下来。当年曾经是商业和交通重镇的地方,一下子成了穷乡僻壤的小山村,外界人就很少来到这儿了。当地百姓为了不忘白羊对他们的一片好心和恩德,便给这个山村取名"白羊城",以表示对白羊的永久怀念。

(二)双猪戏水的传说

很久以前,白羊沟一带人烟稀少,但景色迷人。天仙碧凌子常常带着她最小的妹妹碧月儿来此玩耍。有一天,姐妹俩正在水中嬉戏,被一过路的书生看到,吟诗赞美。姐妹俩都被书生英俊的相貌和出众的文采征服了,但书生只对碧月儿情有独钟,两人悄悄相约两个月后再次相聚。看到书生与妹妹两情相悦,碧凌子十分恼火,回到天宫后严加看管妹妹,不让她再到人间。时间过得飞快,转眼约会的时间到了,碧月儿想尽办法灌醉了看守,私自下凡幽会。碧凌子发现后大发雷霆,带着天兵天将追捕妹妹。追到这里碧凌子发现书生与碧月儿二人正在说说笑笑,戏水打闹,肺都要气炸了,于是心生毒计,用法术将二人变成了人间最丑陋的动物——猪,然后返回了天庭。她走后工夫不大,两只小猪好像摆脱了束缚,恢复了自由,双双走入溪涧之中尽情嬉戏。此处景观因此得名。

(三)聚仙望月的传说

在白羊沟,还有一处聚仙望月的景观。据传说,嫦娥之美众人皆知,天上神仙个个仰慕。但嫦娥身为王母娘娘的干女儿,谁也不敢无礼,更没有人真正见过她的容貌。这一年嫦娥突然动了凡心,于是私自到凡间玩耍。天上神仙听说后,立即追赶,想一睹她美艳绝伦的容貌。嫦娥玩得正高兴,突然发现众仙尾随,慌忙返身飞回月宫。神仙们只看到她的背影就已如痴如醉,于是站在原地一动不动地望着月亮,希望嫦娥再次出现,日子一久,便形成了这里的景观——聚仙望月。

(四)窨水峡

白羊沟还有一处景观叫做窨水峡。关于它的由来传说是这样的:相传东海龙王有个儿子,因为惩凶嫉恶、打抱不平得罪了天仙二郎神的一个恶奴,这个恶奴就经常在二郎神的面前说东海龙王教子不严,在外惹是生非,祸害百姓。二郎神误听谗言,非常气愤,在一次众仙聚会时,严厉指责东海龙王,并要求东海龙王立即回去惩罚龙子,否则将降祸于整个东海。龙王惹不起二郎神,回家后斥责儿子惹祸,并求山神帮忙把自己的儿子压在了山下。龙子被压在山下之后,因为失去自由,不能为黎民百姓做事而整天以泪洗面,他流淌的泪水久而久之将大山冲出了印记。一日,二郎神恰巧经过此地,看到此景,颇感惊异,忙问随从:"这是怎么回事?他有何冤屈?"二郎神身边一个忠厚的奴仆向他说明了恶奴颠倒黑白、陷害龙子的经过。二郎神后悔莫及,用手一指放了龙子。龙子腾身跃出大山,1道山泉随之喷涌而出,日积月累形成了今日的窜水峡。

(五)青龙潭的由来

在王家园水库与白羊沟风景区的交界处,曾经有一个清澈见底的水潭叫"青龙潭"。潭水满盈盈的,不断地从潭边溢出来,落入潭东边的山涧之中,溅起一朵朵雪白的水花。相传在古时候,潭中鱼虾成群,周围的人们都靠潭水生活。有一天来了一个鲇鱼精强行霸占了水潭,它不让人们靠近水边,故意将潭水搅浑,断了周围人们的水源。人们没有办法,只得烧香祈求上天,早日派神仙下凡,赶走鲇鱼精,使人们重新过上美好的生活。恰在此时,龙王的三儿子青龙经过这里,它听了人们的祈祷,不禁义愤填膺,一头扎入潭中,与鲇鱼精大战了三天三夜,最后青龙终于把鲇鱼精打死了,但潭水也因为争斗干涸了。青龙见自己虽然打死了鲇鱼精,但无法让人们恢复往日正常的生活,觉得对不起人们,便拔剑自杀。说来也怪,它的血流入潭中不久,清澈的潭水即充满了水潭,人们又恢复了往日美好的生活。人们感激青龙,为了世世代代记住它,就将此潭命名为"青龙潭"。

## 三、漆园村

漆园村位于昌平城区西南19.7公里处,流村镇所辖行政村。明代成村。村西有千年古寺一座,是云峰龙泉禅寺。寺前百亩树林,槐树植于中央,漆树植于边缘。寺前有丈八泉井,水味清甜,水满自溢,浇灌着这百亩漆园。据有关史料记载,金章宗于承安年间(约1119年)曾到漆园游玩,发现漆园"景色宜人,风光秀丽","异翠奇石灌木,随风扬笑",遂"登台而啸",并"题石而欢"。据《昌平外志》记载,1230年檀公来到历经战火的"龙泉昭圣瓦砾场",几经修缮,终于使得"佛殿三门焕金碧"。寺下泉水孕育了百亩漆树园。据史料载,1407年明成祖朱棣在军师姚广孝,太子少师、术士廖俊卿等人的陪同下,到漆园"探勘陵址",称赞漆园"名堂远邃"、"一派钟灵毓秀佳景"。廖俊卿这位被朱棣赞为有"姬旦演绎之才,孔明决断之智"的术士也称赞漆园"翠柏苍松相间,山峦高低起伏","虎穴密布,王气显露","封闭三气以遏外泄"。遗憾的是,漆园南部的马铺山后有狼儿峪,明成祖认为"狼贪吃羊,这里是狼窝,我朱棣家怎能有好",陵址之事也因此作罢。

漆园村文化"龙鼓"古乐早在明清时代就名享京畿。清代中期曾被称为国乐,红极一时。漆园村"龙鼓"古乐是不可多得的历史文化遗产,绝无仅有。历史文化的古韵在漆园世代流传着——杨家的鼓、赵家的幡、大北屋的五虎棍、上台子的霸王鞭,几百年前,以各姓氏为主的文化形式带动了整个漆园形成一个庞大的群体。过大年、庆丰收、保平安、乡间祈雨、灯会、庙会,都会出现这支强大的文娱队伍。尤其是"鼓"古套乐律以浑厚、热烈、奔放,给人们以鼓舞振奋,给人以舒坦喜悦的心情。

#### 四、西峰山

西峰山坐落于太行山与燕山余脉交汇处,海拔 320 米。这里自然生态完美,野生植物繁多,空气清新洁净。西峰山村内地势西高东低,酷似小盆地。据史料记载:西峰山原名西峰口,明代成村,历来是通往高崖口、老峪沟的重要关口。它三面环山,山势平缓,西坡略陡,明清时期为妙峰山北侧香道的必经之地。由该村可去著名风景区妙峰山观赏玫瑰美景。西峰山的文化建设有着悠久的历史。从西峰山的由来,到一些美丽的传说,都凝聚着大众的文化。

（一）百口沟的传说

距流村镇西峰山村十几公里的西北部深山里,山高路险、道路纵横交错。由于山沟、山口太多,因此得名"百口沟"。这里,白天经常云雾缭绕,本地打柴人到此都经常迷失方向被困山中,有道是:"进沟容易出沟难。"

相传八仙中的汉钟离和吕洞宾打赌宋朝与辽国交兵的胜负,吕洞宾带领柳树精驻扎在百口沟,设计了天门阵,并命人筑起 72 座天门。

　　吕洞宾命人筑起 72 座将台,每座将台由 2000 军兵把守,另外设立五坛,竖起旗号,有青、黄、红、白、黑五色。各将台之间开通 72 条地道,来往方便。辽国萧太后调集了五国军马交给吕洞宾,并赐上方宝剑一把,遇有不听调遣者,可先斩后奏。吕洞宾择定吉日先让鲜卑国马容带领部下列在百口沟正南摆作铁门金锁阵,有 10000 士兵,各拿长枪,作为铁门,把守将台 7 座,10000 士兵各拿铁筒作为铁闩,把守将台 7 座,再分 10000 军兵各执利剑,排成金锁样,把守将台 7 座。黑水国铁头太岁率所部军队,靠百口沟左排,摆了青龙阵,分 10000 军兵,手拿黑旗,摆成龙须。10000 军兵,分成 4 队,各执宝剑摆成四个龙爪,又 10000 军兵,各拿金枪,作为龙鱼鳞之状,共把守将台 21 座。长沙国苏何庆,右排摆成白虎阵,10000 军兵,手拿宝剑,作为虎牙,10000 军兵手执短枪,作为虎爪。森罗代金太子带领部队镇守将台中座,装作玉皇大帝坐镇通明殿,让夫人装作梨山老母,绕将台分军 10000,各穿青、黄、赤、白、黑色服装,黄琼女带领 10000 女兵,手执宝剑,作为太阴星,黄琼女手执骷髅骨,把守将台 30 座。萧太后的亲女儿单阴公主率兵 5000,各穿五色袈裟,摆成迷魂阵,内杂番僧 500,号为"迷魂鬼",遇敌交锋之际,摄取敌人精神。吕颜挑选 5000 健僧,手执弥陀珠,摆为西天雷音寺诸佛,又让 500 和尚分列左右,扮为铁罗汉,总居 72 天门之首,以吞敌人威势。有道是:

　　　　画角齐鸣阵势开,铁门坚固巧安排。
　　　　对垒敌将若破阵,除是神仙秘诀来。
　　　　青龙阵势智谋深,百万雄兵易把关。
　　　　自是宋朝豪杰在,不敢驰马入此山。
　　　　白虎交加阵势雄,敌国兵强不易通。
　　　　阵阵相连法甚奇,鬼神夜夜魄精迷。
　　　　分明一本安邦术,变作天翻地覆机。

没有真仙开妙秘,如何能破鬼神机。

吕洞宾排成阵势,让柳树精和韩延寿督战。每阵中以观红旗为号,指挥迎敌是进是退,真业仙人设计,世人莫测,这72座天门阵,变幻莫测,白天是凄风冷雨,到了夜晚则是鬼哭狼嚎,迷人心志,使人毛骨悚然不敢靠近。这真是阵图玄妙独迷魂,阴雾蒙蒙日日昏。

但是天门阵虽然厉害,却未能敌过在汉钟离等诸仙帮助下的杨家将。天门阵被破得七零八落,吕洞宾无奈,只得跟随汉钟离归洞,继续修炼。

（二）刘伯温和猪脖子沟

相传,刘伯温率众军士在西峰山的王峪岭与西坡根接壤处整军休息,每到晚间时刻,就有几名军士莫名其妙地不知去向,刘伯温大为吃惊,于是,他离开驻扎营地,到远处回望众军的休息之地,不看则罢,一看便被眼前的情景惊呆了,原来这西坡根与王峪岭连处有一头威猛的野猪,它不时地张开大口吞吃在此休息的众军士。刘伯温暗下决心,一定要斩杀这头猛兽。为了不被野猪发觉,刘伯温将宝刀用布缠着,冒着被吞掉的危险,埋伏于两山之间。这时一位大将军晚上出恭,只听得一阵狂风响声,那大将军则不见了踪影,刘伯温情急之下,拔出宝刀,朝着猪脖子砍去,只见火光飞溅,隆隆巨响,霎时间王峪岭与西坡根连接处被斩为两段,靠王峪岭则为猪头,西坡根处为猪身,当时的猪血流成了一条小河,后来这条血河又变成了一块块红色小石头,形成了现在的猪脖子沟。为了纪念这位被吞食的大将军,遂在西坡根,也就是猪身一侧给他修了一个将军墓,将大将军葬于此墓。

（三）西峰山的六郎井

西峰风情园内的西峰山村,有口深井,据说那是杨六郎一长矛戳出来的。北宋时期某年六月的一个黄昏,天气干热,大地犹如火烤一般。一场大战结束后,驰骋疆场的杨六郎此时唇焦舌燥,他来到妙峰山北麓的一个小小村落,翻身下马,战马也口渴得不住地嘶鸣。什么地方有水呢？六郎一只手解开盔甲，袒着胸，另一只手将长矛随意往地上一戳，想戳出水来，可是没有。正在这时，只见对面南山上一老一少抬着一个水桶，蹒跚而来。

老者是一个年过花甲的老婆婆，少者是一个十二三岁的小姑娘。来到眼前，六郎才看清抬的是一桶清凉的水。六郎强忍着干渴不好开口。老婆婆看出了这位领兵元帅左右为难的神情。她虽然认不出杨家名将杨延昭，但看见面前这位身材魁梧、威风凛凛的元帅，心想一定是杨家又一虎将。老婆婆于是开口说："元帅，喝吧，您忠心报国，为民康乐，何惜一桶水呢！"六郎也顾不得考虑再三，此时战事紧急，远处隐隐传来击鼓和呐喊声。六郎感激地望了望老婆婆，端起水桶痛饮了几口，把剩下的半桶水饮了马。霎时间，六郎和他的战马精神大爽。

饮水思源。六郎问："您这水是从什么地方抬来的呢？"老婆婆告诉六郎说："这水是从六七里远的南山上抬来的，那里没有井也没有泉，我们等的是'控山水'。这'控山水'滴满一桶需要半天时间，吃水真比吃油还难啊！"六郎听到这里，紧锁双眉。接着，他按老婆婆指的方向，抬眼朝南山望去，果然有一条隐约可见的地下水线逶迤穿过村里。于是，他看准了地方，便手持丈二长矛，朝地面只一戳一摇，一口方圆 4 丈、深 18 丈的井出来了，井水涌着白浪"哗哗"作响。

这口井就是现在京郊流村镇的西峰山井，如今还完整无缺。这口井土帮土底，口大底小中间细，相传就是因为六郎用长矛一戳一摇的关系。从西峰山井的深度来看，有"天下十三井，就数西峰山井最有名"之称。

（四）杨六郎与马口井

在西峰山村的村中心，有一口古井，名叫马口井。相传很早以前，并没有这口井，人们吃水要到很远的地方去挑。

村里有个富户，儿媳妇勤劳贤惠，可她婆婆却特别刁蛮，外号"老刁婆"，总是变着法地虐待儿媳妇。她让儿媳妇挑水供全家十几口人吃用。天一亮,她就把儿媳妇叫起来挑水,一直挑到天黑。

有一天,老刁婆吃饱了、喝足了,叼着大烟袋琢磨坏点子:"连吃点水都供不上,准是那小娘儿们偷懒,在路上歇着,得想办法治治她。"想了半天,老刁婆找人做了一副尖底桶,交给了儿媳妇。她又让长工在井台旁用石头垒了两个立水桶的石凹。这样,儿媳妇挑着一副尖底水桶,半路就不能歇着了。

她儿媳妇吃尽了苦,受尽了累,只好整天把眼泪往肚子里咽。一天中午,她正在井边打水,一抬头,看见从远处过来一个身穿战袍、骑着白马、手拿长枪的人,此人正是杨六郎。杨六郎来到井前,说马渴得厉害,想借水桶饮饮马。她马上端着水桶给杨六郎饮了马。杨六郎发现桶底是尖的,就问:"别人家的水桶都是平底,你的水桶怎么是尖底的呀?"儿媳妇一听,眼泪刷刷地流了下来,悲悲凄凄地向杨六郎诉说了婆婆怎样虐待她。杨六郎听罢,叹了口气,说:"把这条马鞭送给你吧,回去把它搭在缸沿上,水少了往上提提,水满了往下送送,以后,就不用你挑水受累了。"儿媳妇千恩万谢地接过了马鞭。杨六郎临走时千叮咛万嘱咐地说:"马鞭子搭在缸沿可不能离开,不然大水无情呀!"

从此,缸里的水总是满满的,开始,那老刁婆还以为是尖底水桶的功劳呢!时间一长,老刁婆发现了马鞭的秘密。一天,她假惺惺地对儿媳妇说:"结婚这么长时间,你也该回家看看了,给你爹娘捎个好。"老刁婆嘴上这么说,心里却想:"怪不得缸里的水总是满的,敢情马鞭子是宝贝。等你回来时,我把马鞭子藏起来,让你再偷懒!"约摸着儿媳妇快回来了,老刁婆就从缸里提马鞭子,只见她刚把马鞭子往上一提,水就忽地涨了上来。马鞭子稍一离开缸沿,一股大水"哗"的一声从缸里涌出,把老刁婆卷了起来。等儿媳妇从娘家回来时,一切都不见了,院里只有一口深不见底的井,井里的水清澈、甘甜。从此,村民们再也不用到很远的地方打水了。因为是杨六郎的马鞭打出的这口井,因而人们称之为"马口井"。直到现在,村民灌溉时还在使用这口井。

(五)穆桂英和"望儿坨"

妙峰山北麓的西北风情园,有座异峰突起沙滩包围的孤山,这就是有名的穆桂英遥望杨文广的"望儿坨"。

传说杨家将攻打天门阵时,男将只剩六郎父子二人,因此,杨家女将纷纷入伍,带领士兵射杀辽军。宗宝之妻穆桂英虽有孕在身,但凭借自己武艺高强,仍与姐妹们一起领兵攻打天门阵。

穆桂英领兵3万来到百口沟,即天门阵左侧的青龙阵前。此时阵内升起团团阴雾,使人头脑发昏,天旋地转。她知此阵使了妖术,马上传令将士,将事先准备好的降龙木,每人口中含上一块,定其心智,明其眼神,聚其气神,吩咐副将孟良依计而行。要破此青龙阵,必须先断其水源。孟良领军1万先夺黄河九曲水,然后从龙腹杀出。穆桂英率领众将士攻打龙头。孟良领令先行,穆桂英带兵直奔龙头杀去。攻到近前,守将铁头太岁厉声叫道:"宋朝真是无人! 竟用女流之辈前来破阵,真是寻死来了!"穆桂英也不答话,纵马杀进。两马相交,兵器相磕,迸出串串火花。她与铁头太岁打了几十个回合,由于有孕在身,未分胜负。穆桂英不由心中起急,这样下去对我不利。就在这时忽听一声炮响,孟良带兵从龙腹杀出,把青龙阵这条龙截为两半,首尾不能呼应。辽军大乱,穆桂英、孟良乘势进击,不觉天色已晚,这时铁头太岁一个力劈华山,大刀由上而下奔着穆桂英的脑袋劈了下来。穆桂英把枪一横,只听"铛"的一声巨响,她在心里叫声"不好!"只觉得小腹疼痛难熬。穆桂英斗力已乏,冲动胎孕,感觉腹中胎儿在缓缓下坠。她掉转马头沿着小路向西南奔去,大约跑了二十几里路,宝马带着她来到一块平坦的草地上。穆桂英感到腹中绞痛,便翻身下马,瞬时间,生下一个小孩,她把战袍脱下,将孩子包裹起来,抱到眼前仔细端详:这孩子白里透红,四方小脸,双眉间透出一股灵气。看了一会儿,穆桂英隐约听到了厮杀声,她对孩子说:"苦命的孩子,你不该这时来到这个世上呀! 现在两国交战,抱着你叫我如何去打仗？我若不去，几十万士兵谁来统领，怎能打败辽军？"这荒郊野外是豺狼虎豹经常出没的地方，把孩子放下肯定是死路一条。她把孩子放下又抱起来，抱起来又放下，不禁流下两行热泪，孩子一生下来一口奶没吃上，便尝到了母亲泪水的酸咸与苦涩。穆桂英一狠心又把孩子放在草地上，骑上了战马。她心如刀绞，回头对孩子说："你若命大，等我杀退辽兵再回来抱你回家。"这样穆桂英又回到阵前，带领部下与柴郡主合兵一处。铁头太岁看着自己把守的青龙阵大势已去，便化作一道金光而逃，这道金光被穆桂英的血气冲破，穆桂英手起刀落，把铁头太岁斩首于阵中。辽军死的死，伤的伤，所剩无几，逃回迷魂阵中。人们把穆桂英放孩子的那块地方叫做"撂子台"，后来人们又把"撂子台"叫做"撂思台"。直到今天，穆桂英生孩子的那个地方方圆几亩之内，无论泥土、石块、柴草树木，还都是红色的。

一场大战结束后，已离撂子台东去30里，来到一座孤山脚下。这时是战斗的间隙，穆桂英想看一看她的孩子，于是，手搭凉棚朝西望去，但见层峦叠嶂，树木葱茏，远远掠过几只苍鹰，哪里有小文广的身影呢？此时，孩儿是冷还是饿？穆桂英恨不得立即飞马前去抱一抱她的孩子。但她不能走，保卫大宋江山，重任在肩，怎能擅离战场呢！姑且看上儿子一眼吧。她环顾左右，终于发现不远的地方有三块四尺见方的大石头，穆桂英如获至宝，轻轻一举，将这三块大石头撂了起来。穆桂英爬上这高有丈余的石头向西眺望，仍然看不见撂子台，看不见小文广。穆桂英望子心切，决心要登上这座孤山。

这座孤山拔地而起。由于坡陡路滑，穆桂英爬到半山腰，乳房忽然隐隐作痛。没有婴儿吸吮，穆桂英只好解开铠甲，把洁白的乳浆挤在山坡上，点点滴滴渗入野草覆盖的泥土。从此，被穆桂英奶汁滋润的土地竟变成了漫山坡的白土。据说这里的白土比别处的白净，并且还能掺在白面里当面粉吃，因为这是穆桂英奶水变的。穆桂英挤完奶水继续朝山顶攀登，好不容易爬到山顶，登高远望。可万万没想到,尽管她伸长了脖子,踮起了脚尖,还是看不见摺子台。她只好下得山来,从山脚下的河床上撮了一包土,二次上山,将这包土倒在山顶,然后登上土堆,这才看见她的娇儿小文广。从此,这孤山就叫"望儿坨"了。

如今登上望儿坨,还能看到穆桂英撮的那包土,土堆高出山顶七八尺,方圆足有十五六丈。如果在风清日朗的中秋,从望儿坨真可以看见30里之遥的摺子台,以及那里松柏掩映的庙宇飞檐。

(6)西峰山小枣的传说

关于西峰山小枣的来源,有不同的传说。一说是慈禧西行时,为了不被他人知道,遭人陷害,分出两路人马,真假难辨。经过西峰山西行的是佯装的一路人马,这路人马经过此地,正是小枣成熟季节。领头的官员此时想起老佛爷,深深挂念,不知吉祥与否,于是买了两担小枣,选了两匹快马,带上这两担小枣,择路往南口方向追赶,在居庸关赶上老佛爷,把小枣呈上。慈禧见此十分高兴,把他人马都留在身边,并把这个小枣叫做"西峰山小枣"。佯装的那路人马,据说被敌兵全部杀害。

另一种说法是,有个太监被贬,四处游荡,来到西峰山也是小枣成熟的季节,他仍然没有忘记在宫里时得到过贵人们的帮助,于是带上一兜小枣,又折回京城。守城将士见是被贬太监,不敢放他进城。待太监说明来意,守城官兵仍然把他捆绑起来,才把他连人带枣带进皇宫。从此太监被起用,小枣成了贡品,并因产于西峰山而被称为"西峰山小枣"。

## 五、马刨泉

马刨泉村位于昌平城区西南31.3公里,流村镇所辖行政村。马刨泉村处于山区,山场宽广、植被茂盛,群山环绕,气候凉爽,土壤肥沃,昼夜温差大,有独特的小盆地气候,是"休闲、养身、度假"为一体的理想修身避暑胜地。在村东、村中、村西各有一座庙,村东曰九神庙,村中曰财神庙,村西曰菩萨庙。财神庙和菩萨庙在1989年修缮一次,九神庙由于年久失修,坍塌严重,只留下两间破旧的正殿及部分配殿,九神庙院内有三株六七百年的老槐树,枝繁叶茂,为国家一级保护树木。村里上台子槐树和魏家大槐树是有一千多年历史的老树,为国家二级保护树木。在村落西北2公里的黄羊沟内有一眼马蹄形的山泉,名叫马刨泉,村即因泉得名。讲起马刨泉的来历,在当地还流传着这样一段传说。

北宋初年,黄羊沟一带荒芜贫瘠,水源匮乏,人们平常吃水要往返30里路到长峪城去背,非常艰难。一个暮春的下午,杨六郎带领着亲兵家将巡查边关防务从这里经过,众人走得口干舌燥,便到路边农家去讨水喝。虽说当地百姓惜水如油,一看威镇三关的兵马元帅光临荒村寒舍,都十分高兴,纷纷献茶敬酒,慰劳杨家将士。元帅的马童虽然一路上十分辛苦,但却顾不上喝茶饮酒,忙着给白龙马拌料饮水,一连走了几家才凑了半桶水。白龙马看到水,不待马童将桶放稳,急切地将头探入桶内,把半桶水一饮而尽,然后昂首长嘶数声,左顾右盼,似嫌饮得不足,反复用头抵住桶梁,仍向主人要水喝。马童知道此时村中已经无水可讨,战马没有水光吃草料也难下咽,就牵着白龙马到村外去"啃青"。出村往西北走了约四里路,马童见路边的青草十分茂盛,就放开缰绳,让马去吃草。白龙马一边吃着草,一边不停地嗅着,并用蹄子刨着地。不大一会儿工夫,就在马蹄子刨过的地上涌出了泉水,战马贪婪地狂饮起来。泉水在马蹄刨的蹄印中不断地涌出,沿着沟底弯弯曲曲的小路向沟外流去,山里人高兴得手舞足蹈,纷纷拥挤到泉边来观看。杨六郎看泉眼处水流得不够顺畅,就举起手中的银枪,在马蹄印的中间戳了一个菱形的泉眼,泉水就从泉眼处喷涌而出。全村的男女老少围住杨家将士,连连道谢。

从那以后,人们出村不远就可以得到清澈甘甜的山泉,再也不用长途跋涉了。后人饮水思源,就将这眼马蹄形的山泉取名叫马刨泉,黄羊沟的小山村也就随着叫马刨泉村了。

### 六、狼儿峪

狼儿峪村成村于明朝年间,距昌平城区 30 余公里,离流村镇政府 16 公里,南与门头沟交界,在京郊妙峰山脚下。狼儿峪村平均海拔 600 米左右,常年水量 300 毫米左右,无霜期 240 天。四面环山,各个山沟有水,水质比较好,无水碱。黑土肥沃,玫瑰盛开,灌木丛丛。村中大影碑现有老槐树两棵,枝繁叶茂,定为国家二级保护古树。解放战争时期中共昌宛县委县政府所在地,旧址基本完好。1996 年,在村口关元场院建立了高崖口革命烈士纪念碑。村东庙在很早以前是一座寺庙,名为大云山观音寺。向南约 200 米,有一座塔。现在庙、塔都没有了,还有石碑一块,石碑现已两半,石碑上有千古流芳四个字,碑文已看不清了,据老人说是皇上直接点封的。南山下庄户有石臼一个,上河有石槽一个。狼儿峪村村民张景富用一首诗来赞美狼儿峪的美景:

> 东有笔架山,水壶在旁边。狮子西边坐,双耳竖东山。
> 石臼最古老,还有长寿泉。石塔上边立,石门在下边。
> 到此来下马,点将在石岩。南有撒马台,放马在北边。
> 西有双眼洞,东有狗头山。下有牛王嘴,上有黑龙潭。
> 观音南山坐,喜看儿郎村。苗奇山独特,又有佛手山。
> 弯曲小峡谷,锅台在上边。美景说不尽,请君细参观。
> 悠久小山村,地名古传今。山村美如画,气候更宜人。

关于狼儿峪的由来有两种传说。一种传说是这样的:据说穆桂英当年在前阵分娩,生下杨文广以后,本想将婴儿藏入怀中,杀出重围。忽听远处喊声大作,战马嘶鸣,急忙登上一个土台举目四望,只见漫山遍野的辽兵从四面围住了枣树林,心中暗自思忖:怀揣婴儿行动不便,万一有个闪失岂不断了杨家的根? 不如将孩子放在路边,留下证记,日后再来寻找孩子。拿定了主意,穆桂英撕下了一块战袍,裹好了孩子,放在一个土台上(后人称这个土台叫撂子台,就是现在的撂思台),取下了腕子上的一对玉镯,放在孩子身边,作为抚养孩子的费用,然后整好戎装,翻身上马,杀入敌阵。

当天傍晚,一个中年樵夫肩挑柴担从这里经过,听见枣林边有婴儿的哭声,急忙放下柴担,循着哭声走去。等他看明白了情况,心里可犯了愁:眼下宋军已经败退,这一带全是辽兵的天下,倘若我把孩子抱回家,被辽邦的细作知道了,就会惹下灭门大祸;再说自己家境贫寒,连年战乱,糊口尚且不易,抱回去怎么养活呢?樵夫想到这里,就转身挑起柴担。刚刚走了几步,孩子的啼哭声唤住了善良的樵夫。他转念一想,这孩子放在旷野荒林,天黑以后岂不被虎狼吃了吗?不如抱回家去,命大呢,他就活;命短呢,也总比被虎狼吃了强啊!他拿定了主意,就抱起孩子,又拿起孩子身边的一对玉镯,挑起柴担回了家。

回到家里,樵夫把事情的经过讲给了母亲和妻子,一家人十分高兴。原来,樵夫一家只有三口人,父亲早亡母亲年轻守寡,等他长大成人,当娘的东凑西借给他成了家,可是小两口婚后十余载却未曾生育。虽说老太太盼孙子心切,怎奈儿媳十分孝道、贤惠,不忍心说长道短地伤了感情。一家人互相体贴,生活得十分和睦,但人人心里都有一块除不掉的心病。今天樵夫抱回个"没有主儿"的婴儿,一家人都把这个小宝贝视若掌上明珠,十分疼爱。后来孩子长大些了,樵夫每天卖了柴,总要买些时鲜物来哄逗孩子,尽管家里度日艰难,但是一看到聪明可爱的养子,一股不可名状的喜悦油然而生,脸上的愁云立刻换上了笑颜。

孩子5岁那年,有一天樵夫砍柴归来,路过以前捡孩子的那个土台前,见一个年轻人坐在土台上,紧锁双眉,不停地长吁短叹。好心的樵夫停住了脚步,上前问道:"小兄弟,天色已晚,为何在此嗟叹不归?"

年轻人审视了一下樵夫,起身抱拳道:"大哥不知,小弟是个行路人,因贪赶路程误了宿头,举目荒山野岭,不见一户人家,因此心烦。"

樵夫朗声说道:"寒舍距此不远,贤弟若不嫌弃,不妨到茅屋委屈一夜,免受虎狼侵扰之苦。"

年轻人躬身一礼:"陌路相逢,蒙老兄厚爱留宿,不知何以为谢。"

樵夫笑道:"不必客气,随我来。"

二人来到家中,坐在房前的石凳上,喝水聊天,妇人在灶上生火做饭,孩子见家里来了客人十分高兴,也坐在石桌旁为客人添趣。年轻人借着月光一看小孩,不禁一愣。他从怀中取出一把银锁,在孩子面前摇摆着:"这把长命锁好玩吗? 来,我给你戴上。"

小孩子见了玩具哪有不爱的,马上乖乖地站在年轻人面前。年轻人拿着银锁,借着月光仔细地端详着孩子俊秀的脸庞,双眸闪动着悲喜交集的光彩。樵夫见状诧异道:"兄弟,你这是……"

年轻人支吾道:"我见令童俊秀聪明,十分喜爱,竟至忘情。"说罢,两个人笑了起来。

孩子戴上银锁跑回屋里,一转眼又跑了出来,重新站在年轻人面前,双手向前一举,嫩藕似的手腕上戴着一副晶莹碧透的玉镯。年轻人一看玉镯,情不自禁地"啊"了一声。樵夫疑惑地看着年轻人问道:"兄弟为何惊奇?"

年轻人说道:"恕我鲁莽,贵宅可还有一块绿战袍吗?"

樵夫大吃一惊:"你怎知道?"

年轻人打开随身带着的一个小包袱,取出一件绿战袍,递给了樵夫。樵夫展开一看,前襟缺少一块,颜色和大小都同包裹孩子那块绿布一样,樵夫和闻声而来的母亲、妻子都惊呆了。

樵夫抄起扁担,警觉地问:"你是何人,怎知道此事?"

年轻人抱拳施礼道:"老妈妈,这位大哥,大嫂,事已至此,只好实言相告。我乃宋将穆桂英,因阵前分娩生子,身体虚弱,只得将孩子放在土台上,将辽兵引开。今天只身潜进深山,只为寻找孩子,踏遍青山,不见踪影,谁料想在恩公家借宿却使我们母子意外相逢。"

樵夫问道:"既是穆氏女杰,为何男子装束?"

穆桂英答道:"女子孤身涉险,多有不便,故而乔装改扮,大嫂验看我的耳朵便知。"

樵夫的妻子走到近前仔细一看,年轻人的耳朵上果真有耳朵眼,还闻到了一股脂粉的香气。

樵夫又问道:"既是宋将寻子,为何孤身一人?"

穆桂英答道:"此地为辽兵所占,只身孤行可以避开辽兵盘查。"

樵夫问:"万一被辽兵识破,将军如何脱险?"

穆桂英一拍剑匣:"我有三尺龙泉在手,何惧辽兵!"

樵夫一家人见穆桂英取出了证物,又对答如流,都对年轻人的身份深信不疑。虽说孩子被亲娘认走是件好事,何况这孩子又是抗辽英雄杨家将的后代呢。但一想到鸡鸣破晓孩子就要被领走,五载深情瞬间断绝,又都不禁黯然神伤。樵夫把扁担一丢,蹲在石桌旁,痛苦地用两手抱住头。孩子见大人们一会儿剑拔弩张、唇枪舌剑,一会儿又沉默不语,陌生人是自己的亲娘,这是怎回事呢?他扯着祖母的衣襟问:"她是我的亲娘?"老祖母以袖拭泪,默然地点点头。孩子又问樵夫夫妇,他们也点点头。孩子不愿意随生人走,大家劝了一番,孩子才止悲收泪。

第二天,穆桂英让儿子用大礼谢过了三位恩人,从怀中取出一包银两,执意让樵夫收下,樵夫逊谢再三才收下。穆桂英问道:"贵庄唤做何名?"

樵夫说:"远近数里只有我们几户人家,以采樵为主,每日辛劳只为一饱,没有庄名。"

穆桂英略一沉吟,说道:"恩公一家五载辛苦,将我儿养活,此恩此德,没齿难忘,就叫养儿峪吧,我在村边留个记号,以便日后寻访重谢。"说罢,抽剑在手,削光石壁,在山石上刻了"养儿峪"三个大字,然后施礼上马,扬鞭远去。

孩子被穆桂英认走之后,樵夫一家人失魂落魄,犹如害了一场大病,终日里茶不思,饭不进。樵夫怕母亲病倒,每天强打精神,到集市上给母亲买些可口的食品。这一天,他刚给母亲买了新上市的樱桃,被一个砍柴的伙伴扯住衣袖,想要一起喝酒。樵夫推辞不过,只好落座相陪。樵夫本来心中烦闷,又值酒入愁肠,三盅水酒落肚,不禁流下泪来。

伙伴说道:"人家都说大哥你发了财了,半个多月都不曾见你打柴,照样能买时鲜,比不得我们吃了上顿没下顿,为什么反而发起愁来了呢?"

樵夫一来遇见了知心朋友,二来喝了几盅酒,全无顾忌,就把事情的原委说了一遍。引得伙伴慨叹一番,会了酒钞,分手回家。

谁知说话人无心,听话者有意。当时有一个辽邦的细作正在樵夫的邻桌喝酒,偷听了两个人的交谈,以为杨门之后仍在养儿峪,立即跑回大营报告了主帅。当日天色已晚,以后又连着下了几天雨,山路难行。等天气放晴,辽兵赶到养儿峪时,樵夫一家人已经被穆桂英的部将接到了京城天波府去了,气得辽将放火烧了樵夫的房子,并让手下刮掉了石壁上养儿峪三个字中的养字,改刻了一个"狼"字。辽将说:"杨家将是咱们的死对头,杨字与羊字同音,羊最怕狼,把杨家将寄养儿子的地方改叫狼儿峪,杨家就不会兴旺,咱们就能驰骋中原。"从那以后,狼儿峪就成了这个山村的名字,一直沿用到今天。

另外还有一种传说。明朝年间,刘伯温给皇上朱棣选坟时来到这里,相上了这块地,他多了一个心眼,跟当地的老百姓打听,这是什么地名。老百姓告诉他这儿叫狼儿峪。当时的皇上姓朱,地名又叫狼儿峪,怕因地名犯讳得罪皇上,就另选别处,选中了后来的十三陵。从那时起,养儿峪就改名叫狼儿峪。

### 七、照甲台村和六郎洞的传说

照甲台村原是一条南北向的河谷,常年有溪水下流,古人以石包案,添土为台,台上建房立院,以至成为一个小山村。

却说杨业和佘太君在沙峪口被救出后,一直向照甲台村这个方向退来,准备再次暂住。为何在此暂住呢? 因为此处紧邻狼儿峪,所有杨家将的家属、粮食等物资全在狼儿峪。另外,他们也要在此休息一时,研究一番如何杀出辽占区,返回宋界。

杨家将在向这里撤退的时候,行至南口,后面人马被辽军追上了,五郎回头迎战,待千钧临时脱险,五郎退入汤峪沟。由于前军人疲马乏,行至流村大河场,又被辽军追了上来。杨家将边战边退,伤亡极大,一直战到天黑,才退到这里,佘太君为了清点兵马和查找她的儿子,于是举灯相照,自此该村名为"照甲台村"。杨家将在此清点完兵马之后,一是这里地方小,住不下这么多人马,二是觉得这里还不够安全,于是又向上面的河谷退了一程,便来到了后来叫六郎洞的地方。这里有一个山洞,洞前有个大水泉。向西不远便是狼儿峪,取粮不远。南上高山顶,可望见幽州城。这里的环境既安全,又方便,杨家将在此住了几天,才由此启程退向宋朝地面。后来人们就把这里的山洞称为"六郎洞"。

### 八、新开村营址传说

在流村镇新开村下边,河滩之北有块台地,地名叫营址,如果你问当地人此处为何叫这个名字? 他会告诉你,古代杨家将在这里安过营,扎过寨,所以叫营址。为什么在此安营扎寨呢?

这个台地,背面靠山,南面是高三十几米的沙崖。从高口村进入此沟,至此约有五六里地。杨家将进军时,经此急忙而过,退兵时又没有从这里走,那么,何时在此住过呢?

当潘美的攻城部队战败而逃之后,住在西峰山和居庸关一带的杨家将兵马不得不向山东撤退,于是他们就撤进高口沟营址这个地方,以便等待东部父兄到此会师后,共同杀出辽界,回到宋朝地面上去。可是连等几日总不见他们的到来,杨六郎心急如焚,于是就亲自去侦察,这才知道他们被困堵在沙峪口了。没办法,六郎只好回来调兵去救援。这就是戏剧"六郎搬兵"的真实历史内容。据当地新开村老人们说,营址这个地方曾出土过一个金碗,这件事,正好说明上述情况。杨家将的部下带着一个金碗,他以为,进军时是从这里走过的,回去时,必然要从原路返回,打仗带着金碗不方便,就埋在这里,做个记号,回来再取。可是走时,没从这里走,以致后来此金碗就留在了这里,若干年以后才出土。

营址的靠山上有个明显的山头,叫插旗岭。为什么要在此插旗,因为六郎怕东部兵马从这里走过时,不知道他们在台地上。另外这里有座小山,前面像人头,所以当地人都说它是六郎头。

### 九、瓦窑村

瓦窑村隶属于北京市昌平区流村镇辖区,位于京郊西北部,距北京城区60公里左右,距昌平城区25公里。处于太行山脉,属山区型村庄。瓦窑村历史悠久,民风淳朴,有着灿烂的文化底蕴和丰富的自然资源,同时也是革命老区。如今,瓦窑村把稳定求发展、发展求生存作为发展建设的主题,努力营造环境优美,集农业、旅游、观光、服务于一体的自然生态新村。

瓦窑村建于明朝初年,祖先为山西省洪洞县移民。据说,在移民当中,有会烧制砖瓦的手艺人迁至此地后,就以烧制砖瓦盆为主要经济来源,后发展为村落。清光绪《昌平州志》记载有瓦窑村,并沿用至今。

瓦窑村自然资源丰厚,属山前暖带,气候宜人,年平均气温11.5℃。山上生长着上百种野生药材,而且植被茂盛,森林茂密,主要树种有柿树、枣树、杏树、核桃树、香椿树等,并有上百年的古松柏、古榕树、古槐树、古酸枣树等10余棵。这里山水丰富,景物交融,村中心地带拥有复建的平安寺、棋盘山天仙庙、文化创意产业作家艺术村、俄罗斯风情园、精心山庄等。此地环境优美,空气清新,四季晨静,百鸟争鸣。

（一）娘娘庙传说

位于流村镇内的西北风情园有个瓦窑村,该村村西有座山,因为在山的四周有隐约可辨的七个山梁,故称"七盘山",也有称"棋盘山"的,说山顶上平整且长宽比例恰如一张放大了的棋盘,据传说众仙家曾在这里举行每年一次的棋艺大赛,故得其名。

七盘山有座娘娘庙,从残缺的碑文上看,该庙始建于明代嘉靖(世宗朱厚熜)四十二年(1563 年)四月初八。旧历的每年四月十五至四月二十日,当地的庙会热闹非凡。到 20 世纪 30 年代中期的300 多年间,七盘山香火极盛,朝圣者从方圆百余里赶来,有达官贵人,但更多的是布衣百姓。庙会作为民间百姓祈求神佛保佑来年风调雨顺万事如意的一种精神寄托,火暴而隆重。而旧历的四月,又是春末夏初的农闲时节,即播种后暂短的空闲时间,长空一碧,春和景明,山野青青,气候宜人,乡间少有的娱乐便都集中于此。鼓乐喧天,戏词撩人,少男少女游戏其间,上了年纪的则清茶一杯,谈天说地,酿造出一种古老农耕文化的喜庆氛围。后庙宇遭到侵华日军的破坏,庙会也便从此衰落。

七盘山正殿里有三尊娘娘塑像,中间天仙娘娘为正宫娘娘,左右两边为子孙娘娘和眼光娘娘。三尊娘娘皆为泥塑,但在传说中的正宫娘娘为铁身。据说,那是在建庙前的一年夏天,这里发生了百年罕见的洪水。有个叫石良的读书人,回乡探望老母。这石良心眼好,一向以积德行善为本,自父亲去世后,他每十天半月都要回家看望老母。这天,正好赶上大雨滂沱,洪水猛涨,村前这条河有如脱缰的野马,奔腾咆哮。石良只好等雨住云开洪水回落之时,再过河回家。捱到这天的后半晌,雨过天晴,洪水渐渐回落。浅水的地方裸露出被水冲刷下来的石块树木砖头烂瓦等,忙着过河的人踩踏着这些杂物,深一脚浅一脚地蹚过河去。这时石良却发现在河床上躺着一尊雕塑人像。石良费了好大的劲儿,才将其竖立起来。待清除掉缠绕的树根乱草,看清这个塑像是个铁铸的娘娘神像。除了有些地儿被石块冲撞掉了油漆,面部能分辨出那弯眉细眼粉腮,给人以慈眉善目美好心肠的感觉。石良想,如此精美绝伦的塑像,怎么能放在这里让千人踩万人踏呢?他想把她挪上岸,找个安身之处,尽管他使足力气,却怎么也挪不动。他就招呼路上的行人,求大家帮个忙。于是过来五六个小伙子,喊了一二三,那铁娘娘就是纹丝不动。就在这一筹莫展的节骨眼上,不知从哪儿走过来一位长须白发的牧牛老人,看大家为难的样子,他随手将自己的赶牛棍立在河上说:"你们看这根木棍倒向哪个方向,那个地儿就是娘娘的安身之处。"话毕,只见这根赶牛棍倒向了七盘山方向。这时,人们再抬起铁娘娘,就不那么重了。人们七手八脚把铁娘娘抬上岸,给她擦洗干净,这个铁娘娘愈发活灵活现栩栩如生。这时,人们想起了出主意的牧牛老人,老人却不见了踪影,石良只好跟大家伙商量说:"咱们就在七盘山上修座娘娘庙,别让她再遭受风吹雪飘日晒雨淋之苦。"大家一致说:"这个主意好。"于是在石良的倡导下,人们便走家串户行动起来。待凑足钱粮后,便在这年的秋天,择日破土动工,不到一个月,七盘山娘娘庙便大功告成。为了保护好这个铁娘娘,在她的两侧又塑了两个泥娘娘为伴。

这座七盘山娘娘庙,正殿为 3 间,坐北朝南,正殿东侧与正殿一条直线上建有回香亭 3 间。正殿前面的东西两厢为茶棚,西茶棚 5 间,东茶棚 3 间,山门外两侧仍有茶棚各 3 间,茶棚内皆石桌石凳。山门外正前方,顺坡造 27 层台阶,有戏楼 5 间,皆为雕梁画栋,巍峨壮观。

年复一年的庙会,焚香朝拜的人愈来愈多,不免有些心怀不轨之人混在其中,看那铁娘娘油头粉腮,面若桃花,随起淫心杂念,做出亵渎的举动。石良看在眼里记在心头,七盘山娘娘庙乃一方净土,岂能有妄动之理。石良想,能否在去七盘山焚香的必经之路上,再修一座殿宇,塑一个凶神恶煞的神像,用来警示焚香人。石良把这一想法和母亲说了。母亲说:"好啊,这是善举。"非常支持他。于是,石良到五里乡村亲自化缘,然后请来工匠,建起了保护娘娘的灵宫殿。殿内灵宫爷,手持木棍,目光犀利逼人。因为上七盘山只此一条路,路人免不了在此喝水打歇,灵宫爷的塑像于无形中为世人敲响了警钟,净化了朝圣者的心灵。

据说,石良母子俩乐善好施,皆百岁而终。

目前七盘山娘娘庙所在的流村镇瓦窑村,正在积极招商引资,开发这一独特的旅游资源,再现当年胜景,为当代人休闲度假旅游观光,提供了又一去处。

（二）棋盘山风景区民间传说及民间故事

**马头山传说**　相传几百年前,马头山内藏有母子两匹金马,两匹金马是夜间出来白天回去,一来为寻找食物,二来是观看人间百态。被人发现后,就有掘宝的人想掘走这对金马。但这对金马也是神马,掘宝人根本无法掘走,后来这两匹金马被点化成仙,人们便叫这山为马子山,后来叫马头山。

**棋盘山**　关于棋盘山山名的由来,一说棋盘山山顶平坦,长宽比例恰似一张棋盘。又说在过去常有仙家到棋盘山来下棋,所以叫棋盘山。另外在棋盘山上还留有传说,比如酸枣树,虽然已经死掉多年,但仍不朽不烂,直到现在还长在那里。还有神奇的小槐树,说的是戏台旁长着一棵槐树,是因为当年一个穷人想去棋盘山上烧香拜见天仙娘娘,但没有香火钱。当他走到山坡上看到一棵小槐树冲他直摇,他想这棵小槐树一定是渴了,他就回家拿来水桶担水浇灌这棵小槐树,小槐树得到了水的滋润,立刻就长得很大了,但人们还是叫它小槐树。

**仙人下棋**　仙人下棋像,坐落于棋盘山天仙庙西100米处的小山顶上。之所以建在这里,是因为据说很多年前,每年的四月初八,天仙娘娘都会召集各路仙人来此下棋娱乐,切磋棋艺,同时以棋会友,因此有了仙人下棋的传说。

**安子坡与女娲娘娘的传说**　据说在很久以前,女娲娘娘在去补天的路上经过此地,看到这里山清水秀,景色宜人,就不想离开了。

但为了拯救人类,她只得离开。离开前,她在这里的山坡上捏了一对泥人,让他们在这里生殖繁衍,并给此坡取名安子坡,并一直沿用到现在。

### 十、流石港的传说

流石港村,现属流村镇高口西沟内地面,坐落在一个沟面极窄的河谷上端,又紧靠北山根,主街东西向,原有人家一百余户,村西端不但离山太近,而且山势还非常陡峭,山上巨石突露,十分危险,再加上山谷面小,可耕地太少,而且经常有巨石滚滚而下,遂起名叫做流石港村。

过去的人为何要在此建村呢?原来村西有一个台地,名叫撂子台,台面很大,可耕地很多,可是这里地下水位太深,过去的人打不出水来,不能建村,所以就在流石港建起了村庄,很多户都在撂子台上开荒种地。

流石港村民明知流石下滚,危险伤人,可是有些穷苦农民抱着一种侥幸心理,冒险在山下建宅。关于流石港村有这样一个故事。

流石港村西头住着两家人,姓王的住在路北,姓刘的住在路南,大门相对,王家老小一家人都很善良,经常做好事,村里人人夸赞。姓刘的一家正好与其相反,常做坏事,村里人背地里经常骂他们。有一年,连下了一个月的大雨,这两户人家背后的高山上有很多巨石,其中有一块巨大的石头半埋在山土之中,由于雨水长期下渗,土质变软,巨石脱落而下。巨石下落时因为山高速度很快,本应该把王家的房子砸平,可是巨石却在下落过程中弹到了刘家的屋顶上,结果刘家一家老小全部被砸死。此后,村民都说善有善报、恶有恶报,刘家的死亡是属于天报。自此以后,泥石流时有发生,村民只好给山神爷和龙王爷烧香叩头上供,求山神爷要稳住石头,求龙王爷别连连下大雨。

### 十一、鳌鱼村的传说故事

鳌鱼村地处流村镇流石港村东面 500 米处,植被茂盛,风景秀丽,现在已无人居住,逐渐地被人们所淡忘。但这里千年的古槐、古柏、城门洞、古庙、石塔和美丽的传说故事是人们永远不能忘怀的。

（一）聚宝盆与柏树坡

鳌鱼村东边的北山坡,长满了枝繁叶茂的柏树,在阳光的照射下满坡都是金灿灿的,十分美丽壮观,百姓为其取名"柏树坡"。据老人们讲,在柏树坡这个地方,从前有一座庵庙,叫做"龙泉庵",庵旁边只有一棵很粗的古柏,柏树下建有一座石塔,当时山坡并没有生长柏树。在很早以前,龙泉庵里有一个伙计,在吃饭的时候,发现饭盆里的饭总也盛不完,总是满满的。他想,这一定是个宝盆,于是起了贼心。在尼姑不注意的时候,伙计将宝盆偷了出来,埋在了山坡上,准备等回家时再取走。他怕忘记了埋盆的地方,就从那棵大柏树上折了一个树枝,插在上面作为标记。第二天,当他来取盆时,发现整个山坡都长满了柏树,根本分不清哪个是他所作的标记。因此,伙计也就没有找到那个宝盆。传说宝盆现在仍然埋在那个山坡上。人们从此称那棵大柏树为"柏树娘娘",长满柏树的山坡称为"柏树坡"。现如今庵和塔都已被毁,只有遗址。但是,那棵粗壮的"柏树娘娘"和满坡的柏树,依然在为这里的景色增添着色彩和美丽。

（二）龙王水淹日本鬼子

鳌鱼村东面山涧中有个龙潭,关于这个龙潭有着一段神奇的故事。据父辈人讲,那个龙潭平时龙不在的时候清澈见底,龙来的时候潭水黑绿,深不可测。话说在日本侵华时期,流石港村住着几个日本鬼子,因天气炎热,去龙潭洗澡。一个叫小林的日本鬼子,洗完澡后,想炸几条鱼带回去,就往龙潭扔了两颗手榴弹,结果从潭里炸上来两条小水蛇。鬼子回到流石港后,晌午刚过,就看到村后边天空上乌云翻滚,电闪雷鸣,村内掉了几个雨点,雨并不是很大,可是村后的山沟中却有洪水冲了下来。人们常说水往低处流,说起来也怪,这股洪水并没有顺着街道往村下流,而是拐弯直奔日本鬼子队部。不一会儿,鬼子队部里的水就齐腰深了,把鬼子吓得嗷嗷直叫,院墙被推倒后,水才退去。村里老百姓见水淹鬼子队部甭提多高兴了,都说日本鬼子平时无恶不作,今天伤了龙子龙孙,得罪龙王,是龙王在报复惩治日本侵略者。

(三)古庙的传说

鳌鱼村东面有一条山涧,在山涧中原来有一个龙潭,在龙潭的东悬崖根有一个很大的山洞。洞中有一座不知什么年代修建的古庙(龙潭和古庙的洞口,因部队修路已给填埋)。在部队没有修路时,村里曾经有人从石缝中钻进去,在里面住了7天。出来时,从里面取出一面带把的铜镜,据说这面铜镜有辟邪作用,当时村里年轻人结婚,都借这面铜镜别在腰间驱鬼辟邪。在"四清"时期,这面铜镜被"四清"工作队拿走,现不知下落。听老人讲,很早很早以前,洞里的古庙中曾经住着一个老道和他的一个弟子。有一天老道准备出门,出门前他叮嘱徒弟说:"今天我进城去买桐油,我走后你不要动我那口木箱。"徒弟说:"您放心,我不动您的东西。"老道听后起身上了路。老道走在路上心里还想着那口木箱,担心徒弟不听话,走出一里左右,折返回来再次嘱咐徒弟:"你一定要好好看家,不许开我那木箱。"徒弟说:"师傅,我什么时候不听您话了?您放心吧!"老道听后第二次上路,走在路上,可心里还是放心不下,担心徒弟去开那口木箱,在已走出大约两里路的时候,又一次折返回来叮嘱徒弟:"你千万千万不能打开那木箱,一定要等我回来。"徒弟见师傅这么不放心,就发誓决不开那木箱,老道这才放心地上路了。老道走后,他的徒弟自己就琢磨开了:"师傅的那个木箱里到底装的什么东西?这么不放心,一而再、再而三地叮嘱我。"受好奇心的驱使,老道的徒弟走进老道房中,打开了师傅的那口大木箱,想看究竟。结果木箱刚刚打开,就从木箱中飞出无数拿着兵器、骑着纸马的纸人,冲向天空。在纸人飞向天空后,天上立时乌云密布,电闪雷鸣,顷刻间下起了瓢泼大雨,那些纸人纸马,被雨淋湿后全部从天上掉在了地上,紧接着一个霹雳,将洞口上面的岩石劈了下来,堵在洞口。再说那老道从城里往回返,刚走到半路,就看到西北部乌云滚滚,心想不好!一定是徒弟不听话打开了木箱,于是赶紧往回跑,当他跑到洞口对面的山头时,看到洞口被堵,满地纸人纸马,长叹一声之后就坐化在山头上。现如今,我们仍可看到洞口对面的山头酷似一个道士在那里打坐。传说如果那些纸人纸马被桐油浸泡后,就不怕雨水了,老道就可以指挥这些纸人纸马博取天下了。

### 十二、天井坨的传说

天井坨,这个名字的由来是因为传说它的山顶有一口井,叫天井。天井的由来与燕王朱棣有关。据说当年燕王朱棣南下争夺帝位,成功后迁都燕京,并改名为北京。军师刘伯温进言曰京西有龙脉一条,可能出皇帝,要破龙脉,就要挖山为井。故派 300 兵丁,费时 6 个月,在龙脉之首的山顶上挖下一坑,使山顶成为一凹洞,远看像井,故名为天井山。该天井与 5 里外的西峰山村井相通,故此得名天井坨。天井坨山中古庙的由来无人得知,传说可能是因为军士们擅挖龙脉,怕触怒山神,所以在山腰石洞中建古庙一座,用以保全平安。在这个古庙里,庙的正堂是神像,堂西是个明亮的白洞,另一边则是个伸手不见五指的黑洞。古庙建筑优美,与黑白二洞相得益彰,相映成趣。

### 十三、王峪村的民间传说

王峪村始建于明末清初,传说是由陕西省洪洞县大槐树村迁徙至此。距王峪村 800 米东北方向上沟里有两个狐仙洞,早年村民到此处烧香唱戏祈求健康平安。在村南 1000 米有一个地名叫王子坟,此处一个小山包,据传说历史上曾经有一个王子率领着士兵追杀敌人至此,被敌人杀害并将其头颅割下丢弃不知去向。其父为纪念他,就做了一个金头连其尸体埋于此处,该墓多年前已被盗。

# 第二节　民俗村

　　流村镇资源丰富、植被茂盛、森林覆盖率高,山清水秀、空气清新、人杰地灵,古迹和自然风景众多。流村镇是北京市的西部生态带,地形多样。区内有近80%的山丘区,山区植被较为完整,自然生态环境保存良好,具有较好的生态环境基础。拥有被誉为"昌平小西藏"的老峪沟、漆园等自然生态景区。流村的文物古迹资源比较丰富,拥有庆王坟、长峪城明长城遗址、菩萨鹿佛教文化区、解放战争时期昌宛县政府旧址、棋盘山、龙胜寺等一大批文物古迹和风景名胜区。

　　到目前为止,流村镇共有菩萨鹿、白羊城、河子涧、古将、长峪城、老峪沟等 10 个民俗村,其中很多已经在上文中介绍过了,在此不再赘述。

## 一、古将民俗村

　　古将村是流村镇辖村,位于流村镇北 4 公里,花塔和平寺西 3 公里,距白羊城 1.5 公里,距昌平城区 25 公里。成村在元朝末年,村民由山西洪洞县迁徙过来,初为孔、孟二家,村名三碾一颗庄,后来改为古将(匠)村。村坐落在震旦纪灰岩地层上,多数土地属于第四纪沉积沙土层,肥沃耕地颇少。村落在灰岩地层之上,地表浅水较少,深水很旺。地质土壤适宜栽种苹果、桃、杏、柿等果树。

　　在村中间有一座古庙,坐北朝南,建在石头台上,庙中从东向西有一隔墙,南、北各半间,墙上均为画像。南面正位是关羽,西边二郎雷公、土地、五帝,北边正位南海大士,两边有托塔李天王等。每逢节日,香火颇多。如有村民故去,家属立即去报庙,过两三天晚上,家属及亲朋好友到庙中送路。此庙在"文革"时已被拆除。近年来,村依托白羊沟自然风景区和得天独厚的地理环境,大力发展民俗旅游、休闲观光采摘等产业。

近几年,发展民俗旅游接待 10 余户。2004 年规模宏大的奇石馆在村南落成,馆内收藏奇石数以千计,以内蒙古大漠石、戈壁石、风凌石为主,是当今国内收藏大漠石最多的奇石馆之一,石种有玛瑙、红碧玉、黄碧玉及骨石、水晶。大漠石是石中骄子,质地上乘,坚硬细密,圆润光滑,富丽堂皇,珠光宝气。它造型生动多变,百态千姿,不落俗套,只要你用心揣摩,飞禽走兽、物什景观、人物造型等世间万物,应有尽有。它色彩丰富,色泽鲜艳,五光十色,光彩照人。中国著名书法家杨再春经常做客大漠奇石馆,馆内悬挂杨再春珍品书画十余幅。

### 二、长峪城民俗村

长峪城民俗村位于流村镇西北部,距昌平城区 54 公里,这里植被茂密,空气新鲜,素有昌平"小西藏"之称,四季分明。每到春季,十里花香,桃花、杏花、海棠花相继开放,漫山遍野,一望无际,甚是鲜艳美丽。到了夏季,浓荫蔽日,空气清凉,平均气温低于市区 5℃以上,晚间山风徐徐,使人倍感清凉,远离酷暑。此时正值野菜生长旺季,采而食之是绝好的绿色野味,饭后再沏上一杯黄芩茶,开胃、祛火、消暑,令人备感舒适。秋天是收获的季节,当地独有的一粒子玉米,味道香甜,百食不厌。山葡萄、榛子、核桃、红果、海棠等任您随意采摘,既增添了乐趣,又极大地丰富了您的生活。冬季白雪皑皑,南山之雪一直延续到次年初夏才融化,银装素裹的大地分外妖娆,令人心旷神怡。

长峪城建于明正德年间,明万历年间增筑新城。长峪城与镇边城、白羊沟并称北京边关三城。据说明朝中期的统治者制定了"饥民有田"的政策,进行了史无前例的大移民,长峪城村因移民的到来而成为一个小村落。由于当时的移民都要到山西省洪洞县广积寺大槐树下办理移民手续,然后才能分往各地,长峪城村是最后分到这里的人。所以,当地有句顺口溜:"问咱们在何处?山西洪洞大槐树。

祖先故居叫什么？大槐树下老鸹窝。"

长峪城村的古迹和自然景观众多。村西高台上的古庙，有几百年的历史，前殿是十八罗汉殿，后殿是三位娘娘殿，庙中有明朝时期所铸的大钟，钟声响起，悠扬悦耳，振奋人心，门前古木参天，虽历经数百年风霜，依然生机盎然。

据传说，北宋年间，杨六郎与草寇王百万交战的场面留下了三个主要印记："看狗台狗影，拦马墙，杀亮沟。"

距村北1公里，有一龙潭峡谷，峡谷两边悬挂峭壁，高耸入云，中间绿草如茵，潺潺溪流，戏水的鱼儿，点缀着这一迷人的胜景。峡谷上方有一水库可供游人垂钓、游泳、划船。

圆楼长城是万里长城的一部分，东临八达岭，蜿蜒盘旋，宏伟壮观。圆楼长城建在昌平的最高峰——黄土西岭之上，海拔1400多米，登上圆楼长城，会领悟"会当凌绝顶，一览众山小"的真正含义。

长峪城的灯场不可不看，它集天地、五行、五雷八卦为一体，别有一番韵味在其中。长峪城人杰地灵，各种动植物种类繁多，人与大自然的和谐在这里得到了充分展现。长峪城民俗村村民热情好客，正敞开宽广的胸怀来迎接八方游客，与您共同享受那"清泉石上流，瀑布飞天泻，悬崖抱幽谷，碧水映蓝天"的天然美景。

### 三、老峪沟民俗村

老峪沟村，地属北京市昌平区流村镇，平均海拔800多米。此地东西狭长，四周群山环绕，植被葱郁茂盛，气候清爽宜人，有着独特的冷凉气候，被誉为"北京的小西藏"。顶峰的脚下是白羊沟自然风景区，那里流水潺潺，白云咫尺，空气清新，沁人心脾。此景点已于2004年被区旅游局批准为"昌平第一峰天然景园"，是夏季避暑纳凉的好去处。

老峪沟村具有丰厚的历史文化底蕴。这里曾是历朝兵家的必争之地，杨六郎屯兵的"六郎城"及明长城、阎罗堆的秦长城等遗址均在此地。蜿蜒起伏的野长城，被联合国教科文组织列为"世界文化和自然遗产保护项目"，是世界上最著名的游览胜地"万里长城"的一部分。长城上有烽火台数座，其中还有圆形烽火台一座，俗称圆楼，东与八达岭紧紧相连，由此可见老峪沟村具有极高的历史价值和考古价值，充分体现了独特的长城文化。

老峪沟民俗村是一个以生态文化游为主，集采摘、娱乐、休闲和文化教育等于一体的特色民俗村。现有服务设施较完备，拥有一座可同时接待200人的集住宿、餐饮、会议、娱乐和采摘为一体的旅游接待站。接待站住宿设施完备，餐饮娱乐均突出本地特色，食品包括有核桃仁烙饼、贴饼子、糯玉米粥、山野菜、土豆丝炒饭、蘑菇馅饺子和烤全羊等美味佳肴；娱乐有晚间篝火、燃放鞭炮、卡拉OK等多种活动，充分体现乡情特色。

老峪沟村是红色教育基地。据《南口战役》记载，1937年侵华日军攻打北京，遇到了中国军队的顽强抵抗，在久攻不克的情况下，遂向中国守军阵地施放了毒气弹，致使许多官兵牺牲。战斗结束后，一个中国士兵靠在垛口旁依然面向西南，左手紧握枪身，右手食指弯曲着扣住扳机，两眼微眯，似乎警惕地注视着日军阵地。6年后的1943年，当时任昌宛怀县县长的彭城(北京市人民政府原副秘书长)从这里经过时，在西高楼烽火台看到了这个士兵的干尸，虽然手中的步枪已被抢走，但是士兵仍然像生前一样，斜靠在古长城烽火台的垛口旁，面向着日军阵地。这个真实事件就发生在现老峪沟村黄花坡古长城处。因此，老峪沟村也是一个爱国主义教育基地，让一代又一代的人们永远缅怀那些英勇的先驱者。

## 第三节　南流村的和珅之墓

### 一、和珅的起家

升官速度史少见，唯有和珅能实现。

原来乾隆有隐情，和珅貌似情人面。

和珅生于乾隆十五年,死于嘉庆四年,原名善宝,字致斋,钮祜禄氏,满洲正红旗二甲喇人,比乾隆小 40 岁,父常保受赠一等去骑尉,兼任福建副都统(官职二品),乾隆二十五年病逝福建,弟和林小和珅 3 岁。

和珅就读于皇宫西华门内的"咸安宫官学","少小文诗达"。他满腹经纶,学富五车,才华横溢,文武双全,精明能干,敏捷异常,见机应变,记忆力极强,精通满、汉、蒙文,略通英、法、朝语。英俊潇洒的和珅有满洲第一美(俊)男之称。

和珅 18 岁时与内务府总管大臣英廉(官职二品)的孙女结婚,20 岁承袭三等轻车都尉世职,23 岁三等侍卫(官职五品)负责仪仗事宜,25 岁得子丰绅殷德(5 岁时乾隆赐名),升乾清门御前侍卫兼副都统,26 岁升军机大臣,27 岁正月户部右侍郎,三月大学士,四月兼内务府大臣,八月调镶黄旗都统,十一月充国史馆总裁,十二月总内务府三旗官兵事务,赐紫禁城骑马,九门提督。

这样的升迁速度历史少见,令人费解,但世间一切事情的发生都是有原因的。乾隆 20 岁时,有一次经过父亲雍正的一个妃子房间,见她正对着镜子梳头,乾隆想戏弄她,便从后面抱住她的腰,妃子不知是太子,大惊,顺手梳子向后打去,正中乾隆的额头。第二天皇后见乾隆额头有伤痕,逼问出这一情形,大怒,认为是妃子调戏太子,马上将她赐死。年轻的乾隆非常害怕,想为妃子辩解但又不敢说,只能眼睁睁地看着妃子被赐死,心想:"是我对不起你,20 年后我们再见。"

一次乾隆看奏折,得知要犯逃跑,心中不悦,随口说出《论语》中的"虎兕出于柙",众侍卫不知乾隆所说何意,和珅则答道:"皇上是说管此事者当负此责。"乾隆听后十分高兴,由此得到赏识。又一次乾隆出巡找不到仪仗用的黄伞盖,问该谁负责,众侍卫吓得不敢做声,只有和珅答道:"当然是管事人负责。"从而又引起乾隆的注意。

直到乾隆四十年出巡山东,和珅跟班,乾隆一路与和珅聊天,乾隆这时发现和珅似曾相识,一再思之想起来和珅的容貌与 20 年前死去的妃子十分相似,于是乾隆默认是妃子转世,对和珅倍加爱惜。

### 二、和珅跑马占地到南流村

民间史传到如今,贪官早年来流村。

跑马占地插黄杠,南山这般归和珅。

距北京西北 40 公里、昌平西南 21 公里有一村庄,背川面山,村南隔河套 500 米是山,山场面积 20 平方公里,耕地近 2000 亩,土地肥沃,树林茂密,林果繁多,四季常青。

春暖花开百鸟声,夏凉流水泉叮咚。

秋爽果累瓜落地,冬寒雪白松柏青。

这就是风景如画的南流村真实写照。清乾隆年间此村名为南柳村,有百十户人家,尚、解、曹等姓氏为老户,陈、张姓氏是明朝为镇守三关(高崖口关、白羊口关、居庸关),由山西洪洞县大槐树迁移而来。村民们过着宁静祥和的农耕生活。

乾隆五十三年春天,和珅率数十人,沿神岭千峰北麓西行 15 里来到南流村,先在山上骑马打猎两个时辰之后,下山站在村南普济寺槐树下,领略着南山春天的风光:

太行东尽峰岭绵,一对瀑布似楹联。

百花争艳蜂蝶吻,绿水青山百鸟言。

和珅说道:这里风景不错,是块风水宝地,你们知道吗? 刘伯温当年给朱棣选陵地时曾选到此地,只因此地有个叫狼儿峪的村子,所以另选现在的黄土山下。众官僚听后都说:山好、地好、水好。其中一人问道:“和大人,此山你要多大面积?”和珅挥手一比画:“就从这到那吧。”说完一兵卒骑着马,马后系一条大粗绳拉在地上,在河套中央由东(上店村与南流村交界处)向西(南流村与漆园村交界处)飞奔而过(这叫跑马占地)之后,由众兵卒在绳子留下的痕迹上,间隔两丈栽下一根用黄漆刷的木杆(这叫插黄杠,相当于现在的警戒线）。南山就这样被和珅霸占。

跑马占地完毕之后，和珅带着部分人员回京，留下部分人住在村南普济寺内。村民们并不知道南山已被和珅霸占，也不知道河套中所插黄杠的用意。第二天，村民照常上山春耕劳作，当走到河套中间被兵卒拦住不准上山，说是山已归和大人了。村民与兵卒发生冲突。一当官的问村民，山上都有谁家的地报上名来，村民们报完名之后，被带到普济寺，关进了东、西房内，然后叫出一人，兵卒们对其（这叫过箩）边打边问："南山有你家地吗？"只要说有，就继续拳打脚踢，这样一轮过去，部分村民经不住毒打，就说南山没有地了。剩下十多个村民仍然说有，就被吊在寺前的槐树上再打，继续问南山还有你家地吗？第二轮过去只剩下一人名叫张德福，此人二十八九岁，刚性烈直，继续吊在树上打得不省人事，兵卒把他从树上放下关进了西房，用水把他浇醒，继续问南山还有你的地吗？张仍然说有。就这样张被关押十天之久，被打昏死过去多次。在关押期间，兵卒们用尽了各种刑罚，其中有压杠子、灌辣椒水、做铁粪箕子、站木笼。最后张德福被打得遍体鳞伤奄奄一息，再次苏醒后已不知人事，被村民抬回家。3个月后，张德福身体还没能痊愈，就挑着担子，带着妻儿含冤离开了南流村，逃荒来到了宛平县北安河村（据称现在此村张姓大多都是张德福的后代）。

### 三、和珅再渡南流村

和珅再渡南流村，丰绅殷德身后跟。

找块墓地防不测，老奸巨猾数和珅。

乾隆六十年，嘉庆元年，乾隆虽让位嘉庆，做了太上皇，但仍然大权在握。这时和珅依然受乾隆宠爱，但形势毕竟发生变化，因此他在更加靠近太上皇的同时，又在表面上讨好嘉庆，却在背后又限制嘉庆权力，实行两面派做法。而嘉庆对和珅笑在脸上，恨在心里，只碍于太上皇尚在，朝廷上下，各种关系盘根错节，所以嘉庆投鼠忌器，没敢对和珅动手。

　　和珅在太上皇与嘉庆之间周旋,但他心里明白,太上皇死后他地位很可能难以保全。和孝公主也不止一次对丰绅殷德说:"汝翁受皇父厚德,毫无报称,惟有见日彰,吾代为汝忧,他日恐身家不保。"和珅更是对乾隆帝赏赐的在蓟州(今天津蓟县于桥水库内)修建的占地6.5顷的豪华坟墓(当地称和陵)能否用上打了个问号。为防不测,和珅于嘉庆元年带着儿子丰绅殷德等人,再次来到南流村,在南山西部"大疙瘩环"为自己选了一块墓地,并准备了部分建筑材料,但由于嘉庆对和珅实行全面监视,没能施工。

### 四、和珅为什么会被除掉

　　　　中堂贪财可敌国,官逼民反得改革。

　　　　杀了和珅我吃饱,个案处理求个和。

　　和珅在当政的20多年里,把相当于当时清政府15年的国库收入卷入私囊,所以嘉庆必须除掉和珅。扳倒和珅,首先,可以缓解嘉庆面临的财政压力。其次,可以缓和朝廷与百姓的矛盾。嘉庆三年,清军抓住四川农民军首领王三槐,王三槐口供说:官逼民反。嘉庆意识到正是因为地方官吏皆如和珅似的贪暴,所以屡屡激起民变,故杀和珅以谢天下。最后,和珅"权高震主",若不除和珅,不知有皇帝,所以必须杀掉和珅。基于上述原因,嘉庆早就想除掉和珅,只因乾隆尚在,不能如愿。所以在嘉庆四年正月初三乾隆去世的第六天,即正月初九,在公布乾隆遗诏的同时,嘉庆就下令将和珅、福长安的职务革除,下刑部大狱,同时查抄家产。十一日,在查抄审讯后,嘉庆宣布20大罪状,其中包括蓟州建好的陵墓。十八日,和珅被赐死狱中。

　　和珅在朝20多年,朝廷一半人员都是由他保举升官,党羽多势力大,为了稳定朝廷,不至于朝廷瘫痪,嘉庆对和珅的处理采取不深究,不把事情搞大而是进行个案处理,"凡为和珅荐举奔走其门者,悉不深究,勉其悛改,咸与自新"。对和珅亲信除伊江河、吴省兰、吴省钦等人给予"处分"外（和林已死），对其他党羽没有深究，除掉和珅后，马上收兵。

### 五、和珅葬于南流村

和珅处死罪应得，公主求情动巧舌。

安葬公爹于情礼，嘉庆大哥又奈何。

乾隆 65 岁时，得了最小的女儿和孝公主。老来得女的乾隆，对于最年幼的公主倍加宠爱，不像其他 9 位公主那样严厉地管教，乾隆把她当男孩子养，打猎时经常带着公主。在男儿群中她纵马弯弓，一点也不胆怯退缩。乾隆高兴之余慨叹和孝公主不是男孩，并说："汝者为皇子，朕必应汝储也。"公主才五六岁时，就赐婚和珅之子丰绅殷德。13 岁被册封为和孝固伦公主，15 岁（乾隆五十四年）与丰绅殷德结婚，并赏赐大量田庄地产和宝物作为公主嫁妆。宠爱之隆，妆奁之侈，十倍于前公主，自过婚翌日，辇送器玩于主第者，概论其值，殆过数千金。乾隆晚年看出若他死后，嘉庆定杀和珅，因此为了保证公主的今后日常生活水准，和孝公主每次带驸马回门必赐银，少则千两，多则三五十万两。

和珅死后，嘉庆除不许他葬于蓟州（戴罪之身不能葬于皇家陵园），并没有对他的丧事多加干预。嘉庆四年阴历二月，丰绅殷德葬和珅于京师顺天府昌平州西北路南柳村南山疙瘩环，即今流村镇南流村南山大疙瘩环。

### 六、和珅与南山的变迁

福恩落到民间，日子艰苦好心酸。

南山卖给张七爷，不知何人转老安。

和孝公主曾有一子，在嘉庆二年因病早夭，从此再无生育，过继了一个儿子叫福恩。为了和珅家的子嗣延续，公主同意丰绅殷德娶妾，可娶了几房并无男孩，只生了两个女儿。

　　嘉庆十一年,丰绅殷德在乌里雅苏台任副都统,勤勉做事,但由于边疆环境恶劣,他得了哮喘病,不得已回京养病,几个月后病逝北京,死时 36 岁。公主于道光三年九月初十去世,终年 49 岁。公主死后,和家已不能享受朝廷供给制,彻底败落。福恩于道光年间把南山卖给了朝廷一个叫张琪的人(人称张七爷)。此人专横跋扈,欺压百姓,无恶不作,于光绪年间被人杀死,并把头砍下吊在南流村山嘴山的山崖上,同时放火烧掉后坡所建房屋。

　　张琪死后南山转手到海淀安锡久手中,此人原本是一木工,专做水桶(安死后尸体葬在南山白宝顶)。

　　光绪年间,慈禧想在颐和园检阅北洋水师,然而北洋水师军舰不可能来颐和园,于是慈禧下令按军舰比例缩小几倍打造小型军舰。工匠们做完军舰后试水,可军舰航行太慢,慈禧大怒。于是有人找来安锡久,让他找出原因加以改进。据说安锡久只在船的某个部位加了两个木楔,军舰就行驶如飞。慈禧高兴,问何人修好,得知是安锡久后赏银千两,从此安锡久名声大振,在北京开了一家添利木厂(南流村徐万常父亲是该厂第一个徒弟)。辛丑年慈禧在颐和园举办 60 大寿,安锡久承包了颐和园装修工程,以后又承建了很多朝廷的重大工程,从此财源滚滚。光绪四年在南山后坡张琪房屋的旧址上,建造宅院,起名永安庄,于 1937 年被日军烧毁。

　　安锡久有两个儿子,长子二少爷(大名不详)忠厚老实,得子安银生,30 多岁死,葬于永安庄西 100 米处。次子四彪子(大名不详)不务正业,吸大烟,娶马刨泉村马万年之女为妻,生女儿安会生,人称六姑娘,嫁给南流村陈玉文。马氏死后四彪子续弦生子安明生、安正生。

　　由于安会生早年丧母得到安家疼爱,安锡久死后,南山分三股,二少爷、四彪子、安会生各得一股,统由陈玉文和南流村徐老八负责管理。直到 1954 年土改,南山历经 166 年三次变迁才重回南流村。

### 七、和珅尸骨扬天

> 和珅死后葬南山，入土尸体都不安。
>
> 贪图荣华有何用，百年之后骨扬天。

和孝公主死后和家彻底败落，福恩转卖南山时，并没有全部卖掉，留下了和珅坟地。由于和珅当年是霸占南山，所以南流村人经常与和家看管南山人员发生冲突。福恩为了使坟地得到保护，不至于被破坏，将坟地周边百十亩地无偿送给南流村最有威望的陈富云、张云翠使用，并要求他俩看好坟地。

和珅坟地位于南山西部与漆园村交界东 500 米大疙瘩环山坳里，南向北，距水井南 100 米第十沿地。以双喳山为离山；以左前方 1.6 里望儿坨山为财山；以右前方 1.3 里山嘴山为寿山；以正北 10 里新村大山为向山。正北 1.4 里为南流村河。

在当地流传说：和珅是嘉庆砍头致死，和家为了让和珅有个整尸体，用黄金做了假头，因此社会上想发财的人都想挖坟盗宝。光绪末年，曾有人由墓穴下一沿地挖洞盗墓一次，这一次除看坟者陈玉彬、张玉芳外，很少有人知道。1930 年，和珅曾孙来到南流村，找到了号称西山张大胆的张玉普（此人后来参加二十九军驻南口部队，死于张家口），要他挖坟盗宝，财宝三七分成，但对外不能说有他。于是张玉普挖开坟墓，打开棺椁，至此和珅在南流村南山埋葬 131 年之后尸骨扬天。

这次盗墓挖出多少宝物不得而知，第二天，人们只看到了棺内是白骨棺外是椁，椁外四周及上下是二尺厚的木炭。地沿上有数件黄马褂和上百件衣服。

正所谓：

> 三年五载连升迁，除了皇帝最大官。
>
> 蠹国病民凌迟死，贪赃枉法挖心肝。
>
> 丧进天良无好果，欺压百姓有绳拴。
>
> 强行霸占风水地，一臭万年骨扬天。

# 第七卷　古韵觅踪

# 第一章　流村文物古迹概述

## 第一节　北京及昌平文物古迹概述

### 一、北京文物古迹概述

北京市共有文物古迹 7039 处,著名的有:周口店遗址、长城、古观象台等历史文化遗址;故宫博物院、颐和园、北海、香山等皇宫和历史名园;天坛、孔庙、潭柘寺、雍和宫、白云观、牛街清真寺、西什库教堂等宗教建筑;十三陵、大葆台汉墓等陵墓。

革命遗址和纪念性场所,在文物中也占有重要地位。主要有:天安门广场、人民英雄纪念碑、毛主席纪念堂、八宝山革命公墓、李大钊烈士陵园、长辛店"二七"革命遗址、北京大学红楼等。

1949 年到 1988 年,经过考古发掘,又发现许多重要文物,包括上宅新石器时代文化遗址的石器、商代墓葬,以及不同朝代的陶瓷窑址和石碑、石刻等。

北京市分别于 20 世纪 50 年代和 80 年代进行两次全面的文物普查。从 1957 年到 1988 年底,分别由国务院、北京市人民政府公布的市级以上文物保护单位共 189 个,其中全国重点文物保护单位 35 个。按时代划分:

旧石器时代 2 个,商周时期 1 个,秦汉至南北朝时期 3 个,隋唐 7 个,辽代 8 个,金代 11 个,元代 12 个,明代 54 个,清代 42 个,民国时期 38 个,中华人民共和国成立以来 11 个。

按类别分:

古代建筑及历史纪念建筑物 145 个,古墓 7 个,古代文化遗址 10 个,革命遗址和革命纪念建筑物 22 个,石刻及其他文物 5 个。

另外,还有区、县人民政府公布的区、县级文物保护单位1043个。

### 二、昌平文物古迹概述

昌平文物古迹众多,有国家重点文物保护单位3处,县(区)文物保护单位60处。

古代建筑及历史纪念建筑物有银山塔林、七孔桥、延寿寺、万里长城昌平段、居庸关、云台、南口镇居庸关、三世佛摩崖造像、和平寺、南口清真寺、朝宗桥、观音庙、关帝庙、双泉寺等。

古墓有万娘坟、太监李公墓、恭亲王墓、庆亲王墓。

古代文化及建筑遗址有巩华城遗址、白浮泉遗址、狄梁公祠遗址、燕州城遗址、汉代秦城遗址、回龙观遗址、雪山新石器文化遗址、张营文化遗址、龙泉寺遗址、燕长城遗址。

古木古树有古青檀(树龄1500多年)、古酸枣树(树龄400多年)。

革命纪念建筑有冰心、吴文藻墓。

## 第二节　流村文物古迹概述

流村镇地处昌平区的西大门,位于首都北京西北,有着悠久的历史和众多的文物古迹。作为曾经的古战场,流村镇不仅有燕赵古长城遗址、白羊城、长峪城,还有庆王坟、和珅坟以及众多的古树古庙。

**万里长城北京段**　北京市文物保护单位,包括燕长城遗址、北齐长城遗址和明长城遗址。流村域内的燕长城,是战国末期燕昭王在燕国北部边境上修筑的防御墙,位于流村境内西山,南北长30余公里。流村域内的北齐长城,是一条南北走向的古长城遗址,北接明长城,南经禾子涧锅顶山、老峪沟南山、马刨泉的北祁岭向南出大村进入门头沟区。流村域内的明长城,主要指万里长城北京段昌平部分,以及白羊城、长峪城等关城隘口。

**长峪城** 昌平区文物保护单位,位于流村镇长峪城村。始建于明正德十五年(1520 年),万历元年(1573 年)又在南面增建。现保存完好,城内有佛殿、娘娘庙、关帝庙、菩萨庙。其中菩萨庙、关帝庙为昌平区文物保护单位。

**白羊城** 昌平区文物保护单位,位于流村镇白羊城村,是建于明代的军防城堡。

**庆僖亲王家族墓地** 昌平区文物保护单位,位于流村镇白羊城村西,现仅存碑亭和遗迹,多古树。

**永兴寺** 昌平区文物保护单位,位于流村镇长峪城村西,寺门前有古树,寺内有一口明代的铸铁大钟。

**西山惨案纪念碑** 昌平区文物保护单位,位于流村镇溜石港村,是北京市第一批爱国主义教育基地。

**高崖口革命烈士纪念碑** 昌平区文物保护单位,位于流村镇狼儿峪村。修建于 1995 年 6 月,碑的正面刻有"高崖口革命烈士纪念碑",背面刻 13 位烈士革命事迹简述。

**昌宛县委政府旧址** 昌平区文物保护单位,位于流村镇狼儿峪村,保存基本完好。

**上店烈士陵园** 昌平区文物保护单位,位于流村镇上店村,是流村镇青少年革命教育基地,园内有革命烈士纪念碑一座。

**和珅坟** 位于南山西部与漆园村交界东 500 米的大疙瘩环山坳里。

**七盘山天仙庙** 位于流村镇瓦窑村西北的七盘山上。七盘山庙始建于明嘉靖四十三年(1564 年),距今已有 240 多年的历史,此庙在抗日战争期间损毁。

**云峰龙泉禅寺** 位于流村镇漆园村,始建于唐末辽初,重建于蒙古太宗二年(1230 年),重修于清道光十二年(1833 年)。元、明、清及民国时期香火鼎盛,是传播宗教文化的圣地。寺内原有石幢 1 座,现存于昌平区博物馆。

**北流村关帝庙**　昌平区属文物保护单位,位于流村镇北流村。此庙兴建于明代,曾于清代修缮过一次,新中国成立后,成为村小学所在地。

**北流村古槐树**　国家一级保护树木,位于流村镇北流村,树龄已有 500 多年。此树奇形古貌,枝繁叶茂。

**高崖口村后寺**　位于流村镇高崖口村,至今存有正殿三间,东西配殿各两间,庙宇东侧有砖塔一座,高 20 多米。

**长峪城村古榆树**　国家一级保护树木,位于流村镇长峪城村永兴寺外。

**古将村古庙**　位于流村镇古将村,庙墙上绘有神像。该庙在"文化大革命"期间已被拆除。

# 第二章 流村古代长城遗迹

## 第一节 长城历史概说

长城,中国古代伟大的军事工程和防御体系,东起山海关,经河北、山西、内蒙古、陕西、宁夏,西至甘肃嘉峪关。据史书记载,有关长城的修筑可以追溯到2500多年以前。公元前7世纪前后,楚国最早修建长城(又称"方城"),之后的几个世纪里,齐国、中山国、燕国、赵国、秦国、魏国也相继修建了长城。

### 一、秦长城

公元前221年,秦始皇统一全国,长城的修建进入一个新的时期。公元前214年,秦大将蒙恬率军北击匈奴,并在北方修筑长城。秦朝长城西起甘肃临洮,东至辽东,绵延万里。西汉取代短祚的秦朝,历经汉高祖、汉文帝、汉武帝、汉昭帝时期,在秦朝长城的基础上进行不断的修复与扩建,从辽东向西至罗布泊,长达2万里。东汉时并未大规模地修筑长城,只是在初期修筑过。进入魏晋南北朝时期,北魏、东魏、北齐、北周都对长城进行了修筑。隋朝建立后,为防御北方突厥侵犯,在原有长城的基础上多次进行增修。隋朝虽然短祚,但有时竟发动百余万人进行修筑。而从唐代直到明代之前,对于长城的修筑很少,只有辽朝、金朝修筑长城。其中,金朝为防御蒙古人,在北境大规模修筑长城。

### 二、明长城

明朝是修筑长城的重要时期,主要可以分为两个阶段。公元

1368 年至 1447 年为前一阶段,规模较小,以修缮和增添防御设施为主。公元 1479 年为后一阶段,开始进行大规模的修筑,除河西一段为新筑之外,基本上都是在原有长城基础上进行修筑和扩建。明朝所修长城,东起鸭绿江,经辽宁、河北、北京、内蒙古、山西、陕西、宁夏、甘肃,西至甘肃嘉峪关,绵延 12000 余里,故有"万里长城"之誉。清朝曾修缮利用过明朝辽东边墙,此外未有其他修筑。可以说,自春秋战国迄明末,长城的修筑历经 2500 多年,约有 5 万多公里之长。据学者估算,仅以明朝修筑的长城而论,如果把修筑长城的砖石砌成高 5 公分、宽 1 公尺的城墙,可以围绕地球一周。

长城是人类巨型建筑工程的杰出代表,是世界古代七大奇迹之一,诚如美国宇航员阿姆斯特朗所说:"在太空和月球上,只能辨识地球上两项特大工程,一项是中国的长城,另一项是荷兰的围海大堤。"

长城承载着 2500 余年的历史,以及历史表象背后对于消弭战争、走向和平的终极诉求。长城象征着中华民族的脊梁和精神,乃至任何与之相关的事物都往往被赋予了特定的含义。作为一个巨型防御体系,长城具有整体性、结构性和层次性的特点。从建筑功能来看,长城曾经是保护生民免遭侵凌的铜墙铁壁,见证着血与火的历史。作为长期军事斗争的产物,长城通常意义上即指中国古代北方防御游牧民族的万里长城。一些凭借自然险阻不筑墙体,而在区段间隔处设置关隘、城堡和烽燧,并与其他墙体相连接,也可视为长城的组成或延伸。从历史与文化的功能来看,长城承载了太多的光荣、尊严和希望,俨然成为每一个中国人心中生生不息的"龙脉"。透过长城一贯万里的静态墙体形式,看到的是极具生命动态的震慑力与雄壮美。当斜阳洒落在颓毁的城墙一角,两千余年的历史已然尘埃落定,缕缕炊烟于高峻险扼的群山间悠悠升起,人们的生活恬静、淡美,静卧的长城,既凝重,又鲜活。历史上曾经兵戎相接、烽火连绵,而今成为人们祈福和平的崇高征象,长城在历史与现实之间完成了凤凰涅槃。

经勘察研究,现已知流村域内的长城遗址有:战国时期的燕长城、南北朝时期的北齐长城、明代的万里长城北京段昌平部分及白羊城、长峪城、高崖口等关城、隘口。

## 第二节　燕国长城遗址

燕长城东北端与明代重修的八达岭长城相连,为燕昭王二十九年(前 283 年)建。燕长城残高约 1.5 米,宽约 2 米,似一条卧龙,盘蜒在城北的群峰之巅。其中,黄场西岭上的敌台(当地人称高楼)海拔 1438 米,为北京地区最高的长城。燕长城在明朝时期仍可继续使用,为边塞的前沿哨所。长峪城则成为它附属的防御设施,用于屯兵和贮藏粮食给养及军械。据传说,北宋年间,杨六郎与草寇王百万曾在此地交战,而今尚留有看狗台、拦马墙、杀亮沟等古迹。流村镇域内燕长城,是战国末燕昭王时期燕国北部边境上修筑的防御墙,位于流村境内西山,南北长 30000 余米。

燕国祖绍西周召公奭,原为小国,燕昭王时励精图治,以乐毅为将,日渐强盛,雄踞北方,为“战国七雄”之一。燕国为了防御赵国、齐国、东胡、林胡、楼烦等国的侵扰,陆续修筑了南北长城。

### 一、燕南长城

燕南长城,通称易水长城。《史记·张仪列传》载:“秦下甲云中、龙原,驱赵而攻燕,则易水长城,非大王之有也。”由此推知,易水长城修筑于公元前 334 年至公元前 311 年(燕昭王元年)之间,目的是防御赵、齐,保卫燕下都(今河北易县南)。易水长城长约 250000 余米,西起于今河北易县西北太行山麓,经易县南境、徐水、安新北境至雄县东北,折向南延伸至文安、大城县西南,止于子牙河。

## 二、燕北长城

燕北长城,据《史记·匈奴列传》记载,燕国为求安定,曾将秦开送到东胡做人质,秦开颇得胡人信任,在熟悉胡人情况后回到燕国,率军大破东胡,将东胡向北赶出千里,并修筑了长城,自造阳至襄平,设置了上谷、渔阳、右北平、辽西、辽东诸郡,目的是防御东胡、拱卫燕都蓟城及燕北部疆土。燕北长城的修筑时间大致有两说:一说是公元前290年,沿燕山山脉修筑北长城;二说是燕孝王时或燕王喜即位初年(前254年)修筑。燕北长城,西起今河北张家口、宣化,东北行经内蒙古多伦、独石,河北围场,辽宁朝阳,越过医巫闾山(医巫闾山,古称于微闾、无虑山,满语意为翠绿的山,今称闾山,地处今辽宁省境内),渡辽河,南折至朝鲜清川江北岸,长达2400余里。也有学者认为,起于今怀来县西南部,向东经延庆县西部,向北经河北省赤城县、沽源县,转向东北从丰宁县、围场县域内穿过,延至赤峰市域内,蜿蜒东去。

据史料记载,流村域内的燕长城修筑于燕昭王二十九年(前283年),作为燕国北部边境上的防御墙,直接目的是护卫蓟城,其位置和作用之重要不言而喻。由于年代久远,流村镇域内的燕长城大部分埋没于山脊荒草间,依稀难辨。有关流村域内燕长城的走向,有一种说法是,北起黄楼院(原称皇龙院)北山梁,连接在明朝重新修建的八达岭长城上(此段原为秦统一后所修),南经泥洼、锅顶山、老峪沟村南鳌鱼岭折向马刨泉的北祁岭,在大村东山出昌平境,南北长约30公里。随着考古调查工作的不断深入,北京延庆县域内也发现了燕长城遗址,对此尚存争议。燕北长城的修筑是一项规模巨大的工程,其主体和纵深防御区域也较为广阔。从主体来看,燕北大部分长城距今北京三四百里,但从燕北长城总的走势来看,昌平、延庆、怀柔部分地区都属于纵深防御区域。由此来看,燕北长城的防御功能具有一定的层次性和纵深性,相对于外围的燕北主体长城,流村域内的燕长城属于护卫蓟城的内辅长城,是燕北长城的组成部分之一。

流村镇域的燕长城现存遗址,残高 1.5 米,宽 2 米左右,整体防御工事坍塌严重。

1980 年,马刨泉村战国燕长城遗址被昌平县革命委员会重新公布为文物保护单位。

1984 年,燕长城遗址被公布为北京市文物保护单位。

## 第三节　北齐长城遗址

流村域内北齐长城,是一条南北走向的古长城遗址,北接明长城,南经禾子涧锅顶山、老峪沟南山、马刨泉的北祁岭向南出大村进入门头沟区。

公元 550 年,高洋废魏孝静帝自立为北齐文宣皇帝,建立北齐政权,年号天保。为防御北方的突厥、柔然、契丹及西边的西魏、北周,北齐大规模修筑长城。据《北史》、《资治通鉴》等记载,北齐先后数次修筑长城。天保三年(552 年),在西北边境自黄栌岭"起长城,北至社平戍,四百余里,立三十六戍"。天保六年(555 年),"三月,发寡妇以配军士,筑长城",共征发军士壮夫 180 万人,自幽州夏口(今昌平居庸关南口),西至恒州(今山西大同),长达 900 余里。天保七年(556 年),增修了以前的两处长城,又向东至今山海关修筑新长城,长达 3000 余里,设置州镇 25 所,每 10 里设置一戍。天保八年(557 年),"初于长城内筑重城,自库洛拨而东,至于坞纥戍,凡四百余里",在北方边境长城之内增修内长城即"重城",自库洛拨(今山西大同西南)至坞纥戍(今平型关),天统元年(565 年)又向东延伸至居庸关与外城相接。到了北齐武帝高湛清河二年(563 年),自山西河北交界沿太行山走向,"筑勋掌城于轵关,仍筑长城二百里,置十二戍"。为防范突厥 20 万大军侵犯恒州,天统元年,"自库堆戍东拒于海,随山屈曲二千余里。其间凡有险要,或斩山筑城,或断谷起嶂,并置立戍逻五十余所",对天宝七年和八年所筑长城进行了增修。

流村域内的北齐长城,据昌平旧志,在州城西北长城领一带,雉堞甚古,疑北齐天宝六年所筑。天宝六年,三月修筑长城,自幽州夏口(今昌平居庸关南口),西至恒州(今山西大同)。可知,长城曾修至今昌平境内。据学者考证,北齐长城有两条主线,一为北方的外边,二为内边的重城。内边重城,西起山西西北偏关一带,东南行至宁武,北转向东北,沿恒山山脉东入河北,沿太行山北上与边外长城即今北京西北相接。由此来看,流村域内的北齐长城实属内边重城昌平段延伸,也是北齐长城的组成部分之一,基本走向是经北西岭、双窑岭、锅顶山一线。据考察,流村域内的北齐长城遗址时断时续,全部为石块堆积,没有完整的形态,蜿蜒在山脊之上。也有学者认为这段北齐长城应是燕长城。据1984年至1985年的航空遥感调查,北京地区明代以前的长城,大多被明代长城掩覆。现存未被明代长城掩覆的古长城,长度为73公里,主要分布在门头沟区大村、昌平区流村镇老峪沟、禾子涧等地段,长城坍塌严重,某些地方还有散落的由碎石组成的一条突起遗存物。因而说,类似不同时代长城的叠加情况可能存在。那么,关于这段燕北长城与北齐长城之争,更有待于进一步科学的勘察和分析。

## 第四节　明代长城遗址

长城从河北境内称大营盘向东进入北京,经过踞虎关村后一路上升,直至到达制高点黄楼洼(有著名的圆楼、高楼)。长城经过黄楼洼后,向东北方向下降,至最低点的豁口处下山便是黄楼院(本来是一个距长城最近的村庄的名称,史志上也称黄鹿院、黄龙院、皇楼院),此处长城海拔1065米。长城从黄楼院豁口向东再次登上高点,过大黑沟,翻过两个大坡后就进入了陈家堡(罗锅城)的范围了。然后再向北,经石峡关、帮水峪、青水顶、八达岭残长城到大名鼎鼎的八达岭景区。

关于这一段长城，称呼有点乱。由于和黄楼洼接近，有人把这里划进黄楼洼长城或黄台子长城的范围，有人说算长峪城段，有人说叫黄楼院，也有人以白羊沟或白羊城为名，还有以白羊沟的五彩水命名的。大凡长城的命名，有地名说，即以当地一个村庄等地名命名，如陈家堡长城、二道沟长城；也有以高地、关隘、山岭命名，如金山岭长城、居庸关长城；也有以长城构造特点命名，如九眼楼长城、七座楼长城；当然还有以著名战役、著名将领等命名的。

这段长城以黄楼洼命名较为合适。黄楼洼是北京长城的最高点，海拔 1439.3 米，很有代表性。而且这段长城也是北京地区最早的长城之一。北京地区的长城大多都是明长城，这段属燕长城，有些是明朝在燕长城基础上再修的。在黄楼院豁口处可以看到燕长城的构造明显劣于明长城，而且还有圆形敌楼，这也是北京其他的长城中少见的。

光绪《昌平州志》中有许多段关于这条长城的描述："蓟丘集：北山上平衍，西五里有岭曰长城，微有古堞剥蚀，传是秦皇之址，有泉出焉，曰马跑。"另有明代蒋一葵所著《长安客话》一书中也曾描述这里"堆堞甚古"。通过"甚古"一词，我们可以确定这条长城是明代以前修建的。事实上，明代长城的很多地段是建在燕长城或其他时期长城基址之上的。光绪《昌平州志》还记载这里"属白羊口下隘口：六里曰软枣顶……三里曰牛腊沟……二里曰桑木顶……一里曰黄鹿院，明嘉靖四十四年建，山梁平漫，通众骑，极冲。"何以断定这段长城为燕长城呢？《史记·匈奴列传》："其后燕有贤将秦开，为质于胡，胡甚信之。归而袭破走东胡，东胡却千余里。与荆轲刺秦王秦舞阳者，开之孙也。燕亦筑长城，自造阳至襄平，置上谷、渔阳、右北平、辽西、辽东郡，以拒胡。"从中可以看出，2000 多年前，"右北平"是建造过长城的。根据记载，战国时期燕国修建的长城有南部长城和北部长城两部分。历史上对燕长城的记载非常少，《史记》主要记载的是起点和终点。史料中提到的"上谷"实际上就是现在的延庆地区，造阳则是上谷郡首所在地，位于现今河北与北京交界的怀来县，官厅水库的南岸，而"渔阳"基本是密云的旧称，襄平是这段长城的终点。从长城建筑特点上看，这段长城修筑方式与明长城不同。首先是土层夹杂碎石厚度不一。这段土墙墙体中夹杂着很多碎石块。这是因为早期修筑的长城基本上都是就地取材，燕长城多选在取土较容易的山梁修筑。据记载，在此之后，延庆地区曾用土夯筑长城的只有秦、明两朝。由于燕长城修筑的时候一般就地选用木板作为夹板，这些夹板宽度并不相同，于是我们现在看到的是厚薄不一样的土层。而秦代和明代长城的土城墙，其规格和制式有统一的要求。二是圆形夯窝直径大小不一。这段燕长城有比较特殊的"夯窝"。在明代，修建土质城墙时用的都是规格大小基本一致的方形木桩，因而留下的是方形的夯窝，而这段土墙是圆形且直径不等的夯窝。那些小的夯窝看上去直径仅有六七厘米，如果将残存的这段土城墙剥掉一层，里面应该还可以看到这样的圆形夯窝。

流村域内有白羊城、长峪城等明代长城关城和隘口。

## 一、白羊城

顾炎武《昌平山水记》载："州西四十里为白羊口城，二门，距居庸南口二十里，有水伏流。《元史》载：白羊口千户所于昌平县东口置司。景泰元年，调涿鹿中卫后千户所官军守御，后以守备一人守之。其西南有小城曰白羊新城。"可知，早在元代置白羊口千户所。明正统年间(1436—1449 年)建白羊堡城，始称白羊城或白羊口堡城。明景泰元年(1450 年)于此地修筑一小石城，派兵戍守。明正德九年(1514 年)、正德十一年(1516 年)瓦剌小王子先后两次进犯中原直逼京城，都是由白羊城沟侵入。明正德十五年(1520 年)建白羊城，在其西南又建一新城，称白羊新城，派重兵驻守。明隆庆三年(1569 年)、万历元年(1573 年)先后两次对白羊城进行扩建和加固，在原有基础上修筑墙台 3 座、空心敌台 19 座。现存城墙遗址为隆庆、万历时期所建。白羊城是明代内长城东部要口，属居庸关西路隘口，有 10 处：白羊口堡、清泉口、老姚城、松湖片口、泥窝口、卧子头口、桑木沟口、牛腊沟口、石板冲口、西山庵口，由白羊城守备管辖，兼制长峪、横岭、镇边三城。明代中期，白羊城与长峪城、镇边城、居庸关构成北京西北部长城内的整体防御体系，各城在制高点都设置烽火台。白羊城修筑在南北两山上，建有东西城门两座，城高 6 米，周围长 3.5 公里，为砖石结构。清朝初年在白羊城西南侧五峰山下建有"小白羊城"。清朝后期五峰山被辟为皇家墓地，清庆亲王永璘及三位亲王皆葬于此。现白羊城仅存南北山上城墙，城西有南北横山，山上有部分坍塌的巨型峰墩。

明代有诗云：

> 京西太行崦，孤垒白羊间。
>
> 己巳曾通贼，居庸并立关。
>
> 水合桑乾去，峰联塞上山。
>
> 圣君敷远德，秋日战旗闲。

这首明朝的诗所说的就是京西边关三城之一的白羊城。白羊城位于昌平城区西南 18 公里，流村镇所辖行政村。下辖白羊城、庆王坟、北台 3 个自然村，其中白羊城元代成村，庆王坟、北台均在清代成村。白羊城是历史上的重要防御关隘，也是明清拱卫京师的重要关隘之一，与长峪城、镇边城、居庸关、上关城等重要关口连缀成一条整体的防线，各城制高点均设烽火，遇有敌情，狼烟为号，遥相呼应，相互支援。

白羊口是从京西北进入昌平、北京的三条通道之一，元代就在白羊口设立了"千户所"，属昌平县管辖。此地屡经兵火。明正统元年（1436 年），蒙古族额森部落越过长城，由白羊口攻入昌平城。直至景泰年间，此口仍没有建城，只有官军据险把守。正德九年（1514 年），蒙古族瓦剌部落也从白羊口侵入昌平州，兵临北京城。朝廷吸取前两次教训,于正德十五年(1520年),在白羊沟口随山就势建城,名白羊口城,简称白羊城。从隆庆三年(1569年)至万历元年(1573年),白羊城又得到扩建并加固。自朝廷派兵防守白羊城之后,蒙古族人再未从此处侵入昌平州。白羊城比较小,山坡和平地的总面积也只比原来的南口旧城大一点。光绪《昌平州志》记载:"白羊口下隘口,内有附墙台三座,空心敌台十九座。""城跨南北两山,高二丈五尺,周七百六十一丈余,有东西二门。"该城地势险要,在当年还是闻名遐迩的,所以名列边关三城之一。从地形上看,白羊城是两山夹一沟式的山城。据说旧城从远处望,北城墙尖如船头,南城墙齐似船尾。正所谓头尾高,中间凹,好似大船跨山腰。"船底"之上有白羊河水穿城而过,河岸边有部分民居和钟鼓楼。钟鼓楼内有一口铸铁大钟,高约1.5米,重500余斤,钟声远传几里之外。城里至城东的双泉寺曾有3里长街,买卖店铺一应俱全。可惜的是,1959年在白羊城西门处建造小水库时,民工们在山势陡峭处拆下城墙条石,垒砌起水库大坝,却使白羊古城受到严重破坏。现在,北山顶的城墙仍有较完整的城楼,还有600多米长、3米高、2.5米宽的城墙。裸露的三合土和废石堆砌的墙体,好像被扒了皮的长龙瘫痪在蜿蜒的山脊上。南山顶上有2米多高的城墙隐蔽在树丛和荆棘之中,四五百斤重的条石被岁月磨蚀得黝黑。这一段城墙得益于山岭陡峭,又有梯田和树木的保护,不便于把条石拆运到山下,才得以幸存。西城门外的马蔺墩烽火台尚存庞大的底座,宛如风烛残年的老人在追忆着曾经辉煌过的白羊城。古城历来是有城就有庙,古时候,人们崇拜神佛,希望衣食住行都能得到保佑,生老病死都寄托于神灵。因此白羊城虽然面积不大,却有城隍庙、玉皇庙、真武庙、三圣庙、山神庙、佛庙、娘娘庙和菩萨庙等10余座。庙观大多建于明清年间,毁于民国战乱时期。

白羊城的村名来源于一段神话传说。相传白羊口建城之后,尚未命名,守城的将军夜得一梦:只见一位白衣青年走进中军宝帐,他衣衫破碎,遍体鳞伤,向将军拱手求道:"将军,我是本处司水之神小白龙,因黑龙犯境,与我争夺地盘,至今已苦斗数十日,难以取胜,特烦劳将军助我一臂之力!"将军问:"我等凡夫俗子,如何为神龙出力?"白衣青年说:"明天拂晓,将军登上北城台,见城外有黑白两羊争斗,就是我与黑龙的化身,请将军届时用弓箭射中黑羊,我便可乘势取胜。"将军点头应允,白衣青年深施一礼,告辞出门。将军起身相送,不知脚下何物一绊,心中一惊,睁眼一看,原来是南柯一梦。将军心绪稍平,想起白龙梦中所托,急忙披挂整齐,登上北山城台,果然看见城外有黑白两羊角斗。将军看得真切,挽弓搭箭,向黑羊射去。两羊虽然激战正酣,黑羊却十分机灵,听到风声,知道有利器飞来,闪身躲过;白羊发现险情,已躲闪不及,中箭受伤,负痛逃走。将军见状十分懊悔,自责道:受人之托,未善其事,反而帮了倒忙;于是,他将这座城池命名为白羊城,以表歉意。

关于白羊城,据昌平旧志,还有这样一则故事:"狄仁杰初令昌平,境多虎,邑有老媪子入山樵,虎噬焉。媪待子为命,痛子噬于虎,乃控之公。公为檄山神,约日驱虎。讯至期,群虎交集。公曰:'若不皆噬媪子也,唯噬者留,否则去。'一虎独留,公曰:'食人子,罪无赦。'对众杀之。昌平白羊城有神,能幻祸福,居民祠之,不祠且灾岁,必祭,祭必以童男,弗敢恤也。狄仁杰为令,廉知其事,独往诣,则一白羊耳。以所佩剑斩之,辄化为龙气飞去,因毁其祠,民不复祭,终亦不复有灾。"

白羊城村域内的文物古迹有两处,即白羊城和庆王坟。据《昌平县地名志》记载:白羊城因附近多白杨树,又是一个重要关口,故名白杨口。"杨"与"羊"谐音,人们以讹传讹,"白杨"成了"白羊"。白羊城修筑在南北两山之上,设东西两座城门,白羊沟穿城而过,设有水门。城为砖石结构,高 2.5 丈,厚 1.2 丈,周长 761.5 丈,设敌楼 4 座,城铺 15 间,护城墩 12 座。景泰元年(1450 年),在五峰山下建白羊新城一座,设三门,不跨山,在堡城西山顶自东向西北有山墩 8

座,距城最近为 3 里,最远的为 36 里。从隆庆三年(1569 年)至万历元年(1573 年)对白羊城旧城进行扩建和加固,增设附墙台 3 座,空心敌台 19 座,是明代护卫京师的重要关隘之一,与长峪城、镇边城、居庸关、上关城、黄花城、古北口等形成一条连绵数百里的整体军事防线。经过四五百年的风雨侵蚀,现仅存城墙遗址。1980 年 11 月 21 日,新、旧白羊城遗址公布为昌平县文物保护单位。

因为关沟和居庸关防线设计得非常严密,蒙古人便经由关沟西侧的白羊沟进犯。特别是正德年间,瓦刺部小王子曾先后两次进犯中原,直逼北京城下,都是从白羊沟进来的。于是明政府在白羊沟沟口修建了一座关隘,就是白羊城。白羊城横跨沟谷而建,东西两侧山上各有半圈城墙。今天西侧山坡上的城墙还相当完好,结构与八达岭长城大体相同;东侧山坡上只留下残败的墙体和墩台。沟谷中还能看到一截用巨大山石砌筑的关城墙基。白羊城西侧的山峰叫五峰山,据说是个风水宝地。乾隆皇帝的第 17 个儿子庆亲王永璘把这里选为自己的墓地,后来相继又有三个亲王葬在这里。今天我们在村里还能看到已经非常残破的碑亭,绿琉璃瓦顶,碑石已经不知去向了。

对白羊城有过深入研究的杨奕先生,在《关山纵横》一书中为白羊城做了如下注释:"白羊城是北京西部长城的一个小关口营城。与横岭城、镇边城同在一类。它扼守在山的出口处,算不得险,但位置重要。全城周长约一公里,分为南北两山,中夹白羊沟,原有东西二门,因为城垣大部分被毁,没有明显的标志性建筑,已不被人在意。"

## 二、长峪城

昌平区流村镇西北部有一个建于明代的古城,叫长峪城。长峪城的北面有一道山梁叫黄土西岭,黄土西岭海拔 1400 多米的山梁上有 2300 年前建造的燕长城,是北京地区最高的长城。明代的长峪城、镇边城、白羊城并称北京边关三城,是古时军事要地。虽然自明朝建城已经 500 多年,但现在村前古城墙、垛口、瓮城依稀可见,城门旧迹尚存,在这里你能清晰地听见历史的脚步声。

流村域内的明长城,主要指万里长城北京段昌平部分,以及白羊城、长峪城等关城、隘口。万里长城北京段昌平部分,位于昌平境内西北的流村镇、昌平区与河北省怀来县的交界处。白羊城,位于昌平城区西北 20 公里白羊城村,南接北京平原,口外通怀来、宣府,距居庸关南口 10 公里。长峪城,位于昌平城区西 45 公里处。建于明正德十五年(1520 年),万历元年(1573 年)在南面增建,保存完好。城内有佛殿、娘娘庙、关帝庙、菩萨庙,是昌平区文物保护单位。长峪城村域面积 1850 公顷,植被茂密,空气清新,素有昌平"小西藏"之称,其中最著名的还是长峪城遗址及古长城。

明代长城是中国古代历时最久、工程最大、体系最为完整的长城工程,有"万里长城"之誉。其中,北京段是明代万里长城的重要组成部分。明洪武元年(1368 年),朱元璋命刚刚攻下元大都不久的徐达整修居庸关、古北口、喜峰口等关城隘口。洪武六年(1373 年),朱元璋采纳淮安侯华云龙的建议,自永平(今河北卢龙)、蓟州(今天津蓟县)、密云,设置关隘 129 处,长达 2000 余里。徐达等人经营的蓟州镇长城成为了明代万里长城的先声。成化三年(1467 年),曾在山海关、喜峰口、古北口、居庸关、倒马关设置关口,并派军队驻守。隆庆年间,戚继光督修蓟镇长城,与谭纶奏上方略:"筑敌台三千,起居庸至山海,控守要害。"自隆庆三年(1569 年)至隆庆五年(1571 年),从山海关到昌平一线修筑了敌台 1007 座。明代长城沿线的防御体系主要分为五级:督镇、总镇(军镇)、路、城堡、台砦。嘉靖二十九年(1550 年)"庚戌之变"后,明廷设蓟辽保定总督,开府于密云卫城。次年,增辖新建昌平镇。万历四十六年(1618 年),增辖新建山海镇。昌平镇和山海镇从蓟州镇析置。嘉靖三十八年(1559 年)昌平镇设总兵,开府于昌平州城,防区涉及今昌平、门头沟大部分,怀柔慕田峪以西,延庆八达岭以南。

万里长城北京段昌平部分建于明代,是明代北京城西北方向的重要防御建筑。全长2566.7米,共有14座敌楼、一座墙台和14段城墙。长城的南端有一座敌楼,当地百姓称高楼,海拔1439米,是昌平的最高点,也是昌平区与怀来县的分界处。长城从怀来县穿越到此左转,沿昌、怀边界向东北方向延伸;北端是长城经过的一个三叉山脊,长城由此向左转入怀来县境内。长城的敌楼基座多为砖砌,有的尚可分辨中室结构,但都有不同程度的损毁,有的已成砖石堆状;城墙全部为毛石砌筑,随山就势,均有不同程度的损坏,但局部还保留着当时的规模。敌楼上的券窗、券门、箭孔和城墙上的马道、便门、垛墙、宇墙、吐水嘴尚有遗存。1984年公布为北京市文物保护单位。

长峪城,顾炎武《昌平山水记》载:"白羊北四十里为长峪城,二门,其西有小城,曰长峪新城。"可知,长峪城有新旧两城。旧城建于明正德十五年(1520年),建于东西两山之间,以城墙合围,整体为砖石结构。有南北两门,东山下有水门两道,现存北门洞。东山山梁为最高点,建有敌台,两侧山墙到此汇合成人字形。新城建于万历元年(1573年),位于旧城西侧,新旧两城相连形成南北两道防线。新城南门内设有瓮城,城东上头修筑有一座瞭望台,与长城烽火台遥相呼应,如遇敌情即可互为支援。长峪城的修筑主要功用在于屯兵,以便解决长城沿线驻兵城镇较远、供给烦苦的问题。现存新城南门保存较为完整,存有丈余高的城墙,城内存有佛殿、娘娘庙、关帝庙、菩萨庙。

据光绪《昌平州志》记载:长峪城内有附墙台1座,空心敌台23座,隆庆三年至万历元年建造。原城高1.8丈,周350余丈,南北2门。城南有小城,名长峪新城。现今的长峪城是旧城与新城的合称。长峪旧城始建于正德十五年(1520年),快要竣工时,被一场特大山洪冲毁。于是,朝廷又决定在其西南高地上再建一座城,叫长峪新城。长峪新城建于万历元年(1573年),只设一门即东门。东门外建瓮城一座,设南门,面积很小,约为百十平方米。长峪城与西南部的镇边城、东北部的白羊城鼎足而立,号称明清京城的西北门户,与南口城、居庸关、岔道城、上关城、黄花城、古北口构成了数百里长的防御实体。长峪城基本都是砖石结构,巨大的山石砌成的基座,上面再砌以砖墙。所以,后来城墙上的砖被村民拆走了,留下一道道石基座。城门也是传统的无梁曲拱,用砖块石灰砌成的拱形城门,虽经数百年的硝烟风雨,城门仍旧保存下来。

明清时代,有城必有庙,长峪城也不例外。当然那时边关的庙并非现在人们的想象,有的就是一间小小的房屋,甚至有的连房都称不上,一个小窝棚,内供各路神仙。村西高台上的永兴寺,有几百年的历史,前殿是十八罗汉殿,后殿是三位娘娘殿,门前古木参天,虽历经数百年风霜,依然生机盎然。明朝时期的铸铁大钟悬挂在永兴寺里,高 1.6 米以上,重 1000 余斤。铸钟铭文显示,道士张演龄的弟子赵登,继承师父“里不可一日无钟”愿,广为化缘而铸此大钟。钟声可传到城东 12 里远的禾子涧村。这口钟曾发挥过不同的作用。寺里香火旺盛时,每天晨钟暮鼓,恰似西方极乐小世界。抗日战争时期,只要石头岭上的“消息树”一倒,大钟就连响几十声,人们会立刻躲进深山,逃避日本鬼子的杀戮。在和平年代,如果钟声连响几十声,人们就知道庙里要上演大戏了。

除了永兴寺,现在城里还能看到水王庙、真王庙和关帝庙。水王庙和关帝庙一般北京的旧城里都会有。关帝庙又叫老爷庙,供奉着关公,因为旧时北京一带称关公为老爷。水王庙一般供奉着水神,人们祈祷风调雨顺,避免干旱洪灾。这里的水王庙中原有一口水井,为城里饮水之源。现在村里用上自来水,加上地下水下降,水井也废弃了。

社戏是长峪城一大亮点。社戏,这个在鲁迅笔下被生动刻画、散发着浓浓乡情的古老民俗便是其中之一。社,指土地神及祭祀土地神的活动;社戏,指在社中进行的有关宗教、风俗的戏艺活动。长峪城的社戏已沿袭了 100 多年的历史,每年的正月和农历的一些节日,社戏都会在村中上演。戏台为硬山单檐大屋顶作法,面阔 3 间,三面围墙,台口敞开。前后台之间用木棂门窗隔开。后台供演员化装、候场、休息和存放道具。戏台前的空场面积可容纳二三百人看戏,站400 人也行。村里人说,这个空场很神奇,人少不显少,人再多也不挤。这里的戏台虽其貌不扬,但社戏却是远近闻名。社戏的演出,众彩纷呈,既庄重肃穆,也热闹异常,四邻乡里,成群相结,呼拥于社所。这里的社戏源头是河北梆子,但却是长峪城独有的老梆子,演员都是普通村民,他们也不是票友,社戏是他们生活的一部分。演出的剧目主要是反映宋朝的,如《辕门斩子》、《四郎探母》、《双锁山》、《下河东》、《大登殿》、《哭殿》、《王宝钏》、《断桥》等二十几出戏。从前,通常在正月里演戏,初一开台,初五刹台,正月十五还要加演一天。百十口人的小村,能上演这么精彩的社戏,你不能不为历史文化的积淀所折服。

长峪城因山谷长 10 余里而得名,也称长谷城。明代先设提调一员防守,嘉靖二年(1523 年)添设把总指挥一员,管辖隘口 16 处,有长峪城、柞子沟口、上常峪口、幡杆峪口、立石口、溜石港口、鳌鱼口、水涧口、跳稍口、石涧口、小水峪口、大水峪口、胜仙峪口、水峪台口、柏峪口、双石沟口。长峪城,也写作长谷城、常峪城。长峪城现为昌平区重点文物保护单位。

长峪城村的古迹和自然景观众多,能够使每一个到这里的人为之一振。据传说,北宋年间,杨六郎与草寇王百万交战的场面也流下了三个主要印记,曰:"看狗台狗影,拦马墙,杀亮沟。"

圆楼长城是万里长城的一部分,东临八达岭,蜿蜒盘旋,宏伟壮观。圆楼长城建在昌平的最高峰——黄土西岭之上,海拔 1400 多米,登上圆楼长城,会领悟"会当凌绝顶,一览众山小"的真正含义。长峪城的灯场不可不看,它集天地、五行、五雷八卦为一体,别有一番韵味在其中。长峪城人杰地灵,各种动植物种类繁多。"清泉石上流,瀑布飞天泻。悬崖抱幽谷,碧水映蓝天"。人与大自然的和谐在这里得到了充分展现。

除了白羊城、长峪城之外,流村域内还有其他关隘或军事建筑。高崖口,位于高崖口村南端,是明代北京西北部防御的主要关隘之一,镇边城辖隘口23处,其中在昌平域内有隘口3处:高崖口、灰关口、新开口。高崖口建有正城1道、过门1空、水门1空,南3里有山墩1座。

从战略位置的角度来看,白羊城北四十里为长峪城,长峪城北10公里是横岭城,长峪城西北10公里为镇边城,镇边城西南2.5公里至横中山为紫荆关,长峪城西北距明长城约5公里。因而说,长峪城与白羊城、镇边城,三城互为犄角,是明代北京西北部防御的重要隘口,历史上为兵家必争之地,北方民族进犯中原,都是从长峪、白羊处进击,严重威胁京师安全。

2008年12月,家住昌平区的户外运动爱好者杨国庆在昌平区流村镇长峪城村附近的古长城边行走健身,意外发现了两块外形奇特的石头。在这两枚石雷中,其中一枚保存完整,内有铁块儿、土渣等填充物;另一枚外形残破,据推测是爆炸造成。保存完整的石雷呈圆柱形,高24厘米,直径18厘米,重达15公斤。正中有一个圆孔,孔径8厘米,深约13.5厘米。这两枚石雷均为石灰岩材质,外侧有纵向沟槽,有利于爆炸时增加杀伤力。据了解,明代昌平的白羊城、长峪城等长城沿线都有重兵把守。前些年,在其他区县曾有过发现石雷的报道,但是在昌平,发现石雷还是第一次。

# 第三章  古代陵寝遗迹

## 第一节  古代帝王陵寝制度概述

园寝制度,先秦时期就已经出现,"园寝"一词的最初含义就是指帝王的墓葬,包括"园陵"和"宗庙"两部分。《史记·刘敬叔孙通列传》记载,"高帝崩,孝惠即位,乃谓叔孙生曰:'先帝园陵寝庙,群臣莫能习。'徙为太常,定宗庙仪法"。"园陵寝庙"后来逐渐演变为园陵和寝庙的礼仪制度,虽有园寝、陵寝、园庙或寝园等不同名称,但所指相同,即"园寝"是指帝王的墓葬,同时包括帝王的埋葬地和祭祀制度两个方面的内容。

与以往朝代的皇家墓葬制度不同,清代在帝王的"陵"和帝王以外的"墓"之间加了一个"园寝"等级,"陵"或"陵寝"指的是皇帝和皇后的墓葬,而"园寝"则是包括皇帝的嫔妃和皇子、公主以及皇族中其他所有封授爵位的宗室贵族的墓葬的称呼,成为有别于历代的特殊丧葬等级。北京及附近地区诸多的清代皇族内部宗室、爱新觉罗高级贵族的墓葬,实则称为"园寝",民间则多称之为"王爷坟"。清代庆僖亲王家族墓地——庆王坟,位于流村镇白羊城村,其建制、规模在清代遗存的众多"园寝"中有着突出的代表性。

## 第二节  庆僖亲王永璘园寝

庆僖亲王永璘园寝,俗称庆王坟,是以清乾隆皇帝第十七子庆僖亲王——爱新觉罗·永璘为祖的家族墓地。光绪《昌平州志》记载:"国朝庆僖亲王、庆良郡王园寝,在州西白羊城五峰山。"陵园位于流村镇白羊城东宫上村,后倚五峰山,前有笔架山,建于嘉庆二十五年(1820年),葬有庆僖亲王永璘、庆良亲王绵慜、庆密亲王奕劻等人,有大小陵园8处,内有大小宝顶22座,埋葬着四代共27人,占地面积约4.5万平方米。园寝东向,长方形,布局分前后两部分。前部由碑楼、享殿和左右庑等组成,后部是茔墓的所在,两部分以石桥相连。墓室为长方体形券顶结构,有左右耳室,面积约160平方米。1959年1月23日和1980年11月21日两次公布为昌平县文物保护单位,1985年北京市政府将其列为一级保护区。

爱新觉罗·永璘(1765—1820年),是清朝乾隆皇帝的第十七子,生于乾隆三十一年(1766年)五月,是嘉庆皇帝十分喜欢的同母幼弟。据曾在嘉庆年间做过礼亲王的皇族昭梿所著《啸亭杂录》记述,在乾隆末年,有一次众皇子私下议论将来谁能继承皇位,乾隆皇帝的第十七子永璘说:"使皇帝多如雨落,亦不能滴吾顶上。唯求诸兄见怜,将和珅邸第赐居,则吾愿足矣。"嘉庆皇帝排行第十五,是永璘的同母兄,他在处死和珅之后,果然将和珅府邸除留给和孝公主夫妇一部分外,大部分赐给永璘居住。乾隆五十四年(1789年),封永璘为贝勒。嘉庆四年(1800年)正月,封永璘为惠郡王,后改封庆郡王。嘉庆二十五年(1820年)三月,永璘患重病,嘉庆皇帝亲自看望,进封永璘为亲王,不久病逝,年55岁。永璘一生养尊处优,好嬉戏,故谥号为"僖",以肖生平。盖僖者戏也,谓平生游戏,无甚建树,所以永璘被称作"庆僖亲王",又称作"庆王爷",爵号为"和硕庆亲王"。

永璘生前寻找身后福地,来到昌平西白羊城,看到五峰山有五峰并立,中间一峰独耸,左右四山朝拱,绝似一顶王冠。山坐西朝东,山脚下的沃土良田上有茂盛的果园,山前平原三里,平原间突起大小山孤山各一座,左似旗,右似鼓,向西朝拱,为五峰山天造地设的照壁,确是王侯之地,堪舆家称它是一处"头枕五峰,脚蹬平川"的风水宝地,永璘遂选中白羊城五峰山为吉地。

白羊城历来为兵家要地。隆庆《昌平州志》载："白羊口在州治正西四十里，城乃正统年建。"城跨南北两山，下当两山之冲，城高2.5丈，周围761.5丈，东西城门楼2座。史载明正统元年（1436年），和硕自大同深入，分遣大臣守居庸、白羊诸关隘。正德十一年（1516年），敌入白羊口。嘉靖二十九年（1550年）敌侵京师，欲夺白羊口出，不果，盖南北冲要处也。明人有诗云：

> 京西太行崦，孤垒白羊间。
>
> 己巳曾通贼，居庸并立关。
>
> 水合桑干去，峰联塞上山。
>
> 圣君敷远德，秋日战旗闲。

诗中所云即白羊城。白羊城是历史上的重要防御关隘，也是明清拱卫京师的重要关隘之一，与长峪城、镇边城、居庸关、上关城等重要关口连缀成一条整体的防线，各城制高点均设烽火，遇有敌情，狼烟为号，遥相呼应，相互支援。白羊城后经隆庆、万历朝屡次扩建加固，并派守备1人，千总1人，把总2人，同镇边边路领兵3330名镇守。

清初又在白羊城西南侧五峰山下建城，称"小白羊城"，清中期趋于废置，但因曾是历史上的重要关隘，地方官员不敢擅自拆毁。

永璘选中五峰山作为福地后，对嘉庆皇帝谎称白羊新城是个残破的小土城。嘉庆皇帝说："既是土城，拆之无妨。"庆王府强行圈占良田1360亩，立红柱为界，沿界栽种花椒树作为护栏。庆王府遂把白羊城内百姓迁至城外南面建复兴庄，禁止其再进陵区，如有违犯，轻者罚款，重者监禁。

庆僖亲王的陵园建在五峰山中峰之下，坐西面东，居高临下，东北平原一览无余。墓前约80丈建有一条月河，上架神桥。桥的栏板上有玉带宝瓶浮雕，柱头雕刻着狮子花纹。桥西有歇山重檐式碑亭（碑楼）一座，亭座边长2.6丈。在龟跌汉白玉石碑上刻着嘉庆皇帝御赐的碑文。按《清会典事例·园寝坟茔》，亲王园寝碑制为高9

尺,宽3.87尺,碑首高4.5尺,为蛟龙首。碑亭西边甬路两旁有前廊后厦的南、北朝房各3间,上覆布瓦。朝房西边是前方后圆的红色围墙(罗汉墙),墙顶覆盖绿琉璃瓦。围墙东西长42丈,南北宽15丈。园内有百余棵参天的柏树,阴森幽静。前面围墙正中有上覆绿琉璃瓦的大宫门3间,前有石狮子一对,两侧设随墙小门。大宫门西边有绿琉璃瓦享殿3间。殿中神龛内供奉着永璘与4位福晋的神主牌位。享殿西边有琉璃门一座,门内有方形基座红柱型的宝顶一大二小共3座。大宝顶内永璘与嫡福晋、继福晋合葬,小宝顶内各葬侧福晋1人。永磷另有庶福晋3人,葬在京郊的北顶村。庆僖亲王陵为祖园,俗称"老圈儿"。整个陵区共有3个小村。"老圈儿"永璘墓在白羊城北,故称"北宫",即今北宫村。

## 第三节 庆密亲王奕劻园寝

奕劻园寝位于祖坟永璘园寝东北,俗称"东宫",即后来的东宫村,规模与其祖园基本相同。宫门前矗立着两只石狮子,表示主人为武职。奕劻在清末地位显赫,所以在整个庆王家族园寝中,奕劻的园寝较为突出醒目。

爱新觉罗·奕劻,生于道光十八年(1838年)二月二十九日,为永璘第六子绵性的长子。据史载,奕劻幼时,家境并不富裕。《泰晤士报》上说他"早年甚贫乏,以其为中国绘画山水之能手,兼擅长书法,尝为人教读,且资书画以糊口,借以略增其所入"。道光二十九年(1849年)十一月过继给他的五伯绵悌,道光三十年(1850年)袭辅国将军。咸丰二年(1852年)正月封贝子。十年(1860年)正月,上三十万寿,进贝勒。同治十一年(1872年)九月,同治帝大婚,加郡王衔,授御前大臣。光绪十年(1884年)三月,命管理总理各国事务衙门。十月,进庆郡王。十一年九月,会同醇亲王办理海军事务。十二年二月,命在内廷行走。十五年(1889年)正月,授右宗正。光绪大婚，赐奕劻四团正龙补服，其子载振头品顶带。二十年（1894年），太后60大寿，懿旨封庆亲王。二十六年（1900年）七月庚子事变中，留京会同李鸿章与各国议和。二十七年六月，改总理各国事务衙门为外务部，奕劻仍总理部事。十二月，加载振贝子衔。二十九年（1903年）三月，授奕劻军机大臣，仍总理外务部如故。寻命总理财政处、练兵处，解御前大臣以授载振。三十四年（1908年）以亲王世袭罔替铁帽子王。庆王家族由奕劻而达到顶峰。宣统三年（1911年），奕劻出任皇族内阁首任总理大臣。武昌起义后，邀请袁世凯出任内阁总理大臣，自任弼德院总裁。后配合袁世凯劝隆裕太后同意清帝逊位。民国后，与其子载振携巨资迁居天津英租界，后来又迁回北京西城区定阜街3号庆王府。1917年病死府中，年80岁，清末帝溥仪将其追谥奕劻为庆密亲王。民国大总统黎元洪发布命令，允许其子载振世袭庆亲王爵衔。

溥仪于1916年冬为奕劻撰写碑文，曰：

> ……缅前勋之迪哲，屏豫优崇；伤永逝以螭文，哀荣告备。尔和硕庆亲王奕劻，枢省玄机，矢寅清而襄赞；台衡勚治，殚擘书划之勤劳。爰谥曰密，以肖生平……

陵园两侧（南、北胡同）各建了一排房屋，分为10个小院。每个院里建前廊后厦的布瓦房3间，由路姓、刘姓、张姓等园寝看护者分别居住，称作"十家户"。

在陵园南胡同的小院南边有三进院落的房屋，俗称南阳宅（墓园为阴宅），供奕劻后人来扫墓时居住。南阳宅坐西朝东，周围有虎皮大墙。从大门入院是客厅。前院有东房5间，南侧有厨房、厕所各1间。从垂花门向西转过屏风，有前廊后厦的南北厢房各3间，院中栽种芍药等名花异草。中院有前廊后厦的正厅5间，正厅中悬挂着遒劲有力的4个大字"五峰挺秀"。楹联为："前靠树木林，后依峻岭秀。"后院花园有雕梁画栋的走廊，有花亭4间，正中有匾额"喜爽轩"，两侧楹联为："静夜吟诗香生玉蕊，晴窗挥翰彩映金蕉。"四周有木制红漆栏杆环绕。

在陵园北胡同的小院北边有两进院落的房屋供侍卫居住,可以停靠马车,俗称北阳宅。北阳宅坐西朝东,前院有八字照壁,立着拴马桩。院中间有 5 间过厅,后院有 5 间正房,还有南北厢房各 5 间。

"文化大革命"初期,拆殿扒墙建厂房,炸毁了由逊帝宣统为奕劻撰写挽词的石碑。如今,南北阳宅早已被民居替代。陵园的西部建起了古树公园,松柏树、残围墙和岌岌可危的碑亭得到保护。"十家户"之一的张家老房仍保留着清朝晚期官建民居的原貌。

## 第四节　庆王家族其他成员园寝

### 一、庆良郡王爱新觉罗·绵慜园寝

庆良郡王爱新觉罗·绵慜园寝位于永璘陵园西南边的五峰山四道梁脚下,俗称"南宫"或"南营"。

爱新觉罗·绵慜,生于嘉庆二年(1797 年)二月初八,是庆僖亲王永璘第三子。嘉庆七年(1802 年)十二月封辅国公,嘉庆二十四年(1819 年)正月封固山贝子。嘉庆二十五年(1820 年)三月,永璘去世后,皇上命绵慜袭其父职,但按制降一级为多罗庆郡王。道光十四年(1834 年)任镶黄旗汉军都统,调正红旗蒙古都统。道光十六年(1836 年)十月初三去世,年 40 岁,谥号为"良",以仪顺郡王绵志子奕彩为后。

绵慜园寝的规模与其祖园基本相同,墓共葬 3 人。尚存赑屃座 1 个,宫门、享殿各 1 座,碑楼内有驮龙碑,有道光皇帝御赐碑文,碑已在"文化大革命"中被砸毁。

### 二、镇国公爱新觉罗·绵悌园寝

镇国公爱新觉罗·绵悌园寝位于南宫,在绵慜陵园右侧。

爱新觉罗·绵悌,生于嘉庆十六年(1811 年)六月初四,为庆僖亲王永璘第五子。绵悌因犯错误由镇国公降为镇国将军，于道光二十九年（1849 年）十一月十二日病逝，年 39 岁，咸丰二年（1852 年）三月追封固山贝子。

绵悌园寝仅有红围墙，墙顶砖砌无瓦。墓门仅筑小宫门 3 间。上覆小布瓦，左右各设随墙小门。门前有石狮子一对以示武职。园前有月河，上有小桥 1 座。该墓共葬 4 人，正面宝顶即绵悌与正妻合葬，左右小宝顶葬其妾。

### 三、辅国公爱新觉罗·绵性园寝

辅国公爱新觉罗·绵性园寝位于南宫与北宫之间，在绵慜陵园左侧，俗称"小坟"。

绵性为庆僖亲王永璘第六子，因犯罪被发配到沈阳。道光二十五年（1845 年）遇赦回京，于咸丰九年（1859 年）三月赏副督统职，为阿克苏大臣。绵性在同治二年（1863 年）又犯罪被判刑 2 年，发配吉林。其刑满回京，于光绪五年（1879 年）病故，时年 66 岁。

绵性园寝有红墙围绕，墙顶砖砌无瓦，有小宫门 3 间，覆布瓦，左右各设随墙小门。宫门前有月河，上有小石桥 1 座。该墓共葬 4 人，正面宝顶是绵性与正妻合葬，左右小宝顶葬其妾。

### 四、庆僖亲王永璘第五女园寝（格格坟）

庆僖亲王永璘第五女园寝位于北宫，在五峰山二道梁脚下。

"格格"（发音应为 eyun）一词，是满语的音译，即汉语中的"小姐"、"姐姐"之意，是女真族对贵族女孩子的一种尊称。清朝在皇太极改国号之前的后金时期，各种制度并不完备，大汗、贝勒的女儿与一般贵族人家未出嫁的女孩子都称为"格格"。崇德元年（1636 年），皇太极称帝后，规定只有皇帝所生女孩才能称为"公主"，亲王、郡王及其以下所生女孩子统称"格格"，至此，皇女和宗女开始有了等级上的区别。

永璘第五女,人称为"五格格",相貌秀丽,聪慧可人,深得伯父嘉庆皇帝喜爱,所以过继给嘉庆帝,加封为"五公主"。五公主初次入宫,对宫廷较为生疏。宫中有木制的机器人,能行走进退,为宫中玩物,五公主见了十分高兴,但误踩机钮,活动起来的机器人直奔而来,五公主疑为鬼怪,遂惊吓成疾,不久即死去了,死时年仅12岁。嘉庆皇帝非常痛心,因五公主未成婚,不能立坟,遂命葬于庆王祖坟永璘墓北,坐西向东,仅有布瓦灰墙和木制的红油漆栅栏门。门外有一座小土山(原城墙芯)为照壁。

### 五、爱新觉罗·奕劻的三妾墓(三老太太坟)

爱新觉罗·奕劻的三妾墓位于北宫,在五公主墓右侧方。该墓也是布瓦灰墙和木制的红油漆栅栏门,以土山为照壁。

三老太太为产后病死,与五公主均属于满俗的非正常死亡,按清朝祖制不能入正坟,只能葬于侧方,并且墓的样式简单,规格小。两座坟墓在1937年被盗后再也无人管理,逐渐坍圮,现在已经建成民居。

### 六、爱新觉罗·载振园寝

爱新觉罗·载振园寝是奕劻之子载振的陵园,位于北宫村祖园的左边,是庆王坟中最晚建成的。

载振在1917—1922年于北宫北侧营建福地,周围红墙布瓦,前有月河、神桥。没有皇帝赐碑,只得在神桥以西建3间牌楼1座。其后甬路两边南北朝房各3间,后为宫门3间,上覆绿瓦,宫门左右有小石狮子1对,以示主人为武职,并各设小门1个。宫门后为享殿3间,上覆绿瓦。该陵园于1922年建成,用银约12.5万两。1931年正月,载振亲笔记载此事。陵园规模与其祖园基本相同。载振袭职时清帝已逊位,无皇帝赐碑文,故只建牌楼而无碑楼。殿后琉璃门内正面为载振已故福晋索绰罗氏土墓,(索绰罗氏是巡抚恩寿之女,端庄秀丽,饱读诗书,阖府上下无人不敬,死时未满 30 岁）待载振故后合葬再修正此宝顶。此园寝成为"新园寝",俗称"新圈儿"。1948年,载振病逝,私谥"贞",适逢战乱,道路梗塞,运灵不便,只好葬在京郊北顶村东侧的小口坟地,至此"新园寝"只有索绰罗氏形单影孤,独对空山。现在,新园寝牌楼、宫门、享殿已毁,月河、神桥、南北朝房及北侧门、北围墙尚存,园内树木成林,尚能找到享殿的柱础石。载振陵园只埋葬着嫡福晋索绰罗氏。

## 第五节　皇族园寝的历史命运

### 一、庆王坟的看护及祭祀

从庆僖亲王爱新觉罗·永璘于嘉庆二十五年（1820 年）在白羊城五峰山建园寝开始,至嘉庆二十七年载振陵园建成,是庆王坟营造发展的兴盛时期。

建坟初期,由太监刘永成总管护卫事宜。刘永成原来是顺天府人,书法精练,深得永璘信任。刘太监对永璘誓以生死相随,是守护陵园的第一人。后来,陵园逐渐增多,由五品章京张熹（住南宫）负责守卫。清朝末期,时局动荡,内忧外患,奕劻封王后开始关注身后福地,着手选拔、增加护卫祖坟的人员。李重恩祖上于清初入关,以军功显赫而历任官爵,累世在庆王府当差,家住京城彰仪门内。庆王信任李重恩忠诚可靠,赏其涅白顶戴、大花翎、二行龙补服,提拔为五品章京,辅助总章京担任守卫要职,携带家眷来福地（北宫）居住。

在郑亲王府当差的路德轩诚实忠厚,经人介绍,庆王赏其涅白顶戴、大花翎、二行龙补服,被庆王提拔为六品副章京,辅助总章京担任陵区的守卫工作,携带家眷来福地居住。刘姓、高姓、张姓、罗姓等几户与王府有关人员,也被选派来此守卫。各自携带家眷在五峰山下定居,住在北宫和东宫（东营）。

庆王奕劻重视为福地培养后备人才,他安排总章京张文的次子福茂、三子福海到府中学习当差,将副章京李荣海(李重恩之子)的长子春生、次子春英调入府中学习当差,李春英任记事。相传,副章京李荣海是庆王福地中兴时代的一位奇人,声音洪亮得像金钟一般。南宫距北宫有2里多远,夜静时分,在南宫张家门前可以清楚地听到李荣海在北宫家门口的聊天声。

庆王的后人每逢清明节、七月十五日、十月初一3个鬼节都按时来福地祭祀。届时,章京和差人穿戴着齐整的官服,在东宫村口的老槐树东侧夹道欢迎,这成为每年仅有的3次风景,引来外村百姓围观。

鬼节的前几天,南宫、北宫的几位章京(看坟头目)就要做好3件事:一是预备5只活羊做祭品;二是安排差人将南北阳宅和八处墓园的百余间殿堂、朝房打扫干净,把园内松柏树间的杂草拔净(平日里各陵的宫门紧闭,如果谁家亲戚想瞻仰陵墓,要请章京打开铜锁才能如愿);三是用各色彩纸裱元宝、裁纸钱、剪千张(天梯状),以备烧化之用。

祭祀当天,主子们由章京和差人们簇拥着去谒陵。祭祀仪式在庄严肃穆的气氛中进行,差人们先把宰杀的活羊摆上供案,再把主子从京城带来的糕点、麻花、葡萄干、冰糖、荸荠等摆放整齐。主子们先后到各陵的享殿焚香祭拜祖宗牌位,烧化元宝、黄白冥钱、千张、彩纸结扎的童男、童女、车马、船轿,祈求祖先佑护。祭礼结束后,每个差人家可以分到满满一簸箕羊肉、糕点和水果。

各陵园的侧后方均建两小间更房,供差人们守夜值班。这些差人们轮班守卫,按时领取饷银,空余时间种田、栽植果树,冬闲时进私塾学习。这里民风淳朴,百姓安居乐业,百余年间相安无事。

## 二、庆王坟的盗掘和破坏

民国后军阀混战,庆王坟殿宇厅堂还有108间,民房百间,七七事变后庆王坟被炸,庆王府四世22座陵墓的殉葬珍宝被全部掠走。

地宫外,赤裸裸的豁口非常扎眼。盗墓者掠过金刚墙,直接在地宫券顶炸开口子。地宫内,由于券顶石缺失,有土漏入。

庆王坟经历了清末民初的乱世,中间虽有西路路头"西霸天"谢宏升等人的多次觊觎,但由于庆王坟看护力量的团结强大,盗墓者最终难以得逞。但随着觊觎者力量的增强,庆王坟最终没有逃脱"十墓九盗"的悲惨命运。

1937 年 6 月 15 日,赵侗、郑子风、包旭堂率 30 余人,缴夺了左右邻村的枪支,企图强行挖掘庆王坟。6 月 17 日,由时任总章京的张厚伦授权,护陵武装刘玉泉带领全体护陵人员与包旭堂正式交锋,因人少力弱未能取胜。他们又邀请周围的水台、大水峪、小水峪、王峪、西峰山、古将、黑寨、兴隆口、花塔、长水峪、前桃洼、后桃洼、李庄等 18 村的民团武装,于 6 月 25 日在古将村会合。张厚伦之弟张叙伦则去南口请宋哲元部二十九军派兵协助。双方在南流村南山永安庄会战两个小时,包旭堂等人溃败退到北安河。

1937 年抗日战争爆发后,日军大举入侵华北。8 月 14 日,包旭堂等人趁势聚众,捡拾各地散兵游勇遗弃的枪支,再次包围了白羊城庆王坟。护陵武装人少枪差,总章京张厚伦及弟张叙伦皆殉难。副章京及护陵人员或被捆绑吊打,或撤到了二道梁上。各护陵人家被抢掠砸毁一空,盗匪趁机用炸药将庆王坟崩塌,庆王坟 8 处陵墓 22 座宝顶共 4 代 27 人的墓穴被挖掘,盗尽财宝。

1939 年,姚万臣等人投降日军编为皇协军后,驻守在桃洼村。因八路军不时袭击日军和皇协军,姚万臣认为奕劻陵园的南北阳宅为资敌之处,举火焚烧。南北阳宅的数间房屋和亭台楼阁,霎时化为灰烬。

日伪统治时期,又有人看上了这里的木材,多次盗伐,再加上土匪来一批放一次火,庆王坟树木日渐稀少。1947 年,国民党某军团伐树卖钱,庆王坟古树几乎无存。

新中国成立后,这里还保存着五座较完整的陵园。1955 年南宫被征用,1956 年将这里的 8 个自然村搬迁,随后拆除了宝顶、地宫,砌起了大墙。不过,从大墙豁口处能见到里面有朝房、宫门、享殿等完好的建筑物遗存。

1966 年秋,红卫兵造反派破四旧,扒了罗汉墙,炸毁了碑楼,拆了牌楼、石桥、殿房。流村公社用拆下来的墙砖、条石建了酸枣加工厂。后来,整个陵区地上仅存残墙两段,石桥两座,碑楼一座,几片古松柏林和石桥东侧的一行古槐树,在军事禁区内尚有大宫门一座。地下尚存永璘地宫、汉白玉石门及过梁。

经过历史变迁,庆王坟跨越 3 个世纪,经历 180 多年的岁月沧桑,一步一步地由兴盛走向了败落、残破。

庆王坟共有从庆僖亲王永璘到庆密亲王奕劻的庆王家族四世 22 座坟墓,而今这个家族园寝已面目全非,所有坟墓被盗掘一空。我们能看见的旧物,只有北宫(永璘墓)墓地仍存石桥两座、地宫一所,东宫(奕劻墓)残留碑楼一座(现为某农家院门脸儿)。据说还有残石狮子一对,现已不存在。

附录:《清史稿》卷二百二十一《永璘传》

庆僖亲王永璘,高宗第十七子。乾隆五十四年,封贝勒。嘉庆四年正月,仁宗亲政,封惠郡王,寻改封庆郡王。三月,和珅诛,没其宅赐永璘。五年正月,以祝颖贵太妃七十寿未奏明,命退出乾清门,留内廷行走。二十一年正月朔,乾清宫筵宴,辅国公绵慜就席迟,奕绍推令入座,拂堕食椀,永璘告内奏事太监。得旨:“诸王奏事不得迳交内奏事太监。”罚永璘俸。二十五年三月,永璘疾笃,上亲临视,命进封亲王。寻薨,谥曰僖。命皇子往奠,上时谒陵归,复亲临焉。

绵慜,袭郡王。绵慜奏府中有毗卢帽门口四座、太平缸五十四件、铜路镫三十六对。上谕曰:“庆亲王府第本为和珅旧宅,凡此违制之物,皆和珅私置。嗣后王、贝勒、贝子当依会典,服物宁失之不及,不可僭逾,庶几永保令名。”府置谙达二,亦命裁汰。道光三年正月,赐绵愍三眼孔雀翎,管雍和宫、中正殿。十六年十月,薨,赐银四千治丧,谥曰良。上命再袭郡王一次。

以仪顺郡王绵志子奕采为后,袭郡王。十七年正月,命在御前行走。二十二年十月,奕采以服中纳妾,下宗人府议处。奕采行赇请免,永璘第六子辅国公绵性亦行赇觊袭王爵,事发,奕采夺爵,绵性戍盛京。以永璘第五子不入八分镇国公绵悌奉永璘祀。旋又坐事,降镇国将军。二十九年,卒。

以绵性子奕劻为后。三十年,袭辅国将军。咸丰二年正月,封贝子。十年正月,上三十万寿,进贝勒。同治十一年九月,大婚,加郡王衔,授御前大臣。光绪十年三月,命管理总理各国事务衙门。十月,进庆郡王。十一年九月,会同醇亲王办理海军事务。十二年二月,命在内廷行走。十五年正月,授右宗正。大婚,赐四团正龙补服,子载振头品顶戴。二十年,太后六十万寿,懿旨进亲王。二十六年七月,上奉太后幸太原,命奕劻留京会大学士李鸿章与各国议和。二十七年六月,改总理各国事务衙门为外务部,奕劻仍总理部事。十二月,加载振贝子衔。二十九年三月,授奕劻军机大臣,仍总理外务部如故。寻命总理财政处、练兵处,解御前大臣以授载振。

载振赴日本大阪观展览会归,请振兴商务,设商部,即以载振为尚书。十月,御史张元奇劾载振宴集召歌妓侑酒。上谕:"当深加警惕,有则改之,无则加勉。"旋请开缺,未许。三十年三月,御史蒋式瑆奏:"户部设立银行,招商入股。臣风闻上年十一月庆亲王奕劻将私产一百二十万送往东交民巷英商汇丰银行收存。奕劻自简任军机大臣以来,细大不捐,门庭如市。是以其父子起居、饮食、车马、衣服异常挥霍,尚能储蓄钜款。请命将此款提交官立银行入股。"命左都御史清锐、户部尚书鹿传霖按其事,不得实,式瑆回原衙门行走。

三十一年,充日、俄修订东三省条约全权大臣。三十二年,遣载振使奉天、吉林按事。改商部为农工商部,仍以载振为尚书。三十三年,命奕劻兼管陆军部事。东三省改设督抚,以直隶候补道段芝贵署黑龙江巡抚。御史赵启霖奏:"段芝贵善于迎合,上年贝子载振往东三省,道经天津,芝贵以万二千金鬻歌妓以献,又以十万金为奕劻寿,夤缘得官。"上为罢芝贵,而命醇亲王载沣、大学士孙家鼐按其事,不得实,夺启霖官。载振复疏辞御前大臣、农工商部尚书,许之。三十四年十一月,命以亲王世袭。

宣统三年四月,罢军机处,授奕劻内阁总理大臣,大学士那桐、徐世昌协理大臣。八月,武昌兵起,初命陆军部尚书廕昌视师,奕劻请于朝,起袁世凯湖广总督视师。世凯入京师,代奕劻为内阁总理大臣,授奕劻弼德院总裁。十二月,诏逊位,奕劻避居天津。后七年薨,谥曰密。

# 第四章　文物保护和管理

## 第一节　文物管理机构

流村地区的文物古迹保护在明清两代由昌平县(州)衙(署)礼房负责,民国时期由教育局兼管。新中国成立初期由县教育科管理,后由文化科负责,1981年8月,县文化科成立文物管理所。1984年11月,成立县文化文物局后设文物科,兼文物管理所职能。

## 第二节　文物保护单位

### 一、北京市文物保护单位

流村域内燕长城,是战国末期燕昭王二十九年(前283年)在燕国北部边境上修筑的防御墙,位于流村境内西山,南北长30余公里,东北端与明代重修的八达岭长城相连。燕长城残高约1.5米,宽约2米,似一条卧龙,盘蜒在群峰之巅。其中,黄场西岭上的敌台(当地人称高楼)海拔1438米,为北京地区最高的长城。燕长城在明朝时期仍可继续使用,仍为边塞的前沿哨所。长峪城则成为它附属的防御设施,用于屯兵和贮藏粮食给养及军械。1984年,燕长城遗址被公布为北京市文物保护单位。

### 二、昌平区文物保护单位

**白羊城**　建于明代正统年间,位于流村镇白羊城村,与长峪城、镇边城、居庸关、上关城等重要的关口成为一整体的防线。白羊城修筑在南北两山之间,设东西两座城门,白羊沟水穿城而过,在水穿城处设水门。城为砖石结构,城高 2.5 丈,厚 1.2 丈,周围长 761.5 丈,有东西城门楼 2 座,东月城门 1 座,敌楼 4 座,水旱门 5 座,城铺 15 间,护城敦 12 座,是明清两朝保护京师的重要关隘之一。明正德九年(1514 年)和正德十一年(1516 年)瓦剌部小王子曾先后两次进犯中原,都是由白羊沟入侵直通都城。明朝经过这两次教训后,于正德十五年(1520 年)在此建城防备,派重兵驻守。又于明隆庆三年(1569 年)至万历元年(1573 年)先后两次对白羊城进行扩建和加固,增设附墙台 3 座,空心台 19 座,并派守备 1 人,千总 1 人,把总 2 人,同镇边城领兵 3330 人镇守。现在看到的城墙遗址就是隆庆、万历两朝建筑的规模。

**长峪城** 是京师西北门户,位于昌平城区西 45 公里,北距万里长城 5 公里,建于明代中期。此地山大沟深,山势险恶,该城北依长城,东与白羊城比邻,位置重要。长峪城有新、旧两个城,旧城建于明正德十五年(1520 年),城垮东西两山,设南北城门两座,东山下设水门 2 座,墙体砖石结构,非常坚固。城高 1.8 丈,周长 354 丈,敌楼 2 座,角楼 1 座,城铺 10 间,边墙 4 道,护城敦 6 座。城内有佛殿、娘娘庙、钟楼、鼓楼。

修建后的 50 余年里,没有对旧城重筑,于万历元年(1573 年)在南侧另建新城,使新旧二城相连,实际形成了南北两道防线。新城南门辟有瓮城,并在城东山头上筑瞭望台 1 座,与长城的烽火台隔山相望,遇有情况马上增援。万历年间对京北沿线长城重修后,以后历代皆因其交通不便,供给烦苦,未再修缮。由于年久失修,多数城墙坍塌严重,现存新城南城门、娘娘庙内的钟鼓楼及铸钟保存较完整,其他城墙高处丈余,低处也有几尺,布局较为完整。

**庆僖亲王家族墓地** 庆僖亲王永璘园寝,俗称庆王坟,是以清乾隆皇帝第十七子庆僖亲王——爱新觉罗·永璘为祖的家族墓地。陵园位于流村镇白羊城东宫上村,后倚五峰山,前有笔架山,建于嘉庆二十五年(1820 年),葬有庆僖亲王永璘、庆良亲王绵慜、庆密亲王奕勋等人,有大小陵园 8 处,内有大小宝顶 22 座,埋葬着四代共 27 人,占地面积约 4.5 万平方米。园寝东向,长方形,布局分前后两部分。前部由碑楼、享殿和左右庑等组成,后部是茔墓的所在,两部分以石桥相连。墓室为长方形券顶结构,有左右耳室,面积约 160 平方米。1937 年墓被盗。因年久失修和人为损坏,墓地建筑损毁,现仅存碑楼和单孔拱券栏板石桥各一座及部分建筑基址。

**长峪城永兴寺** 位于流村镇长峪城村,建于明代,历经修缮。占地面积约 2 万平方米,坐西北朝东南,四合院布局,有山门、过堂殿、正殿及其左右配殿,正殿三间,垂带台阶五步,檐枋彩画,六抹菱花隔扇门窗。东侧另有钟楼一座,内置崇祯年铸造铁钟一口,高 1.6 米,保存较好。西侧有戏楼一座,是昌平区内仅存两座庙带戏楼之一。

**上店烈士陵园** 位于流村镇上店村。1948 年 5 月,中国人民解放军华北野战军某部在杨得志、罗瑞卿的率领下,与国民党华北剿总傅作义部国民党 92 军 142 师,于流村镇上下店展开激烈战斗,并取得了胜利。此次战役中牺牲烈士的遗体在战役结束后大部分被群众掩埋在上店村。新中国成立后,大部分烈士的遗骨被烈士的家属来上店村认领并迁回老家,目前 46 名烈士的遗体被埋葬在上店村烈士陵园内。陵园内有革命烈士纪念碑一座,立于 1981 年,正面刻有"革命烈士之墓",背面刻有碑文。碑文如下:

> 一九四八年农历四月十六日,中国人民解放军晋察冀第三纵队,在上、下店战斗中英勇杀敌,四十六名同志为革命献出了宝贵生命。为了怀念革命烈士,流村人民公社党委和管委决定修建此烈士陵园。

昌平县流村人民公社

一九八一年五月

上店烈士陵园于 2005 年 8 月被北京市昌平区列为区级文物保

护单位。

**西山惨案纪念碑** 位于流村镇溜石港村,北京市第一批爱国主义教育基地。1937 年 8 月,日本侵华军队在进攻南口的战役中,对溜石港村、马刨泉村、禾子涧村、熬鱼村村民实行"三光政策",几天间杀害无辜百姓 109 人,烧毁房屋 500 余间,制造了"西山惨案"。1997 年初市政府将此地定为青少年教育纪念地;同年 5 月,在溜石港村南川地处修建了西山惨案遗址纪念碑并举行揭幕仪式。碑文是"昌平西山惨案遗址"。

**高崖口革命烈士纪念碑** 位于流村镇狼儿峪村。1948 年 7 月 21 日,国民党反动派的军队和地方反动武装,包围袭击了狼儿峪村(该村当时是中共昌宛县政府所在地),杀害了县委城工部长吕杰等 13 名干部和 1 名群众,制造了"狼儿峪惨案"。1995 年 6 月修建了"高崖口革命烈士纪念碑",原昌宛县县委书记常浦为纪念碑揭幕。纪念碑坐南朝北,陵园占地 330 平方米,纪念碑竖立在底长 13 米、宽 9.2 米、高 1.5 米的台基上,汉白玉石质,方首方趺,碑额正面为团龙,背面为荷花图案,纪念碑高 2.9 米,宽 1.01 米,厚 0.21 米,碑的正面刻有"高崖口革命烈士纪念碑",背面刻有高崖口人民英勇抗击日军的光荣事迹。碑文如下:

英雄的高崖口乡,地处北京西山,乃当年平西抗日根据地之一部。抗战前,中共党员就在狼儿峪等村进行地下革命活动。卢沟桥事变后,国民抗日军(红蓝箍)在邻乡起义,高崖口人民踊跃参军。一九三八年,昌宛县成立,各村先后建立党的组织和抗日政权。组织民兵队伍,开展游击战争。一批党的地下工作者,建立了连接平、津、唐等城市和平西根据地的秘密交通线。日本投降后,瓦窑村曾是中共北平市委驻地。昌宛县委、县政府长期驻狼儿峪村。高崖口人民用鲜血和生命捍卫了我领导机关。平津战役中,人民解放军在高崖口地区全歼敌 104 军,全乡人民支援前线,做出重要贡献。

战争年代,高崖口人民付出极大牺牲。一九三七年八月十八日,日军在溜石港村残杀三十七名无辜村民,有的村民全家罹难。解放战争时期,国民党反动派制造了漆园村、照甲台、狼儿峪三大惨案,杀害干部、群众十八名。其中一九四八年七月二十一日狼儿峪事件就有昌宛县等干部十三人牺牲。在抗日战争、解放战争和抗美援朝战争中,全乡有四十四位烈士为革命献身。

为弘扬前辈业绩,祭奠先烈英灵,教育人民和后代子孙,爰立此碑,镌文永志。

中共昌平县委员会

昌平县人民政府

一九九六年七月

**长峪城娘娘庙** 位于长峪城村西山坡。明代始建,清代两次修缮。两进院,四合院布局。鼓楼已不存,钟楼悬挂铁钟1口。中殿为天王殿、东西两配殿,西配殿带戏楼,正殿为观音殿。现存庙布局完整,但因失修残坏严重。

**云峰龙泉禅寺石幢** 石幢原来位于漆园村的云峰龙泉禅寺,是为了歌颂曾在此寺修行的檀公禅师的道行而建。现存于昌平博物馆,保存基本完好。在石幢上刻有如下文字:

大元国大都路昌平县昭圣禅寺故先师云峰檀公禅师道行石幢之记,住持仰山大栖隐禅寺传法嗣祖沙门本琏撰并书丹。

原夫历历像临镜,亭亭月晕空,镜空非有意,月像自其中。月晕空而空原不动,像临镜而镜本寂然。故知生死交易,体绝去来,物像迁流,心何起灭。堂之高,以其基之崇;水之长,以其源之深。真迹力久,其所由来,渐矣。而我檀公长老者,俗姓武氏,本贯东原单州人也。母王氏夜梦白光入室,遂生师焉。幼而不茹荤,长而不嬉戏,龆龀就学,日诵千言。见僧人入室,合掌顶礼,心乐出家,父母不夺其志。年十二,礼中都报恩禅寺万松长老为师,训命曰从檀。试经受戒,担簦负笈,遍历丛林,挂锡沛县芒砀山紫盖和尚处得法,紫盖乃青州七叶孙也。本处官吏具书疏请,出世开堂。后居中都大万寿禅寺。未几,有本路昌平县白虎涧众檀越请住持云峰龙泉禅寺。不十数年,填沟塞壑,负土担石,创建三门,经之营之,不日成之。又住虎峪龙兴禅寺,起废扶颓,佛殿三间,廊庑次第,厨库落成及本县昭圣禅寺,创建转角佛殿五间,雕木佛像两坛。瓦砾荆棘场变作青莲宇,日食一爵,身衣百衲,长坐不卧,肋不沾席。计其相状,必枯悴毡劣,及见其形容,凛然丰硕,眉目秀拔,气和如春。禅观之余,四方仕庶,睹师之苦行,敬而畏之。寒温之外,手不释卷,唯看经念佛持课而已。真丛林之标表,实法门之龙象也。

至元二十二年十二月十二日,微疾而化茶毗之日,顶骨、舌根、膝盖不灰,五色烟焰凝空翳日,盖师之道业之所致也。大野兮凉飙飒飒,长空兮疏雨濛濛,祖送者万人,俗寿七十八,僧腊五十六夏三处起塔,以旌其德。有门弟子宗主僧正德、提点僧正慧,持师行状,徒步入山,求文于素庵老衲,洗手焚香援笔书之,以记其实。

其铭曰:

同气连枝老弟兄,临峰接境与云平。

顶存宝盖留金地,舌卷红莲动玉京。

半世未曾怀愠色,一生长是念经声。

万人祖送天垂象,飞者悲鸣走者惊。

紫盖亲传第一机,万松门第名当世。

龙泉昭圣瓦砾场,佛殿三门焕金碧。

仲谦作赞已多时,仰山援笔重为记。

云峰积雪白峨峨,晓色破烟昏幂幂。

石槽无复野猿啼,龙虎台边鬼神泣。

阿师德量若穹苍,浩浩清风无尽极。

至元二十三年四月望日

【案】石幢后载龙泉寺北至峰山岭,南至马铺山,东至瓦窑岭,西至碳岭,在白虎涧西,今圮,与台头村西南龙泉寺别。

流村镇文物保护单位一览表

| 文物名称 | 所在地点 | 文物时代 | 保护价值 | 保护状况 |
|---|---|---|---|---|
| 燕长城 | 马刨泉村 | 战国 | 古长城 | 残毁 |
| 龙泉禅寺石幢 | 漆园村 | 元 | 古建筑 | 基本完好 |
| 长城 | 黄厂村 | 明 | 古代军事建筑 | 残毁 |
| 白羊城址 | 白羊城村 | 明 | 古城址 | 残毁 |
| 长峪城 | 长峪城村 | 明 | 古城关塞 | 基本完好 |
| 永兴寺 | 长峪城村 | 明 | 古寺庙 | 基本完好 |
| 娘娘庙 | 长峪城村 | 明 | 古寺庙 | 残破 |
| 庆僖亲王墓 | 白羊城庆王坟村 | 清 | 古墓建筑 | 残破 |
| 西山惨案纪念碑 | 溜石港村 | 1997 年 5 月 | 革命纪念碑 | 基本完好 |
| 高崖口革命烈士纪念碑 | 狼儿峪村 | 1996 年 7 月 | 革命纪念碑 | 基本完好 |
| 上店革命烈士陵园 | 上店村 | 1981 年 5 月 | 革命纪念碑 | 基本完好 |

# 第三节　文物普查及文物破坏情况

## 一、老峪沟村

这里曾是历朝兵家的必争之地,杨六郎屯兵的"六郎城"及明长城、阎罗堆的秦长城等古刹遗址均居于此地。蜿蜒起伏的野长城,被联合国教科文组织列为"世界文化和自然遗产保护项目",是世界上最著名的游览胜地"万里长城"的一部分。长城上有烽火台数座,其中还有圆形烽火台一座,俗称圆楼,东与八达岭紧紧相连,由此可见,老峪沟村具有极高的历史价值和考古价值,充分体现了独特的长城文化。

## 二、狼儿峪

很早以前叫养儿峪。明朝年间,刘伯温给皇上朱棣选坟时来到这里,相中了这块地,当时他多了一个心眼,跟当地的老百姓打听,这是什么地名。老百姓告诉他这儿叫狼儿峪。当时的皇上姓朱,地名又叫狼儿峪,怕犯地名得罪皇上,就另选别处,选中了当时的十三陵。从那时起养儿峪就改名叫狼儿峪。村中大影碑现有老槐树两棵,枝繁叶茂,定为国家二级保护古树。

解放战争时期,这里是中共昌宛县委县政府所在地,旧址基本完好。

1996 年,在村口关元场院建立了高崖口革命烈士纪念碑。

村东庙在很早以前是一座寺庙,名称为大云山关音寺。南约200 米左右,有一座塔,现庙、塔都没有了。现有王八石一块,石碑现已两半,石碑上有"千古流芳"四个字,碑文已看不清了,据老人说是皇上直接点封的。南山下庄户有石臼一个,上河有石槽一个。

### 三、西峰山文物遗址

西峰山,坐落于太行山脉与燕山余脉交汇处,海拔 320 米,这里自然生态完美,野生动植物繁多,空气清新洁净,村内地势西高东低,酷似一小盆地。据史料记载,西峰山原名西峰口,明代成村,历来是通往高崖口、老峪沟的重要关口。它三面环山,山势平缓,西坡路陡,是明清时妙峰山北侧香道的必经之地。

(一)摞子台

相传,大破洪州之后,由于战事紧急,穆桂英虽然身怀有孕,也只好再次出征。这天,激战几十回合后,忽然腹内一阵疼痛,她料到婴儿就要出世了。穆桂英眉头一皱,计上心来,只见她虚晃一枪,拔马便走,翻过一架山梁,将婴儿生在一个三面环山一面是谷的平台上。穆桂英把孩子摞在这个台子上,又跃马挺枪杀入敌阵。后来,人们把这个地方称为"摞子台"。

(二)望儿坨

西峰山村有座异峰突起沙滩包围的孤山,这就是有名的穆桂英遥望杨文广的"望儿坨"。

离撂子台东去30里，穆桂英在战斗间歇，想看看孩子杨文广，她环顾左右，终于发现不远的地方有三块四尺见方的大石头，穆桂英如获至宝，轻轻一举，将这三块石头撂了起来。穆桂英爬上这高有丈余的"撂撂石"向西眺望，仍然看不见撂子台，看不见小文广。为了登上这座孤山，她从对面西坡的六郎敦之上取得了一包土，将这包土倒在山顶，然后登上土堆，这才看见她的娇儿小文广。从此，这孤山就叫"望儿坨"了。

如今登上望儿坨，还能看见穆桂英撮的那包土，土堆高出山顶七八尺，方圆足有十五六丈，与对面西坡六郎敦上的土质完全一样，且与西坡六郎敦山顶上的一个深七八尺，方圆十五六丈的深坑刚好吻合。"望儿坨"土质为黑土，西坡六郎敦顶上为黄土，至今"望儿坨"只有顶上是黄土，西坡六郎敦深坑仍完好存在。

（三）西峰山井

西峰山村有口深井，据说那是杨六郎一枪给戳出来的。

北宋年间六月的一个黄昏，天气干热，大地犹如火烤一般。驰骋疆场的杨六郎此时唇焦舌燥，一战结束后，他来到妙峰山北麓的一个小小村落，六郎翻身下马，战马口渴不住地嘶鸣。正在这时，只见对面南山上一老一少抬着一个水桶，蹒跚而来。老者是一个年过花甲的老婆婆，少者是一个十二三岁的小姑娘。来至跟前，六郎才看清抬的是一桶清凉的水。老婆婆说："元帅，喝吧，您忠心报国，为民康乐，何惜一桶水呢！"六郎也顾不得考虑再三，此时战事紧急，远远传来击鼓和呐喊声，六郎感激地望了望老婆婆，端起水桶痛饮了几口，把剩下的半桶水饮了马，霎时间，六郎和他的战马精神大振。

饮水思源，于是六郎问："您这水是从什么地方抬来的呢？"老婆婆说："这水是六七里远的南山上抬来的，那里没井也没有泉，我们等的是空山水。这空山水滴一桶需要半天时间，吃水真比吃油还难啊！"六郎抬眼朝南山望去，果然有一条隐约可见的地下水线逶迤通过村里。于是,他看准了地方,便手持丈二长矛,朝地面只一戳一摇,一口方圆千丈、深18丈的井出来了,只见井水涌着白浪"哗哗"作响。

这口井就是现在流村镇的西峰山井,如今还完整无缺。这口井土帮土底,口大底小中间细,相传就是因为六郎用长矛一戳一摇的关系。从西峰山井的深度来看,有"天下十三井,就数西峰山井最有名"之称。

(四)六郎庄

六郎庄位于西峰山村北,据说是杨延昭在三关帅府,接到辽国韩昌的战表,两军战于此地,在此处的黄土坡大战一百回合,杀得韩昌下马求和,发誓只要大宋有杨延昭在就不进犯中原,杨六郎大获全胜。此处黄土坡改名六郎庄。

(五)猪脖子沟

相传,刘伯温率众军士在西峰山的五峪岭与西坡根接壤处整军休息,有一头威猛的野猪经常威胁到士兵的生命。刘伯温暗下决心,一定要斩杀这头猛兽。为了不被野猪发觉,刘伯温将宝刀用布缠着,冒着被吞掉的危险,埋伏于两山之间,这时一位大将军晚上出恭,只听得一阵狂风响声,那大将军霎时不见了踪影,刘伯温情急之下,拔出宝刀,朝着猪脖子砍去,只见火光飞溅,隆隆巨响,霎时间王峪与西坡根连接处被斩为两段,靠王峪岭则为猪头,西坡根处为猪身,当时的猪血流成了一条小河,后来这条血河里变成了一块块红色的小石头,形成了现在的猪脖子沟。后来人们每到猪脖子沟都要捡上几块红色的小石头,回到家里像研墨一样将其研成汁状,鲜红鲜红得像血一样,用它判舫,做成颜料都非常好。至今,那里的红色石头比比皆是。

## 四、六郎城

在长峪城村,村东是北宋名将杨延昭的旧居,名为六郎城,如今还有旧景城圈,插旗墩台。相传杨延昭为了平扫寇王百万,暗保大宋,假投降,在此住过一段时间,留下的古迹还有看狗台、杨记沟大洞、杀亮沟、拦马墙。

六郎城的地形是龟形地，东南有笔架山，为文笔贵人。左有群山环抱，为青龙。右有群山环抱，为白虎（其中有龟山、椅子山）。前峰有凤凰山为照山，西北来龙，有古庙一座，前殿是佛像十八罗汉，后殿三位娘娘。新城有观音庙，旧城有关公庙，内有四海龙王。古庙靠山，有人说龙山，有人说是卧牛山，为吉地。

### 五、仙人洞

禾子涧村，原名叫八宝庄，因西北靠天马山后尾，雨量大时山涧水流湍急，直串村庄大街，改名叫禾子涧村。村北有十余户人家，小村庄叫仙人洞，是天然洞，能藏人，有水，据说能看到洞里有蛇，小仙人，有时还会听到洞里饮酒会客的声音。这里的居民都姓汤，据说是明朝总兵汤英之后，由流村乡白羊城村迁来此地。

### 六、马刨泉、寄水坨、拴马桩

相传北宋太宗皇帝年间，杨家父子兵困两狼山，杨继业撞死李陵碑前，为国捐躯，六郎、八郎葬父之后，单枪匹马杀出重围，直奔中原，路过此地，人和战马都渴得难以行走，见一老妇端盆水经过，六郎提出要用银两换水，却遭拒绝。战马连声嘶叫，双蹄刨地，六郎对战马说，如果你能刨出水来就喝。马通人性，果真刨出泉水来，人马都喝了个痛快。六郎想起方才寻水之事，就用八丈银枪将泉水指到对面西北山上寄存，寄水坨由此得名。有几块立石叫拴马桩，村名改为马刨泉。从那以后，经常有人上寄水坨背水吃，一直流传到现在。

### 七、古将村古庙

古将村位于流村镇北4公里，花塔和平寺西3公里，白羊城1.5公里，距昌平城25公里。

古庙位于村中央，坐北朝南，建在石头台上。庙中从东至西有一堵墙,将庙隔成南北两间。隔墙两面皆绘有壁画。南面墙上正位绘的是关羽,左侧是二郎神、雷神、土地神,右侧为五帝;北面墙上正位绘的是南海大力士,两侧绘的是托塔李天王等。每逢节日此庙香火繁盛,同时也是村里人办丧事时报庙的场所。此庙在"文化大革命"中被拆除。

### 八、北流村文物古迹

北流村村西有一座寺庙,兴建于明朝,曾于清朝年间修缮一次。新中国成立后,村小学校就设在此地。村中心有一口古井,深25丈,村民自发挖掘而成。井台上一棵500多年的老槐树,奇形古貌,枝繁叶茂,为国家一级保护树木。

### 九、营址

流村镇新开村的下面,河滩之北有块台地,名叫营址。宋杨家将曾经在此安过营,扎过寨,因此叫营址。营址的靠山上有个明显的山头,叫插旗岭,因为杨六郎担心兵马从这里经过的时候不知道他们在台上,所以在此处安插旗帜,插旗岭由此得名。另外还有座小山,前面像人头,所以当地人都说是六郎头。

### 十、照甲台村和六郎洞

杨家将曾经在这里休息,清点人马。因是天黑,因此举灯相照,自此该村得名"照甲台村"。杨家将清点完人马之后,仍觉得此地不安全,而且地方太小,住不下大队人马,因此向上面的河谷再寻驻扎之处。看到有个山洞,洞前是水泉,环境安全又方便,于是在此住了几天,之后启程退至宋朝地面。后人称此洞为六郎洞,但当时真正的主角应当是杨业。

### 十一、漆园村的文物遗址

昌平流村镇的漆园村文物古迹较多,具有代表性的如云峰龙泉禅寺(也称"三门庙"),有乾隆皇帝御赐的龙鼓。

## (一)云峰龙泉禅寺

云峰龙泉禅寺坐落在漆园村村西,村民俗称为"三门庙"。该寺坐西朝东,进庙为一间的韦驮殿,正殿为三大间(每间一丈见方),正中供奉释迦牟尼,左为弥勒,右为持戒,十八罗汉分列两厢。南配殿为小三间(每间不足一丈见方),供奉的是关圣帝(关羽),两厢壁画为桃园结义、过五关斩六将、水淹七军等场景。北配殿也是小三间,供奉的是人面龙王爷,两厢壁画为行云布雨图。此庙建于明代,1951年村里将佛像拆毁,在庙址上建立小学。庙台下有古井,昔日村民用水多汲于此井,现仍可饮用。

## (二)龙鼓

乾隆御赐龙鼓真品直径80多厘米,高40多厘米,鼓帮上刻着金龙。虽然由于年代久远油漆有些剥落,但仍可辨认出是一幅"二龙戏珠"图,两条龙张牙舞爪,身上的鳞片、周围云雾清晰可见。

据村里72岁的刘大爷回忆,"文化大革命"前,龙鼓真品还留有3个,但在"文化大革命"期间,其中两面遭到毁灭性破坏,金龙图案均被涂去,只余一面幸免于难。在他幼年时,整套鼓演奏起来共分为阴阳二音,雄浑者气势磅礴,雄壮浑厚,有千军万马行军之势,其声可传十余里;其声清脆激扬,如珠落玉盘,幽泉淙淙,沁人心脾,心宽气爽。

## 十二、瓦窑村的七盘山庙

七盘山位于瓦窑村西北,海拔400多米,周围虽群山环抱,但又不与周围群山相连,是一峰凸起的孤山。山顶平坦,面积达1000余平方米。东、西、北三面陡峭险峻,南面较舒缓,有上山的土路及石块铺砌的台阶。七盘山周围有隐约可辨的7个小山梁,故称七盘山。也有称棋盘山的,据传说,因山顶平整,且长宽比例恰如一张棋盘,众仙家曾在这里举行每年一次的棋艺大会,故得其名。

七盘山庙始建于明代嘉靖四十三年(1564 年)四月初八。

庙宇布局,坐北朝南,正殿 3 间为娘娘庙。殿内有 3 尊娘娘塑像,中间天仙娘娘为正宫娘娘,左右分别为子孙娘娘、眼光娘娘。在 3 位娘娘的两侧各有 4 位童子相伴。正殿建筑比较普通,房顶为合瓦,房山为猫头滴水花纹,深红色油漆门窗,窗格大小不等。在正殿东侧与正殿为一条直线上建有回香亭 3 间,回香亭内有佛像 1 尊,左右各有 1 个童子,壁画为 72 司。在正殿前面的东西两厢为茶棚,西茶棚 5 间,东茶棚 3 间。在山门外两侧还有一个茶棚为 6 间。茶棚皆为普通青砖建筑,室内有石桌、石凳。山顶上总建筑面积约 800 平方米。山门外正前方,往坡下有 27 层台阶,有座戏楼共 5 间,戏楼较普通,建筑面积约 90 平方米。

在抗日战争时期,七盘山庙的部分建筑遭到日军的严重破坏。整个建筑物于 1955 年拆毁,现在残存的一些破损石碑、基座石、条石等,横七竖八地躺在乱石荆棘中,一副败落景象,只有从山门到戏楼的石阶还清晰可见。

### 十三、菩萨鹿村的菩萨院

菩萨鹿村已有 1000 多年的历史。据考证,辽宋时期村所属半山腰建有菩萨院等珍贵文物建筑,至今仍留有菩萨院被毁的痕迹,当地百姓曾在施工中发现古代陶器及文物。

### 十四、白羊城村的寺庙

明朝正德十五年(1520 年),为防止蒙古族进犯,始建白羊城,设重兵驻守,以御外侵。白羊城内外寺庙较多,鼓楼上有玉皇庙,西门外西侧有山神庙,城南坡上有佛庙和娘娘庙,俗称苍坡庙,南坡下有菩萨庙,俗称庵庙。五峰山头道梁下有一山神庙,该庙其楹联书:"五峰山神一方诚敬,三圣古庙千古有灵。"

白羊城庙多自然要举行庙会,历年农历四月十五至十七的三天里,远近民间艺人都来会演,钹鼓、耍幡、吵子、歌柳子、变戏法、耍猴、唱小曲、说评书,远近求神拜佛、烧香许愿者,人来人往好不热闹。

白羊城毁于特大洪水,由修建到毁灭只有百年历史,现在的白羊城只剩一个名字和传说了。

### 十五、庆王占地界桩

庆僖亲王永璘选中白羊城五峰山作为福地后,强行圈占良田1360亩,立红柱为界,沿界栽种花椒树作为护栏。庆王府遂把白羊城内百姓迁至城外南面建复兴庄,禁止其再进陵区。

自公元1820年4月至解放前,白羊城的南、北、东到处都有这占地地桩栽在地边。此柱圆形,直径16公分,地上方1.7米,地下0.8米,顶端宝顶状。1948年,土地改革后逐渐被人毁坏,至今在农户家还仅存两根。

## 第四节　文物建筑的修缮、搬迁、复原

### 一、庆王坟的保护与修缮

"文化大革命"结束,爱新觉罗·溥杰几次来庆王坟谒陵祭祖,但由于自然损坏、人为破坏和年久失修,位于昌平区流村镇白羊城村的清代墓葬群——庆王坟墓群周围一度杂草丛生,垃圾成堆,呈现出破败不堪的景象。

为重现古代建筑风貌,发展当地民俗旅游业,带动农村经济发展,白羊城村委会在昌平区、流村镇两级政府的帮助下,筹集资金200万元,整治庆王坟周边环境。本着"修旧如旧"的原则,该村拆掉80间旧房,淘出昔日的古砖修缮罗汉墙、越河桥和朝房等古建筑,并清理了墓葬群周边的生活垃圾,铺设了青砖墁地的人行步道,初步恢复了庆王坟的历史原貌。

修缮过程中,村委会广泛搜集有关庆王坟的历史资料。2005年

5 月,通过守陵人后代,村委会辗转找到清乾隆帝十七皇子庆僖亲王永璘的第七代世孙金恒绩先生。金恒绩老先生得知庆王坟修缮一事十分高兴,专程赶到白羊城村,提供了庆僖亲王一脉的家谱,并对村委会表示感谢。此后又有爱新觉罗氏 30 余人次前来谒陵。

2005 年 12 月 30 日,北京市委宣传部、北京电视台在庆王坟古遗址生态文化园举办了"燕山情——情暖昌平"大型文艺演出。

除了被昌平区、北京市列为保护单位、保护区之外,2003 年,人们在奕劻园寝的南胡同修建了"五峰山庄"大门,把栽种古松、古柏的古王陵建成了古树公园。

庆王坟墓地内外曾遍植松柏,目前仅存 260 株,其中一级侧柏103 株,二级古树名木 157 株。古树树龄最大的有 400 多年,最小的近 200 年,是北京市最大的古树群之一。这片古树群得到当地林业部门施肥、浇水、打药等多种手段,对古树进行逐一保护,美化了当地环境,并成为丰富的旅游资源,不断造福着当地人民。

历经沧桑的清代庆亲王园寝重新焕发了生机。


### 二、长峪城的保护与修缮

昌平区文物部门曾三次专程对长峪城进行现场调研考察,并与流村镇政府领导就"让历史文化遗存在带动昌平西部经济开发建设中发挥作用"的问题多次讨论,建议镇政府做好文物保护工作,停止在长峪城内外的建设施工。日前,区文物部门已安排专人到长峪城做整体保护规划,这个规划将对流村镇开发长峪城过程中如何保护这处古迹提出可行的方案,必将为合理地开发利用文物和保护文物提供坚实的基础。最近市文物局要求上报市级文物保护单位推荐名单,昌平区文委已将长峪城列入其中,区政府也已经同意上报市局,一旦申报成功,市局就会在修缮经费上给予支持。

# 第八卷　古今人物

# 第一章　古代人物传

　　流村镇位于太行山脉与燕山余脉交汇处,作为昌平区的西大门,东临阳坊镇,北接延庆县,西连河北省怀来县,南连海淀区与门头沟区,是首都北京西北方的上风上水之地,位置十分重要。流村镇是一个有着悠久历史文化的古镇,燕、北齐、明之残长城,辽、金时代的古井、明代的瞭望台、清代的王陵以及龙泉寺、永兴寺、菩萨庙等寺庙遗址都是一段又一段历史的见证。流村镇有着峭拔秀丽的青山,清澈见底的溪水,林荫郁郁的绿树,这使它成为许多古代文人学者的流连之所。游览之余,他们往往将流村的自然风光、历史遗址、风土人情载诸书册。明清时期,随着传统方志学步入鼎盛时期,这类的记载也越来越多。就本书所撰写之人物而言,孙承泽与顾炎武为明清之际的著名学者,他们对流村所做的记载与描述是我们可见的最早文字资料;而麻兆庆作为清代方志学专家,他所撰写的《昌平外志》使我们对流村的历史文化有了更为深入的了解。今天看来,这些文人学者以亲身经历抒写的文字已经成为流村镇历史文化中不可缺少的一部分,每当我们回顾流村的历史时,就不由地会想起他们在流村土地上的点点滴滴。

## 孙承泽

　　孙承泽(1593—1676 年),明末清初学者。祖籍山东省青州府益都县,字耳伯,号北海,又号退谷、退谷逸叟、退翁、退道人。生于北京大兴县采育镇。明崇祯辛未年(1631 年)进士。他从县令做起,先后在河南、山西为官,后官至刑科给事中。据史料记载,孙承泽为官敢于谏言，勇于任事，所在颇有政声。李自成攻占北京后，孙承泽被任命为四川防御使。士大夫在王朝易代之际必然会面临传统的价值理念和眼前个人利益之间的问题，而这个问题在传统文化的价值系统中必然是矛盾的，尤其是在明清易代之际这种矛盾更为突出。面对当时的情形，有人坚持传统的忠孝观念，"君亡与亡"，毅然"以死报君恩"。也有人被明末"不可为"的混乱政治局势挫伤了入仕的积极性，逃禅入道，隐于山林，继承了伯夷、叔齐等人的遗民衣钵。王朝换代，"岂能举朝死之"，更多的士大夫则对"以死塞责"的做法颇不以为然，他们或勤王复仇，或入仕新政权。作为明朝官员，孙承泽也想过一死以报国恩。但在数次求死不得和被逼无奈的情况下，不得已归顺了大顺政权。清军打进北京，他又再次被起用，数年之间官至吏部左侍郎兼都察院右都御史。但顺治十年（1653 年），因荐人与皇帝意见相左，被指为"朋党"，孙承泽颇为恐慌，便辞官来到北京西山樱桃沟隐居。他自称"退谷逸叟"，因而将此归隐之山谷命名为"退谷"，并于此著书立说。康熙十五年（1676 年）卒，临死前赋诗道："进退死生两大事，孤心留取照幽墟。"由此可见其心迹。孙承泽一生著述颇丰，著名的有《春明梦余录》、《天府广记》、《庚子消夏记》、《九州山水考》、《学典》、《闲者轩帖考》、《溯洄集》、《研山斋集》等。在辞官隐居退谷的十余年间，孙承泽遍历北京附近的风景人物，其足迹也涉及流村地区。流村的秀美风景给他留下了深刻的印象，这反映在他的著作《天府广记》之中。据《四库全书总目》所述，《天府广记》"以京畿事实分类编辑，凡《建置》、《府治》、《学宫》、《城池》、《宫殿》各一卷；《坛庙》四卷，《官署》二十三卷，其中仓场漕务附户部，选举贡院附礼部之类，又各以所属系录；《人物》二卷；《名胜》、《川渠》、《名迹》、《寺庙》、《石刻》、《陵园》各一卷；《赋》一卷；《诗》三卷。全用志乘之体"。其中，卷三十五《岩麓》中，对流村境内的菩萨鹿和漆园二地做过描述，"自长峪而东，可二十里，有聚焉，曰菩萨堑，有祠焉，是祀菩提"，"园之南有山焉，是名雅思，是名露池"。这是目前所见最早直接记述流村镇的文字资料。

# 顾炎武

顾炎武(1613—1682年),字宁人,初名绛,因曾居亭林镇,故号亭林,后世称之为亭林先生,明朝灭亡以后改名炎武。明万历四十一年(1613年)五月二十八日,生于江苏昆山东南的一个叫千墩的江南小镇。顾氏祖居吴郡(今江苏苏州),后世几经迁徙,到南宋初年定居昆山。顾炎武的祖先世代为官,为江东之望族,但到顾炎武时家道已经开始中落。因顾炎武叔祖绍芾之子同古未娶而亡,其聘妻王氏矢志守节,故顾炎武出生之后,就过继给已去世的堂叔为嗣,由王氏抚养长大。顾炎武从小就受到了严格的儒家教育。顾家有丰富的藏书,而他的嗣母王氏为太学生之女,知书达理,且意志坚定、深明大义。作为一个居孀的妇女,她独居一室,"昼则纺绩,夜观书至二更乃息",尤其喜欢读"《史记》、《通鉴》及本朝政纪诸书"(《先妣王硕人行状》)。顾炎武6岁时王氏就教他读《大学》,9岁时又教其读《周易》。除书本之外,王氏给他所讲的历史上许多英雄人物的壮烈事迹,更深深地熏陶了顾炎武的心灵,这对他以后人格的形成有着举足轻重的意义。当时一些爱国的知识分子和士大夫继东林之后,再组复社。不久复社声气传遍天下,成为当时江南最大的政治学术团体,其中以娄东的二张(张溥、张采)为宗主。天启六年(1726年),年仅14岁的顾炎武也加入了复社。由于顾炎武博雅独行于乡里,和同乡挚友归庄为乡里所不容,有"归奇顾怪"之目。总之,在顾炎武青少年的岁月里,他广泛接触当时的名士大儒,讲学论道,树立了以天下为己任的志向。所以,年轻的顾炎武认为到科场应试对一个有远大抱负的人而言不仅无用而且有害,以致日后发出了"八股之害,等于焚书;而败坏人才,有盛于咸阳之郊"(《日知录》卷16)、"废天下之生员,而用世之才出"(《亭林文集·生员论中》)的感慨。从此,顾炎武用心致力于"实学",希望以此整顿世风、挽救时局,他常常"感四国之多虞,耻经生之寡术"(《天下郡国利病书序》),对当时文人无不以浮名苟得为务的不良风气做了无情的批驳。公元1645年,清兵在入关后的第二年,南渡长江,大肆屠杀江南民众。史可法扬州殉难以后,江南半壁战局每况愈下。但江南民众毫不气馁,依然奋起抵抗,江阴、嘉定、昆山都爆发了激烈的反清斗争,陈子龙、夏允彝起兵于松江(今上海松江),顾炎武、归庄起兵于昆山,一时抗清之势如燎原烈火。对此,清廷派兵进行血腥镇压。七月清兵攻陷嘉定、昆山,嘉定、昆山和扬州一样被屠城,其状甚为惨烈。顾炎武在他的《秋山》诗里以沉痛的笔调描绘了当时景象"一朝长平败,伏尸遍岗峦"、"可怜壮哉县,一旦生荆杞"。抵抗失败以后,顾炎武回到家乡,他的嗣母王氏在家乡沦陷后绝食10天以身殉国,临终留下遗言给顾炎武:"无为异国臣子,无负世世国恩。"这也成为顾炎武一生的信条,即永不会屈服于清朝的统治。同年五月,顾炎武举家移到常熟,并由此开始了他的颠沛流离的游历生涯。在那国破家亡的岁月里,顾炎武曾十下南京拜谒明孝陵,北上山东、河北,特别对河北的形胜之地做了广泛的实际调查,重点关注了山海关、居庸关、昌平、古北口等地,并多次哭吊位于昌平的明"十三陵"。

经过多年的实地考察,山东、河北等处的地理形势,他都一一烂熟于心。《昌平山水记》、《营平二州地名记》等许多军事地理名著,就是在这段时间里面写出来的。其中,《昌平山水记》详细地描述了明十三陵,记述了入葬帝后、陵寝的建制等等;他还记述了十三陵陵域内原有的数十万株苍松翠柏等等。昌平州在明代还包括顺义、密云、怀柔三县,所以这本书记述了昌平、顺义、密云、怀柔等县的历史地理情况。值得注意的是,顾炎武在这本书里也关心"国家致乱之原,生民根本之计",他记述后汉张堪在狐奴开稻田8000顷,记述了元代丞相脱脱引白河水种稻子等事。他还记述顺义县许多土地被皇庄占去,小民失业、无所控诉的悲惨情况。在撰写《昌平山水记》的过程中,顾炎武曾到过流村地区。在考辨文物古迹的同时,也醉心于流村的秀美山水。这在他的代表作《天下郡国利病书》也有所体现。例如,在《天下郡国利病书·北直隶上》中,顾炎武就描写了漆园的美景:

园之南有山焉,是名雅思。是山也,幽晦多雾,富有果蓏。山陷而为坎,有池焉。浚洌如露,是名露池。有比丘一人,上人敬事之。自园而出,再由走集西十里许,为高崖,崖下有泉,远其聚,四面皆山,蔚洞森萧,圹如也。又西北十里许,为清水涧。是涧也,两山如门,行可二十里。山皆奇峭龙从山中飞泉滶洒,或决地,或分流,淙汩树木之间,推激岩崖之穴。青如乱鬓,白如吹絮,仰视重峰,时有孤石之揭揭,沈黯迷离,天气自曈。崖间百合、忍冬、棠杜、牛奶、相思、郁葱、黄精、唐求之属,渗味扶芳,烁红隁翠。飞沫击枝,坠而复起。新实含湍,落而不变。奇禽异羽,嘤嘤满耳,㕙窠雉囷,遍其岩穴。山鹿之麀,豪猪之毛,丰茸随风,泝流而行,高高莫极。有岭焉,石曰鳌鱼。又西里许,山益峻,有兰若二焉,上曰松阳,下曰金鹰。其独多松,合抱而数丈者有三,朴遫者万计。登之而望,则大山屏张,霅然斜开,则金鹰在焉。金鹰下控大岩,岩吐百穴,汇而为湖,决而东流,是为清水之源。迤逦以东,下山折坂而南,蓊然红苑,髳髣有光。有陉焉,曰六十。屈折汗邪,黄芦白沙之间,可六十折。再由走集又西,有陉曰十八盘。息壤如金,郁勃而立,狭可容人,可十八折。登顾徘徊,西则植立夹待,不暇停足。俯视斜柯洪枝,匝藤萝而舞鹓雀者,深深莫极。旁睨则北山蠚蠚,一阴一阳,闪倏孤日,含濡云彩,山之上平衍。

清康熙元年(1662年),顾炎武从河北到山西、陕西游历,在这之后他就没有回过苏州故里。顾炎武到了陕西后,他不顾年高体弱,游历了关中的山山水水。晚年,他在华阴买了50亩土地,决定就在那里垦荒。他认为华阴形势很好,退可守,进可攻,大可经营一番。他的一个侄儿从家里来信,认为陕西天气寒冷,土地也不肥沃,劝顾炎武回江南去。顾炎武回信说:这里的百姓爱读经书,特别尊重德行高尚而不爱做官的人,并且敢讲真话,和其他省的人大不相同。这是大有希望的百姓啊!华阴地处山西、陕西、河南三省的交界处,地势险要,消息灵通。一旦天下有事,10里远的地方可以屯兵守险。大军东出潼关,争夺天下,实在有高屋建瓴之势啊!从这封信可以看出,直到晚年,顾炎武朝思暮想的依然是反清复明的大业。

康熙十七年(1678年),朝廷决议撰修《明史》,特开博学鸿词科,征举海内名士。顾炎武的同乡叶方蔼等人也联合举荐他出仕,但顾炎武回信严辞拒绝。清廷并不死心,第二年让主持编修《明史》的大学士熊赐履派人来到华阴,请顾炎武到北京做他的助手,他断然拒绝并以死明志。顾炎武不与清政权妥协的立场是非常明确的,他从不与清朝的名公巨卿有所交往,即使与自己的亲外甥、时任清政府高官的徐乾学兄弟,也很少走动。

身为一代儒宗,顾炎武十分强调经世致用,他反对理学的"明心见性",对明朝后期心学的流弊也做了深刻的批判。他的学风,对于后世朴学的兴起有着至关重要的作用。而他的政治思想与民族价值观,对于晚清的资产阶级革命更有着深刻的影响。如著名资产阶级革命家、学者章炳麟在反对清朝政府时,自署名章绛,与顾炎武初名相同,可见顾炎武思想的影响力之深远。康熙二十一年(1682年)正月初四,顾炎武在山西曲沃韩姓友人家,不幸失足落马,日夜呕吐不止,初九丑刻与世长辞,享年70岁。

# 麻兆庆

麻兆庆(1835—1900年),字余斋,别号巩华旧友、榆荫主人,阳坊镇西贯市人。麻兆庆的曾祖父麻宸在乾隆中期出任过甘肃张掖县令,罢官后迁到西宁县(今河北省阳原县)瑞骨疃李家堡。其祖父麻世瑛在西宁病故后,其父麻润投奔当时住在西贯市村的叔父麻兆琚处。因麻兆庆排行居长,乡人敬称他为"麻大先生"。麻兆庆曾长时间在直鲁豫等省军中做幕僚,因办事干练被保举为候补训导,后因仕途不顺及老母年事已高需要人照顾,遂辞军回乡奉母,并在西贯市设馆教学。光绪二十四年(1898 年),昌平知州吴兆熊以其"品学兼优、士林矜式"呈报学使。光绪二十六年(1900 年)秋,授麻兆庆国子监学正衔,惜此时麻兆庆已辞世。作为当地的文化名人,麻兆庆所作的最大贡献莫过于撰写《昌平外志》。早在光绪三年(1877 年),经前昌平知州吴履福等人的创议,在昌平州绅、侍御刘治平的主持下,当地志局开始重修《昌平州志》。光绪五年(1879 年)春,麻兆庆应刘治平之邀参与修志。为了掌握更多准确翔实的资料,麻兆庆做了大量的调查采访工作。他骑驴"遍历昌平数百村",其中也包括今流村镇地区。在访求故老、实地考察的同时,麻兆庆向各界劝捐州志经费,可以说他为这本志书的修撰呕心沥血。然而光绪七年(1881 年)春,因对昌平建置沿革等条的考证与刘治平《昌平州志》的主稿刘万源意见相左且受到压抑,麻兆庆离开志局回乡。回乡后,麻兆庆历经 12 个寒暑,几易其稿,终于撰写出了《昌平外志》一书,并于光绪十八年(1892 年)刊行。嗣后,又于光绪二十一年(1895 年)补刻。《昌平外志》初刻本,分地区沿革考、地理纠缪考、河渠考、金石记、新志校勘记、新志拾遗记六卷,约 8 万字,补刻本增加了《昌平外志补》计 10 条,2000 余字。麻兆庆在《昌平外志》中坚持其对昌平县建置沿革之见解。他认为,"今昌平州本汉、晋,后魏军都、安乐县也,而汉、晋、后魏昌平县非今昌平州也,今州之名,盖自隋始"。这与历代史书和昌平志书"今之昌平乃汉上谷郡昌平县"的记载完全不同。直到今天,昌平的建置沿革依然是研究昌平历史的首要问题,而地处昌平辖区之中的流村镇的历史建置沿革也会随着这一研究的深入而得以进一步澄清。麻兆庆的辨析,无疑是澄清此历史问题的一次重要尝试。此外,麻兆庆的《昌平外志》还对光绪十二年刊行的《昌平州志》作了校刊和补正,以证其讹、以补其缺,其中就保存了大量今流村地区的资料。不仅如此,麻兆庆在修志过程中所体现出的不迷信权威,不迷信书本,坚持实事求是,不人云亦云的治学精神和宁可典卖地产,自己筹款印制《昌平外志》,以鸣不平的魄力,实堪钦佩。

据文献记载,麻兆庆虽因意见相左而辞去志局职作,但依然表示愿尽一臂之力。嗣后一再应志局之请,记录考订各稿,足以证明其言出必行。所以在流村镇的历史文化长河中,麻氏及其《昌平外志》是不能忽视的一章。

# 第二章 近代人物传

流村地处交通要道,历来为兵家必争之地。步入近代以来,流村在战场上区位优势更加明显。从民国初期,到抗日战争,乃至解放战争时期,流村地区都有大的战事出现,其中不乏经典战例。南口大战中的冯玉祥、鹿钟麟,抗日战争时期南口会战中的傅作义、汤恩伯、吴绍周、石觉、陈大庆,解放战争时期国共双方的高级将领杨得志、郑维山、吴克华、侯镜如等,许多近现代史上的著名人物都在流村留下过自己的足迹。整个近代史,是一部中国人民谋求民族独立、寻求自由解放的历史。在那血与火交织的光辉岁月里,流村地区也出现过许多英雄人物。他们有的是生于斯、长于斯,有的是在这里为自己的信仰与追求奋斗过。时过境迁,这些仁人志士、革命先烈的事迹仍然值得我们铭记,他们的所作所行、所想所虑,在流村的历史长河中留下了绚烂而夺目的一笔。

## 冯玉祥

冯玉祥(1882—1948 年),原名基善,字焕章,祖籍安徽巢县,1882 年 11 月 6 日出生于直隶(今河北省)青县兴集镇。父亲冯有茂是淮军中职位低下的哨官。冯玉祥少时家贫,只读了 1 年零 3 个月私塾。12 岁时,冯玉祥便在父亲的军营中挂名领饷,以补家用。15岁正式入营当兵。由于他体格魁梧强健,声如洪钟,加上勤学苦练,又无不良嗜好,故颇得上司赏识,接连升任副目、正目、哨长等职。武卫右军三营标统陆建章对冯很器重,将内侄女刘德贞许配给他。1910 年,冯玉祥升任第二十八镇第八十标第三营管带(营长)。与此同时,冯玉祥开始接受反清进步思想。1911 年 10 月,武昌起义爆发,冯玉祥与军中的革命军官王金铭、施从云等一起发动了滦州起义。起义失败后,冯玉祥被革职,递解回籍。1912 年中华民国成立,冯玉祥重新被陆建章起用,授任营长,并令其赴河北景县招兵,这是冯玉祥建立自己队伍的开始。1914 年冯玉祥升任第七师第十四旅旅长。同年 10 月,十四旅改为第十六混成旅,冯玉祥任该混成旅中将旅长。护国战争期间,冯玉祥以大义为本,不顾威胁利诱,力促四川独立,给袁世凯的复辟活动以沉重打击。1916 年,深受排挤的冯玉祥称病离职。但听到张勋复辟的消息以后,冯玉祥立即回到部队驻地廊坊,指挥所部参加护国军,并通电反对张勋复辟。7 月 12 日,冯军攻入北京城,平定了复辟丑剧。1918 年护法战争爆发,冯玉祥趁率部南下之机,在湖北武穴通电主和,后又与吴佩孚、谭延闿等联名通电,呼吁南北早息内争。1921 年,第十六混成旅扩编为第十一师,冯玉祥升任师长。同年 8 月,陕西督军阎相文自杀,冯玉祥继任陕西督军。1922 年,遭到吴佩孚排斥的冯玉祥,将所部移驻北京南苑,并在此加紧练兵。1924 年 10 月,冯玉祥借第二次直奉战争之机,发动"北京政变",邀请孙中山北上,力图实现南北和平。1925 年,冯玉祥任西北边防督办,将国民军第一军各部统辖于西北边防督办署,改称为暂编西北路军,即"西北军"。冯玉祥发动"北京政变"、服膺革命的举动使吴佩孚恼恨至极。1926 年年初,吴佩孚与张作霖联盟反冯,奉、直、鲁联军合攻冯军,阎锡山的晋军也随后加入。4 月 14 日,国民军前敌总指挥鹿钟麟率部退守南口,南口大战拉开序幕。但反冯联军内部矛盾重重,战局没有实质性的进展。7 月 9 日,张作霖鉴于吴佩孚进攻南口无能为力,便重新部署兵力,任命张宗昌为前敌总指挥,再次猛攻南口,但依然久攻不下。于是张宗昌把攻击重点转移到流村,选取韩台村的佛头岭作为突破口。他以逃到中国的俄国白党士兵为前阵,大刀队在后督战。张宗昌亲临指挥,凡后退者一律斩首。遇到山崖阻挡,就用洋面袋搭梯子,终于攻破了国民军的防线。与此同时,联军北线吴俊升部攻占了多伦,直插沽源。阎锡山的晋军也配合攻打广灵。8 月 14 日,奉军第十军于珍部攻占南口,国民军伤亡过半,给养饷械补充困难,遂向绥远撤退,南口战役结束。在此期间,冯玉祥通电辞职,随即离开部队到了包头。是年 5 月,冯玉祥赴苏联考察。在莫斯科期间,冯玉祥经徐谦介绍,正式加入了中国国民党。国民党中央委员会任命冯玉祥为西北国民军党代表。1926 年 7 月,广州国民政府举行北伐。8 月,冯玉祥结束在苏联的考察访问,偕同苏联顾问多人秘密离开苏联经库伦回国。途中,冯玉祥派出刘骥到广州同国民革命军商谈南北会师问题。9 月 16 日,冯玉祥等抵达绥远五原后,即同当地国民军将领孙岳、方振武以及于右任、徐谦等共同决定组建国民军联军,由冯玉祥出任总司令。9 月 17 日,在五原举行誓师典礼,宣告国民军联军正式成立。冯玉祥在典礼上发表宣言,声明国民军联军是民众的武装,遵奉孙中山先生的遗嘱,进行国民革命,实行三民主义,要为解放被压迫之中国民族,解除军阀之压迫而奋战;宣布国民军联军完全脱离北洋军阀的系统,并宣布国民军联军全体加入国民党。后根据广州国民政府要求,在李大钊等共产党人建议下,制定"固甘援陕,联晋图豫"的战略方针,随即率部参加北伐战争,出师甘陕,11 月解西安之围。1927 年 4 月,冯玉祥所部被武汉国民政府改编为国民革命军第二集团军,冯玉祥任总司令,率部东出潼关,与北伐军唐生智部会师于郑州。同年 6 月,冯玉祥就任河南省主席。7 月 7 日,冯玉祥响应蒋介石、汪精卫"清党"反共的政策,在洛阳宣布实行"清党",礼送共产党员出境。1928 年冯玉祥率部参加第二期北伐。10 月,任行政院副院长兼军政部长。但随后因裁军等问题与蒋介石发生严重的冲突,在 1929 年和 1930 年爆发的蒋冯战争和蒋冯阎战争中失败下野,所部被蒋收编。1931 年九一八事变后,冯玉祥主张抗日,反对蒋介石的不抵抗政策。1933 年 5 月,在中国共产党的帮助和推动下,与方振武、吉鸿昌等在张家口组织察哈尔民众抗日同盟军,被推举为总司令,指挥所部将日军驱逐出察哈尔省(今分属河北、内蒙古)。8月,在蒋介石重兵的威逼下辞职,隐居泰山。1935年4月被授予陆军一级上将,12月以蒋答应实行抗日为条件,在南京出任军事委员会副委员长。1936年以后,冯玉祥曾任国民政府军事委员会副委员长,第三、第六战区司令长官。1937年七七事变爆发后,冯玉祥相继担任第三、第六战区司令长官,但不久受蒋排挤离职,奔走于鄂、豫、湘、黔、川等省,积极从事抗日救国活动。抗战胜利后,为形势所迫,于1946年以水利考察专使名义出访美国,同时被强令退役。从1947年起,冯玉祥在美国公开抨击蒋介石的内战、独裁政策,积极支持国内人民的爱国民主运动,并以20年亲身经历,撰写《我所认识的蒋介石》一书,对蒋的专制独裁统治做了深刻揭露,在海内外引起了巨大影响。1948年1月,中国国民党革命委员会在香港成立,冯玉祥当选为常务委员和政治委员会主席,随即发起组织民革驻美总分会筹备会。7月,应中共中央邀请参加中国人民政治协商会议筹备工作,自美国乘"胜利"轮回国,途经黑海在向敖得萨港行进途中,因轮船失火于9月1日与女儿冯晓达一起遇难。1953年10月15日,冯玉祥将军的骨灰安葬于泰山脚下。

## 鹿钟麟

　　鹿钟麟(1884—1966年),字瑞伯,河北省定州市北鹿庄人,1884年3月12日出生于一地主家庭。鹿家为河北望族,其同宗鹿传霖曾为清朝大臣。鹿钟麟4岁时过继给伯父为嗣,并进家塾读书。1905年,他参加科举末科考试未中,遂在本县罗庄铺村教书。1908年,他经伯父介绍,到辽宁新民府北洋第一混成协当兵。当时,革命思想在北洋军广泛传播,冯玉祥、王金铭、施从云等青年军官组织"武学研究会",把学兵营作为活动重点,使鹿钟麟逐渐接受到反清革命思想。1910年9月,鹿所部被改编为第二十镇,他任三十九混成协八十标副官,并受到长官车震的器重。武昌起义爆发后,第二十镇青年军官发动了滦州起义,王金铭、施从云遇难,冯玉祥被捕。鹿钟麟在长官车震保护下得以幸免,并于1912年2月调任第四混成旅第二团第二营营副。1915年,袁世凯搞洪宪帝制,派第四混成旅入川,抵抗蔡锷的护国军。1916年年初,第四混成旅在叙府被蔡锷、刘云锋部击败,鹿钟麟所在的第二团归冯玉祥第十六混成旅指挥,从此,他追随冯玉祥建功立业,步步升迁。1921年,冯玉祥所部第十六混成旅扩编为北洋陆军第十一师,鹿钟麟出任炮兵团长。1922年10月,冯玉祥在北京南苑任陆军检阅使,所部为一个师三个混成旅,鹿钟麟为第二十二步兵旅旅长。1924年9月,第二次直奉战争爆发。9月12日,冯玉祥部离京向热河进发,但行动迟缓。鹿钟麟所部二十二旅行军4天才到京北密云。10月19日,冯玉祥决心反戈一击,命令鹿钟麟部星夜回师,占领北京。10月21日,鹿率部直取北京,一昼夜行军100公里,22日下午,抵北苑与留守司令蒋鸿迁会合,并在晚上从安定门进入北京城。他和孙岳所部一起,包围了总统府,占领电话局、电报局和火车站,不费一枪一弹就控制了北京。10月25日,冯玉祥在北苑召开军政会议,会议决定成立国民军,并邀请孙中山北上主持大计。1924年11月3日,国民军将驻守景山的故宫守卫部队缴械。11月5日,代理大总统黄郛指令派鹿钟麟、张壁交涉清室优待条件事宜。下午4时,溥仪迁出故宫。鹿钟麟之举受到进步人士和全国人民的高度赞扬。冯玉祥去苏联后,鹿钟麟出任国民军总指挥,不久率领国民军退出北京,前往绥远。1926年年初,在英日等国的支持下,奉系军阀张作霖与直系军阀吴佩孚组成联军,展开了对国民军的进攻。4月14日,鹿钟麟率部退守南口,南口大战拉开了序幕。自战争伊始,双方就打得十分惨烈。僵持数月之后,国民军的阵地如故。联军攻不下南口阵地,就调集精兵强将进攻白羊沟,结果依然没有突破国民军的防线。进攻南口、白羊沟皆不见效,6月8日,张作霖和吴佩孚在北京会面,制定了新的进攻方针。他们以张宗昌为前线总指挥,调集了精锐部队,重点进攻韩台村以西的佛头岭,经过一番惨烈的拉锯战,终于突破了国民军的阵地。同时,北线奉军从热河出兵攻占多伦,直下张家口,阎锡山也出兵攻打国民军,在此情况下国民军不得不向绥远退兵。而阎锡山此时担心奉军趁机攻占其地盘,便改变了态度,阻止奉军向西追击国民军,并将其礼送至绥远。1926年9月17日,鹿钟麟参加冯玉祥五原誓师,并就任国民军联军总参谋长。北伐结束后,他任南京军政部次长,代理军政部部长。1930年1月,他就任西北军代理司令,全权代理冯玉祥主持一切军政要务。中原大战爆发后,他任第二方面军前敌总司令,率西北军26万人进入河南反蒋。中原大战失败后,鹿钟麟通电下野,隐居天津。1936年,鹿钟麟随冯玉祥复出,后被选为国民党第四届中央委员。1938年,鹿钟麟出任河北省主席,在敌后建立省政权,此阶段曾与八路军发生摩擦。1940年1月,他辞职赴重庆。1944年,被任命为兵役部部长。1949年1月,在天津迎来了解放,以一个普通公民的身份积极参加街道居民工作,并且积极撰写文史资料。1954年,毛泽东主席接见他时,称其为"街道工作专家"。是年,任国防委员会委员。1966年1月11日逝世,终年82岁。

## 傅作义

　　傅作义(1895—1974年),字宜生,1895年7月26日生于山西省荣河县(今临猗县)安昌村。傅作义幼年丧母,由继母王氏抚养长大。6岁时进私塾,受启蒙教育。1910年,入山西陆军小学堂,以勇武干练深得校长青睐。1912年,被保送北京清河陆军预备学校。1914年,考入保定陆军军官学校第五期步兵科。1918年毕业后回晋军服役,任独立步兵团见习官,由排长到营副、营长、团长。1926年春,因天镇守城建功,擢升为旅长、不久又升为中将师长。1927年,阎锡山接受南京政府的委任,担任"北方国民革命军总司令",将晋军改编为国民革命军第3集团军,并于1927年9月29日誓师"北伐"。傅作义率4师附炮兵团奔袭涿州。10月初,傅作义趁奉军换防之机,从太原深入奉军腹地,一举占取涿州,造成对奉军的致命威胁。可是晋军因各主力部队的失利,纷纷撤离京汉、京绥两铁路线,涿州成为孤悬于奉军包围中的唯一据点。傅作义只得采取固守待援之策。奉军凭借优势,对涿州发动九次总攻。傅作义以不足万人的无援之师,死守涿州达百日之久,陷于弹尽粮绝、兵民交困的绝境。阎锡山鉴于死守涿州已无意义,在各界劝和声中,遂授意傅作义与奉军停战议和。经过往返折中,谈判告成。1928年1月12日,第4师残部7000人出城接受奉军改编。此战之后,傅作义能攻善守的军事才干得到军事界的公认。涿州战后,傅作义在保定被张学良软禁,后经友人侯少白、翟少如等帮助,潜逃回天津。1928年,傅作义被任命为国民革命军第三集团军第五军团总指挥兼天津市警备司令。1930年12月,率部移驻绥远。1931年,任第三十五军军长兼绥远省政府主席。九一八事变后,傅作义与宋哲元等50余名将领于9月28日联名通电,呼吁全国各方团结一致,共同奋斗,同时对所部加紧抗日动员。1933年1月5日,日军进犯山海关,傅作义再次电告南京政府,请缨参战。15日,他以绥远省主席名义发表告全省民众书。25日,率部由绥远开赴前线,参加"长城抗战"。2月上旬,所部在张家口编组为第七军团,傅任军团总指挥。中旬,布防独石口、多伦一带,阻击由热河的进犯之敌。5月14日,其所部奉命在怀柔以西牛栏山一带阻敌。23日,与日军激战近十小时,以血的代价将敌击溃。是役,傅部伤亡惨重,阵亡官兵达367人,成为长城抗战中最后的一场恶仗。1935年,傅作义晋升陆军二级上将。1936年8月,日本关东军参谋长坂垣征四郎秘密抵绥,企图"招安",遭傅作义严词拒绝。10月,眼见威逼利诱无成的日本关东军,派遣田中隆吉与蒙古德王勾结,决定出兵绥东,"以搬掉傅作义"。11月14日,田中隆吉指挥日伪军5000余人由商都进犯红格尔图,遭傅作义部坚决抗击。16日,傅作义来到平地泉,亲自指挥战斗。傅部星夜出击,毙敌近千名,

俘敌 300 多人,红格尔图之战取得重大胜利。23 日,收复百灵庙的
战斗在傅作义秘密有序的指挥下于午夜打响,至次日上午 9 时,全歼
盘踞于此的日伪军,毙敌 300 余名,伤敌 600 余人,俘敌 400 余人。
12 月 10 日,傅部又乘胜复大庙,14 日击退敌伪的再次进犯。至此,
历时 5 个多月的"绥远抗战"取得全胜。傅作义领导的绥远抗战,得
到了中国共产党及各方爱国人士的声援。战役开始前,中共就派南
汉宸携毛泽东亲笔信到绥与傅联系,对其抗日表示热情支持和鼓励。
12 月 1 日,以中共中央及中华苏维埃中央政府名义发表援绥通电,
要求南京政府"调集大军增援晋绥前线",决不能坐视傅作义等抗战
而不救。黄炎培、朱自清等著名爱国人士,组成慰问团赴绥慰劳。爱
国华侨陈嘉庚,不远万里捐赠药品、服装和钱财,后来还写了《傅作
义高义》一书,称赞傅作义及其所部的抗战功绩。绥远抗战胜利告
捷,天津《大公报》发表文章,赞扬此役"揭开民族历史的新页"。中
共中央特发电祝贺,称赞是中国人民抗日的先声。1937 年抗战全面
爆发后,南京国民政府任命阎锡山为第二战区司令长官,全权统领晋
绥抗日。晋绥军共编第六、第七两个集团军,傅作义任第 7 集团军总
司令。8 月,傅率部参加平绥路东段作战。8 月 4 日,南口战役打响。
这次包括流村地区在内的大会战是卢沟桥事变后的一次著名战役,
时属第二战区指挥。其主要兵力是第七集团军,傅作义为总司令,对
此次战役劳心尤多。但由于第六十八军军长刘汝明作战不力,加之
傅部动作迟缓,未能给在南口、居庸关、延庆、怀来一线的汤恩伯部有
力支援,致使包括南口在内的平绥路东段各据点于 8 月下旬相继失
守。10 月,傅作义率四个主力军参加了忻口会战。11 月 2 日,阎锡
山在太原召开军事会议,商讨防守太原城的布防问题。当提出谁人
守城时,在座将领无人出应。傅作义拍案而起:弃土莫如守土,太原
城我守! 11 月 4 日,傅作义指挥所部布防太原。但原定归其指挥、
"依城野战"的部队却纷纷撤离,使太原城成为傅部独守的孤城。6
日,日军开始攻城。傅部与敌苦战三日,因力量悬殊,伤亡惨重而撤

守。1938年年初，身负第二战区北路军总司令之衔的傅作义，率部驻守柳林。4月，傅部策动绥南战役，先后收复清水河、林县城等失地。1939年12月至1940年3月，任第八战区副司令长官的傅作义，发动包头、绥西、五原三次较大战役，连续百余日，终以五原大捷而告结束，给日军以重大打击，致使日军自此再未敢踏入河套半步。4月17日，国民政府决定授予傅作义"青天白日勋章"，以示嘉奖。在整个抗战期间，傅作义率部共参加了290余次大小战斗，立下赫赫战功。傅及其所部以奋不顾身的牺牲精神和冲锋陷阵的无畏气概，令中外咸服。1940年4月，傅作义患伤寒病赴重庆医治。7月返回陕坝，为实现"政治民主、经济平等、言论自由"，着手对绥远政治、经济进行若干改革。为摆脱财政困难，整顿金融和税收，傅作义将平市官钱局改组为绥远省银行。他提出银行"以服务为目的，不以营利为目的"的方针，将平市官钱局历年经营的积累，除留下固定资金50万元外其余全部缴纳省政府转入地方金库。同时，严禁烟土走私，提高烟土税率，使烟土税成为军饷的主要来源之一。成立战地复原委员会，负责处理汉奸逆产和整理土地。为此，成立了处理逆产委员会和土地整理委员会（后改地政局）。没收附逆汉奸所有土地。制定《土地法》，对王公大户的地产进行清理，将其执照外的土地收归省政府所有，转租给农民耕种，政府按"三五成租"收租。这样，农民能够"耕有其田"，政府也可以得到大量粮食，保证军需供应。同年，在狼山县境，创建军耕农场，安置随军烈士家属和伤残官兵。利用丈余公田，在临河、五原、晏江、狼山等县创办了五个合作农场。1941年一二月间，又提出"民养军，军助民，军民合作发展粮食生产"的口号，开展屯田活动。对促进生产发展，繁荣河套经济起了很大作用。1942年5月4日，傅作义召集军政高级干部会，颁发职官十二戒条，规定："绝不贪污腐化"，"绝不吸食鸦片烟、赌博"，"绝不蒙上欺下、弄权欺世"，"绝不接受人民下级馈赠"，"绝不与商人来往、不兼营商业"等等，违者给以惩罚。1943年提出"治军治水并重"的口号，发放农田水利贷款,大兴水利。长官都成立了水利指挥部,统一调配军工、民工。军工所修干渠达 1700 里,支渠超过 1 万里,水浇地面积达 1000 万亩以上,一时有"塞上江南"的美称。1945 年夏,傅作义请黄河水利委员会测量队到河套,进行从宁夏石嘴山到后套的黄河流速、降波、河床变迁等一系列勘察,积累了珍贵的治理黄河的第一手资料。傅作义主政绥远几年间,凡到过河套地区的人,都有耳目一新之感。这在国民党统治时期,确是绝无仅有的业绩。抗战胜利后,傅作义就任第 12 战区司令长官。1947 年 1 月,第 12 战区改组为张垣绥靖公署,傅作义任主任,所部以三十五军为基干扩编成三个军,同时成立独立师、骑兵部队和地方保安旅、团、队等,以加强军事实力。12 月 2 日,国民党政府明令撤销北平行辕及张垣、保定两个绥靖公署,成立华北"剿匪"总司令部,任傅作义为总司令。1949 年 1 月天津解放后,傅作义接受中国共产党提出的和平解放北平的条件,率部起义,对文化古都的完整保留作出重大贡献。傅作义起义后,积极为绥远的和平解放而努力。北平和平协议签订不久,他对来北平谒见的董其武予以劝导,使董抱定了跟随他一起走和平道路的决心。2 月,毛泽东主席接见他时,向他讲了解决绥远问题的方针。他遵循毛泽东的指示,促成绥远军政当局与华北人民政府签订了关于绥远划界、交通、金融、贸易及派遣驻绥联络机构等具体问题的协议。随之派王克俊等赴绥帮助董其武执行协议,并对处理绥远一系列复杂问题,给董其武及时指导。7 月 14 日,傅向毛泽东主席呈递一份全面汇报绥远情况的报告,并建议尽快解决绥远的起义。8 月下旬,毛泽东、周恩来派遣他与邓宝珊到绥促成起义。当时有人认为这是"放虎归山",毛泽东批评了这种看法,予傅以极大信任。傅作义到绥远后,蒋介石派徐永昌携其亲笔信到包头,企图把傅拉去广州,遭傅严词拒绝。保密局头子毛人凤密电潜伏在绥的特务头目,对傅进行暗杀,其阴谋也被傅等粉碎。在傅作义、邓宝珊、董其武等通力合作下,终于实现了绥远九一九起义。同年 10 月 1 日,傅作义参加了开国盛典。

19 日,中央人民政府任命他为军事委员会委员,并根据他本人的愿望,任命为水利部(后为水利电力部)部长。12 月,中央人民政府和中央军委又分别任命他为绥远军政委员会主席,绥远省军区司令员。1950 年美帝国主义发动侵朝战争,傅作义上书毛主席,积极主张抗美援朝,并建议调原绥远起义部队赴朝参战。

傅作义生在黄河之滨,青少年时期家乡的黄泛灾害在他的心中留下了许多苦难的记忆,主政绥远时,对水患感受颇深。当上水利部长后,他认为这是实现多年追求的"为民造福"夙愿的绝好机会。他工作勤勤恳恳,兢兢业业,每年都用大量的时间深入各大中型水利、电力工地,调查研究,检查指导,从南方的珠江到北方的松花江,以至天山南北,无不留下他的足迹。在 20 多年部长任内,为新中国水电事业的发展作出了重要贡献,直到 1972 年 10 月才因病辞去部长职务。1974 年 4 月 19 日,傅作义在北京医院病逝。

## 汤恩伯

汤恩伯(1898—1954 年),名克勤,字恩伯,浙江武义县人。1908 年入汤村普岭殿私塾读书。1912 年入武义县壶山小学读书。1916 年高小毕业,入省立金华第七中学就读。1917 年转入浙江省体育专科学校学习。1919 年浙江体专毕业,留校任教。后入援闽浙军讲武堂学习。1920 年讲武堂毕业,任浙军第一师排长。1921 年东渡日本。1922 年 3 月考入日本明治大学法科,主修政治经济学。1924 年 5 月辍学,回国筹集求学经费。经陈仪保送入日本陆军士官学校第十八步兵科学习。1926 年日本陆军士官学校毕业,回国任教陈仪部第一师少校参谋并参加北伐战争。1927 年任南京国民革命军第十九军中校副团长,后任总司令部参谋处中校参谋,嗣后升任作战科科长。1928 年任南京中央陆军军官学校第六期步兵第一大队上校大队长,12 月升任该校第七期第一总队教育处少将教育长。1929 年任军校军官教育连副连长、连长,军官教育团步兵营营长。1930 年任中央军校教导第二师第一旅少将旅长,部队改编后任陆军第四师副师长兼第十旅旅长。1931 年,任第二师中将师长。1932 年任陆军第八十九师师长,后兼第四师师长。1934 年任赣粤闽鄂"剿共军"第十纵队总指挥兼第四师师长。1935 年任陆军第十三军军长兼第四师师长,晋升为陆军中将军衔。1936 年兼任陕北"剿共"善后办事处主任。率部驻绥远集宁,抗击伪蒙勾结日伪进犯。1937 年北平沦陷后,汤恩伯被任命为第七集团军前敌总指挥兼第十三军军长,率部抢防南口。8 月 4 日,南口战役打响,正面阻击日军的就是汤恩伯的第十三军两个师和一个团,其中八十九师的防区为南口地区及火车站、居庸关、青龙桥、八达岭、龙虎台以及德胜口,第四师的防区为南口以西各个山口,包括白羊城、镇边城和横岭城。此战中国军队打得异常顽强,日军久攻南口未果,就转攻白羊城。汤恩伯当机立断,命十三军参谋长吴绍周指挥援军与日军在白羊城内展开激战。随着战事的深入,各路援军迟迟不到,汤恩伯感到兵力不足,形势堪危。8 月 26 日,战场上的形势继续恶化。为了避免全军覆灭,下午 1 时 30 分,汤恩伯电示蒋介石,请求撤退,蒋介石回电令十三军向怀来西南山区转移。汤恩伯迅速命令各阵地守军自行部署突围,向桑干河南岸撤退。南口战役至此结束。汤恩伯此战表现英勇,得到了全国舆论的赞许。随后,汤恩伯又率部参加了鲁南会战和台儿庄会战。1940 年,汤恩伯任鲁苏豫皖边区党政分会主任兼边区总司令,第三十一集团军总司令。1937 年至 1940 年转战华北,多次重击日军,是日军在华北有所畏惧之坚强部队,第三十一集团军亦被日军称为"汤恩伯部"。1940 年后,汤恩伯兼任鲁、苏、豫、皖四省战区的行政长官。汤恩伯善于机动,擅长外线攻击敌军侧背,在中央军中战术别具一格,不像其他中央军那么保守。1943 年,当选为三青团中央委员会干事。1944 年,任黔桂湘三省边区总司令。4 月,在豫湘桂会战中其 40 万大军不战而逃,一溃千里,被称"长腿将军"。日军攻克的汤恩伯部仓库中,仅面粉便存有 100 万袋,足够 20 万军队一年之用。有人尖锐地指出其大溃败的原因是"将失军心,军失民心"。因为贵州方面的张发奎不断告急,而汤恩伯在河南待不住,9 月蒋调其出任黔桂边区总司令。12 月独山陷落,陪都重庆震动,蒋介石又急调汤部孙元良二十九军由四川入贵州解围。1945 年 3 月任陆军第 3 方面军司令官,兼任滇黔战区前线总指挥,率部参加桂柳追击战。5 月当选国民党第六届中央执行委员。至 1945 年 7 月在广西发动华南大反攻。9 月抵上海,主持京沪地区日军受降。1945 年日本投降后,奉命抢占京沪地区,收复南京,任南京卫戍总司令、徐州绥靖公署第一兵团司令。1946 年 2 月,获"陆军中将加上将衔"。4 月任京沪卫戍总司令。7 月任陆军副总司令兼南京警备司令。1947 年 3 月兼第一兵团司令官,率部参加对山东解放区的重点进攻。5 月孟良崮战役所部整编第七十四师被全歼,汤恩伯被撤职查办。7 月代理陆军总司令。1948 年 8 月任衢州绥靖公署主任。12 月升任京沪警备总司令。1949 年 1 月任京沪杭警备总司令,奉蒋介石之命凭借长江天险固守京沪杭地区。同年 4—5 月,所部主力在人民解放军发动的渡江战役、上海战役中被歼,残部溃退厦门,5 月任国防部厦门指挥所主任。7 月任金门厦门防卫部主任,8 月任福建省主席兼东南军政长官公署厦门分署主任。10 月 29 日由金门去台湾,任台湾"东南军政长官公署"副长官。1950 年任"总统府"战略顾问,赋闲在家。1953 年 1 月率国民党军事代表团访问日本。1954 年 5 月赴日本医治胃疾,6 月 29 日在日本东京庆应大学医院去世,7 月葬于台北县南宫之壶山,后迁葬于五指山公墓。病逝后被追晋陆军上将。

## 吴绍周

吴绍周(1902—1965 年),苗族,别号子斌,1902 年 2 月生于贵州省天柱县瓮洞克寨。祖父去世很早,家中全靠祖母和父母勤俭治家,父亲农闲做木匠,母亲养猪以及从事各项副业,每年节余,逐渐置田地十多亩。吴绍周8岁丧母,9岁后由继母抚养,生活颇为艰辛。1917年6月高小毕业后升入天柱旧制中学第三期,于1921年12月毕业。1922年因家庭经济困难,无力到外省上学,得父亲同意后,离开了家考入贵州学生营充当学兵,从此完全离开了农村,开始军旅生活。经过9个月训练,吴绍周因成绩优秀,被保送到贵州讲武堂第五期深造。1923年冬卒业,成绩名列前茅,分发黔军第二师第四混成旅第八团当见习生,次年升任排长,入川时任中尉副官,继升连长。1926年,任国民革命军第十军第二十八师二团二营副营长。5月随师北伐,先后参加了湖南澧州、津市,湖北沙市、宜昌战役,因作战有功,晋升为营长。1927年春,进驻武汉继而进军湖北武穴,攻占安徽安庆,5月向江苏徐州进军,参加合肥、蚌埠战役,6月2日大破徐州守军。12日追击至沙沟,因宁汉分裂,部队背进合肥,转移浦镇。8月10日国民革命军第十军军长王天培在南京被蒋介石扣留,顿时军心浮动,不日开赴宣城。9月2日,王天培在杭州被害,第十军群龙无首,四分五裂,各自投奔。吴绍周随所在团返回浦镇,编为十军三十师,吴任第三团团长,重新加入国民党,任团党执行委员,兼师、军党部监察委员,驻军浦镇整训。1928年4月,部队奉命集结浦口,吴绍周再次参加北伐,沿津浦线推进,攻克蚌埠,占领徐州,激战泰安。5月1日直捣济南,因与日本侵略军发生武装冲突,日军乘机制造"济南惨案"。吴部当即奉命回师泰安整训,整编为二十九旅,吴任团长。1929年,吴绍周率部参加派系纷争,转战大江南北,随师开赴武汉攻打李宗仁、白崇禧部,李、白部败逃。稍事休整后,吴部奉调河南登封进攻宋哲元部连战皆捷,宋部溃逃。是年冬,回师河南漯河、驻马店一带。向唐生智发起进攻,唐部瓦解。1930年夏,吴部由河南转战安徽亳州外围攻孙殿英部,解除孙部武装。秋季参加山东肥城、长清战役和陇海铁路线蒋、冯、阎新军阀内战。1932年,吴绍周回师武汉,被整编为二六七旅五十三团,吴任团长。随即参加进攻鄂东黄安(今红安)红军根据地。入秋参与卫立煌部进入大别山区围攻红四军,因汤恩伯部陷入重围,吴率团冲入奋力解围,汤部得以转危为安,由此吴绍周获得了汤恩伯的赏识与器重。1933年,吴绍周被汤恩伯推荐保送到南京高等教育班第二期学习。吴在学习中,刻苦钻研军旅,其间结识一干将领,并在此期间加入复兴社组织。1934年,吴绍周从高教班结业,成绩优良,名列第二,被派往福建永安周志群师任参谋长。吴绍周认真负责,以将周部整训成为一支正规军队为己任。后因人离间,吴报怨去职,调任八十九师参谋长。吴绍周有一特点,就是于每次战役前,必须有一番精密的计划和充分的准备。会战后,又必须召集干部会议,虚心检讨得失。所以他的部队愈战愈强,无论何时,总是保持充分的战斗力和常操胜算的把握。他的善战之名,也就在此。1937年8月4日,南口战役爆发,吴绍周奉命在白羊城地区阻击日军。在敌人炮火轰击下,吴绍周部同仇敌忾,沉着应战,旅部副官室自制十余颗气象灯,利用风向,拂晓于阵地前沿施放,迷惑敌人。日寇见气象灯从空中掠过,疑为新式武器,俱昂首凝视,不自觉停止射击。吴绍周觑准战机,率预备队迅疾发起冲锋,一举粉碎日寇板垣师团的进攻,俘获甚众,事后荣获国民党中央军委会四等宝鼎勋章。不久,吴绍周被委任为第八十九师二六九旅旅长。继而挥师磁县,转战安阳,固守漳河。日寇以土肥原师团大举侵犯漳河,吴率部反击,于犬牙交错中冲破土肥原重重包围。1938年,吴旅扩编为一百一十师,吴绍周始任副师长,继任师长,在山东省峄县、枣庄、台儿庄一带阻击日寇,参与取得举世闻名的台儿庄大捷。在争夺茨巴山高地战斗中,官兵们同仇敌忾,攘臂瞠目,冲入敌阵。继而围歼陈贤、小寨,将日军打得大败。嗣后转移湖南平江、沅陵一带进行整补。1939年正月,吴绍周师奉调河南邓县,并于是年11月中旬参加邓县、枣阳、随县战役。随即参加鄂北高城保卫战,吴绍周正面坚守阵地的同时派部占领敌后要道,钳制敌人,使敌进不能攻,退不能守,有效地阻止了敌人前进,守住阵地不失,由此荣获国民党中央军委会甲种师待遇。后将高城移交友军防守,吴绍周率师开赴河南新野整训。6月17日晋升少将衔。1940年春,高城失陷,吴绍周再度率师进攻高城,一举击溃日寇第三师团主力,收复高城。继又担任进攻长岭岗日寇坚固据点,激战五昼夜,夺取长岭岗,以战功炳耀,荣获国民党中央军委会三等云麾勋章,回师新野休整。5月,因三十三集团军司令张自忠危急殉难,吴绍周率师湖北宜城解围。9月,转战河南新野、舞阳、密县之间。1942年,由于漯河地区战火连年,城中遭到严重破坏。是年2月,吴绍周受命兼任漯河指挥总部主任,复兴漯河,恢复交通,维护治安。经半个月的努力,终于疏通郑州至漯河段铁路线,并整修了漯河街道,城内的各行也相继开业,市井焕然一新。3月28日,吴绍周升任十三军军长。1943年5月,吴绍周在河南密县升任八十五军军长。该军辖一百一十师、二十三师、新一师三个师。8月,吴率全军开赴郑州,固守黄河。在守卫黄河数月中,日寇不敢越雷池半步,渡河南犯。其部亦就地整训,后奉命开赴叶县,受孙科、白崇禧检阅后,调河南南召、潢川一带驻扎。1944年2月间,吴军参加中原大会战,在郑州与日寇激战七昼夜后,出奇兵追击,转战荥阳、登封、临汝、嵩县、洛阳一带,同日寇进行争夺战,在给洛阳解围战斗中,给敌以重创。9月,吴军开赴河南嵩县休整。1945年4月,日军调集其朝鲜、外蒙、华北军队以及机械化兵团十万余众,企图扫荡豫西,占领潼关,威胁西安。面对来势凶猛的敌军,吴绍周镇定自若,率部先后在内乡、重阳店、丁家店、西峡口等地狙击日寇。在西峡口战役中,吴绍周以三个师即一百一十师、二十三师、暂编五十五师预伏于西峡口外围高地,采取诱敌深入、聚而歼之的战略,以两个加强营和保安团,诱敌进入预伏圈内,聚歼日寇第三纵队,击毙纵队司令,取得西峡口大捷。此战彻底粉碎了日寇扫荡豫西、占领商县、威胁西安之阴谋。吴绍周再次荣获国民党中央军委会三等云麾勋章,并升任第九集团军副司令。同年8月9日,日本宣布无条件投降。吴绍周部由西峡口开赴河南新乡市接管,解除日寇武装。因吴绍周在抗日战争时期屡建奇勋,10 月,受国民党中央军委会指令陪同胡宗南、王仲廉等在河南郑州参加日本投降典礼。抗日战争结束后,八十五军在河南新乡市整训。1946 年,蒋介石将吴军整编为八十五师,吴绍周任师长。1947 年,吴师调入民权县,卷入内战,吴绍周再次获国民党军委会三等云麾勋章。尔后转战山东,挺进泰安,与济南王耀武部取得联系,打通津浦路线中段,固守莱芜、新泰,进攻沂蒙山区革命根据地。不久,奉调潢川担任守备。入冬,率部赴湖北麻城、随县、应城、广水、河南确山一带维护交通。1948 年 3 月,吴绍周升任第二兵团副司令兼八十五师师长。7 月该兵团撤销,吴调任十二兵团中将副司令兼八十五军军长。10 月,八十五军拨归十二兵团建制,从河南确山向东开进,参加徐州会战。11 月,十二兵团在双堆集被中国人民解放军包围,12 月 15 日,十二兵团被歼,吴绍周与兵团司令黄维被俘,送华北军区教导队学习改造。吴绍周在学习期间,恰逢美国发动了朝鲜战争,在毛泽东"抗美援朝,保家卫国"的号召下,吴绍周参加美军战术研究班。吴绍周所在的八十五军大部分是美械装备,他对其优劣、性能了如指掌,提出对付美军一是夜战,夜间发动突袭;二是近战,利用堑壕隐蔽接敌,抵近射击爆破。最后由杨伯涛执笔,完成了一篇六万余字的资料《关于美军战术之研究》,呈送毛泽东及中共中央军委批阅,对志愿军了解美军的战略战术,有力地打击美国侵略者起到了一定的作用。1952 年 10 月,吴绍周在湖南长沙定居。1956 年参加长沙市织布社生产劳动,成为一名自食其力的劳动者。后聘为湖南省文史馆馆员。1962 年经中共湖南省委统战部提名,任其为湖南省人民委员会参事。1965 年 5 月 10 日,吴绍周中风病故于长沙,享年 64 岁。

# 石 觉

石觉(1908—1986 年),原名世伟,字为开。广西桂林临桂县宛田瑶族乡瓮潭村人。幼时家境贫苦,父亲外出当兵,一去杳无音信。母亲务农兼做小本谷米生意,节衣缩食供他进宛田崇实小学读书。小学毕业后在家务农,曾制作杠杆等简单机械,一人吊起数百斤重的石块,将高田基砌牢,引起村人惊异。1924年冬,石觉考入黄埔军校第三期。1926年1月毕业后,历任桂军排长、副中队长、营长等职。1929年4月,石觉参加了蒋、冯、阎中原大战,后任第四师第一旅营、团长。同年冬,参加"围剿"方志敏领导的赣东北红军。1932年,他又参加了对中央苏区的第五次"围剿",后又在陕北参加"围剿"红军。1937年7月抗日战争爆发后,石觉任第四师第十旅少将旅长,率部开赴华北对日作战。8月,参加南口战役,其部队部署在白羊城以西、骡子圈和850高地。此战之中,石觉表现勇敢,曾亲自带领8个连进行冲锋,与日军恶战10天。1938年3月,率部参加台儿庄战役及武汉会战。1939年5月,参加随枣会战。1940年年初,升任第四师师长。5月,参加枣宜会战。1941年,升任十三军副军长兼第三十一集团军训练处处长。1942年3月任八十五军副军长。7月,代理十三军军长。1943年,先后参加豫中、长衡会战。1944年5月至8月,参加对入侵广西日军的反攻作战。10月,石觉率第十三军从广州海运秦皇岛,开赴东北对日军受降,并兼任东北第一绥靖区司令官。11月,率部攻占山海关、锦州等地。解放战争时期,他先后在辽东、热河参加反共内战。驻扎热河时,兼任第二绥靖区司令官及热河省保安司令。1948年任华北"剿总"第九兵团中将司令官,率部参加平津战役。1949年1月21日,国民党华北"剿总"总司令傅作义接受和平改编,石觉、李文等蒋介石嫡系将领乘飞机离开北平。石觉到南京后,任京沪杭警备总司令部副总司令兼淞沪防卫司令部司令官。4月,任上海防守司令。5月24日,在人民解放军攻进市区后,石觉率残部撤至舟山群岛。此后,担任舟山群岛防卫司令兼浙江省主席。1950年5月,率部12万余人撤退台湾。到台湾后,先后任台湾防卫总部副总司令兼北部防守区司令、南部防守区司令、第二军团司令、金门防卫司令官、参谋本部副参谋总长兼联合作战计划委员会副主任委员,并晋级为陆军二级上将。1959 年 7 月,任联合勤务总司令部总司令。1963 年 7 月,任考试院铨叙部部长。1969 年以后,任"国民党中央评议委员会委员"、"总统府国策顾问",还任中国国民党第七、八、九届"中央委员",国民党第十、十一、十二届"中央评议委员"。此外还担任过台北广西同乡会理事长、香港广西同乡会名誉会长、世界广西同乡联谊会名誉会长等职。晚年主持太极拳协会工作,出钱出力,积极在民间推广太极拳运动。1986 年 9 月 23 日卒于台北市。

## 陈大庆

陈大庆(1905—1973 年),字养浩,江西省崇义县横水乡麻土村人。黄埔军校一期毕业生。曾参加过北伐战争、中原大战和对红军的第三次围剿,并奉命镇压过十九路军。1937 年,时任十三军第四师副师长的陈大庆率部参加了南口会战,其所驻地区为流村的长峪城一带。因作战英勇,同年 11 月升任八十五军第四师师长。从 1938 年起,陈大庆先后参加过台儿庄、鄂北、豫南等战役。1940 年,国民党扩大军队编制,陈大庆升任新编第二军军长。1944 年,出任第十九集团军总司令。1949 年,陈大庆奉蒋介石之命将上海中央银行的近百万两黄金白银运往台湾。1960 年,蒋介石授予他陆军二级上将军衔。1967 年,陈大庆任国民党陆军总司令,1969 年任国民党台湾省主席,1973 年去世,后被追晋为陆军一级上将。

## 侯镜如

侯镜如(1902—1994 年),原名侯心朗,1902 年出生于河南省永城县薛湖镇侯楼村。13 岁毕业于永城高等小学。1919 年考入开封河南留学欧美预备学校英文科,1923 年冬毕业。1924 年 5 月,侯镜如考入黄埔军校第一期,11 月毕业,任教导一团排长。1925 年 2 月侯镜如参加国民革命军第一次东征。同年冬,由周恩来、郭俊介绍加入中国共产党,翌年 7 月参加北伐,任国民革命军第一军十四师团参谋长。北伐军到达福州时调任国民革命军第十七军第三师党代表兼师政治部主任。1927 年 2 月,中共党组织派他到上海接受新任务。当时周恩来和赵世炎制订了在上海发动第三次起义的计划,并成立了指挥部,侯镜如为指挥成员之一,主管工人纠察队的军事训练。在小交通员带领下,侯镜如秘密前往上海市内租界区几个不同集训点,向工人们教授从如何使用手中的机械武器、如何寻找各种掩体、保护自己杀伤敌人,到各种距离的射击、拼刺刀,如何打巷战、街垒战等等。同时,他还向工人宣讲政治形势,如北伐的进展和这次上海武装起义的重大意义。3 月 21 日,上海总工会发动第三次总罢工。侯镜如亲自指挥士气高昂的工人纠察队 5000 余人,一举攻占了上海市警察厅。武装起来的这股工人铁流锐不可当,他们按计划很快又占领了上海郊区的高昌庙兵工厂,获得了大批军火,使得工人鸟枪换炮,装备力量大大加强。随后得胜的工人起义部队又开往闸北,那里周恩来正在指挥攻占闸北的激烈战斗。正当两股部队在闸北激战正酣、难分胜负时,已抵达上海南郊的北伐军胡宗南却命令大军按兵不动。最后还是靠周恩来和侯镜如舍生忘死的一线指挥,几千工人纠察队拼死浴血奋战,一批人倒在血泊中,另一批杀红了眼的战士继续冲上去。经过两天一夜的血战,终于占领了整个上海,工人武装起义取得了决定性胜利。"四一二"反革命事变时,侯镜如在指挥工人队伍作战时右胸中弹,流血不止,周恩来将其送往医院急救。4 月底,侯镜如被送往武汉疗伤,伤愈后赴汉口任国民革命政府武汉三镇保安总队长。7 月,汪精卫集团公开反共。侯镜如接受中共中央前敌军委指示,任贺龙的二十军教导团团长,在南昌参加"八一"起义。8 月 30 日,在会昌战斗中,左胸负重伤,转赴香港治疗。12 月,回沪在中央军委工作。1928年4月,离沪赴汴到中共河南省委负责军委工作,在接头时被捕入狱,监押14个月。1929年7月赴沪,被党中央派往香港,在中共中央华南局工作,翌年春调往天津中共顺直省委负责军委工作。1931年回到上海,因中共中央保卫局局长顾顺章叛变,党组织遭到破坏,与党失去联系。后到山西晋城国民党第四十一军军长孙殿英部,出任该军驻南京办事处代表。从1933年春起,侯镜如历任国民党军第三十军三十师参谋长、第三十师八十九旅旅长。1935年4月被授予陆军少将军衔。1937年任第九十一军参谋长。抗日战争全面爆发后,侯镜如任国民党军第九十二军二十一师师长,参加台儿庄会战、武汉会战、枣宜会战。1941年上半年,率部进攻豫皖苏边区抗日民主根据地。1943年4月,任九十二军中将军长、苏鲁豫皖第四分区主任时,率部驻永城县北牌集等地时被日军包围,侯在王引河岸指挥部队将敌击退。抗日战争胜利后,兼任北平警备司令。1947年,中共党员李介人送信给侯镜如,信中转达了周恩来、贺龙对侯镜如的关怀,使他下定决心,待机起义。1948年5月,华北野战军第三、四纵队和二纵队一个旅途经昌平,九十二军获悉后,派两个团到流村的上下店地区阻截,双方在此展开了激战,结果九十二军两个团3000人全部被歼。1948年8月,辽沈战役爆发。蒋介石命令侯镜如指挥西进兵团从葫芦岛驰援锦州,与林彪的第四野战军在塔山展开了激烈的攻防战。1948年起,侯镜如升任第十七兵团司令官、天津塘沽保安司令、长江防务预备兵团司令、福州绥靖公署主任兼华东军官团总团长。在此期间,经李介人往返多次联络,侯镜如指示九十二军等部队相继在北平和福州起义。之后侯镜如离开福州去了香港,在党中央直接领导下,继续对台工作。他住在香港的这一段日子里,联络了许多朋友,宣传中国共产党的方针政策,做了不少有益的工作。党和政府对他也非常关心,周恩来、安子文、李克农分别给他打电报,对他的工作和历史贡献给予了充分的肯定和鼓励。1952年7月1日,侯镜如奉周恩来总理批示回到大陆,10月任国务院参事,1954 年任第二届全国政协委员,1959 年任国防委员会委员,1977 年任北京市政协副主席,1978 年任第五届全国政协常委、中国国民党革命委员会北京市委员会主任委员,1979 年任北京市人大常委会副主任,政协全国委员会祖国统一联谊委员会副主任,中国人民争取和平与裁军协会副会长,中国和平统一促进会会长。1981 年任中国国民党革命委员会副主席。1989 年 3 月,当选为中国人民政治协商会议第七届全国委员会副主席,同年 11 月任黄埔军校同学会会长。1994 年 10 月 25 日在北京逝世,终年 92 岁。

# 田厚义

田厚义(1906—1987 年),湖北省大悟县人。1929 年加入中国共产党。1930 年参加中国工农红军。土地革命战争时期,任湖北黄安县独立第一师三团连长、营长,红四方面军第二十五军七十三师二一八团副营长,第三十一军司令部作战科参谋,第九十一师司令部通信科科长、第二七一团参谋长。参加了长征。抗日战争时期,田厚义任八路军一二九师三八六旅七七二团司令部作战参谋,三八六旅司令部作战科科长,补充团参谋长,八路军筑先纵队团长,一二九师新编第八旅二十二团团长。解放战争时期,田厚义任冀南军区独立第四旅副旅长,第二军分区副司令员,湖南军区常德军分区司令员。

1945 年日本投降后,晋察冀军区教导队和新五团从根据地出发,经平西出寨口沟,来到北安河一带,准备接管北平城。不料国民党第十六军乘飞机抢先占领了北平城,教导团和新五团不得不退回根据地。十六军来到北平后,立即派该军的二八一、二八二两个团进驻昌平,其中有 1 个营驻守阳坊镇,营部设在药王庙。当时,昌平附近的八路军部队十团和四十团已经去攻占张家口,后来就驻守在那里。为了制止国民党疯狂抢占地盘,边区政府调第一二九师八旅的二十二团进昌平打击敌人。这个团此前曾参加了攻占张家口的战斗,并用缴获的新武器更换了全团的装备,因此战斗力很强。时任一二九师八旅的二十二团团长田厚义率领部队来到昌平西山,部队在高崖口、瓦窑和漆园村经过两天的休整,开始攻打阳坊镇。1945 年农历 10 月,战斗打响了,战事十分激烈,一直到午夜 12 点以后枪炮声才停止。二十二团攻克了敌人的指挥部,并将敌营营长炸死。为防止南口等地的敌军增援,田厚义团长立刻下令撤出战斗,部队凯旋而归。这是国共两军在昌平规模较大的一次战斗。

中华人民共和国成立后,任湖南省公安总队副司令员,湖南军区益阳军分区司令员,湖南军区副参谋长,湖南省军区副司令员。1955 年被授予少将军衔,是中国人民政治协商会议第三、四、五届全国委员会委员。

## 吴克华

吴克华(1913—1987 年),原名吴克家,1913 年 12 月生,江西省弋阳县人。1929 年 9 月参加中国工农红军。1929 年 10 月加入中国共产党。早年做学徒、制鞋工人。曾参加家乡农民暴动。土地革命战争时期,曾任赣东北信江军政学校第二期学员,赣东北红军独立第一团特务连战士、班长,赣东北军政学校分队长,红十军一团二营副排长、排长。1931 年 9 月任红十军政治部特务连连长。1932 年 7 月起任红十军军部特务大队大队长。参加了巩固发展赣东北革命根据地的反"围剿"作战。1933 年 1 月随红十军转入中央革命根据地,任红十一军(红十军改名)军部特务大队大队长。3 月调回闽浙赣军区任闽赣军区教导大队队长。1933 年 5 月起任红七军团二十师六十团一营营长。同年 12 月入瑞金红军大学第一期学习。1934 年 5 月起任红二十二师六十五团二营营长。1934 年 7 月起任少先队中央总队部参谋长。参加了中央革命根据地第五次反"围剿"作战。1934 年 9 月起任红八军团二十一师(军团部兼)六十三团参谋长。

随中央红军参加了长征。1934 年 11 月起任红五军团部兼十三师三十九团参谋长。1935 年 6 月起任红五军团部兼十三师三十七团团长。1936 年 9 月起任红四方面军红军大学教员、学员。1936 年 11 月至 1937 年 9 月任中国人民抗日军政大学（红军大学第二期）学员。1937 年 9 月起,在上海党组织领导下的抗日救亡团体游击战术训练班（中共江苏省委军委战术训练班）任教员。1938 年 1 月起任中共中央长江局所办湖北青年训练总队大队长。1938 年起任八路军山东纵队第五支队副司令员。1939 年 1 月任八路军山东纵队第二支队司令员。1940 年 4 月至 1943 年 3 月任八路军山东纵队第五旅旅长（1942 年 3 月起兼任由八路军山东纵队第五旅、三旅、五支队组成的胶东反投降、反"扫荡"战役指挥部副指挥）。1943 年 3 月起任山东胶东军区副司令员,后兼山东军区第五师师长。参加巩固扩大胶东抗日民主根据地的斗争和敌后抗日游击战争。解放战争时期,率部挺进东北,1945 年秋任东北人民自治军、东北民主联军第四纵队司令员。1946 年 5 月起任东北辽东（南满）军区副司令员,1947 年 1 月起兼任军区参谋长。1947 年秋至 1949 年 3 月任东北民主联军、东北野战军第四纵队司令员。1948 年 11 月辽沈战役结束后,东北野战军 12 个步兵纵队、1 个特种兵纵队和一个铁道兵纵队,共计 14 个纵队、84 万人,集结在沈阳、锦州和营口休整待命。1948 年 11 月底,鉴于四纵队是由胶东的地方武装组成,十一纵队是由晋热察边区的地方武装组成,其中大部分战士来自关内的各个地区,对关内一带比较熟悉,所以四纵队和十一纵队为先遣部队,提前出发向关内进军。先遣部队行军途经宽城、喜峰口、平谷县,到达密云县与敌十三军一一五师相遇,经过激战将其消灭,继续西进到达延庆县永宁之后,兵分两路将康庄的敌十六军和一零四军一部包围歼灭。驻守怀来一带的一零四军主力见势不妙,急忙向南运动,妄图退入北平城。当他们退到昌平高崖口地区时,吴克华将军率领第四纵队追赶而至,经过激战,将一零四军全部歼灭。至此,昌平全境得到解放。1949

年3月起任中国人民解放军第四野战军第四十一军军长;1949年2月至5月兼任北平警备司令部副司令员。中华人民共和国成立后,任中国人民解放军陆军第四十一军军长。1950年9月至1951年5月任中国人民解放军陆军第十五兵团副司令员兼第四十一军军长(至1950年12月)。1951年5月至1952年7月任中国人民解放军华南军区参谋长、军区党委委员,中共中央华南分局委员。1952年7月至1955年9月任中国人民解放军海南军区司令员兼陆军第四十三军军长,其间,1952年8月起兼任中国人民解放军海南军区干部学校校长。1952年9月至1953年3月任中共海南区委第二书记。1955年9月至1957年7月为中国人民解放军军事学院战役系学员。1957年9月至1963年11月任中国人民解放军济南军区第一副司令员、军区党委常委(1958年1月起)、副书记(1960年3月起)。1963年9月至1967年9月任中国人民解放军炮兵司令员(接替邱创成中将)、炮兵党委第二书记(1963年11月起)。"文化大革命"中受迫害,被关押。1975年4月至1977年9月任中国人民解放军铁道兵司令员(接替刘贤权少将)、铁道兵党委第一书记(1975年6月起)。1977年8月至1982年9月任中共中央军委委员。1977年9月至1979年1月任中国人民解放军成都军区司令员(接替刘兴元中将)、军区党委第二书记(1978年1月起)。1979年1月至5月任中国人民解放军新疆军区司令员(接替刘震上将)、军区党委第二书记(1979年2月起)。1979年5月至1980年1月任中国人民解放军乌鲁木齐军区司令员、军区党委第二书记。1980年1月至1982年10月任中国人民解放军广州军区司令员(接替许世友上将)、军区党委第二书记(1980年4月起)、第一书记(1981年9月起)。1955年9月被授予中将军衔。曾获二级八一勋章、一级独立自由勋章、一级解放勋章。1987年2月13日在广州逝世。

# 赵 侗

赵侗（1911—1939 年），原名赵连秀，曾用名赵同、赵新生，满族，辽宁省岫岩县哨子河乡三道虎岭人。1931 年考入东北大学物理系，同年九一八事变爆发后，赵参加学生运动，南下南京，参与反对不抵抗政策的游行。珍珠桥惨案发生后对国民政府失去信心，与苗可秀等人前往北平组织"东北学生军"。1932 年，赵在母亲赵洪文的支持下，毁家纾难，参加邓铁梅部义勇军，成功说服李子融、刘景文等人同邓合作。1934 年 2 月 1 日，与苗可秀等离开邓部，独立成立少年铁血军。不久，在日军的围剿下，邓铁梅牺牲，少年铁血军遂成为辽宁南部主要抗日力量。1934 年，日军抓捕了赵的父母，威逼其投降，被拒绝，后赵以手中的汉奸姜人杰与其交换。1935 年 7 月 25 日，苗可秀被捕牺牲。1936 年 1 月 25 日，赵组织"辽南临时政府"，被公推为政府总裁，并与朝鲜革命军开展合作。其后，赵赴北平为铁血军寻求内地支援。不久，铁血军在辽南运转困难，其骨干纷纷南下。1937年，受"一二·九"运动和"西安事变"的影响，赵侗、高鹏、纪亭榭等人到北平郊区开展抗日武装斗争。此后，他们一方面用张学良通过东北救亡总会给予的 4000 元捐款购买枪支，一面联络人员。到四五月份，已购买 17 支手枪，联络了二三十人。其主要成员有宋鸣皋、吴靖宇、刘凤梧、郑子丰、鲍旭堂。他们通过原在昌平瓦窑伪警察所当过所长的包旭堂，认识了白羊城村保卫团团总汤万宁和他的儿子汤玉瑗。赵侗、高鹏、纪亭榭向汤氏父子宣讲抗日救国道理，并动员他们共同组织抗日队伍。汤万宁当即表示决定抗日。汤氏父子回到村中，又串联了邻村柏峪口人王士俊一起参加抗日，说服了本村保卫团团丁，把枪支集中起来，藏在他家中，等北平城里来人一同举事。卢沟桥事变爆发后，中国共产党向全国发出通电，号召组织巩固抗日民族统一战线，抵抗日军的进攻。中共中央北方局也指示直接领导下的中共东北工作特别委员会(简称"东特",1936年上半年在北平成立,书记苏梅,副书记李德仲)组织抗日武装,以武装保卫华北。"东特"对赵侗等人组织抗日武装队伍表示支持。七七事变以后,赵侗、高鹏、纪亭榭加紧了工作,将枪支偷运到清华大学校园,收藏在共产党员沈海清(即林一民)的宿舍内。7月20日,联络好的二三十人,除纪亭榭因购买机枪尚未到手,留在城里继续搞枪,其他人分成两路,一路由赵侗、高鹏带队混在人群中出西直门,从清华大学取出枪支,徒步奔向白羊城;一路由宋鸣皋带领乘坐火车至昌平南口下车,再徒步到白羊城。当晚,两路人马在白羊城村汤万宁家会齐。汤万宁、汤玉瑗、王士俊取出当地保卫团的10多支枪,连同从城里带出的10多支手枪,将全体人员武装起来。7月21日,又顺利地收缴了驻瓦窑村伪警察所的枪支。7月22日,武装起来的20多人集结在白羊城关帝庙前的空场上,正式宣布:成立抗日军,举行武装起义。北平郊区第一支抗日武装队伍诞生了。抗日军起义后,由汤万宁带路,来到永安庄。抗日军领导成员赵侗、高鹏、郑子丰等开会,确定这支队伍的名称为"国民抗日军",并推举赵侗为队长,高鹏为政治部部长,郑子丰为副队长。当他们正准备进一步研究行动计划时,被驻南口的国民党军队的一个排包围。原来国民抗日军的行动被柏峪口村地主、庆王坟看坟头目张孝先密告给驻南口的国民党军队,诬告国民抗日军是"土匪汉奸队"。国民党军队随即派一个排士兵,偷偷地包围了永安庄。7月25日拂晓,国民党军队向国民抗日军发动突然袭击。激战中双方都有伤亡,国民抗日军因不了解情况撤出了永安庄。当天下午,王士俊因参与组织抗日军,被国民党军队抓到南口,将其杀害。以后,国民抗日军返回白羊城时,严厉惩处了地主张孝先和他的同伙。从永安庄突围后,高鹏、宋鸣皋带着11个战士,撤到北平西北部大钟寺;刘凤梧带着几个战士撤至妙峰山下大觉寺,汤万宁、汤玉瑗父子也随队来到北平西部。"东特"军事部负责人张希尧,从纪亭榭处得知国民抗日军濒临崩溃的情况,即向书记苏梅作了汇报。

经"东特"党委会讨论决定,派一批共产党员、民先队员和进步青年到国民抗日军,去争取团结赵侗等人继续抗日。8月2日,第一批派去的共产党员有阎铁、徐明二人。8月10日,又派共产党员汪之力以东北救亡总会负责的公开身份,与北平市委属下的共产党员史进前、张如山同往国民抗日军。8月18日,党组织又派王建忠、杜伯华、王远音、冷拙、金振中、包乾、尚英、霍志德、王文、王达、霍炎等人出城,由国民抗日军组织者之一纪亭榭带领来到部队。这批共产党员进入国民抗日军后,建立了党的组织,部队逐步扩大后,都分别担任了各级领导职务。从此,国民抗日军在中国共产党的实际领导下,走上了新的道路。当时在北平德胜门外的第二监狱中关押着几十名共产党员和政治犯以及数百名被难同胞,1937年8月日军占领北平后还没有派兵接管第二监狱,这里仍只有少数狱警看守。国民抗日军此时正在北平城郊附近,收集国民党军队和冀东保安队溃散时遗弃的枪支弹药,人员也发展到70余人。从当地群众中了解到第二监狱的情况后,赵侗、高鹏、纪亭榭等人商量后,决定采取奇袭的方法,劫牢反狱,夺取枪支,释放犯人,壮大队伍。8月22日傍晚,国民抗日军20等人在赵侗的指挥下,由当地群众带路,直扑第二监狱;同时派出包乾、冷拙各率一些人带着机枪,分别警戒德胜门、西直门,防备日军出城救援。到了第二监狱门前,战士们乔装日本人让看守打开大门,接着一拥而进,先缴了伪警察的枪械,砸了电话,逼看守交出牢房钥匙,接着就去牢房救人。一个多小时后,获得自由的人们随部队转移到铁狮子坟一带的树林里。在这里,赵侗向他们分析当前的时局,宣传抗日救国的道理,当时就有数百人参加了国民抗日军。这次行动共缴获3挺捷克式机枪、40多支金钩步枪、10支手枪和一二百把大刀。国民抗日军奇袭第二监狱,不仅解放了一大批被困的同胞,缴获了不少武器,壮大了自己的队伍;更重要的是营救了一批共产党员,为革命事业保存了重要的干部力量。1937年11月初,中共中央以八路军朱德总司令彭德怀副总司令的名义致信赵侗,邀请共同合作。八路军总部代表吴伟带领十余人与赵侗接洽后,赵侗于8月会见晋察冀区独立团团长杨成武、政委邓华。12月25日,晋察冀军区司令员聂荣臻代表八路军总部向国民抗日军全体指战员宣布国民抗日军编为八路军晋察冀军区第五支队,赵侗为司令员,并筹备成立第五军分区。下辖3个总队,9个大队。一总队长纪亭榭,政治处主任陈太凡;二总队长王建忠、政治处主任杜伯华;三总队长刘凤悟,政治处主任林一民(沈海清)。1938年春节过后,赵侗率部北上向平汉出击,袭击敌占区平汉铁路正定火车站、长寿火车站和行唐县城。3月下旬,参加保卫阜平的战斗,阻击进犯的日伪军,粉碎了敌人以晋察冀抗日根据地中心"讨伐"的计划。4月,在涞源伏击敌人,歼日军300余人,击落敌机一架。5月,攻克平北重镇昌平。7月,为纪念七七卢沟桥事变一周年,袭击了卢沟桥、宛平、香山、温泉、门头沟、阳坊、南口等多处敌人,攻入石景山发电厂,用集束手榴弹炸毁锅炉,使北平全城连日停电,处于黑暗之中。同时,在昌平、宛平、房山、良乡、涞源等九县建立抗日根据地,协助组织地方武装,开展游击战争,发展抗日武装10000余人。1938年9月间,赵侗的母亲赵老太太应邀赴广州、香港、南洋各地,从事抗日宣传和募捐活动,受到宋庆龄、何香凝、宋蔼龄、邓颖超、朱光珍、史良等妇女界名流以及爱国实业家陈嘉庚、卢作孚等和南亚华侨的热烈欢迎,唤起更多的志士投身抗日,被国共两党及各界人士称之为"游击队之母"、"民族之母"。9月下旬,赵侗奉国民政府之命参加陪都重庆举办首期将官培训班。服从命令是军人的天职,赵侗立即安排好自己的部队,亲自到大队与将士话别,约定数月后再相会地点,然后带领原铁血军将士王越、吴新民、王新华、张世海等十余人,化装离开河北抗日根据地,冒着生命危险,闯过日伪敌占区,由北平取道天津,乘船南下,先于香港拜见母亲,然后由广西、云南到重庆。1939年1月,赵侗与母亲来到重庆,蒋介石亲自召见谈话,了解敌后游击队情况。未几,赵侗参加国民党第一期将官训练班,被委任为晋察冀游击第一总队少将司令,并命军、政部拨发武器弹药服装等军需用品。同时,重庆各界人士举行盛大欢迎会,并予以"抗日英雄"、"民族英雄"、"当代岳飞"等称号。海内外报纸跟踪报道赵侗母子抗日业绩和战斗经验。当时一些国际友人愿出资赞助赵侗将军出国深造,以图再进。国内朋友也劝阻赵侗休息调整,甚至有人发出威胁阻止赵侗北上。赵侗笑答:日寇一日不驱逐出中华,赵侗一日不离开祖国,想东北并肩战友惨烈牺牲,赵侗决不能放下武器! 3月,赵侗回避采访和约请,一面撰写《抗战七年经验教训》,提出持久战、游击战、发动群众、优待俘虏、瓦解敌人、协助友军等军事理论;一面筹备返回河北抗日部队驻地事宜,招募东北知识青年,举办"游击队军事理论培训班"。1939年6月29日,赵侗从"游击队军事理论培训班"中,选拔200名优秀干部分两批北上回返河北抗日根据地,赵侗亲自带领首批干部队伍,第一站到达西安。同年7月2日,由王新华率领100名干部再赴西安,然后集中全体干部和武器装备,毅然开向晋察冀战场。1939年12月,途经河北新富、灵寿两县交界的陈庄时,突然遭到伏击,寡不敌众,猝不及防,200名将士全部战死,赵侗将军以身殉国,时年28岁。同时牺牲的还有赵侗的妹妹赵理智,年仅20岁。

# 纪亭榭

纪亭榭(1912—2009年),黑龙江省东宁县人,在东北大学读书时与共产党有过接触,在东北军学兵队当过区队长。日军入侵后,和赵侗等人在辽宁打过游击。后来,在医巫闾山遭到日军重兵"扫荡"队伍被打散后,赵侗、纪亭榭被迫流亡关内,回到北平,在北平西郊拉起一支游击队,刚开始仅20余人,均为29军散兵和冀东保安队起义失败逃出来的农民。北平党组织得知这一情况,派史进前(后授少将衔)等东北大学学生参加了这支队伍,建立了党组织。这支游击队趁日军刚占领北平,还未及占领城郊之机,攻占了国民党北平第二监狱,释放了 2000 名犯人,其中有 600 余人当场参加了游击队,当中有不少共产党员。1937 年 10 月,这支队伍发展到 2000 人,遭到日军围攻,转移到宛平,和八路军杨成武部取得联系,被改编为晋察冀军区第五支队,赵侗任司令员,纪亭榭任一总队长,当时他刚刚加入中国共产党。第五支队经过整训返回平西打游击,曾经炸毁石景山发电厂的锅炉,使北平一度停电。1938 年 7 月,第五支队改编为晋察冀军区第一军分区三团,纪亭榭任团长。纪亭榭历任第五军分区参谋长、冀察军区第十三军分区司令员、第六军分区司令员、华北军区独立二〇九师副师长。新中国成立后,纪亭榭调任空三师副师长,1951 年入朝作战。获朝鲜二级自由独立勋章。纪亭榭回国后任海军航空兵师长、海军航空兵部副参谋长、海军航空兵参谋长。纪亭榭在担任海军航空兵部副参谋长时,参加了夺取浙东沿海制空权的战斗。华东军区在宁波建立浙东前线指挥部,由张爱萍任司令员。浙东前线指挥部下设登陆指挥所、海军指挥所和空军指挥所。空军指挥所由聂凤智任司令员,曾克林、安志敏任副司令员,纪亭榭任参谋长。1954 年他到宁波航二师检查工作,航二师师部和场站刚刚组建,但所属六团原是空十七师五十一团,在朝鲜曾击落敌机 10 架,击伤 1 架,是一支有战绩的部队。纪亭榭认为:敌飞行员大都飞过 1000—2000 小时,技术熟练,战术较灵活,熟悉海区情况,其螺旋桨飞机续航时间长,水平机动性能好,地面保障暂时比我们强,但敌军斗志不行。我六团战斗作风英勇顽强,并有一定的实战经验,现装备的米格—15 飞机速度快,升限高,爬升和俯冲性能比螺旋桨强。从总体上看,我方占有一定优势,只要组织有力,完全可以克敌制胜。纪亭榭认为可以不限于 150 公里作战半径打出去,寻敌作战。不久,发生三门湾海战,国民党空军派出 F—47 战斗轰炸机轰炸我海军舰艇,当时六团飞机已多批多方向起飞迎敌,宁波机场只剩 2 架担负本场防御的值班飞机,纪亭榭在上海力主起飞打出去,出敌不意,有可能取胜。六团接到命令后,双机起飞,发现敌机 4 架,一举击落 2 架。

纪亭榭即返回宁波,按上级要求将六团指挥所改为航二师指挥所,纪亭榭住进作战指挥室昼夜值班,边值班边训练指挥所人员。同年5月,我军发起解放东矶列岛战役,国民党空军2架F—47对我正在集结的渡海部队实施侦察袭击,有的领导认为敌机在200公里以外,离我太远,纪亭榭认为油量完全够用,为保证渡海部队安全,决心不能让敌机靠近集结点,坚决打出去,于是命令值班双机起飞,结果击落敌机1架,击伤1架。在这次空战中,我方中队长的飞机也被敌机击中,中队长受了伤,准备跳伞。座舱盖也抛掉了。纪亭榭问明人机负伤情况,考虑到飞机还能驾驶,飞行员负伤出血,跳伞后可能因剧烈运动大出血,未同意飞行员跳伞,纪亭榭指挥飞行员将飞机升高到7000米,当油料将尽时,飞机已到机场上空,终于安全落地。我军实施登陆时,敌P—51飞机2架来袭扰,航二师战机再次击落敌机1架。5月18日,航二师在南韭山上空击落敌机1架。5月19日,我军又击落敌机3架,另1架受重伤后在返回台湾途中坠海。航二师六团打出威风后,敌机看见米格—15就闻风而逃,纪亭榭调四团一大队的拉—11飞机进驻宁波机场,诱使敌上钩。6月3日,纪亭榭指挥一大队4机迎战敌双机,同时命令六团双机起飞掩护一大队作战。这一仗,击落、击伤敌机各1架。7月6日,六团又击落、击伤敌机各1架,从此国民党空军飞机再不敢袭扰一江山以北地区。在此期间,纪亭榭指挥六团和四团一大队,半年空战9次,击落敌机10架,击伤4架,我被击伤2架,夺取了浙东沿海的制空权。1957年以后,国民党空军用美国制造的RB—57、RF—101、P2V—7等高性能侦察机窜扰大陆。12月18日,毛泽东发出了"全力以赴,务歼入侵之敌"的号召。1958年2月18日,海军航空兵便在山东半岛1.5万米高空击落一架RB—57飞机。这是飞行员充分发挥国产飞机性能,瞬间跃上升高的极限创造出的奇迹。只是P2V—7侦察机装有完善的导航设备和先进的电子侦察干扰设备,趁着暗夜窜扰,从大陆沿海深入到大陆腹地,一直没有受到应有的打击。海军航空兵当时没有暗夜作战的必要装备,北海舰队航空兵副司令员陈士珍和飞行员提出建议,用轰炸机在空中投放照明弹。纪亭榭第一个支持说:"有什么装备打什么仗,这办法行!"尽管当时受庐山会议的影响,在"批判资产阶级军事路线"的口号下,纪亭榭受到冲击,但他还是竭尽所能,力促组建专门的独立大队,反复试验、演练照明攻击的战法。独立大队终于在 1964 年 6 月 11 日 23 时 36 分,在山东半岛上空击落 1 架入窜的 P2V—7 电子侦察机,缴获用来收集我核武器试验资料的空气采样机 2 部,以及"响尾蛇"导弹 4 枚和电子侦察、干扰设备。1955 年被授予大校军衔并荣获二级独立自由勋章、二级解放勋章。1964 年晋为少将。1988 年荣获一级红星功勋荣誉章。2009 年 12 月 7 日 22 时在北京逝世,享年 98 岁。

## 宋鸣皋

宋鸣皋(1906—1939 年),原名荣恩,曾用名剑博,字冠泽,辽宁省灯塔县铧子乡唐家堡子村人。幼年家贫无法上学,常到村学校教室外听课,学校破例免费让宋鸣皋上学。后考入沈阳官费学校——东北讲武堂预备班。1931 年九一八事变后,学校停办,宋鸣皋参加林子升领导的地方抗日武装,担任参谋。1932 年 3 月,宋鸣皋手持张学良将军签发的执照,在家乡唐家堡子成立抗日义勇军。1932 年 8 月 28 日夜,宋鸣皋率领唐家堡子义勇军配合二十一路军、林子升乡团、小堡义勇军,攻打奉天(沈阳),捣毁敌兵工厂、飞机场,破坏敌无线电台和电话线,炸毁敌机 27 架,并争取伪军一个排起义,这次战斗给辽南群众传为"燕子钻天"的佳话。队伍打散后到学校当教师,被人告密,抓入警察局。保释出狱后,宋鸣皋来到北平,在张学良资助下进入东北流亡大学学习。1937 年 2 月,宋鸣皋参加赵侗、高鹏等人在北京郊区成立的抗日武装。七七事变后,宋鸣皋率领 10 多名青年到白羊城村,参加 7 月 22 日由东北进步学生和当地民众举行的武装起义,并成立了抗日军。9 月 5 日,抗日军扩军整编,定名为国民抗日军(又称"红蓝箍"),宋鸣皋当选为军政委员会委员兼第二总队长。9 月 8 日,宋鸣皋率领二总队在黑山扈战斗中重创日军。是战,宋鸣皋先派出一个中队的兵力进入敌后城内,引诱日军。日军一时不明真相,开动数辆汽车出城追至黑山扈天平沟,宋鸣皋指挥二总队与敌人展开激战,日军大败。酣战中,从北平方向飞来一架敌侦察机,宋鸣皋命大队所有枪支向敌机扫射,敌机中弹起火,坠毁在农田里。黑山扈阻击战是国民抗日军首次大规模与日军交锋,震惊了国内外。八路军总部朱德总司令、彭德怀副总司令来信赞扬了国民抗日军将士勇敢杀敌的功绩。12 月中旬,国民抗日军在河北省阜平县晋察冀抗日根据地改编为八路军晋察冀军区第五支队后,宋鸣皋被选送到军区军政学校任军事教员。1938 年 6 月,宋鸣皋正式加入中国共产党。1939 年春,宋鸣皋任军区军政教导团参谋长,后返回平西抗日根据地任平西军分区昌宛游击队总队长,在平西发展抗日武装,率领队伍在青白口、方梁、大村、白羊城一带打击日寇,开展抗日斗争。同年冬,在上泥洼村工作时,被当地土匪姚万臣部杀害,年仅 33 岁。

# 徐 明

　　徐明(1916—1985 年),原名徐锐,黑龙江省阿城县人。1932 年加入中国共产主义青年团,1936 年正式加入中国共产党。土地革命战争时期,任中共东北军第六十七军工作委员会书记,西北青年救国会军训部部长。1937 年 8 月,徐明化名王五,参加国民抗日军,他是第一批被派到国民抗日军中的共产党员。后任中共东北军工作委员会代书记,中华民族解放先锋队总队部组织部部长,中共冀热察区党委青年部部长,中共平北地委宣传部部长、民运部部长。解放战争时期,任黑龙江军区代政治部主任,警卫旅政治委员,第二军分区政治委员,辽北军区第五军分区政治委员,第四野战军四十九军一六二师副政治委员兼郴州军分区副政治委员。中华人民共和国成立后,任中南军区航空处政治部主任,中南军区空军政治部副主任,师政治委员,防空军副参谋长,中国人民解放军空军副参谋长,国防科学技术委员会训练基地参谋长、司令员。1961年晋升为少将军衔。是中国人民政治协商会议第六届全国委员会委员,第五届全国人民代表大会代表。

# 史进前

史进前(1917—2008年),原名薄祯祥,字恒温,曾用名合约、励吾,笔名思始、鸷拙,斋号芳园兰香斋。山西省定襄县人。1935年参加中国社会科学家联盟。1936年加入中国共产党。土地革命战争时期,任北平中华民族解放先锋队区队长,同时在镜湖中学任党支部书记。1937年,参加国民抗日军,他是第二批被派到国民抗日军中的共产党员。后任平西抗日游击队政治指导员,晋察冀军区第五支队总队主任,第一军分区政治部宣传科科长兼干部教育科科长,晋察冀军区第一军分区一团政治部主任,第三区队政治委员,第二十团政治委员。解放战争时期,任晋察冀军区政治部保卫部第二科科长,晋察冀野战军第四纵队政治部保卫部部长,第十九兵团六十四军独立第二旅政治委员,第六十五军一九三师政治委员。参加了百团大战和清风店、平津、扶眉、兰州等战役。中华人民共和国成立后,1950年参加抗美援朝,任中国人民志愿军第六十五军一九三师政委,参加了第5次战役、1951年阵地防御作战和保卫开城作战,获朝鲜二级自由独立勋章。回国后,历任中国人民解放军总政治部保卫部处长、副部长、部长。1980年1月11日,升任中国人民解放军总政治部副主任。史进前担任总政保卫部副部长时,为做好原子弹试验的保卫保密工作,由解放军总政治部、国防科委、公安部抽调干部组成了21

号任务保卫保密小组。史进前任副组长。审判林彪、江青时,担任最高人民检察院特别检察厅副厅长。离休后,任中国老年书画研究会常务副会长。2008年9月7日6时25分在北京逝世,享年91岁。

# 张如三

张如三(1915—2003年),原名郭万镒。内蒙古萨县(今包头市)人。1936年加入中华民族解放先锋队,同年加入中国共产党。土地革命战争时期,任中共北平镜湖中学支部书记,北平市学委西城区委委员,义勇军排长。抗日战争爆发,他作为第二批被派到国民抗日军中的共产党员投身于抗日洪流之中。后任晋察冀军区第五支队连指导员,第一军分区营教导员,第一、第二十五团政治委员,第十军分区副政治委员兼政治部主任,冀中军区第二旅政治委员。解放战争时期,任晋察冀野战军第三纵队旅副政治委员,晋察冀军区军政干部学校大队政治委员,华北军政大学一总队政治委员。中华人民共和国成立后,任解放军第九步兵学校政治委员,第六政治干部学校校长,第二政治学校副校长,济南军区政治部副主任,兰州军区政治部主任,副政治委员。1961年晋升为少将军衔。是第五届全国人民代表大会代表、中国人民政治协商会议第六、七届全国委员会委员。2003年8月15日在北京逝世,享年88岁。

# 汤万宁

汤万宁(1882—1956年),流村镇白羊城村人,祖籍东北。白羊城地势险要,西、北、南三面环山,重峦叠嶂,西连太行,东临南口重镇;距北平德胜、西直二门也仅有百余里。白羊城土地贫瘠,十年九旱,加上官府压迫,地主盘剥,农民的生活更加困难。昌平被划归伪冀东防共政府管辖后,反动政府腐败无能,各地土匪蜂拥而起,山区百姓尤其受骚扰。白羊城村的农民为了防范土匪滋扰,维护地方安全,成立了保卫团,推举汤万宁为团总。保卫团收集了散兵游勇遗弃的枪支 20 多支,有团丁 20 余人。汤万宁还联合邻村保卫团,几次打击土匪,夺回人质,因此在当地颇有声望,人们称他为"汤七爷"。1937 年七七事变后,汤万宁积极组织开展抗日斗争,参与组织平郊抗日武装——国民抗日军(即红蓝箍),并担任司令部参议。8 月 22 日,国民抗日军奇袭了河北省第二模范监狱,解救出数千名在押反抗者,其中有 50 名共产党员(如李大钊的侄子李海涛、河北省磁县农民暴动领导者李洛涛),并缴获了大量的武器弹药,当时就有近 800 人参加了起义军。1937 年 9 月 8 日,国民抗日军在黑山扈战斗中打死 20 多名日军,用步枪击落一架日军飞机。以上两次战斗震惊中外,受到了八路军朱德总司令和彭德怀副司令的表扬。同年 12 月 20 日,国民抗日军改编为八路军。之后,汤万宁担任八路军晋察冀军区第五支队司令部参议,平西抗日游击第一总队副总队长。1941 年 6 月,任昌(平)宛(平)联合县公署县佐。1942 年 7 月,任平西第六专属特派员。抗日战争胜利后回乡为民。1956 年 9 月病逝,终年 74 岁。

# 汪之力

　　汪之力(1913—2010 年),建筑学家。辽宁省法库县人,在大学期间学习社会科学,1936 年参加共产党。抗战时期参与组建西山抗日游击队,后任八路军晋察冀第五支队、五台山二分区政治部主任等职。1934 年,汪之力随东北学生流亡到北平,接触到党组织。1936 年加入中国共产党。1937 年七七事变后,汪之力受党组织指派组建西山抗日游击队,任支队委书记。北平近郊这支抗日游击队,队伍中有很多青年学生,民众称他们学生军。这是一支由中共东北特委和北平市委领导的人民抗日武装,仅仅一个多月便由 30 余人发展到

3000 多人,其中有北平的大中学生、北平市民和近郊农民,流亡关内的东北义勇军、冀东保安队反正官兵和从国民党第二监狱解放出来的政治犯。尽管队伍成分及领导成员比较复杂,但实际掌握这支部队的是汪之力、史进前、焦若愚、王建中、陈大凡、高鹏、纪亭榭等中共党员及抗日救亡积极分子与进步青年。但是,由于人员成分复杂,队伍中违犯纪律的现象时有发生。有些人借筹款之名,打骂、勒索百姓;一些基层领导成员把增人增枪视为己有,不服从统一调动;个别人甚至企图拉队伍单干。在这种形势下,部队领导商定决定在三星庄进行整军。首先,由汪之力起草一个"全军约",作为治军的章程,约法规定:所有人员、武器、军需财物,归全军所有,统一指挥,统一调动;全军以军人大会或军人代表大会为最高权力机关;全军军人大会或军人代表大会直接选举部队领导人员,作为日常指挥员。9 月 5日,全军在三星庄村(当时属昌平县,现属海淀区)集合,召开全军军人大会。开始由赵侗讲话,宣布全军基本纪律。接着,汪之力宣读了全军约法,经大会鼓掌通过。高鹏也按事先商定的意见,提出了军政委员和各级领导人名单,也顺利地通过了。在这次全军大会上,汪之力被任命为军政委员会委员,同时将军队定名为国民抗日军。由汪之力授了军旗——红旗,白色旗裤上写有"国民抗日军"五个字。还向战士发了红、蓝两色的袖标,红色在上表示战斗,蓝色在下表示祖国河山,意思是:用战斗打败日本侵略者,收复大好河山。从此,"红蓝箍"在平郊群众中遐迩闻名。部队中党的组织也逐步建立、健全起来。经上级批准,成立了党的队委会。队委成员有汪之力、王远音、王建中、陈大凡、沈海清,汪之力为书记。后国民抗日军改编为八路军晋察冀五支队,汪之力任政治部主任。1938 年,汪之力被调到晋东北工作。之后,一直担任晋察冀军区二分区政治部主任。抗战胜利后,1945 年回沈阳主持辽宁及沈阳中苏友好协会并参加沈阳市委工作。同年冬赴本溪,从事发动群众清算斗争、开辟根据地,坚持敌后游击战争、土地改革和群众参军运动,收复及军管城市,先后任县委和市委书记。解放战争胜利后,1950 年创立东北工学院,任党组书记兼第一副院长。1956 年成为北京首任建筑科学研究院院长兼党委书记。任职期间,汪之力建立完整的建筑科学体系,亲自参加建筑理论与历史、传统民居和风景学的研究,并领导桂林、济南等风景区的资源勘察及规划设计。"文革"后,先后任中国科学院计算所所长、力学所党委第一书记。1980 年后,专力于全国风景资源的调查研究,从 1980—1996 年的 17 年间,共考察了全国除台湾、西藏外的 880 个市县地区(包括在此前后考察的少数地区),行程 10 万多公里。参加及主持大理、景德镇、太子河、长山列岛等风景区的规划;领导保护及整修圆明园遗址的社会和学术活动;发表《风景学简绎》、《论综合科学与综合艺术的建筑学》、《中国传统民居的脉络》、《圆明园整修初探》等论文 30 余篇;主编《中国古代建筑史》、《中国传统民居》,并于 1990—1996 年的 7 年间将过去考察资料编成 8 卷本的《中华山河心影录》,于 2003 年正式出版。1991 年获得全国老有所为精英奖。离休后先后担任中国建筑学会名誉理事、中国风景园林学会顾问、中国圆明园学会副会长、西安冶金建筑学院名誉教授等职务。2010 年 12 月 26 日在北京逝世,享年 97 岁。

# 王士俊

　　王士俊(1901—1937 年),流村镇新建村人。1937 年抗日战争全面爆发后,原东北抗日义勇军成员赵侗、高鹏等人在中共东北特别工作委员会的号召下,在北平地区积极组织联络流亡的东北学生和各地保卫团,决定在白羊城、柏峪口一带成立抗日武装。为此,起义组织人员到柏峪口村发动群众,组建抗日队伍。身为其中的一员,王士俊在二十几天中组织村民 10 多人,并收集了 10 多支枪。7 月 22 日,王士俊在白羊城村参加抗日武装起义部队。7 月下旬,抗日武装队伍在永安村集中开会,柏峪口村一地主分子向南口镇驻军告密,抗日武装队伍被国民党政府军包围。战斗中,王士俊不幸被捕。押到南口镇遭到严刑拷打,王士俊坚贞不屈,惨遭杀害。1983 年 5 月,王士俊被北京市人民政府批准为革命烈士。

# 张志贤

张志贤(1916—1948 年),女,化名云洲,流村镇新建村人。生于中医世家,祖父张福海、父亲张爱伦以医术医德称誉乡里。张志贤十几岁时就跟随祖父学习中医基础理论和医疗实践经验,18 岁时获得了独立开方治病的资格,成为了一名深受乡民爱戴的女郎中。1937 年 7 月 22 日白羊城起义之后,国民抗日军(即当地人称之为"红蓝箍")的政治部长高鹏等人曾住到张志贤家,工作余暇之时常常给张志贤分析时局、讲述革命道理,这对张志贤产生了重大影响,此后她义无反顾地投身于挽救民族危亡的革命洪流中。当时全国抗战已经爆发,一些平津地区的进步人士和地下工作者常常途经西山进入晋察冀抗日根据地。为了保护他们的安全,1938 年冬张志贤在党组织的安排下,在家开办南宫药铺,设立地下秘密交通站,护送到抗日根据地的过往人员,并为抗日根据地采购、运送食盐、布匹、纸张等军需品和生活用品,同时搜集日伪军政情报,配合八路军攻打日伪军据点、税务所。1943 年,张志贤加入中国共产党。6 年间,她利用行医的身份从事了大量的地下革命工作,在群众之中宣传抗日救亡,更为可贵的是她动员了自己的 8 位亲属投身于抗日洪流中。后因秘密交通站暴露,1944 年 9 月转移到晋察抗日联合会担任管理员。抗日战争胜利后,张志贤入察哈尔中学学习,1947 年冬跟随担任乙化县县委组织部部长的丈夫李大有来到乙化县,担任县委秘书。1948 年年初,张志贤带领土改工作队到黄土梁、四合堂、冷风甸村开展土改工作,这引起了当地抗拒土改的反动地主分子崔桂秋、孙四瑞等人的忌恨。2 月 18 日拂晓,张志贤刚起床,崔桂秋、孙四瑞等三人闯进屋将张志贤围住。张志贤见状猛扑上去,同其展开搏斗,身怀有孕的张志贤孤身反抗,寡不敌众,被反动地主分子捆绑吊在牲口棚里,遭到轮番毒打。天亮以后,反动地主分子押着张志贤和裹胁的群众向西翁庄逃窜。走到马甸梁时,反动地主分子等人害怕革命武装的追击拦截,用铁镐和石块将张志贤杀害,牺牲时年仅 32 岁。张志贤惨遭敌人杀害后,当地民众无比愤慨,乙化县县大队在怀柔县县大队的配合下迅速调集兵力,拔掉敌人的据点,严惩了反革命暴徒。1949 年 3 月 10 日,在密云县和昌顺县政府的安排下,张志贤烈士的遗骨由柏峪口村党支部书记张志田及烈士的母亲张陈氏运回故乡安葬。

在那些血与火、生与死相交织的艰苦岁月里,张家投身革命事业的并不只是张志贤烈士一人。作为一个革命家庭,以张志贤为代表的张家 5 姐妹无疑是其中的佼佼者,被誉为"五峰山下的五凤凰"。5 姐妹除了张志贤外,还有张志光、张志安、张志昆、张志宁。

张志安曾在昌平师范学校读书,并在该校进步教师和北京大学地下党的影响下接受了进步思想的教育。1935 年经地下党员马福生的介绍加入了中国共产党。1938 年夏,在张志安的带领下,张氏姐妹五人共同奔向革命根据地参加了革命。同年 12 月,张志安按照中共晋热察区党委指示,将以昌平乡师内地下党员为核心的一批知识分子组织起来,并输送到平西根据地,当时她年仅 17 岁。1939 年冬,组织上又调张志安去平西党校学习,从平西根据地学习回来后,与马福生、刘北海组成了新的党支部。1940 年,张志安与刘北海到冀热察党校学习,毕业后由城工部部长武光分配工作。她的任务是负责从南口镇经柏峪口到根据地的地下交通工作。她以柏峪口小学教员的身份为掩护,建立南宫药店交通站,工作的内容是传递书信、转运物资和接送进出根据地的革命者。当时,张志安在张家的威信很高,经常帮助她的几个妹妹学习文化,并因势利导地向她们灌输革命道理,使张志昆、张志宁等几个妹妹加入到革命队伍中来。1943年,她调到后方城工部工作。解放后,先在张家口法院工作,后任河北省沧州市汽车修配厂书记,直至退休。

张志光 1939 年 12 月参加革命工作,同年加入中国共产党。张志光参加革命后化名"松森",在杨成武的《回忆录》中记载有她的事迹。她最初在医疗队工作,后来调到冀中军区的一个医院任护士长。在此期间,她结识了晋察冀第一军分区独立团团长廉绍芝,2 人经组织批准结了婚。领导为了照顾他们的工作和生活,将张志光调到该团搞后勤工作,从此张志光开始了她的军旅生涯。1940 年 10 月任易县妇救会和抗联会组织部长等职。1942 年,身怀 5 个月身孕的张志光骑着马在易水河边与"大扫荡"的日军相遇,她立即扬鞭催马,日军随后紧追。突然马失前蹄,张志光从马背上摔了下来,造成了流产。她强忍身体的疼痛,在河水中洗净血迹,继续上马迅速躲入山沟之中,摆脱了敌人。有一次,她与部队走散,正在徒步寻找大部队时被敌人发现。她快步走进一个叫石门寨的村庄,躲入了一户农民家中。恰巧这家人正在办丧事,见跑进来个女八路,连忙让她脱了军装,穿上孝服,夹杂在众人之中。不多时,敌人进村挨家挨户搜查来到了这家,见人人穿着孝服,个个悲痛欲绝,四处搜查未发现破绽就走了。事后张志光向这家人表示感谢,这家人却说:"军民一家,不必感谢,这是我们应该做的。"1943 年张志光任易县妇联会主任,1948 年任完县六区区委副书记,1953 年 3 月任河北省妇联会福利部副部长,将一生奉献给了新中国的建立和社会主义建设事业。

张志宁自 1938 年参加革命后,不畏艰难困苦,革命意志坚定,经历了抗日战争和解放战争。解放后,担任北京天坛医院的领导工作。

张志昆在五凤中是最小的,参加革命时年仅 15 岁。因其年纪小,被安排在解放区的一个完全小学学习。一次,张志昆接到了一个很重要的信件,要立刻送到百泉庄,途中要经过南口。当时驻扎在南口的日本兵,正在集训打靶。配合张志昆的是一个小伙子,没想到刚刚经过一个壕沟就响了一颗炸弹。那小伙子胆子小,害怕掉脑袋。张志昆毫不客气地说:"干革命就不能怕死!"张志昆简单地化了装,扮成走亲戚的样子,小伙子扮成仆人,"主仆"二人一个骑着毛驴,一个跟在后面,大摇大摆地通过了封锁线,圆满地完成了任务。1940年和1941年是抗日战争最艰苦的时期。当时,张志昆接到了一个紧急任务,要从昌平运回一台后方根据地急需的打印机。为了不暴露目标,她将打印机装在驴驼子里。不巧,经过花塔村时,发现了一队日本兵正向自己迎面走来。张志昆眼疾手快,借着乡间小路的拐弯处,将驴驼子搬下,藏在坝阶子下的草丛里,待日本兵过去后,才把驴驼子又放回到驴身上。一天,从根据地转来了一封急件,需要立即交到姐姐张志安的手里。当时张志安在百泉庄小学,以小学教师的公开身份作为掩护。张志昆接到任务后,扮成新媳妇回娘家的模样,骑着毛驴上路了,但刚过桃洼就被一队日本兵截住了。一个身穿白大褂斜挎盒子枪的翻译官过来问她:"干什么的? 是不是女八路?"张志昆不慌不忙地说:"我哪里是什么八路,我是来看我哥哥的。"张志昆有个本家哥哥叫做张志良,任南口伪乡长,他在任期间,对日本鬼子的暴行看在眼里记在心里,很同情八路军。这翻译官一听说是乡长的妹妹,和日本兵嘀咕了几句后,才放张志昆过去。后来张志昆被分配到后方搞后勤工作。解放后,在铁道部的下属机关任职。

## 谷万刚

谷万刚(1914—1994年),昌平区百善镇泥洼村人,世代务农为生。1940年冬,在当地土匪姚万臣的裹胁下当上了"皇协军"。不久,日伪军内部发生矛盾,驻南口的日军逮捕了姚万臣,其弟姚万振带着未被缴械的几十人逃到怀来县达子营,继续投靠日本人充当"皇协军"。姚万振为了笼络谷万刚为其卖命,封谷万刚为"皇协军"小队长。但谷万刚生性善良耿直,对"皇协军"充当日军的帮凶残害百姓的行径日益不满,于是便通过同屋密友崔广水与中共昌宛怀县县长兼敌工部长彭城建立了联系。1943年春在与彭城深入交流后,谷万刚决定起义,投身革命。6月,经过细心的准备和周密的计划,谷万刚在王坡大岭率领本小队37人和其他队的十几个人,携带轻机枪1挺、步枪40支、手枪3支,投诚起义,走上了抗日道路。当天晚上,昌宛怀县政府在镇边城举行晚会,热烈欢迎谷万刚及起义的士兵。谷万刚起义后,昌宛怀县委书记林克清、县委副书记河北支队队长雷淯龙、县长彭城等人对其进行了细致的思想教育,并给予了多方面的照顾。同年6月下旬,土匪姚万臣又把残部拉回南口,继续给日军充当帮凶,在昌平南口镇地区劫道绑票,杀人放火,残害百姓,作恶多端。当地百姓对其恨之入骨,纷纷要求除掉姚万臣。对此,谷万刚主动请缨:袭击南口镇,除掉姚万臣。县领导经过考虑,答应了谷万刚的请求。在战前,一方面把谷万刚的家眷从泥洼村接到根据地,以免遭到敌人迫害,使其免掉后顾之忧;另一方面,印发传单向南口之敌展开政治攻势,使敌人终日战战兢兢,惶恐不安。1943年11月,经过缜密的部署,县大队的战士们在谷万刚、徐立恒的带领下,从黄场出发,经王家园,直奔南口镇。临近深夜,他们从南口铁路工厂后面的高墙下摸进南口,悄悄潜入南口火车站附近,然后直扑姚万臣的住宅。经过战斗,缴获步枪10多支。随后,战士们又直奔南口大庙伪军据点,击毙汉奸张翻译官。天亮前,彻底解决了据点里的伪军,又缴获步枪20余支。战士们带上战利品,撤出了南口,返回西山根据地。县大队夜袭南口镇,虽然没能除掉姚万臣这个汉奸匪首,但却极大地打击了当地的敌伪势力。经过这次战斗的洗礼,谷万刚更为成熟,更坚定了革命的信念。此后,谷万刚担任昌宛怀联合县县大队副大队长,1945年11月加入中国共产党。解放战争时期,先后任赤城县县大队大队长、人民解放军营长,并随军南下参加解放战争。新中国成立后,谷万刚转业到地方工作,先后任湖南省茶湘管理处副主任、湖南川口钨矿副矿长、湖南省衡阳冶金汽车修配厂副厂长。1984年离休。1994年逝世。

# 刘北海

刘北海(1915—1991 年),原名刘福如。昌平区流村镇漆园村人。为了免受他人的欺压,其父刘德福决定让刘福如读书识字。刘福如在村里读了几年私塾后,1931 年考上了昌平师范学校。在校读书期间,刘福如加入了反帝大同盟组织,带头参加罢课、请愿等活动。当时,北京大学的地下党组织经常派人来指导该校的学生运动,了解学生情况。1933 年春,在北京大学地下党员雷同的主持下,发展了四位学生入党,并组建了昌平师范学校党支部,马福生任党支部书记,刘福如任组织委员,雷振普和康纪元任宣传委员。党支部建立后,在北京大学地下党的领导下,积极开展活动,如组织领导学生运动、发展党员、宣传抗日救国等。刘福如定期到北京大栅栏内联升鞋店作支部工作汇报,领取党的秘密刊物《红旗》和接受新任务。1934 年,这批学生毕业后,都被分配到农村当教师。不久,国民党昌平教育科欲对全县教师进行统一考试,继而以不合格为借口,将其中的地下党员和积极分子清除出教师行列。党支部及时发动了教师罢考运动,使敌人的阴谋未能如愿。1938 年,八路军建立了平西根据地,昌平地下党划归冀热察区党委领导,党支部的主要成员在寨口一带活动,马福生在清华义小任教;刘福如在白虎涧村任教;张志安在永丰屯村任教。当时,党支部的主要任务是通过寨口沟传递书信、向根据地运送军需物品等。1938 年冬,党支部派遣刘福如等 7 名党员和积极分子到根据地培训班学习,学习《论持久战》等理论知识,学习结束后,仍回昌平进行党的地下工作。1939 年,冀热察区党委委派刘福如和张志安去根据地党校学习,学习的内容是:政治理论知识以及在敌占区开展地下工作的经验和技巧。结业后,城工部部长武光安排二人仍回昌平开展地下交通工作。刘福如负责传递根据地与北平、北平和冀东之间的书信,并导引天津、北平方面经昌平去根据地参加革命的学生,有时还向边区运送军需品。昌平的高崖口、白羊口是通往晋察冀和冀热察根据地的交通要道,为了以这两村为依托,开辟地下交通线,根据刘福如家住漆园村、在高崖口之侧,张志安家住柏峪口、在白羊城附近的实际情况,由打入敌人内部任昌平县伪县长的朱欣陶出面,以照顾刘福如和张志安的生活为由,分别将二人顺利调回老家任教。工作内容是:平西根据地的来信由王子玉(后改为康纪元)送到漆园村交给刘福如,刘福如将有关北平城内的书信交给清华大学的王定南;有关平北的书信交给古全一;有关冀东的书信交给张明远。此外,从北平、天津到根据地参加革命的青年学生由念头(昌平)火车站下车,刘福如负责接到漆园村,次日送到宛平县淤白村,再由康纪元送往根据地。1942年4月,刘福如被叛徒王定南出卖而被捕。在搜查刘福如住宅时,敌人发现了《论持久战》、《新民主主义论》等4本书如获至宝,于是将刘福如关押在日本宪兵大队部。敌人三天两头对刘福如进行严刑拷打,均未获得有关地下党的线索,两个月后将他和搜出的4本书一起移交到北平市北新桥的华北日军宪兵总队,南口宪兵大队因此还获得奖励。华北日军宪兵总队位于北平北新桥炮局胡同,刘福如在那里被判刑五年,关押到相邻的第一监狱内。在监狱里的犯人不仅吃不饱、睡不好,而且每天要在狱警的监视下,面对墙壁跪着,不许动,也不许说话。1943年,刘福如又被押送到日本北海道做劳工。劳工们在那里过着牛马不如的非人生活,每人每顿饭只给一个稻子面做的馒头,长期吃不到盐,更没有蔬菜,很多人都患上了夜盲症。冬天里没有棉衣棉被,只有一小块线毯,劳工们为了取暖,用稻草绳将装水泥的纸袋子捆在身上,每到夜晚就两人搂抱在一起睡觉,否则就难以入睡。白天干活时还经常遭到监工们的毒打,有很多中国劳工因此客死他乡。日本投降后,刘福如回到祖国,他为了牢记在日本北海道的苦难生活,改名刘北海。刘北海回到家后,他的小女儿已经饿死,妻子也患了重病。不久其妻病故,刘北海处理完后事就立即开始寻找党组织,恢复自己的组织关系。他曾到张家口找到原城工部的武光。武光说:"你的组织关系属华北局王友负责,你应该去找他。"并给他开了介绍信。因王友去了东北,刘北海去了两次华北局也没找到王友。解放后,政府给刘北海安排了工作,但他的组织关系一直未能得到落实。1978 年,一个偶然机会,刘北海找到王友(真实姓名是钟子云),立即前去说明情况,经当地党组织核实后,于 1980 年 8 月 14 日,刘北海恢复了党籍。1982 年办理了退休手续,1991 年病故。

附:流村镇革命烈士英名录

| 镇名 | 抗日战争时期牺牲烈士 | 解放战争时期牺牲烈士 | 新中国成立后牺牲烈士 |
|---|---|---|---|
| 原老峪沟乡 | 张万山、邱福生、韩志凤、李长友、张福泽、李玉怀、陈宝来、岳三、陈万奎、潘仕红、崔维广、韩景扬、张太林、刘景霞、刘福泉 | 郑启贵、郑现蓉、赵德旺、田维林、罗中连、武振邦、王巨宝、赵纪太、赵起太、田德本 | 刘志奎、刘长崎 |
| 原高崖口乡 | 陈文会、陈大保、贺庆甫、杨福友、刘瑞元、赵长生、王起芳、王生、杨福忠、韩永发、韩瑞通、贺庆佩、贺庆发、李明凯、贺庆翠、李付香、贺庆树、郑起旺、赵德富、赵长清、王永厂 | 李文通、王德林、王德纯、邢富财、李长春、邱玉田、王海、刘瑞洪、王启发、杨万山、高财、韩殿山、邢庄子、李文俊、冯玉敏 | 陈明星、陈万仁、王振邦、刘福海、陈世珍、张景春、刘德民、张德江 |
| 原流村乡 | 路景旺、黄进启、谷德全、贾金宝、刘长贵、陈永昌、薛景山、王国秀、王士俊 | 张云龙、王增友、王增好、崔玉荣、尹玉恒、陈永修、王士亮、王增宝、孙德保、张志贤 | 刘文厚、张殿平 |

# 第三章　当代人物传

1949 年新中国成立,流村地区历史翻开了崭新的一页。改革开放之后,流村地区在各个领域内都获得了巨大的发展,在各条战线上也涌现出了许多优秀人物。新时期里,他们以自己的行动向人们宣告流村的未来会更美好!

## 张殿平

张殿平(1953—1991 年),流村镇南流村人。1970 年参加中国人民解放军,1975 年加入中国共产党,1976 年复员参加工作,1985年参加公安工作,生前任北京市昌平县公安局治安科民警。中专文化程度。1991 年 9 月 12 日下午,他外出执行任务途中,不幸牺牲。他曾多次被评为先进工作者,两次受嘉奖,1991 年 10 月 18 日被公安部追授为全国公安战线二级英雄模范称号。在北京市昌平县,每当人们提起"欧阳海式的好民警"张殿平,都禁不住要流泪,无不为他的英雄事迹所感动。为了防止火车颠覆,为了保护自己的战友,他毅然献出了自己年仅 38 岁的宝贵生命,谱写出一曲时代的颂歌。

1991 年 9 月 12 日,张殿平为了落实国庆节和即将在昌平县举行的第十届亚洲自行车锦标赛、第二届亚洲青年自行车锦标赛的安全保卫工作,下夜班后顾不上休息,就要继续深入矿点,对易燃易爆危险品进行安全检查。副科长王景海考虑到要检查的单位距县局近百里路,便说:"我开吉普车同你一起去。"下午 3 点 10 分,他们驾车赶往第 4个检查点,来到无人看管的桃峪口铁路道口,铁路低于两旁的山坡,坡上又长满了高秆农作物,坐在王景海右侧的张殿平发现西边 290 米弯道处有火车驶来,立即提醒王景海。此刻,汽车突然熄火。瞬间,汽车顺坡滑进铁路路基,情况十分危急。张殿平、王景海迅速跳下汽车,想将汽车向后推,却没有成功。面对越来越近的火车,两人立刻决定,将车推过铁轨,张殿平绕到车后,王景海把住方向盘,他们使出全身力量奋力向前推。汽车缓缓移动,火车步步逼近! 张殿平面向火车,用左肩顶住汽车车厢尾部,同时用右手向火车司机示意停车,但是,这列满载煤炭的 45 节火车像小山一样压了过来。近了,更近了! 此刻,汽车离开了铁轨,王景海大声疾呼:"老张,快撤!"一位农民在不远处也急得大喊:"快跑呀!"可是,张殿平清楚,只要他跳出一步就可以保全生命;然而他更加明白,只要他一离开,汽车失去支撑就会顺坡溜回铁轨,就可能发生火车颠覆的重大事故! 为了保护国家财产,保护战友,防止火车颠覆,张殿平面对风驰而来的列车,用脚死死蹬住铁轨,使出平生的力气将吉普车撑了出去! 刹那间,火车发出巨大的啸音安全地停在路口东 110 米处,吉普车尾部被火车剐蹭后甩到路基下,王景海也随车被甩了出去,张殿平却倒在火车下,鲜血染红了枕木、基石。张殿平为保护人民生命财产的安全而壮烈牺牲。

张殿平热爱党、热爱人民、热爱公安事业。1990 年 11 月,组织根据张殿平多次申请到基层锻炼的要求,调他到治安科负责危险物品管理工作。张殿平为了尽快熟悉业务,做好工作,他通读了治安管理法规,并把报刊上有关文章剪贴在笔记本上。在不到一年的时间里,他整理健全了危险物品管理的各种档案,深入全县 200 多个使用危险物品的单位,检查使用、管理情况,并与每个单位签订了治安承包协议书。为此,他经常工作到深夜才回家。有的同志认为张殿平现在的工作又累又危险,对他要求调治安科工作不理解。他却说:"我是个党员,又累又危险的工作应该由我去干,这也是组织上对我的信任。"张殿平为警清廉,严于律己。他们夫妻俩工资不高,抚养两个上学的孩子和两位老人,生活很清苦。但是,他的准则是:不贪不沾,以勤俭为本。他家里没有彩电,没有组合家具。床上是一条已经打了补丁的毛巾被。1990 年，张殿平的两个孩子都染上了肝炎，县医院建议让两个孩子住院治疗，需交住院押金 2000 元，张殿平没有钱，只好把两个生病的孩子领回家。1991 年，张殿平的两个孩子上学，需交学杂费 200 多元，张殿平没有钱，只好把自己的国库券提前兑换成现金，给孩子交学杂费。即使这样，张殿平也从不向组织伸手要补助。张殿平对自己十分苛刻，对他人却满腔热忱。科里每逢晚上加班，他总是先把女同志送回家，然后自己才回家。1990 年 8 月的一天，张殿平到商店为就要去世的爷爷买寿衣时，正碰上县局一位干部的妻子晕倒，他毫不犹豫地先将病人送到医院抢救，然后又找车将其送回家。待他赶回家里时，爷爷已经去世了。张殿平壮烈牺牲后，在民警中，在人民群众中引起了很大震动。很多人为失掉了这样一位好同志、好战友而痛惜。他的事迹将鼓励更多人为人民公安事业而尽心尽力。可以想象张殿平推车时那惊心动魄的一幕，假如他的意志稍一松懈，后果将不堪设想。他意志非常坚定，坚定地把自己推向死亡，坚定地把战友和国家财产推向安全地带。没有对工作的无限忠诚，他做不到；没有对国家财产的高度责任心，他做不到；没有平时对人民公安事业的赤胆忠心，他也做不到。他做到了，在共和国的英模录上，记下了他的名字。

## 汤学忠

汤学忠，流村镇仙人洞村人，1969 年 3 月 31 日出生，北京体育大学本科毕业。1985 年成为中国北京自行车队运动员；1987 年 12 月，成为中国国家自行车运动员，是我国著名的自行车运动员之一，在同门师弟香港黄金宝于 1997 年崛起前，他一直独领中国自行车之风骚，曾六获亚洲冠军。

汤学忠从小就酷爱自行车运动，1983 年由其班主任推荐到昌平体校试训，经过一个月的试练，昌平体校马士其教练收下了他，从此汤学忠走上了自行车运动员的生涯,车技一路飙升。1985年成为北京队专业选手,1987年入选国家队后,师从沈金康。1989年,汤学忠代表中国队参加在印度举行的亚洲锦标赛,获得两金一银的佳绩;1990年第十一届北京亚运会,则是他自行车生涯中一个历史性的里程碑。由于赛前沈金康布置的夺金重点是团体100公里,所以汤学忠没想参加个人项目的角逐,更没想到能拿冠军。但是在离终点只有30公里时,他与前面的选手还相差两三分钟的路程。在离终点还有200多米的时候,汤学忠追到了第三的位置上,最后一个强有力的冲刺,领先第二名一秒多获得冠军。本次比赛获得的100公里团体和180公里个人两枚金牌,为他的未来照亮了征程。1991年他获得亚洲锦标赛个人和团体冠军,1993年他蝉联了该赛事的冠军,为中国的体育事业做出了杰出的贡献。然而,汤学忠的自行车运动生涯并非一帆风顺。1997年,尽管在欧洲比赛中摔伤,但在参加上海八运会前他准备很充分,完全具备夺冠的实力,但他在赛前因喝了没有放在冰箱的牛奶而肚泻,导致在最后阶段体力不支,屈居亚军。为迎接2001年九运会,他为此到韩国训练了半年多的时间,整体状态非常好,然而因药物感染,出现了高烧、抽搐等症状。2001年10月6日,汤学忠的血压已经降至40/60,北京协和医院下达了病危通知书。经过急救,他住进了高危病房,每天靠升压药和吸氧维持。3个星期后,汤学忠才出院,他做的第一件事就是飞往深圳参加全运会。然而,心有余而力不足,当他无功返京时,心情极为低落,从此他再也没有去触摸那辆与他相处20余年的自行车。但是汤学忠并没有离开他深爱着的自行车运动,他仍然在做着一些普及与提高相结合的工作,最终目的是提升整个中国的自行车运动水平。

## 王宏涛

王宏涛,女,流村镇王峪村妇联主任。作为一名热心计划生育工作的妇联主任,她将"妇女能顶一片天"这句话体现得淋漓尽致。在村民和领导的眼中,王宏涛确实是能顶一片天的人物。不但村里妇女工作开展得有声有色,计划生育、出纳、统计等也样样在行,特别是计划生育工作,用村领导的话说"有了王洪涛,计划生育工作就不用愁了"。计划生育是国家已实施多年的基本国策,但在农村特别是山区计划生育工作是既难做又得罪人的活,普通人避之唯恐不及。王宏涛却不信这个邪,在接手计划生育工作后,她首先对本村的育龄妇女进行摸底登记,将基础数据清理备案,做到心中有数。通过摸底排查她发现本村男青年张某与外地女青年杜某未婚先孕,在将情况汇报给镇计生办的同时,先后几次去张家做思想工作,讲解计生知识,通过多方努力终于做通了工作使女方做了引产。干计划生育需要的是眼尖,2001年6月王宏涛发现本村刘某有怀孕的迹象,凭着多年的经验,王宏涛当晚就去她家用试纸进行化验,由于对化验结果不敢肯定,又带她去计生委进行第二次检查,最终确定刘某怀孕了,通过做工作使刘某做了流产手术。做计划生育工作,用王宏涛的话来说是必须做到"三勤",即勤腿,对服务对象进行走访;手勤,对所做的工作有记录;嘴勤,多宣传党的有关计划生育政策,这样才能把计划生育工作落到实处。而且还有一点是必须理解别人,受得了委屈。2000年1月王宏涛刚担任这项工作不久,发现村中女青年王某怀孕,经检查怀孕已7个多月,他们夫妻二人都有缺陷,但又不符合二胎条件,工作很难做。王宏涛不分白天晚上去他家做工作,虽然受尽白眼与委屈,但她仍动之以情、晓之以理,最终夫妇二人去区计生委做了引产手术。事后王宏涛说"咱们理解别人,别人也会理解咱们,受点委屈没有什么"。几年来,王峪村没有出现一例计划外生育。2001年王峪村获区计生委"连续三年无计划外生育荣誉集体证书"。面对这些荣誉,王宏涛总是说"我所取得的一点成绩与区、镇计生领导、村党支部的支持是分不开的"。王宏涛就是这样一个敬业、无私、热爱计生工作的妇女干部。

# 陈连英

陈连英,女,流村镇小水峪村党支部书记。过去的小水峪村经济落后,百业待兴,群众意见很大。2002 年 1 月,陈连英接任村党支部书记,可谓是受命于危难之际,责任重大。怎样扭转支部的被动局面成为陈连英上任后急需解决的一大难题。为树立支部的形象与威信,为了重燃起百姓对支部的希望之火,她果断决定,从整顿两委班子入手,实行约法三章,坚决刹住以前吃、喝、乱、散的风气,在群众中树立良好的公仆形象,并提出了"真抓实干促转变"的工作口号。为研究阻碍本村发展的原因,陈连英多次召开两委班子会进行研究讨论并提出解决方案,制定了各种规章制度,并做到严格遵守,以身作则。通过一系列措施,使两委班子鼓足了干劲,拧成一股绳,在带领村民共同致富上达成共识。为使党员干部真正做到廉政、勤政,提高班子的凝聚力和战斗力,在村里组织开展的各种活动中始终坚持民主集中制的原则,凡是涉及群众利益的重大问题,陈连英首先召开两委班子会议拿出初步方案,经全体党员、群众代表讨论,然后提交群众大会决定,加大了群众参政、议政的力度,党员、群众真正体会到了当家做主的权利。作为党支部书记,陈连英一直以身作则,依靠广大党员群众从解决群众关心的热点、难点入手,治脏乱、刹歪风、树正气,党员干部带头,书记亲自上阵,不论占地开发、兴修水利工程等项工作,还是村里搞的工程都是亲自带头,真正是干部带了头,群众有劲头。经过一年的努力,小水峪村由乱、爱闹事变成了稳定、团结的村。在她的带领下,在镇党委、镇政府的支持下,陈连英一步一个脚印地干了许多实事,赢得了村民的好评。

# 赵国庆

赵国庆，流村镇派出所民警。在流村镇 257 平方公里的土地上活跃着一批急群众所急、想群众所想、技艺超群、对群众生命财产安全认真负责的好警察，赵国庆就是其中的代表。

赵国庆来到北流村派出所时间并不长，他积极肯干，严格、公正、文明执法的工作作风却得到了领导和人民群众的认可。流村镇地处山区，辖区面积大，派出所治安民警少，治安工作存在一定的难度，面对现实存在的困难，赵国庆没有被吓倒，为了维护好山区群众的利益，他每天早出晚归，尽职尽责地履行着警务人员的义务。赵国庆大胆细心是出了名的，特别是在承担危险任务的时候，这点更是让同事佩服。在第三次严打斗争治爆缉枪专项活动中，面对执枪人员可能出现危险，赵国庆沉着应战，通过细致的调查摸底，将执枪人员的基本情况、性格特点及家庭背景情况调查得一清二楚，在底数清、情况明的情况下，带领派出所同志，共收缴猎枪 8 支、气枪 1 支、自制火药枪 6 支、猎枪子弹 17 发、步枪子弹 21 发，有效地清除了治安隐患，维护了流村地区的治安秩序，增强了群众的安全感，维护了流村地区的稳定。在任治安民警期间，赵国庆共受理治安案件 150 余起，刑事案件 40 余起，其中调节 130 余起，流村百姓亲切地称他为"群众的好民警"。面对这些，赵国庆没有骄傲，反而工作得更加认真，用他的话来说："我是一名平凡而普通的民警，为人民服务是我应尽的责任。"这就是默默奉献在警察岗位上的赵国庆，他在流村人民心中树立了人民警察的良好形象。

# 卢全友

卢全友，流村镇禾子涧村党支部书记。在流村镇禾子涧村提起党支部书记卢全友，百姓无不拍手称道，他将一穷二白的小山村变成富足的文明村。

1998年,卢全友走马上任,任禾子涧的党支部书记。此时的禾子涧村经济十分落后,收入来源完全依赖村里有限的土地,村集体欠内外债10余万元,用水用电困难,村民对卢书记能否收拾好这个烂摊子、扭转局面充满了疑问。现实困境与村民质疑,没有击倒卢全友,反而激起了他改变村貌带领村民致富的豪情与决心,用他自己的话来说就是"我身后是老百姓的眼睛,容不得丝毫的退缩"。禾子涧村有两眼供水机井,因年久失修经常停水,百姓对此时有抱怨。上任不久的卢全友看到这种状况,立即召开班子成员会议,做出决定:去除百姓的疑虑必须先保障村民用水用电。村里没有资金,他就带领村干部自己干,衣服脏了手划破了,却没有丝毫怨言,经过多次维修,机井终于修好了。在他的努力下,收缴电费的问题也得到了解决。1999年,一场大暴雨,禾子涧村中的1000米路面全部被冲毁。在卢全友的多方面争取与筹措下,镇里出资10万元,村集体出资10万元重新铺了水泥路面。在修路的这段时间,他天天工作在工地上,监督施工,使施工质量得到了保证,还了百姓一条宽敞整洁的大路。2002年,为使村民出行方便,实现"引市场进山",在扶贫单位的大力支持下,禾子涧至白羊沟路10余里的工程也完工了,并对60亩土地进行开发,建民俗园,安装了路灯,使村容村貌变了个样。为了增加村民的收入,卢全友利用退耕还林的优惠政策,大搞退耕还林250亩。为拓宽就业渠道增收致富,他组织村民参观学习,组织了120多人到长陵镇麻峪房子村参观,使村民们大开了眼界,思想观念得到了转变,现已有10多户人家发展为民俗旅游户,仅2002年一年就接待游人300多人次,创收4万多元,禾子涧村的物质生活水平有了极大的提高。

## 黄进国

黄进国,流村镇政法办主任。黄进国1980年参加工作,有着80

年代参加工作的人特有的对工作的执著与信念，只要事关山区人民，无论大小他都会亲自过问，忘我投入，也正是如此他赢得山区人民的信任与尊敬。

流村镇地处山区，山区百姓对法律知识了解甚少，经常会出现一些难以解决的问题，这时司法调解就非常重要。比如：2002 年 7 月中旬流村镇西峰山村一户人家因怕水管从自家房子中间穿过对房子造成影响，未经村委会同意私自在自家院中断水，造成 11 家停水长达数天。在交涉无效的情况下，这 11 户人家 20 多口人围住断水家砸门强行接水，断水家父子出面阻拦被制服，经村委会调节也没有达成协议。眼看事情越闹越大，镇司法所黄进国主任了解此情况后，找到村支部书记、村委经过慎重考虑提出解决建议，由村委会出主管道及其他材料，改线走胡同，几户共同出工将水管道修好了。此事平息以后，事主和这 11 家人都非常感激黄主任，用他们的话来说，改管道这事虽小，但却体现了黄进国为百姓着想的公正之心。像这种纠纷黄进国遇到的解决的还很多。2002 年一年中，他亲自调处的激化纠纷 18 起，解决集体上访事件 2 起，为地区稳定作出了极大的贡献。在法律服务工作中全年代理诉讼 12 次，代写法律文书 30 件，为企业、农村挽回经济损失 45 万元。现为流村镇副镇长。

# 陈建文

陈建文，流村镇菩萨鹿村党支部书记。作为一个普通的农村党支部书记，陈建文凭着一股敢闯敢拼的热情和"要让村里富起来"的质朴观念，带领菩萨鹿村走上了一条靠旅游谋发展的富裕路。

菩萨鹿村是隶属于昌平区流村镇的一个偏远小山村。过去，这里的人们一直依靠种地勉强维持生活，是昌平区的重点贫困村之一。"要想使村民摆脱贫困，就必须改变单一的以农为主的生产经营模式，要想富就要走出自己的特色路。"抱着这个念头，村党支部书记陈建文四处搜集致富信息,进行市场调研。通过研究他发现"农家乐"已悄然成为市区居民旅游消费的一种主体,经深思熟虑,他决定利用菩萨鹿村特有的环境与人文优势——清新的空气、优雅的环境、淳朴的民风搞民俗旅游。"回归大自然,吃农家饭,住农家屋,享农家乐"成为菩萨鹿村致富的主题。为了扩大消费层面,吸引更多的人们来菩萨鹿休闲旅游,他们还制作了自己的旅游网页进行宣传,当年就接待游客1.3万人次,还吸引了一批有名望的书画家慕名而来,投资建了书画院,既带动了经济的发展,又丰富了小山村的文化氛围。清晰的思路,敏锐的思维,使陈建文认识到,在快节奏的社会发展中,以"旅游业"为主导产业,就不能把眼光停留在民俗旅游的"老三样"上,必须向"景点区"发展。经过长时间的谋划筹措,菩萨鹿村于2002年同河北的王文显合作,赢得了区旅游局及政府职能部门的支持,成立了区级风景区——菩萨山风景区。2002年9月19日景区正式开业。景区一期投资900万元,在保护生态环境的前提下,共恢复和新建景点46个。这些景点已经得到了广大游客的认可。景区自开业以来,日接待游客400人次,收入7000余元。景区的开发也带动了村中各行业的发展,增加了农民的收入。经济上的富足,推动了精神文明的发展,现在村里正气蔚然成风,孝敬父母、邻里和睦,到处呈现一种欢乐祥和的气氛。

## 崔文秀

崔文秀,女,流村镇妇联主任。崔文秀自1983年参加工作以来,一直默默地将自己的青春献给了流村镇这一片沃土,特别是2001年机构改革后,作为妇联主席的她不负众望,把妇女工作开展得热火朝天,将流村镇的妇女工作推向了一个前所未有的新阶段。

崔文秀长得并不强悍,相反看上去还显得有些柔弱,但就是这么一个有些柔弱的女性在接手妇联工作短短一年中,却雷厉风行地出台了一系列流村镇妇女工作的新举措,为本镇妇女姐妹办了一些实事,赢得了群众的一致称赞。特别值得一提的是,她上任初,流村镇妇女工作正处于低谷时期,农村妇女工作在基层各村得不到重视,妇女活动开展较少,文化娱乐项目难以得到普及;妇女受教育程度较低,没有一技之长,且就业观念存在着一定的差距。面对这棘手却又必须马上解决的问题,她并没有被吓倒,反而激起了强烈的责任心。她首先从基础做起,着手组建了一个完整的妇女工作基础数据体系,通过这个体系对流村镇妇女情况进行统计与分析,找准妇女工作的突破口,确定正确的发展方向。为更好地推动妇女工作的开展,她还建立了一个妇女信息网,各村妇联主任兼任信息员向镇妇联反馈妇女动态及妇女致富带头人的事迹,由镇妇联进行宣传,调动妇女致富的积极性。同时为了使妇女开阔眼界,转变故步自封旧的就业观念,鼓励妇女自主就业,崔文秀于2002年10月创办了面向基层村妇联工作的《妇女工作综合月刊》,以此作为工作互动的切入点。为了鼓励妇女走出家门,通过自己的双手致富,由镇妇联牵头与小水峪村联合创建了"妇字号基地"——小水峪"三八"葡萄园,解决了一部分妇女的就业,同时也使广大妇女姐妹"学有方向,赶有目标"。在她的带动下,流村镇的妇女姐妹动了起来,用自己勤劳的双手编织起了一个自己致富的梦想,而这一切的转变离不开山区妇女姐妹的贴心人——崔文秀。

# 姚长才

姚长才,北京勃然制药有限公司生产部的经理。质量是企业生存的保证,创新是企业不断发展壮大的前提,对于一个公司来讲,生产经理素质的高低,代表了企业产品质量、技术创新的程度,关系到企业在市场大潮中的成败,北京勃然制药有限公司生产部经理姚长才就是这样一个关键性人物。

　　35 岁的姚长才年纪不大，却已有着 10 多年的工作经验，一直耕耘在生产和科研第一线，成绩斐然。在他接任生产部经理以来，注重业务素质和领导艺术的提高，民主作风良好，具有强烈的事业心和工作责任感，改革创新意识和奉献精神突出。北京勃然制药有限公司作为流村镇的重点企业，公司 90% 职工都是当地的农民，药厂的兴衰荣辱直接影响到几百个家庭的幸福生活和流村镇的经济建设。作为生产部的经理，姚长才对此有非常清醒而深刻的认识。为此，他一直将主要的精力放在提高职工的业务技术水平、改进生产工艺、减少生产成本上。姚长才的敬业精神和严格管理是大家公认的，自任生产部经理以来，他严于律己，以身作则，率先垂范，在与工人打成一片的同时，严把质量关，公司几年来从未出现过一例产品不合格，100 多名车间工人也从未出现过脱岗串岗现象。在他的带动与管理下，勃然制药有限公司有了长足的发展。这就是立足岗位，有着不断创新和为公司默默奉献的姚长才，他用自己的智慧和汗水为公司的繁荣、地方的稳定和流村镇百姓的家庭幸福作出了巨大的贡献。

# 仙力勇

　　仙力勇，北京亚都室内环保科技有限公司后勤部负责人。"有国才有企，有企才有我"这是仙力勇一直坚守的信念。在亚都公司工作的几年中，负责后勤保障管理工作的仙力勇一直凭着这股信念支撑着，默默地奉献自己，燃烧自己。后勤是整个公司正常生产运行的保证，刚提任亚都后勤保障管理工作负责人时，仙力勇压力很大，为了尽快适应新的工作岗位，他费尽心力，努力学习相应的管理制度，工作以身作则，要求工人做到三勤：即嘴勤、眼勤、手勤，他自己首先做到。工人忙，他比工人还忙。在公司大力发展的几年中，他一直日夜坚守岗位很少回家。在他眼中，公司就是家，妻子的怨言，孩子的恳求都比不上公司工作重要，公司要生产，产品要生存，后勤是保障,没有大家何以有小家?公司的利益才是最大的利益。在亚都公司,加湿器是拳头产品,销量很好,生产量由过去的30万台,增加到40万台,用水、用电、通信、供暖等各方面使用量处于高峰,而根据公司当时的情况,有些设备已陈旧,仙力勇为保证生产顺利进行,经常用自己的车跑公家的事,对此一些人不理解,他却说"这就是利用能利用的条件,克服困难,减少资金支出,为大家尽一分力"。工人学法、知法、守法对于一个公司杜绝各种违法乱纪行为是很有效的,为此,仙力勇经常定期、不定期地组织后勤工作人员学习有关法律知识,制定各项学习、工作制度,进行法制宣传等活动。在他的努力下,几年来亚都公司未出现任何大、小安全事故。

## 张　银

张银,昌平区党代表、流村镇水务站站长。作为流村镇水务站站长,在全镇的防汛抗旱、水利富民综合开发、人畜饮水改造工程工作中求真务实,勤勤恳恳,为山区水利基础设施的建设做出了突出的贡献。张银在防汛工作中积极配合镇政府工作,确保了全镇的防汛安全。为此,在汛期前,他带领站里的工作人员对辖区内的主要河道、小(二)型水库及防汛重点部位,认真做好防汛的各项工程计划,并逐年进行实施。几年来,共实施防汛工程50多处,修建护村坝、排洪沟、防洪挡墙等,通过加强防汛设施建设,增强了流村镇抵御洪水灾害的能力,为以后的防汛工作打下了一个良好的基础。同时在全镇大力兴建的各项水利工程也为农民致富创造了有利的条件。几年来,共组织修建3.8万方和8万方蓄水池各一座,蓄水总量11.8万方,铺设三条直径400毫米的输水管线8.5公里,总造价1478万元。同时,实施18个村人畜饮水改造工程,王家园水库大坝加固工程、水厂建设工程,实现水利富民工程流域网络化管道控制灌溉面积1.35万亩,为农业灌溉和生态环境用水提供了有力保障,为周边提供了一个很好的水环境。黑寨村实施的京津风沙治源工程,工程治理总面积 7500 亩,共完成石坎梯田 1000 亩,河道护岸 1000 米,修田间路 1000 米,铺设管灌 1000 亩,发展水土保持田 100 亩,实施封禁治理 3000 亩。新村 1000 亩水利工程,工程包括 1000 亩管灌,1000 米路面硬化,工程总投资 60 万元。林业配水工程,在高崖口和老峪沟两个地区修建蓄水池 6 座,总投资 25 万元。这些工程的实施,为当地农户增收创造了有利的条件,产生了良好的经济效益和社会效益。在日常的工作中,张银视工作为生命,人们都说他是一个工作狂。他用自己的实际行动影响着大家,使流村水务站的各项工作接连取得很好的成绩,可以说他为流村的水利建设、为争创"昌平三个首选之区"建设作出了自己的贡献。

# 李富增

　　李富增,昌平区党代表、流村镇北庄村党支部书记。流村镇北庄村资源短缺,过去是远近有名的不稳定村,人心涣散,干群关系不和谐,村干部调动较为频繁,村集体经济实力薄弱,村民就业增收渠道不宽。2000 年,组织上安排李富增接任该村的党支部书记。几年来,他团结带领两委干部,帮助群众排忧解难,积极争取资金改善村容村貌,大力实施民心工程。功夫不负有心人,经过几年的努力,现在的北庄村,支部凝聚力、战斗力增强,村容村貌焕然一新,党员干部群众精神振奋,全村安定团结日趋稳定,村民安居乐业素质提高,连续几年没有出现上访。

　　担任支部书记 6 年多以来,李富增体会最深的一点就是无论做什么事,干什么工作,都要脚踏实地,情注群众。做人要讲原则,为官也不例外。在别人眼中,村支部书记这个工作不在编、不在册,算不上什么官,但在李富增眼中,这个工作身处基层,面对群众,责任重大,想要履行好职责,有所作为,做一名农村党支部书记最基本的标准就是要脚踏实地。脚踏实地就是植根于民,心系群众。有民谚说:"天地之间有杆秤,那秤砣是老百姓。"是否真正担负起村党支部书记的职责,是否真正体现责任感,就是看他是不是真正脚踏实地地为百姓们谋福利。众所周知,北庄村的集体经济实力相当薄弱,属于昌平30个、流村镇15个低收入村之一,要改变这种局面,李富增与两委干部一道,为群众搞好服务,帮助他们增收致富是最首要的问题。李富增上任以来主要抓了两件事,一是发展经济,二是稳定情绪。北庄村是个资源短缺村,发展优势不足,多年来山河依旧,群众对此意见很大。集体经济如何壮大,对北庄村两委是一个挑战。李富增带领班子成员在反复研究调研的基础上认为,村级经济发展,必须在"盘活"上做文章。将闲置的房屋和场地开发利用,引进发展项目,解决农民就近就业,增加集体经济收入。

在确定了北庄村的发展思路之后,李富增又积极与区镇牵头扶贫工作的领导取得联系,加强沟通,汇报工作,畅谈发展思路,最大限度地争取领导和扶贫单位的支持。几年来,先后硬化了村内的大街小巷,改造了自来水,更换了照明线路,建起了健身文化墙,修建了垃圾池,整修改造了村办公场所。积极落实富民增收政策,采取民主形式安排一部分村民从事生态管护、砂石看护、治安巡防等。北庄村的村民通过多种渠道基本实现了"人人有活干,家家增收入",不健康的东西自然也就失去了市场,干群一心,邻里和睦,尊老爱幼,互帮互助,已成为全村的生动写照。

村子的发展,与领导班子的团结密不可分,形成团结干事的班子,是每名村支部书记都要面对的问题。李富增认为村支部书记来自群众,但又和普通村民不同。两者之间最大的不同就是村支部书记肩上多了一份责任,手中多了一份权力。对待权力不能把它看得太重,又不能看得太轻。看得太重,容易使私欲膨胀;看得太轻了,必然缺乏压力和责任感。正确运用手中的权力,就是要把权力当成为群众谋利益的一种手段、一种机会。村干部在工作中和群众合不上拍,对不上劲,干不成事,责任主要还在干部。北庄村全村50户,184人,什么脾气性格的人都有,要把大家团结在一起,也不是一件容易的事,没有办法不行,没有威信更不行。因此,李富增严于律己这根弦时常绷得紧紧的,不敢有丝毫的懈怠。首先是认头吃亏。当官只为自己着想就会冷了群众的心。得到党员群众的信任拥护,就是看准了领导班子成员个个肯为大家做事,乐于助人,不计较个人得失。这几年,北庄村里干的工程多,可以说是一个接一个,全村都按照民主程序进行投标,没有一个是村支部书记自己说了就算的,都要经过两委班子成员的共同商讨。为此,李富增一天到晚从早忙到黑,妻子住医院,母亲有病卧床不起,自家的事想顾也顾不上。因为工作忙没有尽到丈夫和儿子应尽的责任。当干部不能像手电筒光照别人,管别人首先要管得住自己。李富增是这样说的也是这样做的。任职几年来,他出门办公事,基本上都是骑自己的摩托车,从来没有报销过汽油费。要按照眼下的条件,村里完全可以买一辆汽车,但他还是坚持不买,觉得这样能节省很多开支。在落实上级政策当中,大多数村民对政策不是不理解,道理也不是不明白,他们等待观望,就是看当干部的怎样做。干部如果不管住自己、做出个样子来,工作根本无法开展。北庄村在安排生态环保、砂石看护和治安巡防员时,干部出以公心,秉公办事,充分发扬民主,优先考虑困难群众家庭,实现了平稳推进,群众没有怨言。严以律己,关键是要管住自己的手,不该拿的千万不能拿。村支部书记官不大,但有时权力也不小。俗话说,礼下于人,必有所求。收了人家的东西,就会嘴软手软,就要丧失原则。李富增时常嘱咐家里人,要想人不知,除非己莫为。决不能因为一点蝇头小利坏了做人的原则,坏了村里的规矩。时间一长,大家都知道了李富增的为人。村里谁家有难,也乐意找他,李富增也总是有难必帮。不图别的,只要乡里乡亲信得过,村支部书记在老百姓心里就有位置,就有感召力、凝聚力。以李富增为中心的北庄村两委班子始终坚持以"人民赞成不赞成、答应不答应、拥护不拥护、高兴不高兴"作为衡量工作的最高标准,真正以实际行动实践了党员干部"全心全意为人民服务"的宗旨。

# 刘东生

　　刘东生,昌平区人大代表、流村镇漆园村村委会副主任。漆园村位于流村镇西部山区,距镇政府约7公里,现有人口1700余人,村域面积为15平方公里,是流村镇的第一大村。2004年,漆园村进行了第一届两委班子的换届选举工作,刘东生被选举为村委会的副主任。俗话说"新官上任三把火",上任后面对漆园村人多地广,群众经济收入水平相对较低的情况,与新任两委班子成员一起研究制订了漆园村的三年工作计划,并根据漆园村的实际进行了有步骤地实施。以"以人为本,加强组织队伍建设"作为指导思想,与支部书记一起加强对新任两委班子成员的思想教育,并通过对农村实施组织化管理,建立了一套在村党支部领导下的村民自治运行机制,即:以党支部书记为核心,以党员、村民代表为基础,实行分级管理,一级抓一级,逐级负责,建立"四级联动"管理机制。"四级"分别是支部书记、村两委干部、党员和村民代表、群众这四个方面,通过逐级明确责任,深化服务意识,相互协作,达到共建、共惠的目的。"四级联动"管理机制一方面可以有效地化解各种矛盾,在群众和党组织之间架起一座沟通之桥,增进了村民与党员、党组织之间的感情,减少了相互之间的误解;另一方面,减轻了村干部的工作量,使支部书记将更多的精力放到村域经济的发展上,有利于村内的稳定发展,是漆园村党支部村委会的一大创举。村两委班子成员团结稳定,村里的工作也逐步走上了正轨。根据村民的居住现状,刘东生又与支部书记一起对村内环境进行考察和走访,通过实际考察和研究,决定从改善村里环境和基础设施建设方面入手,改变村内的基础环境。首次投资5万元为全村修建垃圾投放点26个(平均26户合一个投放点),解决村民无处倒垃圾、乱倒垃圾的现象。为充分发挥投放点的作用,刘东生积极配合村主任,通过党员会、村民代表会,推选了 5 名责任心强、踏实肯干的村民担任保洁员,投资购买扫帚、铁锹等保洁工具,雇用农用三轮车一辆,并对保洁员实行"定岗、定责、定时"管理。漆园村的进村路是十几年前修建的,经过长期的使用路面变得坑洼不平,给村民的出行带来了一定的困难,对此村民意见很大。村里决定投资100 余万元,对进村主路及村内主干街道路面进行修复和硬化。刘东生积极主动地要求负责进村路的修建和管理工作。从此,每天 6 点多钟坐早车上班的村民会发现,刘东生早已来到了施工现场,安排新一天的施工任务,这一干就是一个月,路修完了,刘东生的脸也被晒得黝黑。为彻底改变村内的环境,按照镇党委、政府的意见和漆园村的实际,村两委班子经过研究决定,以进村主路为主线进行绿化美化,修建花坛 120 个,对现有的名木古树进行"铁艺管护",改善村民的居住环境。这个重要的任务刘东生当仁不让地接了过来,经过辛苦的工作,按时、保质地完成了此项任务。

开拓渠道,深挖自身优势,为村集体经济发展、村民收入的增加探索新途径。漆园村南山又名雅思山,生态植被覆盖深厚,为发展村域经济,村两委班子研究决定确定为生态旅游区,开发生态旅游,增加村民收入。规划面积 1.5 万余亩,位于村南部,南与海淀区凤凰岭自然风景区、车营村生态旅游村接壤,西与妙峰山古香道、北照台村六郎涧、活山涧等自然生态区景点相邻,东与阳坊镇白虎涧自然风景区浑然一体,经专业人士考察认为具有开发价值。俗话说要想富先修路,为此村委会决定,在村东新建一条南山旅游路。为修好这条路,刘东生与村主任一起起早贪黑进行实地考察,共同制定修建预算,工程开工后又整天泡在工地上,及时解决工程中出现的问题,保质保量地完成了南山路的修建,为雅思山旅游区的开发奠定了良好的基础,受到了漆园村村民的称赞。南山路的修建不仅解决村民就业 30 余人,也使村民人均收入达到了 5000 余元,带动了村个体民建队 11 个、个体运输户 8 个,相关就业人数达 100 余人,增加了全村村民的经济收入,2005 年村内固定就业人员达 248 人。这就是刘东生,一个平凡而又憨实的农民,在漆园村自来水改造、建立龙胜枣业协会、修建农村社区医疗站、村东河套的防护工程、泥石流易发区农户的搬迁、路灯建设工程等等一系列工程中,无不出现他的身影。在工作中,刘东生的思想意识也逐步发生着变化,经过积极努力的争取,2005 年正式加入了中国共产党,成为了一名光荣的共产党员,2006 年被选举为中共昌平区第三届人民代表大会的代表。刘东生上任后与两委班子一起在党支部书记的带领下,辛勤努力工作,使漆园村的村容村貌有了很大的改观。目前,全村的主要街道全部实现了硬化、亮化,村容村貌干净整洁,生活垃圾实现了定点回收定时清理,进村路口及村主要路口分别安装了旅游广告装饰牌,夜晚灯光璀璨,成为漆园村一道美丽的风景线。漆园村正逐渐成为一个环境优美、空气清新、宜人居住的新山村。

## 孙宝琴

孙宝琴,女,流村镇北流村党支部书记,北流村果园主要负责人。在任期间为了不断提高北流村果品的产量和质量,也使果园的管理上一个新台阶,将提高管理人员的技术水平提到了重要议事日程,曾先后聘请了北京果林研究所专家、区林业局高级技师和专业技术骨干,经常性地到果园进行技术指导与培训,还把区林业局刘会平等一部分专家聘请为果园管理的长期顾问。在专家们的精心指导下,果园的负责人对果园进行了科学规划,积极推广引进名特优新品种,去除杂劣,高接换优,对老果园进行了彻底改造,使 20 多个苹果、桃、樱桃等优质品种在果园落了户。2004 年,北流村果园被北京市农委、市林业局、市农业局等定为果品标准化示范基地。2005 年被市农委、市林业局、市农业局等定为北京市名优果品出口基地。

在果园的管理过程中,孙宝琴非常重视技术人员思想观念的更新和技术水平的提高,先后组织他们到平谷、真顺、桃林及中日友好观光果园参观学习,以更新观念;每年都要由所聘请的专家根据农时进行地头授课,以提高他们的技术。通过这几年的培训,目前果园的技术员可根据不同的果树品种、树龄,实施不同的配套管理措施,能进行科学的树上、树下综合管理,如树型改造、疏花疏果、套袋、择叶、转果及铺设反光膜等。通过几年的科学管理,不仅果品的产量上去了,而且果品的品质也有了较大的提高。单果重量在6.6两以上,农药残留量也大大低于国家标准,优质果品率在90%以上,曾被评为绿色安全食品,获得过昌平区金果节金奖。

作为村党支部、村委会的当家人,孙宝琴把解决农民的就业问题作为工作的重点。现在,这个果园共解决了50余名村民的就业问题,加上管理人员,现在在果园上班的人员达到了70余人,其中妇女占到了近70%。2008年,孙宝琴带领北流村党支部、委员会成员对北流村发展又提出了新的发展思路:继续完善北流村的基础设施建设,进行产业结构调整,实现由原来的以果品生产为主导产业向生态农业观光为主的第三产业转型,发展果品加工企业,形成产业链。力争经过几年的努力,把北流村发展成为集果品生产、观光采摘、休闲娱乐的大型生态农业村。孙宝琴担任党支部书记已有11年,曾荣获全国妇联"女能手"、北京市"三八"红旗手、北京市优秀共产党员等荣誉。

# 贺长来

贺长来,北照台村人,流村林业站副站长。他23岁就参加工作,与林业打了近二十年的交道。贺长来以工作勤奋著称,曾在2001年被评为全国劳动模范,获得过"五一"劳动奖章。流村镇北照台村党支部书记。北照台村是典型的深山村,自然环境恶劣,交通不便,人均收入在整个昌平区处于低下水平。因此,改变北照台村长期以来贫困落后的面貌,让深山区的村民过上好日子,成为流村镇党委和镇政府的重要任务。而要实现这一目标,选择一位精明强干,能真心实意为百姓服务的好"村官"至关重要。在经过多方面的考察和研究后,流村镇党委和镇政府任命贺长来担任北照台村党支部书记。镇领导所以选择他,是想凭其多年积累的工作经验和能力以及能吃苦、有干劲的精神彻底改变北照台村落后的面貌。

贺长来甫一上任,就马上召集村两委班子开会,研究部署北照台村脱贫方案,解决村民的现实问题。经讨论研究,大家一致认为"缺水"是制约北照台村发展的最严重的问题,也是解决群众生活的最现实、最直接、最迫切的问题。为此,贺长来报请镇政府,先后五次请来各方面的专家对北照台村进行现场勘测论证,最后得出结论认定山区下面很可能有水。于是贺长来马上报请区镇两级政府,请求给村里挖井,彻底解决百姓的用水问题。此申请得到了区镇两级政府领导的认可,区里拿出财政资金近 200 万元,由农委、水务局等有关部门协调,马上进行北照台村饮水解困的工程建设。这项工程得到了区水务局的大力支持,责成流村镇水务站具体负责工程的规划实施。为使方案更加科学合理,更具有可操作性,在工程建设中,流村水务站根据不同村的缺水情况,经过现场勘察详细制定了工程建设项目设计标准,保证改水工程促进当地经济持续发展,满足人民群众生活需求。在具体实施上采取山区以拦蓄地表水为主,挖掘地下水为辅,山泉引流等措施解决缺水问题。经过一个多月的奋战后,一口掘地 306 米的大眼井终于建成。紧接着,水务站施工队员和村民们一鼓作气,再接再厉,挖深沟,铺管道,把清甜的井水引到家家户户,北照台村祖祖辈辈没有解决的用水问题终于彻底解决。但是,贺长来并没有满足,他还有更远大的计划:抓紧把 10000 米的连村公路改造好,建好通向外面世界的大道;要修建两座能够安全通过 40 吨大货车的大桥;要建设民俗接待站,招商引资,充分利用山区秀美的自然风光,建立生态民俗旅游村,发展旅游经济……北照台村美好的未来,都在他和两委班子成员的构想和规划之中。有了梦想,就有了希望,加上北照台村民的勤劳开拓,一切梦想必将成为现实。

# 张进海

张进海,流村镇南流村党支部书记。曾在北京市 18 个郊区县的农场局开展的果树工人练兵大比武活动中荣获第四名。由于具有精湛的果树修剪和管理技术,在全镇标准化果园建设中作出了突出的贡献,因而被派往日本学习。2004 年,张进海被任命为南流村党支部书记。此时的南流村局面混乱:全村有二三百人因近几年村里经济发展速度慢,对两委班子工作不满意,先后多次上访;老百姓由于开发占地,想急于分到自己的那部分钱,与干部形成了尖锐的矛盾;由于干群矛盾,村里各项工作开展不顺利,干部思想涣散。张进海当上书记之后首先进行了走访谈心活动,与干部谈,与群众谈。通过谈心,张进海了解了干部和群众的思想动态,同时他的一番诚心和决心,感动了两委班子成员,使他们看到了发展的希望,激发了他们扭转局面的信心。干部思想统一之后,张进海便开始着手实施他的第一项工程——改水。南流村在流村镇区域内是一个以种植业为主的自然村。多年来,由于自来水管道老化,水的跑冒滴漏现象严重,村民用水难成为村里亟待解决的一个问题。为彻底解决百姓的用水问题,两委班子经过讨论,决定从改水入手,将其作为新班子为百姓做的第一件实事。但是作为整个昌平区 30 个低收入村之一,南流村的集体收入几乎没有,还欠外债 70 余万元。但张进海决定克服一切困难,从根本上解决百姓的用水问题。为筹措改水经费,他四处奔波——财政局、国税局、山区办、实创集团……他的诚心终于换来了扶贫单位对南流村改水工程的支持。2004 年 6 月,南流村改水工程正式启动,挖沟及铺设各种管道 12310 米。经过 20 多天的紧张施工,改水工程于 6 月底完工。随后,为了加强对村里用水情况的管理,增强村民们的节水意识,村里实行一户一表制度,对饮水价格和管理方式作了明确的规定。通过这一工程,张进海赢得了民心,在百姓心中树立了干部的新形象。

南流村作为低收入村,群众生产生活中的基本问题往往要依靠扶贫单位帮助解决。但从长远来看,不增强自身的造血能力,要摆脱贫困无异于一句空话。为此,张进海和两委班子成员对村里的资源情况进行了反复的调查、论证,提出了"依托旅游资源和果园资源,发展生态休闲产业,创建生态文明村"的发展思路。南流村的南山是十三陵皇家陵园的照山。此处绿树成林,果品种类繁多,其中有苹果、核桃、柿子、李子、山里红、小枣、山杏等,可谓是一个百果山。此处还有石和尚、骆驼石、黑龙潭、轿子石、山神庙等自然人文景观。到空气清新的郊外旅游,是城里人的一种时尚,也正是城里人的这一需求,为开发南山自然风景区,发展民俗旅游提供了机遇及发展空间。为此,张进海制定了详细的分年度实施方案,使规划的实施更具有可操作性。作为村中的一把手,张进海以稳定为前提,把"串百家门、知百家情、解百家难、暖百家心、一心一意为百姓办实事"作为工作的出发点,付出的是辛劳和汗水,收获的是百姓对干部们的信任。

2004年6月,村里一边启动改水工程,同时也准备将占地的补偿款按照区政府23号文件的精神发到百姓手里。为了减少矛盾,使这项工作尽量做得合法又合理,张进海带领领导班子成员,先后到百善、阳坊、马池口等相关村镇取经,随后严格按照法律程序制定了分配方案。尽管如此,方案一公布,还是引起了部分农户的不满。张进海不辞辛劳,反复进行解释,做工作,终于使村民们的情绪稳定下来,补偿款分配工作也得以顺利完成。在短短的一年时间里,张进海和两委班子成员装修了大队部、村医务室,改善了村干部的办公环境,解决了群众的就医问题;为全村100余条小胡同铺设了方砖,解决了群众出行问题;完成了村里200亩果园的更新改造工程……此外,张进海从自己的工资中,拿钱为困难户解决卖粮问题,又拿出800元钱奖励了村里考入重点高中及本科的学生们。在工作中,他对百姓付出的是真情,而百姓回报他的是信任,他带领两委班子成员,用实际行动赢得了百姓们的衷心拥护。自从担任南流村党支部书记以来,张进海用自己的行动忠实履行着一个共产党员的职责,力争在最短的时间内,把南流村建设成一个具有良好村风、文明生态的新村。现为流村镇武装部长、副镇长。

## 沈玉霞

沈玉霞,女,昌平区人大代表、流村镇新建村党支部副书记。沈玉霞从1988年起就在村委会工作,多年以来,从未被工作中的困难吓倒,无论遇到什么她都迎难而上。

在农村工作,直接面向群众,工作难度很大。1988年她由企业调回村里担任计生专干时,对农村的情况一无所知。当时村里计划生育的状况很差,连年超生。沈玉霞一上任,就走家串户,只要有育龄妇女的家庭她都去做工作,对每个家庭的情况都做记录,并逐户分析,对群众提出的问题多次上门解释,促膝长谈。通过面对面的谈心和耐心的宣传解释,使许多村民深受感动,自觉放弃了生二胎的想法,有几名计划外怀孕的妇女也主动采取了补救措施,结果当年新建村无一例计划外出生,受到了区镇两级政府的好评,当年被区政府计生委评为计划生育先进村。

1990年,沈玉霞又挑起了新建村村委会主任的重担。当时村里1000多口人,经济条件很差,做工作十分困难,这对于27岁的沈玉霞来说更是一个严峻的考验。沈玉霞没有被眼前的困难吓倒,她迎难而上,始终坚信只要工作认真肯吃苦,就没有攻不下的难关。2000年夏季,村里搞规划,整治街道,而首先要解决的是村街道杂物的清理。为了做通村民们的思想工作,沈玉霞不知费了多少口舌、跑了多少回,在她认真耐心的工作态度下,终于感动了村民们,村里的规划工作得以顺利实行。

　　2006 年年初,新建村党支部开展农村党员保持先进性教育活动,沈玉霞带头组织党员学习,对年高体弱不能到会的党员,主动送学上门,对外出的老党员同样上门送材料,进行慰问。这些举措使村里的许多老党员深受感动。为了能把各项工作做好,沈玉霞始终坚持边工作边学习的态度,经常向老领导老前辈们请教,同时征求群众意见,倾听群众呼声。村里人多事多,主要领导的工作量大,她就主动分担一些力所能及的工作,从不计较这项工作到底应该由谁来做。由于平日在工作中认真肯干,以身作则,沈玉霞深得群众的支持与信任。10 多年来,她连续被评为优秀党员,连续当选镇人大代表、党代表。沈玉霞努力为村里的发展献计献策,始终默默无闻地工作着,正如她自己所说的那样,为人民工作就是自己最大的乐趣。

# 第九卷　文渊册府

# 第一章 专著类

## 第一节 张儒:《五峰山庆王坟史话》

《五峰山庆王坟史话》,张儒著,自印本。张儒即张志良,其生平见本书《诗文类》。前有人民文学出版社编审张松颐的序。此书以章回小说的体裁形式记载了昌平区流村镇庆王坟的原始本末。本书的目录如下:第一回,永璘皇子选择吉地,金安太监忠贞伴主;第二回,拾金不昧天道好还,父作子述承平岁月;第三回,发扬故物行见中兴,青锋白刃入京救主;第四回,西霸天觊觎庆王坟,孔昭祺大闹五峰山;第五回,恶贯满盈路头就捕,劣迹昭著州县革职;第六回,群殴官工会首招奇祸,屈尊长跪章京护邻村;第七回,入宫面圣荣获褒扬,射虎山中阖营喝彩;第八回,一场风波王陵示威,八国侵华入京救主;第九回,破碎危城人臣死节,返京议和庆王冒险;第十回,革命军兴京城紊乱,通权达变入卫闱闼;第十一回,遭不幸殒陨庆亲王,入民运共抗袁世凯;第十二回,军阀混战王陵践踏,炮火纷飞阖营尽职;第十三回,国奉军交战庆王陵,抱忠贞誓天决死守;第十四回,救人质全歼匪徒,殴尊长大盗出世;第十五回,丧弟盗陵祸不单行,购枪上夜阖营用武;第十六回,夺民枪驻军被告,宣传战阖营受惊;第十七回,耳目一新改变昌平,战略侦察初来五峰山;第十八回,阳坊镇巧设鸿门宴,瓦窑村创立分驻所;第十九回,争地界涉讼昌平县,倡和议招徕张九经;第二十回,功败垂成另谋出路,潜迹柳下窥测敌情;第二十一回,抖雄威枪杀张玉和,决死守大战包旭堂;第二十二回,围魏救赵官府潜迹,守望相助邻村倡议;第二十三回,群英会古将联盟,慕俊杰黄老留宾;第二十四回,传檄令恫吓十三村,会官兵大战永安庄;第二十五回,遭国难父子遇险,冒枪弹主仆逃生;第二十六回,劫王陵兄弟殉难,秉忠义副座收尸;第二十七回,火烧古将八村决死战,珠宝盈篚一跑了全局。

目录之后为本书著者所作《序言》。在《序言》中,作者将本书定位为存一方之史的志书,并概括地介绍了庆王坟的原始本末,其中尤其谴责了庆王坟的破坏者,最后作者阐明了自己作此书的现实意义:"总结本书正反两方面教材,可增我侪广闻博识之智慧,则是篇之作,其徒然哉!不唯单纯发古人之幽情,实有裨益于现实意义。望读者不可以为小故事书读之,则不负今日搜索枯肠一片苦心矣!"

## 第二节　冯其利:《清代王爷坟》

《清代王爷坟》,冯其利著,紫禁城出版社1996年11月出版。冯其利,山西省原平县人,1949年9月23日生于北京前门西河沿。1968年北京第63中学初中毕业。师从作家金寄水、郑之盾、石继昌、李风祥。北京旅游学会、北京史研究会、北京市文物保护协会会员。北京史地民俗学会常务理事、监事长。现就职于北京市档案馆。1996年紫禁城出版社出版《清代王爷坟》;2001年《北京档案史料》连载《京郊清墓探寻》;2006年文化艺术出版社出版《寻访京城清王府》;与友人陈广斌、李新乐出版《石景山文物胜迹大全》;与友人杨海山出版《沙济富察氏宗谱补录》。

冯其利走访了数以百计的村民和健在的旧时看坟户,由清代宗室封爵制度入手,附以碑记、史书记载和民间传说等各项调查之所得,记录了庆亲王的生平、选墓经过、园寝之规模,小至被盗经过,墓主本人脾气禀性等丰富内容。文字通白,条理清楚,不失为研究庆王坟的可信史料。

# 第二章 碑文类

以下诸碑是根据国家图书馆藏昌平区流村镇碑文拓片抄写而成,由于碑文历时久远,其间文字多有残缺,或是字迹模糊,凡阙文及字迹模糊难辨者均以"□"代之,碑文分行仍依原碑。

## 第一节 明嘉靖十五年(1536 年)《重修承恩寺记》

《重修承恩寺记》,碑额题"重修碑记",碑正文 15 行,行 30 字,为明嘉靖十五年仲夏所立。

### 重修承恩寺记

昌邑直西,距四十里,有关,乃曰白羊也。南肩长峪,北跨居庸,西连上谷,南□神京,实藩篱之屏壁,强国鼎要之地,先年止名村,正统末时,北寇突此,始□。景泰二年建城设所,拨调官军守于斯,以扼其患,及顿有数十里之横岗,可却千里入之巨敌,诚天造地设之要险也。一自创城之后,胡马无侵,仕民晏安,岁稔物孚,于是概感神天阴中庇佑。正德丁卯,众城一举处,择城内西南阜地一区,势甚崇巍,夷置□基,创建佛殿三间,侧有大士殿一楹,于内塑像绘画严整,钟鼓、门楼、禅堂或备,刹名承恩,招僧焚修,相延世久,致将楼堂房室倾颓殆尽,瓦木凋零,缁子流离,焚扫皆废,惟遗佛殿,风雨相残,又值荒歉之际,人民莫能尽力,几至扑圮。嘉靖癸亥春,钦依守备张公讳爵,初以行香偶见,喟然在心,即命公厂烧造灰无,捐出俸资,仍□工匠,刻日修理,复召善人李明等,谕众相协,仅二旬间整饰无就,焕然一新,增置门楼一座,围垣周全,华美益隆,瞻观壮观,皆张公之功力也,大拜之兆自此卜之矣。乡人赞恩不泯其善绩,故镌石以纪之云。

## 第二节　明隆庆丁卯(1567年)正月《修建天仙行宫记》

盖古往今来三教圣人示化之门也。广垂方便,教化天地,苦恶苦乐,作善者福,生作□不两,乃为□□□道也。神明监察,时刻变用,心适讴□,愓境漂流,福业随身。愓恶者,克神随至;纯善者,若神皆从。举心动念,神圣皆如□,以灵应之道矣。故我泰山顶上天仙圣母碧霞元君,桃花洞府修行,德行天下,尽来烧香于泰山,利生于此界,感动乾坤,灵应莫测,如月印于□江;感应难量,如春回于大地;慈云远覆,四方德泽均霑;四方安静,佑保国泰民安。远近进香者谒尽其诚,万善心处,时时降福,出外在家,人马平安,倘不心诚,报应神至,普应人心矣。时遇嘉靖辛亥年,天地人灾,甚深不安,无处祈祷,善人赵恬等身心恐惧,化请本地大众,谨发诚心,望泰山天仙圣母圣位,焚香拜告,保本城内外大小军民人等平安无灾,修建天仙圣母行宫一座,绘塑金身十王狱主,笔画七十五司,果蒙神明昭彰,应保平安,恬等不昧前顾,自舍地基资财,化请人众修造行宫宝殿一座,绘塑金身三尊,内画十王狱主七十五司,供卓磁炉铜磬、簾房门楼等项,永为长久流传,香火之尽,保国祐民,有赖平安,五谷丰登,子孙兴旺,万业兴隆。隆庆丁卯正月朔望,众善人等化本处。

钦依守备白羊口等处都指挥张□委命头目张世勋等重修殿宇等件,完成其庙。四维:东接天寿山四十里,南拱神京百里,西连横岭六十里,北近边城六十里,规制崇昂焕然,观昔者大有行矣。上为皇家祝亿万□,下为军民祈福康延,惟疆围报静,边□而不扬,叹岁稔丰而人众,胥庆斯为,参等志□而已,亿者应历有年。

神止既达,偶人众咸亦攸□以下而之上,其神之灵,曷有及于是,叹然亦得之,恬等焚修供奉,绵绵不绝者继,而众善人倍□财之绩,不忍灭焉,故捐己资,倾请镌石以记其事,以垂永久,俾施者流芳,嗣宗者获福,咸于今日卜之矣,并云:

天仙圣彰,普祐万方;广灵慈忠,降福垂祥;斯乡有感,斯民有良;开肇年运,殿宇成□;参等修建,

金绘端严;落成之日,归宫庙堂;勒焉丰碑,令开载扬;神祇有灵,赐福禳禳;风调雨时,人黎永康;

济民寿域,衍圣无疆。

永陵卫诚心施□信官孟安

钦差白羊口游□将军徐鳞

钦依守备白羊口等处都指挥戚维忠

钦依守备白羊口等处都指挥张泾

本所掌印官李□,致仕官崔仲相,千户张裕后,百户张□、尹□、崔尚武、樊琪、朱臣、周国忠仓大使孙□、□典高,还经用楫官舍尹宋、张绍□□□□□□相信官汪□□,总□李计宗、王宗政、杨玉□、刘环,商人姚斌、□□

# 第三节 明隆庆元年(1567年)夏 《白羊城修建关王庙记》

## 白羊城修建关王庙记

白羊城旧有关王庙,嘉靖甲寅岁,霪雨连旬,山水泛涨,冲毁无存,耆老向善者焚修祈祷,称不便焉。

钦依守备白羊城地方都阃凤冈张公来任,外筑边垣,内饬战具。政暇察民,欲于东门内创建关王庙,捐俸置地,鸠工庀财,将襄厥事,乡耆王得水暨众信

人申□、李明、张万等各施己财,奔走于后,不疾不徐,而告成焉。庙之正殿凡三楹,左右有庑,前有重门,周树以墙,矩□宋伟,内塑关王,仿侍从者,壁□□

迹,规模壮丽。财用不劳征催,工力不烦士卒,经始于丙寅春,落成于丁卯春,形势迥殊,高亢明奕,士民之登游者莫不肃然起敬,而白羊之胜,概□□(注:此处当为"闻")

凤冈公命子为记,刻石以征事。呜呼! 公之用意忠厚,治化幽深,固众人所不识也。先建社学,隆师以聚生徒,是育材为翌日用,今立兹庙,其意□□□

谨按:白羊,居庸之辅城也,东连昌平,一舍有奇,西接紫荆之沿河口,仅及二舍,西北与横岭、镇边、长峪等城并为襟带,形势之要,白羊为首,□□□□

京师不百里也,自正统己巳

英庙北狩,郕邸监国,□马牧怀宁,居庸戒严,白羊特重,设官建城,拨所守御,盖辅畿之镇钥也。岁时督修守,勤劳春秋,驻客兵防卫,经年如斯,纯□□□□

胄子安于小成,凡民俊秀无所超,向以故俗尚安闲,事从苟简,期远大者,或未见也。公深悯之,为建是庙,以悟愚俗。观王之忠,其大节足以□□□□

徒为福利也。彼民瞻于庙,盖必有所思。关王者,在汉为军师前将军,以劳定国,载于祀典,后世崇德极功,累封王爵,庙食天下,宜也。想昔昭烈□□□

王,侍立终日,不避艰险,为人下者,当振惰勤身,思其敬也。王为曹操所□,与昭烈□同室,欲乱其君臣,王乃秉烛达旦,为人仆臣者当戒□□□□□

也。操为羁之,官封寿亭,财充府库,王不少顾,谓文远曰:曹公待我厚,当立□报之,吾受刘将军恩,誓以共死,终必从之。为人臣者,见富贵不贰,□□□

义也。袁绍攻操于白马，王挥盖策马，刺颜良于万众之中，遂解官渡之围。与人交者，当推心报德，思其信也。王守荆州，群冠悉听，节制威镇，□□□

徙许都。有封疆之寄者，当临敌致果，思其勇也。惜乎天不祚汉王，以身殉国，名高万代。食人禄者当临难毋苟免，思其忠也。由是思之，王之所□□□

人者，谓有忠信义勇贞敬也，王可谓百世之师矣。见贤思齐者，人皆有秉彝好德之良心也。闻王之风而兴起者，在唐为郭子仪、张巡，在宋为宗泽、□□。

百世之后，岂谓无人？孔子曰："十室之邑，必有忠信。"孟子曰："人皆可以为尧舜。"况白羊当南北要冲，师旅所□□□室邑也，地连都会，霑化最□非遐□□

居官莅政，建功策勋，当思王之景行。虽无庙食百世，亦可谓流芳万代。呜呼！此张公深意也。苟徒谄神以激福，谋利于家，无益于国，是王之罪人也，□

岂祐之哉？亦重违张公建庙之心也。谒于庙者当于此而思之。张公讳泾，字伯川，凤冈，其号也，世居京都，自先君于正德初移镇边掌篆，因家焉。□□□

都阃所在，有政声，惠迹不能备述，他日所就，垂于青史可征也。于时

钦差分镇横岭路参将都指挥杨□抚绥安集，民咸得所，赞画武举褚阳中军千户张林，赞猷威惠军有暇力，本城掌印中军操总等官：李瀛、李国卿、□□□

璋、崔尚武、张裕后、匡环、王岐、樊琪、朱臣，太医院官孙继祖，先后综理，勤劳保育，故乐以襄事，督工头目张世勋等筹度，匠技与有劳役，于例得□□□□

隆庆元年孟夏丙戌，兵部咨送军门赞画武举晋绛卫镌撰并书。

本城镌字:张明

## 第四节　明隆庆二年(1568 年)《创建城隍庙记》

### 白羊城创建城隍庙记

钦依守备白羊城等处都阃风冈张公分辖斯地,外修边垣,内饰城堡,足以巩卫辅畿焉。□□

重寄,政暇谓僚吏曰:凡为郡县,各设

城隍之神,所以主兹土之灵秀,恤氛戾,应祈祷而默相政治者也,载诸祀典,历代因□□

白羊城为都藩要地,主客戍守居多,水旱无所,祈灾疫无所,祷祀礼未周,为政□□□□

建斯庙,使上天无所费,下无所扰,□处修者,听其自为,于是择地于冈,厥位向阳,厥材□□□

民众济济,工庶圣皇,不期月而告成焉。于是庙貌庄肃,瞻者起敬,秩祀有其所,□□

地上下以载神,□以协,公悦,乃命予为记。谨按《周礼》崇祭祀以寓军政,因□狩而□

焉,故天保采薇,如彼其盛,后世视为虚文,并废其事,荷戈执殳,遂忘俎豆,□□□□

射御,古所谓文武道者,顾如是乎?今公于军政之暇而为是举,盖其所见者。□□

所归,人无疫厉,仁也;绘塑警愚,彰善瘅恶,义也;祀谒以诚,有事处传,礼也;□□□□,□□

不违,智也。即此四者,是以化民之心,感发足以向善,居家可以为孝,子顺孙□□□□

忠臣烈士期于周室之盛,无难矣。公之心殆若此也,谓古□□□独不能□□□□

惠在白羊，既深而其德又如此，其至积德垒功于冥冥，
□□□□，予愧不□□□□。

钦差分镇横岭等城参府杨公留心庙貌，协□益恭，庶几从
□□□□□奚□□□□□

隆庆二祀春正王月之吉晋绛□斋卫镐撰。

本路中军官张林同树

## 第五节　明万历壬寅（1602 年）《创修观音庵记》

### 创修观音庵碑记

皇畿乾分百里之许，有白羊辅邑，乃

祖陕觐壁国祚，要□边隘，关峰金佑嶂也。□有善士，槐亭
□□□□捐资创建庵

堂一座，圣容一焕，殿壁□辉，廊庑周盈，门墙矩毕，杜公等
□□□□□益今昔焉。

余为言以纪其事，故不□词，述陈其盖。据闻山形丽丽，邑
□□□□奇奇，人士

秀秀，况建观音圣者，一方□荫，福祐居民，富国丰疆，祝延
圣□寿，贤哲皆归，摄愚导一切，□梵刹一毕，须德者而镇
之。□□□□方得奇□之

王蕊□尼者，保定高阳□□□村千善社巨族贺公之裔，父
□□□，母□王氏，其

孟爱也。赋资凤善，闺不异室，理不自从，昏而配□，然虽
□□□□，忆善无休，身处

俗缘无时，□息俗愬已。不幸夫亡，子女顿独，庆□□身之
□，参乞方家祈名祝

发，赐名真成。悟休，号也。授承资轨，戒德非学，解双明
了，违真理时所宗尚，真杰

士也。杜公等固□丹三,持理斯庵,以伏其众,果遂议望之心,深□□挥之,义仁慈雅,度德不尽,言可谓仁者,安人智以利人者也。或问尼徒之□□□何立曰:余

屡窥释典,见

觉尊修,居云岭,始唱华严,道化万邦,敬仰

佛之姨母并妻耶?输夫人妇女百千,披缁削发,尼教之流始兹。广□□□缙绅戍□

未知伊教,详由以己之偏恶以憎巫责谤,累朝君圣尊崇名迹,□□□代□儒,责

尚无暇,屈指人汇两奇羡言,何极疏荒,词启白后,宜众善之功□□□矣。岂

万历龙集壬寅仲秋八月望日

赐进士第陕西布政司布政拙斋萧良幹作

## 第六节　明崇祯戊寅（1638 年）《重修碑记》

### 重修承恩寺记

盖我

佛肇生西域,教法东流,古往今来莫不景仰,□来尊崇慈教,至今□历世代,大兴梵刹

善信祈福之地也。日承恩寺者,始于景泰年,杨公初建;至嘉靖丙寅,张公复番;万历癸

巳,比丘真安再为重整。久经风雨,殿宇渗漏,

圣像淋漓,周围墙垣坍塌,泥木凋零殆尽,又值荒歉之际,人民莫能近力者。崇祯丙子冬,

钦差白羊都司邢公讳□,初谒偶见,喟然在心,即命公厂烧造灰瓦,出俸资,亟为修理。知闻长

峪口观音庵比丘祖禅,自幼出家,恪守清规,禁足数载,戒律

精严,召请本寺并力相协,重修

佛殿。圣像庄严,续修□若山门,制造簾笼供器,焕然一新,皆邢君之功力也。大拜之兆,自此

卜之矣。赞思不泯其善绩,故镌石以记云。

大明崇祯岁次戊寅孟秋吉日立。

营平庠生任重撰。

住持比丘祖祥,徒续住,孙宗竹、宗科。

信僧性玄,法弟祖光、祖同,法侄续传。

# 第七节 清道光十五年(1835 年)《重修关帝庙记》

《重修关帝庙记》,碑额题"重修关帝庙记",碑文正文共 22 行,每行字数不等,碑左下落款为"平津傅之浩撰"。

### 重修关帝庙记

大清道光十五年,岁在乙未仲夏之望,重修白羊城关帝庙碑志子思子曰:至诚如神。则知神也者,亦至诚者也,而诚之至者也。

关帝□□天以诚而□地以诚,而□帝之德则配乎天地,日以诚而照,月以诚而明。

帝之圣则贯乎日月,山以诚而生,川以诚而流。

帝之灵则达乎山川,人知颂帝之德而不知德之配乎天地者——至诚之无疆也;人知□帝之圣而不知圣之贯乎日月者——至诚之无息也,人知畏帝之灵而不知灵之达乎山川者——至诚之不可□而不可则也。是故高明如天,博厚如地,出主物□,□□如月,坐镇□如山,流动如川。日明日旦,洋溢于四海之内,有形有声,充满于六合之中,山□□□,□地而不在;匹夫愚妇,与人而不尊也。追忆当年□桑之投,唐舜之智也;□容

□辞,颜子之仁也;□□□□,仲□之勇也;古城之奔,文王之无忧也;荆州之守,武王之□绪也;封□之举,周公之成德也。其行之□天光明,巍巍荡荡;其心之忠贞节义,磊磊落落。非纸笔所能述,知识所能进,实有无能名者,此亘古二人□□圣朝之大帝,要皆天地之正气,浩然而长生。封之曰伏魔,未能尽其德;尊之曰协天,犹难达其义。故以诚之至者莫帝若也。京北有白羊城,古之郡邑,关之戍守,实居庸之辅贰,南离京师不过百里。东连昌平,声□相倚,西搂紫荆,仅及三舍,北与镇边、横岭、长峪等城并为襟带。形势之要,四山□廻,陵绝险阻,怪石森列,环山为□高亢明夹,而关帝庙则镇于城之东门,明时嘉靖间,□凤岗张公之所建也。此地军民繁盛,屯庶□富,民之所以□□有引养引恬者,莫非帝之神明以保佑之也。历二百年,墙倾瓦毁,不蔽风雨,于是众善人等共议重修,庙□焕□□□□以为白羊之壮观。请于余欲铭于碑而志之,余故为之撰焉。

平津傅之浩撰。

# 第三章 书画类

## 第一节 《古韵流村山水画写生作品集》

《古韵流村山水画写生作品集》，吴长江主编，中国美术家协会、北京市昌平区流村镇人民政府主办。自印出版物。前有《前言》，内容如下：

暮春的京郊已经是满目葱茏，而青山环抱中的流村，更是苍山如洗，青翠欲滴。草木朦胧其上，若云蒸霞蔚；溪水潺潺其间，似幽谷清音。这里静谧闲适的生活节奏和惬意怡人的自然景致，无疑为艺术创作提供了适宜的温床，艺术热情在这里点燃，灵感在此处迸发。短短几天的时间，每位画家的创作才思与激情都在不可遏止地喷薄流淌，幻化为张张精品佳构。在画家们随意轻松的笔致里，我们那已然习惯了焦躁的心情趋于沉静，进而体味到某种久违的淡定与从容。

位于北京市昌平区西部的流村镇，出于北京西部生态带，属于北京的生态涵养发展区，是天然的生态屏障和水源保护地。这里文化底蕴十分丰厚，汇集了宋、辽、明、清和近代的大量古迹，长城文化、红色文化等非物质文化遗产得天独厚。清幽的山水，高古的韵致，这一切灵秀的物华风土成为表达画家艺术感受和观念的最佳载体。几天的写生采风，参加活动的30位画家为我们奉献了133张充溢着山川灵趣的作品。从闲散的笔致和随意的墨韵中，我们可以体会到那来自悠远山谷中的深邃气格，这正是许多完全在画室里制作出的作品所缺少的。

当代画坛尤其是山水画领域正在面对中国画变革这个严峻

的时代性问题,在对众多形而上问题做了一番轰轰烈烈的讨论后,我们在面对一些具体问题的操作上仍然多少会有些不知所从。这个时候,也许更应该做一些实质性的工作,写生无疑是个不错的选择。多元的当代文化要求我们从过去单向的"文人画"视角转向对传统画遗产的全方位关照。现世的关怀和鲜活的当代体验,使中国画家更加注重对自然、对人生的真切体悟,注重在现实生活中写生就成为当代画家磨砺与完善绘画语言的重要手段。写生源于对自然和生命的真实体验,所以它的生命力是恒久的,而我们当代的写生更应侧重把自然的重塑与特定时空的人文精神交织在一起,在以虚灵的胸襟体会自然时,我们更要用当下的文化视角构筑现代语境下的审美关照。

"外师造化,中得心源"似乎是每个画家都明了的理论,但这种理论究竟怎样转换到纸面上,似乎又难以说清。万千的自然物象等待画家去描绘,绘画的形式恰好提供给人类一个描述人类心灵印象的窗口,在描述外在自然的同时完成自我精神表达的诉求。其实这个意象也许以一种隐秘的方式留存于每个人心底,但这个图像泛滥的时代却很少提供给我们这种贴切心灵律动的表达。虽说没有什么情节能代替眼睛的直接捕获,但对于人们内在心绪和精神的揭示却是要用思虑去把握。对景写生恰恰给画家创造了这个思虑的机会和把握的过程,心灵与自然的直接对话则是相机的机械记录永远无法做到的。

让我们忘却世俗的纷扰,带着一颗淡泊平和之心走进山川,宁心静气地去画几天写生吧。这个追求看似简单,殊为可贵,而这,也正是此展的可贵之处。

# 第二节　丁杰作品

丁杰,笔名山高、逗号,1958 年出生,江苏如东人,其母丁氏,其父姓陈,清朝著名画家陈嵩的八世孙。毕业于南京师范大学美术系,并入中央美院国画系学习。现为中华海外联谊会理事、宋庆龄基金会理事、第八届全国青联委员、中央国家机关青联委员、文化部青联委员、中国美术家协会理事、中国美术家协会艺委会办公室常务副主任、兼任中华炎黄书画院秘书长。

作品多次在国内外展出、获奖和发表。几十幅作品为国务院等重要场所陈列,有的作品被选为国家领导人出访时的礼品。1996 年由全国青联、全国政协书画室等单位在中国美术馆举办个人书画展,新华社、人民日报、中央电视台等新闻媒体报道。1997 年向团中央捐赠书画 50 幅,将义卖款全部支持京九沿线贫困地区的青年科技图书站建设,团中央、全国青联在北京人民大会堂举行了"丁杰书画捐赠仪式"。1999 年、2002 年、2003 年三次赴台湾参加两岸书画名家联展等文化交流活动。2004 年 4 月参加大陆赴港、澳、台著名书画家代表团"华夏情——名人名家书画"巡展。2004 年 12 月,参加中国当代青年书画家代表团,赴澳门联展。2005 年 4 月 18 日随团中央书记处第一书记周强参加联合国世界环保颁奖大会,出访美国、新加坡、新西兰等国。山水作品先后入选由中国美术家协会主办的《民族魂·国土情》全国书画大赛(荣获三等奖)、纪念毛泽东同志《在延安文艺座谈会上的讲话》发表 60 周年全国美术作品展、迎奥运全国中国画大展、第二届中国北京国际美术双年展系列展、2005中国中青年艺术家精品展。荣获第十四届世界青年联欢节"杰出艺术家奖"。

他自幼研习绘画,30 多年来一直致力于国画的创作和探索,是当今实力派山水画家之一。他的作品语言纯正、品位高雅、沉雄老辣、格调高古、意境清新;北派山水的雄浑苍劲和南派山水的清丽秀润融合在同一画面中。他走的是一条传统、生活、修养、创新之路。他近年来潜心于中国画的创作与研究,得到了同行们和收藏界的一致好评。尤其是很受关注的作品《石魂》,那飞动的震撼力、喷薄的激情和罕见的视角,使这幅画成为当今山水画的优秀作品之一,给人以美的享受和深刻的印象。

先后出版《丁杰山水画选》、《丁杰画集》、《刘炳森丁杰书画欣赏》、《当代画家名作欣赏》、《丁杰作品选》等。个人传略和作品被多种名人传记、辞典等收录。

流村镇收藏有以下三幅丁杰作品:

《流村写生》,136cm×68cm。画面右上题字两行:感受和谐流村,讴歌生态文明,走进太行山,追寻永定河,戊子五月随中国美术家协会写生团赴流村写生,机会难得,写生新鲜的环境,写生改变画风,表达自己的感受,有感而发,记之补白。落款:山高丁杰于九龙山征笔草堂。画面右上、左上、左下各钤有印章一枚,补白处钤有一枚,落款处两枚。

《雪霁登高图》,136cm×68cm。画面左上题字两行:首行为画题——雪霁登高图;次行:雪中九龙游,瑞气满乾坤。戊子夏月山高丁杰画于京西九龙山征笔草堂。画右上中下各钤闲章一方,画左补白处钤闲章一方,落款下钤两方。

《古韵流村》,136cm×68cm。画面左上题字三行:首行为画题——古韵流村;次两行为:戊子春月余参加中国美术家协会写生团赴京郊昌平流村写生,到大自然的怀抱中,修身养性,净化人格,提升情怀,内省体验,获得审美的感悟,去追求天人合一的境界,余归记之,山高丁杰。画右上下角各钤闲章一方,画左补白处上中各钤闲章一方,落款下印章一方。

## 第三节　于永茂作品

于永茂,又名于舒,祖籍山东龙口,1952年生于北京,自幼喜画,70年代师从画家王明明,专攻人物画,期间多受刘凌沧、郭慕熙老师的指导;80年代中期转研习山水画,在植根于传统的同时,不断创

新,并多次求教于白雪石、何海霞、李可染等诸前辈大师,90 年代入
中央美术学院进修,从而在基本功上打下了坚实的基础。现为北京
市文史馆馆员,中国美协会员,中国山水画研究院副院长,中国对外
友协艺术创作院研究员,民建中央画院艺委会副主任。

其作品多表现江南山水、乡村的华滋秀润、清新隽永、空灵蕴藉
之美,作品自然淳朴,宁静、野逸、深邃、厚重而富于时代感,注重写生
悟察造化,既继承传统笔墨而又不失色彩的变化,作品多给人以自然
和谐亲切之感。

作品曾在新加坡、泰国、加拿大、韩国等国家及港、澳、台地区展
出,并多次举办个人画展,有的作品被中国美术馆、美院美术馆、卢沟
桥抗日战争纪念馆等博物馆及国际友人所收藏。

作品经常在各种报刊、画册上发表介绍,北京电视台、中央电视
台多次给予报道。出版有《梦之境》、《乡情》系列及《跨世纪于永茂
国画作品优选》、《云南、四川、湖北、西藏写生创作精品选》、《中国当
代画家山水图典》、《马来西亚写生作品选》等。近年来陆续被选入
《中国当代艺术家名人大辞典》、《中国当代艺术界名人录》等名家辞
书典籍 30 余部。

流村镇收藏有以下五幅于永茂作品:

《白羊沟写生》,136cm×68cm。画面右上题有"树满青烟淡淡,
岩挂碧水潺潺。戊子春白羊沟所见,永茂画"。下钤印章"于舒"、
"永茂"两方。又右上钤"天口"、左下钤"智者乐水"闲章各一方。

《深山多有仙人居》,136cm×68cm。左上自上向下直题:"深山
多有仙人居,写昌平白羊沟即景,戊子夏永茂并记。"下钤印章"于
舒"、"永茂"两方。左上钤"古意"、右下钤"仁者乐山"闲章各一方。

《梦回曲涧白羊沟》,136cm×68cm。左上自上向下直题:"梦回
曲涧白羊沟,戊子夏月永茂画于滨水草堂。"下钤印章"于舒"、"永
茂"两方。左上、右下各钤闲章一方。

《白羊沟写生》,136cm×68cm。右上有文:"梨花春到,鹊报平

安。北京昌平白羊沟长峪邨得此图，每到农历四月，白羊沟的梨花盛
开，春雨蒙蒙，别有洞天，时在戊子小□□一日，永茂画于北京亦庄新
城滨水草堂。"下钤印章"于舒"、"永茂"两方。后钤"王永茂印"章
一方。右上、下各钤闲章一方。

《柴门不与俗人开》，136cm×68cm。右上题："柴门不与俗人开，
画北京昌平白羊沟人家，戊子夏月永茂并记于滨水草堂。"下钤印章
"于舒"、"永茂"两方。右下钤"山雨一新"闲章一方。

## 第四节　王学礼作品

王学礼，满族，1965年生于河北承德，1984年毕业于承德师范学
校，1989年毕业于承德高等师范专科学校美术系，1993年毕业于河
北教育学院，1997年毕业于北京画院研究生课程班，2005年就读于
中国美术家协会首届创作高研班，2007年就读于中国国家画院高研
班，师从著名画家王文芳、卢禹舜先生，现为国家一级美术师、中国美
术家协会会员。作品入选文化部、中国美协主办的庆祝新中国成立
50周年美术作品精品展、建党80周年全国美术作品展、第二届全国
少数民族美术作品展、全国第十八届新人新作展、"太湖情"全国中
国画作品提名展（获优秀作品奖）、2005年全国中国画作品展（获优
秀作品奖）、2005年中国百家"金陵画展"、"黄河壶口赞"全国中国
画提名展、中国当代著名画家"水墨张家界"中国画作品展（获优秀
作品奖）、庆祝建党80周年中国当代名家与美协首届创作高研班作
品展（获优秀作品奖）、纪念红军长征70周年全国中国画作品展、第
二届"齐白石奖"全国中国画作品展（获铜奖）、庆祝建军80周年全
国美术作品展。1998年在北京中国美术馆举办个人画展，2002年在
河北承德避暑山庄举办个人画展。作品被中国美术馆、江苏博物馆
收藏，在《美术》、《中国画》、《中国画博览》、《美术报》、《美术市场》、
《中国书画报》等专业报刊均有作品发表，出版有《绘画基础理论和

技法——中国画》、《王学礼写意山水》等专著。

流村镇收藏有以下四幅王学礼作品：

《云林钟秀》，136cm×68cm。右上题："云林钟秀，戊子夏月学礼画。"下钤章一方。

《山川玉洁》，136cm×68cm。右上直题："山川玉洁，戊子夏月学礼画于京华。"下钤章一方。

《林谷清幽》，136cm×68cm。左上题："林谷清幽，戊子夏月学礼画于京。"下钤章一方。

《华溪秋色》，136cm×68cm。右上直题："华溪秋色，戊子夏月学礼画。"下钤章一方。

## 第五节　王界山作品

王界山，1963年出生于山东青州。先后毕业于解放军艺术学院、首都师范大学。现任空军文艺创作室副主任、中国美术家协会会员、北京美术家协会理事、全军美术高级职称评审委员、全国青联委员、第六次全国美术家代表大会代表、第八次全国文学艺术界联合会代表，曾获第三届北京中青年文艺工作者"德艺双馨奖"、空军精神文明建设先进个人标兵等，为清华大学美术学院杜大恺教授访问学者。作品《金秋无闲人》、《天地之间》入选第八届、第九届全国美术作品展，多次参加全军、全国性美展，并有作品获奖，多幅作品被国内外一些博物馆、美术馆收藏。曾多次参与组织全军、共青团中央、全国青联、空军、北京文联、北京美协举办的大型美展以及研讨会、培训班、写生采风的多项艺术活动。曾出访法国、日本、西班牙、德国、荷兰、比利时、韩国、意大利、梵蒂冈、埃及、坦桑尼亚、阿拉伯联合酋长国及中国香港等地，举办画展和进行文化艺术交流。出版有《王界山诗·文·画选集》、《天地之间——王界山画集》、《王界山写生作品选》、《中国当代书画名家经典作品丛书——王界山作品集》等。

韩静霆曾评价王界山："他的画风属于那种云出山岫,溪流涧底,鸟跃枝头的自然、爽气、大度一类,不是小家碧玉,而是关西铁板;他作画,又作文,亦写诗,并在诗词歌赋山水花鸟间寻求艺术的'通感'……"

流村镇收藏有以下五幅王界山作品:

《白羊沟写生》,136cm×68cm。左中至下双行直题:"春风初上芳草地,细雨已入丛树林;莫贪高飞九重天,云聚云散亘古心。二零零八年春月赴北京昌平流村镇白羊沟写生得此稿,王界山。"下钤章"王"、"界山"各一方。右上下钤闲章各一方。

《白羊沟春晓》,136cm×68cm。左上至下三行直题:"白羊沟春晓,山田泛新绿,农家人归去;岁岁白羊沟,日日有心语。二零零八年应中国美术家协会之邀赴京郊昌平流村镇写生,王界山。"下钤章"王"、"界山"各一方。右中、右下、左上、左下各钤闲章一枚。

《古村寻幽》,136cm×68cm。左中题"戊子王界山",下钤章"王"一方。左上、右上、中、下各钤闲章一枚。

《晨望白羊沟》,136cm×68cm。右上直题"晨望白羊沟,二零零八年四月王界山"。下钤章"王"、"界山"各一方。右下钤闲章三枚。左中钤闲章"亲历"一枚。

《老树岁岁生新枝》,136cm×68cm。左上直题"老树岁岁生新枝,二零零八年六月王界山"。右上下各钤闲章一枚,左上、中下各钤闲章一枚。

## 第六节　王梦湖作品

王梦湖,原名树忠,河北丰润人,1942年出生于山海关。中国美术家协会会员、中国山水画研究院常务副院长、中华慈善总会"中华慈善美术家"、《美术家》顾问。2006年被评为"21世纪最具影响力的画家",2007年入选"中国国画20家"。其作品多次参加由中国美术家协会举办的全国性画展,入选作品《浣纱图》、《纳西古韵》、《丽江风情》获成就奖,《金沙水拍》获优秀奖,《云起大别山》、《晨曦》等入选中国美术家协会评委会提名展,《水乡》、《任重道远》、《九寨沟纪游》系列和《梅里雪山》系列等多幅作品特邀入选全国性美术大展,《玉龙纳西古镇》入选联合国教科文组织举办的世界文化自然遗产中国地区国画大展,《春涛》被中国国家博物馆收藏,《晨曦图——葡萄牙贝伦塔》参加中央新闻办、中国文联、中国美协举办的"同一世界"联合国展。

从直接的效果去看,王梦湖作品形式、语言风格、笔墨特点以及气韵、气息的传达,趋向于宋元的骨力格局,石涛、龚贤的笔法墨法;从审美理想、形式风格与笔墨秩序上看,王梦湖的作品又显示出黄宾虹、李可染、白雪石的那种现代感。他在风格上追求浑厚华滋,意境上力求郁勃幽邃,在笔墨上则偏于清新、茂密、沉厚和大势融合的表现,闪烁着传统的精华。

他主张以线为骨,皴擦形式多变,不拘一格,在传统的基础上寻求变化,一切为了画面的理想效果。他常喜在浓墨、枯笔的基础上一抹花青、赭石、石绿和石青,使作品"浑厚中见空灵,雄强中蕴秀润",达到苍润华滋的效果。

流村镇收藏有以下五幅王梦湖作品:

《满坡樱花又一春》,136cm×68cm;《春》,136cm×68cm;《云起白羊沟》,136cm×68cm;《白羊沟随笔》,136cm×68cm;《古庙晨曦》,136cm×68cm。

## 第七节　白云乡作品

白云乡,1956年生,河北馆陶人,1982年毕业于河北师范大学美术系,留校任教。现为美术学院教授、硕士研究生导师,中国美术家协会会员,河北省美术家协会副主席,河北省优秀专家,享受国务院政府特殊津贴,河北省文史馆馆员,中央文史馆书画院院部委员,河北省政协常委。擅长山水画,所作太行大坡系列作品,注重山水精神的营构与表现,画风庄重严谨、朴厚雄浑。

其作品《铜墙铁壁》入选由中国文化部主办的"第六届全国美展",被评为优秀作品,由中国美术馆收藏,并被选为中国美术馆优秀藏品赴日本展出;获河北省首届文艺振兴奖,荣立三等功;《高山仰止》入选由中国文化部主办的"第七届全国美展";《野调无腔》入选由中国文化部主办的"98 国际美术年·当代中国山水画·油画风景展",由台湾一家美术馆收藏;获河北省第八届文艺振兴奖。《风雨千年》入选由美国培地斯特瑞安艺术基金会、加拿大东方艺术协助与发展中心、日本神川株式会社联合举办的"华夏之魂——长城颂国际美术大展",获唯一金牌奖。《朔野长风》入选由中国美协主办的"中国画三百家展",获银牌奖。《岁月无声》入选由中国文化部主办的"第九届全国美展",获铜牌奖。《静山如太古》入选由文化部、中国美术家协会联合主办的第十届全国美展,获铜牌奖;2004 年8 月,被文化部中国艺术研究院、黄宾虹国际学术研讨会授予黄宾虹奖。《乡关何处》入选 2005 第二届中国北京国际美术双年展。其作品和业绩先后在《美术》、《美术观察》、《美术研究》、《国画家》等专业刊物发表和介绍。出版有《当代中国画家——白云乡》、《太行真境——白云乡山水画》、《从传统走来白云乡解析荆浩》、《白云乡艺术与生活》、《当代中国画家研究丛书——白云乡》、《白云乡写意山水》等专集。

白云乡深入气象万千的大山中,通过写生来了解掌握山石树木的生存状态和形体结构,从而提炼、升华出自己独有的笔墨程式。他的构图极为饱满充实,往往是黑压压的深山大壑布满了整个画面,惊心动魄,气势逼人。皴法粗细结合,厚重多变,节制有度,虽层层积墨而结构空间分明,较好地表现出山石的体面组合乃至因岁月风雨侵蚀而产生的裂痕与缝隙,从而传达出一种历史的深重感。

流村镇收藏有以下五幅白云乡作品：

《野调无腔》,136cm×68cm;《石涛诗意》,136cm×68cm;《秋山祥云》,136cm×68cm;《行云漫漫半空低》,136cm×68cm;《万物静观》,136cm×68cm。

## 第八节　师恩钊作品

师恩钊,1947年出生于山东济南,幼年迁居北京。1984年就读于解放军艺术学院。1990年作品入选"全国旅游书画艺术节"展览获银奖。1991年作品入选"国际中国画展暨大赛"并获奖。1992年作品获日本日中艺术交流中心金奖。1994年其作品入选"全国新人新作展"。1996年作品入选"1996年中日现代水墨画交流展"。1997年作品入选"墨海精英国际书画展"获银奖。1999年作品入选"联合国1999世界和平艺术展",获世界和平教育者奖,"建国五十周年山水画大展"获铜奖。2000年作品入选"抗日战争五十五周年作品展"获银奖,入选《今日中国美术》大型画卷。2001年作品入选"新时代中国画作品展"。2002年作品入选"全国第五届工笔画大展"获奖。2003年作品入选"全国第二届中国画展",获第二届中国美术金彩奖。在国内外举办个人画展十余次。《美术》、《国画家》、《美术报》、《中国书画报》、《中国画家》、《美术家》、《荣宝斋》等数十种报刊都作过专题评介,入撰《中国当代名人录》等大型书目多种。

中国美术家协会主席刘大为评价他说：

近年来,恩钊专攻山水,他在传统的水墨审美规范中,注重理解、继承并突破、出新,充分发挥传统笔墨的丰富表现力,加上多年的西画基础及对生活的熟谙,使其作品日趋成熟。自然界的万千变化、无限生机给他的艺术注入活力,他在对大千世界的悉心体察中探索着创新。这几年他完成了一批非常优秀的山水作品。画家笔下的高山峻岭、深谷幽泉、洪荒大漠、长河飞瀑,都给人以很强的艺术震撼和感染。他的画构图严谨，刻画精微，层次分明，虚实相间，纯净空灵，力求完整与精纯、抒情与寓意的统一。在山水画这一包蕴着传统艺术真谛的绘画形式中，恩钊的画无疑已经进入了一个新的境界，有了自己的鲜明的艺术特色。

**中国美协中国画艺委会秘书长、美术评论家孙克对他的评论是：**

他常以山耸霄汉云锁深谷为景观，令人感到寄意高远，情感深沉，特别突出大自然的苍茫浩渺、千载一瞬之感。在他的画里，峭壁插天、云障千山、月映深壑、流水无声的境界是十分典型的。……师恩钊即属于注意观察自然、抒写自然、寻求自然和现代人内心沟通相会这种类型的画家。经过多年埋头锤炼，百炼钢成绕指柔，他对待艺术的态度真诚，即使丈二巨幅也处处妥帖一丝不苟，一树一石皆恰当得体，而画面整体疏密繁简得当，显出大山大水之磅礴气势，从操控自如的能力中看到笔墨技艺功力的深厚。他的山水画既有传统的笔墨技法形成完美的传统风格，同时又富于现代感。这里涉及许多因素，如他对光的处理，对山崖前后明暗设置都独具匠心，同时配合色调和谐变化，都是前人不曾涉足的；又如他对构图的处理也有特色，不落古人窠臼，这也表明我国山水画这门古老艺术在当代审美追求下仍有很广阔的发展空间。近年来，师恩钊对中国画传统的底蕴又有了深一步理解，他反复研读历代名家的山水画作，深入思索如何将传统的笔墨技法和现代的山水画创作更好的融合。在他近期的画作中，能看到笔墨的力度在加强。用笔多见中锋，更具骨力而流畅多变。用墨丰富多彩，浓淡干湿兼而有之并向极致发展，极淡、极浓、极干、极湿，或相互渗透，或互不干扰，各种笔墨造型因素多而不乱，有机组合，浑然一体，和谐自然，画面较以前活跃但又不失工整，较以前放松但又不失平和。他给自己的新课题是怎样将回归传统和回归自然统一起来。

邹运红在《气势磅礴造大势 笔墨精湛颂河山》一文中对师恩钊的为人和画风进行了总结：一是秉承传统，骨法用笔；二是墨法多变，气韵生动；三是构图严谨，造型生动；四是重视生活，"中得心源"；五是人品端正，大家风范。

流村镇收藏有以下五幅师恩钊作品：

《燕山秋光》，136cm×68cm。左侧中题"燕山秋光，戊子仲夏恩钊。"下钤"师""恩钊画印"印章两方。

《初月清揽》，136cm×68cm。右侧中题"初月清揽，戊子仲夏恩钊。"下钤"师""恩钊画印"印章两方。

《燕西春早》，136cm×68cm。右侧下题"燕西春早，戊子恩钊"。下有"师"印章一方，左下钤"恩钊画印"一方。

《北山清夜》，136cm×68cm。左下题"北山清夜，戊子夏日恩钊"，下钤"师""恩钊画印"两方。

《秋云叠起》，136cm×68cm。右下题"秋云叠起，戊子仲夏恩钊于京华"。下钤"师""恩钊画印"两方。

## 第九节 邢世靖作品

邢世靖，别名邢士敬，祖籍山东，1958 年出生于辽宁本溪。1991 年就学于天津美术学院绘画系，1999 年在文化部重彩画高研班学习。擅画山水、花鸟、动物。现为中国美术家协会会员，本溪市书画院画家，本溪市美术家协会副主席，本溪市政协委员。多年来从事中国画的创作、研究工作，师从冯大中、宋雨桂诸先生，追求雄浑野逸、苍润博大之风貌，作品多次参加国内外重大美术展览，有的获奖，散见于多种报刊画册。

有《原上草》、《飘去的心》、《回声》、《煦风》、《金钱豹》等作品入选全国中国画展。《暮春》获中国当代工笔画学会第三届大展佳作奖。《顺风图》入选 2004 年首届中国美术家协会会员中国画精品展。出版有《邢世靖作品选》。

流村镇收藏有以下五幅邢世靖作品:

《昌平白羊沟写生》,136cm×68cm。左上直题"昌平白羊沟写生,戊子岁夏月,世靖"。下钤"邢""世靖"印章两方。

《韩台古韵》,136cm×68cm。左上补白:"韩台古韵,戊子夏月写生于北京昌平,世靖"。下钤"邢""世靖"印章两方。右下角钤"山水有灵"闲章一方。

《古韵流春写韩台》,136cm×68cm。右中题"古韵流春写韩台,戊子夏月写于太子河畔,云山草堂,世靖",下钤"邢""世靖"印章两方。

《长峪城古庙》,136cm×68cm。右中题"长峪城古庙,戊子六月写于太子河畔,云山草堂,世靖"。下钤"邢""世靖"印章两方。

《昌平流村白羊沟》,136cm×68cm。右中题"昌平白羊沟,戊子夏月写生,世靖"。下钤"邢""世靖"印章两方。

## 第十节　余光清作品

余光清,1963年出生于重庆,毕业于西南师范大学美术学院,师从著名画家石齐、庄小雷、陈道学。现为文化部中国画创作中心画家,中国美术家协会会员。

1993年获全国中国画画展优秀奖,1994年在西南师范大学美术学院举办个人画展,1995年参加全国水墨画家作欧洲巡回展,1996年获全国中国画大展银奖,1997年获香港回归全国中国画大展优秀奖,2001年获21世纪中国画澳大利亚展金奖,2002年获纪念毛泽东同志《在延安文艺座谈会上的讲话》发表60周年全国美术作品展览优秀奖、迎奥运全国中国画展优秀奖,2004年获首届中国美协会员展优秀奖、"菜乡情"全国中国画提名展银奖、黎昌全国青年国画年度展银奖、齐白石国际文化艺术界全国中青年中国画提名展铜奖,同年作品入选第十届全国美展,在汕头、普宁、福州、漳州、扬州举办个人画展,2005 年获首届中国画写意画大展优秀奖,参加第二届国际美术双年展美术特展,"长江颂"中国美协提名展、"太湖情"中国美协提名展,在山东烟台、威海、莱阳、东营、淄博举办个人画展。

2005 年应中国美术家协会网特邀拍摄个人艺术成就专题片。2006 年参加第三届"菜乡情"全国百名画家中国画邀请展、"水墨河东"当代中国画名家学术邀请展、第三届"继承与发展"全国名家学术邀请展。

作品在瀚海艺术品拍卖公司、太平洋国际拍卖公司、中招国际拍卖公司拍卖。由山东电视台拍摄个人艺术成就专题片。作品被编入大型画册 60 余种,出版个人画册多种,作品发表于《美术》、《当代艺术家》、《画坛》、《美术界》、《国际艺术家》,并被中南海紫光阁、国家人事部书画专业委员会、中央电视台、上海书画出版社、烟台美术博物馆等单位收藏。

余光清擅长以国画手法进行都市风景创作。在余光清的作品中,"直线"占据了形式结构的主导地位,而用直线对画面的"切割"又成为他艺术表达的基本手法。这种手法始于西方的立体派,而在构成派和硬边艺术中得到进一步的运用。余光清在寻找表达都市的语言中很自然地借鉴了这些来自西方的表现手法,并且运用得当。这种直线构成既能体现出都市风景的基本特征,同时在表现方法上又与传统山水画拉开了距离,从而使他的水墨"山水"呈现出一种鲜明的现代感和个人风格特征。

流村镇收藏有以下五幅余光清作品:

《长峪城村》,136cm×68cm;《白羊沟》,136cm×68cm;《韩台村》,136cm×68cm;《燕山脚下长峪城》,136cm×68cm;《长峪城村写生》,136cm×68cm。

## 第十一节　张松作品

　　张松,号庐州师山堂主,生于 1952 年 8 月,安徽芜湖人,祖籍桐城。先后毕业于安徽教育学院艺术系国画专业、安徽师范大学美术学院研究生班。长期从事美术创作和组织工作。现为中国美术家协会理事、中国商联·全国艺术市场联盟常务副秘书长、中国画创作研究院副院长、中国北京世纪名人国际书画院副院长、中国长城画院副院长、安徽省文学艺术界联合会委员、安徽省美术家协会秘书长、安徽省城市雕塑院院长、安徽省青年美术家协会名誉主席、安徽省政协书画社理事、黄山画会副会长、农工民主党安徽省书画院院长、中联国兴书画院安徽分院常务副院长、安徽省文史馆特约画师、国家一级美术师。

　　近 40 年来,他一直在中国山水画创作领域努力探索。创作中首先坚持"艺术心灵的冲动,来自于我眼中的世界"的理念,努力把握用纸、执笔、泼墨、敷色、气韵的相互交融与微妙变化,追求动中有静、静中生动的写意山水画的创作境界与空间,将传统风骨与现代熔于一炉,从而使作品逐渐形成属于自己的艺术符号与独特风格。

　　张松先后在北京、上海、南京、合肥、芜湖,法国巴黎、芬兰赫尔辛基、韩国首尔、日本京都等地举办个人画展,作品曾参加全国、全军美展及中外交流展并被国内外有关艺术机构、团体、博物馆、美术馆、拍卖行、画廊、企业家展示、拍卖、收藏。先后出版《张松画集》等 6 种,另外,还有数百件作品刊登于国内外的艺术报刊和杂志上。

　　2003 年由中国收藏家协会、中国《收藏界》杂志社、全国各地收藏家协会等权威机构推选,张松入围首届中国收藏界当代画家排行榜之新锐榜。2005 年 5 月,被国务院科技奖励工作办公室授予"优秀人民艺术家"称号。2006 年被中共安徽省委宣传部授予"安徽省十佳文艺工作者"和"六个一批文艺拔尖人才"。2007 年 11 月出席中宣部、国家人事部、中国文联共同召开的"全国中青年德艺双馨文艺工作者表彰大会"。2007年12月被全国和谐社会高峰论坛授予"2007年度全国十大和谐画家"。2008年5月被全国人大代表高峰论坛授予"全国十大最具社会责任感艺术家"。2008年8月受国际奥委会邀请作品《皖山徽水图》参加"2008北京奥林匹克美术大会"。2008年9月作品《黄岳春晖》《清凉世界》由神舟七号宇宙飞船载入太空。

流村镇收藏有以下三幅张松作品：

《泉落青山生白云》,136cm×68cm。天头由右至左横题"泉落青山生白云,戊子初夏张松画于京华昌平"。后钤"张松印"一方,右下钤"师山堂风"章一方。

《燕山飞泉》,136cm×68cm。天头由右至左横题"燕山飞泉,戊子初夏张松画于京华燕山麓下"。后钤"张松印"一方,左下钤"师山堂主"章一方。

《白羊沟所见》,136cm×68cm。所画山峰右补白："仙谷仙峰稿,戊子春月张松忆写,素描京城昌平区流村镇。"右上钤"风流小品"闲章一枚。山峰左上补白："白羊沟所见仙谷景区印象得此也。"下钤"张松"、"师山堂风"章两方。

## 第十二节　张龙新作品

张龙新,出生于江苏连云港。毕业于中央美术学院油画系第十三届硕士课程研修班,中国艺术研究院美术学研究生。中国艺术研究院艺术品鉴定中心副主任,兼任文化部青年联合会副主席、文化部青联美术委员会主任、全国青联第九届委员会委员、中国美术家协会中国画艺术委员会副秘书长、中国美术家协会会员、中国人民大学培训学院特聘教授。

1993年为中国长城博物馆创作中国画长卷《万里长城图》(高

200cm×13800cm);1998 年获"龙脉杯"中国画金奖;1999 年获"迎澳门回归全国中国画展"铜奖、"鑫光杯中国画大赛"铜奖;2002 年应联合国教科文组织邀请在巴黎举办"张龙新中国画长城系列作品展";2003 年获"第二届中国画展"优秀奖、"第二届金彩奖"银奖;2004 年参展第十届全国美展,赴台湾参加两岸美术家联展;2005 年参展第二届北京国际双年展青年展,赴美国参加联合国 60 周年庆典活动,获柬埔寨王国颁发的国际文化交流金质奖章;2006 年赴日本参加中日美术家交流访问团;2007 年被中国传媒委员会评为年度 10 位影响力人物杰出画家之一,赴澳门参加由世界华人协会举办的颁奖典礼,获得"世界杰出华人奖";2008 年赴菲律宾担任由文化部委派中国青年美术家访菲代表团团长,并在菲大都会博物馆举办画展。

张龙新多年来一直潜心研究创作大幅"殿堂画",先后为中南海、北戴河、西山多个会议室、中央宣传部、中央统战部、中央党校、团中央、中央电视台、北京航天控制中心等党政机关大厅及机场、车站、大企业会所等完成数十幅大幅"殿堂画"。

张龙新的作品大致有以下特点:

一、山水创作所运用的艺术思维方式颇具开拓性与创造性。他立足于中外艺术多元互补的时代高度,以多闻体要、博见善择的精神酌用古今中外。他画的是中国的山川河海及长城景物,用的是中国画的笔墨纸绢,抒发的是中华儿女的当代豪情,但在笔墨表述方式上却有意汲取西画的真实感、体量感和肌理感,从而造成笔墨技巧上的时代创意和独辟蹊径的艺术个性。他将传统的人文气象、现实的时代气象与世界的艺术气象融入个人表情达意的笔墨水色之中,使自己创作的心灵旋律合乎时代脉动的节拍。

二、其山水画艺术一直将古老的长城作为创作母体,十数年来一直围绕长城题材进行写生和创作。这使他的山水创作与当前单纯延续传统型的笔墨派和丘壑派有所不同,也与当前漠视传统的写生派及西化派迥然有别。他的山水作品既属于主题性的现实主义创作,也属于人文化的经典景物的艺术结晶。他于 2002 年秋在法国巴黎的联合国教科文组织总部大厦展出的《长城组画》将万里长城的著名景点荟萃为三十六幅画图，一景一图，似断实连，或方或长，或横或竖，以通高两米的巨幅赫然张挂于大厦的展厅之中，使各国友人瞻仰中华民族为人类历史创造的辉煌奇迹和亘古常新伟业，也使观众领略张龙新中华儿女的精神风貌和艺术襟怀。这一《长城组画》被中央美术学院薛永年教授誉为"迄今为止讴歌长城的佳作"。

三、他在山水创作中运用自己发现的"变焦透视"原理。他在大量山水画创作中，逐渐感悟到山水创作应从各方面加强时代感，应以当代科学发展观提升山水创作的艺术内涵和人文高度。他在长期创作经验与艺术思索中，联想到日常摄像时运用摄像机的变焦原理，一下子将山水拉近眼前，同时又可以一层一层地将山水景象推上去或移过来，从而将中国古老"意象经营"增添了科学成分，使"散点透视"有了变焦的依据。这一发现，既不同于西洋"焦点透视"的单一，也不同于中国传统"意象经营"的散漫，而是将西洋近于科学化的"焦点透视"与中国传统的偏于意象化的"散点透视"联系到现代摄像的纽带上，从而发现了第三种透视法则，即"变焦透视"。

四、其山水画在赋色上也有显著的特点。20 世纪 80 年代，他攻习水墨山水画，对浅绛山水技法颇多探究。而后追溯近现代黄宾虹乃至历代意笔山水画家笔法，打下了扎实的笔墨根基。近十年随着眼界的扩大和阅历的丰富，逐步突破古香古色的藩篱，从长城系列与海滩系列的山水创作中找到了自己赋色的基调，即是以自调的蜀赭黄、金黄、新绿、暗绿等独特色彩为特征，与传统的浅绛山水、青绿山水有所差异，出现了勃然生机和盎然新意，折射出地貌特征与传统笔墨相互交融的气象。

流村镇收藏有以下五幅张龙新作品：

《流村写生之一》，136cm×68cm。左下落款"龙新"，下钤章"张氏"、"龙新印记"两枚，右上钤"长城图"闲章一方。

《流村写生之二》,136cm×68cm。左下落款"龙新",下钤章"张氏"、"龙新制印"两枚,右上钤"上善若水"闲章一方。

《流村写生之三》,136cm×68cm。左下落款"龙新",下钤章"张氏"、"龙新制印"两枚,右上钤"上善若水"闲章一方。

《流村写生之四》,136cm×68cm。右下落款"龙新",下钤章"张氏"、"龙新制印"两枚,左上钤"上善若水"闲章一方。

《流村流水流云留人》,136cm×68cm。左中直题"流村流水流云留人,古韵流村全国山水展,戊子"。下钤章"张氏"、"龙新制印"两枚,左上钤"上善若水"闲章一方。

## 第十三节　张明川作品

张明川,著名军旅画家。1962年出生于山东昌邑,毕业于解放军艺术学院美术系,现为海军北海舰队政治部文艺创作室专职画家,中国美术家协会会员,中国美术家协会创作中心创作委员,山东省文联委员。其创作多表现海天新空间,注重传统与创新,强调画面张力和视觉扩充,构图开张,气势宏阔。有数十幅作品分别参加全国和全军重大展览并屡屡荣获大奖,是活跃于当代中国画坛的实力派画家。代表作《大海轰鸣》先后入选第九届全军美展和第六届万里海疆画展并获优秀作品奖;《涌》入选第八届全国美展;《崂山魂》入选中国美协中国画三百家展览,《梦回崂山》、《秋气》、《天地氤氲》分别入选2000年、2001年、2002年全国中国画展并获奖,《世纪构建》荣获庆祝建党80周年全国美展大奖,同时获第十届全军美展优秀奖和海军金锚文艺大奖。《圣域》入选第二届全国中国画展,《盛世风华》获全国花鸟画大展优秀作品奖,《苍崖云烟》、《溪山清远》分别参加第一届、第二届中国美协会员中国画精品展并获奖,《云山空灵》获首届莱乡情全国中国画提名展铜奖,《春醅》获2004年全国中国画家提名展银奖,《秋山有云》入选自然与人——第二届当代中国山水画油画风景展,《云山空蒙》获首届全国写意画大展被评为优秀作品,《秋染司马台》入选 2005 百家金陵中国画展,《海天流韵》荣获第十届全国美展特别奖——关山月美术基金奖,同时荣获第十届全国美展优秀作品奖,《灵气郁盘》荣获政府权威学术奖——第二届中国美术金彩奖。其艺绩先后在《美术》、《中国美术》、《水墨》、《国画家》、《中国画家》、《美术报》、《中国书画报》、《收藏》、《人民日报》、《解放军报》、《解放军画报》等专业权威刊物专版推介或发表,作品被中南海、军事博物馆、中央军委办公大楼、中国美术馆等重要机构和博物馆收藏,出版画集多种。

他的作品的最大特点是具有积极向上的精神、磅礴的气势、独特的生活感受与观察视角。既有传统的扎实基础,又有现代的意识观念,因而使他的作品在反复皴擦、渲染之中获得厚重的体量感。譬如,巍峨的群山如铜墙铁壁一般的形象选择与造型手段的运用,军舰的钢板与直线、斜线的组织,海水的夸张与提炼等,都在画面中形成强烈的点线色的交响、对比与节奏,从而形成一种独特的审美形式与风格。在其中,我们同样还看到,那形式、语言运用中的个性化特点,譬如题材的宏观视角、语言的情绪化、情绪的个体化、表现的意象化等,在表现军旅情怀的同时,还具有浓郁的主观抒情色彩。

流村镇收藏有以下五幅张明川作品:

《古村新韵》,136cm×68cm。天头由右至左有文为:"古邨新韵,苍苍远烟起,瑟瑟疏林响;落日隐西山,人耕古原上。录清人王士祯田园诗一首补白。戊子春于北京昌平流邨镇长峪城村写生,归来后忆写所见之景也。汇千堂明川制于青岛汇泉湾畔。"后钤"张"、"明川"章各一方,题文之间钤闲章一方。画面右上、左下各钤章一方。

《山雨欲来》,136cm×68cm。右上直题有:"野旷积翠满目诗境,胸有古人,机无停留,意趣高妙,维其灵性,峨峨天宫,岩岩仙�……明川题记。"下钤章一方,文间闲章两方。画右上中下闲章各一方。画左由上至下直题"山雨欲来,北京昌平白羊沟水库写生追记,戊子明川画并记"。

《长峪城之秋》,136cm×68cm。天头由右至左横题"长峪城之秋,戊子夏明川写生"。下钤章"张"、"明川"各一方。画左中下钤章各一方,右上下钤章一方。

《白羊沟秘境》,136cm×68cm。右直题"白羊沟秘境,戊子之暑汇千堂明川于汇泉湾畔"。下钤章"张"、"明川"各一方。右下角钤章一方。画左上中下各钤章一方。

《溪出白羊沟》,136cm×68cm。右上直题三行:"溪出白羊沟,戊子北京昌平所见。"下钤章"张"、"明川"各一方。画右上下各钤章一方,左上中下各钤章一方。

# 第十四节　张英才作品

张英才,北京市人。中国美术家协会会员,中国摄影家协会会员。现供职于中国美术家协会展览部。

流村镇收藏有以下五幅张英才作品:

《水木清华》,136cm×68cm。左中题"英才写",下钤"张"、"英才"章两方,右下角钤闲章一方。

《雨霁》,136cm×68cm。左中题"戊子英才写",下钤"张"、"英才"章两方,右下角钤闲章一方。

《韩台新雨》,136cm×68cm。右中题"英才写",下钤"张"、"英才"章两方,左下角钤闲章一方。

《溪水寻幽》,136cm×68cm。左中题"英才写",下钤"张"、"英才"章两方,右下角钤闲章一方。

《雨润白羊沟》,136cm×68cm。左中题"英才写",下钤"张"、"英才"章两方,右下角钤闲章一方。

## 第十五节 张复兴作品

张复兴,1946 年出生于山西汾阳,民盟盟员,二级美术师。1962 年就读于天津第 56 中学,开始临中国画。1976 年,开始专注桂林山水创作。1985 年,进入专业单位。1989 年,《清漓人家》获全国首届工笔山水画金叉奖。1991 年,《金秋时节》获中国四季美展铜奖。1992 年,进入桂林画院。《侗乡秋高》获纪念毛泽东《在延安文艺座谈会上的讲话》发表 50 周年全国美展铜奖,《爽秋》获 1992 年海南国际水墨画大展银奖。1993 年,《苗乡春融》获全国首届中国画展三等奖,《苗寨春深》获全国首届山水画展铜奖。1994 年,《一溪寒水出秋山》成为第八届全国美展获奖作品。1997 年,《清泉入户鸣》获中国画坛百杰奖,《行至秋溪看水时》获世界华人书画大展金奖。1999 年,《溪山新雾》获中国画三百家银奖,《家在水云乡》获第九届全国美展优秀作品奖。2000 年,任桂林画院院长。《青城印象》获全国五自治区美展银奖。2004 年,获黄宾虹学术奖。是《锦绣中华万里行》、《彩墨境界》、《中国山水精神》、《聚焦西部》等在国内颇具影响的学术活动的参与者。曾获 1997 年画坛百杰、广西德艺双馨文艺家,广西壮族自治区突出贡献等荣誉。多幅作品在《美术》、《新华文摘》、《中国书画》等刊物上发表,入编《山水画库》、《中国当代中青年山水画艺术家画风》、《中国美术作品精选》等专业画册。2004 年至今,受聘于中国艺术研究院美术创作院。现为中国美术家协会会员,广西美协常务理事,广西中国画艺委会副主任,广西壮族自治区政协委员,桂林市美术家协会副主席、桂林画院院长,广西壮族自治区艺术学院名誉教授,中国美术创作院院聘创作研究员。

张复兴的创作有如下特点:在技术层面上:其一,善于营造作品的形式结构。点与线的构成组合在表现物象的需要中要具备形式上独立的审美价值,树、石、云、水、桥、屋,经营布局错落有致,点、线、面、皴、染、晕,各种技艺有机结合。如在运用了一些竖线时必有横线和斜线调合,在用线密集的部位必然有点子来疏解间透;在画面的周边注意"开合"适度,在画面内则把握"收放"得当;画面密处处理得清透,疏处处理得丰厚;树、石、建筑物之间线条交互咬合融为一体,水流过境分割布局精巧等等。在运用形式因素架构画面上的确有其独到之处。其二,善于随时在画面上发现问题,并重新观察揣摩,从中找到新的表现方法,创造出新的笔墨程式。

在心理层面上:一是有判断创作技艺与作品的优劣品质,随时确立符合实际的判断标准的能力。二是善于走入内心,捕捉对诸种因素艺术的细微体会,并将内心独白展现在画面上。张复兴有北方大汉粗犷豪放的气质,也很"内秀",有其丰富的"内心活动",因此创作中能够把握艺术的内涵,在画面制作各个环节中融合进各种所思所得,妙悟"化机"。

流村镇收藏有以下五幅张复兴作品:

《秋到白羊沟》,136cm×68cm。右侧直题"秋到白羊沟,戊子仲夏复兴"。下钤章一方。

《云山列岫图》,136cm×68cm。天头左横题"云山列岫图,岁在戊子仲夏复兴于京华"。下钤"张复兴"章一方。右上钤闲章一方。

《雨歇燕山积翠来》,136cm×68cm。右侧直题"雨歇燕山积翠来",戊子年秋初张复兴于京华"。下钤"张复兴"章一方。右上下各钤闲章一方。

《寒山心韵》,136cm×68cm。左中直题"寒山心韵,岁在戊子秋月,复兴"。下钤"张复兴"章一方。左下角钤闲章两方。

《烟雨近重阳》,136cm×68cm。右中直题"烟雨近重阳,丁亥年夏复兴"。下钤"张复兴"章一方。

## 第十六节　李乃宙作品

李乃宙，天津市人。1945 年 12 月生于重庆歌乐山。出身于书香世家，自幼喜爱绘画。1982—1984 年曾在中央美术学院国画系进修学习，获益匪浅，由此奠定了良好的基础。学识积累的不断加深，使个人之画风更趋于正规，完善了自己今后的国画创作之路，从无序到有序，有了更加理性化的认识。因此，在画风上融合自己的性情，追求一种清新淡雅的品位、潇洒飘逸的风格、诗情画意的意境，以对艺术的真诚，力求达到一个更高的境界。

作品自 1973 年《矿党委书记》入选全国美展后，陆续有作品分别入选各届全国美术大展：《小字辈》入选第六届全国美展，并获优秀作品奖；《鲁班子孙》入选第六届美展；《老姐妹》等入选中国第二届体育美展；《宋人蹴鞠图》入选全国第二届体育美展；《晚秋的柿叶》入选第七届全国美展；《镜花缘》插图入选第九届全国美展。出版有《李乃宙画集》，并成功地举办《李乃宙画展》，同时有大量作品在海内外展出、出版及收藏。

作者已被《中国当代美术名人录》、《中国美术年鉴》、《世界华人美术家年鉴》、《中国当代美术家图鉴》、《中国画年鉴》等书收录，并有专文介绍。现任中国矿业大学北京东校园成教学院艺术教研室主任，中国煤炭文联、煤矿文化宣传基金会美术研究会委员，中国美术家协会会员。

作品以人物画为主，兼工山水、花鸟。人物创作从开始较多表现政治生活到彰显古诗词意境再回归到对现实生活的关注，凸显其艺术创作随历史嬗变而形成自己的绘画风格。其笔下的山水、花鸟，或清新明快，或浑然天成，透出作者全面而坚实的艺术功底。

流村镇收藏有以下三幅李乃宙作品：

《白羊沟即景》，136cm×68cm。右上直题："岸凉随众木，波影逐游人,北京昌平白羊沟即景,戊子初伏乃宙画。"首行下钤"李"印一方,次行下钤"乃宙画印"一方。画作由上至下钤闲章四枚。

《太行纪事》,136cm×68cm。右上横题:"太行纪事,京西昌平流村镇境内白羊沟有此景,戊子夏乃宙画并记之。"后钤章两方。右下角钤章一方。画左上中下各钤章一方。

《太行即景》,136cm×68cm。左上横题:"太行即景,此昌平流村可见之山景,戊子夏乃宙画。"后钤章两方。左中下各钤章一方。画右侧由上自下钤章四方。

## 第十七节　李呈修作品

李呈修,1960 年出生,山东茌平人。1987 年毕业于解放军艺术学院。现为中国美术家协会会员,大地画会画家之一,国家一级美术师,中国华侨文学艺术家协会常务理事,九州出版社美术编审。在长期的创作实践中潜心研究、探索中国画创作的新技法、新领域,坚持从生活中汲取营养,寻找创作灵感。

作品曾多次参加全国美展,部分作品被美国、韩国、泰国、新加坡等国际友人收藏。其作品视觉冲击力强,既有现代观念的色彩斑斓,又具传统笔墨的秀润博大,内涵丰富耐人寻味。

1989 年 7 月,《永生》参加第七届全国美展;1987 年 8 月,《历史的回声》参加建军 60 周年全国美展;1986 年 8 月,国画《炮手》和版画《生命》两幅不同形式的作品同时参加全国南疆前线美术作品展;1988 年 5 月,《永恒的爱》参加全国首届长城美展;1988 年 10 月,《无题》参加全国书画大奖赛获奖作品展;1988 年 6 月,《生》参加北京美术家协会新时代画展;1987 年 7 月,《化城塔之夜》参加北京美协北京风情画展;8 月《王岳真形图》参加北京美协青年美展;1989 年 1 月,《船思》、《无》参加日本中国现代水墨画展;6 月出版《山水画集》、《速写》(合作);1990 年 7 月,与刘大为、张道兴、林凡、王界山、张清智、敬庭尧、朝鸿等9位画家联合举办迎亚运中国画联展,其中《化城塔之夜》《白云深处》两幅国画作品捐献亚运会;1991年5月,与同仁合作出版《大地情》画册;6月,与同仁合作举办《老区风情》画展;12月,《无题》参加中国画研究院1991年中国山水画邀请展;1992年4月,中央电视台拍摄并播放《大地之星——记画家李呈修》的专题片;1999年,入典《当代中国书画名人图录》;2002年2月,与大地同仁在北京人民大会堂分别向沂蒙老区济困助学基金会捐款10万元人民币;4月,与大地画会全体同仁赴四川写生,并在若尔盖民族寄宿制小学全程资助藏族贫困学生卓玛央宗,直至完成大学学业;2003年春节期间,大地画会在中央电视台3频道《真情无限》节目中举行义卖活动,由李呈修为主执笔创作的大型国画作品《白云深处》义卖所得的10万元人民币,全部捐献给中国绿色环保组织;同年5月,在西部献爱心活动中,向中国妇女基金会捐献了国画新作。

他的绘画现有两类,一类是传统的山水绘画,另一类是比较现代的、富有构成意味的绘画。从传统到现代,对于李呈修来说,这仅仅是一个过渡或者过程。在他传统的山水绘画中,已经具有了现代的意识,这主要表现在他的笔墨结构方面。他善于用水,墨在水的中和下,显示出一种节奏的运动美。在他的一大批作品中,如《心无物欲乾坤静》(168cm×24cm)、《白云起处心更幽》(168cm×60cm)、《深居幽自多》(68cm×68cm)、《最是一年春好处》(168cm×68cm)等作品,他完全是把自己置身于山林之间,通过笔墨和色彩渲染出画面的静美境界。在表现手法上,他大胆运用笔墨和色彩的对比,画面空间的跳跃性很大,给人们的欣赏视觉带来很大的冲击力。

流村镇收藏有以下五幅李呈修作品:

《雄关古韵图》,136cm×68cm。天头由右至左作文补白:"雄关古韵图,长峪城分新旧两城,各有一个瓮城,位于长峪城新城南城门,修于万历元年,公元一五七三年,城墙高者丈余,低处亦有几尺残城墙,依稀可见,布局较为完整,戊子夏□□堂,李呈修画记。"后钤两印。

《幽远永兴寺》,136cm×68cm。右上由右至中直题:"幽远永兴寺,坐落于长峪城旧城间,建于明代,占地两万平米,坐西北朝东南,四合布局,寺外千年古槐巍然耸立,树枝繁茂,福荫怡人,戊子夏□□堂,李呈修画。"文间有闲章两枚,落款后钤章两方,左下角钤章一方。

《长廊拥翠图》,136cm×68cm。右上由右至中直题:"长廊拥翠图,百里长廊九曲回肠,山峦青苍心魄激荡,写流村百里环形走廊印象,戊子夏李呈修。白羊沟中走两日,京郊山水无颜色,百座山头百座峰,百里长城似蛟龙,百花百草同吐艳,百蝶飞舞百鸟鸣。此诗道尽白羊沟之美也。□□堂主又记。"文间钤章若干,落款钤章"呈修画印"。

《王家园水库》,136cm×68cm。左上直题:"王家园水库,一九五九年兴建,位于白羊沟景区入口处,蓄水量五百一十二万立方米,可浇灌土地两千两百亩。水库两岸群峰相连,俊秀巍峨,郁郁葱葱,充满生机,临此静观,心净如水,似有仙气绕身也。戊子李呈修记。"下有"呈修画印"一枚。题文之间有闲章一方,右下角钤章两方。

《探幽白羊沟》,136cm×68cm。天头由右至左横题:"探幽白羊沟,山峦叠翠,满目苍茏,清颐俊逸,曲径通幽。戊子盛夏写白羊沟印象,□□堂李呈修画记。"下钤印章两方。

## 第十八节　李春海作品

李春海,1940年生于北京。1961年毕业于中央美术学院附属中学,1966年毕业于中央美术学院国画系。在校期间,师从著名国画大师李可染先生,同时受何海霞、宗其香等名家指导,系统地学习了山水画的理论和技法,奠定了坚实的绘画基本功。现为中国美术家协会会员、北京艺术交流中心国画部主任、中国林业大学教授、中国林业文联副秘书长。他擅长中国画山水、金碧山水、牦牛等。40 年来,临池不辍,辛勤耕耘,数百幅作品入选国内外大展并多次获得金奖、一等奖等。大量作品在《国画家》、《美术》等报刊上发表,众多作品被收入《中国当代名家书画选》、《当代著名中国画家作品选》等专业画集。《李春海画集》被列入当代艺术家丛书出版,李春海艺术传略被编入中国美术家协会、中国美术馆等海内外专业机构编辑出版的画家名人辞书大典。1988 年,受中国文化部委派赴希腊德尔菲艺术中心,参加欧洲国际艺术中心主办的国际现代绘画研讨会,三幅作品参加展览,并发表论文《改革中的中国画》。同年 11 月应邀赴日本参加"现代中国画名品展",11 幅作品参展。曾应邀为紫光阁等重要场馆作画。1989 年受外交部委托,与庄寿红教授合作为澳大利亚大使馆创作巨幅绢地青绿山水《江山耸翠图》(420cm×270cm)陈列于大使馆门厅。

　　40 多年来,他对山水画理论和创作技法的研究锲而不舍,在创作上取得丰硕的成果。历年均有新作入选或应邀参加国内外大型画展,百余幅作品编入国内外专业画集有数十册。先后五次应邀参加海内外美术作品展及理论研讨会。

　　1997 年在日本神户举办"李春海水墨展",2003 年在深圳举办"李春海山水画展"。1999 年为迎接澳门回归,曾担任 99 米山水卷《江山万里图》艺术创作委员,为主要创绘人之一,该项创作获北京市委、市政府 2000 年文学艺术创作唯一大奖。同年获国家林业局梁希文学奖。2004 年中国教育电视台制作并播放题为《山水情缘李春海山水画欣赏》光盘。出版个人画册两种,VCD 教学光盘两套 14 张。

　　他的画基本上可分三大类,小品画、诗意画和巨幅山水画。其山水画兼南北两宗。北派家法,峥嵘壮阔,沉雄厚重,大有扛鼎之势,他择善为之;南方山水,笔墨清新,秀逸幽雅,绵渺深邃,含蓄蕴藉,他体悟入之。他以北派皴法与南派墨韵相结合,得其北方山石之气概,又兼南方云涌之气象。常以写生之法予山川雄浑激荡,又有浓郁的生活气息,得到了隽永与秀韵。他笔下的这种美与真实的自然十分相像,是从心象到意象的传递,表达的是岁月与文化的双重情境。

中国美术家协会会员、美术评论家夏硕琦对他的评论是:

中国绘画创作讲"行万里路读万卷书",在创作过程中,他是既重视"外师造化",注重面对真山真水画速写或默记,以"按实肖像"的方式创作他的山村小景题材的山水画,更注重"中得心源",运用他的生活积累,以"凭虚构象"的方式,"因心造境"创作他的诗意画。

北京语言大学教授、国家一级美术师马振声对他做了如下评论:

从李春海的艺术来讲,首先是他的气象很大,大气磅礴,笔下有力度,又不空洞有韵味,而且很耐看。在画面中有苍有润,在润的地方墨用的非常透明,非常滋润;在苍的地方有劲有力,感觉气势庞大。他笔下画出来的都是自然的流露,没有一点造作的痕迹。在他画的长卷中,构图起伏跌宕,天衣无缝,每一幅都是非常可贵的精品。

《中国美术报》副主编杨庚新对他的评论是:

李春海以恩师李可染题赠的印语"实者慧,学不辍"为座右铭。40余年来一以贯之地在端正艺术观和从艺作风的前提下勤奋耕耘。在创作中,创造出适应题材内容的形式手法和特定意蕴的表述,因而他在不同系列的主题创作中,时有焕然一新的艺术表现。在形式探索方面,他博采众长,融会贯通,形成自家的风格面貌:立意高超,法度严谨,笔墨浑厚酣畅,有淳朴亲切的感染力。

流村镇收藏有以下五幅李春海作品:

《仙侠黄楼小瀑即景》,136cm×68cm。右上横题"仙侠黄楼小瀑即景,戊子春海"。后钤"李春海印"一方。

《白羊沟仙人峡》,136cm×68cm。左上直题四行:"白羊沟仙人峡,戊子仲夏春海。"后钤"李春海印"一方。

《白羊沟奇景》,136cm×68cm。右上直题三行:"白羊沟奇景,清泉石下流,戊子春海画。"下钤"李春海印"一方。

《峡间窜水崖上观》,136cm×68cm。左上直题两行:"峡间窜水崖上观,戊子仲夏春海画。"下钤"春海"、"李春海印"印章两方。

《月照夜门沟》,136cm×68cm。左上直题五行:"月照夜门沟,戊子仲夏春海画。"后钤"李春海印"印章一枚。

## 第十九节　陆天宁作品

陆天宁,1959 年 11 月出生于江苏,1986 毕业于江苏省文艺学院,1987 年以来长期深入西藏高原,从事宗教艺术的创作与研究。"陆天宁西藏风情画展"曾在瑞典、澳大利亚、日本、印度等国家展出,作品被中国首都博物馆、德国、意大利、英国、美国、澳大利亚、法国、加拿大、瑞典等国家和我国台湾地区的收藏机构和收藏家收藏。现为中国美术家协会会员,2006 年 1 月开始于中国国家博物馆艺术品开发中心任职。

主要展出有:1989 年第七届全国美展(北京中国美术馆)。1991 年西藏风情画展(北京首都博物馆)。1992 年西藏风情展(上海朵云轩)。1993 年东西方文化交流展(美国旧金山)。1994 年第八届全国美展(南京江苏省美术馆)。1996 年西藏风情画展(北京国际展览中心)。1996 年西藏绘画艺术展(澳大利亚墨尔本)。1997 年西藏的故事画展(澳大利亚墨尔本)。1997 年西藏绘画艺术展(瑞典)。1998 年走过西藏——陆天宁艺术作品展(北京秦昊画廊)。1999 年西藏风情画展(北京秦昊画廊)。1999 年中国画三百家画展(郑州)。1999 年中国山水画大展(中国画研究院)。2000 年大陆名家书画展(台北中山画廊)。2000 年日中教育交流展(大阪、东京)。

2001 中国画百家画展（澳门）。2001 年 6 月中国首届佛教嘉言书画大展（北京中国佛学院）。2001 年 7 月百家名人扇面展（北京中国美术馆）。2001 年 10 月光辉历程——中国艺术沙龙书画大展（中国历史博物馆）。2002 年 3 月参加美国加州大学技术中心博物馆举办的《中国五人艺术展》，参展作品 10 件，题材为西藏风情。2002 年 8 月 9 日—23 日《陆天宁西藏艺术展》在瑞典斯德哥尔摩展出。2003 年 3 月大陆现代水墨艺术展（台北中山画廊）。2003 年 12 月由中国文联基金会主办在中国美术馆举办首届全国青年国画年展作品《品逸图》获铜奖。2003 年 12 月陆天宁西藏风情现代水墨画展在青岛出版艺术馆展出。2004 年 4 月 25 日—6 月 20 日陆天宁现代中国绘画魅力展在日本长野现代中国美术馆展出，并举办学术讲座。2004 年 8 月作品《春消息》参加中国美术家协会会员作品精品展（齐鲁美术馆）。2004 年 8 月作品《江南吟》参加中国美术名家作品展（威海博物馆）。2004 年 6 月参加中国美术名家采风团赴长江三峡考察写生。2004 年 8 月参加中国美术名家访问团赴印度考察写生。2005 年 3 月作品《神山》入展科学与艺术大展（中国美术馆）。2005 年 3 月《祷》在科学与技术中国画大展中获优秀艺术家奖（中国美术馆）。2005 年 4 月参加中国美术名家采风团赴越南、柬埔寨访问考察。2005 年 4 月参加中国美术名家采风团赴埃及、约旦、卡塔尔访问考察。2005 年 5 月《神湖》等 3 件作品参加 2005 年中国画名家提名展（炎黄艺术馆）。2005 年 6 月 10 件作品参加加拿大埃德蒙顿国际艺术展。2005 年 6 月 10 件作品参加中国美术名家印度采风汇报展（炎黄艺术馆）。2005 年 7 月作品《二月春》获第二届全国山水画大展银奖（中国文联文化部艺术司主办）。2005 年 7 月作品《尼罗河水闪金光》参加埃及驻华大使馆主办的“埃及文化旅游艺术大展”。2005 年 8 月参加中国美术家代表团访问俄罗斯列宾美术学院并进行学术交流。2005 年 10 月作品《圣水》参加“传承·创新——2005 北京皇城艺术馆优秀艺术家邀请展”（北京皇城艺术馆）。2005 年

10 月作品《淡烟轻山》、《春江》、《佛国》参加"2005 中国画名家提名展"（中国画研究院）。2005 年 10 月《早春》参加"百名将军、百名画家联展"（中华世纪坛艺术馆）。2005 年 10 月作品《转经》入选中国美协全国中国画提名展（张家港博物馆）。2005 年 11 月作品《圣水》参加全国画派名家邀请展（南昌美术馆）。2005 年 12 月作品《喜马拉雅》被荣宝斋画院收藏。2006 年 1 月《雪韵》等 10 幅作品参加"当代实力派画家——中国水墨画大展"（日本福冈美术馆）。2006 年 2 月参加中国美术名家采风团赴印度南部、斯里兰卡采风。2006 年 3 月作品《扎西德勒》在中国国家博物馆展出并被收藏。2006 年 3 月《印度风情》等 8 件作品参加中国画画世界——印度印象大展（印度新德里国家美术馆）。2006 年作品《佛国》应邀参加"殷墟"申报世界文化遗产全国书画大展（国家博物馆）。2006 年 3 月由北京工艺美术出版社出版中国当代著名画家个案研究《陆天宁现代水墨》画集。2006 年 7 月 4 日—7 月 14 日参加中国美术家协会赴西藏慰问团捐助希望小学。2006 年 10 月作品《圣地》参加中宣部主办的书画长征路在中国美术馆展出，并出版大型画册。2006 年 11 月《尼罗河》等 3 件作品参加中国美术家埃及印象采风展，在皇城艺术馆展出，并出版画册。2006 年 11 月参加中国美术名家写生团赴法国、德国、意大利、奥地利采风。2006 年 11 月应聘于中国国家博物馆艺术品中心。2006 年 11 月随中国美术名家出访德国、法国、意大利、奥地利。2007 年 5 月应日本谈香苑美术馆之邀举办"陆天宁水墨艺术魅力展"，并举行学术讲座。2007 年 5 月作品《人间仙境——马尔代夫》参加"中国画家彩绘联合国大展"，并在美国联合国总部展出。

　　陆天宁的绘画创作严格地讲应该分为两大部分，即以纸本重彩为表现形式的西藏风情和以纯水墨来抒写内心映象的山水画，这两种创作模式基本贯穿他 20 多年来的绘画历程。

　　流村镇收藏有以下五幅陆天宁作品：

《古韵流村》,136cm×68cm。左上直题"古韵流村,戊子陆天宁写怀于韩台村",间有印章四枚,右下闲章一方。

《听月》,136cm×68cm。左上直题"听月,戊子夏月写怀于京郊昌平白羊沟",间有闲章两方。左下落款:"天宁"。并钤印章三枚。

《乱石图》,136cm×68cm。右自上向下直题"乱石图,戊子年夏月天宁写昌平白羊沟自然景观"。间有印章四枚,左下钤闲章两枚。

《古韵流村》,136cm×68cm。左上直题"古韵流村,戊子夏天宁写怀于京郊昌平",间有印章五枚,右下钤印章两枚。

《幽谷鸣泉图》,136cm×68cm。左上直题"幽谷鸣泉图,戊子夏天宁写怀于京郊昌平白羊沟",间有印章五枚,右下钤印章一枚。

## 第二十节　陈风新作品

陈风新,1957 年生,北京人。1974—1976 年长沙铁道学院附中高中学习,1976—1978 年北京市平谷县王辛庄公社插队,1978—1981 年北京冶金安装公司工作,1981 年调入中国画研究院从事摄影编辑工作。1984—1988 年借调山西电视台,1989—1991 年北京邮电学院大专班学生,2002 年中央美院壁画系研究生、中央美术学院壁画系访问学者。现为中国国家画院美术馆副馆长、副编审,中国美术家协会会员,中国摄影家协会会员。

流村镇收藏有以下三幅陈风新作品:

《太行余脉白羊沟》,136cm×68cm。天头由右至左题"太行余脉白羊沟,风新画",后有"陈"、"风新"印章两枚。

《翠谷清音》,136cm×68cm。左上题"戊子年风新画",下钤"陈"印章一方。右下钤闲章一枚。

《春游白羊沟》,136cm×68cm。左侧自上向下直题"春游白羊沟,风新,戊子年画于紫桥河畔"。下钤"风新"章一方。右下闲章一方。

## 第二十一节 陈克永作品

陈克永,1953年生,北京平谷人。1976年毕业于首都师范大学美术系。现为中国山水画研究院院长,中国美术家协会会员,北京美术家协会理事。擅长中国山水画。画风苍莽大气,笔墨劲健恣肆。代表作品有:《雪漫群山》、《燕山深处》,入选中国画坛百杰作品展;《西北情组画》入选第八届全国美展;《出山图》、《秋山图》入选第十三次新人新作展;《燕山秋韵》、《风雪燕山》入选文化部举办的"中国画精品展"。有多幅作品在国内外展览中入选或获奖。

多年来,不少作品在《美术》、《国画家》、《美术研究》、《中国画》等刊物上发表,并被人民大会堂、毛主席纪念堂等多家美术馆、博物馆收藏。多次在国内外举办"陈克永山水画展"。1986年创作的《山河颂》,被北京市美术家协会收藏。1988年参加首届中国画大奖赛,作品《山泉》获二等奖。1988年参加中日美术作品交流展。1988年两件作品入选"80年代中国画展"。1990年参加北京市美术家协会和我国台湾省中华书局联合举办的"中国画精品展",并赴台展出。1991年参加"90年代中国画展",作品获二等奖。1993年参加由文化部中国美术研究院主办的"中国书画万里行"大型艺术采风活动。1993年13幅作品分别发表于《美术研究》、《中国画》、《国画家》,并有专题介绍及评论。1993年参加由北京市美术家协会主办、北京当代美术馆举办的"北京水墨画五人联展"。1994年,为中南海接见大厅作巨幅山水画4幅:《大壑腾云》、《秋晴泉气香》、《燕山风雪》、《松泉图》。1995年作品《京东大峡谷》参加北京市美展,获一等奖,被北京市美术家协会收藏。1995年参加北京市美术家协会组织去十渡写生活动,中央电视台予以采访并专题报道。1996年北京市美术家协会为其在中央美术学院举办"陈克永山水画展",著名山水画大师白雪石、高冠华等老前辈和画界同仁给予高度赞扬和好评,展后 7 幅作品被北京市美术家协会收藏。1996 年中央美术学院陈列馆收藏其作品 1 幅。1996 年山东美术家协会、北京市美术家协会、青岛崔子范艺术馆联合举办"陈克永山水画展",在青岛崔子范艺术馆展出。1996 年崔子范艺术馆收藏其作品 3 幅,青岛出版社收藏 1 幅。1996 年中央电视台"书坛画苑"栏目专题播放了《走进燕山峡谷——访青年画家陈克永》。1996 年参加文化部对外艺术展览中心举办的"中国画精品展",并赴韩国展出,作品是《燕山秋韵》、《风雪燕山》。1997 年参加北京市美术家协会在国际艺苑举办的"北京中国画邀请展",参展作者是李魁正、陈克永、李爱国。1997 年入选中国文联、中国美协举办的"'97 中国画坛百杰展",被评为"中国画坛百杰画家"。1998 年作品《山雨》参加纪念周恩来诞辰 100 周年大展,被毛主席纪念堂收藏。1998 年由青岛出版社出版了精装大八开"陈克永山水画集"。1998 年 10 月 8 日北京荣宝斋为其举办了《陈克永山水画精品展》。1998 年参加中国美术家协会举办的第十三次"新人新作展"。1999 年《美术》杂志重点介绍了陈克永山水画艺术创作成就。1998 年创作巨幅山水画《春潮颂》,悬挂于中南海接见厅。1998 年创作巨幅山水画《东海游龙》悬挂于天安门城楼贵宾厅。

中央美院美术史系主任、著名美术家薛永年用三个"引人瞩目"评价他的山水画:"第一个引人瞩目之处,就是其壮美的真景似乎超越了具体时空的局限,大美的境象与崇高的精神融为一体。""第二个引人瞩目之处,是在境象上统一了大美与充实。""第三个引人瞩目之处,是擅长于以古法变我法,在法度谨严中求法外之法的机趣天然。"

流村镇收藏有以下四幅陈克永作品:

《古韵山居》,136cm×68cm。左下直题"古韵山居,戊子年夏月流村印象,克永画于万山堂"。下钤印章"陆"、"克永"两方。

《万古琴韵》,136cm×68cm。右上直题"万古琴韵,戊子年克永画"。下钤印章"陆"、"克永"两方。

《白羊沟春雨》，136cm×68cm。右上直题三行：“白羊沟春雨，戊子年夏月克永画”。下钤印章“陆”、“克永”两方。

《流村夜雨》，136cm×68cm。右上直题“流村夜雨，戊子年夏月克永写生于流村镇”。下钤印章“陆”、“克永”两方。

# 第二十二节　周尊圣作品

周尊圣，1958年生于黑龙江林口，毕业于牡丹江师范学院美术系。1993年在中央美术学院中国画系进修，中国美术家协会会员，黑龙江美术家协会理事，北京大学文化艺术研究室研究员，新疆师范大学美术学院客座教授，中国美协培训中心特聘教授，北京职业画家。他的作品以西北天山为创作基地，以“天山山水画”为主体风格，自90年代初开始对“天山”风物进行了大量深入探索研究，创立了“天山山水画”的独特风格，并以浑厚浓重的笔墨表现了博大苍茫的大漠戈壁和天山景色，以顽强的毅力数次深入新疆腹地，走遍天山南北，戈壁荒野，感受自然成物，宏观探险道，微观探险真，表达了精神上的追求，作品充分体现了个性化表现以及对人生自然的理解和感悟。他的作品曾在《美术观察》、《中国书画》、《国画家》、《江苏画刊》、《人民日报》、《中国日报》、《北京周报》、《新疆日报》、《新疆画报》、《中华儿女》等报刊发表或介绍。出版有《周尊圣山水画集》，电视专题片《在大山大水间呐喊》、《二十世纪末中国·百杰画库》、《跨世纪中国美术家协会会员·精品画库》，明信片《周尊圣天山山水画选》、《中国画坛百杰——周尊圣》、《周尊圣天山山水画艺术》、《周尊圣·天山红韵图卷》、VCD《走进天山》，2006年编入《中国当代美术全集》等。部分作品被美术馆、博物馆、艺术馆收藏。2004年在新疆举办了“周尊圣十进天山画展”。

近十年来作品多次参加大型展览并获奖：1991年“全国第一届当代中国山水画展”；1992年在黑龙江省美术馆举办“周尊圣山水画

展";1993年"全国首届中国山水画展";1994年"第八届全国美展";
1994年"当代名家山水画邀请展";1995年"祖国万岁书画展"获铜奖;
1996年"第十一届新人新作展";1996年应邀参加中国艺术研究院美
术研究所主办的'96中国山水画创作研讨会;1997年"世界华人书画
展";1997年荣获'97中国画坛百杰;1998年中国首届国画家学术邀请
展;1998年由中国艺术研究院美术研究所主办的周尊圣"天山山水
画"学术研讨会在北京国际艺苑举行;1999年"中国画三百家";1999
年"跨世纪暨建国五十周年全国山水画大展";1999年"第九届全国美
展"和"第十届全国美展"等。曾荣获中国美术金彩奖。

就笔法而言,周尊圣的作品体现为"长线短皴"的特点,也是他
"造型风格"的美感基础。周尊圣以"远观其势,近观其质"为理论依
据,"用笔古梗,动笔新奇",多从造化中来,随势而起,下笔沉稳,在
提按顿挫中变化出线条的各种形质,也塑造出大山大壑的形体、结构
与势态。随之,将笔锋转为侧锋,以错落有致的短皴、干擦刻画山石
内部的肌理斑驳与质感,使整个画面笔精墨妙、气足韵丰。他认为
"点"的烦琐会影响画面的整一与化机,而注重泼墨、积墨、破墨等并
用的墨法。他作品中最具特色的墨法是大片墨块的运用。即一般来
说墨块的使用往往是偶然性的效果较多,而能够加以控制、精心构成
的较少。之所以造成这种情况,是因为墨块往往没有相当清晰的需
要,所以不需要造型的理性控制,其随意性、偶然性较大。但是,周尊
圣却在画的墨块之中加入了较为强烈的理性,并尽全力去控制泼墨
所形成的墨团或墨块,不求其随意变化,而是用较强的意志去控制画
面,使其在黑、白、灰丰富的层次变化中更有主旨性,更具有人的精心
巧构的特点,使画面不仅神奇莫测,更有以墨托色、墨色共辉之效用。
把一大块浓墨泼在山体的底部或背后,那种果断的决心和淋漓的痛
快,不仅是画家长期修炼的结果,还是画家魄力与胆识的表现。那种
凝重、单纯与浑厚,有一种雄悍和霸气,增添了画面的幽深、神秘和沉
重感,而更具有震撼力。周尊圣大胆地将"截断法"构图引入了画

面,突破了"平远"、"高远"、"深远"的图式习惯,无论是竖幅、横幅还是斗方,都好像是截取了全景山水中景致最优美、最有代表性的一段,画中的形象和笔触都冲向画外,充满视觉张力。画面构成以东方的线和西方的块面相结全,既有线的流动感,又有块面的体积感。在黑白灰的调度上,很少用大片空白,甚至不留天地,而是把黑白虚实的关系加以颠倒,在"黑、重、满、大"的章法中着意留出相互呼应的几块或大或小的空白,时而在画面上方,如云开天光,时而在画面中间,如灵光折射,极鲜明的画眼被精心留出,使画面满而不塞,空灵透叠。他的用色是根据画面整体感的主观意图需要,而不拘泥于物象质地的固有色,匠心独运地将整幅画染上红色作为主调,形成了他作品的标志性符号。这种渲染对笔墨不争不夺,起到相辅相成的作用,营造一种画家要表达的情调,呈现一种氛围,引人进入画面的情境。

流村镇收藏有以下五幅周尊圣作品:

《流村印象之一》,136cm×68cm。右上题"尊圣,戊子夏",上钤"周"、"尊圣"印章两方,落款下钤印章一方,右下角钤闲章一方。

《流村印象之二》,136cm×68cm。右上钤闲章一方,章下为落款"尊圣",次下印章两方,左下角印章一方。

《流村印象之三》,136cm×68cm。右上钤闲章一方,章下为落款"尊圣",次下印章三方,右下角印章两方。

《流村印象之四》,136cm×68cm。右上钤闲章两方,章下为落款"尊圣,戊子年夏于北京"。

《长峪城》,136cm×68cm,右上直题"长峪城,戊子年夏写古韵流村,尊圣"。左下钤印章一方。

## 第二十三节　施江城作品

施江城,祖籍江苏武进,1946年生于上海。中国美协会员,国家一级美术师、文化部中国国际书画研究会理事,中国美协湖北分会理事,中国画艺委会委员,湖北省文史馆馆员,国际彩墨联盟成员,曾任湖北美术馆首任馆长,武汉理工大学客座教授、硕士生导师,中国人民大学特聘教授,2007年被评为书画中国年度十大影响力人物之一。作品多次参加国内及国际重要展览,曾应邀赴美国、日本、新加坡、俄罗斯、波兰等国家访问及讲学,并举办个展和参加联展。曾受中国美协委托,为中南海、国务院、中宣部等重要国事活动场所绘制巨幅长江山水画。他的作品不仅多次参加全国重要美术展览,多次应邀赴美、日、新加坡、波兰、俄罗斯等国家及港、澳、台地区进行学术交流及展览访问活动,而且为中国国家博物馆、毛主席纪念堂、人民日报社、中国三峡建设委员会、中央文史馆、湖北省政府、广东关山月美术馆、深圳美术馆、台湾佛光缘美术馆、日本海上美术馆等数十家海内外重要机构收藏。

施江城擅山水,精人物,尤以创作长江题材的作品而著称。他在长江边生活工作了60年,在多年写生和艺术探索的基础上创作出了《长江三峡图卷》、《长江万里图卷》、《云水三千图》等许多以长江为题的作品,产生了广泛的影响。施江城被称为"用画笔全程记录长江第一人"。出版有《施江城长江三峡图卷》、《高峡平湖图卷》、《施江城长江万里图》等画册。

施江城创造出了属于自己的长江世界。他对长江的描绘略同于宗炳所述是"饱游饫看",以一管之笔,画长江之景,笔之所到,景情全生。但他凭借深厚的笔墨素养,又使其作品迥然超拔于那些一味拘泥于写实的写生画风之上,从而将自己的灵性和才情通过笔墨语言与长江之山川云水熔铸一炉。与陆俨少、亚明、何海霞等前辈大师的交游,使施江城很早就领悟到了中国画笔墨语言的独立审美价值。生活、传统和时代精神,是他营造自己长江艺术世界的三个立足点,而贯穿以"源远流长,充满生机,具有开放性、包容性和凝聚力,充满希望,目标坚定如一的长江文化精神",这就是他提出的著名的"三足鼎立,一以贯之"论,成为其多年来艺术创作的核心理念。他努力塑造长江的磅礴壮美,在其中又夹有秀美,可说是寓神奇于雄伟之中,体现着长江沉浑的气势、阔大的气韵和神秘的意境,从而表现出长江文明与长江的内在精神,让人思考中华民族是一个厚重博大、深沉而具有丰富多元气质的民族,领悟到正是有着长江这样的自然和人文环境,才铸造出伟大的中华民族文明。施江城的长江世界带给人们的,不仅仅是山川之美、笔墨之秀,更促动着人们对生养自己的这一方水土的感恩之情,启发着人们与滋润自己心灵的悠久传统重新对话的哲思。

流村镇收藏有以下四幅施江城作品:

《燕山豪气存余韵》,136cm×68cm。左上直题五行"燕山豪气存余韵,林泉妙语落京郊,戊子春江城写生"。再行钤印章"施"、"江城"两方。左下角钤闲章一枚。

《燕山余韵图》,136cm×68cm。天头横题"燕山余韵图,京郊西北乃燕山之余脉也,今戊子五月与同道赴昌平白羊沟写生,归后忆写数幅以记此行,江城"。下钤印章一方。又左上补白出钤"江城之印"一方。

《清泉出石峰》,136cm×68cm。左上直题三行:"清泉出石峰,戊子夏白羊沟写生,得此稿于京西莲花池盛今楼,江城。"下钤印章两方。

《流村古韵图》,136cm×68cm。右上直题两行:"流村古韵图,戊子夏江城写。"再行钤印章两方。

## 第二十四节 段铁作品

段铁,1960年生于北京,幼从父学习绘画基础,后拜北京画院著名画家张仁芝为师学习山水画,专长于大型山水画。现为中国美术家协会会员、中国山水画研究院副院长。多次应邀在国内外举办个人画展和讲座。曾参加全国各种大型画展,并连续四次参加全国美术作品展览。《群峰列阵图》入选第七届全国美展;《我爱我家园》入选第九届全国美展;《燕山图》入选第十届全国美展;《家住青山绿水间》入选第二届全国中国画展;《巍巍燕山》入选纪念中国共产党成立八十周年北京选区精品作品展;《青山浴晖图》在北京庆祝新中国成立四十周年北京和平解放四十年等文艺作品征集评奖活动中获北京市优秀作品奖。出版有《段铁山水画集》、《段铁之燕山纪行水墨小品集》。《燕山图》发表于 2004 年第 6 期《美术》杂志。作品及论文散见于国内外多种综合画集、报刊。

段铁的作品中蕴涵着扑面而来的生活气息。段铁的山水没有世外桃源式的超然,也不是抽象的概念表现,而是源于生活,表现大自然,并具有很强的现实感。他所表现的题材多以北京地区未城市化前的山村为背景,融入画家对那一时期乡土风情的怀念。他的早期作品《早春》(北京地区八十年代美展优秀成果奖),在高高的山影下,用淡淡的薄雾,欲吐新叶的杨树,和在乡间土路上悠闲行来的一队小毛驴,描绘了那个时期京郊山区的宁静和安闲。而他的《我爱我家园》(入选第九届全国美展)以细腻丰富的笔墨描绘远离城市喧嚣、坐落在崇山峻岭里的山村景象。作为善于表现奇峰峻岭的画家,他在超过 9 尺的巨幅作品中,以上半部的大量笔墨表现了山峦的气势宏大,而相对于群山的险峻,作品下半部的小山村,在数株自然弯曲生长的北方杂木的庇护下更显得温馨和安宁。北京画院著名画家张仁芝先生对段铁 20 世纪 90 年代的作品是这样评论的:"意境上抓住了这一带山水的灵性,发现了他个人在笔墨形式上的审美个性和品味。"

流村镇收藏有以下五幅段铁作品:

《雨润白羊沟》,136cm×68cm。左上直题"雨润白羊沟,戊子夏月段铁"。下钤印章两方。右下钤闲章一方。

《绿隐白羊沟》,136cm×68cm。左上直题"听泉白羊沟,戊子夏月段铁写"。下钤印章两方。右下钤闲章一方。

《听泉白羊沟》，136cm×68cm。右上直题"听泉白羊沟，戊子夏月段铁"。下钤印章两方。

《雾绕白羊沟》，136cm×68cm。右上横题"雾绕白羊沟，戊子夏月段铁写"。下钤印章两方。

《溪洒白羊沟》，136cm×68cm。右上直题"溪洒白羊沟，戊子夏月段铁写"。下钤印章两方。

# 第二十五节　贺成才作品

贺成才，1960年生于辽宁盖州市，1978年入伍，毕业于解放军艺术学院美术系，1988年由部队转业到北京市美术家协会。现为中国美术家协会会员，供职于北京市美术家协会。为中国美术家协会理事、北京美术家协会驻会副主席兼秘书长。

近年来，其国画作品多次参加全国和全军及北京市大型美展，部分作品获奖并被收藏。其主要作品有：1992年，《古渡春秋》入选"纪念毛泽东同志视察黄河四十周年画展"；《黎明》入选"庆祝中国人民解放军建军65周年全军美展"。1993年，《无风的早晨》入选"第八届全国美术作品展览"。1994年，《晨曦》入选"第八届全国美术作品展览"。1995年，《搏》入选"'95中国体育书画大展"，获铜奖并被收藏。1996年，《春意》入选北京市美协举办的"迎春画展"，并被收藏。1997年，《年轮》入选"中国人民解放军建军70周年全军美术作品展"。1998年，《年轮》入选"北京市美术作品展"和全国"群星奖"美术作品展。1999年，参加了由江泽民总书记题名的迎澳门回归《江山万里图》长卷的创作（全国99名知名画家共同创作）；《清音》入选"迎澳门回归全国山水画大展"。上述作品均被收入相应画集，部分作品发表于报刊及被国内外友人收藏，部分作品捐赠于社会福利事业，《中国书画报》、《解放军报》、《北京晚报》、《国画家》等十余家刊物分别对其美术作品进行了报道评介。2004年策划组织了《新北京盛景图》巨幅中国画长卷。

贺成才在长期创作实践中,大胆创新,师于前人,又不拘泥于前人,逐渐形成了清新、飘逸、朴质、典雅的艺术风格。

中国美术家协会主席刘大为是这样评价他的画的:

贺成才是中国美术家协会理事、北京美术家协会秘书长,一位颇具实力的画家。他的国画作品清新、飘逸、质朴、典雅。读他的画,就会被作品中的激情和富有创新的意蕴深深打动。

贺成才的画既不直白缺少意蕴,又不怪诞让人费解,人物画、山水画、花鸟画都有不凡的建树。贺成才认为:"艺术的生命力在于创新,这种创新是不断扬弃和超越的过程。"在多年的创作实践中,他从诸多的绘画艺术表现方法里,根据自己的气质才情,综合取舍,以丰富自己的艺术表现力。他推崇"八大山人"、黄宾虹、石涛、任伯年、吴昌硕、齐白石、李可染等人的作品,但又不拘泥于先人。他说"这样画的画才是自己的"。他主张"作画一定要物我相融","要画中有我,我中有画"。他忠实于自己的主观感受,没有自己的感触或没有找到感觉的时候,决不勉强作画。他的画表现的就是他自己对事物的独特的审美意向,这就使他的画带有新颖的创造性。像《垂钓图》、《听雨》等作品都明显地带有贺成才自身的痕迹。

他的画取材十分广泛,笔触伸向自然、社会的各个层面,高山流水、花鸟鱼虫、人文景观。只要能表现自己的主观感受,都会成为他自由表现的意象。无论什么题材,都让人感到作者对生活、生命、人生的赞美和深层次的思考,感受到作者满腔激情的撞击。

贺成才善于在画中创造诗的意境。即画的构思、章法、形象、色彩都是诗化的,较好地体现了"诗画本一律"的基本规律。他的每一幅画就是一首诗,无论尺幅大小,皆有一意。贺成才作画以心运笔,墨随己意,赋其形求其神,自然而无匠气,加其运线飘逸劲挺,勾勒与没骨手法灵活运用,画幅完成,则意境顿出,让观赏者体味把玩不已,其意境妙不可言。在表现技法上,贺成才吸收了写意画和工笔画各自的特点,亦工亦写,工写兼容:既有精致细微的工笔肌力,又有酣畅简洁的写意气度。在他的作品中,对一些小道具往往是笔笔送到,旁边则必然有大笔濡染。工中融写,不失精妙;写中求工,不失严谨。这样使他的作品完整地体现了画家的审美意识,同时又超出了工笔写意画种的界线,而自成一体,达到较高的艺术水准。

贺成才的山水画中对云的表现也颇具特点。一般山水画创作中,往往为了突出崇山峻岭的生动将云雾作为陪衬安排在从属位置。而贺成才的画中,云雾作为主要的对象表现,画面中,对云雾做了精心的设计和细致的处理。在《烟雨图》中,云雾被分为上、左、右三组,右上角大块云成条状,横向左右飘移;左、右云成块状,向左、右蔓延,形成钳形之势,向中间的山峰挤压,这使画面上这段坚如磐石的山体生动起来:云在画面上处于重要位置,而且云的造型生动自然,不但在画面中起到平衡画面的作用,也使画面景色更加悠然飘渺,进而升华了画中的诗意。

流村镇收藏有以下三幅贺成才作品:

《云路》,136cm×68cm。天头由右至左横题:"云路,戊子初夏月随中国美协采风团赴北京昌平流村写生归来以作此图,成才并记"。后钤"贺"、"成才"印章两方。右下钤闲章一方。

《白羊沟晨晖》,136cm×68cm。左上直题两行:"白羊沟晨晖,白羊沟位于北京昌平流村镇,地势为两山夹一涧,是京郊第一个集灵山秀水,有白羊沟中走两日京郊山水无颜色之说,戊子成才写。"下钤"贺"、"成才"印章两方,画右下钤闲章一方。

《山月随人归》,136cm×68cm。左上直题两行:"山月随人归,时在戊子夏,北京城南岚享轩主人贺成才写并记。"下钤"贺"、"成才"印章两方,画右下钤闲章一方。

## 第二十六节　徐光聚作品

　　徐光聚,1974 年生于河南南阳。自幼随舅父彭茂先习画,1997 年结业于中央美术学院国画系,1999 年于炎黄艺术馆开设中国画临摹画室,2000 年作品入选中国美协"第十五次新人新作展",2002 年参加"水墨状态·中国画邀请展",2002 年参加"庄园水墨"中国画邀请展,2003 年参加中国美协"全国第二届中国画大展",2003 年参加中国美协"第二届中国美术金彩奖",2003 年参加"当代名家 16 人邀请展",2003 年参加并策划"走近七十年代——传承与开拓二十人联展"。2004 年参加"第二届高山流水邀请展"及"水墨心象当代名家邀请展",2005 年参加"起航·水墨新锐提名展",2006 年韩国大田举办"徐光聚山水画作品展",北京炎黄艺术馆举办"林泉高致——徐光聚山水画作品展",2007 年参加"破格"山水风景对照展、"盛世丹青联通 12 家山水画作品展",举办 2007 年郑州"林泉高致"徐光聚山水作品展、2007 年兰州"林泉高致"徐光聚山水作品展。现为黄胄美术基金会编辑,炎黄艺术中心展览部负责人,炎黄艺术馆艺委会委员。

　　翁芳友评价他的作品:

　　　　读徐光聚的画,心灵默默沉入一种幽微、空明的状态里,一种难以名状但又依稀可见的净澈灵气,时时向我袭来。我不知其然,然又感到心灵真空妙有般地颤动,是那样的清晰与灵明。我觉到一种透彻所给人是那样的澄静,神思醉酡。光聚的作品给我的印象可以用"净"、"澹"这两个字来概括。光聚的作品中的"净"与"澹"主要表现在两个方面:一是色彩的清淡,画中的意象如袁宏道所说:"风值水而漪生,日薄山而岚出,虽有无,不能设色也,淡之至也"。二是意境上的恬淡,心境是平和的,思虑也是极自然的。古人以为天地之气,凝而为山,融而为川,山水与人的气息本相通,山水与人之间存在着同行同构之交互感应的物质。山水,培养了中国文人的"林泉之心",而山水画,亦就应天命而生了,它使得文人们可以"不下堂筵而坐穷泉壑"。同样,光聚把山水画当成了他的希冀冥想和自然物我为一的情感追求的一种替代,也就无可避免地把他的修养、学识、志趣和理想带入了山水画中,使之具有了强烈的诗意,并以有诗意为其创作的重要追求。也因而使他的山水画成为当今年轻一辈中的代表,成为读者心目中寄情的佳处。

**马龙对他的评价是:**

如果需要用几个词来概括徐光聚的山水作品的特质,那么用空寂、疏朗、简洁、渲淡、静谧、冷逸、荒寒等字眼是比较贴切的。徐光聚追求的是以静观动,动静相宜的境界。我们可以从他的画面中看到,在这静寂寒冷的环境中,山间小路兀自蜿蜒向前,山下一潭瘦水清澈,有声叮咚,远山缥缈如黛痕一抹,房舍与亭台孑然独立,烟云在山中自由来往,任意舒卷,这难道不是一个同样"喧嚣"的世界吗?这正是被庄子名为"天籁"的自然之声啊。在徐光聚的山水画中,静与空是相联系的,静作用于听觉,而空则作用于视觉,在不同感官的相互协调和转换中,听觉的静正摇荡出视觉的空,而视觉的空又更加渲染了宁静的氛围。这是一个由空和静相互融合的境界,空不是别无一物,静也不是万籁无声,空和静的结合造就了这片宁静空濛的幽远之境。徐光聚的山水取法董其昌、渐江,直追元代王蒙、倪瓒。他擅以单线勾出山形,简洁的皴擦言简意赅,恰当地表现出山石的纹理和脉络。在他的作品里,青红黄绿的斑斓消逝了,取而代之的是极轻淡的颜色和大片的水墨。他用这点点墨痕在白色的宣纸上展现了天地万物的绚烂色彩。中国画本来就有墨分五彩的说法,没有颜色正超越了绚烂的色彩世界,也表现了色彩的世界。在这方面,徐光聚是得其精髓的。

崔晓东则这样评价他的画：

> 徐光聚作品画面结构严谨,给人简远荒寒之感,有类于元人倪云林绘画的气象,意境幽远,用笔自然流畅,深得传统之神韵。

流村镇收藏有以下四幅徐光聚作品：

《双流雪霁图》,136cm×68cm。右上直题"双流雪霁图,戊子光聚"。下钤印章两方,画题之右上钤闲章一方,左下钤闲章一方。

《漱泉》,136cm×68cm。右上直题"漱泉,戊子夏月光聚写双流印象"。后钤印章两方。所画山峰右上钤闲章一方,左下角钤闲章两方。

《燕山沐雪图》,136cm×68cm。左上直题"燕山沐雪图,戊子岁亥月光聚写于林泉草堂灯下"。题右上钤闲章一方,左下钤印章两方。画面右中钤闲章一方,下两方。

《溪幽秋静》,136cm×68cm。右上直题"溪幽秋静,戊子亥月光聚画"。题右上钤闲章一方,左下钤印章两方。画面左下钤闲章一方。

# 第二十七节　袁家保作品

袁家保,又名袁峰,号鲁石,斋名云水堂。1948 年出生于鲁西南,自幼酷爱书画,就读学成于天津美院。师从孙其峰、溥佐、王颂余等名家。现为中国美术家协会会员、国家一级美术师、中国民族画院名誉院长。

他注重继承传统绘画的丰厚遗产,悉心摹习历代名家名作,博采众长,又遍游名山大川,从生活中吸取营养,努力拓展新路。他的水墨山水画,笔墨凝重朴拙,意境开阔恢弘,尤以云霭烘染见长。著名画家孙其峰曾为其画作题词："用水运墨殊佳,有类清湘处而不失自家面貌。"作品《晨岚积翠》入选全军美术作品展,《人在云里行》入选1988 年全国美术作品展,《黄山雨霁》入选全国第八届美术作品展。

作品在多家国家级专业报刊上发表,被30多部书画集收录刊行。其作品被人民大会堂、故宫博物院、毛主席纪念堂、国务院机关事务管理局、中央电视台、山东美术馆、江苏博物馆、郑板桥纪念馆等收藏,并有20多幅作品被选送法国、日本、美国、韩国、泰国、加拿大、新加坡、澳大利亚等十余个国家的博物馆、美术馆收藏。

1992年10月,中国美术家协会山东分会、山东美术馆、山东画院联合为其在山东美术馆举办了"袁家保书画展览"。2002年出版《袁家保画集》。2004年6月10日,参加中国美术家协会特邀百名画家赴三峡采风;2004年11月19日,参加中国美术家协会首次推出的中国实力派画家赴张家界采风;2005年1月7日在中国美协为印度洋海啸灾区赈灾笔会上与刘大为副主席现场作画义卖;参加2005年2月7日中国美协特邀中国美术名家"印度之旅游"采风;2005年6月参加在北京炎黄艺术馆举办的"中国美术名家印度采风汇报展"。《秋高图》入选第二届中国美术家协会会员中国画精品展。2006年5月18日—6月18日,应西班牙、摩洛哥、毛里塔尼亚文化部邀请,中国美术家协会派出以刘春华为团长、袁家保为秘书长的中国美术家代表团,赴西班牙、摩洛哥、毛里塔尼亚进行艺术访问。在毛里塔尼亚访问期间受到总统热情接待,作品《秋高图》赠送给毛里塔尼亚总统瓦尔先生。有些作品赠给中国驻西班牙、摩洛哥、毛里塔尼亚大使馆,以及西班牙、摩洛哥、毛里塔尼亚国家博物馆。2005年8月6日参加第五届当代中国山水画邀请展。2007年6月《美术》作了专版介绍。2007年8月1日参加中国美协赴解放军航空学院慰问活动。2007年9月参加中国美协赴太行山采风活动。2007年12月30日参加中国文联送欢乐、下基层赴广西钦州慰问,并作大幅山水及数幅书法作品赠给钦州人民。2008年7月19日中央电视台《夕阳红》节目作了专题片报导。2008年5月参加中国美术家协会"古韵流村"全国山水画写生邀请展赴昌平写生活动,并于2008年9月8日在中国美术馆举办"古韵流村全国山水画写生作品展"。

2008年5月15日参加中国美术家协会为四川省汶川县等重灾区抗震救灾创作捐画作品。2008年12月参加中国美协第七届全国代表大会。

流村镇收藏有以下五幅袁家保作品：

《韩台村》，136cm×68cm。左上直题"韩台村，戊子夏月，家保写"。下钤印章"袁"一方。画面右侧上中下各钤闲章一方。

《长峪城》，136cm×68cm。右上横题"长峪城，戊子年夏月写于北京昌平，家保"，后钤印章"袁"一方。

《雨止空山翠》，136cm×68cm。右上直题"雨止空山翠，二零零八年五月上旬与中国美协写生团赴昌平，便见此景，戊子年夏月□□□画于京华云水堂古汤都人袁峰家保并记"。下钤印章两方，一为"袁"，一为"家保"。左下钤闲章一方。

《乱点碎红山杏发》，136cm×68cm。左上横题"乱点碎红山杏发，岁次戊子夏月写于京华昌平，家保"。后钤印章"袁"一方。左下钤"汤都人"印章一方，右中钤闲章一方。

《家住苍山碧云间》，136cm×68cm。左上直题"家住苍山碧云间，戊子夏月写于白羊沟，家保"。下钤"袁"、"家保"印章各一方。右上中下各钤闲章一方。

## 第二十八节　康永明作品

康永明，1943年生人，别名康颛，辽宁兴城人。擅长版画、中国画。1962年毕业于天津工艺美术学院舞台美术系调干班。历任天津塘沽评剧团、京剧团舞台美术设计，塘沽文化馆美术干部，塘沽展览馆美术设计兼创作员。现为中国美术家协会会员，中国美协培训中心特约教授，国家一级美术师，享受国务院特殊津贴专家。代表作品有《晨暮》、《鹤群伫立》、《春风》等。

他的画，笔法生动，气韵酣畅，构图严谨，墨色层次分明，既有版画的技法运用,又有墨的变化特点,达到赏心悦目的艺术效果。他的作品笔墨精湛、章法严密、神完气足,给读画者无穷的遐思空间。特别是他的泼墨山水,酣畅淋漓,大气磅礴,其墨的变化达到了神来幻变的程度,使读者感受到墨色的符号和大自然的关联延伸产生的艺术美感。其作品的线条有明显的特点,或刚柔并济,或粗壮有力,或顿挫转折,或摇曳生姿,既有书法的灵动,也有版画的刀刻之功,线条在画面中穿插互用、抑扬收放产生了节奏感和韵味。著名画家陆俨少曾说:"用墨之法,要想到泼、惜两字。"康永明的山水画注重墨块的运用,很会在墨块上做文章,掌握了浓淡干湿的变化特点,或干墨或淡墨勾出物象,稍加皴擦,镶上几块墨气淋漓的泼墨,既显出所表现物象的灵动,又使通幅作品神气更加饱满,以达到气韵生动的效果。他从传统的艺术中获取营养,然后消化变成有用的笔墨,再创新形成自己的画风,把传统的技法与大自然那些迷人的景象进行了巧妙加工,糅进了版画的刀刻技法和构图方式。尽管他使用泼墨,但他的墨块并不呆板,往往在淡墨和浓墨中写上,更确切地说是刻上了或淡或浓的线条,这种实中带虚、错落有致的线条构成了气韵生动的画面。在画家的心里"气韵生动"并非来自他精心组织的画面和刻意地运用传统水墨的符号,而是来自他的"境由心出",笔下才会有了劲力明快、清朗有致、层次叠变、酣畅淋漓的绘画境界。他的泼墨山水,墨色酣畅淋漓,皴法和线条交织,形成了凝重大气的景观。如作品《古刹钟声》,酣畅的画面,水墨变化符号和古代诗意中的禅意融合在一起,尽管画面没有在古刹上着墨,但是那露出一角寺院和惊飞的燕雀,都给读者留下无限遐思和空间。作品《僻静有声》注重了画面的层次,把山区潺潺的泉流、古朴的山村作为描绘对象,写出了小桥、流水、人家的山村画面,让读者也领略到静谧大自然的景象。他的江南山水,把江南水乡的灵气和韵致表现出来,呈现给读者江南的古朴建筑和似水流韵的美景。如作品《水乡古韵》,用淡墨与空白对比的手法描绘出一座座美丽的江南建筑,其间浓密的树带挂着绿色的符号,交织出雨浇粉墙、临水丛树诗情画意来。还有作品《江南小桥》、《江南水乡》,这两幅作品把线和版画的技巧运用其中,描绘出斑驳的粉墙、绕房的流水、动感的人物及带着强烈江南气息的风韵,给读者以美的感受。

流村镇收藏有以下四幅康永明作品:

《百泉汇流》,136cm×68cm。右上直题"百泉汇流,戊子春观昌平白羊沟有感,康永明作画并记之"。下钤印章"康氏"、"永明"两方。左下角钤闲章"天人合一"一方。

《细雨催春》,136cm×68cm。左上直题"细雨催春,戊子初夏写白羊沟所见,永明并记"。下钤"康氏"印章一方。

《春花渲染》,136cm×68cm。右上直题"春花渲染白羊沟,戊子年春月永明写于流村"。次行下钤印章两方。画面右下角钤闲章一方。

《白羊沟景观》,136cm×68cm。天头自右向左题"白羊沟景观,岁次戊子春月,康永明写于昌平流村并记"。后钤印章"康永明"一枚,右下钤"围人屏山"闲章一方。

## 第二十九节　程振国作品

程振国,山东临朐人,号若痴,擅长中国画。1946年生于天津,师从梁树年、郭北峦、白雪石先生,专攻山水画。他以大山大水大气魄的大手笔山水画,赢得了美术界专家的首肯和社会各界的关注。现为中国美术家协会会员、北京美术家协会副主席、北京海淀书画院副院长。作品《燕山路上所见》获中华杯中国画大赛佳作奖。在北京、美国、新加坡举办画展、出版个人专辑。作品《居于斯乐于斯》入选2004年首届中国美术家协会会员中国画精品展。主要作品及获奖情况如下:

1997年为皇苑大酒店创作巨幅长城画《燕山叠翠》(1500cm×

210cm）。

1997 年为外交部、驻美领事馆、驻蒙古大使馆、外交学会创作多幅作品。

1998 年为北京市政府创作《漓江霁雨》（360cm×160cm）、《长城》、《黄山》、《湘西》等多幅作品。

1998 年为庆祝香港回归一周年，文化部组织 10 位画家创作巨幅山水画（1200cm×400cm），江泽民主席为此画题写"锦绣中华"，赠予香港特区政府。

1999 年为迎接澳门回归，北京美协组织创作巨卷长江（9900cm×90cm），江泽民主席为此卷题写《江山万里图》，赠澳门特区政府。创作此卷历时一年，担任创作委员会委员、主创人员，此卷获北京文学艺术奖。

1999 年为中央军委八一大楼创作巨幅漓江（500cm×240cm），梁树年先生为此画题《漓江秀色》。

2002 年与著名画家苗重安为京西宾馆中央会堂创作巨幅《西部春潮》（660cm×380cm）。

2002 年为京西宾馆创作巨幅三峡《江山揽胜图》（850cm×320cm）。

2003 年为人民大会堂创作《黔东风情》（180cm×100cm）。

2004 年北京文联、市美协组织创作巨幅《新北京盛景图》（5500cm×200cm），获北京市美术优秀奖。

2005 年为人民大会堂河南厅创作长城《观奇燕山图》（320cm×120cm）。

2005 年为中国驻泰使馆创作巨幅长城《江山胜景图》（650cm×240cm）。

2006 年为中国驻埃及使馆创作巨幅《漓江胜境图》（760cm×240cm）。

2006 年为中南海创作巨幅黄山《江山胜景图》（760cm×

190cm）。

2006年为中央军委八一大楼创作巨幅《壮丽山河图》(850cm×
280cm）。

1990年中央新闻电影制片厂拍摄《青年画家程振国》,1996年
中央电视台拍摄专题片《山水画家程振国》。出版有《程振国画集》
等多部。

北京工艺美术出版社贾德江曾这样评价程振国:

> 程振国是当代山水画颇具个性与独创精神的画家。20世
> 纪80年代他便以一系列山水创作产生较大影响,并受到画界同
> 仁的关注。近几年,随着潜心研究与饱览饫游,程振国的艺术之
> 旅显然步上了更高境界。他的山水画似不再以一种模式去表现
> 生活,而是在直接面对生活的同时,从中提取灵感与艺术营养,
> 开始追求一种更精湛、更经典与更艺术的笔墨形式意味。重要
> 的是,他有意识地把自己的艺术置于精神的层面,这使他的作品
> 超越了客观物象,而更具心象的主观特点;使他在面对真山真水
> 挥笔创作时,不论如何变换着线的形态、样式和节奏感,都体现
> 出一种阳刚之美、博大之美、流动之美、雄劲之美。

北京书法家协会副主席彭利铭对程振国的评价是:

> 程振国的作品,既重传统更近现代,不激进也不保守,平和
> 稳健中显露着自己的功底实力。山水画是他的笔墨造型能力、
> 创作思维方式、灵感意识、观点经验的综合体现。他有创新的意
> 识、有把握全局的才智、有驾驭巨制的能力,这是修养、功力、技
> 法、认识与生活融合的结晶。他的画,线条的粗细、枯湿,点画的
> 浓淡、疏密已是随心所欲;峰峦层次、房舍结构更显细微精到,或
> 写或泼或染,张弛有度。他以率真的情营造天趣的景,让观赏者
> 从一个侧面领略到中国画从传统向现代的转换。

流村镇收藏有以下五幅程振国作品:

《山村小景》,136cm×68cm。画面天头正中直题"山邨小景,戊

子年振国"。次下钤印章一方。地脚之有钤闲章一方。

《涤心之境》,136cm×68cm,画面左中直题"斯境也可涤心志,岁在戊子夏暑于望山画,振国"。下钤印章一方。画右中下各钤闲章一方。

《白羊沟流泉》,136cm×68cm。画右上直题"太行末端于昌平流郆境内有一涧曰白羊沟,白石蹲倚,流泉潺湲,幽静之至,适游之,振国"。下钤印章一方。右下角钤闲章一方。

《幽谷图》,136cm×68cm。左上直题"幽谷图,岁在戊子初夏,振国"。下钤印章一方。右下角钤闲章一方。

《白羊沟游记》,136cm×68cm。左上直题"游白羊沟记写此图,岁在戊子夏至于望山画,振国"。下钤印章两方。

## 第三十节　满维起作品

满维起,1954年生于天津市,毕业于解放军艺术学院美术系中国画专业。现为中国美术家协会会员、国家二级美术师、解放军专业画家。作品曾作为国家礼品,由国家领导人赠送日本、韩国重要领导人。作品在多部专业画册、报刊介绍,为国内外诸多博物馆、美术馆、美协、纪念馆收藏。曾作为中国美术家代表团成员出访法国、德国、荷兰、比利时、意大利、卢森堡、俄罗斯等国。《侗乡暮韵》获"第八届全国美术作品展览"优秀作品奖;《春风春雨》获"第九届全国美术作品展览"铜奖;《侗乡巡诊图》获"首届中国乡村田园画展"银奖;《绿叶山庄》获中国美协主办"中国画三百家"金奖;《猛洞河畔》获"中国画坛百杰"奖;《桂北雨霁》获联合国'99世界和平教育奖等。作品先后参加"第三届全国体育美展"、"第四届全国体育美展"、"第九次全国新人新作展"、"全国首届山水画展览"、"中国政府恢复对香港行使主权全国艺术大展主题创作展览"、"庆祝建军七十周年全国美展"、全国"首届中国画邀请展"、"'98中国国际美术年——中国山水画、油画风景画展"等国家级重要展览,被中国文联、中国美术家协会评为 97 中国画坛百杰画家之一。

也许是生在北方却成长在南方,南北两种不同的性格都对满维起产生了影响,直接影响到他的绘画风格。满维起从金陵画派入手,骨子里又是标准的北方汉,因而他的山水画既有南方的钟灵毓秀,也有北方蓄势勃发、苍劲有力的阳刚之气。满眼满纸都是青绿山水扑面而来,让人感到一种气韵充盈、灵动飞舞的生命力。而最终形成满维起风格的,源于滇桂山区的美景,那是大自然施与他的最好礼物。

满维起认为,山水画要有阳刚之气,不能软塌塌没有精神。远看要有气势,近看要有味道。

他画的石头有棱有角,全部走直线,先把石头结构勾出来,再用勾填法填色,最多两皴两染,使得画面的浓淡干湿契合了滇桂山水气韵蒸腾的真实景象。而云雾、山泉在画面中更成为点睛之笔,活泼泼地自然流泻。

笔墨与灵感的邂逅,再加上内心激情的催发,"眼前之竹"化为"胸中之竹",再成于"笔下之竹",一气呵成,毫无滞碍,一幅幅饱含激情与张力的山水画在满维起笔下一张张展现。

流村镇收藏有以下三幅满维起作品:

《林泉高致》,136cm×68cm。画面左上角由右至左题有"林泉高致,丙戌冬月于北京并记,维起"。后钤印章两方。

《绿染青山》,136cm×68cm。画面右上角直题有"绿染青城山,癸未孟冬于北京并记,维起"("城"字当衍)。再行钤印章两方。

《白羊沟晴雨》,136cm×68cm。画面左上角由右至左题有"白羊沟晴雨,戊子夏于北京并记,维起"。后钤印章两方。

## 第三十一节　蒯惠中作品

蒯惠中,1967 年生,江苏苏州胥口人。自幼酷爱绘画,从临摹入手,师从亚明、王锡麒,又得海上名家刘旦宅、王康乐等先生指导。擅长山水画,以其流云飞瀑、湖光水色浑然一体见长。先后在宁波、香港等地举办个人画展,并得同行好评。作品多次入选全国、省、市美展,并获奖。2001 年《空中芭蕾》入选第五届江苏体育美术作品展,《太行高秋》入选第二届山水画大展;同年,上海新民晚报专题报道《吴门画派出新人》。2002 年上海教育电视台《书与画》栏目拍摄并播放了"蒯惠中山水画赏析";同年,在中国美协举办的"同里杯保护世界遗产国际中国画作品展"中,作品《退思园雪霁图》获优秀奖。2003 年《中国书画报》发表介绍文章"转益多师的蒯惠中",《书与画》杂志发表介绍文章《吴门新人蒯惠中》等。曾受第 29 届奥林匹克运动会组委会和中国文体明星北京奥运宣传助威团的邀请,作为全国奥运圣火传递 113 个城市的各自选派的画家,在规定时间创作完成《神州圣火传递图》、《神州圣火传递颂》长卷候选作品,然后交由组委会正式确定。蒯惠中代表苏州画家创作的《太湖秋色》有幸入选。同时,经中国美术家协会推荐,由蒯惠中代表上海画家创作一幅作品《浦江春色》,他获得一人设计两套奥运火炬传递邮票的殊荣。2005 年作品《老屋秋风新桔》、《秋之梦》入选中国美术家协会第十八次新人新作展,2005 年作品《太湖秋韵》获"太湖情·中国画提名展"优秀奖,2007 年作品《耕读人家》入选中国美协"金陵百家"画展,2008 年作品《江南秋色》、《江南春晓》被中央办公厅收藏。现为中国美术家协会会员、江苏省国画院特聘画师、苏州吴中区文联委员、吴中区政协委员、苏州吴中区美术家协会副主席、太湖画院院长。

蒯惠中十分敬重中国山水画的传统笔墨精神,曾临摹过范宽、石涛、四王等大量古代山水画大师的名作。他既敬仰北宗山水画折射的沉雄、刚健、浑厚、苍茫、豪放的阳刚之气,又钟情南宗山水画的舒展、幽静、滋润、灵动、明媚的阴柔之美,他渴望自己的作品能融贯南北山水画派的精神,形成自己独特的绘画符号。

他喜好石涛的泼墨破气,汲取沈周的笔势简练,推崇徐渭的水墨写意,领略四王的笔墨精髓,传承吴门画派的审美视角,从而在创作山水画中融古通今,推陈出新,挥毫时既有阔笔放纵的大写意,又有细笔勾勒的小写意;既有水墨驰骋的气势,又有墨彩绚烂的雅逸;既有水墨交融的滋润,又有枯笔飞白的刚劲;既有泼墨挥洒的厚重,又有细线勾勒的灵动;既有北派山水的刚猛、豪放,又有南派山水的舒展、灵秀。

他的山水画巧妙地吸收传统的绘画技法,用墨有度,设色淡雅,用笔锐中有钝,曲中有直,断中有连,率意而不轻飘,厚重而不凝滞,在传统法度中张扬个性,在个性中蕴涵传统法度。

他的作品十分讲究虚实对比:水墨的浓淡虚实,景物的高下虚实,山峦的远近虚实,芦荡的疏密虚实,云烟的飘浮虚实……在虚虚实实中凸现中国山水画特有的神韵和审美情趣。

中国美术家协会副主席刘大为在蒯惠中山水画册页上题词:"云山入画";著名画家刘旦宅为他题词:"包孕吴越";著名山水画大师孙其峰极其精辟地用16字概括了惠中山水画的艺术特色:"外师造化,中发心源,融汇众长,自立门户。"

流村镇收藏有以下五幅蒯惠中作品:

《浴仙台清流》,136cm×68cm。画面左上角直有两行题字,字体为行楷,一为画题"浴仙台清流",次为落款:"戊子夏月惠中作于吴门。"下钤印章两方。画右中下各钤闲章一方,左上钤闲章一方。

《长峪城春晓》136cm×68cm。画面左上角直有两行题字,字体为行楷,一为画题"长峪城春晓",次为落款:"戊子夏月惠中作。"下钤印章两方。画右中下各钤闲章一方,左上钤闲章一方。

《白羊沟烟云》136cm×68cm。画面左上角直有两行题字,字体为行楷,一为画题"白羊沟烟云",次为落款:"戊子夏惠中作。"下钤印章两方。画右中下各钤闲章一方,左上钤闲章一方。

《韩台秋色》,136cm×68cm。画面左上角横题有画题"韩台秋色",题前钤闲章一方。次为横两行落款:"戊子夏月惠中作于太湖画院。"后钤印章两方。画右中下各钤闲章一方,左上钤闲章一方。

　　《韩台牧歌》,136cm×68cm。画面右上角直题有画题"韩台牧歌",题右钤闲章一方。次为落款:"戊子夏月惠中作。"下钤印章两方。画左中下各钤闲章一方。

# 第四章　诗文类

## 第一节　明代李梦阳咏白羊城

**闲居寡营,忽忆关塞之游,漫成七首(之一)**

牢落居庸道,苍茫六载还。开轩延汉使,对酒话燕山。

鸟道增新戍,天梯护上关。白羊烟火切,锁钥未应闲。

西岩千家落,防秋五百兵。山长元入塞,涧曲故穿营。

静夜闻熊斗,黄昏报虎行。昔时忺历览,三驻白羊城。

## 第二节　丁龙潜诗词

丁龙潜,原名刘明让,1921 年出生,河北无极人,30 年代中期就读于河北正定中学,任学生会武装部长,是学校的运动健将。抗战时期,曾任冀中七十一团首任参谋长,平北独立团二十六团团长,身经百战,功勋卓著。1950 年,二十六团并入空军,当时的公安部长罗瑞卿点名要丁龙潜到公安部工作,担任公安部刑警处长,后在北京联合大学领导岗位上离休。著有《丁龙潜战地诗词》,1999 年 11 月文化艺术出版社出版。

### 声声慢
#### 记朱辛庄遭遇战

青纱帐幔,云雾氤氲,征途战马蹄声。队似蛇龙,远山送过雷声。

山前小溪潺流,入稻田四处蛙声。村猫唤,踏碎山川路,吹遍风声。

村后池边遭遇,庙前鏖战处,嘹亮号声。发起冲锋,配合稠密枪声。

三连突击围攻,震耳鸣大炮隆声。全无敌,看霜刀冲杀喊声。

## 隔浦连
### 再记朱辛庄遭遇战

天长情急夜短,顿足山河颤。汗水浇人面,长蛇阡陌委婉。遥望禾碍眼,温榆岸。走到村东淀,程过半。

张弓拔弩,街头同敌酣战。麾军直下,血肉乱飞胡散。穷逐迟追似闪电。人唤,收来枪械无算。

## 满江红
### 记上东廓诱伏战斗

穿过青纱,进东廓、神鬼不觉。天未亮、路人未出,黄鸡乱喔。昨晚遣人来过了,今朝大队藏墟学。诱敌来、摆阵对沙河,刀枪握。晨沙起,鸣枪炮;风雷急,如冰雹。看两头夹击,催人号角。电掣风驰经激战,横尸遍巷多帷幄。弹械收、喜唱大风歌,胡夷捉。①

## 醉花荫
### 记立水桥设伏

月夜驰行藏旧庙,凿洞西方眺。万籁寂无声,神鬼不知,众虏焉能晓。枪响三声为信号,伏兵齐呼啸。残敌甚惊慌,四散溃逃,勇士高歌笑。

## 莺啼序
### 记鲁疃连续伏击战斗

夜至温榆水畔,时东方未晓。人间寂,万籁无声,大队人马开到。进村后,分头设伏,鬼神都不能知道。

捉舌头,虎口拔牙,浦边春早。朝阳两丈,五匪巡逻,遇首回小教。

---

① 此战俘虏敌丰善大乡乡队刘振铎以下三十余人。

未鸣蝉,全部擒虏,集结东行,阔步离村,过河鸣号。胡闻我走,枪声狂作,下碉送死追留影。魄惶惶,二次钻圈套。残尸弃道,远方只听哀声,尽遗器械枪炮。日近西山,敌望河东,有名师歌乐。向东北,撤至河湾,三连留下除盗。七家庄,预谋再伏,焦心等金乌高照。中巧计,敌果出巢,地惊天啸。风吹落叶,滚滚烟尘,看铁军直扫。百尺浪,波涛汹涌,主力先来,各处民兵,也来齐了。同心协力,铍钩锄斧,喊声四起扬眉指。正熊熊,烈火烧碉堡。残存几个愚胡,落魄愁魂,满衣粪尿。

## 江城梅花引
### 攻克永宁后过长城回北平

燕山头上筑长城。马蹄皇,鼓笳鸣。凝视逶迤万里鬼神惊。稳坐雄关今日是,杀顽虏,净胡沙,战恶风。远征、远征;挽长缨。紧握枪,遍地旌。密林扎营,断崖处穿插同行。瞭望深山,岭背聚雄兵。踏碎峰峦鏖战急,擒匪首,扫残霜,指北平。

## 水调歌头
### 记西峰山战斗

屹立黑风岭,昼夜御风寒。射雕伏虎擒鳌,跋涉越重关。雄锁金汤隘口,乘胜长驱直入,迈步踏群峦。凝目望严邑,千古卷狂澜。风雨骤,雷电怒,起浓烟。炮声刺耳长啸,弹落漫山川。冯妇①张弓骑射,浴血攻防十次,满麓敌尸残。欲吃胡安②肉,冲杀气冲天。

## 隔浦莲
### 再记西峰山战斗

挥鞭追虏骋驰,激战烟尘里。日照红心炽,枪声急千夫指。西

---

① 冯妇:古人名,善擒虎,这里比喻我英雄部队。
② 胡安:胡为胡人,这里指敌一〇四军军长安春山。

进三百里,风霜侈。仰望燕山峭,啮钢齿。群峰矗立,登高争筑山垒。连天炮火,敌寇弃尸飞髀。更是全军怒发视。惊喜,收来枪械千支。

## 七　律
### 重游昌平旧战地

从戎长别动新愁,同侣并肩返旧游。
漫地黄花送酷暑,遍山红叶迎深秋。
长城烽烟堆白骨,温榆鏖兵赤水流,
携手相依叙旧事,暮年回首情悠悠。

## 归朝欢
### 再述重游昌平旧地

一个月前经此地,与敌鏖兵常不寐。村南村北曾交锋,弹坑留在观音寺。疾驰千万里,披荆斩棘挥双臂。挽长缨,霜刀身佩,还要整车骑。怀顺烟尘尸骨累,昌宛风雷神鬼悸。青纱帐里用奇谋,方刚血气擒胡志。重围如铁壁,燕京城外长城峭。忆当时,群英齐聚,均在寸心记。

——以上诗词录自《历史的纪念——献给昌平解放四十周年》,中共昌平县委党史办公室编。

# 第三节　张志良作品

张志良,字希伯,1918年出生于北京市。华北革命大学毕业,昌平诗词学会、昌平书法研究会会员。编有《五峰山庆王坟史话》、《张良受黄石公天书》、《文史拾遗》、《张志良诗选》、《故乡情》等。1987年10月"北京市老龄书法比赛"第二名,书法诗词作品散见多种典籍报刊发表,并多次获奖。

### 在华北革命大学课余之暇登正定大佛楼题壁
#### （1949 年秋）

革命南游负壮行,正垣秋雨遍泥泞。

课余寻古心常阔,回顾登高气自雄。

西来太行连天碧,东去滹沱入海青。

大佛楼上舒雄眺,故里烟云第几重。

### 在华大咏校长吴玉章
#### （1952 年秋作）

爱国幼与众人殊,甲午兵败放声哭。

驱除鞑虏荷重寄,创立民国总秘书。

扶助工农忠我党,栽培后起继宏图。

援朝请愿为先导,垂老雄心世所午。

### 昌平书法老龄大学开课
#### （1987 年 4 月 6 日作）

大学开课喜气洋,衣冠又著少时装。

纵观历史无前例,党的恩情天海长。

人寿年丰歌盛世,龙飞凤舞焕文章。

老来何幸多生趣,耄耋同窗聚一堂。

### 浪淘沙·敬老节昌平县政府宴请
#### （1987 年 10 月 28 日,农历九月初六作）

政策暖人心,党的恩情深。敬老尊贤自有真,政府隆请享酒宴,喜登龙门。官民共欢欣,重九良辰。物华天宝景宜人,雨露荫浓磐石固,年老逢春。

## 忆江南
### （1987 年 10 月 28 日农历九月初六作）

天气好,盛世喜清秋。此日官民作胜游,敬老佳节逢重九。饮宴上高楼。群情悦,稔岁喜丰收。政通人和乐事稠,太平风物兴悠悠。幸福水长流。

（注:1987 年农历九月初六,昌平县政府宴请本县名流老人,席间余作词二阙朗读,并向全县各乡、镇广播。）

## 颂昌平县成立诗词学会
### （1988 年 9 月 27 日农历八月十七日作）

吾侪气类早相关,晚岁何辞百往还。

盛世喜逢贤令尹,大会欢呼立诗坛。

凤舞龙飞挥翰墨,物华天宝会群贤。

毕竟燕平文风盛,取时描水又描山。

（注:会长是张耕县长,顾问是书法家张旭,会员 60 人在县文化馆前合影纪念。贤令尹:指张耕县长。）

## 忆秦娥·敬老节日于宴春楼会餐
### （1988 年 10 月 13 日农历九月初三日作）

庆升平,升平莫忘党恩情。党恩情,尊贤敬老,一代新风。山河锦绣画图中,垂老逢春眼乍明。眼乍明,官民同乐,人寿年丰。

## 临江仙·敬老节席上口占
### （1988 年 10 月 13 日农历九月初三日作）

一年一度又重阳,清奇无限秋光。佳节敬老醉飞觞,雁行呈一字,菊花十里香。政策英明党伟大,欣看物阜民康。年丰人寿海天长,国恩春浩荡,官民喜洋洋。

## 采桑子
### (1988 年 10 月 13 日农历九月初三日作)

敬老佳节逢重九,政策英明,秋色鲜明。江山烂漫画图中。陶醉康庄歌盛世,域是昌平,人享升平。此日官民乐融融。

(注:县政府设宴在宴春楼,当场赋词并获奖。)

## 游八达岭长城有感
### (1988 年 10 月作)

长城北望莽苍苍,野旷天清古战场。

嬴氏残谍成古迹,朱家遗垒正微茫。

当年蛮触争蜗角,此日车书达万方。

四海为家真一统,更无人在筑边墙。

(注:嬴氏指秦始皇,朱家指明朝。)

## 老龄书法大学同学游潭柘寺
### (1988 年 12 月 10 日作)

两晋遗迹尚保存,寺门林塔古松荫。

山环水抱无俗趣,翠松苍竹不染尘。

佛号经声成往事,红男绿女尚游人。

留影潭柘精神爽,晚岁犹存壮年心。

## 昌平诗词学会举行迎春诗会即席

迎春诗会信足夸,济济人才聚一家。

好友有情歌盛世,江山无恙醉朝霞。

兴至笔端诗千首,春到人间放百花。

时来风送滕王阁,斗转阳回又岁华。

## 歌颂卫星城

### （2002 年 10 月 21 日作）

从古燕平拱燕京，物华天宝旧知名。

北望明陵簇锦绣，南临沙镇古行宫。

西依居庸扼要塞，东去汤山到"华清"。

卫星名胜何多也，游人中外乐融融。

## 歌颂诗词学会

### （2002 年 10 月 22 日作）

诗词学会自有真，敬业由来在"乐群"。

成荫桃李图书府，得气芝兰翰墨林。

领导有方标令望，学员造诣日维新。

首都卫星文化域，正气发扬报党恩。

## 八十六寿自咏

### （2002 年 11 月 6 日作）

年老逢春雨乍晴，物华天宝庆年丰。

西园翰墨诗情厚，东壁图书画意浓。

评奖会中蒙鼓励，敬老席上受垂青。

国恩家庆深如海，更喜微躯老更红。


几经风霜爱松筠，暮年情趣转天真。

但觉夕阳无限好，欣承德治慎清勤。

人寿年丰歌盛世，更喜退龄近九旬。

（注：以上诗词发表于第二届"中华诗星杯"中国杰出诗人精英赛《中国诗人大辞典》第60—61页。）

## 游北京"大观园"即景

### (1988 年 9 月 11 日作)

快览名园兴味稠,石洞通幽见红楼。

沁芳亭上金风霜,潇湘馆内绿竹秋。

蘅芜院中叠石翠,稻香村里果菜熟。

最是使人缠绵处,怡红公子态温柔。


一篇情史久留传,太虚幻境有无间。

久仰红楼临胜境,长怀闺秀见名媛。

翠竹参差苔藓紫,怪石玲珑叠翠蓝。

欲扣颦①卿谈诗事,疑幻疑真不敢言。


## 游白云观古刹有感

### (1988 年 9 月 11 日作)

经声佛号解千愁,时来古刹兴悠悠。

久仰名观如梦到,常怀胜地喜真游。

松经磊落仙风引,石洞玲珑道气浮。

人到蓬莱观净界,扰攘红尘一笔勾。


## 游房山石花洞即景

### (1988 年 12 月 10 日作)

初冬天朗暖风微,车行如箭向南飞。

此日间阎真富庶,归时山水尽光辉。

石花宝洞闻名久,现场观摩特迷离。

奇景只合天上有,人间还是第一回。

---

① 林黛玉别号"颦儿"。

## 参观美术馆有感

### （1988 年 12 月 6 日作）

书格画律具新风，喜观万紫与千红。

方知技艺非前辈，始觉才华逊后生。

孤陋寡闻徒师古，另开生面见今情。

我本昔人叶公子，闭户唯知绘段龙。

## 参观恭王府花园有感

### （1990 年 11 月 24 日作）

瑰丽名园世所珍，云集百感此登临。

前明故物遗曹府①，乾隆偏宠赐和珅。

嘉庆当权赐爱弟②，咸丰专政赠奕䜣。

园是主人人是客，宜作公园娱众人。

## 游圆明园
## 怀古
### （1991 年 5 月 14 日作）

名园重建一番新，登临游览遗前尘。

北狩君臣轻社稷，海门骇浪撼都门。

骊山劫火悲秦室，荆棘铜驼哭晋宸。

二百年前说归话，同仇敌忾感人深。

（注：怀古：1860 年 9 月 17 日英法联军火烧圆明园。8 月 23 日，咸丰帝逃往承德。骊山劫火：秦始皇修阿房宫，霸王入关一火焚毁。荆棘铜驼：西晋筑宫殿，宫门前铸两只铜驼，后被毁，四周长满荆棘。）

---

① 曹府：曹雪芹之府。

② 赐爱弟：赏赐"永璘"（庆亲王）。

### 在福海舟中望"蓬莱""方丈""瀛台"三岛

名园人在画中游,山色湖光望中收。

春水船如天上坐,人间真个有瀛洲。

### 讲解员哭了

满墙壁画色新鲜,燕语莺声讲解员。

话到三园遭毁处,杏眸含泪粉鼻酸。

### 游昌平龙山庙
### (2000年9月7日作)

兴到银山望塔林,旅游中外客纷纷。

石岩峭拔如铁壁,冰雪积层似白银。

说法台前思佛法,懿行塔下忆真人。

燕平何事多名胜,无缘有分喜登临。

### 游昌平沙河朝宗桥
### (2000年9月7日作)

百川汇海自朝宗,年年送客到燕京。

古色斑驳前明物,石兽奇异镇水功。

桥达西北咽喉路,路尽东南海运通。

军事要地非细事,但喜人间久太平。

### 游十三陵水库九龙宫即事
### (1990年8月23日作)

科学尖端又创新,深入海底见龙神。

宫娥彩女姿言笑,虾兵蟹将舞全身。

珍宝发光呈异彩,蟠龙挥爪抖金鳞。

壮游疑是南柯梦,不期南柯梦是真。

### 游昌平街心公园并诗社举行诗会
#### （1990 年 8 月 26 日作）

快览芳园物景怡，琼楼疑是碧仙居。
名花灿烂千般秀，怪石玲珑百壮奇。
金谷励会群英聚，阆亭乐事众贤集。
燕平自古多名胜，而今名胜胜畴昔。

园中园里藕荷香，仙人洞里是仙乡。
瀑布飞泉茗馨榭，龙枣蟠结三水堂。
夹道奇葩惊人眼，行廊古刻费评章。
留影芳园传佳话，智水仁山人寿长。

### 亚运会观昌平赛自行车
#### （1990 年 5 月 17 日作）

国富民强自有真，车赛昌平飞彩轮。
三十六国群英会，神州一统太平春。
友谊为首花开艳，奋斗争先果结新。
我为亚运增光彩，五洲刮目仰冠军。

### 重阳节游西山八大处即景

重九登高兴味稠，青云得路到山头。
松茂竹苞映古刹，禅林人处望中收。
羊肠石磴入幽林，如花红叶染秋深。
古殿斑驳临绝顶，秘摩崖下见真人。

（注：卢师和尚卧像在崖下。以上诗见《中华当代千家诗词选》，第
134—135 页。）

## 赠号
### （1927 年作）

学子忙秋去纷纷，正襟厄坐剩姚君。
雨过牵牛花色紫，相对师生仅二人。

绿窗人静两师生，代师执尽人情。
两月勤劳教友好，希伯赠号信光荣。

（注：村塾学生回家忙秋，只剩下姚成仁老师和作者，还有院中的牵牛花，两个月内帮老师做事，蒙老师见爱，赠作者一个号，叫"希伯"，希望很大之意。）

## 雨天学画
### （1928 年）

五峰山下墨云垂，沉沉一日雨霏霏。
果园窝棚习绘事，寄情山水竟忘归。

## 雨雪小景
### （1929 年）

雨雪轻微正月天，独上砖堆思悄然。
薄雾罩山风景美，画出黑牛立峰巅。

## 立学堂
### （1929 年）

另派新学立各乡，冬烘夫子尽彷徨。
立即拆炕出柏口，武力拔锅在古将。

（注：北伐之后政令一新，成立农民协会，继续由政府来令各村一律成立学校，私塾一律取缔，一般"冬烘夫子"毕生以教私塾为业，今日对新令徘徊观望不肯离开，柏峪口村王文祥为私塾老师同样观望。）

由五村校长刘廷煦带领将塾中土炕立即拆去,修筑讲台,古将村姚成仁私塾老师同样观望,立即拔去吃饭铁锅拆炕。)

## 王文祥老师散馆
### (1929 年)

村塾解散老师难,拭泪苦对众生言。

天南地北分别后,不知相聚在何年?

## 耳目一新
### (1929 年)

作揖废止改鞠躬,衣冠礼节换新风。

中山遗像初诚见,青天白日满地红。

入学处处觉惊人,标语国旗色色新。

三民主义初听讲,五权宪法更奇闻。

## 雹灾
### (1930 年)

午后槐荫对弈棋,五峰山顶绿云飞。

冰雹骤下如拳碗,百年未遇此灾奇。

嘉禾摧毁树叶无,村南村北放声哭。

禽鸟击毙抛满地,桃果拾回喂猪羊。

(注:1930 年农历 6 月 4 日午间,作者与族兄张志通在大门处槐荫石台上下棋,见五峰山头出现绿云,颇为奇观,而冰雹骤至,大如拳碗。)

## 攻读经传

### （1930 年）

发愤图强喜读书，族祖得意两门徒。

孔孟圣经兼左传，修齐治平贵研究。

（注：与族中三祖父学孔孟之道与《左传》安邦治国之道和修身齐家治国平天下之孔门心法。作者潜心研究，颇得族祖喜爱，作者与他的嫡孙张志通皆为他的得意弟子。）

## 武装护陵

### （1934 年）

敬祖崇宗二百冬，何物悍匪敢盗陵。

购枪自卫群情愤，上夜巡更众志诚。

宵小流氓皆剑手，杂人闲客莫停留。

福地于今多事了，不问前途吉与凶。

（注：昌平大盗侯宪文于 1934 年 3 月 3 日趁无月色将庆良郡王六弟之坟左侧姬妾坟挖掘，尽取殉葬宝物，经报庆王，请买枪自卫。当时养父张厚伦已是 62 岁老人，由作者恭代，由副章京李春生和路福和、工人协助成立更房，四处武装上夜，杂人游客不许在王陵停留。）

## 西江月·昌平大盗侯宪文

### （1934 年）

莫道书生白面，内容外表悬殊。

侯大公子亡命徒，牛耳尖刀在手。

两眼凶光四射，一身匪气横出。

"梁山好汉"又抬头，拼命三郎"石秀"。

（注：破坏庆王坟始自侯宪文。）

## 阳春白雪

### （1935 年）

二月初春早,青天无片云。

翘首观山色,远近如银屯。

风和催黄鸟,旭日照琼林。

蛰虫浑不觉,萌芽暖未匀。

景象浑如画,诗兴聚如云。

愿斯银世界,皎皎到黄昏。

## 西江月·永安庄风景

### （1935 年）

四面峰峦环翠,山泉曲折流出。

中间盆地现平畴,盛植嘉禾花木。

树色山光掩映,向阳草舍茅庐。

太平岁月到此游,确是清幽别墅。

## 王陵行

### （1935 年）

五峰山,势峥嵘,左右朝拱中峰挺。

形似王冠自天生,山下应运葬王陵。

王陵四处多雄伟,墓前御赐驼龙碑。

四处将军与公主,松柏参天雄巍巍。

绿瓦红垣树掩映,古槐枫楮杂榆杨。

石狮墓前双双立,石栏桥上雕两行。

飨殿宫门漆雕画,朝房南北彩游廊。

牌楼矗立红柱彰,琉璃覆瓦闪金光。

碑楼三座围茂树,紫燕黄莺筑巢住。

春来黄自野花开,燕语莺歌粉蝶舞。

另有清幽两建筑,南北阳宅号别墅。

重阶连栋拟宫居,走廊画宇莳花木。

正厅横匾字庄严,五峰挺秀大笔书。

两边木对语妙绝,环境具体俱画出。

上联"前靠树木林",下对"后依峻岭秀"。

前靠树木桃李丛,后依峻岭森林厚。

五峰峻岭本京观,密植三百年前树。

苍松翠柏蔽山峦,飞鸟云集窜狐兔。

朝阳古洞疑仙居,内悬奇特石钟乳。

悬崖更有古绵羊,传说古佛今已没。

山隈五峰山神庙,建陵伊始同修造。

庙前古树三百秋,枝桠扶疏百禽啸。

五色缤纷不胜收,树色山光锦绣簇。

确是天开风景区,当为中外旅游处。

(注:这是五峰山下庆王福地全盛时期的整体全景,记八处陵园,分建在南北东三个方向,宫殿楼阁及南北两处别墅可居住的房屋115间,8处守护人员约百家。)

## 盗坟

### (1937 年农历 8 月 14 日)

十足炸药早安排,石破天惊墓穴开。

二十二陵同日毁,狼藉满目遍尸骸。


包氏阴谋已数年,百折不回铁石坚。

成败兴亡皆定数,劫墓掘坟岂偶然。

## 临江仙·偷坟劫墓的官强盗包旭堂

### （1937 年）

奔走风尘无正业,原是江湖流氓。

警官攫取不寻常,老谋加深算,地方结豪强。

礼帽长袍装文雅,一腔歹毒心肠。

两只贼眼闪凶光,大盗真面目,人称包旭堂。

## 题蒜峪村壁

### （1947 年）

十载重来此,感慨倍殊深。

山河浑依旧,人世已更新。

儿童习樵牧,父老事耕耘。

何年洗兵甲,共享太平春。

## 题青龙口村照壁

### （1947 年）

少年逢乱世,山村劫后荒。

寸心敢自誓,愿睹斯民康。

烽火连三月,乡思回九肠。

父兄荷爱戴,感慨欲彷徨。

## 题桃洼峪照壁

### （1948 年）

儿女相偎不陌生,西山村镇遍温情。

我本全乡一公仆,尔是国家主人翁。

劫后山村无善象,空前此地有隆兴。

征途何事多杂感,一片天真带笑迎。

## 题潭峪村墙壁

### （1948 年）

投鞭慷慨涕沾襟，不为冤仇不为恩。

自有雄心扶正气，更凭赤手拯黔民。

十年离乱呼庚癸，百里流亡劫后村。

此日督师巡视地，西山出处有啼痕。

## 题长水峪照壁

### （1948 年）

目睹兴亡不胜情，十年凌乱叹飘蓬。

岂能一战安天下，尚恐流毒苦众生。

圣哲消争推恕道，兄弟御侮振家声。

荡荡何年洗甲兵，黎民鼓腹庆升平。

## 题花塔庙墙壁

### （1948 年）

不求大道出凡壁，萍水人生只自怜。

十载还乡山河旧，几阅兴亡感慨新。

蜗牛角上争何事，石火光中寄此身。

惟有一点良心在，欲救茫茫世上人。

## 宣誓登坛杂感

### （1948 年）

龙斗虎争日，西山逢浩劫。

乡里蒙护戴，安敢畏斧钺。

愿将桑梓泪，化作阳春雪。

我有一片心，诉与天边月。

## 到新建村

### （1973 年）

屋宇楼阁一番新，百里平畴花果林。
南口西来多韵事，小姑下山见新村。


西山庵画有余情，素裹红装识旧峰。
少年踏雪谈诗事，一种风流夹俊生。

廿载阔别费猜疑，风雪天外喜归来。
老柏有情还顾我，好花无语向人开。
旧日儿童皆长大，昔年荒野起楼台。
人民建设朝朝异，极目西山骋壮怀。


## 三见西山有感

### （1976 年）

西山高起五云端，云绕西山去复还。
今日西山更新貌，新人依旧爱西山。


## 浪淘沙·又到西山

### （1976 年）

晚岁返乡关，再见西山，楼阁园林分外鲜。无边春色来天地，畅
访家园。桑梓共滕欢，人月双圆，夫妻儿女喜空前。歌舞新村谈笑
日，宛似华年。


## 勘探旅游区

### （1992 年 11 月 20 日）

兴乘公车故乡游，西山风物转清幽。
茂林古木人家满，孑然危立剩碑楼。

刀枪水火饱摧残,辉煌旧梦缈如烟。

断壁无人谈往事,空林有客话当年。


石堂庙在咫尺间,军方阻拦去无缘。

老夫自是真衰老,不敢冒昧强登山。


邂逅相逢一老翁,貌似前辈路章京。

宗祖旧谊犹依依,相片相赠寄真情。

(注:与昌平县文物局局长王维启到西山查看庆王坟是否可修葺,建为旅游区,路见路景德老人,绝似从前路福和副章京,抚今追昔,不胜依依,作者送他照片一张。)


### 回五峰山扫墓即景
**(1993 年 4 月 3 日)**

迢迢百里到西山,列祖坟茔尚依然。

宿雨初晴原野润,桃红柳绿又春天。


松柏掩映五峰山,王陵宫殿已摧残。

张氏后昆田垅遇,相逢握手话先年。


山川毓秀自钟灵,一代王侯应运生。

指示南甥形胜地,不唯成败论英雄。


### 祭祖
**(1995 年 4 月 1 日)**

柳绿桃红正暮春,故乡山水一清新。

车行沿路风景好,与妹虔诚祭祖坟。

故园草木满荆棘,断墙残址少人迹。
五十年前寻旧梦,沧桑变化太怆凄。

故乡男女尽欢迎,李宅饮宴兴逸增。
相逢争道当年事,屡世芳邻大有情。

尽是乡中晚辈迎,同年一代已无踪。
相谈话到畴昔事,高曾祖考述音容。

### 与金处长到西山老陵即事

(1995 年 5 月 3 日)

兴乘快驶故乡游,故乡山水正清幽。
五峰并列称奇景,昔年归话叙从头。

### 到西山故里葬金毓定即事

(1995 年 6 月 10 日)

五峰挺秀扑面迎,顿年祖德与宗功。
三百年前谈旧话,金家确有故家风。

王陵松柏碧悠悠,亲友相逢乐事稠。
何幸今年多快事,故乡三月喜三游。

### 游白羊城水库

(1998 年 4 月 5 日)

水库深筑白羊城,桃红柏绿日融融。
车行曲尽盘蛇路,喜观水秀与山青。

关山险峻使人惊,刘君因与共谈兵。

几度鹰扬徒扰扰,多方虎视任讻讻。

人世更迭悲往事,山容犹是故峥嵘。

七十年前寻旧梦,满天烽火战旗红。

### 临江仙·重游王家园水库往事杂感
#### (1998 年 5 月 12 日)

王家园水库风貌,使人爽心怡情。一川碧水两山青,茂林呈深绿,别墅映朱红。八十光阴如梦过,当年戈戟争衡。人世沧桑已数经,对景伤往事,凄凉不可听。

# 第四节　陈德辉诗词

## 魅力流村

巍巍太行最东端,两河①冲击十里川。峰岭纵横开屏障,霞光闪耀照山弯。右翼伸连驻跸②顶,左臂延接居庸关。人杰地灵物产富,鸡鸣果香民心安。

## 雪中流村

瑞雪新年迎,冬梅已红,万木丛中百鸟萦。猪肥牛壮鸡鸭舞,已眠昆虫。大雪飘京城,丰年意浓,山里人家聚亲朋。畅谈三农政策好,当系民情。

---

①　两河:南流村河、白羊城分别发源于高口南沟和白羊沟,两河一南一北贯穿流村镇东西,汇入温榆河上游的沙河。

②　驻跸:驻跸山,燕平八景之一,当地人称为石人头,在阳坊防化学院内。

## 今日流村镇（一）

——有感昌平第三届苹果节

太行脚下流村镇，欣逢国泰勇奋进。

科技产品走世界，传统水果送奥运。

一条大道通美景，四合小院传喜讯。

金秋十月人欢聚，三农政策民心顺。

## 今日流村镇（二）

——有感昌平第三届苹果节

西出京城过彩桥，眼观秋景心如潮。

乡村果香有回味，农家炕热解疲劳。

科学耕作蓬莱果，精心管理瑶池桃。

一果拍得六万六，父老乡亲感自豪。

## 流村景色

西山美景等君闲，绿水青山回自然。

仰望峻岭云海浪，俯看大地麦草原。

春暖花开秋气爽，夏粮果香冬味寒。

野生动物看不够，一游未尽又回还。

## 流村雁歌鹊舞

驱车行进盘旋道，西山景色真热闹。

鸿雁空中特技演，喜鹊树梢舞蹈跳。

画眉林间念歌词，麻雀草丛唱曲调。

百鸟群鹰聚一堂，宣传流村做广告。

## 古韵流村(一)

太行东尽任君游,百里长廊雾里舟。
月照群山银河绕,日洒平原金水流。
凌空俯瞰八方近,立足昂首四面收。
黄栌参天遗古韵,燕墙残卧万年秋。
穆氏弃子垂青史,杨郎卧马浮忧愁。
捉鳌瓮城存完好,庆王陵园待重修。
雪压嫩芽黄土岭,冰封老枝白羊沟。
拱架彩桥长虹贯,气吞霞光今更遒。

## 古韵流村(二)

古墙波弦吟,韵味传燕人。
流芳春秋史,村晖伴紫云。

## 走进流村

水果之乡情意深,奥运苹果定流村。
万人游览千峰浪,百舸争流一湖春。
品尝特色土菜肴,带走天然野山珍。
西山景色原生态,富民政策定乾坤。

## 水碾山村

山似野马奔腾急,绝壁开牖显雄奇。
岭矗影倒飘清爽,树挺荫斜沁心脾。
青藤滴珠飞翡翠,绿叶挂露有桃梨。
香椿芽粗鲜壮嫩,菜肴极品上大席。

## 西北风情园

驱车已上彩云间,人回自然似神仙。

双洞峡谷涌甘泉,七盘山①峰飘青烟。

"陕北"窑洞灯映月,"延安"宝塔气冲天。

开发旅游结硕果,纯朴民俗厚道憨。

## 和睦流村

通向流村几条路,森林多种野动物。

松鼠天真凭本领,狐狸狡猾有心术。

野猪贪懒思睡眠,山羊灵活欲上树。

人与动物在寻求,如何相处更和睦。

## 老峪沟感赋

峻壁峡谷两座城②,西北商家有驼铃③。

东周高墙④挡贼寇,明代豪杰献英灵⑤。

六郎⑥击辽垂青史,四师⑦抗日留伟名。

山高水长传佳话,到此旅游如藏行⑧。

---

① 七盘山:佛教圣地。

② 长峪城村有新旧两城,旧城建于明正德十五年(1520年),新城建于明万历元年(1573年)。

③ 这里自古就是兵家必争之地,同时也是西北地区进京通商古道。

④ 马刨泉长城,建于东周末期,燕昭王二十九年(前283年)。

⑤ 明正德九年和正德十一年,瓦剌部小王子先后两次进犯中原。

⑥ 北宋杨六郎在此抗击辽国军队。

⑦ 1937年8月国民党十三军第四师师长王万龄率部在此抗击侵华日军。

⑧ 老峪沟有昌平小西藏之美誉。

## 庆王陵园

蜿蜒群山五座峰,蓬勃旺盛松柏青。

小桥流水人家住,大路行车广场停。

戚看姑妈树上柿,客游王爷地下官。

人生何必恋荣华? 宠辱偕望心不惊。

(注:五峰山庆王陵园建于嘉庆初年(1750 年)至民国六年(1922 年)
葬乾隆帝第十七皇子庆僖,亲王永璘,共葬四世,坟墓 22 座,连同合
葬者,共计 28 人。1937 年全部被盗。)

## 长峪城

高峡巧藏一平湖,险岭矗立烽火楼。

古刹喜迎旭日升,老庙欲将晚霞留。

旧城凌落存残壁,新路平坦铺青油。

山村虽小名远播,历经风雨岁月稠。

## 白羊沟

休闲好去处,当属京西部。

天造出奇石,地设有瀑布。

大雁飞云间,小溪注水库。

旅游观光者,都想住几宿。

## 菩萨麓

深山藏秘处,花中菩萨麓。

"佛"大松杨书,庙小观音住。

根雕技艺深,石出天然酷。

四海结宾朋,旅游成支柱。

## 龙山森林公园

龙山森林公园,坐落南流村前。

龙潭喷雪亲密,神岭千峰相连。

太行山脉东尽,燕山峰巅西南。

大路直通山下,小径通幽弯延。

身临长白感受,领略黄土高原。

万木丛中虫戏,藤萝围绕缠绵。

仰望高山云浪,俯看大地草原。

春暖花开秋爽,夏凉鸟鸣冬寒。

枝繁叶茂片片,花开果香年年。

峻岭峰险绝壁,小溪流水潺潺。

泉水叮咚奏乐,温榆河水一泉。

小兔飞奔地绿,大雁翱翔天蓝。

山羊穿梭久已,野鸡林中兴言。

狐狸疑心有气,野猪哄土耕田。

森林动物景象,喜鹊树梢宣传。

人杰地灵水秀,客游回归自然。


## 流村在抗日战争中

静坐西山高楼峰,想像当年冲杀声。

机枪达达浮眼底,火炮轰轰响耳中。

天上敌机称霸道,地下将士为国终。

回忆三七抗战事,英勇坚强中国兵。

# 西山之秋

## 立 秋①

蜂踩荆花蝉声鸣,谷黍幽香飘古城。

银河隔断牛郎爱,鹊桥联结织女情。

半轮残月喷夜雾,一缕晨光放天晴。

青纱荡漾层层浪,树梢随风点点红。

## 中 秋

枝头秋色唤长天,夜不能寐燕思迁。

丝丝银波金樽溢,皎皎明皓婵娟映。

案上石砚飞青墨,藤下镇尺压彩宣。

鱼跳龙门锁仙境,嫦娥遥望太行山。

## 晚 秋

云飘霜降冷飕飕,景坠水中河慢流。

花残柳败草惆怅,松傲柏挺竹自悠。

檐下巢空悄然去,荒野鸟聚乐不休。

红果白米早入账,唯有黑枣不知秋。

## 秋 韵

霞光贪睡迟起床,风携垂柳天转凉。

枝头景象夺人眼,根尾秋实露锋芒。

高坡点缀野菊艳,峡谷一片家槐黄。

夕烟缭绕酒自醉,摇篮小曲哄儿郎。

---

① 2008 年立秋恰逢七夕节。

## 西山所思

——献给 1937 年 8 月西山抗战中牺牲的 3718 名将士们

西山三伏夜,蓝天无丝云。

登峰望明月,下岭流泪痕。

将士献白骨,君贤可曾闻?

民国早已走,此文祭英魂。

## 白羊情感

巨龙峰岭横,绿水映古城。

湖泊千层浪,走廊①百里行。

白云游客喜,蓝天主人情。

待到中秋日,满坡枝头红。

## 瓦窑新貌

红墙灰瓦立山峰,绝壁幽静响钟声。

天女散花聚群燕,仙人指路汇众生。

别墅典雅天伦乐,木楼浪漫笑语轻。

春风依旧堤新柳,水中倒影波去东。

## 碑　文

华夏巨龙,雄立东方。

春秋五千,沧海田桑。

陈姓起源,河南淮阳。

始讳敬仲,历代景仰。

晚生近亿,忠臣良将。

---

① 走廊:为发展旅游事业,流村镇修建了环流村 100 里公路,称之为百里旅游走廊。

神州遍布,国之栋梁。

南流陈氏,源远流长。

宗忌九德,青史珍藏。

原籍洪洞,广济寺旁。

槐荫留裔,名贤辉煌。

大明永乐,幽燕荒凉。

千里跋涉,移居太行。

扎根畿辅,屯垦卫邦。

弹指岁月,族人兴旺。

先辈号赫,后昆荣光。

今朝子孙,仁义孝郎。

寻根祭祖,远赴鹳乡。

尊请水土,嗣祀续香。

枝繁叶茂,永世安康。

敬竖此碑,万古流芳。

## 果香雅趣

小径幽,回廊书,水中荡浮小木舟,欢笑乐悠悠。

春尝花,秋品果,晨暮喷出一团火,晚霞一朵朵。

狗儿叫,鸡儿鸣,蹦蹦跳跳几幼童,小妇正妙龄。

## 果香之春

湖水清清花自鲜,群雁北上艳阳天。

一阵笑语耳边过,时光碧影百鸟喧。

## 果香之冬

夕阳不断修剪着树枝,

裹一裹残雪的衣裳,

寒风轻响，

吹不动安静的心，

空中传来退去的水声。

## 果香之恋

拂在我额头上的柳条垂下天空，雨点由窗口滴下，砸在我裳开的前胸，那湖水盛开白荷的脸，她羞涩，移近并俯下，我的天空充满美丽的喘息。

拂在我额头上的秀发从天空垂下，泪水由发梢滴下，砸在我刚出口的甜蜜，那雪山盛开的雪莲微笑，她陶醉，移近并拥抱，我的天空充满着吟唱。

## 果香农家

果香农家座西山，餐厅客房落园间。

烹炒煎炸料理好，苦辣酸甜味道鲜。

炖鸡锅汤汤未溢，烤鸭炉火火无烟。

豆面拨鱼小米饭，野菜黏糕手不粘。

## 果香农家四季歌

### 春

花似海洋鸟儿叫，南来大雁来报道。

蜂蝶劳作虫耕耘，生机勃发春意闹。

### 夏

枝繁叶茂绿树阴，细雨入土润树根。

鱼儿漫游蛙声叫，农家果香飘乡村。

## 秋

虽是秋季园有花,树上有果地上瓜。
更有牛羊鸡报晓,美不胜收乐农家。

## 冬

雪花飘飘覆九州,万物入眠人无忧。
火炕席坐喝一壶,笑谈明年再丰收。

## 果香农家写真
### 农家乐

远来客人今时闲,果园观光均为贤。
赵钱孙李演曲艺,蒋沈韩杨凑琴弦。
吃喝玩乐多跳舞,瓜果饭菜少花钱。
走马观花不多日,城乡居民结友缘。

### 鸡

一达生肖排第十,五毒我敢当美食。
白天不是享曲日,清晨才该唱歌时。
妻老岁高产量少,女少年轻丰收迟。
吃草吃虫绿色蛋,果园有我增价值。

### 果树

花艳叶绿鹊在梢,桃月春风枝多绦。
不知果实何时熟,劝君常来把我瞧。

### 杨槐树

本是柴树能当墙,身高早已超房梁。
防风营造小气候,丰收别忘我帮忙。

## 牛

吃草献奶我耕耘,无怨无悔俺辛勤。
三年四仔家五口,无房无床风雨淋。

## 羊

繁殖能力我最强,一年子孙数只羊。
地当床板天做被,冬天雪地不怕凉。

## 狗

忠诚可靠门口待,摇头摆尾灵巧乖。
无事不敢多言语,一叫主人把门开。

## 猫

嫌贫爱富我糟糕,牛羊鸡狗地位高。
一旦库房有老鼠,看我本领技艺超。

## 拖拉机

一丝青烟冲树尖,打药送肥又一天。
不吃不喝不知累,整日忙碌在田间。

## 打药机

一条水柱散成雾,好似天降像雨露。
铁牛和我灭害虫,环保农药喷上树。

## 路

一进果园平坦路,都是水泥来浇筑。
今惜果园大有别,观光生产车不误。

## 围墙

好似城墙在眼前,今由我来挡果园。
现代农业工厂化,没有规矩不方圆。

## 吊炕

客房一看不一样,不是软床是吊炕。
环保节能温度高,解乏一觉睡天亮。

## 小草（一）

天涯海角忧自闲,冬季枯黄根相连。
身材弱小命多舛,容貌丑陋情贫寒。
一片绿地唤君喜,几棵花中讨人嫌。
世间都说草命苦,历经风雪寿千年。

## 四 季

### 春

小草起床早,男童光腚跑。
蜂蝶吻鲜花,田野飘花祆。

### 夏

青蛙唱不停,天桥变彩虹。
禾苗馋羔羊,雨燕戏蜻蜓。

### 秋

辣椒趴上绳,柿子打窗棂。
高粱燃火焰,金塔香味浓。

## 冬

白絮惹人醉,昆虫正入睡。

小溪静无声,温室一片翠。

## 夜幕长城

一条巨龙飞色彩,举世赞叹多感慨。

尾甩甘西挡狂沙,头伸冀东翻大海。

昔驱战火心无惧,今迎风雨身不矮。

独有中华传奇迹,伴随日月已千载。

## 长城诉说

### ——游野长城有感

万里长城万里愁,八百地基见骷髅。

始皇筑城载史册,姜女寻夫传全球。

天子淫荡走幽燕,村妇忠贞入海流。

千年锈矛成文物,一道高墙变石头。

## 威武之师

二七南昌一枪声,人民军队从此生。

北上抗日六个旅,南下倒蒋百万兵。

昔日步枪手榴弹,今朝铁甲人造星。

由小到强八十载,威武之师贯长空。

## 圣 火

奥林匹亚圣火熊,中国北京春光明。

伟人高歌挥巨手,健儿回音万里行。

丝绸之路传友谊,银鹰空中记深情。

地球村落狂欢舞,长城内外全沸腾。

## 中国二〇〇八

华夏盛事开奥运,龙飞凤舞传喜讯。

五洲宾朋笑开颜,四海芳邻歌声尽。

吉鼠弘扬功夫魄,福娃播种国粹韵。

圣火燃起环球明,九州大地虎啸震。

# 第五节　刘玉林诗词

## 乡村之变

——为漆园村新农村建设成效而作

坡头下,村子东,一条公路进山中。

两侧垂柳随风曳,灰砖垛口护车行。

东河套,河道空,昔日乱石去无踪。

天将洪水难肆虐,两岸挡墙保安生。

新农村,建设中,党的政策干群清。

日新月异变化大,嫦娥也叹梦里生。

(编者注:此诗发表于《流村时报》第4期,2007年7月23日。)

## 第六节　陈文清诗词

### 可爱的家乡

我可爱的家乡禾子涧村,百十户人家二百余村民。

保护生态进行荒山造林,完善基础设施建设新村。

不出山村便能就业增收,百姓安居乐业生活安稳。

生态完好空气清新宜人,山水如画旧貌焕然一新。

确定建设新农村总目标,全面建设小康路上飞奔。

## 第七节　刘清芝诗词

### 莺之歌

我不再给你絮聒春天的故事

我不会唱轻浮的歌

我不是叽叽喳喳的喜鹊

也没有百灵鸟那滑润的歌喉

我不指望你以婉转甜蜜的言词

驱压在我心头的忧愁

内向决定了我的性格

你用明如剪的燕语

剪断了我的愁思……

(编者注:以上两首诗发表于《流村时报》第 6 期,2007 年 9 月 28 日。)

### 五峰山放歌

车轮在白羊城的公路上高速旋转，

我的心早已飞向五峰山。

身披秀丽的春色，

娇艳的五峰山扑入我的眼帘。

不见了泥泞狭窄的弯曲小路，

呈现出洁净的宽路伸向远方。

迎夏清凉的五峰山下，

流水潺潺，

山柳婆娑起舞，

古槐松柏把我的手轻轻地挽。

白果松翠欲滴，

果香透心田，

鸽子、喜鹊在对歌哟，

山鸡、野兔在撒欢。

慷慨的五峰山，

你把自然秀丽留给人间。

掬一捧清泉，

洗去我的疲惫、病痛，了却了心烦。

让那自卑、自傲、自负，

人间的缺点，

刹那间烟消云散。

（编者注：此诗发表于《流村时报》第 16 期，2008 年 4 月 11 日。）

### 最可爱的人

——写给为灾区前线救援的战士们

这是一个春天，

一个没有暴风雨的春天，

然而，

你们浑身裹着迷彩的素妆。

这是一个和平团结的春天，

没有枪炮，只有有力的双手，

冲杀在灾区的战场上。

你们与时间赛跑，

不顾路途遥远和艰辛，

不顾疲惫饥饿。

而今天，

用一颗众志成城的心，

满腔热血救受难的人员。

这个时代已告诉了我，

你们就是我们最可爱的人。


## 山村飞出丰收的歌

山山沟沟坎坎坡坡，

到处飞出丰收的歌。

满山的特产是珍宝，

喜在村民的心窝窝。

马路上，平坦坦，

节能路灯一盏盏。

一车车特产一车车歌，

日子过得真红火。

瓜果李桃放光彩，

山也欢来人也乐。

改革开放新政策，

老有所养村民笑呵呵。

政策兑现人心暖，

腰包鼓了有气魄。

建设小康换新天,

山村飞出丰收的歌。

## 第八节　李富悦诗词

### 喜夸十七大,夸夸我的家

元宝城侧是北宫,时今古貌换新荣。

板路干净平坦坦,雨雪天气不泥泞。

北风呼啸任它叫,扬沙尘龙无身影。

太阳能灯晚间照,夜间不愁摸黑行。

苍松翠柏耸天立,明清古槐露峥嵘。

暑天乘凉乐无穷,月河桥上观鱼景。

仰望皇封控龙松,花坛锦簇争斗艳。

香气扑鼻润心境,附地瓜果香甜美。

百鸟林间放声鸣,宽敞明亮三合院。

传统农家风味浓,矗立五峰端庄秀。

明清两代视宝地,古物修葺显生灵。

今朝吾党投重金,建设新村为百姓。

山容地貌仙境美,神州客来乐融融。

(编者注:此诗发表于《流村时报》第 7 期,2007 年 10 月 26 日。)

## 第九节　王春和诗词

### 学法律　迎奥运

竹板一打响连天,奥运圣火已点燃。

举国上下喜传递,谱写奥运新篇章。

要想奥运成功办,学好法律是关键。
十要十不要要分清,扬善抑恶立场明。

奥运知识产权很重要,不要买卖盗版制假盗。
奥运保护条例要遵守,滥用旗徽歌标不能饶。

安全法规要牢记,千万别把当儿戏。
闯灯翻栏不可取,顺序行车行万里。

服从指挥听疏导,宁停一分不抢秒。
安全礼让平安行,幸福家庭乐融融。

美化市容环境好,百姓出行有大道。
摆摊占道无影踪,随地吐痰不能要。

古迹文物要珍惜,文明古国是证据。
污损乱刻无修养,子孙后代遭唾弃。

体育设施要爱护,不要无理损坏掉。
寻衅滋事不可干,混乱秩序不能要。

文明守法受尊敬,赌球倒票不能要。
妨碍安保不可取,违规影响大全局。

十要是面镜子,用法律条款照自己。
十要是把尺子,用道德规范量自己。
十要是把利剑,斩断恶劣行为之武器。
十不要是恶习,应抛弃制止,不可取。

我们是法律的执行者,更是法律的宣传者。

只要人人遵守,奥运定能成功办。

奥运会是我们百年的期盼、百年的梦想,

壮国威,显国强,

中国在世界上是"最棒"。

(编者注:此诗发表于《流村时报》第 23 期,2008 年 8 月 7 日。)

# 第十节　兰柱子诗词

## 赞新流村

古老的流村新的面目,

支部的领导流村人的骄傲。

公园里的花草向着人们微笑,

宽敞的大厅如同康庄大道。

晚上大厅的灯光向着人们闪耀,

硕果累累的果园用的是有机肥料。

观光采摘的人们下次还垂钓,

书记心血上级的关怀,

老人小孩都欢笑。

流村变了流村富了,

流村人的思想觉悟提高了。

一个动听响亮的名字——流村,

能使人终生感到骄傲,

充满自信和自豪。

# 第十一节　杨凯义诗词

## 北流赞

民风古朴北流村,热情好客流村人。

桃鲜果香福源地,蓬莱仙境未能及。

开创进取求新意,朴实憨厚是真谛。

干群携手齐努力,北流发展谁能敌。

# 第十卷　继往开来

（本卷内容采自《流村时报》2009 年 1 月至 2010 年 9 月　原撰稿：记者马佳、通讯员张德友等　流村镇政府提供）

# 团区委组织"三下乡"到瓦窑

在 2009 年新春佳节来临之际,1 月 9 日,由共青团昌平区委组织的"三下乡"活动来到瓦窑村。

文艺下乡,科技下乡,医疗卫生下乡的"三下乡"给瓦窑村的父老乡亲带来丰富的精神食粮。首先由吉利大学、汇佳学校等高等院校组织的文艺演出,精彩纷呈,惟妙惟肖。由北京少林武术学校表演的武术、轻功、气功等更是让村民大饱眼福。科技下乡,送科技知识给广大群众,是村民求之不得的好事,此次活动由区农委给村民带来了近 2000 册科技知识图书,被村民在一个小时内抢着拿到自己的手中,看得爱不释手,桃树修剪、果树栽培等技术对果园承包户来说太急需了。关注生命,关注健康,由区妇幼保健院组织的医疗下乡活动,为 100 多位村民免费进行了身体检查。

团区委副书记范征、镇党委副书记张立红等领导参加了活动仪式,并观看了演出。

# 流村镇召开大学生村官座谈会

2009 年 1 月 13 日,流村镇召开大学生村官座谈会。镇党委书记赵宝东、镇党委副书记张立红等领导出席了会议,各村大学生村官参加了会议。

座谈会上,村官们畅所欲言,谈了到流村镇工作以来的感受和体会。座谈会气氛热烈,村官们纷纷表示,基层工作极大地丰富了自己的知识水平,提高了工作能力,在今后的工作中将不断学习,努力工作,为流村镇奉献自己的热情。

会上,镇党委书记赵宝东肯定了大学生村官一年来的工作,同时叮嘱大学生村官们回家要注意安全。最后,赵宝东书记又对村官们寄予了厚望:希望大学生村官要充分利用上任近期,要积极了解所在村的基本情况、熟悉党员干部、村民代表、"两委"班子工作情况、村里存在哪些难题;来年以更饱满的精神和干劲,为流村镇建设添砖加瓦。

## 市区镇残联走访慰问特困残疾家庭

1月13日北京市、昌平区残联领导在流村镇残联领导的陪同下,到流村镇南流、瓦窑、西峰山、黑寨村走访慰问了4户特困残疾人家庭,为他们送去了米、油等慰问品和慰问金,并带去了党和政府对残疾人的关爱。

每到一家,领导们与他们聊家常,关切询问居住条件、家庭收入、子女上学等情况,详细了解他们面临的生活困难和问题。领导们对他们的生活状况表示关切,嘱咐有关部门和镇政府、村委会工作人员要多关心他们的生活,多给他们帮助,解决实际困难。

在慰问过程中,在瓦窑村74岁高龄重度残疾人李万有家,领导们鼓励李万有,作为一个残疾人,不要有什么心理负担,你虽然是残疾人,但你是身残志不残,你们应该坚强,党和政府是不会忘记你的。李万有激动地说:"感谢各级政府,感谢各级残联组织领导的关怀,我一定要好好地生活下去"。

## 政府搭台　农民唱戏　流村百姓
## 共同谱写和谐发展文明曲

张灯结彩迎佳节,欢天喜地迎新春。2009年1月14日上午,流村镇科技文化活动中心锣鼓喧天,喜气洋洋,镇党委、镇政府举办的"迎新春、构和谐、促发展"文艺汇演隆重举行。政府搭台,农民唱戏,流村百姓共同谱写了一曲"和谐发展文明曲"。

来自全镇各行政村、企事业单位、驻军部队的文艺爱好者们欢聚一堂,同场竞技,为十里八村的父老乡亲们送上了丰富的文化大餐。文艺节目大多是群众自编自演、具有农村本土特色的节目。内容丰富多彩,有歌曲、秧歌、快板、诗朗诵、现代舞等,精彩的表演使全场观众的掌声一浪胜于一浪,其中快板《说一点儿》逗得全场观众开怀大笑、舞蹈《花腰傣》把会演推向了高潮。农民群众个个喜笑颜开,他们以自己独有的喜闻乐见的方式表达着对新春的祝福,对新农村建设的豪迈情怀。

据了解,为了让全镇人民过一个欢乐、祥和、喜庆的新春佳节,镇党委、政府提早准备,周密安排。全镇28个行政村也分别举办了不同形式文体活动,他们以"迎新春、构和谐、促发展"为主题,以弘扬时代主旋律,弘扬农村本土文化,突出流村地方特色的基本要求,开展了丰富多彩、形式多样、健康文明的文化娱乐活动。通过活动,凝聚了民心,鼓舞了士气,对发展本镇经济起到了积极的推动作用。

## 区委常委、组织部长尚延华主持召开
## 流村镇新建村、马刨泉村对口支山工作会

2009年1月15日,流村镇召开新建村、马刨泉村对口支山工作会。区委常委、组织部长尚延华,副部长刘全新,镇党委书记赵宝东,党委副书记、镇长王建等领导出席会议。区农委、区财政局、北京阳光商厦有限公司、北汽福田汽车有限公司等对口支山单位领导参加了会议。

据了解,我区从2008年开始,启动了第三轮对口支山工作,被支援单位从原来的30个增加到54个。我镇新建村、马刨泉村就是被支援单位之一。会上,新建村、马刨泉村领导分别汇报了2008年工作及2009年工作计划。新建村现在有百合大棚20栋,是我镇的百合花生产基地,2008年百合花已经上市6万枝,2009年将扩大百合

基地建设。马刨泉村是百里环行旅游画廊上的重要节点，主要从事薄皮核桃种植，2009 年将继续发展薄皮核桃和仁用杏产业。

区委常委、组织部长尚延华分别听取了新建村、马刨泉村党支部书记关于本村人口构成、产业发展，资源优势以及发展方向等基本情况汇报，对两个村的发展表示肯定。尚延华说，对口扶贫是一项长期的工作，需要支援单位的长期扶持。同时，各村要加强与对口支援单位的沟通联系，广开思路，多引进适合自身发展的优势项目。各支援单位也要根据自身的优势，为对口村庄提供人力、资金、物资尤其是信息、科学技术、智力等多方面的支援，不断提高农民的生活水平。

各对口支援单位负责人纷纷建言献策，表示将在财力、智力等各方面给予对口村庄大力支持。

## 流村镇政法办开展安全驾驶宣传教育

为贯彻加强交通安全文件精神的要求，提高交通安全意识，近日，镇政法办工作人员自驾车来到镇辖域的各大小企业进行安全驾驶宣传教育，并与各企业大客车驾驶员签订了安全责任书，第一时间传达了区交通安全办公室的文件精神。同时也提出了建议：希望企业相关领导协助镇政法办做好宣传教育工作，使驾驶员铭记自己的职责，不开"英雄车"，时刻谨记安全驾驶第一。

各大小企业对镇政法办始终坚持宣传交通安全教育表示支持，同时也纷纷表示：会在今后的工作中广泛倡导文明交通行为，强化交通法制教育，以提高参与者的交通安全意识。

## 区镇计生协会领导慰问独生子女困难家庭

春节前夕，区计生委领导在副镇长张树玲及镇计生部门工作人员的陪同下，到瓦窑村走访慰问了独生子女困难家庭刘秀芝家。

刘秀芝家中 3 口人，丈夫在外打工，孩子正在上小学二年级。2008 年 5 月刘秀芝本人因病情严重住进了医院，经检查患上了子宫癌。先后进行了两次手术，五次化疗，虽然病情有所好转，但药费、住院费共花去了 5 万多元，造成了家庭的经济损失，同时给生活上带来了极大的困难。

区计生委和镇计生协会领导了解此事后，给她送来了 1000 元慰问金和慰问品，让她能高高兴兴地过一个好年。刘秀芝激动地说："感谢你们，感谢各级计生部门领导对我的关怀，感谢党对独生子女家庭的优惠政策，还是一对夫妻只生一个孩子好啊"。

## 流村镇举办"宣传计生国策，构建和谐流村"文艺演出

2 月 12 日，流村镇举办以"宣传计生国策，构建和谐流村"为主题的文艺演出，全镇各村支部书记、主任、计生专干、计生宣传员等 300 余人观看了演出。演出在舞蹈《和谐中国》欢快的乐曲中拉开帷幕，整台演出利用小品、舞蹈、独唱、快板等群众喜闻乐见的节目形式宣传计划生育政策、讴歌计生工作中的感人事迹，展示计划生育工作的丰硕成果及和谐计生的崭新气象，打破了传统说教式教育宣传，将计划生育政策、法律法规等融入文艺表演，贴近实际，贴近群众，贴近生活，达到了寓教于乐的效果。演出过程中穿插"计生知识问答"环节，有效调动全场观众积极参与热情，增强了与观众的互动，使整场演出高潮不断。

据了解，近年来，流村镇计划生育工作在区计生委的指导下，在镇、村领导及计生专干和计生宣传员的支持配合下，建立起"政府领导、部门指导、各方配合、群众参与"统筹解决人口问题的工作机制，使全镇计划生育工作取得了一定成效。此次通过自编自演的文艺节目来宣传贯彻计划生育政策，得了广大群众的积极支持与热情参与。

演出结束后,流村镇还将选出精优节目赴全镇各村巡回演出。

## 流村镇开展"国际民防日"宣传活动

3月1日是国际民防日,流村镇开展以"关注民防、平安生活"为主题的纪念"三·一"国际民防日宣传活动,以强化公众安全防护意识,提高民众应对灾害的知识和技巧。

据了解,为了更加全面广泛地向群众介绍民防应急知识,流村镇武装部、社会事务科、政法办、派出所等部门联合派出专人在流村环岛广场摆设宣传台,向过往群众宣传突发事件的种类、特点和危害、预防与避险、自救与互救的基本技能、防护措施等知识。同时,向群众发放民防知识传单、《农村应急避险手册》《便民宣传手册》,让公众认识了解开展民防建设的必要性和重要性,提升群众的应急救灾能力。此次活动共发放宣传画、宣传折页、书籍1000余份。

## 流村镇巾帼志愿者平凡中彰显美德

流村镇巾帼志愿者服务队自2008年3月6日成立以来,开展了丰富多彩的志愿服务活动,各服务队有组织的活动共开展150余次,参与活动1800余人次,除此之外,队员们在日常生活中,也把自己是一名巾帼志愿者作为一种荣誉,并时时处处严格要求自己。瓦窑邢会芝,长年累月义务清扫村内小市场;北流毕丛英多年如一日,坚持每月一次为敬老院老人义务理发,北流张秀丽加入巾帼志愿者服务队后,也加入到了为敬老院老人义务理发这个行列;队员薛秀平上班途中发现一井盖被人移了位置,为了行人出行安全,她停下车,使尽全身力气将井盖复原;队员杨俊玲雨天在昌平车站,用自己的雨伞为两位素不相识的老人遮雨,而自己却淋得透湿;260余名队员除自己不随手丢弃垃圾外,还教育自己的子女,影响自己丈夫不随手丢弃垃圾,为环境整洁做着自己力所能及的努力。流村镇巾帼志愿者服务队的姐妹们,用一件件助人的小事,在平凡中彰显了她们的美德。

## 流村镇计生办举办"我与国策同成长"征文演讲

流村镇计生办在基层计划生育专干中开展了"我与国策同成长"征文演讲。3月10日,28名计生专干就从自己走上计生工作岗位以来经历的甜酸苦辣到对计生工作的热爱的过程进行了声情并茂的演讲。抒发了国策情怀和对新时期美好生活的向往,明确肩负的历史使命和社会责任。此次演讲主要引导广大计生工作者树立远大理想,增强自信心、自豪感,与时代同发展,与祖国共奋进。优秀演讲作品将参加4月份区计生委举办的"我与国策同成长"演讲比赛。

## 流村镇开展护林防火宣传活动

为进一步强化全民森林防火意识,真正使森林防火宣传工作做到家喻户晓,近日,流村镇森林防火指挥部和镇林业站在流村环岛开展护林防火宣传活动。

针对流村镇山场面积大、火灾隐患多的实际,本着"预防为主、积极消灭"的原则,按照《森林防火条例》和市、区、镇三级政府护林防火指挥部有关规定,全面落实护林防火属地管理制度,不断加强护林员队伍、扑火队伍的日常管理。与此同时,开展了形式多样的护林防火宣传教育活动,有效地增强了全民的火患意识,全面提高了森林火灾的综合防控能力。

此次活动共出动宣传车一辆,护林防火队员5人,悬挂宣传横幅3条,发放《森林防火宣传画册》、森林防火台历等宣传材料5000份。通过宣传教育,使全镇群众进一步增强了护林防火意识。

# 市、区经管站领导检查流村镇
# 信息化触摸屏使用情况

3月12日,市、区经管站领导到流村镇北照台村和王家园村检查信息化触摸屏使用情况。

当看到村干部能熟练应用这台现代化的仪器并对触摸屏里的各种信息和村务情况及时进行更新,各级领导对我们的工作给予了肯定。触摸屏的试点使用,主要用于各项村务公开,也是增加村务公开的一种新的形式,这样的形式既方便群众对相关信息的查询又增加了村务工作的透明度。其主要内容是:党务管理、计划生育、村级财务收支、两委人员分工、村内基本概况、便民信息、精神文明等相关需要公开公示的内容。触摸屏将成为村务管理的平台,更好地服务于村民,为早日建成现代化农村做贡献。

# 流村镇召开 2009 年度工作部署会
# 落实区 2009 年度工作会议精神

在区 2009 年度工作会议召开后,流村镇积极贯彻落实,结合实际情况,于 3 月 13 日召开 2009 年工作部署会,安排部署今年重点工作。镇党委书记赵宝东,党委副书记、镇长王建及全体班子成员出席会议。全镇 28 个村的党支部书记村委会主任,各站所负责人以及全体机关干部参加了会议。

会上,镇纪委书记史功歧就党风廉政建设工作和开展"用好公权"、"当好公仆"主题教育活动进行安排部署;镇党委委员、常务副镇长刘毅就抓收入、保增长工作进行了安排部署;宣传委员时桂荣就组织工作和宣传思想工作及"治三乱"工作进行了安排部署;镇党委委员、武装部长、副镇长张进海就农业旅游、新农村建设等工作进行了安排部署;副镇长张树玲就计生、社保等相关工作进行了安排部署;副镇长黄进国就护林防火、安全、环境整治等相关工作进行了安排部署。

最后,镇党委书记赵宝东强调了三点意见:一、理清思路,明确方向,努力开创经济社会发展新局面。根据全区"一花三果"发展战略,在巩固传统农业生产的基础上,继续抓好百合产业发展和苹果提质增效工作。要按照"高起点规划,高标准建设,高水平管理"的原则,积极推进我镇基础设施和公共服务设施建设,为小城镇建设和新农村建设奠定良好的基础条件。要加快新农村建设步伐。以试点村和推进村为重点,带动全镇新农村建设的整体发展。巩固环境综合治理和"治三乱"工作成果,建立健全环境建设和"治三乱"的长效机制。加强社会治安综合治理和治安防控体系建设,依法打击"法轮功"以及各类刑事、治安等犯罪活动。要狠抓安全生产工作,强化食品药品安全监管,严防重特大事故发生,保障人民群众生命财产安全。

二、统一认识,严格要求,全力开辟又好又快发展新境界。一是要着力提高协调社会关系和化解社会矛盾的能力。二是要进一步畅通群众反映诉求的渠道。三是要强化农村基层维稳工作。四是要加强群众教育管理,大力开展法制宣传教育,使各级领导干部带头维护法律权威、坚持依法行政,引导群众自觉以合法的方式表达利益诉求、用法律手段维护自身权益。

三、强化培养,提升素质,着力塑造基层干部队伍新形象。坚持学习,提高能力。在坚持镇村中心组集体学习制度、组织开展干部培训的同时,班子成员和村两委干部要积极主动自学,经常沟通交流,做到个人学习经常化、集体学习制度化。通过学习,锤炼意志,陶冶情操,提升境界,不断提高新形势下驾驭全局、推动工作的能力,不断提高在各种压力、困难和考验面前自我超越的能力。要按照"高起点规划、高标准建设、高水平管理"的要求,对全镇的重点工程、重大项目、重要工作,明确任务目标,明确时限要求,明确领导责任,集中力量,下大力气,打硬仗,干苦活,切实抓好落实,抓出成效。

## 流村镇召开"深入学习实践科学发展观活动暨领导干部作风建设年活动"动员部署会

3月22日,流村镇召开深入学习实践科学发展观活动暨领导干部作风建设年活动动员部署会,对全镇学习实践活动进行动员。指导检查组组长、区水务局原调研员李富明同志,指导检查组成员、区人大常委会秘书科科长冯民同志,镇党委书记赵宝东同志以及镇领导班子成员出席会议。镇机关全体干部,流村供电所、流村水务站、流村动物防疫站、镇林业站、镇保洁站事业单位党政正职参加镇第二批学习实践活动的农村、企业、学校和医疗卫生机构等单位主要负责人,镇党委学习实践活动领导小组办公室成员参加了会议。会议由镇党委副书记、镇长王建同志主持。

会上,指导检查组组长、区水务局原调研员李富明同志对活动开展提出了具体要求和希望。镇党委书记赵宝东就全镇开展深入学习实践科学发展观活动暨领导干部作风建设年活动作了动员讲话。

李富明同志在动员大会上作出了重要讲话。他说,一是充分认识好学习实践活动的重大意义。二是明确开展学习实践活动的目标要求和主要原则。要提高思想认识,加强作风建设,解决突出问题,创新体制机制,促进科学发展。在开展学习实践活动中把握要坚持解放思想,突出实践特色,坚持群众路线,坚持正面教育为主四个原则。三是按照各阶段各环节要求,切实开展好学习实践活动。要组织好学习培训工作,要深入基层搞好调查调研,要认真开展解放思想讨论活动,要开好专题民主生活会,要认真撰写分析检查报告,要制定切实可行的整改落实方案,要集中解决突出问题和完善体制机制,要开展满意度测评,四是采取有力措施,确保学习实践活动真正取得实际效果。要落实领导责任,积极探索创新,注意统筹兼顾,做好舆论引导。

镇党委书记赵宝东指出,一是统一思想认识,进一步增强学习实践科学发展观的自觉性和坚定性。开展深入学习实践科学发展观活动,是用马克思主义中国化最新成果武装全镇党员干部的重大举措。开展深入学习实践科学发展观活动,是建设生态山镇古韵流村、推动全镇经济社会平稳较快发展的迫切需要。开展深入学习实践科学发展观活动,是加强全镇领导干部作风建设的重要契机。二是全面贯彻中央、市委和区委精神,扎实开展好深入学习实践科学发展观活动。要借鉴成功经验,认真汲取第一批学习实践活动的有益成果。要加强理论学习,把提高认识贯穿学习实践活动的始终。要强化实践特色,着力解决影响全镇发展的突出问题。要注重作风建设,坚持不懈地抓好党性修养和作风养成。要坚持群众路线,把群众是否满意作为检验活动成效的第一标准。三是切实加强组织领导,确保深入学习实践科学发展观活动取得实效。要健全机构,明确责任。要统筹兼顾,搞好结合。要立足实际,大胆创新。要广泛宣传,营造氛围。

随后,第一批学习实践活动单位的同志和学习实践活动领导小组办公室的成员召开了第一批学习实践活动部署会。镇党委副书记张立红就贯彻落实动员会议精神指出具体要求。她强调三点意见:一是高度重视,切实开展好第一批学习实践活动。二是狠抓落实,认真做好学习实践活动各个阶段各个环节的各项工作。三是加强组织领导,确保学习实践活动取得实实在在的成效。

据了解,按照科学发展观要求,围绕市委、市政府提出的建设"人文北京、科技北京、绿色北京"奋斗目标和区委提出的"坚持科学发展,打造商务花园城市"的主题,立足流村实际,确定全镇学习实践活动的主题是"坚持科学发展,打造'生态山镇,古韵流村'"。按照"党员干部受教育,科学发展上水平,人民群众得实惠"的要求,确立了提高思想认识、加强作风建设、解决突出问题、创新体制机制、促进科学发展五项学习实践活动的目标要求。

# 践行科学发展观　实施苹果提质增效工程

流村镇践行科学发展观,采取四项措施实施苹果提质增效工程,为农民拓宽致富路。一、实施政策补贴。镇政府对户口在本镇且在当地生产经营,种植面积1亩以上的苹果种植户,实施苹果树扩坑施肥、花期蜜蜂授粉和高接换优技术政策补贴,其中扩坑施肥每亩补助400元。花期蜜蜂授粉,对花期采用蜜蜂授粉技术的苹果种植户,种植面积在10亩以上,每10亩用蜜蜂2箱,每箱补助苹果种植户20元。高接换优,对采用高接换优技术的苹果种植户,给予每株15元的补助。二、采取综合技术应用。广泛采用铺设反光膜、套袋、防鸟网、矮化中间砧支柱、生物肥料等综合提质增效技术。农民可向镇林业站提出申请,由镇林业站向区林业局申报,经验收合格后享受区补贴政策。三、开展专业技术培训。由镇林业站牵头,聘请果树技术专家,对苹果种植户及时开展技术培训与指导。四、开展苹果节系列活动宣传采摘。通过采取加大宣传力度,改善果园环境等措施,组织各种形式的苹果采摘活动。评优奖励,于10月昌平区苹果节召开期间,对本年度苹果提质增效效果显著的种植户进行奖励。推荐评选,对特别优异的苹果种植户,推荐参加区苹果节评比评选活动。

据了解,全镇已有37户苹果种植户进行了扩坑施肥,完成总面积达到650亩,预计全镇陆续将有实施苹果提质增效工程的种植果园90余户。此项政策受到了当地农户的欢迎和好评,农户普遍认为"好政策能够促进果树的长势、提高果品的质量"并保证按要求,在规定时间内完成自己计划实施的项目。

## 区委常委、武装部政委王双武,区人大常委会副主任 张文祥到流村镇指导检查学习实践活动开展情况

3月24日上午,区委常委、武装部政委王双武,区人大常委会副主任张文祥到流村镇指导检查学习实践活动开展情况。区委第十一指导检查组组长李富明,组员冯民,镇党委书记赵宝东,镇党委副书记、镇长王建等领导陪同检查。

镇党委书记赵宝东对区领导来流村镇指导检查学习实践活动工作表示欢迎和感谢,并从前期活动准备、学习培训、党委扩大会专题学习研究、领导小组成立、动员会召开几方面汇报了全镇深入学习实践科学发展观活动开展情况。在开展第一批学习实践活动中,虽然活动范围主要针对机关和事业单位党员,存在工作压力大、行业分布广、活动难开展等实际困难,但镇党委学习实践活动办公室有信心有决心有能力把活动搞好,搞出特色。恳切希望区领导与指导检查组多多给予指导,提出宝贵的意见和建议,以便使流村镇更好地开展好第一批学习实践活动。

区委常委、武装部政委王双武,区人大常委会副主任张文祥对我镇第一批学习实践活动进展情况表示十分满意,认为流村镇在此次学习实践活动中准备认真细致、领导高度重视、动员广泛充分,各项措施都很到位。两位领导在讲话中都强调了四点意见:一是要注重学习活动、内容的多样性。最大限度地使更多的党员参加到学习实践活动中来,确保第一批学习实践活动的学习覆盖面和参与率。二是要注重以典型引导,形式灵活多样。在活动中要注意发现身边的典型,及时总结不同方面优秀党员事迹材料,采取报告会等形式,深入进行宣传报道,让党员身上的亮点在活动中闪光,生根、发芽、开花、结果,三是要注重学用结合,务求工作实效。通过学习增强工作动力、工作激情、工作干劲,增强团结合力,密切干群关系,着力解决

百姓关注的热点难点焦点问题,着重在提高党员素质和服务基层百姓以及解决实际问题三方面取得实效。四是要注重经验总结,推广特色活动,对于各单位在学习实践活动中好的做法和好的经验,要及时进行总结,大力推广出去,带动全镇的学习实践纵深开展。

# 动物卫生防疫站党支部
# 召开学习实践科学发展观活动动员会

3月24日,流村镇动物卫生防疫站党支部召开学习实践科学发展观活动动员会,联系点领导、镇人大主席韩国玲,指导检查组成员崔文秀、田占琴出席会议,镇动物卫生防疫站、路管站、农业服务中心全体人员参加了会议。

会上,镇动物卫生防疫站党支部书记杨秋生首先传达了《中共昌平区流村镇委员会关于在全镇党员中开展深入学习实践科学发展观活动的实施意见》《流村镇第一批开展深入学习实践科学发展观活动实施方案》,并就本支部的活动做了安排部署,对参加此次学习活动的全体人员提出了要求。按照科学发展观要求,围绕镇党委"坚持科学发展,打造'生态山镇,古韵流村'"的主题,立足镇动物卫生防疫站实际,确定了"坚持科学发展观,坚持依法防控,科学防控,以新农村建设为主线,以生态镇建设全方位服务为目标,求真务实,努力开创部门工作新局面"的科学发展观学习实践活动主题。

动员会上,韩国玲主席提出了三点意见,一是要求所有参加活动的同志要提高对此次活动的认识。活动中要在提高思想认识、加强作风建设、解决突出问题、创新体制机制、促进科学发展五个方面上下工夫。二是党支部要结合实际,认真组织好学习活动,并建议在活动中要从单位内部管理制度和措施上抓起,教育大家发扬识大体、顾大局、讲奉献的主人翁精神。三是要认真开展批评与自我批评,加强沟通,化解矛盾,更好地打造和谐团队,使此次学习实践活动真正见到实效。

## 践行科学发展观　展示党员干部健康精神风貌

为开展好学习实践科学发展观活动,我镇采取寓教于乐的方式,于 3 月 25 日,开展了主题为"践行科学发展观,展示流村镇党员干部健康精神风貌"的趣味运动会活动,参加第一批学习实践科学发展活动的党员干部 200 余人参加了活动。

在一片热烈的掌声中,趣味运动会正式拉开了帷幕。趣味运动会采取简单易行、小型多样、广受欢迎的定点投篮、托乒乓球接力、30 秒跳绳、沙包掷准、夹乒乓球、两人三足、拔河等 9 项比赛项目,同时,在活动中穿插学习实践科学发展观知识答题。

在知识答题环节参与人数众多,互动性较强。"流村镇确定学习实践活动主题是什么? 科学发展观要突出的一个主题是什么?"等问题引起党员干部争相抢答。在赛场上,干部党员们比拼异常投入,而场边助阵的同志们也激情澎湃,为自己队伍得分而欢呼雀跃着,为紧张的局势而发出感叹。比赛现场气氛热烈,人声鼎沸,充满了欢乐的气氛。

活动后,大家纷纷表示,通过这次趣味运动会不仅提高了锻炼身体的兴趣,同时也巩固了科学发展观的学习成果,达到寓教于乐的目的。

## 流村水务站党支部召开学习
## 实践科学发展观活动动员会

3 月 26 日,流村水务站党支部召开了学习实践科学发展观活动动员会,流村水务站站长及全体职工参加了会议。

动员会上,水务站党支部书记张银首先传达了《中共昌平区流村镇委员会关于在全镇党员中开展深入学习实践科学发展观活动的实施意见》、《流村镇深入开展学习实践科学发展观活动实施方案》并就本支部的活动安排进行了部署,对此次参加活动的人员提出了具体要求。此次活动以"坚持科学发展,打造'生态山镇,古韵流村'"为主题,本着水务站的实际,确定了"坚持科学发展观,坚持节水治污、改善水环境为主线,以生态镇建设全方位服务为目标,求真务实,努力开创部门工作新局面"的科学发展观学习实践活动主题。

张银强调,一是要求所有参加活动的同志要提高对此次活动的重视,提高思想认识、加强作风建设、解决突出问题、创新体制机制、促进科学发展五个方面下工夫。二是要结合水务站的实际情况,组织好学习活动,发扬识大体、顾大局的主人翁的精神。要求在活动中要认真做好批评与自我批评,加强沟通、化解矛盾,打造团队和谐,使本次学习实践活动见到实效。

## 流村镇第三届人民代表大会第六次会议胜利召开

3月26日至27日,流村镇召开第三届人民代表大会第六次会议,镇党委书记赵宝东,镇党委副书记、镇长王建,镇党委副书记张立红以及53名镇人大代表出席会议,各村支部书记各站所负责人等48人列席会议。镇人大主席韩国玲主持会议。

会议认真听取并审议了镇党委副书记、镇长王建代表镇政府作的《政府工作报告》。会议认真听取并审议了财政所长张连芝作的《流村镇2008年财政预算执行情况和2009年财政预算(草案)报告》,大会批准了这个报告。2009年财政部门在镇党委的正确领导下,在人大代表的监督和各级政府及全镇广大人民群众的支持帮助下,全面贯彻落实科学发展观,立足区域经济的发展潜力,紧紧围绕镇常委、镇政府的中心工作,全力支持经济发展,努力实现财政收入稳步增长;加大财政监督机制,为本地区经济发展保驾护航;加强财会队伍建设,提高办事效率和服务水平,全面完成2009年流村财税工作任务。

会议认真听取并审议了韩国玲代表镇人大主席团所作的《流村镇三届人大六次会议人大主席团工作报告》,大会批准了这个报告。2009年镇人大主席团要贯彻落实区三届人大四次会议精神和科学发展观,进一步明确人大工作的政治方向;围绕"发挥代表作用,增强监督实效"主题活动,开展各项代表活动;围绕落实科学发展观加强法律监督和工作监督;围绕学习实践科学发展观活动,加强人大自身建设。会议要求,镇人大主席团今后要进一步履行好职责,严格依法办事,为代表大会和代表依法行使职权,切实做好各项服务工作,为完善流村镇人民代表大会制度,推进流村镇的民主政治建设,促进流村镇的经济发展、构建和谐流村镇作出新的贡献。

最后,镇党委书记赵宝东作了重要讲话,一是坚定信心,拼搏进取,奋力打造"生态山镇、古韵流村"。"生态山镇、古韵流村"包含三层意思:"村""镇"并举,体现了我镇对农业和工业的高度重视;"生态"建设,是流村镇为昌平创建国家级生态区扎实工作的着力点;"古韵"挖掘,是流村镇响应昌平营造高尚城市文化的新举措。二是深入学习实践科学发展观,在逆势中谋求发展的新思路。三是恪尽职守,争创一流,努力实现各项工作的新突破。要继续提高认识,把思想统一到建设"生态山镇、古韵流村"上来;要继续认真履职,为加快建设学习型乡镇和服务型政府出谋划策;要继续扎实工作,为全镇实现经济社会预期目标提供支持和保障。

## 流村镇加大对"禁止酒后驾车"的宣传力度

近日,昌平区交通队宣传科警官和流村镇安委会负责人联合深入镇辖域餐饮单位和村民家中,向单位法定代表人和群众发放禁止酒后驾车宣传材料,加大对"禁止酒后驾车"的宣传力度。

为继续保持良好、稳定、安全、畅通的道路交通环境,加大了对酒后驾车、非司机驾车等严重交通违法行为的整治力度,同时由交通队、镇安委会联合行动,深入餐馆、站所及各行政村,向群众发放禁止酒后驾车宣传材料,发动各村和社会单位的安全员、车管干部共同宣传酒后驾车的危害,并充分利用自己的资源宣传酒后驾车事故的严重性,禁止酒后驾车的宣传内容以及交通管理部门对酒后驾车进行依法处罚的有关条款,营造良好的交通环境。

## 流村镇五措并举开展清洁日活动

流村镇五措并举开展清洁日活动。一是开展一次集中整治行动。动员全镇机关干部、党员干部群众、部队官兵参与各村清理卫生死角、整治乱摆乱放活动,共清理垃圾杂物 90 余车,清除垃圾小广告 40 余条,整治乱摆乱放 87 处。二是开展一次宣传日活动。在流村环岛工作人员身披宣传绶带,向过往群众发放致居民一封公开信、文明礼仪宣传折页等宣传材料,号召全镇人民摒弃生活陋习,树立文明新风,自觉保护公共环境。同时,组织人员打扫清理流村环岛卫生,清除张贴的小广告,维护公共车站的上下车秩序。三是要求村村悬挂一条宣传横幅。提高村民参与意识,达到人人遵守社会公德,个个爱护公共环境的目的。四是一一落实"门前三包"责任制。对于主要大街两侧经营商铺,加大日常清扫保洁力度,与之重新签订"门前三包"责任书,确保全天候保洁。五是成立五个工作领导小组,召开动员会,下发红头文件,分别划定各个单位职责任务,明确工作重点,确保工作任务落到实处。

## 瓦窑村举办"春之歌"首届民俗文化节

为了满足当地群众日益增长的物质和精神需要,挖掘弘扬本地区民间文化资源,展示瓦窑民俗风情,弘扬中华民族文化精粹,让人类文明在瓦窑展现,宣传瓦窑,提升瓦窑品牌,扩大瓦窑知名度,以此来发展瓦窑,建设瓦窑,促进瓦窑村文化创意产业建设和发展,并拉动周边经济进步,5月2日至4日在瓦窑村举办了以新农村、新农民、新风尚为主题的"春之歌北京瓦窑第一届民俗文化节"。

为构建和谐村庄提供物质基础、精神动力和智力支持,举办集民俗展示、文化交流、信息沟通、商贸推广于一体的乡村文化盛会,引导农民过上文明健康新生活,着力促进农业增效、农村发展、农民增收。5月2日、3日、4日,邀请了专业演出团队,分别在主会场山门、分会场天仙庙、分会场夹口碑楼进行了演出,有歌舞表演、杂技、二人转、腰鼓、大秧歌、俄罗斯舞蹈等。此外,还有吃住农家院、土特产展销、木制乡村酒店体验、文化创意产业研讨会、作家采风、书画笔会、摄影比赛、招商引资等丰富多彩的活动。

文化节活动以"三个代表"重要思想和科学发展观为指导,以文化创意产业为依托,挖掘瓦窑民俗风情,弘扬中华民族文化,让世界文明在这里展现。创造和谐社会和谐村庄,以春、夏、秋、冬为主题,起到宣传瓦窑,建设瓦窑的目的。

## 昌平区委常委、宣传部长戴维 到流村镇调研文化创意产业发展情况

5月5日,昌平区委常委、宣传部长戴维,常务副部长杨春山,副部长瞿会宁到流村镇瓦窑村调研文化创意产业发展情况,镇党委书记赵宝东,镇党委副书记、镇长王建陪同调研。汇报会上,区委常委、宣传部长戴维听取了瓦窑村文化创意产业发展情况的汇报,瓦窑村支部书记、相关合作公司负责人分别汇报了瓦窑村文化创意产业集聚区的发展情况、总体规划与工作设想。

区委常委、宣传部长戴维对流村镇发展文化创意产业工作给予

了充分肯定。并提出了三点意见,一是瓦窑村要向文化创意产业集聚区的标准去发展,突破瓦窑村的区域概念,发展规划要高标准、有品位。二是拓宽思路,整合资源,市场化发展。边规划、边推进、边落实。三是发展文化创意产业要做到"五结合":1. 发展规划要与昌平商务花园城市建设相结合,打造出昌平西部的亮点;2. 要结合新农村建设,加强基础设施建设,环境整治、项目建设;3. 与民俗旅游、观光农业、体育休闲等相关产业紧密结合,打造地区特色。4. 发展要与本地区稳定、农民增收相结合,以提高百姓就业增收、地区富裕为发展目的。5. 发展要与国家法律法规、相关政策相结合。

汇报会后,领导一行到实地进行视察。

据了解,瓦窑村自 2007 年启动文化创意产业,明确以打造"瓦窑作家村"为龙头品牌的文化旅游业,被《北京市昌平区"十一五"文化创意产业发展规划》列为重点项目,正在形成"一个景区、两地两街、三个文化园"的文化创意产业集聚区。

## 流村镇人大开展传染病防治法执法检查

5 月 7 日,流村镇人大组织部分镇人大代表组成执法检查组,深入镇卫生院对《中华人民共和国传染病防治法》的贯彻落实情况进行了检查。执法检查组采取召开座谈会、听取汇报、实地参观等形式,重点围绕传染病防治机构、传染病的登记、上报及治疗情况以及全镇传染病种类、分布及预防控制等方面的情况开展检查活动。座谈会上,镇卫生院院长结合流村实际,结合部门承担的职能就近年来贯彻落实《中华人民共和国传染病防治法》工作落实情况作了汇报发言。部分镇人大代表也在座谈会提出了许多宝贵的意见建议。

镇人大主席韩国玲、副镇长张树玲、副镇长黄进国等相关部门负责人一同参加执法检查。

# 流村镇召开保障经济增长企业联谊会

5月8日,流村镇召开保障经济增长企业联谊会,流村镇经济发展科、财政所、南口工商所、园区工商、北京亚都室内环保科技有限公司、北京光华荣昌汽车部件有限公司、北京天九药业有限公司、北京勃然制药有限公司、北京新利同创电子有限公司等15家镇属中小型企业参加了会议。区工业局副局长刘凤柱出席会议,常务副镇长刘毅主持会议。

会上,15家企业分别就2008年、2009年1至4月的经营情况、企业应对经济危机的对策及目前企业存在的问题做了详细汇报。

随后,刘毅常务副镇长指出,召开本次企业联谊会,目的是为增加政府与企业间的交流机会,让政府了解企业目前的经济状况,了解企业的困难,并让现阶段政府的惠企政策与之挂钩,以保障镇属企业的经济增长。今年镇里的主要工作要解决企业集中反映的问题,如土地证、电站、排污等问题。今后也会根据大家提出的问题,解决不了的向区政府及相关部门汇报。

区工业局副局长刘凤柱分别就区政府在保障企业经济增长上的努力、昌平区工业现况、目前企业存在的问题、政府出台的惠企政策、下一步政府的工作方向等方面进行了说明,并提出了三点意见。一是积极争取解决土地问题。土地问题解决了,企业的融资问题也就解决了。昌平是区县中解决土地问题的第一家,市里正在推广昌平的做法。我们更要把这项工作做好。二是落实贷款实施细则。在程序和组织机构落实后,会安排三方在场,三家银行当场落实企业的融资问题。三是落实区委3号文件要求。把昌平区内企业产品汇编成册,广泛宣传,让企业之间有一个相互了解,尽量使用区内企业产品。

## 流村镇举办第四届雅思山香椿采摘节

清明已过,谷雨来到,和煦的春风送来了香椿飘香的时节,迎来了流村镇第四届雅思山香椿采摘节。为了推介流村镇的旅游资源,吸引更多的游人到流村镇观光采摘、休闲度假、体验风情,流村镇以打造"生态环境良好、基础设施完善、特色产业兴旺、社会事业发达、山川景色秀美、人民生活安康的新流村"为目标,以本镇盛产的农家餐桌特色菜肴——香椿为推广媒介,促进全镇经济快速发展。出席香椿采摘节开幕式的领导有:中国农业大学副校长王涛,食品科学与营养工程学院副院长郭顺堂,教授陈敏、生吉萍,区委常委、武装部政委王双武,区旅游局局长李万佰,区林业局局长董锦华,区委宣传部副部长瞿会宁,区农委副主任张宝来,区经管站副站长冯景福,区文委副主任王宝江,镇党委书记赵宝东,镇长王建,漆园村支部书记刘少成以及区有关委办局领导和旅游乡镇主管镇长等。北京电视台、北京日报、京郊日报、新浪网、搜狐网等新闻媒体对活动进行了采访报道。

开幕式上,镇长王建致贺辞,中国农大、昌平区旅游局、流村镇三方领导签订了昌平·中国农业大学食品科学与营养工程学院香椿产业园的协议。与会领导为"昌平·中国农业大学食品科学与营养工程学院香椿产业园、北京雅思有机红椿种植合作社、北京雅思有机红椿食品有限公司"揭牌。另外,活动现场安排观看了历史悠久的御赐龙鼓表演、参观科学育苗培育基地、体验香椿采摘、品尝香椿宴、观摩香椿深加工设备、现场互动炒香椿茶等一系列活动内容。

区委、区政府、区旅游局、区林业局、中国农业大学等相关单位以及广大媒体朋友长期以来一如既往地支持山区经济的发展。漆园村在社会各界的大力支持下,依托本村地理优势,利用旅游发展平台,着力发展香椿种植等特色产业,全面推动了本村经济发展和农民的就业增收。

2006 年至今,为了打造北京最大的香椿产业基地,区旅游局已连续四年帮助支持流村镇成功举办了雅思山香椿采摘节活动。2008 年漆园村的红椿通过有机认证,今年更是将漆园红椿进行科学育苗,打破了以往依赖购买成品树苗种植的限制,育苗成功后将形成拥有千万株香椿的大型产业基地,以此大力推广山区种植业,带动流村镇乃至周边山区的经济发展。此外,为了挖掘村域民俗风情和香椿文化内涵,区旅游局邀请多名作家深入漆园村生活采风,为漆园村编著了《雅思山下一珍珠——漆园村》一书。该书展示了流村的山水,解读了漆园的风情。第四届香椿采摘节的隆重开幕,再次以产业的规模化和多样性向世人展示了漆园村乃至流村镇特色产业发展的较大成果。

## 区旅游局局长李万佰到漆园村
## 调研香椿产业化发展情况

5 月 21 日,区旅游局局长李万佰等相关领导到漆园村调研香椿产业化发展情况。领导一行详细了解了香椿种植基地和香椿苗的培育情况。漆园村支部书记刘少成介绍了本村的基本情况,以及以后的设想。李万佰在听取汇报后表示,漆园村要根据自身实际情况,利用生态优势、资源优势,打造出"北京第一香椿园"的品牌,争取继续发展、研发新的有机产品,扩大产业化规模、提高市场影响力和占有率,在确保农民群众的收益的同时,把香椿产业和旅游联系到一起。做到社会效益、生态效益、经济效益有机结合。

目前,漆园村培育了 25 亩香椿苗,保守估计有百万棵,每棵苗的市场价在 2 元左右,而漆园村的香椿苗成本仅几角钱,这就有效降低了成本。为了迅速扩大种植规模,满足市场需求,漆园村把香椿苗以极低价格甚至免费给村民种植,有效利用房前屋后山坡地头等空地。

漆园村在践行科学发展观促进产业形成的同时还让老百姓获得

了真正的实惠。

## 流村镇首家农民田间学校开学

近日,流村镇首家农民田间学校"北流村田间学校"开学,来自北流村的 20 余名百合种植户代表参加了开学典礼。北流村是流村镇新发展起来的百合种植村,共有日光温室大棚 20 个。为了帮助农民解决农业生产中遇到的实际问题,在区、镇两级政府的大力帮助下在全镇率先成立了农民田间技术学校。据了解,农民田间学校是一种新型的农技推广模式,农民在学校成了主角,大棚变为课堂,发挥农民动手、动脑、动口能力,以启发和诱导等方式,调动农民参与学习种植百合技术的积极性。该学校是以田间为课堂,以实践为手段,在作物生长季节定期安排培训指导和交流互动,以解决生产中遇到的实际问题及开展新品种新技术试验示范,让农民学会生产和经营。

农民田间学校的开办,使农民在家门口、在田间地头就能学到许多先进、实用的技术,能够以较小的投入,得到最大的产值,解决了农民对全面系统的农业科技知识感到茫然和无从学起的实际困难,为培养新型农民、增加农民收入开辟了新途径。

## 流村镇召开 2009 年度档案工作培训会

近日,流村镇召开 2009 年度档案工作培训会。会上对村级档案员进行了培训,培训内容主要包括文书档案、会计档案、实物档案、照片档案、土地承包合同专业档案等。为规范村级档案管理工作,流村镇在村级推行档案管理创新工作,卷内文件目录、卷皮、案卷目录原则上采用电子版,逐步取消手工书写。为使全镇档案管理工作达到一个统一的标准,镇档案室为各村统一制作了档案管理模本,下发到各村。

## 区工商联组织非公企业家到
## 流村镇残保中心看望残疾儿童

6月1日国际儿童节,区工商联组织8名非公企业家,到流村镇儿童福利院看望残疾儿童,向他们表达节日的祝福,并送去了服装、食品、玩具等慰问品,孩子们手捧节日礼物脸上露出了幸福和灿烂的笑容。社会的关爱,使不幸的人感受到了社会大家庭的温暖,区工商联高主席和企业家们在亲切地询问孩子们的生活情况后,承诺有什么困难一定会帮助解决,同时祝孩子们节日快乐,幸福成长。

## 流村镇加大安全生产监督检查和环境整治力度

按照区委、区政府有关部门的指示精神和工作部署,流村镇于6月13日上午召集全镇28个行政村主要领导在镇活动中心召开会议,布置对全镇辖区的再生资源回收市场、摊点进行详细、彻底摸排,要求有关行政村必须将此项工作做到位,不漏查、不漏登,详查、细登。

截止到6月16日下午四时,28个行政村共有6个村设有再生资源回收摊点。这些摊点大多集中在原流村乡地区,原老峪沟和原高口地区在这次统计当中没有回收摊点。

统计显示,流村镇6个行政村共有14个回收摊点,其中7个摊点拥有营业执照,7个摊点无照经营,根据流村镇再生资源回收市场现状,镇政府及时召开会议,研究对辖区再生资源回收市场安全生产、经营活动开展集中整治行动,并制定整治行动工作方案,成立流村镇再生资源回收市场安全生产集中整治行动小组,对镇域的再生资源回收市场依法进行集中整治。

6月24日,镇政府会同公安、工商、城管、司法等有关部门对辖区再生资源回收摊点开展了大规模的集中检查、整治行动,重点对回收摊点存在的各类安全隐患进行整治、排除。对有执照的经营者,规范其经营行为,对无照经营者,依法坚决予以打击、取缔。整个行动持续 6 个小时,7 个再生资源回收摊点与其所在行政村分别签订了《再生资源回收站安全生产责任书》,整治小组填写《北京市安全生产检查记录单》7 份,督促回收摊点整改、排除安全隐患,依法取缔 8 家无照经营摊点。

这次行动对规范镇域再生资源回收市场,起到了很好的规范作用,镇政府将巩固这一成果,对上述整治进行复查,彻底将镇域再生资源回收市场的安全隐患消灭在萌芽之中,保证百姓享有一个安全、舒适、优美的环境。

## 流村镇深入贯彻科学发展观全面推进无纸化办公

为了提高办公效率、降低办公成本,深入实践贯彻科学发展观,以构建节约型机关为目标,流村镇从日常工作做起,积极努力地推进全镇无纸化办公工作。镇政府网络智能办公系统正式投入使用,结束了以往纸质公文交换的历史。

该办公系统分为个人办公、信息通信与共享、文件管理与共享、自助便捷四大功能,实现了从文件起草到文件发送、收文处理等全流程网上办公。同时,通过建立流村镇人民政府网络智能办公系统,使机关内部 90 台计算机以及 28 个行政村的计算机整合成一个完善有效的内部局域网体系,各科室工作人员、各村计算机管理员可以在第一时间接收公文,实现了信息的及时沟通,既节约了办公资源,实现了节能降耗,又加快了公文的上传下达,提高了工作效率。

实现"无纸化"办公不仅仅节约了行政成本,更为重要的是提高了工作效率。过去,召开会议都由党政办工作人员一个村、一个单位打电话进行会议通知,下发文件也要进行打印装订。而现在,党政办工作人员只须鼠标轻轻一点,把每天需要的会议通知、下发文件等及时上传到机关办公系统"公告通知"中,各行政村、单位就能及时轻松地在网上知晓通知,下载相关文件。同时,机关内部各科室之间也可通过"公共文件柜"实现单位内部文件网上流转,工作效率也得到了提高。

据了解,流村镇人民政府网络智能办公系统的投入使用,实现了机关95%以上公文网上交换,90%的行政村、单位使用网上起草文件和单位内部文件网上流转,基本实现办公自动化、网络化和无纸化,不仅节省流转时间,工作效率也得到了提高。

## 流村镇开展学习实践科学发展观 党风廉政建设知识竞赛活动

为深入学习实践科学发展观,提高全镇党员、干部廉洁意识、法律意识和自警意识,流村镇创新学习载体,丰富学习形式,于6月26日开展学习实践科学发展观党风廉政建设知识竞赛活动。区纪委宣教室主任吴颜群、镇党委书记赵宝东、副书记张立红、纪委书记史功歧等领导班子成员出席了活动,28个行政村"两委"班子成员以及全体机关干部参加了活动。

竞赛采用现场竞赛,现场评比,现场颁奖的方式进行。比赛试题分必答题、抢答题和风险题三种形式。参加本次知识竞赛预赛的代表队共28支,通过6月20日、24日两天预赛,根据各队所得总分高低,最终有北庄村、北流村、菩萨鹿村、老峪沟村、南流村、王峪村6支队伍进入了决赛。

赛场上,各代表队经过紧张激烈的必答题、抢答题和风险题三个环节的激烈角逐,最终决出三等奖:北庄村、北流村、王峪村;二等奖:南流村、老峪沟村;一等奖:菩萨鹿村。此外,为了增强活动的趣味性和台上、台下的互动性,竞赛组委会特设了观众参与答题的环节。使台下观众也参与竞赛,学习相关知识。

本次知识竞赛活动创新了学习形式和教育载体,检验了党员干部学习实践科学发展观、党风廉政建设知识的成果,同时这次竞赛活动是镇党委创新党员学习实践方式的一种尝试,一方面加强了党员干部学习实践科学发展观的自觉性;另一方面,进一步加强了党员干部之间相互学习沟通和交流,创造了宽松和谐的学习环境,营造了深入学习科学发展观的浓厚氛围。

## 区委常委、武装部政委王双武慰问流村镇老党员

6月29日,区委常委、武装部政委王双武到黑寨村慰问建国前老党员。镇党委书记赵宝东陪同慰问。

在建国前老党员黄万明家,区委常委、武装部政委王双武将慰问金送到老人的手中,并握住老人的双手感谢他几十年来为党的事业做出的积极贡献,王双武勉励老人要继续发挥余热,关注和支持新农村建设。

在王家园村困难党员赵连合家中,王双武详细询问了老人的身体状况和家庭情况。当得知老人患有高血压并常年吃药,妻子刚做肾切除手术需要长期吃药,家庭条件十分困难时,王双武嘱咐随行的镇村干部要料理好老人的生产生活,帮助解决好实际困难。

## 流村镇召开 2009 年度防汛抗旱工作会

6月14日,流村镇召开2009年度防汛抗旱工作会议。镇防汛抗旱指挥部政委、镇党委书记赵宝东,镇防汛抗旱指挥部总指挥、镇党委副书记、镇长王建,镇人大主席韩国玲等镇防汛抗旱指挥部全体成员出席会议。各村支部书记、村民主任、企事业单位负责人、镇包村工作队及当地驻军领导400余人参加了会议。镇防汛抗旱指挥部

副总指挥刘毅同志主持会议。

会上，镇防汛抗旱指挥部副总指挥张进海同志对 2008 年全镇防汛抗旱工作进行总结并对 2009 年全镇防汛抗旱工作进行安排部署。

2009 年流村镇以确保安全度汛，实现"保安全、多蓄水"，确保"人民群众生命安全、公共设施运行安全、水利工程安全"，不垮坝、不决堤为工作目标，进一步完善"无缝隙、无死角"的安全迎汛责任制；进一步开展安全迎汛再检查、再落实；进一步细化完善"针对性强、措施具体"的各类专项预案；加强应急值守和信息报告；开展防汛知识培训和演练；科学调度，增加蓄水。

镇防汛抗旱指挥部总指挥王建同志与副指挥代表张进海、张银和村代表北流村村民主任崔建明签订 2009 年度安全迎汛责任书。

随后，镇防汛抗旱指挥部总指挥、镇长王建同志作了讲话，他从思想认识到位、准备措施到位、应对措施到位三方面强调了今年防汛抗旱工作的重要性。

最后，镇防汛抗旱指挥部政委、镇党委书记赵宝东作了重要讲话，他强调安全责任无小事，要把安全工作放在工作的重中之重。统一思想，不断增强做好防汛抗旱工作的责任感和紧迫感；要明确责任，突出重点，切实做好今年防汛抗旱工作。一要严格落实防汛责任制。二要认真抓好抢险队伍建设和防汛物资筹集储运工作。三要全面加强抗旱工作；要加强领导，密切配合，全力保障安全度汛和人民生命财产安全。希望各村、各单位以这次会议为契机，立即行动起来，认真查找防汛隐患，确保流村镇今年防汛抗旱目标的实现。

## 流村镇举办庆祝建党 88 周年"红心向党唱赞歌，科学发展建家园"合唱会演活动

6 月 29 日，流村镇举办庆祝建党 88 周年"红心向党唱赞歌，科学发展建家园"合唱会演活动。区纪委常委魏学军，区纪委宣教室

主任吴颜群,镇党委书记赵宝东,镇党委副书记、镇长王建,镇人大主席韩国玲以及镇领导班子成员出席了活动。

来自全镇28个村以及镇域企业、学校的上百名党员用一首首热情洋溢的红歌表达了他们对建党88周年、建国60周年的祝贺和欣喜之情。《我们走在大路上》、《四大纪律八项要求》、《大海航行靠舵手》、《打靶归来》、《红星照我去战斗》等一首首革命老歌将活动气氛推向了高潮。

## 区委常委、区纪委书记冯维利到流村镇组织召开老峪沟村对口支山工作会

6月10日,区委常委、区纪委书记冯维利到流村镇组织召开老峪沟村对口支山工作会。区农委、区计生委、回龙观镇、北京农村商业银行等对口支援单位参加了会议。镇党委书记赵宝东,镇党委副书记、镇长王建出席会议。

会上,区委常委、区纪委书记冯维利详细听取了老峪沟村支部书记关于本村08年扶贫资金使用情况及2009年全村工作重点情况的介绍,并对老峪沟村今年的工作计划提出要求。

冯维利说,区委、区政府高度重视对口支山工作,受支援单位要紧扣全区发展形势和工作大局,结合自身实际,认真谋划,选准突破口,发展适合本村实际情况的产业。要在以往的扶贫项目基础上,继续发展食用菌种植产业,重视村民种植技能培训,扩大食用菌种植的生产规模;要大力发展本村的海棠深加工产业,努力将其打造成为本村的特色产业;要充分调动村民的积极性,增加村民就业,切实提高村民收入水平。各对口支援单位代表表示,将一如既往大力支持帮助老峪沟村发展。

## 流村镇开展"庆七一、迎国庆"主题电教片播放月活动

为纪念中国共产党成立 88 周年和国庆 60 周年,七一前夕,流村镇组织开展了以"庆七一、迎国庆"为主题的党员电教片重点播放月活动,利用全镇农村党员电教播放站组织播放了一些有关党员教育方面的电教片,对广大党员进行了一次党的性质、纲领、指导思想、根本宗旨、组织原则等方面的生动直观的再教育,进一步坚定了广大党员的共产主义理想。

## 流村镇召开庆祝建党 88 周年暨新党员入党宣誓大会

7 月 2 日,在庄严的国歌声中,流村镇隆重召开庆祝建党 88 周年暨新党员入党宣誓大会,镇党委书记赵宝东、副书记张立红等领导班子成员出席会议。31 名新发展的党员和部分老党员及入党积极分子近 300 人参加了会议。会议由镇纪委书记史功歧主持。

大会的第一项议程,由镇党委宣传委员时桂荣领誓,来自全镇各行政村、企事业单位、镇机关党支部的 31 名新党员面对鲜艳的党旗,举起紧握的右拳,庄严宣誓。由老党员为新党员佩戴党徽。

预备党员代表陈志新代表全体预备党员发言。他代表全体预备党员决心从实际出发时刻以党员的标准严格要求自己,履行党员义务,牢记誓言,刻苦学习,踏实工作,为人民服务,为流村镇的社会经济建设贡献自己的力量。老党员代表王燕苹代表老党员进行了发言。

随后,新老党员共同观看了区委书记关成华关于《建设商务花园城市》的讲座光盘。

最后,镇党委书记赵宝东同志作了重要讲话,指出新党员入党是

他们不断完善自我、发展自我的结果，同时要时时刻刻记得为党旗添彩，无愧于"党员"这个光荣的称号。他还代表镇党委向新加入党组织的党员表示衷心祝贺。

随后，他以《以实际行动做一名合格的共产党员》为题讲了一堂生动、深刻的党课。他讲道：一是端正入党动机，投身党的事业，积极服务群众。正确的入党动机，是正确行动的精神力量。要用正确的入党动机克服不正确的入党动机。端正入党动机，不是入党前一时的问题，而是一辈子的事情。

二是严格党员标准，自觉接受考察，不断提高党性修养。第一，正确认识和对待党员标准。首先，要明确共产党员的标准不能降低。其次，要明确党员标准并非高不可攀。再次，要全面理解党章规定的党员标准。第二，自觉接受党组织的培养、教育和考察。要主动向党组织汇报思想、学习、工作等情况，要积极参加党的活动，要正确对待党组织的考察。第三，以实际行动争取入党。一方面必须进行持之以恒的努力，另一方面还必须有老老实实的态度，靠自己积极努力。

三是坚持科学发展观，奋力打造"生态山镇、古韵流村"。第一，"村""镇"并举，体现了流村镇对农业和工业的高度重视。第二，"生态"建设，是我镇为昌平创建国家级生态区扎实工作的着力点。第三，"古韵"挖掘，是我镇响应昌平营造高尚城市文化的新举措。

通过这次会议，党员们的思想政治觉悟将会得到进一步提高，党员们表示一定不会辜负镇党委的期望，继续发扬党的优良传统，履行好全心全意为人民服务的义务，为打造"生态山镇、古韵流村"作出积极贡献。

## 区国土资源分局领导调研
## 流村镇北禾路地质灾害情况

流村镇北禾路起点为北流村，终点为禾子涧村。沿途过境主要有北流村、王家园村、禾子涧村等 7 个行政村,涉及自然村 33 个。2005 年 8 月开工,2007 年 7 月完工。由于山体风化,北禾路 K10400—500 西侧 30 米处 B07 山体突然塌方,造成白羊沟周边地区停电。塌方高度约 50 米,波及长度 76 米,塌方量约 1800 立方米。更为严重的是山体经过扰动,山体裂缝明显,摇摇欲坠,造成道路堵塞,现车辆只能绕行。昌平国土资源分局主要领导得知情况后几次来到现场了解情况,并邀请北京地质勘测研究院及有关单位专家进行现场勘察,研究排险方案,及时排除此处地质灾害,消除安全隐患,保证北禾路畅通,确保一方平安。

## 流村镇开展环境百日综合整治活动

为了落实环境百日综合整治活动,以干净、整洁、舒适优美的良好环境迎接建国六十周年,流村镇各村对村庄环境进行了全面治理。

从 7 月 5 日开始至今,流村镇各村共出动 1000 余人次。清理卫生死角 8 处,治理乱堆乱放 30 余处,捡拾白色垃圾 600 余公斤,治理乱写乱画 100 余处,更换垃圾大箱 22 个、垃圾桶 50 余个,植树 800 余棵,种花 6500 余株,清理垃圾 1100 余吨,共投资 30 余万元。下一步将继续按照整治要求,努力实现"路净、村净、庭院净,山美、水美、田园美"的目标,以优美的环境迎接建国六十周年的到来。

## 流村镇举办深入学习科学发展观培训班

在全区开展深入学习实践科学发展观活动之际,流村镇举办科学发展观专题辅导讲座。全镇 28 个行政村支部书记、村民主任、大学生村官以及全体机关干部参加了培训。

培训特别邀请了昌平区发展和改革委员会总经济师樊懿德作专题辅导讲座。樊懿德全面生动地讲解了科学发展观产生的时代背景、基本内涵、精神实质和重要意义,从昌平区为什么要打造商务花园城市、商务花园城市是昌平区独特优势的必然选择、实现商务花园城市目标的路径、结合昌平区商务花园城市建设、流村如何发展四方面进行了详细的讲解。樊懿德的辅导提纲挈领,深入浅出,具有很强的指导性、针对性和启发性,使参会人员受益匪浅。

此次培训对全镇党员干部更好地学习领会科学发展观的精神实质,进一步增强贯彻落实科学发展观的自觉性、坚定性和创造性起到有力的推动促进作用。

## 流村镇政府联合执法对辖区
## 再生资源回收市场进行突击检查

7月14日,流村镇政府继6月24日对辖区再生资源回收市场开展综合执法检查后,再度组织公安、工商、城管、司法等部门对辖区再生资源回收市场进行突击检查。

在检查中发现,原依法取缔的7家无照经营摊点,有3家未按规定时间将再生资源清理干净,检查组依照有关规定责令其限期清理。原7家有工商执照的回收摊点有3家未按要求配备灭火器等安全生产设备,检查组当即责令限期配齐各种安全生产设备,防患于未然。各部门共10人参加了此次检查。

## 区档案局领导调研瓦窑村档案管理工作

7月15日,区档案局赵丽君局长带领管理科等有关科室领导就瓦窑村档案管理升级工作进行调研。

镇党委副书记张立红、档案管理员杨福芝、瓦窑村党支部书记邢如意、主任邢全普、副书记邢瑞府、档案员李宾松陪同调研并汇报了瓦窑村档案工作。

村党支部书记邢如意汇报情况,他说,瓦窑村发展速度快,事情多,需要存档的材料也相当多,特别是两委会的决定、决议,各种协议、合同,村务账目等需要存入档案,以备查用。因此,我们相当重视档案管理工作,有专门的档案员,设专人管理档案。

当局领导问及档案的重要性时,他回答说,档案管理工作对我村的发展,决策管理都起着很重要的作用,对两委干部的工作说得清,道得明,让两委干部堂堂正正做人,清清白白工作,最主要的一点就是使解决群众之间的矛盾有依有据,例如土地承包问题,村民宅基地之间的矛盾,我们都通过档案资料给予了解决。农村档案管理应该抓好,从管理上进行规范。对档案员应加强培训,我们瓦窑村应该树立一个重视农村档案管理的形象,从管理上、设备上都应该是一流的。

当赵局长问到村档案管理还有什么问题需要上级帮助时,档案员李宾松回答说,从管理上,培训时间短,概念的东西讲得太多,应该更结合实际,一边讲一边操作,加深印象。从分类上,有些我还拿不准该归哪类。另外,我们还存在档案柜不够用,缺少设备,原电脑已老化需要更新等问题。赵局长表示,你们的工作做得不错,领导也非常重视农村档案管理工作,回去以后研究一下,尽量多帮你们解决些问题。

## 流村镇召开大学生"村官"迎送会

7月16日,流村镇召开大学生"村官"迎送会。镇党委书记赵宝东,党委副书记、镇长王建,镇人大主席韩国玲,镇党委副书记张立红等领导班子成员出席了迎送会,28个行政村支部书记、期满的06级大学生"村官"、07级、08级"村官"代表以及新分配到流村镇的13名09级大学生"村官"参加了会议。

会上,期满的06级大学生村官杨士博、辛学超作了发言,他们各自畅谈了自己在三年工作中的酸甜苦辣、收获经验,话语中流露着他们对流村镇的感恩之情。他们感谢镇党委、政府对他们的培养,对他们在工作生活中的关心与照顾,感谢流村镇教会他们做人的方法和工作的本领。并与09级新村官交流工作经验,鼓励他们在新的工作岗位上作出成绩。09级新村官马晓磊代表09级新村官从"摆正位置、融入农村;加强学习,更新知识;立足本职,多出成绩;严格要求,遵纪守法"四方面作了表态发言。

最后,镇党委书记赵宝东在会议中作了重要讲话,他讲到大学生当村官应该做什么?怎么做?结合这些年的工作体会,结合对大学生村官的认识,可以用四句话概括:从高到低,由近及远,自上而下,以退为进。"从高到低",就是要放下架子,俯下身子,从最基本的日常工作做起,与最底层的老百姓打成一片。"由近及远",就是要立足当前,放眼长远,充分认识到在农村工作和与农民打交道的重要意义。"自上而下",就是要顶天立地,能上能下,处理好关系,办得好事情。

最后,他对全体参会人员提出了三点希望:一是希望06届村官在新的工作岗位上能够踏实工作,认真干事,做出更大的成绩。虽然他们离开流村了,但是镇领导、村领导和流村人民一直关注他们,流村就是他们的第二故乡,欢迎常回家看看,多关注流村,多支持流村的发展。二是希望各位村干部对大学生给予充分重视,在工作上多培养多锻炼,给他们压担子,铺路子,在学习生活上多支持多照顾,为他们创造便利条件;在感情上多关心多体谅,帮他们理顺气、稳住心。村干部是他们步入社会后的引路人,要像长辈一样管好他们,促使他们早日成才。三是希望进一步加强对大学生村官的管理和培训。要加强岗位培训和工作指导,建立镇村干部与大学生村官的结对帮带制度,帮助他们熟悉农村工作。要加强管理和考核,既要完善激励保障政策,又要建立竞争择优机制,使大学生村官队伍充满生机活力。

## 区慈善协会爱心救助流村镇特困户

7月27日,区慈善协会的工作人员在流村镇副镇长张树玲及镇社会事务科工作人员的陪同下,将1万元救助金送到上店村特困户韩瑞京家中,并详细询问了韩瑞京的目前病情和生活状况,鼓励他要勇于面对现实,坚定生活的信心,战胜病魔,早日恢复健康。特困户韩瑞京接过救助金后,激动地说:"感谢党,感谢政府的关心,还惦记着我。"

据了解,韩瑞京系华业阳光新能源有限公司员工,从春节至今,先后在昌平区医院、北医三院就诊,未能治愈,后经北医六院专家会诊,确诊为结核性腹膜炎,医药费支出共计5万余元,目前,韩瑞京靠吃中药、扎针缓解病情,本人因无法工作在家休养,父亲年老体弱,丧失劳动能力,爱人在家待业,儿子年幼,就读小学一年级,家庭经济十分困难,在区慈善协会工作人员和镇领导的帮助下于2009年5月31日提出救助申请。

## 流村镇召开科学发展观整改
## 落实阶段及维稳工作部署会

7月29日,流村镇召开科学发展观整改落实阶段及维稳工作部署会。镇党委书记赵宝东,副书记张立红,副镇长张树玲、张进海出席会议。镇党委副书记、镇长王建主持会议。28个行政村支部书记、村民主任、各站所负责人参加了会议。

会上,镇党委书记赵宝东对全镇科学发展观学习实践活动分析检查阶段工作进行了总结,对整改落实阶段工作进行动员部署。全镇学习实践活动进入分析检查阶段以来,在区委指导检查组的精心指导和帮助下,在区委和区委学习实践活动领导小组的领导下,参加第一批学习实践活动的单位认真贯彻落实市委十届六次全会和区委三届七次全会精神,紧密联系当前的形势和任务,精心组织召开领导班子专题民主生活会,认真查找影响和制约科学发展的突出问题,深刻剖析思想根源,明确发展思路和工作举措,全力以赴做好"调结构、上水平、保增长、保民生、保稳定"各项任务,取得了较好的成效。

会上,镇党委副书记张立红宣读了中共流村镇委员会深入学习实践科学发展观活动办公室关于扎实做好整改落实阶段各项工作的通知,部署了国庆平安重点人排查防控工作。流村镇对各类重点人"全面排查、准确评估、积极化解、依法打击、有效稳控",确定了"五个不发生"的工作目标,即不发生暴力恐怖袭击事件、不发生危害国家安全和社会稳定的重大政治事件、不发生大规模群体性事件、不发生群死群伤重大安全事故、不发生影响国庆庆祝活动顺利进行的案(事)件,确保"国庆平安行动","大事不出、小事减少、管理严格、秩序良好"总体目标的实现。

会上明确了具体维稳工作安排:第一阶段,全面排查评估阶段,2009年7月29日至7月31日;第二阶段,全面化解打击阶段,2009年8月1日至9月20日;第三阶段,全面严防严控阶段,2009年9月21日至10月10日。会上强调了重点人排查稳控工作要遵循"属地管理、条块结合"和"谁主管谁负责"等原则,明确工作责任。做到各负其责,各司其职,遇重大突发情况要随时报备。

根据区委要求,结合流村实际,我们要进一步明确"调结构、上水平,保增长、保民生、保稳定"的目标,扎实做好当前各项工作;与区委保持高度一致,唱响"一个目标、三级台阶、四大行动、七项支撑"发展主旋律,明确科学发展的大方向;强化"重实践、出实招、办实事、见实效",扎扎实实做好整改落实阶段各项工作,确保学习实践活动成为群众满意工程。重点从七个方面做好工作。第一,进一步加强活动的统筹协调。第二,进一步做好学习引申工作。第三,及时做好调研成果交流工作。第四,抓好整改落实方案制订工作。第五,集中力量解决一批突出问题。第六,重视和加强体制机制建设。第七,做好活动总结和测评工作。

# "八一"建军节前夕流村镇领导班子慰问驻军部队官兵

"八一"建军节前夕,流村镇领导班子带着全镇人民的深情厚谊慰问了驻军部队。

镇党委书记赵宝东,党委副书记、镇长王建等领导分别前往61016部队、武警警种指挥学院、武警森林指挥部机动支队等20家共建单位,亲切看望慰问了广大官兵,并送去了洗衣机、电视、水果等慰问品,向部队官兵致以节日的祝贺。所到之处受到广大部队官兵的热烈欢迎。

镇党委书记赵宝东在慰问中说,今年是新中国成立60周年,面对极其不平凡的一年,人民子弟兵无论什么时候都冲在最前面,让我们深切感受到,无论是在过去的年代还是在新的历史时期,人民子弟兵都是最可爱的人。

一直以来,在全镇的经济社会各项事业发展中,驻军部队发挥着重要作用,尤其是在支援地方经济建设、维护社会稳定、抢险救灾等方面做出了突出贡献。流村镇的各项发展离不开驻军部队的支持,希望各驻军部队发挥光荣传统,继续关心、支持流村各项工作,流村也将会一如既往地做好各项拥军工作,大家共同努力,将部队建设和地方建设齐头推进。

在慰问中,各驻军部队表示,长期以来,驻军部队的建设和发展得到了镇党委、政府的大力支持。在驻军官兵子女入学、家属就业等方面帮助驻军部队解决了很多实际问题。今后,驻军部队将继续积极参与地方建设,为流村经济发展、社会稳定再立新功。

## 流村镇为果农开展水蜜桃及高接换优培训

8月12日,流村镇为全镇20名桃农进行了水蜜桃及高接换优培训,特别邀请区林业局果树科科长为果农们上了生动一课。培训会上,果树科科长分析了当前我区桃类市场现状,利用PPT演示介绍了水蜜桃种植历史、栽培范围、分类品种、特点优势。通过培训,果农们了解了栽植水蜜桃的发展前景,纷纷表示,有政府的关心以及农业部门技术人员大力支持,一定把果树种植发展好。培训会后,果农可当场进行登记选择栽植品种,以便下步进行高接换优。

## 流村镇举办北京地区历史文化资源整合大讲堂活动

8月14日,流村镇开展周末大讲堂活动,全镇28个行政村支部书记、全体机关干部、大学生村官参加了活动。活动特别邀请了北京市社科院历史研究所所长王岗研究员为大家讲授了题为"北京地区的历史文化资源整合"的专题辅导讲座。

王所长通过PPT演示,用通俗易懂、深入浅出的语言,从北京历史文化资源的重要性、北京历史文化资源的主要内容、北京历史文化资源的保护三方面内容为参会人员进行了详细的讲解,使参会人员深刻认识到了北京历史文化资源的重要性,对北京历史文化资源的主要内容有了一个全面的了解,充分认识到了保护北京历史文化资源责任重大。

## 流村镇家电、汽车下乡工作顺利进行

流村镇从2009年年初办理家电下乡及汽车下乡补贴到8月19日止,共办理家电下乡268件,补贴资金72240元,办理汽车下乡17

辆,总补贴15辆,补贴资金70394元,两项补贴财政资金142634元。

## 流村镇举办"葵花风情"摄影展

笑脸、绽放、挥手……一幅幅生动而绚丽的照片吸引了众多市民前来观看。日前,由昌平区文联、流村镇党委、北京金日兴峪葵花专业合作社共同主办,区工会协办的"庆祝建国60周年古韵流村'葵花风情'"摄影展在昌平区工人俱乐部拉开帷幕。此次活动展出了近40名摄影爱好者的60余件摄影作品,每幅作品都表现出流村镇美丽的风景和淳朴的民情,反映出作者深邃的思想,体现了摄影者对昌平对家乡的热爱之情。此次展出主办方特别邀请北京市摄影家协会和知名摄影名家担任评委,评选出一、二、三等奖及优秀奖。

据了解,2006年,在流村镇政府扶持和北京金日兴峪葵花专业合作社指导下,流村镇黄土洼村和长峪城村成为葵花种植基地。三年来,种植葵花的村民由20户发展到120户,种植面积也由几十亩发展到五百余亩。金秋时节,两个村延绵十公里的梯田果园、山坡门院,向日葵竞相盛放,金贵雌黄,鲜艳丰美,成为了流村镇一道最美的风景,形成了特色鲜明的"昌平葵花沟主题公园",为本已确定为2009年度"北京最美的乡村"候选村的长峪城村赢得了更多赞誉。

北京金日兴峪葵花专业合作社除了支持两村的食用葵种植外,还是国内唯一一家生产无花粉多色切花向日葵的企业,在小汤山地区建有大棚种植基地,每月可产观赏向日葵25000余枝,销往上海、广州等大城市。观赏向日葵随着人们生活水平的提高,也逐渐走进了百姓的日常生活。

"葵花风情摄影展"不仅仅是一场视觉的盛宴,更是昌平人对祖国60周年大庆的真诚献礼。从这一个个精彩定格的瞬间里,激发对祖国母亲的深切热爱,对美好生活的真切希望!

# 流村镇召开学习实践科学发展观交流会

近日,流村镇学习实践活动领导小组在镇机关西二楼会议室召开学习实践科学发展观调研成果交流会。区指导检查组组长李富明,指导检查组成员、区人大常委会秘书科科长冯民出席会议。镇领导班子成员、第一批学习实践活动6个党支部负责人、6个指导检查组组长及领导小组办公室成员参加了会议。

会议由镇党委副书记张立红主持。分两项议程:一是由主要领导对我镇经济发展、社会民生等问题调研形成的成果进行交流;二是由指导检查组组长李富明总结前段工作,部署下一步工作。

镇党委副书记、镇长王建,人大主席韩国玲,常务副镇长刘毅,武装部长、副镇长张进海,流村林业站副站长吴少东等人,分别结合对科学发展观的认识、结合流村实际和分管工作,对调研成果进行了发言交流,其他班子成员和站所负责人进行了书面交流。

最后,指导检查组组长李富明作了讲话,总结了区委第11指导组近期所做的工作,充分肯定了我镇在学习实践活动中做出的工作成绩,并对这次调研成果交流会给予了高度评价。他指出:调研成果是工作经验的总结,是个人素质的体现,是今后发展的依据。

会上部署了两项具体工作:一是进一步搞好学习实践活动的总结撰写,在初稿基础上继续推敲、修改、补充和完善,汇总相关数据,彻底完成后上报指导组;二是做好本镇这次活动的满意度测评,结合本镇实际,扎实做好相关工作,保证结果的真实可靠。

同时传达区领导精神,要求搞好学习实践活动的同时,切实抓好当前工作,结合建国60周年和"三保"任务,保证学习成果在促进科学发展中成为动力、得到检验。

# 昌平区委常委、区纪委书记冯维利主持召开
# 禾子涧村对口支援山区建设工作会

9月2日,流村镇召开禾子涧村对口支援山区建设工作会议。区委常委、区纪委书记冯维利,区农委、公安昌平分局、北京吉利大学、天龙源温泉康体有限公司、北京钰阳创业房地产开发有限公司等对口支援单位代表出席会议。镇党委书记赵宝东,镇党委副书记、镇长王建参加会议。

会上,禾子涧村负责人介绍了该村的基本情况。2008年,在上级政府和对口单位的资助下,禾子涧村狠抓基础设施建设,着力改善村民生产生活条件,实施街道硬化7000平方米,在主要街道和胡同安装路灯50盏,新建老年活动中心1座。该村基础设施和整体发展环境得到明显改观。对口单位表示,将继续支援该村基础设施建设,今年将援建太阳能浴池、自然村水网改造两大项目。

据了解,目前,该村农民的主要收入来源为政策性转移支付、农林业收入、外出务工收入及新农村建设补贴,去年该村人均劳动收入远低于全区平均水平。

会上,公安昌平分局、北京吉利大学等4家支援单位负责人表示,将加大资金投入和智力支持,在禾子涧村建设与发展方面提供帮助。

镇党委书记赵宝东说,感谢各对口支援单位的帮助支持,今后我镇将加强监督指导,积极引导,用好扶持资金发展产业;加强自身发展,转输血为造血,寻找发展途径。

会上,区委常委、区纪委书记冯维利认真听取了禾子涧村负责人关于本村基本情况的汇报,他强调说,流村镇是一个生态优势很强的山区镇,传统产业发展一直很好。他希望通过区委、区政府和支援单位的帮助以及流村镇自身的努力,不断创新,侧重产业规划,把消费转化为农民的收入,把农民的土地资源与城市资源融合对接起来,让

条件好的村民先富起来带动其他村民发展。

未来支山工作的着力点和工作方向要从依靠"外部输血"向"自身造血"逐步转变。农民收入的提高依赖于生产方式的转变,对口支山工作要推进这种转变,一方面要利用山区特有的资源优势,将一产和三产有机结合,发展生态农业和特色休闲旅游业,提高农民经营性收入;另一方面,加大产权改革,盘活集体资产,改善农民居住环境的同时,增加农民的财产性收入。希望各支援单位不仅能够雪中送炭,也能够通过研究流村镇的区位优势,做好一、二、三产业的发展,助推流村镇经济再上新台阶。

## 流村中心小学庆祝教师节暨总结表彰会

9月8日,流村中心小学全体教师在镇礼堂召开了庆祝教师节暨总结表彰会,参加会议的领导有区教委副主任徐大生、副镇长张树玲,另有36名村支部书记、村民主任、友邻单位及企业领导共同庆祝教师节。会上由校长王宝海做了"传承流村教师精神,打造适合地区发展特色学校"的报告,周福军、赵连福两位老师分别代表新老教师做了典型发言,会议表彰了19名区级学科优秀教师。

## 漆园龙鼓将亮相国际旅游文化节

9月15日,为了弘扬和传承龙鼓文化,也为亮相国际旅游文化节做准备,漆园龙鼓队在村礼堂召开"弘扬漆园文化,壮大龙鼓队伍"誓师大会。村党支部书记、村委会主任刘少成代表村两委,对龙鼓队伍的不断壮大表示祝贺,对漆园龙鼓队伍为丰富漆园村民的业余文化生活作出的贡献表示感谢。

40余名老队员与近70名新队员齐聚一堂,共同见证这一美好时刻,为漆园龙鼓队的发展壮大建言献策。经过此次调整充实,队伍成员日趋年轻化,平均年龄为41.2岁。

110余名龙鼓队员将在接下来的一个月左右的时间内加紧技巧训练,丰富表演内容,为在第十一届国际文化旅游节上展现漆园龙鼓的魅力和风采而努力。

## 区农委携手中国联通实现王峪村宽带入户

近日,区农委与中国联通公司在流村镇王峪村开展了宽带入户现场办公活动,把政府对农村的优惠政策送到了村民家门口。

据了解,王峪村作为试点村之一,可享受免初装费等优惠政策,截止到9月底,全村已有46户居民填写了业务办理申请。9月份,第一批用户即可开通宽带网络接入服务,享受网上冲浪的乐趣了。

## 流村镇党员干部参观预防职务犯罪警示教育展

近日,流村镇机关干部、村党支部书记、村委会主任、各站所负责人参观了预防职务犯罪警示教育展览。

此次展览共设有30多块展板,案例集中了贪污、受贿、挪用公款、滥用职权、非法批准占用土地等罪行,文字精练,图文并茂,具有很强的政治性、警示性和教育性。

参观预防职务犯罪警示教育展览是流村镇全面落实科学发展观,切实加强反腐倡廉建设重要举措。参观结束后,许多干部表示一定要利用好手中职权,自觉远离职务犯罪。

## 流村镇人大代表检查环境卫生

近日,镇人大主席团专门组织区、镇两级人大代表,对全镇环境卫生整治工作进行检查指导。

代表们首先来到流村镇垃圾处理中转站,听取了保洁站站长对全镇垃圾处理的情况汇报。随后,代表们又前往古将、黑寨两村实地认真检查了环境卫生整治情况,听取了副镇长黄进国对全镇环境卫生管理工作情况的汇报。

据了解,自2006年以来,流村镇逐年加大环境整治力度,完成了28个行政村环境整治达标建设工作。共有9个行政村荣获北京市文明生态村称号。组建了镇、村两级共193人的专职保洁队伍,在全镇范围内,实施全方位保洁,并逐步实施垃圾分类,达到减量化和炭源化的目的。

代表们建议,环境卫生整治是一项长期而艰巨的工作,政府和各职能部门在增加投入的同时,要进一步加大宣传力度,提高人们的生态环保意识。

## 区星火艺术团到菩萨鹿演出

10月12日,昌平区星火艺术团来到菩萨鹿村演出。尽管是秋收大忙时节,村民们仍放下手中的活,早早来到演出场地等候。丰富多彩的文艺节目很受村民的欢迎,男女老少不时报以热烈的掌声。金秋时节的山里已有丝丝凉意,但演员们服务村民的浓情不减。跳藏舞的姑娘那优美的舞姿,如花的笑靥,与台下孩子们的笑脸融成一幅好美的画卷。

## 副区长方炎组织召开王峪村、 发电站村对口支援工作会

10月16日,王峪村、发电站村社会对口支山工作会召开,副区长方炎,镇党委副书记、镇长王建出席会议。会议总结了在两村开展支山工作的建设成果,研究了下一步工作思路,提出援助资金除了保

障乡村基础设施建设,还应成为扶植特色产业种子基金,引导孵化山区优势产业。

在支山单位的大力援助下,两村基础设施逐步完善,乡村面貌大为改观,各项惠民工程稳步推进。2008年,王峪村完成采摘园的环境美化、村中绿化工程,建设奥运安保治安巡防室4间,兴建了篮球场和公共浴室等便民设施。发电站村顺利完成了街巷路工程建设。今年,两村继续推进各项惠民工程建设,兴建供水设施、完善村中绿化、更换路灯、硬化道路、建设老年活动中心等各项工程。各支山单位在会上表示,将协助解决部分资金缺口问题。

随着支山工作的逐步深入,建设公共基础设施的任务逐步完成,会议分析了如何结合支山工作带动山区产业发展。培育山区优势产业,不仅能有效解决基础设施维护、完善的经费问题,而且是促进山区农民增收的主要突破口。目前,村民的就业主要集中在政策性就业和外出务工,从事养殖和种植业仅占很小一部分,自身产业发展比较薄弱;农民的主要收入来源为政策性转移支付收入、农副产品收入和外出务工收入,收入水平较低。发电站村、王峪村人均劳动所得与平原地区差距较大,且增长缓慢。

会议认为,有限的支山资金和智力支持应向孵化优势产业倾斜,围绕培育山区特色产业做文章。王峪村经过几年的努力,形成了以马林枣为重点的特色农业种植基地雏形,今后将在妇联的合作与指导下,帮助申请具体项目资金,建设自然生态度假旅游村庄,形成集观光、采摘、生产、科技示范为一体的马林枣生产基地。支山单位大多具备丰富的智力资源,其中包括华北电力大学、中国政法大学、北京农学院等大专院校和专业科研机构,可以为山区产业发展把脉问诊,提供智力支持。北京农学院表示,愿意在山区沟域经济建设方面为两村制订产业发展规划。

参与本次会议的对口支山单位有区农委、区建委、区人力资源与社会保障局、区妇联、区城管监察大队、崔村镇政府、华北电力大学、中国政法大学、北京农学院和北京汇佳学校。

## 流村镇召开第二批学习实践科学发展观活动部署会

10月28日,流村镇召开第二批深入学习实践科学发展观活动部署会,区委第三巡回检查组组长郑兴山,镇党委书记赵宝东,镇党委副书记、镇长王建,镇人大主席韩国玲,镇党委副书记张立红等领导班子成员出席会议。参加第二批科学发展观活动的28个村两委干部、5个非公企业支部负责人以及镇机关干部、大学生村官参加了会议。

会上,镇党委副书记张立红对全镇开展第二批学习实践科学发展观活动进行了全面部署。全镇深入开展第二批学习实践活动的总要求是:党员干部受教育、科学发展上水平、人民群众得实惠;原则是:坚持解放思想、突出实践特色、贯彻群众路线、正面教育为主;党委提出的活动主题是:坚持科学发展,打造生态山镇、古韵流村;目标是:提高思想认识,解决突出问题,加强基层组织,促进科学发展。

区委第三巡回检查组组长郑兴山在讲话中对流村镇第二批学习实践活动提出三点要求。

一是要充分认识开展学习实践活动的重要意义。要深刻认识中央决定的重大意义,进一步解放思想,转变观念,增强责任感和使命感,自觉地把思想统一到区委的具体要求上来,以认真负责的态度、改革创新的精神、求真务实的作风,紧密结合实际,创造性地开展好学习实践活动,为打造我区商务花园城市,实现2009年全区经济社会发展"两个10%"和"两个8%"的目标、保持全区经济社会平稳较快发展起到积极的推动作用。二是要把握重点环节,切实开展好此次学习实践活动。把握活动主题、明确发展思路,注重基层建设、提高组织能力。要以开展学习实践活动为契机,全面推进基层党组织建设,优化组织建设,强化组织功能,提升基层党组织负责人的能力素质,注重提高新时期做好群众工作的能力。突出实践特色,解决实际问题,认真查找影响和制约科学发展的突出问题,认真查找贯彻落实上级决策部署和基层党建方面的突出问题以及关系群众切身利益、群众反映强烈的突出问题,做到边学边改,边查边改,有针对性地多为群众办几件看得见、摸得着、促进科学发展的实事好事。各单位要把学习实践活动作为推动当前工作的重要机遇和强大动力。三是要采取有效措施,确保学习实践活动取得实效。加强组织领导,落实工作责任;注重探索创新,形成工作特色;加强舆论引导,营造良好氛围。

会上,镇党委书记赵宝东就开展好全镇第二批学习实践科学发展观活动,强调了四点意见。

一是深入学习贯彻党的十七届四中全会精神,推动学习实践活动健康发展。深刻领会和把握新形势下加强和改进党的建设的重要性和紧迫性、执政党建设六条基本经验的认识、新形势下党的建设总体要求和六个方面重要举措。通过深入学习,进一步统一思想认识,增强学习实践科学发展观的自觉性和坚定性,推动学习实践活动健康发展;同时通过深入学习实践活动,促进四中全会精神的贯彻落实。二是统一思想,充分认识开展好全镇第二批学习实践活动的重要性。充分认识搞好第二批学习实践活动的重要性,切实增强使命感、责任感和紧迫感。各单位要认真落实中央、市委和区委的要求,扎实推进第二批学习实践活动有序开展,进一步把全镇上下的思想和行动统一到镇党委的决策和部署上来,把学习实践活动的要求,转化为攻坚克难、加快发展的有效行动,高举"调结构、上水平、保增长、保民生、保稳定"的旗帜,实现全镇"两个10%、一个8%"年度经济社会增长目标,推动全镇各项事业又好又快发展。三是把握好"三阶段、六环节",扎实开展好全镇第二批学习实践活动。学习调研阶段,各单位要积极组织学习讨论,开展好调研走访活动。分析检查阶段,各单位要认真召开专题民主生活会和组织生活会,形成高质量的领导班子分析检查报告。整改落实阶段,各单位要制定切实可行的整改落实方案,集中力量解决存在的突出问题。四是精心组织,确保学习实践活动取得让人民群众满意的成效。第一,要加强对学习实践活动的领导,明确各方职责。第二,要统筹兼顾,坚持两手抓、两不误、两促进,确保学习工作协调推进。第三,要高度重视基层组织建设,真正把"抓基层,打基础"的要求落到实处。

# 区人大常务副主任武宁组织召开
# 北照台村对口支山工作会

11月26日,北照台村召开对口支山工作会,区人大常务副主任武宁和区农委、区总工会、区地震局、区园林局等对口支持单位代表以及镇党委副书记、镇长王建等领导出席会议。

会上,北照台村党支部副书记贺德浩就该村2009年的工作、扶贫资金的使用情况以及2010年的发展计划向与会领导作了汇报,支部书记贺长来提出该村明年重点发展民俗旅游的打算,得到各级领导的支持。

区人大常务副主任武宁指出,民俗旅游的发展,要加强硬件和软件的配备,不仅房屋建设要配套,更要加强服务人员素质的培养,村落社会治安、卫生条件等更要做到符合旅游标准,同时应努力找出北照台村的旅游吸引点,利用网上信息发布、新闻发布会等多渠道进行宣传。

各对口支援单位领导表示将一如既往支持北照台村发展,并提出了继续坚持不放松,使村落的净化向更高层次绿化、美化发展的要求。

据了解,北照台村将利用支山资金,整合各方资源,着力打造"江南水乡花园式村庄",为发展民俗旅游铺路搭桥。在支山单位的大力支援下,居于深山的北照台一改封闭落后的"桃源"面貌,硬化路面,建路基挡墙、停车场,改造污水管线等,支持休闲产业发展的基础设施不断完善。进入村庄,青山两岸走,溪水穿村过,一派水乡景致尽收眼底,各项生活设施齐全完备。

目前,村中的民俗户已经开门迎客,受到了市区林业大学等众多高校师生的青睐,建立了部分固定客源关系。该村的发展目标是继续投入硬件设施建设,着力打造“江南水乡花园式村庄”,努力提升民俗旅游的服务质量,从礼仪、卫生、治安等各方面加强软环境建设,促进民俗游向规范化、专业化、品牌化发展。

## 流村镇征兵宣传工作扎实到位

近日,流村镇在流村环岛广场开展征兵宣传活动。针对今冬征兵特点,流村镇精心部署,认真安排,悬挂横幅 2 条,制作展板 8 块,发放《2009 年冬季征兵主要政策规定》、《致全市适龄青年的一封信》宣传材料、宣传折页、画报等 2000 余份。此次宣传活动,在适龄青年和群众中强化拥军意识和依法服兵役意识,增强全镇广大适龄青年及群众依法服兵役、保家卫国的职责意识,激发适龄青年的参军热情。

## 流村镇开展“弘扬法治精神 服务经济社会发展”主题宣传活动

12 月 3 日,流村镇组织开展主题为“弘扬法治精神服务经济社会发展”的大型法制宣传活动。活动主会场设立在流村镇法制宣传教育基地流村镇北流村广场,由镇司法所、政法办、流管办、土地科、社保所共同组成主会场宣传队伍。同时,在全镇 28 个行政村设立分会场,主要负责本村法制宣传活动的开展,分会场组织者由村主任和村专职法制宣传员和义务法制宣传工作者组成。另外,镇政府动用宣传车,在全镇范围内的重要旅游地点和交通繁华地带,巡回开展法制宣传广播。

据统计本次活动共发放法制宣传资料 2700 余份:包括《农民生活常用法律知识手册》400 本、《法制宣传资料》500 本、法制宣传折页 500 份、普法宣传教育光盘 100 张以及政府职能科室法制宣传品 1200 余份。

通过开展"弘扬法治精神服务经济社会发展"主题法制宣传活动,使流村镇掀起人人学法、用法、守法的高潮,有力地促进了全镇各项事业的和谐发展,为加快本镇新农村建设起到了推动作用。

## 流村镇欢送 8 名新兵光荣入伍

12 月 9 日,流村镇召开欢送新兵入伍大会,镇党委书记赵宝东,党委副书记、镇长王建,党委副书记张立红,副镇长、武装部部长张进海等领导班子成员出席会议,8 名新兵及家长参加了会议。镇党委书记赵宝东代表镇党委、政府和全镇人民,向光荣入伍的优秀青年致以热烈的祝贺,向积极支持子女参军的家长表示衷心的感谢。他勉励新兵们在部队中主动接受锻炼,早日掌握保卫祖国、建设祖国的过硬本领,成为军队建设、地方发展需要的两用人才,为家乡增光添彩。

据悉,2009 年流村镇共有入伍新兵 8 名,其中男兵 7 名、女兵 1 名,陆军 1 名、武警 7 名。据悉,他们将奔赴上海、广州、河北、四川等地履行兵役义务,展开人生中新的一页。

## 流村镇通过档案工作晋升市一级考评

12 月 10 日,昌平区流村镇档案管理工作晋升市一级考评会在我镇召开,区档案局副局长卢晓竹,市级考评员杨若飞、刘学梅、王娜,镇党委书记赵宝东,镇党委副书记、镇长王建及镇副职领导,各科科长及兼职档案员参加了会议。

会上,镇党委副书记张立红作了流村镇机关目标管理工作晋升市一级自检报告。为了更好地贯彻《档案法》和市、区有关档案工作的文件精神,进一步推进我镇档案管理的标准化、制度化和规范化建设,全面提高机关档案管理水平,充分发挥档案在经济建设中的作用,更好地为三个文明建设服务,流村镇档案管理工作在1992年晋升市二级的基础上,不断加强档案资料的收集、管理和利用工作,特别是2007年档案室搬入新的办公楼以来,增加了对档案工作的投入,硬件条件达到了市一级的要求。软件上,对照《北京市档案管理升级试行办法》和《北京市区县机关档案管理工作一级考核标准》,重点进行晋升市一级的准备工作。

在区档案局的指导帮助下,镇党委在人、财、物等方面的大力支持下,流村镇档案工作和档案管理水平迅速提高,通过全面、认真、细致的自查自检,达到市一级标准。经过北京市档案管理升级考评组全面的考核,流村镇通过档案工作晋升市一级考评验收。区档案局副局长卢晓竹为我镇颁发一级证书,并对流村镇的档案工作给予了充分的肯定。

会上,镇党委书记赵宝东代表镇党委、镇政府讲话,强调流村镇档案工作在区档案局的支持下、在镇党委的高度重视下一定能够取得更好的成绩。

## 流村镇召开溜石港村、小水峪村支山工作会

12月17日,流村镇召开溜石港村、小水峪村支山工作会,区委副书记王书合,镇党委书记赵宝东,镇党委副书记、镇长王建及区农委、沙河镇、昌平一建、北京天运通房地产开发责任有限公司、亚都室内环保科技公司、区科委、北京光华荣昌汽车部件有限公司、区工联、北京银桥电机厂、新龙商贸集团等对口支持单位领导出席会议。

会上，溜石港村支部书记、小水峪村支部书记分别介绍了本村的基本情况。据了解，两村地处深山区，长期以来发展主要依靠传统第一产业，经济条件落后。在支山单位的大力支持下，两村的基础设施和发展环境持续改观，各项工程稳步推进。2008年，两村共收到支山资金52万元，分别实施了村民房屋防护、增建垃圾房、硬化道路、修建停车场和老年活动中心等改善发展环境、促进产业升级的惠民工程建设。下一步，两村将重点发展铁梨种植、养蜂业，建设核桃、杏扁基地等拉动村域经济快速增长的特色产业。与会支山单位肯定了两村农业规模化、产业化发展模式，并表示将继续加大援助资金投入力度，支持村域经济自身的发展壮大，促进山区农民持续增收。

区委副书记王书合强调，经过支山单位和溜石港村、小水峪村的不懈努力，两村支山工作取得明显成效。在进一步完善基础设施的同时，要找准产业定位，拓展工作思路，结合两村的优势特色做文章。希望溜石港和小水峪两村紧紧抓住区委、区政府出台的相关政策，发展林果业、旅游业这些适合本村发展实际的特色产业，不断提高农民的生活水平。希望各对口单位结合自身优势，继续为对口村提供资金、智力等多方面的支持。

## 流村镇召开农村党支部换届选举动员部署会

12月28日，流村镇召开农村党支部换届选举动员部署会，镇党委书记赵宝东、镇人大主席韩国玲、镇党委副书记张立红等领导班子成员出席会议。镇党委副书记张中武主持会议。28个行政村支部书记、副书记、大学生村官，机关包村干部参加了会议。

会上，镇党委副书记张立红对全镇农村党支部换届选举工作进行了部署，传达了《流村镇关于村党支部换届选举工作的实施方案》，就此次换届选举工作的重要意义、指导思想、目标要求、时间安排、组织领导等进行了安排部署。此次村党组织换届选举工作从

2009 年 12 月开始,到 2010 年 2 月底完成,共分三个阶段:准备动员阶段(2009 年 12 月 18 日—12 月 30 日)。研究制定村党支部换届选举工作方案和村党支部换届选举办法,成立换届选举领导小组和工作机构,制定工作预案,整顿软弱涣散村党支部,加强宣传引导,化解矛盾,为换届选举做好准备。组织实施阶段(12 月 31 日—1 月 26 日)。按照选举办法,做好民主推荐、确定候选人初步人选、组织考察和正式选举等相关环节工作,选举产生新一届村党支部班子成员。后续工作阶段(1 月 27 日—2 月底)。做好换届选举的总结工作和新老班子的交接工作。及时组织开展新一届村党支部班子成员培训,提高履职能力,为村委会换届选举奠定良好的基础。

镇党委书记赵宝东在会上强调了三点意见:

一是认清形势,提早谋划,充分把握村两委换届选举工作的重要意义。做好村两委换届选举工作,是贯彻落实党的十七届四中全会精神,加强农村基层组织建设,夯实党在农村执政基础的需要。做好村两委换届选举工作,是全面落实科学发展观,建设社会主义新农村,打造"生态山镇、古韵流村"的重要保证。做好村两委换届选举工作,是扩大党内民主,坚持人民民主,推进农村基层民主政治建设的重要实践。

二是立足发展,保持稳定,努力完成全镇村两委换届选举工作任务。一是要盯住目标不放松。开展村两委换届选举,目的是要选出一支群众公认、符合时代要求的农村基层干部队伍。二是要统筹协调稳推进。村党支部换届选举工作正值岁末年初,在时间上与全镇第二批深入学习实践科学发展观活动基本重叠。要把这几项工作有机结合起来,通盘考虑,统筹谋划,协调推进。三是要宣传引导制造氛围。各村要把宣传引导工作贯穿于换届选举工作全过程,根据此次换届选举的宣传提纲,结合各自实际,充分利用多种宣传方式。四是要突出重点搞选举。把做好重点难点村的换届选举工作摆在突出位置,建立重点难点村整顿台账,梳理出这些村存在的主要问题和在换届选举中可能出现的情况,做到"一村一策"。五是要提高素质强保障。必须严格把握村两委成员候选人的标准。同时,要进一步拓宽选人渠道。要立足于"本村选",鼓励农村致富能手、复转军人、回村大中专毕业生、特别优秀的大学生"村官"积极参选。对于没有合适村党支部书记人选的村,要从长远考虑,积极做好村内后备人才的培养工作,为建设社会主义新农村提供坚强的智力支持和人才保障。六是要确保稳定促发展。在搞好村两委换届选举的同时,要切实抓好"保发展、保民生、保稳定"工作,做到两手抓、两手硬。

三是加强领导,精心组织,确保村两委换届选举工作平稳有序进行。各村党支部是此次村两委换届工作的责任主体,要加强对本村工作的领导,精心组织、周密安排,统一部署、规范操作,集中时间、集中精力做好工作。

要注重发挥党支部和党员的作用。在村两委换届选举中,党支部要发挥领导核心作用,党员要发挥先锋模范作用。特别是在村民选举委员会的组建中,村党支部班子成员和广大党员按照民主程序参选村民选举委会员成员,提倡将村党支部负责人推选为村民选举委会主任,使村委会选举始终在党的领导下有序进行。

## 民革组织向高崖口中心小学赠送书刊

近日,民革组织领导一行冒雪到我镇高崖口中心小学开展送书刊活动,为那里的小学生送去《作家文摘》、《三国演义》等书籍,为退休教师送去《团结报》并为他们长期免费订阅。市统战部、民革北京市委、昌平区统战部、昌平教委、流村镇、民革昌平支部等领导参加了活动,并与高崖口中心小学校长、退休教师、部分师生进行了座谈。

据了解,民革昌平支部成立1年来,曾2次到流村地区考察,此次送书刊活动为了表达对老区人民的敬重,提醒自己牢记历史,时刻怀有感恩之心,同时也想以此次活动为契机,激励支部党员在今后工作中做好本职工作,利用自身所长为老区的发展贡献力量。

## 流村镇举办首届"春雨杯"森林防火知识竞赛

为进一步提高全民防火意识,加强森林防火宣传教育,最近流村镇举办首届"春雨杯"森林防火知识竞赛。各村生态林管护人员经过预赛,8支代表队最终进入决赛。比赛题目分必答题、趣味抢分题、抢答题三种,题面防扑火知识广泛。在比赛过程中,各代表队充分发挥实力,竞赛激烈。由于各村对这次竞赛活动给予高度重视,各参赛队的队员准备充分,这次森林防火知识竞赛取得圆满成功。最后,禾子涧村获得一等奖,溜石港村获得二等奖,马刨泉村获得三等奖。

通过举办这次森林防火知识竞赛,增长了生态林管护员的森林防火知识,提高了防扑火和自我安全保护技能,为更好地保护好流村镇的森林资源安全打下了坚实的基础。

## 区计生委领导到流村镇座谈研讨

近日,昌平区计生委副主任邱少强带领法制、协会、业务科等科室人员到流村镇进行座谈研讨。镇长王建和计生办公室人员参加座谈。南流村、韩台村、菩萨鹿村书记及派出所、卫生院、社保所、社会事务科参加此次研讨并由书记介绍了本村基本情况和困扰基层计划生育工作的问题。计生办王学仕主任向区领导汇报了我镇2009年计划生育工作以及存在的问题。区计生委邱少强主任就流村镇在地理环境特殊,客观因素存在的条件下2009年在计划生育方面做了大量工作给予了充分的肯定;对政府各部门与计划生育工作的紧密配合表示赞赏;对村级领导重视支持基层计划生育工作表示感谢。镇长王建对区计生委领导的到来表示欢迎,对他们支持流村镇计划生育工作表示感谢,希望这种支持一如既往。

## 镇妇联举办农村妇女劳动力手工编织培训班

流村镇妇联利用农闲时间,组织镇域内农村妇女开展手工编织培训班,近日邀请昌平退干中心刘绍贤老师,为来自28个村的150多名妇女进行了培训,此次培训按照讲解—示范—实际操作—讲评的模式进行系统教学。

通过一周时间的集中培训和系统的实际操作,学员们已能够掌握基本的"中国结"编织技巧,并能充分发挥妇女特有的灵感,将普通的彩线变成惟妙惟肖的同心结、蝴蝶结、拖鞋、手袋等多种结艺手工制品,让农村妇女在掌握一门就业和致富技能的同时,扩大农村妇女的就业空间,并提高流村地区旅游的知名度,吸引更多的观光游客。

## 流村镇领导到马刨泉村慰问困难群众

2010年春节将至,为了让困难群众都过上一个欢乐的新春佳节,流村镇积极组织开展走访慰问"一帮一"困难群众活动。1月12日,在村两委干部的陪同下,镇人大办公室主任暴玉金带着镇党委书记的问候来到马刨村慰问"一帮一"困难群众,详细询问他们的生活情况,与他们零距离交心、谈心,表示将努力帮他们解决生产、生活中遇到的各种困难和问题。

## 流村镇召开黑寨村、漆园村社会对口支山工作会

2010年1月13日,流村镇召开黑寨村、漆园村社会对口支山工作会、区工商联、区审计局、立海百强装饰有限公司、龙城丽宫国际酒

店、北京神雾热量技术有限公司等对口支援单位领导以及镇党委副书记张中武等领导出席会议。

会上,黑寨村、漆园村支部书记分别就各自村2009年的工作、扶贫资金的使用情况以及2010年的展望向与会领导做了汇报。

据了解,2010年漆园村计划完成创建国家级生态村的规划编制和整体申报工作、大力发展林下经济,组建柴鸡养殖协会,发展柴鸡蛋养殖,发展以香椿为主的森林及其产品加工。

各对口支山单位领导表示,将根据各自的优势,对两个村的发展提供资金、项目、智力等多方面的支持。与会领导对两个村的发展思路表示肯定,强调村子发展要使企业发展与村庄发展相结合,找到结合点,走双赢路线。

## 区计生委领导慰问流村镇独生子女家庭

2010年1月18日昌平区计生委副主任邱少强及法制科、宣传站领导在流村镇计生办工作人员的陪同下到上店、南流村、西峰山等五户受到意外伤害的独生子女家庭进行慰问。计生委领导询问了独生子女家庭的生活情况,希望他们树立生活的信心。同时,给他们带去1000元的慰问金及两桶色拉油等慰问品并祝独生子女户家庭全家春节愉快。通过走访慰问和帮扶救助活动,使计划生育困难家庭亲身感受到党和政府的温暖,体现了计生国策的优越性,进一步激发广大群众实行计划生育的自觉性和自豪感。

## 团区委领导慰问困难学生

2010年1月28日,团区委副书记李坤一行来到流村镇白羊城村周露妍、古将村王立军家中,分别为他们送去了价值1000元的节日礼品及春节慰问金。李书记详细询问了学生们一年来的学习情况,鼓励他们继续努力学习,并向他们提出了新一年的学习要求,学生也向李书记表示自己会更加努力学习,要以更优异的学习成绩来报答各级领导对自己的关心。学生家长看到团区委领导的到来,心情十分激动,表示自己会给孩子创造更好的学习生活环境,不会辜负党和政府对孩子的期望。据了解,今年团区委加大了对贫困生的救助力度,更进一步的减轻了贫困青少年家庭的生活负担。

## 流村镇各村完成村党支部换届选举工作

截止到 2010 年 1 月 31 日,流村镇 28 个行政村全部完成村党支部换届选举工作。全镇共有 28 个村党支部,党员 1122 名,实际参加民主推荐党员 942 名,应参加选举的党员 951 名,参加选举正式党员 937 名,占应参加会议正式党员的 98.5%。村民户代表推荐采取入户的方式进行,全镇共有 4956 名户代表参与民主推荐,占应参加推荐户数的 81.9%。

新一届支部委员会共有支部委员 86 人,其中男性 63 人,女性 23 人。支委平均年龄为 45.1 岁,其中 35 岁以下的 7 人,35—45 岁的 29 人,46—50 岁的 32 人,51—60 岁的 17 人,61 岁以上的 1 人。支委中具有大专及以上学历 35 人,高中专学历 31 人,初中学历 20 人,有 12 个村原套班子实现连任,62 名支委实现连任。共选举出新一届支部书记 28 人,其中 18 名支部书记实现连任。支部书记平均年龄为 45.2 岁,其中 35 岁以下的 2 人,36—45 岁的 10 人,46—50 岁的 10 人,51—60 岁的 6 人;大专及以上学历 18 人,比上届增加 9 人,高中专学历 6 人。

从以上选举结果可以看出,新一届村党支部班子在文化程度方面较上届有了较大提高,一批"一好双强"和群众公认的优秀人才进入了村党支部领导班子。在提高支部班子的整体素质的同时,也达到了组织、党员、群众"三满意"的效果,为把村党组织建设成为积极发展农村经济、培养新型农民、带领群众致富、维护农村稳定的坚强领导核心打下了坚实的基础。

# 流村镇召开2009年度防治
# 重大动物疫病工作总结表彰会

2010年2月2日,流村镇召开2009年度防治重大动物疫病工作总结表彰会,区农业局副局长罗桂河,区疫控中心主任姚立军,动物监督检验所所长康德柱,镇人大主席韩国玲,武装部长、副镇长张进海,动物卫生防疫站站长杨秋生出席会议。来自各村的动物防疫员参加了会议。

会上,镇动物卫生防疫站站长杨秋生对2009年的工作作了总结,镇人大主席韩国玲宣读了《流村镇防治重大动物疫病指挥部对获得2009年度流村镇防治重大动物疫病工作的先进个人进行表彰的决定》,授予南流村艾东明等10位同志"流村镇2009年度动物防疫工作先进个人"荣誉称号。领导们为先进个人代表颁发了荣誉证书。

西峰山村动物防疫员李瑞清、韩台村动物防疫员韩瑞新分别作了典型发言。会上,镇武装部长、副镇长张进海代表镇防治重大动物疫病指挥部向各位动物防疫员提三点希望:第一,进一步提高责任意识。我们的工作是否认真、是否扎实、是否严格,将直接关系到我们防控工作的成败。责任意识强是做好工作的基础。第二,努力提高业务素质。多学习一些防疫知识,多掌握一些基本操作方法,对于我们做好这项工作能起到极大的促进作用。第三,勇于创新工作方法。不断总结,不断创新,创新是发展的必然要求。

区农业局副局长罗桂河作了讲话,他肯定了流村镇在2009年度的动物防疫工作,切实加强对动物防疫工作的领导,认真落实动物防疫责任制,坚持依法防控,科学防控,扎实有效地落实各项动物防疫措施,积极推进兽医管理体制建设,程序化的强制免疫、监督工作力度不断加大,全体动物防疫检疫人员,不辞辛劳,勤奋工作,为保护人民生命财产安全,保障国庆 60 周年大庆做出了突出贡献,实现了流村镇动物防疫零疫情的工作目标。希望全镇动物防疫工作人员要以先进为榜样,在今后的动物防疫工作中,为确保新的年度全镇不发生重大动物疫情而努力奋斗。

## 区委常委、组织部长李良主持召开
## 马刨泉、新建村对口支山工作会

2010 年 2 月 5 日,区委常委、组织部长李良到我镇马刨泉村和新建村调研新农村建设,并主持召开两村对口支山工作会,镇党委书记赵宝东陪同调研。

会上,区委常委、组织部长李良听取了马刨泉村和新建村支部书记关于两村新农村建设情况、2009 年对口支山资金使用情况以及 2010 年的工作规划情况汇报。马刨泉村位于昌平、门头沟及河北怀来三地交会处,平均海拔 700 米以上,山地宽广,植被茂盛。村民收入主要来源于外出务工和农副产品销售等。2009 年人均纯收入为 5237 元,虽然较往年有所增加,但仍然低于我区农民的人均纯收入。在马刨泉村,李良翔实地调研了村里的建设发展情况,并就如何继续推动村中的产业发展提出了具体的意见和建议。

新建村位于流村镇政府西侧 2 公里处,按照我区一花三果的发展思路,新建村建设百合大棚 46 栋,解决村民就业 20 人,是流村镇的百合种植基地。村中大力发展清洁能源,建起了秸秆气化站,完成了污水处理工程,生产生活条件得到很好的改善。2009 年村中人均劳动所得 6015 元。

据了解,目前对口支山工作已经进入第九年,在各支山单位的大力援助下,地处深山、经济困难的马刨泉村和新建村发生了巨大的变化,农民收入稳步提高,生活环境大为改善,各项惠民工程加速推进,村容村貌焕然一新。两村将利用支山资金,完成村内环境建设、污水处理、硬化街道、建防洪护坡等工程建设,同时重点发展薄皮核桃、仁用杏、百合种植,建设采摘观光园,依托"一线天"、"拴马桩"等历史古迹、开发登山旅游项目。

对口支援单位区农委、区财政局和福田汽车有限公司负责人纷纷表示,一定会继续全力支持两村的发展建设,并就两村建设规划提出了各自的意见和建议。区委常委、组织部长李良作了重要讲话,他强调各项支山资金主要投入到改善民生的基础设施建设中,取得明显成效,今后应该把有限的支山资金配置到产业发展上来,用活市、区两级政府建设沟域经济的利好政策,学习借鉴区内外好的发展经验,把资源、资金、人才和市场有机结合起来,吸引外部社会资金注入,依靠优势产业实现山区经济的跨越式发展。

## 流村镇做好烟花爆竹销售网点安全检查工作

2010年2月7日,副镇长黄进国、镇派出所副所长工艳明、镇政法办主任韩金玲带领镇城管大队队员对镇西峰山北庄国明商店(地处北庄村)、流村宝明铝合金销售部(地处流村环岛)两家零售网点进行实地检查。镇西峰山北庄国明商店销售网点内制度、安全提示标识上墙,灭火器2个,库房内存烟花爆竹25箱,销售人员会使用灭火器,未发现违规烟花爆竹。其存在问题是1个灭火器未年检。宝明铝合金销售部制度安全提示标识上墙,安装防爆灯1个,灭火器2个,销售人员2人会使用灭火器,未发现违规烟花爆竹。其存在问题是灭火器数量不足,沙子不足。经复查,灭火器增至2个。

另一零售网点地处流村镇老峪沟地区,因下雪车辆不通,委派其零售网点所在地村委会工作人员进行检查,并将《北京市安全生产监督管理局关于加强烟花爆竹零售网点安全工作紧急通知》发放各网点,进行张贴警示。老峪沟地区销售点以传真方式发给零售网点所在地村委会,由村委会工作人员进行发放张贴。

# 副区长金晖主持召开上店村、
# 高崖口村对口支山工作会

2月25日,流村镇召开上店村、高崖口村对口支山工作会,副区长金晖和区农委、区市政管委、环保局、昌平职业学校、三一重机、坦克六师等支山单位代表以及镇党委书记赵宝东等领导出席会议。

会上,上店村、高崖口村支部书记分别作了本村的情况汇报以及工作计划。高崖口和上店村都属于山区村,村内产业基础薄弱,通过几年来对口支山活动,村容村貌和经济产业逐步发展。2009年,两个村分别完成了街道硬化、村庄绿化、污水整治、旱厕改造等工程,上店村还被评为北京市生态文明村。

据了解,在区农委、区市政管委、区环保局、坦克六师、三一重机有限公司、昌平职业学校、北京八仙房地产公司、北京天鸿嘉诚房地产公司、泰福恒投资发展公司、环鼎科技有限公司、中电智能卡公司等支山单位的大力支援下,两村围绕生态屏障、水源涵养和休闲度假的功能定位,积极改善生态环境、带动产业发展、促进农民增收。上店村通过环境改造,形成村东工业园、村北观光采摘农业区、村南休闲产业区的环境友好型发展格局;高崖口村投入资金建设了村中景观公园和健身园,退耕还林460亩,村容村貌得到极大改善。两村在生态经济的带动下,农民人均收入实现了快速增长。

会议指出,按照保障性基础设施,优化村容村貌,到带动产业发展的支山思路,下一步将结合村域经济特色,加强两村环境建设,充分尊重村民意愿,加强引导,把村容美化和农民经济利益相结合,指导两村申报全国生态建设示范村。区市政管委、环保局、昌平职业学校、三一重机、坦克六师等支山单位表示将一如既往地发挥特长,支持山区建设。流村镇负责人表示,将把对口支山资金用在刀刃上,用在解决农村发展中存在的切实问题上,为村庄自身发展打牢基础,逐步发展产业,变输血为造血。

副区长金晖强调广大山区村在城市发展进程中发挥着生态屏障、水源涵养等重要作用,平原地区单位在发展的同时要反哺山区,下一步要从保障性基础设施建设向美化山村,发展产业转变,发挥山区生态优势,加快生态文明村建设,加快产业发展,借助支山单位的帮助,创造新的发展。

## 流村镇开展纪念"三八"妇女节一百周年活动暨巾帼标兵经验交流会

3月4日,流村镇召开纪念"三八"国际劳动妇女节100周年暨巾帼标兵经验交流会。区妇联副主席郑亚会,镇党委书记赵宝东,党委副书记、镇长张中武,人大主席韩国玲,党委副书记张立红,纪委书记史功歧,常务副镇长王志强,宣传委员时桂荣,副镇长黄进国等领导出席会议。来自全镇28个村妇代会主任、巾帼志愿者服务队全体成员150余人参加了会议。

妇联是一个群众组织,妇女工作是整个群众工作的重要组成部分。多年来,镇妇联及基层妇代会紧紧围绕妇联"五好文明家庭"创建、"双学双比"、"巾帼建功"等主体活动,结合本镇实际,开展了系列活动,在活动中也涌现了许多先进典型。胡爱民、邢军凤、刘春梅、张春花、葛玉丽、陈秀萍、李淑娥、张秀丽、陈风华等29名同志荣获"流村镇巾帼标兵"荣誉称号。

会上,妇女同志们观看了"道德模范——谢延信"视频节目,聆听了流村镇巾帼标兵代表典型发言。上店村邢军凤以《为亲人付出我无怨无悔》为题、小水峪村赵金荣以《转变观念 走出家门 用自己的双手实现自身价值》为题、瓦窑村郭小平以《婆婆也是妈》为题、北流村李淑娥以《付出得多计较得少　这就是福　也是我们所有巾帼志愿者的快乐》为题分别进行了典型发言,与在座妇女同志们进行交流学习。

最后,区妇联主席郑亚会作了重要讲话,她要求全镇广大妇女同志要全面提高素质,在三个文明建设中建功立业。镇妇联及基层妇代会组织要紧紧围绕"三创"目标,深化妇联的三大主体活动。立足"创造新岗位",为农村妇女就业提供服务。立足"创造新生活",为创业妇女发展进步服务。希望全镇妇女,紧紧团结在镇党委周围,振奋精神,开拓进取,充分发挥妇女"半边天"作用。

## 流村镇召开第三届人民代表大会第九次会议

3月20日,流村镇召开第三届人民代表大会第九次会议。镇党委书记赵宝东,党委副书记、镇长张中武,人大主席韩国玲等领导班子成员以及51名镇人大代表出席了会议。会议审议并通过镇政府工作报告、镇人大主席团工作报告、镇2009年财政预算执行情况和2010年财政预算草案的报告。

代表们认真听取了张中武代表镇人民政府所作的政府工作报告。报告回顾了过去一年工作中取得的成绩和不足,并对今年的工作做了安排部署。

报告立足流村镇的实际,确定了2010年流村镇总的指导思想是:认真贯彻区委三届九次全会精神,践行科学发展观,落实区委"一三四七"工作思路。以生态建设为主线,以富民强镇为目标,以重点项目建设为支撑,以"沟域经济建设"为契机,积极探索生态产业发展。为顺利实现"十一五"规划目标,建设一个生态条件良好、社会环境稳定、经济平稳发展、人与自然和谐相处的新流村而努力。

着重抓好以下七项工作:

一是建机制、聚合力,保持经济平稳增长。推动农业精品化,扩大特色优质农产品种植规模。培育经济增长点,不断增强镇域经济实力。加大投资力度,提升旅游服务水平。

二是抓规划、重实效,加快新农村建设。以规划建设统揽新农村建设的全局。今年要做好两大规划编制工作,即"十二五规划"和"流村镇沟域经济发展规划"。目前,"十二五规划"已经完成大纲编制工作,计划6月底完成整体规划编制工作。加快重点工程建设。继续做好2009年新农村建设工程的扫尾工作。积极推进流村小城镇中心区建设,筹备土地一级开发的前期准备工作。

三是树典型、带全局,加强整体环境建设。继续抓好村庄环境整治和治"三乱"工作。继续完善健全环境建设的长效机制。

四是促投资、重协调,强化公共服务。继续加大公共服务投资力度。努力做好村委会班子换届选举工作。

五是倾全心、想民生,努力构建和谐社会。关注弱势群体。穷力做好富余劳动力就业工作。认真抓好村级社保队伍建设。努力做好安全稳定工作。

六是重服务、赢民心,建设人民满意的服务型政府。坚持工作体制机制创新,提高政府工作效能。牢固树立服务群众、服务发展的大局意识。

七是聚力量、谋长远,探索生态产业发展。研究沟域经济发展与全镇整体功能定位相结合的问题,要努力实现通过沟域开发带动全镇产业快速发展的目的。

镇人大主席韩国玲作了人大工作报告。2010年镇人大将重点做好四项工作:一是坚持科学发展,贯彻落实区委三届九次会议和区三届人大五次会议精神,进一步加强民主政治建设。二是围绕"发挥代表作用,提高审议质量"主题活动,开展代表工作。三是落实科学发展观,围绕"保增长、保民生、保稳定",加强法律监督和工作监督。四是贯彻落实市人大工作会议精神,进一步加强人大自身建设。韩主席指出,镇人大主席团将加强人大自身建设,发挥其职能作用、代表作用等,为积极推进全镇经济社会的协调发展,构建和谐社会发挥积极作用。

最后,镇党委书记赵宝东作了重要讲话,强调 2010 年是实施"十一五"规划的最后一年,也是承启"十二五"发展的关键一年。做好今年的工作,任务艰巨,意义重大。今年,镇党委、镇政府确定"两个 10%,一个 8%"的目标,即:全年税收增长 10% 以上;财政收入增长 10% 以上;农民人均纯收入增长 8% 以上。

围绕这个目标,今年我们主要做好以下工作:一是把握机遇,确保经济平稳增长。按照区委"强二优三精一"思路,继续落实"一花三果"战略,着力发展设施农业,重点抓好百合种植和苹果提质增效工程,促使早投产、早见效;鼓励发展创意农业和林下经济,探索农副产品深加工,力推精品和特色;促进农业专业化合作组织有效发挥作用。二是强化基础,加快新农村建设。编制"十二五规划"和"沟域经济发展规划",用规划统领全局;加快重点工程建设,促使整体推进;继续落实"148"文件和"五步法",完善项目、资金管理制度,提升民主管理水平;加快农村改革步伐,全面启动产权、林权制度改革,促进农村发展。三是挖掘优势,促进生态环境建设。结合"环境建设年",继续抓好环境整治各项工作,营造整洁优美环境;建立健全卫生长效机制,有效发挥环卫中心和垃圾中转站作用;实施白羊沟生态修复,加大土地矿产资源管理力度,保护生态环境;探索沟域经济发展,确立生态产业发展地位。四是注重民生,努力构建和谐社会。继续关注弱势群体,落实各项惠民政策,努力解决劳动力就业,加强社保队伍建设,积极化解矛盾纠纷,维护社会安全稳定,不断提升公共服务水平,完成村委会班子换届。五是创新工作。打造强有力的战斗队伍。继续推进党建工作创新,加大对党员的教育、培训和管理力度,调整和优化村两委班子,加快工作人员作风转变,促使党员干部廉洁从政,依法执政。

## 延庆县千家店镇人大代表来瓦窑参观考察

3月24日，由延庆县千家店镇镇长黄金龙、镇人大主席乔雷、镇组织委员任秀莲、镇政府办主任刘秀忠四位领导带领的千家店镇人大代表团一行40余人来到瓦窑村进行参观考察。瓦窑村党支部书记邢如意、村委会主任邢全普、支部副书记邢瑞府陪同参观考察，双方就乡村旅游发展、沟域经济发展、新农村建设等问题进行了相互交流。

千家店镇镇长黄金龙说："今天邀请各位人大代表来到昌平区瓦窑村参观，就是要让咱们各位代表开阔眼界，为咱们千家店镇今后发展当好参谋，献计献策。通过参观，瓦窑村的建设发展确实给了我们很大的启发。特别是在沟域经济发展上，要比我们做得好。我们也有沟域发展，如何打造我们的百里山水画廊，加快旅游业发展，瓦窑村的发展经验是很值得我们学习和借鉴的。"

瓦窑村党支部书记邢如意讲话说："我没有去过千家店镇，但据说你们那里的生态环境保护得很好，你们的乡村旅游搞得也不错，这都是你们的优势。你们的百里山水画廊开发建设，对你们的乡村旅游一定能够起到积极的带动作用。今天作为我们双方，我认为我们应做到优势互补，互相学习，互相借鉴好的做法，好的经验，让我们共同发展。并希望通过今天的参观多给我们提一些意见和建议。我真诚邀请各位领导、各位代表有时间常来我们瓦窑光临指导。"

## 流村镇召开共青团流村镇第三次代表大会

3月25日，流村镇召开共青团流村镇第三次代表大会，团区委副书记李坤，镇党委副书记、镇长张中武，党委副书记张立红等领导出席会议，50名代表参加了会议。

会上,沈国强代表共青团流村镇第二届委员会作了题为《求真务实开拓创新团结广大团员青年构建团工作新局面》的工作报告,报告总结了近五年来流村镇团委在服务党政中心工作,服务青年成长成才,加强基层团组织建设等方面的工作情况及成效,并对流村镇未来五年的共青团工作进行了规划。

参加共青团流村镇第三次代表大会的与会代表听取和审议了工作报告。选举产生了沈国强等5人为共青团流村镇第三届委员会委员,沈国强当选为新一届流村镇团委书记,选举了沈国强等6人出席共青团昌平区第三次代表大会。

会上,镇党委副书记、镇长张中武代表镇党委对全镇的共青团工作及各位代表提出四点希望和要求:一是要以"三个代表"重要思想教育为核心,进一步深化青年思想政治工作。全镇广大团员青年要努力学习现代科技文化知识,不断提高劳动技能和创造技能,勇敢地迎接新技术的挑战,做先进生产力发展要求的代表。各级团组织要运用青年易于接受的方式方法,采取青年喜闻乐见的形式和载体,不断增强思想政治工作的针对性和实效性。

二是要围绕中心、服务大局,带领青年积极投身流村镇现代化建设的主战场。各级共青团组织要进一步发挥"党有号召、团有行动"的光荣传统,团结带领全镇广大青年,为流村镇的现代化建设再立新功。

三是要大力加强共青团干部队伍建设。广大团干部要切实改进工作作风和工作方法,结合镇党委中心工作和青年实际,认真调查研究,掌握情况,分析问题,提出对策,解决矛盾,拓展青年工作的新领域。加强和巩固团的基层组织建设,适应社会主义市场经济发展的要求,积极探索"独立建团"、"联合建团"的团建工作新模式,实现共青团组织的无缝覆盖,增强基层团组织的活力和影响力。

最后,团区委副书记李坤作了重要讲话,她代表团区委对流村镇各级团组织、团干部、广大团员青年提出了三点希望:一是各级团组织要立足增强基层组织活力,在推动自身建设上实现新发展;二是共青团干部要认清形势,切实增强政治责任感和历史使命感;三是共青团员要凝心聚力,真正成为流村镇各项事业发展的生力军和突击队。

大会在隆重庄严的气氛中举行,通过民主投票选举,选举产生了新一届共青团流村镇第三届委员会委员和出席共青团昌平区第三次代表大会代表,圆满完成了各项议程。

## 流村镇召开 2010 年度工作会

3 月 29 日,流村镇召开 2010 年度工作会。镇党委书记赵宝东,党委副书记、镇长张中武,党委副书记张立红等领导班子成员出席会议。机关科级以上干部、28 个行政村"两委"干部、部分站所负责人参加了会议。

会上,镇党委副书记张立红就组织工作进行安排部署,纪委书记史功歧就党风廉政建设工作进行安排部署,党委宣传委员时桂荣就宣传思想工作进行安排部署,党委委员、常务副镇长王志强就土地管理、产林权制度改革和人口普查工作进行安排部署,党委委员、武装部长、镇政府副镇长张进海就农林、旅游、新农村建设等工作进行安排部署,镇政府副镇长黄进国就安全生产、综合治理、环境整治等工作进行安排部署。

最后,镇党委书记赵宝东作了重要讲话。

一是认清形势,抢抓机遇,把行动统一到全镇经济社会发展目标上来。2009 年,镇党委、镇政府团结带领广大干部群众,扎实工作,不懈奋斗,全镇经济社会发展继续保持平稳较快态势,这为今年的发展奠定了坚实基础,创造了十分有利的条件。尤其通过深入学习实践科学发展观,我们的眼界更加开阔,谋虑更加深远,经验更加丰富,全镇发展站在了一个全新的起点。全区确定的"两个 10%、一个 8%"发展目标,为流村发展提出了新的更高要求。加快"生态产业"

和"沟域经济"发展，需要经过长期而艰巨的探索和努力。区委、区政府和全镇人民，对我们调整产业结构、创新发展环境、优化公共服务充满了新的期待。我们必须切实增强责任感和紧迫感，继续发扬奋发向上的精神，打好机遇抢夺战和攻坚战，加快推进各项工作的落实。

二是振奋精神，狠抓落实，大力营造全镇干事创业的良好氛围。一是要克服怕苦畏难情绪。二是要发扬团结协作精神。三是要大兴求真务实之风。面对今年的繁重任务，要靠大家真干、实干、苦干，要以实实在在的行动，贯彻落实党委、政府的各项部署。

三是加强领导，创新机制，全力以赴保持经济发展与社会稳定。首先要加大干部教育培训力度。要继续加大对干部的教育培训力度，通过多种形式、多种手段，提高学习领悟的能力，培养干事创业的素质，树立清正廉洁的作风。其次要健全完善督查考核机制。为促进工作落实，镇党委将进一步加强督查考核力度，建立督查工作长效机制，完善工作绩效考核体系，确保干得好的有奖励，干得差的有惩罚，充分调动工作的积极性。再次要严肃查处违法违纪行为。对于各类违法违纪行为，镇党委、镇政府将予以坚决查处，决不姑息。

## 流村镇开展庆祝《北京市法律援助条例》实施一周年活动

近日，流村镇司法所、残联、妇联、共青团等部门在文化广场联合开展了庆祝《北京市法律援助条例》实施一周年主题宣传活动，进一步宣传法律援助相关知识，扩大社会影响力，积极争取全社会对法律援助工作的支持。近千名群众参加了此次宣传活动，他们纷纷向工作人员咨询相关法律问题。活动期间共发放各种宣传材料3000余份，现场解答法律咨询60余人次。

据了解，《北京市法律援助条例》实施一年来，镇司法所与镇残联、妇联紧密合作,分别建立了"妇女法律维权岗"和"残疾人法律维权岗",共同为残疾人和生活困难的妇女提供代书、诉讼、非诉调解等各种形式的法律援助70余人次,有效维护了他们的合法权益,为构建和谐社会做出了积极的贡献。

# 镇团委组织青年团员参观中国科技馆新馆

4月1日,流村镇团委组织青年团员来到中国科技馆新馆参观。中国科技馆新馆位于北京国家奥林匹克公园中心区内,南侧距"鸟巢"一箭之遥,占地4.8万平方米,建筑规模10.2万平方米。

团员们分别参观了"华夏之光"、"探索与发现"、"科技与生活"、"挑战与未来"四个主题展厅,看到了中国从古到今科学技术的发展历程。"华夏之光"主题展厅中,涵盖了古代医学、农业、手工业、天文、矿业等各方面的展示,让团员们直观地了解到古代科学技术的发展。步入"探索与发现"展厅,三具恐龙化石映入眼帘,其中有27米长的中侏罗纪世界最大的恐龙阿纳川街龙、7.1米长的"中华第一龙"许氏禄丰龙和7米长的罕见的肉食恐龙中国双脊龙。这个展厅向人们展示了细胞学、声学、光学、化学等近代科学技术的发展进程。"科技与生活"展厅中展示出了现代工业、机械等技术在生活中的应用,充分展现了科学技术是第一生产力的理念。展厅中的另外一个重要部分是保护环境,维护生态平衡,提醒人们要爱护大自然,保护我们生活的环境。"挑战与未来"展厅中向人们展示了航天航空等高端科技内容,让我们看到现代科技发展的成果,体会到了科技带给世界的变化。

科技馆新馆包含的内容丰富多彩,涉及面广阔,让前来参观的团员们应接不暇,更增长了不少科技知识。现在我国正处在和平崛起的重要阶段,社会各方面都在飞速发展。在农村,更是掀起了一股建设社会主义新农村的浪潮。青年团员表示要抓住机遇,不断学习,利用掌握到的先进技术改造农村,发展农村,富裕农村,为新农村建设贡献自己的知识和力量。

## 流村镇举办保密工作培训班

为强化安全保密意识,做好新形势下的保密工作,4月2日,流村镇举办了保密工作培训班,全镇各村党支部副书记、档案员、村官及全体机关工作人员参加了培训,培训班邀请区委保密办公室主任王涛讲课。王主任就做好新形势下保密工作及现代化办公需要注意的安全等问题进行了详细的讲解和介绍,并列举了大量翔实的案例。通过培训提高了全镇人员的安全保密意识,以此推动流村镇保密工作的开展。

## 中国农科院专家为蜂农培训解难

4月2日,流村镇举办养蜂技术培训会,邀请来自中国农科院研究所的专家为流村镇高崖口蜂产品合作社的八十余名养蜂专业户进行培训。

流村镇有着得天独厚的自然资源优势,良好的生态环境和自然植被为养蜂业提供了极为丰富的蜜粉源植物。近年来,蜂蜜产业快速兴起,涌现了多家养蜂专业户。但就养蜂技术而言,仍还停留在粗放式的养殖水平上,产业形不成规模,效益得不到最大体现。

课堂上,中国农科院蜜蜂研究所研究员、国家蜜蜂饲养专家韩胜明紧紧围绕蜂产品安全的重要性、蜂蜜安全的生产要求、蜜蜂禁止使用的药物、如何生产合格的蜂蜜、蜂产品加工过程的产品安全性控制、食品质量安全市场准入的必备条件六个方面展开了生动的讲述和演示。蜂农们个个全神贯注,热情高涨,踊跃提问,现场气氛热烈。

此次培训,养蜂专业户们获益匪浅,纷纷表示希望能多有几次这样的培训。

## 区政协"四下乡"服务活动在白羊城村举办

为进一步普及文化、科技、卫生、法律知识,丰富山区群众的文化生活,加快社会主义新农村建设,为昌平打造商务花园城市、建设一流现代化城市发展新区做出积极贡献,4月15日,区政协组织部分政协委员和委员单位的农业专家、医疗骨干、文化和法律工作者136人到流村镇白羊城村开展"文化、科技、卫生、法律"下乡服务活动。区政协主席王振华、副主席李富和出席了活动。

在白羊城村,区文委、科委、科协等单位向该村捐赠了图书,并组织文化馆、图书馆、中国政法大学、北京农学院、区网络协会开展了文艺演出、猜灯谜、赠送书画作品、科普宣传等活动。区委政法委组织区法院、检察院、司法局开展了法律咨询活动。区卫生局和区医院、中医院等组织医生开展了义诊活动。区政协领导、有关部门负责人和政协委员还走访慰问了该村新中国成立前老党员和老干部、困难户,并送去了慰问金及慰问品。

据统计,此次活动共向白羊城村捐赠图书1570册,发放宣传材料6300余份,医疗义诊、咨询130余人次,科技、法律、农业技术等咨询150人次。该村200多名群众参加了此项活动。

## 流村镇召开整治违法建设行为专项工作会

4月16日,流村镇召开整治违法建设行为专项工作会,镇党委书记赵宝东,镇党委副书记、镇长张中武,镇人大主席韩国玲等领导班子成员出席会议。镇党委副书记张立红主持会议。全镇各站所负责人、28个行政村支部书记、村委会主任、全体机关干部90余人参加了会议。

会上,常务副镇长王志强安排部署了全镇整治违法建设行为工作。流村镇整治违法建设工作内容:停。立即责令停止全镇范围内所有抢建(抢栽)、私搭乱建等行为。各村要组织力量昼夜巡查、严防死守,杜绝新的违法建筑。拆。集中强制拆除一批情节严重、影响恶劣、顶风而上的违法建设,严肃追究相关责任人的责任,保持整治违法建设的高压态势。查。摸清全镇违法建设现状,建立明细台账,逐一制定实施有针对性的处置措施,确保整治违法建设行为工作扎实有序推进。管。认真研究整治违法建设的工作规律,完善并落实土地和城乡规划监督管理、责任追究等方面的政策措施。健全完善整治违法建设工作的组织指挥体系和运行模式,切实加强基层基础工作,形成整治违法建设行为的长效机制。工作要求:加强领导,落实责任;分类处理,重点打击;强化措施,确保成效;加强督查,严格考核;夯实基础,健全机制。

随后,镇党委副书记、镇长张中武同志作了讲话,强调一是深刻认识全镇土地执法工作面临的严峻形势,二是当前整治违法建设工作行为中存在的突出问题,三是全力以赴打好整治违法建设行为的攻坚战。

会上,镇政府与西峰山村、北流村、白羊城村、新建村、瓦窑村、南流村6个村签订了《流村镇深入开展整治违法建设目标管理责任书》。

最后,镇党委书记赵宝东作了重要讲话。一是统一思想,提高认识。村支部书记、村委会主任,必须放弃一切侥幸的心理和做法,从思想上高度重视,要从讲政治的高度,把思想统一到党委、政府的统一部署之中。整治违建工作,必须全力做好。二是明确责任,属地管理。在此次专项整治工作中,必须继续坚持属地管理的原则。进一步明确,各村支部书记为此项工作的第一责任人,村民主任为直接责任人。切实做到谁的事、谁来管,谁出问题、谁负责。对现有的违法、违规建设行为,要按照党委、政府的统一要求。积极做好调查摸底工作,以及对违建方做好说服、教育、解释等方面的思想工作。加强土地矿产资源的管护力度。三是重拳出击,确保实效。按照要求,以下几个方面的违建项目必须拆除:一、在基本农田内的违建项目,必须拆除。二、在耕地上的违建项目,属于住宅类的,必须拆除。其他所有违建项目,也要全部停工,等待处理,根据实际情况确定处理意见。对于规定范围必须拆除,而违建方又不积极配合,不自行拆除的项目,要坚决予以拆除,做到不姑息、不手软、不迁就。在拆除违建项目过程中,要做好两个方面的工作。准备工作的各个环节要细致到位。做好强制拆除的各项协调工作。制定好各种应对预案,确保强制拆除现场秩序稳定,拆除工作能够按计划进行。四是加强督查,严格考核。此次整治违法建设工作由镇纪委牵头,对各村、各单位、各部门的工作进行督查,督查结果将作为各村绩效考评的一项重要内容,对各部门干部作为公务员年终考核和提拔任用的依据。对工作突出的,党委将设立单项奖励,以示表彰。对工作中抱着侥幸心理,拖拉、观望、不积极工作,造成不良后果的,按照党纪、政纪规定,坚决给予处理。

## 流村镇召开农村集体经济产权、林权制度改革工作推进会

4月23日,流村镇召开农村集体经济产权、林权制度改革工作推进会。昌平区产改办副主任李自煜,区指导组领导、交通局副书记刘春林,水务局副局长王文旭,镇党委书记赵宝东,党委副书记、镇长张中武,党委副书记张立红,常务副镇长王志强,副镇长张进海出席会议,镇党委副书记、镇长张中武主持会议。28 个行政村支部书记、村委会主任、部分站所负责人参加了会议。

会上,常务副镇长王志强安排部署了全镇农村集体经济产权制度改革工作。农村集体经济产权、林权制度改革工作,是农村民主管

理进程中的一个重要环节,是涉及广大群众切身利益的一件大事,也是破解三农问题的一个有效途径。根据全区的统一部署,去年7月流村镇正式启动了农村集体经济产权、林权制度改革工作。韩台村作为全镇试点村,在区各有关部门的正确指导下,经过干部群众的共同努力,较为圆满地完成了此项工作。作为第二批推进村的北照台、发电站、菩萨鹿三个村,目前已完成了改革的基础性工作,正在按步骤推进。4月23日的会议,标志着全镇农村集体经济产权、林权制度工作的全面启动。副镇长张进海安排部署了全镇农村集体经济林权制度改革工作。

随后,区产改办主任李自煜从为什么要进行农村集体经济产权、林权改革的历史背景,以及进行农村集体经济产权、林权改革目的、意义等方面作了讲话。

最后,镇党委书记赵宝东就农村集体产权、林权制度改革工作强调了三点意见:一是统一思想,提高认识。产、林权制度改革工作程序的细致与繁杂,镇与镇、村与村、户与户之间勘界任务量是巨大的,因此,要求大家积极行动起来,健全组织,明确人员,落实责任,制订方案,分步实施,全力推进此项工作。二是细致工作,平稳推进。产、林权制度改革工作是一项细致的工作,要求我们必须做好每一个环节的工作。对整体工作程序进行把握的同时,做到具体问题具体分析。同时使工作程序得到不断完善和充实。工作中要做到职责明确,定人、定责、定时间,保证工作质量和进度。对出现的特殊问题要广泛征求意见,创新工作方法。积极探索解决问题的有效途径,不断总结出行之有效的好方法、好经验,在全镇进行推广,促进全镇整体工作的顺利开展。解决工作中的质量问题,事关群众根本利益,事关社会稳定大局,高质量地完成好农村集体经济产权、林权制度改革工作,对维护良好的社会局面具有重要意义。三是强化措施,保证进度。把此项工作列入党委、政府的重要工作日程,党委、政府将定期听取工作汇报,研究此项工作,及时发现基层工作中的好办法、好经验加以推广。重点做好人员培训工作,确保所有参与此项工作的同志都成为工作的内行,对工作环节、程序做到条理清晰,操作得力。落实责任制,明确责任分工,在镇"产权、林权制度改革办公室"的统一安排下,确定各村工作组成员。各工作组成员要深入实际,掌握翔实的第一手材料,对所负责村的资源、人口现状了如指掌,对改革政策和工作方案耳熟能详,对各方面问题的解释政出一门、口径一致。

会后,区农委政策科科长郭殿祥、区林改办主任张文清对与会人员分别进行了产权、林权制度改革工作的培训。

## 流村镇召开 2010 年政策性农业保险工作会

4 月 27 日,流村镇召开 2010 年政策性农业保险工作会,副镇长张进海及镇主管农险工作人员出席会议,28 个行政村村民主任及村负责农险的工作人员参加了会议。

会上,传达了《流村镇关于 2010 年政策性农业保险工作的意见》。中国人民财产保险股份有限公司昌平支公司、中华联合财产保险股份有限公司北京昌平支公司的工作人员对与会人员进行了培训。

据了解,2010 年流村镇开办小麦、玉米、苹果、桃、梨、葡萄、柿子、樱桃、枣、露地蔬菜、日光温室和大棚、种猪(能繁母猪)、生猪、奶牛、肉鸡共计 15 个险种。

保费补贴标准:在市财政给予农民 50% 保费补贴的基础上,对苹果、日光温室和大棚、奶牛三个险种区财政保费补贴标准为 30% ,农户需自缴 20% 的保费。对柿子、梨、桃、葡萄、樱桃、枣、露地蔬菜、生猪、种猪(能繁母猪)、肉鸡等险种区财政保费补贴标准为 20% ,农户需自缴 30% 的保费。对小麦、玉米作物险种区财政保费补贴标准为 10% ,农户需自缴 40% 的保费。

保费补贴范围:对在昌平辖区内实施种植、养殖的本区集体、专业合作社、农户等,区政府将给予保费补贴。在昌平辖区内承包或租赁进行种植、养殖的外埠企业或外埠个人,不享受区财政保费补贴,但可以享受市财政50%的保费补贴。同时,为鼓励外埠企业或外埠个人的种植、养殖积极性,下列情况可享受区政府补贴:(1)集中建设日光温室、春秋大棚等50栋以上,并已种植花卉、草莓、蔬菜等作物的,可享受区政府30%的保费补贴,个人自缴20%的保费。(2)生态养殖种猪100头以上、年出栏商品猪1200头以上的,可享受区政府20%的保费补贴,个人自缴30%的保费。(3)对于饲养泔水养猪场、户,无论是本市的,还是外埠的,一律不享受市、区政府补贴。

为保证农业保险工作各个环节规范有序,确保农业保险工作的公开、公平、公正,流村镇以主管副镇长为本镇政策性农业保险工作的主要负责人,各村成立相应的组织机构。建立协保员队伍,明确协保员责任,利用《流村时报》、广播等宣传形式加强宣传,提高参保意识,扩大保险覆盖面,并采取调整补贴资金拨付时间,提高赔付效率,发生重大灾情时,启动先行赔付程序。

## 流村镇召开推进廉政风险防范管理工作动员会

4月30日,流村镇召开推进廉政风险防范管理工作动员会,镇党委书记赵宝东,镇党委副书记、镇长张中武,人大主席韩国玲,纪委书记史功岐出席会议。28个行政村支部书记、机关科级干部、各站所负责人参加了会议。

会上,镇纪委书记史功岐传达了《流村镇关于开展廉政风险防范管理工作的实施方案》。开展廉政风险防范管理工作的目标:一是让全体干部职工及群众普遍接受一次廉政风险防范教育。二是明确党风廉政建设的工作重点。三是形成有效预防腐败的工作机制。工作内容:开展廉政风险防范管理,围绕"防止公共权力滥用、正确履行自身职责"以及农村集体经济民主管理村务公开"148"制度体系和五步法落实,在明确界定权责的基础上,准确把握计划、执行、考核和修正四个环节,查准找全廉政风险点,制定完善相关措施,实施有效监督检查考核,建立健全预防腐败长效机制。工作步骤:动员部署阶段(3月20日—4月30日)、查找风险点阶段(5月1日—8月30日)、制定防范措施阶段(9月1日—30日)、总结阶段(10月1日—11月25日)。

会上,镇党委书记赵宝东强调了三点意见:一是充分认识推进廉政风险防范管理工作的重要性和必要性。推进廉政风险防范管理工作是加强全镇防腐倡廉建设的客观要求,结合流村镇反腐倡廉建设实际,运用现代管理理念和科学管理方法,增强预防腐败工作的创新性、科学性和可操作性。推进廉政风险防范管理是对公共权力运行实施有效监控的重要手段。二是提高认识,对照自身岗位及职责,认真排查廉政风险。查找岗位风险,查找科室及站所廉政风险,查找单位风险。结合地区和行业特点,各单位重点要围绕“三重一大”,查找在决策程序、权力监督制衡等制度和机制方面的廉政风险点,制定防控措施。三是加强领导,突出重点,注重实效。镇成立推进廉政风险防范管理领导小组,党政主要领导负总责,亲自抓,主管领导具体抓,纪检组织负责协助推进。四是积极稳妥、循序渐进地工作。各科室、站所廉政风险防范管理工作要积极稳妥、循序渐进,坚持长远目标与阶段性目标相结合,坚持整体推进与重点突破相结合。

## 流村镇举办“庆五四,展青年风采”歌唱比赛

为了迎接“五四”青年节的到来,大力弘扬“爱国、进步、民主、科学”的“五四”精神,近日,流村镇团委举办了“庆五四,展青年风采”歌唱比赛。

团区委副书记李坤,镇党委副书记张立红,镇党委宣传委员时桂荣,副处级领导徐树义、刘振婷出席并观看了比赛,来自全镇基层团组

织推荐的优秀青年、优秀教师共 18 名选手参加了比赛。全镇各基层团支部书记、大学生村官观看了比赛。场上比赛合唱、独唱、三重唱等多种形式精彩纷呈,高潮迭起,赢得了场下观众的阵阵掌声。

最终,来自瓦窑村团支部的韩娇、大学生团支部的段文哲获得了一等奖;彭焱、苏琦、孙皓、冀陈强、刘垒、刘福玉、流村中学团支部获得了二等奖;琚敏、孔令伟、卢全利、韩秋玲、流村中心小学团支部获得了三等奖。

## 近日,流村镇司法所开展法制宣传巡回展

为了配合村委会换届选举中心工作,营造一个良好的法制环境,近日,流村镇司法所利用为期两个月的时间在全镇 28 个村开展巡回法制宣传教育活动,并给每个村发放一套法制宣传图版。通过这种法制宣传教育形式,引导广大选民依法参加选举,珍惜自己的民主权利,自觉维护选举秩序,为依法开展选举工作做出积极的努力和贡献。

## 流村镇举办第五届雅思山香椿采摘节

百花争艳,百鸟争鸣,和煦的春风送来了香椿飘香的时节,为了让都市人感受生态的气息,采摘春天的果实,推介流村镇的旅游资源,吸引更多的游人到流村镇旅游观光、休闲度假、体验风情,5 月 7 日,在香椿主产地流村镇漆园村举办第五届雅思山香椿采摘节。以盛产的农家餐桌特色菜肴香椿为推广媒介,吸引社会各界关注流村,促进全镇经济又好又快发展。

开幕式上,镇党委副书记、镇长张中武致贺辞,由中科院地理研究所张义丰教授介绍漆园村国家首批生态建设示范村申报背景及漆园村生态资源情况;中华环保联合会能源环境专业委员会执行会长

王友昌与流村镇党委书记赵宝东为北京市昌平区流村镇漆园村国家首批生态示范村揭牌;由区旅游局局长李万佰和区园林绿化局局长董锦华为漆园村北京市乡村民俗旅游村揭牌;由区委常委、武装部部长王双武宣布流村镇第五届雅思山香椿采摘节开幕。最后,与会领导参加了植树活动。整个采摘节活动,充分展示了镇村农业产业结构调整的成果,体现了流村镇全面整合旅游资源,充分发挥资源环境优势,打造区域旅游特色品牌的发展思路。北京电视台、北京人民广播电台、北京城市管理广播,《北京晚报》、《北京青年报》、《京郊日报》等新闻媒体对活动进行了采访报道。

近几年来,区委、区政府、区农委、区旅游局、区园林绿化局、中国农业大学等相关单位以及广大媒体朋友长期以来一如既往地支持山区经济的发展。漆园村在社会各界的大力支持下,依托资源优势,加大生态建设力度,重点发展香椿、小枣的种植、加工等特色产业,深入挖掘龙鼓文化,积极对外宣传,不断加强基础建设,推动社会事业发展,村庄经济实力进一步增强,村民收入水平逐年提高。2006年至今,已经连续五次成功举办香椿采摘节,并成功申报国家首批生态建设示范村、市级乡村旅游村。

2006年至今,为了打造京郊最大的香椿产业基地,区旅游局已连续五年帮助流村镇成功举办雅思山香椿采摘节活动。2008年漆园村的红椿通过有机认证,2009年将漆园红椿进行科学育苗,打破了以往依赖购买成品树苗种植的限制,形成了拥有千万株香椿的大型产业基地,以此大力推广山区种植业,带动流村镇乃至周边山区的经济发展。此外,为了挖掘村域民俗风情和香椿文化的内涵,区旅游局邀请多名作家深入漆园村进行生活采风,为漆园村编著了《雅思山下一珍珠——漆园村》一书。该书展示了流村的山水,解读了漆园的风情。第五届香椿采摘节的隆重开幕,再次以产业的规模化和多样性向世人展示了漆园村乃至流村镇特色产业发展的较大成果。

## 流村镇召开产权林权制度改革业务培训会

5月7日,流村镇召开农村集体经济产权林权制度改革业务培训会,28个行政村"两委"干部、全体机关包村干部、大学生村官参加了培训。

会议要求,各党支部、村委会、包村干部要充分认识林权制度改革的重大意义,明确改革的目标、任务、基本原则、方法步骤,做好宣传发动工作;要处理好各种纠纷矛盾,确保产权、林权制度改革稳步推进。

会议强调,各村要结合本村实际,尽快组织成立林权制度改革领导小组,制定出切实可行的实施方案,为下一步工作打好基础,并对与会人员从农村集体经济产权制度改革的有关情况、农村集体经济产权制度改革的操作方法、推动改革过程中应特别注意的问题三方面进行了培训。

## 流村镇召开第八届村民委员会选举工作动员会

5月8日,流村镇召开第八届村民委员会选举工作动员会,区第八届村民委员会选举工作第二指导组组长刘春林,镇党委书记赵宝东,镇党委副书记、镇长张中武,镇人大主席韩国玲,镇党委副书记张立红,镇纪委书记史功岐,镇党委委员、常务副镇长王志强,镇宣传委员时桂荣,镇党委委员、武装部部长、副镇长张进海,副镇长黄进国等全体班子成员出席会议。28个行政村"两委"干部、大学生"村官"、各站所负责人、全体包村干部参加了会议。镇党委副书记、镇长张中武主持会议。

会上,镇党委副书记张立红传达了《区委办公室区政府办公室关于认真做好第八届村民委员会选举工作的通知》和《区委关于在第八届村民委员会选举工作中加强党的领导的意见》;副镇长黄进国安排部署了全镇第八届村委会选举工作。我镇第八届村民委员会选举工作于2010年4月开始到2010年6月30日结束,选举日全镇统一定为6月12日到16日(具体时间由各村召开村民代表会确定)。分为:准备阶段(2010年4月1日—5月8日)、推选产生村民选举委员会阶段(5月9日—14日)、选民登记阶段(5月15日—21日)、提名确定候选人阶段(5月22日—6月11日)、投票选举、交接和推行村民代表、村民小组长阶段(6月12日—25日)、总结验收阶段(6月26日—30日)。镇纪委书记史功岐同志传达了镇纪委《关于严肃村民委员会换届选举工作纪律的通知》。

区第八届村民委员会选举工作第二指导组组长刘春林作了讲话:一是加强党的领导,确保村委会换届选举工作的顺利进行;二是依法依规,把握好村委会换届选举工作的程序;三是充分发挥民主,公开、公正、公平地搞好这次村委会换届选举工作。

镇党委书记赵宝东作了重要讲话,要求:一是统一思想,切实增强做好村委会换届选举工作的责任感和使命感。这次村委会换届选举,正处于全镇经济社会发展的关键时期。做好这项工作,对于推动流村镇科学发展、促进社会和谐稳定、加快城乡一体化进程、全面提升基层组织建设水平,具有十分重要的意义。二是把握要求,高标准推进村委会换届选举工作。要全力实现这次换届选举的预期目标,达到"两提高"、"两降低"。要大力推进村"两委"班子交叉任职,提高村党支部书记和村委会主任"一人兼"的比例。严格依法依规办事,充分发扬民主,确保选举程序公开、公平、公正。要严把选民登记、人选推荐、介绍候选人、组织投票等关键环节,把党在选举工作中的活动建立在广泛发扬民主和严格依法办事的基础上,确保换届选举不违法、不违规、不走样,保证选举程序的合法性和选举结果的有效性。换届选举期间往往是各种矛盾容易爆发的时期,村领导和包村干部要切实增强警惕性,主动深入基层,及时、准确掌握村情民意,弄清问题和矛盾的关键。在做好村委会换届选举工作的同时,要在工作安排、推进步骤等方面,实现村委会换届选举工作和其他重点工作的统筹协调、相互衔接,达到"两不误、两促进"的工作效果。三是加强领导,确保村委会换届选举工作圆满成功。镇成立了选举工作指导小组和包村指导组,对全镇的换届选举工作进行统一部署和协调,完善了镇机关干部包村制度,帮助指导工作和协调解决问题。各村党支部是这次村委会换届选举工作的责任主体,党支部书记是直接责任人。同时,要加大宣传力度,充分发挥宣传引导作用,为这次村委会换届选举工作营造良好舆论氛围。

## 流村镇党委书记深入基层调研
## 第八届村民委员会选举工作

5月15日,流村镇党委书记赵宝东同志到流村镇瓦窑村,就第八届村民委员会选举等工作进行调研。在调研过程中,赵书记听取了村支部书记的工作汇报,对瓦窑村开展村委会换届选举工作的安排、做法给予了肯定,并对下一步工作提出了明确要求:

一是要进一步加强领导,统筹兼顾做好方方面面的工作。要明白村委会换届选举工作,是当前镇、村工作的首要任务,要做到善于领导。要超前谋划,制定好方案和预案,提前做好准备工作,做到心中有数。同时,要做到统筹兼顾,在抓好村委会换届选举工作的同时,还要搞好新农村建设和民心实事工程,使村民生产、生活条件不断改善。

二是要认真吸取经验教训,平稳推进村委会换届选举工作。村党支部换届选举工作刚刚结束,要在此基础上认真吸取党支部换届选举工作中取得的宝贵经验。在村委会换届选举中,一定要充分考虑到各种困难和方方面面的不利因素,要做到领导力量不能减,工作措施不能软,工作程序不能漏,理顺干部的思想情绪,切实保证村委会换届选举工作的圆满完成,真正选好人,奠定村级经济和社会各项事业发展的基础。

三是要加强对当选干部的教育管理,提高他们的工作能力和水平。对于在村党支部和接下来的村委会换届选举当中新当选的干部,不论素质高低,都是村干部,都要纳入管理的范围,及时教育引导。要抓好制度建设,加强管理约束,完善任期目标管理责任。要进一步完善考核奖惩激励机制,激发他们的工作热情、积极性和创造力。要搞好培训,进一步提高他们的思想政治素质,提高他们的工作能力和水平,为扎实推进新农村建设做出最大的贡献。

## 流村镇召开创先争优活动动员部署会

5月20日,流村镇召开创先争优活动动员部署会,镇党委书记赵宝东、镇党委副书记张立红、镇纪委书记史功岐出席会议。28个村支部书记、各企、事业单位负责人参加了会议。

会上,镇党委副书记张立红安排部署了全镇深入开展创先争优活动。流村镇创先争优活动具体分三个时段进行。第一时段:从2010年4月开始至2010年底,以党员作风建设年活动为专题,开展创先争优活动。2010年8月至12月,镇党委将选拔和推荐事迹突出的党员参加区委组织开展的"群众心目中的好党员"演讲比赛等活动,同时邀请区委"创先争优先进事迹报告团"为全镇基层党组织和党员作报告,用身边的人和事教育激励党员。第二时段:2011年1月开始至7月,以迎接建党90周年为专题,开展创先争优活动。第三时段:从2011年7月开始至党的十八大召开前,以迎接党的十八大召开为专题,开展创先争优活动。

最后,镇党委书记赵宝东讲话,要求:一是充分认识开展创先争优活动的重要意义。开展创先争优活动是巩固和扩大深入学习实践科学发展观活动成果的重大举措,是推动全镇科学发展、促进社会和谐稳定的生动实践，是提升基层党建科学水平的现实需要。二是突出重点，扎实深入开展创先争优活动。要突出"科学发展创佳绩，强化作风树形象，为建设一流的现代化城市发展新区做贡献"的活动主题。要明确推动科学发展、促进社会和谐、服务人民群众、加强基层组织的活动目标。要丰富活动内容。"创先"要努力做到"五个好"：领导班子好、党员队伍好、工作机制好、工作业绩好、群众反映好；"争优"是优秀共产党员要努力做到"五带头"：带头学习提高、带头争创佳绩、带头服务群众、带头遵纪守法、带头弘扬正气。要把握三个时段，每一时段有不同的专题和内容。各党支部一定要按照镇党委要求，认真抓好落实，结合本支部实际开展工作。三是加强指导，确保创先争优活动取得实效。各党支部要充分结合发展实际与工作内容，突出实践特色。广泛宣传，典型带动。要充分运用各种宣传手段，结合当前工作，确定宣传重点，调动广大党员、群众的积极性，扩大创先争优活动的影响力和覆盖面。要将创先争优活动与巩固学习实践活动成果，落实整改措施，建立长效机制和推进重点工程建设，加强基层党建创新，搞好村委会换届选举，推进产权、林权改革等工作统筹起来，协调推进。镇党委将通过听取汇报、座谈研讨、实地查看、抽查督促等方式，了解各村、各单位创先争优活动进展。各党支部要建立党建工作定期研讨机制，总结经验教训，研究解决问题，确保活动取得实实在在的成效。

## 区委书记侯君舒实地调研流村镇经济社会发展情况

5月22日，区委书记侯君舒，区委常委、组织部长李良，区委常委、区委办公室主任孙启先后来到流村镇北京光华荣昌汽车部件有限公司、北流村田园盛业农业种植基地和菩萨鹿村实地了解流村镇整体发展情况。镇党委书记赵宝东，镇党委副书记、镇长张中武等领导陪同调研。

在北京光华荣昌汽车部件有限公司，区领导一行实地参观了车间,深入了解了企业的现存优势及未来规划方案。北京光华荣昌汽车部件有限公司创建于1997年,是一家跨地区的专业生产汽车坐椅、汽车后视镜的大型汽车零部件公司。公司占地面积35000平方米,注册资金4800万元,年产值近3亿元。区委书记侯君舒肯定了企业的先进管理理念,并希望企业依托"诚信感恩、务实高效、激情创新、客户价值、员工成长"的核心价值观增强企业竞争力,打造一支具有超强执行力的核心团队,使企业可持续发展,基业常青。

在北流田园盛业农业种植基地,区领导实地视察了百合、香椿、瓜果等温室大棚及栗蘑有机农田,详细了解了基地的主要经营种类、农民收益及发展情况。田园盛业农业专业合作社是一家集日光温室百合种植、观光采摘、农业技术培训服务于一体的综合性合作社。占地160亩,其中日光温室大棚40栋,林下食用菌大棚400栋,目前入社农户150户,解决40余人就业。侯君舒指出基地要在集温室百合种植、观光采摘园、农业技术培训服务于一体的综合性合作社基础上,大力发挥特色种植种类如百合、香椿,更多地解决就业问题,更好地带动农户经济增长。

在2006年被列为北京市首批新农村建设试点的菩萨鹿村,区领导一行实地参观了菩萨山风景区,包括根雕馆、药师佛、浮雕墙等景点,详细了解了该村基本情况及资源优势。菩萨鹿村1998年开始发展乡村旅游,目前已开发菩萨山风景区1800亩,发展乡村旅游接待户33户。侯君舒书记指出,要充分发挥当地的旅游资源优势,把握住民俗旅游发展良好态势,带动村民收益和全村经济发展。充分利用好当地丰富的生态资源,打造精品旅游项目。

据了解,流村镇镇域面积257平方公里,下辖28个行政村,截至2009年底,全镇户籍人口18729人。2009年,全镇完成税收1.37亿元,农民人均劳动所得实现7337元。近几年,流村镇不断巩固农业基础地位,进一步优化农业产业结构,目前全镇共有各类专业合作组织39个。在大力发展一产的同时,流村镇不断做好重点企业工作,落实惠民助企政策、促进镇域经济实力的不断提升。在三产方面,流村镇进一步加大了旅游基础建设,提升了生态休闲服务水平。目前全镇乡村旅游接待村已达到 11 个,乡村旅游接待户 169 户。2010年将加快以生态休闲旅游为重点的第三产业发展进程,进一步完善旅游基础设施条件,提升旅游服务整体水平;搞好旅游产品推介和项目包装,发展生态特色旅游项目,并与"沟域经济"发展有机融合,努力在百里环形走廊上做好旅游休闲文章。

侯君舒书记对于流村镇招商引资、工业换代、特色产业给予了肯定,并指出流村镇要进一步发展特色经济,例如在全区突出的苹果产业以及民俗旅游产业,做足"特色文章"。要求镇党委政府要认真贯彻科学发展观。管理要到位,从长远出发,结合全区思路和自身资源特色,保护生态环境,充分利用资源可持续发展。要不断挖掘自身潜力,抓住自身优势,全力做好"十二五"规划。针对加强基层组织建设,侯君舒强调,镇党委、政府要进一步做好村委会换届选举工作,把基层党组织建设好,多为百姓办实事办好事,促进本地区的和谐稳定发展。

## 流村镇人大代表到马池口镇中心幼儿园参观

近日,流村镇部分人大代表、列席代表共 16 人到马池口镇中心幼儿园进行参观学习。

代表们对幼儿园的住宿条件、孩子们的活动室、教育课程、营养配餐进行了详细了解,并听取了马池口镇中心幼儿园园长对全园的总体情况介绍。参观后代表们感触颇深,进行了座谈。代表们认为马池口镇中心幼儿园在贯彻幼儿教育政策、重视幼儿教育、加强幼儿园管理等方面值得学习和借鉴。

为了推进流村镇幼儿教育事业的发展,代表们提出了三点建议:一要进一步统一思想,充分认识幼儿教育、义务教育在基础教育中的地位和作用。二要进一步理清思路,明确目标,完善幼儿教育、义务教育发展规划,加快流村中心校建设落实。三要进一步加强管理,不断提高幼儿教育、义务教育质量,推动流村地区教育事业向前发展。会后,代表们提出的意见建议将形成书面调研报告。

## 流村镇掀起计划生育协会宣传月高潮

5月5日至6月5日是计划生育协会活动月。镇计划生育协会及时召开基层专职干部会议,传达通知精神并转发了通知。希望基层以"母亲节"、"会员集中活动日"为契机开展多种形式的宣传和捐款活动。

在"回报母亲献爱心"幸福工程捐款活动中,共捐得款项4390元。

各基层也积极行动起来,除积极为贫困母亲捐款外,在"5·29"全国会员集中活动日中,各村协会会员以不同形式来庆祝活动日。西峰山村计划生育协会组织本协会会员积极参与村中的绿化工程,并宣传国家计划生育政策。菩萨鹿村计划生育协会聘请区疾病防控中心主任蔡立国为协会人员及村民,对村民进行健康知识培训,特别是传授中老年人及妇女的日常生活需要注意的健康知识,受到会员的好评。北照台村是个小村,在母亲节捐款活动中会员积极踊跃,共捐得款项561.5元,为贫困母亲献上自己的一份爱心。村协会会长、党支部书记亲自召开会议,布置此项工作并带头捐款。5月26日,在会员日即将到来之际,镇计生协与镇科协、中国评剧院、镇星火艺术团在北流村中心公园举办了咨询演出活动。群众在欣赏歌舞的同时学习计生的有关政策,从而把镇计划生育协会宣传月推向高潮。

## 流村镇召开2010年度安全迎汛工作会

6月11日,流村镇召开2010年度安全迎汛工作会。镇党委副书记、镇长张中武,镇人大主席韩国玲,镇党委副书记张立红等领导出席会议。镇防汛抗旱指挥部全体成员、各村支部书记、村委会主任、企事业单位负责人、镇全体机关干部及当地驻军领导参加了会议。镇党委副书记张立红主持会议。

会上,镇防汛抗旱指挥部常务副指挥张进海对2009年流村镇的防汛抗旱工作进行总结,并对2010年的安全迎汛工作进行安排部署。2009年,流村镇的防汛抗旱工作在区委、区政府的正确领导下,在当地驻军和基层干部群众的共同努力下,实现了安全度汛的工作目标。2010年流村镇安全迎汛的工作目标是确保两个安全:1. 以人为本,确保人民群众生命安全。2. 强化措施,确保公共设施运行安全;确保水利工程安全,不垮坝、不决堤。工作重点:1. 危旧房屋群众安全。2. 泥石流(山洪)易发区群众安全。3. 王家园水库、南沟水库、塘坝截流及下游群众度汛安全。重点地区、重点部位是落实王家园水库抢险队伍,做好水库泄洪时下游单位的抢险避险工作;南沟水库和塘坝截流设专人负责,落实安全责任人,制定避险预案,组织好下游险村险户的避险转移工作;落实行洪河道的清障工作,组织做好北流村险户的安全避险工作;做好高崖口沟、老峪沟及支沟的水情、汛情监测工作,制定沿线村及有关单位的抢险预案,及时组织避险转移。保障标准:五不标准:不死人、不垮坝、不倒闸、不塌房、不断路。

镇防汛抗旱指挥部副指挥韩国玲传达了《关于做好2010年防汛工作的通知》和《关于加强汛期突发自然灾害上报工作的通知》。镇防汛抗旱指挥部副指挥、常务副镇长王志强传达了《关于印发2010年度地质灾害防治方案的通知暨关于印发昌平区流村镇2010年房屋防汛工作方案的通知》。

最后,镇党委副书记、镇长张中武作了重要讲话,要求:一是认清形势,坚决克服麻痹思想和侥幸心理。二是落实责任制,做好避险转移的准备。三是明确工作重点,认真抓好落实。四是加强值班、确保通信畅通,严格值班纪律,汛期各单位必须保证 24 小时值班,遇大到暴雨则必须有领导带班;同时,确保通信畅通,包括电话、电台、手机,保证随时能够取得联系,使信息能够得到快速传递,为防汛工作提供坚实的通信保障。五是听从调度,服从命令。各单位都要以防汛大局为重,听从防汛抗旱指挥部的调度,服从命令,在防汛工作中绝不能出现推诿扯皮、敷衍塞责等现象。

## 流村镇组织开展"纪念端午节专场文艺演出"活动

为了纪念中华民族传统节日——端午节,6 月 13 日,在流村镇北流村环岛文化广场隆重举行迎端午大型文艺演出活动。演出节目丰富多彩,形式多样,演员用真挚的艺术语言,充分表达了对中华民族优秀传统和人文精神的讴歌之情,使人们进一步了解传统节日,喜爱传统节日,过好传统节日,增强爱祖国、爱家乡的情感,提升文明素质和道德素养,促进社会和谐进步。

## 检务公开走进流村司法所

6 月 18 日,昌平区检察院监所检察处在流村镇司法所举行"检务公开"挂牌仪式,此举意味着基层司法所承担的社区矫正刑罚执行工作将受到区检察院的全程监督。监所处的同志详细了解了流村地区社区矫正工作整体情况、工作中的热点、难点问题以及社区服刑人员档案管理情况,并与司法所工作人员一起探讨如何进一步加强对社区服刑人员的监管,提高教育矫正质量,更好地落实中央政法委提出的"三项重点工作",为维护社会稳定服务经济发展提出了宝贵意见。同时,对流村司法所近几年来的社区矫正工作给予充分肯定和高度评价。

# 区委常委、武装部政委王双武
# 慰问流村镇老党员及困难党员

6 月 24 日，区委常委、区武装部政委王双武走访慰问了流村镇新中国成立前入党的老党员陈恩洪和困难党员李树林，为他们送上了慰问金和慰问礼品。

1946 年 1 月加入中国共产党的陈恩洪，现年 91 岁。王双武来到菩萨鹿村他的家中，仔细询问了他的身体状况和居住条件，并对老人在部队的突出表现表示敬佩。陈恩洪在新中国成立前曾任新四团炊事班班长，参加过解放徐水、正定以及抗美援朝战争。作为新中国成立前老党员，几十年来陈恩洪一直拥护党的领导，积极支持党支部的各项工作，发挥了一名老党员的先锋模范作用。

"感谢政府，感谢王政委，给您添麻烦了！"刚走进南流村困难党员李树林的家中，夫妇俩迎面走来说道。王双武仔细了解了李树林家中的情况。李树林 2009 年 10 月检查出患有尿毒症，老两口每月依靠保障金 400 元钱过日子，没有其他收入。每月还得承担高昂的医药费。王双武紧紧握住夫妇俩的手，说道："你们一定要勇敢坚强，战胜病魔，生活会越来越好的，党和政府会让你们安享晚年。"

# 流村镇召开庆"七一"暨
# "群众心目中的好党员"表彰大会

6 月 30 日，流村镇隆重召开庆"七一"暨"群众心目中的好党员"表彰大会，共同颂扬党的丰功伟绩，抒发对党的深厚情谊。镇党委书记赵宝东，镇党委副书记、镇长张中武，镇人大主席韩国玲，镇党委副书记张立红等领导出席会议。全镇新、老党员、优秀党员参加了会议。

大会在庄严的国歌声中开幕。首先,镇党委宣传委员时桂荣宣布新党员名单。在时桂荣的领誓下,30 名新党员进行了入党宣誓,老党员重温誓词。老党员为新党员佩戴党徽。

新党员代表、菩萨鹿村党支部书记助理唐信夫同志、老党员代表、上店村党支部副书记刘丹分别发言,倡议新入党的同志牢记入党誓词,践行对党的承诺,在本职工作中再接再厉,拼搏进取,争取做出更大的成绩,做一名合格的共产党员,切实发挥好先锋模范作用。

随后,对创先争优活动中涌现出的 90 名"群众心目中的好党员"进行表彰。镇党委副书记张立红宣读《2009—2010 年度流村镇"群众心目中的好党员"表彰决定》,对"群众心目中的好党员"代表进行了颁奖。"群众心目中的好党员"代表流村防疫站党支部书记、站长杨秋生,流村中学教师杨丽红分别发言。

最后,镇党委书记赵宝东作了重要讲话,要求:一是端正入党动机,争取从思想上入党。树立共产主义信念,把最终实现共产主义社会制度作为自己的最高理想。愿意为无产阶级和全人类的解放艰苦斗争,直至牺牲自己的生命。树立全心全意为人民服务的思想。二是增强党性修养,做一名合格的共产党员。要具有坚定的共产主义理想和信念。这是对每一个党员的基本要求。要有比较强的政治观念、法制观念和组织观念。共产党员应坚持群众立场,有较强的爱国主义精神,保持廉洁的作风。只有以马克思主义世界观来看问题,分析问题,才能更深刻地认识党的宗旨、奋斗目标以及党的性质与制度;只有树立了正确的人生观和价值观,才能正确认识个人与集体的关系,正确处理个人前途与国家前途之间的问题。三是积极创先争优,发挥党员先锋模范作用。要学习掌握新科技知识和本职工作所需的业务知识。要正确处理各种利益关系,带头不谋取私利和特权。要健全和完善党员管理机制。要把好发展党员的"入口关",吸收新党员要严格标准,重质量,依程序;要加强民主评议党员工作,不断创新使之适合新形势新要求,通过民主评议和舆论监督的形式,提高党员争当先锋模范的自觉性;要加强党员的日常管理,深入开展创先争优活动,促进党支部战斗堡垒作用和党员先锋模范作用的发挥。

## 流村镇"抓党建,治违建,创先争优促发展"工作全面推进

按照区委的统一部署,流村镇立即召开党委扩大会议,研究部署"抓党建,治违建,创先争优促发展"工作。通过"七个一"抓好贯彻落实。

**一、组建一个领导机构,强化领导抓落实。**

根据区委安排,结合流村实际,镇里成立"抓党建、治违建、创先争优促发展"工作领导小组,由镇党委书记任组长,镇党委副书记、镇长任常务副组长,镇其他班子成员任副组长、镇机关有关科室主任和相关职能站所站所长、各村党支部书记、村委会主任为小组成员的领导小组。领导小组下设办公室、强制拆迁组、舆论宣传组、履职督察组、综治维稳组五个工作机构,负责主题活动的具体组织、指导、协调、组织保障、宣传报道、政策咨询、信访接待、综合协调和督促检查等工作。细化职责分工,建立健全责任机制,做到了层层抓落实,责任到人。各村也相应成立了领导小组,全镇上下真正地而不是表面地、实际地而不是口头地强化措施,精心组织,积极行动,务求实效。

**二、开好一个推进大会,统一思想抓落实。**

镇党委、镇政府组织召开了有机关包村干部、村"两委"班子成员、企事业单位一把手、大学生"村官"等参加的全镇基层干部大会。认真传达贯彻《中共北京市昌平区委关于在全区各级党组织和党员中深入开展"抓党建,治违建,创先争优促发展"主题活动的意见》、《北京市昌平区人民政府关于印发昌平区加快推进整治违章违法建设工作实施方案的通知》、《昌平区人民政府关于进一步做好拆迁补偿安置工作的意见》、《昌平区委办公室关于印发"抓党建,治违建,

创先争优促发展"主题活动工作方案的通知》、《昌平区纪委、监察局印发"关于严明党纪政纪确保整治违法建设工作顺利进行的规定"的通知》等相关文件、政策。并结合流村实际,按照领导小组责任分工,各位领导分别安排部署镇"抓党建,治违建,创先争优促发展"主题活动意见、工作方案、督导工作方案、关于"加快推进整治违章违法建设工作"实施意见、关于"严明党纪政纪确保整治违法建设工作顺利进行的规定"的通知,最后镇党委书记作重要讲话,提出四点工作要求:一是统一思想,加强领导。二是宣传到位,营造氛围。三是督导检查,巩固成果。四是保持稳定,科学发展。在区委、区政府的正确领导下,坚持科学发展、和谐发展、健康发展,进一步打造"生态山镇,古韵流村"。

**三、开好一个民主生活会,突出自纠抓落实**

深入开展整治违章违法建设和开展"抓党建,治违建,创先争优促发展"主题活动,是区委三届十次会议的重大决策部署,对于全区改变城乡面貌、扩大产业空间、推动科学发展,具有十分重要的意义。因此,镇党委要求镇班子成员要紧紧围绕区委三届十次会议精神和开展"抓党建,治违建,创先争优促发展"主题活动的有关文件、政策加强学习,吃透文件、政策精神。从全局和战略的高度,深刻认识违章违法建设的危害性,充分认识开展"抓党建,治违建,创先争优促发展"主题活动的重要意义,切实增强责任感和使命感,把思想和行动统一到区委、区政府的部署上来,统一到镇党委工作部署上来,在工作上,与镇党委保持高度的一致。8月20日,镇召开领导班子专题民主生活会,班子成员积极发言,认真查找剖析本人及所关联的直系亲属有没有违章违法建设,有没有庇护纵容违章违法建设行为,有没有为违章违法建设说情,有没有干扰查处违章违法建设行为,有没有说不利于整治违章违法建设的话,有没有做不利于整治违章违法建设的事;并进行了相互批评与自我批评,各自表了态和工作决心。

### 四、编写一期宣传专刊,营造氛围抓落实

围绕"抓党建,治违建,创先争优促发展"主题活动各个阶段的内容,按照区委"全面整治、重点突破、迅速行动"拆违原则,编写一期宣传专刊 10000 份,发放"致全镇广大党员干部群众一封公开信" 10000 份,制作 43 条宣传横幅悬挂在主要公路沿线和村庄主要街道,撰写广播宣传通稿,通过各村广播和宣传车广泛深入地宣传拆违的重要性和必要性,集中宣传主题活动部署和要求、违章违法建设认定标准、整治工作安排等。运用《流村时报》、广播、宣传栏、悬挂宣传横幅等多种形式进行宣传,做到宣传材料贴出来,宣传横幅挂起来,广播喇叭响起来,宣传车动起来,形成强大的宣传攻势和舆论氛围。牢牢把握正确舆论导向,为流村镇营造一个违法建设"发现得了、拆除得掉、控制得住"的浓厚社会氛围,使整治违章违法建设行为工作深入人心,引导广大党员干部、人民群众对此项活动的理解、支持并积极参与,为打造商务花园城市、建设一流的现代化城市发展新区和建设科学发展和谐稳定的新流村做出积极贡献。

### 五、建立一本拆违台账,倒排工期抓落实

镇党委、镇政府组织各村党支部对辖区内全部违章违法建设(含村基层组织以及集体经济组织所建的违章违法建筑)面积、户头、背景、性质、原因等情况进行了全面细致摸排,区分住宅、非住宅等各类违章违法建设,分类造册,建立工作台账。

为加快拆违进度,维护本地区的和谐稳定,我镇本着疏、堵结合的工作思路,以自拆为主强拆为辅的原则,镇政府通过积极努力,部分违法当事人的思想工作已基本做通并正在自拆,使我镇的拆违工作取得了一些成效,部分违法建筑已自行拆除。

### 六、开辟一个咨询举报途径,公开透明抓落实

为方便党员群众了解政策,进一步做好整治违章违法建设行为工作,镇党委健全公布了咨询举报途径,设立了咨询电话、举报电话和举报邮箱(镇整治违章违法建设行为咨询电话:89771640;镇整治

违章违法建设举报电话:89771479;镇整治违章违法建设行为举报邮箱:lc89773611@126.com),明确整治违章违法建设行为的咨询、举报职责部门和具体工作人员,建立健全工作机制。同时,我们要求各村也要设立对违章违法建设行为的咨询和举报电话、设置举报信箱、公布网络举报方式。

**七、填好一张自查自纠申报表和一份党员干部承诺书,群防群治抓落实**

在镇纪委牵头,镇村领导干部带头下,目前全镇党员、干部及事业单位工作人员正在对本人及直系亲属违章违法建设情况进行自查自纠。目前,已申报副处领导干部及享受副处级领导待遇干部22人,未发现本人及直系亲属存在违章违法建设情况。同时,22人均签订整治违章违法建设承诺书,明确承诺"四带头"和"五不"。

## 流村镇召开"抓党建,治违建,创先争优促发展"主题活动推进会

为进一步贯彻落实区委三届十次全会精神和区领导干部会议精神,近日,流村镇召开"抓党建,治违建,创先争优促发展"主题活动推进会。镇党委书记秦建柱,党委副书记、镇长张中武,人大主席韩国玲,纪委书记史功岐,常务副镇长王志强,宣传委员时桂荣,副镇长黄进国出席会议。28个行政村支部书记、主任、各企事业单位、站所负责人、机关包村工作队长、大学生村官参加了会议。

会上,镇宣传委员时桂荣传达了镇党委《抓党建,治违建,创先争优促发展主题活动的意见》、《抓党建,治违建,创先争优促发展主题活动工作方案》的通知和《抓党建,治违建,创先争优促发展主题活动宣传工作方案》。

流村镇开展"抓党建,治违建,创先争优促发展"主题活动的目标要求是:加强党的建设,遏制违章违法建设行为,优化发展环境,维

护群众利益,确保和谐稳定,促进科学发展。主要内容是:坚持领导干部带头,深入查找分析整治违章违法建设行为存在的问题;认真开展调查摸底,全面深入掌握全镇违章违法建设情况;深入开展党员、干部承诺活动,带头整治违章违法建筑;完善党员干部包村联系户制度,全面推进整治违章违法建设工作;完善政策办法和制度措施。强力制止和拆除违章违法建筑;坚持疏堵结合,全力压缩违章违法建设行为的生存空间;加快推进城乡一体化发展,从源头上治理违章违法建筑行为;加强基层党建工作,为整治违章违法建设提供组织保障。

流村镇"抓党建,治违建,创先争优促发展"主题活动工作步骤是:搞好舆论宣传引导;建立工作台账;党员、干部包村联系户;党员、干部分批填写自查自纠申报表;开展党员、干部承诺活动;召开领导班子专题民主生活会和基层党组织党员专题组织生活会;党员、干部分批自行拆除违章违法建设。

常务副镇长王志强传达了镇政府《关于加快推进整治违章违法建设工作实施意见》。流村镇违章违法建设查处工作重点是:2009年1月1日以后产生的违章违法建筑;列入土地"卫片"执法检查结果的违法建筑;非法侵占耕地、林地、绿地等违法建筑;占压管线、影响水电气热供应、挤占消防通道、存在严重安全隐患、群众反映强烈的违章违法建设项目;违反合同约定或违法违规设定合同条款,利用租赁农村集体土地进行的违章违法建筑。工作步骤:整治工作启动阶段(2010年8月23日之前)、集中整治阶段(2010年8月23日—11月20日)、年度验收考核阶段(2010年12月1日—12月15日)。

纪委书记史功岐同志传达了《抓党建,治违建,创先争优促发展主题活动督导工作方案》和《关于严明党纪政纪确保整治违法建设工作顺利进行的规定》。

最后,党委书记秦建柱同志作了重要讲话,并提出了四点工作要求:一是统一思想,加强领导。要充分认识到控违拆违工作对于党和政府更好地控制土地资源、管好干部、搞好社会风气、维护政策的延续性等都具有十分重要的意义。要整合一切人力资源,在镇成立组织机构的基础上,各村要按要求成立相应的组织机构,明确第一责任人和主要责任人,实行党员包片、包户。建立工作台账;镇机关包村干部要亲自组织参加"两委"班子专题民主生活会和基层党组织党员专题组织生活会,加强对活动开展情况的督导检查。各单位要建立监督举报机制,设置监督举报电话,畅通监督举报渠道。二是宣传到位,营造氛围。镇宣传部门要利用《流村时报》这一主阵地对活动的目的、意义、方法、步骤及进展情况进行广泛地宣传,各村要利用广播、标语、橱窗等形式加大宣传力度,形成强大的宣传舆论攻势。镇宣传部门及各单位要注重总结经验、抓住典型,通过典型引导、典型示范推广经验,推进工作。三是督导检查,巩固成果。镇活动督导组要对基层活动开展情况加强督导检查,对规定内容、规定动作、规定时间,必须按规定完成。处级领导干部、机关干部和村干部及全体党员要带头自查、自纠、自拆。要加强对特殊人的督导检查,对于在此次活动中不顾大局、玩忽职守、顶风违纪的人要坚决查处。四是保持稳定,科学发展。在主题活动开展的过程中,党员领导干部作用的发挥将对保持稳定发挥重要的作用,党员领导干部要遵守政治纪律,要坚持以自查自纠、积极控违、主动拆违为主,通过广泛深入的宣传、耐心细致的工作推进活动的开展。在控违拆违工作的基础上,要加强调研,积极探讨每个村的发展方向以及如何发展、怎样发展的问题,将带着这一问题开展下一阶段的工作。

## 流村镇积极开展人口普查宣传工作

根据区人普办工作部署,9月1日,流村镇入门普查办公室全体成员在北流村村委会外街道举行了流村镇第六次全国人口普查宣传日活动。

镇人普办全体成员向现场200多名群众发放了各种人口普查宣

传资料 800 余份,利用宣传展板向现场群众展示人口普查知识,并现场解答群众关于人口普查的各种问题,现场气氛热烈,宣传日活动圆满成功。

与此同时,全镇 28 个村的人口普查宣传活动也同时展开,均在村内明显位置悬挂了人口普查宣传横幅,并张贴各种宣传海报,向村民和村内企业发放各种宣传资料,通过广播、黑板报等方式宣传人口普查相关知识,提高人口普查的社会知晓率,争取全社会的支持配合,为 11 月 1 日开始的正式普查创造良好的社会氛围。

## 流村镇召开"抓党建,治违建,创先争优促发展"主题活动汇报会

9 月 6 日,流村镇召开"抓党建,治违建,创先争优促发展"主题活动汇报会,镇党委书记秦建柱,镇党委副书记、镇长张中武,党委副书记张立红,纪委书记史功岐等领导出席会议,28 个行政村支部书记、机关包村工作队长参加了会议。

会上,28 个行政村支部书记分别就本村开展"抓党建,治违建,创先争优促发展"主题活动以来,统一思想认识、所开展的工作、自查自纠情况、存在的一些问题及下一步的工作计划等进行了汇报,各包村队长进行了补充。目前,全镇各村都成立了"抓党建,治违建,创先争优促发展"活动领导小组;利用广播、《流村时报》、悬挂横幅等宣传手段进行大力宣传,营造了整治违章违法建设的浓厚氛围;各村均设立了对违章违法建设行为咨询和举报电话、举报信箱;建立了工作台账,对村内违章违法建设行为进行摸排并登记造册;党员、干部填写自查自纠申报表,并签订承诺书,各项工作有条不紊地开展。如王峪村领导高度重视,亲自挂帅抓落实,及时召开"两委"会、党员干部会,积极传达学习上级会议精神,深入进行自查自纠。又自行制作宣传横幅,利用多种形式进行广泛宣传,在全村形成了"抓党建,

治违建,创先争优促发展"的浓厚氛围。西峰山村针对本村违章违法建设行为多的实际情况,加大宣传力度,天天进行广播宣传,重点宣传这次违章违法查处的重点、违章违法建设行为认定标准、工作步骤等。长峪城村、菩萨鹿村、北照台村、北庄村、王家园等村充分发挥"两委"干部的作用,并将此次宣传活动与党员联系户制度有机结合起来,分片管理。责任到人,入户上门宣传,面对面与村民进行交谈,使广大群众加深对"抓党建,治违建,创先争优促发展"主题活动的认识和理解,为遏制违章违法建设,优化发展环境,维护和谐稳定,促进科学发展做贡献。小水峪村、溜石港村村干部认真负责,对于村中新出现的一例违章违法建设行为及时责令停工。

汇报之后,镇党委副书记、镇长张中武就整治违章违法建设行为工作进行了重点强调,要求各村一定要站在有利于本村今后科学发展的高度,审视一下本村土地管理的现状,充分抓住这次整治活动的契机,按照区镇两级的工作部署扎扎实实抓落实,教育引导村民处理好眼前利益与长远利益的关系,为本村科学发展做出积极贡献。

镇纪委书记史功岐就此项活动全镇督察工作进行了通报。指出绝大多数村都能够按照时间节点完成镇布置的工作任务,按要求及时上报各种材料和报表,但也有个别村上报材料报表不及时,希望在下一步工作中不要再次出现类似情况。同时,要求各村有外出务工党员没有填报整治违章违法建设行为承诺书的尽快补上。

最后,镇党委书记秦建柱根据各村汇报进展情况,又明确提出了具体要求:一是要统一思想,把思想统一到区委三届十次全会精神上来,带头坚决贯彻落实区委、区政府及区纪委在整治违章违法建设行为中的各项规定,全力配合和支持区委区政府做好整治工作,按照区委要求全面推进。二是要认清形势,充分认识整治违章违法建设行为的迫切性与重要性,结合各村实际,对全镇范围内的违法违章建设进行全面摸排,分类建立好台账。三是要求机关包村干部要按照整治要求,积极下村做好指导工作。同时,全力推进各村产权、林权改革、环境综合整治和新农村建设等工作进程,积极发挥基层党组织的凝聚作用,圆满完成全年的工作任务,实现创先争优促发展的目标。

下一步,流村镇还将定期召开会议,总结分析整治过程中存在的不足、遇到的难题,采取强有力的措施,把"抓党建,治违建,创先争优促发展"主题活动开展好。

## 流村镇召开第二十六个教师节庆祝暨表彰大会

为弘扬尊师重教的良好风气,表达对全体教师的深深祝福,9月10日,流村镇庆祝第26个教师节暨表彰大会在镇文化活动中心隆重召开。区教委义务教育科科长兰永平,镇党委书记秦建柱,党委副书记、镇长张中武,党委副书记张立红等领导班子成员出席大会,全镇各中小学教职工、机关干部参加了会议。

会上,流村中学校长张瑞祥和流村中心小学校长王宝海分别致词。镇党委副书记张立红宣布优秀教师名单,并为在2009年度在教委年终考核中获得优秀的教师共31人颁发荣誉证书。镇政府出资75000元为全镇213位正式教职工送上节日慰问金。优秀教师代表流村中学陈志新和流村中心小学张毅分别发言,表示将再接再厉,继续做好教书育人工作。

区教委义务教育科科长兰永平讲话,代表区教委向全镇教师致以崇高的敬意和节日的问候。向受到表彰的优秀教师表示热烈的祝贺。近年来,镇党委、镇政府始终坚持把教育事业放在优先发展的位置,全镇教育事业取得了喜人成绩。教育均衡发展有了新进展;教育教学改革有了新起色;教育服务水平有了新提升。长期以来,全镇广大教师和教育工作者呕心沥血、默默奉献,在平凡的岗位上做出了非凡的业绩,赢得了全社会的广泛赞誉和普遍尊重。

镇党委书记秦建柱作了重要讲话。他对全镇教职工提出三点希望:一是加强学习,做改革创新、开拓进取的模范。要在注重政治学习的同时，认真学习现代教育理论，掌握现代教育技术，不断更新知识结构，丰富知识内涵，提高业务素质，积极在教材教法上厉行改革和创新，优化教育方法、改进教学内容，充分体现学生的主体性与创造性，全面提高教育教学质量。二是爱岗敬业，做忠于事业、勤奋工作的模范。希望全镇广大教师和教育工作者进一步增强历史责任感、荣誉感和使命感，忠于人民教育事业，以教书育人为己任，积极参与到全镇的物质文明、精神文明、政治文明建设中来。三是以德修身、为人师表，做情操高尚的模范。老师要保持志存高远、淡泊名利的心态，恪守高尚的职业道德和行为准则，静心教书，潜心育人。不仅要注重教书，更要注重育人；不仅要注重言传，更要注重身教，坚持以德立身，加强师德修养，提高师德水平，真正做一名无愧于时代、无愧于后代的受世人尊敬的人类灵魂的工程师。

会后，镇党委、镇政府专门邀请市级演出团队和区文化馆、镇星火艺术团，为广大教师送上一台精彩文艺演出，让辛勤的园丁们充分享受自己节日的欢乐。

## 流村镇召开工会第一次代表大会

9月10日，流村镇召开了工会第一次代表大会，镇人大主席韩国玲、党委副书记张立红、纪委书记史功岐、宣传委员时桂荣出席会议。43名工会代表参加了会议。

大会在雄壮的国歌声中开幕。会上，镇纪委书记史功岐同志宣读了昌平区总工会关于召开北京市昌平区流村镇工会第一次代表大会请示的批复。镇工会副主席刘志广作流村镇工会第一次代表大会《筹备工作报告》。镇党委副书记、工会主席张立红代表流村镇工会第一届委员会作了题为《务实创新　共建和谐　努力开创流村镇工会工作新局面》的工会工作报告。

报告首先对流村镇工会五年来的工作作了简要回顾。在区总工会、镇党委、镇政府的关怀和支持下,镇工会与各基层工会一道积极努力工作,竭诚服务职工,以发展和谐的劳动关系为主线,加强工会维权机制建设,做好维权工作的督促和检查;以加强各项法规宣传检查,提高企业经营管理者和职工的法律维权意识;以开展送温暖活动,为职工办实事,做好事、解难事,促进社会和谐;以建设"生态山镇、古韵流村"的发展思路,夯实工会组织基础,强化工会基础工作;以开展经济技术创新工程和学先进活动,构建和谐型企业,维护社会和谐与稳定;以组织职工开展丰富多彩的文体活动,丰富职工的业余文化生活六个方面为流村镇各项事业建设,为保持稳定和谐,加快经济发展做出了一定贡献,圆满地完成了区工会部署的各项工作任务。

报告中指出,今后五年镇工会工作的主要任务:一是加强工作协调、探索积累经验,认真做好工会经费(筹备金)税务代收工作。二是加强分类指导、落实相关责任,全面完成建会任务。三是切实维护职工合法权益,积极构建和谐劳动关系。四是深化职工素质工程,促进职工队伍全面发展。五是强化工会自身建设,提高工会工作整体水平。

随后,分团讨论《筹备工作报告》、《选举办法(草案)》及《第一届工会委员会和经费审查委员会委员候选人建议名单》。

经过选举,崔文秀、王瑞江、杨春勇、张立红、刘志广、刘玉良、王艳平、仙力勇、沈国强九名同志当选为北京市昌平区流村镇工会第一届委员会委员;刘志广、暴玉金、赵丽三名同志当选为第一届经费审查委员会委员。张立红当选为北京市昌平区流村镇工会第一届委员会主席,刘志广当选为副主席。协商产生了流村镇工会第一届女职工委员会。

新当选的工会主席张立红作了表态讲话:在今后工会的各项工作中,请大家一如既往地支持我、帮助我。我将倍加珍视以前形成的好传统、好经验、好做法,倍加珍视各位代表对我的信任、支持和期望,努力把这种信任和期望转化为工作中前进的动力,坚持与时俱进,开拓创新,努力推动流村地区工会事业的健康发展。在这里,我代表新当选的镇工会班子成员表态:在今后工会各项工作中,我们一定不断地学习,不断地进步,决不辜负各位领导和代表对我们的期望。同时,也真诚地请各位领导和代表能够在今后的工会工作中给予我们关心、帮助和支持。

镇人大主席韩国玲代表镇党委向新当选的工会领导班子表示热烈祝贺,并作了重要讲话:当前,流村正处在大开发、大建设、大发展的关键时期,各项建设任务十分繁重。希望全镇各级工会组织和各位代表在镇党委的领导下,一如既往地履行职责,积极发挥作用,努力为流村的建设贡献力量。新时期工会工作任重道远,希望新当选的镇工会班子成员要以这次代表大会为新的起点,加强学习,加强沟通,加强团结,积极进入新的角色,争取把流村的工会工作做得更好,为建设流村做出新的贡献。

最后,大会在嘹亮的《国际歌》声中闭幕。

## 流村镇获得昌平区
## 2010 年"新农杯"知识竞赛二等奖

由昌平区教委主办、昌平区职工学校承办、昌平职业学校、昌平区成教中心(北京农业广播电视学校昌平分校、北京广播电视大学昌平分校、昌平区计算机考试中心)协办的昌平区 2010 年"新农杯"知识竞赛于 9 月 17 日在昌平区职工学校举行。

比赛本着以赛促学、以赛促训的理念,重在促进交流、提高农民素质。比赛内容包括:法律知识、健康知识、文明礼仪、新农村建设时事政治、计算机网络知识五部分。来自昌平区 18 个乡镇的 18 支代表队参加比赛,参赛选手 54 人。

比赛分为初赛三场、决赛一场进行,上午初赛三场每场 6 个代表队参加,采取 6 进 2 制。经过激烈的角逐,城北街道、北七家、流村、长陵、马池口、东小口 6 个代表队取得进入决赛的通行证。

下午一场决赛的 6 支代表队，在必答题、抢答题、风险题中屡次齐头并进，难分伯仲，最后经过加赛题，城北街道代表队一举拔得头筹，获得了本次竞赛的一等奖，北七家和流村代表队获得了二等奖，长陵、马池口、东小口代表队获得了三等奖。

## 流村镇召开"两节"安全稳定工作会

9 月 20 日，流村镇召开"两节"安全稳定工作会，镇党委书记秦建柱，党委副书记、镇长张中武，党委副书记张立红等领导班子成员出席会议。全镇 28 个村党支部书记、村委会主任和有关企业负责人参加了会议。

会上，副镇长张进海部署了"两节"期间护林防火和节日旅游安全工作，要求各林业站分别对生态管护员进行培训。在重点防火期，在白羊沟自然风景区入口、流村三角地、王峪沟口、高崖口村口和马刨泉路口设置五个固定防火检查站。由各林业站负责检查清理林区可燃物和开设打割防火隔离带工作。对高崖口地区、老峪沟地区两支扑火队的扑火装备进行检查、维护。要求各有林单位要加强值班，主要领导亲自带班，24 小时有人值班。

副镇长黄进国部署了"两节"期间社会面防控工作。一是高度重视，加强对节日期间安全防范工作的领导，组织召开本村、本单位专题会议部署。二是要充分发挥群防群治组织的作用，加强值班巡逻，做好本村、本单位的治安防范工作。三是对防火、防盗、防爆、防触电、防交通事故及安全生产等进行一次全面检查。四是要加强对流动人口和出租房屋的管理，要对本村、本单位的外来流动人口开展一次清查。五是要加强对刑释解教人员和"法轮功"邪教组织等人群的管理和控制。六是加大全镇土地矿产资源看护力度，有效遏制盗挖砂石现象。七是及时发现和化解人民内部矛盾，把各种影响稳定的苗头和不安定因素解决在基层。八是强化民俗村和旅游景点治安秩序、环境卫生等工作。九是充分利用多种形式,进行法制宣传教育。十是加强信息反馈,及时沟通情况。

镇党委副书记、镇长张中武部署了"两节"期间企业的安全生产工作。明确各村支部书记、各企事业单位的正职领导及主要负责人是本村本单位安全生产和消防工作的第一责任人;要求各村、各单位要做到值班电话24小时有人看守,要有主要负责人带班。注重宣传检查,彻查安全隐患。各包村工作队要对各村安全生产、消防安全管理落实情况进行检查,全力做好相关的安全生产保障工作。

最后,镇党委书记秦建柱就"两节"期间全镇的安全稳定工作强调四点意见:一是签责任书,分解任务。镇里与各单位签订了责任书,各单位也要与相关人员签责任书。二是加强宣传,营造氛围。各村可根据自己的软硬件条件,采取不同的宣传形式。增强宣传的人性化、知识化,既扩大了宣传面,又易于群众接受。三是组织检查,查找隐患,对所辖区域重点地区、重点行业和重点人员进行一次全面的安全检查,认真排查隐患,制定整改措施和应急预案。四是加强巡查,做好社会面控制。在"两节"期间,组织好队伍,加强巡逻。人员做到"找得着,来得了,用得上"。

## 流村镇六项措施加强"两节"前安全工作

近日,流村镇推出六项措施,加强中秋、国庆"两节"前的安全工作。一是镇成立检查组,分别对流村、高崖口、老峪沟三个地区企业、流动人口居住区、民俗旅游户、村重点部位进行安全隐患排查,对排查出的隐患责令限期整改。二是与各行政村和各企业单位签订"两节"期间安全责任书,明确领导责任。三是充分发挥治安巡防队伍的作用,实施昼夜24小时有人巡查,有人值班。确保全镇治安安全。

四是召开基层干部会和机关包村工作会,就防火安全、企业安全、消防安全等安全工作分头进行安排部署。五是对潜伏的不稳定因素和矛盾作为排查重点,按照轻重缓急的原则,使矛盾问题就地进行疏导解决。六是加大安全宣传教育力度。通过宣传栏、广播等形式,加强安全教育宣传,强化村民安全意识。

## 流村"流动调解庭"上门解民忧初见成效

流村镇司法所与公安派出所联合建立的流动调解庭及时有效地化解了村民之间矛盾纠纷,受到镇党委、政府和当地群众的一致好评。

据了解,司法所与辖区内北流村派出所积极协调,通过建立流动调解庭、召开联席会议、建立沟通热线等多种方式,建立起经常性联动联调工作新机制。北流村派出所在处理打架斗殴、经济赔偿等重大疑难民事纠纷时,可以请求司法所派人参加,依各自职责做出相应处理决定,做到相互配合、相互支持。司法所对于排查出的如不及时控制很有可能激化酿成群体性事件、重大治安案件的社会矛盾纠纷,可以请求公安派出所派人参与处理,先稳定事态后再做出相应的处理。

这一制度施行以来,既减轻了公安派出所的负担,保证了快速高效地处理社会治安案件,又有利于发挥公安机关的震慑作用,促进社会矛盾纠纷有效化解。据统计,2010 年上半年,两所联动成功地化解了轻伤害和解纠纷 2 起、家庭暴力纠纷 1 起、人身损害赔偿纠纷 2 起,有力地维护了流村地区的和谐稳定。

## 流村司法所编纂出版《制度汇编》

为了进一步推进司法所制度建设,理顺管理体系,提高管理效率,增强执行力,流村司法所对 2003—2009 年所制定的各类制度作了全面梳理和筛选。日前,编纂出版了《流村镇司法所规章制度汇编》。

据了解,《流村镇司法所规章制度汇编》是自 2003 年开展试点工作以来,对各类规章制度的梳理和筛选,将 56 项规章管理制度汇编成册。这些制度对司法行政"四大体系"建设健康有序发展起到了重要的保障作用。也从一个侧面反映了管理不断提高和深化完善的轨迹。

《流村镇司法所规章制度汇编》既便于指导司法所工作人员的工作,又可以规范司法所工作人员的行为,从而起到内强素质、外树形象的作用。对于进一步加强司法所队伍建设和日常管理具有重要意义,必将推动流村司法所规范化建设取得更大成果。

## 市统计局巡察组对我镇统计所进行统计工作指导

近日,市统计局统计巡察组一行 6 人,在区统计局局长刘全新、副局长王敏同志的陪同下对流村统计所进行了统计巡查指导。镇党委副书记、镇长张中武,常务副镇长王志强参加了巡查工作。

巡察组听取了统计所长就流村镇基本情况、近年来统计工作、2010 年上半年重点工作、目前面临的一些问题及今后的工作想法做的汇报。镇长张中武向市统计局介绍了流村镇近年来的经济发展情况和今后的发展目标。

最后,市局巡察组对流村所统计工作给予了肯定,并就如何进一步加强统计工作提出了宝贵的意见和建议。

## 流村镇"抓党建,治违建,创先 争优促发展"活动进一步推进

流村镇根据区委、区政府的工作要求,组织召开了由各基层支部

书记、包村工作队长参加的主题活动推进会,把全镇思想进一步统一到区委的要求上来,继续强化落实责任,明确职责分工,进行工作的再部署、再落实,通过采取一系列有效措施,积极推动主题活动有序、稳步开展。

一是加强宣传,营造氛围。在活动开展过程中,流村镇注重加大宣传工作力度,利用《流村时报》这一宣传主阵地,结合广播、橱窗、标语等形式,对活动开展的目的意义、方法步骤、措施要求等进行了广泛的宣传。同时。及时报道基层支部活动开展情况,注重抓典型,搞示范,总结阶段性成果。共印发报纸20000份,悬挂横幅65条,出动流动宣传车6次。

二是成立队伍,加强巡查。流村镇成立了整治违章违法建设专业巡查队,在全镇范围内进行每天巡查,共制止了强占集体土地及宅基地行为19例,对违法主体下发了停止违法建设行为通知书17份。

三是深入调查,细化台账,对全镇范围内的违法建设项目进行了整理分类,依据违法建设项目的具体情况制定相应的整改措施和完成整改的时间及整改负责人。

四是清理合同,控制违建。在活动开展过程中,由镇经管站牵头,对各村的合同进行了全面的清理,并对占地项目进行了分类整理。目前,已有26个村完成了自行清理,对合同进行分类、定性,为下一步完善合同、监督履行合法合同及解除违法违规合同、拆除违建项目打好基础。同时,按照区有关部门要求,要求各村停止签订"四荒"租赁合同。

五是村章镇管,治理源头。为从源头上治理违章违法建设行为,镇制定了《流村镇村级组织印章委托管理办法》,对各村的村委会、党支部及经济合作社的公章由镇政府统一管理。该项措施对于规范村级组织用章行为、加强民主建设、控制违规合同、遏制违建发生起到了极大地促进作用。

六是加强督导,落实到位。在活动开展过程中,镇纪委加大督察力度,分阶段对基层支部活动开展情况进行严格的督导检查。并对自查自纠情况进行公示,接受群众的监督和举报。目前,全镇机关工作人员及各村两委干部的自查自纠情况已在全镇范围内进行公示,普通党员也进行了公示。

七是包片包村,分类指导。为配合各村开展活动,镇党委抽调精干力量,建立了由镇副职领导包片,镇机关一般干部包村的包村工作队伍,负责督促指导整治违章违法建设。同时要求各村两委班子成员和党员也要分片包户,组织人员重点联系拟建户、在建户,严防严控各类违建行为。

八是例会汇报,过程控制。为及时全面地了解、掌握活动开展情况,流村镇建立了活动例会制度,镇活动领导小组每隔一周听取一次基层支部书记和包村工作队长的工作汇报,进一步分析问题、查找不足、总结经验,为下一步工作的开展打好基础。

九是制定奖惩,重点考核。结合修订流村镇两委干部报酬管理办法,2010 年,把这次主题活动纳入村支部书记和村主任考核当中,提高考核的权重,并将在年底把这次主题活动作为一项重点工作进行单独考核。该项措施对调动基层干部积极性,组织深入开展此项活动产生了较好的推动作用。

## 流村镇 38 名优秀学子喜获"镇政府助学奖励资金"

2010 年流村镇共投入 136000 元对 38 名优秀学子给予奖励,为考上一、二、三类大学本科和中考前十名的优秀学生,分别发放 4000元、3000 元、2000 元、1000 元不等的"镇政府助学奖励资金"。

据悉,为鼓励山区学生刻苦学习,在全镇范围内营造良好的学习氛围,促进流村地区教育水平的提高,从 2005 年起,流村镇政府制定出台了《关于对流村籍高考和中考取得优异成绩的学生给予一次性相关奖励的政策》,连续六年来,流村有 110 多名优秀学子,陆续考取清华、北京科技大学、首都师范大学,有50多名优秀中学生考取重点高中,对于流村这些优秀的学生,镇政府拿出50多万元对他们给予重奖以资鼓励,以此来激励全镇更多的学生以他们为榜样,好好学习,天天向上,为构建学习型社会贡献力量,为构建和谐流村添砖加瓦。

## 流村镇社保所为村民免费电脑培训

近日,在流村镇社保所的积极争取下,昌平区职业技术学校老师到马刨泉村为老峪沟地区30名农村富余劳动力举办免费计算机培训班。每个学员手上都有一本最新计算机初级培训教程、一支笔和一本笔记本。这些学员的年龄跨度较大,有二十刚出头的小伙子,也有四五十岁的中年人,大家来学习的热情都很高,希望能在这里提高自己,学到一门技能。

来参加培训的学员大都是村中富余劳动力,他们觉得有一门技术能力可以让自己在以后的就业中增加筹码,所以即便培训班赶在农忙时都愿意来上这个课。培训班老师对这些水平差异很大的学生说:首先是要培养起学员能学好电脑的信心,上课主要以解答问题和实际操作为主,将书本上的理论课程简单化。上课时间是10天,每天早上9点半到中午11点半。

参加培训的刘妹说:“这个活动办得好,意义重大,让我们有了一个掌握技能的机会。有个一技之长,与别人交谈也会比较好。自己来学电脑,家里人都非常支持。”报名参加学习的陈大姐说,前年下岗了,虽然现在家里也不需要自己负担什么,但是在家久了还是想多学点东西,找些自己感兴趣的东西。

本次免费培训班反响很好,为农村富余劳动力提供了一个很好的学习平台。

## 昌平区计生专员到马刨泉村慰问扶助对象

"十一"国庆节将至,昌平区计生委领导为了让马刨泉村困难群众都过上一个欢乐的国庆佳节,近日,在村"两委"干部的陪同下,区计生专员带着区计生委领导的问候到马刨泉村慰问奖励扶助群众,仔细询问他们的生活情况,与他们零距离交心,叮嘱村"两委"干部帮他们解决生产、生活中遇到的各种困难和问题。此次慰问共发放慰问金1800元及食用油一桶。

## 流村镇领导到敬老院和福利院慰问老人和孩子

中秋佳节来临之际,流村镇党委书记秦建柱,镇党委副书记、镇长张中武在相关人员的陪同下带着月饼等慰问品到流村镇敬老院、社会福利院、残保中心慰问,为老人及儿童送去中秋的祝福和全镇人民的问候。

## 流村镇召开户口整顿和清查摸底工作动员暨培训会

流村镇人普办按照区人普办的总体要求和流村镇的工作部署,为全面确保流村镇户口整顿和清查摸底工作的顺利开展,近日在我镇科技文化活动中心召开了户口整顿和清查摸底工作动员暨培训会,常务副镇长王志强出席会议,镇人普办常务副主任韩秀丽主持会议。28个行政村的80余名普查指导员和普查员参加了会议。

会上,常务副镇长王志强作了重要讲话,就全镇的户口整顿和摸底工作提出两点意见:第一要充分认识户口整顿和清查摸底工作的重要性;第二要认真做好户口整顿和清查摸底阶段工作;第三要严格把握户门整顿和清查摸底工作关键环节。

会后,镇派出所户籍民警朱宝娜和普查办工作人员杨洋就户口整顿表和户主姓名底册的指标解释和填表说明对与会人员作了详细讲解。最后由镇人普办常务副主任韩秀丽对此次会议作了总结,强调了清查摸底工作是一项时间紧、任务重的工作,要求普查指导员和普查员一定要按照普查办的上报时间要求按时上报,确保流村镇的清查摸底工作能够顺利地完成,为正式普查工作的开展打好基础。

附录：

# 流村镇党委、政府、人大历届领导名录

## 中共昌平区（县）流村镇（乡）委员会
### （1987. 10—2010. 12）

**一、中共昌平县流村乡委员会**（1987. 10—1991. 4）

| 职　　务 | 姓　　名 | 任职时间 |
|---|---|---|
| 书　记 | 黄德山 | （1987. 10—1989. 2） |
| | 刘志奇 | （1989. 2—1991. 4） |
| 副 书 记 | 崔文来 | （1987. 10—1987. 11） |
| | 王凤岐 | （1987. 10—1990. 11） |
| | 薛文好 | （1987. 10—1991. 3） |
| | 姚长平 | （1987. 10—1987. 12） |
| | 周学才 | （1987. 10—1991. 2） |
| | 贺德纯 | （1991. 3—1991. 4） |
| | 王和平 | （1991. 3—1991. 4） |
| | 王文治 | （1991. 3—1991. 4） |
| 纪委书记 | 薛文好 | （1987. 12—1991. 3） |
| | 贾国玺 | （1991. 3—1991. 4） |

**二、中共昌平县流村乡委员会**（1991. 4—1994. 1）

| 职　　务 | 姓　　名 | 任职时间 |
|---|---|---|
| 书　记 | 刘志奇 | （1991. 4—1994. 1） |

| 副 书 记 | 贺德纯 | (1991.4—1994.1) |
| | 王和平 | (1991.3—1994.1) |
| | 王文治 | (1991.3—1994.1) |
| | 张泉知 | (1993.12—1994.1) |
| 纪委书记 | 贾国玺 | (1991.4—1994.1) |

### 三、中共昌平县流村乡委员会(1994.1—1999.1)

| 职 务 | 姓 名 | 任职时间 |
| --- | --- | --- |
| 书 记 | 刘志奇 | (1994.2—1995.2) |
| | 于 泓 | (1995.2—1997.12) |
| 副 书 记 | 贺德纯 | (1994.2—1996.12) |
| | 王和平 | (1994.2—1995.9) |
| | 王文治 | (1994.2—1995.9) |
| | 张泉知 | (1994.2—1996.12) |
| | 贾福贵 | (1996.12—1997.12) |
| | 孙 启 | (1996.12—1997.12) |
| | 张树玲(女) | (1995.9—1997.12) |
| 纪委书记 | 贾国玺 | (1994.2—1996.12) |
| | 邵继亮 | (1996.12—1997.12) |
| 组织委员 | 刘秉德 | (1994.1—1997.1) |
| | 陈文广 | (1997.1—1997.12) |
| 宣传委员 | 张树玲(女) | (1994.1—1995.9) |
| | 陈进利 | (1996.12—1997.12) |

1997年12月,昌平撤县设区,撤销流村乡、高崖口乡、老峪沟乡,合并建立流村镇,成立中共昌平县流村镇委员会。

### 中共昌平县流村镇委员会

| 职 务 | 姓 名 | 任职时间 |
| --- | --- | --- |
| 书 记 | 于 泓 | (1997.12—1999.1) |
| 副 书 记 | 王启仓 | (1997.12—1999.1) |

| 纪委书记 | 王正学 | (1997.12—1999.1) |
| 组织委员 | 陈文慧 | (1997.12—1999.1) |
| 宣传委员 | 陈进利 | (1997.12—1999.1) |

## 四、中共昌平县流村镇委员会(1999.1—1999.12)

| 职　务 | 姓　名 | 任职时间 |
| 书　记 | 于　泓 | (1999.1—1999.10) |
|  | 徐德清 | (1999.10—1999.12) |
| 副书记 | 王启仓 | (1999.1—1999.12) |
| 纪委书记 | 王正学 | (1999.1—1999.10) |
|  | 刘春林 | (1999.10—1999.12) |
| 组织委员 | 陈文慧 | (1999.1—1999.10) |
|  | 刘振婷(女) | (1999.10—1999.12) |
| 宣传委员 | 陈进利 | (1999.1—1999.12) |

## 五、中共昌平区流村镇委员会(1999.12—2004.1)

1999年12月,昌平撤县设区,中共昌平县流村镇委员会更名为中共北京市昌平区流村镇委员会。

| 职　务 | 姓　名 | 任职时间 |
| 书　记 | 徐德清 | (1999.12—2001.10) |
|  | 董锦华 | (2001.10—2004.1) |
| 副书记 | 王启仓 | (1999.12—2001.10) |
|  | 董锦华 | (1999.12—2001.10) |
|  | 张　伟 | (2001.10—2003.2) |
|  | 郭玉清 | (2002.12—2004.1) |
|  | 瓮　民 | (2003.2—2004.1) |
| 纪委书记 | 刘春林 | (1999.12—2004.1) |
| 组织委员 | 刘振婷(女) | (1999.12—2004.1) |
| 宣传委员 | 陈进利 | (1999.12—2002.10) |
|  | 时桂荣(女) | (2002.10—2004.1) |

**六、中共昌平区流村镇委员会**(2004.1—2006.12)

| 职 务 | 姓 名 | 任职时间 |
|---|---|---|
| 书 记 | 董锦华 | (2004.1—2004.2) |
| | 郭玉清 | (2004.2—2006.10) |
| | 张 勇 | (2006.10—2006.12) |
| 副 书 记 | 郭玉清 | (2004.1—2004.2) |
| | 瓮 民 | (2004.1—2006.10) |
| | 王 建 | (2006.10—2006.12) |
| | 刘春林 | (2006.10—2006.12) |
| 纪委书记 | 刘春林 | (2004.1—2006.10) |
| | 张立红(女) | (2006.10—2006.12) |
| 组织委员 | 刘振婷(女) | (2004.1—2006.10) |
| | 张进海 | (2006.10—2006.12) |
| 宣传委员 | 时桂荣(女) | (2004.1—2006.12) |

**七、中共昌平区流村镇委员会**(2006.12—2010.12)

| 职 务 | 姓 名 | 任职时间 |
|---|---|---|
| 书 记 | 张 勇 | (2006.12—2008.11) |
| | 赵宝东(蒙古族) | (2008.11—2010.8) |
| | 秦建柱 | (2010.8—2010.12) |
| 副 书 记 | 王 建 | (2006.12—2009.12) |
| | 刘春林 | (2006.12—2008.4) |
| | 张立红(女) | (2008.6—2010.12) |
| | 张中武 | (2009.12—2010.12) |
| 纪委书记 | 张立红(女) | (2006.12—2008.6) |
| | 史功岐 | (2008.9—2010.12) |
| 组织委员 | 张进海 | (2006.12—2008.9) |
| 宣传委员 | 时桂荣(女) | (2006.12—2010.12) |

# 昌平区（县）流村镇（乡）政府
## （1987.10—2010.12）

### 一、流村乡政府（1987.10—1991.2）

| 职　　务 | 姓　名 | 任职时间 |
|---|---|---|
| 乡　　长 | 王凤歧 | （1987.10—1990.11） |
|  | 王和平 | （1990.11—1991.2） |
| 副　乡　长 | 李长富 | （1987.10—1989.6） |
|  | 王士敏 | （1987.10—1991.1） |
|  | 齐炳瑞 | （1991.1—1991.2） |
|  | 朱建波 | （1991.1—1991.2） |

### 农工商联合企业公司

| | | |
|---|---|---|
| 经　　理 | 崔文来 | （1987.10—1987.11） |
|  | 周学才 | （1987.12—1989.9） |
|  | 贺德纯 | （1989.9—1991.2） |
| 副　经　理 | 赵德林 | （1987.10—1991.2） |

### 工业企业总公司

| | | |
|---|---|---|
| 经　　理 | 姚长平 | （1987.10—1987.12） |
|  | 周学才 | （1987.12—1991.2） |
| 副　经　理 | 周振禹 | （1987.10—1991.2） |
|  | 姚长平 | （1988.1—1989.9） |

### 二、流村乡政府（1991.2—1994.2）

| 职　　务 | 姓　名 | 任职时间 |
|---|---|---|
| 乡　　长 | 王和平 | （1991.2—1994.2） |
| 副　乡　长 | 齐炳瑞 | （1991.2—1994.2） |
|  | 朱建波 | （1991.2—1992.9） |

**农工商联合企业公司**

| 经　　理 | 贺德纯 | （1991.2—1994.2） |
|---|---|---|
| 副 经 理 | 崔红生 | （1990.9—1994.2） |
| | 孙淑芳（女） | （1990.9—1994.2） |
| | 姚长平 | （1993.4—1994.2） |
| | 张进海 | （1993.12—1994.2） |

**工业企业总公司**

| 经　　理 | 贺德纯 | （1991.3—1994.2） |
|---|---|---|
| | 张泉知 | （1992.3—1994.2） |
| 副 经 理 | 周振禹 | （1991.2—1994.2） |
| | 王文志 | （1991.3—1994.2） |
| | 徐兴元 | （1992.6—1993.9） |
| | 黄长荣 | （1993.9—1994.2） |
| | 任福启 | （1992.9—1994.2） |
| | 贾福贵 | （1992.9—1994.2） |
| | 朱建波 | （1992.9—1994.1） |

**三、流村乡政府**（1994.2—1999.1）

| 职　　务 | 姓　　名 | 任职时间 |
|---|---|---|
| 乡　　长 | 王和平 | （1994.2—1995.9） |
| | 贾福贵 | （1995.9—1997.12） |
| 副 乡 长 | 齐炳瑞 | （1994.2—1995.9） |
| | 张青松 | （1994.2—1995.9） |
| | 李德林 | （1995.9—1997.12） |
| | 柴会昌 | （1996.12—1997.12） |

**农工商联合企业公司**

| 经　　理 | 贺德纯 | （1994.2—1994.11） |
|---|---|---|
| | 崔红生 | （1994.11—1997.12） |
| 副 经 理 | 崔红生 | （1994.2—1994.11） |

|            |              |                   |
|------------|--------------|-------------------|
|            | 孙淑芳(女)  | (1994.2—1997.12)  |
|            | 姚长平       | (1994.2—1997.12)  |
|            | 张进海       | (1994.2—1997.12)  |

## 工业企业总公司

| 职务   | 姓名   | 任职时间 |
|--------|--------|----------|
| 经　理 | 张泉知 | (1994.2—1996.12) |
|        | 孙　启 | (1996.12—1997.12) |
| 副经理 | 周振禹 | (1994.2—1995.8) |
|        | 王文志 | (1994.2—1996.5) |
|        | 黄长荣 | (1994.2—1995.9) |
|        | 贾福贵 | (1994.2—1995.9) |
|        | 朱建波 | (1994.2—1995.2) |

注:1997 年 12 月,流村乡、高崖口乡和老峪沟乡合并为流村镇。

## 流村镇政府

| 职　务 | 姓　名 | 任职时间 |
|--------|--------|----------|
| 镇　长 | 徐德清 | (1997.12—1999.1) |
| 副镇长 | 柴会昌 | (1997.12—1999.1) |
|        | 张树玲(女) | (1997.12—1999.1) |
|        | 刘春林 | (1997.12—1999.1) |
|        | 邢全江 | (1997.12—1999.1) |

## 工商联合企业公司

| 职　务 | 姓　名 | 任职时间 |
|--------|--------|----------|
| 经　理 | 朱建波 | (1997.12—1999.1) |
| 副经理 | 孙　启 | (1997.12—1998.12) |
|        | 孙淑芳(女) | (1997.12—1999.1) |
|        | 张进海 | (1997.12—1999.1) |
|        | 刘富义 | (1997.12—1999.1) |
|        | 韩国玲 | (1997.12—1999.1) |
|        | 李桂山 | (1997.12—1999.1) |
|        | 彭士杰 | (1997.12—1999.1) |

| | | |
|---|---|---|
| 张树堂 | （1997.12—1999.1） |
| 田万利 | （1997.12—1999.1） |
| 韩宝田 | （1997.12—1999.1） |
| 郝　杰 | （1997.12—1999.1） |
| 王春和 | （1997.12—1999.1） |
| 姚长平 | （1997.12—1999.1） |
| 齐炳瑞 | （1997.12—1998.7） |

**四、流村镇政府**（1999.1—1999.12）

| 职　　务 | 姓　名 | 任职时间 |
|---|---|---|
| 镇　　长 | 徐德清 | （1999.1—1999.10） |
| | 董锦华 | （1999.10—1999.12） |
| 副 镇 长 | 柴会昌 | （1999.1—1999.10） |
| | 刘春林 | （1999.1—1999.10） |
| | 邢全江 | （1999.1—1999.10） |
| | 韩宝田 | （1999.11—1999.12） |
| | 韩国玲 | （1999.11—1999.12） |
| | 彭士杰 | （1999.11—1999.12） |
| | 邵继亮 | （1999.11—1999.12） |
| | 张树玲（女） | （1999.1—1999.12） |

**农工商联合企业公司**

| 经　　理 | 朱建波 | （1999.1—1999.10） |
|---|---|---|
| 副 经 理 | 孙淑芳（女） | （1999.1—1999.10） |
| | 张进海 | （1999.1—1999.10） |
| | 刘富义 | （1999.1—1999.10） |
| | 韩国玲 | （1999.1—1999.10） |
| | 李桂山 | （1999.1—1999.10） |
| | 彭士杰 | （1999.1—1999.10） |
| | 张树堂 | （1999.1—1999.10） |

| | | |
|---|---|---|
| 田万利 | （1999.1—1999.10） | |
| 韩宝田 | （1999.1—1999.10） | |
| 郝　杰 | （1999.1—1999.10） | |
| 王春和 | （1999.1—1999.10） | |
| 姚长平 | （1999.1—1999.10） | |

注:1999年10月,流村镇农工商联合企业公司撤销。其领导职务自然免职。

**五、流村镇政府**（1999.12—2004.1）

1999年12月,昌平撤县设区,昌平县流村镇人民政府更名为北京市昌平区流村镇人民政府。

| 职　务 | 姓　名 | 任职时间 |
|---|---|---|
| 镇　长 | 董锦华 | （1999.12—2001.10） |
| | 郭玉清 | （2001.10—2004.1） |
| 副镇长 | 韩宝田 | （1999.12—2004.1） |
| | 韩国玲 | （1999.12—2004.1） |
| | 彭士杰 | （1999.12—2002.10） |
| | 邵继亮 | （1999.12—2004.1） |
| | 张树玲（女） | （1999.12—2004.1） |
| | 徐树义 | （2002.10—2004.1） |

**六、流村镇政府**（2004.1—2006.12）

| 职　务 | 姓　名 | 任职时间 |
|---|---|---|
| 镇　长 | 郭玉清 | （2004.1—2004.2） |
| | 张　勇 | （2004.2—2006.10） |
| | 王　建 | （2006.10—2006.12） |
| 副镇长 | 韩宝田 | （2004.1—2004.4） |
| | 韩国玲 | （2004.1—2006.11） |
| | 邵继亮 | （2004.1—2006.11） |
| | 张树玲（女） | （2004.1—2006.12） |

| | 徐树义 | (2004.1—2006.11) |
|---|---|---|
| | 刘　毅 | (2004.4—2006.12) |
| | 史功岐 | (2006.10—2006.12) |
| | 黄进国 | (2006.11—2006.12) |

## 七、流村镇政府(2006.12—2010.12)

| 职　　务 | 姓　名 | 任职时间 |
|---|---|---|
| 镇　长 | 王　建 | (2006.12—2009.12) |
| | 张中武 | (2010.1—2010.12) |
| 副镇长 | 张树玲(女) | (2006.12—2009.9) |
| | 刘　毅 | (2006.12—2009.12) |
| | 史功岐 | (2006.12—2008.9) |
| | 黄进国 | (2006.12—2010.12) |
| | 张进海 | (2008.9—2010.12) |
| | 王志强 | (2010.1—2010.12) |

# 昌平区(县)流村镇(乡)人大
## (1996.3—2010.12)

一、(1987.10—1991.2)

二、(1991.2—1994.2)

三、流村乡人大(1994.2—1999.1)

| 职 务 | 姓 名 | 任职时间 |
|---|---|---|
| 主 席 | 于 泓 | (1997.1—1997.12) |
| 副 主 席 | 黄长荣 | (1996.3—1997.12) |

1997年12月,流村乡、高崖口乡和老峪沟乡合并设立流村镇。

**流村镇人大**

| 职 务 | 姓 名 | 任职时间 |
|---|---|---|
| 主 席 | 崔红生 | (1997.12—1999.1) |

四、流村镇人大(1999.1—1999.12)

| 职 务 | 姓 名 | 任职时间 |
|---|---|---|
| 主 席 | 崔红生 | (1999.1—1999.11) |
| | 徐德清 | (1999.11—1999.12) |
| 副 主 席 | 邢全江 | (1999.11—1999.12) |

五、流村镇人大(1999.12—2004.1)

| 职 务 | 姓 名 | 任职时间 |
|---|---|---|
| 主 席 | 徐德清 | (1999.12—2001.10) |
| | 董锦华 | (2001.10—2004.1) |
| 副 主 席 | 邢全江 | (1999.10—2004.1) |

六、流村镇人大(2004.1—2006.12)

| 职 务 | 姓 名 | 任职时间 |
|---|---|---|
| 主 席 | 董锦华 | (2004.1—2004.2) |
| | 郭玉清 | (2004.2—2006.11) |

|  |  | 张　勇 | （2006.11—2006.12） |
|---|---|---|---|
| 副 主 席 |  | 邢全江 | （2004.1—2006.11） |
|  |  | 韩国玲 | （2006.11—2006.12） |

### 七、流村镇人大（2006.12—2010.12）

| 职　务 | 姓　名 | 任职时间 |
|---|---|---|
| 主　席 | 张　勇 | （2006.12—2008.10） |
|  | 韩国玲 | （2008.10—2010.12） |
| 副 主 席 | 韩国玲 | （2006.12—2008.10） |

# 中共昌平县高崖口乡委员会
## （1987.10—1997.12）

**一、中共昌平县高崖口乡委员会**（1987.10—1991.4）

| 职　务 | 姓　名 | 任职时间 |
|---|---|---|
| 书　记 | 刘炳成 | （1987.10—1987.12） |
| | 刘满泉 | （1987.12—1989.3） |
| | 黄德山 | （1989.2—1991.3） |
| | 刘富江 | （1991.3—1991.4） |
| 副书记 | 刘满泉 | （1987.10—1987.12） |
| | 沈长茂 | （1987.10—1989.3） |
| | 刘文良 | （1987.12—1991.4） |
| | 贺德纯 | （1987.12—1991.2） |
| | 王凤岐 | （1990.11—1991.4） |
| | 赵德林 | （1991.3—1991.4） |
| | 马长清 | （1991.3—1991.4） |
| 纪委书记 | 陈恩亮 | （1987.12—1991.3） |
| | 王正学 | （1991.3—1991.4） |

**二、中共昌平县高崖口乡委员会**（1991.4—1994.1）

| 职　务 | 姓　名 | 任职时间 |
|---|---|---|
| 书　记 | 刘富江 | （1991.4—1994.1） |
| 副书记 | 王凤岐 | （1991.3—1994.1） |
| | 赵德林 | （1991.3—1994.1） |
| | 马长清 | （1991.4—1994.1） |
| | 刘文良 | （1991.4—1994.1） |
| 纪委书记 | 王正学 | （1991.4—1994.1） |

### 三、中共昌平县高崖口乡委员会(1994.1—1999.1)

| 职　　务 | 姓　名 | 任职时间 |
| --- | --- | --- |
| 书　记 | 刘富江 | (1994.1—1994.5) |
| | 苏卫东 | (1994.5—1997.12) |
| 副 书 记 | 王凤岐 | (1994.1—1996.3) |
| | 赵德林 | (1994.1—1994.5) |
| | 马长清 | (1994.1—1996.5) |
| | 刘文良 | (1994.1—1994.11) |
| | 朱华海 | (1994.11—1996.3) |
| | 黄友刚 | (1997.1—1997.12) |
| | 王启仓 | (1996.5—1997.12) |
| 纪委书记 | 王正学 | (1994.1—1997.12) |
| 组织委员 | 李桂山 | (1991.3—1996.12) |
| | 刘云龙 | (1996.12—1997.12) |
| 宣传委员 | 郑兴山 | (1993.12—1996.12) |
| | 白凤琴(女) | (1996.12—1997.12) |

1997年12月,昌平撤县设区,撤销流村乡、高崖口乡、老峪沟乡,合并建立流村镇。

# 昌平县高崖口乡政府
## (1987.10—1997.12)

### 一、高崖口乡政府(1987.10—1991.2)

| 职　务 | 姓　名 | 任职时间 |
|---|---|---|
| 乡　长 | 沈长茂 | (1987.10—1989.6) |
|  | 李长富 | (1989.6—1991.1) |
|  | 王凤岐 | (1991.1—1991.2) |
| 副乡长 | 邢天富 | (1987.10—1989.6) |
|  | 韩国玲 | (1987.10—1991.2) |
|  | 董国江 | (1990.3—1991.2) |

**农工商联合企业公司**

| 经　理 | 贺德纯 | (1987.10—1989.9) |
|---|---|---|
|  | 王成禄 | (1989.10—1991.2) |
| 副经理 | 王成禄 | (1987.10—1991.2) |
|  | 刘淑香(女) | (1987.10—1991.2) |

**工业企业总公司**

| 经　理 | 马长清 | (1989.9—1991.2) |
|---|---|---|
| 副经理 | 孔繁华 | (1987.10—1991.2) |
|  | 刘福学 | (1987.10—1991.2) |
|  | 韩宝田 | (1988.5—1991.2) |
|  | 刘德浩 | (1988.5—1991.2) |

### 二、高崖口乡政府(1991.2—1994.2)

| 职　务 | 姓　名 | 任职时间 |
|---|---|---|
| 乡　长 | 王凤岐 | (1991.2—1994.2) |
| 副乡长 | 韩国玲 | (1991.2—1994.2) |
|  | 董国江 | (1991.2—1994.2) |

刘福和 　　　　　　(1992.3—1994.2)

邢全江 　　　　　　(1993.4—1994.2)

**农工商联合企业公司**

经　　理　　赵德林 　　　　　(1991.3—1994.2)

副 经 理　　王成禄 　　　　　(1991.2—1994.2)

刘淑香(女) 　　　　(1991.2—1994.2)

刘德江 　　　　　　(1992.10—1994.2)

**工业企业总公司**

经　　理　　马长清 　　　　　(1991.2—1994.2)

副 经 理　　孔繁华 　　　　　(1991.2—1994.2)

刘福学 　　　　　　(1991.2—1994.2)

韩宝田 　　　　　　(1991.2—1994.2)

刘德浩 　　　　　　(1991.2—1994.2)

**三、高崖口乡政府**(1994.2—1999.1)

| 职　　务 | 姓　　名 | 任职时间 |
|---|---|---|
| 乡　　长 | 王凤岐 | (1994.2—1996.3) |
|  | 朱华海 | (1996.3—1997.1) |
|  | 黄友刚 | (1997.1—1997.12) |
| 副 乡 长 | 刘福和 | (1994.2—1997.12) |
|  | 邢全江 | (1994.2—1997.12) |
|  | 陈莲英(女) | (1995.9—1997.12) |

**农工商联合企业公司**

经　　理　　赵德林 　　　　　(1994.2—1994.5)

郑兴山 　　　　　　(1994.5—1997.12)

副 经 理　　王成禄 　　　　　(1994.2—1994.12)

刘淑香(女) 　　　　(1994.2—1996.1)

韩国玲 　　　　　　(1994.2—1997.12)

刘德江 　　　　　　(1994.2—1997.12)

|  | 张树堂 | （1994.5—1997.12） |

**工业企业总公司**

| 经　　理 | 马长清 | （1994.2—1996.5） |
|  | 彭士杰 | （1996.5—1997.12） |
| 副　经　理 | 孔繁华 | （1994.2—1996.5） |
|  | 刘福学 | （1994.2—1996.5） |
|  | 赵永勃 | （1994.2—1996.6） |
|  | 彭士杰 | （1994.12—1996.5） |
|  | 韩宝田 | （1994.2—1997.12） |
|  | 刘德浩 | （1994.2—1997.12） |

1997年12月,流村乡、高崖口乡和老峪沟乡合并为流村镇。

# 昌平县高崖口乡人大
## （1996.3—1997.12）

一、（1987.10—1991.2）

二、（1991.2—1994.2）

三、（1994.2—1999.1）**高崖口乡人大**

| 职　务 | 姓　名 | 任职时间 |
|---|---|---|
| 主　席 | 王凤岐 | （1996.3—1997.12） |

1997年12月,流村乡、高崖口乡和老峪沟乡合并设立流村镇。

# 中共昌平县老峪沟乡委员会
## (1987.10—1997.12)

**一、中共昌平县老峪沟乡委员会**(1987.10—1991.4)

| 职　务 | 姓　名 | 任职时间 |
|---|---|---|
| 书　记 | 谷永泉 | (1987.10—1988.2) |
| | 张长林 | (1991.3—1991.4) |
| 副书记 | 郑启山 | (1987.10—1989.9) |
| | 韩久国 | (1987.10—1987.12) |
| | 赵培良 | (1991.3—1991.4) |
| | 匡儒祥 | (1991.3—1991.4) |
| | 李春玖 | (1991.3—1991.4) |
| | 姚长平 | (1989.9—1991.4) |
| | 刘富义 | (1987.9—1989.7) |
| 纪委书记 | 郑启山 | (1987.10—1991.4) |

**二、中共昌平县老峪沟乡委员会**(1991.4—1994.1)

| 职　务 | 姓　名 | 任职时间 |
|---|---|---|
| 书　记 | 张长林 | (1991.4—1993.12) |
| | 李春玖 | (1993.12—1994.1) |
| 副书记 | 赵培良 | (1991.4—1994.1) |
| | 匡儒祥 | (1991.4—1993.12) |
| | 李春玖 | (1991.4—1993.12) |
| | 姚长平 | (1991.4—1993.4) |
| | 罗桂河 | (1993.12—1994.1) |
| | 郑宝玉 | (1993.4—1994.1) |
| 纪委书记 | 郑启山 | (1991.4—1994.1) |

### 三、中共昌平县老峪沟乡委员会(1994.1—1999.1)

| 职 务 | 姓 名 | 任职时间 |
|---|---|---|
| 书 记 | 李春玖 | (1994.1—1994.12) |
| | 贺德纯 | (1994.12—1997.12) |
| 副 书 记 | 罗桂河 | (1994.1—1997.12) |
| | 赵培良 | (1994.1—1994.12) |
| | 郑宝玉 | (1994.1—1995.2) |
| | 朱建波 | (1996.12—1997.12) |
| | 刘春林 | (1996.12—1997.12) |
| 纪委书记 | 郑启山 | (1994.1—1997.12) |
| 组织委员 | 张文英(女) | (1993.12—1996.12) |
| | 郑启山 | (1996.12—1997.1) |
| | 张素名 | (1997.1—1997.12) |
| 宣传委员 | 陈文慧 | (1993.12—1997.12) |

1997年12月,昌平撤县设区,撤销流村乡、高崖口乡、老峪沟乡,合并建立流村镇。

# 昌平县老峪沟乡政府
## （1987.10—1997.12）

### 一、老峪沟乡政府（1987.10—1991.2）

| 职　务 | 姓　名 | 任职时间 |
| --- | --- | --- |
| 乡　长 | 韩久国 | （1987.10—1988.6） |
|  | 匡儒祥 | （1988.6—1991.2） |
| 副乡长 | 刘振国 | （1987.10—1990.1） |
|  | 陈文涛 | （1990.1—1991.2） |

**农工商联合企业公司**

| | | |
| --- | --- | --- |
| 经　理 | 阚绍成 | （1987.10—1990.1） |
|  | 李春玖 | （1990.2—1991.2） |
| 副经理 | 郑宝玉 | （1990.9—1991.2） |
|  | 张文英 | （1989.1—1991.2） |
|  | 刘富义 | （1989.7—1991.1） |

**工业企业总公司**

| | | |
| --- | --- | --- |
| 经　理 | 阚绍成 | （1987.10—1989.8） |
|  | 姚长平 | （1989.9—1991.2） |
| 副经理 | 陈金芳 | （1987.10—1990.2） |
|  | 陈文涛 | （1987.10—1989.12） |
|  | 王春和 | （1987.10—1991.2） |

### 二、老峪沟乡政府（1991.2—1994.2）

| 职　务 | 姓　名 | 任职时间 |
| --- | --- | --- |
| 乡　长 | 匡儒祥 | （1991.2—1993.6） |
|  | 罗桂河 | （1993.6—1994.2） |
| 副乡长 | 刘富义 | （1991.2—1994.2） |
|  | 陈文涛 | （1991.2—1994.2） |

| | 刘振婷(女) | (1994.1—1994.2) |
| | 张素名 | (1994.1—1994.2) |

**农工商联合企业公司**

| 经　　理 | 李春玖 | (1991.2—1993.12) |
| 副 经 理 | 郑宝玉 | (1991.2—1993.4) |
| | 田万利 | (1993.11—1994.2) |
| | 张文英 | (1991.2—1994.2) |

**工业企业总公司**

| 经　　理 | 姚长平 | (1991.2—1993.4) |
| | 郑宝玉 | (1993.4—1994.2) |
| 副 经 理 | 王春和 | (1991.2—1994.2) |
| | 郝　杰 | (1992.4—1994.2) |

**三、老峪沟乡政府**(1994.2—1999.1)

| 职　　务 | 姓　名 | 任职时间 |
| 乡　　长 | 罗桂河 | (1994.2—1997.12) |
| 副 乡 长 | 张素名 | (1994.2—1997.1) |
| | 刘振婷(女) | (1994.2—1997.12) |
| | 张德发 | (1997.1—1997.12) |

**农工商联合企业公司**

| 经　　理 | 罗桂河 | (1996.1—1997.12) |
| 副 经 理 | 田万利 | (1994.2—1997.12) |
| | 张文英 | (1994.2—1997.1) |
| | 刘富义 | (1996.5—1997.12) |

**工业企业总公司**

| 经　　理 | 郑宝玉 | (1994.2—1995.2) |
| | 朱建波 | (1995.2—1997.12) |
| 副 经 理 | 刘富义 | (1994.2—1996.5) |
| | 王春和 | (1994.2—1997.12) |

郝　杰　　　　　　（1994.2—1997.12）

1997年12月,流村乡、高崖口乡和老峪沟乡合并为流村镇。

# 昌平县老峪沟乡人大
## (1996.3—1997.12)

一、(1987.10—1991.2)

二、(1991.2—1994.2)

三、老峪沟乡人大(1994.2—1999.1)

| 职务 | 姓名 | 任职时间 |
|------|------|----------|
| 主 席 | 郑宝玉 | (1995.2—1996.3) |
| 主 席 | 郑宝玉 | (1996.3—1997.1) |
| 副主席 | 张文英 | (1997.1—1997.12) |

1997年12月,流村乡、高崖口乡和老峪沟乡合并设立流村镇。

# 后　记

　　《流村镇志》是编委会全体成员集体努力、团结协作的结果,其中各卷分工既相对独立,任务明确,又相互联系,相得益彰。

　　除了主编张涛、副主编邓瑞全参加了全志各卷编写并主持审订工作以外,主要编写人员的情况大体如下:第一卷《大事记》:孙萍萍、孔令昂、袁法周;第二卷《风水天成》:孙世平、袁江玉;第三卷《政通人和》:孙萍萍、任利伟;第四卷《均输平准》:于磊;第五卷《庠序杏林》:高素芳、孟祥静;第六卷《淳和化育》:于磊、任利伟;第七卷《古韵觅踪》:于磊、高素芳、孟祥静、孙照海;第八卷《古今人物》:孙世平;第九卷《文渊册府》:张绪峰;第十卷《继往开来》:魏玮。全志图片选配工作主要由孙世平、于磊和袁江玉承担,编委会其他成员也都根据计划,参加了项目论证、实地调研、资料搜集和整理以及初稿审订和修改等各项工作,为全志编写任务的顺利完成做出了自己的贡献。

《流村镇志》编辑委员会

2010 年 12 月

责任编辑:李 斌

封面设计:张 婷 徐 晖

**图书在版编目(CIP)数据**

流村镇志:全2册/张涛 邓瑞全 等编著. -北京:人民出版社,2011.6

ISBN 978 - 7 - 01 - 009392 - 5

Ⅰ.①流… Ⅱ.①张… Ⅲ.①乡镇-地方志-昌平区 Ⅳ.①K291.5

中国版本图书馆 CIP 数据核字(2010)第 210617 号

# 流 村 镇 志
### LIUCUN ZHEN ZHI
## (上、下)

张 涛 邓瑞全 等编著

**人民出版社** 出版发行

(100706 北京朝阳门内大街 166 号)

环球印刷(北京)有限公司印刷 新华书店经销

2011 年 6 月第 1 版 2011 年 6 月北京第 1 次印刷

开本:710 毫米×1000 毫米 1/16 印张:79

字数:1060 千字 插页:6

ISBN 978 - 7 - 01 - 009392 - 5 定价:198.00 元

邮购地址 100706 北京朝阳门内大街 166 号

人民东方图书销售中心 电话 (010)65250042 65289539